《四书五经》全解

【第一卷】

韩东坡／主编

辽海出版社

-

图书在版编目（CIP）数据

《四书五经》全解 / 韩东坡主编. —沈阳：辽海出版社，2020.3

ISBN 978-7-5451-5702-4

Ⅰ. ①四… Ⅱ. ①韩… Ⅲ. ①四书—注释②五经—注释 Ⅳ. ①B222.1②Z126.1

中国版本图书馆CIP数据核字(2020)第040736号

责任编辑：柳海松
装帧设计：李　荣
责任校对：丁　雁

出 版 者：辽海出版社
　　地址：沈阳市和平区十一纬路25号
　　邮政：110003
　　电话：024-23284473
　E-mail：dszbs@mail.lnpgc.com.cn
　　http：//www.lhph.com.cn
印 刷 者：德富泰（唐山）印务有限公司

发 行 者：辽海出版社
成品尺寸：145mm × 210mm
印　　张：60

字　　数：1014千字
出版时间：2020年4月第1版
印刷时间：2020年4月第1次印刷
定　　价：698.00元

前　言

“四书”“五经”是中国传统文化的重要组成部分，是中国儒家思想的经典著作，也是中国文化古籍的传世宝典。“四书”之名，始于南宋大儒朱熹把《大学》《中庸》《论语》和《孟子》的汇集刊刻，问行于世，并称“四书”。“五经”是儒家五本经典书籍的合称。儒家本有六经，秦始皇“焚书坑儒”使《乐经》失传，仅剩下《诗经》《尚书》《礼记》《周易》和《春秋》五本，遂有“五经”之名。

“四书”“五经”是千百年来历代读书人从事政治活动、文学创作的基础文本；是上至帝王将相，下至黎民百姓治国、修身、立德的根本依据。它对中国乃至世界思想史都产生了深远的影响，至今仍为中国社会的道德规范、处世法则与治国基础，属于中华民族最为宝贵的文化遗产之一，对中国的社会发展起着重要的推动作用。

“四书”“五经”是中国文明的核心典籍，因它的包容性，同时也是人类文明的基本典籍。《四书五经》是和谐世界的导读，体现了中国人的“国家想象力”。我们这次整理“四书”“五经”的目的是服务于和谐世

界，这是一项全新的工作，是时代的要求。意义在于：一是再次确认中国核心价值观，重建中国人的信仰，用信仰引导国家前进。二是使世人认识到人类虽然有着不同的文化，但有着共同的文明。我们提出：人类共享文明，要自觉为世界和平创造精神条件。三是传承文化本身。指典籍传承、文化传播、学者的培养、学园建设等“可视的文化”。

文字书籍是智慧活字典，是人脑的延伸，是思维活动板、意识流动的容器，是思维机器人。书籍越读越聪明，越写越智慧。人类智商的极限就在文字中。文字是人，故称“人文”。一群人走到一起，就形成了一本书。一本书打开，就形成一个国家。中国人很早就发现这一点，认识到文字的创造作用。文字与文明异质同体，因“和”而生；同步发展，同一归属。文字即文明，文字创造世界。默声的文字，谓之思想；有声的文字，谓之乐音。文字之时态，谓之阴阳；文字之对应，谓之和谐。汉字高度发达，这是中国文明发达的关键。故曰：“道由文传”是心传，无形之大道必由有形之文字而传之。道器合一，人成为道。

从朱子编纂“四书”到现在，往事历千年，万众犹一心。如今我们把“四书”“五经”通讲通译，不是为了彰显能力，而是为了打开古书奥义，服务新人类。千年一接力，我们在浩瀚宇宙中奔跑，已无限接近那无限之永恒。

《春秋左氏传》

《大学》

第一篇

大学之道，在明明德[①]，在亲民[②]，在止于至善。

知止而后有定[③]，定而后能静，静而后能安，安而后能虑，虑而后能得[④]。物有本末，事有终始，知所先后[⑤]，则近道矣。

古之欲明明德于天下者，先治其国；欲治其国者，先齐其家[⑥]；欲齐其家者，先修其身；欲修其身者，先正其心；欲正其心者，先诚其意；欲诚其意者，先致其知[⑦]；致知在格物[⑧]。

物格而后知至，知至而后意诚，意诚而后心正，心正而后身修，身修而后家齐，家齐而后国治，国治而后天下平。自天子以至于庶人，壹是皆以修身为本，其本乱而末治者[⑨]否矣。其所厚者薄，而其所薄者厚，未之有也！此谓知本，此谓知之至也。

【注释】

①明明德：前一个“明”为动词，使……显明。后一个“明”为形容词，清明的、光明的。②亲民：亲，当作“新”，为动词，使……革新。③止：指上文所说的“止于至善”。④得：获得（至善）。《孟子·

告子上》："心之官则思，思则得之，不思则不得也。"⑤知所先后：意指能够知道道德修养的先后次序。⑥先齐其家：意为使家族齐心协力、和睦平安。⑦致其知：做到认识正确。致，至。知，认识。⑧格物：推究事物的原理。据朱熹解释："言欲致吾之知，在即物而穷其理也。"（《四书集注》）⑨治："乱"的反义词，安定。

【译文】

《大学》的道理，在于彰明人们的美德，在于使民众革旧更新，在于使人们的思想达到最高的理想境界。

知道所应达到的理想境界是"至善"，然后才能有确定的志向；有了确定的志向，然后才能内心宁静；内心宁静，然后才能思想安稳；思想安稳，然后才能思虑周详；思虑周详，然后思想上才能有所收获。

万物都有根本和末梢，万事都有结局和发端，能够明白他们的先后次序，那么就能够接近这《大学》的原则了。

古时候，想要使美德彰明于天下的人，先要整治好他的国家；想要治理好自己国家的人，先要治理好他的家族；想要整治好自己家族的人，先要提高自身的道德修养；想要提高自身道德修养的人，先要端正自己的思想；想要端正自己思想的人，先要自己意念诚实；想要自己意念诚实的人，先要做到认识正确；而做到认识正确的方法就在于推究事物的原理。

推究事物的原理，然后才能做到认识正确；做到认识正确，然后才能意念诚实；意念诚实，然后才能思想端正；思想端正，然后才能提高自身的品德修养；提高了自身的品德修养，然后才能整治好家族；整治好家族，然后才能治理好国家；治理好国家，然后才能使天下太平。

从天子到平民百姓，统统都要以提高自身的品德修养作为根本。

如果一个人的品德修养这个根本乱了，却想要做到家齐、国治、天下太平，这是不可能的。这样做是把应该重视的事轻视了，把应该轻视的事看重了，这样的情况是不会有的。这就叫知道了根本，这就是认知的最高境界。

第二篇

所谓诚其意者[1]：毋自欺也，如恶恶臭[2]，如好好色[3]，此之谓自谦[4]，故君子必慎其独也！

小人闲居为不善[5]，无所不至，见君子而后厌然[6]，掩其不善，而著其善[7]。人之视己，如见其肺肝然，则何益矣。此谓诚于中，形于外[8]，故君子必慎其独也。

曾子曰[9]："十目所视，十手所指，其严乎[10]！"

富润屋，德润身[11]，心广体胖[12]，故君子必诚其意。

【注释】

①诚其意：使意念诚实。诚，使动词。意，指意念。②恶恶臭：前一个恶（wù）字，意为讨厌、厌恶。恶臭（xiù），指污秽的气味。③好好色：前一个好（hào）字，意为喜好、喜爱。后一个好（hǎo），意为美丽的。色，指女色、姑娘。好好色，指喜好美丽的姑娘。④谦：同"慊"（qiè），满足、惬意。⑤闲居：独居，独处。⑥厌（yā）然：掩藏、躲避的样子。⑦著（zhù）：显明。⑧诚：实际。中：心中。形：现形。⑨曾子：曾参，孔子的弟子。⑩其：通"岂"，反问语气词。⑪润：滋润，引申意为修饰。这句说拥有

财富可以使房屋华丽，具有道德足以修养身心。⑫胖(pán)：安泰舒适。

【译文】

所谓意念诚实，就是不要自己欺骗自己。就如同厌恶污秽的气味，就如同喜爱美丽的姑娘，这叫满足自己的欲望。所以君子独处的时候也很谨慎。

小人在闲居独处的时候，无论什么坏事都做得出来。当他们见到君子，却又躲躲藏藏掩盖他们所做的坏事，而显扬自己的美德。其实别人都能看透这些坏人，就像能见到他们的五脏六腑一样，那么这种做法又有什么益处呢？这就是说，人心里有什么样的实际德性，外表就必然会有什么样的言行表现。所以君子即使独处之时也很谨慎。

曾参说："一个人常常被十只眼睛注视着，被十根手指指点着，要求自己能不严格吗？"

财富可以修饰房屋，使房屋华美；道德可以修养人的身心，使人思想高尚；心胸宽广开朗，身体自然安泰舒适；所以君子一定要使自己的意念诚实。

第三篇

所谓治国必先齐其家者，其家不可教而能教人者，无之。故君子不出家而成教于国[1]：孝者，所以事君也；弟者[2]，所以事长也[3]；慈者[4]，所以使众也。

《康诰》曰："如保赤子[5]"，心诚求之，虽不中不远矣[6]。未有学养子而后嫁者也！

一家仁，一国兴仁[7]；一家让[8]，一国兴让；一人贪戾，一国作乱；其机如此[9]。此谓一言偾事[10]，一人定国。

尧、舜帅天下以仁[11]，而民从之；桀、纣帅天下以暴[12]，而民从之；其所令反其所好[13]，而民不从。是故君子有诸己而后求诸人[14]；无诸己而后非诸人。所藏乎身不恕[15]，而能喻诸人者[16]，未之有也。

故治国在齐其家。

《诗》云："桃之夭夭，其叶蓁蓁；之子于归，宜其家人[17]。"宜其家人，而后可以教国人。

《诗》云："宜兄宜弟[18]。"宜兄宜弟，而后可以教国人。

《诗》云："其仪不忒，正是四国[19]。"其为父子兄弟足法，而后民法之也，此谓治国在齐其家。

【注释】

①成教：成功地施教。教，指教化，即精神上感化。②弟：同“悌（tì）”，封建社会道德之一，指弟弟应绝对敬爱兄长。③长（zhǎng）：兄长。引申为上司，长官。④慈：封建社会道德之一，指上对下的爱，主要指父母对子女，也指君王所谓的爱平民。⑤如保赤子：《尚书·周书·康诰》篇作“若保赤子”，是周成王告诫康叔的话，意思是要他保护平民如同母亲养育保护婴儿一样。赤子，指初生的婴儿。婴儿初生时为赤色，故言赤子。⑥中（zhòng）：“符合”的意思。⑦兴：兴盛。⑧让：谦让。⑨机：指古代弩箭上的发动机关，引申意为关键。⑩偾事：犹言败事。偾（fèn），指覆败。⑪尧、舜：传说中父系氏族社会后期部落联盟的两位领袖，是古代传说中圣明仁慈的君王。帅：同“率”，率领，统帅。⑫桀（jié）：夏代最后一个君主，残酷暴虐，荒淫无度，后被商汤打败。纣（zhòu）：商代最后的君主，生性残暴，后为周武王所灭。⑬好（hào）：喜爱。⑭有诸己：为自己所具有的，这里指自己具有了美德。诸，兼词用法，是“之于”的合音，有“对于”之意。⑮藏：积藏。恕：恕道。⑯喻：使别人明白。⑰桃之夭夭：这四句诗引自《诗经·周南·桃夭》的最后一段。《桃夭》这首诗是庆贺姑娘出嫁时所唱的歌。夭夭（yāo yāo），指草木鲜嫩、美丽的样子。蓁蓁（zhēn zhēn），指树叶润泽、茂盛

的样子。之子，意为这个姑娘，这里指被嫁少女。于归，指姑娘出嫁。⑱宜兄宜弟：这句诗引自《诗经·小雅·蓼萧》，意为家族中兄弟之间要互相友爱团结。⑲其仪不忒：这两句诗引自《诗经·曹风·鸤鸠》。仪，指礼仪。忒（tè），指差错。正，指正大，引申为表率的意思。

【译文】

所谓治理国家，必须先治理好家族，不能治理好本家族，却能治理好本邦国的人，那是不会有的。所以君子就是不离开自己的家族，也能够收到治理邦国教化人们的成效。因为在家孝顺父母，就是侍奉国君的道德；在家尊敬兄长，就是服侍长官的道德；在家慈爱子女，就是父母官役使百姓的道德。

《康诰》里说："保护百姓要像保护初生的婴儿一样。"如果诚心实意去追求，虽然不能完全符合，但也不会相差太远。生活中谁也没有见过先学会养育孩子，然后再出嫁的女人。

一个家族仁爱相亲，整个邦国都会兴起仁爱之风；一个家族实行谦让，整个邦国都会兴起谦让之风；一个君王如果贪婪暴虐，整个邦国就会群起作乱。事情的关键就像这样。这就叫作：一句话能弄坏整个事情，一个人能安定整个国家。

尧、舜用仁政来统率天下，于是民众就跟着实行仁爱；桀、纣用暴政来统治天下，于是民众就跟着凶

暴。君王的政令跟君王的嗜好相反，民众是不会服从的。因此，君子自己先应该具有美德，然后才能要求别人。自身应该没有恶习，而后才能去批评别人。如果本身有不合恕道的品性，却去开导别人，世上没有这样的道理。

所以治理邦国，首先要治理好家族。

《诗经》写道：“桃树妖娆花儿新，满枝叶儿碧又青。这个姑娘出嫁了，全家老小喜盈盈。”只有先使一个家族之人和睦相亲，而后才能教化国民。

《诗经》写道：“兄弟亲密，心齐如一。”只有先使一个家族兄弟和睦相处，互相友爱，而后才能教化国民。

《诗经》写道：“国君礼仪无差错，方为各国之楷模。”国君要使自己家族中的父子兄弟关系足以符合道德准则，然后百姓才会效法。

这些都说明要治理邦国，首先要治理好家族。

第四篇

所谓平天下在治其国者：上老老而民兴孝[①]，上长长而民兴弟[②]，上恤孤而民不倍[③]，是以君子有絜矩之道也[④]。

所恶于上[⑤]，毋以使下；所恶于下，毋以事上；所恶于前，毋以先后；所恶于后，毋以从前；所恶于右，毋以交于左；所恶于左，毋以交于右。此之谓絜矩之道[⑥]。

《诗》云："乐只君子，民之父母[⑦]。"民之所好好之，民之所恶恶之，此之谓民之父母。

《诗》云："节彼南山，维石岩岩。赫赫师尹，民具尔瞻[⑧]。"有国者不可以不慎，辟则为天下僇矣[⑨]。

《诗》云："殷之未丧师，克配上帝；仪监于殷，峻命不易[⑩]。"道得众[⑪]则得国，失众则失国。

是故君子先慎乎德[⑫]。有德此有人[⑬]，有人此有土，有土此有财，有财此有用[⑭]。

德者本也，财者末也。

外本内末[⑮]，争民施夺[⑯]。

是故财聚则民散，财散则民聚。

是故言悖而出者[⑰]，亦悖而入；货悖而入者，亦悖

而出。

《康诰》曰："惟命不于常[18]。"道善则得之，不善则失之矣。

《楚书》曰："楚国无以为宝，惟善以为宝[19]。"

舅犯曰："亡人无以为宝，仁亲以为宝[20]。"

《秦誓》曰[21]："若有一介臣，断断兮无他技[22]，其心休休焉，其如有容[23]焉。人之有技，若己有之，人之彦圣[24]，其心好之，不啻若自其口出[25]。实能容之[26]，以能保我子孙黎民，尚亦有利哉[27]。人之有技，媢嫉以恶之[28]，人之彦圣，而违之俾不通[29]，寔不能容，以不能保我子孙黎民，亦曰殆哉。"

唯仁人放流之[30]，迸诸四夷[31]，不与同中国[32]。此谓唯仁人为能爱人，能恶人。

见贤而不能举，举而不能先[33]，命也；见不善而不能退[34]，退而不能远，过也。

好人之所恶，恶人之所好，是谓拂人之性，菑必逮夫身[35]。

是故君子有大道，必忠信以得之，骄泰以失之[36]。

生财有大道，生之者众，食之者寡，为之者疾[37]，用之者舒[38]，则财恒足矣。

仁者以财发身[39]，不仁者以身发财。

未有上好仁而下不好义者也，未有好义其事不终者也[40]，未有府库财非其财者也[41]。

孟献子曰[42]："畜马乘[43]，不察于鸡豚[44]；伐冰之家[45]不畜牛羊；百乘之家[46]，不畜聚敛之臣[47]，与其有

聚敛之臣，宁有盗臣[48]。”此谓国不以利为利，以义为利也。

长国家而务财用者[49]，必自小人矣。彼为善之[50]，小人之使为国家，菑害并至。虽有善者，亦无如之何矣[51]！此谓国不以利为利，以义为利也。

【注释】

①老老：尊敬老人。前一个“老”字为动词，指尊敬；后一个“老”字为名词，指老人。②长长(zhǎng zhǎng)：敬重长辈。前一“长”字作动词，意为将长者当作长辈看；后一个“长”为名词，指长者。弟：同“悌”。③恤（xù）：体恤，周济。不倍：不违背。倍，通“背”字。④絜矩：见注释⑥。⑤恶(wù)：厌恶，憎恶。⑥絜矩之道：君子的一言一行要在道德上有示范作用。絜（xié），指量度，即测量。矩，指制作方形物件的工具。⑦乐只君子：这两句诗引自《诗经·小雅·南山有台》。乐（lè），指用礼乐(yuè) 进行娱乐。只：语气助词，犹“哉”。⑧节彼南山：这四句诗引自《诗经·小雅·节南山》。师尹：太师尹氏，指周宣王时做过太师的尹吉甫的后代。节，指雄伟的样子。维，是发语词。岩岩，指高峻的山崖。具，通“俱”。瞻，指注视。⑨辟：邪恶。僇（lù)：通“戮”，杀戮。⑩殷之未丧师：这四句诗出自《诗经·大雅·文王》。师，指众人。克，意为能。配，指符合。仪监于殷，意为应以失败的殷商为借鉴。仪监，原诗为

"宜鉴"，宜以……为借鉴。峻命，指天命。峻，意为大。⑪道：絜矩之道。⑫乎：于，在。⑬此：这样，这么。⑭用：供国家享用的各种货物。⑮外本内末：把根本当作外，把枝叶当作内。意为喧宾夺主，主次颠倒。⑯争民：使平民争斗。施夺：进行抢夺。⑰悖（bèi）：逆，意为违背正理。⑱惟：助词，用于句首，无义。命：天命。不于常：没有一定常规。⑲《楚书》：指《国语·楚语》。楚昭王派王孙圉出使晋国。晋国赵简子问楚国珍宝美玉现在怎么样了。王孙圉答道：楚国从来没有把美玉当作珍宝，只是把善人，如观射父、左史倚相这样德才兼优的名臣看作珍宝。⑳舅犯：狐偃，字子犯，为晋文公重耳的舅舅，故称舅犯。亡人：流亡在外的人，指重耳，晋献公的儿子。因晋献公受骊姬的谗言，欲立幼子为嗣，逼迫太子申生自缢而死。公子重耳避难逃亡在外十九年。重耳在狄国时，晋献公去世。秦穆公派人劝重耳归国掌政即位，归国时，子犯教他说的这句话。㉑《秦誓》：《尚书·周书》中的篇名。是春秋时代秦兵伐郑，在崤（xiáo）地被晋击败，归后秦穆公告诫群臣所做的誓词。㉒断断兮：忠诚老实的样子。兮，《尚书》中作"猗"，语气助词。㉓休休：善良宽厚的样子。容：容人。㉔彦圣：指德才兼美的人。彦，美。圣，通"明"。㉕不啻（chì）：不只是。㉖实：《尚书》中作"是"，可以通用。㉗以：因此。尚：《尚书》中作"职"，意为"差不多"。㉘媢（mào）：嫉妒。《尚书》中作"冒"。㉙违：隔离。俾

(bǐ)：使。不通：不达于君。通：《尚书》中作“达”。㉚放流：流放，放逐。之：指代上文不能容人的人。㉛迸（bǐng）：通“屏”，逐退，驱除。四夷：古代泛指我国四方边境的少数民族，即东夷、西戎、南蛮、北狄。夷是对古代东方部族的蔑称。㉜中国：全国的中心地区。古代汉族以为自己所居为天下之中，故称其地为“中国”。与现在的“中国”一词含义不同。㉝举：推举，任用。先：尽早地使用。㉞退：摈斥、罢退。㉟拂：违背。逮：及，到。夫（fú）：助词，此。㊱骄泰：骄恣放纵。㊲疾：迅速。㊳舒：舒缓，适当。㊴发：发起、发达，引申为提高。发身：提高自身的品德修养。㊵事：事业，指生财之事。终：完成。㊶府库：古代国家收藏财物或文书的地方。非其财：不是君王的财富。意为由于君王无道，失去君王权位，财富最终不为他所有了。㊷孟献子：鲁国的大夫，姓仲孙名蔑。㊸畜马乘：指初做大夫官的人。畜：养。乘（shèng）：古时一车四马为一乘。㊹不察于鸡豚：不应该计较养鸡养猪的小财利。察，细看，关注，引申为计较。豚（tún），小猪，这里泛指猪。㊺伐冰：凿冰用来保存遗体。伐冰之家，指卿大夫。伐，指凿。㊻百乘之家：拥有一百辆车乘的家族。㊼聚敛：聚集，征收。㊽盗臣：盗窃府库钱财的家臣。㊾长（zhǎng）：成为国家之长，即君王。务：专心。㊿彼：指统治国家的君王。朱熹认为这句前后可能有阙文误字。51无如之何：拿他没有办法。

【译文】

所谓使天下太平，根本在于治理国家的人：国君尊敬老人，便会使孝敬之风在全国平民百姓中兴起；国君尊敬长辈，便会使敬长之风在全国平民百姓中兴起；国君怜爱救济孤儿，全国的百姓也不会背弃这个原则。因此，君子有絜矩之道。

厌恶上级无礼，就不应以无礼对待下级；厌恶下级不忠，就不应以不忠来侍奉上级；厌恶前面的人不善，就不应把不善加在后面的人身上；厌恶后面的人不仁，就不应以不仁施于前面的人；厌恶右边的人不义，就不应以不义施于左边的人；厌恶左边的人不诚，就不应以不诚对待右边的人。这就是所谓絜矩之道。

《诗经》里说："欢乐的国君，百姓的父母。"百姓所喜爱的东西他也喜欢，百姓所憎恶的东西他也憎恶。这就叫作是天下平民百姓的父母。

《诗经》里说："雄伟巍峨的终南山，山崖陡峭不可攀。权势显赫的尹太师，百姓眼睛盯着你。"掌握着国家大权的人不可以不慎重。如果行为邪僻，那么就会被天下百姓杀死！

《诗经》里说："殷代尚未失民心，还能保国配上帝。殷商宜为前车鉴，守住天命不容易。"道德上得到民众的拥护，就会享有国家；道德上失去民众的拥护，就会失去国家。

因此，君子首先在修养德性方面要慎重。有了美

德，这才拥有民众；有了民众，这才拥有土地；有了土地，这才获得财富；有了财富，这才能供给日用。

美德是树的根本，财富是树的枝梢。

如果国君在表面上讲道德，而内心里重财富，那是倡导与民争利，互相掠夺。

所以，财富聚集在君王，平民百姓就会离散。财富散落在民间，民众就会归附。

因此，政令违背正理公布出去，必将遭到平民的违背正理的抵抗；财富不依据道理肆意搜刮而来，也会违背道理地散失掉。

《康诰》里说："天命是没有一定的常规的。"行善就获得天命，不行善就会失掉天命。

《楚书》里说："楚国不把别的当作宝贝，只是把'善'当作宝贝。"

舅犯说："流亡在外的人没有什么可以当作宝贝，只有把仁爱和亲善当作宝贝。"

《秦誓》里说："如果有这样的一位臣子，忠诚老实而没有其他本领，但他心地宽厚，能够容纳他人。别人有本领，就好像他自己有本领一样；别人德才兼备，他不只是口中经常称赞，而且从内心确实很喜欢。这是真正的心胸宽广，完全可以保全我的子孙后代和臣民，也可以为我的子孙后代和臣民谋利益。反之，别人有本领，便嫉妒和厌恶别人；别人德才兼备，便故意压抑阻止，使得别人的德才不能被国君了解。这是心胸狭窄，不能够保全我的子孙后代和臣民，这

太危险了。”

只有那有仁德的君子，才会流放这种嫉贤妒能的人，驱逐到四夷居住的边远地方，不许他与贤能的人同住在中原大地。这是说，只有具有仁德的人才懂得爱人恨人。

发现了贤才却不能推荐他，或者虽然推荐了却不能让他排在前列，这是没有完成使命。发现了不贤的人却不能罢退他，或者即便罢退了，但不能把他放逐到边远的地方去，这是失职。

喜爱人们所憎恶的，憎恶人们所喜爱的，这就是违背了人的本性，灾祸就一定会降落到他的身上。

所以，君子面前有治理国家的大道理。必须以忠诚仁义的态度去获得它；如果态度骄恣放纵，那就会失掉它。

创造财富有条重要的原理，那就是要使生产财富的人多，消耗财富的人少。生产财富时迅疾，消耗财富时缓慢。这么做，国家的财政开支就能经常保持充足了。

仁德的人们用财富来完善自身，没有仁德的人们却用生命去聚敛财富。

没有听说过君王好仁乐义，而下面的臣民不喜欢仁义的事情；没有听说过爱好仁义，而最终不能生财的情况；没有听说过国家仓库里的财富不属于国家君王所有的道理。

孟献子说：“拥有四匹马拉车的卿大夫，不应该计

较那些养鸡养猪之类的财利；能够享用凿冰丧祭的卿大夫，不应该再饲养牛羊与民争利；拥有百辆兵车的卿大夫，不应该收养聚敛民财的家臣，与其有这种聚敛民财的家臣，还不如有那种盗窃府库财物的臣子。”这是说治理国家不能以物资利益为利益，而应该以义为利益。

治理国家而专门致力于聚敛财富的人，这一定是被小人误导的。他以为这是善事。小人处理国家事务，那么天灾人祸就一定会同时到来。即使国内有善人贤才，对此也是毫无办法的。这是说治理国家不应以财富为利益，而应以义为利益。

《中庸》

第一篇（纲领）

【程子提示】

子程子曰："不偏之谓中，不易之谓庸；中者，天下之正道，庸者，天下之定理。"此篇乃孔门传授心法①，子思②恐其久而差也，故笔③之于书，以授孟子④。其书始言一理，中散为万事，末复合为一理。放之则弥六合⑤，卷之则退藏于密⑥。其味无穷，皆实学也。善读者玩索⑦而有得焉，则终身用之，有不能尽者矣。

【注释】

①心法：口授心得的方法，非笔墨所能尽传。②子思：子思（前483—前402）是战国初哲学家。姓孔，名伋。孔子之孙。相传曾受业于曾子。他把儒家的道德观念"诚"说成是世界的本原，以"中庸"为其学说的核心。孟子曾受业于他的门人，将其学说加以发挥，形成了"思孟学派"。后被封建统治者尊为"述圣"。《汉书·艺文志》著录的《子思》二十三篇，已佚。现存《礼记》中的《中庸》《表记》《坊记》

等，相传是子思的著作。③笔：这里是名词活用作动词，为“记录”的意思。④孟子：孟子（前372—前289年），战国时思想家、政治家、教育家。名轲，字子舆。邹（今山东邹县东南）人。受业于子思的门人。历游齐、宋、滕、魏等国，一度任齐宣王客卿。因主张不见用，退而与弟子万章等著书立说。在儒家哲学中形成一个唯心主义的理论体系，对后来宋儒有很大影响，被认为是孔子学说的继承者，有“亚圣”之称。著作有《孟子》。⑤弥：满、遍。六合：指天地四方，也泛指天下。⑥密：此指隐秘的内心。⑦玩索：领会探求。

【译文】

夫子程颐先生说：“不偏向于一方叫作‘中’，不改变常规叫‘庸’。‘中’的意思是天下的正道，‘庸’的意思是天下的定理。”这篇《中庸》是孔门传授心得的方法，子思恐怕年代久了传授会有差错，所以把它写录成书，传授给孟子。这本书开始只说一个道理，中间分开为各种事体，最后又综合起来归结到一个道理上来。这个道理，放开来可以充塞天地四方，收拢起来可以深藏于隐密的内心。它的意味是无穷的，都是实实在在的学问。善于读书的人如果反复领会探求，心里必然会有所收获，那就一辈子也受用不完了。

【原文】

天命之谓性[①]，率性之谓道[②]，修道之谓教[③]。

道也者，不可须臾[④]离也；可离，非道也。是故君子戒慎乎其所不睹，恐惧乎其所不闻。莫见乎隐[⑤]，莫显乎微[⑥]，故君子慎其独也。

【注释】

①天命之谓性：天命，即天理。儒家认为，天理表现为阴、阳及金、木、水、火、土五行。上天把天理赋予人，形成人的仁、义、礼、智、信等品德，这就是人的性。之，助词。谓，称作。②率性之谓道：率，遵循。道，指事物运动变化所应遵循的普遍规律。也就是说人们必须遵循的原则，即按照天命决定的人性去行动，否则就是大逆不道。③修道之谓教：修道，按照道德的原则修养自身。教，政教、教化。统治阶级通过精神感化的方法实行统治，即是儒家主张的教化。这种教化必须遵循正道的原则。④须臾（yú）：片刻。⑤莫见乎隐：莫，无，没有。见（xiàn），同“现”，表现，体现。乎，同“于”，表示比较。隐，隐蔽，暗处。此指心中微妙的变化。⑥莫显乎微：显，显著，显露。微，小事，细微。此指一般人觉察不到的事情。

【译文】

上天把天理赋予人形成品德就是“性”，遵循本性自然发展的原则而行动就是“道”，圣人把道加以修明并推广于民众就是“教”。

“道”是不可以片刻离开的，如果能片刻离开，那就不是“道”了。因此，有德行的人就是在别人眼睛看不到的地方，也是谨慎检点，就是在别人耳朵听不到的地方，也是怀着恐惧心理而加以注意。没有比处在幽暗之中更为显著的，没有比置于细微之处更为显明的。所以君子在一个人独处的时候要十分谨慎。

【原文】

喜怒哀乐之未发，谓之中①；发而皆中节②，谓之和。中也者，天下之大本也；和也者，天下之达道③也。致④中和，天地位焉，万物育焉。

【注释】

①谓之中：是说人们没有接触外界事物。故自身的喜怒哀乐之感情未能表露。中，无过与不及，不偏不倚。《中庸》篇认为，人的内心处于虚静淡然，不偏不倚的境界，称为“中”。②发而皆中节：发，表露。中（zhòng），适合，符合。节，法度，常理。《中庸》篇认为，人的喜怒哀乐的感情要符合常理，做到这一点，情感中正和谐，这就是“和”。③达道：《中庸》

篇认为，人的感情和谐，就是天下共同遵循的道理，所以称“达道”。④致：通“至”，到达。

【译文】

人们喜怒哀乐的感情没有表露出来的时候（这时人的内心处于虚静淡然、不偏不倚的境界）称为“中”。表露出来以后符合自然常理、社会法度（做到这一点，情感中正和谐）称为“和”。“中”是天下人的最大的根本；“和”是天下人共行的普遍原则。达到了“中和”的境地，天地便各在其位而运行不息，万物便各得其所生长发育了。

【朱熹提示】

右第一章，子思述所传之意以立言。首明道之本原出于天而不可易，其实体备于己而不可离，次言“存养省察”之要，终言“圣神功化”之极。盖欲学者于此反求诸身而自得之，以去夫外诱之私，而充其本然之善，杨氏[①]所谓一篇之体要是也。其下十章，盖子思引夫子之言，以终此章之义。

【注释】

①杨氏：杨时，字中立，宋代将乐（今福建将乐县）人。北宋理学家，官至龙图阁直学士。先后授业于程颢、程颐。朱熹、张栻的学说，皆渊源于杨氏。

【译文】

朱熹说，上面一段是第一章，子思传述孔子的意见以创立《中庸》。首先说明“道”的本原是出于天而不可变更，“道”的实体存在于我们自身而不可分离；其次说明“存养省察”功夫的要点；最后说到“圣神功化”的最高境界。这目的不外乎是想使那些做学问的人，反过来要求自己而领悟出它的道理。去除由于外界的引诱而产生的私欲，使那天然的本性充实起来。这就是杨时先生所说的：这一章是《中庸》一书的纲领。以下十章，是子思引述孔子的话，来讲清这一章的含意的。

第二篇（知人）

【原文】

仲尼[①]曰："君子中庸[②]，小人反中庸。君子之中庸也，君子而时中[③]。小人之反中庸也，小人而无忌惮[④]也。"

【注释】

①仲尼：孔子，名丘，字仲尼。②中庸：中，不偏不倚，既不过分也无不足。庸，平常。中庸是儒家的最高道德标准。③时中：意为时时处处言行符合中庸之道。④忌惮（dàn）：顾忌和畏惧。

【译文】

孔子说："君子的言行做到符合中庸的道德标准，小人的言行违背了中庸的道德标准。君子之所以能够达到中庸的标准，是因为君子的言行时时处处符合中庸之道，小人之所以违背中庸的标准，是因为小人所作所为肆无忌惮。"

【朱熹提示】

右第二章。

【译文】

朱熹提示说，上面一段是第二章。

第三篇（正心）

【原文】

子曰："中庸其至矣乎！民鲜[①]能久矣。"

【注释】

①鲜（xiǎn）：少。这句话可参看《论语·雍也》："子曰：'中庸之为德也，其至矣乎！民鲜久矣。'"其，表示推测、不肯定。

【译文】

孔子说："中庸可以说是最高的道德标准了，可人们却很少有能长久地实行它的。"

【朱熹提示】

右第三章。

【译文】

朱熹提示说，上面一段是第三章。

第四篇（正心）

【原文】

子曰："道[1]之不行也，我知之矣，知者[2]过之，愚者不及也。道之不明也，我知之矣，贤者过之，不肖者[3]不及也。人莫不饮食也，鲜能知味也。"

【注释】

①道：指中庸之道。②知者：有智慧、有教养的人。知（zhì），同"智"。③不肖者：原意是不像祖先那样有良好品德的人。这里指不贤的人或指卑贱之徒。肖，像。

【译文】

孔子说："中庸的道理不能实行于世，我知道原因了。聪明的人实行时超过了它的规范，愚笨的人实行时又达不到它的规范。中庸的道理不能显明于世，我知道原因了。贤能的人常常超过规范，不贤的人常常达不到规范，这正像人们没有谁能不吃不喝，但很少有人能品尝其中的滋味。"

【朱熹提示】

右第四章。

【译文】

朱熹提示说，上面一段是第四章。

第五篇（修身）

【原文】

子曰："道其①不行矣夫②！"

【注释】

①其：语气助词，表示推测。②矣夫（fú）：叹词，表示感叹。

【译文】

孔子说："中庸的道理恐怕不能在世上实行了啊！"

【朱熹提示】

右第五章。

【译文】

朱熹提示说，上面一段是第五章。

第六篇（审问）

【原文】

子曰："舜[①]其大知[②]也与！舜好问而好察迩言[③]，隐恶而扬善[④]，执其两端[⑤]，用其中于[⑥]民，其斯以为舜乎[⑦]！"

【注释】

①舜：传说中我国古代父系氏族社会后期的部落联盟的领袖，姓姚，有虞氏，名重华，史称虞舜。②知（zhì）：同"智"。③迩（ěr）言：浅近之言。《诗经·小雅·小旻》："维迩言是听，维迩言是争。"迩，近。④隐恶而扬善："恶"指不符合中庸之道的言论。"善"指符合中庸之道的言论。⑤执其两端：掌握事物的两方面的极端。指智者、贤者与愚者、不肖者对于中庸之道的过分与不足两个极端。⑥用其中：即折中，指运用两端中含有中庸之道的道理。⑦其斯以为舜乎：斯，此，这。"舜"在此的含意为仁义盛明。

【译文】

孔子说："舜帝真可算得是一个极其明智的人了吧！他喜欢向别人求教，而且善于对那些浅近的话进行仔细审察。听到不合理的恶言便包涵起来，听到合理的善言便加以表扬，他度量人们认识上两个极端的偏向，而用中庸之道去引导他们。这就是虞舜之所以能成为舜帝的原因啊！"

【朱熹提示】

右第六章。

【译文】

朱熹提示说，上面一段是第六章。

第七篇（明道）

【原文】

子曰："人皆曰'予知'①，驱而纳诸罟擭陷阱之中②，而莫之知辟③也。人皆曰'予知'，择乎中庸，而不能期月④守也。"

【注释】

①予知：予，我，此处指"大我"，泛指一般人。知，同"智"，"明智"之意。②"驱而"句：纳，纳入，引申为落入。罟（gǔ），网的总称，也指捕兽的网。《易·系辞下》："作结绳而为罔罟。"擭（huò），安装有机关的捕兽木笼。陷阱，捕捉野兽的地坑深井，上有伪装，下有锋刃。"罟擭陷阱"比喻利欲的圈套。③辟（bì）：同"避"字，躲避。④期（jī）月：一整月。这里指时间短暂。

【译文】

孔子说："人人都说'我是明智的'，但是在利欲的驱使下，他们却都像禽兽那样落入捕网、木笼和陷

阱之中，连躲避都不知道了。人人都说‘我是明智的’，但是选择了中庸之道，却连一个月的时间也不能坚持实行下去。”

【朱熹提示】

右第七章。

【译文】

朱熹说，上面一段是第七章。

第八篇（正心）

【原文】

子曰："回[①]之为人也，择乎中庸。得一善，则拳拳服膺，而弗失之矣。"

【注释】

①回：颜回，字子渊，鲁国人，孔子最得意的门生。

【译文】

孔子说："颜回是这样处事为人的，他选定了中庸之道，如果领悟到中庸的一条善理，就牢牢地记在心中，而且以后一刻也不忘掉它了。"

【朱熹提示】

右第八章。

【译文】

朱熹提示说，上面一段是第八章。

第九篇（正心）

【原文】

子曰：“天下国家可均也[①]，爵禄可辞也[②]，白刃可蹈也[③]，中庸不可能也[④]。”

【注释】

①天下国家可均也：天下，指古代西周时周天子统治下的各诸侯国。国家，国指周天子分封的诸侯国；家指诸侯国分封的卿大夫领地。均，平治。即治理公正。②爵禄可辞也：爵（jué），爵位。据《礼记·王制》：“王者之制禄爵，公、侯、伯、子、男，凡五等。”禄，古代官吏的薪俸。辞，辞掉，推辞，放弃。③白刃可蹈也：白刃，利刃、快刀。蹈（dǎo），踩踏。④中庸不可能也：这句话的意思是，中庸之道是儒家最高的道德标准，做到中庸并不容易。有的人尽管可以治理天下国家，辞掉爵禄，踩踏利刃，但是却不能实行中庸之道。

【译文】

孔子说："天下国家是可以治理公正的，官爵俸禄是可以推辞不受的，雪白的锋刃也是可以踩踏闯过的，但中庸之道是很难做到的。"

【朱熹提示】

右第九章。

【译文】

朱熹说，上面一段是第九章。

第十篇（明道）

【原文】

子路①问强。子曰："南方之强与？北方之强与？抑而强与②？宽柔以教，不报无道③，南方之强也，君子居④之。衽金革⑤，死而不厌⑥，北方之强也，而强者居之。故君子和而不流⑦，强哉矫⑧！中立而不倚，强哉矫！国有道⑨，不变塞⑩焉，强哉矫！国无道⑪，至死不变⑫，强哉矫！"

【注释】

①子路：姓仲，名由，字子路，又字季路，春秋末年鲁国人。孔子早期的学生，性格果敢、直爽，为人勇武，故向孔夫子问强。②抑而强与：抑，抑或，表示选择，意为"还是"。而强，指不属于南北之强，处于周朝腹心的中原之强。而，同"乐"。"汝"，你，指子路。与，同"欤"，疑问语气词，相当于"吗"或"呢"。③不报无道：别人对我实行横暴无理的事我也不报复。无道，横暴无理。报，报复。④居：居住，处于。属这一类。⑤衽金革：枕着武器、盔甲睡觉。

衽（rèn），卧席，此处用作动词。郑玄注："衽，寝卧之席也。"金，铁制的刀枪之类。革，皮革制成的盔甲之类。⑥厌：悔恨，后悔。⑦和而不流：性格平和又不随波逐流。⑧矫：通"趫（qiáo）"，指刚强、坚强。⑨有道：政治清明，天下太平。⑩不变塞：艰难时不变志向。塞，堵塞、阻碍、艰难。⑪无道：指国家政治黑暗，社会不太平。⑫至死不变：宁死不变操守，含有"杀身成仁"之意。

【译文】

子路问孔子："怎样才算得是强呢？"孔子回答说："你问的是南方的强呢，还是北方的强呢？或者还是你认为的强呢？用宽容温和的方法去教化别人，对于蛮横无理的人也不加以报复，这是南方人的'强'，君子就属于这一类；经常枕着刀枪、穿着盔甲席地睡觉，上战场毫不惧怕，拼杀而死也不后悔，这是北方人的'强'，性格强悍勇武有力的人属于这一类。所以，君子善于在人际间协调，又绝不随波逐流，那才算得是'刚强'！君子信守中庸，独立而不偏不倚，那才算得是'刚强'！国家政治清明，遇艰难不变志向，那才算得是'刚强'！国家混乱，社会动荡，君子到死不改变品德和信念，那才算得是'刚强'！"

【朱熹提示】

右第十章。

【译文】

朱熹说，上面一段是第十章。

第十一篇（正心）

【原文】

子曰："素隐行怪[①]，后世有述[②]焉，吾弗为之矣。君子遵道而行，半途而废，吾弗能已[③]矣。君子依乎中庸，遁世不见知[④]而不悔，唯圣者能之。"

【注释】

①素隐行怪：素，据《汉书》应为"索"字，意为寻求。隐，隐僻之理。怪，怪异。②述：传述，意为称赞。③已：止，停止。④遁世：避世，指隐居。见知，被了解，此指被赏识、重用。

【译文】

孔子说："世上有些人总喜爱去索求那隐僻的道理，乐意去做奇异怪诞的事情，虽然后代有人称道他们，但是我是坚决不去做这样的事情的。有些君子遵循中庸之道行事，往往半途而废，但我是绝不会中途停止的。有的君子依从中庸之道行事，虽然避世隐居不被人重用，他也不悔恨，这只有圣人才能做到。"

【朱熹提示】

右第十一章。

【译文】

朱熹说，上面一段是第十一章。

第十二篇（知物）

【原文】

君子之道，费而隐①。

夫妇②之愚，可以与知③焉，及其至④也，虽圣人亦有所不知焉。夫妇之不肖，可以能行焉，及其至也，虽圣人亦有所不能焉。天地之大也，人犹有所憾⑤。故君子语大，天下莫能载焉；语小，天下莫能破⑥焉。

《诗》云⑦："鸢飞戾天⑧，鱼跃于渊⑨。"言其上下察⑩也。

君子之道，造端⑪乎夫妇，及其至也，察乎天地。

【注释】

①费而隐：费，道之作用，指广大无涯。隐，道之本体，指非常精微奥妙。②夫妇：不是指夫妻，而是指普通男女的匹夫匹妇问题。③与知：与（yù），动词，参预。④至：最，指最精微之处。⑤憾：不满意。⑥破：分析、剖析。⑦《诗》云：这两句诗出自《诗经·大雅·旱麓》。这是一首赞扬有道德修养的人，求福得福，能培养人才的诗。⑧鸢（yuān）：鸟名，老鹰

类。戾（lì）：到达。⑨渊：深潭。⑩察：显明、昭著。⑪造端：造立端绪。意为开始、起头。

【译文】

君子所操守的中庸之道，作用广大无涯而本体精微奥妙。

普通男女虽然愚昧，但是对于浅近的道理他们也是可以知道的，但若要探讨这些道理的最精微之处，那即使是圣人也会有不知道的奥秘。普通男女虽然不贤，但是对于浅近的道理他们是可以实行的，但若要达到这些道理的最高标准，那即使是圣人也会有不能达到的境界。天地是如此辽阔广大，但人们对天地还有不满意的地方。因此，君子对于中庸的道理，谈到它的大处，天下没有什么能载得起它，谈到它的小处，天下没有什么能剖析得了它。

《诗经》里说："老鹰高飞上青天，鱼儿跳跃入深渊。"这两句诗比喻中庸之道，上能达于天空，下能及于深渊。

君子所操守的中庸，是从普通男女知道的浅近道理开始的，推究深奥处，达到最高境界，便显明昭著天地之间，无处不在，无所不包。

【朱熹提示】

右第十二章，子思之言，盖以申明首章"道不可

离”之意也。其下八章，杂引孔子之言以明之。

【译文】

朱熹说，上面一段是第十二章，是子思所说的话，阐明第一章所谓“道不可离”的意思。下面八章，则是援引孔子的话来加以阐述。

第十三篇（笃行）

【原文】

子曰："道不远人，人之为道而远人[1]，不可以为道。

"《诗》云[2]：'伐柯[3]伐柯，其则不远[4]。'执柯以伐柯，睨而视之[5]，犹以为远。故君子以人治人，改而止[6]。

"忠恕违道不远[7]，施诸己而不愿[8]，亦勿施于人。

"君子之道四[9]，丘[10]未能一焉。所求[11]乎子，以事父，未能也；所求乎臣，以事君，未能也；所求乎弟，以事兄，未能也；所求乎朋友，先施之，未能也。庸德[12]之行，庸言[13]之谨，有所不足，不敢不勉，有余不敢尽。言顾行，行顾言，君子胡不慥慥尔[14]！"

【注释】

①人之为道而远人：这句话大意是说有的人在修行中庸之道时爱好高骛远，这样使本来离人们不远的道，反而搞得远离人们了。②《诗》云：这两句诗出自《诗经·豳风·伐柯》，是一首关于婚姻的诗。③伐

柯：砍伐作斧柄的木材。伐，砍。柯，斧柄。④其则不远：意思是说手拿的斧柄就是要砍制的式样，有式样在眼前，故说其则不远。则，法则、准则、式样。⑤睨而视之：意为斜着眼睛瞧一瞧便可以看到斧柄的样子。睨（nì）：斜视。⑥以人治人：用人道的原则去治理众人。改而止：直到他们改正前非为止。⑦忠恕违道不远：忠恕，儒家之伦理思想。尽己之心为“忠”；推己及人为“恕”。在孔子的思想中，“忠恕”是实行“仁”的方法。《论语·里仁》篇：“曾子曰：‘夫子之道，忠恕而已矣。’”违，相距。道，指中庸之道。⑧施诸己而不愿：诸，是“之于”的意思。其中“之”指自己不愿的行为。⑨君子之道四：指孝、忠、弟、信。⑩丘：孔子自称其名。⑪求：责求、要求。⑫庸德：中庸的道德。行：实行。⑬庸言：中庸的言语。⑭君子胡不慥慥尔：胡，何。慥慥（zào zào），忠厚老实的样子。

【译文】

孔子说：“中庸之道并不远离人们，如果有人修道却故作高深玄妙，使道远离人们，那就不可以说是在修道了。

“《诗经》里说：‘伐木作斧柄啊，伐木作斧柄，斧柄的式样就在我眼前。’拿着斧柄作样子去砍伐木材制斧柄，斜着眼睛瞧一瞧就看得见，但对砍木材制斧柄的人来说，由于没用规矩量尺寸，觉得新旧斧柄相差

很远。所以君子以其人之道还治其人之身，直到人们改正前非而中止。

“能够做到忠和恕，那就离中庸之道不远了。不愿意别人加给自己的行为，也一定不要加给别人。

“君子的道德有四项重要内容，我孔丘连其中的一项也不能做到。第一，我要求做儿女的必须孝顺父母，但我自己却不能做到这一点。第二，我要求做臣子的必须忠于国君，但我自己却不能对国君尽忠心。第三，我要求当弟弟的必须尊敬兄长，但我自己却不能做到这一点。第四，我要求做朋友的必须要讲信用，但我自己往往未能首先这样做。中庸道德的实行，中庸格言的谨记，做得不够圆满，不敢不努力奋勉。有做得好的地方，也不敢把话全部说尽。言语要看到行动，行动时也要想到言语。如果能这样做，那么，君子怎么能不是忠厚老实的呢？”

【朱熹提示】

右第十三章。

【译文】

朱熹说，上面一段是第十三章。

第十四篇（修身）

【原文】

君子素其位①而行，不愿乎其外②。素富贵，行乎富贵；素贫贱，行乎贫贱；素夷狄③，行乎夷狄；素患难，行乎患难；君子无入④而不自得焉。

在上位，不陵⑤下。在下位，不援⑥上。正己⑦而不求于人，则无怨，上不怨天，下不尤⑧人。故君子居易以俟命⑨，小人行险以徼幸⑩。

子曰："射有似乎君子⑪，失诸正鹄⑫，反求诸其身。"

【注释】

①素其位：安于平素所处的地位。素，平素、平时。位，位置、地位。②愿：倾慕，羡慕。其外：指本位之外的东西。③夷狄：夷，指古代东方的部族。狄，指古代西方的部族。④入：处于。⑤陵：同"凌"，欺压。⑥援：攀援、巴结。⑦正己：端正自己的品行。⑧尤：怨恨。⑨居易：处在平易而安全的境地。易，平地。俟（sì）命：等待天命。⑩行险：冒

险。徼（jiǎo）幸：企图以偶然的机会获得成功或意外地免除不幸。徼，"侥"的异体字。⑪射有似乎君子：射，射箭。这句话是用射箭的道理来比喻君子"正己而不求于人"的道理。⑫失诸正鹄：指未射中靶子。正鹄（zhēng gǔ），箭靶中心的圆圈。画在布上的叫"正"；画在皮上的叫"鹄"。郑玄注："画布曰正，栖皮曰鹄。"陆德明释文："正，鹄，皆鸟名也。一曰：正，正也；鹄，直也。大射则张皮侯而栖鹄，宾射张布侯而设正也。"

【译文】

君子安心于平常的地位，去做应做的本分事情，从来不羡慕本职以外的名利。身处在富贵的地位上，就做在富贵地位上所应做的事；身处在贫贱的地位上，就做在贫贱地位上所应做的事；身处在夷狄的地位上，就做在夷狄地位上所应做的事；身处在患难中，就做处在患难中所应做的事情。这样，君子无论处在什么地位，都不会感到不安。

君子高居上位，不欺凌处于下位的人。君子处在下位，也不去高攀在上位的人。只是端正自己却不去苛求别人，这样便无怨心，上不抱怨天，下不抱怨人。因此，君子安分守己，等待天命赐德，小人企图冒险，心想侥幸得利。

孔子说："射箭的道理好比君子行道（正己而不求于人）。如果箭头射在靶心圆圈以外，应该回过头来责

求自己。”

【朱熹提示】

右第十四章。

【译文】

朱熹说，上面一段是第十四章。

第十五篇（齐家）

【原文】

君子之道[1]，辟[2]如行远必自迩[3]，辟如登高必自卑[4]。

《诗》曰[5]："妻子好合，如鼓瑟琴[6]。兄弟既翕[7]，和乐且耽[8]。宜尔室家，乐尔妻帑[9]。"子曰："父母其顺矣乎！"

【注释】

①君子之道：指求索君子之道的方法。②辟：同"譬"。③迩：近处。④卑：低处。⑤《诗》曰：这几句诗出自《诗经·小雅·棠棣》篇。这是一首称述家庭和睦、兄弟友爱的诗。⑥合：和睦。鼓：弹奏。瑟琴：比喻夫妇感情和谐。瑟（sè），弹拨乐器。有二十五弦，每弦有一柱，形似琴，春秋时便已流行。琴，有七弦，又称"七弦琴"或"古琴"，周代已有，定型于汉代。⑦翕（xī）：聚合。⑧耽（dān）：欢喜。《诗经》里作"湛"，深厚。⑨妻帑：妻子和儿女的统称。帑（nú），子孙。

【译文】

求取君子之道的方法，譬如走远路，一定要从近处出发，譬如登高山，一定要从低处起程。

《诗经》里说："你和妻子很和好，就像琴瑟弹奏妙。兄弟相处极和睦，团聚相敬实在好。组织一个安乐家，你与妻儿感情深。"孔子赞叹道："像这样，做父母的就自然顺心如意了啊！"

【朱熹提示】

右第十五章。

【译文】

朱熹说，上面一段是第十五章。

第十六篇（齐家）

【原文】

子曰："鬼神[①]之为德，其盛矣乎！视之而弗见；听之而弗闻；体物而不可遗[②]。使天下之人齐明盛服[③]，以承祭祀[④]，洋洋[⑤]乎！如在其上，如在其左右。

"《诗》曰[⑥]：'神之格思[⑦]，不可度思，矧可射[⑧]思。'夫微之显，诚之不可掩[⑨]如此夫！"

【注释】

①鬼神：鬼，一般指已死的祖先。古代迷信者认为人死后精灵不灭，称之为鬼。神，古代神话及宗教中所幻想的能主宰物质世界，超乎自然，具有人格和意识的精灵。②体物而不可遗：这句大意是认为万物无不以鬼神之气而生，没有遗漏。体物，生养万物。遗，遗忘，遗漏。③齐明盛服：在祭祀之前必须沐浴斋戒，以示虔敬。齐（zhāi），同"斋"，斋戒。明，洁净。④以承祭祀：承，承当，侍奉。祭祀，指祭鬼祀神。祀（sì），祭祀。《左传》文公二年："祀，国之

大事也。”⑤洋洋：流动飘浮的样子。⑥《诗》曰：这几句诗出自《诗经·大雅·抑》篇。这首诗主要是规劝周朝统治者要修德守礼，指责某些执政者的昏庸无能。⑦格思：格，至，来临。《尚书·舜典》：“帝曰：‘格，汝舜。’”思，语气助词，无意义。⑧度：推测。矧（shěn）：况且。射（yì）：厌弃，懈怠不敬。⑨微之显：微，隐微。这里指鬼神的事情隐匿虚无。显，显明。这里指鬼神可将祸福显现于人间，所以又是明显的。掩：掩盖的意思。

【译文】

孔子说：“鬼神所实行的功德，真是盛大得很啊！看它看不见形状，听也听不到声响，然而，万物无不以鬼神之气而生长养育，所以不能将其遗忘。让天下的人，在祭祀的时节，斋戒净心沐浴，穿戴华丽的祭服，虔诚敬奉祭祀。在举行祭祀典礼时，浩浩荡荡啊，鬼神就仿佛舒缓地飘浮在人们的上空，又仿佛流动充满在人们的身旁。

“《诗经》里说：‘鬼神降临，行迹难测，怎么可以对其懈怠不敬呢？’鬼神的行迹本来就是隐匿虚无的，但其功德又是那样地明显，从隐微到显明，至诚的德行就是这样不可掩盖啊！”

【朱熹提示】

右第十六章。

【译文】

朱熹说，上面一段是第十六章。

第十七篇（知天）

【原文】

子曰："舜其大孝也与！德为圣人，尊为天子，富有四海之内①，宗庙飨之②，子孙保③之。故大德必得其位，必得其禄，必得其名，必得其寿。故天之生物④，必因其材而笃⑤焉，故栽者培之，倾者覆之⑥。

"《诗》曰⑦：'嘉乐君子⑧，宪宪令德⑨。宜民宜人⑩，受禄于天。保佑命之，自天申之。'故大德者必受命。"

【注释】

①富有四海之内：四海之内都是他的财富。四海，泛指全国。《论语·颜渊》："四海之内，皆兄弟也。"

②宗庙飨之：指在宗庙里受祭献。宗庙，古代天子、诸侯祭祀其先王、先祖的地方。郑玄注："庙之言貌也，死者精神不可得而见，但以生时之居，立宫室象貌为之耳。"又见《古今注》："宗谓祖宗，庙号以祖有功而宗有德，故统称之曰宗庙。周制天子七庙，诸侯五，大夫三，士一。"《礼记·王制》里说："自大夫以下皆称家

庙，无庙号之可称也。”飨（xiǎng），祭献。③保：保持。④物：指万物。⑤材：本质、本性。笃（dǔ）：厚重。⑥培：栽培。覆：倾覆、摧败。⑦《诗》曰：这是《诗经·大雅·假乐》里的第一章。《假乐》是一首为周成王歌功颂德的诗。⑧嘉乐：喜欢，快乐。嘉，原诗为“假”字。《左传》文公三年中亦引为“嘉”字，“假”与“嘉”同音假借，意与“嘉”同。君子：原指周成王。⑨宪宪：原《诗经》里为“显显”，意同，即显明兴盛的样子。令：善，美。《周书·萧瓛传》：“幼有令誉。”⑩宜民宜人：民，泛指平民。人，指士大夫以上的人，即在位的人。这句意思是说周成王既能与在下之民相处得好，又能与在位之人相处得好。

【译文】

孔子说：“舜帝可算得是个最孝顺的人吧！他有圣人的崇高品德，又有天子的尊贵地位，拥有普天下的财富，他享受宗庙中的祭祀，子子孙孙永远保持不断。所以，像舜这样有大仁大德的人，必然会得到至尊的地位，必然会得到丰厚的俸禄，必然会得到美好的名望，必须会拥有健康和长寿。所以，大自然生育万物，必定按照生物的本质属性来判断是否给予精心照料，能够栽培的就培养，倾斜枯萎的也就只能让它倾倒。

“《诗经》里说：‘高雅欢乐的周成王，他美德显明放光芒。善处平民百官中，获得天赐厚禄长。上天保

佑周成王，教他福禄能久享。’所以说，有崇高道德品质的人，必然会承受上天的命令而成为天下的君王。”

【朱熹提示】

右第十七章。

【译文】

朱熹说，上面一段是第十七章。

第十八篇（齐家）

【原文】

子曰："无忧者，其惟文王[①]乎！以王季[②]为父，以武王[③]为子，父作之[④]，子述之[⑤]，武王缵大王[⑥]、王季、文王之绪[⑦]，壹戎衣[⑧]而有天下，身不失天下之显名，尊为天子，富有四海之内，宗庙飨之，子孙保之。"

【注释】

①文王：指周文王，西周开国君主古公亶父的孙子，商末周族的领袖，姓姬名昌，在位五十年，统治期间，国力强盛，晚年自号文王。②王季：古公亶父的儿子，文王之父，名季烈，号称西伯，为殷纣时西方诸侯之长。周太王古公亶父卒，季烈嗣立，修太王的遗业，笃于行义，传位于文王。文王之子周武王即位后，追尊季烈为王季。③武王：西周王朝的建立者。姓姬，名发，他继承父亲文王的遗志，灭掉殷商，建立周朝，建都于镐（今陕西省西安市南沣水东岸）。④父作之：指父亲王季为文王开创了基业。作，开创。⑤子述之：指儿子武王继承文王的遗志，完成统一大

业。述，继承。⑥缵（zuǎn）：继续，继承。大王：即王季之父古公亶父。这里“大”字古读“太”。⑦绪：事业。这时指前人未竟的功业。《诗经·鲁颂·閟宫》：“缵禹之绪。”缵，继承、继续。⑧壹戎衣：即歼灭大殷。因为“壹”同“殪（yì）”，歼灭。戎，大。衣，“殷”之误读。郑玄注：“衣读如殷，声之误也，齐人言殷声如衣。”据《尚书·康诰》：“天乃大命文王殪戎殷。”另一说，一披挂战袍就伐纣取胜夺得了天下。

【译文】

孔子说：“古代帝王中无忧无虑的，大概只有周文王吧！因为他有贤明的王季做父亲，有英勇的武王做儿子，父亲王季为他开创了基业，儿子周武王继承了他的遗志，完成了他所没有完成的事业。武王继续着太王、王季、文王未完成的功业，灭掉了殷，取得了天下。周武王这种以下伐上的正义行动，不仅没有使他自身失掉显赫天下的美名，反而被天下人尊为天子，掌握普天下的财富，世代在宗庙中享受祭祀，子孙永保祭祀不断。”

【原文】

“武王末[①]受命，周公[②]成文、武之德，追王[③]大王、王季，上祀先公以天子之礼。斯礼也，达乎诸侯大夫[④]，及士庶人[⑤]。父为大夫，子为士，葬以大夫，祭以士；父为士，子为大夫，葬以士，祭以大夫。期之丧[⑥]，达乎大夫；三年之丧，达乎天子；父母之丧，

无贵贱，一也。”

【注释】

①末：老，指周武王的晚年。②周公：西周初年政治家。姓姬名旦，武王同母弟，武王死后，其子成王诵继位，因年幼，由周公代行国政。故又称“叔旦”，因采邑在周地（今陕西岐山北），又称“周公”。周公曾帮助武王灭纣，武王卒时，成王尚幼，于是他摄理朝政。他的兄弟管叔、蔡叔、霍叔等人不服，便与武庚及东方夷族联合反叛，周公出师东征，平定了反叛。东征之后，周公大规模地分封诸侯，并营建洛邑（在今河南洛阳）作为东都，还制礼作乐，建立典章制度。《尚书》中的《大诰》《康诰》《多士》《无逸》《立政》等篇章中都记载有他的言论。③追王（wàng）：后代加封先祖以“王”的称号叫追王。王，动词用法，即尊……为王。④达：到、至。诸侯：指西周、春秋时天子分封的各国国君。按规定诸侯必须服从天子的命令，并定期向天子朝贡述职，而且有出军赋和服役的义务。按礼规定，其所属上卿应由天子任命，但在其封疆内，世代掌握着统治大权。《国语·周语上》：“诸侯春秋受职于王，以临其民。”大夫：古代国君之下有卿、大夫、士三级。⑤及：推及。士：在古代商、西周、春秋时期，士是级别最低的贵族阶层。春秋时，“士”多为卿、大夫的家臣，有的有食田，有的以俸禄为生。《国语·晋语四》：“大夫食邑，

士食田。”庶人：西周以后对农业生产者的称呼，其地位次于“士”而高于“工商皂隶”。周王常以庶人作为赏赐臣下的礼物。⑥期（jī）之丧：一周年的守丧期。期，指一整年。丧，丧礼，指处理死者殓殡奠馔和拜跪哭泣的礼节，古为“凶礼”之一。

【译文】

“周武王直到晚年才承受上天之命而为天子，因此他还有许多没来得及完成的事情。武王死后，周公辅助成王才成就了文王和武王的德业，追尊太王、王季为王，用天子的礼制来追祀祖先，并且把这种礼制一直实行到诸侯、大夫以及士和庶人中间。周公制定的礼节规定：如果父亲是大夫，儿子是士的，父死就要按大夫的礼制安葬、按士的礼制祭祀。如果父亲是士，儿子是大夫的，父死就要按士的礼制安葬，按大夫的礼制祭祀。守丧一周年，通行到大夫，守丧三整年，就只有天子才能使用。至于给父母守丧本身没有贵贱的区别，天子、庶人都是一样的。”

【朱熹提示】

右第十八章。

【译文】

朱熹说，上面一段是第十八章。

第十九篇（齐家）

【原文】

子曰："武王、周公，其达[①]孝矣乎！夫孝者，善继人[②]之志，善述人之事者也。春秋，修[③]其祖庙，陈其宗器[④]，设其裳衣[⑤]，荐其时食[⑥]。

"宗庙之礼，所以序昭穆[⑦]也；序爵[⑧]，所以辨贵贱也；序事[⑨]，所以辨贤也：旅酬下为上[⑩]，所以逮贱也[⑪]；燕毛[⑫]，所以序齿[⑬]也。

"践其位[⑭]，行其礼，奏其乐；敬其所尊，爱其所亲；事死如事生，事亡如事存，孝之至也。

"郊社之礼[⑮]，所以事上帝也；宗庙之礼，所以祀乎其先也。明乎郊社之礼、禘尝[⑯]之义，治国其如示诸掌乎[⑰]！"

【注释】

①达：通"大"字。②人：指祖先。下面"人"字同此意思。③春秋：一年四季的代称。这里指祭祖的季节。《诗经·鲁颂·閟宫》："春秋匪解（懈），享祀不忒。"修：整理。④陈其宗器：陈，陈列。宗器，

古代宗庙祭祀时所用的器物。郑玄注："宗器，祭器也。"又一说：宗器，祖宗传下来的贵重器具，用于礼乐。《左传》襄公二十三年："重之以宗器。"杜预注："宗庙礼乐之器，钟磬之属。"⑤裳衣：指祖宗生前穿过的衣服。裳是下衣，衣是上装。⑥荐其时食：荐，进献、献上。时食，指古代祭祀祖先所献上的时令鲜食。⑦序昭穆：排列昭穆的次序。是古代一种宗法制度，宗庙的次序是有规定的，以始祖庙的牌位居中，以下二世、四世、六世，位于始祖的左方，称为昭。三世、五世、七世位于右方，称为穆。《周礼·春官·小宗伯》："辨庙祧之昭穆。"郑玄注："父曰昭，子曰穆。"在这里指祭祀的时候，可以排列出父子、长幼、亲疏的次序。⑧序爵：祭祀者按官爵大小，以公、侯、卿、大夫分为四等排列先后。⑨序事：按在祭祀中担任的职务排列先后次序。事，职事、职务。⑩旅酬下为上：旅，众。酬，以酒相劝为酬。郑玄注："先自饮，乃饮宾，为酬。"下为上，祭祀将终，旁系亲属的兄弟（宾）与直系亲属的兄弟（主）按次序敬酒。弟弟先举杯向兄长敬酒，如同祭礼时，主人先向来宾敬酒。现在"下"，以主人身份向"上"敬酒，因此叫作"下为上"。⑪所以逮贱也：逮，及。这句意为祖宗的恩惠荣誉达到在下位的卑贱者。⑫燕毛：燕，同"宴"，宴会。毛，毛发、头发，意为长幼。指祭祀完毕，举行宴饮时，以毛发的颜色来区别老少长幼，安排宴会的座次。⑬序齿：齿，年龄。即依据年龄的大

小来定宴会的坐次或饮酒的顺序。⑭践其位：各就各位，站到应站的位置。⑮郊社之礼：周代在冬至的时候，在南郊举行祀天的仪式，称之为“郊”；夏至的时候，在北郊举行祭地的仪式，称之为“社”。⑯禘尝：禘（dì），五年一次大祭，极为隆重，只有天子有权举办。尝，为宗庙四时祭祀之一，每年秋季举行。《礼记·王制》：“天子诸侯宗庙之祭，春曰礿，夏曰禘，秋曰尝，冬曰烝。”⑰治国其如示诸掌乎：这里是说，治理国家容易，如同容易看清自己的手掌一样。示，同“视”。此与《论语》文意大同小异。《论语·八佾》：“或问禘之说，子曰：‘不知也，知其说者之于天下也，其如示诸斯乎！’指其掌。”

【译文】

孔子说：“周武王和周公真是最守孝道的人吧！所说的孝道，就是善于继承先人的遗志，善于继续先人未完成的功业。在春秋两季祭祀的时节，整修祖宗庙宇，陈列祭祀器具，摆设先王遗留下来的衣裳，进献祭祀应时的鲜美食品。

“按照宗庙祭祀的礼制，把父子、长幼、亲疏的次序排列出来；把官职爵位的次序排列出来，就能将贵贱分辨清楚；在众人劝酒时把执事职位的次序排列出来，就能将才能的高低分辨清楚；晚辈必须先向长辈举杯，这样祖先的恩惠就会延及到晚辈，宴饮时按头发的颜色来决定宴席座次，这样就能使老小长幼秩序

井然。

“站在适宜的位置上，行先王传下的祭礼，演奏先王时代的音乐，尊敬先王所尊敬的，爱戴先王所爱戴的。侍奉死去的人就像侍奉活着的人一样；侍奉亡故的人就像侍奉生存着的人一样，这才是孝的最高境界。

“制定了祀天祭地的礼节，是用来侍奉皇天后土的；制定了宗庙的礼节，是用来祭祀祖先的。明白了郊社的礼节，大祭小祭的意义，那么治理天下国家的道理，也就像看着自己手掌上的东西那样容易明白啊！”

【朱熹提示】

右第十九章。

【译文】

朱熹说，上面一段是第十九章。

第二十篇（治国）

【原文】

哀公[1]问政。子曰："文武之政，布在方策[2]。其人存[3]，则其政举；其人亡，则其政息[4]。人道敏政[5]，地道敏树[6]。夫政也者，蒲卢[7]也。

"故为政在人，取人以身，修身以道，修道以仁。仁者，人也[8]，亲亲为大[9]。义者，宜也，尊贤为大。亲亲之杀[10]，尊贤之等，礼所生也[11]。"

【注释】

①哀公：即鲁哀公，姓姬，名蒋。春秋时鲁国国君，在位二十七年，谥号哀公。②布在方策：布，陈述、陈列。方策，指典籍。方，方版，古时书写用的木板。策，同"册"，书写用的竹简。③其人存：那样的人存在。人，指贤人。④息：熄灭、消失。⑤人道敏政：人道，是我国古代哲学中与"天道"相对的概念。这里指以人施政的道理。敏，迅速。⑥地道敏树：意为用沃土种植的道理。树，动词用法，指栽培树木。⑦蒲卢：即芦蒲，"卢"与"芦"同。因芦苇容易生

长，所以比喻君子从政如能得到贤臣会很快成功。⑧仁者，人也：意思是说，所说的“仁”，就是指人们之间相亲相爱。孔子所说的“仁”，包含的内容非常广泛，如恭、宽、信、敏、惠、智、勇、忠、恕、孝、弟等各个方面都包括进去了。而以“忠、恕”为实行的方法。《孟子·尽心下》：“仁也者，人也。合而言之，道也。”⑨亲亲为大：这句是说，人们虽然相互亲爱，但都是以爱自己的亲属为主要方面。亲亲，前一个“亲”字为动词，意为“爱”。后一个“亲”字，意为亲人、亲属。《孟子·尽心上》：“亲亲而仁民。”“亲亲，仁也；敬长，义也。”⑩杀（shài）：降等。《礼记·文王世子》：“其族食世降一等，亲亲之杀也。”这里指亲爱亲族要按关系远近有所分别。⑪礼所生也：这句话是说“亲亲之杀，尊贤之等”都是从礼仪中产生。礼，泛指奴隶社会或封建社会贵族等级制的社会规范和道德规范。《论语·为政》：“齐之以礼。”朱熹注：“礼，谓制度品节也。”

【译文】

鲁哀公向孔子请教如何治理好政务。孔子说：“周文王和周武王的政令，都写在木版竹简上。像他们那样有贤臣，那么政令就会得到贯彻实行，如果没有贤臣，政令就会失效。以贤人施政的道理在于使政治迅速昌明；以沃土植树的道理在于使树木迅速生长。贤人施政最容易取得成效，就像种植芦苇那样容易生长。

“因此，国君治理政务取决于贤臣，贤臣的获得取决于明君的品德修养，品德修养取决于遵循天下的大道，遵循天下的大道取决于仁爱之心。

“所谓仁，就是人与人之间相互亲爱，亲爱亲人最为主要。所谓义，就是人们相处应当适宜得当，尊敬贤人最为主要。亲爱亲人时有亲疏之分，尊敬贤人时有等级之别。这些都是从礼制中产生出来的。”

【原文】

“在下位不获乎上，民不可得而治矣。故君子不可以不修身；思修身，不可以不事亲；思事亲，不可以不知人；思知人，不可以不知天。

“天下之达道五，所以行之者三。曰：君臣也，父子也，夫妇也，昆弟[①]也，朋友之交也。五者，天下之达道也。知、仁、勇三者，天下之达德[②]也。所以行之者一也[③]。

“或生而知之[④]，或学而知之，或困而知之，及其知之一也。或安而行之，或利而行之，或勉强而行之，及其成功一也。”

“子曰：‘好学近乎知，力行近乎仁，知耻近乎勇。’

“知斯三者，则知所以[⑤]修身；知所以修身，则知所以治人；知所以治人，则知所以治天下国家矣。”

【注释】

①昆弟：兄和弟。昆，兄长。也包括近房的和远

房的弟兄。②知、仁、勇：这三者为儒家的伦理思想，被誉为通行于天下的美德。《论语·宪问》："仁者必有勇，勇者不必有仁。"又："君子道者三，我无能焉：仁者不忧，知者不惑，勇者不惧。"知，同"智"。达德：通行于天下的美德。朱熹注："谓之达德者，天下古今所同得之理也。"③一：专一、诚实。④生而知之：一生下来就知道。"之"，指代上文"天下之达道"。这里三句参见《论语·季氏》篇："生而知之者，上也；学而知之者，次也；困而学之，又其次也；困而不学，民斯为下矣。"⑤所以：怎样。

【译文】

"在下位的人臣，如果不先得到君主的信任，就不能得民心，就不能治理人民。所以，君子不能不修养品德。想要修养品德，不能不侍奉亲人。想要侍奉亲人，不能不尊贤爱人。想要尊贤爱人，不能不了解天理。

"天下普遍共行的大道有五项，实践大道的美德有三条。君臣、父子、夫妇、兄弟、朋友交往，这五项是天下的大道。智慧、仁爱、勇敢这三条是天下的美德。实践这些大道和美德的关键是诚实。

"有的人生来就知道这些道理，有的人通过学习才知道这些道理，有的人经过困惑后才知道这些道理，虽然人们知道的有先有后，但最终掌握这些道理，他们却都是一样的了。有的人心安理得地去实行大道，

有的人贪图利益而去实行大道，有的人则是勉强去实行大道。最终他们成功的时候，却都是一样的。

“孔子说：‘喜好学习的人就接近智慧了，尽力行善的人就接近仁爱了，知道羞耻的人就接近勇敢了。’知道这三点的人，就知道如何修养品德。知道如何修养品德，就知道如何治理别人。知道如何治理别人，就知道如何去治理天下国家了。”

【原文】

凡为天下国家有九经[①]，曰：修身也，尊贤也，亲亲也，敬大臣也，体[②]群臣也，子庶民[③]也，来百工也[④]，柔远人也[⑤]，怀诸侯[⑥]也。

修身，则道立；尊贤，则不惑；亲亲，则诸父昆弟不怨；敬大臣，则不眩[⑦]；体群臣，则士之报礼重[⑧]；子庶民，则百姓劝[⑨]；来百工，则财用足；柔远人，则四方归之；怀诸侯，则天下畏之。

齐明盛服[⑩]，非礼不动，所以修身也；去谗远色[⑪]，贱货而贵德，所以劝贤也；尊其位，重其禄，同其好恶，所以劝亲亲也；官盛任使[⑫]，所以劝大臣也；忠信重禄，所以劝士也；时使薄敛[⑬]，所以劝百姓也；日省月试[⑭]，既禀称事[⑮]，所以劝百工也；送往迎来，嘉善而矜[⑯]不能，所以柔远人也；继绝世[⑰]，举废国[⑱]，治乱持[⑲]危，朝聘[⑳]以时，厚往而薄来，所以怀诸侯也。凡为天下国家有九经，所以行之者一也。

【注释】

①九经：九条准则。经，常规、准则。《孟子·尽心下》："君子反（返）经而已矣，经正则庶民兴。"②体：体察、体谅、体贴。③子庶民：意为如同父母爱护儿女那样对待庶民。子，动词，即"爱……如子"，庶民，众民，普通的百姓。《诗经·大雅·灵台》："庶民攻之，不日成之。"④来百工：来，招来、招集。《吕氏春秋·不侵》："不足以来士矣。"工，工匠。百工是西周时对工奴的总称，春秋时沿用此称，并作为各种手工业工匠的总称。《论语·子张》："百工居肆，以成其事。"⑤柔远人：意为安抚从边远地方来的外族人。柔，怀柔、安抚，引申为优待。远人，指远方的外族人。《周礼·春官·大司乐》："以安宾客，以说（悦）远人。"⑥怀诸侯：怀，安抚。诸侯，古代天子分封的各邦国王称侯，又称诸侯。⑦眩（xuàn）：眼花，引申为迷惑。⑧报：报答。礼：这里指敬意。重：深厚。⑨劝：勉力、努力。⑩齐（zhāi）明：此处专指内心虔诚。盛服：这里指外表仪容端庄整齐。⑪去谗（chán）：去，摒除。谗，谗言，此处指说坏话的人。远色：远离女色。⑫官盛任使：官盛，官属众多。任使，足供任用。⑬时使：使用百姓服劳役，不要耽误农时。薄敛：减轻向百姓征收的税赋。《孟子·梁惠王上》："省刑罚，薄税敛。"薄，减轻。敛，征收。⑭日省月试：省，视察。试，考核。⑮既禀称事：

送给别人的薪资粮米，要与工作效果相符合。称(chèn)，相称，符合。事，工效，工作成果。⑯矜(jīn)：怜悯、同情。⑰继绝世：继，承继、延续。绝世，已经中断俸禄的家族世系。古代卿大夫的封邑采地，由子孙世袭。如果某一代有过失便被停止领有封邑采地，就会停止俸禄。继绝世就是使得卿大夫的后代恢复食禄，延续世系家族。⑱举废国：举，任用、复兴。废国，指已被废灭的邦国。《论语·尧曰》："兴灭国，继绝世，举逸民。"⑲持：扶持、解救。⑳朝聘(pìn)：古代诸侯定期朝见天子。每年一见，叫小聘，三年一见称大聘，五年一见称朝聘。《礼记·王制》："诸侯之于天子也，比年一小聘，三年一大聘，五年一朝。"这里指天子主持朝聘之礼。

【译文】

大凡国君治理天下国家有九条准则。这就是说：第一要修养品德，第二要尊重贤人，第三要亲爱亲族，第四要敬重大臣，第五要体贴众臣，第六要爱民如子，第七要招雇百工，第八要优待边远异族，第九要安抚四方诸侯。

修养品德，就能树立良好的道德典范；尊重贤人，就不会被人事的假相迷惑；亲爱亲族，亲人、叔伯、兄弟就不会抱怨；敬重大臣，处事就不会感到恍惚迷惑；体贴众臣，受恩惠的士臣都会以重礼回报；爱民如子，百姓们都会更加努力勤奋；招雇百工，财富用

度就会充足；优待边远异族，四方边境的人就会归顺；安抚四方诸侯，普天下就会自然信服敬畏。

清心寡欲，仪表端庄，无礼的事不做，这才是修养品德的方法；摒除谗言，远离美色，轻视财物，重视德性，这才是劝勉贤人的最好方法；尊崇亲族的地位，重赐亲族的俸禄，好恶与他们一致，这才是努力亲爱亲族的方法；为大臣多设属官，足供任用，这才是奖励大臣的方法；对士臣要讲究忠诚信实，并以厚禄供养他们，这才是鼓励士臣为国效力的方法；役使百姓要适时，减轻所征的税赋，这才是劝勉百姓努力从事劳动的方法；每日察看，每月考查，付给粮资与他们的工效实绩相称，这才是劝勉各种工匠努力工作的方法；盛情相迎，热情相送，嘉奖有善行的人，同情才能不足的人，这才是优待边远异族的方法；延续中断俸禄的世家，复兴颓败废灭的邦国，整治混乱，解救危难，定期朝见聘问，贡礼薄收，赏赐厚重，这才是安抚诸侯的方法。大凡国君治理天下国家有九条准则，但实行它们的道理都是一样的，关键在一个“诚”字。

【原文】

“凡事豫[①]则立，不豫则废。言前定，则不跲[②]；事前定，则不困；行前定，则不疚[③]；道前定，则不穷。

“在下位不获乎上，民不可得而治矣；获乎上有

道，不信乎朋友，不获乎上矣；信乎朋友有道，不顺乎亲[4]，不信乎朋友矣；顺乎亲有道，反诸身不诚，不顺乎亲矣；诚身有道，不明乎善，不诚乎身矣[5]。

“诚者，天之道也；诚之[6]者，人之道也。诚者，不勉而中，不思而得，从容中道[7]，圣人也。诚之者，择善而固执[8]之者也。

“博学之，审问之，慎思之，明辨之，笃行之。有弗学，学之弗能，弗措也；有弗问，问之弗知，弗措也；有弗思，思之弗得，弗措也；有弗辨，辨之弗明，弗措也[9]；有弗行，行之弗笃，弗措也。人一能之己百之；人十能之己千之。果能此道矣，虽愚必明，虽柔必强。”

【注释】

①豫：同“预”，预谋。②跲（jiá）：窒碍，说话不通畅。③疚（jiù）：内心不安。④顺乎亲：顺，使动词，使顺心、高兴。亲：父母亲。⑤不诚乎身矣：此处以上整段与《孟子·离娄上》篇中一段基本相同。这是《中庸》引《孟子》，还是《孟子》引《中庸》，不易断定。据张岱年先生分析，可能是《孟子》引《中庸》。孟子虽然受业子思门人，但自以为“私淑”孔子，对子思并不敬重，故著书引《中庸》而不标明子思的名字。（《中国哲学史料学》第36页）⑥诚之：使之诚，使自己做到诚。诚，是人生来就有的诚，是圣人的能力。诚之者，是人为的诚，是普通人应该遵

循的原则。⑦从容：举止行动。《礼记·缁衣》："衣服不贰，从容有常。"孔颖达疏："谓举动有其常度。"另一说为舒缓不迫。中道：指中庸之道。《孟子·尽心下》："孔子岂不欲中道哉?"赵岐注："中道，中正之大道也。"⑧固执：坚守不渝。执，握住。⑨弗（fú）措也：弗，不。措，废置、搁置。

【译文】

凡事有预谋就会成功，没有预先策划就会失败。说话预先想定就不会语塞中断，做事预先想定就不会感到困难。行动之前预先想定就不会内心不安。执行规则预先想定就不会陷入绝境。

处在下位的人得不到上级的信任，百姓就不可能治理好了。得到上级的信任是有道理的，得不到朋友的信任就得不到上级的信任。得到朋友的信任是有道理的，不孝顺父母就得不到朋友的信任。孝顺父母是有道理的，自己心不诚就不能孝顺父母。心诚是有道理的，不明晓善就不能使自身心诚了。

诚实是天道的法则；做到诚实是人道的法则。天生诚实的人，不必勉强为人处事合理，不必思索言语行动得当。从容不迫地达到中庸之道，这种人就是圣人。做到诚实的人，就必须选择至善的道德，并且要坚定不渝地实行它才行。要广博地学习，要详细地询问，要慎重地思考，要清晰地辨别，要忠实地贯彻。

要么就不学，学了没有学会就不中止。要么就不

问，问了还不明白就不中止。要么就不思考，思考了没有收获就不中止。要么就不辨别，辨别了不清楚就不中止。要么就不实行，实行了不到忠实程度就不中止。别人一次能做到的，我用百倍的功夫；别人十次能做到的，我用千倍的功夫。如果真能这样做，即使愚笨也会变得聪明，即使柔弱也会变得刚强。

【朱熹提示】

右第二十章。

【译文】

朱熹说，上面一段是第二十章。

第二十一篇（知性）

【原文】

自诚明[1]，谓之性；自明诚，谓之教；诚则[2]明矣，明则诚矣。

【注释】

①自诚明：指明白道理。自，由、从。明，明白。②则：即。

【译文】

由内心真诚达到明晓道理，这叫作天性。由明晓道理达到内心真诚，这叫作教化。内心真诚就会明晓道理，明晓道理就会内心真诚。

【朱熹提示】

右第二十一章，子思承上章夫子天道人道之意而立言也。自此以下十二章，皆子思之言，以反复推明此章之意。

【译文】

朱熹说，上面一段是第二十一章，是子思承接上章孔子所说天道人道的旨意而立说的。从这以后的十二章，都是子思的话，以反复推论、阐明这一章的意思。

第二十二篇（诚意）

【原文】

唯天下至诚，为能尽其性[①]；能尽其性，则能尽人之性；能尽人之性，则能尽物之性；能尽物之性，则可以赞[②]天地之化育；可以赞天地之化育，则可以与天地参[③]矣。

【注释】

①唯：独，只有。至诚：指至诚的人，即圣人。尽：竭尽。尽其性：尽量发挥自己天赋的本性。郑玄注："尽性者，谓顺理之使不失其所也。"儒家学者认为，人与万物的本性，都包含着"天理"，只有至诚的圣人，才能充分发挥自己以及一切人的本性，进而发挥万物的本性。②赞：赞助、帮助。③与天地参：和天地并立为三。参：并立、并列。

【译文】

只有天下最真诚的人，才能充分发挥天赋的本性；能充分发挥天赋的本性，就能充分发挥天下众人的本

性；能充分发挥天下众人的本性，就能充分发挥万物的本性；能充分发挥万物的本性，就能赞助天地养育万物；能赞助天地养育万物，就能与天地并立为三了。

【朱熹提示】

右第二十二章。

【译文】

朱熹提示说，上面一段是第二十二章。

第二十三篇（诚意）

【原文】

其次致曲[1]，曲能有诚，诚则形[2]，形则著[3]，著则明[4]，明则动，动则变[5]，变则化[6]。唯天下至诚为能化。

【注释】

①其次：次一等的人。指次于“自诚明”的圣人，即贤人。致曲：指从平日一言一行着手，推究出细微事物的道理。致，推致。曲，细小的事。郑玄注：“犹小小之事也。”②形：显露、表现。③著：显著。④明：明亮、光明。⑤变：变革，指变革人心。⑥化：感化，指使人不自觉地改恶从善。

【译文】

那些次于圣人的贤人，从细微处入手推究道理，细微之处也能达到真诚的境界。达到真诚就会表现出来，表现出来了就会日益显著，日益显著就会光辉明亮，光辉明亮就会感动万物，感动万物就会变革人心，

变革人心就会感化人群。只有天下至诚的人才能做到感化人群。

【朱熹提示】

右第二十三章。

【译文】

朱熹说，上面一段是第二十三章。

第二十四篇（治国）

【原文】

至诚之道，可以前知①。国家将兴，必有祯祥②；国家将亡，必有妖孽③。见乎蓍龟④，动乎四体⑤。祸福将至，善，必先知之；不善，必先知之。故至诚如神⑥。

【注释】

①至诚之道：即指“至诚”。可以前知：可以预知未来。②祯（zhēn）祥：吉祥的预兆。本有今无的物象称祯，本无今有的物象称祥。③妖孽：物类反常的现象。草木之类的怪物称妖，虫豸之类的怪物称孽。④见（xiàn）乎蓍（shī）龟：从蓍草和龟甲的占卜中发现。古代用蓍草和龟甲来占卜吉凶如何。《易·系辞上》：“探赜（zè）索隐，钩深致远，以定天下之吉凶，成天下之亹亹（wěi）者，莫大乎蓍龟。”⑤动乎四体：此指从人们的仪表、动作中察觉。四体，四肢、手足。⑥如神：不可言说，如神之微妙。

【译文】

最高境界的真诚可以预知未来。国家即将兴盛时，一定会有吉祥的预兆。国家将要灭亡时，一定会有妖孽出来作怪，这些或从蓍草、龟甲的占卜中发现，或从人体的仪表、动作中察觉。祸福即将来临之前，是吉兆，一定能预先知道；是凶兆，也一定能预先知道。因此说，最高境界的真诚如同神灵一般。

【朱熹提示】

右第二十四章。

【译文】

朱熹说，上面一段是第二十四章。

第二十五篇（诚意）

【原文】

诚者，自成①也；而道，自道②也。诚者，物之终始，不诚无物。是故，君子诚之为贵。诚者，非自成己而已③也，所以成物也。成己，仁也；成物，知也；性之德也，合外内之道也，故时措④之宜也。

【注释】

①自成：自己成全自己。成，成全。②自道：自己引导自己。道（dǎo），同“导”，引导。③非自成己而已：并非只是成全自己就完了。己，自己。已，中止、够了。④措：用，实施。

【译文】

真诚，意思是自己成全自己。而道，意思是自己引导自己。真诚贯穿万物的终止和发端。没有真诚就没有万物。因此，君子把真诚看得非常珍贵。真诚，并非只是成全自己就够了，还要成全万物。成全自己是仁义，成全万物是智慧。这是发自本性的品德，是

结合了天地内外的道理，所以，适合在任何时候实施。

【朱熹提示】

右第二十五章。

【译文】

朱熹说，上面一段是第二十五章。

第二十六篇（博学）

【原文】

故至诚无息[1]，不息则久，久则征[2]，征则悠远，悠远则博厚，博厚则高明。博厚，所以载物也；高明，所以覆物也；悠久，所以成物也。博厚配地[3]，高明配天，悠久无疆[4]。如此者，不见而章[5]，不动而变，无为而成。天地之道，可一言[6]而尽也：其为物不贰[7]，则其生物不测。天地之道：博也，厚也，高也，明也，悠也，久也。今夫[8]天，斯昭昭之多[9]，及其无穷也，日月星辰系焉[10]，万物覆焉。今夫地，一撮土[11]之多，及其广厚，载华岳[12]而不重，振河海而不泄[13]，万物载焉。今夫山，一卷石之多[14]，及其广大，草木生之，禽兽居之，宝藏兴[15]焉。今夫水，一勺[16]之多，及其不测[17]，鼋鼍、蛟龙、鱼鳖生焉[18]，货财殖[19]焉。

《诗》云[20]："维天之命，於穆不已[21]。"盖[22]曰：天之所以为天也。"於乎不显，文王之德之纯[23]。"盖曰：文王之所以为文也，纯亦不已。

【注释】

①息：休止、止息、停止。②征：证验、证明，

效验。③配地：意思是与地有同样功效。配，匹配。④无疆：无穷无尽。⑤不见而章：见（xiàn），示现、表现。章，同“彰”，彰明、显现、显著。⑥一言：一字，指“诚”字。⑦不贰：无二心。贰，同“二”。诚是忠诚如一，没有别的混杂，这就是为物不贰。⑧夫(fú)：助词。⑨斯昭昭之多：这句是指这个天由小小的明亮所积累。昭昭，光明、明亮。《楚辞·九歌·云中君》：“烂昭昭兮未央。”王逸注：“昭昭，明也。”⑩星辰：星系的通称。系：悬系。⑪一撮土：指人们立足的只是一撮土地。撮（cuō）：用两三个指头撮取的分量，意为很少的数量。⑫华岳：即西岳华（huà）山，为五岳之一，在今陕西省东部。⑬振：收拢。郑玄注：“振，犹收也。”此处引申为“收容”的意思。泄：漏。⑭一卷石之多：言山由小小石堆积累而成。一说卷（quán）通“拳”，石小如拳。⑮兴：起，开发。⑯勺：古代舀酒的器具，青铜制，形如有曲柄的小斗。⑰不测：不可测度。指水深不可测；又一说指水波一望无际，浩瀚无涯。⑱鼋（yuán）：也称绿团鱼，背甲近圆形，暗绿色。鼍（tuó）：也称扬子鳄，爬行动物，背褐色，有六横列角质鳞。蛟（jiāo）：古代传说中的动物，据说能引发洪水，龙之属也。龙：古代传说中一种有须有鳞能兴云作雨的神异动物。鳖(biē)：也称甲鱼、团鱼，俗称“脚鱼”，背甲橄榄色。⑲殖：生殖、繁殖。⑳《诗》云：这里引的几句诗出自《诗经·周颂·维天之命》。这首诗是祭祀周文王的

乐歌。㉑维：语首助词。於：叹词。穆：深远。不已：不止、无穷。㉒盖：推测之词，“大概”之意。㉓於乎：与“呜呼”同。显：显明、光明。文王：指周文王。纯：纯洁无瑕。

【译文】

所以，至诚的道理是永不停止的。永不停止就可长久流传，长久流传就会有效验，有效验就会悠久无穷，悠久无穷就会广博深厚，广博深厚就能高妙精明。广博深厚，能够承载天下万物；高妙精明，能够覆盖天下万物；悠久无穷，可以生长天下万物。广博深厚与地相配，高妙精明与天相配，悠久无穷就像天地那样无边无际。这样，不表现却自然彰明；不行动却自然感人化物，无所作为却自然获得成功。

天地的道理，可以用一句话概括：它自身诚一不二，而化生万物，形形色色，难以测知其中奥秘。天地的道理就在于广博，深厚，高妙，精明，悠远，长久。现在就说天吧，论小它不过是小小一片光明，论它的整体那真是无穷无尽，日月在上空运行，星辰在上空悬系，地上万物都被它覆盖着。现在拿地来说吧，论小它不过是一小撮土积累，论大它的整体广博深厚，承载着华山不觉得沉重，收容河海江湖而不见有水泄漏，万物都可以承载于大地之上。现在再说山吧，论小它不过是小小石头积累而成，论大它的整体高峻宽阔，草木花卉生长在山上，飞禽走兽栖居在山中，丰

富的宝藏从里面开发出来。现在还谈水，论小它不过是一小勺——小勺水汇积起来，论大水的宽广，那真是浩瀚无际，深不可测，里面生活着鼋鼍、蛟龙、鱼鳖，各种财货也都从水中繁殖出来。

《诗经》里说："只有上天的定理深远得很，运转永不停止。"这大概是说天之所以成为天的道理。"呜呼，这难道不光明！周文王的德性多么盛大纯洁！"这大概是说周文王之所以被尊谥为"文"，就是因为他盛大纯洁的品德常行不止。

【朱熹提示】

右第二十六章。

【译文】

朱熹说，上面一段是第二十六章。

第二十七篇（修身）

【原文】

大哉圣人之道！洋洋乎[①]发育万物，峻极于天[②]。优优[③]大哉，礼仪[④]三百，威仪[⑤]三千。待其人[⑥]而后行。故曰：苟不至德，至道不凝[⑦]焉。故君子尊德性而道问学[⑧]，致广大而尽精微，极高明而道中庸，温故而知新，敦厚以崇礼。是故居上不骄[⑨]，为下不倍[⑩]。国有道[⑪]，其言足以兴[⑫]；国无道[⑬]，其默足以容[⑭]。《诗》曰[⑮]："既明且哲，以保其身。"其此之谓与！

【注释】

①洋洋乎：浩浩荡荡，含有充满美好的意思。②峻极：高峻到极点。于：至。③优优：宽裕充足的样子。④礼仪：古代礼节的主要规则，又称经礼。指典礼制度。⑤威仪：古代典礼中的动作规范及待人接物的礼节，又称曲礼，指礼的细节。⑥其人：指圣人。⑦凝：凝聚集中，引申意为成功。⑧道问学：道（dǎo），由、从。问学，询问及学习。⑨居上不骄：居上，身居上位的人。骄，骄慢、骄傲。⑩为下不倍：

为下，身居下位的人。倍，通“悖”，背弃、违背。⑪国有道：国家实行正道，指政治清明，太平盛世。⑫兴：兴盛。振兴。另一说：兴起，引申意为得志，被朝廷任用，被主张采纳。⑬国无道：国家缺乏正道，政治黑暗，社会混乱。⑭其默足以容：意为缄默不语，足以为执政者所容，因而也就可以远避灾祸，保全自己。默，缄默不语。容，容身，指保全自己。⑮《诗》曰：这两句诗出自《诗经·大雅·烝民》。这是一首歌颂仲山甫（周宣王的臣子）的诗。哲：智慧，指洞察事理，意为明达。

【译文】

伟大啊，圣人的道。浩浩荡荡，充满天地之间，生长发育万物，与天一样崇高。充裕而又伟大啊，三百条礼仪，三千条威仪，等待圣人出现后才能实行。所以说：如果达不到崇高的德，崇高的道就不会成功。因此，君子应当尊奉德性，善学好问，达到宽广博大的宏观境界，同时又深入精细详尽的微观之处，达到极端的高明，同时又遵循中庸之道。温习已经了解的道理，从而探究对事理新的认识，抱着朴实厚道的态度崇尚礼节。

这样，身居上位时不要骄傲，身居下位时不要背弃。国家政治清明时力争言论主张能被采纳，使国家振兴。国家政治黑暗时沉默不语力求保全自身。《诗经》里说：“既明达又智慧，这样才能保全自己的性

命。”这句诗说的就是这个意思吧！

【朱熹提示】

右第二十七章。

【译文】

朱熹说，上面一段是第二十七章。

第二十八篇（明道）

【原文】

子曰："愚而好自用①；贱而好自专②；生乎今之世，反③古之道；如此者，灾及其身者也。"

非天子，不议礼④，不制度⑤，不考文⑥。今天下，车同轨⑦，书同文⑧，行同伦⑨。虽有其位，苟无其德，不敢作礼乐⑩焉；虽有其德，苟无其位，亦不敢作礼乐焉。

子曰："吾说夏礼⑪，杞⑫不足征也；吾学殷礼⑬，有宋存⑭焉。吾学周礼⑮，今用之，吾从周⑯。"

【注释】

①自用：只凭自己主观意图行事，不虚心向别人求教。《尚书·仲虺之诰》："好问则裕，自用则小。"②自专：按自己的主观意志独断专行。③反：同"返"，引申为恢复。④议礼：议论礼仪，指修订礼仪。⑤制度：创立法度。制，制定。度，法度。⑥考文：考核文字。考，考核、考订。文，文字，这里指文字的形体和笔画。⑦车同轨：各种车子轮距的量度一样。

古代制车，两轮之间的距离都有定制。轨，车子两轮之间的距离。⑧书同文：书写的是同样的文字。⑨行同伦：待人处事遵守同样的道德规范。伦，指伦理道德。⑩乐（yuè）：音乐。古代天子制礼作乐，以治天下。⑪说夏礼：说，解说，另一说为“悦”，喜爱。夏礼，夏代的礼法。⑫杞（qǐ）：古国名，在今河南杞县。相传杞开国君主是夏禹后裔东楼公。⑬殷礼：殷代礼法。商朝从国王盘庚迁都至殷（今河南安阳）到纣亡国，一般称为殷代。整个商朝，也称商殷或殷商。⑭宋：古国名。商汤的后代，古城在今河南商丘县南。宋国的开国君主是商纣的庶兄微子启。⑮周礼：周朝的礼制，是儒家赞成恢复的理想的社会制度。⑯吾从周：我要遵从周礼。吾，孔子。孔子说的这一小段话散见于《论语》。《论语·八佾》：“夏礼，吾能言之，杞不足征也；殷礼，吾能言之，宋不足征也。文献不足故也。足，则吾能征之矣。”“周监于二代，郁郁乎文哉，吾从周。”《论语·为政》：“殷因于夏礼，所损益可知也；周因于殷礼，所损益，可知也。其或继周者，虽百世，可知也。”

【译文】

孔子说：“愚蠢的人却又爱只凭主观意图行事；卑贱的人却又好独断专行；生活在当今时代，却偏要去恢复古代的制度，像这样的人，灾祸一定要降临在他的身上。”

不是天子，不敢议论礼制，不敢制定法度，不敢考核文字。现今天下统一，车辙的距离相同，书写的文字相同，实行的伦理道德也相同。虽然有天子的地位，但如果没有天子的德性，是不敢轻易制礼作乐的；虽然有天子的德性，但如果没有天子的地位，也不敢轻易去制礼作乐。

孔子说："我解说夏代的礼法，但由于它的后代已经衰亡，现在只有一个杞国存在，所以不足以验证。我学习殷代的礼法，现在还有它的后代宋国保持着。我学习周代的礼法，现今正实行着它，因此，我遵从周代的礼法。"

【朱熹提示】

右第二十八章。

【译文】

朱熹说，上面一段是第二十八章。

第二十九篇（明辨）

【原文】

王天下有三重焉[①]，其寡过矣乎！上焉者[②]，虽善无征，无征不信，不信民弗从。下焉者[③]，虽善不尊[④]，不尊不信，不信民弗从。故君子之道，本诸身，征诸庶民，考诸三王而不缪[⑤]，建诸天地而不悖[⑥]，质诸鬼神而无疑[⑦]，百世以俟圣人而不惑[⑧]。质诸鬼神而无疑，知天也；百世以俟圣人而不惑，知人也。

是故，君子动而世为天下道，行而世为天下法，言而世为天下则。远之则有望[⑨]，近之则不厌。

《诗》曰[⑩]："在彼无恶[⑪]，在此无射[⑫]。庶几夙夜[⑬]，以永终誉[⑭]。"君子未有不如此，而蚤[⑮]有誉于天下者也。

【注释】

①王天下有三重焉：王（wàng），成为君王，统治天下。王是动词。三重，三件重要的事，指上章说的议礼、制度、考文。②上焉者：指在上位的人。③下焉者：指在下位的人。④不尊：没有尊贵的地位。

⑤考诸三王而不缪：意为君子之道符合古代三君王立下的法则。三王，指夏禹、商汤、周文王三朝君王。缪，通“谬（miù）”，错误。诸，“之于”的意思。⑥建诸天地而不悖：指君子之道符合天地之道。建，立。悖（bèi），违背。⑦质诸鬼神而无疑：《中庸》认为鬼神不疑，即是符合天道。质，证实、保证。另一说为质问、卜问。⑧不惑：不疑惑，不反对。⑨望：仰望、敬仰、仰慕。⑩《诗》曰：这四句诗出自《诗经·周颂·振鹭》。这首诗是周王设宴招待来朝的诸侯时，在宴席上唱的乐歌。一说这是一首赞美宋国微子的诗。⑪在彼无恶：彼，诸侯所在国，一说指在宋国。无恶（wù），无人憎恶。这句意为：诸侯勤于政事，本国无人憎恶。⑫在此无射：此，周王所在地，即指朝廷。无射（yì），不厌恨。射，《诗经》里作“斁”，厌弃、厌恨。这句是说，诸侯来到朝廷朝见天子，朝廷里没有人厌恨他。⑬庶几夙夜：庶几，差不多。夙（sù）夜，早晚，犹言早起晚睡。这句是说，各诸侯早起晚睡，勤于政事。⑭以永终誉：永，长。终，保持；另一说：通“众”，为众的假借字。誉，荣誉、赞誉。这句是说，各诸侯能长久受到众人的称赞。⑮蚤（zǎo）：通“早”，假借字。

【译文】

君王统治天下要做三件重大的事情，这就是议礼、制度、考文，做好了就会减少他的过失。在上位的人，

品德虽好但没有验证，没有验证就不确实，不确实就不能取信于百姓。在下位的人，品德虽好，但不尊贵，不尊贵就不踏实，不踏实也不能取信于百姓。所以，君子统治天下的道理在于：要以自身的品德修养为根本，要在百姓中得到验证和信任。要用夏、商、周三代先王的礼仪制度来考查而没有谬误，树立在天地之间没有悖理的地方，卜问鬼神没有可疑的地方，等到百世以后圣人出现也不感到迷惑了。

卜问鬼神没有可疑的地方，这是了解天意；等到百世以后圣人出现不感迷惑，这是了解人意。

因此，君子的举动能世世代代成为天下的法则，君子的行为能世世代代成为天下的法度，君子的言谈能世世代代成为天下的准则。离得远的则有仰慕之心，离得近的也不会有厌恶之意。

《诗经》里说："诸侯在邦无人憎，在朝也不遭人恨。早起晚睡政事勤，众人称赞美名存。"君子没有不先做到这些却早有美名流传于天下的。

【朱熹提示】

右第二十九章。

【译文】

朱熹说，上面一段是第二十九章。

第三十篇（知法）

【原文】

仲尼祖述[①]尧舜，宪章文武[②]，上律天时[③]，下袭水土[④]。辟如天地之无不持载[⑤]，无不覆帱[⑥]。辟如四时之错行[⑦]，如日月之代明[⑧]。万物并育而不相害[⑨]，道并行而不相悖[⑩]。小德川流，大德敦化[⑪]，此天地之所以为大也。

【注释】

①祖述：遵循前人的行为或学说。这里说孔子遵循尧、舜二帝的道统。②宪章文武：宪章，效法。这句是说效法周文王和周武王的典章制度。③上律天时：律，遵从。天时，谓自然变化的时序。或言节气、气候，或言阴晴寒暑的变化。④下袭水土：袭，符合。水土，犹言地理环境。⑤辟如：同“譬如”。持载：承载。这里是说天地广博深厚没有什么不能承载。⑥无不覆帱（dào）：覆帱，覆盖、遮盖。这里是说没有什么不能覆盖。⑦错行：错综运行，意为流动不息。⑧代明：交替光明，意为循环变化。代，交替的意思。

⑨并育：同时生长。相害：互相妨碍。⑩道并行而不相悖：道，指天地之道，即四季更迭、日月交替之道。悖（bèi），违背。⑪敦化：使万物达到敦厚纯朴的境地。

【译文】

孔子遵循尧、舜二帝的传统，效法周文王和周武王的典章。上遵从天时变化，下符合地理环境。好像天地没有什么不能承载，没有什么不能覆盖的。好像四季的错综运行，好像日月的交替照明。万物一起生长，互相并不妨害，天地的道同时并行，互相并不违背。小德如江河流行，不息不止；大德敦厚化育，无穷无尽，这就是天地之所以盛大的原因。

【朱熹提示】

右第三十章。

【译文】

朱熹说，上面一段是第三十章。

第三十一篇（修身）

【原文】

唯天下至圣，为能聪明睿知①，足以有临②也；宽裕③温柔，足以有容④也；发强⑤刚毅，足以有执⑥也；齐庄中正⑦，足以有敬也；文理密察⑧，足以有别⑨也。

溥博渊泉，而时出之。溥博如天，渊泉如渊。见而民莫不敬，言而民莫不信，行而民莫不说。

是以声名洋溢乎中国，施及蛮貊⑩；舟车所至，人力所通，天之所覆，地之所载，日月所照，霜露所队⑪，凡有血气者，莫不尊亲，故曰配天。

【注释】

①睿（ruì）知：聪明智慧。知，通“智”。②有临：居上临下。临，本指高处朝向低处，后引申为上对下之称。《论语·为政》：“临之以庄，则敬。”③宽裕：宽，广大。裕，舒缓。④有容：容纳、包容。⑤发强：发，奋发。强，勇力。⑥有执：操持决断天下大事。⑦齐（zhāi）庄：恭敬庄重。中正：不偏不倚。⑧文理：条理。密察：详察细辨。⑨有别：辨别

是非正邪。⑩蛮貊（mò）：古代称南方和北方落后部族。亦泛指四方落后部族。队：通“坠”，降落。

【译文】

只有天下崇高的圣人，才能做到聪明智慧，能够居上位而临下民；宽宏大量，温和柔顺，能够包容天下；奋发勇健，刚强坚毅，能够决断天下大事；威严庄重，忠诚正直，能够博得人们的尊敬；条理清晰，详辨明察，能够辨别是非邪正。

崇高的圣人，美德广博而又深厚，并且时常会表现出来。德性广博如天，德性深厚如渊。美德表现在仪容上，百姓没有谁不敬佩；表现在言谈中，百姓没有谁不信服；表现在行动上，百姓没有谁不喜悦。

这样，美好的名声广泛流传在中国，并且传播到边远的少数民族地区。凡是车船行驶的地方，人力通行的地方，苍天覆盖的地方，大地承载的地方，日月照耀的地方，霜露降落的地方；凡有血气的生物，没有不尊重和不亲近他们的，所以说圣人的美德能与天相匹配。

【朱熹提示】

右第三十一章。

【译文】

朱熹说，上面一段是第三十一章。

第三十二篇（诚意）

【原文】

唯天下至诚，为能经纶天下之大经[1]，立天下之大本[2]，知天地之化育，夫焉有所倚！肫肫[3]其仁，渊渊其渊[4]，浩浩其天[5]。苟不固[6]聪明圣知，达天德者[7]，其孰能知之[8]？

【注释】

①经纶：原指在用蚕丝纺织以前整理丝缕。这里引申为治理国家大事，创制天下的法规。经，纺织的经线，引申为常道、法规。②大本：根本大德。本，根本。③肫肫（zhūn zhūn）：与“忳忳”同，诚挚的样子。郑玄注：“肫肫，读如‘海尔忳忳’之‘忳’。忳，恳诚貌也。”④渊渊其渊：意为圣人的思虑如潭水一般幽深。渊渊，水深。《庄子·知北游》：“渊渊乎其若海。”⑤浩浩其天：圣人的美德如苍天一般广阔。浩浩，原指水盛大的样子。《尚书·尧典》：“汤汤洪水方割，荡荡怀山襄陵，浩浩滔天。”引申意为广阔。《诗经·小雅·雨无正》：“浩浩昊天。”这里浩浩引申为广

阔。⑥固：实在、真实。⑦达天德者：通达天赋美德的人。达，通达、通贯。⑧其孰能知之：之，代词。指文中首句里的“天下至诚”。

【译文】

只有天下地道的真诚，才能成为治理天下的崇高典范，才能树立天下的根本法则，掌握天地化育万物的深刻道理，这需要什么依靠呢！他的仁心那样诚挚，他的思虑像潭水那样幽深，他的美德像苍天那样广阔。如果不真是聪明智慧，通达天赋美德的人，还有谁能知道天下地地道道的真诚呢？

【朱熹提示】

右第三十二章。

【译文】

朱熹说，上面一段是第三十二章。

第三十三篇（正心）

【原文】

《诗》曰[①]："衣锦尚䌹[②]。"恶其文之著也。故君子之道，闇然而日章[③]；小人之道，的然[④]而日亡。君子之道，淡而不厌，简而文，温而理，知远之近[⑤]，知风之自[⑥]，知微之显[⑦]，可与入德矣。

《诗》云[⑧]："潜虽伏矣[⑨]，亦孔之昭[⑩]。"故君子内省不疚[⑪]，无恶于志[⑫]。君子之所不可及者，其唯人之所不见乎！

《诗》云[⑬]："相在尔室[⑭]，尚不愧于屋漏[⑮]。"故君子不动而敬，不言而信。

《诗》曰[⑯]："奏假无言[⑰]，时靡有争。"是故君子不赏而民劝[⑱]，不怒而民威于鈇钺[⑲]。

《诗》云[⑳]："不显[㉑]惟德，百辟其刑之[㉒]。"是故君子笃恭而天下平。

《诗》云[㉓]："予怀明德，不大声以色。"子曰："声色之于以化民，末也。《诗》曰[㉔]：'德輶如毛。'毛犹有伦[㉕]。'上天之载，无声无臭[㉖]。'至矣。"

【注释】

①《诗》曰：这句诗出自《诗经·卫风·硕人》。这首诗写的是：卫庄公的夫人姜氏是一个美人。她初嫁到卫国来的那天就给了卫国人一个深刻印象。那印象就是这首诗里所描写的情境。②衣锦尚絅：衣（yì），用作动词，穿。锦，这里指色彩华美的丝绸服装。尚，加在上面。絅（jiǒng），用麻纱制作的单罩衣。尚絅，即加上麻纱罩衣。原诗为“褧衣”。③闇然：暗淡的样子。闇，“暗”的异体字。日章：日渐彰明。章，同“彰”。④的然：鲜艳的样子。的（dì），鲜艳、显著，宋玉《神女赋》：“朱唇的其若丹。”⑤知远之近：意为知道远是从近开始。⑥知风之自：意为知道教化别人必从自己做起。风，指教化。《尚书·毕命》：“树之风声。”《孔传》：“立其善风，扬其善声。”⑦知微之显：意为知道隐微之处对显著之处也有一定的影响。微，指隐蔽细微之处。⑧《诗》云：这两句诗出自《诗经·小雅·正月》。这是一首揭露社会现实的诗。⑨潜：潜藏。伏：隐匿。⑩孔：很、甚。昭：《诗经》作“焂（yì）”，与昭同，意为明显。⑪内省（xǐng）：经常在内心省察自己。《论语·学而》：“吾日三省吾身。”疚（jiù）：原意为久病。《释名·释疾病》：“疚，久也；久在体中也。”引申为忧虑不安。《诗经·小雅·采薇》：“忧心孔疚。”⑫无恶：引申为“无愧”的意思。志：心。《诗·关雎·序》：“在心为志。”⑬《诗》云

句：这两句诗出自《诗经·大雅·抑》篇。⑭相（xiàng）：看。在尔室：你独自一人在室。尔，你。⑮尚：当。不愧于屋漏：意指心地光明，不在暗中做坏事或起坏念头。屋漏，屋之西北角阴暗处。《毛传》："西北隅谓之屋漏。"⑯《诗》曰：这两句诗出自《诗经·商颂·烈祖》。这首诗是商的后代宋国在祭祀祖先时唱的乐歌。⑰奏假：祷告、祈祷。无言：默默无声。⑱不赏而民劝：君王不须赏赐就能使百姓受到鼓励。⑲鈇（fū）钺（yuè）：古代执行军法时用的斧子，与"斧钺"同。这里引申为刑戮。鈇，铡刀。古人用以腰斩的刑具。钺，古代一种兵器。⑳《诗》云：这两句诗出自《诗经·周颂·烈文》。这是周王在举行封侯仪式上所唱的乐歌。㉑不显：充分显扬。不，通"丕"，大。㉒百辟（bì）：指诸侯。刑：同"型"，法则。此为效法。㉓《诗》云：这两句诗出自《诗经·大雅·皇矣》。这是一首史诗，叙述周朝祖先开国创业的历史。㉔《诗》曰：这句诗出自《诗经·大雅·烝民》。德：指德的微妙。輶（yòu）：古代一种轻便车，引申意为轻。毛：羽毛。㉕毛犹有伦：这句是说羽毛虽然轻微，但还是有东西可以类比的。伦，比也。㉖上天：这两句诗出自《诗经·大雅·文王》。载：事。臭（xiù）：气味。这句诗的意思是说，上天化育万物的道理，没有声音和气味，世上没有什么东西可以用来形容它的高妙。

【译文】

《诗经》里说："内穿锦缎，外罩麻衣。"这样做是因为讨厌锦服的文彩太鲜艳了。因此，君子为人处事的道理在于，外表暗淡无色，而内心美德才日渐彰明；小人为人处事的道理在于，外表色彩鲜艳，但时间一长便会日渐消亡。君子为人的道理还在于，外表平淡而内具意味，外表简朴而内含文采，外表温和而内有条理，知道远是从近开始，知道教化别人是从自己做起，知道细微的地方会影响到显著的地方，能够掌握以上这些道理，就可进入圣人崇高美德的行列中去了。

《诗经》里说："鱼儿潜伏深水中，仍然清晰看得见。"因此，君子经常在内心深处省察自己而不感到内疚，就不会有愧心。由此可知，别人不及君子的原因，大概就是因为君子能在别人看不见的地方也严格要求自己。

《诗经》里说："看你独自在室中，心地光明应无愧。"所以，君子即使没行动时，也能怀着恭敬的态度，即使没言谈时，也能表现出他的诚实。

《诗经》里说："默默无声作祈祷，今时不再有争执。"所以君子不须赏赐，百姓就会受到鼓励；君子不必发怒，百姓就会比看到刑戮还要畏惧。

《诗经》里说："充分弘扬好德性，诸侯便会齐效行。"所以君子忠实恭敬，天下国家就会太平。

《诗经》里说："文王美德我怀念，大声厉色从不用。"孔子说："用大声厉色去感化百姓，这是没有抓住根本啊！《诗经》里说：'美德微妙如鸿毛。'鸿毛虽然轻微细小，但还是有东西可以类比。《诗经》里说：'天生万物有其道，无声无味真微妙。'这才是达到了最高的境界了。"

【朱熹提示】

右第三十三章。子思因前章极致之言，反求其本；复自下学为己谨独之事，推而言之，以驯致乎笃恭而天下平之盛，又赞其妙，至于无声无臭而后已焉。盖举一篇之要，而约言之。其反复丁宁示人之意，至深切矣，学者其可不尽心乎？

【译文】

朱熹说，上面一段是第三十三章。子思按照前章所说圣人道德的极致，反过来探求其根本方法。这一章再从后学立身慎独说起，一直讲到君子笃厚恭谨而天下太平的盛况，更称赞他们德行高妙，达到了"无声无臭"的最高境界。这是举出《中庸》一书的要旨，而加以总结说明。这种反复叮咛教人的用意，真是深远恳切啊，学习的人难道可以不尽心去研究吗？

《论语》

走近孔子及《论语》

《论语》是一部记录孔子言行的典籍。一般人或许会想，记录孔子言行的书有什么好看的。圣人嘛，一定一天到晚道貌岸然，玩深沉，装伟大，其一言一行也必定乏味至极。如果你也这样想，那就错了。看完《论语》，你会发现孔子与一般人也没有什么两样，其一言一行也是非常平易近人、和蔼可亲的。

从现在流传下来的一些画像上看来，孔子始终是一副温文尔雅、一团和气的样子，这里自然有许多理想化的“儒家至圣先师”的成分，至于真实情况如何，我们就不得而知了。不过，孔子应该有其威武的一面。他的学生颜回称其“威而不猛”，且孔子身材魁伟，当时被称为“长人”。关于孔子的形象，我们所能得到的信息大致如此。

中国人的智慧博大精深，中国人的智慧源远流长，中国人还特别重视圣人，有道家的圣人，有儒家的圣人，有武圣、书圣、诗圣等等，我们光是把“圣”字

梳理出来，就是一部很厚重的文化史了！

那么，中国儒家的这位大圣，也给世人留下了非常丰富的非物质文化遗产：在做人上，孔子告诫我们“君子坦荡荡，小人常戚戚”；在做事上，孔子说“工欲善其事，必先利其器”；在学习上，孔子教导我们“学而不思则罔，思而不学则殆”；他的这些理念迎合了人类社会生存和发展的需要，乃至引发了一场国学复兴热。

人们更想探知：在生活中的孔子是什么样的一个人？他对于个人的生存发展又做何阐释？

读过《论语》，我们发现一贯严肃的孔子，也是一位懂得享受生活的人。比起疲于奔命的现代人来说，孔子更知道什么叫劳逸结合，什么叫“身体才是革命的本钱”。

当然，孔子也不是没有烦恼。孔子如果烦了，他会怎么办呢？他会在家里喝酒。孔子酒量颇大，《论语》中说孔子“唯酒无量”。不仅如此，孔子还精于养生之道。在《论语》中，就有多处孔子关于美食的精妙论述与美妙譬喻，留下了“食不厌精，脍不厌细”等美食名言。

综观孔子一生的发展历程，我们不仅看到了他对人性的深刻理解，也看到了他在人性传播领域的卓越贡献。他为思想襁褓中的世人搭建了有别于神灵或者魔鬼的灵魂小屋，他为快乐或者悲伤的人规范了言行，他为富贵或者贫贱的人找到了和谐的纽带。孔子的历史地位，用他的崇拜者朱熹的话来说，叫“天不生仲尼，万古如长夜”。

学而第一

一

子曰[①]：“学而时习之[②]，不亦说乎[③]？有朋自远方来[④]，不亦乐乎？人不知而不愠[⑤]，不亦君子乎[⑥]？”

【注释】

①子：有学问有道德的男子，相当于“先生”。此指孔子，以下皆同。曰：说。②时习：在一定时间温习（或实习）。③亦：也是。说（yuè）：通“悦”，高兴、快乐。④朋：“同师曰朋，同志为友”。朋，即指同学，泛指朋友。自：从。来：来到。有“共同研究学问”的意思。⑤人不知：自己有学问有道德，别人不知道或不了解。愠（yùn）：恼恨、恼怒。⑥君子：此指学问高、道德修养好的人。

【译文】

孔子说：“学习知识以后，在一定的时候温习它，不也是很愉快的吗？有朋友从远处而来，不也是快乐

的吗？别人不理解我，我也不恼怒，不也是一位道德修养高的人吗？”

二

曾子曰[①]：“吾日三省吾身[②]：为人谋而不忠乎[③]？与朋友交而不信乎[④]？传不习乎[⑤]？”

【注释】

①曾子：名参（shēn），字子舆，孔子的学生。②三省：即多次进行自我检查。三，不表示确数，有多次的意思。省（xǐng），自我检查。身：自身、自己。③为（wéi）：替、给。忠：尽心竭力。④信：信实、诚心。⑤传：传授。

【译文】

曾子说：“我每天对自己进行多次反省：自己替别人办事尽心竭力了吗？同朋友交往诚心相待了吗？老师传授的知识用心温习了吗？”

三

子曰：“弟子入则孝[①]，出则弟，谨而信，泛爱众，而亲仁。行有余力，则以学文[②]。”

【注释】

①弟子：此指年纪幼小的人。②文：指古代文献。

【译文】

孔子说："年轻人在父母身边就要孝顺父母，离开家里就要敬爱兄长，做事要谨慎，说话要诚实，要广泛爱护众人，亲近有仁德的人。这样做了之后，如果还有精力，就去学习文化知识。"

四

子曰："君子不重[①]，则不威[②]，学则不固[③]。主忠信[④]。无友不如己者[⑤]。过[⑥]则勿惮改[⑦]。"

【注释】

①重：稳重、庄重。②威：威严。③固：坚固、牢固。④主忠信：以忠实诚恳为主要品德。忠信，忠实诚恳。⑤友：作动词用，是"以……为友"的意思。"无友不如己者"是说不与在各方面比自己差的人交朋友。⑥过：作动词，犯过失。⑦惮(dàn)：害怕。

【译文】

孔子说："君子如果不稳重，就没有威严；即使学

习了，所学的知识也不会牢固。应当把忠信放在主要位置。不要与比不上自己的人交朋友。犯了过错，要不怕改正。”

五

子禽问于子贡曰[①]：“夫子至于是邦也[②]，必闻其政，求之与？抑与之与[③]？”子贡曰：“夫子温、良、恭、俭、让以得之[④]。夫子之求之也，其诸异乎人之求之与[⑤]！”

【注释】

①子禽：姓陈，名亢（kàng），字子禽。子贡：姓端木，名赐，字子贡，孔子的学生。②夫子：对人的敬称，凡做过大夫的人都被敬称为“夫子”，孔子曾做过鲁国的司寇，所以学生称他为“夫子”，后来沿袭称呼老师为“夫子”。邦：诸侯国家。③抑：表选择关系的关联词，相当于“还是”“或是”。④温：温和。良：善良、平和。恭：恭敬、庄重。俭：节俭、节制。让：谦逊。⑤其诸：表示推测的语气词，相当于“大概”。

【译文】

子禽问子贡道：“先生每到一个国家，必然听得到那个国家的政事。这是他有心求人告诉他的呢？还是

别人主动告诉他的呢？”子贡回答道：“先生凭温和、善良、恭敬、节制和谦逊的态度来取得别人的信任和尊敬，使得人家主动把政事告诉给他。先生这种取得别人信任而获知政事的方法，与别人获知政事的方法大概不同吧！”

六

子曰：“君子食无求饱，居无求安，敏于事而慎于言，就有道而正焉①，可谓好学也已。”

【注释】

①就：靠近。道：道德。正：纠正。

【译文】

孔子说：“君子吃饭不要求饱，居住不讲究舒适，办事迅速敏捷，说话谨小慎微，能时常向道德高的人学习并改正自己的缺点，这样做就可以称得上是好学了。”

七

子贡曰：“贫而无谄①，富而无骄，何如②？”子曰：“可也。未若贫而乐③，富而好礼者也。”

子贡曰：“《诗》云：‘如切如磋，如琢如磨④。’

其斯之谓与？”子曰：“赐也[5]，始可与言《诗》已矣[6]！告诸往而知来者[7]。”

【注释】

①谄（chǎn）：巴结、奉承。②何如：怎么样。②贫而乐：虽贫穷却乐于道德的自我完善。而：表转折，却的意思。④如切如磋，如琢如磨：摘自《诗经·卫风·淇（qí）奥》。切：用刀切断；磋（cuō）：用锉锉平；琢：用刀雕刻；磨：用物磨光。诗意是：加工象牙，切了还要磋，使其更加平滑；加工玉石，琢了还得磨，使其更加细腻。摘引诗句是比喻君子自我修养的高要求。⑤赐：孔子对子贡的称呼，孔子对学生都是直呼其名。⑥始可与言《诗》已矣：即“始可与女言《诗》已矣”的省略，女即汝（rǔ），你，指子贡。⑦告诸往而知来者：诸，相当于“之于”；往，指过去的、已知的事；来者，指未来的、未知的事。此句是孔子对子贡的赞扬，称赞子贡一旦领悟了此，就会知彼。

【译文】

子贡说：“虽然贫穷，却不去巴结奉承有钱人；虽然富有，却不傲慢自大，这样做怎么样？”孔子说：“这样算不错了，但是比不上贫穷却乐于道德的自我完善，富有却又崇尚礼节的。”

子贡说：“《诗经》上说：‘君子的自我修养就像加

工骨器，切了还要磋；又像加工玉石，琢了还得磨。’大概讲的是这个意思吧？”孔子说：“赐呀，现在可以同你谈《诗经》了。告诉你这一点，你就有所领悟而知道那一点。”

为政第二

一

子曰：“为政以德[1]，譬如北辰，居其所而众星共之[2]。”

【注释】

①以：用。②北辰：即北极星。所：地方。共：通“拱”，环抱、环绕的意思。众星共之：指天上群星围绕北极星旋转、运行（在古代北极星被认为是天的中心）。

【译文】

孔子说：“国君用品德教化治理国家，他就会像北极星那样，泰然处在自己的位置上，使众多的星辰环绕着他。”

二

子曰："道之以政，齐之以刑，民免而无耻[①]；道之以德，齐之以礼，有耻且格[②]。"

【注释】

①政：法令制度。齐：作动词，使整齐。免：避免。②格：纠正。

【译文】

孔子说："用政令来管理百姓，用刑罚来约束他们，百姓只能暂时地免于犯罪，但不知道犯罪是可耻的；用道德去教化百姓，用礼教来制约他们，百姓便不但有羞耻之心，而且能自己纠正错误。"

三

子游问孝[①]。子曰："今之孝者，是谓能养[②]。至于犬马，皆能有养[③]；不敬，何以别乎？"

【注释】

①子游：姓言，名偃（yǎn），字子游，孔子的学生。②养：供养，赡养父母。③养：此指饲养。

【译文】

子游问孔子什么是孝。孔子说："现在称作的孝，是仅仅能供养父母就行了。然而就是狗、马，也都能得到人的饲养；如果没有对父母的一片孝敬之情，那赡养父母与饲养狗、马有什么区别呢？"

四

子曰："温故而知新，可以为师矣[①]。"

【注释】

①为：做。师：老师。

【译文】

孔子说："温习旧的知识能从中悟出新的见解、有新的收获，这样就可以去做别人的老师了。"

五

子曰："君子周而不比，小人比而不周[①]。"

【注释】

①周：合群，用道义来团结人。比：勾结，结党

营私。

【译文】

孔子说："君子与人团结，而不是互相勾结、结党营私；小人则爱相互勾结、结党营私而不讲团结。"

六

子曰："学而不思则罔，思而不学则殆[1]。"

【注释】

①罔（wǎng）：蒙蔽、欺骗。则：那么。殆（dài）：疑惑。

【译文】

孔子说："只是读书，却不动脑筋思考，就会受蒙蔽；只是冥思苦想却不认真读书，就会疑惑而无所得。"

七

子张学干禄[1]。子曰："多闻阙疑，慎言其余，则寡尤[2]；多见阙殆，慎行其余，则寡悔。言寡尤，行寡悔，禄在其中矣。"

【注释】

①子张：姓颛孙，名师，字子张，孔子的学生。干禄：即求仕，求官做。干，求。禄，俸禄，旧时官吏的俸给。②阙疑：意思是把疑难问题留着，不下判断。阙（quē），通“缺”，空，此指暂时放在一边。寡：少。尤：过失。

【译文】

子张向孔子请教如何谋得官做。孔子说：“多听听别人的意见，把你觉得疑惑的问题放在一边，其余的，也要谨慎小心地说出来，这样就能减少过失；多看看别人的行事，有疑惑不清的地方暂时搁下，其余的，也要谨慎小心地去做，那么就能减少懊悔，谋求做官的秘诀就在这里面了。”

八

哀公问曰[①]：“何为则民服[②]？”孔子对曰[③]：“举直错诸枉[④]，则民服；举枉错诸直，则民不服。”

【注释】

①哀公：鲁国的国君，姓姬，名将，“哀”是谥号，他是定公的儿子。②何为：如何做。服：服从。③对：臣回答君的提问或地位低的人回答地位高的人

的提问时用“对”。④举：选拔、举用。直：正直。错：通“措”，放置。诸：“之于”，在它的上面。枉：弯曲、不正。

【译文】

鲁哀公问道：“要如何做才能让老百姓服从呢?”孔子回答说：“提拔举用正直的人，（把他们）安置到奸邪小人的上面，老百姓就服从了；如果举用奸邪小人并把他们放置在正直人的上面，老百姓就不服了。”

九

季康子问[①]：“使民敬、忠以劝，如之何[②]?”子曰：“临之以庄则敬[③]；孝慈则忠[④]；举善而教不能则劝[⑤]。”

【注释】

①季康子：鲁国大夫，姓季孙，名肥，“康”是他的谥号，鲁哀公时最有权力的人。②敬：恭敬。劝：劝勉。如之何：怎么办。③临：对待。庄：恭敬庄严。④孝慈：孝敬父母，慈爱百姓。⑤善：品德高尚的人。不能：能力低的人。

【译文】

季康子问孔子：“要使老百姓恭敬、尽忠和互相劝勉行善，应该怎么办呢?”孔子说：“你对老百姓态度

庄重，他们就会对你敬重；你孝顺父母、慈爱百姓，他们就会对你忠心；你任用品德高尚的人，教育能力差的人，百姓就会勤勉了。”

十

子曰：“非其鬼而祭之[①]，谄也。见义不为[②]，无勇也。”

【注释】

①非其鬼：不是他们应该祭祀的鬼神。②为：做。

【译文】

孔子说：“不是自己应该祭祀的鬼神，却去祭祀它，这是谄媚；眼看正义的事情而不奋不顾身地去做，这是没有勇气。”

八佾第三

一

孔子谓季氏①："八佾舞于庭②，是可忍也，孰不可忍也③？"

【注释】

①季氏：季孙氏，此指季平子，鲁国大夫，此时把持鲁国的国政，代鲁国国君主持祭祀。②佾（yì）：古代舞蹈奏乐的行列。八个人为一行，就叫一佾；八佾是八行，共六十四人。按周礼天子才能用八佾，诸侯用六佾，大夫用四佾，士用二佾。因鲁国国君是周公后代，周公曾有功于周王室，为报答周公之德，周成王赐给鲁国用天子之礼乐祭祀的特殊待遇。③是：此，这个。忍：忍心、狠心。孔子认为季平子是大夫，不该忍心用天子的礼乐主持祭祀，这是对天子、国君的蔑视。孰（shú）：疑问代词，谁、什么、哪一个。

【译文】

孔子议论到季孙氏时，说："他在自己的庭院中奏乐舞蹈使用了周天子的八佾，这种事他都忍心做得出来，还有什么事他不能忍心去做呢？"

二

林放问礼之本[1]。子曰："大哉问[2]！礼，与其奢也，宁俭；丧，与其易也，宁戚[3]。"

【注释】

①林放：鲁国人。②大哉问：你问的问题意义重大啊！③易：治理、置办。戚：悲伤。

【译文】

林放问孔子礼的本质是什么。孔子说："你提的问题意义很大啊！就一般礼节仪式来说，与其过分奢侈，宁可朴素节俭；就办丧事而言，与其在仪式上大操大办，不如内心真正悲哀。"

三

季氏旅于泰山[1]。子谓冉有曰[2]："女弗能救与[3]？"

对曰：“不能。”子曰：“呜呼！曾谓泰山不如林放乎[④]？”

【注释】

①旅：祭名，祭祀山川称“旅”。当时按规定只有天子和诸侯才有资格祭祀泰山，而季氏是大夫，去祭祀泰山，孔子认为这一行为越礼。②冉有：姓冉（rǎn），名求，字子有，孔子的学生，季氏的家臣。③弗（fú）：不。救：此指设法劝阻。④曾（zēng）：乃，竟。

【译文】

季孙氏要去祭祀泰山。孔子对冉有说：“你不能阻止这件事吗？”冉有回答说：“不能。”孔子说：“哎呀！难道说泰山之神不如林放，竟会接受季氏越礼的祭祀吗？”

四

子夏问曰：“‘巧笑倩兮，美目盼兮，素以为绚兮。’[①]何谓也？”子曰：“绘事后素[②]。”曰：“礼后乎？”子曰：“起予者商也[③]！始可与言《诗》已矣。”

【注释】

①倩（qiàn）：美丽。兮（xī）：语助词，相当于

"啊"。盼：眼睛黑白分明。绚（xuàn）：色彩华丽。②绘：绘画。素：白色。③起：启发。予：我。商：指子夏，因子夏姓卜，名商，孔子称其名。

【译文】

子夏问孔子："'漂亮的脸笑得美啊，明亮的眸子真妩媚啊，洁白的脂粉更把她装扮得楚楚动人啊。'这三句诗有什么含义呢？"孔子说："你看绘画，先有白底，然后再着色画花。"

子夏说："那么，这就是说礼乐产生在仁义之后吧？"孔子说："能对我有所启发的是商啊！现在可以和你谈论《诗经》了。"

五

王孙贾问曰[①]："'与其媚于奥，宁媚于灶[②]'，何谓也？"子曰："不然[③]。获罪于天，无所祷也[④]。"

【注释】

①王孙贾：卫国的大夫。②奥：古代居室的西南角，古人认为此处有神，此指奥神。灶：指灶神。古人认为奥神比灶神尊贵，但灶神地位虽低，却能"上天言善事"，能通天。故"与其媚于奥，宁媚于灶"，意思是说，与其巴结地位高的人，不如巴结地位虽低却有实权的人。③然：对，正确。④此句意思是如果

做了坏事，得罪了天，那就没地方去祈祷了（即如果做了坏事，巴结谁都没有用；如果不做坏事，谁都可不巴结）。

【译文】

王孙贾问道："与其巴结奥神，不如巴结灶神，这句话是什么意思?"孔子说："不对。要是得罪了上天，就没有可祈祷的地方了。"

六

哀公问社于宰我①。宰我对曰："夏后氏以松，殷人以柏，周人以栗，曰：使民战栗②。"子闻之，曰："成事不说，遂事不谏③，既往不咎④。"

【注释】

①社：土地神，古代建国必立社，用以祭祀土地神，此指神主（即木制的牌位）。宰我：名予，字子我，孔子的学生。②以：用。栗（lì）：前一意是栗树，后一意是害怕得发抖。使：让。③遂（suì）：已经完成。谏（jiàn）：规劝君主、尊长或朋友，使之改正错误和过失。④咎（jiù）：责怪。

【译文】

鲁哀公问宰我制作土地神的神主应该用哪一种树

木。宰我回答说："夏朝的人用松树制作神主，殷朝的人用柏树制作神主，周朝的人用栗树制作神主。用意是，让老百姓害怕得发抖。"孔子听了这些话后，对宰我说："事情已经做了，就不要再解释了，已经完成的事就不用再规劝了，已经过去的事情就不要再责备了。"

七

子曰："管仲之器小哉[①]！"

或曰："管仲俭乎？"曰："管氏有三归，官事不摄，焉得俭[②]？"

"然则管仲知礼乎[③]？"曰："邦君树塞门，管氏亦树塞门[④]。邦君为两君之好，有反坫，管氏亦有反坫[⑤]。管氏而知礼，孰不知礼？"

【注释】

①管仲：齐国人，姓管，名夷吾，曾做齐桓公的宰相，辅佐齐桓公成为春秋五霸之一。器：气量、度量。②三归：是藏钱财的府库。摄：兼职。焉：哪里。③然则：（既然，这样）那么。④邦君：诸侯国的国君。树：作动词，立。塞门：相当于萧墙、照壁、屏风之类，以使外面看不见里面。⑤坫（diàn）：台名，用土筑成，放置器物的设施。反坫：古礼两君相宴，饮毕，将空酒杯放在土坫上。

【译文】

孔子说："管仲的气量极小啊!"

有人便问："管仲生活俭朴吗?"孔子于是说："管仲有储放钱财的府库，他下属的官员都各司其职而不兼职，这哪里谈得上俭朴呢?"

那人又问："既然这样，那么管仲知礼吗?"孔子说："国君的宫殿门前立有照壁，管仲府大门也立有萧墙。国君设宴招待贵宾在堂上设有放置酒杯的土台，管仲待客也设有这样的土台。如果说管仲知礼，还有谁不知礼吗?"

八

仪封人请见①。曰："君子之至于斯也，吾未尝不得见也②。"从者见之③。出，曰："二三子，何患于丧乎④？天下之无道也久矣，天将以夫子为木铎⑤。"

【注释】

①仪：卫国地名。封人：官名，主掌典守边疆的长官。请见：请求接见。②未尝：从来没有。③从者：随从的人，此指孔子的随行弟子。④二三子：诸位、几人，此指孔子的弟子，这是仪封人对他们的称呼。丧

(sàng)：指失去官职。⑤夫子：指孔子。木铎（duò）：以木为舌的铜铃，古代宣布政教法令时或有战事时召集众人所用。此用来比喻孔子。“以……为……”即“把……当作……”。

【译文】

仪这个地方的边防长官请求孔子接见他，说：“只要是到这个地方的贤人君子，我是没有不要求会见的。”孔子的学生带他去见孔子。出来后，他对那些学生说：“诸位，不必替你们老师失去官职而忧虑，天下无道而黑暗的时间已经很长了，上天将把你们的老师作为传播正道的圣人。”

九

子曰：“居上不宽①，为礼不敬，临丧不哀，吾何以观之哉！”

【注释】

①居上：居于高位。宽：宽宏大量。孔子认为“居上不宽，为礼不敬，临丧不哀”都是违背礼仪的行为。

【译文】

孔子说："处于高位的人，待下不能宽宏大量，行礼时不能恭敬严肃，居丧时没有悲痛哀伤的表情，这种行为我怎么能看下去呀！"

里仁第四

一

子曰："里仁为美。择不处仁，焉得知[1]？"

【注释】

①里、处：居住，皆作动词。知：通"智"，聪明。

【译文】

孔子说："人如果能居住在行仁道的地方是最好的。如果挑选不行仁道的地方居住，哪里还算得上聪明呢？

二

子曰："苟志于仁矣[1]，无恶也。"

【注释】

①苟：如果、假使。

【译文】

孔子说："如果诚心立志实行仁德，就不会有使人厌恶的事发生。"

三

子曰："富与贵，是人之所欲也，不以其道得之[①]，不处也；贫与贱，是人之所恶也，不以其道得之，不去也[②]。君子去仁，恶乎成名[③]？君子无终食之间违仁[④]，造次必于是[⑤]，颠沛必于是。"

【注释】

①不以其道得之：不凭正当的手段得到它（富与贵）。②去：离开。③恶：通"乌"，哪，怎么。作副词。④终食之间：一顿饭工夫的意思。违：违背。⑤造次：匆忙、急遽。

【译文】

孔子说："财富和地位，这是人人都向往的，但如果不是凭正当的方式取得的，君子是不会享有的。贫困和卑贱，这是人人都厌恶的，但如果是由于本不应

该贫贱而贫贱了，君子是不会摆脱这种境况的。君子如果扔掉了仁，又怎么称作君子呢？君子即使是一顿饭工夫的时间也不会违反仁，匆促之时也总是不忘掉仁，在生活困顿、东奔西走之时也一定在实行仁。”

四

子曰：“能以礼让为国乎，何有[①]？不能以礼让为国，如礼何？”

【注释】

①为：治理。何有：即“有何”，意思是有什么困难。

【译文】

孔子说：“能够用礼让来治理国家，那还有什么困难呢？不用礼让来治理国家，那又能怎样实行礼呢？”

五

子曰：“君子喻于义，小人喻于利[①]。”

【注释】

①喻：明白、懂得。

【译文】

孔子说：“君子明白的是大义。小人懂得的是私利。”

六

子曰：“见贤思齐焉，见不贤而内自省也[1]。”

【注释】

①齐：平等。省：检查、反省。

【译文】

孔子说：“看见贤人，就想向他看齐；看见不贤的人，就应当自己从内心反省一下，看有没有跟他一样的错误。”

七

子曰：“父母之年，不可不知也。一则以喜，一则以惧[1]。”

【注释】

①则：连词，用在并列关系的句子中，“一则……一则”即“一方面……一方面。”

【译文】

孔子说："父母的年纪，不能不记在心上，一方面为他们健康长寿而高兴，一方面又为他们的日益衰老而忧虑。"

八

子游曰："事君数，斯辱矣[①]；朋友数，斯疏矣。"

【注释】

①数：屡次。斯：那么、就。连词。

【译文】

子游说："侍奉君主进谏次数过多，就会遭到侮辱；对待朋友劝告次数过多，就会被朋友疏远。"

公冶长第五

一

子谓公冶长[①]："可妻也[②]。虽在缧绁之中[③]，非其罪也。"以其子妻之[④]。

【注释】

①公冶长：人名，姓公冶，名长，孔子的学生。②妻：此作动词，嫁给……做妻子。③缧绁：捆绑犯人的绳子，此指代监狱。④子：指孔子的女儿，古时男女小孩都称为"子"。

【译文】

孔子谈到公冶长时，说："可以把女儿嫁给他做妻子。虽然他曾经蹲过监狱，但那并不是他的罪过。"于是就把自己的女儿嫁给公冶长做妻子。

二

子谓子贱[1]："君子哉若人[2]！鲁无君子者，斯焉取斯[3]？"

【注释】

①子贱：人名，姓宓，名不齐，字子贱，孔子的学生。②若人：这人，指子贱。③斯焉取斯：前一个"斯"指子贱，后一个"斯"指品德。此句意思是子贱从何处获得这样的品德呢？

【译文】

孔子谈论子贱时，说："子贱这个人是个君子啊！如果鲁国没有君子的话，他从何处获得这样的好品德呢？"

三

子使漆雕开仕[1]。对曰："吾斯之未能信[2]。"子说[3]。

【注释】

①漆雕开：人名，姓漆雕，名开，字子若，孔子

的学生。仕：旧称做官。②吾斯之未能信：即“吾未能信斯”，意思是“我不相信这”。③说：通“悦”，喜悦，高兴。

【译文】

孔子叫漆雕开去做官。漆雕开说：“我对做官还没有自信。”孔予听了感到高兴。

四

孟武伯问：“子路仁乎？”子曰：“不知也。”又问。子曰：“由也，千乘之国，可使治其赋也①，不知其仁也。”

“求也何如？”子曰：“求也，千室之邑，百乘之家，可使为之宰也②，不知其仁也。”

“赤也何如③？”子曰：“赤也，束带立于朝④，可使与宾客言也，不知其仁也。”

【注释】

①赋：兵赋，指有关军事的工作。②邑：古代百姓聚居的地方，包括周围的土地。家：诸侯分封给卿、大夫的采邑（即领地）。宰：一个县的长官、大夫家的总管都叫宰。③赤：人名，即公西赤，姓公西，名赤，字子华，孔子的学生。④束带：把腰带高高地紧紧束在胸口，此指整理好礼服。

【译文】

孟武伯问："子路算得上有仁德吗？"孔子说："我不知道。"孟武伯又问了一遍。孔子于是说："仲由呵，如果有一个具备千乘兵车的诸侯大国，可以让他去执掌军事工作。至于说他有没有仁德，那我就不知道了。"

孟武伯又问："冉求这个人怎么样？"孔子说："冉求嘛，在一个千户规模的大邑，一个拥有兵车百辆的县里，可以让他做县里的长官。他有没有仁德，我就不清楚了。"

孟武伯又问："公西赤怎么样？"孔子说："赤呵，有宾客来往时，可以派他穿着礼服站立在朝廷上接待宾客，与宾客交谈，我也不知道他有无仁德。"

五

宰予昼寝。子曰："朽木不可雕也，粪土之墙不可圬也①，于予与何诛②？"子曰："始吾于人也，听其言而信其行；今吾于人也，听其言而观其行。于予与改是。"

【注释】

①圬：抹墙。②诛：责问、谴责。

【译文】

宰予白天睡觉。孔子说："腐烂了的木头不可能雕刻什么了，粪土一样的土墙不可能粉刷了。对宰予，我还能责备什么呢？"孔子又说："当初我看一个人，是听了他的话就相信他的行为；现在看一个人，我听了他的话，还要观察一下他的行为。这种情况，我是经过宰予的事情以后改变的。"

六

子贡问曰："孔文子何以谓之'文'也①？"子曰："敏而好学，不耻下问②，是以谓之'文'也③。"

【注释】

①孔文子：姓孔，名圉，字仲叔，谥号"文"，卫国大夫。何以：即"以何"，凭什么。②不耻下问：即"不以下问为耻"，意思是不把向不如自己的人请教作为羞耻。③是以：即"以是"，因为这，因此。

【译文】

子贡问道："孔文子这个人，凭什么称他'文'呢？"孔子回答说："他既敏捷又勤奋学习，不把向地位比他低、学识比他浅的人请教当作是可耻的，因此称他'文'。"

七

子谓子产[①]："有君子之道四焉：其行己也恭[②]，其事上也敬[③]，其养民也惠，其使民也义。"

【注释】

①子产：人名，姓公孙，名侨，字子产，郑国大夫。②恭：谦逊。③事上：侍奉君主。敬：谨慎。

【译文】

孔子评论子产说："他具有君子的四种道德品行：他自己的行为显得谦逊，他侍奉国君谨慎，他养育百姓有恩惠，他役使百姓合乎道义。"

八

子曰："臧文仲居蔡[①]，山节藻棁[②]，何如其知也[③]？"

【注释】

①臧文仲：人名，姓臧孙，名辰，鲁国大夫。居：使之居住，有收藏的意思。蔡：指一种大乌龟，此指乌龟壳，古人用乌龟壳占卜吉凶，认为龟壳越大越灵。②山节：刻着山岳的斗拱。藻：水草。棁：大梁上的

短柱。藻棁指上边画着水藻的梁上短柱。③知：通“智”，聪明。最后一句意思是：在当时天子才能将大龟壳藏在豪华的庙堂里，而臧文仲也这样做，孔子认为他违背礼法，是不聪明的做法。

【译文】

孔子说：“臧文仲把大龟壳藏在雕刻着山岳的斗拱、画着花草图案短柱的家庙里，这个人怎么如此聪明呢？”

九

子张问曰：“令尹子文三仕为令尹①，无喜色；三已之②，无愠色。旧令尹之政，必以告新令尹。何如？”子曰：“忠矣。”曰：“仁矣乎？”曰：“未知，焉得仁？”

“崔子弑齐君③，陈文子有马十乘④，弃而违之⑤，至于他邦。则曰：‘犹吾大夫崔子也。’违之。之一邦，则又曰：‘犹吾大夫崔子也。’违之，何如？”子曰：“清矣。”曰：“仁矣乎？”曰：“未知，焉得仁？”

【注释】

①令尹：楚国的宰相称作令尹，官名。子文：人名，姓斗，名谷於菟，字子文，楚国著名贤相。三仕：多次做官。②已：免职。③崔子：人名，即齐国大夫

崔杼，他曾杀死国君齐庄王。弑：地位低的人杀地位高的人（即臣杀死君主或子女杀死父母）。④陈文子：人名，齐国大夫，名须无。⑤违：离去。

【译文】

子张问道："子文多次做令尹，不见他有高兴的神色；多次被罢官，也不见他有怨恨的神色。每次卸任，一定将任上原有的政事全都告诉新上任的令尹。由此看子文这个人怎么样？"孔子说："可算是忠于职守了。"子张又问："可算有仁德吧？"孔子说："不知道，怎样才算有仁德呢？"

子张又问道："崔子杀了齐庄公，陈文子有四十匹马，舍弃不要，离开齐国到了别国。他说：'这里的当权者跟我们的大夫崔子一个样。'于是又离去。到了另一个国家，他又说：'这里的当权者跟我们的崔大夫差不多。'于是又离开了这个国家。由此看来，这个人怎么样呢？"孔子说："算是很清白了。"子张又问："算得上仁吗？"孔子说："不知道，怎么算仁呢？"

十

季文子三思而后行[①]。子闻之，曰："再[②]，斯可矣。"

【注释】

①季文子：人名，姓季孙，名行父，谥号“文”。三思：即反复考虑，说明办事过于谨慎。②再：第二次。

【译文】

季文子每办一件事，都要经过反复考虑后才行动。孔子听说后说：“考虑两次就行了。”

雍也第六

一

子曰："雍也可使南面[①]。"

【注释】

①雍：人名，姓冉，名雍，字仲弓，孔子的学生。南面：古时以坐北朝南的位置为尊位，天子、诸侯、卿大夫等听政时都南面而坐，因此南面代指人君之位。使南面：意思是可以做卿大夫一类的官。

【译文】

孔子说："冉雍啊，有做大官的可能。"

二

哀公问："弟子孰为好学？"孔子对曰："有颜回者好学，不迁怒，不贰过[①]，不幸短命死矣[②]。今也则亡[③]，未闻好学者也。"

【注释】

①迁：转移。贰：重复。过：犯过失。②短命：指颜回早逝，仅三十一岁。③亡：通“无”，没有。

【译文】

鲁哀公问孔子说：“你的学生中哪一个最爱学习？”孔子回答说：“有一个叫颜回的学生好学，他能不把怒气发泄到别人身上，也不重犯同样的错误，不幸的是短命死了。现在没有这样的人了，我也没有听说过有好学的人了。”

三

子华使于齐，冉子为其母请粟[①]。子曰：“与之釜[②]。”请益，曰：“与之庾[③]。”冉子与之粟五秉[④]。子曰：“赤之适齐也，乘肥马，衣轻裘[⑤]。吾闻之也，君子周急不继富[⑥]。”

【注释】

①子华：人名，姓公西，名赤，字子华，孔子的学生。使：出使。粟：谷子，代指米。②与：给。釜(伯)：古代量名，六斗四升为一釜。③益：增加。庾：古代量名，二斗四升为一庾。④秉：古代量名，十六斛为一秉，一斛为十斗。⑤适：往、去。衣：穿，作

动词。⑥周：救济。急：穷困潦倒。继：接济。

【译文】

子华出使到齐国去，冉子替子华的母亲向孔子请求给点米。孔子说："给她一釜吧。"冉子请求多给些，孔子说："再给她一庾吧。"冉子就给了子华的母亲五秉。孔子说："子华到齐国去，乘的是肥壮的牛马拉的车，穿的是轻暖的皮袍。我听说过：君子救济急切需要帮助的穷人，而不应该救济那些富人。"

四

季康子问："仲由可使从政也与?"子曰："由也果[1]，于从政乎何有[2]?"

曰："赐也，可使从政也与?"曰："赐也达[3]，于从政乎何有?"

曰："求也，可使从政也与?"曰："求也艺[4]，于从政乎何有?"

【注释】

①果：果断。②何有：有什么困难。③达：通事理。④艺：多才多艺。

【译文】

季康子问孔子："仲由这个人可以派他治理政事

吗?”孔子说:“仲由办事果断,对于治理政事有什么困难呢?”

季康子又问:“子贡可以让他治理政事吗?”孔子说:“子贡这个人精通人情事理,对于治理政事有什么困难呢?”

季康子再问道:“子有这个人可以用他治理政事吗?”孔子说:“子有这个人多才多艺,对于治理政事还会有什么困难呢?”

五

季氏使闵子骞为费宰[①]。闵子骞曰:“善为我辞焉!如有复我者[②],则吾必在汶上矣[③]。”

【注释】

①闵子骞:人名,姓闵,名损,字子骞,孔子的学生。费:地名,季氏的家邑。②复我:再来召我。③汶:水名,即今山东的大汶河。汶上:指汶水的北面。暗指齐国。

【译文】

季氏派人请闵子骞做他封邑费那个地方的总管。闵子骞对来人说:“好好代我婉言谢绝吧!如果再来召我去的话,那么我肯定已逃到汶水的北边了。”

六

伯牛有疾[1]，子问之，自牖执其手[2]，曰："亡之[3]，命矣夫！斯人也而有斯疾也！斯人也而有斯疾也！"

【注释】

①伯牛：人名，姓冉，名耕，字伯牛，孔子的学生，有德行。②自牖执其手：古代的礼节，当有病的人在家里睡在北面的窗下，君主如果去看他时，就搬到南面的窗下，让君主能够从南面看他。当时伯牛家以这种礼表示对孔子的尊敬，孔子认为不敢当，所以不到病人家，只从窗口伸手进去握住病人的手。牖：窗户。③亡：是"丧"的意思，指病人将死去。

【译文】

伯牛有病，孔子去探视他，从窗口握住他的手，说："失去这个人，真是天意啊！这样的人竟得了这样的病！这样的人竟得了这样的病！"

七

子曰："孟之反不伐[1]，奔而殿[2]。将入门，策其马[3]，曰：'非敢后也，马不进也。'"

【注释】

①孟之反：人名，鲁国大夫。伐：夸耀。②奔：逃奔、败走。殿：军队撤退时走在最后叫“殿”，此指留在最后面掩护全军撤退。鲁哀公十一年（前484年）鲁国与齐国打仗，鲁军大败而退，孟之反留在后面掩护。③策：马鞭，此作动词，鞭打。

【译文】

孔子说：“孟之反不自我夸耀，打了败仗撤退时，他留在最后掩护。快进城门时，人们欢迎他，赞扬他，他却鞭打着马自谦地说：‘不是我敢在最后面走呀，是我的马跑不快呀。’”

八

子曰：“人之生也直，罔之生也幸而免[1]。”

【注释】

①罔：欺骗、不直。此指不正直的人。

【译文】

孔子说：“一个人因为正直，所以在人世上能够生存，不正直的人有时也能在人世上生存，那是由于他侥幸地躲避了灾难。”

九

子曰："知者乐水，仁者乐山；知者动，仁者静；知者乐，仁者寿。"

【译文】

孔子说："聪明的人喜欢水，有仁德的人喜爱山。聪明的人经常活动，有仁德的人多很沉静。聪明的人心情愉快舒畅，有仁德的人健康长寿。"

十

宰我问曰："仁者，虽告之曰：'井有仁焉'。其从之也?"子曰："何为其然也?君子可逝也，不可陷也[①]；可欺也，不可罔也。"

【注释】

①逝：往、去。此指去井边设法救起掉入井里的仁人。陷：陷入井中。

【译文】

宰我问道："有仁德的人，即使告诉他说'井里有仁人掉下去'，在那儿他会跟着跳到井中去吗?"孔子说："为什么要这样做呢?君子可以让他去井边想办法

救人，但不能也让他陷入井中；君子可以被人欺骗，但不能受别人愚弄。”

十一

子见南子，子路不说[1]。夫子矢之曰[2]：“予所否者，天厌之[3]！天厌之！”

【注释】

①南子：卫灵公之夫人，她把持朝政，行为不正。说：通“悦”，高兴。②矢：通“誓”，发誓。③否：不对，指做事不合于礼。厌：弃绝、厌弃。

【译文】

孔子去见南子，子路不高兴。孔子对天发誓说：“如果我的行为不合礼、不合道的话，天厌弃我吧！天厌弃我吧！”

述而第七

一

子曰："述而不作，信而好古，窃比于我老彭①。"

【注释】

①窃：私下、私自。老彭：人名，商代的贤大夫。

【译文】

孔子说："只传述旧作，不进行创新，相信而且喜爱古文化，我私下把自己和老彭相比。"

二

子曰："志于道，据于德，依于仁，游于艺①。"

【注释】

①艺：指礼（礼节）、乐（音乐）、射（射箭）、御（驾车）、书（写字）、数（算术）六种技艺，这是

上古时代贵族阶级教育、培养子弟的内容。

【译文】

孔子说："志向在'道'上，执守在'德'上，依据在'仁'上，游娱在'艺'上。"

三

子曰："不愤不启①，不悱不发②，举一隅不以三隅反，则不复也③。"

【注释】

①愤：思考问题时有疑难想不通的样子。②悱：想说却不能清楚地说出来的样子。发：启发。③隅：角落。反：推及、类推。

【译文】

孔子说："教导学生不到他想弄个明白而又不能弄明白的时候，我不去点拨他；不到他想说出来而又说不清楚的时候，我不去启发他。教给他某一方面，他不能由此推知其他几方面的，我就不再教他了。"

四

子谓颜渊曰："用之则行，舍之则藏，唯我与尔有

是夫!"

子路曰:"子行三军,则谁与?"

子曰:"暴虎冯河[①],死而无悔者,吾不与也。必也临事而惧,好谋而成者也。"

【注释】

①暴虎:徒手与老虎搏斗。冯河:不用船只徒步过河。

【译文】

孔子对颜渊说:"有用我的,就实行我的主张;不用我,就将它收藏起来。只有我和你能这样了!"

子路说:"如果您去率领军队指挥作战,找谁与您共事?"

孔子说:"空手与老虎搏斗,徒步涉水过河而被淹死了也不后悔的人,我是不与他共事的。与我共事的必须是临事能小心谨慎,善于谋划而能取得成功的人。"

五

冉有曰:"夫子为卫君乎[①]?"子贡曰:"诺[②],吾将问之。"

入,曰:"伯夷、叔齐何人也?"曰:"古之贤人也。"曰:"怨乎?"曰:"求仁而得仁,又何怨?"

出，曰："夫子不为也。"

【注释】

①为：帮助。卫君：即卫出公蒯辄（kuǎi zhè），他是卫灵公的孙子，太子蒯聩的儿子。蒯聩因得罪了卫灵公的夫人南子而逃亡晋国。灵公死，辄立为国君。晋国故意把蒯聩送回卫国和辄争夺君位以达到乘机侵略卫国的目的。蒯辄父子争夺君位与伯夷、叔齐互相谦让君位正好相反。子贡以此提问，探知孔子对卫出公辄的态度。②诺：答应的声音（表示同意）。

【译文】

冉有对子贡说："老师会帮助卫君吗?"子贡说："嗯，我要去问问他。"

子贡进去问孔子说："伯夷、叔齐是怎样的人呢?"孔子回答说："他们是古代的贤人啊。"子贡又问："他们互让君位而出逃，心里有怨恨吗?"孔子回答说："他们一心谋求仁德而又得到了仁德，又有什么怨恨呢?"

子贡出来后，对冉有说："老师不会帮助卫君。"

六

叶公问孔子于子路[①]，子路不对。子曰："女奚不曰：其为人也，发愤忘食，乐以忘忧，不知老之将至

云尔[2]。”

【注释】

①叶公：姓沈，名诸梁，字子高，楚国大夫，封地在叶（shè）城，所以称叶公。②云尔：如此而已。

【译文】

叶公向子路打听孔子是什么样的人，子路不知该如何回答。孔子对子路说：“你为什么不说：他的为人啊，发愤用功把吃饭都忘了，心里高兴时把忧愁都忘了，连自己快要衰老了也不知道，这样说就行了。”

七

子曰：“圣人，吾不得而见之矣；得见君子者，斯可矣。”

子曰：“善人，吾不得而见之矣；得见有恒者[1]，斯可矣。亡而为有[2]，虚而为盈[3]，约而为泰[4]，难乎有恒矣。”

【注释】

①恒：恒心，此指保持好操守。②亡而为有：没有却装着有。亡：通“无”，没有。③虚而为盈：本来空虚却装着充足。盈（yíng）：充满。④约而为泰：本来穷困却装着富足。约：穷困。泰：宽裕、富足。

【译文】

孔子说："圣人，我是不能够看到的了；能够看到君子，这也就可以了。"

孔子又说："善人，我是不能够看到的了；能够看到有一定操守的人就行了。没有却装着有，空虚却装着充实，本来穷困却要装出富足，这样就难以保持好的操守了。"

八

陈司败问[①]："昭公知礼乎[②]？"孔子曰："知礼。"

孔子退，揖巫马期而进之[③]，曰："吾闻君子不党，君子亦党乎[④]？君取于吴为同姓，谓之吴孟子[⑤]。君而知礼，孰不知礼？"

巫马期以告。子曰："丘也幸，苟有过[⑥]，人必知之。"

【注释】

①陈司败：陈，指陈国。司败，官名，即司寇，主管司法的官。②昭公：鲁昭公，鲁国国君。③巫马期：人名，姓巫马，名施，字子期，孔子的学生。进：前进，此指走上前。④党：袒护、偏袒。⑤取：通"娶"。鲁国的国君娶了吴国姑娘做妻子。为同姓：鲁国是周公的后代，姓姬；吴国是太伯的后代，也姓姬。

吴孟子：鲁昭公的夫人。春秋时代，国君夫人的称号通常是其所生长的国名加她的本姓。鲁娶于吴，所以应称作吴姬，但周朝的礼法是“同姓不婚”，为了掩盖真相，就改称吴孟子。⑥苟（gǒu）：假如、如果。

【译文】

陈司败问孔子：“鲁昭公知礼吗?”孔子说：“他知礼。”

孔子走出去后，陈司败作揖请巫马期走近自己，说：“我听说君子不袒护别人，难道孔子还会袒护别人吗？鲁君从吴国娶了位夫人，那是同姓的女子，称她叫吴孟子。鲁君如果算得上知礼，还有谁不知礼呢?”

巫马期将这句话告诉给了孔子。孔子说：“我孔丘真幸运，如果有错误，别人一定会指出来，让我知道。”

九

子疾病[①]，子路请祷。子曰：“有诸?”子路对曰：“有之。《诔》曰[②]：‘祷尔于上下神祇。[③]’”子曰：“丘之祷久矣。”

【注释】

①疾：生病。病：重病，此指病情加重。②《诔》（lèi）：此指祈祷的文章。③祇（qí）：地神。

【译文】

孔子病情加重，子路请求祈祷。孔子问道："有这回事吗?"子路说："有这回事，《诔》文上写道：'替你向天神地神祷告'"。孔子说："我早就祈祷过了。"

泰伯第八

一

子曰："泰伯[1]，其可谓至德也已矣！三以天下让，民无得而称焉。"

【注释】

①泰伯：又叫太伯，周朝祖先古公亶（dǎn）父的长子。古公有三个儿子：太伯、仲雍、季历。季历的儿子就是姬昌（周文王）。传说古公预见姬昌的圣德，就想把君位传给三子季历。长子太伯为使父亲的愿望实现，便偕同仲雍出走他国，使季历和姬昌顺利继位。

【译文】

孔子说："泰伯可以说品德是极其高尚的。他多次将天下让给季历，老百姓无法用适当的语言来赞美他。"

二

曾子有疾，孟敬子问之[①]。曾子言曰："鸟之将死，其鸣也哀；人之将死，其言也善。君子所贵乎道者三：动容貌，斯远暴慢矣；正颜色，斯近信矣；出辞气，斯远鄙倍矣[②]。笾豆之事[③]，则有司存[④]。"

【注释】

①孟敬子：人名，鲁国大夫仲孙捷。问：探问、看望。②远：远离、避免，作动词。近：接近、靠近，作动词。鄙：鄙陋。倍：通"背"，不合理、错误。③笾豆之事：此指祭祀礼仪中一切有关具体细节的事情。笾（biān），祭祀中使用的竹制器皿。豆，祭祀中使用的木制器皿。④有司：主管某方面事务的小官吏。

【译文】

曾子生了病，孟敬子探望他。曾子对他说："鸟要死的时候，它的叫声是悲哀的；人快死的时候，他说的话是善意的。在上位的人处世待人方面有三个问题应该重视：能常注意自己的容貌真诚谦和，就可以避免别人的粗暴和怠慢；能常注意脸色庄重严肃，就可以使自己日益接近诚信；能常注意说话的言辞和语气，就可以避免鄙陋粗野的错误。至于祭祀方面的礼仪细

节的事情，有主管的官员在那里负责啊！”

三

子曰：“笃信好学，守死善道。危邦不入，乱邦不居。天下有道则见[1]，无道则隐。邦有道，贫且贱焉，耻也；邦无道，富且贵焉，耻也。”

【注释】

①见：通“现”，指出现、显露。

【译文】

孔子说：“坚定信念，勤奋学习，誓死固守完美的治国做人的原则。政局危急的国家不去，政治混乱的国家不住。天下太平就出来做官，天下混乱就隐退。国家的政治清明而自己贫贱不能上进，这是耻辱；国家政治黑暗，而自己富贵，也是可耻的。”

四

子曰：“师挚之始[1]，《关雎》之乱[2]，洋洋乎盈耳哉！”

【注释】

①师挚（zhì）：鲁国的乐师，名挚。始：乐曲的

开端，即序曲。古代奏乐，开始叫升歌，由乐师演奏。②《关雎（jū）》：《诗经·国风》的第一篇，也是该诗集的首篇。乱：乐曲的结束叫乱，即尾声，与始相对。乱一般是合奏，合奏时，奏《关雎》的乐章，故曰“《关雎》之乱”。

【译文】

孔子说：“从大师挚开始演奏，一直到结尾合奏《关雎》，乐声美妙动听，充满了我的耳朵啊！”

五

舜有臣五人而天下治[①]。武王曰：“予有乱臣十人[②]。”孔子曰：“才难[③]，不其然乎？唐虞之际，于斯为盛。有妇人焉[④]，九人而已。三分天下有其二[⑤]，以服侍殷。周之德，其可谓至德也已矣。”

【注释】

①五人：传说中是禹、稷、契、皋（gāo）陶、伯益五人。②乱臣：治国之臣。十人：指周公旦、召（shào）公奭（shì）、太公望、毕公、荣公、太颠、闳（hóng）夭、散宜生、南宫适、邑姜。乱，治理。③才难：人才难得。④妇人：传说是指太姒（sì），文王的后妃，武王的母亲，能以德化天下。⑤三分天下有其二：周文王时，地分九州，文王得了六州，是三分之二。

【译文】

舜有五位贤臣而使天下大治。周武王说："我有能治理国家的大臣十人。"孔子说："人才难得，难道不是这样的吗？唐尧和虞舜的时代以及武王的时候，人才最昌盛。然而武王的十个治国大臣中还有一个是妇女，所以说只是九位罢了。周文王得了天下三分之二，仍然向商纣王称臣。周文王的道德，可以称得上达到最高境界了。"

六

子曰："禹，吾无间然矣[①]。菲饮食，而致孝乎鬼神[②]；恶衣服，而致美乎黻冕[③]；卑宫室，而尽力乎沟洫[④]。禹，吾无间然矣。"

【注释】

①间（jiàn）然：有批评、挑剔的意思。间，空隙、缺陷。②菲（fěi）：不厚，薄。③黻（fú）：古代祭祀时穿的衣服。黻冕：指祭服。冕（miǎn），戴的帽子。④卑：低矮。沟洫（xù）：田间水道，即沟渠。

【译文】

孔子说："禹，我对他没有可批评的了。他自己的

饮食很差却把祭品办得很丰盛，他自己穿的衣服很差却把祭服做得很华美，他居住的地方很简陋却尽力兴办水利修沟渠。禹，我对他是没有可指责的了。”

子罕第九

一

子罕言利与命与仁①。

【注释】

①罕：稀少。

【译文】

孔子很少谈功利，只谈天命和仁德。

二

子曰："麻冕①，礼也；今也纯②，俭，吾从众。拜下③，礼也；今拜乎上，泰也④。虽违众，吾从下。"

【注释】

①麻冕：一种用麻织成做工精细、较昂贵的礼帽。②纯：黑色的丝。③拜下：指臣见君的礼节，即臣子

向君主行礼，先在堂下磕头，然后升堂再磕头。④拜乎上：指臣见君时直接到堂上拜，在堂下不拜。泰：骄慢。

【译文】

孔子说："用麻织礼帽，这是符合传统礼节的；现在大家改用丝线作料，比用麻更俭省，我赞同大家的做法。臣子见君王，先在堂下拜，再升堂拜，这是合乎传统礼节的；现在大家都只升堂拜，这是骄慢的表现。即使我的主张违背大家的做法，我也仍主张先在堂下拜，升堂再拜。"

三

子畏于匡[①]。曰："文王既没，文不在兹乎？天之将丧斯文也[②]，后死者不得与于斯文也[③]；天之未丧斯文也，匡人其如予何[④]？"

【注释】

①畏于匡：意思是匡这个地方的人曾遭受鲁国阳虎的暴掠，孔子的相貌与阳虎相似，当孔子离开卫国去陈国时，经过匡地，当地的百姓便错当孔子是阳虎而把孔子拘押了五天。畏，拘囚。匡，邑名。②丧：消灭。③后死者：孔子自称。与（yù）：参与，引申为知道、了解、掌握。④如予何：即"奈我何"，把我怎么样。

【译文】

在匡地，孔子被当地人拘押起来。他说："文王死了以后，古代文化遗产不都在我这里吗？上天如果是要消除这种文化，那我也不会掌握这种文化了；上天假若不打算消除这种文化，那么匡人又能把我怎么样呢？"

四

子见齐衰者[①]、冕衣裳者与瞽者[②]，见之，虽少，必作[③]；过之，必趋[④]。

【注释】

①齐（zī）衰（cuī）：古代用熟麻布做成的缉边的丧服。②冕衣裳者：指衣冠整齐的贵族。衣，上衣。裳，裤子。瞽（gǔ）：眼睛瞎。③少：指年轻人。作：起身。④趋：快步走。古代以疾行表敬意。

【译文】

孔子见到穿丧服的，穿着礼服戴着礼帽的以及瞎了眼的人，见到他们时，即使对方是年轻人，孔子也必定从座席上起身；倘若要是从他们身旁走过，也必定快步走。

五

颜渊喟然叹曰[①]："仰之弥高，钻之弥坚[②]；瞻之在前，忽焉在后。夫子循循然善诱人[③]，博我以文[④]，约我以礼[⑤]，欲罢不能。既竭吾才，如有所立卓尔[⑥]。虽欲从之，末由也已[⑦]！"

【注释】

①喟（kuì）然：叹气的样子。②弥（mí）：愈、越。③循循然：有次序地。④博我以文：即"以文博我"，意思是用文献典籍使我知识广博。其中的"博"用作动词，有"使……广博"之意。⑤约我以礼：即"以礼约我"，意思是用礼节使我得到约束。⑥卓尔：高高直立的样子。⑦末由：没有可走之路。末，没有，无。由，途径。

【译文】

颜渊喟然叹息道："老师的思想、学问，我抬头仰望它，愈望愈觉得高；我研究它，愈钻愈觉得深。看见它好像在眼前，一忽儿又好像到后面去了。老师善于循序渐进地诱导我，用文献典籍丰富我的知识，用礼节约束我的行为，使我想停止学习也不能。我已经用尽了自己的才力，它好像仍然矗立在我前面，我想攀登上去却感到无路可上了。"

六

子疾病，子路使门人为臣[1]。病间[2]，曰："久矣哉，由之行诈也，无臣而为有臣。吾谁欺[3]？欺天乎？且予与其死于臣之手也，无宁死于二三子之手乎！且予纵不得大葬[4]，予死于道路乎？"

【注释】

①使门人为臣：让孔子的弟子作家臣治办丧事(古代大夫的丧事，由家臣治办)。②间（jiàn)：间隙，指病情减轻。③吾谁欺：即"吾欺谁"，意思是我欺骗了谁。④大葬：卿大夫的隆重葬礼。

【译文】

孔子病情严重，子路就让孔子的学生们作家臣准备料理丧事。孔子病情好转后知道了这件事，于是说："仲由这种骗人的勾当已经很久了啊！我本来没有家臣，却要装着有家臣，我欺骗谁呢？欺骗天吗？我与其死在家臣的手里，宁可死在你们这些弟子手里。我即使没有条件享受卿大夫的葬礼，难道我会死在路上没人安葬我吗？"

七

子曰："苗而不秀者有矣夫[1]！秀而不实者有矣夫[2]！"

【注释】

①苗：长苗，作动词。秀：庄稼吐穗开花，作动词。②实：结果实。此二句比喻成才了却没有被任用来发挥自己的才能，为国家做贡献。

【译文】

孔子说："庄稼长苗了却不会开花结穗的情况有过的吧！（庄稼）吐穗开花了却不结果实的情形也是有过的吧！"

八

子曰："法语之言[1]，能无从乎？改之为贵。巽与之言[2]，能无说乎？绎之为贵[3]。说而不绎，从而不改，吾末如之何也已矣！"

【注释】

①法：礼仪原则。语（yù）：告诫。②巽（xùn）：恭敬、谦逊。与：赞许。③绎（yì）：分析鉴别。

【译文】

孔子说："合乎正道的告诫之词，能够不接受吗？改正了错误是可贵的。用恭敬的话来赞许，能不高兴吗？能分析鉴别一下这恭敬的话才可贵。只管高兴而不加分析鉴别，只表示接受而不加以改正，对这种情况我就没有办法了。"

九

子曰："衣敝缊袍[①]，与衣狐貉者立[②]，而不耻者，其由也与[③]！'不忮不求，何用不臧[④]？'"子路终身诵之。

子曰："是道也，何足以臧？"

【注释】

①衣（yì）：穿，用作动词。敝：破烂。缊（yùn）：乱丝绵。②狐貉（hé）：指狐皮貉皮制的皮袍。③由：指仲由。④不忮不求，何用不臧：选自《诗经·卫风·雄雉》，意思是如果不嫉妒不贪求，为什么不好呢？忮（zhì），嫉妒。求，贪求。臧（zāng），善、好。

【译文】

孔子说："穿着破旧的绵袍，与穿着狐裘皮袍的人站在一起，却不感到羞耻的，大概只有仲由吧！《诗

经》上说'不嫉妒，不贪求，为什么不好呢?'"子路听了，从此经常念着这两句诗。

孔子说："仅仅做到这样，又怎么能够算得上好了呢?"

乡党第十

一

孔子于乡党[1]，恂恂如也[2]，似不能言者。其在宗庙、朝廷，便便言[3]，唯谨尔。

【注释】

①于：在。乡党：指家乡。②恂恂（xún）：恭顺的样子。③便便：形容说话清楚明白。

【译文】

孔子在家乡显得非常温和恭顺，好像不会说话的样子。他在宗庙里、朝廷上，说话明白清楚，只是很慎重，说得少。

二

君召使摈[①]，色勃如也[②]，足躩如也[③]。揖所与立[④]，左右手[⑤]，衣前后[⑥]，襜如也[⑦]。趋进，翼如也。宾退，必复命曰："宾不顾矣[⑧]。"

【注释】

①摈（bìn）：指接待宾客。②勃如：神情变得庄重矜持。③躩（jué）：走路快的样子。④所与立：跟自己一样作傧相的人。⑤左右手：形容向两边交替作揖的神态。⑥衣前后：作揖时衣服随着身体的前躬后仰而前后摆动的样子。⑦襜如也：衣服虽摇动却不乱的整齐样子。襜（chān），整齐。⑧顾：回头。

【译文】

国君召孔子去作傧相接待贵宾，孔子神情变得庄重起来，走路也快起来。他向两旁的人作揖，左右拱手，衣裳随着前后摆动，但整齐不乱。他从中庭快步向前走时，姿势就像鸟儿张开了翅膀一样。贵宾告辞后，他一定向君王回报说："客人已经走远了。"

三

入公门，鞠躬如也[1]，如不容。立不中门，行不履阈[2]。过位[3]，色勃如也，足躩如也，其言似不足者。摄齐升堂[4]，鞠躬如也，屏气似不息者。出，降一等，逞颜色，怡怡如也[5]。没阶，趋，翼如也。复其位，踧踖如也。

【注释】

①鞠躬（jū gōng）：形容谨慎恭敬的样子。②阈（yù）：门限、门坎。③过位：古代礼节，大臣议论政事时要入朝经过君主的座位，那时态度必须恭敬严肃。④摄（shè）：提起。齐（zī）：衣服的下摆。⑤逞（chěng）：放松、舒展。颜色：脸色、神情。怡怡（yí）：和顺的样子。

【译文】

孔子走进朝廷的门，恭敬谨慎，好像没有容身的地方一样。站立，不站在门的中间；步行不踩门坎。走过君主的座位，神情马上变得恭敬庄重，脚步加快，说话也好像气不足似的。他提起衣服的下摆向堂上走时，显得小心谨慎，敛身憋气像没有呼吸一样。走出来，下了一级台阶，神态便舒展起来，显得心情愉快。

下完了台阶，就快步向前走，像鸟儿张开了翅膀一样。回到自己的位置上，又显得恭敬谨慎。

四

君子不以绀緅饰。红紫不以为亵服[1]。当暑，袗絺绤，必表而出之[2]。缁衣，羔裘；素衣，麑裘[3]；黄衣，狐裘。亵裘长，短右袂[4]。必有寝衣[5]，长一身有半。狐貉之厚以居[6]。去丧，无所不佩[7]。非帷裳，必杀之[8]。羔裘玄冠不以吊[9]。吉月[10]，必朝服而朝。

【注释】

①绀緅饰：用绀、緅这类颜色做衣服的镶边。绀(gàn)：深青透红的颜色。緅：比绀更暗的颜色。亵(xiè)服：平时在家穿的便服。②袗絺绤：穿细的或粗的葛布单衣。袗（zhěn)，单衣，作动词，穿单衣。絺(chī)，细葛布。绤（xì)，粗葛布。表：上衣。③缁（zī)衣：黑色的外套。羔裘（qiú)：黑色的羊毛皮衣。素衣：白色的外衣。麑（jǐ）裘：小鹿皮衣。④亵裘：在家时所穿的衣服。袂（mèi)：袖子。⑤寝衣：睡觉时盖的小被子。⑥狐貉之厚：厚毛的狐皮貉皮。居：坐垫。⑦去：除去。佩：玉器系在衣服大带上。⑧帷裳：上朝或祭祀时穿的礼服。杀（shā)：裁去、减少。⑨玄冠：一种黑色礼帽，用作吉服。⑩吉月：每月初一。

【译文】

君子不用深青透红和黑中透红的布做衣服的镶边，红色和紫色的布不用来做平时在家里穿的便服。夏天，穿葛布单衣，外出时一定套上外衣。黑色罩衣配紫羔皮袍，白色衣服配小麂皮袍，黄色衣服配黄色狐皮袍。平时在家穿的皮袄，比一般的衣服长，右边的袖子却要短一些。睡觉要有小被子盖，它有人身的一倍半长。冬天的坐垫用厚厚的狐貉皮做成。丧事完后，可以佩带各种玉器装饰物。不是上朝和祭祀时穿的礼服，一定要裁边。不穿黑色羔羊皮袍，不戴黑色礼帽去吊丧。每月初一，一定要穿着上朝的礼服去朝拜君主。

五

食不厌精，脍不厌细[①]。

食饐而餲，鱼馁而肉败[②]，不食。色恶，不食。臭恶，不食。失饪，不食[③]。不时，不食。割不正，不食[④]。不得其酱，不食[⑤]。

肉虽多，不使胜食气[⑥]。惟酒无量，不及乱[⑦]。沽酒市脯[⑧]，不食。不撤姜食，不多食。

【注释】

①厌：讨厌，不喜欢。脍（kuài）：切细的肉。②饐

(yì)、餲（ài）：指放久而腐败变质的食物。馁（něi）：鱼腐烂。败：肉腐烂。③失饪（rèn）：烹饪得不好。④割不正：古人宰杀牛羊时解剖肢体叫割，分割有一定的分法，不合这种分法的叫割不正。⑤不得其酱：指所吃的肉与酱不相配。⑥食（shí）气（qì）：饭料、主食。另指鬼神享用祭品的气味。《诗·大雅·生民》："履帝武敏，歆。"唐孔颖达疏："鬼神食气谓之歆。"⑦乱：神志昏乱，指醉酒。⑧沽（gū）：买。市：买，作动词。《水浒传》："向了一回火，觉得身上寒冷，寻思却才老军所说，二里路外有那市井，何不去沽些酒来吃?"脯（fǔ）：肉干。《左传》僖公三十三年："吾子淹久于敝邑，唯是脯资饩牵竭矣。"

【译文】

粮食不嫌舂得精，鱼和肉不嫌切得细。

食物经久变质，鱼、肉腐烂变坏，都不吃。食物变色难看，不吃。食物气味难闻，不吃。烹饪得不好，不吃。是不时新的，不吃。割得不合规矩的祭肉，也不吃。调味品不恰当，不吃。

席上肉食虽多，但吃的量不得超过主食。只有饮酒可不限量，但也不能饮到醉的地步。从集市上买来的酒和熟肉不吃。吃完了，姜不撤除，但不多吃。

六

见齐衰者，虽狎[①]，必变。见冕者与瞽者，虽亵[②]，必以貌。

凶服者式之[③]。式负版者[④]。

有盛馔[⑤]，必变色而作。

迅雷，风烈，必变。

【注释】

①齐衰（zī cuī）：指丧服，此指穿丧服，作动词。狎（xiá）：亲近。②亵（xiè）：熟悉、常见。③凶服：死人的衣服。式：通“轼”，车前扶手用的横木，此指身子微俯伏在横木上，作动词，这动作表示尊敬或同情。④版：古代用木板写的国家图籍，例如户籍册、疆域图等。⑤馔（zhuàn）：筵席。

【译文】

孔子看见穿孝服的人，即使是平常关系亲密的，态度也一定变得严肃起来。看见戴着礼帽的人和盲人，即使很熟悉，也一定要表现得有礼貌。

遇到送死人衣服的人，在车上也要把身子微微向前俯伏在车前的横木上表示同情。看见背负着国家图籍的人，乘车时也同样表示敬意。

遇有盛大的筵席，一定要改变神色站立起来表示恭敬。

遇到疾雷、大风，一定要改变神色表示不安。

先进第十一

一

子曰："先进于礼乐，野人也；后进于礼乐，君子也[1]。如用之，则吾从先进。"

【注释】

①先进于礼乐：指先学习礼乐而后获得官职的人。野人：在野之人，即无爵无禄的一般人。后进于礼乐：指先获得官职而后学习礼乐的人。君子：指卿、士大夫等当权贵族。

【译文】

孔子说："先学习礼乐而后获得官职的，是没有爵位和俸禄的普通人；先有官位而后才学习礼乐的，是卿、士大夫。假如要我选用人才，我就要选用先学习礼乐的人。"

二

颜渊死，颜路请子之车以为之椁[①]。子曰："才不才[②]，亦各言其子也。鲤也死[③]，有棺而无椁。吾不徒行以为之椁。以吾从大夫之后，不可徒行也。"

【注释】

①颜路：颜渊的父亲，名无繇（yóu），字路，小孔子六岁，从师于孔子。椁（guǒ）：古代有地位的人的棺材有两层，里面一层叫棺，外面一层大的叫椁。②才：有才能，此指颜渊。不才：没有才能，此指孔鲤。③鲤：孔子的儿子，字伯鱼。

【译文】

颜渊死了，他的父亲颜路请求孔子把自己的车子卖了给颜渊买一个椁。孔子说："无论是有才能还是没有才能，也都是自己的儿子。我儿子孔鲤死了，只有棺却没有椁，我没有卖掉车子步行来给他买椁。由于我以前曾经做过大夫，是不能步行出门的。"

三

颜渊死，子哭之恸[①]。从者曰："子恸矣！"曰："有恸乎？非夫人之为恸而谁为[②]？"

【注释】

①恸（tòng）：极悲哀。②夫（fú）人：这个人，指颜渊。“非夫人之为恸而谁为”是“非为夫人恸而为谁”的倒装句。

【译文】

颜渊死了，孔子哭得很悲痛。跟随他的弟子说：“先生您太悲伤了啊！”孔子说：“太悲伤了吗？我不为这个人悲伤，还为谁悲伤呢？”

四

闵子侍侧，訚訚如也①；子路，行行如也②；冉有、子贡，侃侃如也③。子乐。“若由也，不得其死然。”

【注释】

①訚訚（yín）如：正直而恭敬的样子。②行行（hàng hàng）如：刚强的样子。③侃侃（kǎn）如：温和快乐的样子。

【译文】

在孔子旁边侍奉，闵子骞是一副正直而恭敬的样子；子路是一副刚强的样子；冉有、子贡，则是一副温和快乐的样子。孔子很高兴。然而，孔子说：“仲由

这样，怕不得好死呢。”

五

子曰：“回也其庶乎[①]，屡空[②]。赐不受命[③]，而货殖焉[④]，亿则屡中[⑤]。”

【注释】

①庶（shù）：庶几（jī），差不多。②屡空：经常陷于穷乏之中。③不受命：子贡没有得到准许就去做生意。④货殖：囤积财货以牟利。⑤亿：通“臆”，猜度。

【译文】

孔子说：“颜回的道德学问差不多了吧，可他常常陷入贫穷。子贡没有经过准许去经商投机，猜测行情竟常常猜中。”

六

子路问：“闻斯行诸？”子曰：“有父兄在，如之何其闻斯行之！”

冉有问：“闻斯行诸？”子曰：“闻斯行之。”

公西华曰：“由也问‘闻斯行诸’，子曰‘有父兄在’；求也问‘闻斯行诸’，子曰‘闻斯行之’。赤也

惑，敢问。”子曰：“求也退[①]，故进之；由也兼人[②]，故退之。”

【注释】

①退：退缩。②兼人：一人能兼作两人的事，意思是胆大，敢作敢为。

【译文】

子路问：“是不是听到了就做呢？”孔子说：“还有父兄在上面，怎么能听到就做呢？”

冉有问：“是不是听到就做呢？”孔子说：“听到就做。”

公西华说：“仲由问是不是听到就做，您说‘还有父兄在上面’；冉求问是不是听到就做，您说‘听到就做’。我感到大惑不解，大着胆子来问个明白。”孔子说：“冉求做事总是退缩，所以我要鼓励他上前；仲由呢，他胆子大，敢作敢为，所以我要压压他。”

七

子路、曾皙、冉有、公西华侍坐[①]。

子曰：“以吾一日长乎尔，毋吾以也[②]。居则曰：‘不吾知也[③]！’如或知尔，则何以哉？”

子路率尔而对曰[④]：“千乘之国，摄乎大国之间[⑤]，加之以师旅[⑥]，因之以饥馑[⑦]，由也为之，比及三年[⑧]，

可使有勇，且知方也[9]。”

夫子哂之[10]。

“求，尔何如？”

对曰：“方六七十，如五六十[11]，求也为之，比及三年，可使足民。如其礼乐，以俟君子[12]。”

“赤，尔何如？”

对曰：“非曰能之，愿学焉。宗庙之事[13]，如会同[14]，端章甫[15]，愿为小相焉[16]。”

“点，尔何如？”

鼓瑟希，铿尔，舍瑟而作，对曰：“异乎三子者之撰。”

子曰：“何伤乎？亦各言其志也。”

曰：“莫春者[17]，春服既成[18]，冠者五六人[19]，童子六七人，浴乎沂[20]，风乎舞雩[21]，咏而归。”

夫子喟然叹曰[22]：“吾与点也！”

三子者出，曾皙后。曾皙曰：“夫三子者之言何如？”

子曰：“亦各言其志也已矣。”

曰：“夫子何哂由也？”

曰：“为国以礼，其言不让，是故哂之。”

“唯求则非邦也与？”

“安见方六七十，如五六十，而非邦也者？”

“唯赤则非邦也与？”

“宗庙会同，非诸侯而何？赤也为之小，孰能为之大？”

【注释】

①曾皙（xī）：名点，字子皙，曾参的父亲，也是孔子的学生。公西华：即公西赤，孔子的学生。②以吾一日长（zhǎng）乎尔，毋吾以也：意思是，不要因为我比你们年长，你们在我面前不好开口说话。③居：平时。不吾知：即“不知吾”的倒装。④率尔：轻率、直率。⑤摄乎大国之间：此句意思是，夹在几个大国的中间。摄（shè），局促地处在……⑥师：二千五百人为师。旅：五百人为旅。师旅泛指军队。⑦饥：谷不熟叫饥。馑（jǐn）：菜不熟叫馑。饥馑即饥荒。⑧比及：等到。⑨知方：懂得道义。方，道义。⑩哂（shěn）：讥讽地微笑。⑪方六七十，如五六十：方圆六七十或者方圆五六十里的地方的小国。方，方圆。如，或者。⑫俟（sì）：等待。⑬宗庙之事：指祭祀的事情。⑭如会同：或者诸侯相会见。会，诸侯相盟。同，其他一般人的会见。⑮章甫：古代礼帽的名称。端，玄端，古代礼物的名称。⑯小相（xiàng）：祭祀和诸侯会盟时主持赞礼和司仪的官。相分卿、大夫、士三级，小相是最低的一级。⑰莫：通“暮”，傍晚。⑱春服：夹衣。⑲冠者：成年人。⑳浴乎沂（yí）：在沂水边洗头面和双手。沂，水名，在山东曲阜县南。㉑风乎舞雩（yú）：风，迎风而吹。舞雩，祭天求雨的地方，有坛有树木。㉒喟（kuì）：叹息。

【译文】

子路、曾皙、冉有、公西华四人陪同孔子坐着。

孔子说："因为我比你们年龄都大，所以你们不要对此介意而不敢尽情讲真话。你们平常爱说：'没有人了解我呀！'如果有人了解你们，打算任用你们，那你们怎么办呢？"

子路急忙答道："如果有一个千乘之国，夹在几个大国之间，外面有军队侵犯它，国内又连年闹灾荒，让我去治理，只要三年，就可以使那里人人有勇气、个个讲道义。"

孔子对他一笑。

孔子又问："冉求，你怎么样？"

冉求答道："方圆六七十里或五六十里的小国，我去治理，只要三年，可以使百姓衣食充足。至于这个国家礼乐教化，那只有等待贤人君子来修明了。"

孔子又问："公西赤，你怎么样？"

公西赤答道："我不敢说自己已经很有本事了，只是愿意学习这些：祭祀和诸侯相会时，我愿意穿着玄端礼服，戴着章甫礼帽，做一个小司仪。"

孔子又问："曾点，你怎么样？"

曾皙弹瑟正近尾声，此刻铿的一声将瑟放下，站起来答道："我的志向跟他们三位的不同。"

孔子说："那有什么关系？只不过是各人说说自己的志向罢了。"

曾皙便说道："暮春三月，春天的衣服已经穿在身上，约上五六个成人、六七个小孩，在沂水旁边洗脸洗手，在舞雩台上吹吹风，然后一路唱着歌走回来。"

孔子长叹一声说："我赞同曾点的主张呀！"

子路、冉有、公西华三人都出来了，曾皙最后走。他问孔子道："他们三位的话怎么样？"

孔子说："也不过各人谈了谈自己的意愿而已。"

曾皙又问："那您为什么笑仲由呢？"

孔子说："治理国家应当讲求礼让。可仲由的话一点也不谦虚，所以我笑他。"

曾皙又说："难道冉求不是有志为国吗？"

孔子说："哪里有方圆六七十里或五六十里的土地还算不上一个国家的呢？"

曾皙问："公西赤谈的不是国家吗？"

孔子说："有祭祀的宗庙，有诸侯间的会见，不是诸侯国又是什么？公西赤如果只能当小司仪，那大司仪又由谁来当呢？"

颜渊第十二

一

颜渊问仁。子曰："克己复礼为仁[①]。一日克己复礼，天下归仁焉。为仁由己，而由人乎哉？"

颜渊曰："请问其目[②]。"子曰："非礼勿视，非礼勿听，非礼勿言，非礼勿动。"

颜渊曰："回虽不敏[③]，请事斯语矣[④]。"

【注释】

①克己复礼：克制自己，使言语行动都符合礼。克：约束、抑制。复：践行。②目：条目，细节规定。③不敏：不才。④事：从事、实行。

【译文】

颜渊问什么是仁德。孔子说："克制自己，使自己的语言行动符合礼，这就是仁。一旦能做到这样，天下的人就都会称许你是仁人。要做到仁全在于自己，哪能靠别人呢？"

颜渊说："请问实行仁的具体条目。"孔子说："不合于礼的东西不看，不合于礼的话不听，不合于礼的话不说，不合于礼的事不做。"

颜渊说："我即使不才，也要照先生的这番话切实去做。"

二

子张问明。子曰："浸润之谮[①]，肤受之愬[②]，不行焉，可谓明也已矣。浸润之谮，肤受之愬，不行焉，可谓远也已矣。"

【注释】

①浸润之谮：像水那样渐渐浸渍的谗言。谮(zèn)：诬陷、中伤人的谗言。②愬（sù)：诬告。

【译文】

子张问怎样算是明事理。孔子说："暗中传播的谗言，以及切肤般的诬告，在你这里都行不通，那你就可以说是明事理了。暗中传播的谗言，切肤般的诬告，在你面前都行不通，那你就可以说是看得远了。"

三

子贡问政。子曰："足食[①]，足兵，民信之矣。"

子贡曰："必不得已而去，于斯三者何先？"曰："去兵。"

子贡曰："必不得已而去，于斯二者何先？"曰："去食。自古皆有死，民无信不立。"

【注释】

①足：使……充足。

【译文】

子贡问关于处理政事的道理。孔子说："使粮食充足，使军备充足，百姓对当局信任。"

子贡说："如果迫不得已，在粮食、军备、百姓对当局的信任这三者中一定要去掉一项，那么先去掉哪一项呢？"孔子说："先去掉军备这一项。"

子贡说："如果迫不得已，要在粮食和百姓对当局的信任这两项中去掉一项，先去掉哪一项呢？"孔子说："先去掉粮食这一项。自古以来谁都免不了一死。如果百姓对当局失去信任，那么国家就立不住了。"

四

哀公问于有若曰[①]："年饥，用不足，如之何？"有若对曰："盍彻乎[②]？"

曰："二，吾犹不足，如之何其彻也？"

对曰："百姓足，君孰与不足？百姓不足，君孰与足？"

【注释】

①有若：姓有，名若，孔子的学生。②盍：何不，为什么不。彻：税田十取一的周朝田税制度。

【译文】

鲁哀公问有若道："如果遇到年景不好，国家开销不够，应该怎么办?"

有若说："为什么不实行十成抽一的税制呢?"

哀公说："十抽二成，我都还不够，怎么能十成抽一呢?"

有若回答说："假如百姓的用度都够了，您怎么会不够？如果百姓的用度不够，您又怎么会够呢?"

五

子张问："士何如，斯可谓之达矣[①]?"子曰："何哉，尔所谓达者?"子张对曰："在邦必闻[②]，在家必闻。"子曰："是闻也，非达也。夫达也者，质直而好义，察言而观色，虑以下人[③]。在邦必达，在家必达。夫闻也者，色取仁而行违，居之不疑。在邦必闻，在家必闻。"

【注释】

①达：显达、通达。②闻：名誉显闻，有名望。

③下人：甘居人下，指对人谦恭有礼。

【译文】

子张问："读书人怎样做才可以显达呢？"孔子说："你所说的显达是什么意思？"子张说："显达，就是在诸侯国家一定名声在外，在卿大夫封地也一定名声在外。"孔子说："这个是有名声，并不是显达。所谓显达，是天性质朴正直，内心喜爱道义，而且善于观察别人的神色，分析别人的言话，发自内心地愿意使自己处在别人之下。这种人在诸侯国家必然显达，在卿大夫封地也必然显达。至于有名声，外表做得很有仁德，但行为却与此相反，他自己以仁人自居而不加怀疑。这种人，在诸侯国必定能骗取名誉，在卿大夫封地也必定能骗取名誉。"

六

樊迟从游于舞雩之下①，曰："敢问崇德，修慝②，辨惑。"子曰："善哉问！先事后得，非崇德与？攻其恶，无攻人之恶，非修慝与？一朝之忿③，忘其身以及其亲，非惑与？"

【注释】

①从游：跟随孔子出游。舞雩（yú）：鲁国祭天求雨的地方，在今山东曲阜市。②修慝（tè）：指改恶从

善。修，治，指改正。慝，隐藏在心里的怨恨。③忿(fèn)：忿怒、气愤。

【译文】

樊迟跟随孔子出游于舞雩台下，樊迟问孔子说："请问怎样提高自己的道德，改正过错，辨别是非呢？"孔子说："这个问题问得好啊！做事争先，享受在后，不是提高品德了吗？检查自己的过错，不去指责别人的过错，不就是改正了过错吗？忍不住一时的气愤，忘了自己的生命安危，甚至还牵连到自己的亲人，这不是糊涂吗？"

子路第十三

一

子路问政。子曰："先之，劳之[①]。"请益，曰："无倦。"

【注释】

①先：导，指引导、教导。

【译文】

子路问怎样管理政事。孔子说："自己身体力行给百姓带头，然后让他们辛勤地劳动。"子路请求孔子多讲解一些，孔子说："按上面说的做，不要懈怠就行。"

二

子路曰："卫君待子而为政[①]，子将奚先？"

子曰："必也正名乎[②]！"

子路曰："有是哉，子之迂也！奚其正？"

子曰："野哉由也！君子于其所不知，盖阙如也[③]。名不正，则言不顺；言不顺，则事不成；事不成，则礼乐不兴；礼乐不兴，则刑罚不中[④]；刑罚不中，则民无所措手足。故君子名之必可言也，言之必可行也。君子于其言，无所苟而已矣[⑤]。"

【注释】

①卫君：指卫出公蒯辄（kuǎi zhé）。②正名：指纠正礼制、名分上用词不当的现象。③阙：通"缺"，有疑问。④中（zhòng）：得当。⑤苟：随便、马虎。

【译文】

子路说："如果卫君等待先生去主持政事，您打算从什么做起？"

孔子说："首先要正名呀！"

子路说："您真的迂腐到这个地步啊！为什么要去正这个名？"

孔子说："由呀，你太粗野了！君子对于自己不懂的事，大概都应采取存疑态度。如果名分不正，那么说话就不顺当；说话不顺当，办起事来就难成功；办不成事，那么礼乐制度就不能兴起；礼乐制度不能兴起，那么刑罚也就不会得当；刑罚不得当，百姓就会手足无措，不知如何是好。所以君子确定一个名分，一定要能说得清楚，说出来了必定要行得通。君子对于自己说出的任何一句话，不过是不能有一点马虎、

随便罢了。"

三

樊迟请学稼。子曰："吾不如老农。"请学为圃[1]。曰："吾不如老圃。"

樊迟出。子曰："小人哉，樊须也[2]！上好礼，则民莫敢不敬；上好义，则民莫敢不服；上好信，则民莫敢不用情。夫如是，则四方之民襁负其子而至矣[3]，焉用稼？"

【注释】

①圃（pǔ）：种蔬菜、花草的园地。②樊须：即樊迟。③襁（qiǎng）：又称背单，背负小孩用的布单或布带。

【译文】

樊迟向孔子请教如何种庄稼，孔子说："这，我比不上老农。"樊迟又请教如何种蔬菜，孔子说："这，我又比不上老菜农。"

樊迟退了出去。孔子说："樊迟真是个小人啊！当权者要是讲求礼仪，那么百姓就没有人敢不尊敬；当权者要是讲求道义，那么百姓就没有人敢不驯服；当权者要是讲求信用，那么百姓就没有人敢不讲真话。如果这样做的话，天下的百姓都会背着他们的儿女来

投奔。这怎么用得着自己学种庄稼呢？”

四

冉子退朝。子曰：“何晏也[1]？”对曰：“有政[2]。”子曰：“其事也。如有政，虽不吾以[3]，吾其与闻之[4]。”

【注释】

①晏：晚、迟。②有政：有国政事务（要商讨）。③吾以：即“以吾”。以，用。④与（yù）：参与。

【译文】

冉有从季氏府退朝回来。孔子问：“为什么回来得这么晚呀？”冉有回答说：“有政事要商讨。”孔子说：“可能是季氏的私事吧？如果有国家政事，虽然现在我没被任用，但也会听说的。”

五

定公问[1]：“一言而可以兴邦，有诸？”

孔子对曰：“言不可以若是，其几也[2]。人之言曰：‘为君难，为臣不易。’如知为君之难也，不几乎一言而兴邦乎？”

曰：“一言而丧邦，有诸？”

孔子对曰：“言不可以若是，其几也。人之言曰

‘予无乐乎为君，惟其言而莫予违也。’如其善而莫之违也，不亦善乎？如不善而莫之违也，不几乎一言而丧邦乎？”

【注释】

①定公：名宋，鲁国的国君。②几（jī）：差不多、接近。

【译文】

鲁定公问：“一句话可以使国家兴旺，有这样的事吗？”

孔子回答：“话可不能这么说，但与这差不多的话是有的。有人说：‘做君主难，做臣子也不容易。’如果知道做君主难，就会认真谨慎地去做，那不就差不多是一句话使国家兴盛了吗？”

定公又问：“一句话可以使国家灭亡，有这样的事吗？”

孔子回答说：“话不能这么说呀，但与这差不多的话是有的。有人说：‘我做国君没感受到什么快乐，只有一点，就是我说什么都没有人敢违背我。’如果说的话正确而没有人违抗，不也是很好的吗？如果说的话不对却没有人敢违抗，这不就差不多是一句话使国家灭亡吗？”

六

叶公语孔子曰[①]："吾党有直躬者[②]，其父攘羊[③]，而子证之[④]。"孔子曰："吾党之直者异于是：父为子隐，子为父隐，直在其中矣。"

【注释】

①语（yù）：对……说，告诉。②直躬：坦白直爽。③攘（rǎng）：偷窃。④证：告发。

【译文】

叶公告诉孔子说："我们那里有个坦白直爽的人，他的父亲偷了别人的羊，他便出来告发了。"孔子说："我们那个地方坦白直爽的人与你们那儿的不一样：父亲替儿子隐瞒，儿子替父亲隐瞒，我们那里的直爽就表现在这里了。"

七

子贡问曰："何如斯可谓之士矣？"子曰："行己有耻，使于四方，不辱君命[①]，可谓士矣。"

曰："敢问其次。"曰："宗族称孝焉，乡党称弟焉[②]。"

曰："敢问其次。"曰："言必信，行必果，硁硁然

小人哉[③]！抑亦可以为次矣。”

曰：“今之从政者何如？”子曰：“噫！斗筲之人[④]，何足算也！”

【注释】

①辱：辱没、辜负。②弟：通“悌”，尊敬兄长。③硁硁然：形容浅薄固执的样子。硁（kēng）：敲打石头的声音。④斗筲：比喻见识和肚量狭小。斗，古代的量名，一斗等于十升。筲（shāo），古代的饭筐，能容五升。

【译文】

子贡问：“怎么样才可以算是一个士？”孔子说：“能用羞耻之心约束自己的行为，出使外国，能很好地完成君主的使命，这样就可以称作士了。”

子贡又问：“请问次一等是什么呢？”孔子说：“宗族称赞他孝顺父母，家乡人称赞他尊敬兄长。”

子贡又说：“敢问再次一等的是什么呢？”孔子说：“说话必须讲信用，做事必须果断，这本是浅薄固执的小人呵！不过也可以算是再次一等的士了。”

子贡问：“现在执政的那些人怎么样？”孔子说：“唉！这些器量狭小的人，哪里值得一提啊！”

八

子曰："南人有言曰[①]：'人而无恒，不可以作巫医[②]。'善夫！"

"不恒其德，或承之羞[③]。"子曰："不占而已矣[④]。"

【注释】

①南人：南方人。②巫医：用巫术替人治病的人。③不恒其德，或承之羞：此二句引自《易经·恒卦·九三》的爻（yáo）辞，意思是三心二意、翻云覆雨，就常会有羞辱随后而来。④占（zhān）：占卦。

【译文】

孔子说："南方人有句话说：'做人如果没有恒心，是不可以做巫医的。'这句话说得好啊！"

《易经》上说："三心二意，不坚守自己的德操，就会承受羞辱。"孔子说："说这句话的意思是要无恒心的人不要去占卦罢了。"

九

子路问曰："何如斯可谓之士矣？"子曰："切切偲偲[①]，怡怡如也[②]，可谓士矣。朋友切切偲偲，兄弟怡怡。"

【注释】

①切切偲偲（sī）：互相诚恳地提出善意的批评，和睦相处。②怡怡如：和顺的样子。

【译文】

子路问道："怎样才可以称作士呢?"孔子说："互相批评又能和睦相处，就可以称作士了。朋友之间是互相批评，兄弟之间是亲切和气。"

十

子曰："善人教民七年，亦可以即戎矣[1]。"

【注释】

①即戎（róng）：当兵，上战场。即，就、往。戎，军事、战争。

【译文】

孔子说："善人拿七年时间教导民众，也可以让他们当兵打仗了。"

宪问第十四

一

宪问耻[①]。子曰："邦有道，谷[②]；邦无道，谷，耻也。"

"克、伐、怨、欲[③]不行焉，可以为仁矣？"子曰："可以为难矣，仁则吾不知也。"

【注释】

①宪：姓原，名宪，字子思，孔子的学生。②谷：俸禄。③克：好胜。伐：自夸。

【译文】

原宪问孔子什么是耻辱。孔子说："国家政治清明，可以做官领俸禄；国家政治黑暗，也去做官领俸禄，这就是耻辱。"

原宪又问道："好胜、自夸、怨恨和贪婪这四种毛病都没有，可以算得上仁吗？"孔子说："可以算得上难能可贵了，至于是否仁，那我就不能由此断定了。"

二

南宫适问于孔子曰[①]："羿善射[②]，奡荡舟[③]，俱不得其死然。禹、稷躬稼而有天下[④]。"夫子不答。南宫适出，子曰："君子哉若人！尚德哉若人！"

【注释】

①南宫适（kuò）：姓南宫，名适，字子容，孔子的学生。②羿（yì）：古代传说中夏代有穷国的君主，善于射箭。③奡（ào）：古代传说中夏代奸雄寒浞（zhuó）的儿子，力气很大，能够在陆地行舟。荡舟：指水战。④稷（jì）：传说周朝国君的祖先，教民种植庄稼，被尊为谷神。

【译文】

南宫适向孔子问道："羿擅长射箭，奡擅长水战，但都不得好死。禹和稷亲自下地种庄稼，他们都得到了天下。"孔子对这话没有回答。

南宫适退出去后，孔子说道："这个人可是个君子呀！这个人确是个崇尚道德的人呀！"

三

子曰："为命[①]，裨谌草创之[②]，世叔讨论之[③]，行

人子羽修饰之[4]，东里子产润色之[5]。”

【注释】

①为命：制定国家的法令。②裨谌（bì chàn）：人名，郑国大夫。③世叔：名游吉，郑国的大夫。④行人：主掌外交的官名。子羽：名公孙挥，字子羽，郑国大夫。⑤东里：地名，子产居住的地方。子产：郑国的大夫，曾主持郑国政治，使郑国富强。

【译文】

孔子说：“郑国制定国家外交政策法令，由裨谌起草，经过世叔提意见，然后由外交官子羽进行修改，最后由子产进行文字上的修饰完成。”

四

或问子产。子曰：“惠人也。”

问子西[1]。曰：“彼哉！彼哉！”问管仲[2]。曰：“人也。夺伯氏骈邑三百[3]，饭疏食，没齿无怨言[4]。”

【注释】

①子西：名申，字子西，楚国的令尹（宰相）。②管仲：名夷吾，齐桓公的宰相，曾辅佐桓公称霸诸侯。③伯氏：齐国大夫。骈（pián）邑：地名。在齐国。④没齿：死。齿，年。

【译文】

有人问孔子，子产这个人怎么样。孔子说："他是个宽厚慈爱的人。"

又问到子西是怎样的人。孔子说："他嘛！他嘛！"

又问管仲是怎样的人。孔子说："他是个人才。他剥夺了伯氏的骈邑三百户的封地，使伯氏终身吃粗粮，但到死伯氏也没有怨恨的话。"

五

子路问成人①。子曰："若臧武仲之知②，公绰之不欲，卞庄子之勇③，冉求之艺④，文之以礼乐，亦可以为成人矣。"曰："今之成人者何必然？见利思义，见危授命，久要不忘平生之言⑤，亦可以为成人矣。"

【注释】

①成人：全人，完美无缺的人。②臧（zāng）武仲：鲁国大夫臧孙纥（hé）。③卞庄子：鲁国大夫，封地卞（biàn）邑，凭勇气著称。④冉求：孔子的学生，多才多艺。⑤要（yāo）：同"约"，穷困。

【译文】

子路问怎样才是一个完美的人，孔子说："像臧武仲那样智慧过人，像孟公绰那样清心寡欲，像卞庄子

那样勇敢无畏，像冉求那样多才多艺，再用礼乐修养来增加其文采，这样也就可以成为一个完美的人了。”又说：“现在的完美的人何必一定要这样呢？只要能做到看见财利就考虑到道义，遇到危险肯献出生命，长期过穷困日子也不忘记平日的诺言，这也可以算是一个完美的人了。”

六

子问公叔文子于公明贾曰[①]：“信乎？夫子不言、不笑、不取乎[②]？”

公明贾对曰：“以告者过也。夫子时然后言，人不厌其言；乐然后笑，人不厌其笑；义然后取，人不厌其取。”

子曰：“其然？岂其然乎？”

【注释】

①公叔文子：卫国大夫，名拔，卫献公之孙，谥号“文”，故称公叔文子。公明贾（jià）：卫国人，姓公明，名贾，公叔文子的使臣。②夫子：此指公叔文子。

【译文】

孔子向公明贾问到公叔文子，说：“他老先生不说、不笑、不取，这是真的吗？”

公明贾回答说："那是告诉你的人说得过分了。他老人家是该说话时才说，所以别人不讨厌他说；高兴了才笑，所以别人不反感他笑；该取的时候才取，别人不厌恶他取。"

孔子说："是这样的吗？难道真的是这样的吗？"

七

子贡曰："管仲非仁者与？桓公杀公子纠，不能死，又相之。"子曰："管仲相桓公，霸诸侯，一匡天下，民到于今受其赐。微管仲[①]，吾其被发左衽矣[②]。岂若匹夫匹妇之为谅也[③]，自经于沟渎而莫之知也[④]？"

【注释】

①微：没有。②被：通"披"。左衽（rèn）：衣襟向左边开，这是夷狄的打扮，这是形容落后的少数民族。③谅：诚信，遵守信用。④自经：自缢，上吊自杀。渎（dú）：小沟渠。

【译文】

子贡说："管仲不是仁人吧？齐桓公杀了他的主人公子纠，他不但不为公子纠去死，反而辅佐桓公。"孔子说："管仲辅佐齐桓公，称霸诸侯，使天下的一切都得到匡正，老百姓到今天还享受着他的好处。如果没有管仲，我们大概会披散着头发、衣襟朝左边开，像

落后的民族那样了。难道他要像普通男女一样守着小节小信，自杀于沟渠中还没人知道吗？”

八

陈成子弑简公[①]。孔子沐浴而朝[②]，告于哀公曰：“陈恒弑其君，请讨之。”公曰：“告夫三子[③]！”

孔子曰：“以吾从大夫之后[④]，不敢不告也。君曰‘告夫三子’者！”

之三子告，不可。孔子曰：“以吾从大夫之后，不敢不告也。”

【注释】

①陈成子：齐国大夫陈恒。简公：齐国国君姜壬(rén)。②沐浴：洗头洗澡，指斋戒。③三子：指鲁国最有权势的三位大夫季孙、孟孙、叔孙，他们主宰鲁国的政治。④从大夫之后：是孔子曾经做过大夫的谦虚说法。

【译文】

陈成子杀了齐简公。孔子庄重地沐浴斋戒后上朝廷朝见鲁哀公，告诉哀公说：“陈恒杀了他的君主，请你出兵讨伐他。”哀公说：“你去向三位大夫报告吧！”

孔子退朝后说：“因为我曾经做过大夫，不敢不来报告，君主却说‘去报告那三位大夫’吧！”

孔子于是又去向三位大夫报告了，三家大夫都不同意出兵讨伐。孔子说："因为我曾经做过大夫，不敢不报告啊。"

九

子击磬于卫[①]，有荷蒉而过孔氏之门者[②]，曰："有心哉，击磬乎！"既而曰："鄙哉，硁硁乎[③]！莫己知也，斯已而已矣。深则厉[④]，浅则揭[⑤]。"

子曰："果哉！末之难矣。"

【注释】

①磬（qìng）：古代一种用玉或石制成的打击乐器。②蒉（kuì）：盛土的草编器具。③硁硁（kēng）：击磬发出的声音。④厉：不脱衣服涉水。⑤揭：提起衣服过河。"深则厉，浅则揭"，引自《诗经·邶风·匏有苦叶》。

【译文】

孔子在卫国，一天正在击磬，有个挑着草筐的人刚好从门前走过，他说道："这人击磬，有心思呀！"过了一会儿又说："见识鄙俗呀，从硁硁的声音中听出来！他好像在说没有人了解我，没有人了解我就独善其身罢了。这好比过河，水深索性穿着衣服走过去，水浅就提着衣裳蹚过去。"

孔子说："真坚决啊！我没有办法说服他。"

十

阙党童子将命[①]。或问之曰："益者与？"子曰："吾见其居于位也，见其与先生并行也。非求益者也，欲速成者也。"

【注释】

①阙党：地名，在今山东曲阜市内。

【译文】

阙党的一个童子来向孔子传话。有人问孔子说："这孩子是一个求上进的人吗？"孔子说："我看他坐在成年人的位子上，又看到他和长辈长者并肩而行。这童子并不是一个求上进的人，是一个急于求成的人。"

卫灵公第十五

一

卫灵公问陈于孔子[①]。孔子对曰："俎豆之事[②]，则尝闻之矣；军旅之事，未之学也。"明日遂行。

【注释】

①陈：通"阵"，军队作战的阵势。②俎豆之事：俎（zǔ）、豆都是古代盛肉食的器皿，举行祭礼等时使用，所以俎豆之事代指礼仪之事。

【译文】

卫灵公向孔子询问军队列阵的问题。孔子回答说："礼仪方面的事情，我曾经听到过；军队方面的事情，我从来没有学习过。"第二天，孔子就离开了卫国。

二

子张问行。子曰："言忠信，行笃敬，虽蛮貊之

邦[1]行矣。言不忠信，行不笃敬，虽州里[2]行乎哉？立，则见其参于前也；在舆，则见其倚于衡也[3]，夫然后行。”子张书诸绅。

【注释】

①蛮：南蛮，南方的少数民族。貊（mò）：北狄，北方的少数民族。②州里：古代以五家为邻，五邻为里，二千五百家为州，此指本乡本土。③衡：通“横”，车辕前的横木。

【译文】

子张问怎样才能使自己的主张到处行得通。孔子说：“说话忠诚老实，做事忠厚严肃，即使走到少数民族的偏僻国家，也行得通。但如果说话虚伪欺瞒，做事马马虎虎，就是在本乡本土，又怎能行得通呢？如果站立的时候，就好像看见‘忠信笃敬’这几个字展现在我们面前；在车上，则好似看见这几个字呈现在前面的横木上，这样牢记它们才能使自己的主张到处行得通。”子张将孔子的这些话记在衣服的带子上了。

三

颜渊问为邦。子曰：“行夏之时，乘殷之辂[1]，服周之冕，乐则《韶》《舞》[2]，放郑声，远佞人。郑声淫，佞人殆[3]。”

【注释】

①辂（lù）：此指车。②《舞》：同《武》，周武王时的一种乐曲。③殆（dài）：危险。

【译文】

颜渊问怎样治理国家。孔子说："推行夏朝的历法，乘坐殷朝的车子，戴用周朝的礼帽，音乐就演奏《韶》曲和《武》曲，舍弃郑国的音乐，疏远小人。郑国的音乐淫靡，谄媚的小人危险。"

四

子曰："吾尝终日不食，终夜不寝，以思，无益，不如学也。"

【译文】

孔子说："我曾经整天不吃，整夜不睡，全都用来思考，但没有好处，比不上去学习啊。"

五

子曰："君子谋道不谋食。耕也，馁在其中矣[①]；学也，禄在其中矣。君子忧道不忧贫。"

【注释】

①馁（něi）：饥饿。

【译文】

孔子说："君子致力于学道，不谋求衣食。耕田，常有挨饿的时候；学道，能够做官得到俸禄。君子只担心道没学到手，不担心贫穷。"

六

子曰："知及之，仁不能守之，虽得之，必失之。知及之，仁能守之，不庄以莅之[①]，则民不敬。知及之，仁能守之，庄以莅之，动之不以礼，未善也。"

【注释】

①莅（lì）：临、到。

【译文】

孔子说："凭聪明才智可以谋得官职，但如果不用仁德去保持它，那么即使得到了官职，也一定会失去它。凭聪明才智谋到了官职，又能用仁德去保持它，但不用严肃认真的态度去对待百姓，那百姓对当权者也不会尊敬。凭聪明才智得到官职，用仁德保住了它，又能用严肃认真的态度去对待百姓，但不能用

合乎礼节的态度去动员、使用百姓，这也还不够完整。”

七

师冕见[①]，及阶，子曰：“阶也。”及席，子曰：“席也。”皆坐，子告之曰：“某在斯，某在斯。”

师冕出，子张问曰：“与师言之道与？”子曰：“然，固相师之道也[②]。”

【注释】

①师冕（miǎn）：名叫“冕”的盲人乐师。②相（xiàng）：帮助。

【译文】

师冕来见孔子，走到台阶前，孔子告诉他说：“这是台阶。”走到座席旁，孔子又告诉他说：“这是座席。”等大家坐好后，孔子对师冕说：“某人坐在这里，某人坐在那里。”

师冕告辞走了。子张问孔子：“这也是一种同乐师说话的方法？”孔子说：“是的，这就是一种帮助乐师的方法呀！”

季氏第十六

一

季氏将伐颛臾[1]。冉有、季路见于孔子曰："季氏将有事于颛臾。"孔子曰："求！无乃尔是过与？夫颛臾，昔者先王以为东蒙主[2]，且在邦域之中矣，是社稷之臣也，何以伐为？"

冉有曰："夫子欲之[3]，吾二臣者皆不欲也。"孔子曰："求！周任有言曰[4]：'陈力就列[5]，不能者止。'危而不持，颠而不扶，则将焉用彼相矣[6]？且尔言过矣。虎兕出于柙[7]，龟玉毁于椟中[8]，是谁之过与？"

冉有曰："今夫颛臾，固而近于费。今不取，后世必为子孙忧。"孔子曰："求！君子疾夫舍曰'欲之'，而必为之辞[9]。丘也闻有国有家者，不患寡而患不均，不患贫而患不安。盖均无贫，和无寡，安无倾。夫如是，故远人不服[10]，则修文德以来之。既来之，则安之。今由与求也，相夫子，远人不服而不能来也；邦分崩离析而不能守也。而谋动干戈于邦内，吾恐季孙

之忧，不在颛臾，而在萧墙之内也[11]。”

【注释】

①颛（zhuān）臾（yú）：附庸于鲁国的小国，相传是伏羲之后，风姓。故址在现在山东省费县西北。②东蒙：即蒙山，在山东省蒙阴县南四十里。③夫子：季康子。④周任：古代一个有名的史官。⑤陈：摆出来，施展。力：才能。就：居，充任。列：职位。⑥相（xiàng）：辅助的人。⑦兕（sì）：独角的犀牛。柙：关闭猛兽的笼子。⑧龟：占卜用的龟甲。玉：祭礼用的玉。椟（dú）：匣子。⑨疾：憎恨。舍曰：避而不谈。辞：托辞，辩解之辞。⑩远人：本国以外的人。⑪萧墙：国君宫门内当门的照壁。此暗指鲁国内部。

【译文】

季氏将要兴兵攻打颛臾。冉有、季路拜见孔子说：“季氏将对颛臾采取军事行动。”孔子说：“求呀！这难道不是你的过错吗？那颛臾，从前先王封它做祭祀东蒙山的主祭人，再说它在鲁国境内，是鲁国的臣属啊，为什么要攻打他呢？”

冉有说：“我们主公要这样做，我们两人都不主张这样做。”孔子说：“求呀！从前周任说过：‘能施展自己的才能则就其职位，不能这样做就辞职。’这好比一个辅助瞎子的人，如果瞎子要跌倒了但他不去抱持，

瞎子跌倒但他不去搀扶，那么还要用帮助瞎子的人干什么呢？况且你的话实在是错了，凶恶的猛兽从笼子里出来为患，贵重的东西毁坏在匣子里，这是什么人的过错呢？”

冉有说：“现在那颛臾，城郭坚固，离季氏的封地费又很近，如果现在不夺取它，将来一定会成为后代子孙的忧患。”孔子说：“求呀！君子厌恶那种不说自己愿意去做而编个诳言来搪塞的态度。我听说，一个国君或一个大夫，不怕财富少却怕分配不均匀，不怕贫困却怕不安定。财富均了，就无所谓贫，上下能和好共处就无所谓寡，上下既相安无事那么国家就没有倾覆之患。正因为这样，所以如有国外的人不归顺，就整治礼乐和仁义之政来招引他们来。既然招他们来了，就使他们生活安定下来。现在你们两人，帮助季氏，国外的人不归服，你们无法招他们来，国家不统一，分崩离析，你们不能好好保全，却想要在国内使用武力，我担心季孙氏的忧虑并不在颛臾，而在我们国君的庭院之内呀！”

二

孔子曰：“君子有九思：视思明，听思聪，色思温，貌思恭，言思忠，事思敬，疑思问，忿思难，见得思义。”

【译文】

孔子说："君子有九种情况要考虑：看的时候，要考虑是否看清楚了；听的时候，要考虑是否听清楚了；脸色，要考虑是否温和；容貌态度，要考虑是否庄重；说话，要考虑是否忠诚老实；做事，要考虑是否严肃认真；遇到疑问，要考虑怎样向别人请教；欲发怒，要考虑会有什么后患；看见可以得到的东西，要考虑自己是否应该得到。"

三

孔子曰："见善如不及，见不善如探汤[①]。吾见其人矣，吾闻其语矣。隐居以求其志，行义以达其道。吾闻其语矣，未见其人也。"

【注释】

①汤：沸水。

【译文】

孔子说："看见善良的，就好像赶不上似地奋力追求；看见邪恶的，就好像要把手伸到沸水那样赶紧避开。我见到过这样的人，我听到过这样的话。避世隐居来保全自己的意志，据义而行来实现自己的理想。我听到过这样的话，却没有看见过这样的人。"

四

陈亢问于伯鱼曰[①]："子亦有异闻乎？"

对曰："未也。尝独立，鲤趋而过庭。曰：'学《诗》乎？'

对曰：'未也。''不学《诗》，无以言。'鲤退而学《诗》。他日又独立，鲤趋而过庭。曰：'学《礼》乎？'对曰：'未也。''不学《礼》，无以立。'鲤退而学《礼》，闻斯二者。"

陈亢退而喜曰："问一得三。闻《诗》，闻《礼》，又闻君子之远其子也。"

【注释】

①陈亢（kàng）：名元，字子禽。伯鱼：姓孔，名鲤，字伯鱼，孔子的儿子。

【译文】

陈亢问伯鱼："您从老师那里得到一些特别的教导吗？"

伯鱼回答说："没有啊，一次他独自站在庭院中，我恭敬地走过。他问我：'学《诗》了吗？'我回答说：'还没有。'他说：'不学《诗》，就不会说话。'我退回去后便学《诗》。又一次，他独自站在庭院中，我又恭敬地走过那里。他问我：'学《礼》了吗？'我回答

说：‘还没有。’他说：‘不学《礼》，就不会立足于社会。’我退回去后便学《礼》。我听到的就只这两次。”

陈亢回去高兴地说：“我问一个问题却得到三点收获：一是知道了该学《诗》，二是懂得了该学《礼》，三是了解到君子对自己的儿子并不偏爱。”

阳货第十七

一

阳货欲见孔子[①]，孔子不见，归孔子豚[②]。

孔子时其亡也[③]，而往拜之。

遇诸途。

谓孔子曰："来！予与尔言。"曰："怀其宝而迷其邦，可谓仁乎？"曰："不可。""好从事而亟失时[④]，可谓知乎？"曰："不可。""日月逝矣，岁不我与[⑤]。"

孔子曰："诺，吾将仕矣。"

【注释】

①阳货：又称作阳虎，季氏的家臣。此时他掌握了季氏的权柄，后在争权斗争中失败，逃往晋国。②归（kuì）：同"馈"，赠送。豚（tún）：小猪。古代礼节，大夫赠礼物给士，如果不是在家里当面接受，士就应该去大夫家登门拜谢。阳货送礼给孔子，目的是让孔子回拜时与他相见，来劝孔子出仕。但孔子不愿见，所以孔子趁阳货不在家时回拜。③时：同

"伺"，窥伺。④亟（qì）：屡次。⑤岁不我与：即"岁不与我"，意思是岁月不等人。与，在一起，有等待的意思。

【译文】

阳货想要孔子去拜见他，孔子不去，他就送一只蒸熟的小猪给孔子，使孔子非得去他家拜谢。

孔子打听到阳货出门去了，才去他家拜谢。

不巧两人在路上碰见了。

阳货对孔子说："来！我有话跟你说。"接着说："自己身怀本领，却听任国家迷途失道，这能叫仁吗？"他继续说："不能算作仁。""一个人想参政，却屡屡错过机会，这能叫作聪明吗？"阳货接着说："不能。""光阴一天天过去了，岁月不会等人呀！"

孔子说："好，我准备出来做官。"

二

子之武城[①]，闻弦歌之声。夫子莞尔而笑[②]，曰："割鸡焉用牛刀？"

子游对曰[③]："昔者偃也闻诸夫子曰：'君子学道则爱人，小人学道则易使也。'"

子曰："二三子！偃之言是也。前言戏之耳。"

【注释】

①之：动词，去、往。武城：鲁国的一个小城。②莞（wǎn）尔：微笑的样子。③子游：姓言，名偃，字子游，孔子的学生。

【译文】

孔子去武城，听到弹琴唱歌的声音。孔子微微一笑，说："杀鸡，何必用宰牛的刀呀！"

子游回答说："以前我听老师说过：'做官的学习了礼乐的道理后，就会有仁爱之心；老百姓学习了礼乐的道理，就容易听使唤。'"

孔子对学生们说："弟子们！子游的话是对的！我刚才说的话不过是同他开玩笑罢了。"

三

公山弗扰以费畔[①]，召，子欲往。

子路不说，曰："末之也已，何必公山氏之之也[②]？"

子曰："夫召我者，而岂徒哉？如有用我者，吾其为东周乎？"

【注释】

①公山弗扰：即公山不狃（niǔ），季氏的家臣。畔：通"叛"。谋反。此指公山弗扰伙同阳货在费邑反

叛季氏。②何必公山氏之之也：即“何必之公山氏也”的倒装，前一“之”为助词，后一“之”是动词，去、往的意思。

【译文】

公山弗扰占据费邑为据点图谋叛乱，他叫孔子去，孔子打算去。

子路不高兴，说：“没有什么地方可去就算了，为什么一定要到公山氏那里去呢？”

孔子说：“那个叫我去的人，难道会白白召我去吗？如果有人肯用我，我也许会使鲁国成为东方周王朝，使周王朝的礼乐制度复兴。”

四

佛肸召[1]，子欲往。

子路曰：“昔者由也闻诸夫子曰：‘亲于其身为不善者，君子不入也。’佛肸以中牟畔，子之往也，如之何？”

子曰：“然，有是言也。不曰坚乎，磨而不磷[2]；不曰白乎，涅而不缁[3]。吾岂匏瓜也哉[4]？焉能系而不食？”

【注释】

①佛肸（bì xī）：晋国中牟邑宰，大夫范中行的家

臣。②磷（lìn）：薄。③涅（niè）：可作黑色染料的矾石，此作动词意思是染黑。缁（zī）：黑色。④匏（páo）：瓜，有苦、甜两种，味苦的不能吃，但可用来帮助泅水。

【译文】

佛肸召孔子去，孔子想去。

子路说："从前我听老师说过：'亲自做了坏事的人那里，君子是不去的。'佛肸凭中牟作为据点谋反，先生您却要去他那里，这怎么说得通呢？"

孔子说："是的，我是说过这样的话。但是，我不是也说过，坚硬的东西，磨也磨不薄这话吗？不是也说过，洁白的东西，染也染不黑这话吗？我难道是只匏瓜吗？怎么只能够挂在那里，不想有人来采食呢？"

五

子曰："由也，女闻六言六蔽矣乎？"对曰："未也。"

"居[①]！吾语女。好仁不好学，其蔽也愚；好知不好学，其蔽也荡；好信不好学，其蔽也贼[②]；好直不好学，其蔽也绞[③]；好勇不好学，其蔽也乱；好刚不好学，其蔽也狂。"

【注释】

①居：坐。②贼：害。③绞：尖刻刺人。

【译文】

孔子说："仲由，你听说过六种品德与六种弊病的说法吗？"子路回答说："没有听说过。"

孔子说："坐下！我告诉你。爱好仁德却不爱好学问，它的弊病是使人变得愚笨；爱好聪明却不爱好学问，它的弊病是放纵无止境；爱好诚实却不爱好学问，它的弊病是容易受人利用反害了自己；爱好直率，却不爱好学问，它的弊病是尖刻而不通情理；喜欢勇敢却不喜欢学问，它的弊病是容易酿成乱子；喜欢刚强却不喜欢学问，它的弊病是狂妄自大。"

六

子曰："古者民有三疾，今也或是之亡也[①]。古之狂也肆，今之狂也荡；古之矜也廉[②]，今之矜也忿戾[③]；古之愚也直，今之愚也诈而已矣。"

【注释】

①亡：通"无"，没有。②矜（jīn）：自尊自大。廉：指人的行为方正有威，不可冒犯。③忿戾（fèn lì）：态度蛮横，不讲理。

【译文】

孔子说："古代的人有三种偏激的毛病，现在或许

没有这种毛病了。古代的狂人肆意直言，现在的狂人是放荡不羁；古代自尊自大的人威不可犯，现在自尊自大的人却是蛮横不讲理；古代愚蠢的人天真直率，现在愚笨之人就只是狡诈无赖了。”

七

宰我问：“三年之丧，期已久矣。君子三年不为礼，礼必坏；三年不为乐，乐必崩。旧谷既没，新谷既升，钻燧改火①，期可已矣。”

子曰：“食夫稻，衣夫锦②，于女安乎？”

曰：“安。”

“女安，则为之！夫君子之居丧，食旨不甘③，闻乐不乐，居处不安④，故不为也。今女安，则为之！”

宰我出。子曰：“予之不仁也！子生三年，然后免于父母之怀。夫三年之丧，天下之通丧也。予也有三年之爱于其父母乎！”

【注释】

①燧（súi）：古代取火的器具。改火：古代用燧石钻木取火，所用的木头四季不同，一年轮一遍。②衣（yì）：作动词，穿衣。③旨：滋味美，此指味美的食物。④居处：古代孝子服丧期间要住在临时用草、木搭成的棚子里，此指住在平常的房屋中。

【译文】

宰我问孔子："父母死了，子女守孝三年，时间也太长了。君子三年不行礼，礼仪必定会废弃掉；三年不奏乐，音乐也必定会失传。陈谷已经吃完，新谷子又已经长出来，钻木取火的木头也都改换了一遍，守丧满一年就可以了。"

孔子说："父母死了不到三年，你就吃白米饭，穿锦缎衣，对你来说心安吗？"

宰我说："我心安。"

孔子说："你要觉得那样做心安，你就去那样做吧！那有德行的人守孝期间，内心悲哀吃着美味食品也不觉得爽口，听见音乐也感觉不到愉快，住在舒适的家里也不觉得舒适，所以不像你那样做。现在你认为那样做心安理得，你就那么去做吧！"

宰我退出去后，孔子说："宰我真是不仁啊！小孩子生下来三年以后才能离开父母的怀抱。那三年的守孝，是天下通行的丧期呀。宰我难道没有从他父母怀抱里得到过三年的爱抚吗？"

八

子贡曰："君子亦有恶乎？"子曰："有恶：恶称人之恶者，恶居下流而讪上者[①]，恶勇而无礼者，恶果敢而窒者[②]。"

曰："赐也亦有恶乎？""恶徼以为知者[3]，恶不孙以为勇者[4]，恶讦以为直者[5]。"

【注释】

①讪（shàn）：谤毁。②窒（zhì）：阻塞不通，此指顽固不化。③徼（jiǎo）：抄袭。④孙：通"逊"，谦逊。⑤讦（jié）：攻击、揭发别人的短处。

【译文】

子贡说："君子也有厌恶的人吗？"孔子说："有厌恶的人：厌恶传扬别人坏处的人，厌恶处在下位而诽谤地位在他之上的人，厌恶勇敢却不懂得礼节的人，厌恶固执任性顽固不化的人。"

孔子又问："赐，你也有讨厌的人吗？"子贡回答说："我讨厌抄袭别人的东西还自以为聪明的人，讨厌毫不谦逊还自认为勇敢的人，讨厌揭发别人的短处还自认为直率的人。"

微子第十八

一

微子去之①，箕子为之奴②，比干谏而死③。孔子曰："殷有三仁焉。"

【注释】

①微子：名启，商纣王的同母兄长。纣王无道，微子辞职隐去。去：离开。②箕（jī）子：纣王的叔父，名胥馀。箕子因纣王暴虐无道而向他进谏，纣王不听，箕子于是假装发疯，被降为奴隶。③比干：纣王的叔父。他力谏纣王，被纣王剖心而死。

【译文】

纣王暴虐无道，微子离他而去，箕子沦为他的奴隶，比干由于竭力劝谏而惨死。孔子说："殷朝有三位仁人啊！"

二

楚狂接舆歌而过孔子[1]，曰："凤兮！凤兮[2]！何德之衰？往者不可谏，来者犹可追。已而，已而！今之从政者殆而[3]！"孔子下，欲与之言。趋而辟之，不得与之言。

【注释】

①接舆：楚国贤人。人称他为疯子，实则是装疯以逃避现实。②凤：即凤凰，传说世道清明它就会出现，反之隐去，这里用凤凰喻孔子。③殆（dài）：危险。

【译文】

楚国的狂人接舆边唱歌边经过孔子的车前。他唱道："凤鸟呀！凤鸟呀！你的德行为什么这样衰微？过去的不要再说了，未来的还可以追赶得上。算了吧，算了吧！现在从政的人多么危险啊！"孔子下车，想和他交谈，他却很快地避开了，孔子终于没能同他说话。

三

长沮、桀溺耦而耕[1]，孔子过之，使子路问津焉[2]。长沮曰："夫执舆者为谁？"[3]子路曰："为孔丘。"

曰："是鲁孔丘与？"曰："是也。"曰："是知津矣。"

问于桀溺。桀溺曰："子为谁？"曰："为仲由。"曰："是鲁孔丘之徒与？"对曰："然。"曰："滔滔者天下皆是也，而谁以易之[④]？且而与其从辟人之士也[⑤]，岂若从辟世之士哉？"耰而不辍[⑥]。

子路行以告。夫子怃然曰[⑦]："鸟兽不可与同群[⑧]，吾非斯人之徒与而谁与？天下有道，丘不与易也。"

【注释】

①长沮（jù）、桀（jié）溺（nì）：两个隐士，其真实姓名不详。耦（ǒu）：两个人在一起耕地。②津：渡口。③执舆（yú）：拉着马的缰绳。④易：改变。⑤而：通"尔"，你。辟：通"僻"。⑥耰（yōu）：种子播下后，用土覆盖。辍（chuò）：停止。⑦怃（wǔ）然：怅然若失的样子。⑧鸟兽不可与同群：意思是孔子不愿隐居山林。

【译文】

长沮、桀溺两人一起在田里耕地，孔子从他们那里经过，叫子路去问他们渡口在哪里。

长沮问子路："那个驾车的人是谁？"子路回答说："是孔丘。"长沮又问："是鲁国的那个孔丘吗？"子路回答说："是的。"长沮说："他应该知道渡口在哪里。"

子路于是去问桀溺。桀溺问："你是谁？"子路回答说："我是仲由。"桀溺又问："你是鲁国孔丘的学生

吗?”子路回答说:“是的。”桀溺说道:“天下大乱就像这滔滔的洪水一样泛滥,你们同谁去使它改变呢?而且你与其跟随孔子这样逃避无道君主的人,哪里比得上跟随我们这样逃避社会现实的人呢?”边说边不停地耙土播种。

子路回来把这些话都告诉了孔子。孔子怅然地说:“我是不可以与鸟兽同群的,我不与天下的人在一起,又与谁在一起呢?如果政治清明,我也就不同大家一起进行变革了。”

四

子路从而后,遇丈人[①],以杖荷蓧[②]。子路问曰:“子见夫子乎?”丈人曰:“四体不勤[③],五谷不分[④],孰为夫子?”植其杖而芸[⑤]。子路拱而立。止子路宿,杀鸡为黍而食之,见其二子焉[⑥]。明日,子路行以告。子曰:“隐者也。”使子路反见之[⑦]。至则行矣。

子路曰:“不仕无义[⑧]。长幼之节,不可废也;君臣之义,如之何其废之?欲洁其身,而乱大伦[⑨]。君子之仕也,行其义也。道之不行,已知之矣。”

【注释】

①丈人:对老年人的敬称。②蓧(diào):耘田用的竹器。③四体:指两手和两脚。④五谷:稻、麦、黍(shǔ)、稷、菽(shū)。⑤芸:通“耘”(yún),

除草。⑥见（xiàn）其二子焉：叫他的两个儿子来到跟前见子路。⑦反：通“返”，返回。⑧不仕：不出来做事。无义：是不适宜的。⑨大伦：指当时社会的君臣关系。

【译文】

有一次，子路跟随孔子出游，落在了后面，遇见了一位老者，用杖肩挑着除草的竹器。子路问他：“您可曾看见我的老师吗？”老者说：“四肢不劳动，五谷分辨不清，谁知道哪个是你的老师呢？”说完走到田中把杖插在地上，俯下身子除草。子路拱着手恭敬地站在一旁。于是老者留子路到他家去过夜，杀鸡、煮饭请子路，又叫他的两个儿子来和子路见面。第二天，子路告辞上路，赶上了孔子，把昨天的事告诉了孔子。孔子说：“这是一位隐士呀！”叫子路返回去见他。子路赶到他家，他却已经出门了。

子路说：“不出来做官是不适宜的。长幼之间的礼节，是不能废弃的；君臣之间的正常关系，又怎么能废弃呢？想使自身清白，却破坏了君臣之间的伦理关系。君子出来做官，只是做他应该做的事。至于我们的政治主张不能推行，也是早就知道的了。”

五

逸民[①]：伯夷、叔齐、虞仲、夷逸、朱张、柳下

惠、少连。子曰："不降其志，不辱其身，伯夷、叔齐与！"谓："柳下惠、少连，降志辱身矣。言中伦[②]，行中虑[③]，其斯而已矣。"谓："虞仲、夷逸，隐居放言[④]。身中清，废中权。我则异于是，无可无不可。"

【注释】

①逸民：隐逸的人。②言中伦：言语合乎伦理。中（zhòng），符合、合乎。③行中虑：行为合乎理智。④放言：不谈世事。

【译文】

隐逸的人士有：伯夷、叔齐、虞仲、夷逸、朱张、柳下惠、少连。孔子说："不改变自己的意志，不辱没自己的身份，这是伯夷、叔齐吧！"又说："柳下惠、少连降低自己的意志，玷污自己的身份，可是他们言语合乎伦理，行为合乎理智，他们就是这样罢了。"谈到虞仲、夷逸时，孔子说："他们避世隐居，不谈政事，保持他们自身的清白正直，他们的罢免，也是合乎权衡之术的。我就和这些人不同，不一定会这样，也不一定不会这样。"

子张第十九

一

子张曰："士见危致命，见得思义，祭思敬，丧思哀，其可已矣。"

【译文】

子张说："读书人遇见危难能够献出生命，遇到有所得就考虑是否正当，祭礼时想到的是恭敬虔诚，居丧时想到哀痛悲伤，那也就可以了。"

二

子夏之门人问交于子张[①]。

子张曰："子夏云何？"对曰："子夏曰：'可者与之，其不可者拒之。'"

子张曰："异乎吾所闻：君子尊贤而容众，嘉善而矜不能[②]。我之大贤与，于人何所不容？我之不贤与，人将拒我，如之何其拒人也？"

【注释】

①问交：问交朋友的原则。②矜（jīn）：同情、怜惜。

【译文】

子夏的学生向子张询问应该如何交朋友。

子张说："子夏对这个问题说了些什么？"子夏的学生回答说："子夏说：'可以交朋友的就去和他交往，不可以交朋友的就拒绝和他交往。'"

子张说："我听到的与这个不同：君子尊敬贤人，也能够容纳普通的人；夸奖好人，同时也怜悯那些无能的人。如果我是个很好的人，那对人有什么不能宽容的呢？如果我是个不好的人，人们将会拒绝和我交往，那我怎么可能去拒绝别人呢？"

三

子游曰："子夏之门人小子，当洒扫、应对、进退，则可矣，抑末也。本之则无，如之何？"

子夏闻之，曰："噫！言游过矣！君子之道，孰先传焉，孰后倦焉①，譬诸草木，区以别矣。君子之道，焉可诬也？有始有卒者，其惟圣人乎！"

【注释】

①倦：即诲人不倦的“倦”，此指教诲。

【译文】

子游说：“子夏的学生，让他们做些洒水扫地、接送客人之类的事情是可以的，但这是末节的小事。至于那礼乐之道这根本的东西，他们却没有学到，这怎么可以呢？”

子夏听到这些话，说：“咳！子游的话可不对啊！君子的学问，哪些是先传授的，哪些是放在后面教授的，这好比草木一样，是应该区别各种类别加以对待的。君子的学问，怎么能够任意歪曲呢？至于先浅后深、先末后本、有始有终地教育学生的，也许只有圣人吧！”

四

曾子曰：“吾闻诸夫子：孟庄子之孝也①，其他可能也；其不改父之臣，与父之政，是难能也。”

【注释】

①孟庄子：鲁大夫，名速。

【译文】

曾子说："我在先生那里听说：孟庄子的尽孝，别人在其他方面也可以做到，但在不改换他父亲的臣下僚属，不改变他父亲的政治措施方面，别人是难以做到的。"

五

孟氏使阳肤为士师[1]，问于曾子。曾子曰："上失其道，民散久矣。如得其情，则哀矜而勿喜。"

【注释】

①孟氏：孟孙氏，鲁国的大夫。阳肤：曾子的弟子。

【译文】

孟氏派阳肤做司法官，阳肤问曾子应该怎么去做，曾子说："现在当政者不按正道行事，民心早已离散了。你如果审案时能获知罪犯的真情，就应该怜悯他们，不要自以为明察而自喜。"

六

卫公孙朝问于子贡曰[1]："仲尼焉学?"子贡曰：

“文、武之道，未坠于地，在人。贤者识其大者，不贤者识其小者，莫不有文、武之道焉。夫子焉不学？而亦何常师之有[②]？”

【注释】

①卫公孙朝：卫国的大夫。②常师之有：即“有常师”的倒装句，意思是有固定的老师。

【译文】

卫国的公孙朝问子贡：“仲尼的学问是从哪里学到的？”子贡回答说：“周文王、周武王之道并没有散失，仍在人间流传。贤能的人能抓住大的方面，不贤的人只能认识小的方面，但都有文武之道在里面。我们先生在哪里不能学习到？哪里有什么固定的专门老师呢？”

七

叔孙武叔语大夫于朝，曰[①]：“子贡贤于仲尼。”

子服景伯以告子贡。子贡曰：“譬之宫墙，赐之墙也及肩，窥见室家之好。夫子之墙数仞[②]，不得其门而入，不见宗庙之美、百官之富[③]，得其门者或寡矣。夫子之云，不亦宜乎！”

【注释】

①叔孙武叔：鲁国的大夫，名州仇。②仞（rèn）：古代七尺或八尺叫作一仞。③官：此指房舍。

【译文】

叔孙武叔在朝廷中对大夫们说："子贡比他的老师孔子还要强些。"

子服景伯于是把这话告诉了子贡。子贡说："拿围墙做比喻吧！我的围墙只有人的肩膀那么高，人站在墙外就可以偷看到里面房屋的美好。我的老师的围墙有好几丈高，如果不能从大门进去，就看不到里面像宗庙一样雄伟壮美、各式各样的房屋。能找到先生的大门的人也许很少吧。武叔先生那么说，不也是很自然的吗？"

尧曰第二十

一

尧曰："咨[1]！尔舜！天之历数在尔躬[2]，允执其中[3]。四海困穷，天禄永终。"舜亦以命禹。

曰："予小子履，敢用玄牡[4]，敢昭告于皇皇后帝：有罪不敢赦。帝臣不蔽[5]，简在帝心[6]。朕躬有罪，无以万方；万方有罪，罪在朕躬。"

周有大赉[7]，善人是富。"虽有周亲，不如仁人。百姓有过，在予一人。"

谨权量[8]，审法度，修废官，四方之政行焉，兴灭国[9]，继绝世[10]，举逸民[11]，天下之民归心焉。

所重：民、食、丧、祭。

宽则得众，信则民任焉，敏则有功，公则说[12]。

【注释】

①咨（zī）：表示赞美的感叹词。②天之历数：指帝王相继的次序。③允：诚实。执：坚持。④予小子：上古帝王自称，意思是天帝的儿子。履：商汤的名。

⑤不蔽：不敢隐瞒掩盖。⑥简：阅，此作明白。⑦赉(lài)：赐予。⑧权：秤。量：斗斛（hú）。⑨兴灭国：恢复已经被灭亡的国家。⑩继绝世：使已经断绝了的后代重新承袭相传。⑪举逸民：提拔任用被遗落的人才。⑫说：通“悦”。

【译文】

尧对舜说：“啧！你这个舜，上天安排的帝王次序，帝位要落在你的身上了，你要好好地坚持正确的治国方略。如果天下的百姓都陷入穷困之中，上天赐给你的禄位也就永远地终结了。”舜也用这些话告诫禹。

商汤说：“小子履我斗胆用黑公牛作祭品，明白地禀告辉煌的天帝：有罪的人我绝不敢赦免。那些作为天帝的臣仆的善恶，我也不敢隐瞒遮掩，您心里是很明白的。如果我本人有罪，请不要牵连天下万方；如果天下万方有罪，那罪就由我一人承担。”

周朝恩赐天下，使好人多起来。武王说：“即使有近亲，也不如有仁人。百姓如果有过错，罪过全算在我一个人身上。”

孔子说：“谨慎地审查度量衡，重新恢复废弃了的官职，国家的政令就可以畅通了。复兴被灭亡了的国家，承续已经断绝了的世族，提拔被遗落了的人才，天下的百姓就诚服了。

“当权者重视的是：百姓、粮食、丧礼、祭礼。

“当权者宽容就会得到百姓的拥护，诚实讲信用就会得到百姓的信任，勤敏就会产生功绩，公正就会使百姓高兴。”

二

子张问于孔子曰：“何如斯可以从政矣？”子曰：“尊五美，屏四恶①，斯可以从政矣。”

子张曰：“何谓五美？”子曰：“君子惠而不费，劳而不怨，欲而不贪，泰而不骄，威而不猛。”

子张曰：“何谓惠而不费？”子曰：“因民之所利而利之，斯不亦惠而不费乎？择可劳而劳之，又谁怨？欲仁而得仁，又焉贪？君子无众寡，无小大，无敢慢，斯不亦泰而不骄乎？君子正其衣冠，尊其瞻视，俨然人望而畏之，斯不亦威而不猛乎？”

子张曰：“何谓四恶？”子曰：“不教而杀谓之虐；不戒视成谓之暴；慢令致期谓之贼；犹之与人也，出纳之吝，谓之有司②。”

【注释】

①屏（bǐng）：排除、除去。②出纳：意在“出”上，“纳”不译。

【译文】

子张问孔子：“怎么样可以参预政事呢？”孔子说：

"尊崇五种美德，去掉四种恶政，就可以从政了。"

子张问道："是怎么样的五种美德？"孔子说："君子给老百姓好处，但自己不耗费；役使老百姓，但不招致老百姓的怨恨；追求仁义，却不贪婪财利；态度舒泰矜持，却不骄傲；威严庄重，却不凶猛。"

子张问道："什么叫给人民好处而自己不耗费？"孔子说："让老百姓做对他们有利的事，不就是使老百姓得到了好处而自己不耗费吗？只选择老百姓可以干的事情而让他们干，百姓还有谁会怨恨呢？自己追求仁义便得到仁义了，还贪图别的干什么？君子不管人多人少，不管势力是大是小，君子都不敢怠慢，这不就是舒泰矜持而不骄傲吗？君子衣冠整整齐齐，目不邪视，态度庄重，使人看见就产生敬畏，这不就是威严庄重而不凶猛吗？"

子张问道："四种恶政又是什么呢？"孔子说："事先不进行教育就加以杀戮，叫作虐；事先不告诫而苛求立即成功，叫作暴；开始松懈，突然限制期限完成，叫作贼；同样是给予人的，但在拿出手时却舍不得，叫作吝啬。"

#《孟子》

梁惠王章句上

第一章

【原文】

孟子见梁惠王[①]。王曰："叟[②]，不远千里而来，亦将有以利吾国乎？"

孟子对曰："王何必曰利？亦有仁义而已矣。

"王曰：'何以利吾国？'大夫曰：'何以利吾家？'士庶人曰：'何以利吾身'？上下交征[③]利，而国危矣。

"万乘之国[④]，弑其君者[⑤]必千乘之家；千乘之国，弑其君者必百乘之家。万取千焉，千取百焉，不为不多矣。苟为后义而先利[⑥]，不夺不餍[⑦]。

"未有仁而遗其亲者也，未有义而后其君者也[⑧]。王亦曰仁义而已矣，何必曰利？"

【注释】

①梁惠王：即魏惠王，名罃（yīng），前369—前319年在位，"惠"是他死后的谥号。前362年，魏国

将都城从安邑（今山西夏县西北）迁到大梁（今河南开封），因而魏也被称为梁。②叟（sǒu）：对老人的尊称。孟子见梁惠王时年已 63 岁，故惠王称孟子为“叟”。③交征：据朱熹《集注》云：“征，取也。上取乎下，下取乎上，故曰交征。”④万乘（shèng）之国：古时一车四马叫乘，万乘之国，指能出兵车万乘的国家。其下千乘、百乘以此类推。按古制规定，只有天子才能享有万乘，诸侯享有千乘、百乘不等。⑤弑（shì）：古代臣杀君、子女杀父母叫弑。⑥苟为：如果真是。⑦夺：篡夺。餍（yàn）：满足。⑧后：据朱熹《集注》云：“不急也。”意思为不照顾。

【译文】

孟子参见梁惠王。惠王说：“老先生，不辞千里而来，将有什么高见能使我国获利吗？”

孟子回答道：“大王何必讲利呢？只要有仁义也就够了。大王说，用什么使我国获利，大夫们说，用什么使我家获利，士和庶人们说，用什么使我自身获利，这样上下交相求利，国家可就危险了。

“能出兵车万乘的国家，谋杀他们的君主的，必然是能出兵车千乘的大夫之家族；能出兵车千乘的国家，谋杀他们的君主的，必然是能出兵车百乘的大夫之家族。从以上看，万中拥有千，千中拥有百，这不能说不多了。如果真是轻义而重利，那就非闹到不夺取全部是不会满足的。重仁德的人从来不会遗弃他的亲族，

重义理的人从来不会不照顾他的君主。大王您也只要讲仁义就够了，何必讲利呢？”

第二章

【原文】

孟子见梁惠王，王立于沼上①，顾鸿雁、麋鹿②，曰：“贤者亦乐此乎？”

孟子对曰：“贤者而后乐此，不贤者虽有此，不乐也。《诗》云③：‘经始灵台④，经之营之。庶民攻之，不日成之。经始勿亟⑤，庶民子来⑥。王在灵囿，麀鹿攸伏⑦。麀鹿濯濯⑧，白鸟鹤鹤⑨。王在灵沼，于牣鱼跃⑩。’文王以民力为台为沼，而民欢乐之，谓其台曰‘灵台’，谓其沼曰‘灵沼’，乐其有麋鹿、鱼鳖。古之人与民偕乐，故能乐也。《汤誓》曰⑪：‘时日害丧，予及女偕亡⑫。’民欲与之偕亡，虽有台池鸟兽，岂能独乐哉？”

【注释】

①沼：水池。②鸿雁、麋鹿：朱熹《集注》云：“鸿，雁之大者；麋，鹿之大者。”③《诗》云：此处十二句诗引自《诗经·大雅·灵台》中的第一、二章。这是一首歌颂周文王德行的诗歌。④灵台：台名，故址在今陕西省西安西北。相传周文王时所造，由于百

姓的协力操作，很快落成，如有神灵相助，所以叫灵台。⑤勿亟：是说文王不加督促。⑥子来：是说百姓就如同子女来为父母出力一样。⑦麀（yōu）：雌鹿。攸伏：是说母鹿安于它原来所在的地方，没有被惊动。⑧濯濯（zhuó）：肥大而毛有光泽的样子。⑨鹤鹤：形容洁白的样子。⑩牣（rèn）：充满。⑪《汤誓》：《尚书》里的篇名，是伊尹辅佐商汤王讨伐夏桀王时的誓师词。⑫时：是，这个。害：读 hé，《尚书》原文作"曷"，何时。丧：灭亡。据《尚书大传》说，夏桀暴虐无道，大臣劝谏，他居然无耻地说："上天有太阳，如同我拥有天下，太阳会灭亡吗？太阳毁灭了，我才会灭亡呢。"于是老百姓就冲着太阳说："这个太阳什么时候毁灭呢？要是它会毁灭，那我们即使跟它一同灭亡也在所不惜。"民众对夏桀的暴虐怨恨到了极点。

【译文】

孟子进见梁惠王，惠王站在水池边上，望着那些飞雁、驯鹿，问孟子道："贤德的人也喜欢享受这些东西吗？"

孟子回答说："成为贤德的人后才能享受到这些东西；不是贤德的人，尽管拥有这些东西也享受不到。《诗经》里面说：'开始筹建灵台时，忙于测量和经营。百姓齐来建造它，没有几天便竣工。动工不用多督促，百姓如同子女样，自动踊跃来建台。文王偶来游灵囿，母鹿安卧自悠然。母鹿长得肥又美，瑞鹤洁白世无俦。

文王来到灵沼旁，满池鱼儿蹦得欢。’文王用百姓的劳力建台开沼，百姓却欢欢喜喜，称他的台为灵台，称他的沼为灵沼，为他能享受到有禽兽鱼鳖而感到高兴。古时的贤德者能够与民同乐，所以能够感到快乐。《尚书》里的《汤誓》说：‘这太阳何时陨落？我们愿和你一起灭亡。’民众诅咒暴君夏桀，百姓要与夏桀一起灭亡，那桀即使有高台池沼、飞禽走兽，难道说他能独自感到快乐么？”

第三章

【原文】

梁惠王曰：“寡人之于国也[①]，尽心焉耳矣[②]！河内凶[③]，则移其民于河东，移其粟于河内；河东凶，亦然。察邻国之政，无如寡人之用心者。邻国之民不加少，寡人之民不加多，何也？”

孟子对曰：“王好战，请以战喻。填然鼓之[④]，兵刃既接，弃甲曳兵而走[⑤]。或百步而后止，或五十步而后止。以五十步笑百步，则何如？”

曰：“不可，直不百步耳，是亦走也。”

曰：“王如知此，则无望民之多于邻国也。不违农时，谷不可胜食也；数罟不入洿池[⑥]，鱼鳖不可胜食也；斧斤以时入山林[⑦]，材木不可胜用也。谷与鱼鳖不可胜食，材木不可胜用，是使民养生丧死无憾也。养

生丧死无憾，王道之始也。

“五亩之宅，树之以桑，五十者可以衣帛矣；鸡豚狗彘之畜[8]，无失其时，七十者可以食肉矣；百亩之田，勿夺其时，数口之家，可以无饥矣；谨庠序之教[9]，申之以孝悌之义，颁白者不负戴于道路矣[10]。七十者衣帛食肉，黎民不饥不寒，然而不王者[11]，未之有也。

“狗彘食人食而不知检，途有饿莩而不知发[12]。人死，则曰：‘非我也，岁也。’是何异于刺人而杀之，曰：‘非我也，兵也。’王无罪岁，斯天下之民至焉。”

【注释】

①寡人：古代王侯自我的谦称。②焉耳矣：三个语气词叠用，在于加重语气，表示恳挚的感情。③河内：魏地，相当今河南境内的黄河以北地区。④填然：鼓声咚咚直响的样子。鼓：击鼓，名词作动词用。⑤曳（yè）兵：拖着兵器。走：跑。⑥数（cù）：密。罟（gǔ）：网。洿（wū）：低洼的地方。⑦斤：砍刀，古代常斤、斧连称。⑧豚（tún）：小猪。彘(zhì)：猪。畜：牲畜。⑨谨：认真办好。庠序：古代的乡学。商朝叫序，周朝叫庠。《礼记·学记》：“古之教者，家有塾，党有庠，术有序，国有学。”⑩颁(bān）白：同“斑白”，花白头发的老人。⑪王(wàng)：拥有天下称王称帝，名词作动词用。⑫莩(piǎo)：同“殍”，饿死的人。

【译文】

梁惠王说："我对于治理国家，很尽心竭力了吧！河内发生灾荒，就把那里的灾民移往河东，把河东的粮食运到河内；当河东发生灾荒时，我也是这样做。看看邻国的君主办理政事，没有像我这样尽心尽力的。可是，邻国的百姓并不见减少，而我的百姓并不见增多，这是什么原因呢？"

孟子回答道："大王您喜爱打仗，就让我用打仗来打比方吧。战鼓咚咚，交战激烈了，战败的士兵丢盔弃甲拖着武器逃跑。有的逃跑了上百步才停下，有的逃跑了五十来步止住了脚。逃跑了五十步的人因此而去讥笑逃跑了一百步的人，您觉得行不行呢？"

梁惠王说："不行。他只不过没有逃跑到一百步罢了，可这也同样是逃跑呀。"

孟子说："大王您既然懂得这个道理，就不必去期望您国家的民众比邻国增多啦。只要不违背农时，那粮食就吃不完；密孔的渔网不入池塘，那鱼鳖水产就吃不完；砍伐林木有定时，那木材便用不尽。粮食和鱼类吃不完，木材用不尽，这样便使老百姓供养活人，安葬死者不至于感到什么不满足。老百姓养生送死没有缺憾，这便是王道的开端。

"在五亩大的住宅旁，种上桑树，上了五十岁的人就可以穿着丝绸了；鸡鸭猪狗不失时节地繁殖饲养，上了七十岁的人就可以经常吃到肉食了。一家一户所

种百亩的田地不误农时得到耕种，数口之家就不会闹饥荒了。注重乡校的教育，强调孝敬长辈的道理，须发花白的老人们就不再会肩挑头顶，出现在道路上了。年满七十岁的人能穿上丝绸、吃上肉鱼，老百姓不缺衣少食，做到了这些而不称王天下的是绝不会有的。

“现在，猪狗吃着人吃的食物而不知道设法制止，路上出现了饿死的人而不知道赈济饥民，人死了反而说‘与我无关，是年成不好的缘故’，这和把人杀了却说‘与我无关，是武器杀的’又有什么不同呢？大王您要能够不归罪于荒年凶岁，这样，普天下的老百姓便会拥向您这儿来了。”

第四章

【原文】

梁惠王曰：“晋国，天下莫强焉[①]，叟之所知也。及寡人之身，东败于齐[②]，长子死焉；西丧地于秦七百里[③]；南辱于楚[④]。寡人耻之，愿比死者一洒之[⑤]。如之何则可？”

孟子对曰：“地方百里而可以王。王如施仁政于民，省刑罚，薄税敛，深耕易耨[⑥]；壮者以暇日修其孝悌忠信，入以事其父兄，出以事其长上，可使制梃以挞秦楚之坚甲利兵矣[⑦]。彼夺其民时，使不得耕耨以养其父母，父母冻饿，兄弟妻子离散。使陷溺其民[⑧]，王

往而征之，夫谁与王敌？故曰：‘仁者无敌[9]。’王请勿疑！”

【注释】

①晋国：指魏国。魏与韩、赵三家春秋时本是晋国的大夫，后来逐渐吞灭晋国其他世族，三分晋国。到前403年，东周威烈王正式承认他们为诸侯，史书多是把这一年作为战国时代的开始。战国时三家与秦、楚、齐、燕也都称王。魏在战国初年曾因革新变法而称强一时，故此处谓“天下莫强焉”。莫强：犹言没有哪一个强过它的。②东败于齐：《史记·魏世家》载，魏惠王三十年攻打韩国，韩向齐国求救，齐宣王用孙膑的计谋，出兵救韩击魏，魏军在马陵中计大败，魏将庞涓自杀，统帅太子申被俘。下文“长子死焉”即指此，魏国从此一蹶不振。③西丧地于秦七百里：《史记·魏世家》载，魏惠王三十一年、三十二年（前342年），魏国屡败于秦，被迫割地求和，黄河天险的河西之地尽入秦国之手，即七百里。④南辱于楚：据《战国策·韩策》和《史记·楚世家》记载，梁惠王后元十二年（前324年），楚国为了迫使魏国倒向它，插手魏国的王位继承，派柱国昭阳在襄陵打败魏军，夺取魏国的八座城邑。⑤比死者一洒之：言欲为全部死者雪其耻也。比（bì），为。一，全部。洒，通“洗”。《说文》云：“洒，涤也。”⑥易（yì）：迅速。耨（nòu）：耘田除草。⑦制：通

“掣”（chè），提、拿。挞（tà）：用鞭子打人。⑧陷溺（nì）：朱熹《集注》云：“陷，陷于阱；溺，溺于水，暴虐之意。”⑨仁者无敌：是句古语，加上“故曰”引来作结。

【译文】

梁惠王对孟子说：“魏国的强大，当今世上没有哪个国家比得上，这是您老先生所知道的。但到了我这一代继承王位后，东面被齐国打败，连我的大儿子也被俘；西面丧失了七百里疆土给秦国；南面还受辱于楚国。我对此深感耻辱，愿意替那些为国牺牲的人彻底雪耻报仇，要怎样才可以办到呢？”

孟子回答道：“国家不在大，只要有方圆百里的土地就可以实行王道，使天下归心。大王您如果能够对民众实施仁政，废除严刑酷法，减免苛捐杂税，督促百姓深耕土地，抓紧时机清除杂草；青壮年人还在农闲的日子修习孝悌忠信的道理，在家里便用来侍奉父兄，出外便用来侍奉尊长，这样做好了，就能使他们哪怕是拿起木棒也足以打败秦、楚的坚甲利兵了。那些国家（秦、楚、齐等）侵夺百姓的农时，使他们不能从事农耕来养活自己的父母，以至父母受冻挨饿，妻离子散，兄弟背井离乡。那些国家的民众陷于水深火热之中，大王您派军队前往讨伐他们，又有谁能跟大王您对抗呢？所以有句名言：‘奉行仁政的人无敌于天下。’大王啊，请您采纳仁政之言，不要再迟疑了。”

第五章

【原文】

孟子见梁襄王[①]，出，语人曰[②]：“望之不似人君，就之而不见所畏焉。卒然问曰[③]：‘天下恶乎定[④]？’吾对曰：‘定于一。’‘孰能一之？’对曰：‘不嗜杀人者能一之。’‘孰能与之[⑤]？’对曰：‘天下莫不与也。王知夫苗乎？七、八月之间旱，则苗槁矣。天油然作云，沛然下雨，则苗浡然兴之矣[⑥]。其如是，孰能御之？今夫天下之人牧[⑦]，未有不嗜杀人者也。如有不嗜杀人者，则天下之民皆引领而望之矣[⑧]。诚如是也，民归之，由水之就下[⑨]，沛然谁能御之？’”

【注释】

①梁襄王：即魏襄王，名嗣，魏惠王的儿子，前318—前296年在位，“襄”是他死后的谥号。②语(yù)：告诉。③卒：通“猝”(cù)，突然。④恶(wū)乎：怎样、如何。⑤与：此处为“归顺”之意。⑥浡(bó)然：蓬勃生长的样子。⑦人牧：管理百姓的人，指人君。牧，收养，引申为管理。⑧引领：伸长脖子。领，即脖子。⑨由：通“犹”，好像。

【译文】

孟子见到梁襄王，出来之后，告诉别人说：“远看

上去不像君主的样子，走近他面前则觉察不出能使人敬畏的地方。见了我后，突然问道：‘天下要怎样才能安定呢？’我回答说：‘统一才能安定。’他又问道：‘谁能统一天下呢？’我对他说：‘不喜好杀人的国君就能统一天下。’他再问道：‘谁会来归顺他呢？’我再回答：‘天下没有哪个不归顺他的。大王您知道禾苗生长的情况吗？当七、八月间一遇上干旱，禾苗就会枯萎；一旦天上布满乌云，下了滂沱大雨时，禾苗就又蓬勃地挺立起来了。要是像这样，什么力量能遏止它生长呢？现在世上那些做国君的人，没有不喜好杀人的。如若有不喜好杀人的，那天下的老百姓，就都会伸长脖子来盼望他了。真能如此，老百姓归顺他，就好比水往低处流，汹涌澎湃，又谁能阻挡得了它们呢？’”

梁惠王章句下

第一章

【原文】

庄暴[1]见孟子，曰："暴见于王[2]，王语暴以好乐[3]，暴未有以对也。"曰："好乐何如？"

孟子曰："王之好乐甚，则齐国其庶几乎！"

他日，见于王，曰："王尝语庄子以好乐[4]，有诸？"

王变乎色，曰："寡人非能好先王之乐也，直好世俗之乐耳。"

曰："王之好乐甚，则齐其庶几乎！今之乐，由古之乐也。"

曰："可得闻与？"

曰："独乐乐，与人乐乐，孰乐？"

曰："不若与人。"

曰："与少乐乐，与众乐乐，孰乐？"

曰："不若与众。"

"臣请为王言乐。今王鼓乐于此，百姓闻王钟鼓之声，管籥之音[⑤]，举疾首蹙额而相告曰[⑥]：'吾王之好鼓乐，夫何使我至于此极也？父子不相见，兄弟妻子离散。'今王田猎于此，百姓闻王车马之音，见羽旄之美[⑦]，举疾首蹙颎而相告曰：'吾王之好田猎，夫何使我至于此极也？父子不相见，兄弟妻子离散？'此无他，不与民同乐也。今王鼓乐于此，百姓闻王钟鼓之声，管籥之音，举欣欣然有喜色而相告曰：'吾王庶几无疾病与，何以能鼓乐也？'今王田猎于此，百姓闻王车马之音，见羽旄之美，举欣欣然有喜色而相告曰：'吾王庶几无疾病与，何以能田猎也？'此无他，与民同乐也。今王与百姓同乐，则王矣。"

【注释】

①庄暴：齐国的臣子。②见于王：被王接见。王，齐宣王。③乐（yuè）：音乐。④庄子：此指庄暴。⑤管籥（yuè）：笙箫之类的乐器。⑥举：都。⑦旄（máo）：此指旗帜。

【译文】

庄暴见到孟子，说："我朝见齐王，齐王告诉我他喜好音乐的事，我一时没有话应对。"接着问道："国君喜好音乐，到底应不应该呢？"

孟子说："齐王要是非常喜好音乐，那么，齐国差

不多就可治理好了啊!”

几天后，孟子在进见齐宣王时问道：“大王曾告诉过庄暴您喜好音乐，有这回事吗?”宣王听了，脸色变得不好意思地说：“我并不是喜好先王的古乐，只不过喜好世俗流行的音乐罢了。”

孟子说：“大王要是非常喜好音乐，那齐国就会治理得差不多了。时下流行的音乐和古代遗留下来的音乐都一样嘛。”齐宣王说：“可以把这个道理说给我听听吗?”

孟子说：“独自一人娱乐，和别人一起娱乐，哪种更快乐?”宣王说：“不如跟别人一起娱乐更快乐。”

孟子说：“和少数人一起快乐，和多数人一起快乐，哪个更快乐呢?”宣王说：“不如和多数人一起快乐。”

孟子接着说：“那就让我来为大王讲讲娱乐吧，假如大王在奏乐，百姓们听到大王鸣钟击鼓、吹箫奏笛的乐声曲调，大家都愁眉苦脸地相互诉苦说：‘我们大王光顾自己喜好音乐，为什么要把我们弄到这般穷困呢?父子不能相见，兄弟和妻儿分离流散。’假如大王在打猎，百姓们听到大王车马的声音，见到旗帜的华丽，大家都愁眉苦脸地相互诉苦说：‘我们大王光顾自己打猎开心，怎么把我们弄得这般穷困呢?父子不能相见，兄弟和妻儿分离流散。’这没有别的原因，只是由于不和老百姓一同娱乐的缘故。假如大王在奏乐，

百姓们听到大王鸣钟击鼓、吹箫奏笛的乐声曲调，大家都眉开眼笑地相互告诉说：'我们大王大概没有疾病吧，要不怎么能奏乐呢？'假如大王在打猎，百姓们听到大王车马的声音，见到旗帜的华丽，大家都眉开眼笑地相互告诉说：'我们大王大概没有疾病吧，要不怎么能打猎呢？'这没有别的原因，只是由于和老百姓一同娱乐的缘故。倘若大王您能跟老百姓一同娱乐，那么就会受到天下人的拥戴，天下就会得到统一了。"

第二章

【原文】

齐宣王问曰："文王之囿[1]方七十里，有诸？"

孟子对曰："于传有之[2]。"

曰："若是其大乎？"

曰："民犹以为小也。"

曰："寡人之囿方四十里，民犹以为大，何也？"

曰："文王之囿方七十里，刍荛者往焉[3]，雉兔者往焉[4]，与民同之。民以为小，不亦宜乎？臣始至于境，问国之大禁，然后敢入。臣闻郊关之内，有囿方四十里，杀其麋鹿者，如杀人之罪，则是方四十里，为阱于国中[5]，民以为大，不亦宜乎？"

【注释】

①囿（yòu）：养动物种花木的园地，古时称为苑囿。②传（zhuàn）：本是指解释经文的著作，此指文献记载。③刍荛：朱熹《集注》云："刍，草也；荛，薪也。"这里的刍荛，指割草牧羊和打柴的人。④雉兔者：指猎取野鸡和兔子的人。雉（zhì），野鸡。⑤阱（jǐng）：捕捉野兽用的陷坑。

【译文】

齐宣王问孟子："传说周文王豢养禽兽种植花木的园地有方圆七十里，有这回事吗？"

孟子回答说："在古书上是有这样的记载。"

齐宣王说："要是这样，不太大吗？"

孟子说："老百姓还觉得小了呢。"

齐宣王说："我的园子只有四十里见方，老百姓还觉得大，这是为什么呢？"

孟子说："周文王的园地，周围七十里见方，割草砍柴的人可以到那里去，打野鸡、捕兔子的也可以到那里去，文王与百姓一同享用，百姓觉得小，不是很自然的吗？我刚踏上您的边境，先打听一下齐国有哪些重大的禁令，然后才敢入境。我听说齐国首都的郊外，有个方圆四十里的园子，凡射杀园子里麋鹿的人，按杀人的罪名处罚，这就等于在国土上，设下了方圆

四十里的大陷阱来坑害老百姓。老百姓觉得大，难道不是应该的吗？”

第三章

【原文】

齐宣王问曰：“交邻国有道乎？”

孟子对曰：“有。惟仁者为能以大事小，是故汤事葛[①]，文王事昆夷[②]；惟智者为能以小事大，故大王事獯鬻[③]，勾践事吴[④]。以大事小者，乐天者也；以小事大者，畏天者也。乐天者保天下，畏天者保其国。《诗》云：‘畏天之威，于时保之[⑤]。’”

王曰：“大哉言矣！寡人有疾，寡人好勇。”

对曰：“王请无好小勇。夫抚剑疾视，曰：‘彼恶敢当我哉！’此匹夫之勇[⑥]，敌一人者也。王请大之！

“《诗》云[⑦]：‘王赫斯怒，爰整其旅，以遏徂莒[⑧]，以笃周祜，以对于天下。’此文王之勇也。文王一怒而安天下之民。

“《书》曰[⑨]：‘天降下民，作之君，作之师。惟曰其助上帝，宠之四方，有罪无罪，惟我在，天下曷敢有越厥志[⑩]？’一人衡行于天下[⑪]，武王耻之[⑫]。此武王之勇也。而武王亦一怒而安天下之民。今王亦一怒而安天下之民，民惟恐王之不好勇也。”

【注释】

①汤事葛：商汤王事奉葛国的事。详见本书《滕文公下》。②昆夷：亦作“混夷”或“串夷”，是当时在周代西北边境的少数民族。③獯鬻（xūn yù）：我国古代北方的一个少数民族。④勾践事吴：勾践，是越国的国君。吴，指吴国。吴王夫差在前494年打败越国，勾践以派文种求和、对吴称臣来争取机会，刻苦图强，最后终于在前273年攻灭吴国。《左传》《史记》《国语》均有记载。⑤《诗》云：引自《诗·周颂·我将》，这是祭祀周文王的颂歌。于时：于是。⑥匹夫：一人。⑦《诗》云：引自《诗·大雅·皇矣》，是则歌颂周先祖功业的诗歌。⑧莒（jǔ）：国名。⑨《书》：指《尚书》。此引文是出自《尚书·逸》篇。⑩越：违背。厥：用法同“其”。⑪衡行：同“横行”，指作乱。⑫武王：西周的开国君王，在他统治时期，周攻灭了商纣之后而成为天下诸侯的君主。

【译文】

齐宣王问：“跟邻国交往有一定的准则吗？”

孟子回答说：“有的。只有仁君才能以大国事奉小国，所以商汤王事奉过葛伯、周文王事奉过昆夷；只有智者之君才能以小国的身份事奉大国，所以周的大王事奉过獯鬻，越王勾践事奉过夫差。以大国身份事

奉小国的，是喜爱天理美德的人；以小国身份事奉大国的，是敬畏天理威严的人。喜爱天理美德的人能够保有天下，敬畏天理威严的人能够保有自己的国家。《诗·周颂》中的《我将》篇说：‘敬畏上天的威严，于是保佑了国家。’”

宣王说：“先生说得太好了啊！可惜我有个毛病，我喜好勇敢。”

孟子答道：“希望大王不要喜爱小勇。有这么一个人，手按佩剑，瞪着双眼说：‘他怎敢抵挡我呢！’这是匹夫的勇武，只能抵敌一个人。我恳请大王把您喜爱的勇敢扩大些吧！

“《诗·大雅》中的《皇矣》篇说：‘我们文王对密须国人的侵犯暴行勃然大怒，整顿好军队开到前方，阻击莒国来侵犯的敌寇，增强周围的威望，给百姓带来福泽，酬答天下对周天子仰望的厚意。’这就是文王的大勇。文王一旦勃然大怒，便能使天下的民众得到安全。

“《尚书·逸》篇里面说：‘上天降生下的人民，替他们造作了君主，也替他们安排了师傅。派给君主和师傅的任务只是帮助天帝慈爱下民。所以，四方的人有罪或是无罪，都由我进行裁决。天下谁胆敢违背上天的意志起来作乱呢？’只要有一个人敢在世间横行无忌，武王便认为是自己的耻辱。这就是武王的大勇，武王也是只要一发怒，便能使天下的民众得到安

全。现在，要是大王您也能做到一旦勃然大怒，便使天下的民众得到安全，那民众便唯恐大王不喜爱勇敢呢。”

第四章

【原文】

齐宣王见孟子于雪宫[①]。王曰:“贤者亦有此乐乎?”

孟子对曰:“有。人不得，则非其上矣。不得而非其上者，非也；为民上而不与民同乐者，亦非也。乐民之乐者，民亦乐其乐；忧民之忧者，民亦忧其忧。乐以天下，忧以天下，然而不王者，未之有也。

“昔者齐景公问于晏子曰[②]：‘吾欲观于转附、朝儛，遵海而南[③]，放于琅邪，吾何修而可以比于先王观也?’

“晏子对曰：‘善哉问也！天子适诸侯曰巡狩，巡狩者，巡所守也。诸侯朝于天子曰述职，述职者，述所职也。无非事者。春省耕而补不足，秋省敛而助不给。’夏谚曰：‘吾王不游，吾何以休?吾王不豫，吾何以助?’一游一豫，为诸侯度。今也不然，师行而粮食，饥者弗食，劳者弗息。睊睊胥谗[④]，民乃作慝[⑤]。方命虐民[⑥]，饮食若流。流连荒亡，为诸侯忧。从流下而忘反谓之流，从流上而忘反谓之连，从兽无厌谓之

荒，乐酒无厌谓之亡。先王无流连之乐、荒亡之行。惟君所行也。

“景公悦，大戒于国，出舍于郊。于是始兴发，补不足。召大师，曰[7]：‘为我作君臣相说之乐!’盖《徵招》《角招》是也[8]。其诗曰：‘畜君何尤？畜君者，好君也。’”

【注释】

①雪宫：齐国离宫名。《赵注》云：“离宫之名也，宫中有苑囿台池之饰、禽兽之饶。王自多有此乐，故问曰‘贤者亦有此乐乎?’”。②齐景公：春秋时齐国国君，姓姜，名杵臼。晏子：齐国大臣，名婴，字平仲，齐景公时贤相。③转附、朝儛（wǔ)：都是山名，在今山东境内。④睊睊（juàn)：侧目而视的样子。⑤慝(è)：悖逆暴乱。⑥方：同“放”。命：王命。⑦大师：即太师，乐官。⑧《徵招》《角招》：太师所做的乐曲名。一说皆是调名。徵（zhǐ)：古时五音之一。五音为：宫、商、角、徵、羽。

【译文】

齐宣王在自己的别墅雪宫里接见孟子。宣王说：“贤德的人也有这样的享乐吗?”

孟子答道：“有。人们得不到这样的享乐，就会抱怨他们的君主。当然，因得不到这种享乐便抱怨他们

的君主，是不对的；作为民众的君主却不与民众一同分享这种快乐，也是不对的。君主以民众的快乐为自己的快乐，民众也以君主的快乐为自己的快乐；君主以民众的忧愁为自己的忧愁，民众也以君主的忧愁为自己的忧愁。君王以天下人的快乐为快乐，以天下人的忧愁为忧愁，做到这样，还不能使天下归心的事，是绝不会有的。

“从前齐景公向晏婴问道：‘我打算到转附和朝儛两座名山游览一番，然后沿着海岸向南走，直达琅邪邑，我应该怎样做，才能和古代圣王的巡游相比拟呢?’

“晏婴答道：‘问得好呀！天子前往诸侯国去叫作巡狩，巡狩就是巡视所拥有的疆土。诸侯前往天子的朝廷去朝见，叫作述职，述职就是报告诸侯所担负职守的情况。上述没有不和政事有关的。春季视察耕种，补助农具、种子不足的农户；秋季视察收获，救济劳力、口粮不够的农户。’夏朝时的谚语说：‘我们大王不巡游，我们怎能有养息？我们大王不视察，我们哪会获补助?’大王的巡游视察，足以让诸侯效法。现在不是这样，队伍出动一大批就要向下面筹粮，饥饿的人们得不到食物，劳苦的人们得不到息养。民众侧目而视，怨声载道，民众就会被迫作恶了。这样放弃先王的教导，虐害百姓，豪饮暴食，像流水似地没完没了。这种流连荒亡的行为，不能不使诸侯为之忧愁。

什么叫流连荒亡呢？顺流而下放舟游乐不知回返叫作流，逆流而上挽舟游乐不知返回叫作连，没有厌倦地打猎叫作荒，没有节制地酗酒叫作亡。古代的圣王不搞这种流连的游乐、荒亡无节制的行为。现在就看大王选择哪一种做法了。

“齐景公听了很高兴，在都城做好充分的准备，然后自己到郊外去住下。于是开始行惠政，打开仓库拿了粮食补助贫困百姓。又把乐官召来说：‘替我创作君臣共同喜欢的乐曲歌词吧！’这歌曲就是《徵招》《角招》。那歌辞中说：‘制止君主的欲望又有什么过错？制止君主的私欲，正是敬爱君主呢。’”

第五章

【原文】

孟子谓齐宣王曰：“王之臣，有托其妻子于其友而之楚游者，比其反也[①]，则冻馁其妻子[②]，则如之何？”

王曰：“弃之。”

曰：“士师不能治士[③]，则如之何？”

王曰：“已之[④]。”

曰：“四境之内不治，则如之何？”

王顾左右而言他。

【注释】

①比（bì）：及、到。反：同“返”。②馁（něi）：饥饿。③士师：狱官。其属有乡士、遂士之官。④已：罢去、罢免。

【译文】

孟子对齐宣王说：“您的某个臣子，把妻子儿女托付给他的朋友照看而自己出游楚国，等他回来时，假如他的妻子儿女在挨冻受饿，那么，应该怎么对待他那个朋友呢？”

齐宣王说：“与此人断绝交情。”

孟子问道：“监狱官如果不能管理他的属官，那该怎么办呢？”

齐宣王说：“罢免他。”

孟子再问道：“整个国家假如没有治理好，那又该怎么办呢？”

齐宣王故意不答，回头看左右的臣子谈论别的话题。

第六章

【原文】

孟子见齐宣王，曰：“所谓故国者，非谓有乔木之

谓也[1]，有世臣之谓也[2]。王无亲臣矣，昔者所进，今日不知其亡也[3]。”

王曰：“吾何以识其不才而舍之？”

曰：“国君进贤，如不得已，将使卑逾尊，疏逾戚[4]，可不慎与？左右皆曰贤，未可也；诸大夫皆曰贤，未可也；国人皆曰贤，然后察之；见贤焉，然后用之。左右皆曰不可，勿听；诸大夫皆曰不可，勿听；国人皆曰不可，然后察之；见不可焉，然后去之。左右皆曰可杀，勿听；诸大夫皆曰可杀，勿听；国人皆曰可杀，然后察之；见可杀焉，然后杀之。故曰，国人杀之也。如此，然后可以为民父母。”

【注释】

①所谓、非谓：两个“谓”字为动词，是“说”的意思。之谓的“谓”是名词，可译为“是说……的意思”。②世臣：指累世建立功勋的臣子。③亡：指离开君王出走。④逾：超越。戚：亲近的人。

【译文】

孟子进见齐宣王时说：“我们所说的历史悠久的国家，并不是说它有年代久远的高大树木，而是说有世代与国家共患难、为国建立了功勋的贤臣良将的意思。大王您现在没有亲信的臣子了，过去所任用的人，如今都离开君王而去了。”

齐宣王说："我凭什么才能识别他们没有才能而不任用他们呢？"

孟子说："国君进用贤能，如果在不得已时要使卑贱的人超越尊贵的人、疏远的人超越亲密的人，这样的事能不慎重对待吗？因此，国君任用人时，左右的人都说某人贤能，不能轻信；诸位大夫都说他贤能，还是不能轻信；全国的人都说他贤能，然后才对他进行考察，若发现他确实贤能，再任用他。左右的人都说某人不行，不要轻信；诸位大夫都说他不行，不要轻信；国人都说他不行，然后才考察他，若发现他确实不行，才罢免他。左右的人都说某人该杀，不要轻信；诸位大夫都说他该杀，不要轻信；国人都说他该杀，然后才考察他，若发现他确实该杀，然后才杀掉他。所以说，是国人处决他的。能够做到这样，才能够真正做百姓的父母官。"

第七章

【原文】

齐宣王问曰："汤放桀[1]，武王伐纣[2]，有诸？"

孟子对曰："于传有之。"

曰："臣弑其君，可乎[3]？"

曰："贼[4]仁者谓之贼，贼义者谓之残。残贼之人，

谓之一夫[⑤]。闻诛一夫纣矣，未闻弑君也。”

【注释】

①汤：商朝开国君主的名号。放：流放。桀：夏朝末世暴君。《书经》载：“成汤放桀于南巢（在今安徽巢湖市东北）。”《史记·夏本纪》载：“汤修德，诸侯皆归汤，汤遂率兵以伐夏桀。桀走鸣条，遂放而死。”②武王伐纣（zhòu）：殷商末，纣王无道，周的开国君主武王姬发出兵伐纣，纣王兵败自焚而死。③弑：臣杀死君主或子女杀死父母。此指臣杀死君主。④贼：损害、毁灭。⑤一夫：言众叛亲离的独夫。《书》曰：“独夫纣。”

【译文】

齐宣王问孟子道：“商汤王流放夏桀王，周武王讨伐商纣王，有这样事吗？”

孟子回答说：“在古代文献上有这样的记载。”

齐宣王说：“为臣的人杀掉他的君主，可以吗？”

孟子答道：“毁灭仁爱的人叫作贼，毁灭正义的人叫作残，残贼的人叫作独夫。我只听说过周武王诛杀了‘独夫’殷纣，没有听说他杀过君主。”

第八章

【原文】

齐人伐燕[①]，胜之。宣王问曰："或谓寡人勿取，或谓寡人取之。以万乘之国伐万乘之国，五旬而举之，人力不至于此。不取，必有天殃[②]。取之，何如?"

孟子对曰："取之而燕民悦，则取之，古之人有行之者，武王是也。取之而燕民不悦，则勿取，古之人有行之者，文王是也。以万乘之国伐万乘之国，箪食壶浆，以迎王师[③]，岂有他哉？避水火也。如水益深，如火益热，亦运而已矣[④]。"

【注释】

①齐人伐燕：齐宣王五年（前315年），燕国由于燕王哙把王位让给国相子之，国人不服，发生内乱。宣王用田王思的计谋，次年趁机出兵伐燕，齐军在五十天内就攻下了燕国的国都，取得了胜利。②不取，必有天殃：《国语·越语》云："天与不取，反为之灾。"③箪（dān）：古代盛饭的圆形竹器。④运：朱熹《集注》云："转也，言齐若更为暴虐，则民将思考而望救于他人矣。"

【译文】

齐国人进攻燕国，战胜了它。齐宣王问孟子道：“有的人叫我不要占取它，有人叫我占取它。以拥有万辆兵车的国家去攻打另一个拥有万辆兵车的国家，只五十天便攻下了它，如果不是天意，人力绝对无法取得这样的成就。若不占取它，必定会遭到天降的灾祸。我占取了它，怎么样啊？”

孟子回答说：“如果占取它，燕国的民众高兴，就占取它。古代的周武王便是这样做的。要是占取它，燕国的民众不高兴，就不可占取它。古代的周文王便是这样做的。以拥有万辆兵车的国家去攻打另一个拥有万辆兵车的国家，百姓们用筐装着饮食、用壶盛着饮水来迎接大王您的军队，难道还有别的用意吗？不过是想避免再过那种水深火热的生活啊。如果燕国被占取后，老百姓蒙受的灾难更加深重，那他们也会转而去欢迎他人了。”

第九章

【原文】

齐人伐燕，取之。诸侯将谋救燕。宣王曰：“诸侯多谋伐寡人者，何以待之？”

孟子对曰："臣闻七十里为政于天下者[①]，汤是也。未闻以千里畏人者也。《书》曰：'汤一征，自葛始。'天下信之，东面而征，西夷怨；南面而征，北狄怨。曰：'奚为后我？'民望之，若大旱之望云霓也。归市者不止，耕者不变，诛其君而吊其民[②]，若时雨降，民大悦。《书》曰：'徯我后[③]，后来其苏！'

"今燕虐其民，王往而征之，民以为将拯己于水火之中也，箪食壶浆，以迎王师。若杀其父兄，系累其子弟，毁其宗庙，迁其重器，如之何其可也？天下固畏齐之强也，今又倍地而不行仁政，是动天下之兵也。

"王速出令，反其旄倪[④]，止其重器，谋于燕众，置君而后去之，则犹可及止也。"

【注释】

①七十里：汤是商朝的开国君主，在他灭夏朝前，商是一个仅有七十里的小国。此说法亦见于《荀子》《史记》。②吊：抚恤慰问。③徯（xī）：等待。我后：君主。④旄：同"耄"（mào），八九十岁的老人。倪（ní）：小孩。

【译文】

齐国人攻打燕国，占领了它。别的诸侯们谋划着要救助燕国。齐宣王问孟子说："许多诸侯谋划要讨伐我，该用什么办法对付他们呢？"

孟子回答道："我听说凭区区七十里地而统一天下的，那就是商汤。没听说拥有国土千里而畏惧他人的。《尚书》里说：'商汤王当初出征时，是从讨伐葛国开始的。'普天之下都信任他，欢迎他。他东向征讨，西方的夷人便埋怨他；他南向征讨，北方的狄人也埋怨他；他们都说：'为什么把我们摆在后面呢?'老百姓对他的盼望，如同大旱年盼望乌云一样。商汤所到之处，赶集的不停止买卖，种田的照常劳动，诛杀了残暴的君主，而安抚慰问那儿的百姓，商汤到来，如同旱天及时降下甘霖一样，老百姓非常喜悦。《尚书》里说：'等待我们的君王啊，他来了，我们就得救了！'

"现在燕国虐待他们的百姓，大王前去征讨，百姓认为大王将把他们从水深火热中拯救出来，所以纷纷提着饭筐和酒壶来迎接大王的军队。如果您杀死他们的父兄，拘禁他们的子弟，拆毁他们的宗庙，抢走他们的宝器，这样做怎么可以呢？天下的诸侯本来就害怕齐国的强大，现在又扩展了疆域并且又不施行仁政，这就不免招惹天下各国的军队与齐国为敌。

"大王您现在要赶快发布命令，把俘虏的老小送回去，停止运走燕国的宝器，与燕国人士共同商议，拥立新的燕王，然后撤出军队，这样做还可以来得及阻止各国诸侯的兴兵战祸呢。"

第十章

【原文】

邹与鲁哄[①]。穆公问曰[②]："吾有司死者三十三人[③]，而民莫之死也。诛之，则不可胜诛；不诛，则疾视其长上之死而不救，如之何则可也？"

孟子对曰："凶年饥岁，君之民老弱转乎沟壑，壮者散而之四方者几千人矣；而君之仓廪实、府库充[④]，有司莫以告，是上慢而残下也。曾子曰[⑤]：'戒之，戒之！出乎尔者，反乎尔者也。'夫民今而后得反之也。君无尤焉[⑥]。君行仁政，斯民亲其上、死其长矣。"

【注释】

①邹：即春秋时邾国，战国时改为邹国，在今山东邹县。鲁：周朝初年所分封的诸侯国，在今山东南部，其始封君主是武王的弟弟周公姬旦。战国时沦为一般的小国，前256年为楚国所灭。哄（hòng）：交战。②穆公：即邹穆公，邹国君主。③有司：指有关部门的官吏。④仓廪（lǐn）：储藏粮食的房屋。府库：贮存财物的房屋。⑤曾子：名参，字子舆，鲁国人，孔子的弟子。⑥尤：责怪、怪罪。

【译文】

邹国跟鲁国交战。邹穆公问孟子道："在这次战斗中，我们的将官被打死三十三个，而民众却没有一个为他们献身的。要是处罚他们，罚也罚不尽；若不处罚，那他们还是会仇视长官，眼看着长官死难却不加救助，要怎么办才好呢？"

孟子回答说："在灾荒的年月里，您的民众，年老体弱的大批死亡，把尸体抛弃到山沟里去，年轻力壮的人四散逃荒，有近千人。而大王您粮仓盈满，国库充足，官吏却不把这严重情况上报，这简直是怠慢而且残害百姓。曾子说：'切切警惕啊！你怎样对待人家，人家将照样回报你。'民众们如今有机会回报了。您别责怪他们，只要大王您施行仁政，老百姓便会敬爱君主和亲近长官，并乐于为他们献出自己的生命了。"

第十一章

【原文】

滕文公问曰："齐人将筑薛[1]，吾甚恐，如之何则可？"

孟子对曰："昔者大王居邠，狄人侵之，去之岐

山之下居焉。非择而取之，不得已也。苟为善，后世子孙必有王者矣。君子创业垂统[2]，为可继也。若夫成功[3]，则天也。君如彼何哉[4]？强为善而已矣[5]。”

【注释】

①筑薛：意为筑薛国的城墙以威胁滕国。薛是西周初年分封的诸侯国，故城在今山东滕州市东南。后被齐国灭掉了，齐威王将所得薛地作为小儿子田婴（即著名的孟尝君）的封地。②创业垂统：是说开创基业于前，而垂统绪于后。世代相传后世不绝便叫“统”。③若夫：至于。④如彼何：意为拿他怎么办。⑤强：勉力、努力。

【译文】

滕文公问孟子道：“齐国人正筹备加固薛城，我感到恐慌，怎么办才好呢？”

孟子答道：“从前周的祖先太王居住在邠地，狄人来侵犯，他就迁离了邠地到岐山下定居。这并不是经过选择好哪块地作定居之所，实在是迫不得已采取的做法。一个国君要是能施行善政，他后世的子孙必定会有创立王业的。眼光远大、品德高尚的君子创立基业，并传给后代，正是为了能世代继承下去。至于说能否成功，那就要看天意如何了。现在您拿齐国怎么

样呢？那只好自己努力施行善政罢了。”

第十二章

【原文】

滕文公问曰：“滕，小国也，竭力以事大国，则不得免焉，如之何则可？”

孟子对曰：“昔者大王居邠，狄人侵之。事之以皮币[①]，不得免焉；事之以犬马，不得免焉；事之以珠玉，不得免焉。乃属其耆老而告之曰[②]：‘狄人之所欲者，吾土地也。吾闻之也：君子不以其所以养人者害人。二三子何患乎无君？我将去之。’去邠，逾梁山[③]，邑于岐山之下居焉。邠人曰：‘仁人也，不可失也。’从之者如归市[④]。或曰：‘世守也，非身之所能为也。效死勿去。’君请择于斯二者。”

【注释】

①皮币：毛皮和丝绸。朱熹《集注》云：“皮，谓虎豹麋鹿之皮也；币，帛也。”②属（zhǔ）：集合。耆（qí）：古称六十岁以上的（人）为“耆”。老：古称七十岁以上的（人）为“老”。此处耆老泛指老年人。③梁山：在今陕西乾县西北五里。④归市：形容人们像赶集一般踊跃。

【译文】

滕文公问孟子道："滕国是个小国，即使尽心竭力来事奉周围的大国，也仍不能免于受侵略的祸害，请问怎么办才好呢？"

孟子答道："从前太王古公亶父居住在邠地，狄人来侵犯，把毛皮丝绸奉献给狄人不能免灾，把良犬名马奉献给狄人也不能免灾，把珠玉珍宝奉献给狄人仍不能免灾。于是只得召集邠地的父老告诉他们说：'狄人所索求的，无非是我们的土地。我听前辈人说过：君子绝不愿拿他用来养活老百姓的东西去害老百姓。诸位又何必担心没有君主呢？我准备离开这里了。'于是离开了邠地，越过梁山，在岐山下筑城定居。邠地百姓说：'古公是仁人，不可失去他这样的好君主啊！'百姓如同去赶集那样跟随他。但也有的人说：'这是世代相守的国土，不是自身所能做得了主的。宁可牺牲生命也不能离去。'请大王您在这两种做法中选择一种吧。"

第十三章

【原文】

鲁平公将出[①]，嬖人臧仓者请曰[②]："他日君出，

则必命有司所之。今乘舆已驾矣[3]，有司未知所之，敢请。”

公曰：“将见孟子。”

曰：“何哉？君所为轻身以先于匹夫者[4]。以为贤乎？礼义由贤者出，而孟子之后丧逾前丧。君无见焉。”

公曰：“诺。”

乐正子入见[5]，曰：“君奚为不见孟轲也？”

曰：“或告寡人曰：‘孟子之后丧逾前丧。’是以不往见也。”

曰：“何哉，君所谓逾者？前以士，后以大夫；前以三鼎[6]，而后以五鼎与？”

曰：“否。谓棺椁衣衾之美也[7]。”

曰：“非所谓逾也，贫富不同也。”

乐正子见孟子，曰：“克告于君，君为来见也。嬖人有臧仓者沮君[8]，君是以不果来也[9]。”

曰：“行，或使之；止，或尼之[10]。行，止，非人所能也。吾之不遇鲁侯，天也。臧氏之子焉能使予不遇哉？”

【注释】

①鲁平公：名叔，鲁景公的儿子，前 314 年—前 294 年在位。“平”是他死后的谥号。②嬖（bì）人：受宠爱的男小臣。臧（zāng）仓：小臣名。③乘

(shèng) 舆：国君出行时所用的车马。④轻身：看轻自身。⑤乐正子：名克，孟子的学生，当时正在鲁国做官。⑥三鼎：鼎是古代祭礼时用来盛猪羊等牲畜的器皿。按古代礼制，士祭奠用三鼎，大夫用五鼎。⑦棺椁衣衾：指丧礼的用具。椁（guō），古代套在棺材外面的大棺材，士以上的人家常用它。衣衾（qīn），是装殓死者的衣被。⑧沮：阻止。⑨不果：不能如约。⑩尼（nì）：阻止。

【译文】

鲁平公将要外出，受宠幸的小臣臧仓请示道："以前大王您外出时，一定提前把您所去的地方告知管事的臣下。今天车马已经备好而管事的人还不知道要去的地方，特前来请示。"

鲁平公说："我将要去见孟子。"

臧仓说："您为什么要降低身份去拜访一个普通人呢？您认为孟子贤德吗？礼义是贤者的行为准则，而孟子办理母亲的丧事超过先前办理父亲的丧事，您就别去见他了。"

鲁平公说："好吧。"

乐正子进宫参见鲁平公，说："您为什么不去见孟轲呢？"

鲁平公说："有人告诉我说：'孟子办理母亲的丧事超过先前办理父亲的丧事。'所以我不去见他了。"

乐正子说："您所说的'后丧超过前丧'指的是什么呢？是指前面用士的礼仪葬父，后面用大夫的礼仪葬母；还是指前面用三鼎礼祭父，后面用五鼎礼祭母呢？"

鲁平公说："不是。我指的是装殓死者的棺椁衣衾的精美程度。"乐正子说："这不能说是'后丧超过前丧'，因为前后家境贫富不同嘛。"

乐正子去见孟子，说："我把您推荐给了鲁君，鲁君本来将要拜访您了。可是，有个名叫臧仓的宠臣阻止了他，鲁君因此没能来。"

孟子说："一个人干某件事时，无形中也许有一种力量在驱使；他不干这件事时，同样是有一种力量在阻止。干与不干都不是人力所能左右的。我不能和鲁君相见，是出于天命的支配。那个姓臧的小子怎么能使我不与鲁君相见呢？"

《四书五经》全解

【第六卷】

韩东坡／主编

辽海出版社

四十五　萃——众心聚合

䷬

萃卦的卦画组合为坤（☷）下兑（☱）上，传统称作泽地萃。《序卦》云："物相遇而后聚，故受之以萃。萃者，聚也"。意为：事物都是相遇然后才能聚集在一起，所以在表示相遇的姤卦之后接着是萃卦。萃是聚合的意思。《杂卦》云："萃聚而升不来也。"意为，萃是聚集，升是不来。象辞也说"萃，聚也"。依据这些说明，卦名萃的含义是聚集、聚合。卦中比较多地提到对宗庙的祭祀，这是出于古代社会特殊的政治文化意识。商周时代，一个王国的创建，先要营建国都，让人们定居下来。建邦设都时，首先要建的是宗庙，然后才营建宫室。宗庙是一个国家的政治核心，什么天命呀，祖先的福佑呀，人民的信仰，等等，都取决于人们对鬼神的敬畏。没有宗庙，等于没有指导思想和政治核心；有宗庙才能聚合人心、统一众志。讲宗庙，实际讲的是社会民众的聚合。

关于卦变，朱震说："萃自临来，小过三之五。"朱震认为是先由临变为小过，再由小过变为萃卦。朱

震的说法与象辞合（见下卦）。是小过的九三上升成为九五，即：小过六五九三䷽→九三与六五互换位置，变䷬萃。萃卦从小过变来，小过是两个刚爻在中，信孚之象，故其卦里多次提到“有孚”。萃卦九五是全卦的主爻，也是全卦的聚合中心。萃卦与下一卦升是覆的关系。

萃，亨，王假有庙。利见大人，亨，利贞。用大牲吉，利有攸往。

【译文】

萃卦，祭享，君王到宗庙祭祀。利于见大人，亨通，利于正固。用大牲去祭祀吉祥，有利于前往。

彖曰：萃，聚也。顺以说，刚中而应，故聚也。王假有庙，致孝享也。利见大人，亨，聚以正也。用大牲吉，利有攸往，顺天命也。观其所聚，而天地万物之情可见矣。

【译文】

萃是聚集的意思。和顺又喜悦，刚健中正又有应援，故能聚集。君王到宗庙去，是尽孝心祭享祖先。利于见大人，亨通，是按正道集聚。用大牲吉祥，有利于前往，是顺应天命。观察它如何相聚，就可窥见天地万物的真情。

象曰：泽上于地，萃。君子以除戎器，戒不虞。

【译文】

大泽高出地上就是萃卦。君子从中得到启示，要修治兵器，警戒意外事故。

【精解导读】

卦辞说：“萃，亨，王假有庙。利见大人，亨，利贞。”程颐认为卦辞不应当出现两个“亨”，第一个“亨”是衍文（多余的字)。有的本子就把这个字删掉了。彖辞不这样讲。依据彖辞“王假有庙，致孝享也”的说法，显然是把第一个“亨”字当成“享”字来读。古代“亨”与“享”是同一个字。“亨”不是衍文，而是祭享的意思。“假”读“更白反”，音格，是至的意思。“有庙”即宗庙，“有”字是词头，“萃，亨，王假有庙”，是说萃卦要祭享，君王到宗庙里去祭祀祖先。这是取象于初至五爻是个小的观卦(九五 初六  观)，观卦卦辞说“盥而不荐，有孚颙若”，就是讲宗庙中的祭祀。“利见大人”有双重意思，一方面是说正是大人显身扬名的时候，有利于大人出现，卦象上指小过的九三升进到尊位，大人得位；另一方面是说，大人居位，人们可以去进见，也是有利的时候。“亨，利贞”是卦德，“亨”是亨通，“利”是有利，“贞”是正固。“用大牲吉”中，“大牲”是用牛做成的供品。用动物肉做供品叫牺牲。牺牲常用的有牛、羊、豕三种。牛最大，故称大牲。从象上说，下卦坤为牛，上卦兑为

毁折、为口，牛毁折供口享，故为大牲，是说用大牲祭享最吉祥。“利有攸往”指小过变萃，九三上往有功得位，故前往有利。

彖辞从五个方面说明萃卦。（一）先解释卦名。“萃，聚也”，是说萃是聚集、聚合的意思。可与《序卦》《杂卦》的说法相互印证。（二）从上下卦特性组合以及主爻九五说明聚的原因。“顺以说”，指的是萃卦由下卦坤和上卦兑组合而成，坤是顺从，兑是喜悦，组合在一起是顺从而又喜悦，这是能聚的第一个原因。“刚中而应”指主爻九五与六二阴阳正应。九五刚爻处上卦之中，六二柔爻处下卦之中；九五刚爻刚健处在中位，又有柔顺居中的六二相应，能聚合天下的民众，成为全卦的核心。“故聚也”，是说有以上两条原因，所以能聚合。（三）解释卦辞“亨，王假有庙”。“王假有庙，致孝享也”，是说君王到宗庙里去是表示对先王的忠孝而进行祭享。这显然是把第一个“亨”讲成“享”。（四）从主爻九五位正说明卦辞“利见大人，亨”。“利见大人，亨，聚以正也”，指的是九五刚爻居刚位，位正，使民众聚合于中正，说明九五是圣明的大人，所以“利见大人”而亨通。（五）从卦变上说明卦辞“用大牲吉，利有攸往”。“用大牲吉，利有攸往，顺天命也”，指的是小过卦变萃卦，九三升进到尊位，大人得位，前往有利。五位是天位；下卦坤为顺；三至五爻互巽（九五 六三 ䷬ 互巽），巽为命令，故言“顺天命”。君王用大牲祭享宗庙，是对天命的尊敬。（六）推阐萃

卦的意义。“观其所聚，而天地万物之情可见矣”，是讲萃卦在哲理大道上的意义。“观其所聚”是观察天下万物如何聚合。“情可见矣”，是说就可察见它们各自的真情实理。天地万物是“方以类聚，物以群分”，有规律可循，能正能中，才能把天地万物聚合得顺乎天道。推广到哲学的普遍意义上讲，就是看万物的分合，是研究自然与社会的一个重要方法，这个方法应当引起人们的普遍重视。它是人类观察世界、认识世界不可或缺的认知手段。《周易》的这种分合论，揭示了人们基本的认识方法。

象辞说“泽上于地，萃”，是就上下卦卦象的组合解释萃卦。上卦兑为泽，下卦坤为地，大泽高出地面，是大泽满聚之象。荀爽说：“泽者卑下，流潦归之。”泽本来比地面要低，所以众水归聚，现在高出地面，可见水汇聚得相当多了。“除戎器”中，“除”是修治的意思，“戎器”就是兵器。“戒不虞”中，“不虞”是意想不到的事。这两句是说要修治兵器，警戒意外的事变。这是从“泽上于地”有决溃泛滥的可能讲的。程传说：“凡物之萃，则有不虞度之事故，众聚则有争，物聚则有夺，大率既众则多故矣，故观萃象而戒也。”聚众很可能闹事，要防着点。

初六：有孚不终，乃乱乃萃。若号，一握为笑。勿恤，往无咎。

【译文】

有诚信而不能坚持至终，于是乱，于是聚。似哭号，握手聚合而破啼为笑。不必忧虑，前往没有咎害。

象曰：乃乱乃萃，其志乱也。

【译文】

于是乱，于是聚，是心志乱的缘故。

【精解导读】

“有孚不终”是有诚信而不能始终如一。象辞说乱是心志乱。象辞说萃是聚。“若号”与“为笑”意思相互证发，“号”是哭号。“勿恤”是不必忧虑。“往无咎”是前往没有咎害。这些词句的讲法都比较肯定。只有“一握”的含义较难把握。前人有讲成“一屋”的，有讲成“小之貌”的，还有讲成一团、一心、犹弹指之间的，也有讲成握手而聚的。比较起来，讲成握手而聚好一些。这段爻辞用了分承的修辞方法，“有孚”与“乃萃”“一握为笑”意思相承；“不终”与“乃乱”“若号”意思相承。意思是有诚信而又不能坚持至终，于是才心志散乱，于是才得以聚合。有如哭号，却又握手而聚，破啼为笑。用不着忧虑，前往不会有咎害。从象上看，理解会更清晰一些。初六取象的主要线索是卦变。萃从小过卦变来，处在聚合之初。

小过的九三上升到五位成为萃卦（小过䷽>九三与六五换位变䷬萃）。在小过卦里，初六与九四正应，对九四有诚信，这时对九四“有孚”比较稳定。变萃之后，九五成为全卦聚合的中心，初六虽仍与九四正应，但最终是要向九五这个核心聚合，对九四的“孚”要变，这就是象辞说的“乃乱乃萃，其志乱也”。心志散乱才能促成初六向九五聚合，这就是“乃乱乃萃”。哭与笑的关键在于初六是从在上的九五，还是从在下的九四。从九四取在下的互巽（䷬>互巽），巽为号，故为哭号。从九五取在上的兑卦（䷬>兑），兑为口、为悦，故为笑。在聚合的大局中，九四最终也要向九五聚合。初六、九五间隔互艮（九五—初六䷬>互艮），艮为阻，又为手，艮手相握才有破阻而归聚于九五的可能，故有“若号，一握为笑”的爻辞。初六从九四有忧虑，但最终聚合于九五，故不必忧虑，前往没有咎害。初六在聚合之初，要经历一番选择，选择向九五聚合就吉，选择向九四聚合是中心分散，不合时势就凶。

六二：引吉，无咎。孚乃利用禴（yuè）。

【译文】

引入吉祥，没有咎害。有诚信，用以禴祭有利。

象曰：引吉无咎，中未变也。

【译文】

引入吉祥没有咎害，是因为守中而未变。

【精解导读】

从爻象辞中可以看出，爻辞取象于卦变。“引吉”是小过的九三上升到五位，成为六二的正应，把六二引入吉祥。小过卦里六二无应，紧承九三(小过䷽<九三六二)。九三升到萃卦的九五，成为全卦的中心，地位最尊，六二与九三承的关系变成六二与九五应的关系，故吉祥而无咎害。六二的吉祥是九五的牵引，故云“引吉”。六二在下卦中位，卦虽变而守中不变，上应九五，故有孚信。有诚信可感召神灵，故有利于进行禴祭。“禴”是祭名，字也作“礿”。据《礼记·王制》讲：“天子诸侯宗庙之祭，春曰礿，夏曰禘，秋曰尝，冬曰烝。”注：“此盖夏、殷之祭名。”禴在夏商两朝指春天对宗庙的祭祀。《诗·小雅·天保》：“禴祠烝尝，于公先王。”《毛传》：“春曰祠，夏曰禴，秋曰尝，冬曰烝。”到了周朝，禴是夏天对宗庙的祭祀。从卦象上看，应当指春天的祭祀。小过上卦为震（䷽>震），震为春，小过九三上升到震里，占据了九五王位，是君王进行春祭之象。“禴”是一种比较简单的祭祀。《礼记·王制》疏：“禴者，薄也。春物未成，其祭品鲜薄也。孙炎云：禴者，新菜可禴。”主要是用蔬菜做祭品。既济卦九五爻辞说：“东邻杀牛，不如西邻之禴祭。”简单的蔬菜供品比大牲做供品还好，

主要是祭祀的人要有孚诚。六二有孚诚，进行禴祭也会得到神灵的福佑，故云“孚乃利用禴”。象辞说“引吉无咎，中未变也”，从中可以察见卦变的线索。六二守中未变，那么有的爻则可能发生了变化。能引六二入吉的只有应爻九五，看来九五是变上去的。

六三：萃如，嗟如，无攸利。往无咎，小吝。

【译文】

聚集的样子，嗟叹的样子，无所利。前往没有咎害，有小吝难。

象曰：往无咎，上巽也。

【译文】

前往不会有咎害，是因为上面是巽卦。

【精解导读】

小过九三与六五换位才变成萃卦，故言“萃如”。六三就是小过的六五，从尊位下来了，故无所利。但两爻的交换对整个卦是有益的，这种来往没有咎害，只是对六三来讲有些小吝难。两爻的交换，对六三来讲使小过的互兑（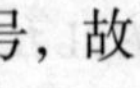
）变成萃卦的互巽（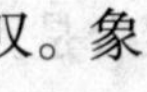
）。兑为口、为悦，巽为号，故由喜悦而变为嗟叹。象辞说“往无咎，上巽也”，指的就是互卦由兑变巽的情况。王弼不同意

从互卦取象，看来还得讲互卦，在萃卦里只有一个互巽，象辞的“上巽也”，只能指这个互巽。从取义上可以说，上巽是上顺，就是在上的统治者能顺天应人，义取顺应。

九四：大吉，无咎。

【译文】

大吉，没有咎害。

象曰：大吉无咎，位不当也。

【译文】

大吉没有咎害，是因为位置不当。

【精解导读】

“大吉”是好的断语，“没有咎害”是一般化的断语。说明九四的大吉要打折扣。为什么会出现这种状况？象辞说是“位不当”。“位不当”一般指四是柔位，九四刚爻，刚居柔位不当。“位不当”为什么又会大吉呢？这主要是九四下边是坤卦，坤是民众，在聚合之世，九四拥有下面三个柔爻，是拥有民众之象。但民众应当归附于君王九五，九四是臣位，近臣拥有民众，威高震主，故仅能“无咎”，这是“位不当”的另一层含义。萃卦是大人出现，聚合是大势所趋，九四是为九五聚合民众，虽会遭受疑忌，但最后也不至有杀身之祸。

九五：萃有位，无咎。匪孚，元永贞，悔亡。

【译文】

聚合而拥有地位，没有咎害。不孚众，开始恒守正道，没有忧悔。

象曰：萃有位，志未光也。

【译文】

聚合而拥有地位，志向实现得还不光大。

【精解导读】

九五是全卦的主爻，从小过的九三升上来，在萃卦中占据了最尊贵的地位，故言“萃有位”。地位升进，利有攸往，故“无咎”。“匪”同“非”，“匪孚”是说还没有得到民众的信赖。因为就位不久，下面的九四拥有民众，威望比九五要高。在聚合的时势潮流中，民众开始向九五靠拢，正是树立威信的时候。如果从现在起开始恒守正道，不会有忧悔。这就是爻辞“匪孚，元永贞，悔亡”的意思。象辞说“志未光也”，是有大志而未充分实现。“光”是光大，有发挥的意思，是发挥还不够。就是九五作为聚合天下民众的圣主，这个志向还未充分发挥，受人拥戴的威望还不够光大。这一爻主要是讲九五正处在建立威信的阶段，

需要有一个被民众了解的过程，其实是难得的好爻。

上六：赍咨涕洟，无咎。

【译文】

悲叹，涕泪满面，没有咎害。

象曰：赍咨涕洟，未安上也。

【译文】

悲叹，涕泪满面，是不安于上位。

【精解导读】

《释文》："赍咨，嗟叹之辞"，郑同。马云："悲声、怨声"。赍、嗟一声之转，"赍咨"意同"咨嗟"，是悲怨叹息。《释文》：郑云："自目曰涕，自鼻曰洟。"意为：郑玄说从眼里流出的泪是涕；从鼻子流出的鼻涕叫洟。"涕洟"是哭鼻子抹眼泪。上六是悲怨伤心，长吁短叹，涕泪满面，但没有咎害。象辞说上六是"未安上也"。从象上看有三个原因：一是处在全卦的最高位，到了穷极之处；二是九五是全卦的聚合中心，上六凌驾于九五之上，以柔乘刚；三是与下面的三个阴爻隔绝，成孤立之势。这都是不安于上的因素，再加上孤立无助，位穷无援，没有应爻的因素，所以有悲叹哭泣。但全局是聚合，而不是分散孤立，上六可向下面的九五聚合，

不会被拒而不纳，还不至于自绝于众，可保无咎。如果不在聚合之时，就恐怕危不至此。上卦兑，兑为口，又为泽，有兑口泽水下流之象，故嗟叹哭泣。

【提示】

《周易》对每一卦都描述了一个特定的时势，因此在读每一卦时，首先应当对这个时势有一个宏观上的把握。所谓宏观上的把握，就是要对每一卦有一个整体性的认识。整体性的认识可以作为我们分析细节的指导。比如这一卦的初六爻辞，乍读起来扑朔迷离，不知所云，前人的注解又极不一致，无可适从。解决的办法是什么？最好是从分散思维向集中思维逐步靠进，取得宏观上的把握。先把可以确定的点固定下来，由点连成线，由线连成面地反复阅读，即可取得一个大体的印象，在整体的印象指导下再去探求细节的内涵。这里我们归纳一下萃卦的整体认识。萃卦描述了一个王国初立，建邦设都，以人们对宗庙鬼神的信仰作为政治力量，从而稳定局势，树立威信，使民众得到聚合的特定时势。在这个时势中，向心力是正力，离心力是反力。爻的运动与向心力相合就比较吉祥，与离心力相一致就凶，这是全卦的大势。另外，聚合要有一个中心，中心分散就会减弱吉祥的程度。这两种主要因素构成各爻复杂多变的吉凶祸福。从象上讲，各爻大多从小过变为萃的卦变中取象，其次才是爻位、互卦等。前人大多从应爻上取象，与卦爻辞的大势难以协合。

四十六　升——积聚升进

䷭

升卦的卦画组合为巽（☴）下坤（☷）上，传统称作地风升。《序卦》云：“聚而上者谓之升，故受之以升。”意为：不断地向上聚集就叫作升高，所以在表示聚集的萃卦之后接着就是升卦。

《杂卦》云：“萃聚而升不来也。”意为萃是聚集，升是不下来。《序卦》《杂卦》都认为卦名升的意思是上升。

升是萃的覆卦，即：萃䷬上下倒置，为䷭升。依据彖辞“柔以时升”的提示，升卦从观变来，观先变为小过，小过再变升。小过的六二与九四换位，即：小过九四六二䷽两爻换位，变䷭升。

彖辞说“柔以时升”，指的是六二升进到四位。

升，元亨。用见大人，勿恤，南征吉。

【译文】

升卦，大亨通。用以见大人，不必忧虑，南征

吉祥。

彖曰：柔以时升，巽而顺，刚中而应，是以大亨。用见大人，勿恤，有庆也。南征吉，志行也。

【译文】

柔顺地按时升进，顺利而又柔顺，刚健中正又有应援，因此大亨通。用以见大人，不必忧虑，是有喜庆。南征吉祥，是心志得行。

象曰：地中生木，升。君子以顺德，积小以高大。

【译文】

地中生出树木这就是升卦。君子从中得到启示，要依顺道德，积小成大。

【精解导读】

升卦是向上升，蒸蒸日上，故言“元亨”。“元亨”是“大亨”，彖辞作了解释，大亨就是大亨通，顺利之极，全卦是“柔以时升”，主要是柔爻的升进，故言“用见大人”。“用见大人”与“利见大人”不同，“利见大人”是有利于大人出现或见大人有利。“用见大人”是见大人而得用，是指处在被大人任用的时势里。“大人”指的是九二，小过变升，刚爻从四位来到下卦中位，成为九二。乾卦九二爻辞说“见龙在田，利见

大人”。九二是大人出世，还未取得九五之尊，正是风云际会之时，故可得用而“勿恤”。“恤”是忧虑。“南征吉”指柔爻初六的升进。全卦四个柔爻，三个柔爻已升到上卦，初六也会“柔以时升”，升进一位即成明夷（升初六䷭向上升进一位䷣明夷），下离为南，上互震为行，故言“南征吉”。明夷九三爻辞说“南狩，得其大首”可证。

彖辞从五个方面说明升卦。（一）从卦变上说明卦辞“亨”。“柔以时升”指升从小过变来，小过六二䷽六二升到四位变䷭升，是柔爻的升进。取义是说，柔顺地升进，所以能亨通。（二）从上下卦特性组合说明卦辞“亨”。“巽而顺”指升由下卦巽、上卦坤组合而成，巽是顺利，坤是柔顺，顺利而柔顺，故能亨通。（三）从刚爻九二位中说明卦辞“亨”。“刚中而应”，指九二来到下卦中位，刚健能行中道，又有居尊位的六五上下正应，有应援之象。“是以大亨”，是以上三个原因的结果。因为“柔以时升”“巽而顺”“刚中而应”三个理由，因此可以大亨通。（四）从卦象上说明卦辞“用见大人，勿恤”。“用见大人，勿恤，有庆也”，指小过变升，九二、六四换位互为兑卦（六四九二䷽互兑），兑为喜悦，故见大人得用，勿需忧虑。“庆”即喜庆。（五）从卦的运动方向说明卦辞“南征吉”。“南征吉，志行也”，指全卦是柔爻上行，初六升进成明夷，有南征得利之象。所谓“志行”，指在下位

的初六愿意上行。

象辞说“地中生木，升”，指上下卦象的组合，上卦坤为地，下卦巽为木，树木从地中生长出来，日日上升，由小至大，最后会长成参天大树，这就是升卦。“君子以顺德，积小以高大”，是说君子受到卦象的启发，认识到道德的修养也要像树木生长那样顺其自然，循序前进，日积月累，积小成大。既不能急于求成，也不能停滞不前，而是不弃小善，积卑成高，使自己日复一日地高大起来。

初六：允升，大吉。

【译文】

升进，大吉祥。

象曰：允升大吉，上合志也。

【译文】

升进大吉，是与上面志向相合。

【精解导读】

《说文》：“粇，进也。从本从中，允声。”《周易》曰：“粇升大吉。”许慎所据孟喜《周易》，“允升”作“粇升”。《汉上易传》：“施氏（施仇）《周易》作粇，进也。”“粇升”就是进升。全卦是“柔以时升”，小

过变升，六二升到四位(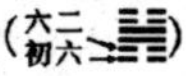
)，只有初六仍在下位，故言“崧升”。象辞说“允升大吉，上合志也”，“志”一般指应爻，在小过卦里，初六的正应在九四（小过
)，九四与六二换位，来到初六的上面比邻，故言“上合志”。“上”指九二。心意相合，故要升进，升进故“大吉”。

九二：孚乃利用禴（yuè），无咎。

【译文】

有诚信，利用薄祭，没有咎害。

象曰：九二之孚，有喜也。

【译文】

九二的诚信，有喜。

【精解导读】

小过变升，九二是与六四换位的一爻。来自小过，故“有孚”。有孚是有诚信。心怀诚信，故“利用禴”。“禴”是一种简单的祭祀。既济卦九五爻辞说“东邻杀牛，不如西邻之禴祭，实受其福”。杀牛是比较盛大的祭祀，禴祭是用蔬菜作供品的祭祀，比用牛作牺牲简单得多。因为有诚信，作薄祭也没有咎害。象辞说“九二之孚，有喜也”，意为九二心怀孚诚，进行薄祭

也可得到福佑，会有喜庆。从象上讲，指的是九二与六四换位，互成兑卦(六四九二→䷭>互兑)，兑为喜悦。

九三：升虚邑。

【译文】

升进到村落。

象曰：升虚邑，无所疑也。

【译文】

升进到村落，是没有疑虑的。

【精解导读】

“虚”同“墟”。墟邑就是村落，是氏族社会被遗弃的村落遗址。“升虚邑”是进入一个被废弃的村落遗址，定居下来（见提示）。从象上说，九三在互震里(九三→䷭>互震)，震为进；上临坤卦，坤为国邑，为虚，故言“升虚邑”。象辞说“升虚邑，无所疑也”，指的是在小过卦里，九三之上还有九四（小过九四九三→䷽)，九三还难以升进。变为升卦，九四下到二位，九三上临的是三个柔爻的坤卦，又在升的大格局中，可以毫无疑虑地升进。

六四：王用亨于岐山，吉，无咎。

【译文】

君王到岐山祭享，吉利，没有咎害。

象曰：王用亨于岐山，顺事也。

【译文】

君王到岐山祭享，是顺事天帝。

【精解导读】

从爻辞的内在联系上分析，升卦讲的是一个王国的上升发展的情况，要与古代的历史背景联系起来去认识。氏族制社会，一个氏族的生存发展要受到环境、条件的制约，而且带有半游牧性质。在某地不适宜生存发展，就要迁徙到另一个地方。上一爻“升虚邑”，说的是找到可迁徙的村落，安邦设都定居下来。这一爻说的“王用亨于岐山”，直译是君王在岐山祭享。“亨”同“享”。祭享什么？看来是安邦定国之后对天地山川的祭祀，有如后世的封禅。“吉，无咎”是能得到天地山川的福佑，吉祥而无咎害。从象上看，震为诸侯、为祭器，六四在互震里（六四→䷭>互震），故言“王用亨”。六四是小过变升的主爻，原在小过的二位属下卦艮（小过六二→䷽>艮），艮为山；升进到四位变升卦，进入互兑（升六四→䷭>互兑），兑为西，故言“用亨于岐山”。岐山即“西山”。在随卦上六爻辞里就换

言“王用亨于西山”，可以相互印证。象辞说：“王用亨于岐山，顺事也。”象上指六四在上坤里，坤为顺。义取顺事天帝。

六五：贞吉，升阶。

【译文】

正固吉祥，升上台阶。

象曰：贞吉升阶，大得志也。

【译文】

正固吉祥，升上台阶，是大得其志。

【精解导读】

六五在上卦中位，卦变中未动，故言“贞吉”。下卦为巽，巽为高，六五在巽上的坤里(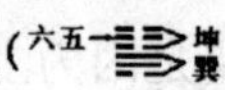)，坤为地，高处有地，台阶之象。又在升卦尊位，故言“升阶”。“升阶”义取登上台阶步步高升。象辞说“贞吉升阶，大得志也”，指从小过变成升卦，刚爻从四位下到二位，与六五上下正应，心志相得，六五从在小过中无应，变得在升卦中有正应，且尊位不动，心满意足，这就是“大得志”。在取义上是说步步升高，显贵发达，十分得意。

上六：冥升，利于不息之贞。

【译文】

昏昧地升进，利于不再上长且正固。

象曰：冥升在上，消不富也。

【译文】

昏昧升进，处在上位，会消退而不富。

【精解导读】

上六处在升卦高极之位，又在上坤里，坤为暗夜，故为“冥升”。“冥升”意为在昏昧之中盲目升进。“息”与象辞的“消”可对比起来理解，“消”是消退，“息”是生长。“不息”是不要再向上生长。“利于不息之贞”是说，有利于正固不动，不要再向上生长。主要是因为上六已到穷极之处，上长已没有余地。象辞说：“冥升在上，消不富也。”首先指出上六位处上穷之地，物极必反，上长必然会消退。其次是在提示上六有应爻在九三，九三在下卦巽里（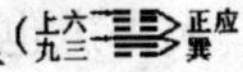

），巽为近利市三倍为富，不息可维持富足，息则会消退自己的富足，上六在上卦坤里，坤为不富。也是说这一爻不可盲目升进。

【提示】

李鼎祚《周易集解》在六四爻象辞“王用亨于岐山”下，引唐人崔璟（著有《周易探玄》）的话说：“此象太王为狄所逼，徙居岐山之下，一年成邑，二年成都，三年五倍其初，通而王矣。故曰‘王用亨于岐山’。以其用通，避于狄难，顺于时事，故吉无咎。”认为爻辞是以周王朝的先祖开国立基的史实为模型而命辞，比崔氏早的陆绩也有类似说法，宋人大多同意这种看法。关于周王朝迁岐的历史，《诗·大雅·公刘》和《天作》里有简单记载：周王朝的先祖公刘从邰迁到豳，太王古公亶父因为受到狄人的侵扰，在豳地不能进行和平建设，于是带着自己的民众迁徙到岐山脚下，定居下来，成为周王朝发展壮大的根据地，终于由一个五里大的小国发展到统一天下。从这一卦的爻辞来看，与这段史实比较贴近。九二讲到“孚乃利用禴”，九三爻辞“升虚邑”，六四爻辞则明确说“王用亨于岐山”。“用禴”是简单的祭祀，“升虚邑”是迁岐时找到村落的废墟，“亨于岐山”则是定居之后对天地山川的祭祀。升卦就是以周王朝开国建邦为例，描写由小至大、积弱为强、上升发展的意义。说《周易》作者心目中有这样的历史作依据才写出这样的爻辞，无可厚非。然而，有的人又进一步推演说，“王”指的是周文王，周文王在殷末时作《周易》，不能自称为王，故断言爻辞不是周文王所作。爻辞究系谁作姑

且不论，但这个论据是站不住脚的。文王已在岐山定居下来，不可能再“升虚邑”。祭享天地山川虽然也有新王登基的可能，但通常是新王朝创建时期的事情，崔璟认为是古公亶父时的事情更合乎情理，指实“王”就是周文王，从而得出结论，推翻爻辞不是文王所作，理由不足。爻辞原可不拘史实，即使按史实考据起来，这种说法也没有多少可信的理由。

四十七　困——身处逆境

䷮

困卦的卦画组合为坎（☵）下兑（☱）上，传统称作泽水困。《序卦》云：“升而不已必困，故受之以困。”意为：升进不止一定会有困穷的时候，所以在升卦之后接着是困卦。这是从物极必反的易理中推导出来的。事物不可能永远顺利升进，总会遇到不顺受困的情况。《杂卦》云：“井通而困相遇也。”意为：井卦是通达，困卦是相遇。《系辞·下》里提到困卦的还有：“困，德之辨也”“困穷而通”“困以寡怨”。意思是说君子与小人道德不同，在顺利的情况下不易看出，在困境中最易于分辨；困极了就可以转向通达；处在困难境地要少埋怨。

这些都是就个人的道德修养讲的。从这些说明中可以看出，卦名的含义是处在逆境而困穷。

关于卦变，虞翻说：“否二之上。”荀爽说：“此本否卦，阳降为险，阴升为兑也。”后人很少异词，认为困从否卦变来比较一致，即否六二升往上位，上九下来二位，变而为困（否䷋六二与上九换位，变䷮

困)。荀爽说的“阳降为险”，指的是否卦的阳爻上九下降到二位，下卦成坎，坎为险。困卦与下一卦井卦是一组正覆卦，困䷮卦画上下倒置，为䷯井卦。

困，亨，贞，大人吉，无咎。有言不信。

【译文】

困卦，亨通，正固，大人吉祥，没有咎害。说话没人相信。

彖曰：困，刚揜也。险以说，困而不失其所，亨，其唯君子乎！贞，大人吉，以刚中也。有言不信，尚口乃穷也。

【译文】

困卦，刚健受到埋没掩蔽。在险难中保持喜悦，处在困境而不失其所守，亨通，只有君子才能这样吧！正固，大人吉祥，是刚爻居于中位。说话没人相信，是因为徒尚口说就会困穷。

象曰：泽无水，困。君子以致命遂志。

【译文】

大泽上无水干涸就是困卦。君子从中受到启示，要舍命顺志。

【精解导读】

卦辞说困卦“亨，贞”，“亨”是因为从否变来，否是闭塞，困是在否的基础上“天地交”。从易理上讲是否极就会泰来。“贞”是因为处在困境之中，要立心正固，不能改变操守。从象上说，指的是刚爻在中位。“大人吉”是因为大人在位，刚爻为君子，君子得位为大人。乾卦九五、九二都称“大人”，困卦九五、九二两个刚爻都得位。“无咎”是没有咎害。“有言不信”是指否变困，否的六二升进到上位，上卦变兑，兑为口，上去成口，是“尚口”之象。

彖辞从四个方面说明困卦。（一）解释卦名。“困，刚揜也。”“揜”同“掩”，是被掩盖住。“刚揜”是指刚爻被掩盖起来。从卦象上说，九二被初六、六三包起来；九四、九五被六三、上六包起来，刚爻表示君子，柔爻表示小人，君子被小人包围起来掩盖住，处在困境，所以才叫困卦，困是困穷的意思。（二）以上下卦特性的组合及刚爻守中两方面说明卦辞“亨”。“险以说”是指上下卦特性的组合，下卦坎为险，上卦兑为悦，组合在一起是在险难中还能保持喜悦，所以才亨通。这是“亨”的第一个方面的原因。“险以说”是常人很难做到的一种修养。《论语·雍也》里说：“贤哉，回也！一箪食，一瓢饮，在陋巷，人不堪其忧，回也不改其乐。贤哉，回也！”赞扬颜回在困境中不改其乐。《颜渊》中又说：（君子）“内省不疚，何

忧何惧……死生有命，富贵在天。”自己没有什么可内疚的，愁什么？怕什么？死生富贵是命运，是个人的遭遇，用不着为此苦恼。与彖辞“险而说”意思一致。“困而不失其所，亨”，是“亨”的另一方面的原因。指的是九五原在上卦中位，九二在否变困时来到下卦中位，在困境中能立定中道，不失其所守，故能亨通。环境的顺逆是客观条件，如何对待顺逆的处境是人的道德修养。君子处在困境中，能正确对待个人的遭遇，不会因为身处困境而改变自己的志向和操守，达观处之，乐天知命，随时善处，不因困扰而一蹶不振。小人没有这个修养，处于困境则会自暴自弃，怨天尤人，悲观沮丧，振作不起来，故言“其唯君子乎”！“其”是表委婉的语气词，“唯”是只有，意思是只有君子才能“险以说”“困而不失其所”吧！彖辞的这两句，很多本子断成“困而不失其所亨，其唯君子乎”！没有顾及彖辞的体例。“亨”是卦辞，彖辞是对应说明卦辞的。“亨”是要解释的对象，“险以说”“困而不失其所”是“亨”的原因。应当断成“险以说，困而不失其所，亨”。“其唯君子乎”是另一句话，如把“所亨”连读，成了用卦辞“亨”去解释彖辞“君子”，本末倒置，不合彖辞的体例。况且“所”是名词，象上指的是刚爻所占的中位之处，也不能理解成具有指代功能的虚词。“君子”指的是刚爻，这在象上有明确的依据，断句不能以辞害义。（三）从刚爻在位上说明卦辞“贞，大人吉”。“贞，大人吉，以刚中也”，指的

是九五、九二两个刚爻占据了全卦的两个中位，位中故正，所以才言“贞”，“贞”是指“正”。刚爻得位，故言“大人吉”。《周易》例，刚爻有位才能称大人，不在位则称君子。“大人”所以“吉”是因为占据中位。《系辞·下》说：“圣人之大宝曰位。”虽处困境，仍有大宝，所以困而能吉祥。这一句也不能读成“贞大人吉”。（四）从卦变上说明卦辞“有言不信”。困卦从否变来，否的六二与上九换位，于是上卦变成兑(上六→䷮>兑)，兑为口，口是因为柔爻上到高位才出现的。彖辞把这种卦变中的情况说成是“有言不信，尚口乃穷也”。“尚”在取象上意同“上”，取义上是看重，意思是说，自己不做出个样子来，徒尚口说，光说不练，没人理睬，没人会相信。“穷”是困，象上指上六在全卦的穷极之位。义取受困。

象辞说：“泽无水，困。”是从上下卦象的组合上解释困卦。上兑为泽，下坎为水，水都渗到大泽的下边去，大泽枯涸，困干了，所以才叫困卦。君子从中受到启示，身处困境也不能改变志向，所以才说“君子以致命遂志”。“致命”是豁出命去。《论语·子张》“士见危致命”，意思就是士人面临危难能舍命取义，通俗点说就是豁出命来。“遂”是随顺，“志”是心志、个人的理想抱负，“遂志”是依照自己的理想抱负去做而不改变。这是从大泽干涸的困，联系到人所处的困境，讲君子应具备的修养。君子处于困境要舍身从志。君子的志是大志，就是要实现道义，道义是真理。“致命遂志”实际

是作者提倡的捍卫真理的牺牲精神。屈志谀人可耻，丧志变节是叛徒，都不是君子应有的修养。

初六：臀困于株木，入于幽谷，三岁不觌（dí）。

【译文】

坐困在枯木之中，进入幽暗的深谷，三年不得相见。

象曰：入于幽谷，幽不明也。

【译文】

进入幽暗的深谷，是幽暗不光明。

【精解导读】

《九家易》说“臀谓四”，是从爻位对应体位取象，初位为足，二位为腓，三位为股，四位为臀。初六柔暗不能自拔，须刚爻解困，有正应在九四，因为处在困卦，臀虽应而仍不脱困境。坎为坚多心木，坎上互离（初六→☲>互离），离为“科上槁木”，故为“臀困于株木”。“株”是树干，“株木”指干树桩子，意为困坐在枯木之中。坎为川水，为隐伏，故为幽谷。初六在坎下，故言“入于幽谷”，意为进入幽暗的深谷之中。从否变困，否的上九历三爻来到二位成困，三年困顿之象。初六被九二困于下，九二在互离里，离为见，初六不可见，故言“三岁不觌”。“觌”是见面。

象辞说："入于幽谷，幽不明也。"强调初六在下卦坎里，坎为隐伏，故幽而不明。幽是幽深黑暗。这一爻是说，幽闭在深谷之中，困坐在枯木林里，三年不能出头露面。困境刚刚开始，一时还过不去。

九二：困于酒食，朱绂方来。利用亨祀。征凶，无咎。

【译文】

君子处于困境，酒食匮乏，缺少吃喝，官位姗姗来迟。诚心的祭祀是有利的，前往则有凶险，但也无过错。

象曰：困于酒食，中有庆也。

【译文】

被酒食困住，居于中位有喜庆。

【精解导读】

九二是否变困的主爻，来到下卦成坎，坎为水、为酒，故言"困于酒食"。从否卦的上乾中来，乾为衣、为大赤，故言"朱绂方来"。有酒食官服，故"利用亨祀"。身处困境，征进不利，故"征凶"。居下卦中位，故"无咎"。"困于酒食"是被动句，意为被酒食困住。"酒食"是口福，怎么还会困扰人？前人的讲法多歧。现在就很容易明白了，酒食确能形成困扰，

不过这是权势人物的一种困扰。《周易折中》按语说："小人以身穷为困，君子以道穷为困。卦之三阳，所谓君子也。所困者，非身之穷，乃道之穷也。故二五则绂服荣于躬，四则金车宠于行。然而道之不通，则其荣宠也适足以为困而已矣。"九二不是穷困，而是道困。政治抱负实现不了，成为酒食的奴隶。"朱绂"是一种官服。《礼记·月令》："孟冬之月，天子居玄堂左个。"下疏："朱深而赤浅。""朱"是大红颜色。"绂"是古代称作蔽膝的下裳，上面有"亚"字花纹，样子与围裙近似。"朱绂"是诸侯或三公才能用的官服。"方"是刚刚。"朱绂方来"的取义是说，委以重任的官服刚刚送来。"利用亨祀"，"亨"同"享"，意为穿着官服备有酒食，去祭享最有利，想要志行天下不利。"征凶，无咎"是说处在困境，征进有凶，不动没有咎害。象辞说："困于酒食，中有庆也。"强调九二来到下卦中位，大人得位有喜庆，虽在困卦，也只是困于酒食而已。总之，这一爻是得位受宠，但不能实现自己的抱负，不能为实现个人的心志而向前征进。去祭祀最好，没有咎害。

六三：困于石，据于蒺藜。入于其宫，不见其妻，凶。

【译文】

困在乱石之中，占据蒺藜之上。进入宫室，见不

到妻子，凶。

象曰：据于蒺藜，乘刚也；入于其宫，不见其妻，不详也。

【译文】

占据蒺藜之上，是因为下乘刚爻；进入宫室，见不到妻子，是不可审详。

【精解导读】

《系辞·下》里解释了这段爻辞：“《周易》曰：‘困于石，据于蒺藜。入于其宫，不见其妻，凶。’子曰：‘非所困而困焉，名必辱。非所据而据焉，身必危。既辱且危，死期将至，妻其可得见耶？”意思是说：孔子讲过，不该受困的地方被困住了，必然会玷辱自己的名声。不该占据的地方而占据了，必然会危及自己的身体。既名声辱没又身体危殆，死期就要到来，怎么可能见到自己的妻子！按《系辞》的讲法，六三主要是把自己摆在一个不适当的位置上，完全是咎由自取。“蒺藜”古人又称“茨”，是一种结角刺子实的草，成熟的时候，子实满地，角刺尖锐，不可乘坐。按象辞的说法，“据于蒺藜”是“乘刚也”。“蒺藜”之象在刚爻九二，六三在九二之上。虞翻则认为坎为蒺藜，荀爽、《九家易》都说是坎为丛棘，为蒺藜。考之《说卦》，坎为坚多心木，可从。“困于石”取

象于否变困。六三原在否的互艮里（否六三→䷋>互艮），艮为石，上九下到二位变困，故言“困于石”。艮又为宫阙，虞翻说巽为妻，否变困，上四爻变成正反巽(反巽六三䷮正巽)的对象，六三在互离里（六三→䷮>互离），离为见，见到的似妻又不似妻。象辞说：“入于其宫，不见其妻，不详也。”“不详”是说不可审详。“详”不能解成吉祥之“祥”。“详”“祥”两字在《周易》里有分工，履卦上九爻辞有“视履考祥”，大壮卦上六象辞有“不能退，不能遂，不详也”。用法不同，详是细加审详。似是而非，故不可审详。“凶”是断词，按《系辞》的解释，这一爻有性命之虞，是全卦最差的一爻。《左传》襄公二十五年崔杼要娶齐棠公的寡妻，筮卦遇困之大过，就是这一爻动（困六三→䷮爻动反性变化为䷛大过)，陈文子分析说：“夫从风，风陨妻，不可娶也。且其爻曰‘困于石’，往不济也；‘据于蒺藜’，所恃伤也；‘入于其宫，不见其妻，凶’，无所归也。”“夫从风”是指下卦坎变巽，坎为中男。筮婚事可为夫，巽为风。“风陨妻”是指互巽变为下巽(困䷮>互巽，大过䷛>下巽)，巽为风，又为妻，风把妻从上吹落到下边。卦本不利，崔杼认为那是棠姜的前夫应了爻辞，还是把棠姜娶到家里。没想到棠姜原来就与齐庄公私通，崔杼于是杀了庄公，与庆封一起掌了大权。到襄公二十七年，崔杼因为自己前妻的儿子与棠姜带来的儿子互相残杀起来，躲在庆封家避难，庆封为了大权独揽，以帮助崔杼平息家乱为名，杀死了

崔杼的孩子，棠姜上吊死了，家产也被抢光。等送崔杼回去时，已是家破人亡，无家可归，崔杼自己也上吊而死。《左传》的记载可帮助我们理解爻辞。

九四：来徐徐，困于金车，吝，有终。

【译文】

徐徐而来，被金车困住，有吝难，有好结果。

象曰：来徐徐，志在下也。虽不当位，有与也。

【译文】

徐徐而来，心愿在下边。虽然位置不当，但有应援。

【精解导读】

“金车”是坚重华贵的车子，取象于否。否上乾为金，下坤为大舆，故为“金车”。否卦变困，上九下到二位，全卦只有九四与初六为正应（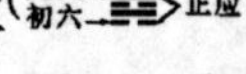
），九四也可下来，但九四却未动，而且处在互巽里（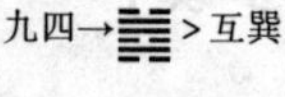
），巽为进退不果，慢腾腾下不来，被坚重的金车困住。有吝难，但最终是好的，这是因为有正应。象辞说：“来徐徐，志在下也。虽不当位，有与也。”“志”和“与”都指有正应。因为有正应在初六，所以愿意到下边去。因为还留在否卦中的原来地位，要下还未下，所以才说它“来徐徐”。“徐徐”是行动迟缓。全卦三个刚爻，九五、九

二都在中位，只有九四不当位，故有吝难。但三个刚爻也只有九四有正应，所以会有好结果。“有与也”中，“与”是在一起有相帮的人，指应合而与。

九五：劓刖，困于赤绂，乃徐，有说，利用祭祀。

【译文】

要受劓刑、刖刑，被官服困住，于是行动迟缓。可脱离困境，有利于祭祀。

象曰：劓刖，志未得也。乃徐有说，以中直也。利用祭祀，受福也。

【译文】

要受劓刑、刖刑，是志向未得伸展。行动迟缓可脱离困境，是因为守中正直。有利于祭祀，是可以得到神灵的福佑。

【精解导读】

“劓”是割去鼻子的刑法，“刖”是砍去足的刑法。否卦的九五下有互巽（九五→䷋>互巽）互艮（九五→䷋>互艮），艮为鼻，巽为股。变而为困，艮鼻与巽股都受到伤害，故言“劓刖”。否变困，三个刚爻中只有上九下到二位，九五与九四都未动，九五仍保留在上乾的位置上，乾为大赤、为衣，故为赤绂，故为“困于赤绂”。九四

是“来徐徐”，九五也是“徐”，故言“乃徐”。上卦变兑，九五在兑里（九五→䷮>兑），兑为说，故“有说”。九五有“赤绂”，位置中正，故“利用祭祀”。从取义上讲，“劓刖”只是一种危险，因为后面还“有说”。“说”用同“脱”。是说，要受劓刑刖刑，被官服困住，慢慢可以脱离这种险困的局面，去祭祀最好。象辞说：“劓刖，志未得也。”是指九五在否卦有正应在六二，变为困卦，二位被上九占据，变得没有正应，反而有劓刖之象。“志”指正应。“乃徐有说，以中直也”，强调九五在上卦中位，中直公正，所以可以慢慢脱离困境。“利用祭祀，受福也”，是说祭祀可以受到神灵的福佑，这也是九五守中正直的缘故。这一爻是从否变困、九五未动的利弊两方面取象。

上六：困于葛藟（lěi）、于臲卼（niè wù），曰动悔。有悔，征吉。

【译文】

被葛藟困住，被高危之地困住，叫作动而忧悔，有所悔悟，征进吉祥。

象曰：困于葛藟，未当也。动悔有悔。吉行也。

【译文】

被葛藟困住，是位置不当。动而忧悔，有所悔悟

吉祥，可以征行。

【精解导读】

“葛藟”是蔓生的草本植物，形似藤萝，攀附缠绕，上六是被葛藟缠绕纠绊而受困。“臲卼”是连绵词，意思是高而危，从象上看得十分清楚。虞翻说：“巽为草木称葛藟。”上六在互巽之上（上六→䷮>互巽），故言“困于葛藟”。否卦变困，上六是从二位升到上位，乘在两个刚爻之上，位高至极，故言“于臲卼”。从内卦推移到外卦，外卦为悔，故言“曰动悔”。动到上位，既被纠缠又高危不安，故曰“有悔”。但上位是极位，再向前走可以彻底走出困卦，故“征吉”。象辞说“困于葛藟，未当也”，主要指上六推移到互巽的上边，位置找得不适应。“动悔有悔，吉行也”，是说动而忧悔，有所悔悟，离开就吉祥。前一个“悔”是忧悔，后一个“悔”是悔悟。“动悔”是动了之后因不利而忧悔，“有悔”是觉察到动错了而悔悟，正如《系辞·上》讲的“震无咎者存乎悔”。知错能悔就可无咎，再动就是“吉行”。全爻是说上六在卦变推移中贪高而上，结果高位对自己并不合适，既被纠缠，又高危不安，感到不利能有所悔悟，离开就是吉祥。

【提示】

从困卦的取象联系卦变来考察，卦从否变来，九二与上六是交换位置的两爻，所以九二言“方来”，“来”

是爻向下推移。上六言“动悔”，“悔”是外卦。卦变之后对各爻造成的影响不同。初六仍有九四正应，但有九二来下相比，应路间阻。六三的正应换成上六，有应而变得无应。九四仍有初六正应，但被九二抢先一步，故言“来徐徐”。九五的正应被九二置换出来，本应九五去做的事情，反被九二做了，故言“乃徐”，是九五该动而未动。全卦最该动的是六三，自己的应爻动了，应该相应而从动，六三死守而未动，故最凶。抓住卦变与正应这两条线索，可对全卦有个总体性的认识。

另外，全卦讲的是“柔掩刚”，刚健的君子不能施展自己的抱负，被埋没掩盖，身处困境，致使全卦成为受困的局面。然而柔爻比刚爻受害更深。初六是困于株木幽谷，三年不能出头露面。六三是困于乱石蒺藜，死期将至。上六困于葛藟，走出去才能离困，都是自身受困，切肤受害。相对地说，三个被埋没的刚爻则好得多，九二是困于酒食，九四是困于金车，九五是困于赤绂，都不是自身之忧、切肤之害，只是君子之道被困。作者所以要取这些象而不取另外的象，显然有一个基本思想在起作用，这就是我们在姤卦里提到的阴阳轩轾。作者认为刚爻是主导、是人才、是君子，柔爻是顺从、是庸才、是小人。君子、人才不应当被埋没掩蔽，而应当出来治世。违背了这个基本法则，全社会都会受困。在困境中，君子能随时善处，受害则轻；小人怨天尤人，受害则重。

四十八　井——坚定不移

䷯

井卦的卦画组合为巽（☴）下坎（☵）上，传统称作水风井。《序卦》云：“困乎上者必反下，故受之以井。”意为：上升而受困一定会返回到下边来，所以困卦之后接着是井卦。《序卦》取的是井底下之义。《杂卦》云：“井通而困相遇也。”意为：井卦是相通，困卦是相遇。《系辞·下》还提到：“井，德之地也”“井居其所而迁”　“井以辨义”。卦辞说“改邑不改井”，说明村庄可以搬迁，井却不能搬走，井有固定不动的特点。但村庄无论迁移到哪里，都不能没有取水的井，又得随邑而迁。所以井又有不迁而迁的特点，位置动不了，而利物济民，可迁。“井以辨义”正是针对井不可改移的特点讲的，是坚定不移还是见异思迁，可以分辨一个人有没有道义。立场坚定就有道义，随风倒就是不讲道义。至于井为“德之地”，除了指井有守恒不移的特点外，井还有取之不尽、用之不竭的特点。井卦彖辞说“井养而不穷也”，井养育人，源源而来，故为“德之地”。从这些解释中可以看出，井就是

水井。还可以看出，古代村落的迁移是常见的事。

井卦是困卦的覆卦，从卦变上讲，虞翻、荀爽都作了说明，井卦由泰卦变来，即泰卦的初九上升到五位，而六五下降到初位，即泰六五初九䷊初爻与五爻交换位置，变䷯井。

井，改邑不改井，无丧无得。往来井井。汔（qì）至亦未繘（jú）井，羸其瓶，凶。

【译文】

井卦，村邑改迁，井不改迁。没有丧失，也没有获得。往来有秩序。快提上水来还未提到井上的时候，挂住了打水的陶罐，凶。

彖曰：巽乎水而上水，井。井养而不穷也。改邑不改井，乃以刚中也。汔至亦未繘井，未有功也。羸其瓶，是以凶也。

【译文】

进入水下而向上提水，就是井卦。井养育人而永不穷竭。村邑可以迁移，井不能迁移，是因为刚爻居中。快要提上来还未到井上，是还没有成功。挂住陶罐，因此有凶。

象曰：木上有水，井。君子以劳民劝相。

【译文】

木上有水就是井卦。君子从中得到启示，要慰劳民众，鼓励帮助别人。

【精解导读】

《孟子·滕文公上》："方里而井。井九百亩，其中为公田，八家皆私百亩，同养公田。"贾公彦疏："一井九夫之地，四面八家，各自治一夫（百亩）。中央一夫，八家各治十亩，八家治八十田，入公。余二十亩，八家各得二亩半，以为庐舍井灶，葱韭。"这是古代井田制的一个大致轮廓。把方一里的土地划分成井字形的九等份，每份一百亩。四周的八份，平均分配给八家作为私田，中间的一份是公田。公田的使用是八家各为公田耕种十亩，共八十亩。余下的二十亩，八家平分各得二亩半，用以建造住房井灶，还可以种点葱韭作为菜地。每井八户，四井三十二户就是一邑，成为一个村落。卦辞说"改邑不改井"，就是指这种村邑可以重新划分搬迁，井却是打到哪里就固定在哪里，搬迁不走。从象上说，泰变井，泰的上卦为坤，坤为邑；变为井卦，上坤变为坎，坎为水；邑变而水井出现，故言"改邑不改井"。"无丧无得"犹言无失无得，象上指泰卦的三个刚爻与三个柔爻，变来变去，没多也没少。"往来井井"指初九上往变成井卦，六五下来变成的还是井卦。从取义上讲，"井井"是有秩序的样

子。这与古人的社会意识有关。《说文》：“刑，罚罪也，从井，从刀。《周易》曰：‘井，法也’。”井是公众取水之所，应当有个大家共同遵守的公约，因而井有法的意思。“井”是因为遵守公约才具有井然有序的意思。“往来井井”是说大家来来往往地取水很有秩序。“汔”，几也，义同“迄”。“汔至”是几乎要到了。“繘”是从井中提水的绳子，也称作“绠”。这里是用绳子提上来的动词用法。“汔至亦未繘井”等于说“汔至，亦未繘于井”，是说快要提上来的时候，还未从井里提上来。“羸”是被钩住、挂住的意思，大壮卦“羝羊触藩，羸其角”中的“羸”可以互证。“瓶”是古代陶罐之类的提水器，小口大腹就可称瓶，不是现代的玻璃瓶。“羸其瓶”是说打水的陶瓶被井壁挂住，就是后来的俗语讲的“瓦罐终须井上破”。水没打上来，陶瓶碰破了，所以“凶”。从取义上讲，是功败垂成，极为不利，凶。从象上说，巽为绳，故言“繘”，互离为大腹（䷯>互离），兑为口（䷯>兑），大腹小口故言“瓶”。初至四爻是正反兑的对象（兑<䷯>反兑），瓶口向下又向上，是先从井里口朝下取水，然后口朝上提上来，取水之象。上卦坎水，瓶在水下翻覆，打翻不能提出水，故“未繘”而“羸其瓶”。

彖辞从五个方面说明井卦。（一）从上下卦的组合上说明井卦。“巽乎水而上水，井”，指的是下卦为巽，上卦为坎。巽为人，坎为水，巽在下是进入水下，坎在上是向上提水，进入水下向上提水所以才是井卦。

（二）从道理上说明井卦的特点。“井养而不穷也”，意思是说：井卦也有井卦的好处，并不是凶到一无是处。井可养育人，取之不尽，用之不竭。同时兼释卦辞“无丧无得”。井水连通地下水，多打一些，井水不会减少；少打一些，井水也不会增多。因为有不穷竭的特点，所以才称得上“无丧无得”。（三）从刚爻居中上说明卦辞“改邑不改井”。“改邑不改井，乃以刚中也”，指的是井卦的九二占据下卦中位，九五占据上卦中位，刚健居中，不易改变，所以是邑改而井不改。（四）解释卦辞“汔至亦未繘井”的意义。“汔至亦未繘井，未有功也”，意为井以打水为功，没有打上水来，陶瓶破裂，前功尽弃，未能成功。（五）解释卦辞“羸其瓶，凶”。“羸其瓶，是以凶也”，是说井壁把陶瓶挂住，因此是凶。彖辞省简，没有解释卦辞“往来井井”，对其他卦辞也只作提示性的说明。

象辞说：“木上有水，井。”从上下卦象的组合说明井卦。下卦巽为木，上卦坎为水，木上有水就是井卦。木指什么？郑玄认为：“巽木，桔槔也。”桔槔是古人从井中取水用的杠杆，比后来的辘轳还原始一些。《庄子》记载是“凿木为机，后重前轻，挈水若抽”，就是用杠杆原理绑成的大木，长臂一头起落于水的上下，短臂的一头加上重物，由人来操纵省力一些。用桔槔把水吊上来就是“木上有水”，故为井卦。井可养育民众，又有取之不尽、用之不竭的优点。所以君子要学习井的品德，要慰劳养育民众，要努力去鼓励、

帮助别人。“劳”是慰劳、犒劳，“劝”是鼓励，“相”是帮助。这就是“君子以劳民劝相”。

初六：井泥不食，旧井无禽。

【译文】

井下淤泥不能食用，旧井里没有禽兽。

象曰：井泥不食，下也。旧井无禽，时舍也。

【译文】

井下淤泥，是位置在下。旧井里没有禽兽，是临时的停留。

【精解导读】

依据象辞“下也”的说法，“井泥不食”是取象于初爻的下位。全卦是井，初六是泰变井换位的一爻，来自上坤，坤为土，土入井下，故为井下淤泥。兑为口，下卦兑覆（初六→☴>覆兑），口向下，故为“不食”。取义是井中淤泥，不能食用。“旧井无禽”的讲法也较杂，有说是废弃的旧井，水枯竭，飞鸟走兽不来饮水的；也有说是井里没有水，故没有水生动物的；还有讲成旧井无水，无所擒获的。另一种讲法认为井指捕兽的陷阱，是废弃的陷阱里没有禽兽可以捕获。比较起来，第一种讲法较为可取。古代深井少，大多是利

用自然水泉加以修治而成的浅井，水位接近地面，故禽兽也可来饮水。九五爻辞说“井冽寒泉，食”，可证井、泉常是一回事。《释名·释宫室》说：“井，清也，泉之清洁者也。”讲成陷阱与前后文义不符，把禽讲成擒获，与《周易》里常提到的“田无禽”“失前禽”的禽也不符。古代说的“禽”，包括飞禽走兽，《说文》云“禽，走兽总名”，并不单指飞禽。关于禽的取象，从《周易》的命辞里直接归纳，应当是坤为禽。全书提到“禽”的共有四处，除本卦外，师卦六五“田有禽”（䷆←）、比卦九五“失前禽”（䷇←）、恒卦九四“田无禽”（䷟←），都与坤卦有关。坤为田地，田地有禽，坤象变则“无禽”或“失禽”。井卦由泰卦变来，初六来自泰的上坤，上坤变坎，故无禽。象辞说是因为“时舍”，“时舍”在乾卦文言里有用例。文言讲到乾九二时说：“见龙在田，时舍也。”意思是随时而停留的地方。井卦的初六也讲“时舍”，意思是初六从上坤下来临时停留的地方，禽兽到井泉饮水也只能是临时停留。总之，初六是需要收拾的一口老井，既不能食用，也没有禽兽来光顾。

九二：井谷射鲋，瓮敝漏。

【译文】

在井谷中射鲋鱼，水瓮破漏。

象曰：井谷射鲋，无与也。

【译文】

在井谷中射鲋鱼，是没有应与。

【精解导读】

“井谷”是井泉所在的川谷。“射鲋”是古代一种捕鱼的方法。《吕氏春秋·知度》说：“譬若人射鱼指天而欲发之当也。”可证古人有用弓箭射鱼的。近些年发现古代的一些岩画，就画有射鱼的场面。“鲋”，前人有两种讲法。《子夏传》说是虾蟆，就是青蛙类的两栖动物。虞翻说：“鲋，小鲜也。”认为是小鱼。陆佃《埤雅》：“小鱼相即而行名即，相附而行名鲋。”认为是与鲫鱼差不多的小鱼。《子夏传》是从“井底之蛙”附会出来的，讲成小鱼较可取。从象上看，初六柔爻为鱼（见前），全卦为井，上坎为谷，又为矢，互离（☲>互离）为弓。九二与九五都是刚爻不应，九二下比初六，故为“井谷射鲋”。象辞说“井谷射鲋，无与也”，指的就是九二在卦变中本来应当与六五换位，而实际上却是初九换到五位，六五来到初位，九二失去正应，只能下比初六。得不偿失，到井谷中去射小鱼。只不过它在下卦中位，还有点小利。“瓮”与“瓶”同象，都是大腹小口的陶器，形制大一些称瓮，小一些称瓶。瓮口翻覆，故为“瓮敝漏”。“敝漏”就是破漏。总之，九二是有点小利，还有破败。

九三：井渫（xiè）不食，为我心恻。可用汲，王明，并受其福。

【译文】

井淘干净没人食用，令我感到可悲。可用来汲水，君王英明，人们一同受益。

象曰：井渫不食，行恻也。求王明，受福也。

【译文】

井淘干净没人食用，行经而觉得可悲。求君王英明，可一同受益。

【精解导读】

"渫"，荀爽解释说："去秽污清洁之意也。""井渫"，是把井淘干净。淘井就是把井中的脏水抽出来，挖去水下淤泥，让新水能畅快地涌出，井水就变得干净。"恻"是觉得可悲、惋惜，干宝说是"伤悼也"。"汲"是从井中打水。这段爻辞《史记·屈原列传》用过："怀王以不知忠臣之分，故内惑于郑袖，外欺于张仪，疏屈原而信上官大夫、令尹子兰。兵挫地削，亡其六郡，身客死于秦，为天下笑。此不知人之祸也。《周易》曰：'井渫不食，为我心恻，可用汲。王明，并受其福。'王之不明，岂足福哉！"意思是说：楚怀

王不知道谁是忠臣，内被郑袖迷惑，外受张仪欺骗。疏远屈原而相信上官大夫和令尹子兰。打了败仗，割让土地，丢掉了六个郡。自己被囚禁死在秦国，成为天下人的笑柄，这是不了解人造成的祸患。《周易》说："井渫不食，为我心恻，可用汲。王明，并受其福。"国王不英明，怎么能受到福佑呢？司马迁是把这段爻辞理解为井淘干净了，却没有人来食用，令我感到可悲。井水干净，完全可以取用，如同一个忠心耿耿的贤臣应当受到任用。国王英明的话，起用这样的人才，大家都会跟着受益。可见这是一种被历史承认的传统解释。有的人大胆怀疑，定要找出一些新的讲法。这种勇于探索的精神虽然可嘉，然而又该怎么向这些历史传统交待呢？比如有人把"渫"讲成是污浊，现代用这个义项的确实不少。但"渫"的本义是去污。《说文》："渫，除去也。"是疏治水源、水道，除去污秽。因为有污秽才去"渫"，所以引申出污浊的意思，但本意不是污浊。讲成污浊有后遗症，文献典籍中的话无法理解了。比如《史记》的这段话，井水不食，是水脏了；屈原不用，总不能说成是屈原脏了吧？讲《周易》不能仅凭个人的感想认识，要顾及它的客观性。从象上看，九三是上临坎水，下在巽卦（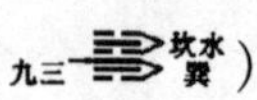
），巽为股，股入水下，淘井去了。巽为覆兑，兑口向下不食，故言"井渫不食"。坎为心为忧，故言"为我心恻"。从取义上讲"我"指井。从象上说"我"指内卦，内卦为贞，外卦为悔，"贞"为我方，

九三在内卦，故言“我”。入于水而上水就是“可用汲”。“王”指九五，“明”指互离，九三与九五互为离卦(九五 九三 → 互离)，五位是尊位为王，离为明。“并受其福”指九五从泰卦的初位升到尊位，大人得位，贤才得用。象辞说“井渫不食，行恻也”，意思是井淘干净没人食用，令行经于此的人感到可悲惋惜。《诗·王风·黍离》里讲的“彼黍离离，彼稷之苗。行迈靡靡，中心摇摇。知我者谓我心忧，不知我者谓我何求”，就是一种行恻。“求王明，受福也”，是说求得君王英明，自己能受益。说明九三这一爻是有用而被弃置，令人觉得可惜，希望改变这种状况。

六四：井甃（zhòu），无咎。

【译文】

井壁砌好，没有咎害。

象曰：井甃无咎，修井也。

【译文】

井壁砌好没有咎害，是修治井。

【精解导读】

“甃”是用砖石把井的内壁垒砌好，这样可以避免井壁泥土的掉落坍塌。有的地方把这种修井的工程称

作旋井，农村至今称作甃井。“井甃”是说井不仅淘好了，而且把井壁也修治好了。依据朱震的讲法，这一爻取的是组合象：“坎水坤土，合而火之，甄也。有巽工焉。自下垒而上至井口，甃也。”意思是说：井卦由泰卦变来，泰的上卦原是坤，坤为土；初九来到坤的中位变成坎，坎为水；水入土中合而成泥，互离在下（六四→䷯ > 互离），离为火；火烧泥土成了砖，下巽为工，是泥瓦工用砖把井从下向上垒砌直到井口，这就是甃井。烧砖的泥从坤变坎中提取，巽在下、坎在上，又取自下而上之意。看来观象要看爻的推移，不能把卦图看成是死的。

象辞说“井甃无咎，修井也”，主要是解释“甃”的词义是修治井，提示的是下巽取工象。

九五：井冽寒泉，食。

【译文】

井中清冽、寒爽的泉水可食。

象曰：寒泉之食，中正也。

【译文】

寒爽的泉水可食，是爻位中正。

【精解导读】

“洌”是水清凉甘爽。九五在上卦坎中，坎为水，九五又是泰变井的主爻，代表井。位在上卦之中，又是刚爻处刚位，位正，是一口好井，故言“井洌寒泉”。

“食”是井水可食用。因为九五所在的坎水处在上位，井水上来才可食用。

象辞说“寒泉之食，中正也”，主要强调九五位置中正，完全合乎井的要求。

上六：井收勿幕，有孚元吉。

【译文】

井口收拢，不加盖，有孚信，大吉大利。

象曰：元吉在上，大成也。

【译文】

大吉大利在上位，是大功告成。

【精解导读】

“井收”是甃井的时候把井的内膛修治得宽大一些，到了井口要逐渐收小。井壁下面宽阔可以多贮水，保证水源充足，井口收拢，可以减少脏东西吹到井里，取水也安全一些。“收”是把井口收小一些。“幕”同

"幂"，是蒙覆的意思，这里指盖住。"勿幕"是不加盖。井是公用的，加盖不方便人们取水。井经过这样一处理，给人们造成方便，大家都感到满意，所以"有孚"。"有孚"是受到大家的欢迎，大家信服。"元吉"是最大的吉。象辞说"元吉在上，大成也"，意思是说上六在全卦的最上位，井的工程都在下面，到了上面已经是大功告成，所以"元吉"。主要是取象于爻位。上六在全卦最上，故为"收"、为"幕"。上六柔爻，中缺有口，故言"井收勿幕"。刚爻与柔爻相和为孚，上六下有正应九三，又与主爻九五相比，故言"有孚"。全爻主要取象是上六是井卦的最后一爻，全卦已成。

【提示】

井卦最明显的一个特点，是从初爻往上数，越来越好，初爻是"井泥"，二爻"瓮敝漏"，三爻"井渫不食"，四爻"井甃"，五爻"井冽寒泉"，上爻井成"元吉"。除了各爻中的具体取象外，还取了爻位的象。井以上水为功，越往上越适于民用，故越上越好。从总体上看，作者的意识里有"用世"的思想在做指导，主张为人类做贡献，反映了有所奉献就吉祥，无所奉献就不吉的潜意识。在道德修养上，提倡君子要做对社会有用的人才，努力为社会造福，这种意旨是积极的。

卦里用到组合象，所谓组合象是把两个以上的卦

象组合在一起，取一个共同组成的象，而不是直接取各单卦中的象。《周易》里确实有这样的取象方法。比如家人卦九三爻辞说“在中馈”，是指九三在下离互坎里（家人
），坎为水，离为火，单从坎和离中取不出“中馈”之象，只有把两个象组合在一起，再加上位的因素，才能取出火在下烧煮上面的水，成为烧火做饭的“中馈”之象。本卦的“瓶”“瓮”都不是一个三爻卦的象能包括的，而是取离与兑的组合象，离为大腹，兑为口，小口大腹才是“瓶”或“瓮”。瓮形制虽大，但小口大腹的特点不变。大腹敞口就是缸，大腹收口才称瓮。至于“甃井”的组合象，就更为复杂一些，从卦变前的泰卦上坤中取土，从变坎中取水，从卦变中取水入土中，然后才成为泥，泥下有火，又烧制成砖瓦，再从下巽中取出工匠之象，于是才有工匠用砖甃井之象。这种取象方法，考之象辞与《说卦》，都信而有征，不可轻易否定，而且它与六爻全象的思路一致，值得研究。

四十九　革——破除陈旧

䷰

革卦的卦画组合为离（☲）下兑（☱）上，传统称作泽火革。《序卦》云："井道不可不革，故受之以革。"意为：井道不可不经常更新，所以在井卦之后接着是革卦。革是更新的意思。《杂卦》云："革，去故也。"意为革是除去陈旧的东西。《序卦》《杂卦》认为革就是除旧布新的变革。彖辞明确提到"革命"，现在我们把革命理解为推翻落后的政治制度，建立先进的政治制度，推动社会向前发展的一种社会群体行为，仍有除旧布新的意思。《周易》里讲的"革命"，指的是"革除天命"。古人认为，一个朝代的建立都要接受天命，叫作"奉天承运"，一个朝代的灭亡，就是革除这种天命。革命是推翻旧的王朝、建立新的王朝，也是除旧布新的意思。《说文》把革讲成是皮革，"革，兽皮治去其毛，革更之象"。把兽皮铲去兽毛留下的光板皮子就是革，所以"革"又有皮革的意思。兽皮花色的区分主要在于毛色的不同，去掉兽毛是一种大的变化，爻辞里提到的"虎变""豹变""革面"等就是

指毛皮的变化。从全卦看，卦名革的基本意思是除旧布新的变革。

革与下一卦鼎是覆的关系，革䷰卦画倒置为䷱鼎，从彖辞“革而当”的提示上看，革从大壮变来，是大壮的九二与六五交换了位置，即大壮六五九二䷡两爻换位，变䷰革。刚爻应占据九五的尊位，柔爻应占据六二的卑位，大壮变革之后，五位是刚爻，二位是柔爻，所以才说是革而当。虞翻说是“遁上之初”，这与彖辞的提示不合。

革，已日乃孚。元亨利贞，悔亡。

【译文】

革卦，已日得到孚信。大亨通，利于正固，忧悔消亡。

彖曰：革，水火相息。二女同居，其志不相得，曰革。已日乃孚，革而信之。文明以说，大亨以正。革而当，其悔乃亡。天地革而四时成，汤武革命，顺乎天而应乎人。革之时大矣哉！

【译文】

革卦，水火互相熄灭。两个女子住在一起，心志不相容，称作革。已日得到孚信，是变革取得人们的信任。文明而喜悦，大亨通而中正。变革适当，忧悔

就会消亡。天地变革才能形成四季，商汤革除了夏王朝的天命，周武王革除了商王朝的天命，顺应天道人心。革的时势意义太重大了！

象曰：泽中有火，革。君子以治历明时。

【译文】

大泽中有火就是革卦。君子从中得到启示，要制定历法，明辨天时。

【精解导读】

古人用十天干纪日，甲乙丙丁戊己庚辛壬癸，一共十位，周而复始地往下排，十天之中就有一个己日。《周易》里提到甲日、庚日，这里又提到己日，说明当时已经用十天干纪日。依据纳甲原理，十天干与八卦相配，乾纳甲、壬，坤纳乙、癸，震纳庚，巽纳辛，艮纳丙，兑纳丁，坎纳戊，离纳己。大壮变革，下卦成离（䷌>离），故言“己日”。刚爻与柔爻代表对立统一的两个方面，两者既对立又统一，强调二者统一性的一面就言“孚”。“孚”指的是刚爻与柔爻相依而合。大壮卦是刚爻逼退柔爻，变为革卦，柔爻与刚爻变得依附相合，故言“乃孚”。从取义上说，“革，己日乃孚”，是说大变革发生之后，到己日才能获得人们的信任。革卦与蛊卦都讲变革，但两者不完全相同，就社会意义讲，蛊是改革，革是革命。改革不一定质变，

革命却是一种质变，是一次重大的根本性的变革，事物在新质上向前推进，故言“元亨利贞”。从陈腐中蜕变出来，故言“悔亡”。卦辞的意思是说重大变革，到己日取得民众的信赖。大亨通，利于正固，忧悔消亡。

彖辞从六个方面说明革卦。（一）从上下卦象的组合上说明革卦。“革，水火相息”，指上卦兑为泽，泽是大水，下卦离为火，水火相遇，格格不入，相互熄灭。《释文》：“息，马云‘灭也’。李斐注《汉书》同。《说文》作‘熄’。”“息”与“熄”是古今字。《说文》：“熄，畜火也。从火息声。亦曰灭火。”“畜火”是保存火种，保存得好，火可再生息长。保存不好就会熄灭。这是词的反向引申义。“水火相息”是水火不相容，水要浇灭火，火要烧干水，激战起来。“二女同居，其志不相得”，指下卦离为中女，上卦兑为少女，两个女子居住在一起，心志各异。睽卦彖辞说：“二女同居，其志不同行。”这是《周易》揭示的“同性相斥”的哲理。“得”是相处得好，“不相得”是处不好。“水火相息”“二女不相得”都是指合不到一起。“曰革”是说，因此才叫作革卦。合不到一起就要发生变革。（二）说明卦辞“己日乃孚”的意思。“己日乃孚，革而信之”，着重说明“孚”是信的意思。进行大变革后，到己日才能深入人心，取信于众。（三）从上下卦特性的组合及主爻九五中正上说明卦辞“元亨利贞”。“文明以说”，指下卦离为文明，上卦兑为喜悦。大变革由暗乱变得文明，由怨恨变得喜悦，所以能大

亨通。“元亨”就是大亨。“元亨利贞”指大壮变革，主爻九五升进到上卦中位，刚爻居刚位，位正。既中又正，所以利于正固，所以才大亨通。（四）从卦变上解释卦辞“悔亡”。“革而当，其悔乃亡”，是指在大壮卦里，五这个尊位被柔爻占据，二这个卑位由刚爻占据（大壮六五九二䷡），该尊的不尊，该卑的不卑，位置不适当。变为革卦，尊位是九五，卑位是六二（革九五六二䷰），位置经过变革而得当，所以忧悔消亡。（五）从天、地、人道说明革卦的意义。“天地革而四时成”是讲天地之道。春天取代冬天，夏天又取代春天，秋天又取代夏天，冬天又取代秋天，不断变革才有一年四季，有四季才能成岁，所以大自然总是充满活力，生机勃勃，不停地向前发展，不然天地就会死寂。从社会现象讲也是如此，“汤武革命，顺乎天而应乎人”，商汤王推翻了夏桀的统治，建立了商朝；周武王又推翻了商纣王的统治，建立了周朝。不断更代，这样才顺天道，应人心，社会这个机体才充满活力，生机勃勃，不断进步，不然社会就会僵化死寂。（六）强调革的时势意义。“革之时大矣哉”，无论是自然的活力还是社会的活力，都是变革造成的，没有变革就会僵死，没有运动，也没有前进，也就没有时势可言，时势就是运动变化中的过程，所以说“革之时大矣哉”。从哲理上揭示了《周易》万事万物运动变化的观点。

象辞从上下卦象的组合上解释卦名。上卦兑为泽，下卦离为火，大泽之中有火，不得安宁。比如湖泽之

中火山喷发出来，火大，泽水就会干涸；水大，火就得熄灭。二物相克，不能调合，只有变革。君子看到这样的卦象，就可体悟出天地运动的规律，四季也是不相容，相互取代，从它们的相互变革中观察天时的运动，把历法制定出来，察明天时运动的几微，颁告民众，让人们都按天时活动，这就是“泽中有火，革。君子以治历明时”。

初九：巩用黄牛之革。

【译文】

用黄牛皮做成的皮绳把它捆绑结实。

象曰：巩用黄牛，不可以有为也。

【译文】

用黄牛皮做成的皮绳把它捆绑结实，不可有所作为。

【精解导读】

“巩”是牢固结实。“黄牛之革”是黄牛皮，这里指把黄牛皮裁成皮条做成的绳子。牛皮绳子是当时最结实的绳子。爻辞的意思是要用最结实的绳子捆绑牢固，一点也不让松动。从象上说，初九在全卦最下位，乾卦初九“潜龙勿用”，位低时初，不能盲动，应当牢

固。纯离为牛，坤为黄，离得坤中爻，为黄牛。初九在革卦的下离（初九→☲>离）里，故言“巩用黄牛之革”。这一爻与遁卦六二“执之用黄牛之革，莫之胜说”不同。遁六二是受执被拘，而这一爻是要努力巩固不要有所作为，革命是冒险的事，不成熟不能动，但并不受执被拘。

六二：己日乃革之。征吉，无咎。

【译文】

己日就进行大变革。征进吉祥，没有咎害。

象曰：己日革之，行有嘉也。

【译文】

己日进行变革，行进有好处。

【精解导读】

六二是大壮变革换位的一爻，来到二位居中得正。在下卦离中，故言“己日乃革之”，上有九五正应，可以征进，故言“征吉，无咎”。象辞说“己日革之，行有嘉也”，以“行”来解释“征”，指的是六二从大壮的五位下来，把尊位让给九五，行动可嘉，定本把“己日”写成“巳日”，王弼讲成是已经完成之日，字形讹误，应当更正过来。这一爻与初九大不相同。初

九是一点也不让动，这一爻是到了己日，可以大胆变革，行动吉祥，能获得成功，没有咎害。

九三：征凶，贞厉。革言三就，有孚。

【译文】

征进凶，正固危厉。变革初告成功，有孚信。

象曰：革言三就，又何之矣。

【译文】

变革初告成功，又往哪里去?

【精解导读】

九三这一爻正当上下卦之际。下卦离为火，上卦兑为泽水，处于水火不相容的位置上，征进会遇到泽水的浇灭，故言“征凶”。正固不动，位置又不允许，故正固有危厉。然而九三有正应在上六，上六处在兑卦，兑为口，为言。上兑三爻，九四“改命”，九五“虎变”，上六“豹变”“革面”，都随之而变，故云“革言三就”。从取象上讲，“就”是随从。王弼不注重卦象，讲到这一爻时也说：“已处火极，上卦三爻虽体水性，皆从革者也。自四至上，从命而变，不敢有违，故曰‘革言三就’。其言诚实，故曰‘有孚’。如是而犹征之，凶其宜也。”从取义上说，“革”是变革，“言”

是宣告，“三”是小成之数，指变革初告成功，“就”是成功。从爻位上说，九三在下卦之终，也在小成的位置上。从社会变革的意义上说，九三是初告成功，大幅度征进，搞过头有凶。但又不是彻底成功，还有被颠覆的危厉，把握好分寸是成败的关键。有孚信可保无虞。象辞说“革言三就，又何之矣”，意为变革已初告成功，又会往哪里去？说明人们会随之而变。

九四：悔亡，有孚改命，吉。

【译文】

忧悔消亡。有孚信，改变旧的天命，吉祥。

象曰：改命之吉，信志也。

【译文】

改变旧的天命吉祥，是心志诚信。

【精解导读】

“悔亡”是忧悔消亡。“有孚”是有诚信。“改命”是改变天命。古人认为每一个王朝的建立都是受命于天。改命是把不符天命的旧王朝废弃，换成一个符合天命的新王朝。“天命”指的是天道之命，而不是上帝。象辞讲“顺乎天而应乎人”，顺应天道人心就是合乎天命，就是符合人民的心愿，顺应自然规

律。从象上说，九四在互乾（九四→䷰>互乾）、互巽(九四→䷰>互巽)里，乾为天，巽为命，又在上卦兑里，兑为口，是有口宣告天命，故言“改命”。从取义上说，“改命”是建立新的王朝，废除旧的政令，施布新的政令。象辞说：“改命之吉，信志也。”“信”解释“孚”，改命吉祥，是因为心志诚信，也就是诚心诚意地顺天应人。

九五：大人虎变，未占有孚。

【译文】

大人变出虎一般的文采，不占决而有孚信。

象曰：大人虎变，其文炳也。

【译文】

大人变出虎一般的文采，是文采彪炳。

【精解导读】

“虎”是名词作状语，说明变的状态。初爻有“黄牛之革”，上六有“豹变”，都用的是“皮”义。大人在变革之前没有地位，文采本事显示不出来，皮如牛羊。大壮变革，九五从二位升进到全卦的尊位，成为一卦之主，刚爻得位，故称大人，上卦变兑，兑为虎，故言“虎变”。从取义上讲，变出虎皮，彪炳斑斓，威

猛大著。虞翻说："兑为白虎。"这是依据天之四象的方位。按二十八宿的天象分布，东方七宿是青龙，南方七宿是朱雀，北方七宿是龟蛇，西方七宿是白虎。兑是西方卦。"占"取象下卦离，离为龟可占，九五与下卦离的中爻六二正应，九五与六二在卦变中是换位的一爻，九五怎样做，六二就怎样应，用不着去占决，六二肯定会相孚，故言"未占有孚"。象辞说"大人虎变，其文炳也"，指出九五变出了文采，显然是指皮毛的变化。文的变化是质变的反映（见贲卦提示）。这一爻是全卦最好的一爻，是一个人由卑贱向显贵的大跨度飞跃。

上六：君子豹变，小人革面。征凶，居贞吉。

【译文】

君子变出豹一般的文采，小人换了新的面貌。征进凶，居于正固吉祥。

象曰：君子豹变，其文蔚也。小人革面，顺以从君也。

【译文】

君子变出豹一般的文采，是文采蔚然可观。小人换了新的面貌，是顺从君王而变。

【精解导读】

“豹变”是变出豹子一般的文采。豹次于虎，君子的变化次于大人，但也相当可观。象辞说“君子豹变，其文蔚也”，“蔚”是文采盛，君子的文采本事也显露出来。“革面”是面貌有了崭新的变化，由坏变好。象辞说：“小人革面，顺以从君也。”“君”是君王，指九五。意思是随顺君王而发生变化，洗心革面。全卦九三是小成，上六是一卦之终，是大成，变革到了最终，大人变得文采彪炳，君子变得文采蔚盛，小人也面目一新。大人、君子、小人是《周易》作者对社会人所划分的等级，圣贤在位是大人，贤能有德为君子，无贤德为小人。从取象上说，虎豹同科，兑为虎，也为豹，上六无位，故言“君子豹变”。柔爻为小人，兑为悦，小人变得喜气洋洋，故言“小人革面”，变革已成。上六位处穷极，不可再进，故言“征凶”。坚守正固，居而不动可获吉。

【提示】

关于“孚”的取象，历来没有太好的解释。虞翻在夬卦里说“阳在二五称孚”。然而萃卦九五爻辞却说“匪孚”（萃䷬←）。又说“坎为孚”，通观全书也很难说通。卦爻辞中提到孚的有三十六例：需卦辞“有孚”（䷄），讼卦辞“有孚”（䷅），比初六“有孚比之”（䷇←），小畜六四“有孚”（䷈←），九五“有孚挛如”

（䷈←），泰九三“勿恤其孚”（䷊←），六四“不戒以孚”（䷊←），大有六五“厥孚交如”（䷍←），随九五“孚于嘉”（䷐←），观卦辞“有孚”（䷓），坎卦辞“有孚”（䷜），大壮初九“有孚”（䷡←），晋初六“罔孚”（䷢←），家人上九“有孚威如”（䷤←），睽九四“交孚”（䷥←），解九四“朋至斯孚”（䷧←），损卦辞“有孚”（䷨），益六三“有孚中行”（䷩←）、九五有“有孚惠心”“有孚惠我德”（䷩←），夬卦辞“孚号有厉”（䷪），姤初六“羸豕孚踯躅”（䷫←），萃初六“有孚不终”（䷬←），六二“孚乃利用禴”（䷬←），九五“匪孚”（䷬←），升九二“孚乃利用禴”（䷭←），井上六“有孚元吉”（䷯←），革卦辞“己日乃孚”（䷰）、九三“有孚”（䷰←）、九四“有孚”（䷰←）、九五“有孚”（䷰←），丰六二“有孚发若”（䷶←），兑九五“孚于剥”（䷹←），中孚九五“有孚挛如”（䷼←），未济六五“君子之光有孚”（䷿←）、上九有“有孚于饮酒”“有孚失是”（䷿←）。看来“孚”的象既不在爻位，也不能确定在某一卦上。大致看来，刚爻与柔爻具有统一性的一面，表现出相互依附而合和的状态就可言“孚”。具体说来，各爻又有不同。革卦的三个刚爻“有孚”，指的是变革中三个刚爻为实，故“有孚”。孚是信实。一般地说，孚要有异性爻来应合。

五十　鼎——鼎立新风

䷱

鼎卦的卦画组合为巽（☴）下离（☲）上，传统称作火风鼎。《序卦》云："革物者莫若鼎，故受之以鼎。"意为：没有比鼎更能变革事物的了，所以在革卦之后接着是鼎卦。鼎在古代用来烧煮饭羹，如同我们现在使用的锅，它能把东西由生煮熟。《序卦》反映的是原始社会人类发现火之后，伴随产生的文明意识，因此才认为鼎是最能变革事物的。要把它放在人类由吃生食到吃熟食这个背景中去理解。《杂卦》云："革，去故也；鼎，取新也。"意为：革卦是除去陈旧的东西，鼎卦是树立新的东西。《杂卦》在更广泛的意义上推演了一步，认为革与鼎两卦，一个是破旧，一个是立新。这就不仅指煮熟食物，所有人类社会破旧立新的现象都以革鼎两卦来表示。破旧立新往往是同时进行的，破中有立，立中也有破，这里不过是各自强调了一个方面。

鼎是革的覆卦。革卦䷰全卦上下翻倒过来就成为䷱鼎卦。从卦变上讲，彖辞提示说"柔进而上行"，鼎

卦是由遁卦变来，即：遁䷠九五与六二换位，变䷱鼎。是遁卦的柔爻六二向上推移到了五位，这就是“柔进而上行”。虞翻说是“大壮上之初”，认为是大壮的上六与初九换位（大壮䷡换位，变䷱鼎），这只能是“柔来而下行”，违背彖辞意思。可见，虞翻把革鼎两卦的卦变线索传颠倒了，引起许多难以解决的问题。应当依据彖辞纠正过来。

鼎，元吉，亨。

【译文】

鼎卦，大吉大利，亨通。

彖曰：鼎，象也。以木巽火，亨饪也。圣人亨以享上帝，而大亨以养圣贤。巽而耳目聪明，柔进而上行，得中而应乎刚，是以元亨。

【译文】

鼎卦是鼎的形象。把木柴送入火内，是为了烹煮食物。圣人烹煮食物来荐享上帝，大量烹煮食物来养育圣贤。随顺而耳目聪明，柔顺向上升进，取得中位与刚健的九二相应，因此大亨通。

象曰：木上有火，鼎。君子以正位凝命。

【译文】

木上有火就是鼎卦。君子从中得到启示，要摆正自己的地位，凝重天命。

【精解导读】

这一卦的卦辞前人有些争议。程传认为“元吉，亨”中的“吉”是羡文，即多出来的字。理由有两点：一是卦有四德“元亨利贞”，有的卦占全了，有的卦占得不全，这都是正常的。但“吉”不是卦德，不应夹在“元亨”之间。二是彖辞最后说“是以元亨”，没有提到“吉”。显然，程传是推理推出来的，后来有的本子（如元吴澄本）就把“吉”字删掉，这就太武断了。《周易》里讲“元吉”的不是一处，程传不过是提出一种怀疑，据以删改经文证据不足。要保留原貌，对后人负责。鼎卦讲破旧立新，故“元吉”。“元吉”是大吉大利，“亨”是亨通。

彖传从五个方面说明鼎卦。（一）“鼎，象也”，是从全卦卦画的整体形象来说明鼎卦。意思是鼎的卦名是从全卦取象。全卦最下边断开的柔爻初六像是鼎的腿；二、三、四三个刚爻像是鼎的腹，五位断开的柔爻六五像是鼎的两耳，最上边一个刚爻如同扣住鼎的铉。全卦就是一个鼎的形象。王宗传说：“分植于下者，足也；充实乎中者，腹也，二、三、四是也；对峙乎上者，耳也，六五是也；横亘乎上者，铉也，上

九是也。夫物，有足、有腹、有耳、有铉，非鼎乎?"这是无可争议的确诂。古代的鼎有三条腿，画出来后面的一条腿挡住了，露出前面的两条腿，鼎的上面直立着两个鼎耳。鼎上有盖，盖上盖子后，从两耳中插入一根杠子，这根杠子称“铉”，铉既可以压住鼎盖，又可用来抬起鼎来挪动。把鼎卦卦画六爻作为整体看，就是一个有足、有腹、有耳、有铉的鼎。关于“鼎，象也”，前人还有一点争议，就是《系辞·上》中讲“以制器者尚其象”，意思是创造发明新器物的人重视卦象。好像是“观象才能制器”。这就出现一个问题，究竟是先有卦象还是先有器?器是从卦象中得到启发才造出来，还是先有器然后才从器中取象?其实这个问题不能机械地理解，“观象制器”与“从器取象”两者是互为因果，不可能有一个固定的模式。《系辞》也讲到另一个方面，“远取诸物”。就鼎卦讲，应当是先有鼎这个器物，然后才从这个器物中取出卦象，所以彖辞才说:“鼎，象也。”没有鼎这种器物还去象什么呢?(二)从上下卦的组合上解释鼎卦。“以木巽火，亨饪也。”“亨”是“烹”的古字。古代“亨”“烹”“享”只有一个字形，后来才分而为三，有了区别。鼎卦下卦是巽，巽为木，又为入，又为风，上卦离为火，把木柴放进火里再吹上风，那就是烧火做饭，所以说“亨饪也”。“亨饪”就是烧火做饭，这是除了把鼎看成做饭的锅以外，又从上下卦的组合中看象做出的说明。(三)推演鼎的实用意义。“圣人亨以享上帝，而大亨

以养圣贤”，意为把食品烹制出来，圣人不光是为了自己吃，更大的作用是用以祭享上帝和养育圣贤。这充分反映了彖辞对上帝和圣贤的重视。上帝可以保佑自己，圣贤则是国家的支柱。孔颖达疏里讲：“享上帝尚质，特牲而已，故直言‘亨’。圣贤既多，养须周遍，故亨上加大字也。”意为：荐祭上帝要质朴，有小牛就可以了，所以只说亨。圣贤人多，供养要普遍，故亨上加了大字。《礼记·郊特牲》郑玄注：“郊者，祭天之名。用一牛，故曰特牲。”《礼记·王制》：“祭天之牛，角茧栗；宗庙之牛，角握；宾客之牛，角尺。”意为：祭上帝的牛小，牛角有蚕茧那么大；祭宗庙的牛稍大一些，牛角有一握那么大；款待宾客就要用大牛，牛角要一尺长以上。养圣贤，就是待宾客，“大亨”就是多做出一些肉来。（四）从卦象上说明鼎卦具有的特点。“巽而耳目聪明”，指下卦为巽，巽是随顺；上卦离为目、为明。值得注意的是耳，《说卦》讲“坎为耳”，鼎卦有些例外，耳的取象是六五。鼎卦所呈现的卦象特点是随顺而又耳聪目明。（五）从卦变上说明鼎卦的特点。鼎卦从遁变来。遁卦的六二升进到五位，六二是柔爻，五是上卦中位，卦变中显示的意义是柔顺地向上行进，这就是“柔进而上行”。“得中而应乎刚”是从主爻六五的推移上说明鼎卦的特点。六五取得上卦中位，又与下卦的九二正应，所显示的意义是获得中道而又有刚健相应。“是以元亨”说明卦辞“元吉，亨”。因为有以上诸多的因素，所以鼎卦才具有大

吉大利亨通的断语。这是对以上祭上帝、养圣贤、随顺、耳目聪明、柔顺而上进、获得中道又有刚健之才相助等条件的总括。

象辞从上下卦象的组合解释鼎卦。“木上有火，鼎”，指下卦巽为木，上卦离为火，木上有火，这是用鼎烧火做饭，所以才叫鼎卦。至于君子从中得到什么启示而要“正位凝命”，前人讲得有些游离。这儿可能是指铸鼎讲的。铸鼎要先做好沙范，把模子各部位都摆正，然后把青铜的熔液注入沙范，等熔液冷却凝固，拆去沙范，鼎就铸造出来，所以才联系到“正位凝命”。“正位”取摆正沙范部位为义，“凝命”取冷却凝固成形为义。总之，是要与铸造前的设计相符。“正位凝命”是说要摆正自己的地位，凝重天命，也就是要以天命为重，不要改变。

初六：鼎颠趾，利出否。得妾以其子，无咎。

【译文】

鼎腿颠倒，利于走出否塞。因其子而得妾，没有咎害。

象曰：鼎颠趾，未悖也。利出否，以从贵也。

【译文】

鼎腿颠倒，并未背离正理。有利于走出否塞，是

随从贵人。

【精解导读】

鼎卦从遁卦变来，遁是个放大的巽卦(䷠>☴)，巽为股，变而为鼎，六二升进到五位，作为股的六二向上去了，只剩下在初位的趾，故言“鼎颠趾”，意思是说鼎腿朝上翻倒过来。遁卦是柔长刚消的卦，再向上长出一位柔爻就是否卦(䷠→䷋否)，变鼎之后改变了向否发展的趋势，故言“利出否”，意思是说有利于从否塞中走出来。初六的正应在九四，自己原在下卦艮里(䷠>艮)，艮为少男、为子，变鼎之后，应位变出互兑(九四→䷴>互兑)，兑为妾。因艮子的变化相应地出现兑妾，故言“得妾以其子”。“以”是因为，意思是：因为儿子的关系得到妾，妾是小妻。“无咎”是没有咎害。从取义上讲，把鼎翻过来，倾倒出鼎中的残存污秽之物，清洗一下，就是“出否”。象辞说“鼎颠趾，未悖也”，“悖”是违背。象上指六二柔爻向上占据五的尊位，九五刚爻占据六二的卑位，本来是悖理的，但两爻都在中位上往来，未可算作悖理。鼎翻过来倾倒污垢也合乎常情。“利出否，以从贵也”，象上指九五从尊位下到二位与初六相比，初六随从了贵人。这一爻是走出低谷，随从了贵人，境况好转。

九二：鼎有实，我仇有疾，不我能即。吉。

【译文】

鼎中有实在的东西，我的仇人有疾病，不能接近我。吉祥。

象曰：鼎有实，慎所之也。我仇有疾，终无尤也。

【译文】

鼎中有实在的东西，是审慎选择了所到的地方；我的仇人有疾病，是最终没有怨尤。

【精解导读】

刚爻为实。在卦变中九二来到鼎腹的底部，是鼎中来实之象，故言“鼎有实”。从取象上说，仇是配偶，《子夏传》说“仇，匹也”。九二的配偶就是正应六五。在卦变中六五柔爻却从卑位升到尊位，九二刚爻从尊位来到卑位，尽管是在中位上的推移，但对六五并不完全合适，故言“我仇有疾”。九二与六五正应，换位之后仍然分开，各在上下卦里，故言“不我能即”。“即”是挨近。从取义上讲，“仇”是仇敌，仇敌有病，不能靠近自己，所以吉祥。象辞说：“鼎有实，慎所之也。”象上指的是九二离开尊位来到二位，行为不失中正，推移的选择还较为审慎，“之”是到的意思，因此鼎中有实可食。“我仇有疾，终无尤也，”指六五占据尊位不合适，是九二把尊位让给了六五，

六五不能怨九二。“尤”是怨恨的意思。所以才“不我能即”而吉祥。这一爻是让出尊位得到实惠，远嫌避仇，吉祥。

九三：鼎耳革，其行塞，雉膏不食，方雨，亏悔，终吉。

【译文】

革除鼎耳，行动困难，山鸡的美肉不吃，正下雨，有亏有悔，最终吉祥。

象曰：鼎耳革，失其义也。

【译文】

革除鼎耳，失去鼎耳的意义。

【精解导读】

九三是大坎的中爻(
)，坎为耳，本来是鼎的大耳，然而鼎卦从整体形象上看，六五才是鼎耳，九三失去作鼎耳的意义，故言“鼎耳革”。鼎去耳，搬动起来不方便，大坎又为险，故“其行塞”。前临上离(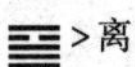
)、互兑（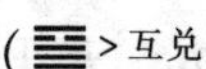
)，离为雉，兑为膏泽，又为口，有口可食雉膏，然而兑又是正反象(
)，又吃不成，故言“雉膏不食”。正兑为雨，反兑是雨返下，大坎是水，故言“方雨”。兑为毁折，故有“亏

悔”。可是全卦只有九三是刚居刚位，位正，其他爻都位不正，又在下卦之终，故言“终吉”。这一爻，按《说卦》提供的坎为耳、为险，离为雉，兑为泽、为雨、为口等正象去看，只能承认《周易》里有从大卦取象的体例。象辞说“鼎耳革，失其义也”，也明确指出九三原有作为坎耳的意义，因为鼎卦整体上以六五为耳，所以才失去作为鼎耳的意义。

九四：鼎折足，覆公𫗧（sù），其形渥（wò），凶。

【译文】

鼎断了腿，洒了王公的粥，形体打湿，凶。

象曰：覆公𫗧，信如何也？

【译文】

把王公的粥洒出来，结果如何？

【精解导读】

这句爻辞在《系辞·下》里作了解释：“子曰：‘德薄而位尊，知小而谋大，力少而任重，鲜不及矣。《周易》曰：鼎折足，覆公𫗧，其形渥，凶。言不胜其任也。’”意为：孔子说：“道德浅薄而占据尊贵地位，智慧不足而谋划大事，力量小却担当重任，很少有不连累自己的。《周易》里说‘鼎折足，覆公𫗧，其形

渥，凶’，讲的就是不能胜任。”爻辞的意思是力不胜任，自己受到连累。“鼎折足”就是鼎断了腿。《说文》鬻的重文有餗。“餗”就是粥，这种粥与我们说的八宝粥近似，里边放入很多配料，是高级食品。王公之家，钟鸣鼎食，不同于我们今天的米粥、面粥，虞翻说是“八珍之具”。“覆公餗”是把王公的八珍粥洒出来。“渥”是沾湿。“其形渥”是粥洒到自己身上，衣衫沾染，不成样子。“凶”是凶险。这句爻辞讲法有分歧，从象上看，初六是“颠趾”，是因为卦变中大巽(遁䷠>☴巽)作为股的六二上到五位，只剩下在初位的初六为趾。九四位在股趾之间，互兑为毁折(九四→䷛>互兑)，互兑就是反巽，巽为股、为腿，鼎腿毁折反向上，故言“鼎折足”。李鼎祚说：“餗者，雉膏之属。公者，四为诸侯，上公之位，故曰公餗。”意思是说，“餗”就是前面提到的雉膏之类的鼎中食物。四位是诸侯位，为上公，所以才说“覆公餗”。“其形渥”与九三爻辞同象，九三是“方雨”，九四也在雨中，故“其形渥”。象辞说：“覆公餗，信如何也？”“信”是应验的结果。《正义》说：“信有此不可如何之事也。”把意思贯通一下，是说没有那个才能就不要挑起重任，把王公的粥洒了，结果怎么样？沾染到自己身上了吧！可见象辞作者对力不胜任的在位者很反感。

六五：鼎黄耳金铉。利贞。

【译文】

鼎配上黄色鼎耳，金铉。利于正固。

象曰：鼎黄耳，中以为实也。

【译文】

鼎黄色的鼎耳，是居中又坚实的样子。

【精解导读】

这一爻提到“金”，下一爻又提到“玉”，《说卦》讲乾“为金玉”，显然鼎卦是从遁卦变来，遁卦的上卦才是乾（遁䷠ > 乾）。坤中为黄，遁变鼎，上卦成离，离是乾得坤中爻，又处在鼎耳的位置上，故言“鼎黄耳”。乾为金，上九未变，处在铉的位置上，故言“金铉”。六五在中位，故言“利贞”。爻辞的意思是说：六五是珍贵的大鼎，金黄的鼎耳，金作的铉，正固有利。象辞说“鼎黄耳，中以为实也”，指的是六五在卦变中从二位升到上卦中位，是来到乾卦之中，乾为实，是在中而又坚实。从取义上则是说，中心信实。

上九：鼎玉铉。大吉，无不利。

【译文】

鼎，玉做成的铉。大吉，没有不利。

象曰：玉铉在上，刚柔节也。

【译文】

玉铉在上位，是刚柔调节。

【精解导读】

从整体卦象上看，六五是鼎耳，上九是鼎铉。卦从遁变来，上九原在遁的上乾里，乾为玉，故为“鼎玉铉”。鼎一般是青铜器，用金玉作铉，相当珍贵，是重器，故“大吉，无不利”。象辞说：“玉铉在上，刚柔节也。”“节”在这里是调节的意思，“刚柔节”是说不太刚也不太柔，调节得恰到好处。古人认为玉不仅珍贵，还有温润高雅的特性。用金为铉太刚，以玉为铉则刚柔合度。象上指的是遁变鼎，在上乾中来了一位柔爻，使上卦原来三刚变成刚柔相间的离卦。

【提示】

彖辞说：“鼎，象也。”认为鼎卦是一个鼎的整体形象。初六是鼎足，爻辞中有“趾”；九二、九三、九四是鼎腹，九二爻辞中有“实”；六五是鼎耳，爻辞中有“耳”；上九是鼎铉，爻辞中有“铉”。从这些迹象看，彖辞准确地说明了《周易》作者的本旨。那么可以说明一点，《周易》作者的取象灵活多变。一般地说，卦象指的是八卦所代表的象。而在鼎卦，许多象

并不是出自八卦之象，而是出自六爻全象。这样，死按八卦之象去辨象就会背离作者的原意。因此，还必须注意这些八卦的象外之象。比如六五的“鼎耳”、上九的“鼎铉”，“坎为耳”是《说卦》明确规定了的，“铉”则没有做出说明，作者可以从坎中取耳象，也可以从六五取耳象，从上九取铉象。这就无异于为我们辨象做出示范。读《周易》应当善于发现作者这种不同的取象线索，不可拘执。

五十一 震——雷振而起

䷲

震卦的卦画组合为震（☳）下震（☳）上，传统称作震为雷。《序卦》云：“主器者莫若长子，故受之以震。震者，动也。”意为：主持国家重器的人没有比嫡长子更适当的了，所以在表示重器的鼎卦之后接着是表示长子的震卦。震是动的意思。《序卦》把卦名解释为长子和震动两个意思。《杂卦》云：“震，起也。”震是振奋而起，这是指震为雷，雷动惊蛰，万物发生，又以新的活力重新振起。

震与下一卦艮是覆的关系。震䷲上下颠倒，为䷳艮，两卦都属八纯卦之一。三爻的震卦（☳）就是一个小的复卦(复䷗>☳)，震卦有再度复生的意思。从卦变讲，虞翻说：“临二之四，天地交，故通。”意为：震卦由临卦变来，即：临䷒二爻与四爻换位，变䷲震。彖辞对卦变没有明确提示，从爻辞中可发现一些痕迹。

震，亨。震来虩虩（xì），笑言哑哑。震惊百里，

不丧匕鬯（chàng）。

【译文】

震卦亨通。震惊袭来令人不安，言笑有节。震惊百里之远，棘匕、鬯酒却不失手。

彖曰：震亨。震来虩虩，恐致福也。笑言哑哑，后有则也。震惊百里，惊远而惧迩也。出可以守宗庙社稷，以为祭主也。

【译文】

震卦亨通。震惊袭来令人不安，恐惧可以招致福佑。言笑有节，是知惧然后有法则可循。震惊百里，是震惊远方而戒惧近处。国君出去，长子守宗庙社稷，可以作为祭祀的主持人。

象曰：洊（jiàn）雷，震。君子以恐惧修省。

【译文】

雷一个接一个地打来就是震卦。君子从中得到启示，应当知道有所恐惧而不断修养反省自己的道德。

【精解导读】

震为雷，春雷动，大地复苏，经过天地闭塞的冬季，万物以勃勃生机而振起，重新活跃起来，所以震

卦亨通。“虩虩”是惊恐的样子。“震来虩虩”是说震惊袭来，令人感到恐惧不安。这是取象于震为雷。惊雷震响，声威皆壮，令人戒惧不安。“笑言哑哑”是说笑有节的样子。震卦从临变来，临下卦为兑(临䷒>兑)，兑为口、为悦，故为“言笑”。变而为上震下震的震卦，震知戒惧，故“哑哑”，“哑哑”是言笑合度有节，彖辞有说明。“震惊百里”也取象于震为雷。惊雷声威可以传播百里之远。“不丧匕鬯”取象于震为长男，坎为棘、为匕，又为酒，震为祭器，震三四五爻互坎䷲>互坎。“匕”是一种木制匙形的器具，鬯是一种香酒，都是祭祀时所用的东西。“不丧匕鬯”是说主祭的长子受到惊雷的震惊，手中的匕鬯没有失手掉落下来，仍能保持镇定的常态。这样的人具有临危不惧、受惊不乱、从容安详的修养，可以主持大事。古代的祭祀是一件大事，国君才能主祭。国君外出，由嫡长子主祭。在祭祀中表现得从容镇定，说明具有继位临政的才能和修养。

彖辞从五个方面说明震卦。(一)提出要说明的重点。“震亨”是说震卦亨通。震卦为什么会亨通，以下几点提出具体理由。(二)从忧患意识上说明卦辞“震来虩虩”。“震来虩虩，恐致福也”，强调人不可以放纵自任，乐而忘忧，而应当居安思危，注意自我约束，反映了一种忧乐互为因果的思想。受到震惊，感到恐惧不是一件坏事，有这种忧患意识，防患于未然，就可以带来好的结果。所以说能感受到恐惧，才能招致

天地的福佑。（三）从忧患意识上说明卦辞“笑言哑哑”。“笑言哑哑，后有则也”，意思是说：因为有忧患意识，懂得该怎么做，不该怎么做，然后在行动上才有法度可循。“哑哑”就是有则可循的样子。是先知戒惧，后有则。可见“笑言哑哑”是指说笑都不是放纵无度，而是合乎节度，有分寸。（四）从忧患意识上说明卦辞“震惊百里”。“震惊百里，惊远而惧迩也”中，“迩”是近。这句意思是说：震惊百里是震惊得很远，但并不只是使远处的有所戒惧，近处的人同样应当有所戒惧。近知惧，无远忧，反之，不知近惧，必有远忧。（五）从道德修养上说明卦辞“不丧匕鬯”。“出可以守宗庙社稷，以为祭主也”，意思是说：国君离开国家，长子代替监守宗庙社稷，这是把长子作为祭祀的主持人，所以才讲“不丧匕鬯”。“不丧匕鬯”是临危不乱，说明长子具有监国主祭的修养和能力。封建社会，诸侯到天子那里朝觐会同，或出巡征伐，世子要监国，奉宗庙社稷。其实就是摄理国政，称作监守。“不丧匕鬯”是经受住了监守时能做主祭人的考验，说明具有道德修养。总括起来，因为有以上几条原因，所以震卦才亨通。在这一卦里，彖辞反复强调一种忧患意识。显然是反映了古人对自然和上天的恐惧心理。雷是天在发怒，人应当有所戒惧，知戒知惧则可获福，反之则会受灾。在人的修养上，主张有所戒惧，言行有分寸，从而保持受惊不乱，身闲气静。

象辞与彖辞的思想一致。先解释卦象。“洊雷，

震。”“洊”是再、重的意思，与坎卦的“水洊至”的“洊”义同。是说下卦震为雷，上卦震也为雷，雷一个接一个地打来，这就是震卦。“君子以恐惧修省”，意为：君子听到震雷，要有所警觉，知道恐惧，加强自身的道德修养，不断反省自己，改过迁善。只要自己没有过失，天谴就不会加于身，面临危惧就可以从容镇定。人不犯天威，天威也就不会及于人。这是古人对于天人关系的一种认识。

初九：震来虩虩，后笑言哑哑，吉。

【译文】

震惊袭来令人不安，然后言笑有节，吉祥。

象曰：震来虩虩，恐致福也。笑言哑哑，后有则也。

【译文】

震惊袭来令人不安，恐惧可以招致福佑。言笑有节，是知戒惧然后有法则可循。

【精解导读】

爻辞与卦辞的前几句相同，只是在“笑言哑哑”前多了一个“后”字，说明“笑言哑哑”是在“震来虩虩”之后，两者有前后因果关系。“震来虩虩”是震

惊袭来令人恐惧不安，“后笑言哑哑”是因恐惧不安而知戒，然后言笑就不会过分放纵而有节度伦叙，由此可以获吉。“震来虩虩”取象于震为雷，“笑言哑哑”取象于临变震。“后”取象于爻位，一卦之中，在上为前为首，在下为后为尾。象辞说“震来虩虩，恐致福也”，讲明了这种因果关系。“笑言哑哑，后有则也”，又讲明了这种前后关系。“哑哑”与家人卦的“妇子嘻嘻”不同，“嘻嘻”是没有节制，“哑哑”是有节制。

六二：震来厉，亿丧贝。跻于九陵，勿逐，七日得。

【译文】

震惊袭来有危厉，大量丧失钱币。登上九重高陵，不要追赶，七天会失而复得。

象曰：震来厉，乘刚也。

【译文】

震惊袭来有危厉，是凌驾在刚爻之上。

【精解导读】

“亿”字有歧解。郑玄作数词讲，十万为亿；虞翻本作“噫”，认为是“惜辞”；干宝解为“叹辞”；程传讲成“臆度”。六五爻辞“亿无丧”，象辞讲作“大

无丧”。依据象辞，郑玄的说法近是。“亿”是大量的意思，“贝”是古代的货币，“跻”是登上，“九陵”是九重的山陵，言山陵之高。爻辞的意思是：震惊袭来，有危厉令人惊恐，丧失了很多钱币。劫去钱币的人登上了九重高的山陵，不要去追赶，七天之内丧失的钱币会失而复得。从象上看，六二是与九四换位的一爻，在临变震的过程中，从四位来到二位，下卦变震，震为雷，又在刚爻初九之上，如同坐在火山口上，故言“震来厉”。临的上卦为坤，坤为朋（见坤卦），朋是两串贝币，变震之后坤象消失，故为“亿丧贝”。临卦的九二上升到四位，与二三爻互为艮卦（九四六二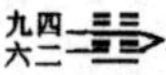互艮），艮为山，如同与六二换位的九四登上高山，故言“跻于九陵”。上震为足为行，下震为足为行，前后同行追不上，故言“勿追”。“七日得”取象于复卦。震是小复卦，复卦卦辞说“七日来复”，故言“七日得”。象辞说：“震来厉，乘刚也。”主要指出六二乘驾在刚爻初九之上，位置不安，故有危厉。总之，这一爻是有危险和大的损失，静待其复，七天可失而复得，如果孜孜追寻则会徒劳无功。

六三：震苏苏，震行无眚。

【译文】

震得苏苏颤抖，行动没有灾眚。

象曰：震苏苏，位不当也。

【译文】

震得苏苏颤抖，是位置不当。

【精解导读】

“苏苏”也作“愬愬”，前人讲得不尽相同。其实“虩虩”“苏苏”与上六的“索索”都是形容性的叠字尾，意为吓得震颤发抖的样子。从卦爻辞中分析，稍有程度不同。“虩虩”抖得最轻，其次是“苏苏”，“索索”抖得最重。从发音上讲，“虩虩”开口度最小，“苏苏”次之，“索索”开口度稍大。开口度越大，抖的响声就越大，抖得也就最厉害。其实，象声而已，没有本质的区别。取象都在于上下都是震，上震为动，下震为动，反复动就是抖。“眚”与“灾”笼统地说没有区别，六三在互坎之中（六三→䷲>互坎），坎为灾眚，但又在震里，震为行，能行可以脱离灾眚，故言“震行无眚”。意思是说震惊得哆哆嗦嗦，走开就没有灾难。象辞说：“震苏苏，位不当也。”主要是指六三处在一个进退皆震的位置，前后都有震惊，所以才发抖。

九四：震遂泥。

【译文】

震得掉到泥里去。

象曰：震遂泥，未光也。

【译文】

震得掉到泥里去，是还未光大。

【精解导读】

震卦由临变来，九四是卦变中的主爻，从二位升到四位，临的上卦、互卦都是坤（临坤<䷒>互坤），坤为土，临的九二正应在六五，应当升进到五位，五位是尊位，而在推移时，却升往四位，使上互变为坎卦（九四→䷲>互坎），坎为水，水入土中为泥。故九四如同震落到泥地上去。“遂”在古文里与队、隧、坠互有通假，“遂泥”就是“坠泥”。象辞说“震遂泥，未光也”，指九四如推移到五位，居中得正，就变得光大，差了一位，成为坠泥之象。如果进位到五，就不能取“遂泥”之象，因为还有中正的因素。

六五：震往来厉，亿无丧，有事。

【译文】

震来震往都是危厉。没有大量丧失，有事。

象曰：震往来厉，危行也。其事在中，大无丧也。

【译文】

震来震往都是危厉，是冒险行进。有事但居中，不会有大的丧失。

【精解导读】

震卦由临变来，临卦的九二升往四位，成为主爻，而在临卦里六五是九二的正应（临六五九二—䷒>正应），九二未与六五换位，却与六四换了位置。对六五来讲，九二的上往、六四的下来，都变出的是震卦，自己却处在互坎里（六五→䷲>互坎），坎为险，故言“震往来厉”。从取义上讲，“震往来厉”是受震惊，来往都有危险。临的上卦坤，形似串贝，卦变之后，六五还居其中，故言“亿无丧”，是说没有大量的丧失。但损失还是有的，故言“有事”，“有事”是有事故发生的意思。象辞说“震往来厉，危行也”，指出震为行，“震往来厉”是来往行动都有危险。危解释“厉”。“其事在中，大无丧也”，指出六五在中位，虽有损失不会太大。“丧”是失，“亿”是大，“事”指的就是丧失。

上六：震索索，视矍矍，征凶。震不于其躬，于其邻，无咎，婚媾有言。

【译文】

震得嗦嗦发抖，吓得惊慌张望，征进凶。震惊不

在自己身上，而在邻居那里，没有咎害，婚配有言语争执。

象曰：震索索，中未得也。虽凶无咎，畏邻戒也。

【译文】

震得嗦嗦发抖，是中位未得占据。虽有凶险但无咎害，是从邻居那里感受到惊畏而自己知道戒惧。

【精解导读】

“索索”是发抖声，同“嗦嗦”。“矍矍”是鸟在高处双目惊慌四顾的样子。上六在全卦的最高位，受震最烈，抖动最大，故言“震索索”。从二至上爻是个缩小一点的小过卦(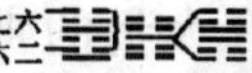小过)，小过是飞鸟之象(见小过卦)，鸟在高处，故言“视矍矍”。上位是穷途末路，故“征凶”。“躬”是自身，坤为母，怀孕就是有身，故坤为躬。临变震，上坤变去，故言“震不于其躬”。“邻”指相比邻的六五，六五“往来皆厉”，故言“于其邻”。从邻爻六五受震吸取教训而知戒惧，故“无咎”。“婚媾”看应爻，上六的应位是六三，都是柔爻不应，成对不成偶。六三在卦变前是在临卦下兑里，兑为言。卦变后兑变为震，“言”变了，对方变了卦，故为“婚媾有言”。象辞说“中未得也”，指未能占据中位。虞氏说“四未之五，故中未得也”，指九四在卦变中该到上卦中位的五位而未到，影响了上六

无所依归。“畏邻戒也”，意为从邻居那里感受到惊畏，自己知道有所戒惧。

【提示】

“匕鬯”不仅是祭祀用品，还有祭祀程式的意思。古代祭祀的礼仪很复杂。用匕献牲和用鬯酒灌地这两项，必须是主祭人亲自来做的，是祭礼中表示对神诚敬的重要程式。《正义》里讲：“陆绩云：‘匕者，棘匕，桡鼎之器’。先儒皆云匕形似毕，但不两歧耳。以棘木为之，长三尺，刊柄与末。《诗》云‘有捄棘匕’是也。用棘者，取其赤心之义。祭祀之礼，先烹牢于镬，既纳诸鼎而加幂焉。将荐乃举幂而以匕出之，升于俎上。故曰‘匕所以载鼎食’。”译述出来，大意为：陆绩说，匕是祭祀中用的棘木匙，从鼎里往外舀东西的器具。先儒都说，匕的形状与毕相似，只不过是前面不分叉罢了。用棘木制成，有三尺长，要砍削柄和头。祭祀的礼仪，先在锅里把牺牲煮好，然后捞出放在鼎里盖上。荐祭时揭起盖子，用匕匙把牺牲取出来放在俎上。所以说匕是用来从鼎中捞取牺牲的器具。牺牲都是整个的牛、羊、猪，持匕的人要稳当，不能惊慌，不然牺牲掉在地上就不能献祭。鬯是古代的香酒，用黑黍酿制，再把郁金香蒸煮之后捣碎，掺进去，称作秬鬯，古人认为用这种酒祭祀可以降神。祭祀之前鬯放在卣里，祭祀时要盛在彝器中。主祭人把秬鬯从卣中盛到彝器，然后浇地求神享用，也要稳稳当当，

不能惊慌。“不丧匕鬯”是指主祭人在献牲灌酒这两步祭仪中都做得从容镇定，突然受到震惊，也没有失手把匕鬯失落在地上。

另外讨论一下爻的乘承比应关系。《周易》里爻与爻之间讲究乘承比应。“乘”是在某爻之上，“承”是在某爻之下，“比”是两爻相邻，“应”是初爻与四爻、二爻与五爻、三爻与上爻的关系，在相应的位置上，如果是一刚一柔为相应。如果是两刚或两柔为敌而不应。但这种关系不能看死，而要从爻的推移中去看，比如这一卦的六二，象辞说“震来厉，乘刚也”，是因为震卦从临卦变来，六二原在临卦的四位，来到二位才乘驾在刚爻初九之上，没有推移的变化就不能说“乘刚”。比如“六五”在刚爻九四之上，就不是乘刚。其他如“承”与“比”都是指在推移中的变化而形成的爻与爻之间的关系。关于爻的阴阳位当与不当也不能看死。一般地说，初、三、五位为阳位、刚位，二、四、上位为阴位、柔位。这是因为奇数为阳，偶数为阴，但并不能绝对化地以此看待当位。比如本卦六三象辞说“震苏苏，位不当也”。“位不当”主要指六三处在一个上下皆震的位置上，前进后退都会受到震惊，正如坎卦的六三是“来之坎坎”一般，这才是象辞要说明的内容。义理派不顾卦象，仅用阴阳位讲“位不当”，说六三是柔爻居刚位不当，这就把象辞的意思理解错了。

五十二　艮——山止不动

䷳

艮卦的卦画组合为艮（☶）下艮（☶）上，传统称作艮为山。《序卦》云："物不可以终动，止之。故受之以艮。艮者，止也。"意为：事物不可以老是震动，要让它停止下来。所以在震卦之后接着是艮卦。艮是止的意思。《杂卦》云："震，起也；艮，止也。"震是振起，艮是停止。古文中自动词的用法往往是施受同词。"止"既是制止，又可以是停止。《说文》："艮，很也。从匕、目，匕目犹目相比，不相下也。《周易》曰：'艮其限。'""艮"是什么意思?《说文》："艮，不听从也。一曰行难也。"《段注》："'艮者，不听从也，一曰行难也，一曰盭也。'《周易》传曰：'艮，止也。'止可兼艮三义。许不依孔子训止者，'止，下基也，足也'。孔子取其引申之义，许说字之书，嫌云止则义不可明审，故易之。此字书与说经有不同，实无二义也。《方言》曰：'艮，坚也。'《释名》曰：'艮，限也。''目相匕'犹'目相比'，谓若怒目相视也。"《广韵》说："艮，很之俗字。"把这些

意思归纳一下，艮的本义是不服气、不服从。字形取怒目相向、互不相让为义。谁也不服谁，相互造成阻力，各自受到限制，行动上就困难，所以又引申出乖戾睽绝、限止、行动困难的意思。《说文》是讲字本义的书，不取引申义。《易传》是解经的书，随文释义，就得按《周易》的意思去讲，所以取引申义。那么《周易》里的“艮”要讲成限止。《说文》独独把“艮其限”引为例证，也说明许慎认为《周易》里的“艮”是限制的意思。可见卦名艮的意思是制止、限止、停止的意思。

艮是震的覆卦，观卦又是临的覆卦，震由临变来，艮应当由观变来。虞翻说：“观五之三也。”意思是说：观卦的九五来到六三位就变成艮卦，即：观九五六三䷓五与三换位，变䷳艮。

艮其背，不获其身。行其庭，不见其人，无咎。

【译文】

止住背部，不能获得其身。在庭院中行走，见不到人。没有咎害。

彖曰：艮，止也。时止则止，时行则行，动静不失其时，其道光明。艮其止，止其所也。上下敌应，不相与也，是以不获其身。行其庭不见其人，无咎也。

【译文】

艮是止的意思。该停止的时候就停止，该行动的时候就行动，动静都不失时，其道就光明。艮卦是讲止的，而止要止得其所。六爻上下敌应，不能相互应与，因此不能获得其身。在庭院行走见不到人，故无咎害。

象曰：兼山，艮。君子以思不出其位。

【译文】

两山相并就是艮卦。君子从中得到启示，思考问题不超越自己的地位。

【精解导读】

虞翻说："观五之三也。艮为多节，故称背。观坤为身，观五之三，折坤为背，故艮其背。坤象不见，故不获其身。震为行人，艮为庭，坎为隐伏，故行其庭不见其人"。意思是说：《说卦》里讲"艮为坚多节木"，背脊骨也多节，所以艮也为背。观卦的下坤为身（观䷓>坤），观变艮卦，九五下来到了六三位，把下坤折断变成艮背，故言"艮其背"。坤象退去，故言"不获其身"。互震为行人（䷳>互震），艮为门庭，坎为隐伏，故言"行其庭，不见其人"。李鼎祚补充说："按艮为门阙，今重艮，重其门阙，两门之间，庭中之象也。"意思是说，艮为门阙，艮卦是两艮相重，两道门，两门之

间就是庭院中的象。虞翻补充了艮为背、坤为身的逸象，说得比较近情理。“身”原有怀孕的意思，如《诗·大雅·大明》：“大任有身，生此文王。”坤为母，故可为身。“获”是获得，如明夷六四“获明夷之心”。卦辞的意思是说止住了他的背，但得不到他的身体。在他的庭院行走，见不到他们家的人，没有咎害。

彖辞从四个方面说明艮卦。(一)“艮，止也”，先说明卦名的含义是止。(二)阐明动静顺时的意义。“时止则止，时行则行，动静不失其时，其道光明”，这是联系震卦讲的，震是行，艮是止，该行动的时候要行动，该停止的时候要停止。行是动，止是静，动与静是辩证的统一。天是动的，地是静的，人要效法天地，能动也能静，要顺应客观时势处理好自己的动与静。动有动的意义，静有静的意义，动要不失其时，静也要不失其时，那么他的道就光明。关键是要顺应时势，而不能随心所欲。(三)阐明止得其所的意义。“艮其止，止其所也”，意思是说：艮卦是单讲止的，止要止得其所。“艮其止”的“其”是语气词，“艮其止”，意为艮卦正是讲止的。“止其所也”的“其”是代词，意思是止要止在他该止的地方。这两句强调了动与静不仅要顺应时势，还要注意处所的条件。指出人的动静要受到时与地两个条件的制约。(四)从应位上说明卦辞。“上下敌应，不相与也”，是指全卦六爻，在相应的位置上，初六与六四、六二与六五，都是柔爻与柔爻的对应，柔爻与柔爻同性相敌；九三与上九

是刚爻与刚爻对应，也是同性相敌，没有任何一爻能得到应合。“是以不获其身。行其庭不见其人，无咎也。”意为：谁都得不到应合，因此才不能得到他的身体。行走在他的庭院里，见不到他们家的人。人与人之间了无相干，所以也就谈不上咎害。按彖辞的讲法，艮卦虽然没有咎害，但也有没人应合的意思。

象辞从上下卦象的组合上说明艮卦。“兼山，艮”，“兼”是并、重的意思，与坎卦的“习”、震卦的“洊”义近，因为都是纯卦。上卦艮为山，下卦艮还是山，两山并列就是艮卦。前面是山，后面也是山，人被挡在两山之间，与外界隔绝，所以有受阻而止的意思。“君子以思不出其位”，意思是说：君子见到这样的卦象，应该看到自己被限制在某一个地位上，行动上难以超越，从中得到启示，思考问题就不要超出自己的地位，也就是想你自己该想的事情，不该你想的事情想也没用。越过这个范围就是想入非非，君子不为。孔子说“不在其位，不谋其政”，这里反映了儒家的思想（见《论语·泰伯》）。

初六：艮其趾，无咎。利永贞。

【译文】

止住脚趾，没有咎害。利于永守正固。

象曰：艮其趾，未失正也。

【译文】

止住脚趾，未失去正道。

【精解导读】

艮卦的取象与咸卦相似，都是从人体部位与爻的上下位序对应取象。可对比一下观察：

艮：	咸：
上九敦艮	上六咸其辅颊舌（头）
六五艮其辅（头）	九五咸其脢（背肉）
六四艮其身（身）	九四朋从尔思（心）
九三艮其限（腰）	九三咸其股（大腿）
六二艮其腓（腿肚）	六二咸其腓（腿肚）
初六艮其趾（脚趾）	初六咸其拇（脚拇指）

两卦大同小异。显然，除各爻的具体象之外，主要是取象于爻位的高低。艮的初六在全卦的最低下处，对应人体就是脚趾部位，故言“艮其趾”。身体靠脚趾来行走，能把脚趾止住不动，全身就不会行走，这一爻是止得其所，故无咎。初爻是事之初始，开始就能止，可保长久不动，故言“利永贞”。象辞说：“艮其趾，未失正也。”“正”是解释“贞”的，不是指阴阳位正不正。主要指初六位在最下，又是柔爻，在下能柔顺服从刚健，没有离开正道。下从上、柔从刚就是正道。

六二：艮其腓，不拯其随。其心不快。

【译文】

止住小腿，不抬起来随着动，心里不痛快。

象曰：不拯其随，未退听也。

【译文】

不抬起来随着动，未退后听从。

【精解导读】

趾上是小腿部位，腓是腿肚子，就是小腿。“艮其腓”是止住小腿，“拯”是抬举，《释文》作“承”，引马融的讲法说“举也”。京房本作“抍”，也解作“举”。“不拯”意为不举，就是不抬起来。“随”是随着动。“不拯其随”是不抬起来随着动。走路的时候，小腿也要随着大腿抬起来，才能行走得力。小腿止住不动，随着动而不抬起来，走起来很不便利。“其心不快”是说心里不痛快。艮从观变来，在观卦里，九五是六二的正应(

)，卦变中九五与六三换位，故“其心不快”。爻辞的意思是说六二动止不能自主，随着人家动，心里不痛快，也就没有积极性，懒得抬起来。象辞说：“不拯其随，未退听也。”意思是小腿不抬起来随着拉拖地动，是未能退后听从。也是讲六二心里不愿意听从。“退”是指从主动的地位退出来，象上指九五退居三位，六二因为九五不与自己换位，所以不愿听从。

九三：艮其限，列其夤，厉，熏心。

【译文】

止住腰，撕裂脊肉，危厉，心疼如焚。

象曰：艮其限，危熏心也。

【译文】

止住腰，危厉使心疼如焚。

【精解导读】

九三来自观的九五，是卦变中换位的一爻，来到卦的中间部位，上下皆艮，卦象对称，故为“艮其限”。“限”是腰的部位。虞翻说：“限，腰带处也。”从取义上讲，“限”是限制，“艮其限”是止住加以限制。“列”与“裂”是古今字，分裂的意思。“夤”郑玄本作“胰”。《说文》引《周易》作“肿”，荀爽本作“肾”，但解释都相同，皆说为夹脊肉，指脊柱两边的肉。九三在互坎里（九三→䷳>互坎），坎为美脊，故为“夤”。腰是横的中间部位，脊是竖的中间部位，坤为身，九三折断坤卦，故为“裂其夤”。坎为险，故为“厉”。坎为心病，故“熏心”，“熏心”是心如熏烤一般难受，是揪心如焚的意思。象辞说：“艮其限，危薰心也。”以“危”释“厉”，是危厉而使其心如焚。这

一爻是受限制不能动，有危险，揪心如焚，脊腰受伤。

六四：艮其身，无咎。

【译文】

止住身子，没有咎害。

象曰：艮其身，止诸躬也。

【译文】

艮其身，是止住身子。

【精解导读】

从爻位上讲，腰的上部就是人的上身。从卦象说，互坤为身，九三插入互坤，故为“艮其身”。止住身，动不了而已，但没有咎害。象辞说“艮其身，止诸躬也”。以“躬”释“身”。“躬”是自身，“诸”是之乎的合音，相当于“之于”，是说“艮其身”就是止住自身。这一爻身体受到限止，但无咎害。

六五：艮其辅，言有序，悔亡。

【译文】

止住上牙床，说话有伦序，忧悔消亡。

象曰：艮其辅，以中正也。

【译文】

止住上牙床，是因为位置中正。

【精解导读】

“辅车”指上下牙床，分开讲“辅”是上牙床，“车”是下牙床，所以虞翻说辅是“上颊车也”。“艮其辅”是止住上牙床不动。人的嘴说话、吃东西都是下牙骨动，上牙骨不动。上牙骨止而不动是理所当然的事，止到该止之处。如果上下牙骨都晃动起来，那就是说话没了章程而胡说八道。上牙骨不动说话才有伦序，故为“言有序”。说话有伦序，就不会招惹是非，故“悔亡”。从象上讲，艮从三爻至上爻是个小颐卦（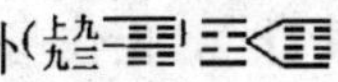），六五在小颐的上部（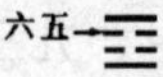），故为上牙床。小颐卦是艮震互对（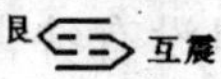），艮为止，震为动，能动又能止，故“言有序”。象辞说：“艮其辅，以中正也。”实际上是解释全爻，意思是说，六五所以要取“艮其辅，言有序，悔亡”的意思，是因为六五在上卦中位，中正不歪。如果没有中位这个条件，那就可能取别的象。六五是卦变中的主爻，获得中正的地位，是全卦中较好的一爻，受限制也取止不止都无所谓的地方为象。

上九：敦艮，吉。

【译文】

敦厚而止，吉祥。

象曰：敦艮之吉，以厚终也。

【译文】

敦厚而止的吉祥，是以厚重终止。

【精解导读】

下卦艮为山，上卦艮又为山，山与山相重，厚重无比，上九正处在两山之上，故为"敦艮"。"敦艮"是厚重地止住，相当稳固，不可动摇，故吉祥。象辞解释说"敦艮之吉，以厚终也"。以"厚"释"敦"，指出上九在全卦之终的爻象，突出兼山厚止的内容。最终能厚厚实实地止住，是一种善终。

【提示】

在这一卦里讨论一下《周易》里的"正"，顺便发掘一下象辞的体例。《周易》里经常提到"中正"的术语。王弼把"中"解为中位，"正"解为"当位"，所谓"当位"指的是柔爻居柔位、刚爻居刚位，但这个说法与《易传》的许多地方不合。比如本卦，初六是柔居刚位（王弼认为初、上无定位），象辞说"未失正也"。六五也是柔居刚位，象辞说"以中正也"。既然不当位

而言“正”，王弼显然是讲错了。为了自圆其说，王弼在恒卦九二的注里说：“虽失其位，恒位于中，可以消悔也。”程传据此而发挥，认为“能恒久于中，则不失正矣。中重于正，中则正矣，正不必中也”。又在注震六五爻辞说：“不失中则不违于正矣，所以中为贵也。诸卦二五虽不当位，多以中为美。三四虽当位，或以不中为过，中常重于正也。”提出“中”重于“正”的观点，其实是为了弥补王弼提出的当位为正的说法。从《周易》的经传中去验证，“正”并不是单指当位，凡中都可言正，中和正往往是一回事。此外，只要符合易理就可言正，也并不一定是当位、失位的问题。这一卦的初六所以“正”，是因为符合下从上、柔顺刚的易理；六五所以“正”，就是因为在中位，中当然正，不当位也正。当位只是正的因素之一，不能全包括正。

象辞在说明卦爻辞时有自己的体例。关于大象的体例，已在前面讲过。爻象的体例，一般是点出不易被人注意的地方，或解释不易懂的爻辞，点到为止，不作详细说明。在标明所解爻辞的起止处时，常常省略，读的时候应当补充进去，比如九三象辞“艮其限，危熏心也”，显然是说“艮其限，列其夤，厉，熏心，危熏心也”。是引用爻辞省略了一部分，而不独是以“危熏心”来解释“艮其限”。关于点到为止，可参见辨证里对六五象辞的说明，只要搞清象辞要说明的要点，就能对象辞有进一步的了解。

五十三　渐——循序渐进

䷴

渐卦的卦画组合为艮（☶）下巽（☴）上，传统称作风山渐。《序卦》云：“物不可以终止，故受之以渐。渐者，进也。”意为：事物不可总是停止不前，所以在表示止的艮卦之后接着是渐卦。渐是进的意思。《杂卦》云：“渐，女归待男行也。”意为：渐卦是女子出嫁等待男的行聘。《杂卦》认为“渐”有等待的意思，《序卦》认为是进，等待而进就是渐进，不是突飞猛进。“渐”有逐渐的意思。

渐的覆卦就是归妹，即：渐䷴卦整个倒置，为䷵归妹。“归”是女子出嫁，“归妹”就是嫁妹，所以《杂卦》说渐是女子等待出嫁。虞翻说：“否三之四。”意为：渐卦是由否卦变来，否卦的六三上升到四位就变为渐卦，即：否䷋三爻与四爻换位，变䷴渐。彖辞提示说“进得位”，指的是六四柔爻进居四的柔位，得位。虞氏的说法与彖传合。

渐，女归吉。利贞。

【译文】

渐卦，女子出嫁吉祥。利于正固。

彖曰：渐之进也，女归吉也。进得位，往有功也。进以正，可以正邦也。其位刚得中也。止而巽，动不穷也。

【译文】

逐渐而进，女子出嫁吉祥。进而取得正位，前往有功。按正道前进，可以正邦国。渐卦的位是刚爻居中。能停下随顺地等待，行动起来就没有困穷。

象曰：山上有木，渐。君子以居贤德善俗。

【译文】

山上长有树木就是渐卦。君子从中得到启示，要居于贤德，改善风俗。

【精解导读】

女子出嫁称“归”，卦辞说“渐，女归吉”，意思是说：一步步地循序渐进把女儿嫁出去，吉祥。古代嫁女要经过六步（见提示），要一步一步来。渐卦由否卦变来，否卦是上乾下坤，乾男坤女，男上女下，坤女的六三向上推移了一位，是一步一步渐进，变渐之

后男女结合，各得正位，故言“女归吉。利贞”。

彖辞从五个方面作了解释。（一）“渐之进也”解释卦名，指否变渐，六三向四位推移了一位，呈现的卦象是一位一位地逐渐前进，不是跳跃性的，而是一步一步来，渐是逐渐。逐渐进展也是“女归吉也”的条件。女子成熟等待出嫁，情急如火，但不能草率，逐渐进展才会吉祥。（二）“进得位，往有功也”，进一步说明卦辞“吉”的理由。从卦变中看象，否变渐的过程是否的六三进位成为六四，否的九四下来成为九三，换位之后六四柔爻居柔位，九三刚爻居刚位，都获得正位。对六四这个柔爻讲是“进得位”。爻向上推移称“往”。否卦原是乾男坤女各自分离，因为六四的上往，乾男坤女相交，婚事成了，这就是“往有功”。“功”指成功。（三）“进以正，可以正邦也”，是推广到社会意义上说明渐卦的作用。六四上进得到正位，引申来讲是按正道而进，影响所及，就可以使国家的风俗民情正过来。“邦”就是国。古人特别看重男女风化的影响，《诗经》里大量讲男女爱情的诗歌，都要与风化联系起来。卦讲女归，故强调它的正邦化俗作用。（四）“其位刚得中也”，是讲渐卦的爻位，九五占据着上卦的中位，又是全卦的尊位，既中又正，下面又有六二正应，这就决定了全卦基本上合乎正常秩序。（五）“止而巽，动不穷也”，是从上下卦特性的组合上说明渐卦。下卦艮为止，上卦巽为顺，能停下来随顺地等待条件成熟，逐步进展，所以行动起来就不会遇

到困境。“穷”是困的意思。

象辞说“山上有木，渐”，是从上下卦象上讲渐。下卦艮为山，上卦巽为木，山上长有树木就是渐卦。树木生长先得要有好地，有好的地方才能长好，长在山上最理想。因此君子从中得到启示，也要居于好地，君子的好地就是贤德。树木的生长是“始于毫末，终于合抱”，渐渐长成，君子的贤德修养也要逐渐积累。移风易俗也不是一下子可以办到的事情，要靠贤德的逐渐影响，像树在山上的生长一样。树成山美，蔚然可观。象辞是在这些联系方面提示人们要观象进德。

初六：鸿渐于干，小子厉。有言，无咎。

【译文】

鸿雁渐进到水边，小子有危厉。言语不合，没有咎害。

象曰：小子之厉，义无咎也。

【译文】

小子的危厉，从道义上说不应当有咎害。

【精解导读】

“鸿”是鸿雁，也就是大雁。“干”是水的岸边。《诗·魏风·伐檀》：“坎坎伐檀兮，置之河之干兮。”

“干”指河边。全卦的基本卦象是爻位，从初爻至五爻，鸿雁渐进而高，初六是“鸿渐于干”（水边），六二是“鸿渐于磐”（大石），九三是“鸿渐于陆（高平之地），六四是“鸿渐于木”（树），九五是“鸿渐于陵”（高山），上九返回又是“鸿渐于陆”。命辞的方法与需卦相似。需初九是“需于郊”，九二“需于沙”，九三“需于泥”，六四“需于血，出自穴”，九五“需于酒食”，上六又返回“入于穴”。需卦是渐次靠近坎险，渐卦是逐步升高。可对照起来分析，渐卦六爻都讲到“鸿”，这里有古人对“鸿”所赋予的特殊意义（见提示），鸿可以象征秩序、守信和知时等意义，渐卦讲男女爱情，故以鸿起兴。从象上说，初六是渐进的初始，位处最下，前临互坎（初六→䷴>互坎），坎为水，位在水边，故言“鸿渐于干”。艮为少男，故为小子，坎为险，故言“小子厉”。“小子”与“小人”不同，“小人”是社会地位低，“小子”是年纪小。“厉”是危厉。《说卦》里讲：“说言乎兑”“成言乎艮”。兑是悦言，艮是成言。初六在下卦艮里（初六→䷴>艮），故“有言”。“成言”是指形成定见的言论。“有言”就是受到这种定见的指责。从取义上说，“有言”都是指言语不合，有争执。“无咎”是没有咎害。象辞说：“小子之厉，义无咎也。”“义”是道理、道义。这句意思是说，小孩子还没有长成，有危厉，受到指责，属正常现象，从道理上讲不应当有咎害。

六二：鸿渐于磐，饮食衎衎（kàn），吉。

【译文】

鸿雁渐进到磐石上，饮食和乐，吉祥。

象曰：饮食衎衎，不素饱也。

【译文】

饮食和乐，不是白吃饱饭。

【精解导读】

艮为石，六二在下卦艮中，故言“鸿渐于磐”。虞翻说“聚石称磐”，这是因为《说卦》里讲“艮为小石”，磐石是大石，是小石聚为大石，“磐”是乱石滩。从取义上讲，“磐”有盘旋游乐的意思，所以“渐于磐”并不是坏事。“衎衎”是和乐的样子。坎为水、为酒，六二在互坎里，又居下卦之中，上应九五，故言“饮食衎衎”。象辞说“饮食衎衎，不素饱也”，意为饮食和乐，不是白吃饱饭。《诗·魏风·伐檀》：“彼君子兮，不素餐兮。”意为那个君子可不是白吃饭的人啊！《伐檀》是反话正说，反唇相讥。但“素餐”是白吃饭。象辞是正话正说，“不素饱”是不白吃饱饭的意思，也就是有贡献。象上指六二与九五正应，九五是天子，六二以中道与之应合，并不是白吃饱饭的人，强调的是六二位中守正。

九三：鸿渐于陆。夫征不复，妇孕不育，凶。利御寇。

【译文】

鸿雁渐进到高平的大陆。丈夫出征不回来，妇女怀孕不生育，凶。抵御寇盗有利。

象曰：夫征不复，离群丑也。妇孕不育，失其道也。利用御寇，顺相保也。

【译文】

丈夫出征不回，是离开自己的群类。妇女怀孕不生育，是丧失了正道。抵御寇盗有利，是顺守相保。

【精解导读】

《尔雅·释地》：“高平曰陆。”现在说的“大陆”，指的也是高出水位的板块地形。艮为山故高，坎为水故平，高平之象故为陆。九三在互坎和下艮之上，故言“鸿渐于陆”。初六在水边，六二在石滩，九三到了高平的陆地上，又升高了一步。“夫征不复”指九三从否的上乾三个刚爻中下到三位，阳穷于上返下为复，九三没有返下，这是征而不复。刚爻为男，故言“夫征不复”。取义是丈夫出征不回来。“妇孕不育”指与九三换位的六四，九三上互离卦（九三→䷴>互离），离为

大腹为孕。上卦巽为长女、为妇，巽又为不果，肚子大不结果，故言“妇孕不育”。又在互坎中，坎为寇盗，又为弓，离为矢，故言“利御寇”。“凶”是断词。象辞说：“夫征不复，离群丑也。”“丑”是类，指九三离开否卦上乾中三个刚爻的同类，来到下坤的柔爻里。“妇孕不育，失其道也”，是指否卦乾上的三个刚爻的正常推移是返下而复，九四的正应又在初位，应当推移到初位，在卦变中却来到三位，失去正道，因此“妇孕不育”。“利用御寇，顺相保也”，是指否变渐，上卦成巽，巽为随顺，又改变了否卦柔长逼刚的发展趋势，保住了刚爻的地位，所以“利用御寇”。这都是从九三与六四换位上做出的说明。

六四：鸿渐于木，或得其桷（jué），无咎。

【译文】

鸿雁渐进到树上，或得屋椽，没有咎害。

象曰：或得其桷，顺以巽也。

【译文】

或得屋椽，是坤顺变巽顺。

【精解导读】

六四又高出九三一位，上卦巽为木，故为陆地上长出的树木。《说文》：“榱（cuī），秦名为屋椽，周谓

之榱，齐鲁谓之桷。”又云：“桷，榱也，椽方曰桷。”桷是屋顶上的椽子，齐鲁方言称桷，细加区别就是方形椽子。六四在上卦巽里，巽为木，又在下艮之上，艮为门阙，门阙上的木就是椽子，故言“或得其桷”。前人讲这一爻辨析说，鸿雁是蹼足飞禽，不能握木，飞到树上难以栖息，落在椽子上安稳一些。“或”取象于四位。三、四位为上下卦之际，可上可下故言“或”。乾九四“或跃在渊”可证。象辞说“或得其桷，顺以巽也”，意为所以能得到椽子，是因为在上卦巽里，巽是随顺。六四正是彖辞讲的“进得位，往有功也”从坤上来那一爻，故可“无咎”。

九五：鸿渐于陵，妇三岁不孕。终莫之胜，吉。

【译文】

鸿雁渐进到山陵上，妇女三年不怀孕。最终无人能胜过她，吉祥。

象曰：终莫之胜，吉，得所愿也。

【译文】

最终无人能胜过她，吉祥，是愿望得以实现。

【精解导读】

九五互离（九五→䷴>互离），离为附丽，在下艮之

上，艮为山，附丽于山上，故为鸿渐于陵。在上卦巽里，巽为长女为妇，又为不果，故言“妇不孕”。九五正应在六二，中隔三爻，故言“三岁”。正应在下卦艮里，艮为果，三年之后可孕。九五在上卦中位，六二在下卦中位，中道相应，故言“终莫之胜，吉”。“胜”是就应与比的关系而言。九三推移之后下比六二，九五是六二的正应，最终还是应的力量大于比。

象辞说：“终莫之胜，吉，得所愿也。”“愿”与“志”都指应，“得所愿”指最后能得到应合，愿望实现。这一爻婚姻吉祥，受到点阻碍，得子晚一些。

上九：鸿渐于陆，其羽可用为仪，吉。

【译文】

鸿雁渐进到高平的大陆，羽毛可用在礼仪中，吉祥。

象曰：其羽可用为仪，吉，不可乱也。

【译文】

羽毛可用在礼仪中，吉祥，是礼仪不可乱。

【精解导读】

这一爻的“陆”与九三的“陆”相重，胡瑗提出质疑，认为“陆”当为“逵”，把“逵”解为云路。

程、朱沿用。清朝的江永、王引之、俞樾又觉得“逵”不如“阿”，因为《尔雅·释地》讲：“高平曰陆，大陆曰阜，大阜曰陵，大陵曰阿。”阿比陵还要高。阿与仪也合韵。可备一说。但没有实据，古本都作“陆”，没有作“逵”或“阿”的。孔颖达讲：“上九与三皆处卦上，故并称陆。”意为：上九在上卦的上位，九三在下卦的上位，所以都称作“陆”。“鸿渐于陆”还是鸿雁渐进到高平的陆地上。九五已“鸿渐于陵”，上九“渐于陆”是返下到陆地上。从象上看，上卦巽为进退，退到陆地上可通。“其羽可用为仪”中，“仪”是礼仪，主要是指婚礼的礼仪。巽为进退，进退有序就是礼仪。互离为雉，故言“其羽”。这句意思是说，鸿雁的羽毛可以用在礼仪中。

象辞说“其羽可用为仪，吉，不可乱也”，指礼仪是尊卑有序，不能乱序。鸿雁的羽毛可表示一种有序的意义。

【提示】

这一卦涉及古代的婚俗，做些简单介绍。古代的婚嫁，据《周礼》的记载，要经过六步。第一步是纳采，男方向女方提亲，送上一只雁作为礼物。第二步是问名，相当于后来的换帖，送八字合婚。要问清楚对方的姓名、氏族等。回去占卜一下，看是不是吉祥。后来就变成请算命先生给算一算，能不能合婚。第三步是纳吉，就是把占卜的结果告诉对方，吉的就

相当于报喜。第四步是纳征，实际上就是订婚。当然要送一些聘礼。第五步是请期，也就是双方商定完婚的日子，男方选择好，去征求女方同意。第六步是亲迎，就是把姑娘迎来成亲。六步合称作六礼。这个风俗直到现在还在一些地区保留着。在六礼中问名（合婚）、纳征（订婚）、亲迎（完婚）最关键。《诗·大雅·大明》："文定厥祥，亲迎于谓。"说的就是周文王占卜之兆吉祥，订婚之后到渭滨亲迎太姒而成亲。在这六步之中，女子要耐心等待男方一步步的进展，所以《杂卦》讲"女归待男行也"。婚礼中为什么要用雁做礼物？这是古人的一种文化意识。前人的解释总括起来提到三点：（一）鸿雁知时有信。大雁是候鸟，春天飞回北方，冬天飞到南方，非常准时，不愆期，有准信。（二）鸿雁有序。在天上飞翔还要排起队来，组成雁字。落在地上有警卫守候，秩序井然。任何一种鸟都不会这样有秩序。所以上九的象辞说"不可乱也"。（三）鸿雁坚贞不渝。配偶遇难，不去另找新欢，孤雁哀鸣，为爱情深深忧伤。这三个特点正是男女情爱中弥足珍贵的地方，故提亲求婚要送一只雁作为礼物。古人称新婚之喜为"鸿喜"，新郎的帽子上要插上两支雁翎等等。扩展一点讲，古代许多礼仪都取鸿雁有序的意思。比如朝班有序可称"鸿序"。唐人李群玉《送唐侍御福建觐兄》："世事纶言传大笔，官分鸿序厌霜台。"有时称"鸿鹭"，《魏书·李谐传》述身赋："缀鸿鹭之末行。"《周官·大行人》有"鸿胪"（即秦

汉初的典客)，都是指朝班有序。至于说鸿象在哪里，前人讲的不大统一。从六爻皆有“鸿”上分析，应当指全卦的主爻六四所在的互离。离为雉，雉羽也常用为仪，故取以为象。全卦也只有六四向上进了一位。

前人讲解渐卦，较多地强调士人官职的晋升，由下而上，逐爻升进。这方面的内容不能否认，但从全卦的内在联系上分析，主要是讲婚事的逐步进展。

五十四　归妹——少女婚配

䷵

归妹的卦画组合为兑（☱）下震（☳）上，传统称作雷泽归妹。《序卦》云：“进必有所归，故受之以归妹。”意为：渐进必定要有个归宿，所以在渐卦之后接着是归妹卦。从词义上分析，“归”是归来，回到家。但“归妹”却是妹妹嫁人。女以男为家，妹妹嫁人，是妹妹有了归宿，也算有家可归。《杂卦》云：“归妹，女之终也。”意为，归妹是女子的最后归宿，这是以女子出嫁为归。

关于卦变，虞翻说是“泰三之四”。意思是说归妹从泰卦变来，泰卦的九三升往四位就变为归妹。即：泰六四九三䷊九三与六四换位，变䷵归妹。后人多从其说，从卦爻辞中看，泰卦六五爻辞有“帝乙归妹，以祉，元吉”。两卦存在卦变的痕迹。归妹是渐的覆卦。即：渐䷴整个卦倒覆过来，为䷵归妹。渐卦卦辞有“女归吉”，两卦存在着联系。

归妹，征凶，无攸利。

【译文】

归妹卦，征进凶，无所利。

彖曰：归妹，天地之大义也。天地不交，而万物不兴。归妹，人之终始也。说以动，所归妹也。征凶，位不当也。无攸利，柔乘刚也。

【译文】

归妹是天地的大道理。天气与地气不交，万物就不会出现。归妹是人伦的归宿和开始。喜悦而动，所嫁的是妹妹。征进凶，是位置不当。无所利，是因为柔爻乘驾刚爻。

象曰：泽上有雷，归妹。君子以永终知敝。

【译文】

泽上有雷就是归妹。君子从中得到启示，要长久至终，知道有始无终的弊端。

【精解导读】

归妹从泰变来，泰卦的九三是刚爻占据刚位，六四是柔爻占据柔位，都得位。九三与六四交换位置变为归妹，九四是刚爻占据柔位，六三是柔爻占据刚位，都失位。爻的征进并不吉利，故言“征凶”。卦变之后

六三乘凌在九二之上，六五乘凌在九四之上，《周易》例称作柔乘刚。柔爻应当顺承刚爻，而今凌驾在刚爻之上，故言“无攸利”。这在彖辞中都有说明。

彖辞从五个方面说明归妹卦。（一）“归妹，天地之大义也。天地不交，而万物不兴”，是说天是阳气，地是阴气，阴阳二气的交通，这是天地运动的大道理。如果天与地不相互交通，就不可能有万物的产生，这是《周易》最基本的哲学思想，也是《周易》提出的宇宙发生论。没有阴阳二气的交感流通，宇宙什么东西也不会有。所谓“天地之大义”，指的就是阴阳二气的交通。“大义”是大道理，最基本的道理。这是从归妹来自泰卦讲的，泰卦是下乾天，上坤地，变归妹是天地相交。（二）推及人伦大义上说明归妹卦。“归妹，人之终始也”，意思是说：阴阳相交是天地的大义，男女相交是人伦的大义，归妹就是男女的婚配结合。没有这种结合，人就会绝种灭迹。男女结合才有人类的衍生，人由男女结合开始。《杂卦》说：“归妹，女之终也。”这里又说“人之终始”，还是说男女结合是人的最后归宿。扩展一下说，男女结合是人类产生的开始，也是人类永久至终不断衍生的关键。（三）从上下卦特性的组合说明归妹卦。“说以动”指下卦兑为悦，上卦震为动，上下卦组合起来是喜悦而动。“所归妹也”，是说所要嫁出去的是妹妹。妹是少女，少女的初恋婚嫁当然是喜悦而动。从象上看，震为长男，兑为少女，也是少女出嫁。（四）从位上说明卦辞“征

凶”。“征凶，位不当也”，初三五为刚位，二四上为柔位，柔爻占据柔位为得位，刚爻占据刚位为得位。泰变归妹，三四爻交换位之后是六三柔爻居刚位，九四刚爻居柔位，位置不当，所以征进凶。（五）从柔爻与刚爻的正常顺序上说明卦辞“无攸利”的原因。“无攸利，柔乘刚也”，指爻位推移之后，六三下来乘驾在刚爻九二之上，九四上往又被六五乘驾，成为柔乘刚的状态。按刚柔爻的正常顺序却应当是刚爻在上、柔爻在下顺承，因为秩序错乱，所以无所利。

象辞从上下卦象的组合上解释归妹卦。“泽上有雷，归妹”，指的是下卦兑为泽，上卦震为雷，大泽之上有震雷就是归妹卦。“君子以永终知敝”，是说归妹是人之终始，君子从归妹卦得到启示，应当在自己的道德修养或事业的建树上有始有终，要防止半途而废的弊端。“永终”是坚持长久直到最终。“知敝”是懂得事情常常会出现有始无终的弊病。“敝”同“弊”。泽上有雷是春天之象，春天适合婚配。

初九：归妹以娣。跛能履，征吉。

【译文】

用娣来随嫁嫁妹。拐子能走路，征进吉。

象曰：归妹以娣，以恒也。跛能履，吉相承也。

【译文】

用娣来随嫁嫁妹，是为了恒久。拐子能走路，是吉祥相承。

【精解导读】

“娣”（dì）是随嫁的妹妹。古代诸侯一娶九女。正室夫人一名，随嫁侄娣二人为媵（yìng），或称介妇。正室与媵又各有二侄娣陪嫁。《公羊传·庄公十九年》：“媵者何？诸侯娶一国，则二国往媵之，以侄娣从。”娣是随嫁的妹妹，侄是随嫁的兄弟之女，也就是侄女。只要是同姓就可，不一定是亲的。妹妹和侄女要随姐姐嫁给一个丈夫。侄娣的地位不同于妾，姐姐死了，侄娣可以继为正室，姻亲不断。有时侄娣不到成婚年龄，还可以在娘家待年，等长大之后再陪送过去。“归妹以娣”是说用娣来随嫁把妹妹嫁出去。妹妹做正室夫人，还有娣随嫁。嫁的妹妹很尊贵，为了保持与丈夫的姻亲关系久远，还准备了一个接班的人。“跛”是腿脚有残疾的人，也就是俗话说的拐子。拐子走路不利落。“履”是走路，“跛能履”是说拐子还可以走路。“征吉”是征进吉祥。从象上分析，全卦是归妹，初九在下卦兑里，兑为少女、为妹，故言“归妹以娣”。归妹由泰卦变来，初九在泰卦有正应在六四，本应与六四往来，而卦变中却是六四与九三换位，使下卦成兑，兑为毁折，初九在下位为足，足受毁折为

“跛”，然而应位的九四在上震里，震为行，故言“跛能履”。拐子还能走路，故征吉。象辞说：“归妹以娣，以恒也。”意思是说带着娣嫁妹是为了保持姻亲关系恒久。“跛能履，吉相承也”，是说妹妹之后还有娣来继承，婚姻的吉祥可以连续不断。正如拐子虽受到损伤，但还可以继续走路。

九二：眇能视，利幽人之贞。

【译文】

眼偏盲的人能看得见，利于幽暗之人的正固。

象曰：利幽人之贞，未变常也。

【译文】

利于幽暗之人的正固，是未变恒常。

【精解导读】

《说文》：“眇，一目小也。”一只眼大，一只眼小称作眇。眼睛长得有残疾，但还能看得见就是“眇能视”。“幽人”指幽暗之人，其本义是指瞎子。扩展一点说，处于幽暗，不逐繁华世态的人都可算幽人。这句爻辞在履卦的九二、六三里出现过一次。九二“履道坦坦，幽人贞吉”，六三“眇能视，跛能履”，爻象相同。履九二、六三也在互离下兑里（履），

离为目、为明，兑为毁折，目受毁折为“眇”，有明可见，故为“眇能视”。目受毁折成为瞎子，位在下卦中位，能正，故言“利幽人之贞”。象辞说：“利幽人之贞，未变常也。”指九二在中能正，可保持恒久，又是幽人，所以说幽人正固有利。

六三：归妹以须，反归以娣。

【译文】

原本以妾随嫁嫁妹，最终反而以娣随嫁。

象曰：归妹以须，未当也。

【译文】

以妾随嫁嫁妹，未能适当。

【精解导读】

“须”，《释文》：“荀作嬬，陆云妾也。”苏轼说：“古者谓贱妾为须，故天文有须女。”须女是天上的一个星座，又称婺女，常现于织女星之南，是北方七宿“斗、牛、女、宿、危、室、壁”中的第三个星座。《搜神记》卷四，汉武帝时的张宽说，须女是“天星主祭祀者，斋戒不洁则见”。引《天官书》说：“须女四星，贱妾之称。”《史记·天官书》正义：“须女，贱妾之称，妇职之卑者，主布帛裁制嫁娶。”王弼等不顾爻

辞的内在联系，把“须”讲成等待，偏离了作者的原意，也与象辞不合。“归妹以须”是说用妾来陪妹妹出嫁。“反归以娣”是说反而成为用娣来陪妹妹出嫁。这是由不适当变得适当。以娣随嫁是为了婚姻的永久，以妾随嫁则易于引起妻妾的不合。情况大不相同。从象上分析，六三是全卦的主爻，从上坤来到下兑。兑为妾，又为少女、为妹。因为是在归妹卦里，所以是形似“归妹以须”，实为“反归以娣”。象辞说：“归妹以须，未当也。”指明用妾陪嫁妹妹不适当，所以才取“反归以娣”为象。这一爻并不坏。所以要言“反”，是因为六三原在泰的上卦，柔爻本然秩序在下，六三又返回下卦。

九四：归妹愆（qiān）期，迟归有时。

【译文】

嫁妹延误了婚期，等待会有出嫁之时。

象曰：愆期之志，有待而行也。

【译文】

延误婚期的愿望，是有所期待再出聘。

【精解导读】

“愆期”是延误了婚期。《诗·卫风·氓》：“匪我

愆期，子无良媒。”意为不是我延误婚期，是你没有好媒人来说和。“迟”是等待。“有时”是会有嫁出去的时候。显然是想等待一个合适的丈夫，等得有些延误，但最后还是等着了。从象上看，九四在互离（九四→䷵>互离）、互坎（九四→䷵>互坎）里，离日坎月，日子比较长，故“愆期”。但九四又在上卦震里，震为行，又为春，古代嫁女以春为时，故有时可行，而言“迟归有时”。象辞说：“愆期之志，有待而行也。”“志”是心愿，象上都指的是应爻，九四是从泰的九三升上来的，原与上六正应，与六四换位并不合自己的心愿，故有待而行。“待”是解释“迟”的意思。从取义上说，就是所以迟迟还不出嫁，是想等个好配偶。

六五：帝乙归妹，其君之袂（mèi）不如其娣之袂良。月几望，吉。

【译文】

帝乙下嫁御妹，小君的衣袂反而比不上娣的衣袂好。月快到望的时候，吉祥。

象曰：帝乙归妹，不如其娣之袂良也。其位在中，以贵行也。

【译文】

帝乙下嫁御妹，比不上娣的衣袂好。位置居中，

是以尊贵的身份出聘。

【精解导读】

殷商的天子称乙的有开国的商汤，还有十三世的祖乙、二十一世的小乙、二十七世的武乙、二十九世的帝乙。《子夏传》说帝乙指商汤，后人多认为是指二十九世的帝乙，也就是殷商末代皇帝商纣王的父亲。泰卦六五也提到“帝乙归妹”，详细情况不可考，看来“帝乙归妹”是确有其事。“君”是小君，也就是出嫁的御妹。《尔雅义疏》：“其嫡夫人则礼称女君。”诸侯的正室夫人称女君。“袂”是衣袖，这里指衣着。“月几望”，荀爽本作“月既望”。月望是月圆。“几”是接近，“月几望”是月亮快圆的时候。“既”是已经，“既望”是月亮圆了之后，指农历的十六。从象上看，应当是“月几望”。坎为月，兑为“月几望”（见本书纳甲说明）。六五在全卦尊位，故为帝。按纳甲原理，坤纳乙，六五原在泰的上坤，故为“帝乙归妹”。乾为衣、为良；坤为裳、为吝啬。泰变归妹，下卦乾变为兑，兑为妹、为娣，六五原在上卦坤里，故言“其君之袂不如其娣之袂良”。六五在互坎里，坎为月，故言“月几望”。六五位尊贵盛，故吉祥。象辞说：“帝乙归妹，不如其娣之袂良也。”意为帝乙下嫁御妹，穿的衣服没有随嫁的侄娣好。其实这不是坏事，前引《公羊传》里讲：“诸侯娶一国，则二国往媵之。”侄娣大多是同姓之国的女孩子，随女君出嫁，穿的衣服比小君

还好，说明对随嫁相当重视，陪嫁丰盛，并不是要把小君比下去。“其位在中，以贵行也”，是说六五在上卦中位，以尊贵的身份出嫁，别人是比不上的。

上六：女承筐无实，士刲（kuī）羊无血，无攸利。

【译文】

女子捧着空筐，士人宰割羊没有血，无所利。

象曰：上六无实，承虚筐也。

【译文】

上六无实，是捧着空筐。

【精解导读】

“筐”是竹器，《诗·采蘋》传：“方曰筐，圆曰莒（jǔ）。”“刲”是刺杀宰割。女的捧着空筐，男的刺杀羊无血，这是古代的一种血祭。《诗·小雅·信南山》：“祭以清酒，从以骍牡，享于祖考。执其鸾刀，以启其毛，取其血膋（liáo）。”说的是男子杀牛祭祖的血祭。《诗·召南·采蘋》：“于以盛之，维筐及莒……于以奠之，宗室牖（yǒu）下。谁其尸之，有齐季女。”写的是“教成之祭”，也即女子出嫁前学习祭祀的礼仪，先实习一下，预备婚后使用。《仪礼·士昏礼》：“妇人三

月，然后祭行。”“妇人三月乃奠菜。”《少牢·馈食礼》：“主妇设黍稷，祭则司马刲羊，司士击豕。”根据这些记载，女子成婚后要祭祖，新婚祭祖的时候女子捧着一只空筐，无所奉献。男子杀羊又取不出血来。祭祀不成，祖先不佑，不祥之兆，故“无攸利”。从象上分析，震为筐，坤为虚，上震由泰的上坤变来，故为空筐。兑为羊，坎为血，坎在兑上，血不下流（☳互坎兑），故无血。象辞说：“上六无实，承虚筐也。”“虚”解释无实。《左传》僖公十五年：“初，晋献公筮嫁伯姬于秦，遇归妹䷵之睽䷥。史苏占之曰：‘不吉，其繇曰：士刲羊，亦无衁（huāng）也；女承筐，亦无贶（kuàng）。西邻责言，不可偿也。归妹之睽，犹无相也。’”意思是说：晋献公为把伯姬嫁给秦国占了一卦，遇到归妹的上六爻动，称作归妹之睽。史苏预测说：“不吉利。繇辞的意思是男人宰羊，不见血浆；女人捧筐，空空荡荡；西邻责怪，无以报偿；归妹之睽，没人相帮。”“衁”就是血，“贶”是送给，“无贶”是没什么东西可送，也是指虚筐。后来这次婚事对晋国不利。史苏的话可以用来印证一下爻辞的意思，但史苏依据占筮内容对爻辞有发挥。

【提示】

归妹卦的初九象辞有“归妹以娣，以恒也”。前人在解释卦象时另有两种取象的方法。一种是一变、二变、三变之说。比如朱震的卦变图，认为泰一变为恒

䷟，二变为丰䷶，三变为归妹䷵。所以他在讲初九爻辞时说："三兑者，震所归之妹也。初在三后，无应。三以巽下之初九自卑而进，说以从之，归妹以娣也。三下初成巽，初九应震，有雷风相与之象，恒也。"意思是说：如果泰卦的六四与初九换位变出的就是恒卦，（泰六四初九䷊两爻换位，变䷟恒），恒卦的初六上到三位就成归妹，是从下一步步随进到三位，所以初九才说"归妹以娣"。另一种取象的方法是用半覆卦，半覆卦指的是本卦中的内外两个三爻卦，其中有一个变成覆卦，这个覆卦与另一半不变的三爻卦组成一个新的六爻卦。比如归妹的上卦震不变，下卦倒覆过来（上卦震不动<䷵>下卦兑上下翻倒过来变䷟恒），恒与归妹就是半覆卦的关系，所以象辞才有"以恒也"的说法。以上两种取象方法，我们没有采纳，只作一般知识介绍。因为从"以恒也"的意思去分析，显然是与大象辞的"永终知敝"，象辞讲的"人之终始"，《杂卦》讲的"女之终也"，以及九二象辞说的"未变常"等意思贯通。都是强调女子出嫁就是终身归宿，要与丈夫始终相守，白头到老，不能中途离异。"归妹以娣"正是为了把这种关系维系到永久，杜绝有始无终的现象。如果没有娣随嫁，很容易出现俗语讲的"两姨亲，不算亲，死了姨娘断了根"的事情。卦里讲的是女子归嫁诸侯，姻亲断了，还会影响到两国之间的互助关系，因此特别看重要永久恒常。从象辞中看不出有什么取象的暗示。

五十五　丰——羽毛丰满

䷶

丰卦的卦画组合为离（☲）下震（☳）上，传统称作雷火丰。《序卦》云：“得其所归者必大，故受之以丰。丰者，大也。”意为：得到人们归附一定会盛大起来，所以在归妹卦之后接着是丰卦。丰是大的意思。《杂卦》云：“丰，多故也；亲寡，旅也。”意为：丰卦是故旧多，旅卦是亲友少。“多故”有人讲成事故多，要是把“多故”与“亲寡”对比起来看，“亲”与“故”同义，“多”与“寡”反义，“故”是亲戚故旧，“多故”是亲故多、关系众，也是丰大之义。讲成事故多与《杂卦》的用语方式不合。象辞也说：“丰，大也。”

丰卦从泰卦变来。虞翻说：“此卦三阴三阳之例，当从泰二之四。”意思是说：三阴三阳的卦都应当从泰否变来，此卦按卦变的体例是由泰变来，是泰卦的九二升到四位，即：泰䷊九二与六四换位，变䷶丰。丰的覆卦就是下一卦旅。

丰，亨。王假之，勿忧，宜日中。

【译文】

丰卦亨通。君王使天下丰大，不必忧虑，适宜日在中午。

象曰：丰，大也。明以动，故丰。王假之，尚大也。勿忧，宜日中，宜照天下也。日中则昃（zè），月盈则食，天地盈虚，与时消息，而况于人乎！况于鬼神乎！

【译文】

丰是大的意思。光明而行动，故能丰大。君王使天下丰大，是崇尚丰大。不必忧虑，适宜日在中午，适宜普照天下。日过中午就会西斜，月到圆满就会亏蚀。天地的盈虚，伴随时的推移而消长，更何况是人，何况是鬼神！

象曰：雷电皆至，丰。君子以折狱致刑。

【译文】

惊雷闪电一起来到就是丰卦。君子从中得到启示，断狱执刑。

【精解导读】

丰卦从泰变来，泰卦下乾上坤，泰的九二上升为

九四，六四下降为六二，乾坤流动交通之象，天地阴阳相交故能亨通畅达。“假”读为“格”，是“至”的意思。“王假之”是说君王使天下的丰大来到。因为丰卦是从泰变来，泰的九二从下乾升到四位，成为丰卦，乾为君王，《乾文言》说：“乾始能以美利利天下。”意思是君王使天下财富丰足，人民众多，国家盛大。“勿忧”是不必忧虑。从象上看，九四互兑（九四→☱>互兑），兑为悦。“宜日中”指六二的推移。泰卦六四来到下乾的中位，变为离日，柔得位，故“宜”。取义是说，日在中天，阳光普照，无过无不及，最得宜。

彖辞从五个方面对丰卦作了阐释。（一）解释卦名的含义。“丰，大也”，是说卦名“丰”是大的意思，这与《序卦》的讲法一致。丰是丰盛众多，“多”“大”义近，丰就是丰大的意思，也就是多而大。《说文》：“丰，豆之丰满者也。”本义就是丰盛。（二）从上下卦特性的组合上说明丰卦。“明以动，故丰”，指的是下卦离为明，上卦震为动，组合起来是光明地行动，所以能发展盛大。（三）从卦变上说明卦辞“王假之”。“王假之，尚大也”，指的是在泰变丰中，九二从下乾上升成为九四，乾为王，刚爻为大，是大的刚爻向上推移，“尚”是“上”的意思。从取义上说，是德业盛大的人受到推尚。（四）从六二的推移说明卦辞“宜日中”。“勿忧，宜日中，宜照天下也”，指泰卦下为乾，乾为天，所以称“天下”。六二推移到乾中，下卦成离，离为日，日照天下。日要普照天下最好是位

在中天，故云“宜日中”。从取义上说，是指办事最好选择中午的时间。（五）推阐丰卦的哲理意义。丰卦是日在中天，普照万物，最为圆满。但圆满中潜伏着残缺，这是好与坏的辩证关系。彖辞总是在好的时候要指出它坏的一面，在坏的时候要指出它好的一面，防止人们片面地看问题，因此在圆满中强调残缺。“昃”是太阳过午而西斜。“日中则昃”是说日过了在中天的位置，就要向西偏斜。“食”同“蚀”，这里是亏缺的意思，“月盈则食”，意为月亮在十五圆满之后就会亏缺。“天地盈虚，与时消息”，是说大自然的规律无不如此，随着时间的推移，盛极转衰，衰极变盛，总是变动不居。比如夏天到了最热的时候就要开始变凉，冬天到了最冷的时候就要开始变热。其次如明与暗、潮与汐、旱与涝等，无不如此。整个天地都是按照这个规律运动的，概括起来就是天地的盈虚消长都是伴随着时序推移而发生的。“而况于人乎！况于鬼神乎！”是说既然天地都这样运动，更何况是天地中的人和鬼神，当然都要受到这个规律的支配去运动。规律就是“与时消息”。《周易》揭示自然与社会规律的目的，主要是为了确定人行动的正确途径。“与时消息”主要是对人讲的。人要随着你个人所处的特定时势或消退或生长地去运动，规律不会变。如果不愿消退就得守中，保持谦下，不居骄盈，不为太过，可保常盛不衰。所谓“宜日中”，就是要守中不过。

象辞从上下卦象的组合解释丰卦。“雷电皆至，

丰”，指的是上卦震为雷，下卦离为闪电，雷与电组合在一起就是丰卦。“君子以折狱致刑”，“折”是决断，“狱”是案件，“折狱”是断案的意思。“致”是使来到，“刑”是刑罚，“致刑”是执行刑罚。君子从雷与电的卦象中得到启示，要像闪电那样无邪不照，作出明正判断；要像惊雷那样无恶不惩，执行刑罚。《周易》震离组合的卦都要提到法制。噬嗑震下离上，卦辞讲“利用狱”，象辞说“先王以明罚敕法”。这是作者的意象，雷取其震慑之威，电取其无隐之明。

初九：遇其配主，虽旬无咎，往有尚。

【译文】

遇到匹配之主，十天内无咎害，前往有嘉尚。

象曰：虽旬无咎，过旬灾也。

【译文】

十天内无咎灾，过了十天有灾害。

【精解导读】

“配”，郑玄本作“妃”，虞翻讲为妃嫔，王弼之后讲成对等，都不外乎匹配的意思。关键是要看“配主”指什么？“遇”是不期而遇。从象上分析，初九的“配主”是六二，因为初九只能与六二相遇。丰卦从泰卦

变来，在泰卦里，初九的正应在六四（泰六四初九☷正应），六四为初九的匹配。变丰之后，泰的六四下到二位与初九相遇，故言“遇其配主”。初九在卦变中未动，是六二的推移才使初九能与配主不期而遇。取义是说，能与自己相配的主子遇合。六二来自上卦坤，坤数十，下卦变离，离为日，十日为旬，故言“虽旬无咎”。初九原是六二的正应，六二动，初九不来应合而动，配合不默契，如能主动上往与正应换位，则会有益，故言“往有尚”。从取义上讲，“往有尚”是前往会得到嘉尚。从取象上说，“往有尚”是前往得到上位。象辞说：“虽旬无咎，过旬灾也。”以“灾”释“咎”。初九该动不动，只能得到六二所带来的一段益处，超过六二的范围，不动的灾害会显示出来，六二带来的只有十日，所以是超过十天会有灾。这一爻是告诉人们要行动，不动只能保证十天无害。

六二：丰其蔀，日中见斗。往得疑疾。有孚发若，吉。

【译文】

遮蔽很大，中午见到星斗，前往得到怀疑嫉恨，有诚信而发，吉祥。

象曰：有孚发若，信以发志也。

【译文】

有诚信而发，是诚信可启发心志。

【精解导读】

蔀的名物没有定论。郑玄认为是“小席”，后人有解为蘼棚或草的，但都认为是遮蔽之物。虞翻解为“日蔽云中”。上六爻辞有“蔀其家”。程传讲成“用障蔽之物掩晦明者”。总之，“丰其蔀”就是遮蔽很大，“日中”是正午，“斗”是北斗星，“日中见斗”是天空非常黑暗，中午见到了北斗星。“往得疑疾”是前往受到猜疑、嫉恨。“孚”是信。“发”是开启，“若”是形容词词尾，义同“然”。“有孚发若”是说有诚信表现出来。从象上分析，“日中”指的是下卦离，离为日，六二在离的中位，故言“日中”。斗指上卦震，六二是卦变中与九四换位的一爻，九四在上卦震里，震仰盂如斗（朱震）。“丰其蔀”取象于六二来自泰的上坤，坤为布。“疑疾”取象于六五。九四原在泰的二位，与六五正应，六二推移，与六五敌而不应，故言“往得疑疾”。但六二上下孚于二刚，又在离中，离为见，故言“有孚发若”。象辞说：“有孚发若，信以发志也。”意为有诚信而发，可启发心志。指六二受到六五的疑忌，因有诚信发出，可感动别人，消除疑忌，精诚所至，金石为开，故“吉祥”。

九三：丰其沛，日中见沫。折其右肱，无咎。

【译文】

黑暗很大，正午见到小星。折断右臂，没有咎害。

象曰：丰其沛，不可大事也。折其右肱，终不可用也。

【译文】

黑暗很大，不可以干大事。折断右臂，最终不能有为。

【精解导读】

《九家易》说："大暗谓之沛。""沫，斗柄后小星。""沛"是大，如"油然作云，沛然为雨"。这里指遮蔽大而形成大片黑暗。"沫"与"昧"通，指昏暗的小星。正午起黑暗是一种不常见的怪异天象。这一爻比上一爻还要黑暗，连小星都可见到。"丰其沛，日中见沫"与六二取象相同，明入于下，斗见于上，只是九三位稍高于六二，故愈显黑暗。九三又在互兑、互巽（九三—☱☴ 互兑 互巽）里，巽为股，股为下肢之肱；兑为毁折，位西方，左东右西，故为右，所以为"折其右肱"。象辞说："丰其沛，不可大事也。"是说黑暗太大，不可以干大事。"折其右肱，终不可用也"，是说右臂最得力，右臂折断，最终不可使用。"右肱"的取义是右臂。

九四：丰其蔀，日中见斗。遇其夷主，吉。

【译文】

遮蔽很大，正午见到星斗。遇到夷主，吉祥。

象曰：丰其蔀，位不当也。日中见斗，幽不明也。遇其夷主，吉行也。

【译文】

遮蔽很大，是位置不当。正午见到星斗，是幽暗不明。遇到夷主，是吉祥的征行。

【精解导读】

九四是与六二换位的一爻，两爻取同象，故也为“丰其蔀，日中见斗”。白天见到星斗，天色幽暗。“夷主”是少数民族首领。中国古代称中原四周的少数民族，细加分别是北狄南蛮，东夷西羌，不加分别可以混称为夷。从象上看，九四原是泰卦的九二，与六五正应（泰六五九二䷊正应），变为丰卦，九二升进成为九四，与六五比邻相遇，六五在外卦，又是柔爻，故为“遇其夷主”，与六二“遇其配主”的取象一致。象辞说“丰其蔀，位不当也”，指九四应当与六五换位，换到四位不适当，故取“丰其蔀”为象。“日中见斗，幽不明也”，说明正午见到星斗是天色幽暗不明。这两句可

以兼释六二爻辞，六四应当与初九换位，换到二位也是位不适当。“遇其夷主，吉行也”，指九四的推移能与六五比邻相遇，是吉祥的征行。九四是卦变中的主爻，又是上行，故吉。

六五：来章，有庆誉，吉。

【译文】

来到并得到文采，有喜庆美誉，吉祥。

象曰：六五之吉，有庆也。

【译文】

六五吉祥，是有喜庆。

【精解导读】

爻向下推移为“来”。“来章”，指六五在泰卦里本来与九二正应，九二上往，六五应当下来，与九二换位，下卦成离，离为文明，章是文采，故言“来章”。六五没有推移，保持上卦中位，又在互兑里（六五→䷶>互兑），兑为悦，故有喜庆；兑为口，故有美誉。主要是因为五是尊位，故为吉祥之象。象辞说：“六五之吉，有庆也。”就是指出六五在中位而有喜庆。

上六：丰其屋，蔀其家。窥（kuī）其户，阒（qù）

其无人，三岁不觌（dí），凶。

【译文】

房屋高大，遮蔽其家。从门中窥视，静无人迹。三年不能见面，凶。

象曰：丰其屋，天际翔也。窥其户，阒其无人，自藏也。

【译文】

房屋高大，阔及天边。从门中窥视，静无人迹，是自己隐藏了起来。

【精解导读】

扬雄讲这一爻说："炎炎者灭，隆隆者绝，观雷观火，为盈为实。天收其声，地藏其热。高明之家，鬼瞰其室。"意为：火烧得太盛，就要熄灭；雷震得太响，就会断绝其声。看看震雷和大火，声势多么盛大而雄壮。结果雷声消失在天际，光热收藏到地下。高敞明亮的宅第，鬼就来窥视他的屋子。总的说，是太显赫盛大就要走向灭绝，凡事不可太过，太过必然衰亡。"丰其屋"是宅第建造得宽大。"蔀其家"是屋子遮蔽黑暗。原文"闚"即今"窥"字，是偷看，"户"是门，"窥其户"是从门中窥视。"阒"是空寂无声，"阒其无人"是说死寂一片像无人居住一般冷清。"觌"

是见面，“三年不觌”是三年见不到面。象辞说：“丰其屋，天际翔也。”李鼎祚本作“天降祥也”。“天降祥”是上天降下征兆。王弼本作“天际翔”，是飞到天边。从爻位看“天际翔”近是，扬雄也说是“天收其声”，指上卦震雷。“窥其户，阒其无人，自藏也”，意为家里死寂一片，是自己隐藏起来。关于取象，没有太好的解释。《系辞·下》说：“上古穴居而野处，后世圣人易之以宫室，上栋下宇，以待风雨，盖取诸大壮。”大壮是宫室之象。泰卦刚爻向上长一位即大壮，而卦变中却没有上长，而是二、四爻换位。丰与大壮只差六二一爻（丰六二→䷡、大壮䷡），宫室加离目，见栋宇不见人，故为“窥其户，阒其无人”。上六位处穷极，与应爻九三悬隔三位，九三在下卦离中，离为见，故“三年不觌”。位高，故“丰其屋”；明在下，故“蔀其家”。象辞的“天际翔”指出上六位太高，“自藏也”指出穷极自退。

【提示】

丰卦的卦辞与爻辞显著不同，卦辞是盛大日中，爻辞却是一片黑暗。作者如此取象，显然是受到盛极而衰、丰大易暗道理的支配。另外，象辞提到“鬼神”，程传解释说：“鬼神谓造化之迹，万物盛衰可见其消息也。”意思是说：鬼神是大自然变化莫测的奥秘，这些奥秘通过自然变化的轨迹也可以认知。比如怎样消退与生长，怎样盛衰迭代等，这些诡秘神奥的

地方，通过对世界根本规律的认识，也可以逐渐发现，这就与后人讲的鬼神不完全相同，主要指的是自然与社会中鲜为人知的神秘莫测的现象与变化。《周易》正是为了认识这些内容才写出来的。所以《系辞·上》里讲：“易与天地准，故能弥纶天地之道。仰以观于天文，俯以察于地理，是故知幽明之故。原始反终，故知死生之说；精气为物，游魂为变，是故知鬼神之情状。”意思是说：《周易》以天地为模拟对象，所以能包络天地的大道，上观天体中日月星辰等天文变化，下察大地万物变化的道理，因此能知道明与暗的缘故，推原本始，返到终结，所以知道死与生的学说。精气凝聚起来就是物，精气游离出来就是变，因此知道鬼神的情状。鬼神就是事物的精气游离变化状态，也就是游魂。气是《周易》讲的阴阳二气，精是元气积聚的具体化。《周易》认为阳气赋予万物精，阴气使万物生出形体。从形体中游离出来的精气就是鬼神，这种变化在幽暗中进行，触见不及，所以才显得神秘。当人们揭示了阴阳运动的基本规律，这种神秘的变化，也可以了解。这是《周易》中的鬼神可知论。要而言之，鬼神主要是指大自然变化中的一种隐秘形态。但《周易》确是有鬼神论，不能不承认这个事实。不过这里讲的鬼神与后人讲的鬼神偶像不是一回事，也不能把这些东西强加到《周易》里去。

五十六　旅——萍踪浪迹

䷷

旅卦的卦画组合为艮（☶）下离（☲）上，传统称作火山旅。《序卦》云：“穷大者必失其居，故受之以旅。”意为：穷极奢大的人必然会失去寄身之地，所以在丰卦之后接着是旅卦。是说“旅”是无家可归，在外流浪客旅。《杂卦》云：“亲寡，旅也。”意为亲友少就是旅。抛家舍业，羁旅于外，自然亲友少。综合《序卦》《杂卦》的讲法，旅的基本意思就是客旅于外。古人认为客旅于外是件苦事，远不如现在人们出门那样觉得轻松。古典文学作品里咏叹羁旅之苦的比比皆是。《鹖冠子》里说：“离为五脏刀斧。”读这一卦，要与古代人的意识联系起来去理解。

旅与丰是覆的关系，丰䷶整个卦画上下倒覆就是䷷旅。丰卦是家太大、亲故太多，旅卦反过来，“失其居”而“亲寡”。丰卦从泰变来，旅卦从泰的覆卦否变来。彖辞提示说“柔得中乎外”。汉人大多认为是指旅卦六五从三位升进到外卦中位，如姚信说：“此本否卦，三五交易，去其本体，故曰客旅。”意思是说：旅

卦由否卦变来，否卦䷋六三与九五换位，变成䷷旅卦。

交换的两爻，原来分别在否卦的下坤上乾里，卦变中从乾坤的本体中游离出来，所以才称作客旅于外。这种讲法准确地揭示了象传的内容，应当遵循。

旅，小亨。旅贞吉。

【译文】

旅卦，小亨通。行旅守正吉祥。

彖曰：旅小亨。柔得中乎外而顺乎刚，止而丽乎明，是以小亨。旅贞吉也。旅之时义大矣哉！

【译文】

旅卦小亨通。以柔顺获得在外的中道又能顺应刚健，停止下来依附于光明，因此小亨通。行旅守正就会吉祥。旅卦的时势意义太重大了。

象曰：山上有火，旅。君子以明慎用刑而不留狱。

【译文】

山上有火就是旅卦。君子从中得到启示，要明察审慎地施用刑罚，而不滞留案件。

【精解导读】

旅卦从否卦变来，否卦的柔爻六三上升到全卦的尊位，顺利升进，柔爻为小，故卦辞说“旅，小亨”。从取义上讲“小亨”是小有亨通。“六五”在推移中取得了上卦的中位，中正不偏，故言“旅贞吉”。“贞”是正的意思，指六五的中位。取义是说，客旅于外，守正履中吉祥。

彖辞从三个方面说明旅卦。（一）说明卦辞“旅，小亨”的理由，可分五个层次。一是先提出要说明的内容，“旅，小亨”。二是说明“小亨”的第一个理由：“柔得中乎外”，指的是尊位的六五是从否卦的六三升上来。是柔爻，柔爻取得外卦的中位，柔爻为小，故为“小亨”。这是从卦变中说明卦辞“小亨”。三是说明“小亨”的第二个理由：“而顺乎刚”，指六五虽居于尊位，却与九二正应，能顺应刚健的九二，这是从主爻六五有正应说明卦辞“小亨”。四是说明“小亨”的第三个理由：“止而丽乎明”，这是指旅卦上下卦特性的组合，下卦艮为止，上卦离为附丽、为明，组合在一起是停止而附丽于光明。五是得出“是以小亨”的结论。“是以”义同“因此”，因为有以上三条理由，所以旅卦“小亨”。（二）说明卦辞“旅贞吉”。“旅贞吉也”，虽然只加了一个“也”字，但原话变成了因果判断句，意思是旅卦主爻中正，所以能吉祥。取义是说，客旅于外能守正就会吉祥。（三）强调旅卦的时势

意义，“旅之时义大矣哉”，意为旅卦所显示的时势意义很重大。旅是一种逆境，但逆境有逆境的时势意义。它能使人学会怎样处逆的道理，人能顺逆皆宜，就不失为君子。

象辞从上下卦象的组合解释旅卦。“山上有火，旅”，指的是下卦艮为山象，上卦离为火象，山上有火就是旅卦。“君子以明慎用刑而不留狱”，是说君子看到火在山上、高明下照的卦象，要学习它的光明能见，明察秋毫，慎重地处理案件，及时做出决断，不要让当事人长时间拘留在案件的纠缠里。象辞作者能提出这样的看法很不简单，这是一种负责态度。处理案件不及时有损君子形象，如果是有案不办，等着当事人送礼行贿，那就更为卑污不齿。

初六：旅琐琐，斯其所取灾。

【译文】

羁旅卑琐，这是自取其灾。

象曰：旅琐琐，志穷灾也。

【译文】

羁旅卑琐，是志穷的灾害。

【精解导读】

郑玄说："琐琐犹小小。"虞翻云："琐琐，最蔽之貌。"《诗·小雅·节南山》："琐琐姻亚，则无膴仕。"意为：尹氏那一伙卑污的姻亲，不要让他们做大官。《正义》说"琐琐"是"计谋褊浅之貌"。琐琐是状私党小人卑污的样子，含有依附于人、浅薄无识、卑污小器等意思。"旅琐琐"是在外客旅卑污猥琐。"斯其所取灾"，应当连读。"斯"是指示代词，相当于"这"；"其"是代词，相当于"他"；"所取灾"是个所字结构，相当于"所自取的灾害"。全句意为：这是他所自取的灾害。象辞说："旅琐琐，志穷灾也。""志"一般指与应爻的关系，"穷"是困。初六有正应在九四，但在下卦艮里，艮为阻止，志受困阻。从取义上说，"志穷"是自己没有志气，所以行为卑琐。初六显然是取爻位卑下之象。柔爻处在最为卑下的位置，又在下艮里，艮为少男、僮仆，故有是象。

六二：旅即次，怀其资，得童仆贞。

【译文】

行旅就舍，怀有旅资，得到忠贞僮仆。

象曰：得童仆贞，终无尤也。

【译文】

得到忠贞僮仆，最终不会有怨尤。

【精解导读】

“即”是就。“次”是住下。古人称行旅于外，住一夜为“舍”，住两夜称“信”，住三夜以上称“次”。“旅即次”是说行旅就宿于馆舍。“怀”是身上带着，“资”是旅费、旅资，“怀其资”是身上带着旅资。“童仆”即僮仆，“贞”是忠贞不渝，“得童仆贞”是得到忠贞的僮仆。旅居于外，有馆舍可栖，旅资不乏，又有可靠僮仆为伴，可以说是最美满的行旅。这主要是因为六二在下卦艮里，艮为止。但它与初六不同，是柔爻居柔位，位正，又在下卦中位，止也是止得其位，故为“旅即次”。又在互巽里，巽为近利市三倍，故为“怀其资”。艮为少男，为僮仆，故言“得童仆”。“贞”指六二位中为正。

象辞说：“得童仆贞，终无尤也。”指六二在否卦与九五正应，九五推移本应六二上到五位，六三却与九五换了位，但六二在卦变中不动而受益，所以最终不会有怨尤。

九三：旅焚其次，丧其童仆贞，厉。

【译文】

行旅中大火烧了馆舍，丧失了忠贞的僮仆，危厉。

象曰：旅焚其次，亦以伤矣。以旅与下，其义丧也。

【译文】

行旅中火烧了馆舍，也够可悲的了。以行旅的态度对待下人，道义上要丧失僮仆。

【精解导读】

九三在互巽里，巽为木，上临离卦，离为火。下五爻是一个缩小了一点的小过卦（六五初六䷽小过）。小过为飞鸟，形成树上鸟巢被焚之象，因为在旅卦，故为"旅焚其次"。在下卦艮里，艮为僮仆，又在互兑里，兑为毁折，僮仆毁折，故为"丧其童仆"。象辞说："旅焚其次，亦以伤矣。""伤"是可伤，意思是说也够可怜的了。"以旅与下，其义丧也"，象上指九三从五位下来与原来的正应六二在一起，"与下"是与在下的六二"相与"。从取义上说，是以对待旅人的态度对待下人，既然自己对下人形同路人，从道义上讲，下人也就会失去对自己的忠贞。

九四：旅于处，得其资斧，我心不快。

【译文】

客旅于他处，得到资财器用，我心不快活。

象曰：旅于处，未得位也。得其资斧，心未快也。

【译文】

客旅于他处，还未得位。得到资财器用，心中还未快活。

【精解导读】

“处”是处所，“旅于处”是行旅于某个处所。“资斧”中，“资”是旅资；“斧”，王弼注：“斧所以斫除荆棘，以安其舍者也。”把“斧”讲成斧头。《释文》：“子夏传及众家并作‘齐斧’。张轨云‘齐斧盖黄钺斧也’。张晏云‘整齐也’。应邵云‘齐利也’。虞喜《志林》云‘齐当为斋，斋戒入庙而受斧’。”程颐认为是“货财之资，器用之利”。后人更简化，认为资斧就是旅费和行李。程颐的讲法与旅卦的主题合，资斧就是行旅中所用的资财器物。从象上分析，九四刚爻居柔位，不得位，住不下来，还得往前走，不能说“旅于次”，故言“旅于处”。但九四在互巽里，巽为近利市三倍，可以得到旅资，又在上离里，离为戈兵武器，可以得斧，故为“得其资斧”。有正应在初六，为下艮所阻，故“我心不快”。象辞说：“旅于处，

未得位也。”象上指九四不在中位。义取还未结束行旅，仍在某处客旅，尚未到位。“得其资斧，心未快也”，意为虽然得到行旅用的资财器物，但心里并不快活。

六五：射雉，一矢亡，终以誉命。

【译文】

射雉鸡，丢失一只箭，最终会有美誉爵命。

象曰：终以誉命，上逮也。

【译文】

最终会有美誉爵命，是逮达于上。

【精解导读】

“雉”是野鸡，“矢”是箭，“亡”是丢失，“射雉，一矢亡”，意为射野鸡丧失了一支箭。“誉”是令闻美誉，“命”是爵命，“终以誉命”是以誉命告终。换言之，就是最终会得到美誉，受到任命。

象辞说：“终以誉命，上逮也。”“逮”是到达，“上逮”是到达在上的位置。

从象上说，六五是全卦的主爻，彖辞所谓“柔得中乎外而顺乎刚”的一爻。在卦变中是从否下坤的六三升上来的一个柔爻，到上卦成离，离为雉，由下及上，故言“射雉”。离又为矢，下坤失去一个柔爻变为

离，故言“一矢亡”。互为兑、巽（六五巽☴兑），兑为口，故有誉；巽为命，故言“终以誉命”。显然，这一爻进升而尊，小有损失，终受晋封，主要是因为位中。

上九：鸟焚其巢，旅人先笑后号咷。丧牛于易，凶。

【译文】

鸟的巢被火烧掉，旅人先笑后哭。在边界丢失了牛，凶。

象曰：以旅在上，其义焚也。丧牛于易，终莫之闻也。

【译文】

客旅在外而居于上位，道义上会被焚烧。在边界上丢了牛，最终不会得到消息。

【精解导读】

巢是鸟在树上搭的窝。鸟的巢穴被大火烧掉，无所栖身。“号咷”是大哭，“先笑后号咷”是先喜后悲。“易”同“埸”，晁说之说：“易，古文埸字。”埸是疆界，泛指地边疆界。“丧牛于易”是牛跑到边界之外丢失了。象辞说：“以旅在上，其义焚也。”强调上九爻位太高，处在全卦的极上处。从取义上说是客旅于外还要高高在上，从道义上说该被烧了巢穴。“丧牛于

易，终莫之闻也。”强调上九在全卦的外界终位。牛跑出边界而走失，没有任何可以寻找的消息传来，意为失不可再得。从象上分析，离为雉，为鸟，互巽为木（离<☲>互巽），上九在全卦最高处，下五爻又是一个小的小过卦，有鸟象，鸟在树上，鸟巢之象。上离为火，故“鸟焚其巢”。互兑为悦，故笑，互巽为号（互兑<☱>互巽）；上为前，下为后，兑在巽前，故“先笑后号咷”。坤为牛，上九原是否卦下坤六三的正应，六三上到五位，下坤象不见，故言“丧牛于易”。这一爻最不吉祥，巢穴烧毁，先喜后悲，丢了牛找不回来，惶惶如丧家之犬，凶。

【提示】

这一卦介绍一下毛奇龄的推易法，毛奇龄在《仲氏易》《推易始末》中，提出《周易》里有五种推易方法。第一种是变易，所谓变易“谓阳变阴、阴变阳也”。指的是刚爻与柔爻的反性变化，如乾卦六爻全变为坤，坎卦六爻全变为离，这种变法与虞翻讲的旁通类似。第二种是交易。所谓交易“谓阴交乎阳、阳交乎阴也”。指的是上下卦的相重，如乾坤交为泰、否；坎离交为既济、未济等。他认为变易用以画卦，交易用以重卦，这是伏羲创制《周易》所使用的两种方法。另有三易是反易、对易、移易。所谓反易，“谓相其顺逆，审其向背，而反见之”，指的是覆卦，如屯六爻上下反转为蒙，咸反转为恒等，所以又称转易，他认为反易是排列卦序所用

的方法。所谓对易，“谓比其阴阳，絜其刚柔而对观之”。毛奇龄认为对易是《周易》用以分为上下经的方法。如上经的需、讼与下经的晋、明夷为对易（需䷄、讼䷅；晋䷢、明夷䷣），上经用乾天坎水，下经用坤地离火，天对地，火对水。再如上经的同人、大有与下经的夬、姤为对易（同人䷌、大有䷍；夬䷪、姤䷫），以五刚对五刚，以一柔对一柔。最重要的是移易。所谓移易，“审其分聚，计其往来，而推移而上下之”。实际上指的是卦变。为了形成系统，毛奇龄又分出聚卦与分卦的概念。他说的聚卦，指的是刚柔爻各聚一方交错较少的卦。而分卦则是刚柔爻交错开了的卦。如泰卦䷊下卦三刚聚于一方，上卦柔爻聚于一方，就是聚卦。而既济䷾则是刚爻与柔爻相互交叉，就是分卦。毛奇龄认为卦变不都是来自十二消息卦，分卦是从聚卦中变来。要从聚卦变为分卦的过程看爻的推移，从而分析卦象。比如旅卦，毛奇龄认为是从三个聚卦变来，即否、咸、恒。否䷋刚柔爻各聚一方比较严整，咸䷞、恒䷟两卦三刚集中，也是聚卦。这样就可从否、咸或恒变旅的推移中取卦象。毛氏的做法无疑可以扩大取象范围，但这样讲卦变没有什么依据。但他特别重视从推移中辨象，这与彖辞的提示一致，不失为精华所在。毛奇龄把以上“五易”合称为《周易》中的推易方法，我们应当取其精华，对于那些自创的一整套做法，只作知识性的了解就可以了。

五十七　巽——风伏而入

䷸

巽卦的卦画组合为巽（☴）下巽（☴）上，巽为风。《序卦》云：“旅而无所容，故受之以巽。巽者，入也。”意为：行旅在外，无所容身，所以在旅卦之后接着是巽卦。巽是进入的意思。《杂卦》云：“兑见而巽伏也。”意为：兑卦是表现于外，巽卦是隐伏于内。《系辞·下》里也说“巽称而隐”。综合《序卦》《杂卦》的说明，巽是进入隐伏的意思。《说卦》里讲“坎为隐伏”，这里又说巽为隐伏。坎的隐伏是坎为水，水下可以有所隐伏，巽的隐伏是巽为风，风无迹，看不见，摸不着，消隐无迹。

巽是八纯卦之一，上下单卦都是巽，两卦相重构成一个六爻的巽卦。它与下一卦兑是覆的关系，即巽䷸上下翻倒过来，为䷹兑。关于巽的卦变，虞翻说是“遁二之四”，意思是说巽卦由遁卦变来，是遁卦的六二上升到四位，即：遁䷠（九四、六二）→䷸六二与九四交换位置，亦䷸巽。彖辞提示说“刚巽乎中正而志行”，指九四下居二位，入于下卦中位。

巽，小亨，利有攸往，利见大人。

【译文】

巽卦，小亨通，有利于所往，有利于见大人。

彖曰：重巽以申命，刚巽乎中正而志行。柔皆顺乎刚，是以小亨，利有攸往，利见大人。

【译文】

两巽相重用以反复宣告命令。刚健随顺中正，心志大行。柔爻顺应刚爻，因此小亨通，有利于所往，有利于见大人。

象曰：随风，巽。君子以申命行事。

【译文】

风与风相随就是巽卦。君子从中得到启示，要反复宣告命令，推行自己的大事。

【精解导读】

巽卦从遁变来，遁六二升进到四位，是柔爻升进之象，柔爻为小，所以称“小亨”。六二与九四换位，刚爻来到下卦中位，又是刚爻得位。柔爻升进，刚爻得位，故“利有攸往”。刚爻得位为大人，九五本在上

卦中位，九二又得位为大人，故“利见大人”。卦辞从爻的推移中取象，意思是小有亨通，前往有利，见大人有利。

彖辞从三个方面说明巽卦。（一）说明上下卦象组合所显示的意思。“重巽以申命”，指全卦是两个三爻的巽卦重合而成。巽为风，风如同上天的号令，上天阴阳的变化，靠八风传送到大地，风就是上天的传令官。风而又风，是上天把号令反复传送下来，君子效法天道，也要把自己的命令一次次反复地宣告于众。“申”是已经告诉过再申说一遍。《尚书·尧典》“申命羲和”，传：“申，重也。”“申”是重复。“申命”如同人们说的“三令五申”，是多次宣告。（二）从刚爻占据中位说明卦辞。“刚巽乎中正而志行”，指刚爻九二在卦变中进入下卦中位，这样就成为五位与二位都是刚爻，刚爻为君子，君子得中位为大人，大人得位，大志得以推行。从取义上讲，巽又为随顺，刚爻随顺中正，是刚健而不违背中正之道。彖辞认为，卦辞共有两条象上的主要理由，这是其中的第一条。主要是大人得位，大人有位才“利见”。（三）从柔爻顺从刚爻说明卦辞。“柔皆顺乎刚”指两个柔爻都在巽里，巽为随顺，柔爻都来顺从刚爻，刚爻又随顺中正，全卦有正常秩序，所以才会“是以小亨，利有攸往，利见大人”。这是第二条象上的主要理由。程传从始至终把巽解为顺，从巽卦的彖辞中可以得到印证，彖辞“刚巽乎中正”，又说“柔皆顺乎刚”，“巽”与“顺”

互文见义，象辞认为“巽”与“顺”义同。《说卦》讲坤为顺，这里又是巽为顺，区别在于，坤的顺是柔顺，巽的顺是顺利。巽为风为令，风吹物随，令出众顺。

象辞从上下卦象的组合说明巽卦。巽为风，两巽相重，风后又随着风，故言“随风”，“随”与“习坎”的“习”、“洊雷震”的“洊”、“兼山艮”的“兼”、“明两作离”的“两”，都是相重的意思。“随风，巽”就是两风相重是巽卦。“君子以申命行事”是说君子从巽卦中得到启示而干自己的事业。君子要推行自己的事业，应当像上天那样，先把命令反复向民众说明，取得民众的支持，顺利推行下去。

初六：进退，利武人之贞。

【译文】

进退不决，宜于武人正固。

象曰：进退，志疑也。利武人之贞，志治也。

【译文】

进退不决，是心志游移。宜于武人正固，是心志应该得到正治。

【精解导读】

“进退”是优柔寡断。《说卦》讲巽“为进退”“为不果”，进退游移，行为不果决。初六在两巽之下，进退不决，举棋不定，故“利武人之贞”。“武人”是军人，“贞”是坚定，乾文言说“贞者，事之干也”，“正固足以干事”。君子有君子之道，武人有武人之道。武人之道就是坚定果决，敢打必胜。《左传》襄公十二年：“夫武，禁暴、戢兵、保大、定功、安民、和众、丰财者也。”《经籍纂诂》引《周书》谥法说：“刚强理直曰武，威强叡德曰武，克定祸乱曰武，保民犯难曰武，刑名克服曰武；戎昭果毅以听之之谓武。”武可补优柔的不足。从象上分析，巽卦从遁卦变来，遁卦下面的两个柔爻，六二上升到四位，互为兑卦（六四→☲>互兑），兑为虎，故言“武人”。初六居下未动，故言“贞”。履卦六三说“武人为于大君”，可与这一爻联系起来看，兑为“武人”（履六三→☱>兑）。象辞说：“进退，志疑也。”意思是说初六进退不定是心志游移。象上指，初六在遁卦原与九四正应，九四在卦变中换位，初六心志游移。又说“利武人之贞，志治也”，意思是说利于武人正固是心志得到正治。象上指自己的正应推移而初六坚定不动，心志稳定。

九二：巽在床下，用史巫纷若，吉，无咎。

【译文】

进入床下，用祝史巫觋祝告，意见纷纷扬扬，吉祥，没有咎害。

象曰：纷若之吉，得中也。

【译文】

意见纷纷扬扬而能吉祥，是取了中肯的意见。

【精解导读】

“巽”是进入隐伏，“巽在床下”是钻进床下隐伏起来。《周礼春官·大史》下疏：“案其职云：‘读礼书，祭之日，执书以次位常。’是礼事及鬼神之事也。”《司巫》下疏：“案其职云，若国大旱，则帅巫而舞雩，亦是事鬼神之事。”古代的太史、司巫都相当于神职人员，无非是祭祝祓祷、歌舞降神，用以祈福禳灾。“纷若”是多而纷乱的样子。爻辞的意思是说，自己钻到床下隐伏起来，让巫觋祝史乱纷纷地请神祓禳。最后没有什么了不得的事，吉祥而无咎害。从象上分析，虞翻说巽为木、为床。从剥卦中印证，虞氏的逸象可从，九二是卦变中从四位下来的一爻，进入下卦巽里，故言“巽在床下”。遁六二与九四换位，从初至四成为正反兑象（九二→正兑反兑），兑为口，口多而杂，故言“用史巫纷若”。在下卦中位，故“吉无咎”。象辞说“纷若

之吉，得中也”，强调九二的中位，正是象辞说的“刚巽乎中正”那一爻，有中正之道，可保吉而无咎害。

九三：频巽，吝。

【译文】

频频申命，有吝难。

象曰：频巽之吝，志穷也。

【译文】

频频申命的吝难，是心志困穷。

【精解导读】

“频巽”的基本意思是频繁地申命。如同说朝令夕改，政令多变。“频”，前人有讲成颦蹙不安的，这与象不合。坎卦的六三是“来之坎坎”，巽卦九三是“频巽”，象上指的是上巽下巽、频频而巽，“频”的基本义只能是频繁多次。巽可以是人，可以是伏，可以是风，但从取义上说，主要是申命。“申命”是把同一个命令三令五申，“频巽”则是频繁地更改政令而三令五申。象辞说：“频巽之吝，志穷也。”心志困穷才会频繁更改政令，心志坚定就会一令至终。象辞以“穷”释“吝”。

六四：悔亡，田获三品。

【译文】

忧悔消亡，田猎获得三种猎物。

象曰：田获三品，有功也。

【译文】

田猎获得三种猎物，有功绩。

【精解导读】

“三品”前人有两种讲法：其一认为“三品”是三种动物；其二认为三品是三等猎物，即比卦九五提到的射中心脏为上杀，射中腿的为中杀，射中腹的为下杀。比较起来，《周易》里的“品”多作种类解，讲成三种好一些。从象上看，虞翻说“田谓二也，地中称田”。意思是说九四从遁的六二升上去，二是田位（乾九二“见龙在田”），故称田。巽为鸡，互兑为羊（六四→☴>互兑），互离为牛（六四→☴>互离），故言“田获三品”。象辞说“田获三品，有功也”，指九四推移是升进，又猎取得三种禽兽，是打猎有功绩。

九五：贞吉悔亡，无不利。无初有终。先庚三日，后庚三日，吉。

【译文】

正固吉祥，忧悔消亡，没有不利。没有善始，却有善终。庚日的前三天、后三天，吉祥。

象曰：九五之吉，位正中也。

【译文】

九五的吉祥，是因为位置中正。

【精解导读】

“贞吉悔亡，无不利”中，“吉”属于兆辞。九五在全卦的尊位，居中得正，故能“正固吉祥，忧悔消亡”，没有任何不利。“无初有终，先庚三日，后庚三日”，要与蛊卦的“终则有始”“先甲三日，后甲三日”对比起来分析。“无初有终”与“终则有始”相互发明。“甲乙丙丁戊己庚辛壬癸”十位天干纪日，甲是十干之首，故蛊卦说“终则有始”。“庚”不是十干之终，这里说“无初有终”，显然“终”指“后庚三日”的辛壬癸，癸是十干之终。先庚三日是己戊丁，不是始，这是就巽卦取象。巽的究卦是震，震的究卦是巽，按纳甲原理，震纳庚，震前变三爻是巽，震后变三爻还是巽，上下皆巽，故言“先庚三日，后庚三日”。从取义上说，是指庚前的丁戊己三天、庚后的辛壬癸三天吉祥。象辞说“九五之吉，位正中也”，是说

九五的吉祥，是因为位置中正，主要强调九五的中位。

上九：巽在床下，丧其资斧，贞凶。

【译文】

进入床下，失去资财器用，正固有凶。

象曰：巽在床下，上穷也。丧其资斧，正乎凶也。

【译文】

进入床下，是处在上穷的位置上。丧失资财器用，是正在凶中。

【精解导读】

“资斧”，前人有讲成“黄钺”的。毛奇龄说：“巽固无碍，恐旅人不宜有耳。”意思是说：“资斧”在旅卦的九四爻辞里也出现过（见旅卦），如果把资斧说成是黄钺，在巽卦可以说得通，但对于行旅的人就不合适，从《周易》的前后一致性上考虑，不应当把主要意思讲成黄钺。古代的大将手把黄钺，受命专征，“黄钺”是一种大斧、长兵器，表示代天征伐的信物，大将出征用作仪仗。行旅的人不应当有。毛氏的讲法有道理。但在毛氏之前的典籍中，也有把资斧当成黄钺来使用的。如《梁书·武帝纪》：“今资斧所加，止梅虫儿、茹法珍而已。”应当知道来自《周易》。从

《周易》本身看，“资斧”的基本义应当是行旅在外所需的资财器用。如占筮带兵打仗，也可以理解为失去黄钺兵权。从象上分析，巽从遁变来，在遁卦里只有上九与九四不能正应（遁 上九 九四 ☰ 应位不应），卦变中九四与六二换位也只能牵动初六和九五，上九没有变动的条件，本无关系可言，它是随着别的爻推移而进入巽卦，正如兑卦的初九（见兑卦）是和兑一样。九二是卦变中的主爻，九二是“巽在床下”，上九是随着进入床下，故言“巽在床下”。上九在巽里，巽为富有，下有互离（上九→☲＞互离），离为戈兵，故为斧。拥有资斧，因为位处穷极保不住而“丧其资斧”。象辞说“巽在床下，上穷也”，指出上九孤立无援，穷处于上，前进无路。“丧其资斧，正乎凶也”，指出上九不知变通，正处在凶中。“贞”是正固不知变通。

【提示】

《说卦》里讲巽“其究为躁卦”，又说震“为决躁”，“其究为健、为蕃鲜。”虞翻说：“震究为蕃鲜、白，谓巽也。巽究为躁卦，躁卦谓震也。”考之《说卦》巽为“絜齐”，虞氏的讲法可从。“究”是终，指卦变到最后成为反象，震变到最后成为反象为巽（震☳三爻全变成巽☴），巽变到最后成为反象为震（巽☴三爻全变成震☳）。“究”指的是一步步变来变到终究。《说卦》讲“震为决躁”，又说巽“其究为躁

卦”，指的是巽的究卦是决躁的震卦。又说“震其究为健、为蕃鲜”。健是乾卦，震的究卦不是乾，而是巽。那么震“其究为健、为蕃鲜”应当怎样理解呢？应当把“其究为健、为蕃鲜”看成是意思贯通的一句话，不要分开讲，指的是震向最后变的过程。震☳←第二爻变为☱兑，☱←第三爻又变为☰乾（健），☰←下爻再变为☴巽。巽是万物鲜絜整齐，“蕃鲜”指的是巽卦。“其究为健、为蕃鲜”的正确解释是：震卦的究卦是经过变成健卦再变成蕃鲜的巽卦。《说卦》是想提示一下向究变的过程，乾是震卦变到终究巽的最后一个环节，并不是乾是震的究卦。很多人在讲《说卦》时，没有把这句话连读下来，误会成两种意思，认为震的究卦是乾，震的特性是蕃鲜，这就无法说通。应当把它与巽“其究为躁卦”联系起来共同理解，不要脱离《说卦》的语言环境，孤立地去解释。总之，震的究卦是巽，巽的究卦是震，乾的究卦是坤，坤的究卦是乾。此外，坎与离、兑与艮也是互为究卦的关系。在这一卦的九五爻辞里说“无初有终，先庚三日，后庚三日”，从取象上说，指的是没有变成究卦的震作为初，却有变震为究的巽卦作为终。震纳庚，震的究卦巽是震前变三爻，又是震后变三爻，怎么变也是巽，所以是震的前三天、后三天。

五十八 兑——言谈喜悦

䷹

兑的卦画组合为兑（☱）下兑（☱）上，兑为泽。《序卦》云：“入而后说之，故受之以兑。兑者，说也。”意为：进入其中之后才会喜悦，所以在表示进入的巽卦之后接着是兑卦。兑是喜悦。古代“说”，既是言说的说，又是喜悦的悦。《说卦》云“说言乎兑”，说是言谈喜悦。所以象辞又提到“朋友讲习”。《论语》里讲：“有朋自远方来，不亦说乎!”朋友在一起讲习，把一些疑难讨论明白，心里畅快而喜悦。要把言说与喜悦联系在一起去理解“说”的词义。《杂卦》云：“兑见而巽伏。”意为兑卦是显现出来，巽卦是隐伏在内。综合《序卦》《杂卦》的说法，兑是言谈喜悦而表现于外。

兑是巽的覆卦，巽的卦画倒置就是兑卦。巽卦由遁变来，兑卦是由遁的覆卦大壮变来。虞翻说：“大壮五之三也。”意思是说大壮的六五下到三位就变成兑卦。实际上是大壮的六五与九三交换了位置，即：大壮（六五、九三）䷡两爻换位，变䷹兑。六三爻辞有“来兑”，可

证六三确是由五位下来到了三位，虞翻的卦变之说有据可凭。

兑，亨利贞。

【译文】

兑卦，亨通，有利，正固。

彖曰：兑，说也。刚中而柔外，说以利贞。是以顺乎天而应乎人。说以先民，民忘其劳；说以犯难，民忘其死。说之大，民劝矣哉！

【译文】

兑是喜悦。内心刚健外表柔顺，说通了并让人喜悦才利于正固。因此能顺应天道人心。先说服了民众，民众才会忘却劳苦；心悦诚服地去涉难历险，民众才会舍生忘死。说服而喜悦的重大意义，是民众可以勉力去干啊！

象曰：丽泽兑，君子以朋友讲习。

【译文】

大泽与大泽附在一起就是兑卦。君子从中得到启示，朋友之间要相互讨论研习。

【精解导读】

“元亨利贞”是卦的四德，兑卦占了三德。“亨”是亨通，“利”是有利，“贞”是正固。比乾卦只差一个“元”，兑是一个比较好的卦。

彖辞从四个方面作了说明。（一）解释卦名。“兑，说也”，兑是喜悦，说通了心情畅快而喜悦。从彖辞后面的话分析，作者是在强调说服教育而使人心悦诚服，意为凡事不可勉强人家去干。（二）从卦象上说明兑卦。“刚中而柔外”，指的是三爻的兑卦三，刚爻在中间，柔爻在上外。《周易》例是下内上外。两个兑卦都是如此。从取义上说，人能内心刚健外表柔和，与外强中干、色厉内荏相反，符合做人的原则。内心刚健，办事不屈不挠，待人接物柔和才能善与人处。兑卦具有这样的长处，这是“亨利贞”的原因之一。（三）从卦的特性上说明卦辞“利贞”。“说以利贞”，指兑的特性为说。说服了人，才能干事有效益；心悦诚服，人的意志才能坚定不移。有效益就是“利”，坚定不移就是“贞”。（四）推阐兑卦的意义。“是以顺乎天而应乎人”，意为这样才能顺应天道人心，所以才亨通利贞。要想使人心悦诚服就得符合天道，自己不违背真理。不合天道就不可能服人。要说服人就得顺应人心民意，不合人心民意也不能服人。顺应天道人心是使民众心悦诚服的前提。“说以先民，民忘其劳；说以犯难，民忘其死。说之大，民劝矣哉”，这是讲说服教育

的重大意义。在办事之前，先向民众做好说服动员，民众心悦诚服，就会忘却劳苦，和你一道努力去完成。只要民众心悦诚服，再大的险难，民众也会冒着生命危险去干。兑卦所具有的重大意义，在于可使民众自我激励，自觉地下死力去干。“劝”是勉励的意思。“民劝矣哉”是民众会自己努力去干，不必强迫。

象辞说明上下卦象的组合，“丽泽兑”，“丽”是附丽。上卦兑为泽，下卦兑也是泽，大泽与大泽附丽在一起，相互连通，这就是兑卦。“君子以朋友讲习”，是说君子从两泽相连，流通互补中得到启示，也要相互滋益，朋友之间讨论研习，相互启发而不断提高。

初九：和兑，吉。

【译文】

和同喜悦，吉祥。

象曰：和兑之吉，行未疑也。

【译文】

和同喜悦，是行动而不疑忌。

【精解导读】

这一爻可与巽卦的上九联系起来分析。兑卦从大壮变来，大壮除初九与九四不能正应外，其他四爻皆

有正应，大壮变为兑卦，六五与九三换位，也只能牵动九二和上六（大壮九四刚初九刚☱两刚不应），与初九没有纠葛。初九是随着其他爻的推移进入兑卦，故言“和兑”。“和兑”是一同变成兑卦。“和”是相互唱和、鸣和。一唱一和，关系协调一致。成为兑卦，初九在下卦兑里，兑为口，可鸣可唱；上卦又是兑，也可唱可鸣。上唱下和，故言“和兑”。从取义上说，“和兑”是和同喜悦，所以“吉祥”。象辞说：“和兑之吉，行未疑也。”指初九与九四本有疑忌，爻变推移，全卦六爻都变得没有正应，初九的疑忌也随之消失。

九二：孚兑，吉。悔亡。

【译文】

诚孚的喜悦，吉祥。忧悔消亡。

象曰：孚兑之吉，信志也。

【译文】

诚孚喜悦的吉祥，是因为心志诚信。

【精解导读】

大壮卦九二与六五是正应关系（大壮六五柔九二刚☱阴阳正应），大壮变兑，是九二的正应六五下来到了三位，与九二相比在一起，九二诚心希望六三的来临，故为

“孚兑”。“孚”是诚信。从取义上说，“孚兑”是心悦诚服而喜，所以吉祥。“悔亡”指九二本可与六五换位升往五位，因六五主动下来应和自己，而没有上往的忧悔可以消亡。象辞说：“孚兑之吉，信志也。”以“信”释“孚”。“志”指正应相应和的心愿，正应六五下来应和，九二心志诚信，故能吉祥。

六三：来兑，凶。

【译文】

来求喜悦，凶。

象曰：来兑之凶，位不当也。

【译文】

来求喜悦凶，位置不当。

【精解导读】

兑从大壮变来，大壮的六五下到三位成为六三。爻从上向下推移而来，下来成为兑卦，故为“来兑”。从取义上说，来而求悦，是上门讨人家喜欢、巴结奉承之象。王宗传说：“左右逢迎，惟以容说为事，此小人之失正者，故于兑为凶。”象辞说：“来兑之凶，位不当也。”主要指六三下来凌驾在刚爻九二之上，用《周易》的术语说是乘刚。没有把自己的位置摆正，又

离开了中正之道，故招致凶灾。

九四：商兑未宁，介疾有喜。

【译文】

协商和悦，还不安宁，隔去疾病有喜庆。

象曰：九四之喜，有庆也。

【译文】

九四的喜，是有喜庆。

【精解导读】

九四在上下兑之间，上兑为口为言，下兑为口为言，是两方谈判协商之象，故为“商兑”。取义是商量而和悦。爻辞取象，在八纯卦里一般是在三位取上下相重之象。如乾的九三“终日乾乾”，巽的九三“频巽”，坎的六三“来之坎坎”。兑卦因为六三是卦变推移的一爻，故在九四取两兑相重之象。两兑相重，言说不定，故“未宁”。在大壮卦里，九四与初九不能正应，本有疑疾，变为兑卦，六爻均无正应，九四的疑疾也随之而去。“介”是隔开的意思。卦变为兑，兑为悦，故言“介疾有喜”。象辞说：“九四之喜，有庆也。”以“庆”释“喜”。九四从独自无应变得与全卦一同为兑悦，故有喜庆。

九五：孚于剥，有厉。

【译文】

诚孚于剥退，有危厉。

象曰：孚于剥，位正当也。

【译文】

诚孚于剥退，是位置正当。

【精解导读】

爻位处穷极称“剥”。如剥卦（䷖←上九）上九被五柔剥蚀，爻辞谓之“小人剥庐”。所以，“剥”指的是上六。卦由大壮变来，九五原是大壮的九三，与上六正应。卦变中升到五位，与上六比邻在一起，故言“孚于剥”。正如九二的“孚兑”，指六三“来兑”而孚。从取义上说，剥是被剥退、剥落、剥蚀，“孚于剥”是被衰退的人信赖，故有危厉。象辞说：“孚于剥，位正当也。”指九五虽与上六比邻相孚，但刚爻占据上卦中位，又当尊位，位置正当，仅有危厉而不至于凶。

上六：引兑。

【译文】

引来喜悦。

象曰：上六引兑，未光也。

【译文】

上六引来喜悦，还不光大。

【精解导读】

兑卦由大壮变来，爻的推移运动是三爻与五爻置换，从而成为兑卦（大壮䷡九三与六五换位）。在大壮卦里上六与六五共同处于被刚爻剥退的地步，变成兑卦，上六之下是自己原来的正应九三升到五位，如同上六把九五拉上来一般，故九五是“孚于剥”，而上六是“引兑”。“引”是拉的意思。如果用人事关系比喻，上六如同是引荐接班人的离退官员，九五如同是接班的被引荐对象，因为原有正应关系才被拉了上来。从取义上讲，“引兑”则是引来喜悦。象辞说：“上六引兑，未光也。”“光”是光辉广大，上六引来的是自己的正应九三，所以其道还不足以称得上光辉广大。

【提示】

兑卦如果讲卦主，应当说六三是卦主。找出卦主是为了对全卦有一个整体统一的分析。卦主的观点是

由王弼提出来的。王弼在《周易略例》里说："夫少者，多之所贵也；寡者，众之所宗也。一卦五阳而一阴，则一阴为之主矣；五阴而一阳，则一阳为之主矣。夫阴之所求者阳也，阳之所求者阴也。阳苟一焉，五阴何得不同而归之。阴苟只焉，五阳何得不同而从之。故阴爻虽贱，而为一卦之主者，处其至少之地也。"意思是说：少数总是被多数视为珍贵，寡者总是被众者看作宗主。一卦之内如果有五个阳爻一个阴爻，那么阴爻就成为全卦的卦主，反之，如果有五个阴爻一个阳爻，阳爻就成为全卦的卦主。因为阴所追求的是阳，阳所追求的是阴，阳爻如果只有一个，五个阴爻怎么能不共同归附于它；阴爻只有一个，五个阳爻又如何能不共同来跟从它。所以说，阴爻虽然卑贱，而能成为全卦卦主的原因，是居于全卦最少的地位。王弼只是论述了五阴一阳或五阳一阴的卦里的卦主，而这样的卦在《周易》里只有十二个，其余的五十二卦里有没有卦主，他没有提及，我们也不好把一些推想出来的意思强加给他。然而，王弼之后的一些易学家却往往要在六十四卦里每卦都找出一个卦主，这就不必再看成是王弼的主张。后人说的卦主往往指的是全卦中最关键的一爻。这一爻有的在彖传中有所提示，有的在彖传中找不出依据。这就往往会因为各人理解的不同而把卦主找得不一致。从《周易》内部分析，称为卦主未必合适，但各卦确可以有一个主要的一爻。王弼只注意了数量的多少，没有顾及卦变，其实主爻常

常出现在推移的那一爻上，是因为爻的推移才使该卦出现，所以各爻往往会表现出与主爻的某种关系。其次才可考虑数量多少、位置的尊卑、是不是在中位等因素。比如这一卦是从大壮变来，是大壮的九三与六五换位变成兑卦的六三和九五，主爻只能在这两爻中去找，六三在全卦的刚柔爻中属少数的柔爻，所以六三是全卦的主爻。六三的推移必然要涉及应位的上六；因为原在五位，又必然会涉及五的应位九二，这样即可看出全卦四爻之间的错综关系，对全卦有一个统一的认识。

另外，兑卦是八纯卦之一，属六十四卦里八个基础卦之一，对它应当有一个比较深入的认识。兑卦主要讲“说服”工作的重要性，用我们今天的话讲，就是政治思想工作的巨大作用。《周易》里讲刑狱，也讲说服；有强制，也有引导。后人讲的恩威并用，或仁政、力政，王道、霸道等统治术，《周易》里已经明确认识到了。此外，说服是靠语言的，有了正确的道，语言会变成巨大的物质力量，所以孔子一再强调“辞”的重要。

五十九　涣——坚冰消融

䷺

涣卦的卦画组合为坎（☵）下巽（☴）上，传统称作风水涣。《序卦》云："说而后散之，故受之以涣。涣者，离也。"意为：说通而喜悦之后疑惑消散，所以在兑卦之后接着是涣卦。涣是离散的意思。《杂卦》云："涣，离也。"与《序卦》说法相同，涣是离散。《说文》："涣，流散也。"《诗·郑风·溱洧》："溱与洧，方涣涣兮。"传："涣涣，春水盛也。"笺云："仲春之时，冰以释水，则涣涣然。""涣"是涣然冰释、解冻的意思，所以字从水。象辞说"风行水上"，看来主要指春风解冻。兑卦与涣卦是在什么样的意义上联系在一起的？是说开了，心中的壅滞消散。《正义》在解释《序卦》时说："涣者，发畅而无所壅滞，则殊趣各肆而不反，则遂乖离也。"显然，前半句是涣的原有意思，后半句是引申出来的意思。前人一概把离散讲成是团结的反义词，这不大全面，涣的卦名含有坚冰解冻、化解壅滞、离散分披几层意思。

虞翻说："否四之二。"意思是说，涣卦是在否卦

的基础上变化而来，是否卦的九四来到二位，即：否䷋九四与六二交换位置，变䷺涣。涣卦与下一卦节是正覆象，即：涣䷺整卦上下倒置，为䷻节卦。

涣，亨。王假有庙。利涉大川，利贞。

【译文】

涣卦亨通。君王来到宗庙。有利于渡过大川险阻，利于正固。

彖曰：涣亨，刚来而不穷，柔得位乎外而上同。王假有庙，王乃在中也。利涉大川，乘木有功也。

【译文】

涣卦亨通，刚爻下来而不穷困，柔爻得到适当的位置与上面的刚爻和同。君王来到宗庙，是君王在中位。有利于涉过大川险阻，是乘着木舟有济渡之功。

象曰：风行水上，涣。先王以享于帝，立庙。

【译文】

春风吹行到水面上，这就是涣卦。先王从中得到启示，享祭天帝，设立宗庙。

【精解导读】

涣卦是在否卦的基础上变化而来，否卦天在上、地在下，天地悬隔互无往来，变涣，九四、六二刚柔爻对流，故亨通。从否变来之卦都可言“亨”。其具体理由，彖辞里有说明。“王假有庙”是说君王到了宗庙，“假”读如“格”，义同“至”。到宗庙是祭祀天地祖先，主要是因为涣卦是观卦的下卦中位，从上乾中来了一个刚爻（涣九二→☵、观☷），观是大艮☶，艮是门阙，观是宗庙之象（见观卦）。“利涉大川”是说有利于涉过艰难险阻。大川犹如天堑，形成阻隔。“利涉大川”是形势有利，可以渡过这样的天堑。“利贞”是利于正固，因为中位都是刚爻。

彖辞从三个方面做了说明。（一）说明涣卦为什么亨通。“涣亨，刚来而不穷，柔得位乎外而上同”，指否卦变涣卦是否卦的刚爻九四与柔爻六二交换了位置，涣卦的九二原是否的九四。在否卦的上乾里，如果柔爻在下边生长，上乾的刚爻处在被剥退的境地，趋势是上穷。卦变中下来到了二位，缓解了上穷的趋势，故说是“刚来而不穷”。“不穷”是从困境中走出来。“柔得位乎外而上同”指六四的推移，六四把下卦的中位让给刚爻九二，上往四位，柔爻居柔位是得位，由内卦上往外卦，故为“柔得位乎外”。否卦本来是柔长刚退的卦，涣卦的柔爻六四上往与上面的刚爻组成一体，同命运共患难，故言“上同”。刚爻与柔爻的推移

各得其所，故卦能亨通。这是从卦变上说明卦辞“亨”。（二）“王乃在中也”，解释卦辞“王假有庙”。否卦的上乾为君王，变涣之后乾的九五占据上卦中位，乾分出一个刚爻到了下卦中位，故言“王乃在中也”。两中成为正反震相对之象（
），是对称的二篮之象，故为“王假有庙”。（三）“乘木有功也”，从上下卦象的组合说明卦辞“利涉大川”。指下卦坎为水，上卦巽为木，木在水的上边，是乘着木船渡水。因为有船可凭，所以很容易成功地渡过大川。

象辞换了一个角度说明上下卦象的组合。“风行水上，涣”，指上卦巽为风，下卦坎为水，春风吹行在水面上，坚冻消融，涣然冰释，所以才称涣卦。“先王以享于帝，立庙”，是说先王看到这样的卦象，从春风解冻中受到启示，给人们树立一种信仰，消除人们心中的壅滞，要设立宗庙，祭祀天帝。古人认为，对天帝宗庙的服从是人们政治上的信仰。要说我们国产的宗教，最古老的是对天帝祖先的崇拜，其次才轮得上孔教、道教等。

初六：用拯马壮，吉。

【译文】

用以拯救的马强壮，吉祥。

象曰：初六之吉，顺也。

【译文】

初六吉祥，是因为柔顺。

【精解导读】

“拯”，《子夏传》作“抍”。这句爻辞在明夷六二的爻辞中出现过，“夷于左股，用拯马壮，吉”。是说左大腿受了伤，用马来拯救，马强壮而获吉。这里也是用马来拯救急难，马很强壮，吉祥。明夷六二（六二→䷗>坎）与此爻同处在坎卦的下位，取象相同。初六在坎下，坎为险难，又为美脊马，可以骑出去脱离险难。从取义上来讲，是说能化险为夷，获得吉祥。象辞说：“初六之吉，顺也。”直接讲，初六是柔爻，故柔顺。从卦变上说，初六原在否的下坤，坤为顺，九二下居中位，初六顺从。明夷六二的象辞说“六二之吉，顺以则也”，是顺从法则，指坎为水，水平，故可为法则。两爻可对比起来分析。

九二：涣奔其机，悔亡。

【译文】

离散后奔向几案，忧悔消亡。

象曰：涣奔其机，得愿也。

【译文】

离散后奔向几案，得其所愿。

【精解导读】

“机”虞翻解为“凭机”，是古人席地而坐所用的矮脚长条桌子，也称作“案”。古人的日常起居，常把手臂靠在几上，把头托住，用以小憩。《十三经注疏》沿用这个讲法。“机”是凭依之物，字可通“几”。《周礼》的“五几”，都作“机”。“涣奔其机”是说离散之后奔向几案，找到了依托。“悔亡”是忧悔消亡。从象上分析，九二是否卦的九四从上乾中分离出来奔向二位，故言“涣奔”。来到下坤中位，坤顺可依，上互艮手（九二→☶>互艮），故为“机”。

象辞说“涣奔其机，得愿也”，指否的九四原与初六正应，来到二位与初六相比，心愿得到满足。爻辞的意思是说，在分奔离散之中自己找到了依托，身处忧患，而忧患消亡。

六三：涣其躬，无悔。

【译文】

涣散自身，没有忧悔。

象曰：涣其躬，志在外也。

【译文】

涣散自身，心志在外。

【精解导读】

“躬”是自己本身，“涣其躬”是涣散了自己。从象上说，六三原在否卦的下坤，坤为母，故为身，在涣卦，故言“涣其躬”。“无悔”是没有忧悔。从取义上讲，“涣其躬”是自己涣散，不是有人施加外力才致使涣散。前人讲这一爻联想到很多，有说是疏财济时的，有说是自动解散自己那个小团体的，等等，联想没有违背爻辞的基本意思，但爻辞只提供了自我涣散的意思。

象辞说：“涣其躬，志在外也。”“外”指外卦，从应的关系上看，全卦只有六三与上九正应，六三是志在外卦的上九。六三自己希望离开内卦到外卦去。

六四：涣其群，元吉。涣有丘，匪夷所思。

【译文】

涣散群类，大吉大利。涣散后聚为大丘，不是常人能想到的。

象曰：涣其群，元吉，光大也。

【译文】

涣散群类，大吉大利，是更加光辉广大。

【精解导读】

丘是高大的山丘。多聚才能高大如丘。“丘”是众聚。程传说：“丘，聚之大也。”再如“師（师）”字从“自”，意为众，就是取“自”有高丘的意思。“涣其群”是解散了群类，“涣有丘”是涣散而又有大聚。朱鉴《朱文公易说》记朱熹的话说：“涣其群乃取老苏（见下）之说，是散了小小的群队，并作一个。东坡所谓合小以谋大。”意思是把小团体解散，组成了一个大的群体。“涣其群”是解散小团体，“涣有丘”是解散小团体后聚成一个大的社会群体，故言“元吉”。“匪夷所思”中，“夷”是平常，意为不是平常所想象的那样。因为其中有聚与散相互依存的辩证关系，道理深奥，按一般的思维方式想不到此。从象上分析，涣卦是从否卦变来，否卦上乾下坤，刚爻聚在上，柔爻聚在下，是分开的两个群体。涣卦的六四原是否卦下坤的中爻，上到四位，把柔爻群体的中心抽取出来，如同解散了柔爻的小群。这是“涣其群”。上到四位，象辞说是“上同”，互卦成艮（九二→☶>互艮），艮为山丘，这又是“涣有丘”。六四爻位的推移，促成全卦阴阳的交流，故为“元吉”。分离了小团体而使全卦聚为一个刚柔相错的大团体，故云“匪夷所思”。象辞说“涣其

群，元吉，光大也”，意思是经过“刚来而不穷，柔得位乎外而上同”的变化，全卦由否塞变为“涣亨”，光大了，故大吉大利。

九五：涣汗，其大号涣，王居，无咎。

【译文】

涣汗，大号令涣汗，君王居位，无咎害。

象曰：王居无咎，正位也。

【译文】

君王居位无咎害，因为位在中正。

【精解导读】

“涣汗”是叠韵连绵词，连绵词往往是一个词素构成的词，前人常常把它拆开讲，所以经常出问题。比如把“涣汗”讲成人出汗，汗出来后不再返回体内。其实，“涣汗”是水浩瀚无涯际的盛大样子，不能拆开讲。“大号”是大的号令，“其大号涣”如同说“其大号涣汗”，是说号令发布面广。“王居”是“君王居位”，旧读以“涣王居”断句，象辞就不这样读，象辞是“王居无咎”。从象上看，全卦是“风行水上”，水面平广，散布无际，故言“涣汗”。九五在尊位为天子。卦变前上卦是乾，乾为君；卦变之后上卦成巽，

巽为号令，是君王的号令，故言“大号”。天子的号令传布天下，故言“其大号涣”。九五始终占据尊位，故言“王居无咎”。象辞说：“王居无咎，正位也。”指出九五在中正的位置上，不会有咎害。要而言之，这一爻不是讲出汗，也不是“涣王居”，而是君王的号令散布广大，君王居于正位，没有咎害。

上九：涣其血，去逖出，无咎。

【译文】

涣散血害，离去远出，没有咎害。

象曰：涣其血，远害也。

【译文】

涣散其血害，是远离伤害。

【精解导读】

象辞用“害”来解释“血”，可见“血”是流血受伤。“去”是离开，“逖”象辞解为远。爻辞意为，散去伤害，远离而去，没有咎害，是说离伤害很远，不会有血灾。从象上看，下卦坎为血、为险，上九与坎的六三正应，与血、险有关系，只是因为上九在全卦的外上，与坎卦距离较远，又在涣卦之中，所以才脱离了血、险，涣离而去。这一爻是从血光坎险中脱

身，高去远走，受不到伤害。象辞说“涣其血，远害也”，指出上九从血害中远离而去。

【提示】

前人对涣卦的整体解释比较混杂，有人讲成是天下离乱，人心溃散；有人又讲成是焕然光辉，文采斑斓；还有人讲成洪水泛滥，怀山襄陵，等等。但从卦爻辞中看不出一定有这些意思。讲得平实一些，删去那些与卦爻辞没有必然联系的内容，更符合《周易》的广泛适用意义。另外，《系辞·下》里说：“刳木为舟，剡木为楫，舟楫之利，以济不通，致远以利天下，盖取诸涣。”意思是说：古人挖空大树做成船，砍削木头做成楫，有船有楫，渡过大水的阻隔，可到达远方，方便天下之人，大概是从涣卦中取象。这些话可以帮助我们理解卦辞的“利涉大川”。象辞讲的“乘木有功”，“木”正指的是“舟楫”。那么，有些卦提到的“利涉大川”，不一定取象于坎为水，也可能取象于巽，巽为木、为风，风吹船行就可“利涉大川”。比如益☴卦卦辞说“利涉大川”，就是因为下震为行，上巽为风和船。中孚☴卦卦辞说“利涉大川”，则是因为下兑为泽，泽也是大水，上巽为风和船等。有的人一见到“利涉大川”，就一定要找出坎的象来，在辨象上就陷于被动。

六十　节——信约节止

䷻

节卦的卦画组合为兑（☱）下坎（☵）上，传统称作水泽节。《序卦》云：“物不可以终离，故受之以节。”意为：事物不可以长久离散下去，所以在表示离散的涣卦之后接着是节卦。这是把节当成节止讲的。《杂卦》云：“涣，离也；节，止也。”意为：涣是离散，节是节止。

节是涣的覆卦，涣由否变来，节由否的覆卦泰变来。虞翻说“泰三之五，天地交也”，意思是说：节卦是在泰卦的基础上变化了的形态，是泰卦的九三上升到五位，也就是泰卦下乾天、上坤地的交流，即：泰六五九三䷊九三与六五交换位置，变䷻节。彖辞说“刚柔分而刚得中”，证明虞氏的说法可从。

节，亨。苦节不可贞。

【译文】

节卦亨通。苦苦节止，不可以正固。

象曰：节亨，刚柔分而刚得中。苦节不可贞，其道穷也。说以行险，当位以节，中正以通。天地节而四时成。节以制度，不伤财，不害民。

【译文】

节卦亨通，刚爻与柔爻的群体分离而刚爻取得中位。苦苦节止不可以，因为道处穷困。喜悦而能行险，当位而能节止，中正而能通顺。天地有节止才形成四季。用制度来节止，就可以不损伤财物，不祸害百姓。

象曰：泽上有水，节。君子以制数度，议德行。

【译文】

大泽上有水就是节卦。君子从中得到启示，要制定数量上的限度，评议人的道德行为。

【精解导读】

《系辞·下》里说："《周易》，穷则变，变则通，通则久。是以自天佑之，吉无不利。"彖辞又说"苦节不可贞，其道穷也"，"中正以通"。可见，"苦节"就是"道穷"，"不可贞"就是要变，变得中正就亨通。节卦亨通就是因为从泰卦变来。否卦是阳气上浮，阴气下降，越离越远，故为否塞。泰卦是阳气下流，阴气上流，故为通泰。通泰是因为阴阳的交流。然而，

泰卦是下乾天、上坤地，阳气全部流下，阴气全部上浮，又失去了交流的意义，走到了另一个极端，又须重新变化取得交流，才能通达。节卦由泰变来，泰卦的刚爻九三返而上行，柔爻六五返而下行，由泰极而变，穷极而通，故言“节亨”。如果泰极而不能重新交流，也会在另一个极端上与否卦一样道穷，故云：“苦节不可贞。”“苦节”是穷极而节止太过，苦守不变。“不可贞”是说不可以这样固执不通。太过不是正道。

彖辞从六个方面作了提示性的说明。（一）“节亨，刚柔分而刚得中”，说明节卦为什么亨通。在泰卦（䷊）里，三个刚爻聚于下，三个柔爻聚于上，各自成为小小的群体。变为节卦，三个刚爻中分出九三上到五位，与柔爻交流在一起；三个柔爻中分出六五下到三位，与刚爻交流在一起。这是刚柔爻各自分离出一部分，称作“刚柔分”。形成节卦后，刚爻九二保持下卦中位，九五取得上卦中位，称作“刚得中”。刚柔阴阳交流，中位又都是刚健之爻，所以节卦亨通。（二）说明为什么“苦节不可贞”。“苦节不可贞，其道穷也”，指泰卦已到了刚下柔上的极限，守住不变必然道穷。虽然刚爻要下交，柔爻要上交，但上下到了极处，就必须变通，苦苦守住“刚下柔上”而不变，违背物极必反的规律，所以才讲“苦节不可贞”。“贞”是固守而正。“不可贞”是固守不变不可谓正。“其道穷”指泰卦“刚下柔上”达到极限。以上两点，都是从卦变上说明节卦。（三）从上下卦特性的组合说明节卦。

“说以行险”，指下卦兑为悦，上卦坎为险，组合在一起是“悦以行险”。“行险”与“犯难”义同，正如巽卦彖辞讲的：“说以犯难，民忘其死。”心情舒畅，乐于去干，可以冒死去战胜险难。能顺民意，得人心，遇险可行，这也是节卦亨通的原因之一。（四）从九五占据中位说明节卦。“当位以节，中正以通”，指泰卦的九三上升到尊位成为九五，是大人得位，刚爻居刚位，又在上卦之中，具有刚健的品德，又能以中正之道进行节制，所以卦可亨通。这是“亨”的另一条理由。（五）指出节是自然的正道。“天地节而四时成”，是说天与地的运动因为有所节止，而不是极而不反，才能形成一年的四季。一直热下去没有节止，就不会有冬天；一直冷下去没有节止，就不会有夏天。没有寒暑交替，就不会有春秋。赵彦肃推阐说：“天地之节，播阴阳五行于四时。是故阳复于子、长于巳，而阴节之。阴遇于午、极于亥，而阳节之。二之分也。春木气盛而传之夏，夏火气盛而传之秋，秋金气盛而传之冬，冬水气盛而传之春。四季之月，土气时至，五之化也。故历有章部纪元，岁有春夏秋冬，月有晦朔弦望，日月晨昏昼夜，何莫非节！推而言之，金石丝竹，乐声以和；醯醢盐梅，滋味以适；黼黻丹青，彩色以章；万物尽然，而况于四时乎！”他讲节止才能调节，调节才能和谐，这是自然之理，万物皆然，道理是对的。（六）推阐节卦的社会意义。“节以制度，不伤财，不害民”，这是把自然辩证法推广到社会中

来，天地都要有节止，人类社会也应当有节止。人类社会的节止就是要有制度规定。用制度规定对人的无厌欲望或超越本分的行为进行节制，不浪费财物，不伤害民力。

象辞从上下卦象的组合解释节卦。“泽上有水，节”，是指下卦兑为泽，上卦坎为水，大泽上有水就是节卦。大泽中的水，少的时候就不停地蓄聚，满了的时候就流出去。君子从中得到启示，要制定出数量多少的规定，对各种等级的规格有数量上的限制。比如我们今天讲的“四菜一汤”等，就是数度的规定。这就是“君子以制数度”。“议德行”是说要按有没有节止来评议人的道德行为。“在诸中为德，发于外为行”，道德是内心的修养，行为是道德的外在表现，对这两方面都要看知不知节止。我们在哲学上讲“度”，讲量变质变规律，看来象辞作者对这方面的哲理认识已相当深刻。

初九：不出户庭，无咎。

【译文】

不走出门户庭院，没有咎害。

象曰：不出户庭，知通塞也。

【译文】

不走出门户庭院，是知道闭塞与通达的时势。

【精解导读】

节卦从泰变来，泰卦六爻都有正应。卦变中泰卦九二的正应六五与上六的正应九三交换了位置，牵动了以上四爻的关系（泰六五九二→正应，六五动牵动九二，上六九三→正应，九三动牵动上六）。初九与六四正应（泰六四初九→正应），两爻都没有动，无从牵动，所以六四是“安节”，初六是“不出户庭”。初九没有推移的条件，位在最下，内卦为家，与九二共同前临互艮（九二初九→互艮），艮为门阙，故言“不出户庭”。没有推移的条件而不推移，所以“无咎”。象辞说：“不出户庭，知通塞也。”是指初九的正应六四没动，初九处在闭塞在下的境地，不能走出门户庭院，初九知道自己处在这样的时势中，能明白通塞之理，所以没有咎害。这主要指的是行动，有以下几爻爻辞可以互证。《系辞·上》里讲过这一句说：“不出户庭，无咎。”子曰：“乱之所生也，则言语以为阶。君不密则失臣，臣不密则失身，几事不密则害成，是以君子慎密而不出也。”意思是说：《周易》里说“不出户庭，无咎”。孔子解释说：“祸乱的产生，常常以言语为阶梯。君王不能保密就会失去臣子，臣子不能保密就会招来杀身之祸。事前几微之中不能保密，就会造成失

败，因此君子总是谨慎保密而不出。”孔子把这句爻辞，主要讲成是机密的话不出门庭之外，这样就不会招致咎害。可见爻辞理解起来比较灵活。总之，这一爻是守在家里不出去，没有咎害。也可以引申为能保守秘密，不把话传到门外，没有咎害。

九二：不出门庭，凶。

【译文】

不走出门户庭院，凶。

象曰：不出门庭凶，失时极也。

【译文】

不走出门户庭院凶，是极端失时的原因。

【精解导读】

节卦由泰变来，九二在泰卦中有正应在六五（泰六五九二䷊正应），卦变中六五让出全卦的尊位，与九三交换了位置，九二却没有及时上往五位，已被六五牵动，具备动的条件而不动，所以有凶。从象上分析，九二在内卦，内卦为家；前临互艮，艮为门阙，是死守在家而不走出庭院门户，故言“不出门庭”。“门”与“户”笼统讲没有差别，细分起来，单扇的门称户，双扇的门称门，在字形上有区别（户艮，门門），户是小

门，门是大门。九二是该出大门而不出。象辞说："不出门庭凶，失时极也。"指九二在正应六五牵动了的时势下，还大门不出、二门不迈地死待在家里，所以会"凶"。凶是因为它自己一再丧失动的时机。与上一爻的"知通塞"对比起来分析，九二是太不知通塞。初九是身处闭塞可以不动，九二是身处通达而未动，所以初九无咎，九二有凶。吉凶祸福主要取决于时势的通塞以及个人面对通塞的时势应当采取的行动。

六三：不节若，则嗟若，无咎。

【译文】

不知节止，就会嗟叹，无所归咎。

象曰：不节之嗟，又谁咎也。

【译文】

不知节止造成的嗟叹，又能归咎谁呢？

【精解导读】

"若"是形容性词尾，义同"然"，相当于"……的样子"。"不节若"是不知节止或没有节操的样子。"嗟"是嗟叹，指后悔而悲叹。从象上分析，六三是从泰卦的五位下到三位，五位是上卦的中位，正应在九二，如果一定要动，应当与九二交换，来到下卦中位，保持中道

而行。可惜的是换到三位，失去中正。在节卦里失去中正之道，就是不能以中正之道节止自己，故言“不节若”。来到三位下卦成兑，兑为口，故“则嗟若”。

象辞说：“不节之嗟，又谁咎也。”“咎”是责怪，意思是自己不知节止，从而悲叹，又能怨谁呢？指的正是六三自己推移的位置不对。

六四：安节，亨。

【译文】

安于守节，亨通。

象曰：安节之亨，承上道也。

【译文】

安于守节的亨通，是顺承九五的上道。

【精解导读】

在泰变节刚柔爻流动的过程中，六四无所牵动，安然不动。又在互艮（六四→☶>互艮）里，艮为止，故言“安节”。六四柔爻居柔位，九五刚爻取得尊位，六四柔顺相承，故能亨通。象辞说：“安节之亨，承上道也。”从爻的性质讲，六四本身是柔爻，能柔顺相从。从卦变上讲，上卦本来是泰的坤卦，六四在坤卦里，九五刚爻得位，坤性柔顺能从。九五居上，六四在下

相承，均为顺承于上的象。“上”指六四之上的九五。从取义上说，“安节”是安于守节，也就是安心保持自己的节操。“承上道”是能顺应上级的政令教化。

九五：甘节，吉。往有尚。

【译文】

甘美的节操，吉祥。前往受到崇尚。

象曰：甘节之吉，居位中也。

【译文】

甘美的节操吉祥，是因为居于中位。

【精解导读】

九五是全卦的主爻，从泰的三位升到五位，它的推移，正是彖辞说的“刚柔分而刚得中”“当位以节，中正以通”，是最美好的节。按五行的说法，“土爰稼穑”“稼穑作甘”（见《尚书·洪范》）。九五推移到泰的上坤中，坤为土，故言“甘节”。“甘”是甘美的意思。取得尊位，故吉祥。从下向上推进故为“往有尚”。爻从下向上推移称“往”，“尚”是“上”。从取义上说，九五是向上进升，“尚”是受到崇尚。象辞说“甘节之吉，居位中也”，指出九五推移到上卦的中位，节而能中，无过无不及，故能称为“甘节”而吉祥。

上六：苦节，贞凶。悔亡。

【译文】

苦苦守节，正固不动凶。忧悔消亡。

象曰：苦节贞凶，其道穷也。

【译文】

苦苦守节，正固不动凶，是道路穷困。

【精解导读】

“苦”与九五的“甘”互文见义，不能曲解。“甘”的本义是口中有甘甜的美味，“苦”是味苦。“甘”引申为一般的甘美，“苦”就是苦难。从象上分析，上六在上卦坎里，坎为险难，有苦难，故言“苦节”。在泰卦里，上六本来与九三是正应，而卦变中九三却与六五换位，上六守住穷极之位不动，因此“贞凶”。意思是正固不动有凶。“贞”主要是不动的意思，“悔亡”是说如果知悔而变，凶可消亡。上六主要是不知变通，受到九三的牵动而死守不动，所以有凶。象辞说“苦节贞凶，其道穷也”，指上六处在全卦的最上位，道穷路极，仍不知通塞的时势，苦苦守节，所以有凶。

【提示】

节卦提出“苦节不可贞”，不主张苦苦守节，与后人“守节”的封建伦理观念有天壤之别。《周易》主张人要有所节止，也应当有自己的节操，但同时也反对违背天道人心的人为苦节，这种思想十分可贵。封建社会让女子为丈夫守节，臣子为君王守节，儿子为父亲守节，等等，把这种伦理道德提高到不近人情的地步，背离了《周易》的主旨。在两千余年的封建社会里，人们把《周易》当成经典，却没有人能提出“苦节”来加以批判，反而把“饿死事小，失节事大”等教条奉为圣训，这是一种怪现象。时至今日，大家都来声讨封建伦理观念，却又有人把《周易》当成封建伦理来批判，这不得不说又是一种怪现象。比如《周易》提到的“中”，与孔子的“中庸”思想，原本是一脉相承，“中”无非是要“无过，无不及”，要正确，不要左倾右斜，而前些年我们却大批了一通中庸之道，不知道正确还有什么好批的，难道后人愿意自立于不正确的地位？这些颠来倒去的怪现象，能不能在认真读一下《周易》之后，在我们这样一个具有文明传统的泱泱大国里少出现一些！

节卦较明显地表现出《周易》取象的两大方法：一是卦变，二是爻在推移中的关系。全卦由泰变来，是泰卦的九三与六五交换了位置。九三与上六原是正应关系，九三应当与上六换位，而上六却守住上穷的

位置未动，所以上六是“苦节”，象辞说它是“其道穷也”。九三升到上卦中位，成为全卦尊贵的九五，爻辞是“甘节，吉。往有尚（上）”，象辞说它是“居位中”。六五原与九二正应，六五应当与九二换位，六五动，九二不动，爻辞说九二是“不出门庭”，象辞就说它是“失时极也”。六五离开上卦中位，推移到下卦成为六三，爻辞认为它没有下到二位，说它是“不节若”，象辞说它是“又谁咎也”。六四与初九是正应，两爻在卦变中没有发生位的推移，所以爻辞说六四是“安节”，象辞说它是“承上道”，也就是顺承升上去的九五。初九没有六四的牵动，没有上往的条件，又位处最下，爻辞是“不出户庭”，象辞就说它是“知通塞”。全卦六爻的爻象辞表现得如此严整而有规律，毫无例外，这就不能不承认作者是抓住卦变和卦变中爻的关系两个方面来取象。虽然不能说《周易》里每卦都如此取象，但至少可以证明，这是作者观象系辞的重要方法之一。在分析其他各卦时，也必须考虑作者是否采用了同样的方法。除以上的重点外，我们还可以得出一个结论，《周易》也是我国最早的一本关系学著作。

六十一　中孚——如合符契

䷼

中孚的卦画组合为兑（☱）下巽（☴）上，传统称作风泽中孚。《序卦》云：“节而信之，故受之以中孚。”意为：有符节而后取信于人，所以在节卦之后接着是中孚卦。这里取“节”的符节义。《说文》云：“节，竹约也。”古人把竹板剖开，各持一半为据，合以取信，这种用竹制成的合同契约就是节。“节”是凭据，而“孚”是信。《杂卦》云：“中孚，信也。”与《序卦》讲法一致。要而言之，中孚是符节对合，显然取上下卦对合之象。中间的两个柔爻是符节上的齿，上下卦各为符节的一半，两半的齿相合，故可相信。“中孚”就是中间对合得上而可信。从取义上说，中可讲成内心，中孚是内心诚信。

中孚与下一卦小过是一组变卦，即中孚六爻全部反性变化为小过，即：中孚䷼六爻全变，为䷽小过。虞翻讲中孚的卦变时说：“讼四之初也。”“此当从四阳二阴之例，遁阴未及三，而大壮阳已至四，故从讼来。”意思是说：按卦变的体例，凡是四阳二阴的卦都

应当从遁或大壮变来，而遁卦䷠的两个柔爻还未到三位，大壮的刚爻又越过了四位，都无法直接变成中孚，所以应当在卦变的体例上灵活一些，是遁卦先变成讼卦，即：遁䷠（九三、六二）→。九三与六二换位，成䷅讼卦。再由讼卦变出中孚，即：讼䷅（九四、初六）→九四与初六换位，变䷼中孚。

中孚，豚鱼，吉，利涉大川，利贞。

【译文】

中孚卦，猪与鱼，吉祥。有利于涉过大川险阻，利于正固。

彖曰：中孚，柔在内而刚得中。说而巽，孚乃化邦也。豚鱼，吉，信及豚鱼也。利涉大川，乘木舟虚也。中孚以利贞，乃应乎天也。

【译文】

中孚卦，柔顺在内，刚健得到中位。喜悦而巽顺。有诚信才能感化国家的民众。猪与鱼，吉祥，是诚信感化到了猪与鱼。有利于涉过大川险阻，是因为乘坐着木船，船中空。中孚卦利于正固，是顺应上天。

象曰：泽上有风，中孚。君子以议狱缓死。

【译文】

泽上有风就是中孚卦。君子从中得到启示，复议狱案，缓处死囚。

【精解导读】

中孚是心中诚信。“豚鱼，吉”从字面上讲，“豚”是小猪，就是猪、鱼吉祥。按彖辞“信及豚鱼”的说法，是诚信达到感化猪与鱼的程度，所以才会吉祥。在动物里，猪最蠢，鱼最傻，当然也就最不易感化。猪、鱼都受到感化而信任，那是精诚所至，金石为开，化彻天地。“利涉大川”是有利于涉过大川险阻，“利贞”是利于正固。从象上分析，虞翻说“巽为鱼”，《说卦》讲“坎为豕”，卦从遁变讼，再变为中孚，遁下有互巽（遁☴>巽）、讼下有坎（讼☵>坎），变成中孚，故言“豚鱼、吉”。中孚卦下兑为大泽，上巽为木，大泽之上有木舟，故“利涉大川”。下卦中位是刚爻九二，上卦中位是刚爻九五，故“利贞”。

彖辞有进一步说明，可分为五个方面。(一) 从卦画上说明卦名。“中孚，柔在内而刚得中”，指全卦六爻，外围是四个刚爻，内部是两个柔爻，是“柔在内”。上下卦的中位都是刚爻，是“而刚得中”。从取义上说，是内心谦虚柔顺，但守中正固却很刚健，所以才称作“中孚”。程传说：“内外皆实而中虚，为中孚之象。又二五皆阳，中实，亦为孚义。在二体则中

实，在全体则中虚。中虚信之本，中实信之质。”虚是虚己待人，不存己私，诚意待人；实是实心实意，没有伪诈，不事欺骗；故能取得人们的信任。虚实皆得其宜，均有中孚之义。（二）从上下卦特性组合上说明中孚卦的感化意义。“说而巽，孚乃化邦也”中，“邦”是邦国，就是国家的人民。“化”是感化。这句指的是下卦兑为说，上卦巽为巽顺，上下卦组合在一起是喜悦而巽顺，百姓所以会喜悦地随顺，是因为统治者心怀诚信感化了国家。（三）解释卦辞“豚鱼，吉”。“豚鱼，吉，信及豚鱼也”，意为豚鱼吉祥是诚信感化到豚鱼。蠢猪傻鱼都受到感化而表现出信任，说明万物都受到感化，故能吉祥。（四）“乘木舟虚也”解释卦辞“利涉大川”。指上卦巽为木，下卦兑为泽水，木舟漂在水上。全卦中间又是两个柔爻，中虚之象，是一条中空的大船，所以可乘坐而涉过大川。（五）“中孚以利贞，乃应乎天也”说明卦辞“利贞”。“贞”是正固，天的运行是正而无爽，永恒不变，准确无误，既正又固。人能正固是顺应天的运行法则，因此有利。联系前面提到的“刚得中”，指的是中孚上下卦中位都是刚爻，位置中正，所以才“利贞”。

象辞从上下卦象的组合上说明中孚卦。“泽上有风，中孚”，指下卦兑为泽，上卦巽为风，组合在一起是大泽上有风，这就是中孚卦。古人认为风是最能感物的，无孔不入，无幽不至，无物不起。春风吹来的时候，连地下的草虫都会蠢动起来。大泽又是极易受

感化的。春风一吹，涣然冰释，泽上有风是感化之象。君子从中要学会感化人心。感化人心最要紧的是自己的诚信，不要伪诈，以至诚的真心去关怀那些最难感化的人，整个社会就会全部受到感化，最难感化的人就是犯了大罪成为死囚的犯人。这就是要“君子以议狱缓死”。“议”是要复议，断了的案子要重新复查，“狱”是案件。叛决的死囚要缓一缓执行。总之，是要消除冤屈，令死囚心里诚服。这是把刑狱问题提高到取信于民这种政治影响的高度来认识。

初九：虞吉，有它不燕。

【译文】

不变如初吉祥，有其他则不安。

象曰：初九虞吉，志未变也。

【译文】

初九不变如初吉祥，是心志未变。

【精解导读】

“虞”，虞翻解为“安”，程传解为“度”，王弼解为“专”。从词义上分析，“虞”是料度，如当初料度的那样去做不要更变，也就有了“专”和“安”的意思。并不是“虞”有三义。“虞吉”是不变如初吉祥。

从象上说，“虞”是古代的猎官，是贵族打猎的向导。象上要有正应才有虞。初九有正应在六四，故为“虞吉”。下卦兑为泽，互震为雷，雷入大泽。古人认为是收声燕息之象，“有它不燕”，“它”是其他，“燕”是安，意为有了另外的一套就不安宁。因为卦是中孚，内心要诚信如一，不能变来变去，让人难以相信。初九在一卦之初，孚信刚刚开始，尤其不能忽东忽西自己失去准头。象辞说“初九虞吉，志未变也”，指初九与六四是正应，卦变中与六四换位，正应换位，心志不变。

九二：鸣鹤在阴，其子和之。我有好爵，吾与尔靡之。

【译文】

鹤在树荫下鸣叫，它的小鹤也叫着应和。我有好酒，我与你共享。

象曰：其子和之，中心愿也。

【译文】

它的小鹤叫着应和，是发自内心的愿望。

【精解导读】

“阴”同“荫”。“爵”是鸟形酒杯，这里代指酒。“靡”是共享的意思。这一爻是讲人与人的关系真诚相

待，亲密无间。用大鹤与小鹤父子和鸣起兴，说明关系的天然融洽，没有丝毫虚伪造作，引出朋友之间不分彼此，真心相待，有好酒愿与人同享。本性天然，没有任何自私与勉强，是人与人之间弥足珍贵的真情实感。《系辞·上》说："'鸣鹤在阴，其子和之。我有好爵，吾与尔靡之。'子曰：'君子居其室，出其言善，则千里之外应之，况其迩者乎？居其室，出其言不善，则千里之外违之，况其迩者乎？言出乎身，加乎民；行发乎迩，见乎远。言行，君子之枢机。枢机之发，荣辱之主也。言行，君子之所以动天地也，可不慎乎！"意思是说：君子居于室内，说出的话诚实善良，千里之外也会得到应合，更何况是近处！说出的话不诚实善良，千里之外也会违背不从，更何况是近处！话从自己嘴里说出，听在大众的耳里；行为在近处发出，远处就会看见。言与行是君子的枢纽机关，枢纽机关发动，是人受到羞辱或得到荣耀的关键。言与行，是君子感天动地的所在，可以不谨慎小心吗？据此可知，爻辞的意思是诚善之言得到应和。象辞说"其子和之，中心愿也"，中心信实，坦诚无欺，自然和应，完全出自心愿。爻象见提示。

六三：得敌。或鼓或罢，或泣或歌。

【译文】

遇到对头，或擂鼓，或休战，或哭泣，或歌唱。

象曰：或鼓或罢，位不当也。

【译文】

或擂鼓，或休战，是位置不当。

【精解导读】

爻取对象，敌就是对，“得敌”是遇到敌人、对头，卦上下对称相敌，六三在上下卦之际，故为“得敌”。震为雷，故为击鼓。二震相对，各擂战鼓（反震六三 正震），擂鼓是对垒激战。二艮相对，故为“或罢”（反艮 < > 正艮），艮为止，“罢”是罢战，不能讲成疲。对峙不下，只能是打打停停，故言“或鼓或罢”。正反巽相对，巽为号、为哭，故“或泣”（正巽 < > 反巽）。正反兑相对，兑为口、为悦，以口表悦，故“或歌”（反兑 < > 正兑）。象辞说“或鼓或罢，位不当也”，“位不当”主要指三位在上下卦之际，上下不稳定，故言“或”。全书只在三爻与四爻才言“或”。另外指处在上下相对的位置上，势均力敌，只能是或打或停，不可能把对方吃掉。

六四：月既望，马匹亡。无咎。

【译文】

月过十五，马匹丢失，没有咎害。

象曰：马匹亡，绝类上也。

【译文】

马匹丢失，与同类断绝，到了上卦。

【精解导读】

十五满月为“望”，“既望”是满月已过的十六以后。依纳甲说法，巽为十六的月亮，六四在上巽，故为“月既望”。卦变中，六四是从遁的初六升到四位，遁的上卦原为乾，乾为马，六四到了上卦乾象消失，故言“马匹亡”。卦成中孚，六四柔爻居四位，得位，故“无咎”。象辞说“马匹亡，绝类上也”，“绝”是断，“类”是同类，“绝类”指与自己的同类分离，“上”指到了上卦。指六四爻位发生了推移，遁卦下面是两个柔爻为类（遁䷠>二柔为类），变为中孚，初六升为六四，六二升为六三，分别在上下卦里。

九五：有孚挛如，无咎。

【译文】

有诚信，系恋的样子，没有咎害。

象曰：有孚挛如，位正当也。

【译文】

有诚信，系恋的样子，位置正当。

【精解导读】

九五在上卦中位，又是全卦的尊位，是上下的核心，全卦紧抱如一，故九五是“有孚挛如”。“挛”是卷曲抽紧。程传说是“团结如拘挛”，犹如绳子捆在一起般的结实。虞翻说“巽绳艮手故挛”，指九五在上卦巽与互艮里（九五→☴>互艮），巽为绳，艮为手，手用绳子捆紧。象未必如此，取义是对的。卦是中孚，九五是卦的核心，诚信相交，团结紧固，把全卦凝固在一起，具有诚信感化的力量。象辞说“有孚挛如，位正当也”，正是强调九五作为全卦的尊位，成为核心，位置既中又正。在中孚卦里，是有诚信，把民众系恋在一起，团结如一。

上九：翰音登于天，贞凶。

【译文】

鸡鸣的声音高升天上，正固不动凶。

象曰：翰音登于天，何可长也。

【译文】

鸡鸣的声音高升天上，怎么可以长得了。

【精解导读】

《礼记·曲礼下》：“凡祭宗庙之礼……羊曰柔毛，鸡曰翰音。”意思是祭祀用的鸡叫翰音。虞翻说“巽为鸡……《礼》荐牲，鸡称翰音也”，指的就是《曲礼》。《说文》作“鹎”，释为“雉肥”，指肥鸡。鸡称“翰音”，是雄鸡善鸣，“翰音”指鸡的叫声，“登”是升的意思。爻辞的意思是说，鸡叫的声音升到天上，正固不动有凶。从象上辨析，巽为鸡，兑为口、为鸣，上下卦正反巽，正反兑，有鸡鸣上下回应之象。上九在最高位，位在天上，故言“翰音登于天”。位处穷极，故“贞凶”。象辞说：“翰音登于天，何可长也。”主要是解释“贞凶”，叫声高出天上，名声太大，又处在穷途末路，不可能长久。正固不变就会有凶。“穷则变，变则通，通则久”，穷就不能“贞”，故言贞凶。

【提示】

这一卦较多地取了正反对象，有人在解象时全在应爻上绕来绕去，故难以贴切自然。取对象最明显的是六三，“得敌”就是“得对”，正反震为“鼓”，正反艮为“罢”，正反巽为“泣”，正反兑为“歌”，注意不到取对象，爻辞的意思往往讲错。比如有人把

“得敌”讲成战胜了敌人，把“或罢”讲成疲乏不堪等，就是不顾观象系辞。九二这一爻取对象也十分明显。朱震说“震为鹄，鹄，古鹤字也。《穆天子传》《列子》皆以鹄为鹤”。鹄、鹤古代读音相近，故有时通用。《说卦》没有提及震为鹤，但提到震为善鸣，鹤也善鸣，朱震的说法可从。九二前临正反震（反震<䷼>正震），两鹤相对。中孚卦从遁变来，遁卦上乾下艮（遁䷠>乾>艮），乾为父，艮为少男，少男就是小儿子，故有父子两鹤之象。正反兑相对（反兑<䷼>正兑），兑为口，两口上下相对，故有对鸣相和之象。正反巽相对（正巽<䷼>反巽），巽为木，正巽为树，反巽是树的倒影，故有树荫之象。“爵”是雀形或雕有雀形图案的酒杯，有鹤故称爵，上下卦图对口相向，故有共享之象。内卦为贞卦，外卦为悔卦，贞是我，悔是彼，内外卦对称，故言“你我”、言“共”。因为取以上的对象，爻辞才说“鸣鹤在阴，其子和之。我有好爵，吾与尔靡之”。这些象在卦画中反映得贴切自然，符合实际。看来《周易》里确实有时会取反象。反象又称覆象，尤其是在上下对称的卦里，这种取象的方法使用得还比较多。

六十二　小过——矫枉过正

䷽

小过的卦画组合为艮（☶）下震（☳）上，传统称作雷山小过。《序卦》云：“有其信者必行之，故受之以小过。”意为：有证件凭信的人一定能通行，所以在中孚卦之后接着是小过卦。符节的作用犹如我们现在使用的护照，出国过关要有证件，有证件就可以过，没有证件就过不去。《序卦》的意思还是说，节是符节，是凭信；中孚是符节相合对得上；小过是放行，可以通过。“过”就是通过。《杂卦》云：“小过，过也。”也是说小过就是通过。与小过卦对应的还有一个大过卦。“过”分大小，就不再是一个简单的通行问题。从卦爻辞中看，“过”的义项较多，还可以讲成超过、经过、过分等义，这是因为“过”在古代是一个多义词，词汇发展才分化出许多词来。在作《周易》的时代，“过”就有那么多义项。但要说它的基本义，就是通过。小过就是小通过。

关于小过的卦变，虞翻说：“晋上之三，当从四阴二阳临观之例。临阳未至三，而观四已消也。又有飞

鸟之象，故知从晋来。”意思是说：小过是在晋卦的基础上变化了的形态，是晋卦的上九下来与六三换位，即：晋上九六三 上九与六三换位，变小过。按卦变的体例四阴二阳的卦都应当从临卦或观卦变来，但临卦的刚爻还未到三位（三位 刚爻），而观卦的刚爻已从四位消退（四位 刚爻），况且又有飞鸟之象（虞翻认为离为飞鸟，有飞鸟之象必须卦中有离），所以推知是从晋卦变来。也就是说，小过卦，按卦变的体例讲，应当从观卦变来，但观卦不能一下子直接变出小过，观卦要先变成晋卦，即：观九五六四 九五与六四换位，变晋。再由晋变为小过。朱震则认为是从临卦先变为明夷，由明夷再变为小过。所谓“小过自临来，明夷变也”。考之彖辞“小者过而亨也”，还是虞翻讲得有理。“小”指柔爻，“过”是前往，“小者过”是柔爻向上推移。如果从临变来，柔爻只能向下推移。小过既是中孚的覆卦，又是中孚的变卦，所以两卦比邻相次。

小过，亨，利贞。可小事，不可大事。飞鸟遗之音。不宜上，宜下，大吉。

【译文】

小过卦，亨通，利于正固。可以做小事，不可以做大事。鸟飞过留下的声音。不适宜上，应当下，大吉。

彖曰：小过，小者过而亨也。过以利贞，与时行也。柔得中，是以小事吉也。刚失位而不中，是以不可大事也。有飞鸟之象焉，飞鸟遗之音。不宜上，宜下，大吉，上逆而下顺也。

【译文】

小过卦，是小的方面通过而亨通。超过还要利于正固，是与天时一同运行。柔爻占据中位，所以小事吉祥。刚爻失去地位而不在中位，所以不可以做大事。卦有飞鸟之象，所以是鸟飞过留下的声音。不适宜向上而适宜向下，大吉利，是因为向上为逆，向下为顺。

象曰：山上有雷，小过。君子以行过乎恭，丧过乎哀，用过乎俭。

【译文】

山上有雷就是小过卦。君子从中得到启示，行为要格外谦恭一些，丧事要格外悲哀一些，用度要格外节俭一些。

【精解导读】

依据彖辞的解释，“小过，亨”是“小者过而亨”，指柔爻为小，柔爻能通过而亨通，就是小的方面能顺利通过。“利贞”是利于正固。“可小事，不可大事”，是说可以办小事，不可以办大事。“飞鸟遗之音”，是

鸟过留声的意思。“不宜上，宜下，大吉”，是说不适宜往上，而适宜往下，往下大吉。象上指柔爻的推移应当来到刚爻的下面。

彖辞从五个方面说明卦辞。（一）说明卦辞“亨”。“小过，小者过而亨也”，刚大柔小，卦变中是柔爻过去占据了上卦中位，所以是小过，是小的方面、小的事情能通过而亨通。这是从卦变上解释卦名和卦辞。（二）说明卦辞“利贞”。“过以利贞，与时行也”，意为超过而利于正固，是伴随时序运行（见提示）。（三）说明卦辞“可小事，不可大事”。“柔得中，是以小事吉也”，指柔爻在上下卦的中位，柔爻为小，所以小事吉祥。“刚失位而不中，是以不可大事也”，从“刚失位”“柔得中”可以看出，卦从观变来，观卦刚爻九五在上卦的中位，变为小过，刚爻失去了中位而不在中，柔爻取得了中位，所以不可以做大事。（四）说明卦辞“飞鸟遗之音”。“有飞鸟之象焉，飞鸟遗之音”，意为小过卦有飞鸟的象，所以才会有“飞鸟遗之音”的命辞。宋衷说：“二阳在内，上下各阴，有似飞鸟舒翩之象，故曰飞鸟。”意思是说：小过卦的六爻全象，中间的两个刚爻如同是鸟的躯干，上下各两个柔爻，如同是鸟展开的翅膀，卦画像一只飞鸟（即：小过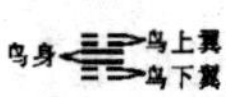

）。宋衷讲的与彖辞一致。虞翻说：“俗说或以卦象二阳在内，四阴在外，有似飞鸟之象，妄矣。”指斥是俗说、虚妄，这是虞翻曲解了彖辞，正确的东西否定不了。（五）说明卦辞“不宜上宜下”。“不宜

上，宜下，大吉，上逆而下顺也”，意为不该向上，应当向下，是因为向上是逆，向下是顺，顺才获吉，逆不能获吉。象上指观变小过，两个柔爻到了刚爻之上。柔爻在刚爻之下为顺，乘刚爻之上为逆。

象辞先说明卦象组合。“山上有雷，小过。”指下卦艮为山，上卦震为雷，上下卦象组合在一起是山上有震雷，这就是小过卦。程传讲：“雷震于山上，其声过常，故为小过。”意思是说：山头上的雷声比平地的雷声震响更大，所以才说它是小过。君子从中要学习些什么？“君子以行过乎恭，丧过乎哀，用过乎俭。”在行为上也要超常一些。“过”是超过，行为要比一般的谦恭再超过一点，办丧事要比平常人更悲哀一些，自己的用度要比正常的节俭再节俭一些。因为人们往往在这些方面显得不足，君子矫世励俗，不妨矫枉过正一些，给常人做个榜样，以小过而补不足，使社会风气纯正，小过是为了正。

初六：飞鸟以凶。

【译文】

飞鸟带来了凶。

象曰：飞鸟以凶，不可如何也。

【译文】

飞鸟带来了凶，是无可奈何的。

【精解导读】

李镜池先生认为“飞鸟以凶”是上古时的鸟占遗迹，犹如人们说的夜猫子叫有凶。“以”是因，因飞鸟的不祥而有凶。小过“有飞鸟之象焉”，初六取飞鸟之象。初六柔爻居刚位不正；上有九四正应，九四刚爻居柔位不正；以不正应不正有凶。全卦是小者过，柔爻要越过刚爻，而柔爻“不宜上宜下”，初六有九四援引要上，故取凶象。象辞说：“飞鸟以凶，不可如何也。”“不可如何”指无法挽救，人无能为力。

六二：过其祖，遇其妣。不及其君，遇其臣。无咎。

【译文】

越过了祖父，遇到祖母。没赶上君王，遇到臣子。没有咎害。

象曰：不及其君，臣不可过也。

【译文】

没赶上君王，是臣子不可超过君王。

【精解导读】

“过”与“不及”前后互文，“不及”是没赶上，“过”就是超过、越过。《尔雅》里说“父为考，母为妣”。从象上说，中孚卦九二是取父子和鸣之象，小过是中孚的变卦，故取“妣”“臣”之象。卦从观变来，观的下卦是坤卦（观䷓>坤），坤为母、为臣。六二柔爻在下卦中位柔爻居柔位，中正为臣又在小过卦里，故言“过其祖，遇其妣，不及其君，遇其臣”。因为卦里没有乾。从取义上说，“妣”与“祖”互文，“妣”指祖母。爻辞的意思是说：越过了祖父，没遇上，遇到了祖母；没有赶上君王，也没遇上，但遇到了臣子，没有咎害。总之，这一爻虽遇不上主要人物，还有遇上相当人物的机会，不如愿望中那么顺利，但也没有咎害。

九三：弗过防之，从或戕之，凶。

【译文】

没有越过，应加防范，随从人会受到戕害，凶。

象曰：从或戕之，凶如何也。

【译文】

随从人会受到戕害，有凶该怎么办？

【精解导读】

“弗”是不。“过”是超越。“从”是随从。“戕”是杀害。“弗过”是不超越。“防之”是要提防，做好防范。“从或戕之，凶”，是随从别人会受到戕害，招致凶的后果。从象上说，九三原是观卦的上九，在卦变中与六三换位成为九三，不但没有越过，反而被两个柔爻越过去了，不设防之象，故为“弗过防之”。卦变后仍与上六正应，随从上六越过刚爻的行为，自己却处在互兑里，兑为毁折，故为“从或戕之，凶”。象辞说：“从或戕之，凶如何也。”意思是说，随从别人从而受到戕害，有凶该怎么办？

九四：无咎。弗过遇之，往厉必戒。勿用，永贞。

【译文】

没有咎害，不要越过，能够遇到。前往有危厉，一定要警戒。不可用，长久正固。

象曰：弗过遇之，位不当也。往厉必戒，终不可长也。

【译文】

不要超越，能够遇到，位置不当。前往有危厉，一定要警戒，最终不能长久。

【精解导读】

九四原是观卦的九五，在观变小过卦时与六四换位成为九四，在小过卦里，自己没有越过，反而被两个柔爻越过去了，故为“弗过”。原与六五比邻，换位后仍与六五比邻，故言“遇之”。大势是柔爻越过刚爻，故言“往厉必戒”。取义是说前往会有危厉，一定要告诫自己不要前往。“勿用”是不能使用，也就是不能动。“永贞”是永守正固。象辞说：“弗过遇之，位不当也。”“位不当”主要指处在上下相敌的位置上，中孚的六三象辞也说“位不当”，上下卦对称相敌，三、四位在上下卦的交接处，都是位置不当，其次才是刚爻占柔位，中孚六三是柔爻占刚位。“往厉必戒，终不可长也”中，“长”解释“永贞”的“永”。全卦是小者过，刚爻坚守不可能长久。

六五：密云不雨，自我西郊。公弋取彼在穴。

【译文】

浓云密布而不下雨，从我西郊飘过。王公缴射，猎取穴中之物。

象曰：密云不雨，已上也。

【译文】

浓云密布而不下雨，是已经向上去了。

【精解导读】

小畜卦辞说“密云不雨，自我西郊”，象辞说“密云不雨，尚往也；自我西郊，施未行也”。“尚往”即“上往”，指爻向上推移，这里说“已上也”，也是已经推移到了上边，取义是说云向上飘去就不下雨。从西郊飘走是有雨而不能施行、有云无雨，是恩泽不能下施。“弋”是系着绳子的箭，用这种箭去射称弋赠缴射。“公弋”是王公缴射，“取彼在穴”，是射取穴中的猎物。从象上辨析，六五在互兑里（六五→䷽>互兑），兑为泽，泽水上天为云，五位是天位，六五从观的四位向上推移，故言“密云不雨”。兑为西，故云“自我西郊”。震为公侯（六五→䷽>震），故言“公”，互巽为绳（六五→䷽>互巽），坎为弓、离为矢，六五在卦变中，先与九四换位变晋，在上离互坎里（晋互坎<䷢>上离），再变为小过，下有巽绳，故言“公弋”。坎为穴，故言“取彼在穴”。象辞说“密云不雨，已上也”，指出六五是推移向上。云向上飘，故无雨。

上六：弗遇过之。飞鸟离之，凶，是谓灾眚。

【译文】

不相遇，超越过去了。飞鸟被网住，凶，这叫作天灾人祸。

象曰：弗遇过之，已亢也。

【译文】

不相遇，超越过去了，已经太高了。

【精解导读】

小过从观变来，上六来自观的四位，越过两个刚爻到了最上位，故言“弗遇过之”。小过“有飞鸟之象焉”，故言“飞鸟”。观变晋，六四先在离下（晋上九六四☲离），与离的上爻换位，故言“离之”。从取义上讲，“弗遇过之”，是超过去没有遇到。“飞鸟离之”，是飞鸟落入网罟。“离”是附着、落入。孔颖达《正义》：“过而不知限，身过而弗遇，必遭罗网。”朱震：“鸟飞过甚，自离于网罗。”虞翻也说是落于死地。程传把“离”讲成远离，与爻辞义不合。从象上说，《系辞·下》云：“作结绳而为网罟，以佃以渔，盖取诸离。”离是网罟之象。帛书《周易》“离”作“罗”，也是罗网。爻辞有“凶”、有“灾眚”，六五爻辞有“取彼在穴”，上六不可能离走，上六有落入罗网之凶。“灾”是天灾，“眚”是人为造成的祸。上六位处太高，

天道必然，是天灾。从四位升上来是自寻绝地，故为“眚”。“是谓灾眚”，意为这就叫作天灾人祸。象辞说：“弗遇过之，已亢也。”“亢”是高极，指上六是自己升得太高，已到了绝高的境地，超过而不能遇到。

【提示】

关于小过卦的哲理意义，历来认为讲的是“过”与“正”的关系。如程传说：“过者，过其常也。若矫枉而过正，过所以就正也。”象辞提出：“行过乎恭，丧过乎哀，用过乎俭。”卦辞提到：“小过，亨，利贞。”彖辞说：“过以利贞，与时行也。”小过是为了取中得正，与天道相符，达到主客观的一致。天道是客观真理，人对天道的认识是相对正确的，有时会出现差误，小过是为了纠正人们行为上的差误，把过与正统一起来，这就有了对客观真理认识的相对与绝对性问题。彖辞说：“过以利贞，与时行也。”“时”是天时，天时中正，无过无不及。有小过就不中，为什么还“利贞”？这里可能有古代历法中置闰现象给人们的启示。日月的运行都不能用整天数来计算，月不都是整三十天，年也不都是三百六十天，因此在制定历法时，常常会有提前或错后的几天。提前或错后都是为了取得与天时的适合。小过如同是置闰超前几天，以纠正历法中岁时的误差，从而达到与天时运行的一致。不仅是天时，人类在认识客观真理时，在许多方面都会因为认识上的误差，出现一些似中非中的现象，

都需要有小的超过来纠正偏差。《周易》特别重视中，中才能正，因为人对中的认识常常是相对的，未必与绝对的中适合，这就需要作一些矫枉过正的工作，以取得与客观上的一致性。小过正是为了弥补这种相对认识上的误差，故言“过以利贞”。小过是为了正，不是为了过。关于“飞鸟遗之音”，历来没有太好的解释，程传说：“飞鸟遗之音，谓过之不远也。”这似乎也有认识上的误差问题。光的传导速度与音的传导速度不同，人在认识上就容易出现误差。当听到鸟的叫声之后，再按发音的方向去寻找飞鸟，鸟已经飞过去了，所以才是小过，出现了主客观上的不一致。古人可能注意到了这些现象，才提出“飞鸟遗之音”的问题。音速的滞后现象，启示人们要有那么一点提前量，才能循声找到飞鸟，小过一点才正确，没有小过反而不中不正。在人的社会实践中，类似的情况不少，都需要小过来补正，所以“矫枉过正”也就成了一条救正的法则。

象辞所云行为不妨过分谦恭一些，举丧不妨过分哀伤一些，费用不妨过分节俭一些，虽然超过了正常的限度，但可矫世励俗，就仍不失为正。当然类似的种种现象都需要小过来救正。

六十三 既济——圆满成功

䷾

既济的卦画组合为离（☲）下坎（☵）上，传统称作水火既济。《序卦》云：“有过物者必济，故受之以既济。”意为：具有超过其他事物的地方，必定会成功，所以在小过之后接着是既济卦。这是把“济”讲成功。但《序卦》又说“物不可穷也，故受之以未济”。可见“未济”是没有终尽，“既济”是已经成功到头。合而观之，“既济”是已经到头、成功的意思。《杂卦》说：“既济，定也；归妹，女之终也；未济，男之穷也。”意为：“既济”是得到稳定，“归妹”是女子的归宿，“未济”是男子的困穷。关于“未济”的说明见下卦。“既济”是阴阳相对的稳定。从词义上讲，“既”是已经。《说文》：“渡，济也。”“济”是渡过，古人称渡水为涉，渡过去为济。“既济”就是已经渡过去，成功了，可以告一段落稳定下来。主要意思是成功、完成。完成、成功往往是人们追求的目的，但从《周易》理上讲，事物发展不可能有穷尽的时候，一个阶段的完成，往往又是一个新阶段的开始，所以

既济卦之后又是未济。

既济的卦变，虞翻说："泰五之二。"意思是说：既济是在泰卦的基础上变化了的形态，是泰卦的九五下来到了二位，即：泰 ䷊ 六五与九二交换位置，变 ䷾ 既济。另外既济与未济既是覆的关系，又是变的关系，即：既济六爻全变为未济（既济 ䷾ 六爻全变，为 ䷿ 未济），这是变的关系。既济 ䷾ 全卦上下翻倒过来，也是 ䷿ 未济，这又是覆的关系。

既济，亨小，利贞。初吉终乱。

【译文】

既济卦，小的方面亨通，利于正固。开初吉祥，最终会乱。

彖曰：既济亨，小者亨也。利贞，刚柔正而位当也。初吉，柔得中也。终止则乱，其道穷也。

【译文】

既济卦亨通，是小的方面亨通。利于正固，是刚柔爻位置正而得当。开初吉祥，是柔爻取得中位。终止则会乱，是道路穷尽的原因。

象曰：水在火上，既济。君子以思患而豫防之。

【译文】

水在火的上边就是既济卦。君子从中得到启示，要虑及忧患，早做预防。

【精解导读】

按彖辞的讲法，卦辞应断成“既济，亨小”。意思是说既济卦是在小的方面、小的事情上亨通。这在象上指的是柔爻为小，全卦三个柔爻分别居于三个刚爻的上面，柔爻顺利，故为“亨小”。“利贞”指的是全卦六爻都居于正位，三个柔爻都占据柔位，三个刚爻都占据刚位，故“利贞”。“初吉”是因为既济卦是成功，取得成功之初即稳定下来，故可吉祥。“终乱”是因为成功之后还会有新的目标摆在面前，稳定的局面会在向新阶段的推进中被打乱。

彖辞从四个方面说明既济卦。（一）解释卦辞“亨小”。“既济亨，小者亨也”，指的是既济卦亨通，主要是柔爻亨通，说的是小的方面顺当。彖辞没有把“小”与“利贞”连读。（二）解释卦辞“利贞”。“利贞，刚柔正而位当也”，指的是全卦六爻里六二、六四、上六三个柔爻都在柔位上，初九、九三、九五三个刚爻都在刚位上，位置正当，只要正固就有利。（三）解释卦辞“初吉”。“初吉，柔得中也”，指的是在泰变既济的卦变中，六二从五位来到下卦的二位，居于下卦之中。五与二都是中位，六二是在中道行进。刚尊柔卑，

五尊二卑，六二能以卑居卑，也是初吉的原因之一。这是从主爻的推移上说明卦辞。（四）解释卦辞“终乱”。“终止则乱，其道穷也”，意为终止就会乱，是道路穷尽。因为“既济”是已经取得成功、相对稳定下来，但万事万物是发展变化的，不可能到头，而“既济”却是一个阶段的终尽，所以向前发展就会由稳定而变乱。乱是新阶段的开始。

象辞从上下卦象的组合上做了说明。“水在火上，既济”，指的是下卦离为火，上卦坎为水，水在火上就是既济卦。古人认为，火炎上，水润下。在既济卦里，火从下向上燃烧，水从上向下浸润，是水火相交之象。水火相交才能济天地之用，比如人的生存一天都离不开水火，水火相互调济才能得到生活的和谐。水与火是互补的关系。从天地运行上讲，日为火，月为水，日与月要相互调济。夏为火，冬为水，冬夏要互补。水火相交是一种正常和谐的状态。水火相济为用，故卦称“既济”。但水与火并不总是处于平衡状态，一旦失去平衡，水火都可造成灾患。“君子以思患而豫防之”，就是说，君子从中得到启示，要考虑灾患的可能产生，而及早做好预防工作。象辞强调的正是这种事物的平衡与打破平衡的哲理。

初九：曳其轮，濡其尾，无咎。

【译文】

拉住车轮，沾湿车尾，没有咎害。

象曰：曳其轮，义无咎也。

【译文】

拉住车轮，道理上没有咎害。

【精解导读】

“曳”是拉，“濡”是沾湿。《说卦》讲：坎为弓轮、为曳马、为水。初九前临两坎（初九—䷾上坎互坎），在卦下为尾，故言“曳其轮，濡其尾”。“曳轮”是为了济渡。古代的大车很简陋，车轴与车厢的连接也不坚固，有时还要把车轮卸下来（见“舆说輹”），车轮与车厢很容易脱开。渡河时被水一冲，经常会因车轮脱钩而车覆人翻，所以要在车轴上拴上绳子拉住车轮，稳定车身。“曳其轮”是为了克服水的冲击力量，保持车身中正不斜。“濡其尾”是渡河时湿了车的尾部。象辞说：“曳其轮，义无咎也。”“义”是宜，就是道理上应当怎么办。“义无咎”是说从道理上讲就该如此，不应当有咎害。总之，这一爻济渡成功，有点小的不利，但没什么关系。

六二：妇丧其茀，勿逐，七日得。

【译文】

妇人丢失了头饰，不必追寻，七日后会失而复得。

象曰：七日得，以中道也。

【译文】

七日内会失而复得，是能行中道。

【精解导读】

“茀”（fú），《释文》：“首饰也。马同。干云‘马髴也’。郑云‘车蔽也’。子夏作‘髴’，荀作‘绂’，董作‘髢’。”帛书易作“发”。虞翻说：“茀发谓鬒发也。”看来“茀”是古代妇女头上戴的一种假发套。自从郑玄讲成车帘子后，出了分歧。从象上辨析，六二从泰的六五下来，泰卦是下乾上坤，坤为妇，乾为首，六二与九五换位乾坤皆变，故有妇首更换之象，是妇人头上的首饰换了，互坎为盗（☵>互坎），故云“妇丧其茀”。取义是说妇人把假发套丢了。六二是来到下乾中位，乾阳是“七日来复”，故言“勿逐，七日得”。象辞说“七日得，以中道也”，意为七日失而复得是因为六二占据下卦中位，能行中道，不会有损失。象上指到了下卦乾中，乾阳是“七日来复”（见复卦）。

九三：高宗伐鬼方，三年克之。小人勿用。

【译文】

殷高宗征伐鬼方，三年征服。小人不能用。

象曰：三年克之，惫也。

【译文】

三年征服，太疲惫了。

【精解导读】

按历史记载考察，高宗是商朝的中兴之主武丁。鬼方是西羌的某一个国家，位于我国西北部。《汉书·匡张孔马传》中，匡衡疏云："此成汤所以建至治、保子孙、化异俗而怀鬼方也。"《后汉书·西羌传》："及殷室中衰，诸夷皆叛，至于武丁，征西戎鬼方，三年乃克。故其诗曰：'自彼氐羌，莫敢不来王。'"所谓鬼方，是对侵略民族的一种贬称，就如后人说的洋鬼子之类。很难确指是哪一个国家，大约是在西羌一带，是殷商的一个附属国。后人有说是匈奴的，与《后汉书》的讲法不一致。高宗伐鬼方实有其事，但史书没有详细记载，《周易》里记录了这一条，对考史有用。爻辞的意思是说：殷高宗武丁去征伐鬼方，三年苦战才征服，小人不能用。从象上分析，泰卦下乾为君，上坤为国，下乾的九二升到九五成为既济，是君王征伐属国获得成功。九三互为离坎（九三—☲☵ 互离 互坎），坎弓离矢，有征伐之象。九二

经三爻上升到五位，故云“三年克之”。“小人勿用”，是说小人不能妄用。象辞说“三年克之，惫也”，意思是说天子去征伐属国，尚历经三年苦战，民力凋疲，小人就更不可以妄用。乾卦初九爻辞“潜龙勿用”，“勿用”是发挥不了作用，不要妄动。

六四：繻（xū）有衣袽（rú），终日戒。

【译文】

采缯变为败衣，成天警戒。

象曰：终日戒，有所疑也。

【译文】

成天警戒，是因为有所疑惧。

【精解导读】

“繻有衣袽”有三种讲法：（一）虞翻说是“衣服皆败”。（二）北朝卢景裕说：“繻者，布帛端末之织也。袽者，残币帛，可拂拭器物也。繻有为衣袽之道也。四处明暗之间，贵贱无恒，犹或为衣，或为袽也。”以为“繻”是布头帛尾之类的衣料，“袽”是抹布，布头帛尾可以做衣服，也可以做抹布。（三）王弼说：“繻宜曰濡，衣袽所以塞舟漏也。”认为是济渡时用破衣乱絮堵塞船的破漏处。以上各家都认为“袽”

是败衣敝絮之类的废料。“繻”的讲法不一致，王弼主张把“繻”改成“濡”才恰当。考之《说文》：“繻，缯采色。从糸，需声。读若《周易》‘繻有衣’。”“絮”下曰：“絮缊也。一曰敝絮。从糸，奴声。《周易》曰‘繻有衣絮。’”按《说文》所依据的孟氏本作“繻有衣絮”。“繻”是带颜色的帛缯，“袽”是敝絮，“衣袽”就是败衣，“繻有衣袽”是采缯也会变成败衣。“有”是说明这种变化的可能。至于是用来做抹布还是塞漏船，从爻辞中看不出来。我们只讲它的基本义，“繻有衣袽”就是很好的衣料也会变成破衣服。“终日戒”是从早到晚地警戒。从象上辨析，虞翻说：“乾为衣，故称繻。袽，败衣也。乾二之五，衣象裂坏，故繻有衣袽。”意思是说：既济从泰卦变来，泰卦下乾为衣，所以称繻衣，袽是破衣。泰卦下乾的九二升往五位变既济，衣象破裂，所以是衣服破了。显然还应当看到，坤为布帛，所以才言“繻”；乾为衣，所以才言“衣”。六四处泰卦的乾坤之间，卦变中没有推移，而变为既济，上坤下乾都有裂坏之象，六四是受了卦变的影响才“繻有衣袽”。坎为盗，为加忧，六四在两坎之间（六四☵坎 互坎），所以“终日戒”。乾是白昼，坤是黑夜，一天十二时不得安宁。

象辞说：“终日戒，有所疑也。”意思就是说成天警戒是因为有所疑惧。

九五：东邻杀牛，不如西邻之禴祭，实受其福。

【译文】

东邻杀牛举行盛大祭祀，反而不如西邻的薄祭，实实在在地受到福佑。

象曰：东邻杀牛，不如西邻之时也。实受其福，吉大来也。

【译文】

东邻杀牛，不如西邻按时祭享。实实在在受到福佑，大的吉祥来到。

【精解导读】

“不如”表比较。“杀牛”是用太牢祭祀，规模盛大。“禴祭”也作“礿（yuè）祭”，是商朝时的春祭或周朝的夏祭。都是五谷未登、青黄不接时的一种比较简单的祭祀。盛大的祭祀反而不如简单的祭祀，说明上天保佑不是因为祭品多。正如《左传》僖公五年引《周书》云：“皇天无亲，唯德是辅。”“黍稷非馨，明德唯馨。”意为天帝不会因为谁的祭品丰盛就亲近保佑谁，而是要赐福给有明德的人。上天并不是接受祭品的香气，而是接受明德的香气。“东邻杀牛，不如西邻之禴祭，实受其福”，是说东邻的道德不明，杀牛宰羊举行盛大祭祀，上天也不会赐福。西邻道德高尚，作些简单的薄祭也会受到上天实实在在的福佑。前人

说东邻指的是商纣王，西邻指的是周文王，纣王在朝歌位东，文王在岐山位西。这样讲符合史实。但爻辞具有广应性，基本义东邻就是东邻家，西邻就是西邻家。从象上辨析，《说卦》已确切指出震为东，兑为西，坤为牛，坎为水。既济从泰变来，泰卦互兑、互震（泰互震<䷊>互兑），上卦是坤，变为既济，上卦折坤变坎。“禴祭”是用蔬菜作祭品的一种薄祭。《左传》讲：“沼沚之毛，蘋蘩之菜，可羞于鬼神。”坎就是禴祭之象。所以震就是“东邻”，折坤就是“杀牛”，兑就是“西邻”，变坎就是“禴祭”。九五是卦变推移的爻，升到全卦尊位，又是刚爻，刚爻为实，故言“实受其福”。象辞说“东邻杀牛，不如西邻之时也”，指九五位正中得时，取义是说，祭祀要按时进行，九五是该祭祀的时候就祭祀，信守祭时。又说“实受其福，吉大来也”，意为实实在在受到福佑，是吉祥大来。当然指的是九五得到了天命，成为九五之尊的天子，吉莫大焉。

上六：濡其首，厉。

【译文】

浸湿了头，危厉。

象曰：濡其首厉，何可久也。

【译文】

浸湿了头有危厉，怎么可以长久！

【精解导读】

朱震《汉上易传》在未济卦里说：“以成卦言之，上为首、为前，初为尾、为后。以画卦言之，初为始、为本，上为终、为末。”意思是说：首尾终末是从不同的角度来看，要从画成的卦看，上爻是头，又是前，初爻是尾、是后；要是从画卦的过程看，初爻是本、是始，上爻是终、是末。上六在全卦上位，故为首，又在上卦坎里，坎为水，水升到头顶，故为“濡其首，厉”。“濡”是浸湿，头在水中被浸湿，有灭顶之灾。象辞说：“濡其首厉，何可久也。”指上六在全卦的穷极之位，走上绝路，怎么会长得了！可见上六是灭顶之象，像一个被水淹没的人，无可救药，生命不长了。

【提示】

既济卦反映了作者对宇宙矛盾绝对性的认识。从卦画上分析，经过乾坤的矛盾运动，直到第六十三卦才达到三个刚爻居刚位，三个柔爻居柔位，走向和谐统一。这在刚柔的推移中应当是最为理想的境界。然而就是在最为和谐的统一之中，同时也可以看出，三个柔爻的每一爻之下都乘着一个刚爻，这种柔上刚下的状态，并不符合刚上柔下的本然秩序。显示出在和

谐统一中潜伏的矛盾，说明宇宙的运动并不会到此结束。世界上没有绝对的完美统一，矛盾运动才是绝对的。从卦名上看，既济是一个大阶段循环的完成，是运动臻于完美的阶段。但这个完美并不是事物运动的终结，而只是运动变化相对的稳定，既济之后接着是未济，一个大的新周期正在稳定中埋伏下重新变化的条件。卦辞明确指出"初吉终乱"，正是要告诉人们，一个阶段的完成与统一就是下一个阶段矛盾运动的开始，正是矛盾的绝对性才造成世界变化运动的无限性。宇宙没有一劳永逸的事情，也没有绝对的完美，人类应该认识这种规律，使自己的行动永远保持与天道的一致性，向更加完美不断靠近。《周易》的作者虽然没有明确提出"矛盾绝对性"这个术语，但他认识到了世界运动的这种规律，并把这种规律通过自己特殊的表达方式描述了出来。

六十四　未济——新的起点

䷿

未济的卦画组合为坎（☵）下离（☲）上，传统称作火水未济。

《序卦》云：“物不可穷也，故受之以未济。终焉。”意为：事物不能穷尽，故在既济之后接着是未济，六十四卦终结。这是把未济讲成未穷，也就是没有到头完结。只是六十四卦这个周期运动的阶段性终结。

《杂卦》云：“未济，男之穷也。”意为未济是男子的困穷。这是就三个刚爻分别处在三个柔爻之上，刚爻为男，柔爻为女，刚爻在上的秩序到头了，肯定还要变化。与既济卦对比起来分析，既济是已经渡过，是完成、成功，未济就是还未渡过，未完成或未成功。

从卦画上看，未济是既济的覆卦，又是变卦，即：未济䷿上下倒置，为既济䷾，或未济䷿六爻全变，为既济䷾。从卦变上说，虞翻云：“否二之五也。”意思是说：未济卦是在否卦的基础上变化了的形态，是否卦的六二上升到了五位，即：否䷋六二与九五换

位，变䷿未济。

未济，亨。小狐汔济，濡其尾，无攸利。

【译文】

未济卦，亨通。小狐狸快渡过水时湿了尾巴，无所利。

象曰：未济亨，柔得中也。小狐汔济，未出中也。濡其尾，无攸利，不续终也。虽不当位，刚柔应也。

【译文】

未济卦亨通，是因为柔爻取得中位。小狐狸快要渡过水去，还未游出水中。湿了尾巴，无所利，不能继续游到头。虽然六爻位置不当，但刚柔相应。

象曰：火在水上，未济。君子以慎辨物居方。

【译文】

火在水的上边就是未济卦。君子从中得到启示，慎重分辨物类，使它们各居其方。

【精解导读】

既济是事物发展完成而形成的平衡与稳定，未济是打破这种平衡稳定，向更高层次的平衡稳定发展，

故卦辞说未济亨通。“小狐汔济，濡其尾”中，“汔”通“迄”，是到的意思，旧注作几乎讲，是快要到达的意思。

小狐快要渡过水去到达彼岸的时候，湿了尾巴。狐狸渡水要把尾巴抬起来，露出水外，湿了尾巴是济渡不太成功。狐狸渡水很有经验，过冰时要听一听冰面是否结实，小狐狸经验力量不足，渡水湿了尾巴很危险。“无攸利”是无所利。干宝说“坎为狐”，虞翻与《九家易》则认为是“艮为狐”，考之解卦（解九二爻辞“田获三狐”九二→䷜>坎），干宝的说法较为近理。未济卦连坎在下（未济䷿>互坎 坎），接近上爻而未能达上，是一群小狐狸在渡水还未到岸，故言“小狐汔济”。坎又为水，初爻为尾，上爻为首，上爻已出水，初爻在水中，故言“濡其尾”。卦辞总的意思是说，亨通，但功败垂成，无利。

彖辞分四个方面说明未济卦。（一）说明未济卦为什么亨通。“未济亨，柔得中也”，这是从卦变中讲六五得到了上卦中位。六五是柔爻，故言“柔得中”。柔顺上进又符合中道，有亨通之理。（二）说明卦辞“小狐汔济”。“小狐汔济，未出中也”，象上指六五在否变未济时，从下卦中位推移到上卦中位，没有从中走出。在其他卦是不离中道，在未济卦则是在济渡之中，没有走出济渡之中就是还在济渡，所以才是“小狐汔济”，“汔”是将到未到。（三）说明卦辞“濡其尾，无攸利”。“濡其尾，无攸利，不续终也”中，“续”

是接续，这句意为没有继续顺利地到达彼岸的终点，所以小狐狸湿了尾巴。没有利可言。（四）补充说明未济卦好的一面。“虽不当位，刚柔应也”，指全卦六爻没有一爻当位，初六、六三、六五三个柔爻处在刚位，九二、九四、上九三个刚爻处在柔位，位置不当。但从应的角度看，初六与九四刚柔正应，九二与六五刚柔正应，六三与上九刚柔正应，六爻全都刚柔相应，能够互补相济，未济卦也有好的一面。从彖辞的话里可以看出，初上也有阴阳位。“刚柔应也”，显然是对全卦六爻讲的。如不包括初上两爻，那就只有六五与九二正应，这就不足以成为未济卦的特点。“刚柔应”与“不当位”是对比而言，“刚柔应”指一卦六爻，“不当位”当然也是针对全卦六爻讲的。王弼说“初上无位”是臆度之词。

象辞从上下卦象的组合说明未济。“火在水上，未济”，指上卦离为火，下卦坎为水，火在水上就是未济卦。火性炎上，水性润下，这是一种上下分离之象。君子从这种分离状态中受到什么启示呢？就是“君子以慎辨物居方”。何楷说：“慎辨物者，物以群分也；慎居方者，方以类聚也。”他把“慎辨物居方”与《系辞·上》讲的“方以类聚，物以群分”联系起来考虑，讲得令人心服口服。“慎”是慎重小心。“辨物”是分辨物的群类。“居”是处，“方”是居处的地方。这句意思是说：君子从水火分离的卦象中学会慎重地分辨事物的群类，让它们各自居于应处的方位上，也就是

不要把事物搞乱。世界万物有分有合，合是为了相济为用，发挥它们的互补作用，这是水火既济给人们的启示。分是为了避免它们的冲突或抵销作用，各自为用，这是火水未济给人们的启示。分与合各有各的用处，未济强调的是分的作用。

初六：濡其尾，吝。

【译文】

湿了尾巴，有吝难。

象曰：濡其尾，亦不知极也。

【译文】

湿了尾巴，也不知道到达终点。

【精解导读】

初六与卦辞“小狐汔济，濡其尾”取象相同。在一卦最下，故为尾，前临重坎(☵坎坎)，坎为水，故言“濡其尾”。象辞说：“濡其尾，亦不知极也。”象上指，否变未济是柔爻上往，柔爻最适当的位置在四位，初六有正应在四位，却没有上往，故为“不知极”，正如节卦的九二是“失时极也”。九四象辞说“志行也”，而初六未行。两爻可对比起来辨析。取义是说也不知道到达终点，极是“终”的意思。象辞说：“濡其尾，

无攸利，不续终也。”“亦不知极也”与“不续终”义同，指不继续努力到达终点，才湿了尾巴。因为卦在未济里，所以没有渡成功。

九二：曳其轮，贞吉。

【译文】

拉住车轮，正固吉祥。

象曰：九二贞吉，中以行正也。

【译文】

九二正固吉祥，是能以中道行得正。

【精解导读】

九二与既济的初九取象相同，也在坎下（九二→☵>坎），坎为弓轮，故言“曳其轮”。拉住车轮是为了克服水的冲击力量，使车子不致翻，保持车身稳定，帮助济渡。九二在下卦中位，能保持中正，故言“贞吉”。象辞说“九二贞吉，中以行正也”，指九二是在卦变中从上卦中位来到下卦中位，始终保持中正，所以才能获吉。

六三：未济，征凶。利涉大川。

【译文】

未能渡过，征进凶。有利于涉过大川险阻。

象曰：未济，征凶，位不当也。

【译文】

未能渡过，征进凶，是位置不当。

【精解导读】

六三在下坎与互坎之中（六三 ䷿ 互坎 下坎），坎为水，处在前后都是水的位置上，所以是“未济”，还未渡过水去。坎为险，前后皆险，故征进凶险。但六三有正应在上九，上九是终位，有险可渡，故言“利涉大川”。

象辞说：“未济，征凶，位不当也。”“位不当”主要指在前后坎中，上不着天，下不着地，与坎六三“来之坎坎”相似。宋人一味用阴阳位解释“当位”，很容易忽视主要方面。

九四：贞吉，悔亡，震用伐鬼方。三年，有赏于大国。

【译文】

正固吉祥，忧悔消亡。振奋起来讨伐鬼方，三年征服，受到大国奖赏。

象曰：贞吉，悔亡，志行也。

【译文】

正固吉祥，忧悔消亡，是心志得行。

【精解导读】

九四与既济的九三取象相同，坤为方国、为阴，故为鬼方，未济从否变来，否下坤为鬼方，上乾为君，上乾九五下来到二位成未济，故为“震用伐鬼方”。九四互为离坎（九四—☵☲坎离），坎弓离矢，故有征伐之象。未济是既济的覆卦，既济的九三上下倒覆就是未济的九四，即既济（䷾←九三）覆为未济（䷿←九四），九三就翻到九四的位置上，所以两爻同象。所不同的是既济的九三是“高宗伐鬼方”，未济的九四是“震用伐鬼方”。高宗是天子，“震”在卦象上是诸侯。四位也是诸侯位。前人说这一爻是西周协助商王朝讨伐鬼方，胜利后获得殷王朝的奖赏。《后汉书·西羌传》说：“及武乙暴虐，犬戎寇边。周古公逾梁山而避于岐下。及子季历，遂伐西落鬼戎。”“武乙”是高宗武丁之后的第五世商王，《后汉书注》说他“无道。为偶人像，谓之天神，与之博，令人代之行，天神不胜，而谬辱之。又为革囊盛血，仰而射之，命曰‘射天’。遂被雷震而死”。意思是说：武乙无道，制作出一个偶像，称为天神，武乙与天神搏斗，找一个人代替天神，天神输了，就戮辱偶像。又用皮口袋装上血浆，挂起来仰身去射，

称作“射天”，于是被雷震死。武乙暴虐无道，招致犬戎不时来骚扰，古公亶父为了避开犬戎的侵扰，越过梁山，把周部落迁移到岐山脚下。到周文王之父季历时，去讨伐过西方部落的鬼戎。西周征伐过鬼方，也是实有其事。按爻辞考史，这次征伐获得胜利，也历经三年，最后得到商天子的奖赏。既济的九三是殷高宗躬行征伐，未济九四是周季历去征伐。

象辞说：“贞吉，悔亡，志行也。”象上指九四有初六为正应，心志可行。义上取心志得以推行而实现。因为有正应，所以“贞吉”，因为“志行”，所以“悔亡”。

六五：贞吉，无悔，君子之光。有孚，吉。

【译文】

正固吉祥，没有忧悔，君子的光耀。有孚信，吉祥。

象曰：君子之光，其晖吉也。

【译文】

君子的光耀，光辉闪射而吉祥。

【精解导读】

六五由否卦的二位升到全卦的尊位，彖辞称它是

“未济亨，柔得中”。这一爻最顺利，居中守正就吉祥，不会有忧悔。

因为在上卦中位，故言“贞吉，无悔”。君子指否的上乾，光指乾变离，离为光明，故言“君子之光”。

“有孚”是有孚信，与九二换位，九二原在五位是它的正应，让出尊位给六五，又到下卦正应，可见信赖之深，故吉。

象辞说：“君子之光，其晖吉也。”“晖”解释光。“晖”是光辉。有如离日在天，光辉闪射，故能获吉。

上九：有孚于饮酒，无咎。濡其首，有孚失是。

【译文】

有孚信而饮酒，没有咎害。酒淋湿了头，有孚信也会失去。

象曰：饮酒濡首，亦不知节也。

【译文】

饮酒淋湿了头，也太不知节制了。

【精解导读】

这一爻与既济上六取象有相同之处。上九有正应在六三，也是“有孚”，在重坎之上，坎为酒，故为“有孚于饮酒”而“无咎”。上九处全卦上位，上为首，

坎为水，水淋首之象，故言“濡其首”。“有孚失是”的“是”是指示代词，相当于这，指的是前面提到的“有孚于饮酒，无咎”。意思是说：如果没有节制，到了酒淋湿头的地步，有孚信也会失去没有咎害这种好兆。也就是说，那就会有咎害。象辞说：“饮酒濡首，亦不知节也。”解释“濡首”是饮酒时把头也淋湿了，太不知道节制自己。可见“饮酒濡首”是纵欲酗酒到了没节制的程度。

【提示】

《周易》六十四卦，到未济终结。作者不用既济而用未济作结尾，表现了运动无限性的哲理。《序卦》说：“物不可穷也，故受之以未济终焉。”明确提出宇宙运动的无限性。六十四卦完了，事物的发展运动却是无限的，运动永远不会停止。程传讲：“既济矣，物之穷也。物穷而不变，则无不已之理。《周易》者，变易而不穷也。故既济之后受之以未济而终焉。未济则未穷也，未穷则有生生之义。”

《周易》用六十四卦的方式向人们描述了一个大的运动周期，以后的运动还会按这种周期的方式出现，这样就概括了无穷永恒的哲理。但这不能看作是循环论，而是向人们揭示宇宙运动的周期性特征。宇宙的发展运动是无穷的，而运动方式却是周期性的。正如我们在哲学里讲的：宇宙运动是呈螺旋式上升的规律而发展的。有周期性就会形成螺旋，有无穷性就会上

升。《周易》里讲“日新”，在原轨迹上循环就不可能日新。循环论是有穷的，只能在原来的轨迹中循环。宋朝人程颐都看到“未穷则有生生之义”，我们再说《周易》是循环论，那就是妄侮古人。比较起来，《周易》比那些侈言世界末日之类的哲学观要高明得多。

《春秋左氏传》

齐桓公与公子纠争国（庄公九年）

【原文】

九年春，雍廪杀无知。公[①]及齐大夫盟于蔇[②]，齐无君也。夏，公伐齐，纳子纠。桓公[③]自莒[④]先入。秋，师及齐师战于乾时，我师败绩。公丧戎路，传乘而归。秦子、梁子以公旗辟于下道，是以皆止。

鲍叔[⑤]帅师来言曰："子纠，亲也，请君讨之。管、召，仇也，请受而甘心焉。"乃杀子纠于生窦，召忽[⑥]死之。管仲请囚，鲍叔受之，及堂阜[⑦]而税之。归而以告曰："管夷吾治于高傒[⑧]，使相可也。"公从之。

【注释】

①公：指鲁庄公。②蔇：今山东省峄县东部。③桓公：齐恒公，名小白，齐僖公庶子，春秋五霸之一，公子纠是他的庶兄。④莒：诸侯国名，嬴姓，后为楚灭，今山东省莒县。⑤鲍叔：鲍叔牙，齐桓公的师傅。⑥召忽、管仲：两人皆为公子纠的师傅。管仲即管夷吾，他是鲍叔的好朋友。⑦堂阜：齐地，今山东省蒙阴县。⑧高傒：齐国的执政大臣。

【译文】

庄公九年春季，齐国大夫雍廪杀死公孙无知。鲁庄公和齐国的大夫在蔇地结盟，这是因为当时齐国没有国君。夏季，鲁庄公讨伐齐国，护送公子纠回国即位。而齐桓公从莒国抢先回到齐国当了国君。秋季，我军（鲁军）和齐军在乾时交战，我军大败。庄公丢掉战车，乘坐轻车逃归鲁国。他的车夫秦子、梁子打着庄公的旗号躲在小道上诱骗齐军，因而皆为齐军所俘。

鲍叔率领军队代表齐桓公对鲁国说："公子纠是我齐君的亲人，请贵国为我们讨伐他。管仲、召忽，是我齐君的仇人，请把他们交给我国使我们能够安心。"于是就在生窦把公子纠杀死，召忽也自杀了。管仲请求把他押送回齐国，鲍叔接受请求，到了齐国境内的堂阜就把他释放了。回国后，鲍叔报告齐桓公说："管仲治国的才能比高傒都要强，可以让他担任宰相。"齐桓公同意了。

曹刿论战（庄公十年）

【原文】

十年春，齐师伐我。公将战[1]，曹刿请见。其乡人曰："肉食者谋之，又何间焉。"刿曰："肉食者鄙，未能远谋。"乃入见。问："何以战。"公曰："衣食所安，弗敢专也，必以分人。"对曰："小惠未遍，民弗从也。"公曰："牺牲玉帛，弗敢加也，必以信。"对曰："小信未孚，神弗福也。"公曰："小大之狱，虽不能察，必以情。"对曰："忠之属也，可以一战，战则请从。"

公与之乘。战于长勺[2]。公将鼓之。刿曰："未可。"齐人三鼓，刿曰："可矣。"齐师败绩。公将驰之。刿曰："未可。"下视其辙，登轼而望之，曰："可矣。"遂逐齐师。既克，公问其故。对曰："夫战，勇气也，一鼓作气，再而衰，三而竭。彼竭我盈，故克之。夫大国，难测也，惧有伏焉。吾视其辙乱，望其旗靡，故逐之。"

【注释】

①我：指鲁国。公：指鲁庄公。②长勺：鲁国地名，今山东省曲阜市东。

【译文】

鲁庄公十年春季，齐国的军队攻打鲁国。庄公准备迎战。曹刿请求拜见。他同乡的人说：“有那些天天吃肉的官僚大臣们谋划这些事，你又去搀和什么！”曹刿说：“吃肉的人目光短浅，不能作深远的考虑。”于是进入王宫拜见庄公。曹刿问：“我们凭什么来和齐军作战？”庄公说：“凡衣食这些所以安身的东西，我不敢独自享用，一定要拿来分给别人。”曹刿说：“这些小恩小惠，只有您周围的人能得到，没有遍及百姓，人们是不会都跟从您的。”庄公说：“祭祀用的牛羊和玉帛，不敢虚报，一定要如实相告。”曹刿说：“对上天不说谎话，这是小信，未必能取信于神明，神明也未必能降福于鲁国。”庄公又说：“大大小小的案件，虽然不能一一洞察，但一定要合情合理地去处理。”曹刿说：“这是为百姓尽力办事的一种表现，凭这就可以与齐国打这一仗。打的时候，请允许让我跟着您去。”

庄公和曹刿同乘一辆战车，与齐军在长勺一带开战。庄公准备击鼓（进攻）。曹刿说：“还不行。”齐人三次击鼓进攻。这时，曹刿说：“可以反击了。”结果，齐军大败。庄公准备追击齐军。曹刿说：“还不行。”

说着，他跳下车，仔细观察齐军战车车轮轧过的痕迹，然后登上车前横木远望齐军，说：“可以追击了。”于是我军追击齐军。

打败齐军以后，庄公问曹刿取胜的原因。曹刿回答说：“作战这件事，全靠勇气。当第一次击鼓时，军队士气大振；第二次击鼓时，士气就衰退了一些；第三次击鼓时，士气就没有了。他们的勇气没有了，而我们的勇气正盛，所以战胜了他们。那些大国的谋略是难于猜测的，小臣担心有埋伏。因此我下车仔细观察，发现他们的车轮的痕迹很乱，远望他们的军旗纷纷倒下，所以才建议君王追逐他们。”

召陵之盟（僖公四年）

【原文】

四年春，齐侯以诸侯之师侵蔡[①]。蔡溃。遂伐楚。楚子[②]使与师言曰："君处北海[③]，寡人处南海，唯是风马牛不相及也。不虞君之涉吾地也，何故？"管仲对曰："昔召康公[④]命我先君大公曰：'五侯九伯[⑤]，女实征之，以夹辅周室。'赐我先君履，东至于海，西至于河，南至于穆陵[⑥]，北至于无棣[⑦]。尔贡包茅[⑧]不入，王祭不共，无以缩酒，寡人是征。昭王[⑨]南征而不复，寡人是问。"对曰："贡之不入，寡君之罪也，敢不共给。昭王之不复，君其问诸水滨。"

师进，次于陉[⑩]。

夏，楚子使屈完如师。师退，次于召陵[⑪]。

齐侯陈诸侯之师，与屈完乘而观之。齐侯曰："岂不谷[⑫]是为？先君之好是继。与不谷同好，如何？"对曰："君惠徼福于敝邑之社稷，辱收寡君，寡君之愿也。"齐侯曰："以此众战，谁能御之？以此攻城，何城不克？"对曰："君若以德绥诸侯，谁敢不服？君若以力，楚国方城[⑬]以为城，汉水以为池，虽众，无所用之。"

屈完及诸侯盟。

【注释】

①齐侯：指齐桓公。诸侯之师：指鲁、宋、陈、卫、郑、许、曹等国的军队。蔡：诸侯国名，今河南省汝南、上蔡、新蔡等地。②楚子：指楚成王。③北海：泛指北方，下句南海泛指南方。④召康公：周武王、周成王时的大臣召公奭，他与周公旦一起辅佐周王室。下句大公指齐国始封的国君姜尚。⑤五侯：公、侯、伯、子、男五等诸侯。九伯：九州之长。此处泛指天下诸侯。⑥穆陵：今山东省临朐穆陵关。⑦无棣：今山东省无棣县北。⑧包茅：包成束的菁茅，是楚国的土特产，是用作滤酒的材料，也是楚国献给周王的贡品。⑨昭王：周昭王，周王朝第四代国君，当他巡狩南方渡汉水时溺水而死。⑩陉：楚地，今河南省漯河市郾城区南。⑪召陵：楚地，今河南省郾城县东。⑫不谷：不善，诸侯自谦的称谓，即“我”。⑬方城：山名，在今河南省叶县。

【译文】

僖公四年春季，齐桓公率领各诸侯的军队侵犯蔡国，蔡军被击溃。接着齐桓公率军去攻打楚国。楚成王派使者来到军中对齐桓公说：“君王住北方，我们住在南方，两国相距如此遥远，即使牛马走散，彼此也不会相混。然而没有料到君王竟然率兵进入我国，这是什么缘故呢？”管仲回答说：“从前召康公命令我先君姜太公说：‘五侯和九伯，你对他们都有发兵征讨的权力，以便和周公共同辅佐

周王室！’赐给我先君权力的范围，东到大海，西到黄河，南到穆陵，北到无棣。你们楚王应该进贡王室的包茅还没有送来，以至于王室的祭物缺乏，不能滤酒，因此我们要追究责任。昭王巡狩到楚国没有回去，我们要来问罪。”楚国使者回答说：“应该奉送的贡品没有献上，这是我们国君的罪过，我们怎敢不贡奉？至于说昭王南巡没有返回的事，请您到汉水边去问问吧。”

齐桓公率诸侯的军队继续前进，驻扎在楚国境内的陉地。

同年夏天，楚成王派遣屈完为使者到齐桓公驻军地探听虚实。诸侯军队向后撤退，驻扎在召陵。

齐桓公将诸侯的军队摆开列成阵势（向楚国示威），然后和屈完同乘一辆兵车检阅。齐桓公说：“诸侯们向楚国发兵难道是为我个人吗？只是继承先君建立的友好关系罢了，我们两国重修友好怎么样？”屈完回答说：“您的惠临是为我们楚国的社稷求福，如果君王愿意将我国国君收为同好，这正是我的君主所希望的。”齐桓公说：“用这么强大的军队作战，谁能抵御得了他们？用这样强大的军队攻城，有什么城攻打不下来？”屈完回答说：“君王如果用德政来安抚诸侯，谁敢不服从？君王如果用武力，楚国就以方城山作为城墙，以汉水作为护城河；齐国和诸侯的军队虽多，但也没有什么用处。”

终于，屈完和各诸侯订立了盟约。

子鱼论战（僖公二十二年）

【原文】

冬十一月己巳朔，宋公及楚人战于泓[1]。宋人既成列，楚人未既济。司马[2]曰："彼众我寡，及其未既济也，请击之。"公曰："不可。"既济而未成列，又以告。公曰："未可。"既陈而后击之，宋师败绩。公伤股，门官[3]歼焉。

国人皆咎公。公曰："君子不重伤，不禽二毛。古之为军也，不以阻隘也。寡人虽亡国之余[4]，不鼓不成列。"

子鱼曰："君未知战。勍敌之人，隘而不列，天赞我也。阻而鼓之，不亦可乎？犹有惧焉。且今之勍者，皆吾敌也。虽及胡耇[5]，获则取之，何有于二毛？明耻教战，求杀敌也，伤未及死。如何勿重？若爱重伤，则如勿伤；爱其二毛，则如服焉。三军以利用也，金鼓以声气也。利而用之，阻隘可也；声盛致志，鼓儳可也。"

【注释】

①宋公：宋襄公。泓：泓水，流经现河南省柘城

县西部。②司马：官名，此处指目夷。目夷，字子鱼，宋襄公的庶兄。③门官：守门的人，出师时在君王的左右担任保卫。④亡国之余：宋是商的后裔，商被周灭，所以宋襄公称自己是“亡国之余”。⑤耇：年老、高龄。

【译文】

僖公二十二年冬季，十一月初一，宋襄公率军在泓水边上与楚人交战。当时宋军已经摆好阵势，而楚国的军队还没有全部渡过泓水。宋国司马目夷说：“楚军兵力众多，我军兵力太少，趁着他们军队还没有全部渡过泓水的机会，请君王立即下令进攻。”宋襄公说：“不行。”当楚军全部渡河但还没有排列阵势的时候，司马又建议立即发动进攻。宋襄公说：“还不行。”这样，一直等到楚军摆好阵势，才下令开战。结果宋军大败，宋襄公的大腿受伤，护卫国君的门官全部阵亡。

宋国的人都责备宋襄公。宋襄公说：“君子不再杀伤已经受伤的敌人，不擒拿头发斑白的老人。古代用兵之道，不凭借险阻之地阻击敌方。我虽然是商朝亡国之君的后代，但绝不进攻没有布好阵势的敌人。”

子鱼说：“君王不懂得作战的方法。强大的敌军受阻于险要的地方而未列阵，这是上天在帮助我们；利用敌人受阻的机会而攻击他们，不也是可以的吗？可惜大王却仍然显得很畏惧。况且现在面临的是强有力

的人，都是我们的敌人。即使是年纪很大的人，也应该坚决消灭掉，对头发斑白的敌人，有什么怜悯的呢？让军队认识什么是耻辱，教给他们作战的方法技能，目的就是消灭敌人。那些受了伤而没有死的敌人，为什么不可以再杀伤他一次呢？假如怜悯敌方受伤的人员而不去再次杀伤他们，那么一开始就应当不杀伤他们。可怜敌人中那些头发斑白的老人，那么一开始就应当向他们屈服。军队本是按着有利的时机而行动的；鸣金击鼓，是用来鼓舞将士的勇气的。既然军队作战是根据有利时机，那么敌人遇到险阻，我们是可以进击的；战鼓的声音充沛盛大，激发起士兵高昂的士气，攻击没有摆开阵势的敌人也是可以的。”

展喜犒师（僖公二十六年）

【原文】

夏，齐孝公伐我北鄙。卫人伐齐，洮之盟[①]故也。

公使展喜[②]犒师，使受命于展禽[③]。齐侯[④]未入竟，展喜从之，曰："寡君闻君亲举玉趾，将辱于敝邑，使下臣犒执事。"齐侯曰："鲁人恐乎？"对曰："小人恐矣，君子则否。"齐侯曰："室如县罄，野无青草，何恃而不恐？"对曰："恃先王之命。昔周公、大公股肱周室，夹辅成王。成王劳之而赐之盟，曰：'世世子孙，无相害也。'载在盟府，大师职之。桓公是以纠合诸侯而谋其不协，弥缝其阙而匡救其灾，昭旧职也。及君即位，诸侯之望曰：'其率桓[⑤]之功。'我敝邑用不敢保聚，曰：'岂其嗣世九年而弃命废职，其若先君何？'君必不然。恃此以不恐。"齐侯乃还。

【注释】

①洮之盟：指鲁僖公二十五年十二月，鲁国、莒国在鲁地洮会盟，重修卫文公与鲁国所建的邦交。此举激怒了齐国，所以发兵攻打鲁国。②公：指鲁僖公，

展喜：鲁国大夫。③展禽：名获，又称柳下惠，春秋时名人。④齐侯：齐孝公，齐桓公之子。⑤桓：指齐桓公。

【译文】

鲁僖公二十六年夏季，齐孝公进攻鲁国北部边境，同时卫国的军队攻打齐国，这是因为卫国履行鲁国、莒国在洮地签定盟约的缘故。

鲁僖公派遣展喜犒劳齐国的军队，并要他先向展禽请教如何运用外交辞令。在齐孝公还没有进入鲁国国境时，展喜就出境迎了上去，说："我的国君听说君王亲自率领大军，将要光临我们国家，特派遣下臣来慰劳您的部下。"齐孝公说："鲁国人害怕吗？"展喜回答说："小人害怕了，君子就不害怕。"齐孝公说："房屋中什么东西都没有，田野里连青草都没有，凭什么不害怕呢？"展喜回答说："依恃着先王的遗命。从前周公、姜太公辅佐周王室，在成王左右辅助成王。成王为了答谢他们的功绩，就赐给他们盟誓，说：'世世代代的子孙不要彼此侵害。'这个盟誓藏在周的盟府之中，由职掌盟约的太师负责掌管。齐桓公因此才联合诸侯，商讨解决他们之间的纠纷，弥补他们的过失，救援他们遇到的灾难，这些都是为了显扬先前的使命。到了君王即位，各诸侯国都期盼着说道：'君王大概会继续齐桓公的功业吧！'因此我们国家不敢修筑城池和造兵器铠甲，说：'难道他即位才

九年，就抛弃先王的职责？他如何对得起死去的君王呢？君王是必然不会这样做的。’因为恃有这个观点，所以不害怕。”齐孝公实在没有办法，只好收兵回国了。

烛之武退秦师（僖公三十年）

【原文】

九月甲午，晋侯、秦伯[①]围郑，以其无礼于晋，且贰于楚也。晋军函陵，秦军氾南[②]。

佚之狐言于郑伯[③]曰："国危矣，若使烛之武见秦君，师必退。"公从之。辞曰："臣之壮也，犹不如人，今老矣，无能为也已。"公曰："吾不能早用子，今急而求子，是寡人之过也。然郑亡，子亦有不利焉。"许之。

夜缒而出，见秦伯，曰："秦、晋围郑，郑既知亡矣。若亡郑而有益于君，敢以烦执事。越国以鄙远，君知其难也，焉用亡郑以陪邻。邻之厚，君之薄也。若舍郑以为东道主，行李之往来，共其乏困，君亦无所害。且君尝为晋君赐矣，许君焦、瑕[④]，朝济而夕设版焉，君之所知也。夫晋何厌之有？既东封郑，又欲肆其西封，若不阙秦，将焉取之？阙秦以利晋，唯君图之。"秦伯说，与郑人盟，使杞子、逢孙、扬孙[⑤]戍之，乃还。

子犯请击之，公[⑥]曰："不可。微夫人力不及此。

因人之力而敝之，不仁；失其所与，不知。以乱易整，不武。吾其还也。”亦去之。

【注释】

①晋侯：晋文公。秦伯：秦穆公。②函陵：郑国地名，在今河南省新郑县北。氾南：氾水之南。氾水指东氾水，在今河南省中牟县南。③郑伯：郑文公。④焦、瑕：晋国的两个城邑，故址在今河南省陕县附近。⑤杞子、逢孙、扬孙：三人皆秦国大夫。⑥公：指晋文公。

【译文】

僖公三十年九月初十，晋文公、秦穆公率兵包围了郑国的都城，因为郑国曾经对晋国无礼，并且对晋国怀有贰心而跟楚国亲近。晋国军队驻扎在函陵，秦国的军队驻扎在氾水之南。

郑国大夫佚之狐对郑文公说：“国都很危急了。如果派遣烛之武去见秦君，他们的军队一定会撤退。”郑文公听从了他的建议，去请烛之武。烛之武推辞道：下臣年轻力壮的时候，尚且不如他人；现在老了，更加没有能力办事了。”郑文公说：“我没有及早重用您，现在形势危急了才来求您，这是我的过错。然而郑国灭亡了，对您也有不利的地方啊。”烛之武便答应了郑文公。

当天夜晚，烛之武用绳子缚住身体，从城墙上面

吊到城外。他拜见了秦穆公，说：“秦、晋两军围攻郑国，郑国人已经知道自己要灭亡了。如果灭了郑国而对君王有好处，那就麻烦您了。不过，越过一个国家而把偏远的地方当作边界，君王知道那是很困难的，那么，为什么要灭亡郑国去扩大邻国的土地呢？邻国的实力雄厚了，就等于君王的力量被削弱了。假如留下郑国，把他作为东方道路上的主人，秦国的使者往来经过，也可以供应他们所缺乏的物质，这对您秦国也没有什么害处啊。再说，您曾经对晋国国君有过一番恩德，他曾答应把焦、瑕两地送给您，可是他早晨渡河回国，晚上就在那里筑起了城墙，这是君王知道的。那晋国哪里会有满足的时候？它既然灭了郑国把它作为自己东边的疆界，自然又要极力扩大它西边的疆界。它如果不损害秦国，将从哪里去取得土地呢？像这种损害秦国而有利于晋国的事情，怎么处理，只有请君王好好考虑了。”秦穆公听后很高兴，随即和郑国人订立盟约，派遣杞子、逢孙、扬孙帮助郑国设防后，就将大军撤回去了。

子犯请求晋文公下令追击秦军。晋文公说：“不行！如果没有那个人的力量，我就不会有今天这个地位。依靠人家的力量得到好处却去损害他，这是不仁爱；丢掉了自己的同盟国，是不明智；用相互攻打代替和睦相处，不是勇武。我还是回去吧。”晋文公也撤军回国了。

郑公子归生弑君（宣公四年）

【原文】

楚人献鼋于郑灵公[1]。公子宋与子家[2]将见。子公之食指动，以示子家，曰："他日我如此，必尝异味。"及入，宰夫将解鼋，相视而笑。公问之，子家以告，及食大夫鼋，召子公而弗与也。子公怒，染指于鼎，尝之而出。公怒，欲杀子公。子公与子家谋先。子家曰："畜老，犹惮杀之，而况君乎？"反谮子家。子家惧而从之。夏，弑灵公。

书曰："郑公子归生弑其君夷。"权不足也。君子曰："仁而不武，无能达也。"[3]凡弑君：称君，君无道也；称臣，臣之罪也。

【注释】

①郑灵公：是郑穆公的太子，名夷。②公子宋：字子公。子家：归生。③这句话的意思是：开始，子家不同意杀君是仁，后来不讨伐子公是不武，他是不能自通于仁道而陷弑君之罪。

【译文】

楚国人献给郑灵公一只大鳖。公子宋和子家将要进宫求见。走在路上，公子宋的食指忽然自己动了起来，于是就把它给子家看，说："过去我的手出现这种情况，一定能够尝到美味佳肴。"等到他们进宫后，厨师正准备杀鳖，两人相视而会心地笑了。郑灵公问他们为何要发笑，子家就把刚才的情况告诉了郑灵公。等到郑灵公把鳖肉羹赐给大夫们吃的时候，召来公子宋却不给他吃。公子宋非常气愤，用手指在盛鳖肉羹的鼎里蘸了蘸，尝尝味道后就扬长而去。郑灵公大怒，要杀死公子宋。公子宋和子家谋划要先下手。子家说："对老了的牲口，人们尚且不忍心杀死，何况是国君呢？"公子宋反过来在晋灵公面前诬陷子家。子家知道后很害怕，只得跟着他干。鲁宣公四年夏季，他们合谋杀死了郑灵公。

《春秋》中说："郑公子归生弑杀了国君夷。"这是因为子家的权略不足的缘故。君子说："只讲仁爱而没有勇武，是达不到目的的。"凡是弑杀国君：如果只写国君的名字，这表明是国君无道；如果写臣子的名字，这就表明是臣子的罪过。

祁奚荐贤（襄公三年）

【原文】

祁奚[1]请老，晋侯[2]问嗣焉。称解狐——其仇也。将立之而卒。又问焉，对曰："午[3]也可。"于是羊舌职[4]死矣。晋侯曰："孰可以代之？"对曰："赤[5]也可。"于是使祁午为中军尉，羊舌赤佐之。

君子谓："祁奚于是能举善矣。称其仇，不为谄。立其子，不为比。举其偏，不为党。《商书》曰：'无偏无党，王道荡荡。'[6]其祁奚之谓矣！解狐得举，祁午得位，伯华得官，建一官而三物成，能举善也！夫唯善，故能举其类。《诗》云：'惟其有之，是以似之[7]。'祁奚有焉。"

【注释】

①祁奚：晋国人，任晋中军尉。②晋侯：指晋悼公。③午：即祁午，祁奚的儿子。④羊舌职：姓羊舌，名职，任中军尉佐。⑤赤：羊舌赤，羊舌职的儿子，号伯华。⑥见《尚书·洪范》。⑦见《诗经·小雅·裳裳者华》。

【译文】

祁奚请求退休，晋悼公问朝中谁可以接替他的职位。祁奚推荐解狐——他的仇人。正要任命解狐，解狐却死了。晋悼公又问谁可以担任这个职务，祁奚回答说：“祁午可以。”正在这个时候，羊舌职又死了。晋悼公问：“哪一位可以接替他？”祁奚回答说：“羊舌赤可以。”于是，晋悼公任命祁午为中军尉，羊舌赤为中军尉佐。

君子说：“祁奚在这件事上，能够举荐有才有德的人。推举他的仇人，不算是谄媚。推举自己的儿子，不算是自私。推荐他的部下，不算是结党。《尚书》上说：‘没有偏袒亲人的事，没有袒护同党的事，那么，王道就会光明又平坦。’大概说的就是祁奚啊！解狐得到荐举，祁午得到官位，羊舌赤得到职位，立一个中军尉的官而成就了三件好事，是由于祁奚善于推举贤才啊！正因为自己是贤才，所以能推举与自己一样的人。《诗经》上说：‘只有自己有道德，才能举荐和自己一样的人。’祁奚就是这样的人。”

师旷司侍于晋侯（襄公十四年）

【原文】

师旷侍于晋侯[①]。晋侯曰："卫人出其君[②]，不亦甚乎？"对曰："或者其君实甚。良君将赏善而刑淫，养民如子，盖之如天，容之如地。民奉其君，爱之如父母，仰之如日月，敬之如神明，畏之如雷霆，其可出乎？夫君，神之主而民之望也。若困民之主，匮神乏祀，百姓绝望，社稷无主，将安用之？弗去何为？天生民而立之君，使司牧之，勿使失性。有君而为之贰[③]，使师保之，勿使过度。是故天子有公，诸侯有卿，卿置侧室，大夫有贰宗[④]，士有朋友，庶人、工、商、皂、隶、牧、圉皆有亲昵，以相辅佐也。善则赏之，过则匡之，患则救之，失则革之。自王以下，各有父兄子弟，以补察其政。史为书，瞽为诗，工诵箴谏，大夫规诲，士传言，庶人谤，商旅于市，百工献艺。故《夏书》曰：'遒人以木铎徇于路。官师相规，工执艺事以谏。'正月孟春，于是乎有之，谏失常也。天之爱民甚矣。岂其使一人肆予民上，以从其淫，而弃天地之性？必不然矣。"

【注释】

①师旷：晋国大乐师子野。晋侯：指晋悼公。②指鲁襄公十四年，卫国的民众驱逐了昏庸残暴的卫献公之事。③贰：卿佐、副职。④侧室：官名，在卿的家族里专管宗族的事的人，选宗族的旁支者充任；贰宗：大夫的次子。

【译文】

师旷侍候在晋悼公身边。晋悼公问道："卫国人赶走他们自己的国君，不也太过分了吗？"师旷回答说："或许是他们的国君实在是太暴虐无道了。一个好的国君会奖赏善良的人，惩罚奸邪之徒，像对待自己的儿女一样抚养民众，像苍天一样覆盖他们，像大地一样容纳他们；同样，民众侍奉自己的国君，像对待父母一样爱戴他，像对待日月一样敬仰他，像对待神明一样恭敬他，像对待雷霆一样害怕他；这样的国君谁会赶走他？国君，是祭祀神明的主持者和民众的希望。如果让民众生活困苦，缺少对神明的祭祀，民众陷于绝望之中，国家也就失去了主人，在这样的情况下，国君还有什么用？不把他赶走还会怎样？上天孕育了人民并且给他们立下国君，让国君治理人民，不使人民失掉天性；有了国君之后，又设置辅佐他的卿大夫，让他们去保护辅佐君王，不让君王做不符合法度的事情。因此天子之下有公，诸侯之下有卿。卿之下设立

侧室，大夫之下有贰宗，士有朋友，平民、工匠、商人、差役、放牧人、牧马人也都有与自己亲近的人，目的是让他们彼此能够帮助扶持。做善事就要奖赏，做错事就要纠正，有患难就要接济，有过失就要革除。从君王以下无论哪种类型的人，都有父兄子弟辅佐，观察他们的过失。太史记载君王的言行，乐师写作诗歌讽谏，乐工诵唱歌曲劝谏，大夫规劝，士人传话以转告国君，平民倾吐怨谤之言，商人以及各种工匠各就自己的情况发表意见。所以《夏书》说：‘地方宣布政令的官吏沿着路摇着木舌的铜铃到处诏告人民，使各级官员彼此警惕，工匠用自己的技艺规谏君王。’在初春的正月，这时候就有宣布政令的官吏摇着铜铃出动了，这是为了让民众劝谏君王纠正在政务中的失误。上天对人民是非常关爱的！怎么会让国君一人骑在人民头上肆无忌惮，放纵他的邪恶欲望而抛弃天地的本性呢？绝对不会这样的！”

子罕辞玉（襄公十五年）

【原文】

宋人或得玉，献诸子罕[①]。子罕弗受。献玉者曰："以示玉人[②]，玉人以为宝也，故敢献之。"子罕曰："我以不贪为宝，尔以玉为宝，若以与我，皆丧宝也。不若人有其宝。"稽首而告曰："小人怀璧，不可以越乡。纳此以请死也[③]。"子罕置诸其里，使玉人为之攻之，富而后使复其所。

【注释】

①子罕：宋国的司城（掌管工程的官）。②玉人：会雕琢玉石的玉工。③请死：指献出这块玉石以免回家途中遭遇不测。

【译文】

有个宋国人得到一块玉石，将它献给子罕。子罕不肯接受。献玉石的人说："我曾经把这块玉石拿给玉工鉴定过，他认为这确实是一块宝玉，因此我才敢进献给您。"子罕说："我把不贪图财物的这种操守当作

是宝物，你把宝玉作为宝物。如果你把宝玉送给了我，我们两人都丧失了宝物，还不如我们都保有各自的宝物。”献玉的人跪拜于地，告诉子罕说：“小人带着玉璧，绝不能安全地走过乡里，把玉石送给您，我就能在回家的路上免遭杀身之祸。”于是，子罕把这块玉石放在自己的乡里，请一位玉工替他雕琢成为宝玉，卖出去之后将钱交给献玉的人，在他富有之后才让他返回家里。

崔杼弑齐庄公（襄公二十五年）

【原文】

齐棠公[1]之妻，东郭偃之姊也。东郭偃臣崔武子[2]。棠公死，偃御武子以吊焉。见棠姜而美之，使偃取之。……庄公通焉，骤如崔氏。以崔子之冠赐人，侍者曰："不可。"公曰："不为崔子，其无冠乎？"崔子因是，又以其间伐晋也，曰："晋必将报。"欲弑公以说于晋，而不获间。公鞭侍人贾举而又近之，乃为崔子间公。

夏五月，莒为且于之役故[3]，莒子[4]朝于齐。甲戌，飨诸北郭。崔子称疾，不视事。乙亥，公问崔子，遂从姜氏。姜入于室，与崔子自侧户出。公拊楹而歌。侍人贾举止众从者，而入闭门。甲兴，公登台而请，弗许；请盟，弗许；请自刃于庙，勿许。皆曰："君之臣杼疾病，不能听命。近于公宫，陪臣干掫有淫者，不知二命。"公逾墙。又射之，中股，反队，遂弑之。贾举、州绰、邴师、公孙敖、封具、铎父、襄伊、偻堙皆死。祝佗父祭于高唐，至，复命。不说弁而死于崔氏。申蒯侍渔者，退，谓其宰曰："尔以帑免，我将死。"其宰曰："免。是反子之义也。"与之皆死。崔氏

杀鬷蔑于平阴。

晏子[5]立于崔氏之门外，其人曰："死乎？"曰："独吾君也乎哉？吾死也。"曰："行乎？"曰："吾罪也乎哉？吾亡也。""归乎？"曰："君死，安归？君民者，岂以陵民？社稷是主。臣君者，岂为其口实，社稷是养。故君为社稷死，则死之；为社稷亡，则亡之。若为己死而为己亡，非其私暱，谁敢任之？且人有君而弑之，吾焉得死之，而焉得亡之？将庸何归？"门启而入，枕尸股而哭。兴，三踊而出。人谓崔子："必杀之！"崔子曰："民之望也！舍之得民。"卢蒲癸奔晋，王何奔莒。

叔孙宣伯[6]之在齐也，叔孙还纳其女于灵公。嬖，生景公。丁丑，崔杼立而相之。庆封为左相。盟国人于大宫[7]，曰："所不与崔、庆者。"晏子仰天叹曰："婴所不唯忠于君利社稷者是与，有如上帝。"乃歃。辛巳，公与大夫及莒子盟。

大史书曰："崔杼弑其君。"崔子杀之。其弟嗣书而死者二人。其弟又书，乃舍之。南史氏[8]闻大史尽死，执简以往。闻既书矣，乃还。

【注释】

①棠公：齐国大夫。②东郭偃：崔杼（崔武子）的家臣。③且于之役：指鲁襄公二十三年，齐国同莒国间的一次战争。④莒子：指莒犁比公。⑤晏子：晏婴，字平仲，任齐相，以节俭力行，名显诸侯。⑥孙

叔宣伯：鲁国大臣，成公十六年逃到齐国。⑦大宫：是齐国姜太公的庙。⑧南史氏：居于齐国南部的史官。一说是古代史官。

【译文】

齐国大夫棠公的妻子，是东郭偃的姐姐。东郭偃是崔武子的家臣。棠公死时，东郭偃驾车护送崔武子去吊唁。崔武子一见到东郭偃的姐姐棠姜，就认为她非常美丽，马上要东郭偃为他娶棠姜为妻。……（崔武子娶到棠姜后不久）齐庄公与棠姜勾搭上了，多次到崔武子家与棠姜幽会，并且将崔武子的帽子赐给别人。侍臣对齐庄公说；“不可以这么做。”齐庄公说：“不用崔武子的帽子，难道用别人的帽子吗?”崔武子因此非常痛恨齐庄公，又因为准备利用晋国内乱讨伐晋国，于是对齐庄公说：“晋国必将报仇。”崔武子想借此杀死齐庄公以取悦于晋国，但是一直苦于找不到机会。有一次，齐庄公鞭打了他的侍臣贾举，事后仍然亲近他，贾举为崔武子寻找机会杀死齐庄公。

夏季五月间，莒国因为“且于之战”的原因，莒子到齐国朝贡。五月十六日，齐庄公在城北郭设宴招待莒子。崔武子称病不能赴宴。五月十七日，齐庄公利用问候崔武子的机会，去和棠姜幽会。棠姜进入内室，和崔武子从侧门出来。齐庄公拍打着柱子唱起歌来。侍臣贾举制止众随从跟随，并关上大门，甲士突然冲出。齐庄公登上高台请求放了他，崔武子不答应。

齐庄公又请求与崔武子结盟，崔武子不答应。齐庄公最后请求回到宗庙自尽，崔武子仍不答应。大家都说道："君王的臣子崔杼得了病，不能听从您的命令。这里离王宫很近，我们只知道捉拿淫乱之人，不知道有其他的命令。"齐庄公翻墙逃跑，甲兵用箭射他，射中大腿而掉到地下，于是，甲士杀死了他。内侍贾举、州绰、邴师、公孙敖、封具、铎父、襄伊、偻堙皆被杀死。齐庄公的宠臣祝佗父到高唐祭祀，返回汇报祭祀的情况，还没有脱下礼服就死在崔武子的宅院中。申蒯是管理宫中主渔的官，退下来对他的家臣说："你带着家室逃命吧，我将被处死。"他的家臣说："如果我带着家室逃跑了，这就违背了您的大义之举。"于是，他们一起死去。崔杼在平阴又杀死了鬷蔑。

此时，晏子站在崔武子的门外边，他的部下说："您能为国君而死吗？"晏子说："难道只是我一人的国君吗？为什么要我一人死？"他的部下说："您要逃走吗？"晏子说："难道是我的罪过吗？我为什么要逃走？"部下又问："那么，您要回去吗？"晏子回答说："国君已经死了，我能回到哪儿去？作为统治百姓的君王，难道能骑在民众的头上？他应该兢兢业业地管理好国家。作为君王的臣子，难道完全是为了薪俸？他们应该全心全意养护国家。所以君王为国家而死，那么当臣子的也应该为他而死，如果君王为国家而逃亡，那么当臣子的也应该为他而逃亡。如果君王是为了自己的私利而死，为自己的私利而逃亡，不是他所宠爱的

臣子，谁敢承担这样的灾难？况且，是崔武子拥立了君王反而又杀死了君王，我凭什么要为他而死，为他而逃亡呢？我又能回到哪里去呢？”说完，打开大门，晏子走进去，头枕在齐庄公尸体的大腿上而痛哭，站起来后，向上跳了三次（表示哀悼）才出去。有人告诉了崔武子这件事，并说：“一定要杀了他。”崔武子说：“他是百姓敬仰的人，放了他，可以得到民心。”卢蒲癸逃亡到晋国，王何逃亡到莒国。

先前，孙叔宣伯曾逃亡到晋国，回国后，将女儿嫁给了齐灵公，女儿得到宠幸，生下齐景公。五月二十三日，崔杼立齐景公为新的国君，而自己被封为相，庆封被封为左相。在姜太公的庙里盟誓，说：“那些不支持崔杼、庆封的人……”话还没有说完，晏子仰天长叹说道：“我晏婴如果不和忠于国君、热爱国家的人在一起共事，就有违上天旨意。”于是就歃血定盟。五月二十三日，齐景公和大夫们与莒子签定盟约。

太史记载这件事时说：“崔杼杀了他的国君。”于是，崔杼杀死了太史。太史的弟弟继续作这样的记载，前后又有两人被崔杼杀害。太史另外的一个弟弟仍然如此记载，这时，崔杼才没有杀害他。南史氏听说太史都被杀死，手拿简册来到宫中，把听到的都记载下来才回去。

子产戎服献捷（襄公二十五年）

【原文】

郑子产[1]献捷于晋，戎服将事。晋人问陈之罪，对曰："昔虞阏父为周陶正[2]，以服事我先王[3]。我先王赖其利器用也，与其神明之后也，庸以元女大姬配胡公[4]，而封诸陈，以备三恪[5]。则我周之自出，至于今是赖。桓公之乱[6]，蔡人欲立其出。我先君庄公奉五父[7]而立之，蔡人杀之。我又与蔡人奉戴厉公，至于庄、宣[8]，皆我之自立。夏氏之乱[9]，成公播荡，又我之自入，君所知也。今陈忘周之大德，蔑我大惠，弃我姻亲，介恃楚众，以凭陵我敝邑，不可亿逞。我是以有往年之告[10]。未获成命，则有我东门之役[11]。当陈隧者，井堙木刊。敝邑大惧不竟，而耻大姬。天诱其衷，启敝邑心。陈知其罪，授手于我。用敢献功！"

晋人曰："何故侵小？"对曰："先王之命，唯罪所在，各致其辟。且昔天子之地一圻，列国一同，自是以衰。今大国多数圻矣！若无侵小，何以至焉？"

晋人曰："何故戎服？"对曰："我先君武、庄，为平、桓[12]卿士。城濮之役，文公布命，曰：'各复旧

职！’命我文公戎服辅王[13]，以授楚捷[14]，不敢废王命故也。”士庄伯不能诘，复于赵文子。文子曰：“其辞顺，犯顺不祥。”乃受之。

冬十月，子展相郑伯如晋，拜陈之功。子西复伐陈，陈及郑平。

仲尼曰：“《志》有之：‘言以足志，文以足言。’不言，谁知其志？言之无文，行而不远。晋为伯，郑入陈，非文辞不为功。慎辞哉！”

【注释】

①子产：名乔，字子产，又字子美，是郑穆公的孙子。从郑简公时开始执政，历定公、献公、声公三朝。当时晋楚争霸，弱小的郑国处于两强之间，子产周旋其间，卑亢得宜，得到众诸侯国的敬重。治理郑国二十余年，功绩卓著，深得郑国人民的拥护和爱戴。②虞阏父：是虞舜的后人。陶正：管理陶业的官员。③先王：指周武王。④大姬：周武王的长女。胡公：虞阏父的儿子。⑤三恪：古代新王朝为了笼络人心，巩固统治，往往封前代三个王朝的子孙，给以王侯的名号，称三恪。恪，尊敬。周朝建国时，封立的陈、杞、宋三国为虞、夏、商三代的后人。⑥桓公之乱：陈桓公死后，其子弟为争夺王位而发生的内乱，见《左传》桓公五年。⑦五父：陈桓公之弟陈佗。⑧庄、宣：指陈庄公、陈宣公。⑨夏氏之乱：指夏征舒弑杀陈灵公之事，见《左传》宣公十一年。⑩往年之告：

指襄公二十四年，郑国请求晋国允许它攻打陈国。⑪东门之役：指陈国随楚国征讨郑国，围攻郑国都东门，见《左传》襄公二十四年。⑫武、庄：指郑武公、郑庄公。平、桓：周平王、周桓王。⑬王：指周平王。⑭授楚捷：指“晋楚城濮之战”后，晋国向周平王献楚国战俘一事。

【译文】

郑国的子产向晋国奉献征讨陈国获得的战利品，他是穿着军服处理事情。晋国人问陈国的罪状，子产回答说：“从前虞阏父做周朝管理陶业的官，以侍奉我们的先王（周武王）。我们先王奖励他制造各种器具的资格，又因为他是虞舜的后裔，就把大女儿大姬许配给他的儿子胡公，并把他封在陈地，成为虞、夏、商三朝后代三恪中的一员。陈国是我周朝的外甥，直到今天还仰赖着周朝。陈桓公死后发生内乱，蔡国人想立蔡女所生的后代（陈厉公），我们先君庄公侍奉桓公之弟五父而立他为国君，蔡国人杀死了五父。我们只好和蔡国人侍奉厉公，一直到庄公、宣公，都是依靠我们帮助而继位的。夏征舒弑杀灵公的内乱，使灵公之子成公流亡到晋国，又是依靠我们的帮助，让他返国继位的，这些是君王都知道的。现在陈国忘记了周朝的大德，抹杀我们对他们的大恩，抛弃我郑国这个姻亲，倚恃楚国强大的兵力，发兵欺凌我们的国家，就是这样，还不能使他们满足。因此我国就有去年请求

晋国同意我们讨伐陈国的报告。没有得到贵国的同意，于是就发生了陈国跟随楚国攻打我国东门的战役。在陈军所经过的地方，水井被填，树木被砍（破坏严重）。使得我国上下非常担心国力衰弱，使大姬蒙受奇耻大辱。所幸上天厌恶他们，开启了我们保卫国家的决心。此时，陈国也认识到自己所犯下的罪过，于是降服于我们。因此我们才敢于奉献战利品。”

晋国人又问：“你们为什么侵犯像陈国这样的小国?”子产回答说：“按照先王的命令，只要是有罪行的国家，就应该予以惩罚。况且，从前天子的土地方圆一千里，诸侯的土地方圆一百里，其他等级，依此递减。现在大国的土地多达方圆几千里，如果他们没有侵占小国，国土怎么会如此的大呢?”

晋国人接着又问：“你为什么穿着军服来处理事务呢?”子产回答说：“我们先君武公、庄公做周平王、周桓王的卿士。城濮之战后，晋文公发布命令，说：‘每人都恢复自己原来的职务。’命令郑文公穿着军服辅佐天子，接受楚国俘虏并献给天子。现在我穿着军服，是不敢废弃天子命令的缘故。”

此时，士庄伯已经不能再问什么了，于是向赵文子汇报。赵文子说：“他的言辞合于情理，违背情理是不吉利的。”于是就接受了子产奉献的战利品。

冬十月，子展给郑简公当相礼去晋国，拜谢晋国认可他们对陈国的讨伐。子西率兵再次攻打陈国，陈国被迫和郑国议和。

孔子说："古书上记载：'言语用来表达意愿，文采用来修饰言语。'如果不说话，谁知道他的意愿？说话没有文采，不能流传久远。晋国是霸主，郑国攻入陈国，如果子产不善于外交辞令，攻打陈国之事就不能成功。要谨慎地使用外交辞令啊！"

蔡声子论楚材晋用（襄公二十六年）

【原文】

初，楚伍参与蔡太师子朝友，其子伍举与声子[1]相善也。伍举娶于王子牟，王子牟为申公而亡，楚人曰："伍举实送之。"伍举奔郑，将遂奔晋。声子将如晋，遇之于郑郊，班荆相与食，而言复故。声子曰："子行也！吾必复子。"

及宋向戌将平晋、楚，声子通使于晋。还如楚，令尹子木与之语，问晋故焉。且曰："晋大夫与楚孰贤？"对曰："晋卿不如楚，其大夫则贤，皆卿材也。如杞梓[2]、皮革，自楚往也。虽楚有材，晋实用之。"子木曰："夫独无族姻[3]乎？"对曰："虽有，而用楚材实多。归生闻之：'善为国者，赏不僭而刑不滥。'赏僭，则惧及淫人；刑滥，则惧及善人。若不幸而过，宁僭无滥。与其失善，宁其利淫。无善人，则国从之。《诗》曰：'人之云亡，邦国殄瘁[4]。'无善人之谓也。故《夏书》曰：'与其杀不幸，宁失不经[5]。'惧失善也。《商颂》有之曰：'不僭不滥，不敢怠皇，命于下国，封建厥福[6]。'此汤所以获天福也。古之治民者，劝赏而畏刑，恤民不

倦。赏以春夏，刑以秋冬。是以将赏，为之加膳，加膳则饫赐，此以知其劝赏也。将刑，为之不举，不举则彻乐，此以知其畏刑也。夙兴夜寐，朝夕临政，此以知其恤民也。三者，礼之大节也。有礼无败。今楚多淫刑，其大夫逃死于四方，而为之谋主，以害楚国，不可救疗，所谓不能也。子仪之乱[⑦]，析公奔晋。晋人置诸戎车之殿，以为谋主。绕角之役[⑧]，晋将遁矣，析公曰：'楚师轻窕，易震荡也。若多鼓钧声，以夜军之，楚师必遁。'晋人从之，楚师宵溃。晋遂侵蔡，袭沈，获其君；败申、息之师于桑隧，获申丽而还。郑于是不敢南面。楚失华夏，则析公之为也。

"雍子之父兄谮雍子，君与大夫不善是也。雍子奔晋。晋人与之鄐，以为谋主。彭城之役[⑨]，晋、楚遇于靡角之谷。晋将遁矣。雍子发命于军曰：'归老幼，反孤疾，二人役，归一人，简兵蒐乘，秣马蓐食，师陈焚次，明日将战。'行归者而逸楚囚，楚师宵溃。晋降彭城而归诸宋，以鱼石[⑩]归。楚失东夷[⑪]，子辛[⑫]死之，则雍子之为也。

"子反与子灵争夏姬[⑬]，而雍害其事，子灵奔晋。晋人与之邢，以为谋主。扞御北狄，通吴于晋，教吴判楚，教之乘车、射御、驱侵，使其子狐庸为吴行人焉。吴于是伐巢、取驾、克棘、入州来，楚罢于奔命，至今为患，则子灵之为也。

"若敖之乱[⑭]，伯贲之子贲皇奔晋。晋人与之苗，以为谋主。鄢陵之役[⑮]，楚晨压晋军而陈，晋将遁矣。

苗贲皇曰：‘楚师之良，在其中军王族而已。若塞井夷灶，成陈以当之，栾、范[16]易行以诱之，中行、二郤必克二穆[17]。吾乃四萃于其王族，必大败之。’晋人从之，楚师大败，王[18]夷师熸，子反死之。郑叛吴兴，楚失诸侯，则苗贲皇之为也。”

子木曰：“是皆然矣。”声子曰：“今又有甚于此。椒举娶于申公子牟，子牟得戾而亡，君大夫谓椒举：‘汝实遣之！’惧而奔郑，引领南望曰：‘庶几赦余！’亦弗图也。今在晋矣。晋人将与之县，以比叔向。彼若谋害楚国，岂不为患？”

子木惧，言诸王[19]，益其禄爵而复之。声子使椒鸣逆之。

【注释】

①伍举：伍子胥的祖父椒举。声子：子朝之子，名归生。②杞梓：指杞树和梓树两种优质木材，用以比喻优秀人材。③族姻：国君的宗族和姻族，指晋国的贵族。④见《诗经·大雅·瞻印》。⑤见《伪古文尚书·大禹谟》。⑥见《诗经·商颂·殷武》。⑦子仪之乱：见《左传》文公十四年。⑧绕角之役：指楚国讨伐郑国，晋国出兵救郑，与楚军在绕角相遇，见《左传》成公六年。⑨彭城之役：指楚国讨伐宋国，晋国救宋，在彭城爆发的一场战争，见《左传》成公十八年。⑩鱼石：宋国叛臣。⑪东夷：楚国东方的一些小国。⑫子辛：楚国大臣。⑬子灵：即公孙巫臣。⑭若

敖之乱：见《左传》宣公四年。⑮鄢陵之役：事见前文“晋楚鄢陵之战”。⑯栾：指晋中军统帅栾书。范：指晋中军佐帅范燮。⑰中行：上军佐荀偃。二郤：上将军郤锜、新军佐郤至。二穆：楚穆王的后代子重和子辛。前者为楚左军统帅，后者为楚右军统帅。⑱王：指楚共王。⑲王：指楚康王。

【译文】

当初，楚国的伍参和蔡国的太师子朝是好朋友，伍参的儿子伍举和子朝的儿子声子之间关系也很好。伍举娶了王子牟的女儿为妻。王子牟因为楚申县长官的缘故而负罪逃亡，楚国人说：“是伍举护送他逃走的。”于是，伍举逃亡到郑国，准备再逃亡到晋国。这时，声子将到晋国去，在郑国郊外遇到了伍举，他们铺草为席坐下吃东西，谈到重返楚国的事情。声子说：“您到晋国去吧，我一定让您返回楚国。”

等到宋国的向戌谋求晋国和楚国停战时，声子出使到晋国，返回时来到楚国。楚国令尹子木和他会晤，询问晋国现在的情况，而且问道：“晋国的大夫与楚国的大夫比，谁的大夫更贤明？”声子回答说：“晋国的卿不如楚国，但晋国的大夫比楚国的大夫贤明，他们都是当卿的材料。这就好像晋国所用的杞木、梓木、皮革，都是从楚国运去的。虽然楚国有人才，而晋国却实实在在是在使用他们。”子木问：“难道晋国的君王没有同宗和姻亲吗？”声子回答说：“虽然有，但使

用楚国的人才确实是很多。我听说，善于治理国家的人，赏赐不发生偏差，而刑罚不出现滥用。赏赐发生偏差，就怕施给了坏人；刑罚出现滥用，就怕打击了贤才。如果不幸而有了错误，宁可赏赐发生偏差，也不要刑罚出现滥用。与其失掉贤才，倒不如利于坏人。没有贤才，国家就会灭亡。《诗经》上说：'贤才已逃亡他乡，国家就要遭受苦难，'这就是说没有贤才。所以《夏书》说：'与其杀害了无辜之人，倒不如不用常法。'这就是怕失掉贤才。《商颂》有这样的话说：'不越礼仪不出轨，不敢怠慢去偷闲。成汤遂命诸侯国，分赐大家享福禄。'这就是商汤王所以获得上天赐福的原因。古代治理百姓的人，喜用赏赐而怕用刑罚，体恤百姓而不知疲倦。赏赐在春夏，刑罚在秋冬季。因此，在将要赏赐的时候就为此加膳，加膳饱足之后把剩下的菜肴赐给下臣，由此而知道他乐于赏赐。在将要用刑罚的时候就为此而不杀牲畜，不杀牲畜之后就撤去用膳时的音乐，由此而知道他怕用刑罚。早起晚睡，早晚都亲临处理政事，由此而知道他体恤百姓。这三件事，是礼仪的大节。只要讲求礼仪就不会失败。现在楚国由于过分采用刑罚，他们的大夫逃亡到周边的国家，并做了这些国家的谋士，反过来来危害楚国，到了无法挽回的地步，这就是我所说的楚国不能使用本国的人才。子仪之乱，析公逃亡到晋国，晋国人把他安放在晋侯战车的后面，让他作为谋士。绕角之役，晋国人打算要逃跑，析公说：'楚军很骄傲，遇到强敌

容易动摇。如果同时击鼓进发，故意装着大举进攻的声势以恐吓楚军，利用黑夜进攻，楚军必然会逃走。’晋国人听从了析公的谋略，果然，楚军当晚全军崩溃。晋国于是就入侵蔡国，接着偷袭沈国，俘虏了沈国的国君，在桑隧打败申国和息国的军队，俘虏了申丽而回到晋国。从此，郑国再也不敢向着南方侍奉楚国。楚国丧失了中原的土地，这就是析公的谋略促成的。

“雍子的父亲和哥哥诬陷雍子，楚共王和大夫们不能正确判断是非，雍子被迫逃亡到晋国，晋国人将鄐地封给了他，任命他为谋士。彭城之役，晋、楚两国的军队在靡角的山谷相遇。晋军将要逃走，雍子向军队发布命令说：‘老兵和小兵都回去，独子和有病的也都回去，兄弟两个同在军队服役的回去一个。精选步兵，修整战车，喂饱马匹，让兵士饱餐，军队排好阵势，焚烧军营，明天将决一死战。’把该回去的都送走了，并且释放了楚国俘虏，楚军夜里就溃败了。晋国打下了彭城之后，将它归还给宋国，带了宋国的叛臣鱼石回国。楚国失去东夷，大臣子辛死在战场，这就是雍子的谋略促成的。

子反与子灵争夺夏姬而加害子灵，子灵被迫逃亡到晋国。晋国人封给他邢地，任命他为谋士，抵御北狄，使吴国与晋国建立了友好的关系，让吴国背离楚国，教他们驾战车、射箭、驱车追敌等各种方法，让他的儿子狐庸做了吴国的外交官。于是吴国攻打巢地，占领驾地，攻下棘地，进入州来，楚国疲于奔命，到今天还是他们的心头之患，这就是子灵的谋略促成的。

“若敖之乱，伯贲的儿子贲皇逃亡到晋国，晋国人封给他苗地，任命他为谋士。鄢陵之战，楚军早晨逼近晋军而排阵，晋军要逃走。苗贲皇说：‘楚军的精锐之师只在他们中军的王族而已。如果晋军填平水井捣毁锅灶，排好阵势来对抗他们，让栾书、范燮交换阵地引诱楚军，中行和郤锜、郤至一定能够打败楚穆王的后代子重、子辛。我们再集中上、中、下、新四军对付他们的王族精锐部队，必然会大败楚军。’晋国人听从了苗贲皇的意见，楚军大败，楚共王受伤，军队溃败，子反因此而死。郑国背叛了楚国，吴国也强大起来，楚国失去了众多的诸侯，这就是苗贲皇的谋略促成的。”

子木听完声子的话，说道：“这些都是事实。”声子说：“今天还有比这更厉害的。伍举娶了申公子牟的女儿，申公子牟获罪而逃跑。国君和大夫对伍举说：‘的确是你送他逃亡的。’伍举非常害怕，急忙逃亡到郑国，伸长脖子向南方眺望，说：‘楚国恐怕应该赦免我了。’但是楚国并没有考虑这件事情。现在他已经在晋国了。晋国人将要封给他土地，任命可与叔向相等的谋臣的职位。假如他想谋划危害楚国，岂不成了楚国的大祸患？”

子木听了这些话后很恐惧，于是就对楚康王说了，楚康王决定提高伍举的官阶俸禄，让他回楚国恢复官职。声子让伍举的儿子椒鸣到晋国去迎接伍举。

郑子产相国（襄公三十一年）

【原文】

公薨之月[①]，子产相郑伯[②]以如晋，晋侯[③]以我丧故，未之见也。子产使尽坏其馆之垣而纳车马焉。士文伯让之，曰："敝邑以政刑之不修，寇盗充斥，无若诸侯之属辱在寡君者何？是以令吏人完客所馆，高其闬闳，厚其墙垣，以无忧客使。今吾子坏之，虽从者能戒，其若异客何？以敝邑之为盟主，缮完葺墙，以待宾客，若皆毁之，其何以共命？寡君使匄请命。"

对曰："以敝邑褊小，介于大国，诛求无时，是以不敢宁居，悉索敝赋，以来会时事。逢执之不间，而未得见，又不获闻命，未知见时，不敢输币，亦不敢暴露。其输之，则君之府实也，非荐陈之，不敢输也。其暴露之，则恐燥湿之不时而朽蠹，以重敝邑之罪。侨闻文公[④]之为盟主也，宫室卑庳，无观台榭，以崇大诸侯之馆。馆如公寝，库厩缮修，司空以时平易道路，圬人以时塓馆宫室。诸侯宾至，甸设庭燎，仆人巡宫，车马有所，宾从有代，巾车脂辖，隶人牧圉，各瞻其事，百官之属，各展其物。公不留宾，而亦无废事，

忧乐同之，事则巡之，教其不知，而恤其不足。宾至如归，无宁菑患？不畏寇盗，而亦不患燥湿。今铜鞮之宫数里，而诸侯舍于隶人。门不容车，而不可逾越。盗贼公行，而天厉不戒。宾见无时，命不可知。若又勿坏，是无所藏币，以重罪也。敢请执事，将何所命之？虽君之有鲁丧，亦敝邑之忧也。若获荐币，修垣而行，君之惠也，敢惮勤劳？"

文伯复命。赵文子曰："信。我实不德，而以隶人之垣以赢诸侯，是吾罪也。"使士文伯谢不敏焉。晋侯见郑伯，有加礼，厚其宴好而归之，乃筑诸侯之馆。

叔向曰："辞之不可以已也如是夫！子产有辞，诸侯赖之，若之何其释辞也？《诗》曰："辞之辑矣，民之协矣。辞之绎矣，民之莫矣。[5]"其知之矣。……

子产之从政也，择能而使之。冯简子[6]能断大事，子大叔[7]美秀而文，公孙挥[8]能知四国之为，而辨于其大夫之族姓、班位、贵贱、能否，而又善为辞令。裨谌[9]能谋，谋于野则获，谋于邑则否。郑国将有诸侯之事，子产乃问四国之为于子羽，且使多为辞令。与裨谌乘以适野，使谋可否。而告冯简子，使断之。事成，乃授子大叔使行之，以应对宾客。是以鲜有败事。北宫文子所谓有礼也。

郑人游于乡校[10]，以论执政。然明[11]谓子产曰："毁乡校，何如？"子产曰："何为？夫人朝夕退而游焉，以议执政之善否。其所善者，吾则行之。其所恶者，吾则改之。是吾师也，若之何毁之？我闻忠善以

损怨，不闻作威以防怨。岂不遽止，然犹防川，大决所犯，伤人必多，吾不克救也。不如小决使道。不如吾闻而药之也。”然明曰：“蔑也今而后知吾子之信可事也。小人实不才，若果行此，其郑国实赖之，岂唯二三臣？”……

子皮欲使尹何[12]为邑。子产曰：“少，未知可否？”子皮曰：“愿，吾爱之，不吾叛也。使夫往而学焉，夫亦愈知治矣。”子产曰：“不可。人之爱人，求利之也。今吾子爱人则以政，犹未能操刀而使割也，其伤实多。子之爱人，伤之而已，其谁敢求爱于子？子于郑国，栋也，栋折榱崩，侨将厌焉，敢不尽言？子有美锦，不使人学制焉。大官、大邑，身之所庇也，而使学者制焉，其为美锦，不亦多乎？侨闻学而后入政，未闻以政学者也。若果行此，必有所害。譬如田猎，射御贯则能获禽，若未尝登车射御，则败绩厌覆是惧，何暇思获？”

子皮曰：“善哉！虎不敏。吾闻君子务知大者、远者，小人务知小者、近者。我，小人也。衣服附在吾身，我知而慎之。大官、大邑所以庇身也，我远而慢之。微子之言，吾不知也。他日我曰：‘子为郑国，我为吾家，以庇焉，其可也。’今而后知不足。自今，请虽吾家，听子而行。”子产曰：“人心之不同，如其面焉。吾岂敢谓子面如吾面乎？抑心所谓危，亦以告也。”子皮以为忠，故委政焉。子产是以能为郑国。

【注释】

①公：指鲁襄公，他死于六月。②郑伯：指郑简公。③晋侯：指晋平公。④文公：指晋文公。⑤见《诗经·大雅·板》。⑥冯简子：郑国大夫。⑦大叔：郑国大夫，大读太。⑧公孙挥：即后文中的子羽，郑国大夫，著名的外交官。⑨裨谌：郑国大夫。⑩乡校：地方学校，是读书学习和聚会议事的处所。⑪然明：即鬷蔑，郑国大夫。⑫子皮：名虎，郑国大夫，此时已退职。尹何：子皮的小臣。

【译文】

鲁襄公死的那一月，子产辅佐郑简公去晋国。晋平公借鲁国有丧事的缘故，没有接见郑简公。子产（非常生气）派人把宾馆的墙垣全部毁掉，让车马进到屋里去。于是晋国的士文伯指责子产说："由于我们国家的政事和刑罚治理不好，到处是盗贼，我们无法保证诸侯宾客的人身安全。所以派官吏将宾馆修缮完整，宾馆大门修得高高的，墙垣筑得厚厚的，这样就能让宾客不必担心盗贼。今天您毁掉了它，虽然您的随从能够警戒，可是别的宾客怎么办呢？因为我们国家是盟主，所以修缮墙垣庭院；如果把它们都毁坏了，那我们如何供给宾客的需求呢？我们国君派我前来请教毁坏墙垣的理由。"

子产回答说："因为我们国家领土狭小，夹在大国

之间，大国经常向我国索求贡品，所以我们不敢安居，搜罗郑国的全部财富，前来贵国进贡。碰巧遇上贵国君王没有闲暇而没能见到，又没有接到贵国的命令，不知道什么时候才能晋见。我们既不敢自行献上贡品，也不敢将贡品放在露天。如果把贡品直接搬到国库中，那么，这些东西都是贵国府库中的财物，然而，没有经过陈列进献的仪式，又不敢自行进献。如果把贡品放在露天，又怕日晒雨淋而腐烂生虫，这样就加重了我国的罪过。我听说，晋文公做盟主的时候，他的宫室很一般，没有可供观赏的台榭，然而却把接待诸侯的宾馆修得高大气派，有如国君的寝宫一样；宾馆内的仓库马厩修缮得很好，司空按时平整道路，泥瓦匠按时粉刷墙壁。每当诸侯的使者来到时，管理柴薪的人点起火把照亮庭院，仆人在宾馆巡逻，车马有固定停放的地方，宾客有专人侍奉，负责巾车的官给车轴涂油脂，隶人、喂马人各自做自己的事情，贵国的各类官吏拿出礼物招待宾客。文公不会让宾客久留，但也不会耽误公务，晋国和诸侯国忧乐相同，有事则巡行视察；告诉他们不知道的事情，体谅他们不足的地方。使宾客来到宾馆就好像回到家里一样，没有任何灾患，既不害怕盗贼，也不担心日晒雨淋。如今，晋君的铜鞮宫绵延数里，而招待诸侯的客舍却像奴隶的住所，客舍的大门进不去车子，又无法翻墙，盗贼公然肆意横行，瘟疫不能预防，接见宾客没有一定的时间，召见外宾的命令也不知何时公布。如果我们不推

倒墙垣，就没有地方存放贡品，这样就更加重了我们的罪过。我大胆问一句：什么时候让我们晋见贵国君王？虽然君王遇到了鲁国的丧事，但这也是我们国家的悲伤呀。如果能让我们进献贡品，我们把墙垣修好，然后回国，这是君王对我们的恩惠，哪里敢不努力呢？”

文伯到朝廷复命后，赵文子说：“的确是这样的，我们实在是不对，把奴仆住的地方当作招待诸侯的宾馆，这是我们的罪过。”于是，派文伯向子产道歉，晋平公接见郑简公更加注重礼仪。举办盛大的宴会款待郑简公，然后送他回国，接着又修筑了接待诸侯的宾馆。

叔向说：“外交辞令是多么的重要啊！郑子产善于外交辞令，使诸侯都受益。怎么可以随便废除外交辞令呢？《诗经》上说：“辞令如果和顺，百姓融洽又和谐。辞令如果欢悦，百姓幸福又安定。”这首诗讲的辞令的作用，子产是知道的。……

子产执掌政事，选择能干的人来任用。冯简子能断决大事，子大叔仪态端秀，言辞有文采，公孙挥了解各国诸侯的行动，熟悉各国大夫家族姓氏、班次爵位、身份贵贱、才能高低，而且还善于辞令，裨谌长于计划，但是只有在郊外时才策划得好，而在城里则不行。当郑国将要与诸侯交往时，子产就向公孙挥询问四方诸侯的动态，而且多次要他准备好外交辞令。和裨谌一起乘车到郊外，让他策划国家大事。然后把策划的结果告诉冯

简子，让他做决断。计划完成后，就交给子大叔执行，应对与各国的外交事务。因此很少有做错事的时候。这就是北宫文子所说的郑国办事很合于礼节。

郑国人经常在乡校聚会，议论朝廷执政者的得失。然明对子产说："把乡校毁掉怎么样？"子产问："为什么要毁掉乡校？人们早晚到这里休息、活动，并且谈论执政者的得失好坏。他们认为好的，我就推行它；他们认为不好的，我就改正。他们是我的老师，为什么要毁掉乡校呢？我听说，忠善可以减少怨恨，没有听说以势压人来杜绝怨恨。假如用以势压人的手段来阻止百姓的怨恨，难道不应该制止？但是就像防止水道决口一样，决口越大，伤人就会越多，我就无法抢救他们了。不如开个小决口，让水从这里流出来。不如让我听到舆论，把它作为药石治自己的病。"然明说："我从今天起，才知道您确实可以担当国家大事了。我实在没有才能。如果真的像这样做下去，整个郑国都有了依靠，受惠的岂只是几位大臣呢？"……

子皮想让尹何做他的采邑长官。子产说："尹何太年轻，不知道是否能胜任。"子皮说："他为人老实。我喜欢他，他不会背叛我。让他到那里去学习学习，使他更加懂得如何处理政事。"子产说："不可如此，一般来讲，一个人爱护另一个人，总希望对那个人有利。现在您爱护一个人却授予他以政事，这就好像让一个不会用刀的人去割东西，必然会伤害许多地方。您喜欢尹何，却让他受到伤害，以后谁还敢求得您的喜欢

呢？您对于郑国来说，是栋梁，栋梁断了，椽子就垮了，我就会被压死在底下，怎敢不把该说的话都说完？这就好比您有一块美丽的织锦，绝不会让不会做衣服的人去学习裁剪。大的官职、大的封邑，好比是穿在身上的衣服，反而让学习做衣服的人去剪裁。这岂不是替织锦的设想多于对采邑的设想吗？我只听说学习以后再担任政务工作，从没有听说通过担任政务工作来学习的。如果真的这样做，必定对国家有害处。好比打猎，如果射箭驾车很熟练，就能猎取禽兽，如果没有驾过车射过箭，就会总是害怕翻车和被压，哪里还有闲暇想着猎取禽兽呢？”

子皮说：“说得真好，我太不聪明。我听说君子能够站得高看得远，小人只能站得低看得近。我就是小人啊。衣服穿在我身上时，我知道小心地爱护它。大的官职和大的封邑是用来庇护自身的，我反而疏远而轻慢了它。如果没有您的这番话，我还不知道其中的奥妙呢。往日我曾说：‘您治理郑国，我管理我的家族，使我有托身之地，这就可以了。’现在我才知道自己的不足。从今以后，我向您请求，虽然是我家族的事情，也听从您的意见行事。”子产说：“人心的不相同，好像人的面目不同一样。我哪里敢说您的面目和我的面目相同呢（人心各有打算，我怎能干预您的家事呢）？不过我内心认为此事这样做很危险，也就告诉了您。”

子皮认为子产为人忠城，所以把政事委托给他。子产能够治理郑国，是由于子皮的全力支持。

子产拒绝祭天（昭公十八年）

【原文】

夏五月，火始昏见。丙子，风。梓慎曰："是谓融风[①]，火之始也；七日，其火作乎？"戊寅，风甚。壬午，大甚。宋、卫、陈、郑皆火。梓慎登大庭氏之库[②]以望之，曰："宋、卫、陈、郑也。"数日皆来告火。

裨灶曰："不用吾言，郑又将火。[③]"郑人请用之，子产不可。子大叔曰："宝以保民也。若有火，国几亡。可以救亡，子何爱焉？"子产曰："天道远，人道迩，非所及也，何以知之？灶焉知天道，是亦多言矣，岂不或信？"遂不与，亦不复火。

【注释】

①融风：即东北风。②大庭氏：古国名，故址在鲁国都城内。鲁国在此地兴建了高大的库房，所以梓慎可爬上去远眺。③昭公十七年，裨灶曾建议用瓘（硅）、斝（玉爵）、瓒（勺）祭祀神明，遭到子产的拒绝。

【译文】

昭公十八年夏五月，大火星开始在黄昏的时候出现。初七，刮起了风。鲁国的梓慎说：“这种风称为融风，是火灾发生的预兆，七天以后，火灾大概就要发生了吧?”初九，风刮得很大。十四日，风刮得更大。宋国、卫国、陈国、郑国都发生火灾。梓慎登上大庭氏的库房向天空眺望，说：“大火正在宋国、卫国、陈国、郑国燃烧。”几天以后，这几个国家都来报告火灾的消息。

裨灶说：“去年不采纳我的建议，今年郑国还要发生火灾。”郑国人请求采纳他的意见，子产不同意。子大叔说：“宝物是用来保护百姓用的。如果有了火灾，国家就会濒临灭亡。既然这些宝物可以挽救国家，您爱惜它干什么呢?”子产说：“天道离我们很远很远，人道却离我们很近很近，我们无法知道天道的事情。又如何预测在哪里会发生火灾呢?裨灶哪里懂得天道?这个人的预言也太多了，难道不会偶尔碰上一次两次?”于是不采纳裨灶的建议。后来郑国也没有再发生火灾。

伍子胥奔吴（昭公十九、二十年）

【原文】

楚子之在蔡也，郹阳[①]封人之女奔之，生大子建。及即位，使伍奢[②]为之师，费无极为少师，无宠焉，欲谮诸王，曰："建可室矣。"王为之聘于秦，无极与逆，劝王取之。正月，楚夫人嬴氏至自秦。……

楚子为舟师以伐濮[③]。费无极言于楚子曰："晋之伯也，迩于诸夏，而楚辟陋，故弗能与争。若大城城父[④]而置太子焉，以通北方，王收南方，是得天下也。"王说，从之。故太子建居于城父。……

费无极言于楚子曰："建与伍奢将以方城之外叛，自以为犹宋、郑也，齐、晋又交辅之，将以害楚，其事集矣。"王信之，问伍奢。伍奢对曰："君一过多矣，何信于谗？"王执伍奢，使城父司马奋扬杀大子，未至，而使遣之。三月，大子建奔宋。王召奋扬，奋扬使城父人执己以至。王曰："言出于余口，入于尔耳，谁告建也？"对曰："臣告之。君王命臣曰：'事建如事余。'臣不佞，不能苟贰。奉初以还，不忍后命，故遣之。既而悔之，亦无及已。"王曰："而敢来，何也？"

对曰："使而失命，召而不来，是再奸也。逃无所入。"王曰："归。"从政如他日。

无极曰："奢之子材，若在吴，必忧楚国，盍以免其父召之。彼仁，必来。不然，将为患。"王使召之，曰："来，吾免而父。"棠君尚谓其弟员[⑤]曰："尔适吴，我将归死。吾知不逮，我能死，尔能报。闻免父之命，不可以莫之奔也。亲戚为戮，不可以莫之报也。奔死免父，孝也。度功而行，仁也。择任而往，知也。知死不辟，勇也。父不可弃，名不可废，尔其勉之，相从为愈。"伍尚归。奢闻员不来，曰："楚君、大夫其旰食乎！"楚人皆杀之。

员如吴，言伐楚之利于州于[⑥]。公子光[⑦]曰："是宗为戮而欲反其仇，不可从也。"员曰："彼将有他志，余姑为之求士，而鄙以待之。"乃见鱄设诸[⑧]焉，而耕于鄙。

【注释】

①楚子：指楚平王。郹阳：蔡国领地，在今河南省新蔡县境内。②伍奢：伍举的儿子，伍子胥的父亲。③濮：在今湖北省石首市境内。④城父：今襄城城父县。⑤棠君：伍奢的大儿子伍尚，时任棠邑大夫。员：伍尚的弟弟伍子胥。⑥州于：吴国君王僚。⑦公子光：吴王僚的弟弟，即后来的吴王阖庐。⑧鱄设诸：人名，即鱄诸。

【译文】

楚平王在蔡国的时候，郹阳一个管理边境事务小官的女儿与他同居，生下太子建。到楚平王即位时，就派伍奢做太子建的师傅，费无极做少师。费无极得不到太子的宠信，就向楚平王诬陷太子建。他对楚王说：“太子建可以娶亲了。”于是楚平王为太子在秦国迎亲，费无极参加了到秦国的迎娶，他劝楚平王本人娶这位秦国女子。正月，楚夫人嬴氏从秦国来到楚国。……

楚平王率领水军攻打濮地。费无极对他说：“晋国能称霸诸侯的原因，是因为与中原诸国邻近，而楚国偏僻穷困，所以不能和它争夺霸主。如果能扩建城父，并把太子安置在那里镇守，然后和北方诸国加强联系，君王平定南方，这样就可以取得天下了。”楚平王听后很高兴，按他的意见做了。因此太子建驻扎在城父。……

费无极对楚平王说：“太子建和伍奢可能率领城父之外的人叛乱，他们自认为如同宋国、郑国一样自成一个国家，齐国、晋国又共同协助他们，这样将会危害楚国，这事情已经准备好了。”楚平王相信了费无极的话，马上去审问伍奢。伍奢回答说：“君王有一次（夺太子建之妻）过错就够严重的了，为什么还要听信谗言呢？”楚平王把伍奢关押起来，派城父司马奋扬去杀太子建。奋扬没有回到城父之前，就派人通知太子逃

走了。三月，太子建逃亡到宋国。楚平王召回奋扬，奋扬让城父的人绑着自己回到国都。楚平王说：“话是从我的口里说出去，进到你的耳朵里的，是谁告诉建的？”奋扬回答说：“是小臣告诉他的。君王命令小臣说：‘侍奉太子建要像侍奉我一样。’小臣虽然无才，但是绝不能有贰心。接受了头一个命令去执行，就不忍心执行您后面（杀太子建）的命令。所以通知他逃走了。过了不久我又后悔了，但也来不及了。”楚平王说：“你胆敢回来，这是为什么？”奋扬回答说：“接受君王的使命而没有完成，召见我又不回来，这是再次犯罪，就是逃走也没有地方可去。”楚平王说：“你还是回到城父去吧。”奋扬仍像过去一样做他的司马。

费无极说：“伍奢的儿子有才能，如果逃到吴国，一定是楚国的大患。何不用赦免他们父亲的计策召他们回来。他们推崇仁爱，是一定会回来的。不然，将要成为楚国的祸患。”楚平王派人召他们回来，说：“如果你们回来，我就赦免你们的父亲。”（伍奢的儿子）棠邑大夫伍尚对他的弟弟伍员（伍子胥）说：“你逃到吴国去，我将回去一死。我的才智不如你，我能够为父亲而死，你则能够为父亲报仇。听到赦免父亲的命令，我不能不赶快回去。父亲被杀害，你不能不报仇。如果我回去能使父亲赦免，这是尽了孝。深思熟虑然后行动，这是仁。根据能力的不同选择任务，这是智。知道要死而不回避，这是勇。父亲不可背弃，名誉也不可抹杀，愿你努力而为吧，这总比我们两人

一起回去送死要好一些。”伍尚回到都城。伍奢听说伍员没有回来，说：“楚国从此将会多灾多难，国君和大夫们恐怕连吃饭都不能准时了吧！”楚王将伍奢、伍尚都杀害了。

伍子胥逃到吴国，向吴王州于说明征讨楚国的好处。公子光说：“这是因为伍子胥家族被杀戮而想报私仇提出来的主张，不能听从他的。”伍子胥说：“公子光别有他志（想要夺取王位），我姑且为他寻求勇士，而在边鄙等待时机。”于是就拜见了鱄诸，在边境上种地。

申包胥乞师（定公四、五年）

【原文】

初，伍员与申包胥[1]友。其亡也，谓申包胥曰："我必复楚国。"申包胥曰："勉之！子能复之、我必能兴之。"及昭王在随，申包胥如秦乞师，曰："吴为封豕、长蛇，以荐食上国[2]。虐始于楚。寡君失守社稷，越在草莽。使下臣告急，曰：'夷德无厌。若邻于君[3]，疆场之患也。逮吴之未定，君其取分焉。若楚之遂亡，君之土也。若以君灵抚之，世以事君。'"秦伯[4]使辞焉，曰："寡人闻命矣。子姑就馆，将图而告。"对曰："寡君越在草莽，未获所伏，下臣何敢即安？"立，依于庭墙而哭，日夜不绝声，勺饮不入口七日。秦哀公为之赋《无衣》[5]，九顿首而坐。秦师乃出。

……申包胥以秦师至，秦子蒲、子虎帅车五百乘以救楚。子蒲曰："吾未知吴道。"使楚人先与吴人战，而自稷会之，大败夫概王于沂。吴人获薳射于柏举，其子帅奔徒以从子西，败吴师于军祥。

秋七月，子期、子蒲灭唐。

九月，夫概王归，自立也，以与王[6]战而败，奔

楚，为堂溪氏[7]。

吴师败楚师于雍澨。秦师又败吴师。吴师居麇，子期将焚之。子西曰："父兄亲暴骨焉，不能收，又焚之，不可。"子期曰："国亡矣，死者若有知也，可以歆旧祀？岂惮焚之？"焚之而又战，吴师败。又战于公婿之溪。吴师大败，吴子乃归。

【注释】

①申包胥：楚国大夫。②上国：指中原诸国，他们属于上等的国家，以别于中原以外的国家。③邻于君：吴国如果灭了楚国，将和秦国接壤。④秦伯：指秦哀公。⑤《无衣》：是《诗经·秦风》中的一首。⑥王：指吴王阖庐。⑦堂溪氏：楚国将夫概王封在堂溪，后来，就以堂溪为氏。

【译文】

早年，伍子胥和申包胥是好朋友。伍子胥逃亡的时候，对申包胥说："我一定要颠覆楚国。"申包胥说："愿你努力去干。不过，您能颠覆楚国，我就一定能恢复楚国。"等到楚昭王被吴国军队打败逃到隋国时，申包胥就赶到秦国请求援兵，对秦哀公说："吴国就像是贪婪的大猪、长蛇，多次蚕食中原国家，而且掠夺是从楚国最先开始的。现在，我们国君失去了国家，流落在偏远的草莽之中，派小臣前来告急。他说：'像吴国这样的蛮夷之国，是贪婪成性的，如果吴国灭掉楚

国，成为君王的邻居，这就是贵国边境的祸患。乘着吴国现在立足未定，君王可以与吴国共同分割楚国的土地。如果楚国灭亡了，就会成为君王的疆域。如果君王存恤楚国，我们将世代侍奉君王。'”秦哀公派人拒绝了申包胥的出兵请求，说：“我知道您的用意了，您暂且到宾馆休息，我们将商议一下然后答复您。”申包胥说：“我们国君逃亡在荒郊野外，还没有得到流亡的处所，小臣怎么敢去休息呢?”申包胥靠在庭院的墙上大哭，日夜哭声不绝，一连七天不喝一口水。秦哀公被他的行为感动，吟诵了《无衣》这首诗。申包胥向秦哀公一连叩头九次，然后才坐下。秦军于是就出征了

……申包胥带领秦军到来，秦国的将领子蒲、子虎率领战车五百辆（三万七千五百人）前来援救楚国。子蒲说：“我不了解吴军的战术。”于是让楚军和吴军先战，而秦军从稷地领兵和楚军会合，在沂地大败吴国统帅夫概王。吴国人在柏举俘虏了楚国大夫薳射，他的儿子率领残余的士兵跟随楚国将领子西，在军祥击败了吴军。

秋七月，子期、子蒲灭了吴国的盟国唐国。

九月，夫概王回国，自立为王，因此和吴王阖庐争夺王位交战而失败，逃亡到楚国，被封在堂溪，后来称为棠溪氏。

此后，吴军在雍澨击败楚军，接着，秦军又打败了吴军。吴军驻扎在麇地。子期将采用火攻打击吴军，

子西说："上次与吴军在这里作战，我们父兄亲戚的尸骨还暴露在那里，没有掩埋，现在用火攻，又将要烧掉这些尸骨，不能这样做。"子期说："国家都要灭亡了，战死的人如果知道这样的情况，可以用火攻打败吴国而重新享受祭祀，难道还怕烧掉自己的尸骨？"子西听从了子期的意见，于是楚军放火焚烧吴军的军营，接着又进攻，吴军大败。跟着，又在公婿之溪与吴军交战，吴军又一次大败，吴王阖庐才率军回国。

《四书五经》全解

【第五卷】

韩东坡／主编

辽海出版社

二十四　复——返初复始

䷗

复卦的卦画组合为震（☳）下坤（☷）上，传统称作地雷复。《序卦》云：“物不可以终尽，剥穷上反下。故受之以复。”意为：事物不能一直剥蚀到最后全部尽净，从上剥蚀到极点，又会返到下边复生出来，所以在剥卦之后接着是复卦。《杂卦》云：“复，反也。”意为复是返下复始。依据《序卦》《杂卦》的解释，复卦卦名的意思是返回复始。古人不可能用现代物理、化学的手段证明“物质不灭”这个规律，但《周易》作者从日出日落、四季更代、生生死死等万事万物的生生化化中，体悟到“物不可以终尽”这个规律，并把它上升到哲理角度，提出“穷上反下”的定理，又把它用卦象直观地图示出来。一个物体当它剥蚀殆尽的时候，又从下面重新生长出来。用刚爻柔爻的推移作概括性的图示，就是刚爻被剥蚀到最后一爻时，又返回到下边重新往上长。这就是复卦的卦画与卦名要揭示的内容。

从十二消息卦的推移中看，复卦并不是直接从剥

卦变来，从剥到复还须经过一个坤卦。即剥卦五个柔爻再向上长一位，全卦变坤。（剥䷖↑柔爻再向上长一位，刚爻退出卦外，变䷁坤）。坤卦六爻皆柔，阴盛到无可再盛的地步，于是才阴极阳生，一阳复苏，成为复卦。即：坤䷁从下长出一个刚爻，变䷗复。从卦画上看，复是剥的覆象，即：剥䷖倒覆过来，为䷗复。剥与复是一组正覆卦，所以在六十四卦的序列中，两卦比邻相排。复卦是十二消息卦中刚长柔退六卦里的第一卦，具有重新取得活力而新生，君子、正气、生命力重新抬头等意思。

复，亨。出入无疾，朋来无咎。反复其道，七日来复。利有攸往。

【译文】

复卦亨通。出入没有疾病，朋友会渐次而来，没有咎害。在轨道上反复运行，七天会重新回来复始。前往有利。

彖曰：复亨，刚反，动而以顺行，是以出入无疾，朋来无咎。反复其道，七日来复，天行也。利有攸往，刚长也。复其见天地之心乎？

【译文】

复卦亨通，刚爻又返回来，顺着轨道运动行进，

因此出入不会有疾病，朋友渐次而来没有咎害。在轨道上反复运行，七天会重新回来复始，这是天的运行法则。前往有利，是因为刚爻在向上生长。从复卦可以看到天地运行的心意吧！

象曰：雷在地中，复。先王以至日闭关，商旅不行，后不省方。

【译文】

雷在地中还没出来，这就是复卦。先王从中得到启示，冬至这一天锁闭关城，商人旅客不出门行走，君王也不到四方去视察。

【精解导读】

卦辞说复卦亨通，主要原因是，复卦表示的是生命力的复始，事物会越来越强健兴旺。在卦象上指的是初九这个全卦的主爻已经出现，必然会以无穷的新生力量前进发展，无可阻挡。“出入无疾”指的是刚爻从剥卦的上位退回来，又来到复卦的初位长出来，这是符合自然规律的运动，不会有灾害疾病。“入”是退，“出”是长，“疾”泛言灾害疾病。刚爻表示活力生气，刚爻生长，蓬蓬勃勃，哪会有灾害疾病？“朋来无咎”，是指从复卦开始，必然会有众多的刚爻连续生长出来，越来越强大，哪里会有咎害？因为复是刚长柔退的第一卦，所以这样说。从象上说，柔爻成串为

贝、为朋，贝是古代的贝壳货币，用绳子穿在一起成串，两串为朋，几个柔爻排在一起，形似两串，这个卦象后面还会遇到。复卦上面五个柔爻排在一起，故言“朋”。复就是来，不来怎么复？故言“朋来无咎”。“反复其道”指的是主爻初九，在十二消息卦的轨道上，从上返下重新复出，完全符合天地周而复始的运行正道。“七日来复”，是指从剥卦到复卦，刚爻由上返下，从上九到初九，有七个位次的变动，即从上九退出一个爻位，向下运动六位，一位一日，七日到复卦的初九。“利有攸往”是指刚爻上长，代表君子、正气的成长，所以有利。“往”都是指爻从下向上推移。

彖辞从六个方面解释复卦。（一）解释卦辞“亨”。“复亨，刚反”，意思是说：复卦为什么会亨通？是因为刚爻由剥卦中被剥蚀的状态，变而成为返下复生的状态，从衰败之势变为成长壮大之势，所以亨通。这是从爻的推移上做出的说明。（二）从上下卦特性的组合上说明卦辞“出入无疾”。“动而以顺行，是以出入无疾”，象上指复卦由下卦震、上卦坤重叠而成，震为动、为行，坤为顺，上下卦这种特性组合在一起，是“动而以顺行”，能顺道行动，所以出入不会有灾害疾病。（三）从“周而复始”的天地自然之道上解释“朋来无咎”。“朋来无咎。反复其道”，意为：为什么会朋友跟随着出来无咎害，这是因为符合周而复始、回环运行的天地之道。“朋”指刚爻与刚爻为朋，柔爻与柔爻为朋。初九这个刚爻一生出来，接着就会有许多刚爻生出来，这就是

"朋来"，消息盈虚是自然运行之理，复卦正是轮到刚爻生长之时，所以没有咎害。"反复其道"指的就是消息盈虚、周而复始、返上复下这样的道。从根本上讲是天地运行的自然法则，易法天地，所以自然法则就是易理。合道合理，何咎之有？（四）从天的运行规律解释卦辞"七日来复"。"七日来复，天行也"，意为：七天时间才会返回复生，这是天的运行告诉人们的。这是古人从一年四季阴阳的变化中观察出来的现象。从阴气极盛的严冬到一阳复苏的冬至要经历七天的时间，七天是质变的孕育，冬至开始发生质变。从无阳到一阳复苏，中间要经历七天的酝酿时间，不独是一阳复苏如此，一阴始凝也是如此。这是古人悟到的又一条哲理。我们认为量变是量的渐变，质变是突变。古人还认为，质变也不是一下子就发生的，中间还有个酝酿孕育过程，这个孕育过程从天地阴阳的变化中看，要七天的时间。邵雍把它称作"天根月窟"。《周易》作者把从量变到质变发展过程分成三个阶段：一量变，二孕育，三质变。这样讲比较聪明，不是有了量的积累就一定要发生质变，在孕育过程不继续推进，也很可能功亏一篑，重新翻船。至于为什么说天的运行是七日来复，可参见提示。（五）从消息盈虚上解释卦辞"利有攸往"。"利有攸往，刚长也"，意思是说：为什么会有利于前往？因为是该刚爻生长的时候了。言外之意就是说刚爻生长好，刚爻生长有利。从中可以看出，《周易》在对待刚爻、柔爻的态度上有倾向性，扶刚抑柔。柔爻是小人，是邪气，刚爻是君子，是正气；

柔爻长是向闭藏发展，刚爻长是向昌盛发展。这个道理也很简单，事物无不一分为二，《周易》以刚爻表示的是正气、君子、昌盛的一面，以柔爻表示的是邪气、小人、闭藏的一面，并不是柔爻有什么不好，而是它代表的邪气、小人、闭藏这一方本身对人不利。显然，“刚长也”是指复卦是刚爻生长的卦。这又是《周易》讲十二消息卦的明证。（六）推演复卦告诉人们的有益内容。“复其见天地之心乎”，意思是说从复卦可以看出天地的用心吧！这个“心”指的是“扶刚抑柔”的倾向性。天地本无心，哪里会有用心？显然，这里是说扶刚抑柔是天地的运动法则，这种运行法则中，不把对立双方等量齐观，而是分出主次的倾向性，可以从复卦中看得出来。尤其是与剥卦一对比就格外分明。剥是柔长，卦辞就说“不利有攸往”；复是刚长，就说“利有攸往”。这种扶刚抑柔的态度太明显了。上面我们把彖辞分成六个方面作了讲解，这只不过是为了分析时条理清楚，并不是彖辞可以割裂。相反，彖辞本身是个有机联系的整体，许多意思可以相互证发。比如“刚反”与“动而以顺行”，句式都是贯通的，也可读成“刚反动而以顺行”。为了分析方便，只好分为两截。再如“刚长”“动而以顺行”“反复其道”，也同样可以用来解释卦辞“亨”，读的时候应当注意这种有机联系。不独复卦如此，读其他卦也应当如此。

象辞说：“雷在地中，复。”指的是复卦由下卦震和上卦坤组成，从八卦的基本八象说，震为雷，坤为

地，组合在一起是雷在地下还没出来，这就是复卦。“雷在地中”是雷还被封闭在地下，要出来还没有出来，未到春雷震起、万物生发的时候，需再耐心等待时机的到来。所以先王从中得到启示，在复卦值令的冬至这一天不要出来活动，要关闭城门，禁止商人旅客的往来，君王也不到外地去视察。这就是“先王以至日闭关，商旅不行，后不省方”。“至日”是冬至那一天，“后”是国君，“省”是巡视，“方”是四方各地。古人有冬至不出门的习俗，象辞说得十分肯定。

初九：不远复，无祇悔，元吉。

【译文】

没走出多远就返回正道，没有忧悔，大吉大利。

象曰：不远之复，以修身也。

【译文】

没走出多远就返回正道，是用以修道养身。

【精解导读】

“祇”，《经典释文》：“音支，辞也。”是说祇是一个助辞，没有什么实义。“无祇悔”就是无悔，因为前一句“不远复”是三字句，所以“无悔”中加了一个衬字，以取得句式整齐。这个词前人有讲成“病”的，

有讲成“安”的，有讲成“多”的。考之爻辞的用例都不大合适，《周易》中自有“疾”“安”“大”，没有绕弯子的必要，还是《经典释文》讲得较为通达。这句爻辞，《系辞·下》讲过：“子曰：‘颜氏之子，其殆庶几乎？有不善未尝不知，知之未尝复行也。《周易》曰：不远复，无祇悔，元吉。’”孔子赞扬他的得意门生颜回，有错误很快就能发现，发现了就再不犯第二次，“不二过”也是讲人的道德修养。没有错误不可能，有错误能尽快发现，及时纠正，不再重犯，早日返回正道，就不会造成悔恨。这就是“不远复，无祇悔”。象辞说“不远之复，以修身也”，也就是说这是自我完善、培养自身道德的捷径，当然就没有忧悔，大吉大利。要是推开一步讲，并不单是自身修养，任何事情只要注意修正自己，及时走上正确轨道，也比晚了强，也会免去追悔，因而获吉。从卦象上看，剥卦的刚爻上九很快返回卦的下位，成为复卦的初九，没走弯路，这就是“不远复”。复卦是刚爻重新生息发展，是刚爻的最佳选择，这样及时的选择，当然“无祇悔”而“元吉”。复是复回正道。

六二：休复，吉。

【译文】

停止返回，吉祥。

象曰：休复之吉，以下仁也。

【译文】

停止返回的吉祥，是因为下边是仁人贤士。

【精解导读】

“休”是休止，“休复”就是停止返回。这从卦象上看得十分清楚。全卦只有一个刚爻初九，初九是复卦的主爻，代表复，是一阳复苏，上临众多柔爻的强大势力。六二正是与初九直接接触的柔爻，首当其冲，截住了上复的道路，故言“休复”。但六二在下卦中位，初九又不进逼，所以“吉”。象辞说“休复之吉，以下仁也”。意思是说：六二下邻的是初九，初九是刚爻为君子，是仁贤之士，不会咄咄逼人，所以吉。如果在别的卦，六二实为乘刚，应当不吉。但复卦是刚爻刚刚生息出来，正是乾卦的“潜龙勿用”，还需待时，不会进逼柔爻，耐心等待柔爻顺时而退，表现得极为仁慈，故言“下仁”。六二柔爻柔位，位正，不失中正，会选择中正之道顺时退避，故会吉祥。这是爻、象辞的主要意思。如果把“下仁”理解为礼贤下士，作为取义的内容多少还算说得过去，至于把“休复”讲成“美善之复”，那就是词义的引申了。

六三：频复，厉无咎。

【译文】

频繁地返回开始，有危厉，没有咎害。

象曰：频复之厉，义无咎也。

【译文】

频繁地返回开始有危厉，从道义上说不应当有咎害。

【精解导读】

终则有始，始就是复。全卦之终在上位，而三位又是下卦之终，也就是终中之终，故三位是个不安定的位，总是翻来覆去。坤卦的六三爻辞是“无成有终”，乾卦的九三象辞是“终日乾乾，反复道也”，都为三位的位次特点作了示例。终则有始，周而复始，又在复卦之中，所以六三是“频复”。“频复”就是一次又一次地频频返回来重新开始，六三又在下卦震里（六三→☳>震），震为动，位上是反复，象上是多动，老是忙忙乎乎、反反复复。复本来是返回正道重新开始，按说是件好事，但是一次又一次没完没了地老得向正道返回，显然也就是频频出了错误，这与前面讲的“不二过”大不相同，所以“有危厉”。人不怕犯错误，犯了错误及时改正是好事，但也得接受教训，不要再犯类似的错误。不接受教训，犯了作检查，检查了又

犯，这就是“频复”。《周易》认为这种人“厉”，是因为他难以救药。然而能认识错误，愿意改正，还是比顽固不化好，所以没有咎害。象辞说“频复之厉，义无咎也”，意思就是说：频复的危厉从道理上讲不会有咎害。“义”是义理、道理。总之，这一爻从人的道德修养这一个侧面讲是屡犯屡改，不善接受教训有危厉，愿意改正没有咎害。其他方面可以据此类推。这一爻应当向初九学习，“不远复，无祇悔”，那就无厉而有吉了。这一爻程颐讲得很精彩，他说：“频复频失，不安于复也。复善而屡失，危之道也。圣人开迁善之道，与（赞同）其复而危其屡失，故云‘厉无咎’。不可以频失而戒其复也。频失则为危，屡复何咎？过在失而不在复也。”这里说明一点，爻辞是载道广应，不单就道德修养而言。不过基本的意思不能歪曲，懂得了基本意思则可以广泛类推。

六四：中行独复。

【译文】

在行（háng）列正中独能返回正道。

象曰：中行独复，以从道也。

【译文】

在行列正中独能返回正道，是能顺从正道。

【精解导读】

这一爻毛奇龄讲得恰当。他说："复之四即剥之三也。复之四应初，即剥之三应上也。""五阴上下各二，而四居其中，谓之'中行'，犹剥之五阴上下各二，而三居其中，谓之'失上下'。"他把剥卦的六三在五个柔爻的正中间（剥六三→䷖上面两个柔爻 下面两个柔爻），与复卦的六四也在五个柔爻的正中间（复六四→䷗←居柔爻之中）作了比较。剥卦六三的象辞说是"失上下"，复卦六四的爻辞说是"中行独复"，"失上下"与"中行独复"互文见义。"失上下"是说它位置在正中间与上下的柔爻不一致，"中行独复"也是说它在正中间与上下的柔爻不一致，因此才"独复"。所以这个"中"是就五个排在一起的柔爻讲的。剥卦的六三，复卦的六四，在被上下柔爻包围在中间的情况下，能"失上下""独复"地单独行动而不随类从朋，都是因为它们各自有很理想的应爻。剥的六三与上九阴阳正应，复的六四与初九阴阳正应，而其他的柔爻都没有。复卦全卦只有一个刚爻初九，初九是主爻，又代表复，六四与初九互为应援，故为"中行独复"。"中行"是从在柔爻的位列中取象，"独复"是从应爻取象。这样前后联系地分析，融通解《周易》，符合《周易》的实际。很多人囿于"中"指下卦的二位和上卦的五位，硬在这里套用，背离了作者的本旨，不足取。"行"现在分两音，上古不分，这个字本来就是画了一个十字路口，指交通大道。

从取象上说，这里是行列的意思。从取义上讲，“中行”是指在路的中间走。初九的复是“天行”，六四能与“天行”相应，就是顺应天地自然之道，从人的道德上讲，就是能顺应道义。别人都不理道义，唯独自己能中道而行、顺应道义，不言吉也会有吉。象辞说“中行独复，以从道也”，说的就是这个意思。象上指的就是从初九。

六五：敦复，无悔。

【译文】

敦厚返回正道，没有忧悔。

象曰：敦复，无悔，中以自考也。

【译文】

敦厚返回正道，没有忧悔，是居中而能考察反省。

【精解导读】

从象上讲，“敦”是厚的意思。取的是坤象，坤为地，地厚载物，故坤为敦，坤卦里有示例。六五是上坤的中爻，故言“敦复”。象辞说：“敦复，无悔，中以自考也。”将“无悔”“中”“自考”联系在一起看，是指内心的活动。“中”有内心的意思，“自考”就是自己内心中的考察反省。注重内心的考察反省才能返回

正道。“敦复”是内心敦厚，返回正道。临卦的上六爻辞“敦临”，象辞说它是“志在内也”。“内”在象上指内卦，在义上同时也指内心。这一爻象辞说“中以自考”，“中”在象上指上卦中位，义上同时也指内心。两爻可以相互证发。当然在这一爻的“中”，主要还是指能适中公正地评价自己。象辞这种一语多关的现象极多，不能死读。总之，爻辞的意思是说，心存敦厚返回正道，不会有忧悔。

上六：迷复，凶。有灾眚。用行师，终有大败，以其国君凶。至于十年，不克征。

【译文】

迷误返回，重新开始，凶。有灾难怪异。出兵打仗，最终要大败，凶要应在国君身上。在十年之内，征伐不能取胜。

象曰：迷复之凶，反君道也。

【译文】

迷误返回、重新开始的凶祸，与国君应推行的道背道而驰。

【精解导读】

这一爻的爻辞比较长，内容也多，要注意作者是

从爻的运动中取象。不能把象看死。“迷”取象于上卦坤，坤卦卦辞“先迷后得主”可证，上六在上卦坤里，故为“迷复”。从取义上讲，“迷复”比“频复”更糟，“频复”屡错屡改，还知道错在哪里，应当怎样改。“迷复”是迷迷糊糊既不知错在哪里，也不知道怎样改，糊里糊涂地返回去重新开始，所以“凶”。上卦坤又为众，上六在全卦之终，又处在复卦，复是要返下复生，而复卦是刚爻返下复生，上六是柔爻，糊里糊涂地返回到初位，全卦会变成师。即：复䷗上六向初位运动为䷆师，这是以众行师。上六返到初位，下卦成坎（䷆>坎），坎为灾眚，故言“有灾眚”。灾与眚混言不别，区分开了讲，灾是外部来的，或是有怪异而又伤害及人；眚是内部来的，或有怪异而未伤害及人。总之都是灾难。上六这一爻是两者俱全。坎又为血卦，以众行师进入血卦，故言“用行师，终有大败”。下卦本来是震（䷗>震），震为诸侯、为君，上六返初，下卦由震变坎，震君变坎灾，故言“以其国君凶”。“十年”来源于上卦坤。从数理上讲，一二三四五是生数，六七八九十是成数；阳是顺数，阴是逆数；在成数里，阴数的顺序是十、八、六，阳数的顺序是七、九。所以凡言阳数多取七，如“七日来复”等，凡言阴数多取十，如“十年乃字”（屯卦）等。上六在上卦坤里，坤为阴，取阴数，故为“十年”。上六在全卦穷极之位，不宜征行，动则有灾，所以“不克征”。象辞说“迷复之凶，反君道也”，指的是刚爻为君，柔

爻为民，复卦是刚爻返下复生，而上六是柔爻也来返下复生，与刚爻不合，违背了复卦之道。上六是全卦最凶的一爻，国君身当其难，十年之内不能起运。打仗会惨败，不打仗也免不了天灾人祸。

【提示】

这一卦的“至日”指的是冬至那一天。朱熹《本义》引邵雍的诗说：“冬至子之半，天心无改移。一阳初动处，万物未生时。玄酒味方淡，大音声正希。此言如不信，更请问包牺。”包牺就是指伏羲创制的八卦，实际就是《周易》的复卦。冬至前的七天就是“七日来复”。因为是阳气复苏，故取阳数七。关于“七日来复”的讲法，前人大致有四种，综述如下：

①隔七卦说。此说创自京房，虞翻、陆绩沿用。虞翻说是：“乾成坤，反出于震而来复。阳为道，故复其道。刚为昼日，消乾六爻为六日，刚来反动，故七日来复，天行也。”他的意思是说：乾卦六个刚爻，一爻一爻地消退，一直消退完，变成坤卦，然后刚爻又从坤卦下边生出来，使坤的下卦成震，就变为复卦。即：乾䷀初九消退成姤䷫，九二继退成遁䷠，九三继退成否䷋，九四再退成观䷓，九五再退成剥䷖，上九退尽成坤䷁，从坤的初位生出一个刚爻成复䷗>下震。因历七卦而说七日，这就是“七日来复”。

②隔七月说。侯果说：“五月天行至午，阳复而阴升也；十一月天行至子，阴复而阳升也。天地运往，

阴阳生复，凡历七月，故曰‘七日来复’。此天之运行也。《豳诗》曰：‘一之日觱发，二之日栗烈。’‘一之日’，周之正月也；‘二之日’，周之二月也。则古人呼月为日明矣。”他的意思是说：阴历五月，天（斗柄）运行到十二地支的午位（正南方），阳气满盈，开始消退，阴气开始上长。到十一月，天运行到子位（正北），反过来是阴气满盈，开始消退，阳气开始上长。这种天地阴阳的运行过七个月就交换一次，所以是“七日来复”。为什么不说七月而说七日呢？因为“日”就是指月。《诗经·豳风》里说的“一之日”实际就是周历的正月，“二之日”就是周历的二月，所以月可以称日。侯果除引证《诗经》说明七日就是七月，基本上遵用虞翻的七卦说。但他把十二消息卦与十二月配起来，就不得不换日言月。还有人继续申发此说。如《正义》引：“诸氏、庄氏并云，五月一阴生，到十一月一阳生，凡七月而言‘七日’。不云月者，欲见阳长欲速，故变月言日。”这是为“换月言日”找证据，认为阳气的生长作者盼望它能快一点，故本来是七月，却说是七日。

③分卦值日说。此说在卦变中实际是隔一卦说。易纬《乾凿度》（汉哀、平间书）、郑玄、王弼、李鼎柞都这样主张。郑玄说：“建戌之月，以阳气既尽；建亥之月，纯阴用事；至建子之月，阳气始生。隔此纯阴一卦，卦主六日七分，举其成数言之，而云‘七日来复’。”（见《正义》引）意思是说：阴历九月斗建

戌，配的是十二消息卦的剥卦；到十月斗建亥，配的是十二消息卦的坤卦。坤卦是纯阴值令。到十一月斗建子，才配的是十二消息卦的复卦。复卦阳气才开始生出。可见从剥卦到复卦，中间隔着一个纯阴的坤卦。按卦气图的说法，一卦执令 $6\frac{7}{80}$日，要举整数就是七日，这就是“七日来复”。卦气图是《易纬》的讲法，认为六十四卦与一周年的 $365\frac{1}{4}$日相配，其中坎离震兑四正卦，每卦六爻，共二十四爻，每爻主二十四节气中的一个节气，不配在具体日上。余下的六十卦，每卦可分主 $6\frac{7}{80}$日（$365\frac{1}{4}$日 $\div 60=\frac{365.25}{60}=6\frac{527}{6000}$（用 75 约分）$=6\frac{7}{80}$）。从剥到复中间只隔着一个坤卦，所以是隔着 $6\frac{7}{80}$日，说整数就是七日。

④隔七爻说。毛奇龄认为隔一卦是对的，但从剥至复中间隔一卦，要是算头不算尾是七爻，每爻主一日就是七日。他说：“从剥至复，则历剥上爻、坤六爻，合为七日。”

以上四说各有所长。从《周易》的卦象看，“七日来复”是就爻的推移讲的，毛奇龄的讲法比较符合原意，指的是剥上九到复初九，七个位次的变化。从“天行也”分析，七日指的是冬至前七天从无阳到一阳复苏的七天孕育时期。其他讲法说明天象有其长处，

说明卦象理由不足，也有情理不通之处。比如隔七月说，阴阳的运行实际上是过六个月（半年）交替一次，即使可以换月言日，也只能是“六日来复”。分卦值日说即使是《周易》在历法上的原理之一，$6\frac{7}{80}$日举整数也应当是六日，不应当把$6\frac{7}{80}$这点不足$\frac{1}{10}$的尾数进上去，况且古人举整数都是说一年360天，那就连尾数也没有了。所以我们只取其合理部分。

二十五　无妄——无妄之灾

䷘

无妄的卦画组合为震（☳）下乾（☰）上，传统称作天雷无妄。《序卦》云："复则不妄矣，故受之以无妄。"意为：返回正道重新开始就不胡来了，所以在表示返回正道重新开始的复卦之后，接着是无妄卦。《杂卦》云："大畜，时也；无妄，灾也。"意为：大畜卦是时运，无妄卦是时运中的灾难。"妄"是虚妄，《说文》云："妄，乱也。"通俗点讲就是胡来。"无妄"就是不虚妄、不胡来。不胡来不应当有灾害，胡来才会有灾害，这是理所当然。然而人在社会中生活，并不是遇到的全部合理。有时候自己遵道顺理，一点也没有胡来，也会遇到倒霉的事，这种不幸《周易》解释为是时运造成的，故出现不该有而有的灾。所以《杂卦》讲："大畜，时也；无妄，灾也。"是自己的时运不好，无缘无故碰到灾害。《杂卦》把"时"与"灾"对举，意思前后证发，不能割断这种联系。大畜是时运好，无妄是时运不好，意思相对，所以才对比起来说。不能简单地把"无妄，灾也"理解成无妄是

灾害的意思，应是不虚妄而遇到的灾。从基本意思上说，无妄卦的得名取的是不虚妄、不胡来的意思。这就把《序卦》《杂卦》的讲法融通在一起了。成语中的“无妄之灾”就本之于《周易》此卦，意思是不虞之灾，或无缘无故的灾，成语的形成有它的根源。古人对“灾眚”的理解，分开讲有区别。朱震《汉上易传》在复卦里说：“灾自外至，眚已招也。”意思是说：灾眚虽然都是灾害，但灾是指自已没有责任，从外边来的天灾人祸；眚是自己犯了错误导致的灾害，自己招来的，个人有责任。“灾”人们都同情，“眚”人们不同情。所以“灾”本来就有无妄的意思。要之，无妄就是不虚妄。

象辞说“刚自外来而为主于内”，按象辞的说法，无妄卦是从遁卦变来，是遁卦的上九从外卦来到内卦的初位成为内卦之主。即：遁上九䷠上九从上返下，变䷘无妄，遁的上九变成无妄的初九，初九是全卦的主爻，分析卦爻辞应当注意初九的作用。另外无妄与下一卦大畜组成一对正覆卦，即：无妄䷘全卦上下倒置，为䷙大畜，故两卦比次排列。

无妄，元亨利贞，其匪正有眚。不利有攸往。

【译文】

无妄卦，大亨通利于正固，如果不正会有灾眚。不宜于有所行动而前往。

彖曰：无妄，刚自外来而为主于内。动而健，刚中而应，大亨以正，天之命也。其匪正有眚，不利有攸往，无妄之往，何之矣？天命不佑，行矣哉！

【译文】

无妄卦，刚健从外部来到内部而成为主心骨。行动强健，内中刚健而有应援，大通顺而且中正，这是天命。如果不正会有灾眚，不宜于有所行动而前往，不可虚妄时前往，想到哪里去？上天不保佑，能行得通吗！

象曰：天下雷行，物与无妄。先王以茂对时，育万物。

【译文】

雷在天下运行，万物一起都不可虚妄。先王从中得到启示，勉力配合天时，养育万物。

【精解导读】

卦、彖、象辞联系起来看，“元亨利贞”在彖辞中换言为“大亨以正”，是说无妄卦所以会大亨通是因为“正”。无妄卦“正”在哪里？象辞作了说明，是“天下雷行，物与无妄”。“与”是一起、共同的意思。雷在古人的心目中是威严和法律的象征，天下震雷施威，

一切邪曲都会逃遁隐藏，任何东西都不敢胡来，虚妄不起，所以万物一起都不敢虚妄。“正”取象于“天下雷行”。“其匪正有眚”中，“其”是语气词，“匪”同“非”，“眚”是自招之灾。这句意思是说：震雷施威，是上天不容邪曲，如果有人敢不管天时，行为不正，那就是自找灾难。“不利有攸往”，是说不利于前往有所行动。从象上讲，天打雷劈的时候，最好是不要出门，要避一避风头，这是很自然的道理。如果把雷看成是法律的象征，如法律正在严厉打击的时候，法严网密，动辄得咎，最好还是不要活动。卦辞主要是从下震上乾天下雷行中取象。

彖辞从五个方面解释无妄卦辞。（一）从卦变上说明“元亨利贞”。“无妄，刚自外来而为主于内”，指无妄卦是从遁卦变来，是遁卦的刚爻上九从外卦来到初位成为内卦之主。从卦的来源上看，无妄卦具有“刚来主内”的优势。爻从上向下推移称“来”，从下向上推移称“往”，因为下面是内卦，上面是外卦，从内到外是往，从外到内是来。无妄既然是“刚来主内”，就如一个人本来内心柔弱、外表刚强，现在变得内心刚健有了主心骨。再如一个国家，由外强中干变得内部强健，能主持内政，都为“大亨以正”提供了条件，所以“元亨利贞”。（二）从上下卦特性的组合上说明“元亨利贞”。“动而健”指无妄卦由下卦震和上卦乾重叠而成，乾卦的特性是刚健，震卦的特性是行动，组合在一起是行动刚健。行动刚健，难以阻挡，这又是

“元亨利贞”的另一个条件，所以卦辞才说“元亨利贞”。（三）从中位上下应爻上说明“元亨利贞”。“刚中而应”指上卦中位的九五是个刚爻，下卦中位的六二是个柔爻，两爻在相应的位置上，正好一阳一阴，处在尊位的九五刚健能守中道，在下的六二柔顺地来应援，所以“元亨利贞”，“贞”就是正。“正”还因为有九五刚爻处刚位、六二柔爻处柔位，上下位正的原因。（四）从卦象上解释“元亨利贞”。“大亨以正，天之命也”，指无妄从遁卦变来，遁卦是个放大了的巽卦（遁䷠＞☴巽），巽为命令，推移中的上九原在上卦乾里（上九→䷠＞乾），来到无妄的初位，如同把上天的使命带来。从取义上说，是带着天命而来，替天行道，所以“元亨利贞”。“大亨以正”兼有解说“元亨利贞”词义的作用。“元亨”就是大亨，“贞”就是正。“以”是因为，因为正才大亨，也就是正了才能通，换言之就是宜于正，“利”是宜于、应当的意思。（五）解释卦辞“其匪正有眚，不利有攸往”。“其匪正有眚，不利有攸往，无妄之往，何之矣？天命不佑，行矣哉”意为：如果不正会自招其灾，不利于有所行动而前往，是因为天下正处在不可虚妄之时，万物都得规规矩矩、老老实实，你能到哪里去？上天意在惩治邪恶，不会保佑你现在活动，你能行得通吗？总之是说无妄这一卦要躲在家里避风头，原来设计的活动计划要暂时取消。

象辞对彖辞的思想又从卦象组合作了进一步说明。

"天下雷行，物与无妄"，指的是无妄卦由上卦乾和下卦震组合而成，乾的基本卦象是天，震的基本卦象是雷，组合在一起是震雷在天下施威，这就是无妄卦。"物与无妄"这一句对揭示卦的主题很关键。按象辞的通例，一般是说成"天下雷行，无妄"，而这里破例加了两个字"物与"。这是《周易》里绝无仅有的现象，说明象辞作者特别强调的是无妄卦的时势。"物与无妄"是万物都一同不能虚妄，谁也不能胡来，概无例外。任何人都得规规矩矩、老老实实。这就是无妄卦的时势。在这样的时势下人该怎么去行动？先王从中得到启示，要"以茂对时，育万物"。"茂"与"勉"一声之转，意为勉力、努力，不是茂盛的意思。"对"是配合。"以茂对时"是说要努力配合这种不得虚妄的天时。也就是说，先王看到无妄之时万物不敢动的另一面，积极补救"育万物"。"育万物"是养育万物。因为万物都不敢动了，噤若寒蝉，那就得靠替天行道的人来养育。从象辞里可以看出这样的思想：法治里有辩证法，要一张一弛。国家严治了一段，去掉了社会上的不少弊病，但同时也带来了一些后遗症。没有法治不行，仅靠法治也并不是最好的办法。人总是得活动起来，人的活动妄与无妄，世俗是以法为准绳的。正确与否往往在毫厘之间，动很可能碰到点上，被当成典型。法治太严往往会局限人们的活动。无妄之时都不敢动，国家就难以繁荣。财富创造不出来，只好等国家来救济。象辞从"恩威并用"这个意思上把卦

象与人的道德联系起来。

初九：无妄，往吉。

【译文】

没有虚妄，前往吉利。

象曰：无妄之往，得志也。

【译文】

没有虚妄前往吉利，是因为心志得以实现。

【精解导读】

卦辞是“不利有攸往”，而初九爻辞是“往吉”，这种现象是因为卦辞从全卦取象，爻辞从所在局部取象，这种命辞不止一处，要据情分析。初九的“无妄”是因为身在无妄卦中，“往吉”是因为在下卦震里（初九→☳>震），震为动、为足，能够前往。初九是全卦的主爻，正是它的从上返下，卦才成为无妄，初九的运动不虚妄，所以吉。象辞说：“无妄之往，得志也。”初九是彖辞讲的“刚自外来而为主于内”，它自己愿意来，故为“得志”。有这样的心愿，又实现了这样的心愿，这就是“得志”。象辞讲的“得志”，有很大一部分指的是变动来往的那一爻。如贲卦的“上得志”，指“分刚上而文柔”的上九；损卦的“大得志”，指“损

下而益上”的上九，等等。这一卦的初九与此同例。应当注意区别的是象辞说的“无妄之往”，这里是对爻辞“无妄，往吉”的引用，与彖辞“无妄之往，何之矣”不同。

彖辞指的是无妄之时的“往”，是不该往；这里“无妄，往吉”的“往”，是该往。词面相同，意思各别，要具体分析，不可混为一谈。这一爻是说不胡来，可以行动，吉利。

六二：不耕获，不菑畬，则利有攸往。

【译文】

不耕种而有收获，不开荒而有熟田，那么前往有利。

象曰：不耕获，未富也。

【译文】

不耕种而有收获，是还不富裕。

【精解导读】

《经典释文》引马融说：菑，“田一岁也”；畬，“田三岁也”。意思是说：菑是当年开垦的生荒地，畬是开出三年的熟田。从象上说，二位是田位，乾卦九二爻辞“见龙在田”有示例。六二这一爻原是遁卦的

初六，是上九由上返下来到初位，把它推到了无妄卦的二位（遁上九初六䷠），上九下来占据初位，初六上移，变无妄䷘←六二），六二是得到现成田地，故言“不耕获，不菑畲”。六二的推移是坐享其成，所以“则利有攸往”。象辞说“不耕获，未富也”，坤为不富，富指的是巽卦，巽为近利市三倍，为富。六二还差一位，到了六三就进入了互巽（六三→䷘>互巽），故说“未富也”。从取义上讲，是说六二坐享其成没有凶灾，因为它还比较穷，得点不劳而获的财富还能说得过去。总之，这一爻是既能坐享其成，又能前往有利。

六三：无妄之灾。或系之牛，行人之得，邑人之灾。

【译文】

无缘无故的灾难。有人拴了一头牛，被过路人牵走了，村里人遭了灾。

象曰：行人得牛，邑人灾也。

【译文】

过路人把牛牵走了，村里人受到怀疑遭了灾。

【精解导读】

无妄之灾是意外的、无缘无故的灾难。“或”是

不定指代词，意为有的人。爻辞很形象地举了一个例子，说是有人在村子的路边上拴了一头牛，被一个过路人偷着牵走了。牛主找不到牛，指控是村里人偷的。村里人谁也没偷（无妄），却受到这种不清不白的冤枉，这是没胡来而得灾，莫名其妙的意外之灾。从取象上讲，六三在下卦震里（六三→䷘>震），又在互巽（六三→䷘>互巽）、互艮（六三→䷘>互艮）里，震为行人，巽为绳，艮为手，是行人手牵着绳子走了。绳子后拉的是什么，要看下卦震的变化，震是在坤卦（☷）下面来了一个刚爻（震☳）。坤为牛、为国邑，震出现后坤象不见，故是牛被牵走，邑人受灾，行人占了便宜。因为初九正是彖辞讲的“刚自外来而为主于内”的那一爻，也正是补在坤下的刚爻，故从卦变中取象。

九四：可贞，无咎。

【译文】

可保持正固，没有咎害。

象曰：可贞无咎，固有之也。

【译文】

可保持正固没有咎害，是自身具有正固。

【精解导读】

无妄从遁卦变来，爻的变化是遁的上九来到下卦初位，全卦成为无妄。如果从遁卦分析这种变化，哪一爻更应当来到初位，当然是九四，因为只有九四才是初位的应爻（遁九四→初六→䷠初六与九四在阴阳正应的位置上）。既然相应就应当向初位运动，然而在实际的变化中，是上九来到初位，九四却固守不动，因为无妄这一卦是“不利有攸往”，九四不动没有咎害，所以爻辞说“可贞，无咎”。象辞说“可贞无咎，固有之也”。首先象辞是有意反把爻辞的“贞”讲成固，固就是固守不动。同时也说明九四没有运动，本来就是它在卦变中存在的现象。这一爻可以保持不动，没有咎害。

九五：无妄之疾，勿药有喜。

【译文】

无缘无故的疾病，不必吃药，会有喜庆。

象曰：无妄之药，不可试也。

【译文】

治无缘无故疾病的药，不可试服。

【精解导读】

九五正是彖辞讲的“刚中而应”的一爻，处全卦尊位，贵为天子，下有六二阴阳正应，故有喜庆。但无妄全卦由遁变来，初九是“刚自外来而为主于内”，应爻六二为初九所主，又在下卦震里，震为决躁，故为疾。九五与六二之间又横亘着一个艮卦（九五→ 六二→ ䷘ > 艮），艮为止，尚有障碍。然而是处在无妄卦里，疾是无妄之疾，阻是无妄之阻，故“勿药有喜”。象辞说“无妄之药，不可试也”。这是从情理上加以推论，意为治这种无缘无故而生病的药，病还不能确诊，怎么可能对症下药，服了会造成后患，不可以试服。这一爻有无妄之疾，但并不坏，病可自愈，还有喜庆。

上九：无妄，行有眚，无攸利。

【译文】

没有虚妄，行动会自招灾难，无所利。

象曰：无妄之行，穷之灾也。

【译文】

没有虚妄的行动，是穷途末路的灾。

【精解导读】

“穷”是穷尽。上九居于全卦的最上位，到了极端，爻位如此，无路可走，尤其是在不能虚妄的时候，更不能动，所以是“行有眚，无攸利”。象辞说“无妄之行，穷之灾也”。明确指出上九穷途末路的处境，所以行动必然会自招灾殃。但这一爻只是说明不宜出行妄动，并不一定就有灾，强要出去活动才有灾。

【提示】

有了前面二十五卦的感性认识，这里可以讲一下卦变的问题。卦变与变卦不同，从范围上讲，卦变是组织六十四卦成为体系的原理用语，而变卦是占筮用语，不能混为一事。关于卦变的争议极为纷纭，大体上可分为两种，一种是承认卦变的存在，一种是不承认卦变的存在。如果认为彖辞具有权威性，不承认卦变就完全成为一种站不住脚的理论。从前面二十五卦的彖辞中，我们摘录一些明显的实证看一下：“乾道变化”（乾）、“刚柔始交”（屯）、“刚来而得中”（讼）、“柔得位而上下应之”（小畜）、“柔履刚也”（履）、“小往大来”（泰）、“大往小来”（否）、“柔得位得中而应乎乾”（同人）、“柔得尊位”（大有）、“天道下济而光明，地道卑而上行”（谦）、“刚应而志行”（豫）、“刚来而下柔”（随）、“刚上而柔下”（蛊）、“刚来浸而长”（临）、“刚柔分”“柔得中而上行”（噬嗑）、

“柔来而文刚”“分刚上而文柔”（贲）、“柔变刚也”“小人长也”（剥）、“刚反”“刚长也”（复）、“刚自外来而为主于内”（无妄），等等。几乎每一卦都交待刚柔爻位置的推移，也就是卦变的方式。不必引证《系辞传》等其他材料，已可看出不承认卦变是一种不符合实际的做法，不讲卦变也不符合《彖传》的本旨，只能在黑暗中摸索。然而在承认卦变的诸家中，对于卦怎样变，说法也极不一致。大致有二：一种说法认为是从三爻卦中变来，一种说法认为是从十二消息卦中变来。传统的讲法都认为是以十二消息卦为基础，刚柔爻上下往来推移。虞翻、荀爽等尽管在说明每一卦时讲法互有参差，但大的框架比较一致。这种传统的讲法，与彖辞中不时提到的刚柔爻有上下往来的证据相合。主张从三爻卦变来、理由最充分的是宋人苏东坡，他抛弃了传统的讲法，依据乾坤生六子的原理，激烈反对从十二消息卦变来的说法。他在《东坡易传》里讲贲卦时说：“易有刚柔往来、上下相易之说，而其最著者，贲之彖也。故学者沿是争推其所从变，曰‘泰变为贲’。此大惑也。一卦之变为六十三，岂独为贲也哉？学者徒知泰之为贲，又乌知贲之不为泰乎？凡《周易》之所谓刚柔相易者，皆本诸乾、坤也。乾施一阳于坤，以化其一阴而生三子，皆一阳而二阴。凡三子之卦有言刚来者，明此本坤也，而乾来化之。坤施一阴于乾，以化其一阳而生三女，皆一阴而二阳。凡三女之卦有言柔来者，明此本乾也，而坤来化之。

故凡言此者，皆三子三女相值之卦也。非是卦也，则无是言也。”苏氏的话不无道理，但用来解释卦变就窒碍难通了。卦都从三爻的乾、坤变来，用来解释“往来”已勉强难通，又怎么去解释“上下”？不在六爻卦中往来，必然就得从六爻卦外往来，卦外往来还谈什么上下？况且这样讲卦变也无法说明卦爻辞的来源，仅为卦变争议，毫无意义。再说苏氏认为“凡言此者，皆三子三女相值之卦也”。而无妄卦却是下震上乾，震为长男，乾为父，又何尝是“子女相值之卦”？彖辞依然还是说“刚自外来而为主于内”，又何尝“无是言”？要而言之，乾坤生六子是两卦生八卦、八卦生六十四卦的产生序，而消息卦变六十四卦则是变化序，同样不能混为一事。《周易》本身存在着这两个序列也只能按这样去讲。至于各卦怎样变化，彖辞有说明，可参见各卦的讲解。并不是谁认为如何如何的问题，而是有迹可循。

二十六　大畜——富甲天下

䷙

大畜的卦画组合为乾（☰）下艮（☶）上，传统称作山天大畜。《序卦》云："有无妄然后可畜，故受之以大畜。"意为：能够不虚妄，然后就可以有积蓄，故在无妄之后接着是大畜卦。《杂卦》说："大畜，时也。"意为：大有积蓄，是时运好。在上一卦里已经讲过，《杂卦》是把"大畜"与"无妄"连在一起对比说的，无妄是灾，时运不好；大畜是福，时运好。《周易》里讲时运。"畜"与"蓄"是古今字，大畜的基本意思是大有积蓄。程传讲畜有"畜聚、蕴畜、畜止"三意，甚至还有畜养的意思，都是在大有积蓄这个意思上的引申扩展。关于谁畜谁的问题，可以与小畜卦对比起来看。小畜卦是五个刚爻中夹了一个柔爻（小畜䷈），大畜卦是四个刚爻中夹了两个柔爻（大畜䷙），既然分出大小多少，刚爻为大，柔爻为小，是刚爻畜柔爻，柔爻论多少。从象上应当这样看。但卦内有时也会出现畜刚爻的意思，那是在卦名意思上的推展，一进入大畜卦，刚爻也要畜，柔爻也要畜。正如一进

入谦卦，各爻都要谦一样。前人为此争议纷纭，往往是因为象与理分不开，执定义理生硬地往出推，越推越乱。

象辞说“刚上”，按象辞的提示，蜀才说“此本大壮卦”。虞翻说“大壮初之上”。都认为大蓄是从大壮卦变来。变的程序是大壮的初九升到全卦的上位。即：大壮初九—䷡初九向最上位推移，变䷙大畜。从卦变的体例讲，大畜与上一卦无妄是一组正覆卦，即大畜䷙整卦上下倒置，为䷘无妄，两卦比邻相次。无妄从遁卦变来，大畜就是从遁的覆卦大壮变来。这也是《周易》内部的组织规律。

大畜，利贞。不家食，吉。利涉大川。

【译文】

大畜卦，正固有利。不吃家里的饭，吉祥。利于涉过大川险阻。

彖曰：大畜，刚健笃实，辉光日新，其德刚上而尚贤。能止健，大正也。不家食吉，养贤也。利涉大川，应乎天也。

【译文】

大畜卦，刚健厚实，日日放射新的光辉，有崇尚刚健贤能的道德。能留止刚健，这是大正。不吃家里的饭，是指养育贤才。利于涉过大川险阻，是顺应

天道。

象曰：天在山中，大畜。君子以多识前言往行，以畜其德。

【译文】

天在山中就是大畜卦。君子从中受到启示，要多学习前人的佳言善行，培养积聚自己的道德。

【精解导读】

卦辞说“大畜，利贞”。“贞”是正固不动。停蓄不流才能积聚，比如水流到一处停下来，才能聚为湖泽池沼，流过去不停下来就不可能停蓄。卦为大畜，当然利于正固不动。从取义上讲，大畜卦不宜外出活动，止而不动有利。“不家食，吉”，象上指的是上九。卦从大壮变来，大壮的刚爻初九从最下位升进到最上位，刚爻代表贤者。依据彖辞的讲法，上九的变化表示的是“尚贤”，也就是贤能的人受到崇尚，国家给了他很高的名誉地位，受到礼遇优待，用不着吃自己家里的饭，由国家养起来。这是显贵之象，所以吉祥。“利涉大川”指卦从大壮变来，大壮是四个刚爻以雄壮之势刚健上进，锐不可当，上面的两个柔爻，势弱无力抗拒（大壮䷡），变而成为大畜。最下位的刚爻升上高位（大壮初九䷡变䷙大畜），全卦呈现出对勇往直前极为有利的形势，故可突破大川险阻。总之，卦辞的

意思是说：大畜卦不动有利。有显贵之象，吉祥。如有艰难险阻，也是突破的好时机。

彖辞从六个方面解释大畜卦。（一）从上下卦象的组合上说明大畜卦的优势。“大畜，刚健笃实”，象上指的是大畜卦是由下卦乾与上卦艮组合而成，乾为天，艮为山，天行刚健，大山厚实，合在一起是既刚健又厚实。“笃实”就是厚实，具有如此优势，就会无坚不摧，雄壮勇锐。（二）从刚爻的运动上说明卦的优势。“辉光日新”，象上指的是刚爻为昼日，柔爻为黑夜（《系辞·上》“刚柔者，昼夜之象也”）。大壮卦是刚爻大壮，壮则易老，然而刚爻的运动方向，并没有向夬（䷪）、乾（䷀）卦这种刚老的趋势上发展，而是变为大畜，既保持了壮盛，又有新的发展。因为刚爻是昼日，故言“辉光日新”。从取义上说，“辉光日新”，意为每天都要不断进取，新陈代谢，日新月异，让道德的光辉得到更新，在不断更新中得到大畜。从这句话里可以看出很多问题。首先可以看出彖辞作者很了解辩证法，在蓄聚的问题上，既要停止，又要前进。不停止就不可能蓄聚，停止不进又会成为死聚，比如流水积为湖泊，当然要停蓄才行，但一味停蓄而无流动，只能是一潭死水，很快就会变臭。所以要在止与流的矛盾运动中去大畜，既要聚为大畜，又要流水不腐。卦辞何尝不是这样认为，既“利贞”，又“利涉大川”，其中也包含着动与止的辩证法。另外还可以看出，《周易》的理并不是循环论。《周易》确实讲周而

复始，天道循环，但这种循环是“日新又日新”的曲线上升，正如现代哲学上讲的，是螺旋式上升。四时不停循环，但今年不同于去年；日出日落不停循环，但今天也不同于昨天，太阳每天都是新的。循环的形式没有变，内容却不尽相同。而且这种运动没有止境，也不能停下来，有运动，有更新，才能持续保持生命和活力，永放光辉。太阳一停止运转，不日日更新，就会熄灭。今天的阳光与昨天的阳光不一样，它前进了一天。不仅是天道如此，万事万物无不如此，所以才讲“辉光日新”。把这个原理用在人的道德修养上，也要“辉光日新”。如果认为自己达到了至善，不再前进，同样会失去光辉。古人讲“至善”，主要是把它当成一个修养的目标，让人不断地向至善靠近，也是为了不让人停止不前。当然也会评价某个人至善，那是指他在有生之年达到了最高境界。如果再活下去，还得“辉光日新”。（三）从卦变上说明大畜卦。“其德刚上而尚贤”，象上指的是大壮变为大畜，是刚爻从下位升进到上位，这就是“刚上”。卦象的这种变化表现出一种“尚贤”的意义。所以大畜卦具有“尚贤”的品德，这个“德”是卦德。“尚贤”是礼贤下士，尊重人才，加以任用，同时含有解释卦辞“不家食”的内容。以上三点都是侧重分析大畜卦的卦德。（四）从上下卦特性的组合上说明卦辞“利贞”。“能止健，大正也”，象上指大畜卦的组合是下乾上艮，乾的特性是刚健，艮的特性是阻止，能把刚健止住，说明具有巨大的力量，

什么都可以阻止，因此全卦正固有利。同时也说明，这种巨大的力量来源于卦本身的正固，正了才稳，稳了才固。既能“止健”，说明相当正固，所以说“大正也”。“大”是副词，相当于“很”。（五）从取义上说明卦辞“不家食吉”。“不家食吉，养贤也”，意思是说：“不家食”指的是贤人，贤人被国家养起来了，不用吃家里的饭，这是国家尊重人才，养育、崇尚贤能，所以吉祥。这一句与前面提到的“尚贤”意思上相互证发，象上显然是指上九爻位的推移。（六）从尊位的六五有应上说明卦辞“利涉大川”。“利涉大川，应乎天也”，象上指尊位的六五与下卦的九二阴阳正应，九二在下卦乾里，乾象为天，六五能应九二，如同是顺应天道。顺应天道自然会无可阻挡，所以有利于涉过大川险阻。这是彖辞为“利涉大川”提出的另一条卦象上的理由。

象辞在说明大畜的卦象组合时，强调了大畜卦名的意思。“天在山中，大畜”，指下卦乾为天象，上卦艮为山象，天当然比山要大得多，而卦象显示的却是把天装在山里边了，可见山也太能包容了，所以卦名叫“大畜”。大畜是极大地蓄藏。“君子以多识前言往行，以畜其德”，是说君子从这个卦象中要学习具有巨大包容量的长处，把它推演到道德修养上，就是要把前人有益的东西尽量多地包容下来，使自己的道德得到积聚和蓄养。“识”是记住。“前言往行”指前人的佳言善行，畜是积聚蓄养。君子靠什么来积聚蓄养道

德？主要是学习前人积累的经验和智慧，学得越多，道德蓄聚的也就越深厚。象辞认为这一卦的主题是要向前人学习。再加上彖辞讲的尊重人才，这一卦的基本思想就抓住了。

初九：有厉，利已。

【译文】

有危厉，宜于停止不动。

象曰：有厉利已，不犯灾也。

【译文】

有危厉宜于停止不动，不要去招惹灾祸。

【精解导读】

这一卦各爻的取象大多都与大畜卦的大局联系得比较紧密。全卦是蓄止积聚，“利贞”，各爻有止而不动之象就有利，这是一个大势。在这个大势下，对各爻要作具体分析。初九在下卦乾里，乾为刚健，刚健就容易勇往直前，而且初九还有六四正应，很容易上进。但势处最下，又在蓄止卦里，不宜勇进。故爻辞说“有厉，利已”。“已”用如“学不可以已”的“已”，指的是停止。初九这一爻的潜在危险就在于勇进，如能止而不动就会有利。象辞说“有厉利已，不

犯灾也”。“犯”是干犯、冒犯，如果勇进不止就是犯灾。也是讲，不能仅从个人主观条件出发，而不顾大局的客观条件如何，轻易冒进，不通时务，那就等于是自找灾祸。这一爻是告诉人们，初九有潜在危险，如谨慎处之不妄动，还是有利的。

九二：舆说輹。

【译文】

车厢从车轴上脱下来。

象曰：舆说輹，中无尤也。

【译文】

车厢从车轴上脱下来，合乎中道没有过失。

【精解导读】

“舆”是车厢。“说”用同“脱”。“輹”是车上的伏兔，也称作车钩心，是大车上把车厢与车轴连在一起的零件。农村的大车上现在还有，是车厢底下卡轴的槽。“舆说輹”是车厢从连着车轮的轴上脱下来。这与“舆说辐”不同。“舆说辐”是车坏了，“舆说輹”只不过是把车厢卸下来，輹本来就是装卸车厢的零件，车不走了就可以脱輹，并不一定是车子坏了。所以爻辞的意思是说车停住不走，把车厢卸了下来，短期内

也不准备出车。从象上讲，宋人如郑刚中等认为虞翻的取象不当，应取震为车，在《左传》《国语》里都有以震为车的先例。其实据《周易》的内证考核，应当是震为輹。大壮卦九四爻辞“壮于大车之輹（大壮九四→䷡>震），也以震为輹，輹作为车的零件也可表示车。震卦（☳）形似车厢，下面的刚爻是车厢底下的横木，正是车輹所在的部位，极为直观。九二在互震之下（九二→䷙>互震），与互震摘离，故言“舆说輹”。象辞说“舆说輹，中无尤也”，“中”指九二在下卦中位。“尤”是怨尤，这里指过失。行为适中，无过无不及，符合大畜卦的停蓄之道，故没有过失。这一爻是自己停住不走，无尤无害，并不坏。

九三：良马逐，利艰贞，日闲舆卫，利有攸往。

【译文】

良马驰逐，宜于艰难正固。每日练习驾车护卫，有利于前往。

象曰：利有攸往，上合志也。

【译文】

有利于前往，是因为前往向上合乎心愿。

【精解导读】

“日闲舆卫”中，“日”《正义》本作“曰”。汉人郑玄、虞翻本都作“日”。《经典释文》说“郑，人实反”，“云日习车徒”，虞翻说“离为日”，都在王弼之前，王弼改“日”为“曰”，可能是形近而讹。从句子结构上讲，日是时间状语，意为每天、日日。“闲”用如“娴”，意为娴熟，这里是练习娴熟的意思，作谓语。“舆卫”是宾语。“舆”是车，这里是驾车，“卫”是护卫。全句是天天练习驾车和护卫的意思。改成“曰”句子不顺，只好说“曰”是语辞。古代驾车是一门很重要的技艺。孔子讲六艺，有“礼、乐、射、御、书、数”。御就是指驾车。护卫战车也是一门重要技艺。《考工记》说周人尚舆车，守护战车的有六等之数，“戈也，人也，殳也，戟也，矛也，轸也”，是执不同兵器保护战车的卫士。《左传》成公二年记载齐晋鞍之战，郑丘缓给郤克做车右，自己说“自始合，苟有险，余必下推车”。逢丑父给齐侯做车右，因为负了伤，战败撤退时不能下去护卫车，于是“不能推车而及”，齐侯差一点做了俘虏。车右就是车卫，打起仗来，要保证战车的驰逐不受影响。车轮子掉了，还要端起车轴跑步让车前进。戈、殳、戟、矛都是长兵器，也要使用娴熟，才能保护车子不让敌人靠近。所以车御和车卫都要练习得技艺娴熟才能驾战车。“日闲舆卫”是战车上的两个重要人物车御和车卫，天天练习

技艺。从象上看，乾为良马，震为行，故曰“良马逐”。震为车，故可为车，刚爻为昼日，故言“日闲舆卫”。大畜由大壮变来，变的方式是初九升进到上位，而实际上真正与上位正应的是九三，九三更应当升入上位，故“利有攸往”。但在大畜卦里九三前临艮卦，艮为止，有阻力，故“利艰贞”。“利艰贞”意为在艰难中正固有利，也是不动固守才合宜的意思。象辞说“利有攸往，上合志也”。既然不动合宜，为什么又会“利有攸往”？这是因为在卦变中九三上有应爻，到上位更合乎自己的心愿。这要看卦变前大壮的九三，到大畜的九三，虽与上处在应位，但已是敌而不应。所以只是一种愿望，最好还是在艰难中正固。总之这一爻还是不动有利，但可加紧练习，为前进准备条件，娴熟了才可以有所行动。

六四：童牛之牿，元吉。

【译文】

小牛角上缚着防止顶人的横木，大吉大利。

象曰：六四元吉，有喜也。

【译文】

六四大吉大利，是因为有喜庆。

【精解导读】

“牿”，《说文》作“告”，说：“牛触人，角著横木，所以告人也……《周易》曰‘僮牛之告’。”古人为了防止牛用角来顶伤人，在牛的两角横绑上一根短木，避免牛角刺入人体。角上短木就是“牿”。侯果讲这一爻引《周官·封人职》曰：“‘设其楅衡’，注云：‘楅设于角，衡设于鼻，止其抵触也。’”《说文》讲的“告”、《封人职》讲的“楅”、《周易》讲的“牿”，就是这种牛角上的横木。“童牛”是小牛，《说文》作“僮牛”，很说明问题。把“童牛”讲成秃牛、无角牛不合适。这一爻与下一爻六五，正是全卦的两个柔爻，是被大畜的对象，故都用人畜养牲畜命辞。这一爻是养牛，下一爻是养猪，而且反映了古人的畜养技术。小牛在学习顶触的时候就给它加上牿，这是把野牛改良成家畜过程中的畜养技巧。下一爻是改良野猪。古人用这套技术把野畜变成家畜，畜牧业才发达起来。现代人养的是改良后的家畜，用不着这套技术了，说出来很陌生，但对古人是司空见惯的现象。小牛角上加牿是发展畜牧业，正合“大畜”之道，所以是大吉大利。从象上讲，六四在上卦艮里，艮是在坤（☷）卦上横加了一个刚爻（艮☶），而本卦上艮的刚爻又正好是从大壮的初九加上来的，坤为牛，艮为止，所以是在小牛角上加了牿。牛变得驯良好养，畜牧业大发展，所以大吉大利。象辞说“六四元吉，有喜也”，从

象上说，互兑为悦，六四在互兑中（六四→䷙＞互兑）可取出喜象。

六五：豮豕之牙，吉。

【译文】

劁过了的猪嘴里的牙，吉祥。

象曰：六五之吉，有庆也。

【译文】

六五的吉祥是有喜庆。

【精解导读】

《经典释文》：“豮，符云反。刘云‘豕去势曰豮’。”意思是说豮（fén）是劁（qiāo）了的猪。陆绩也说“豮谓豕之去势者”。势是阳性生殖器，去势是把公猪的生殖器阉割下来。现在人们养猪依然如此，除了种猪之外，所有的公猪都要割下睾丸。猪本来是一种很凶猛的动物，牙齿很可怕，去势之后就变得温驯，牙齿退化，也容易长膘了。崔璟说：“豕本刚突，豮乃温和，虽有其牙，不足害物。”王宗传说：“夫豕之不能自已其刚躁之性，则必以是牙为物之害也。当止畜之时，若强制其牙，则用力愈劳，安能已其刚躁之性也？惟去其势，则牙虽存，刚躁自已……不为物害矣。”都是说，公猪不劁，性刚突剧暴，像野猪一样容

易咬人。去掉它的牙不是办法，一劁就老实了，有牙也不会咬人。但在这一爻，畜不是止畜，而是蓄养。六四是养牛，六五是养猪。对这两爻来说，大畜是大蓄养。从爻辞中可以看出，我国的养猪起源很早，到了《周易》的时代，已经有了一套养猪的成熟技术，而且流传到现在。有这样一套技术，可把野猪改良成家畜，猪也繁殖得快、养得好。上一爻是牛马成群，这一爻是猪羊满圈。所以这一爻也是吉祥。从象上讲，六五在上卦艮中（六五→☶>艮），艮为黔喙之属，是黑嘴头子的动物，故为猪。虞翻说“三至上，体颐象”，意思是说从三爻至上爻是一个缩小了的颐卦（上九 九三→☶☳<䷚颐）。颐是一张嘴，卦里的柔爻都是嘴里的牙，大畜的六五正是小颐卦中的柔爻，所以是牙。因为是在大畜卦里，猪是被饲养起来，故六五是“豮豕之牙”。从取义上讲，“豮豕之牙”是变老实的猪嘴里的牙，不咬人，养得驯良，所以很吉祥。象辞说“六五之吉，有庆也”，意思是六五的吉祥是有喜庆。“喜”与“庆”意思接近，只有程度上的区别，喜小庆大，大喜才庆。六四说“有喜”，六五说“有庆”，是因为六五占据的是上卦中位，比六四位置还要好。联系爻辞来讲，这两爻都很好，六四是“元吉”，六五是“吉”，六四并不比六五差，各有自己的优势。

上九：何天之衢，亨。

【译文】

位当四通八达的天街大道，亨通。

象曰：何天之衢，道大行也。

【译文】

位当四通八达的天街大道，道可大行。

【精解导读】

“何”同“荷”，意思是负荷、担负。“衢”是十字路口，是交通十分方便的地方。从象上讲，上九这一爻，正是从大壮变为大畜由下升上的一爻，凌驾于全卦之上，被全卦担负起来，故言“何”。五位与上位是天位，故言“天”。《说卦》讲“震为大涂（途）”，上九的推移正好来到互震之上（上九的推移上九 互震），故言“衢”。从取义上说，被天衢担负起来就是居于天衢之上，位当天街大道，纵横可达，畅通无阻，愿意到哪里就可以到哪里，极为亨通。如果与彖辞讲的“刚上而尚贤”联系起来，“道”引申为贤人的治国之道，他的治国之道受到崇尚，可以自由施为，大行于天下。所以象辞说：“何天之衢，道大行也。”总之这一爻是极为通顺，有志可成，有道可行，能够实现自己的政治抱负。

【提示】

这一卦讨论一下《周易》的断句。《周易》的断句也是个十分头痛的问题，争议也相当大。断句要在读懂之后才会句读合适，这是一个常识。《周易》因为句义不容易把握，句读出问题是难以避免的。尤其是从王弼尽黜象数之后，卦爻辞脱离了象数上的依据，人们就难免附会，附会不通时，就会在句读上做文章，于是断句也成了打不清的官司。解决这个问题没有什么捷径，还得先搞清作者的意思。明白了他的具体所指，才能对正确与否有一个判断的标准。尤其是卦象，它是证明作者意旨的铁证，绝不可以忽略。以这一卦的彖辞为例，从王弼开始，把“刚健笃实，辉光日新，其德刚上而尚贤”，断成“刚健笃实，辉光日新其德”。这是受了儒家《大学》的影响，把“日新其德”连在一起，“辉光”无所归属，凑合着挤到了“日新其德”里。《十三经》的断句，觉得别扭，又断成“刚健笃实辉光，日新其德”。其实还是认为“日新其德”当断为一句，剩下的就近归属就行了。都是从逻辑上去推，没有考虑卦象。改来改去还是不顺。要是从象上一看，这个问题并不难解决。“刚健笃实”指的是下卦乾，乾为刚健，上卦艮，艮山笃实。“刚健笃实”把上下卦都说出来了，这里必须断开。“辉光日新”指的是刚爻的推移，刚爻为昼日，刚爻从大壮的初九升进到大畜的上九，刚爻呈上升之象，所以是“辉光日新”。这一句

讲爻的推移，把卦变之象也说明白了，这里也必须断开。“其德刚上而尚贤”是进一步推演卦变的寓意，意思是说，刚爻的上升可以表示一种“尚贤”的社会伦理意义，这一卦就具有了“尚贤”之德。德是卦德，这又是一层意思。“其德”应当连下成句。明白了句子的具体所指，断句就有了依托。辨不清具体所指，生把两个四字句归前属后地移来移去，前人有这么别扭的没有？汉以前还没有这样破句就义的，这正是王弼“得意忘象”造成的遗患。所以，象辨不清还不要紧，大家慢慢来辨，总会一步步靠近。要是不辨象，那就只好公婆各理，后息者胜了。关于这一卦彖辞的断句，可参见郑玄、管辂、虞翻、崔璟的讲法，都比王弼高明一些。《汉书·礼乐志》：“是以海内，遍知上德，被服其风，光辉日新。”这也是以“辉光日新”成句。

二十七　颐——颐养天和

䷚

颐卦的卦画组合为震（☳）下艮（☶）上，传统称作山雷颐。《序卦》云："物畜然后可养，故受之以颐。颐者，养也。"意为：万物蓄聚之后才可以畜养，所以大畜卦之后接着是颐卦。颐是养的意思。《杂卦》云："颐，养正也。"意为颐是养育得正。《序卦》《杂卦》都把卦名之义说成是养，这是颐在卦里的主要意思。但从词义的根源上讲，颐是一张嘴。《说文》作"𦣝"，解释说："𦣝，顄也，象形。"篆文作。比《说文》再早一些的字书《急就篇》："颊颐颈项肩臂肘"下注："下颔曰颐。""颔"与"顄"异形同义。朱骏声《说文通训定声》里说，颐是"耳下曲骨，所谓辅车也"。通俗点说，颐是嘴下边连着下巴的牙叉骨部分。"𦣝"的小篆象形，要横过来看，画的是上嘴唇以下的部分（横看为），实际就是一张嘴和下巴部分。过去把颐讲成腮或颊是一种误会。成语"颐指"，是有权势的人动下巴指使人，不是用面颊或两腮。从卦画看：颐卦上下的两个刚爻是上下牙床或嘴唇，中间的四个柔爻是上下牙齿（即），

全卦六爻共同组成的象形之象是一张露出牙齿的嘴。郑玄说："颐者，口车辅也。震动于下，艮止于上。口车动而上，因辅嚼物以养人。"他认为颐是嘴的上下牙床。车是下牙床，辅是上牙床。吃东西时，下牙床（车）开合张动，上牙床（辅）不动，是下牙床上合，与上牙床一起才能咬食东西。这与上卦是艮（☶），艮为止而不动；下卦是震（☳），震为动而上合的卦象，极为契合。颐是一张嘴，嘴吃食物获取营养，所以颐是养的意思。成语"颐养"就是从颐卦来的。

关于颐卦的卦变须先说明一下。彖辞里没有直接提示卦变的言辞，这就为分析带来困难。虞翻说这一卦是"晋初之四"，意思是说颐卦由晋卦变来，这就破坏了卦变的体例，所以后人不信。侯果说："此本观卦，初六升五，九五降初，则成颐也。"意思是说观卦的初六与九五互换了位置。即：观九五初六䷓换位，变䷚颐。从观卦变来没什么问题，卦辞里有"观颐"，爻辞里有"观我朵颐"，彖辞里有"观其所养也""观其自养也"，都有迹可循。但具体怎样来变，须印证一下。从全卦看，初九爻辞说"观我朵颐"，"朵"是下垂，初九从上降下可得到印证。究竟是观的上九还是九五下降，从初九象辞"亦不足贵也"看，初九原来还是贵的，应当从九五变来。这样就只能是观卦的九五与初六换位，侯果的讲法正确。另外颐卦正看、倒看一个样，没有覆卦，所以在卦序排列上，与下一卦大过，组成一组变卦，即：颐䷚六爻全部刚变柔，柔变刚，为䷛大过。因为颐卦具有

正看、倒看一个样的特点，所以就有了爻辞配对、应爻取象等特点，这也是卦爻辞中出现颠倒顺逆、正反成对现象的主要原因。这在其他正反同象的卦里也会出现。

颐，贞吉。观颐，自求口实。

【译文】

颐卦，正固吉祥。看着嘴，自己去谋求食物。

彖曰：颐贞吉，养正则吉也。观颐，观其所养也。自求口实，观其自养也。天地养万物，圣人养贤以及万民。颐之时义大矣哉！

【译文】

颐卦正固吉祥，是颐养得正就吉祥。看着嘴，是说要看他所养的对象。自己谋求食物，是看他如何颐养自己。天地养育万物，圣人养育贤能的人，从而养及万民。颐卦的时势意义太重大了！

象曰：山下有雷，颐。君子以慎言语，节饮食。

【译文】

山下有雷就是颐卦。君子效法颐卦之道，要言语谨慎，饮食有节。

【精解导读】

卦辞说“颐，贞吉”，主要是因为颐卦的卦画上下对称，左右停匀，不歪不斜，“贞”取的是“正”的意思。从颐养之道上说，颐养得正，健康长寿，当然就吉祥。“观颐”从象上指颐卦从观卦变来，从取义上讲，“观颐”就是看着嘴。“自求口实”是自己谋求颐养的食物，“口实”是口中实惠之物，主要是食物。从象上讲，颐卦从观卦变来，观卦是一个放大了的艮卦观䷓>☶艮。艮为鼻。古文“自”就是“鼻”字。《说文》云：“自，鼻也。象鼻形。”所以艮为自。作者又认为颐卦卦画是一张嘴，自己变来变去变出一张嘴来，还不是在为嘴忙碌，故言“自求口实”。按卦辞的说法，颐卦极为一般，得看着嘴，自己去忙忙碌碌地谋生糊口。但这也并不坏，自己谋生糊口，是颐养的正道，吉祥，因为是自食其力，没有依赖别人。

彖辞觉得这样讲太一般化，于是把它推演到社会意义上深入挖掘，揭示颐养之道在社会组织上的应用意义。从六个方面加以申发。（一）从道理上解释卦辞“贞吉”。“颐贞吉，养正则吉也”，意思是说：颐卦贞吉，是颐养得正就吉祥。同时解释“颐”是养，“贞”是正。怎样才算颐养得正？这里与卦辞还是统一的，那就是自食其力才是颐养正道，依赖别人不是正道。反对无偿占有他人的劳动成果。（二）说明卦辞“观颐”的社会意义。“观颐，观其所养也”，意为：看着

嘴干什么？是要看看他养的是什么人。“所养”指所养的对象。是要看颐养之道，不是看那个表面上的嘴。(三)说明卦辞“自求口实”的社会意义。“自求口实，观其自养也”，意为：自己谋求食物，是要看他如何自己养活自己，也是要看颐养之道正还是不正。(四)从天道上说明颐养的正道。“天地养万物”，是说天地养育的正道是养育万物。这是紧承“观其所养”讲的。颐养之道，不单是自食其力的问题，还有个养育谁的问题，天地就不是养育自己，而是养育万物。所以“观颐”，还得看看养育对象。(五)从天地之道引申出颐卦的社会组织意义。“圣人养贤以及万民”，是说圣人要学习天地普养万物的正道，把万民都养育好，而养万民的方法是先要把贤能的人养育起来，贤人有能力帮助你把万民养育好，这样就把社会组织好了。这一句实际上不仅讲了养育什么人的问题，还讲了怎样养的问题。提出“养贤”的主题。(六)强调颐卦的巨大理性意义。“颐之时义大矣哉”，意思是说：上面提到的这些“养什么”“怎样养”等颐养正道，卦辞虽然没有明说出来，但颐卦的时势条件里是有的，而且是个相当重大的问题，要特别注意学习这些内容。颐卦的时势条件是什么？就是在大畜卦之后，天下大有积蓄，有了养育的条件，这就要看该养些什么人了。从组织社会这个意义上说，就是要“养贤”，先把人才养起来，发挥他们的贤能，从而把天下万民都养育好。

象辞从另一个方面揭示颐卦的主题。“山下有雷，

颐”，指的是颐卦由上卦艮和下卦震组合而成，艮是山象，震是雷象，重合在一起是山下有雷，这就是颐卦。“山下有雷”取的是什么意思？前人附会了很多，大多不着边际。刘表讲得好一些，他说：“山止于上，雷动于下，颐之象也。”认为山是取止而不动，雷是取动而不止，正如人的嘴巴一样，吃东西时上牙床不动，下牙床一张一合。还是说颐卦是一张嘴。为什么不说“下动上止，颐”，而偏要说“山下有雷，颐”？这是因为象辞与彖辞有分工，象辞多讲八卦的实象，彖辞多讲八卦的特性功能，这是彖、象辞的体例，一般不会打破。说“山下有雷”实际是讲“下动上止”。从这个卦象中学习什么？象辞说“君子以慎言语，节饮食”，是说君子要从中得到启示，说话要谨慎，饮食要有节制。颐是口，《说文》：“口，所以言食也。”意思是说口是用来吃饭、说话的那个器官。“言”与“食”是口的两大主要功能，故联系到言与食上来讲。古人认为“祸从口出”“病从口入”，民谚说“言多必失”“爽口食多利于病”，所以说话要注意，吃东西要有节制。从颐养之道上讲，口是人体与物质世界来往的主要渠道，是保养人体的重要器官，使用不当直接危害人的生命，所以一讲口就联系到养。象辞认为，颐养正道还有个如何养自己的问题。把彖辞的“养贤”与象辞的“慎言语，节饮食”加起来就是颐卦的主题思想，也就是颐养的正道。

初九：舍尔灵龟，观我朵颐，凶。

【译文】

扔掉你的大龟，看我下巴嚼动，凶。

象曰：观我朵颐，亦不足贵也。

【译文】

看我下巴嚼动，也够不上高贵。

【精解导读】

颐卦从观卦变来，是观卦的九五与初六换了位置（观九五初六䷓九五与初六换合变颐）。颐卦的初九是舍弃了九五的尊位，来到最下位。颐是一个放大了的离卦（离☲<䷚颐），离为龟，大离故为大龟。灵龟就是大龟。古人认为龟活的年代最长，所以什么事都知道，占卜要用龟甲，最有灵应，故称“灵龟”。龟越大越有灵应。初九从观的九五来到初位，变成颐卦的下牙床，位置下降，是下牙床垂了下来，所以是“舍尔灵龟，观我朵颐”。在《周易》的体系里，内卦为我方，外卦为对方，初九是从外卦来到内卦，故有“你”“我”之说。“朵”是下垂。《说文》：“朵，树木垂朵朵也。从木，象形。”朵是树木缀满花叶下垂的样子。从取义上讲，龟是最善颐养的，气功里讲“龟息”，人还要学习龟的颐养之道。“朵颐”是下牙床张开在咬食东西。舍弃了灵龟的颐养之道，看着人家下巴张合流口水，愚蠢之极，所以凶。

象辞说：“观我朵颐，亦不足贵也。”是说看着我吃东西眼馋，太没出息了，不足为贵。在取象上暗示了初九是从尊位下来的，原来还是高贵的，变得没出息了。

六二：颠颐，拂经于丘颐，征凶。

【译文】

颠动口舌下巴，悖逆丘园颐养的常道，征进凶。

象曰：六二征凶，行失类也。

【译文】

六二征进凶，是征行会失去同类。

【精解导读】

“颠”是颠动，“颠颐”，是颠动下巴颏，取颠唇簸舌或下巴嚼动之意。“拂”是拂逆，可参见六三象辞。“经”是正经、正常。“拂经”是悖逆了正常的颐养之道。“丘”是山丘。六二在下卦震里，震为动，故言“颠颐”。震是反艮（震☳倒过来为艮☶），艮为山丘，反艮，故为“拂经于丘颐”。从二至上是一个小的剥卦（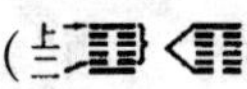剥）。剥卦是阴剥蚀阳，上九是颐养万民的贤人，六二上剥是小人剥蚀贤人，故言“征凶”。从取义上说，“颠颐”是颠倒了颐养正道，还可引申为颠唇簸舌，胡吹乱侃。“拂经于丘颐”是违背了丘园纯朴的

颐养常道。象辞说“六二征凶，行失类也”，指的是征行会失去同类。六二与六三、六四都是柔爻，为同类，但六三有正应在上九，六四有正应在初九。六二没有正应，征行会失去与六三、六四的一致性。总的来讲，这一爻是颠唇簸舌，悖逆丘园颐养常道，冒进有凶。若能憩息于田园不惹是非，才可无虞。

六三：拂颐，贞凶。十年勿用，无攸利。

【译文】

悖逆颐养正道，正固不动凶。十年不能用，没有利。

象曰：十年勿用，道大悖也。

【译文】

十年不能用，是与颐养之道悖逆太过。

【精解导读】

从象辞的解释中可以看出，“拂”就是“悖”的意思。《玉篇》：“悖，逆也。”《说文》：“悖”，“乱也”。象辞说“道大悖”，当然指颐养之道。爻辞说“拂颐”，象辞就说“道大悖”，还不是把“拂颐”讲成悖逆颐养之道。六三也在上五爻的小剥卦里，有剥蚀刚爻之象，故为“拂颐”。但六三与上九是阴阳正应，可以上应上

九，况且六三柔爻居刚位，不动不安，故言“贞凶”。又在互坤里（六三→☷>互坤），坤数十，故言“十年勿用，无攸利”。

象辞说六三“道大悖”，就是说它反颐养之道而动。这一爻因为悖逆了颐养正道，动与不动都有凶灾，十年内不会有好转。

六四：颠颐，吉。虎视眈眈，其欲逐逐，无咎。

【译文】

颠动口舌下巴，吉祥。虎视眈眈，追逐欲望，没有咎害。

象曰：颠颐之吉，上施光也。

【译文】

颠动口舌下巴的吉祥，是上面施布的恩惠广大。

【精解导读】

六四在上卦艮里，艮为止，从六四以上三爻都属上牙部分（六四→☶>艮，上牙）。上牙止而不动，如无下牙的张动开合，嘴的言食功能就无由实现。所好的是六四柔爻居柔位，位正，又有全卦的主爻初九为正应，初九在下卦震里，震为动，初九带着下牙开合颠动，又与六四上下应合，阴阳得配，口的说话、饮食功能就能充分发挥出来。

故“颠颐”对六四来说吉祥。六二失去应爻，“颠颐”就凶。“颠颐”还是指下牙床的颠动。六四的“颠颐”取象于应爻初九。全卦到了六四，已是嘴的中间，口已大开，如老虎大张嘴，颐卦又是从观卦变来，观就是视，全卦又是一个大离，离为目，故言“虎视眈眈”。“虎视眈眈”是老虎带着贪馋的攫取欲望往下看的样子，故言“其欲逐逐”。“其欲逐逐”是追求满足欲望的样子。这句话异文多一些，《释文》：“子夏传作‘攸攸’，志林云‘攸当为逐’。苏林音‘迪’。荀作‘悠悠’。刘作‘跾’，云‘远也’。”“攸攸”“悠悠”“跾跾”都没有“逐逐”明晰，《十三经》的校勘是对的。逐是追逐求取的意思。汉语用叠字作词尾一般都具有形容状态的作用，“眈”是“下视”，“眈眈”就是下视的样子。“逐”是追逐，“逐逐”就是追求的样子。再如，欣是高兴，欣欣就是高兴的样子；漫是长远，漫漫就是长远的样子，等等。“其欲逐逐”与“虎视眈眈”，连在一起，最恰当的解释就是追求满足欲望的样子。“逐逐”言其急迫不易满足的状态，是欲望大的意思。联系颐卦，是说胃口很大。因为颐卦讲的是饮食颐养，六四又正值口中，故胃口大点也无咎害。象辞说“颠颐之吉，上施光也”，“光”用如“广”，是说上面施布的恩惠广大，利及于己而得吉。从象上说，观变颐，九五来到初位，把全卦一张大嘴都笼罩住了，这就是“上施光”。《周易》里“光”与“广”经常用一个“光”字表示。“光”与“广”意思上有联系，有光才能看得广远。但在具体的上下文里，要注意区别它在语意上的侧重之

处。这里的“上施光”与坤卦讲的“地道光”，都是广大的意思。

六五：拂经，居贞吉。不可涉大川。

【译文】

悖逆常道，居止正固吉祥。不可涉过大川险阻。

象曰：居贞之吉，顺以从上也。

【译文】

居止正固吉祥，是顺从上面。

【精解导读】

六五阴爻居阳位，不正，又在上五爻的小剥卦里，故为“拂经”。因为上推也是阴剥阳，小人剥蚀贤人，故言“居贞吉”，意思是如果居正不动就可获吉。五位位好。但六五柔爻没有刚健之德，又无正应，故“不可涉大川”。象辞说：“居贞之吉，顺以从上也。”指顺从六五之上的上九。

上九：由颐，厉吉。利涉大川。

【译文】

颐养之由，有危厉而吉祥。有利于涉过大川险阻。

象曰：由颐，厉吉，大有庆也。

【译文】

颐养之由，有危厉而吉祥，是大有喜庆。

【精解导读】

“由”是自、从、来源的意思。取义是说颐养所需都从这儿来。“厉吉”是有危险而吉祥。“利涉大川”是渡过天堑险阻正是有利的时候。从象上说，颐卦从观卦变来，观卦的两个刚爻，成为变为颐卦的决定因素。一个刚爻下到初位成为下牙床，上九成为上牙床。颐卦的来由就在于两个刚爻一上一下的摆布。初九取了“观我朵颐”的象，上九取了“由颐”的象。“厉”是危厉。在观卦里，两个刚爻本来是处在被四柔逼退的地位上（观上九→䷓↑），上九处在一卦之极，消退的危险迫在眉睫。然而一变颐卦，却成了稳固不动的上牙床，由厉而变吉，故言“厉吉”。下有六三为正应，征进有援，故“利涉大川”。“大川”是险阻，上九处在一个由危险变为吉祥的时势中，正是冒险获取成功的时机。象辞说“由颐，厉吉，大有庆也”，庆是喜庆，上九在卦变中由不利变得有利，还不是喜庆的事？“利涉大川”的象可参见大过卦。

【提示】

这一卦前人讲得极为纷杂，不仅是取象混乱，义理

也极不统一，无可适从。我们不得不从《周易》的内部体例上重新挖掘，尽量吸收前人的有益成果，来一番脱胎换骨的改造。前人在解释这一卦时，较多地用了覆象（或称倒象、反象），就是把卦画倒过来看从中取象。比如这一卦是上艮下震（䷚上艮下震），艮倒过来就是震（艮☶上下翻过来为☳震），震倒过来就是艮（震☳翻为☶艮）。艮为止，震为动，取覆象就可以说震为止，艮为动。这样颠颠倒倒，就可说明卦爻辞里许多正反相对的现象。还有的人取伏象。比如朱震在解释六四爻辞“虎视眈眈”中的虎象，说“伏兑为虎”。意思是说，六四在上卦艮里，艮是兑的伏卦（即：艮☶三爻全变，为☱兑。兑在艮的背后藏着，故为伏卦），虎的象是从伏兑中取出来的。这种取象的方法我们没有采纳，而是更多地注意了应爻取象。应爻取象是辞在本爻而象在应爻，这在爻辞中有印证，比较可信。比如这一卦，初爻与四爻、二爻与五爻、三爻与上爻分别处在相应的位上。初爻有“朵颐”，四爻有“颠颐”；二爻有“拂经”，五爻也有“拂经”；三爻有“拂颐”，上爻有“由颐”。只有把这种应的关系纳入卦变中去分析，才能找出一个头绪来，也比较合情合理，否则很难说得通。对于爻辞的意思，应当说越是简单明了、通俗易懂才越正确，《系辞》说：“易简，天下之理得矣。”每当人们旁征博引、不烦费辞的时候，那就是意思上出障碍了。啰唆越多问题越大，这也算读书的一条规律吧。

二十八　大过——过中不当

䷛

大过的卦画组合为巽（☴）下兑（☱）上，传统称作泽风大过。《序卦》云：“不养则不可动，故受之以大过。”意为：不经过一番颐养，就不能有所行动。所以颐卦之后接着是大过卦。这是说大过是一种大的度往行动。《杂卦》云：“大过，颠也。”意为大过是颠覆。也就是说，大过是太过火，于是适得其反而颠倒。把《序卦》《杂卦》的意思综合起来分析，大过是过分大的度往。但在全卦里，“大”有时是形容词，有时又是形容词作名词用，可以当“大的”讲。“过”的意思更为复杂，有通过、经过、渡过、超过、过往、过分、过失等义。《周易》语句的难以把握，主要表现在这种词的多义性上。对卦名的理解要抓住它的基本义。大过的基本义就是过分大的度往。其他意思都是在这个基本意思上的引申。

大过与上一卦颐组成一组变卦。大过的卦画，刚爻一律变柔爻，柔爻一律变刚爻，就成了颐的卦画，即：大过䷛爻反性变化，为䷚颐。大过也是个正看、

倒看一个样的卦，与颐卦有许多相同的特点。从卦变上分析，颐卦从观卦变来，大过因为与颐是错卦，应当是从观的旁通卦大壮变来，是大壮的六五与初九换位，即：大壮六五→初九→䷡六五与初九换位，变䷛大过。对其他错卦的卦变也应当这样分析。《周易》里共有四组变卦，即乾与坤为一组、坎与离为一组、颐与大过为一组、中孚与小过为一组。

大过，栋桡。利有攸往，亨。

【译文】

大过卦，栋梁弯曲。有利于前往，亨通。

彖曰：大过，大者过也。栋桡，本末弱也。刚过而中，巽而说行，利有攸往，乃亨。大过之时大矣哉。

【译文】

大过是大的过去。栋梁弯曲，是栋梁的本末两头柔弱。刚爻过来处在中间，顺利而和悦地前往，所以前往有利并能亨通。大过卦的时势意义太重大了。

象曰：泽灭木，大过。君子以独立不惧，遁世无闷。

【译文】

泽水淹没了树木，这就是大过卦。君子从中得到启示，要独立不移无所畏惧，隐身遁世也不苦闷。

【精解导读】

卦辞说大过卦是“栋桡”。混而言之，“栋”就是栋梁，是支撑房屋大厦的重要构件。“桡”是木曲。栋梁弯曲是大厦将倾之象。全卦是一种崩溃前的倾危局势。关于栋桡的取象，彖辞做了说明。“利有攸往”是说有利于前往，“亨”是亨通。意思是说如果有大的行动、大的举措，这是一个相当有利的时势，可以大干一番，会畅通无阻。这在彖辞里也有说明。

彖辞针对卦辞逐句加以说明，可分为五个方面。（一）解释卦名的意思。“大过，大者过也”，从取义上说，意为大过是大的行动能过得去，也是可以干大事的意思。从象上讲，是说刚爻为大，柔爻为小，大过卦从大壮变来，大壮是个刚爻由壮向老发展的时局，变为大过，改变了刚爻衰老的趋势，四个刚爻过去到了全卦的中间位置上，是刚爻过去了。这一句提示大过是由卦变而得名。（二）从六爻全象上说明卦辞“栋桡”。“栋桡，本末弱也”，意思是说：为什么大过卦会有栋梁弯曲的命辞？这是因为大过的六爻呈现出一种本末两头柔弱的卦象。“本”是树根部分，“末”是树梢部分，反映在卦象上，初爻在卦的下部是本，上爻

在卦的上部是末。全卦中段是四个刚爻，只有本末两头是两个柔爻(大过中段四刚<䷛上六、末、柔爻 初六、本、柔爻)，这就是“本末弱”。一根栋梁两头软了，必然会弯曲。毛奇龄讲得更绝，他说：“四刚相并，有似一木，而两端受窍，有似木之为栋者。”他认为不仅“本末弱”取六爻全象，“栋”也是取六爻全象。刚爻是连线，四刚居中有似木材的中段圆木，柔爻是断线，居于两端有似在木材的两头凿上了榫卯，简直就是加工好了的栋梁，所以才称栋，两头有缺断，所以才桡曲。看来无论是卦辞还是彖辞，都在向人们昭示，大过是大厦将倾，独木难支，时局大坏，难以维持。（三）从卦变上说明卦辞“利有攸往，乃亨”。“刚过而中”，卦象上是指，大过是从大壮变来，大壮的四个刚爻原来都聚于下部（大壮䷡)，没有居于中段位置，变为大过，四个刚爻从下部过去占据了中段（大过䷛)。从取义上讲，刚健居中要比外强中干好得多。一个人意志刚强不屈不挠，就有利于行动前往，也容易破除阻力亨通畅达。(四）从上下卦特性的组合上说明卦辞“利有攸往，乃亨”。“巽而说行，利有攸往，乃亨”是指大过是由两个三爻卦组合而成，下卦是巽，巽是顺利，上卦是兑，兑是和悦。把这两种特性汇合在一起，是既顺利又和悦，能顺利而和悦地行动，所以宜于前往，就能亨通。这里顺便说一下巽卦的特性。程颐认为巽卦的特性是顺。比如他讲“巽而说行”时说：“下巽上兑，是以巽顺和说之道而行也。”凡秉承程传的本子都认为，巽是顺物

之理，兑是服人之心。但彖辞不是“顺而说行”，而是“巽而说行”，没有明确指出巽就是顺。《说卦》又说是坤为顺，那么巽为顺就值得推敲，所以后人也不时提出质疑。但程传的讲法大致可取，只是没有加以区别。要是简单点讲，坤为顺是柔顺，巽为顺是顺利，字面相同，意思有区别。巽的顺是因为巽为风，是一帆风顺的顺；坤的顺是因为坤为阴，与阳刚相对而言，是柔顺的顺，应当有所区别。（五）强调大过卦的时势意义。“大过之时大矣哉”，是说大过的时势太重大了，要人们提起注意。大过的时势是什么？这就是前面讲的大厦将倾，应当有个大的行动，而且这个大的行动进行起来非常有利，可以顺利而成功。简言之，就是说大过是个干大事业的时机，如果想干大事不要错过机遇。

象辞从上下卦象的组合上解释大过卦。“泽灭木，大过”，指的是大过卦由上卦兑、下卦巽组合而成，兑是大泽之象，巽是树木之象，组合在一起是大泽的水把树木淹没了。“灭”是淹没的意思，这在噬嗑卦里可以印证。彖辞说大过卦是“栋桡”，象辞又说大过是灭顶之灾。《系辞·下》又说：“古之葬者，厚衣之以薪，葬之中野，不封不树，丧期无数，后世圣人易之以棺椁，盖取诸大过。”大过是棺椁之象。故汉人一讲到大过，就说是死卦（参见焦赣《易林》）。从这样的卦象里，君子应当学习什么？象辞说“君子以独立不惧，遁世无闷”，意思是说君子看到时局太坏，要以挽救时

局为己任，不要惧怕，要独立支持，把它挺过来，这正是君子干大事的时候。如果实在是救国无门，回天无术，那也不要怨天尤人，可以隐身遁世，不必苦闷。这也是时势所致，不是个人的道德有缺陷。从中可以看出彖辞与象辞的意思一致。程传说：“大过之时，其事甚大。故赞之曰‘大矣哉’。如立非常之大事，兴百世之大功，成绝俗之大德，皆大过之事也。”又说：“天下非之而不顾，独立不惧也；举世不见知而不悔，遁世无闷也。”天下人都反对，也要有点反潮流的精神独立支持；世人都不理解你，也不悔恨苦闷改变操守，这是君子的品格。把彖传与象传的意思综合起来，所谓“栋桡”“泽灭木”，那是指时局处在大厦将倾、灭顶之灾的状态里；所谓“利有攸往”“独立不惧”，是个人要力挽狂澜，救颓败于既倒，扭转崩溃之势。这是全卦的主题。关键是个人怎么去做，并不是一筮得大过卦就必然要死，如果做得好，还可起死回生，干成大事，而且这还是个相当不错的机遇。

初六：藉用白茅，无咎。

【译文】

用白茅垫在下边，没有咎害。

象曰：藉用白茅，柔在下也。

【译文】

用白茅垫在下边，是柔爻在下位。

【精解导读】

“白茅”是一种柔韧洁白的草。“藉”是在下面铺东西垫起来。“藉用白茅”是说用柔韧洁白的茅草垫在下边。据《左传》记载，古人用白茅主要是作祭祀时“缩酒”的用品。把白茅放在地上，献祭的人把酒浇酹在白茅上，酒渗入草里，表示神享用了。而爻辞说的是献祭人在摆供品的时候，还要在祭器的下边垫上一层白茅，可见这种洁诚恭谨的态度达到了多么细致入微的程度。《系辞·上》解释这句爻辞说：“‘初六，藉用白茅，无咎。’子曰：‘苟错诸地而可矣，藉之用茅，何咎之有？慎之至也。夫茅之为物薄，而用可重也。慎斯术也以往，其无所失矣。’”意思是说：把祭品摆在地上就行了，下边还要再垫上一层茅草，这会有什么过咎？谨慎到极点了。茅草是一种轻微之物，但用起来可以有重大意义。按照这种谨慎的方法去做事，就不会有过失了。《系辞传》用孔子的话作了讲解，爻辞的取义已十分明确。至于取象，初六本来在大壮卦的五位，变为大过，下到初位，这是垫在了下边。虞翻说“巽柔白为茅”，意思是说巽在《说卦》里讲是木、是白，初六又是柔爻，柔韧的白色草木就是白茅。从取象上讲，初六在下卦巽里（初六→☴>下巽），故言

“藉用白茅”。象辞说“藉用白茅，柔在下也”，这至少是暗示了为什么要说“藉”。有一点要注意，“咎”也是多义词，它可以讲成是过错，《系辞》里就是这样用的，但作为吉凶断词，它更普遍的意思是小灾，相当于“害”，不完全等同于咎过。总之，这一爻做事谨慎洁诚，没有咎害。

九二：枯杨生稊，老夫得其女妻，无不利。

【译文】

干枯的杨树上长出新枝，老夫得到少女为妻，没有不利。

象曰：老夫女妻，过以相与也。

【译文】

老夫得到少女为妻，是过了岁数才相遇。

【精解导读】

“稊”，郑玄本作“荑”，讲为“木更生”，就是老树又分蘖出新的嫩枝条。程传把“稊”讲成根，误会了。《诗经·卫风·硕人》：“手如柔荑。”传云：“如荑新生。”荑才有新生之意，从象上说，荑是新生的茅草，《诗经·邶风·静女》：“自牧归荑。”传云：“茅之始生也。”即使不相信虞翻的巽为白茅，也该相信爻

辞的“藉用白茅”，有茅才有稊，“根”却无据可查。再说“老夫得其女妻”也分明是老而新生之意。郑玄的讲法是左右逢源，程颐的讲法是举步维艰。虞翻说“巽为白茅”言而有据，“枯杨生稊”就是干枯的杨树上长出了新枝嫩条，是绝处逢生。老夫娶少女，虽然年龄不大相配，但还可以生育，也是续嗣新生。从象上看，从初爻到九五是一个缩小了一点的姤卦(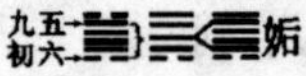
)，姤是阴少阳老，又为相遇。九二在下卦巽中，巽为长、为木，树木里杨树长得较高，故为“杨”，从大壮而来，壮而趋老，故“枯”，巽为茅草，故可“生稊”。故言“枯杨生稊，老夫得其女妻”。爻有新生之象，故言“无不利”。象辞说“老夫女妻，过以相与也”，从取义上讲，是过了年龄才得相遇。这一爻也很好，是晚年得妇，绝处逢生。

九三：栋桡，凶。

【译文】

栋梁弯曲，凶。

象曰：栋桡之凶，不可以有辅也。

【译文】

栋梁弯曲的凶祸，是不能有辅助。

【精解导读】

栋、梁，混言不别，都是承担屋顶重压的构件，不可或缺，所以人们常常把“栋梁”连称，看成是大材。但要分开讲，栋与梁则各有所指。梁是大梁，民间称作“柁”，是前后架在屋顶上的承载大木；栋是脊栋，民间称作“檩”，是左右架在屋顶上的承载长木。栋与梁纵横交搭，才能把房顶架起来。木结构的房子是柱子把梁支起来，梁上横架檩栋，檩栋上又纵挂椽子，椽子上又横压栈板。栈板上涂泥，泥上盖瓦。屋顶很重，栋梁是不能弯曲的。一间房子，栋不是只有一条，房子越深长，就得多架几条。按部位称作前檩、后檩、中檩、脊檩等。在屋顶正中的叫脊檩，因为在它的上面起屋脊。一般说的栋，指的就是这条脊檩。栋与梁的区别还在于，梁的下边可以支柱子，栋的下边不能支柱子。因为梁的下边是房子的隔墙，柱子垒在墙里，对屋子的空间没影响。栋在屋子的空间之上，支上柱子妨碍人在屋子空间里的活动。栋比梁还怕弯曲。栋要是弯曲了，不能加柱子顶起来，这就是象辞说的“不可以有辅”的取义。“辅”就是辅助。程传说“栋，今人谓之檩”，《周易折中》说“栋”是“脊檩”，讲得都对。九三与九四位居全卦中间，相当于屋子的脊檩，因为“本末弱”而弯曲，故言“栋桡”。屋顶要塌下来，很危险，有凶。象辞说：“栋桡之凶，不可以有辅也。”“辅”在象上指的是应爻，有应爻是有

应援，故言“辅”。九三的应爻在上六，阴阳正应，本是一件好事。但檩子下不能撑柱子来辅助，上六的应救没有用，有辅也凶。要说代表大厦将倾无可挽救时局的，那就是九三这一爻，它是真正的独木难支。

九四：栋隆，吉。有它吝。

【译文】

栋梁向上隆起，吉祥。有另外的吝难。

象曰：栋隆之吉，不桡乎下也。

【译文】

栋梁向上隆起吉祥，是不向下弯曲。

【精解导读】

九四也位在全卦中间，故与九三同取脊檩为象。九四也是“本末弱”，所以与九三一样，也是弯曲的脊檩。但所好的是九四在上卦里，是向上弯曲，比九三在下卦向下弯曲要好得多，故言“栋隆，吉”。隆是向上隆起。栋向上隆起，屋顶向下压，两力相抵，房子结实耐久，虽然外观差一点，但没有倾塌的危险，所以吉祥。但全卦的两个柔爻正好是九三、九四的应爻，九四也有正应在初六。九四也“不可以有辅”，如果以初六为应援，那就会有吝难，故言“有它吝”。“它”

是另外的，“吝”是比“咎”还轻的害。有应爻在别的卦里是好事，在这一卦里成了坏事。象辞说：“栋隆之吉，不桡乎下也。”意思是说九四也弯曲，但没有向下弯曲，故吉。“上”与“下”取的是上下卦的象。有人说“不桡乎下”是“不应初”，这就不切实际了。九四与初六是阴阳正应，这是客观上的象，不应也得应，这不能由九四主观上来决定。如果不应初，“它吝”又从哪里来？如果是筮得这一爻的人，才可以主观上作出努力，尽量杜绝应援拉拢，避免吝难。

九五：枯杨生华，老妇得其士夫。无咎无誉。

【译文】

干枯的杨树开了花，老妇人得了个少壮男子为夫。没有咎害，也没有荣誉。

象曰：枯杨生华，何可久也；老妇士夫，亦可丑也。

【译文】

干枯的杨树开了花，怎么长得了。老妇人得了个少壮男子为夫，也够丢人的了。

【精解导读】

大壮变大过是初九与六五换位（大壮六五初九䷡交换

位置，变䷛大过）。初六是全卦主爻，九五也是关键的一爻。五位是全卦尊位。又多从全卦取象。下卦巽为杨树，上卦兑为“正秋”，杨树到了秋天，故也称“枯杨”。兑又为少女、为悦，故为花。九五位在上兑，故言“枯杨生华”。“华”同“花”。上五爻是一个缩小了一点的夬卦（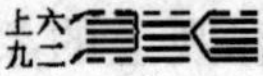夬），夬卦是阳爻壮盛决去衰阴，男壮女衰之象，所以是老妇得了个少壮男子，故言“老妇得其士夫”。“士”是男子，因与老妇对比而言，故知少壮。“夫”与九二爻辞的“妻”相互发明，指的是丈夫。“老妇得其士夫”，是说老年妇人得到一个少壮男子做丈夫。“九五”这一爻与九二成对，相同之处是枯木得生，晚年得配，但在吉凶上却差别很大。苏东坡说：“稊者，颠而复蘖，反其始也；华者，盈而毕发，速其终也。”王宗传说：“杨既枯矣，以其耗竭之余，尽发而为华，则其零落也，可立而待也。夫何益于枯也！”意思是说九二的嫩枝是新生之象，九五的开花是回光返照。故象辞说“枯杨生华，何可久也”。老夫娶少女，还可生育，因为男子的生育期长；老妇嫁少男，不能生育，因为女人绝育早。不能生育，功能衰退了还找小丈夫，有些丢人，故象辞说“老妇士夫，亦可丑也”。但爻辞没有说得这样严重，而只是说“无咎无誉”。“咎”是责怪，“誉”是夸扬，意思是说既无可责怪，也无可赞扬，无非是不好也不坏，谈不上丢人。在老龄妇女婚配的问题上，爻辞比象辞更具理性，道德观也更具人性。象辞是基

于当时那种把婚配主要看成是生儿育女、延续香火的文化背景。爻辞还没有受这种思想的影响。老龄婚配也不仅是为了生儿育女，现代人讲爱情，会更加赞同爻辞的观点。过了岁数才结婚，不值得提倡，这是“无誉”；晚年在爱情上寻求慰藉，无可指责，这就是“无咎”。这是爻象辞思想上分歧较大的一爻。

上六：过涉灭顶，凶。无咎。

【译文】

过大水淹没了头顶，凶。没有咎过。

象曰：过涉之凶，不可咎也。

【译文】

过大水淹没了头顶的凶祸，无可指责。

【精解导读】

这一爻显然是从全卦取象。大象辞说“泽灭木，大过”。这一爻因为是在全卦最上位，按初爻为足趾、上爻为头角的《周易》例，是到了人体的头顶部位，故把“泽灭木”的卦象用在了爻象上。下卦是巽，巽为木；上卦为兑，兑为泽，又在大过卦里，故言“过涉灭顶”。象上是大泽之水淹没了树木，把树顶都没在水下，再加上大过的因素，就成了过大水而淹没了头

顶。这是真正的灭顶之灾，有凶祸。但爻辞又说“无咎”，这个“咎”主要取咎过的意思。“无咎”，是没有过失。象辞讲得比较明确，说“过涉之凶，不可咎也”，意思是说过大水而被淹没，遇上凶祸，确实是倒霉，但有大水是应当渡过去的，不能指责他是咎由自取。前人讲到上六，常常举商纣时代的比干为例，认为商王朝到了覆灭的边缘，箕子隐遁起来，保全了性命，比干却苦谏纣王，试图挽救垂亡的国家，结果被纣王挖了心，遭到杀身之祸。箕子和比干都没有错，箕子是“遁世无闷”，比干是“独立不惧”。独立不惧，力挽狂澜也无可咎责。这一爻是有凶而无咎。

【提示】

这一卦与上一卦颐都是正看、倒看卦画相同的一组错卦，可以在此基础上分析一下《周易》里的对象。一般的卦是初与四应、二与五应、三与上应，六爻交叉成对。这一卦有一个明显的特点，除了不违背相应的原则外，还把六爻上下中分，两两成对，组成另一种配对的关系：初爻爻辞是“藉用白茅”，是垫底；上爻爻辞是“过涉灭顶”，是盖顶，一底一顶自成一对。二爻爻辞是“枯杨生稊，老夫女妻”；五爻爻辞是“枯杨生华，老妇士夫”，“稊”“华”与“老夫”“老妇”各自成一对。三爻爻辞是“栋桡”，四爻爻辞是“栋隆”，一桡一隆自成一对。这显然是作者有意安排的，这种安排除二与五的对应关系保持不变外，其他四爻

的成对关系又作了调整。初与上、三与四有时也可能成对，这就提示我们，《周易》里还有一种对象，在分析时应当加进这个因素。

这一卦还启示我们，《周易》里还有纵横象。卦辞第一句就是“栋桡”，彖辞解释为“本末弱”，显然作者是把六爻整体看成是一条栋，两头发软，中间的四个刚爻是连成一体的栋梁中段。如果毛奇龄的两端为榫头的讲法合乎作者的初衷，那更是把六爻横过来看成是一根檩条（即卦画横看形似檩条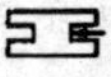榫）。即使毛氏讲得过巧，不一定是作者的本意，那也是横看成一根栋梁，四个刚爻是连成一体的，作者的心目中有横象。到了九三、九四的爻辞，作者又有“栋桡”“栋隆”的说法，把九三、九四分别看成栋，四个刚爻又不连在一起，分别成为屋顶上的四根檩条，只不过是二与五不在卦的中间部位，没取栋象。这种取象方法，又是把整个卦画纵过来看（即卦画纵看䷛形似屋顶檩条的分布。屋顶俯视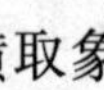）。同在一卦，同取栋象，又竟然出现了这种纵横取象的不同，说明作者取象的方法极为灵活多变，观象也不可拘板。

二十九　习坎——水流就下

䷜

习坎的卦画为坎（☵）下坎（☵）上，坎为水。《序卦》云：“物不可以终过，故受之以坎。坎者，陷也。”意为：事物不可能总是顺利通过，所以在大过卦之后接着是坎卦。坎是下陷的意思。《杂卦》云：“离上，坎下也。”意为：离是火象，火向上燃烧；坎是水象，水向下渗透。《尚书·洪范》讲“火则炎上”，“水则润下”，意思相同。把《序卦》《杂卦》的意思综合起来，坎是低下的坎陷，引申为险阻之义，是就地形而言。大地的地形有高有低，一般地讲，所有低下之处都可以说是坎陷，但卦里有时也指高而难以逾越的地形。象辞就说“地险，山川丘陵也”。坎与平坦只不过是相对而言，不平坦的地形都可看成是坎，包括高坎低陷。这样坎就有了低陷、高坎、险阻等义。但它的基本意思是指低下的坎陷。八纯卦相重都用八卦原名，唯有坎卦称作“习坎”。“习”是重，习坎就是重坎。前人对这一现象有多种解释，有认为是沿用《连山》《归藏》旧名的；有认为是八纯卦除乾、坤外，

习坎是第一个出现的纯卦，用习坎称呼有示例的作用；也有人认为这一卦讲坎险，强调的是重重险阻。不论原因如何，大家都认为习坎是重坎这一点一致。所以卦名的基本意思是重重的低下坎陷，其他意思都是在这个意思上的扩展引申。前面讲过，《说卦》里讲的“乾，天也，故称乎父；坤，地也，故称乎母……坎再索而得男，而谓之中男”等，是就八卦的生成讲的，是卦的生成序，不是卦的变化推移。就卦变讲，坎卦是由临卦变来，是临卦的初九与六五交换了位置，即：临六五初九䷒两爻换位，变䷜习坎。九五从下位升到全卦尊位，是一卦的主爻。彖辞里说“乃以刚中也。行有尚，往有功也”，都提示了卦变的方式，不能据卦的生成序而否定卦的变化序。另外坎卦与下卦离是一组变卦，即：习坎䷜爻反性变化，为䷝离。所以两卦比邻相次。这两卦也有正看、倒看卦画不变的特点。

习坎，有孚。维心亨。行有尚。

【译文】

习坎，有信实。因为内心而亨通。行动有上进。

彖曰：习坎，重险也。水流而不盈，行险而不失其信。维心亨，乃以刚中也。行有尚，往有功也。天险，不可升也；地险，山川丘陵也。王公设险以守其国。险之时用大矣哉！

【译文】

习坎就是重险。水流不满，流行在坎险中而不失信。因为内心而亨通，是内心刚健。行动有上进，是前往能成就功业。天险是不能升上去，地险是山川丘陵。王公设置险阻用以守卫自己的国家。险的时势作用太重大了。

象曰：水洊至，习坎。君子以常德行，习教事。

【译文】

水连续流来就是习坎卦。君子从中得到启示，要使德行有常性，不断学习提高教化人民的水平。

【精解导读】

卦辞说“习坎，有孚。维心亨”。习坎是重坎，在象上指的是习坎这一卦是两个三爻的坎卦重叠在一起组合而成。“孚”是信，“有孚”是有信实，内心诚实，遵守诺言。从象上来分析，坎卦是刚爻居中（☵←中刚），刚爻为实，柔爻为虚，中有信实。“维心亨”中，“维”是词头，有正是、因为的意思（见下彖辞的分析）。意为：正是因为内心的关系才亨通。精诚所至，金石为开，诚可感天地，泣鬼神。是取坎为心之象。“行有尚”中，“尚”意同“上”，是说行动可以上进，走向高位。象上指习坎从临卦变来，主爻九五从下位

升到尊位。坎卦总的讲还是好的，心地坦诚能亨通顺利，还有高升的可能。但坎坷肯定是有的，还可能多次遭遇险难，关键是内心要刚健笃实。

彖辞从八个方面说明习坎卦。（一）解释卦名。“习坎，重险也”，意为习坎是重险的意思。同时也有说明习坎卦的卦画组合意义，一个三爻的坎卦又重叠一个三爻的坎卦就是习坎卦。坎为险，两坎相重，就是重重叠叠的坎险。（二）从卦象上说明习坎卦的优点，提出“维心亨”的理由之一。“水流而不盈”，象上指坎为水，又为低洼的地形，水流入低洼地，卦象呈现的是水流而不满。从取义上讲，“满招损，谦受益”。习坎卦有不满盈的优点，能够受益。“流水不腐，户枢不蠹”，习坎卦有流动的特性，不会腐败而能保持活力。（三）从卦的特性上说明习坎卦的优点，解释卦辞“有孚”的理由。“行险而不失其信”，象上指坎的特性是险，又是流动，在坎险之中流行尚且能信守诺言，平时更会信实，所以才会说它“有孚”。“行”是指水有流动的特性。关于坎卦“有孚”的说法，前人有较多的说明，大致提出以下三条理由：第一是水朝宗于海，无论经过任何曲折迂回，奔向大海的目标不变，非常有准信。第二是大海之水潮汐有时，从不失信。民歌还说“早知潮有信，嫁与弄潮儿”。第三其实主要是因为坎（☵）卦中爻刚实，内中诚实而有信用。“孚”就是信。（四）从坎的卦画上解释“维心亨”。“维心亨，乃以刚中也”，意思是说：坎卦（☵）是两

个柔爻分居上下，一个刚爻居中。刚健充满心中，又是中实之象，所以亨通。“乃”是副词，相当于正是，“以”是因为，“乃以”用以解释“维”。彖辞认为“维心亨”，“正是因为心才亨”。而坎卦的“心”是什么样的心呢？就是刚健笃实的心，有这样的心才能亨通。（五）从卦变上解释卦辞“行有尚”。“行有尚，往有功也”，彖上指习坎是从临卦变来，临卦的初九升进成为习坎的九五（临初九→䷒上往五位，变九五→䷜习坎），取得尊位，这是主爻的推移，前往有功业可成。这就是卦辞“行有尚”的具体所指，“尚”是向上。从取义上讲，尚可讲成高尚、嘉尚，但在彖里指“上”。这也是彖辞一语多关的辞例。（六）解释“险”的意思。“天险，不可升也；地险，山川丘陵也”，指险可分为三类，一类是天险，一类是地险，还有一类是人险。天险，我们今天都是当成自然生成的险阻这个意思。彖辞作者不这样讲，他说的天险是指天道规律不可抗拒的险阻，这样的险阻无法逾越，人也不能异想天开地去逾越，所以说“天险，不可升也”。比如说消息盈虚的规律会给某一方造成险阻，这没什么办法，都得随着运动。人作些努力也只能是修修补补，根本上改变不了。“不可升”就是不可逾越，是让人看到天险具有不可逾越的特点。地险才是大地上自然生成的险阻，比如山川丘陵之类。这里为什么要提到天险、地险？主要是为了强调人险。习坎是险，人要从天险地险中学习利用险，学习天险的不可逾越，学习地险

的布置形态，从而设置人险。（七）举例说明人险的用途。“王公设险以守其国”，就是讲人险的用途。王公效法天险的不可逾越，地险的布置形态，设置深沟高垒等人为的险阻，可以用来守卫自己的国家。这就把不利因素化为有利因素，懂得怎样利用险阻，这才算学懂了习坎这一卦。（八）强调习坎卦的时用意义。“险之时用大矣哉”，意思是说习坎卦虽然是重重险难，但不能只看到它的不利一面，人如果善于从中学习，险难的时势和作用也相当重大，应当对它有一个正确的认识，是让人们从习坎卦中学会化消极因素为积极因素的本领。彖辞作者在（六）、（七）、（八）里不厌其烦地向人们说明学《周易》的方法，主要是因为人们很容易一看到习坎这一卦就觉得晦气，从而丧失信心，这与易理并不相符。高明的人应当学习易理的辩证思想，从习坎中学会怎样利用险。要是从象上讲，上坎就是天险，下坎就是地险。王公之险是从中引发的，没有象。前人为王公之险还要找出象来，这就是杜撰了。象辞解释卦象组合。“水洊至，习坎”，象上指习坎卦由两个三爻的坎卦组成。上坎是水，下坎又是水，水与水接踵而来，这就是习坎卦。洊，前人都讲成“仍也”，就是接续而来连连不断的意思。君子从这个卦象里学习什么？“君子以常德行，习教事”中，“常”是使动用法，“常德行”意为使德行有常，就是说看到水连续不断的卦象，也要让自己的德行连续不断，始终如一。不要朝三暮四，品德行为前后脱节。

“习教事”的“习”也是反复相重的意思，“教事”从个人修养方面指接受教化之事，从社会意义上讲是教化人民之事。

这是说君子要不断学习，掌握教化民众的本领。从“水洊至”可以看出，“习”的学习意思是从反复相重这个基本义引申出来的。

初六：习坎，入于坎窞。凶。

【译文】

重坎，落入坎中之坎。凶。

象曰：习坎入坎，失道凶也。

【译文】

重坎而落入坎中之坎，是迷失道路的凶祸。

【精解导读】

习坎卦从临卦变来，临卦的初爻与五爻交换了位置，初六正是从临卦的五位推移到初位，成为习坎的最下一爻。上卦是坎，下卦又是坎，初六落到坎下之坎，故言“习坎，入于坎窞”。“窞”，《说文》讲为“坎中更有坎”。落入坎中就不易出来，再落入坎下之坎，这一爻陷得太深了，无法出来，故“凶”。

象辞说“习坎入坎，失道凶也”，指初六是从临的

五位而来，自己走错路，掉到坎下之坎，有凶祸；取义上是说迷失道路，遭遇了凶祸。

九二：坎有险，求小得。

【译文】

坎陷中有险难，求取小有所得。

象曰：求小得，未出中也。

【译文】

求取小有所得，是还未从中走出。

【精解导读】

九二也在下坎之中，坎为险，故“有险”。在下卦中位，行为不失中，又有初六下来比邻，故有得。但初六是柔爻，柔爻为小，故言“求小得”。象辞说“求小得，未出中也”，“未出中”有两层意思，一是指未离开坎中，故有险；一是在中位，上下有两个柔爻相辅，故“小有得”。

六三：来之坎坎，险且枕。入于坎窞，勿用。

【译文】

来去都是坎，险难枕藉。进入坎陷之中，不可用。

象曰：来之坎坎，终无功也。

【译文】

来去都是坎，最终不会成功。

【精解导读】

“来”是过来，“之”是去往，“来之坎坎”就是来来去去都是坎陷。“枕”，《说文》：“卧所荐也”，是睡觉时垫在头下的枕头，引申为下面铺垫的东西。“险且枕”是说险难枕藉，再通俗点讲，就是满地都是险难。这样讲与象合。六三在上下卦之际，往上卦去是坎，到下卦来还是坎，所以才说“来之坎坎”。坎为险，前后都是险，还不是到处是险？故言“险且枕”。“枕”是满地、到处，由铺垫引申而来。“入于坎陷，勿用”，是说进入坎陷丛里去了，拔不出腿来，使不上了。象辞说“来之坎坎，终无功也”，意思是说往前也是坎，退后也是坎，挣扎到最后也成功不了。这是针对全爻“来之坎坎，险且枕。入于坎窞，勿用”讲的，不单是解释“来之坎坎”。

六四：樽酒簋贰，用缶。纳约自牖，终无咎。

【译文】

一樽酒，两盘供品，用瓦缶作祭器。从窗户纳进

简单的祭品，最终没有咎害。

象曰：樽酒簋贰，刚柔际也。

【译文】

一樽酒，两盘供品，是在刚与柔相际处。

【精解导读】

六四爻辞涉及很多古代的知识，先得解释一下。“簋”是古代的一种器皿，形制是内方外圆，祭祀或宴享都可用。《说文》：“簋，黍稷方器也。”《诗·秦风·权舆》：“每食四簋。”传：“四簋，黍稷稻粱。”《经典释文》：“内方外圆曰簋，以盛黍稷；外方内圆曰簠，用贮稻粱，皆容一斗二升。”看来主要是用来盛黍稷稻粱，讲究一点要用四簋，簠簋俱全。用二簋规格低一等，简单多了，不算讲究。“缶”是瓦器，陶制品。簠簋在没有青铜器之前是烧制的瓦器，现在出土的文物大多是青铜器。瓦器没有青铜器贵重。爻辞说“樽酒簋贰，用缶”，只一杯酒，两盘黍稷之类的供品，而且还是瓦器，都说明简朴而不讲究。“纳约自牖”，“牖”是窗户，“纳”是纳入，是说把这种简约的祭品从窗户送进去。这是古代女子非正祭的一种牖下之祭。《诗·召南·采苹》：“于以奠之，宗室牖下。”孔疏：“户牖间之前，户西牖东，去牖近，故云牖下。”是说这种牖下之祭，是在门窗之间的前面进行，位在门子的西边，窗户的东边，

稍微离窗户更近一点，所以称“牖下”。正祭是在室内西南角设立祭坛，所谓“祭于奥”。窗户离祭坛要近一些，是从窗户把供品纳入室内，放到祭坛上。供品不多，祭器简朴，又是牖下之祭，都说明祭祀的规格不高，“约”在取义上主要是说简约。但祭祀主要是要有诚敬之心，并不取决于规格高低，所以最终不会有咎害。王弼说：“一樽之酒、二簋之食、瓦缶之器，纳此至约，自进于牖，乃可羞之于王公，荐之于宗庙，故终无咎也。”讲得较为通顺。从象上辨析，六四在互艮（六四→ > 互艮）、互震（六四→ > 互震）和上坎里。虞翻说“震主祭器，故有樽簋，坎为酒”，这些都是逸象。考之卦象，震为仰盂，形似器皿，较为可信。坎为水，用以祭祀为酒，理上可通。上一卦我们讲到对象，可以说明爻辞作者心目中有对象。从二至五，是正反震（正震 < > 反震），又是正反艮（正艮 < > 反艮），又是正反艮的对象。在上坎，故言“樽酒”；正反震相对称，故言“簋贰”；两震相对为缶（见下卦），故言“用缶”。艮为门，在对艮里，处两门之间，故为“牖”；坎为信，信为约誓，故为“约”，所以说“纳约自牖”，只不过“约”的取象与取义不同罢了。与损卦印证，也是以正反震为二簋（损反震 < > 正震），损卦卦辞就说“二簋可用享”。这样分析圆通一些，象辞说“樽酒簋贰，刚柔际也”，象上提示的是习坎由临卦变来，临的初九升到五位，把六四与上面的柔爻隔开，六四夹在

了两个刚爻中间，形成正反震的对象。从取义上讲，“牖下之祭”一般是贵族家庭未出嫁的女孩子举行的祭祀，男刚女柔有分际，所以才“纳约自牖”。

九五：坎不盈，祗既平，无咎。

【译文】

水流入坎里不满溢，仅到了齐平，没有咎害。

象曰：坎不盈，中未大也。

【译文】

水流入坎里不满溢，是居中但不够光大。

【精解导读】

九五是全卦的主爻，从临卦的初位升上来，进入上卦坎中。坎为水，又有流动之象，坎为低洼，故言“坎不盈”。水性平，故言“祗既平”。“祗”是语辞，与复卦的“无祗悔”同例，在上下文的环境里略含“只”的意思。“既”是已经，“祗既平”意思是虽不满，但已经齐平，并没有溢出来。从取义上讲，是说九五能够谦居中位，不为已过，不会有咎害。象辞说，“坎不盈，中未大也”，意思是九五居中位，有中庸之道，不骄满横溢，但还不够光大。象上提示的是九五在两个柔爻之间，柔爻为小，又为暗，为小暗所拘，还不光大。能行为适

中，故无咎；不够光大，故不言吉。

上六：系用徽纆，置于丛棘，三岁不得，凶。

【译文】

用绳子捆起来，放在荆棘丛中，三年不能出来，凶。

象曰：上六失道，凶三岁也。

【译文】

上六迷失道路，凶三年。

【精解导读】

“系”是用绳子拴缚。“徽”“纆”都是绳子，刘表说：“三股为徽，两股为纆。皆索名，以系缚其罪人矣。”指的是三股拧成的绳子和两股拧成的绳子。“丛棘”是牢狱。古代断狱的外朝种九棘，故称牢狱为丛棘。《九家易》说：“周礼，王之外朝左九棘，右九棘，面三槐。司寇、公卿议狱于其下。害人者加明刑，任之三事。上罪三年舍，中罪二年舍，下罪一年而舍也。”考之《周礼·秋官·朝士》：“朝士掌建邦外朝之法，左九棘，孤卿大夫位焉，群士在其后；右九棘，公侯伯子男位焉，群吏在其后；面三槐，三公位焉，州长众庶在其后。”讲的是公卿在左右栽种九棘的外朝

断案定罪。爻辞的意思是说被绳子捆缚起来，定成大罪（上罪），投入牢狱，三年不得出狱，凶。这一爻的取象，尚秉和先生讲得较有道理。他说："坎为矫輮，物之能矫輮者莫过于绳，故以徽纆取象。"矫輮是古人用熏烤的方法把木材强力弯成所需弧形的一种工艺。木材熏烤之后变得柔韧，用绳子把它捆缚成一定的形状，等待它干透定型。坎为矫輮，故有被绳索捆绑之象。坎为"坚多心木"，故为"棘"，二坎相重，故为丛棘，上六在全卦之上，有"于丛棘"之上的象。《周礼》讲的"上罪三年舍"，盖记载古代的成法。重罪要服刑三年。《周礼司圜》："收教罢民，能改者，上罪三年而舍，其不能改而出圜土者，杀。"意为有悔改表现，三年后释放，如无悔改表现或偷偷越狱的要杀掉。所以说"三年不得"，意思是无论怎样三年之内是出不来的。这一爻三年牢狱之灾不可免，故凶。象辞说"上六失道，凶三岁也"，重在解释上六为什么会有罪。象上提示的是坎为水，水是向下流，而上六却位居一卦之上，违背了水流的道路。取义是说上六无道胡来，所以有三年的凶祸。

【提示】

习坎卦是除乾、坤之外第一个出现的八纯卦之一，有些问题要提出来说明一下。前人把三爻的八卦有时称单卦，有时称经卦，这都是与六爻卦相对而言的。说单卦是因为它没有相重，说经卦是因为它可以编织

六爻卦，这都有理可言。但三爻卦不能称纯卦，因为两个三爻卦相重组成六爻卦，才有纯不纯的问题。所以，八纯卦指的是由两个上下相同的三爻卦搭配而成的八个六爻卦。习坎正是这样的一个纯卦。纯卦都具有提示卦象的作用，因为上下由同一个卦组成，纯卦的特性不杂，所以纯卦里所具有的内涵也反映单卦的内涵，这就提出一个据纯卦求象的问题。《说卦》讲的卦象用来解释六十四卦，并不能满足所有要求，这样就得扩大卦象的来源，所以前人补出很多逸象。在这些逸象里，据纯卦补出来的，应当说最可信。比如这一卦，坎为水、为险、为耳等，这些是《说卦》指明了的。但前人还不断提到坎为孚信，为心实，这就是《说卦》没有提到的逸象。根据习坎卦辞“习坎，有孚，维心亨”的命辞，这种逸象有内证作依据，就比较可信。推而广之，坎出现在其他卦里有孚信心实之象，可以成立。这样可以帮助我们解释《周易》里的部分问题。据此，在研究《周易》时，先要认真熟悉八纯卦，要注意从八纯卦里发现、印证逸象，这个方法前人也常常用到。但需提示一点，即使是据八纯卦求象，也应当有较多的材料加以印证，不能把八纯卦所有的命辞一概都看成是单卦的卦象。《周易》里的纯卦有由单卦自身重叠的八个六爻卦，即乾、坤、坎、离、震、艮、巽、兑。

三十　离——火炎向上

䷝

离卦的卦画组合为离（☲）下离（☲）上，离为火。《序卦》云：“陷必有所丽，故受之以离。离者，丽也。”意为：陷入坎里肯定会附着在一个地方上，所以在坎卦之后接着是离卦。离是附着的意思。《序卦》讲的“丽”是附丽，也就是口语讲的有个着落附在上面。离就是附着的意思。《杂卦》云：“离上而坎下也。”离为火，火炎上，离卦是火向上燃烧。这里含有五行说法。从全卦考订，离的主要意思是附丽，但有时按卦象取火（如“焚如”）、取日（如“日昃之离”）、取文明（如“黄离”）、取明（如“明两作”）、取礼（如“履错然”）、取征伐（如“王用出征”）等义，要注意它的多义性。

离也是八纯卦之一，可以据卦求象，比如卦辞说“畜牝牛吉”，可证明离有牝牛之象。《左传》昭公五年，庄叔为穆子初生而占筮，遇明夷之谦，楚丘解释说“纯离为牛”。可见不独是坤为牛，离也可为牛。另外，八纯卦都是单卦自身相重，所以都有相重之义。

坎称“习坎”指出来了，离卦没有指出来，但还是有相重的意思。程传说：“八纯卦皆有二体之义。乾内外皆健，坤上下皆顺，震威震相继，巽上下顺随，坎重险相习，离二明继照，艮内外皆止，兑彼己相悦。”分析八纯卦要注意这个特点。

离与坎是一组变卦，即离卦六爻全部刚变柔、柔变刚，就成了坎卦（离䷝爻反性变化，为䷜坎）。坎卦由临卦变来，离卦就由临的旁通卦遁变来（临䷒旁通䷠遁）。是遁卦的初六与九五交换了位置，即遁九五初六䷠两爻换位，变䷝离。六五是全卦的主爻。彖辞中说“柔丽乎中正”，上九爻辞说“折首”，都可证明这一点。认为六子卦没有卦变，那就太不尊重实际了。乾、坤尚有卦变的问题，六子卦更不能例外。

离，利贞，亨。畜牝牛吉。

【译文】

离卦，利于正固，亨通。畜养母牛吉。

彖曰：离，丽也。日月丽乎天，百谷草木丽乎土。重明以丽乎正，乃化成天下。柔丽乎中正，故亨，是以畜牝牛吉也。

【译文】

离是附丽的意思。日月附丽于天，百谷草木附丽

于地。双重光明附丽于正道，于是教化天下达到文明。柔能附丽于中正，所以亨通，因此畜养母牛吉祥。

象曰：明两作，离。大人以继明照于四方。

【译文】

光明接着光明升起来，就是离卦。大人从中得到启示，光明相继而照临四方。

【精解导读】

“离”是附丽，附丽就是附着于某一个物体上，当然是正而不斜才附着得牢固，所以卦辞才说“离，利贞”。“利贞”是宜于正固，正固有利。与坎卦相比，坎宜于流动，是“行有尚”。离不利于流动，是“利贞”。离卦的主爻在由遁变离时，从初位进升到尊位，刚柔爻交错成文，故“亨”。坤为牛，离得坤中爻，故离有牝牛之象。上离下离牝牛成群，故言“畜牝牛吉”。《说文》：“牝，畜母也。”牝是母的动物，牝牛就是母牛。

彖辞分五个方面解释离卦。（一）解释卦名的意思。“离，丽也”，意思与《序卦》相同，卦名离的意思是附丽。（二）从天地之道说明附丽的意思。“日月丽乎天，百谷草木丽乎土”，是说万物都要有所附丽。看看日月，还要附丽在天上；看看百谷草木，还要附丽在地上，附丽合乎天地自然之道。离卦具有附丽的

特性，这是卦的优点。（三）从上下卦象的组合说明卦辞“利贞”。“重明以丽乎正，乃化成天下”，意指下卦离为明，上卦离又是明，两个明重叠在一起，就是六爻的离卦，离是丽，如果能附丽得正，就能教化天下，成就文明的大业，所以才利于正。这一句把“贞”讲成正，“利贞”是因为正可“化成天下”。显然，“明”扩展出光明的道德的意义，是要用光明纯正的道德教化人民，使社会文明大治。（四）从卦变上解释卦辞“亨”。“柔丽乎中正，故亨”，象上指离卦从遁卦变来，遁卦两个柔爻（遁䷠>二柔），初六与九五换位变离之后，两个柔爻分居于上下卦中位，左右停匀，上下对称，所以是柔爻附丽到中正的位置上。从取义上说，附丽是要依附，当然柔顺才好依附，依附得中得正才会稳固，“柔丽乎中正”符合依附之道，所以才会亨通。（五）解释卦辞“畜牝牛吉”。“是以畜牝牛吉也”紧接“柔丽乎中正”而来。“柔丽乎中正”既是“亨”的原因，也是“畜牝牛吉”的原因，意思是因此才畜牝牛吉祥。为什么“柔丽乎中正”也会“畜牝牛吉”呢？因为坤为牛，又为顺，卦象认为牛是天下柔顺的动物，再加上又是母牛，就更加柔顺。柔顺取得中正之位，对柔顺太有利了，故畜养母牛就吉祥。

象辞解释卦象组合是个常例。“明两作，离”，指离卦由两个三爻的离卦组合而成，上卦是离，下卦又是离，离为光明，组合在一起是光明一个接一个地升起来，“作”是起来。这就是六爻的离卦。八纯卦都有

相重的意义，不是仅有两个明，而是连续不断的多个明，“两明”表示多个连续不断的光明。从这样的卦象里学习什么？“大人以继明照于四方”，是说治理国家的大人，要以连续不断的光明道德照临天下四方。彖、象辞一致认为全卦的主题是学习离卦，要使人的道德纯正，并以道德之光连续不断地普照天下，教化人民，走向文明大治。

初九：履错然。敬之，无咎。

【译文】

礼仪有文采。恭敬它，没有咎害。

象曰：履错之敬，以辟咎也。

【译文】

礼仪文采的恭敬，可以避免咎害。

【精解导读】

“履”在取义上作礼讲，指的是各种礼仪制度。“错”指的是文采。礼仪是社会的文采，没有礼仪社会就质而不文，“履错然”是礼仪有文采。既交错又有秩序才算得上文采。礼仪有文采是有秩序，很文明的样子。《序卦》说：“有上下，然后礼仪有所错。”意思可相互印证。“敬之”，是说对这种有文采的礼仪要怀着

恭敬之心去履行，这样就不会有咎害。从象上讲，初九这一爻是遁变离时从五位下来的。初位是足，如同是在脚上穿了鞋子，故言“履”，象上取履为鞋子之意。下到初位，既是“刚来文柔”，又组成下卦离，离为文，故言“错”，“错”就是文。举止文明礼貌，故言“敬之”。“无咎”是断词。象辞说“履错之敬，以辟咎也”，意为礼仪有文采，文明礼貌，当然就可以避免咎害。“辟”与“避”是古今字。总之这一爻是彬彬有礼，行为文明，不会有咎害。这是爻辞的主要意思。前人讲这一爻也有分歧，对这些分歧的意见应该怎样认识呢？凡是能与作者本意挂得上的，可以不把它看作主要意思，但也不要一概排斥。比如，说“履错然”是穿了一双花鞋，也可以算对。因为爻辞就是要用这样一种浑囵的语言载道广应，不能看得太死。但如果认为“花鞋”是主要意思，那就大谬不然了。对爻辞的解释都应当这样去看。

六二：黄离，元吉。

【译文】

黄中文明，大吉大利。

象曰：黄离元吉，得中道也。

【译文】

黄中文明大吉大利，是得到中道。

【精解导读】

“黄”是中之色。坤卦六五“黄裳元吉”，象辞解释是“文在中也”。《文言》说是“黄中通理，正位居体，美在其中而畅于四支，发于事业，美之至也”，这里有五行观念。从五行的方位讲，木金火水分居东西南北，分别是青白红黑，而土居中位，是黄色。所以周人尚黄，以黄为美。从生成上讲，离卦是得坤的中爻，把坤的美带入乾卦（坤☷中爻入乾☰，生成离☲），表示最醇美的文明。六二在下卦离里，又是中爻，故言“黄离”。离是文明，“黄离”是美丽中正的文明，所以“元吉”。象辞说“黄离元吉，得中道也”，“中道”象上指六二在下卦中位，意思是说具有不偏不斜最正确的道，所以大吉大利。

九三：日昃之离。不鼓缶而歌，则大耋之嗟，凶。

【译文】

西斜的太阳。不是敲瓦盆唱歌，而是垂老之人的嗟叹，凶。

象曰：日昃之离，何可久也。

【译文】

西斜的太阳，怎么会长得了。

【精解导读】

“昃”，《说文》：“日在西方时，侧也”，是日西斜。离为日，“日昃之离”，就是西斜的太阳。“缶”是瓦盆，“鼓”是敲，“不鼓缶而歌”是不敲着瓦盆唱歌。“鼓缶而歌”是一种自得其乐的达观态度。《庄子》里说，庄子的妻子死了，庄子鼓缶而歌，认为人的死是与自然同化，没什么可悲哀的。“耋”是老。马融说是“七十曰耋”，王肃说是“八十曰耋”，《说文》也说是八十岁称耋。总之是七老八十的老者。“则大耋之嗟”，是说垂老之人的嗟叹。总之，这一爻的意思是说：太阳西斜了，不是“鼓缶而歌”的达观歌唱，而是垂暮之人的嗟叹，凶。是灭亡之前的哀叹。荀爽说：“初为日出，二为日中，三为日昃。”九三处下卦之终，是日西斜之象。以日时比拟人的生命，就是垂暮的老人。程传说：“九三居下体之终，是前明将尽，后明将继之时。人之终始，时之革易也，故为日昃之离。日下昃之明也。昃则将没矣。以理言之，盛必有衰，始必有终，常道也。达者顺理为乐。缶，常用之器也，鼓缶而歌，乐其常也。不能如是，则以大耋为嗟忧，乃为凶也。大耋，倾没也。人之终尽，达者则知其常理，乐天而已，遇常皆乐，如鼓缶而歌。不达者则恐，但

有将尽之悲，乃大耋之嗟，为其凶也。此处死生之道也。”卦有上下二离，九三在二离之间，离为日、为明，正是一日之末，二日未到，垂暮之象。正如坎卦的六三“来之坎坎”，也在两坎之间。正、反兑组成对象才是“鼓缶而歌”，如中孚卦的六三“或鼓或歌”，就是如此（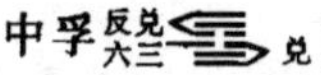）。因为兑为口，两口相对为歌唱之象。缶是有盖的瓦盆，这从字形上可以看得出来（小篆），有盆有盖，故以正反震相对为“缶”（中孚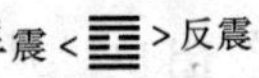）。中孚的六三既在正反震，又在正反兑里，所以才有“鼓缶而歌”之象。而离的九三正好与此相反，两兑相背（离），缶象拆开，故为“不鼓缶而歌”。“缶”并不是一种乐器，古人击缶节歌，是一种随便将就的做法。《史记·廉颇蔺相如列传》记载秦人有击缶而歌的习惯，不尚讲究，蔺相如以此来侮辱秦王。但对普通人来讲，不讲究方式而自得其乐，正是一种乐天达观的表现。九三这一爻时在垂暮，又不乐天达观，故为“大耋之嗟”。“嗟”是嗟叹，是为垂亡而哀叹，故“凶”。象辞说“日昃之离，何可久也”，说明九三这一爻是时日无多，行将就木，没几天好日子过了。

九四：突如其来如，焚如，死如，弃如。

【译文】

突然而来，焚烧、整死、扔掉。

象曰：突如其来如，无所容也。

【译文】

突然而来，无地可容。

【精解导读】

“如”是形容性词尾，相当于“然”。“突”，《说文》作“𠫓”，解释说：“不顺忽出也。从倒子。《周易》曰：‘突如其来如’。不孝子突出，不容于内也……或从古文子，即《周易》‘突’字。”意为：“𠫓”的意思是逆着突然就出来了，字形是个倒着的“子”(𠫓)(𠫓)字。《周易》里说“突如其来如”，是不孝顺的孩子突然生出来，不容于内。㐬是六的另一种写法，是倒过来的古文“子”(𢀈)字。这就是《周易》的“突”字。小篆的“子”字是个象形字，画的是一个襁褓中的婴儿“子”，古文的“子”字还有头发“𢀈”。“𠫓”是把这个孩子倒过来（𠫓或㐬），表示忤逆。古人认为儿子不孝顺最恼人，还不如早点把他焚烧、整死、扔掉。“弃”是扔掉。《说文》讲这个字的结构是“从升推芊，弃之。从六。六，逆子也。”意思是两手推着箕把不孝子扔出去。《汉书·匈奴传》说，(王)“莽作焚如之刑，烧杀陈良等”。陈良是叛变投靠匈奴的汉臣，后来被遣送回国，王莽创制“焚如”之

刑，用来处决逆臣。如淳的注说：“焚如、死如、弃如者，谓不孝子也。不畜于父母，不容于朋友，故烧杀弃之，莽以此作刑名也。”这些均可证明，“突”是叛逆之子。爻辞的意思是说：逆子让人想都想不到的就生出来了，该焚烧、整死、扔掉。从象上讲，九四取的也是对象，二至五爻既是正反兑（兑<>反兑），又是正反巽（反巽<>巽），兑为悦，巽为随顺，是悦而不悦，顺而不顺，正如生了个孩子本该喜悦却高兴不起来，本该孝顺却不孝顺，故为“突如其来如”。上离为火，故“焚如”；兑为毁折，故“死如”；焚死之后该扔掉，故“弃如”。象辞说“突如其来如，无所容也”，意为：意想不到地生出这么个逆子来，没地方可以容下他。读这二爻要注意一个问题，爻辞这样主张弃婴，是立足在父母本身正确的基础上，如果父母本身就是个坏蛋，儿子要顺的就是天道。

六五：出涕沱若，戚嗟若。吉。

【译文】

涕泗滂沱，悲戚嗟叹。吉祥。

象曰：六五之吉，离王公也。

【译文】

六五的吉祥，是附丽于王公。

【精解导读】

“若”也是形容性词尾，用如“然”“如”。“涕”本指眼泪，引申为鼻涕眼泪。“沱”是滂沱，水涌出的样子。“出涕沱若”是鼻涕眼泪一齐涌出，哭得十分可怜，犹如口语说的鼻涕一把泪一把的样子。“戚”是悲。成语“休戚相关”就是喜与悲紧相关联。“戚嗟若”是说悲痛慨叹的样子。这一爻是悲痛可怜，泪流满面，痛哭不止，悲叹不绝。然而不是有凶，而是吉祥。《周易》中有很多这样的例子（如“先号咷而后笑”），“忧”才能吉，乐反而凶。《系辞·下》说：“作《周易》者其有忧患乎?”“其辞危。危者使平，易者使倾。”“危”与“易”是一对矛盾，知危而忧，化险为夷，才能获得乐易；乐而忘忧，疏于备虞，就会获凶。所以老泪纵横，痛哭连声，反而获得吉祥。从象上说，六五在上卦离里，离为目，又在互兑之中(六五→䷝>互兑)，兑为口，为泽水，口、目出水如泽，故为“出涕沱若”。有口而叹，故为“戚嗟若”。然而六五是遁变离的主爻，从初位上升到尊位，虽有悲哭之象，却能获吉，故言“吉”。象辞说“六五之吉，离王公也”，是说遁卦的上卦原来是乾（遁䷠>乾），乾为君王，六五从初位升进到乾卦的中位，是附着在王公的身上，所以会吉。

上九：王用出征，有嘉。折首，获匪其丑，无咎。

【译文】

国王出兵征伐，有功获嘉。斩了首领，获俘主犯，没有咎害。

象曰：王用出征，以正邦也。

【译文】

国王出兵征伐，是正治自己的邦国。

【精解导读】

“嘉”是喜庆，“有嘉”是说能取得成功。“折首”是砍断头，这里有杀掉首领的意思。“丑”是同类，指一般胁从人员，“获匪其丑”是说俘获到的不是一般的胁从人员，而是主犯。《尚书》里说“歼厥渠魁，胁从罔治”，意思是杀了作乱的大头目，胁从的人员不追究。与这一爻义同。这一爻是国王去平息叛乱，把头头杀了，主犯抓了，祸乱平定了，征伐成功。从取象上讲，乾为君王，离为戈兵，离卦从遁变来，上卦乾变为离，故言“王用出征”。乾为首，六五从初位上来，把乾折断，故言“折首”。上位为头领，故言“获匪其丑”。征伐成功，故“有嘉”“无咎”。象辞说“王用出征，以正邦也”，意思是说国王出征，是为了正治自己的邦国。是解释出征的意思，没有涉及象。

【提示】

从离卦各爻的命辞可以看出，离卦是由遁卦变来，六五象辞说“离王公”，上九爻辞说“折首”，如果上卦原来不是乾，这些象都毫无根据。《说卦》里讲得很清楚，乾“为君”、乾“为首”，这里用的都是点明了的象。有人硬要抛弃卦变，所以不惜舍掉这些明象而去重加经纬，这就不可取了。离是《周易》上经的最后一卦，有了以上三十卦的基础，我们可以归纳一下《周易》里的三个序列。

《周易》在它的构架组织上，共有三个大序列的交织。第一个序列是八卦的生成序列。《说卦》里讲，“乾，天也，故称乎父。坤，地也，故称乎母。震一索而得男，故谓之长男。巽一索而得女，故谓之长女。坎再索而得男，故谓之中男。离再索而得女，故谓之中女。艮三索而得男，故谓之少男。兑三索而得女，故谓之少女。”这是用父母生出三男三女，说明乾坤生出六子卦，于是才有八卦。八卦相重才生出六十四卦，主要说明的是生成序列。《说卦》因为是讲卦象，把生成序列讲出来，是为了说明八卦在人伦关系上它们各自代表的是什么象，根本不是要讲卦变，这是一个相当明确的事实。我们也不能据此讲什么卦变。

第二个序列是爻的推移序列。《系辞》是从总体上揭示《周易》的原理，因为卦变是很重要的原理之一，所以才讲卦变。《系辞》说：“八卦成列，象在其中矣；

因而重之，爻在其中矣。”这是说明卦的生成。又说“刚柔相推，变在其中矣”“刚柔相推而生变化”“是故刚柔相摩，八卦相荡”“六爻之动，三极之道也”，等等。卦生成而爻不推移，《系辞》为什么要说这么多废话？卦动怎么能代表爻动？这只有一个合理的解释，那就是六十四卦生成后，还有个爻的推移序列，而不是生成之后，又去从乾坤里索取。而这种推移的序列正反映的是阴阳消长的对立运动，也正是《周易》最基本的原理。因此说六十四卦在十二消息卦的基础上产生变化，是《周易》里的变化序列，不能与生成序列混同。能够得出这个结论，并不在于是某个人这样讲过，而是有大量的彖辞和爻辞材料可以证明。抓住这个线索许多问题就可以迎刃而解，抛弃这个线索就难以自圆其说。这可以充分证明，变化序列是《周易》内在的规律。

第三个序列是六十四卦的编排序列。这个序列孔颖达已做出揭示，他说“六十四卦，二二相偶，非覆即变”；它正确反映了《周易》的实际，并把排列的秘密发现了，这就为后人的研究提供了方便。

《周易》有这样三个序列，所以才会出现数的问题。从这一点上看，讲象数并没有错，关键是讲得对不对。王弼尽黜象数的做法并不可取，搞乱了人们的思想，开了几百年的倒车。

三十一　咸——男女感应

䷞

咸卦的卦画组合为艮（☶）下兑（☱）上，传统称作泽山咸。《序卦》云：“有天地然后有万物，有万物然后有男女，有男女然后有夫妇，有夫妇然后有父子，有父子然后有君臣，有君臣然后有上下，有上下然后礼仪有所错。夫妇之道不可不久也，故受之以恒。”意为：有了天地然后才会有万物，有了万物然后才分出男女两性，有了男女两性然后才会有夫妻，有了夫妻然后才会有父子，有了父子尊长卑少然后才会有君臣尊卑，有了君臣尊卑然后才会产生上下等级，有上下等级然后在礼仪制度上才有种种不同的交错。夫妻的正道不能不长久，所以在咸卦之后接着是恒卦。《序卦》在下经的一开始，就讲人伦的产生进化顺序：天地—万物—男女—夫妇—父子—君臣—上下—礼仪，认为这是一个自然进化的序列。人伦也是自然的产物，从而把自然与社会统一起来。从中可以看出，《周易》是把自然与社会作为一个整体来研究的，它的自然观也是社会观，这种整体、全息认识世界的方法，对分析科学越来越发达的今天，具有特

别重要的意义。按照《序卦》行文的条例去理解，“夫妇之道不可不久也，故受之以恒”，是讲“咸卦之后接着是恒卦。咸卦是‘夫妇之道’”。但咸卦为什么要接在离卦之后，《序卦》却未作交待，而是把咸卦与乾坤（天地）两卦直接挂在一起。这就不得不说，下经有发端更始的用意。上下经的分开，不单是因为篇幅长短的问题。程传说：“天地万物之本，夫妇人伦之始，所以上经首乾坤，下经首咸，继以恒也。”话说到这里其意已足。有人又发挥说，上经是“明天道”，下经是“明人伦”，这就把上下经从内容上割裂开了，与《序卦》把咸卦和乾坤连在一起的用意相背。所谓发端更始，只是强调自然与社会是《周易》道研究的两大方面的内容，作为人伦之始的咸、恒两卦，在贯通人类社会运动方面具有较为重大的意义。夫妇家庭是研究人类社会的一个基础，所以把乾坤放在上经首位，把人伦之始的咸、恒放在下经首位，并不是要上经专讲天道，下经专讲人伦。从根本上讲，社会从属于自然；从认识目的上讲，认识自然是为了更深入地认识社会，从而指导人们的正确行动。《周易》是自然与社会的辩证统一论。

《序卦》认为咸的意思是夫妇之道。《杂卦》云：“咸，速也；恒，久也。”意为：咸是快的意思，恒是长久的意思。把《序卦》《杂卦》的说法，用彖辞的讲法沟通起来就容易理解。彖辞说：“咸，感也。”咸是男女夫妇之间的快速感应。这就是卦名的基本意思。

关于卦变，彖辞提示说：“柔上而刚下，二气感应

以相与。”蜀才说：“此本否卦，案六三升上，上九降三，是柔上而刚下，二气交感以相与也。”他认为咸卦是从否卦变来，否的上九与六三换了爻位，即：否䷋两爻换位，变䷞咸。蜀才的讲法，准确地说明了彖辞的所指内容，没有再争论的必要。这一卦的卦变，还有一个明显的特点，就是爻位的推移正好发生在相应的位置上（否䷋三位与上位相应），又是刚爻与柔爻的异性往来，这在卦变中也是难得的巧合，所以卦名以男女迅速感应的“咸”为义。在卦序上，咸卦的倒象是恒卦，即：咸䷞整卦上下颠倒，为䷟恒，咸与恒是一组正覆卦，所以两卦前后相次。

咸，亨，利贞。取女吉。

【译文】

咸卦亨通，宜于正固。娶女吉祥。

彖曰：咸，感也。柔上而刚下，二气感应以相与。止而说，男下女。是以亨利贞，取女吉也。天地感而万物化生，圣人感人心而天下和平。观其所感，而天地万物之情可见矣！

【译文】

咸是感应的意思。柔顺上去，刚健下来，阴阳二气相互感应结合在一起。止于喜悦，男对女态度谦下，

因此亨通，宜于正固，娶女吉祥。天地相互交感流通，万物才得以化生；圣人感化人心，天下和合太平。看它们的相互感应，天地万物的情理就可以发现了。

象曰：山上有泽，咸。君子以虚受人。

【译文】

山上有大泽就是咸卦。君子从中得到启示，要虚怀无私、容纳他人。

【精解导读】

卦辞说“咸，亨，利贞”，是讲咸卦是相互感应，阴阳二气相互交感流通，所以才亨通。从卦象上讲，咸卦从否卦变来，否的刚爻上九与应位的柔爻六三相互交流换位（否上九六三䷋变䷞咸）。否（䷋乾坤）的上卦是乾，乾为天；下卦是坤，坤为地。刚爻代表阳气，柔爻代表阴气，这是上天的阳气与下地的阴气相互交感流通，所以能亨通。在阴与阳的交流中，阴要顺阳而动，才合乎天地之道，所以阴气利于正固。“利贞”是说，感应虽说是流通，但这种流通要符合天地正道，阴气不能主动，要固守顺阳而动的规律。“取女吉”中，“取”与“娶”是古今字，是说这一卦娶女人吉祥，因为这是一个阴阳正应交感的卦。

彖辞从五个方面说明咸卦：（一）解释卦名的意思。“咸，感也”，意为咸是感应的意思。王安石讲：“

有心曰感，无心曰咸。”这是从字形上讲的，但他也强调了一点，“咸”的感应，是效法天地不带私心的自然感应。（二）从卦变上说明咸卦。“柔上而刚下，二气感应以相与”中，“与”是一起。这是解释咸卦所从来，它是否卦的变化形态，否的柔爻六三升进到上位，刚爻上九下降到三位，就是“柔上刚下”的具体所指。否的上卦乾为天，下卦坤为地，天的阳刚之气与地的阴柔之气，像上九、六三那样发生了交流往来，卦象上呈现出一种阴阳二气的交感流通，感应到一起去了，这就是“二气相感以相与”的具体所指。这两句指出了卦辞为什么会“亨，利贞”的原因之一。（三）从上下卦特性的组合上说明卦辞“亨，利贞，取女吉。”“止而说”，是指下卦艮为止，上卦兑为悦，上下卦的特性组合是停止在喜悦上，所以娶女吉。（四）从上下卦象上说明卦辞“亨，利贞，取女吉”。“男下女”是指下卦艮，艮为少男；上卦兑，兑为少女，少男少女正是相爱的时候，况且又是少男主动居于少女之下（九三是从否卦的上九下来的），是男子以谦恭和卑下的态度对待少女，符合男向女求婚的正常规律。“是以亨利贞，取女吉也”，意为：因此才亨通，宜于正固，娶女人吉祥。“男下女”，是男子去掉骄矜之态，低身下气地去求女方，说明女子能正固，娶这样的女子做妻子当然吉祥。看来彖辞依据阳动阴顺的规律，是主张女子在男女情爱的问题上应当比男子相对地封闭一点。（五）推演咸卦的巨大意义。“天地感而万物化

生”，强调感应是天地自然的必然规律，正是因为天地相互的交感流通才能化生万物。“圣人感人心而天下和平”，是说明圣人从天地感应中应学习到哪些有益的东西。即学会感化人心，使天下和合太平。圣人所以能把天下治理好，就是因为能究天人之际，把感应的方法用于社会。“观其所感，而天地万物之情可见矣”，强调感应的巨大意义，观察相互间如何感应，是洞察万物奥妙的一把钥匙。比如最基本的一条“同性相斥、异性相吸”的普遍规律，就可以从感应中观察到。它可以解释说明诸如山崩钟应之类的情理。

象辞说“山上有泽，咸”，是用八卦的基本象解释咸卦，下卦艮为山，上卦兑为泽，山上有大泽就是咸卦。这个卦象显示了大山能够容纳的广阔胸怀。君子要学习这种胸怀，虚怀若谷，能够容人，这就是“君子以虚受人”。

初六：咸其拇。

【译文】

感应到脚的拇指上。

象曰：咸其拇，志在外也。

【译文】

感应到脚的拇指上，是心里想着向外走。

【精解导读】

按卦位分析，初位在下为足，因在咸卦，故为足受到感应。初六有正应在九四，要动，故言“咸其拇”。足易动的首先是脚趾。“拇”指脚上的大拇指。象辞说，“咸其拇，志在外也”，主要是说初六在外卦有九四为正应，在否变咸的过程中，六三已动到外卦的上位，初六也有外动的心思。从取义上说，感应最灵敏的是心，腹背尚且迟钝，更何况是脚趾，说明感应尚浅，有待深入。但拇指已有感应，外动的愿望已经有了。

六二：咸其腓，凶，居吉。

【译文】

感应到了腿肚子，凶，安居吉祥。

象曰：虽凶居吉，顺不害也。

【译文】

虽然有凶，安居吉祥，顺应不会有灾害。

【精解导读】

“腓”，《说文》：“胫腨也”，“腨，腓肠也”。段注：“腓肠谓胫骨后之肉，腓之言肥，似中有肠者，故曰腓

肠。”段玉裁揭示的语源没有讲出根据，但他讲的部位是对的。《庄子·天下篇》说禹“腓无胈，胫无毛”。胈是细毛，腓是腿肚子。腿肚子上汗毛比小腿前的胫要浓密一些。小腿前部称胫，腿肚子称腓。从象上讲，巽为股，股是大腿，六二在大腿之下（六二→☴>互巽），足之上，故为“腓”。从取义上说，感应到腿肚子上，是想动而不可能动，上受腿的控制，下受足的牵扯，只有腿肚子抽动，会出毛病，故言“凶”。老实待着比较好，故言“居吉”。象辞说“虽凶居吉，顺不害也”，指虽然腿肚子受到感应乱动起来有凶，但老实待着会吉祥，是因为六二在互巽里，巽为随顺，能随顺不会有害。这一爻是让人稍安勿躁，躁动有凶，安居无害。

九三：咸其股，执其随，往吝。

【译文】

感应到大腿上，控制住不能随着动，前往会遇到吝难。

象曰：咸其股，亦不处也。志在随人，所执下也。

【译文】

感应到大腿，也不安处。想随着人动，是受下边控制。

【精解导读】

九三在互巽里（九三→䷞>互巽），巽为股，故言“咸其股”。感应到了大腿，整个下体可以活动，比“咸其拇”“咸其腓”都好得多。但九三又在下卦艮里（九三→䷞>艮），艮为止，巽又为随顺，这种随顺被止住了，故言“执其随”，“执其随”是说想随着别人去动，却被控制住了。“执”是被绊住动不了。既被绊住，还要前往就会有吝难。象辞说“咸其股，亦不处也”，意思是说感应到大腿，与感应到拇指、腿肚子一样，也会动起来，不安处。又说“志在随人，所执下也”，“志”是心里的愿望。九三是否变咸与上六交换位置的一爻，愿意随着上六动，但来到三位，下卦变艮，被下卦止住了。总之，这一爻是想动，但下面有羁绊，动不了，一定要动，会有吝难，不大容易解得开。

九四：贞吉悔亡，憧憧往来，朋从尔思。

【译文】

正固吉祥，没有忧悔，来来往往，朋友都与你的心思相同。

象曰：贞吉悔亡，未感害也。憧憧往来，未光大也。

【译文】

正固吉祥，没有忧悔，是未感受到灾害。来来往往，是还不够广大。

【精解导读】

“贞吉悔亡”需作一下辨析。《尚书·洪范》中有一段话，说周武王灭商后做了天子，不知道当天子有哪些常规，于是向殷商的宗室老臣箕子讨教处理政务的一些常规，其中第七项是怎样用卜筮决定大事。箕子告诉他说：“七稽疑：择建立卜筮人，乃命卜筮。曰雨、曰霁、曰蒙、曰驿、曰克、曰贞、曰悔，凡七。卜五，占用二，衍忒。立时人作卜筮，三人占，则从二人之言。汝则有大疑，谋及乃心，谋及卿士，谋及庶人，谋及卜筮。汝则从、龟从、筮从、卿士从、庶民从，是之谓大同，其身康强，子孙其逢，吉。汝则从、龟从、筮从，卿士逆、庶民逆，吉。卿士从、龟从、筮从，汝则逆、庶民逆，吉。庶民从、龟从、筮从，汝则逆、卿士逆，吉。汝则从、龟从、筮逆，卿士逆、庶民逆，作内吉，作外凶。龟筮共违于人，用静吉，用作凶。”简单译述出来，是说：国家有了疑难不决的大事怎样做出决定？选择任命一些掌管龟卜和蓍筮的官员，让他们去用龟甲卜问，用蓍草去算卦。龟卜的兆象，有像雨的，有像雨过天晴的，有像雾气蒙蒙的，有像半阴半晴的，有像阴阳二气相犯的。卦

象分内卦、外卦。龟兆和卦象主要有这七种。前五种是龟兆，后两种是卦象。根据这七种兆象去推演，看看有什么不同。让这些官员去卜筮。如果是三个人占卜，就按两个相同的意见下断。假如你有重大疑难，先要自己考虑出个意见，再与卿士、庶人、龟卜、占筮人员商量。如果是你同意、龟卜吉、占筮吉、卿士同意、庶民同意，这就叫作“大同”，一定会安康强健，子孙兴旺，这是吉。如果是你赞成、龟卜吉、占筮吉，而卿士反对，庶民也反对，也是吉利的。如果是卿士同意、龟卜吉、占筮吉，你反对、庶民也反对，也是吉利的。如果是庶民同意、龟卜吉、占筮吉，你反对、卿士也反对，也是吉利的。如果是你赞成、龟卜吉，占筮凶、卿士反对、庶民反对，那么做朝内的事吉祥，做朝外的事就不吉利。如果龟卜、占筮都凶，那就不去做吉利，做就凶。在这段话里“贞”指内卦，“悔”指外卦，于是“贞吉悔亡”可以讲成内卦吉祥，外卦没有吉祥。有人觉得用在这里不恰当，又说“贞”是占卜，“贞吉悔亡”是占问吉，悔事消亡。都是因为“贞”这个词是个多义项的词，让人无可适从，不知该怎么讲更好一些。从《周易》的内证里分析，“贞”尽管有内卦、占问等意思，但在卦爻辞里，取的是正固不动的意思，“贞吉悔亡”是说正固不动吉利，没有忧悔。“憧（chóng）憧往来”也需要辨析一下。《释文》：“憧憧，马云行貌。王肃云：往来不绝貌。《广雅》云：往来也。”总之，憧憧是来来往往的样子。刘歆说憧憧

是意未定。后人说成是“神思不定”“心有所扰”等。下面看看《系辞·下》里怎样说：“《周易》曰：‘憧憧往来，朋从尔思。’子曰：‘天下何思何虑？天下同归而殊途，一致而百虑。天下何思何虑？日往则月来，月往则日来，日月相推则明生焉。寒往则暑来，暑往则寒来，寒暑相推而岁成焉。往者屈也，来者信也，屈信相感而利生焉。尺蠖之屈，以求信也。龙蛇之蛰，以存身也。精义入神，以致用也。利用安身，以存德也。过此以往，未之或知也。穷神知化，德之盛也。’”把这段话译述出来是说：《周易》里讲“憧憧往来，朋从尔思”，孔子解释说：“天下有什么思虑？天下从不同的道路上归入一致，道一致却有千百的思虑。天下有什么思虑？日往月就来，月往日就来，日月推移产生了光明。寒往暑就来，暑往寒就来，寒暑推移才成为年岁。往是屈，来是伸，屈伸相互交感就产生了利。尺蠖这种小虫，把身子屈起来，是为了求得向前伸展。龙与蛇蛰伏起来，是为了保存自身。把精微的义理推究到入神的地步，是为了取用。知道利与不利又能致用，使自己能处于平安之中，可以提高自己的道德。超过这些再向前推求，就不可知了。能够穷尽神妙，懂得天下的感化，这就是道德的盛大。”孔子在这段话里，把“往来”讲成屈伸，而且认为屈伸是自然规律。时当出就伸、就来，时当藏就屈、就往，万物只要随着屈伸就可以了，这样才能安身致用，才算“精义入神”“穷神知化，德之盛也”。用不着“憧憧往来”瞎

忙乎，要应时而动，懂得屈伸之道。有这段话的讲述，就使我们加深了对彖辞“观其所感，而天地万物之情可见矣”的理解。感应是万事万物的奥秘，男女相悦只不过是感应最明显的表现，其他如千里之外的神经感应，梦与现实的重合，气功所产生的神秘效应，等等，都是一种感应。感应是在一来一往的运动中产生的。所以孔子才从往来讲到“精义入神”“穷神知化”。“朋从尔思”中，“朋”是朋友，也是众，“从”是随，“尔”是你，“思”是想法。这句意为大家都同意你的想法。用《洪范》的话讲，就是“汝则从、龟从、筮从、卿士从、庶民从，是之谓大同。其身康强，子孙其逢，吉”。把这一爻的爻辞贯通起来，意为正固吉祥，没有忧悔，来来往往，忙忙乎乎，最后大家都同意你的想法。从卦象上说，九四这一爻在九二股之上，又在九五脢之下，脢是背，股上背下，正是人的心脏，感应到心上去了，“心之官则思”，故言“朋从尔思”。“朋”指的是在互乾之中（九四→䷞>互乾）上下都是刚爻，刚爻与刚爻为朋，在取义上“朋”是众。《说文》：“朋，凤飞群鸟从以万数。”众鸟随凤凰飞。在由否变咸的过程中，上九与六三换位，九四不动而成为互乾的中爻，故言“贞吉悔亡”，上六与九三围着自己往来，故言“憧憧往来”。象辞说：“贞吉悔亡，未感害也。”从全卦的象辞分析，凡是提到“未”，都指的是有正应而未来往。全卦六爻都有正应，上六与九三因为来往而不言“未”，九四是“未感害”，九五是“志

未也”，所以“未感害”是指九四正固未动，没有与初六发生来往，因此也就没有感应的灾害。又说“憧憧往来，未光大也”，取义是说，忙忙乎乎，因为还不广大。“光大”义同“广大”。

九五：咸其脢，无悔。

【译文】

感应到背上，没有忧悔。

象曰：咸其脢，志末也。

【译文】

感应到背上，是心志未实观。

【精解导读】

“脢”（méi），《释文》：“心之上、口之下也。郑云：‘背脊肉也’……《广雅》云：‘胂谓之脢’。”《说文》：“胂，夹脊肉也。”“脢，背肉也。”脢是背上的夹脊肉。“咸其脢”是感应到背上，背因为不像拇趾或腿肚子那样可以自动，所以感应上去也不会有乱动的忧悔。这一爻也是从爻位取象（见提示），位在心之上、口之下，故言“咸其脢”。从取义上说，这一爻比初六、六二、九三要好一些，是感应未到点上，但也没有忧悔。象辞说“咸其脢，志末也”，“末”应是

“未”字之讹。全《周易》讲到“志”都言“未”不言“末”。也是说九五在感应的卦里，却未与正应六二交往，心志未能实现。原文作“志末”，误。

上六：咸其辅、颊、舌。

【译文】

感应到牙床、两颊和舌头上。

象曰：咸其辅颊舌，滕口说也。

【译文】

感应到牙床、两颊和舌头上，信口开河地说起来。

【精解导读】

《释文》：“辅，马云‘上颔也’。”《说文》：“辅，人颊车也。”又释“酺”为“颊也”。“辅”与“碲”异形同义。《说文通训定声》：“其内上下持牙之骨。”辅车是上下牙床。分开说，“辅”是上牙床，“车”是下牙床。“颊”是面颊，嘴两边的面部。辅、颊、舌指的是口。这从象上可以得到证明，上卦兑，兑为口，故言“咸其辅、颊、舌”。象辞说：“咸其辅颊舌，滕口说也。”“滕”，《释文》：“达也。”今字作“腾”，腾达用以形容说话，是指一张嘴掮动起来，沸沸扬扬讲得热闹。因为上六是从三位上来的，故言“滕”。居上位，

又在兑里，嘴受到感应，说起来没了边际，信口开河，不大真实可信了。

【提示】

咸卦的六个爻，从初到上分别表示人体从下到上的六个部位，这在爻辞中有比较明显的表示。初爻为拇，二爻为腓，三爻为股，五爻为脢，上爻为辅颊舌。九四“朋从尔”，四爻没有提到具体部位，但讲到“思”。再九三“咸其股”，联系明夷卦六四“入于左腹”来分析，四位联系六二“咸其腓”，是腹心的部位。在其他卦里，这些部位会随初六“咸其拇”有上下位的移动。比如艮卦五位成了“辅”，但这种移动仅限于邻近部位的上推下移。尽管各爻在取象时，还有卦象上的依据，但上爻不说足，初爻不言首，大的框架不变。说明作者是有意把人体的上下部位与爻的上下部位统一起来看的。我们把咸卦与艮卦有关人体部位与爻的爻位之间的对应关系单抽出来，集中作一下对比，会发现作者的这种意向。尽管卦象、爻象不同，这种由下及上的部位，大体上保持一致，说明作者心目中存在这样一种序列，这个序列主要在爻位的高低与人体部位高低的对应上。可见爻位中还具有人体部位的分象，只不过不能看得太死罢了。

三十二　恒——白头偕老

䷟

恒卦的卦画组合为巽（☴）下震（☳）上，传统称作雷风恒。《序卦》云：“夫妇之道不可不久也，故受之以恒。恒者，久也。”意为：夫妻的正道不能不长久，所以在表示夫妻之道的咸卦之后接着是恒卦。恒是永久。《杂卦》云：“咸，速也；恒，久也。”意为：咸是男女间的迅速感应，恒是男女的长久结合。《序卦》《杂卦》一致认为卦名恒是永恒、长久的意思。咸卦是男女之间敞开心扉的交流感应，恒卦是结婚后的永久牢固地结合，这是全卦大势。

根据彖辞“刚上而柔下”的提示，恒卦是从泰卦变来，是泰卦的刚爻初九往上推移，柔爻六四往下推移，两爻交换了爻位，即：泰六四初九䷊两爻交换位置，变䷟恒。恒与上卦咸是一组正覆卦，即：恒䷟全卦上下颠倒为䷞咸。

恒，亨，无咎，利贞，利有攸往。

【译文】

恒卦，亨通，没有咎害，宜于正固，前往有利。

彖曰：恒，久也。刚上而柔下。雷风相与，巽而动，刚柔皆应，恒。恒亨，无咎，利贞，久于其道也。天地之道，恒久而不已也。利有攸往，终则有始也。日月得天而能久照，四时变化而能久成，圣人久于其道而天下化成。观其所恒，而天地万物之情可见矣。

【译文】

恒是永久的意思。刚健往上，柔顺来下。雷与风相互助长，随顺而运动，刚爻与柔爻都能上下应合，这就是恒卦。恒卦亨通，没有咎害，宜于正固，能长久保持自己的正道。天地之道就是永恒长久而不停止。前往有利，是终结之后就会有新的开始。日月能在天上来往，才能永久照临；四季推移变化，才能永久并形成年岁；圣人长久保持自己的正道，天下才得到教化形成文明。看它如何保持自己的恒久，天地万物的情理就可得见了。

象曰：雷风恒，君子以立不易方。

【译文】

雷与风组合在一起就是恒卦。君子从中受到启示，立身修德不改变自己的方正。

【精解导读】

卦辞说“恒，亨，无咎，利贞”，意思是说：筮得恒卦，通顺，没有咎害，正固有利。恒卦所以通顺，是因为恒卦从泰卦变来，泰卦是下乾上坤，乾天坤地相对平衡，变为恒卦，又打破平衡，向前发展。这种发展符合天地运行之道，所以不会有咎害。万事万物都是在相对平衡，又突破平衡，再趋于相对平衡这个规律上终则有始地运动。运动是变，但这个运动的规律不能变，所以又利于正固。“利有攸往”是说向前运动发展有利，又强调了运动符合天地自然之道。这就等于提出一个动与不动、变与不变的辩证认识观点。动中有不动，变中有不变，简单地讲，运动是永恒的，运动中所遵循的终则有始的规律也是永恒的，所以卦名才称恒。《周易折中》引徐几的话说：“恒有二义，有不易之恒，有不已之恒。利贞者，不易之恒也；利有攸往，不已之恒也。合而言之，乃常道也。倚于一偏，则非道矣。”要是换成今天的话说，就是“不已之恒”是运动的绝对性，“不易之恒”是运动规律的永恒性。事物是在不变的规律支配下不停地变动。

彖辞从九个方面解释恒卦。（一）解释卦名。“恒，久也”，意为恒是永久的意思。（二）从卦变上说明恒卦。“刚上而柔下”，指恒卦从泰卦变来，泰卦的刚爻初九向上推移到四位，柔爻六四向下推移到初位，就变而成为恒卦。从取义上讲，刚是刚健的阳气，柔是柔顺的

阴气。阳气在上、阴气在下是天地的本然秩序，所以才能保持永恒。咸卦是讲阴阳感应的，阳刚向下，阴柔向上，来往交流才能感应。交感结合之后要保持稳定，这就得恢复本然秩序。恒卦讲的是保持持久，所以又是“刚上而柔下”。（三）从卦象组合上说明恒卦。“雷风相与”是指恒卦由两个三爻卦组合而成，下卦是巽，巽的基本卦象是风；上卦是震，震的基本卦象是雷，风雷组合在一起就是恒卦。从取义上说，“风雷相与”正如《说卦》讲的“雷风相薄”一样，是指风与雷的相互激荡，风助雷势，雷助风威，所以才能亨通无阻。（四）从上下卦特性组合上说明恒卦。“巽而动”，指上卦震的特性是动，下卦巽的特性是随顺，随顺而动，所以亨通。（五）从爻位相应的关系说明恒卦。“刚柔皆应，恒”，是指恒卦还有六爻皆应的优点，初柔、四刚相应，二刚、五柔相应，三刚、上柔相应。有应是有应合、有应援，所以“亨，无咎，利贞，利有攸往”。“恒”是总括（二）（三）（四）（五）四个方面讲的，指恒卦具有“刚上柔下，雷风相与，巽而动，刚柔皆应”四个方面的特点。（六）解释卦辞“亨，无咎，利贞”。“恒，亨，无咎，利贞，久于其道也。天地之道，恒久而不已也”，意思是说：恒卦所以会亨通，没有咎害，利于正固，是因为长久保持自己的运行正道。天地自然的正道就是永久保持规律而不停地运动。恒卦能恒久保持运动规律，所以利于正固；能恒久不停地运动，所以亨通而无咎。（七）解释卦辞“利有攸往”。“利有攸往，终则有始也”，意

为：之所以会前往有利，是因为万事万物的运动规律总是一个旧的运动周期完成，又有一个新的运动周期开始，不可能停下来。“贞”是要恒守这个规律，不是不能前往。运动不止，所以前往有利。（八）举天地人道为例，说明运动与守恒的关系。“日月得天而能久照”是举天道为例，意思是日月能够在天上不停地来往推移，才能长久地照临天下，这是天道运动与守恒的关系。“四时变化而能久成”，是举地道为例，意思是说：春夏秋冬四季更代，周而复始地不停变化，才能年复一年地长久形成岁时，这也是运动与守恒关系的明显表现。“圣人久于其道而天下化成”，是说圣人效法天地之道，要在自己的正道上长久地运行下去，天下才能得到教化形成文明大治。人道也有变化运动与守恒长久的问题。天地人都有运动与守恒的关系，说明恒卦所揭示的规律具有极广泛的适用性。（九）强调学习恒卦的巨大意义。“观其所恒，而天地万物之情可见矣”，意为：万事万物，只要观察它所恒守的是什么样的法则，就可发现它的情理奥秘。

象辞讲的“雷风恒”，也是指卦象组合，上卦震为雷，下卦巽为风，雷与风组合在一起就是恒卦。“君子以立不易方”，“方”是“义方”，指人在行为上应遵循的道义。君子学习恒卦，要学会守恒。在道德为人上，要有常性，不要朝秦暮楚，要有原则、操守，不要随风倒。没有原则、操守是小人。

关于这一卦在道德修养方面的意义，《系辞·下》

讲得比较多。“复，德之本也；恒，德之固也。”“复小而辨物，恒杂而不厌。”“复以自知，恒以一德。”大致意思是说：复卦是返回正道，是道德修养的根本；恒卦是守恒不变，是道德修养的巩固。复卦是从道德修养积累的小事物上就要辨别出是否合乎正道，恒卦是积累得比较纷杂但还不满足。复卦是由自我醒悟中返回正道，恒卦是坚定地守住道德始终如一。尤其是“恒杂而不厌”，它是针对恒卦具有恒守与运动不止两个特性讲的。运动不止才讲“杂”，杂是运动变化中的纷杂；恒守才讲“不厌”，不厌是保持永恒没有自满。

初六：浚恒，贞凶，无攸利。

【译文】

深求恒久，正固不动凶，无所利。

象曰：浚恒之凶，始求深也。

【译文】

深求恒久的凶，是开始求取得太深。

【精解导读】

“浚”，郑玄本作“濬”，字通，是深入水底进行淘挖，所以治理河床称“濬”。《尚书·禹贡》：“禹别九州，随山濬川。”“濬”是淘挖河床，疏通水道。初六

这一爻是由泰变恒，从四位下来的，一下子就扎到全卦的最下位，如同向最深处淘挖，互兑为泽，下巽为股（巽<䷟>互兑），股入泽下，故言“浚恒”。意思是说追求恒久太深了。运动与守恒是辩证统一的，过分追求恒久就会一成不变，不符合日月推移、四季更代这种自然天地之道，故言“贞凶”，意思是说正固不动有凶。“无攸利”，是无所利。象辞说：“浚恒之凶，始求深也。”“始”指初六在初位，初为始；“求”指初六从四位下来求取；“深”指在全卦的卦底。一开始就追求恒久，而且追求过头了，不知道要在运动中恒久，死守不动，所以才凶。帛书《周易》作“复恒”，讲不出什么道理来，不能依据帛书怀疑传统的读本。

九二：悔亡。

【译文】

没有忧悔。

象曰：九二悔亡，能久中也。

【译文】

九二没有忧悔，是能长久保持中道。

【精解导读】

“亡”读如“无”，“悔亡”是没有忧悔。九二在

下卦中位，在卦变中没有参与爻的推移。所以象辞说："九二悔亡，能久中也。""能久中"是说它能长久保持中位，从取义上讲，"能久中"是能长久保持不偏不斜的中道，能保持中道就不会有忧悔。

九三：不恒其德，或承之羞，贞吝。

【译文】

道德品行不能恒守，或受到羞辱，正固不动有吝难。

象曰：不恒其德，无所容也。

【译文】

道德品行不能恒守，无处可以容纳。

【精解导读】

九三在下巽里，巽为进退不果。"不恒其德"是说不能坚守一定的德行。就是人们说的没定准、随风倒、风派人物、有奶便是娘等。"或承之羞"中，"或"是或者、或许，"承"是承受。这句意为或许要受到羞辱。"或"不能讲成无定代词，乾文言说"或之者，疑之也"，又说"或"是"上下无常""进退无恒"，总之是不定的意思，游移不决，或者这样，或者那样。"贞吝"是正固不动有吝难。从象上讲，恒卦的九三与咸卦的九四在象上相同，咸卦九四倒过来就是恒卦的

九三（咸九四→䷞卦图上下颠倒，为恒䷟←九三）。咸卦的九四说“贞吉悔亡，憧憧往来，朋从尔思”，恒卦的九三说“不恒其德，或承之羞，贞吝”。咸卦是交感流通，往来就吉；恒卦是守恒，往来就不吉。再把这两句爻辞对照起来一比较就可分析出象来。恒的九三是去上“承”，咸的九四是朋来下从，“承”与“从”指的是卦变中推移的那位刚爻。咸由否卦变来，否的上九与六三换位，上九变成咸卦的九三，来到九四之下，故九四是朋来下从（否上九九四䷋上九下来从九四变咸䷞九四九三）。恒由泰卦变来，泰的初九与六四换位，初九变为恒卦的九四，升到九三之上，故九三是下承九四（泰九三初九䷊初九升到九三之上变恒䷟九四九三）。所谓“憧憧往来”“不恒其德”，都是指围绕着本爻而发生的邻近爻的推移。九三是卦变成恒之后，还保住原位，如同是一个朝代变了，自己的地位应当有所变化，而九三还是保住自己的职位不放，这就是“不恒其德”。“承”是对上承受，九四变到它的上方，九三承受，故言“或承之羞”。“或”是因为九三是个不定的位。《周易》里凡言“或”的，大多在三位，其次是四位，很少例外，因为三、四位是上下卦之际，可上可下。如乾九四“或跃在渊”，讼六三“或从王事”，师六三“师或舆尸”，无妄六三“或系之牛”，渐六四“或得其桷”，中孚六三“或鼓或罢，或泣或歌”，小过九三“从或戕之”，等等。因为有摆动不定的特点故言“或”。“贞吝”是指九三在卦变中未动而有羞吝。取义

是指正固不动有吝难。象辞说“不恒其德，无所容也”，指九三没有德行，不能恒守节操，是个无耻小人，没人愿意容纳他。

九四：田无禽。

【译文】

田猎得不到禽兽。

象曰：久非其位，安得禽也。

【译文】

长久守着不适当的位置，怎么会得到禽兽？

【精解导读】

“田”是田地，乾卦九二“见龙在田”，显然指的是田地、田野。古人在田野里打猎，故“田”又是田猎，后来为了把意思区别开，田猎之田写成“畋”。《周易》没有“畋”字。“田无禽”中“田”与“禽”连用，显然是指田猎，这句意思是出去打猎空手而回，什么禽兽也没打到。“田”与“禽”都取象于坤卦。从泰变恒，泰的上坤（䷊>坤）变没有了，故言“田无禽”。“田”因为是地，坤为地，取象较确定。关于“禽”的取象，前人没有个令人信服的解释，我们自己直接从卦爻辞中归纳一下。《周易》里提到“禽”的有四处：师卦六五

"田有禽"（䷆←六五），比卦九五"失前禽"（䷇←九五），井卦初六"旧井无禽"（䷯←初六），还有这一爻的"田无禽"。综合起来看，有坤才有禽，原来有坤，在卦变中失去坤象就无禽。师卦六五在上坤里是"田有禽"；比卦九五来自复卦初九，升入五位，复卦的上坤消失，故为"失前禽"；井卦从泰卦变来，是泰卦上坤的六五下到初位，坤象也消失，故言"旧井无禽"。坤为田地，禽在田地里也较合乎情理，因此说坤为禽。象辞说："久非其位，安得禽也。"这就涉及四的爻位。《系辞·下》说："二与四同功而异位，其善不同，二多誉，四多惧，近也。柔之为道不利远者，其要无咎，其用柔中也。"二位与四位都是柔位，柔位近利，远不利，二位在中，四位不在中。九四这一爻是在泰变恒时从初位上来的，本身是个刚爻，既不柔也不中，来到四位不是合适的地方，故言"久非其位"，意思是这个地方待不长。"安得禽也"，是说怎么能猎获到禽兽呢？也是说九四这一爻空手无获。

六五：恒其德，贞。妇人吉，夫子凶。

【译文】

恒守自己的德行，正固。女人吉，男人凶。

象曰：妇人贞吉，从一而终也。夫子制义，从妇

凶也。

【译文】

女人正固吉祥，是跟从一个丈夫过一生；男子受义理制约，听从女人有凶。

【精解导读】

六五在上卦中位，下有九二正应，九二也在中位；在泰变恒的过程中，六五没有推移，故言“恒其德，贞”，意思是能始终如一地坚守自己的德行，正固不变。六五是柔爻为女，柔爻顺应、主静，能正固不变吉祥，故言“妇人吉”。但五位是刚位、尊位，应当由刚爻占据，刚爻为男，如今由柔爻占据，刚爻居于从属地位，故言“夫子凶”。象辞说“妇人贞吉，从一而终也”，意思是说女子具有柔顺的特性，要顺阳性而动，是从动不是主动，嫁一个丈夫，跟着他过一生，这是人生的幸福，吉祥；老换丈夫是一种灾难，就不吉祥。又说“夫子制义，从妇凶也”，是说男子要受到义的制约，随着妇人转就凶。“义”是宜，办事情合适就是义。爻象辞里显然含有男尊女卑的思想，这一方面出于作者对阴阳不同属性的认识，另一方面也有上古的民俗为背景。说女子“从一而终”，是基于一夫一妻制比乱婚制要好，还没有后代那种浓重的封建礼教意味。后人把“从一而终”夸张到“嫁鸡随鸡，嫁狗随狗”的程度，这就大谬不然了。总之，这一爻是女子吉祥，男子凶。

上六：振恒。凶。

【译文】

长久震动，凶。

象曰：振恒在上，大无功也。

【译文】

在上长久震动，极无功可成。

【精解导读】

“振”，虞翻本作“震”，马融讲成“动”，郑玄讲成“摇落”。从象上看，“振”与“震”意同，是震动的意思，上六在上卦震里（上六→䷟>震），故言“振恒”，意思是说长久不停地老是震动，有凶。象辞说“振恒在上，大无功也”，强调上六处在全卦的上位，在高巅之处还要不停地摇晃，什么事情也办不成，所以凶。

【提示】

毛奇龄在《仲氏易》里引了《听斋杂记》里的一段故事：明朝土木堡之变，英宗被敌掳去，宰相魏骥要上疏让太子监国。正遇上会算卦的陆时，就请他给算一下。陆时占筮后，得到恒卦之解，就是恒卦的第三爻是动爻（恒䷟三爻动变柔，成䷧解）。魏骥看了

说：“英宗皇帝被敌人掳去，不在其位，这是‘不恒’（九三爻辞“不恒其德，或承之羞，贞吝”），蒙受耻辱，是‘承之羞’。又变成解卦六三的‘负且乘，致寇至’（解卦六三爻辞），该怎么办？”陆时说：“敌寇已拉着英宗乘车去了，再来还怕什么？只是爻辞中的‘贞吝’，怕是只防守会有吝悔。”魏骥说：“好！”于是把请求太子监国的奏疏换了内容。第二天陆时去访问魏骥，魏骥问他：“昨天的卦没有什么大凶害吧？”陆时说：“大吉之卦。”魏骥问：“这怎么讲？”陆时分析说：“恒卦是个大坎(䷟>☵ 坎)，九三在大坎之中，所以陷进去了。然而恒的二至四爻又互为乾卦(九四 九二 ䷟>互乾)，九三是刚爻，在乾中位，像是到哪里也是君王。一变成为解卦，已经缓解了。解卦的象辞说‘利西南’，西南正是争夺之地，又说是‘其来复’，这不是要回来吗？恒是久，‘日月得天而久照’，现在解卦中有一离一坎两个互卦（解互离<䷧>互坎），下卦还是一个坎（解䷧>坎），坎为月，离为日，不正是日月幽而复明吗？大明是我们的国号，这不是要返国吗？只是解卦有两个坎，两个离，上边的离不全（䷧震的上爻如变成刚爻才是离☲），还需等一等。”后来敌人果然又来进犯，大明的军队胜利了，英宗回来复辟。从这个卦例中，我们可以参考以下内容：①明朝人还保留着从卦中取象的说法。②结合具体事例对卦爻辞的理解会更加明确。③分析卦不拘一格，要针对所筮内容，触类联系。这就必须要自己会看象。

三十三　遁——激流勇退

䷠

遁卦的卦画组合为艮（☶）下乾（☰）上，传统称作天山遁。《序卦》云：“物不可以久居其所，故受之以遁。遁者，退也。”意为：事物不能长久地占住一个位置而不发展变化，所以在表示长久的恒卦之后接着是遁卦，遁是退的意思。《杂卦》云：“大壮则止，遁则退也。”意为：大壮卦是应当控制，停止向前发展，遁卦是要退出去，“遁”的基本意思是退出去。大壮卦是刚爻已上长到四位（大壮䷡↑），再向前发展会由壮变老，故要控制发展，要止；遁是大壮的覆象，虽然也有四个刚爻，但已处在上退之势（䷠↑），故为退。刚爻为君子，柔爻为小人，所以“止”“退”都是针对刚爻讲的。从社会意义上讲，就是要从当权用事中退出来，所以古人说遁卦是讲退隐的卦。遁卦是十二消息卦中六个柔长刚退的卦之一，二柔长成，逼退四刚，与一年中阴阳消长的十二个月对应，时当斗建未的农历六月，天气由热变冷，阳气已过了当令值日的时候，逐渐要被阴气取代，这是一个不可逆转的自然规律，君子法天，要知时而退。

《系辞》里讲的“屈信（伸）”，象辞里讲的“往来”，就是要“屈”、要“往”，也就是要消退。除以上这些意思外，遁还有一个假借义，就是“豚”，豚是小猪。《周易》中刚长的卦总要说“牵羊”，柔长的卦总要说“系猪”（如姤卦柔长，初六爻辞“系于金柅……羸豕孚踯躅”。否卦柔长，九五爻辞“系于苞桑”；夬卦刚长，九四爻辞“牵羊悔亡”，提到复卦称“牵复”等），盖以柔爻为豚，刚爻为羊。《周易》为君子谋，刚长要助，故“牵”；柔长要制，故“系”。中孚卦二柔在中间（䷼），卦辞说“豚鱼吉”。这一卦的爻辞中有“遁尾”“系遁”“好遁”“嘉遁”“肥遁”，可以看出遁还隐含着猪的意思。但就全卦主体意思上讲，遁意取遁退。这是《周易》里一语多关的现象。

从卦变上讲，遁卦由乾变来，直接从姤卦发展而成，姤是一柔下生（䷫←柔爻出生），柔爻再向上长出一位即遁卦，即：姤䷫↑柔上长一爻变䷠遁。遁与下一卦大壮为一组正覆卦，遁的卦画上下倒置就是大壮，即：遁䷠倒过来为䷡大壮。

遁，亨。小利贞。

【译文】

遁卦，亨通。小的一方利于正固。

彖曰：遁亨，遁而亨也。刚当位而应，与时行也。

小利贞，浸而长也。遁之时义大矣哉！

【译文】

遁卦亨通，是退而亨通。刚健当位又有应援，随着时势而运行。小的一方利于正固，是渐渐生长。遁卦的时势意义太重大了。

象曰：天下有山，遁。君子以远小人，不恶而严。

【译文】

天的下边有山，这就是遁卦。君子从中得到启示，要疏远小人，不去惹他又要有严格界限。

【精解导读】

“遁”作为卦名，传统上写作“遁”。卦辞说“遁亨”，意思是说筮得遁卦通顺。因为天地自然总是在阴阳消息中不停地运动，阳长阴退亨通，阴长阳退也是亨通。如果阴阳消息的运动受到阻塞，那就不通。遁卦是阴长阳退，虽然是阴来阳往，刚屈柔伸，但仍符合天地自然之道，所以亨通。“小利贞”指的是刚爻为大，柔爻为小，柔爻利于正固。在《周易》里，柔爻代表小人，小人无限制地膨胀把君子逼得步步后退，总不是好事，所以柔爻宜于保持正固不动。最好是不要再向前发展。这一卦柔长阳退已成趋势，所以是个小人得时的卦。

彖辞从四个方面解释遁卦。（一）从卦变发展上解释卦辞“亨”。“遁亨，遁而亨也”，意为遁卦亨通，是指认清形势，主动退出去就亨通。这是对刚爻君子讲的。进退有它的客观条件，取决于对立双方的发展势头。进退要知时，不能凭主观愿望。遁卦柔爻的发展势头看旺，刚爻要主动退出去。君子要识时务，该进就进，该退就退，这样才能保证长久通顺。举个玩股票的例子，要是不看发展势头，一味凭主观愿望买进卖出，肯定会有一天栽进去，那就不通。盯着股市行情，分析势头，该进则进，该退则退，就会顺利，退也是保证顺利的一个方面，遁卦讲的就是这一个方面的亨通。打仗又何尝不是如此。其实各种事情无不如此，因为这是天地自然之道，所以才说“遁而亨也”。这是告诉人们，时势如此，退一退顺利。在象上指的是遁卦由姤卦变化而来，姤卦的一个柔爻已长成两个柔爻，还要往上长，刚爻应当知道这个趋势退一退。（二）从九五有应的优势上解释卦辞“亨”。“刚当位而应，与时行也”中，“刚”指刚爻九五，因为五位是个尊位，九五才能称当位。“应”指的是六二，九五与六二阴阳正应。六二是全卦的主爻，刚从姤卦发展而来，代表柔爻的上长势头。从全卦分析，柔爻虽然是上长得时，但九五还占据尊位，所谓当位，是说还控制着局势，还可当权行令。全卦四个刚爻还占据多数，形势还未到急转直下的一步。代表柔爻上长的六二又正是九五的应爻，愿意与九五应合，目前并无大的忧患。刚爻所以要持退避态度，只不过是顺应时势而

运动，并不是败退，所以才退而能亨。“与时行也”，就是指伴随着时势而运动。（三）从卦的发展趋势上解释卦辞“小利贞”。“小利贞，浸而长也”中，“浸”是副词，也作“寖”，意思是逐渐。此句意为小的柔爻利于正固不动，是因为它在渐渐向上长。这显然指姤变为遁，遁还要变为否，否还要变为观，观还要变为剥。这种发展趋势，是柔爻要逐渐把刚爻剥蚀殆尽，必然导向“子弑其父，臣弑其君”的发展后果，应当在早期有所警戒，所以柔爻的发展应当有所控制，利于正固不动。（四）强调遁卦的巨大意义。“遁之时义大矣哉”直译出来，是说遁卦的时势意义太重大了！彖辞发出这种感叹，一般都是在带有较为深刻哲理意义的卦里，是要提醒人们注意卦里所蕴含的普遍性规律。这些规律往往容易被人忽视或不加认真分析，所以要强调一下。遁卦的哲理意义在哪里？这就是消息盈虚造成的天时，以及人在一定的时势条件下应当怎样去做。遁卦是退的时势，但退有退的作用，《系辞》里说“屈信（伸）相感而利生焉，尺蠖之屈，以求伸也；龙蛇之蛰，以存身也”。只进不退未必是好事，人如果只知前进不知后退，连家门都摸不着了，又会有什么好处？进退是辩证统一的，涉及《周易》的基本哲学观点，具有哲理奥义，不能把它看浅了。“时”就是时势、运时，是客观规律发展而形成的独特环境条件。人要了解自己每时每刻所处的环境条件，据时而动，所以古人讲“识时务者为俊杰”。“时务”指的就是“时”。后人把这句话理解偏了，衍生出

不要立场、变节易德的意思，让人听着反感，“识时务”原来没有这个意思。准确理解“识时”，要与恒卦联系起来，人在社会活动中，既要守恒有常，又要随时而变，这是天道。如果违背天道，一时可能会得到便宜，但迟早要受到天道惩罚。遁卦强调随时而变的一个方面，要人从宜适变，知几知权，察微明道，随时而动，所以才讲“遁之时义大矣哉”！

象辞说“天下有山，遁”，象上指遁卦是上乾下艮，乾为天，艮为山，组合在一起是天下有山，这就是遁卦。天高远，山幽深，人远远地遁入深山，就是从当权用事中退了出来，隐遁在野。君子效法于此，要疏远小人，但也不要去惹他，因为小人正得势应时，大局定了，激流勇退，但也不能与小人同流合污。“君子以远小人，不恶而严”中，“远”是疏远，“恶”是惹的意思，口语中讲的“不要恶小人”，还保留着这个意思。“严”是界限清楚。小人厉害，我不惹你，但小人也别梦想君子会与他一同干，界限分明严格。

初六：遁尾，厉。勿用有攸往。

【译文】

遁退之尾，有危厉，不要前往。

象曰：遁尾之厉，不往何灾也。

【译文】

遁退之尾的危厉，不前往有何灾害。

【精解导读】

《周易》例以上爻为头，初爻为尾。这是因为爻的推移是由下向上运动的。比卦上六“比之无首”，离卦上九“有嘉折首”，都是以上爻为首。既济、未济初爻爻辞“濡其尾”，上爻爻辞“濡其首”，都是“首”“尾”互相发明的。所以尾的象在初爻爻位。初六是遁卦之尾，故言“遁尾”。遁是退，退在最后，是见机太晚，故有危厉。遁卦是柔爻上长，柔上长发展趋势是剥蚀刚爻，小人进逼君子，故“勿用有攸往”。象辞说：“遁尾之厉，不往何灾也。”“不往何灾”是假设复句的浓缩，意思是说你如果不前往，那还会有什么灾害？这是把“厉”讲成“灾”。这一爻不宜行动，安分自守可保无灾。

六二：执之用黄牛之革，莫之胜说。

【译文】

用黄牛皮拧成的绳子拴缚住，没有人能解脱得了。

象曰：执用黄牛，固志也。

【译文】

用黄牛皮拧成的绳子拴缚住，是要坚固心志。

【精解导读】

“执”是捆扎住，“黄牛之革”是皮绳子。古代把皮子拉成条，称皮韦，皮韦再拧成绳子，比一般的绳子结实，牛皮又是皮子中最结实的，用黄牛皮拧成的绳子去捆扎，那是决心要捆住不让松动。“胜”是能够，“说”同“脱”，前面提到的“舆说辐”可证。爻辞的意思是牢牢地捆住，没有人能解脱得开。从象上说，坤为牛，中为黄，六二再向上发展，下一步就使下卦变坤（䷠↑变否䷋>坤），但遁卦的下卦是艮（䷠>艮），艮为皮肤（见噬嗑卦），六二又在下卦中位，故为“黄牛之革”，革就是皮。艮为止，又为手，互巽为绳（六二→䷠>互巽），故为“执之用黄牛之革”。捆得太结实了，故言“莫之胜说”。象辞说“执用黄牛，固志也”，“志”指与九五相应的愿望。六二是全卦的主爻，代表柔爻向上发展的势头，但上有九五为正应，不能步步进逼刚爻，为了应合九五，得把柔爻向上发展的趋势牢牢地控制住。坚定与九五应合的心愿，这就是“固志”。

九三：系遁，有疾厉，畜臣妾吉。

【译文】

系住退势，有疾病危厉，蓄养奴仆婢妾吉祥。

象曰：系遁之厉，有疾惫也；畜臣妾吉，不可大事也。

【译文】

系住退势的危厉，是有疾病疲惫。蓄养奴仆婢妾吉祥，是不可以办大事。

【精解导读】

九三也有系缚之象，但与六二不同，六二是被系，九三是去系。从象上看，九三紧邻两个上长的柔爻，处在为刚爻守住阵地的位置上，下卦艮为止，是止住柔爻进逼的势头。艮为手，互巽（九三→䷠>互巽）为绳，要把退势系住挽回，故言“系遁”。但柔长刚退已成定局，九三一夫当关，顶住不退，勉力支撑，大势难挽，故“有疾厉”。艮为少男，所以为僮仆臣妾，九三是下卦艮的主爻，故言“畜臣妾吉”。从取义上说，九三这一爻是要把进逼的对方势力顶住，挽回退让的大势，相当吃力。大势已不可逆转，如果回去蓄养奴仆、婢妾，反倒吉祥。象辞说“系遁之厉，有疾惫也”，意为要拴住退势，太困难了，会累得疲惫不堪而生病。又说“畜臣妾吉，不可大事也”，意思是说：败退的大局

已不能挽回，大事不济，回去蓄养老婆、抱抱孩子，干点这类事情吉祥。“臣”是男奴，“妾”是女奴。但不要理解太死，臣妾都是家人，“畜臣妾”是指回去养家过小日子，干大事没什么希望了。

九四：好遁。君子吉，小人否。

【译文】

好好退让。君子吉祥，小人否塞不通。

象曰：君子好遁，小人否也。

【译文】

君子好好退让，小人会否塞不通。

【精解导读】

“好”是好坏之好，不是爱好之好，“好遁”与九五“嘉遁”意思相互证发。九四所以好，是因为有初六正应，又有九三顶住退势，不是直接被逼着遁，主动退让，退得很得体。九四刚爻，刚爻为君子，君子能主动退让，故“君子吉”。柔爻为小人，柔爻再向上发展一爻，逼进九四，全卦会成为否卦（遁䷠↑柔上长一位，为䷋←九四否），故言“小人否”。“否”是否塞不通。象辞说“君子好遁，小人否也”，意思是说：君子才会主动退让，故君子是好好退避，小人不会主动退让，故小人否塞不

通。这一爻君子好，小人不好。象辞主要是从道理上说明，知进知退就通，知进不知退就否塞不通。

九五：嘉遁，贞吉。

【译文】

非常好的退让，正固吉祥。

象曰：嘉遁贞吉，以正志也。

【译文】

非常好的退让，正固吉祥，是正固心志。

【精解导读】

“嘉”与“好”意同，只是在程度上要比好还好。“嘉遁”是非常好的退让。九五正是彖辞讲的“刚当位而应，与时行也”那一爻，最善退让。九四退让得体，九五退让有美誉。位在九五之尊，四个刚爻为朋，下有六二为正应，故言“嘉遁”。位正，故言“贞吉”。象辞说：“嘉遁贞吉，以正志也。”这是把“贞”讲成“正”。“志”是与六二正应的心愿。象上指九五在上卦中位，刚爻居刚位，居中得正；应爻六二在下卦中位，柔爻居柔位，居中得正；九五是尊位，六二是主爻，上下阴阳正应，心愿相合。心志中正应合，故有“嘉遁贞吉”的爻辞。这是全卦最好的一爻，在位是贤明之主，退让是

君子之行，进退不离中正，顺时从容，不失为圣人。

上九：肥遁，无不利。

【译文】

高飞远走而退，没有不利。

象曰：肥遁无不利，无所疑也。

【译文】

高飞远走而退没有不利，是无所疑顾。

【精解导读】

从全卦的基本意思上讲，“肥”借为“飞”，“肥遁”是高飞远走地退隐而去。张衡《思玄赋》云“飞遁以保名”，曹植《七启》云“飞遁离凡俗”。李善注：引遁上九爻辞“飞遁，无不利”。《汉书·张衡传》注引《淮南子》九师训说“遁而能飞，吉孰大焉”。人们都把“肥”当成“飞”的假借字来理解。朱芹引姚宽《西溪丛语》，反杨用修之说，“肥古作‘巼’，巼蜚同字”。“肥”就是“蜚”，“蜚”就是“飞”。把字讲得这样确切，可以帮助读者理解，但说得太死，未必符合作者的初衷。《周易》就是要用词的多义性增强它的涵盖性，取“飞”意，也取“肥”意。不过要讲最基本的意思，应当说讲成“飞”，与全卦退的主题更合拍。王弼注也说是

"增缴不能及"，取远飞为意。从象上讲，上九在全卦最上位，柔爻只要上长一位，就会退出卦外，又在上卦乾里，乾为天，它要向天外飞去，远远退隐，故言"肥遁"。知时而退，符合遁卦之道，故"无不利"。象辞说："肥遁无不利，无所疑也。""疑"前人讲成"疑顾"，意思是说没有什么顾恋而犹疑不决。这从象上说也较合适。九四、九五都有应爻，上九与九三不应而敌，无所挂碍，在遁之时，高飞远引而去，真正当了世外隐士，没有不利。

【提示】

这一卦应当提示一下《周易》语言的涵盖性。《周易》是一部载道广应的书。举偏概全，多所影射，这是它包罗万象所需要的，所以用语朦胧多歧，不能咬得过死。我们只求讲出一个基本的意思，其余内容要根据各自占筮的要求触类联系，不可拘执。《周易》的这种涵盖性，主要是采用了四种语言上的手段，即词的多义性、一语多关、互文错综和省略，尽量以"不言而言"的方法表达更为广泛的内容。从词的多义性上讲，《周易》里绝少有只用一个单纯义项的词，而是尽量发挥词的多义特点。比如这一卦的卦名遁，《序卦》说"遁者，退也"。它的基本义是遁退。但它同时又是"豚"，是猪的意思。再如大过、小过的"过"，它的基本义是一种度往行动，但在具体的上下文里又可以有概念上的引申扩展。如小过象辞"过而亨也"，过而亨通，说明"过"是顺利通过。大过上六爻辞"过涉灭顶"，"过"

“涉”连文，“过”指渡过。小过六二爻辞“过其祖，遇其妣，不及其君，遇其臣”。“过”与“不及”“遇”连文，“过”是超过。小过九三爻辞“弗过防之，从或戕之”。“过”与“防”连文，“过”是过错、过失。小过象辞“用过乎恭，丧过乎哀，用过乎俭”。超过恭、哀、俭的常规，“过”是过分。即使是意思比较单纯的吉凶断语，也有多义性的特点。比如“咎”这个词，它的基本意思是表示比灾要轻的害。坤卦六四爻辞说“括囊，无咎无誉”，象辞说“括囊无咎，慎不害也”。“咎”就是害。但有时它又是责怪的意思，如同人初九象辞“同人于门，又谁咎也”。有时又是咎过、咎由自取的意思，等等。诸如此例的情况多得不胜枚举，正是这种词的多义性，造成了意思上的涵盖性。

《周易》的涵盖性在语言上的第二个方面的表现是一语双关，甚至是一语多关。首先，卦爻辞因为来自卦象，就不得不照顾在卦象上的意思。卦爻辞一旦确定下来，又得为社会需要服务，于是又不得不具有义理上的意思。所以在取象与取义上往往是一语双关。我们举离卦初九爻辞“履错然”为例。

从取象上说，离卦是从十二消息卦的遁卦变来，变的方式是遁卦的初六与九五交换了位置，即：遁卦九五初六䷠两爻换位，变䷝←初九离卦。离卦的初九，是遁变离时从五位下到初位。按易例来说，初位是足，初九下来如同在脚上穿上鞋子，所以才有“履”的命辞。“履”是鞋的意思，下到初位，既是彖辞讲的“刚来文柔”（刚爻

下来把柔爻交错开），又组成下卦离（䷝>下离），离在卦象里是文，所以才有“错”的命辞。“错”取花纹的意思，要是按象上的意思去解释，“履错然”是穿上花鞋的样子。但爻辞还有它的社会意义。“履”作“礼”讲，指的是各种礼仪制度。《周易》本经里没有“礼”字，凡是“礼”都作“履”，看来“礼”是个后起字。我国大量的古籍材料都认为：“礼，行所履也。”如《礼记·祭义》：“礼，履此者也。”《左传》文公元年：“履端于始。”《疏》：“履，礼也。”这样的材料很多。《说文》：“文，错画也。”笔画有秩序地交错就成为一种美丽的花纹。花纹表示一种文采，“错”指的是有文采。礼仪制度是社会的文采，没有礼仪社会就质而不文。“履错然”的社会意义，是礼仪有文采、有秩序、很文明的样子。《序卦》里就有“有上下然后礼仪有所错”的话，意思可以相互印证。“履错然”要是对于某个人来讲，那又是谦恭守礼、文质彬彬的样子。这仅是个一语双关的例子，除此之外，还有一语多关的情况。简而言之，卦爻辞一般都会具有象上与义理上的双重意思，这就增强了《周易》的涵盖性。

《周易》的涵盖性在语言上的另一个表现是前后互文错综、相互发明。一句话指东也指西，说此也说彼。这里为了有个浅显的说明，举《说卦》中的一段话为例：

“万物出乎震，震东方也。齐乎巽，巽东南也；齐也者，言万物之絜齐也。离也者，明也，万物皆相见，南方之卦也；圣人南面而听天下，向明而治，盖取诸此

也。坤也者，地也，万物皆致养焉，故曰致役乎坤。兑，正秋也，万物之所说也，故曰说言乎兑。战乎乾，乾，西北之卦也，言阴阳相薄也。坎者，水也，正北方之卦也，劳卦也，万物之所归也，故曰劳乎坎。艮，东北之卦也。万物之所成终而成始也，故曰成言乎艮。”

在说明八卦的方位意思时，震正东，巽东南，离正南，乾西北，坎正北，艮东北，六个方位都做了说明，而在坤卦与兑卦之后却并不提及方位，但人们根据上面六个方位的提示，按照四正四维一找，很容易发现坤的卦位在西南方，兑的卦位在西方。可见讲六个方位，也是在讲另两个没有提到的方位。在说明八卦的时令意思时，兑是正秋做了说明，其他卦的时令并未提及，但人们根据兑为正秋的提示，按照一年四季一找，也很容易发现震为春，离为夏，坎为冬。可见讲出一个时令，也是在说明其他三个时令。至于八卦在所具特性方面的意思，因为没有思路上的明确联系，就都分别做了说明，震为出，巽为齐，离为见，坤致役，兑为悦，乾为战，坎为劳，艮为成。显然这是用一种互文错综的方法，相互发明。这种语言上的表现，也增强了它的涵盖性。

《周易》的涵盖性还表现在用语的简洁省略上。经文里几乎找不到什么衬字，这是任何一部经书都没有的特点，语句比诗还简练。至于省略，全书可以说是用一切可能省略的手段而省略，真是惜墨如金，尽量用不言而言的方式向人们昭示更为广泛的意义。

三十四 大壮——阳气大盛

䷡

大壮的卦画组合为乾（☰）下（☳）震上，传统称作雷天大壮。《序卦》云：“物不可以终遁，故受之以大壮。物不可以终壮，故受之以晋。晋者，进也。”意为：事物不能老是退，所以在遁卦之后接着是大壮卦。事物也不能老是盛壮，故大壮之后接着是晋卦，晋是进的意思。遁卦是退，晋卦是进，大壮卦在退与进之间，由退到停止不退，再到前进。《杂卦》云：“大壮则止，遁则退也。”意为大壮是停止，遁卦是消退。按《序卦》《杂卦》的讲法，大壮是止的意思。彖辞说：“大壮，大者壮也。”“大”指刚爻，大壮是刚爻壮盛。把这些意思综合起来理解，大壮的基本意思是刚爻很壮大。从卦象上看，大壮是四刚二柔，刚爻壮大。为什么《序卦》《杂卦》一定要强调大壮有“止”的意思？这是因为事物进退消息有它的规律，物极必反，盛极而衰。刚爻壮大是个较好的格局，见好该收，不要走向极端，因此要止。大壮是十二消息卦中六个刚长柔退的卦之一。前人把它配在农历二月，再向前

发展阳气由盛而衰，《周易》抑阴而扶阳，不愿阳气衰退，大壮卦刚爻长到四位，超过全卦六爻的半数，再向前发展就不利，所以该止。《周易》里的量变质变规律，在这一卦表现得最为明显。事物发展有一个度，超过这个度就会发生质变。刚爻从复卦一阳复苏，到了二阳生出的临卦，有了好的发展势头，再到三刚在下的泰卦，已达到阴阳的相对平衡状态。到了四刚的大壮，就是最佳的度。再向前发展，就会走下坡路。懂得消息盈虚之理，就该在最佳的度上停下来。

从卦变上讲，大壮属阳长的六卦，从坤变来。直接从泰卦发展变化而成，即：泰䷊↑刚爻向上长一位，变䷡大壮。大壮再向前发展就是夬卦、乾卦。大壮与上一卦遁是一对正覆卦，即：遁䷠上下倒置，为䷡大壮。遁是柔长刚退，大壮是刚长柔退。

大壮，利贞。

【译文】

大壮卦，宜于正固。

彖曰：大壮，大者壮也。刚以动，故壮。大壮利贞，大者正也。正大而天地之情可见矣。

【译文】

大壮是大的一方壮盛。刚健而行动，所以壮大。

大壮利于正固，是大的一方为正，又正又大，天地的情理就可见到。

象曰：雷在天上，大壮。君子以非礼弗履。

【译文】

雷在天上，这就是大壮卦。君子从中得到启示，不去做非礼的事。

【精解导读】

卦辞说“大壮，利贞”，意思是说已经很壮大了，就应当在这个最佳的度上停下来。正固不动最有利。这是取象于四刚长成，向前发展会由壮及老，是从消息盈虚上讲的。

彖辞从四个方面说明大壮卦。（一）解释卦名。“大壮，大者壮也”是指《周易》以刚爻为大，柔爻为小，刚爻超过半数，是大的一方壮盛。刚爻还表示正气、君子等，总之是好的一方有一个强壮旺盛的局面。（二）从上下卦特性组合上解释卦名。“刚以动，故壮”，指下卦乾，乾的特性刚健；上卦震，震的特性是动，上下卦组合在一起是具有刚健的禀赋而行动，所以能壮大。以上两个方面，解释卦名，同时说明大壮是个好卦，筮得大壮是正处在壮盛时期。（三）解释卦辞“利贞”。“大壮利贞，大者正也”，意为大壮卦利于正固，是因为大的刚爻为正。《周易》以柔

爻为邪，刚爻为正。大壮是刚爻占据优势，故有利于正的一方。这是把“贞”讲成“正”。（四）推演大壮卦的意义。“正大而天地之情可见矣”，意思是天地就是既正又大，人能体正大之道，就发现了天地的情理。刘牧讲这一句时说：“天地无不覆载，大也；覆载无所偏私，正也。”

象辞说的“雷在天上，大壮”，指大壮下卦是乾，乾为天，上卦是震，震为雷，上下卦组合在一起，卦象是雷在天上，这就是大壮卦。从取义上说，雷在天上，声威壮大，上天声威，不容邪恶非礼，故君子从中受到启示，不干非礼之事。“非礼弗履”中，“履”是履行，是说行动上不要有非礼的事，这反映了初民对天雷那种宗教式的恐惧心理。

初九：壮于趾，征凶，有孚。

【译文】

强壮在脚趾上，征进凶，有信实。

象曰：壮于趾，其孚穷也。

【译文】

强壮在脚趾上，有信实受到困穷。

【精解导读】

趾是从爻序取象。初爻在卦的最下位，是脚趾。如噬嗑初九“屦校灭趾”，贲初九“贲其趾”，夬初九“壮于前趾”，艮初六“艮其趾”等。卦是大壮，爻在初位，故言“壮于趾”。脚趾的功能是征进，而大壮卦要止，故“征凶”。初九刚爻，刚爻为实，故言“有孚”。象辞说“壮于趾，其孚穷也”，意思是具有信实的刚爻再向上勇进会走向穷途末路。指大壮的刚爻不停上长，会到五位、上位，由壮及老。到了上位其道就穷了。因为初九是泰变大壮刚刚生长出来的一个刚爻，征进的心愿很强烈。“穷”在这里是受困的意思。

九二：贞吉。

【译文】

正固吉祥。

象曰：九二贞吉，以中也。

【译文】

九二正固吉祥，是因为有中道。

【精解导读】

九二在下卦中位，上有六五为正应，有中道又有

应援，故为“贞吉”。象辞说“九二贞吉，以中也”，意为九二正固吉祥，是因为在下卦中位。在中位取有中道为义，有中道，不偏不斜，行为适中得体，故会吉祥。但从整卦来看，九二也不宜征进，“贞”还有正固不动的意思。

九三：小人用壮，君子用罔，贞厉。羝羊触藩，羸其角。

【译文】

小人利用自己的强壮，君子不这样，正固有危厉。公羊顶撞藩篱，挂住觭角。

象曰：小人用壮，君子罔也。

【译文】

小人依靠强壮，君子不依靠这些。

【精解导读】

“用罔”与“用壮”互文见义，“罔”作“不”讲，象辞说“君子罔也”可证。有人把“罔”讲成“网”，与象辞义不合。在爻辞中讲成网还算勉强可通，象辞就不能这样讲。“小人用壮”，小人指体力劳动者，要靠强壮的体力去劳动，君子是脑力劳动者，不依赖强壮的体力。取义上可引申为小人依靠自己的强壮，

恃强凌弱，以力量或优势凌人。“君子罔也”是说君子不用这一套，“罔”是对小人做法的否定。这一爻还是要止，不要恃强而进。三至五爻互为兑卦（
），兑为羊。上卦震，震为藩篱。《说卦》“震为蕃鲜”，“蕃”借为“藩”。尚秉和先生说：“《易林》乾之丰云‘藩屏周卫’，同人之师云‘藩屏汤武’，皆以震为藩。”比较可信。其他卦没有提到“藩”，这一卦从三爻向上讲“藩”，也只有上震才能有藩篱之象。羝羊又称羖，民间称作“大顶羊”。公牛称“牯”，公羊称“羖”，羖是长着一对强壮大角的公羊，最喜顶触。“触”是顶撞。“藩”是篱笆，关羊的栅子也称藩。“羸”，王肃本作“缧”，郑玄、虞翻本作“纍”，蜀才本作“累”，都是系缧的意思。“羝羊触藩，羸其角”，是指公羊顶触篱栅，羊角被栅子挂住，卡在那里动不了。因为是被挂住动不了，所以“贞厉”，“贞厉”是指正固不动有危厉。象辞“小人用壮，君子罔也”，是指柔爻为小人，刚爻为君子，大壮从泰卦变来，九三在泰卦处在刚柔爻相接的位置上（
），刚长一爻变为大壮，对柔爻不利，对刚爻有利。但刚爻是君子，要从大局出发，知进知止，不以壮盛凌人，小人才会利用壮盛凌人。象上显示的是九三上下都是刚爻，强强相遇，撞不出去。这一爻不吉利，进退不得。

九四：贞吉悔亡，藩决不羸，壮于大舆之輹（fù）。

【译文】

正固吉祥，没有忧悔，冲破藩篱，角解脱出来，大车的车輹强壮。

象曰：藩决不羸，尚往也。

【译文】

冲破藩篱，角解脱出来，向上前往。

【精解导读】

九四是全卦的主爻，代表刚爻壮大上长的势头，锐不可当。能遵循大壮的正道就会吉祥，故言“贞吉悔亡”。刚爻如再上长一爻就会变成夬卦（䷪），夬就是决，上震为藩，故言“藩决不羸”。“决”是冲决、突破义，“羸”是挂住。“藩决不羸”意思是从藩篱中冲决出来，不会被藩篱勾挂住，因为九四已突过上震，前临被逼退的柔爻。坤为大舆，震在坤下变出一位刚爻（☷←变刚为☳震），故震为车厢底下的横木，为车輹（见大畜九二爻辞“舆说輹”、九三爻辞“日闲舆卫”下“辨证”）。“輹”是把车厢装在车轴上的零件，车脱輹就不能走，车輹壮就可以横冲直撞。九四是震的主爻（九四→䷡>震），又是大壮的主爻，故言“壮于大舆之輹”，是说车輹很坚固，前进的大车不可阻挡。从九四的发展势头上看，确实如此，上面的两个柔爻已

无力阻止它的上进。这一爻总的讲是冲决藩篱，势如破竹，具有摧枯拉朽的威力。象辞说“藩决不羸，尚往也”，意为冲决网罗、藩篱，是向上前往，就是指刚爻上长的势头。

六五：丧羊于易，无悔。

【译文】

羊在边界丧失，没有忧悔。

象曰：丧羊于易，位不当也。

【译文】

羊在边界丧失，是位置不合适。

【精解导读】

“丧”是丧失，“易”同“埸”，指疆埸、边界。《荀子·富国》：“观国之治乱臧否，至于疆易，其端已见矣。”注：“易与埸同。”《说文》：“埸，田畔也。”是地的边界。从象上看，大壮从泰变来，泰的上卦是坤，坤为地，变为大壮，上坤的下界已被刚爻占去，六五与上长的刚爻相接，故有丧埸之象。互兑为羊(六五→䷡>互兑)，故言“丧羊于易”。但六五在上卦中位，与九二正应，故言“无悔”。象辞说“丧羊于易，位不当也”，“位不当”一是指六五正处在与上长的刚爻相

接的位置，首当其冲，刚爻壮大，柔爻弱小，位置不好；二是指五位是尊位、刚位，六五柔爻不应当居于其位，因此才会有羊在边界丧失的损失。这一爻损失是有的，但时势如此，没有忧悔。

上六：羝羊触藩，不能退，不能遂，无攸利。艰则吉。

【译文】

公羊顶撞藩篱，不能退，不能遂意，无所利。艰难自守就会吉祥。

象曰：不能退，不能遂，不详也；艰则吉，咎不长也。

【译文】

不能退，不能遂意，是不加审详；艰难自守就会吉祥，咎害长不了。

【精解导读】

上六处在全卦最后一位，已经是靠边站了。在上卦震里，震为藩篱，上位为角（见前），互兑为羊，故有羊冲撞藩篱之象。但上六撞来撞去没有出路。向下有四个刚爻锐不可当，向上已无路可进，不能遂意，故言“羝羊触藩，不能退，不能遂，无攸利”。“遂”

是遂心如意。但上六又是大壮之末，再发展很快会由壮及老，上六这种进退失意的状况不会维持多久，如能在艰难中自守就会否极泰来，获得吉祥。这一爻当时在艰难中，吉祥在将来。象辞说："不能退，不能遂，不详也。""不详"是不能自己审详，也就是不认真思量，指上六"羝羊触藩"的做法是一种不加审详的做法。所以不能退，也不能如意。"艰则吉，咎不长也"，意思是盈虚消长为自然之理，大壮及老是必然趋势，上六的咎害不会长久，艰难自守，吉祥会到来，不审时度势而冲撞决突没有用处。

【提示】

结合本卦，说明一下大卦。大卦也称兼画卦，从京房开始就有这样一种取象的方法。就是把几个刚柔相同的爻看成是一爻，把一个多爻卦看成是三爻卦。比如前人把中孚䷼当成一个大的离（☲）卦。小过当成一个大的坎卦（小过䷽>☵坎），临卦当成一个大的震卦（临䷒>☳震），遁卦当成一个大的巽卦（遁䷠>☴巽），观卦当成一个大的艮卦（观䷓>☶艮），大壮当成一个大的兑卦（大壮䷡>☱兑）。朱熹《周易本义》注说"卦体似兑，有羊象焉"，就是指大壮是兑的大卦，兑为羊，是一只大羊，所以卦爻辞中老是提到羊，这样取象，实际是六爻全象的一种变例，从大量的爻辞中分析，从大卦取象是《周易》中自有的。除以上六卦外，六爻的乾卦自然是放大的三爻乾卦（䷀>☰），六

爻的坤卦自然是放大的三爻坤卦(䷁>☷)。八卦在六十四卦中各有放大的形象，对应也较为严整。另一种大卦的变例，是把四爻、五爻并列在一起也看成是一个大卦。比如益卦的下五爻可看成一个大离（益䷩>☲离)，贲卦的上四爻也可看成是一个大离（贲䷕>☲离)，甚至六爻的颐卦也可看成是一个大离（颐䷚>☲离)。这样，大卦取象的范围就较为广泛，比如前面讲过的大过，前人就把它看成是大坎（大过䷛>☵坎)，等等。总的讲，从大卦中取象不违背《周易》的体例，但也要注意，大卦之象作者也是时取时不取，用以解《周易》，还要参照卦爻辞为据。

三十五　晋——青天白日

䷢

晋卦的卦画组合为坤（☷）下离（☲）上，传统称作火地晋。《序卦》云：“物不可以终壮，故受之以晋。晋者，进也。”意为：事物不能老是止于盛壮，所以在大壮之后接着是晋卦。晋是进的意思。

关于晋卦的卦变，虞翻说“观四之五”，蜀才解释道：“此本观卦，案九五降四，六四进五。”彖辞提示说“柔进而上行”。所以晋卦是由观卦变来，是观卦的柔爻六四向上升进了一位，九五向下推移了一位，即：观九五六四䷓两爻位置交换，变䷢晋。晋卦与下一卦明夷是一组正覆卦，即晋䷢整体倒置，为䷣明夷。

晋，康侯用锡马蕃庶，昼日三接。

【译文】

晋卦，荣耀的诸侯用天子赏赐的良马繁殖。一日之内天子接见三次。

彖曰：晋，进也。明出地上，顺而丽乎大明，柔进而上行，是以康侯用锡马蕃庶，昼日三接也。

【译文】

晋是升进的意思。光明出现在大地的上空，顺从而附丽于光明，柔顺前进向上运行，因此荣耀的诸侯用天子赏赐的良马繁殖，一日之内天子接见三次。

象曰：明出地上，晋。君子以自昭明德。

【译文】

光明出现在大地上空，这就是晋卦。君子从中受到启示，要昭示自己的明德。

【精解导读】

“康侯”，前人考证是卫康叔（见提示），作为卦辞，即使实指其人，也只能是举例性质。《释文》：“康，美之名也。”因此讲成荣耀的诸侯更好一些。“锡”同“赐”，古代“赐”多借用“锡”。“蕃庶”是蕃息而众多。“用锡马蕃庶”，是说用天子赐给的良种马去畜养繁殖，给国家培养出大量的良种马。这在古代也是一种很大的功勋。《史记·秦本纪》说，秦的祖先大费（即柏翳），“佐舜调驯鸟兽，鸟兽多驯服，是为柏翳，舜赐姓嬴氏”。周孝王时代，柏翳的后代“非子好马及畜，善养息之”，周孝王让他在汧渭间养马，马大蕃息，孝王奖

励他说："昔柏翳为舜主畜，畜多息，故有土，赐姓嬴。今其后世亦为朕养马，朕其分土为附庸""邑之秦"。靠养马而裂土封侯，为后来的秦王朝立下了基业。"昼日"是白天，这里指一个白天，"三接"是天子接见了他三次。三接之礼，《周礼·秋官·大行人》有记载：诸公"三飨""三问三劳"；诸侯"三飨""再问再劳"；子男"三飨""一问一劳"。诸侯来朝，天子要接见，第一次是接见，第二次是设宴款待，第三次是慰劳，但不是一天之内的事。一天之内接见三次，足见这个诸侯在天子心目中地位的重要，对其宠爱有加。卦辞的意思是：光荣的诸侯用天子赐给的良种马繁殖，功劳卓著，上京朝见，天子一天就接见了他三次，这是一种殊荣。从象上讲，下卦坤为牝马，为众；互卦坎（䷢>互坎）为美脊马，有马繁殖之象。晋为昼，下卦三个柔爻并进，有昼日三接之象。

彖辞从五个方面说明晋卦。（一）解释卦名。"晋，进也"，这是用声训解释晋是升进的意思。（二）从上下卦象的组合上解释卦名。"明出地上"，指晋卦由下卦坤和上卦离组合而成，坤为地，离为明，光明出现在大地之上，这是光明上升之象。（三）从上下卦特性的组合上说明晋卦。"顺而丽乎大明"，指坤的特性是柔顺，离的特性是附丽、光明，组合在一起是柔顺地附丽在光明上，是个荣耀的卦。（四）从卦变上说明晋卦。"柔进而上行"，是指晋卦从观卦变来，观卦下边的柔爻向上推移，观䷓六四上行到五位就变成晋䷢。从取义上说，是柔顺地向上升进。（五）解释卦辞。

“是以康侯用锡马蕃庶，昼日三接”中，“是”作指示代词用，意为这；“以”是因为，“是以”就是因此。这一句总括以上四个方面的内容而言，是因为全卦有升进、附丽于光明等原因，才有荣耀晋升之义，所以才说，光荣的诸侯用天子所赐的良马繁殖众多，一天被接见三次。指出卦辞是荣耀晋升的意思。

象辞说“明出地上，晋”，意为下卦坤为地，上卦离为明，光明出现在大地上空就是晋卦。“君子以自昭明德”中，“昭”是昭朗，也就是显现。这句意为君子从卦中得到启示，要让自己光明的道德显现出来。俞琰说：“明德，君子固有之德也。自昭者，自有此德而自明之也。人德本明，人欲蔽之，不能不少昏昧。其本然之明固未尝息，知所以自明，则本然之明，如日之出地，而其昭著初无增损也。《大学》所谓‘明明德’、所谓‘自明’，与此同旨。”认为人一生下来就有人的本性，这种本性符合道德标准，后来被私欲蒙蔽了，道德有了亏损，现在要自己把这种与生俱来的德性开发出来，让它发扬光大。“自昭”就是自己去昭明、开发。“明德”是人的天然本性。这是承袭宋人的观点。如王宗传说：“夫人性本明，其或不能遽然而明者，是公有所蒙蔽而然也。”宋人又承袭儒家的性善说。但从象辞中看不出“明德”就一定是“人性本明”“君子固有之德”。“明德”就是好的道德，“自昭”就是自我彰明，是要加强自身修养，使道德昭朗。

初六：晋如，摧如，贞吉。罔孚，裕，无咎。

【译文】

升进的样子，推挤的样子，正固吉祥。未受到信任，从容，没有咎害。

象曰：晋如摧如，独行正也。裕无咎，未受命也。

【译文】

升进而又推挤，自己前行于正道。从容没有咎害，是还未接受任命。

【精解导读】

“摧”，《说文》：“挤也”，推排进挤的意思。全卦是“柔进而上行”，六五已经上到尊位，以下的三个柔爻都要上行。所以初六爻辞是“晋如”，六二爻辞是“晋如”，六三象辞是“志上行也”。这是爻的推移趋势。下三爻如同排起队向上走。初六上进前临的是互艮（初六→☶>互艮），艮为止，前面受阻，后面往上挤，故言“摧如”，“摧如”是往开推排的样子，这里指推挤。初六在最下位，有向上推挤之象，“晋如，摧如”就是推挤着向上升进。但初六位置太后，又是初始起步，一时挤不上去，加塞乱挤不行，故言“贞吉”，要正固其位，在后边老老实实排队才吉祥。“罔孚”是个人的信实还没有被认识，也就是还未受到信任。一开始就要升进，

还没人信得过。从象上说，初六与九四是正应，有孚，但九四把位置让给了六五（观变晋，六五与九四是换位的爻）。初六还未受到信任。“裕”是宽裕从容。排在最后，时间宽裕从容，慢慢等待，会有升进的机会，故言“裕，无咎”。象辞说“晋如摧如，独行正也”，是指初六的推挤升进符合“柔进而上行”的晋卦正道，但唯独自己排在最后，所以才推挤。“裕无咎，未受命也”，是指位置最下，还未受到任命上不去，还有从容的时间去等待。“未受命”主要解释“罔孚”。

六二：晋如，愁如，贞吉。受兹介福，于其王母。

【译文】

升进的样子，忧愁的样子，正固吉祥。从王母那里受到这样的大福。

象曰：受兹介福，以中正也。

【译文】

受到这样的大福，是因为中正。

【精解导读】

六二也要升进，故言“晋如”。但六二前临的是互坎（六二→☵>互坎），坎为加忧，故言“愁如”。观卦变

晋，六二实际是观卦九五的正应（观九五、六二→䷓应位），但六二没有升进五位，而是按顺序让六四升到五位，自己守住下卦的中位，故言“贞吉”。“介福”是大福，指卦辞讲的“康侯用锡马蕃庶，昼日三接”的殊荣。王母指六五，六五柔爻占据天子位，故言王母。《尔雅》：“父之妣为王母。”《周易》的妣多指祖母，如小过六二“过其祖，遇其妣”，“妣”与“祖”对举。王母在取义上可理解为祖母。六二在下卦中位，六五在上卦中位，两爻可代表晋卦，故六二有“受兹介福”之象。

象辞说“受兹介福，以中正也”，指六二在下卦中位，行为不失中正，所以受到大福。

六三：众允，悔亡。

【译文】

众人升进，没有忧悔。

象曰：众允之，志上行也。

【译文】

众人升进，都愿意向上行。

【精解导读】

“允”是借字，本字作“粇”。升卦初六爻辞“允升大吉”。《说文》作粇。解释说“粇，进也……《周

易》曰：‘粇升大吉。’”“众允”是众人一起向上升进。从象上讲，六三在下卦坤里，坤为众，“柔进而上行”，故言“众允”；六三前临上离（六三→☲>离），走向离明，故“悔亡”。象辞说“众允之，志上行也”，意指六三与下面的六二、初六一起升进，心志都是要向上行。

九四：晋如鼫（shí）鼠，贞厉。

【译文】

像鼫鼠一样升进，正固不动有危厉。

象曰：鼫鼠贞厉，位不当也。

【译文】

像鼫鼠一样正固不动有危厉，是位置不当。

【精解导读】

据《古今注》《本草》《广韵》的说法，鼫鼠是最喜啃食土豆的蝼蛄。《子夏传》作“硕鼠”，那就是田老鼠了。《九家易》把鼫鼠直接称作“五穷”，那就是蝼蛄。蔡邕在《劝学篇》里又称作是鼯鼠，称它是“五能不成一伎”，所以称它是“五穷”。《说文》讲得详细一些，说这种小动物“能飞不能过屋，能缘不能穷木，能游不能渡谷，能穴不能掩身，能走不能先人。”意思是

说蝼蛄这种鼫鼠，会飞，飞不过房子高；会攀援，爬不上树那么高；会游水，游不过河谷；会挖穴，掩不住身子；会跑，还没人走得快。因此是五伎而穷。这种动物北方农田里很多，串地皮穴走，屡屡可见。靠这么两下子升进，显然是不紧跑就落后了。从卦象上说，全卦是“柔进而上行”，四个柔爻中六五已超过它，上进到它上边去了，六三、六二、初六又追了上来，九四在观变晋的过程中已向下移了一位，接着又要被下面的三个柔爻甩在后面，简直就是个鼫鼠，故言“晋如鼫鼠”。九四在互艮里（九四→䷢>互艮），艮为鼠，故言“鼫鼠”。本身无能，挡住柔爻上行的路也不行，故言“贞厉”，上卦离为日，鼠是夜行动物，白天不宜，正固不动也有危厉。象辞说“鼫鼠贞厉，位不当也”，“位不当”主要指它处在柔爻升进的路上，有被凌轹而过之象，故有危厉。

六五：悔亡，失得勿恤。往吉，无不利。

【译文】

没有忧悔，不顾虑得失。前往吉祥，没有不利。

象曰：失得勿恤，往有庆也。

【译文】

不顾虑得失，是因为前往有喜庆。

【精解导读】

六五是观变为晋的主爻，原为观卦的六四，在上巽里（观六四→☴>上巽），巽为利，变而为晋卦，上巽消失，这是失利。升进到全卦尊位，这是得。在互坎里（晋六五→☵>互坎），坎为忧恤，故言“悔亡，失得勿恤”。恤是忧虑。六五是全卦“柔进而上行”的四个柔爻中，唯一升进上去的一爻，故言“往吉，无不利”。象辞说“失得勿恤，往有庆也”，指六五升进到尊位，实现了上行的愿望，大有喜庆，得大于失，勿需患得患失。总之，六五是失去小利，获得大的喜庆。“失”在孟喜、马融、郑玄、王肃诸本中皆作“矢”，“矢得”连文不成话。虞翻把“矢”讲成“誓”，仍不成话。王弼本作“失”是对的。“失得”在《周易》里是个常用词，作“矢”是形近而讹。

上九：晋其角，维用伐邑。厉吉，无咎，贞吝。

【译文】

升进至角，用以征伐邑国。危厉吉祥，没有咎害。正固有吝难。

象曰：维用伐邑，道未光也。

【译文】

用以征伐邑国，是王道还不光大。

【精解导读】

《周易》例上爻为角，初爻为尾；上爻为首，初爻为足；上爻为顶，初爻为趾。到了上位再升进，就是升进头上的角了，故言“晋其角”。上九在上位，又在上卦离里，离为戈兵，下卦坤为国邑。在上位操戈兵临于国邑，故言“维用伐邑”。“伐邑”是天子出兵讨伐自己治下逆乱的属国，不是去侵略，名正言顺，故有危厉而吉祥无咎。“贞吝”是正固不动有吝难，因为上九处在穷极之位，上面已无位可进，不动会被推出去。象辞说：“维用伐邑，道未光也。”象上指上九在离卦里，离为光明，而上九位置困穷，光明不能远照。义上取的是王道不光大，还得去征伐。

【提示】

结合这一卦讨论一下《周易》的逸象。逸象指的是《说卦》里没有明确指出的卦象。《说卦》列出八卦之象共有一百二三十则，称为八卦的正象或本象。其实卦代表什么象，只不过是一种人为的规定。但这种规定又不是后人可以随便加的。因为人们是要用卦象解释《周易》，这就得遵循《周易》作者的规定。作者观象系辞，已经把这些象融注到卦爻辞里，后人就必须按他的取象来加以说明。否则就是自己去另行创造，违背了作者的本旨。作者对八卦规定的象，《说卦》作了一个基本说明，但仅靠这些说明还覆盖不了全部卦爻辞的内容，于

是后人就补充了一些卦象，这些卦象通称之为逸象。如《荀氏九家易》所载逸象有三十一种，清惠栋从虞翻的《易注》辑得逸象三百三十种，张惠言《周易虞氏易》收集了四百五十六种，宋人如邵雍等又从五行等方面扩大了逸象。到了方申，把前人有关内容搜集在一起，在《虞氏易象汇编》中列出一千二百八十七种。这就产生了逸象是否符合《周易》作者规定的问题。对前人提到的这些逸象，既不可全信，也不可不信，应当根据《周易》本经有所鉴别。比如这一卦提到的“邑”，《说卦》没有明确规定，虞翻说“坤为邑”。虞氏的话可信不可信，得检验一下。《周易》提到“邑”的有八处：讼九二（九二→䷅）“归其逋，其邑人三百户无眚”。这是因为九二逃到坤卦之中，使坤变为坎。比卦九五（九五→䷇）“邑人不戒”，九五也是占据坤卦中位，下卦又有坤。泰上六（上六→䷊）“自邑告命”，是上六要消退，坤有了危机。谦上六（上六→䷎）“征邑国”，上六也在坤卦。夬（䷪）卦，卦辞说“告自邑”，指坤象消退到最后一爻。升九三（九三→䷭）“升虚邑”，邑指上卦坤。尤其有说服力的是井（䷯）卦，彖辞说“改邑不改井，乃以刚中也”，显然指的是九五，九五占据了坤的中位，邑就改了；坤变成坎，坎为水，井就没有改。说明“坤为邑”的说法是有所传授。还有就是本卦的上九。从坤的基本象上看，坤为地，“邑”是乡土，“坤为邑”与基本卦象一致，这就可以相信虞氏的说法。

三十六　明夷——黑暗无光

䷣

明夷的卦画组合为离（☲）下坤（☷）上，传统称作地火明夷。《序卦》云：“进必有所伤，故受之以明夷。夷者，伤也。”意为：一味地前进必然会受到伤灭，所以在表示升进的晋卦之后接着是明夷卦。夷是伤灭的意思。《杂卦》云：“明夷，诛也。”诛是灭。意指明夷是诛灭。《序卦》《杂卦》都没讲“明”，因为“明”较容易理解。其实“伤”“诛”都是对“明”说的，象辞说“明入地中，明夷”，显然是说光明进入地下，光明熄灭。因此明夷卦名的意思是光明熄灭。晋是“明出地上”，是白天，明夷就是黑夜。

从象上说，明夷是晋的覆象，晋卦卦画上下颠倒就是明夷，即晋䷢倒置为䷣明夷。从卦变上说，明夷直接是从小过卦变来，即小过䷽（九四 初六）九四与初六换位，变䷣明夷。这要从爻辞中认真研究。虞翻与蜀才都说从临变来，从卦变体例上说也应该从临变来。看来小过与中孚是卦变的中间环节。

明夷，利艰贞。

【译文】

明夷卦，宜于在艰难中正固。

彖曰：明入地中，明夷。内文明而外柔顺，以蒙大难，文王以之。利艰贞，晦其明也。内难而能正其志，箕子以之。

【译文】

光明进入地中，就是明夷卦。内心文明而外观柔顺，以此蒙受大难，周文王是这样做的。宜于在艰难中正固，是韬光养晦。内部患难而能正固自己的心志，箕子是这样做的。

象曰：明入地中，明夷。君子以莅众用晦而明。

【译文】

光明进入地中，这就是明夷卦。君子从中得到启示，临众治事要隐去自己的察察之明，而愈显圣明。

【精解导读】

明夷卦是光明进入地下，天下黑暗无道。卦辞说“利艰贞”，意思是在黑暗无道的时势里要艰难正固才有利。“贞”在这里有两层意思：一是要守正，取“正”

义。不能因为黑暗无道，而改变正道与世混同。二是不要盲动，取“固”义。天下黑暗无道，时势所限，动而取祸，不动有利。卦辞作者认为，身处暗世的正人君子，有这样两条立身处世的原则，不招辱取祸，也不改变正道，这样就有利。时势艰难，君子也要耐得住艰难，既不屈志求荣，又善于远害避祸，保存自己，一定会坚持到时势出现转机。故言“利艰贞”。

彖辞从五个方面解释明夷卦。（一）从上下卦象的组合上说明。“明入地中，明夷”，指明夷卦的上卦是坤，坤为地；下卦是离，离为日、为明，组合在一起是太阳落入地下，光明进入地中之象，光明夷灭，所以卦名称“明夷”。（二）从上下卦特性的组合上说明。“内文明而外柔顺”，指上卦为外卦，下卦为内卦；内卦是离，离为文明；外卦是坤，坤为柔顺，内外卦组合在一起是内心文明，外表柔顺。（三）举文王为例说明卦辞“艰”。“以蒙大难，文王以之”与上句“内文明而外柔顺”意思贯通。是说周文王就是用内心文明外表柔顺的方式，在蒙受大难的逆境中，远害避祸，保存自己。“难”是解释卦辞“艰”。“文明”指明智。在黑暗的世道中，君子的明智与世道的黑暗格格不入，就得把自己的光明隐藏起来，表现得很柔顺，避免世道的迫害，善于保护自己。周文王就是用这种方法躲避商纣王的迫害，先使自身得以保存，然后再去拯救世道。《史记·殷本纪》记载：“纣乃重刑辟，有炮烙之法。以西伯昌、九侯、鄂侯为三公。九侯有好女，入之纣。九侯女不憙淫，

纣怒，杀之，而醢九侯。鄂侯争之强，辩之疾，并脯鄂侯。西伯昌闻之，窃叹。崇侯虎知之，以告纣。纣囚西伯羑里。西伯之臣闳夭之徒，求美女、奇物、善马以献纣，纣乃赦西伯。西伯出而献洛西之地，以请除炮烙之刑，纣乃许之。赐弓矢斧钺，使得征伐为西伯。”这段话里的西伯就是后来的周文王。纣王的三公中，九侯把女儿送给商纣王，就因为她女儿不喜欢淫乱被杀了，九侯也被剁成肉酱。鄂侯替九侯争辩了几句，也被杀死做成了肉干。周文王为此叹了口气，被投入羑里监禁起来。如果再有所表示，杀身可知。文王正是蒙受大难。文王表现得很柔顺，纣王又把他放了。结果是放虎归山，最后周灭了商，拯救了黑暗的世道。这是彖作者给读者树立的一个善处暗世的典型。（四）解释卦辞“利艰贞”的含义。“利艰贞，晦其明也”，意思是说：怎样才算是“利艰贞”？是指能把自己的明智隐晦而不表现出来。卦象是“明入地中”，对人来讲就是明智藏于内心。（五）举箕子为例说明卦辞“利艰贞”。“内难而能正其志，箕子以之”，意思是说：在内难发生的时候，能够正固自己的心志，箕子就是这样做的。《史记·殷本纪》载：“纣愈淫乱不止，微子数谏不听，乃与太师、少师谋，遂去。比干曰：‘为人臣者，不得不以死争。’乃强谏纣。纣怒曰：‘吾闻圣人心有七窍。’剖比干，观其心。箕子惧，乃佯狂为奴，纣又囚之。”箕子有的书说他是纣王的叔父，有的说是与纣同姓，总之他与微子、比干都是纣王的宗室老臣。微子劝纣王劝不过来，隐身而去，

比干要死谏，结果被挖了心，箕子无可奈何，披发装疯做奴才。纣王还要把他关起来。商王朝灭亡，箕子才被周武王放出来。箕子是个非常有韬略的人，后来做了天子师，周武王还向他讨教治国大计。当时他处的是内难，与周文王不同。他披发装疯，为奴被囚，但他并不因此改变自己的心志，所以说他是蒙受内难而能正其志。这是象作者为读者树立的又一个善处暗世的典型。

象辞换了一个角度作推阐。认为从“明入地中”的卦象中，君子可以学到“用晦而明”的哲理。“莅众”是临众，也就是治理百姓。“晦”是不明。为什么要用晦去治众？主要是为了集思广益，博采众长。什么事你都表现得很精明，众人的智慧就受到压抑。大事要明，不能糊涂，小事要晦，糊涂一些。在小事上太精明，必然没有精力顾及大事。对百姓也不能吹毛求疵。每个人身上都有不足，总体上过得去就行了。要求谁都没有缺陷，处处计较，古人称作“察察之明”，察察之明损害大局。“水至清则无鱼，人至察则无徒”，所以临众要用晦。但宏观上不能晦，要明。这就叫作“用晦而明”。君子要学会这种统治方法，把国家治理好。

初九：明夷于飞，垂其翼。君子于行，三日不食。有攸往，主人有言。

【译文】

光明熄灭，所以要飞，但垂下了翅膀。君子要走，

三天不吃东西。有所前往，主人有责言。

象曰：君子于行，义不食也。

【译文】

君子要走，道义上不能留下食禄。

【精解导读】

从这句爻辞看，明夷是由小过卦变来。初九原是小过上卦里的九四，在卦变中下来到了初位（小过九四䷽从上向下推移）。小过卦的彖辞说“有飞鸟之象焉”，指的是小过的上震是鸟的上翼，下艮是鸟的下翼，两翼张开是鸟在飞翔（小过震艮䷽上翼下翼）。初九从上震移下来到了初位，变成明夷，小过的“飞鸟”垂下翅膀，故言“明夷于飞，垂其翼”。刚爻为君子，初九刚爻，从上位向下退，故言“君子于行”。从四位到初位过三爻，下卦成离，离为日，故言“三日”。原在互兑里（小过九四䷽互兑），兑为口，在上卦，上食天禄，来到初位，兑口毁去，成为下离，离为大腹，空肚子，故言“不食”。六五在尊位，原来就是主子。九四本与六五互为兑卦（小过六五九四䷽互兑），九四推移，六五的兑口之象也随之毁去，以口毁人，故言“有攸往，主人有言”。“有言”是有责言，“主人有言”是主人要骂。从取义上讲，“于”在上古还没有完全虚化成介词，保留有去往的动词意思，《诗经》里的“于”常作“往”

讲。“于飞”就是往飞，“于行”就是往行。爻辞的意思是说，天黑了，想起飞，却把翅膀垂下来。这是迫于时势，不能展翅高飞。君子离开高贵的地位要走，三天不吃东西，这是从权贵中退隐出来，决心不吃俸禄，自己一走，主子会骂街，这是主子相当不满意。所以爻辞的普遍意思是飞不起来，出行要饿三天，还要挨主人的骂。象辞说“君子于行，义不食也”，“义”是道义，是说君子身处暗世，不愿与昏庸之主合作，要离他而去，出于道义，不能留下来吃俸禄。

六二：明夷，夷于左股，用拯马壮，吉。

【译文】

光明熄灭，左股受伤，用马来拯救，马强壮，获吉。

象曰：六二之吉，顺以则也。

【译文】

六二的吉祥，是随顺而有原则。

【精解导读】

六二原在小过卦的互巽里，巽为股(小过六二→䷽>互巽)，小过卦是一个正反震的卦象（小过䷽>正震>反震），震为左，故六二是“左股”，变为明夷，巽股象毁，故言“明夷，

夷于左股”。然而互巽变成互坎(明夷六二→䷣>互坎)，坎为美脊马、亟心马、下首马、薄蹄马，为曳马，总之是个蹄子轻快，脊身刚美，低下头使劲拉曳的急性子马，也就是肯干活的好马，股伤有马来救，故言“用拯马壮，吉”。马取坎象有涣卦初六爻辞可印证。涣初六爻辞也说“用拯马壮，吉”，取下卦坎为象(涣初六→䷺>坎)。爻辞的意思是说：六二处在黑暗之中，左大腿受了伤，有强健的马来代步相救，马很管事，能救出来，吉祥。象辞说：“六二之吉，顺以则也。”这是提示六二由在原来的互巽变成了在互坎里。巽是随顺，坎为法则，巽变坎是随顺变得有法则。从取义上说，是随顺但不是一味随顺，是有原则的随顺。这是结合全卦是明夷讲的，明夷是暗世暗主，一味随顺就会与暗主沆瀣一气，有原则不苟同的随顺才能获吉。坎为法则的取象，可与师卦初六爻辞“师出以律”相互印证，坎为法则、法律。

九三：明夷于南狩，得其大首，不可疾，贞。

【译文】

光明熄灭，到南方狩猎，获得大首领，不可操之过急，正固。

象曰：南狩之志，乃得大也。

【译文】

向南狩猎的心愿，能得到极大满足。

【精解导读】

小过变为明夷，下卦成离，离为南，从二爻至上爻为缩小的师卦(明夷师)，取师象，故言“明夷于南狩”。在小过卦里九三就与上六正应，只是隔着九四（小过九三与上六正应）。卦变为明夷，九四下到初位，应路打通，故九三可直取上六。上爻为首，故言“得其大首”。《周易》以上爻为首，如比卦上六“比之无首”，离上九“有嘉折首”，既济上六“濡其首”，未济上九“濡其首”等，只要在上位，不论刚爻柔爻都可称首。但九三还在下卦，上卦坤为众，不能操之过急，故言“不可疾，贞”。“疾”意为急。贞是要正固，正如太阳落入地下，迟早会再升出来，但有一个运行过程，现在还在地下，要正固待时。从取义上讲，爻辞的“狩”与“大首”是互文，“狩”是打猎，“获大首”是指征伐敌人俘获大首领，既指打猎又指战争。古代常以狩猎喻战争，直至三国时还是如此，如曹操在赤壁大战前向孙权下战书说：“今治水军八十万众，方与将军会猎于吴。”所谓“会猎”就是打仗。爻辞中狩猎与征伐的意思全有，狩猎可猎获大动物，征伐可俘获敌人的大首领。因为上坤既可以是狩猎的田地，又可以是被征伐的邑国。爻辞两象皆取。至于正固待时，

前人举周武王伐纣为例。《童溪易传》讲，纣王的黑暗统治引起各诸侯国的公愤，“盟津之役，诸侯不期而会者八百，皆曰‘纣可伐也’。武王曰：‘汝未知天命，未可也。’乃还师。归居二年，闻纣暴虐滋甚，于是告诸侯曰：‘殷有重罪，不可以不毕伐师。’渡盟津，诸侯咸会。武王乃作《泰誓》，故《泰誓》一作，而殷亡矣。”这就是要正固待时。总的讲这一爻是光明征服黑暗，向南征进有大获，但要待时而动。象辞说：“南狩之志，乃得大也。”象上指九三的正应在上六，自己的心愿可以实现。“志”是心愿，心愿可以得到极大的满足。

六四：入于左腹，获明夷之心，于出门庭。

【译文】

进入左腹，得到暗主的心意，走出门庭。

象曰：入于左腹，获心意也。

【译文】

进入左腹，获得了心意。

【精解导读】

六四是卦变中与初九换位的一爻，原在下卦艮里（小过$_{初六\to}$䷽$_{>艮}$），艮为门；上到四位，处在互震

(六四→䷣>互震)、上坤中，震为左，下卦成离，离为大腹，又在互坎里（六四→䷣>互坎），坎为心，故言“入于左腹，获明夷之心，于出门庭”。意思是进入心腹里去了，把暗主昏庸的心事了解透了，于是决心离开他躲避时难，从门庭里走出来。爻辞颠倒了一下顺序，在卦变中是先走出门庭后入于左腹，作者为了强调离开暗主的意思，颠倒了一下。朱震讲这一爻说：“其微子去商之事乎？”认为是如同微子劝谏纣王，纣王不听，微子离开纣王，隐身远去，避开了一同覆亡的灾难。从彖辞“文王以之”“箕子以之”，以及六五爻辞“箕子之明夷”等内部看，这样讲是对的。爻辞作者尽管是举例说明，但内心确实有纣王时期的史实在起作用。象辞说“入于左腹，获心意也”，解释爻辞“入于左腹”的意思是得到了暗主的心意。再引申一下，是说把暗主了解透了，知道已无可救药，所以才从内部离之而去。

六五：箕子之明夷，利贞。

【译文】

箕子一般的光明熄灭，利于正固。

象曰：箕子之贞，明不可息也。

【译文】

箕子一般的正固，是光明不可熄灭。

【精解导读】

箕子这个人在《史记·宋世家》中有较详细的记载：“箕子者，纣亲戚也。纣始为象箸，箕子叹曰：‘彼为象箸，必为玉杯；为杯，则必思远方珍怪之物而御之矣。舆马宫室之渐自此始，不可振也！’纣为淫佚，箕子谏，不听，人或曰：‘可以去矣。’箕子曰：‘为人臣，谏不听而去，是彰君之恶而自说于民，吾不忍为也。’乃被发佯狂而为奴，遂隐而鼓琴以自悲，故传之曰箕子操。”马融、王肃说箕子是“纣之叔父”，服虔、杜预以为他是纣之庶兄。这个人明知纣王是彻底不可救药了，但怕暴露了纣王的昏暗而显出自己的明智，不忍离去，自晦其明，保持对商王朝的忠贞，这就是“箕子之明夷”，也就是说像箕子那样把自己的明智隐晦起来不让显露。从象上看，六五在上卦坤中，坤正是遮蔽下卦离明的大地，柔爻为夜，处在最黑暗之中。但六五在上卦中位，能守中道，不是自己黑暗，而是所处时势黑暗；不是自己不明，而是自己把明掩藏起来，故言“箕子之明夷”，这个“明夷”是自己去夷灭自己的光明，所以才说“利贞”。“利贞”是利于正固。明不显露，内心正固。象辞说“箕子之贞，明不可息也”，是解释箕子的“明夷”不是箕子昏暗，而

是内心正固。实际上他的光明并没有熄灭，而是潜藏于内，不表现出来罢了。

上六：不明，晦。初登于天，后入于地。

【译文】

不光明，晦暗。起初升上天，后来入于地。

象曰：初登于天，照四国也；后入于地，失则也。

【译文】

起初升上天，光照四方；后来入于地，失去法则。

【精解导读】

上六因为到了全卦的终极之位，所以在表示物极必反的规律方面显示得尤为强烈。太阳落入地下之初是先出升在地面上，发展下去必然是太阳落入地下。五位、上位为天位，而上坤又为地象。所以爻辞说“初登于天，后入于地”。“登”义同“升”，明夷是晋的覆卦，晋卦是“明出地上”，太阳升起的白昼；明夷是“明入地中”，太阳落入地下的黑夜。故爻辞说“不明，晦”，意思是不光明、晦暗。象辞说“初登于天，照四国也”，“四国”义同“四方”，指四方的诸侯国，天子圣明各诸侯国都会得到照临。“后入于地，失则也”中，“则”是法则。天子昏暗，行为离开法则，各

诸侯国都会跟着遭殃。说明这一爻是圣明的王朝换上了暗主。如果是其他事情，也会大起大落。

【提示】

结合这一卦，讨论一下《周易》的异文。所谓异文，指的是与定本不同传本的异字。现在用的定本，指的是《十三经注疏》本。因为这个本子曾作为历代的法定教材，经过唐宋后多次认真的整理，比较可信。但《周易》传抄时间太久，很难说不出现错字，从一些古老的本子作些考订也十分必要。比如定本九三象辞作“乃得大也”。如果不与“南狩之志”连在一起也可以说通。然而“志”与“得大”搭配就不算通顺，所以人们都相信石经本作“乃大得也”，更为有据。《十三经注疏》本附有清阮元的《校勘记》，如彖辞“文王以之”“箕子以之”，郑玄、荀爽、刘向本作“文王似之”“箕子似之”。六二爻辞“夷于左股”，“夷”子夏本、郑玄本、陆绩本均作“睇”，京房本作“胰”。“左股”马融本、王肃本作“左般”，姚信本作“左槃”。“用拯马壮，吉”中，“拯”字子夏本作“抍”。六五爻辞“箕子之明夷”，蜀才本作“其子”，刘向说“今《周易》‘箕子’作‘荄滋’”。《校勘记》大多数是采录于唐人陆德明《经典释文》的记载，并与当时存世的本子作了对勘。现在又有帛书《周易》出世。比如“垂其翼”作“垂其左翼”，“拯”作“撜”。这些都是异文。对这些异文的客观态度，第一是要重视，不能视而不见。第二要

与《周易》的思想、卦爻象联系起来分析，也不能见到一个就大惊小怪。难以说通，就弃而不取，更不能以异文自炫。比如把“箕子”作“荄滋”，当成刚长根的时候，这与明夷卦“自晦其明”的主题不合。彖辞中“文王以之”“箕子以之”对举，意义相互证发，“箕子”“内难而能正其志”，讲成刚长根芽的时候，大理上过不去。箕子分明是一位前贤，把“箕子”说成是“荄滋”，“文王”怎么着落?《汉书·儒林传》记载：“武昭之间，蜀人赵宾好小数书，后为《周易》，饰《周易》文，以为‘箕子明夷’，阴阳气亡箕子，箕子者，万物方‘荄兹’也。”荄兹成了“阴阳气亡”，这明显是背离彖传，师心作古，并不难作出判断。可惜还有不少后人竟以此自炫博雅，旁推曲求，讲出许多名堂来，这就毫不足取。

关于这一卦，《左传》昭公五年记载了一个卦例：“初，穆子之生也，庄叔以《周易》筮之，遇明夷䷣之谦䷎，以示卜楚丘。楚丘曰：‘是将行，而归为子祀，以谗人入，其名曰牛，卒以馁死。明夷，日也。日之数十，故有十时，亦当十位。自王以下，其二为公，其三为卿。日上其中，食日为二，旦日为三。明夷之谦，旦而未融，其当旦乎?故曰‘为子祀’。日之谦，当鸟，故曰‘明夷于飞’。明而未融，故曰‘垂其翼’。象日之动，故曰‘君子于行’。当三在旦，故曰‘三日不食’。离，火也；艮，山也，离为火，火焚山，山败。于人为言，败言为谗，故曰‘有攸往，主人有言’。言必谗也，纯离为牛，世乱谗胜，胜将适离，故曰‘其名为牛’。

谦不足，飞不翔，垂不峻，翼不广，故曰‘其为子后乎’。吾子，亚卿也。抑少不终。”这段话的大致意思是：鲁国的亚卿庄叔生了个儿子叫叔孙豹。庄叔请卜人楚丘算了一卦，看看他的将来如何。正好遇上明夷卦，因初九是动爻，刚爻变柔爻，之卦是谦卦（明夷$_{\text{初九}\rightarrow}$䷣动爻反性变化，为䷎谦），楚丘分析说：“这个孩子将来得外出逃亡，回来后能成为你的接班人，带着一个善能说人坏话的人回来，这个人叫牛，最后叔孙豹得饿死。”又说：“日的数目是十，这是古代以十天干记日，所以每日有十个称时的时段。配合在人的十等上，中午是王，食时是公，平旦是卿，鸡鸣是士，半夜是皂，人定是舆，黄昏是隶，日入是僚，哺时是仆，日昳是塞。从王往下数，第二是公，第三是卿。平旦是第三位，是卿。明夷卦变而为谦卦，是光明还未达到白热（谦不足），相当于平旦，平旦是第三为卿。先生您是亚卿，这个儿子将来也要做卿，所以说可以做您的接班人。变谦卦是因为明夷的初九是动爻，初九在明夷属下卦离，离为日，变而为谦，正当鸟的位置上，所以才说‘明夷于飞’。太阳还光线不足，所以说‘垂其翼’。又因为初九动，象离日在动，所以说‘君子于行’。正当三，时在平旦（未到食时），所以说‘三日不食’。下卦离为火，变艮，艮为山，是火烧山之象，山要败。对人来说是言，败言就是谗言。所以说‘有攸往，主人有言’，有言一定是说坏话。纯离是牛，世乱谗言能胜，胜了又回到离卦，故‘其名为牛’。谦是不足，飞不起来，垂下翅膀不高

举，羽翼展不开不广，所以说‘其为子后乎’。因为先生是亚卿，恐怕这个孩子不能尽天年，好死不了。”后来这个叔孙豹为了避侨如之难，逃亡到齐国，在庚宗这个地方，遇到个女人，两人同居，生了个孩子“牛”。襄公二年叔孙豹被召回立为卿。他的孩子还是个竖子(小孩)，受到宠爱，取名叫竖牛。竖牛长大执政，进谗言害死叔孙豹的大儿子孟、二儿子仲。后来叔孙豹得病，竖牛不给他饭吃，把他父亲叔孙豹也饿死了。直到昭公继位，才杀了竖牛。这段话里提到一些逸象，“纯离为牛”是指明的。除此之外，“日之谦，当鸟”“火焚山，山败。于人为言”，没有明说，依据杜预的注是“离为鸟”“艮为言”。这只能看成是杜预的意见，在取用时要有所选择。另外这一段纯以动爻解释爻辞的象，而且是结合楚丘的断辞“其为子后乎”“其名为牛”一起讲的，只能看成是筮卦的取象方法，不能与卦爻辞的取象混同起来。有的人直接据此解释卦爻辞的取象，这就有商榷的余地了。总而言之，前人筮卦时的取象可以作为参考，但要照搬过来说明卦爻辞的取象就不妥当。卦爻辞要求有普遍适用性，筮卦要求有具体适用性，取象也不当混同。不仅这个卦例如此，其他卦例也应如此分析。

三十七　家人——家庭秩序

䷤

家人的卦画组合为离（☲）下巽（☴）上，传统称作风火家人。《序卦》云：“伤于外者必反于家，故受之以家人。”意为：在外受到伤害一定会返回家里，所以在表示受伤的明夷卦之后接着是家人卦。《杂卦》云：“睽，外也；家人，内也。”意为睽卦是外，家人卦是内。这一卦的卦名较好理解，家人就是家里人，说的是家庭中的事，联系家庭与社会的关系。

这一卦从遁卦变来，即遁卦的初六与九四换位变家人（遁九四初六䷠两爻互换位置，变䷤家人）。虞翻说：“遁初之四也”，指的就是这种变化。

家人，利女贞。

【译文】

家人卦，利于女子正固。

彖曰：家人，女正位乎内，男正位乎外。男女正，

天地之大义也。家人有严君焉，父母之谓也。父父、子子、兄兄、弟弟、夫夫、妇妇，而家道正，正家而天下定矣。

【译文】

家人卦，女人在家内地位正，男子在家外地位正。男女都正，这是天地的大义。家人有严格的君长，指的就是父母。父亲要像个父亲，儿子要像个儿子，兄长要像个兄长，弟弟要像个弟弟，丈夫要像个丈夫，妻子要像个妻子，这样家道就正，家道正，天下就安定了。

象曰：风自火出，家人。君子以言有物而行有恒。

【译文】

风从火中生出，这就是家人卦。君子从中得到启示，说话要有内容，行动要有常规。

【精解导读】

家人卦由遁卦变来。从象上讲，下卦为内卦称家。遁变家人是刚爻九四下到初位，把家内作了防闲（见初九爻辞），有治家之象，故称家人。女子是家庭的主妇，主妇的好坏对家庭的作用至关重大，故言“利女贞”，意思是说主妇要正固才有利。“正”是要正经，“固”是要守贞。爻上主要指六二，六二在下卦中位，柔爻居柔位，位正。

彖辞从六个方面说明家人卦。(一)从六二位正说明家人卦。“家人，女正位乎内”，彖上指的就是六二，六二在内卦位中正，柔爻为女，义取女子在家内有中正的地位。(二)从九五位正说明家人卦。“男正位乎外”，指九五在外卦中位，刚爻居刚位，位正，刚爻为男，义取男子在家外有中正的地位。彖辞作者认为家庭男女的主要分工是女主内，男主外。(三)从天地之道说明家人卦。“男女正，天地之大义也”，指五位是天位，二位是地位，男子阳性效法天，女子阴性效法地，男女都正，符合天地的大道。(四)说明家庭的基本秩序。“家人有严君焉，父母之谓也”中，意思是说：一家人要有个主事人，像社会要有个严格的君主来管理一样，家里的君主就是父母。(五)说明“家道正”的具体内涵。“父父、子子、兄兄、弟弟、夫夫、妇妇，而家道正”中，“父父”是说父亲要按照父亲的样子去做，也就是要有父亲的样子，合乎为父之道。下面几句也要这样理解，儿子要合乎为子之道，哥哥要合乎为兄之道，弟弟要合乎为弟之道，丈夫要合乎为夫之道，妻子要合乎为妻之道，这样每个人都能尽自己的职分，家道就正了。(六)说明家人卦的社会意义。“正家而天下定矣”，是说每个家庭都得到正治，天下就会安定。用今天的话说，家庭是社会的细胞，是社会的分子。社会的构成，家庭是个最基础的形态，每个家庭都组织得很文明，社会必然安定。

象辞说“风自火出，家人”，指上下卦象的组合，

下卦离为火，上卦巽为风，组合在一起是风自火出，这就是家人卦。这个卦象，孔颖达认为是假象，但从“风自火出”这句话里去分析，作者还是按实象讲的。火苗燃烧起来呼呼生风，不是指大自然的风。“君子以言有物而行有恒”，是说君子从这个卦象中得到启示，风是从火中生出来的，话是从内心流露出来的，两相比附，君子说话就要以内心的真实内容为基础，不说虚话。行为是常规道德的表现，行为要以常规道德为基础，不干没有操守的事。

初九：闲有家，悔亡。

【译文】

家里早做好防闲，没有忧悔。

象曰：闲有家，志未变也。

【译文】

家里做好防闲，心志还未改变。

【精解导读】

初九是从遁的九四推移到家人内卦的初位，内卦为家，初九如同下来守住自己的家庭，故言“闲有家”。位在卦初，初是开始，从开始就有所防闲，故“悔亡”。“闲”是防闲，字的构造就是在当门口横亘一

木，是挡住门的木栏杆，把家门内外隔开，作用是有所防范。防范自己家里的人有越轨胡闹的行为，或外界的侵扰，使家庭维持正常秩序，和睦相处。“有家”的“有”是名词词头，如同“有夏”“有扈”中的“有”。“闲有家”就是“闲家”。“悔亡”的“亡”是无的意思，“悔亡”即悔无，意为没有忧悔。象辞说“闲有家，志未变也”，主要是强调初九的初位，在刚开始的时候就早早做好防范，大人孩子的心志都还没有变坏，这是以一定的家规家教维护家庭正常的最好办法，所以不会有不幸发生。要是等孩子、女人等家庭成员有了不良的心意再来防范，那就不易了。这一爻是一个早做防范、很有秩序的家庭。

六二：无攸遂，在中馈。贞吉。

【译文】

不自作主张，主持家庭中的饮食，正固吉祥。

象曰：六二之吉，顺以巽也。

【译文】

六二的吉祥，是柔顺又随顺。

【精解导读】

六二在内卦中位，内卦为家，柔爻为女，正是象

辞讲的“女正位乎内”，是家庭主妇、母亲。与外卦的九五阴阳正应，九五是“男正位乎外”，是一家之长、父亲。六二在下卦，九五在上卦，六二能顺承九五，故言“无攸遂”。“遂”是遂心所欲，“攸”是所，“无攸遂”是不遂心所欲，指能顺应九五。在家庭中说，就是能尊重家长的意见，做事不自作主张、胡搅蛮缠、老是个人意见第一，而是个贤妻良母，配合丈夫主持家政。六二在下卦离中，离为火，又在互坎里（六二→䷤>互坎），坎为水，水在火上，烧水做饭之象，故言“在中馈”。“中馈”，主要是供应一家人的饮食。在封建社会，中馈还有一个内容，是要把祭祀祖先的供品烹调出来。总之，就是主持饮食。“在中馈”是说六二处在主持饮食的地位上。“贞吉”是正固吉祥。象辞说“六二之吉，顺以巽也”，指六二是柔爻，有柔顺之德，上应九五，上卦为巽，巽是随顺。本身柔顺又能随顺九五，是个丈夫的贤内助，故能吉祥。

九三：家人嗃嗃，悔厉吉；妇子嘻嘻，终吝。

【译文】

家里人嗃嗃训斥，有忧悔危厉但吉祥；妇女孩子嘻嘻哈哈，最终会有吝难。

象曰：家人嗃嗃，未失也；妇子嘻嘻，失家节也。

【译文】

家里人嗃嗃训斥，是未失掉家庭的节制；妇女孩子嘻嘻哈哈，是失掉了家庭的节制。

【精解导读】

内卦为家，九三在内卦上位，为一家之长，刚爻居刚位，有过分刚严之象。家人卦从遁卦变来，九三在遁的互巽里（遁九三→>互巽），巽为多白眼。变而为家人，又在互离、互坎之中（家人九三—互离 互坎），离为目，坎为水，目中出水，啼哭之象，故为“家人嗃嗃”。“嗃嗃”，《说文》徐铉新附字云：“严酷貌，从口高声。”从字形结构上说，“高”应是声中有义，是高声斥责的发怒声。正如人们常说的动不动吹胡子瞪眼，发怒申斥的家长作风。《释文》作“确确”，刘向作“嗃嗃”。根据与“嘻嘻”前后对举，作“嗃嗃”为是。读音应作 hāo，是嚎嚎发怒声。巽为妇，《九家易》说：“别体异家，阴阳相据，喜乐过节也。”指九三在上下卦体分开之处，从六二至九五刚爻与柔爻相互交错（九三— 刚柔爻交错相比），是打破家庭的界限男女混杂，喜乐没有节制，故言“妇子嘻嘻”。意思是说成天嘻嘻哈哈，没个正经。从家道上讲，是说家长严厉，刺伤家人感情，有忧悔危厉，但能维持家庭的正肃，最后还是吉的。孩子女人成天没正经，家长不管，最后会有吝难。象辞说：“家人嗃嗃，未失也；妇子嘻

嘻，失家节也。”“节”是家庭中的节度、节制，犹言家法家规。家长怒斥成员是有家规，未失节度；妇女孩子嘻嘻哈哈就是失去家规，没有必要的节制。总之，这一爻是两个极端，要不就是家长作风，吹胡子瞪眼；要不就是没有家教，妇子胡闹。比较起来，管严一点稍好一些，但方法粗暴简单，远不如九五。

六四：富家大吉。

【译文】

家庭富足大吉。

象曰：富家大吉，顺在位也。

【译文】

家庭富足大吉，是在位顺当。

【精解导读】

六四是卦变中由初位升上来的一爻，进入上卦巽里，巽为“近利市三倍”，又为随顺，故言“富家大吉”。象辞说“富家大吉，顺在位也”，指六四在上卦巽里，巽为随顺；六四柔爻，四是柔位，以柔居柔位正，这就是“顺在位”。取义是说顺顺当当处在合适的位置上，所以家庭富足而大吉。这一爻是人顺家安，和气生财。

九五：王假有家，勿恤，吉。

【译文】

王能感化自己的家庭，不必忧虑，吉祥。

象曰：王假有家，交相爱也。

【译文】

王能感化自己的家庭，一家人相亲相爱。

【精解导读】

九五是一家之主，全家的主心骨。位在九五之尊，故言“王”；下有六二正应，相互感应相亲，故言“王假有家”。“假”，《释文》解释说：“更白反，至也。”意思是说：“假”读音是“格”，至的意思。《尚书·尧典》：“曰若稽古，帝尧曰放勋，钦明文思安安，允恭克让，光被四表，格于上下，克明俊德，以亲九族；九族既睦，平章百姓；百姓昭明，协和万邦，黎民于变时雍。”意为：考察古代的圣人，帝尧名叫放勋，他处事敬慎而贤明，温和宽容，信实恭谨能谦让，光辉普照四方，以至诚感化上下，能发扬才智美德，使家族亲密和睦；家族亲密和睦之后，又能评判管理百官；百官贤明，又能使各诸侯国协调和顺，百姓就变得和睦友爱。“格”就是“至”的意思，是至诚感化。治理天下要先正身，再齐家，然后治国，最终平天下。《尧

典》这段话与象辞说的“正家而天下定矣”的意思接近，无异于从过程上做了说明。九五在国是圣明天子，先从家庭治起，然后把治家之道推广到社会，方法就是感化。家里人受感化变好了，就没有忧虑而吉祥，故言“勿恤，吉”。

象辞说“王假有家，交相爱也”，象上指初九与六四正应，九五与六二正应，交互感应，上下和睦亲爱。“假”是感化而交相爱。这一爻不仅是治家的典范，也是君王推而广之治国平天下的典范。

上九：有孚威如，终吉。

【译文】

有诚信威望，最终吉祥。

象曰：威如之吉，反身之谓也。

【译文】

有威望的吉祥，说的是能反身自律。

【精解导读】

上九在全卦最上位，是全家地位最高的人物，如同老太爷，故言“有孚威如”。意思是极有威信，“孚”是信，“如”同“然”，因为在全卦之终，故言“终”，受到全家包括家长在内的尊重，故言“吉”。象辞说

“威如之吉，反身之谓也”。象上指上九到了穷极之处，要由上返下。对全家地位最高的人物来说，就是能反身自律。也就是要求家里人怎样做，反过来也要求自己先做到，是以身作则的意思。孟子有过这样一段话：“天下之本在国，国之本在家，家之本在身。”所谓“正身、齐家、治国、平天下”，首先是要正身。上一爻引《尧典》的一段话，也是指尧本身做得好，影响了一家子，这是用感化的方式“齐家”。推广齐家之道，就可以治国平天下。可见“正身”是个基础功夫。这一爻反身自正，以身作则，有威望，受到家庭所有成员的尊重，吉祥。

【提示】

在这里介绍一下龙图。龙图世传不一，仅介绍一种供参考。《宋文鉴》有陈抟《龙图序》一篇，元代张理的《易象图说》又作了一些说明。按《龙图序》的讲法，河图、洛书反映的是天地之数的错综变化，历经三变成为河图洛书。《龙图序》说：“始龙图之未合也，惟五十五数。上二十五，天数也。中贯三、五、九，外包之十五，尽天三、天五、天九，并十五之位。后形一六无位，又显二十四之为用也。兹所谓天垂象矣。下三十地数也，亦分五位，皆明五之用也。十分而为六，形地之象焉。”意思是说先有天地之数，天地之数在没有交错变化之前，是各呈己象，这是天地未合之数。天数是每五个空心点为一组，五组十字交叉

排列，共二十五。地数是每六个实心点为一组，也是五组十字交叉排列，共三十。天数在上，地数在下，各自分开，这就是龙图未合，天地之数共五十五。其中天数五为一组，共五组，表示的是天五；每组的小十字纵横皆三，表示的是天三；大十字中轴线上纵横都是九，表示的是天九；大十字三组纵横各自加起来是十五，这就是“外包之十五”。这样反映的是天数为奇数三、五、九，以及并为十五的分位。天数共二十五，其中在下面的变化中一不配位，这样起作用的只有二十四，这就是“后形六一无位，又显二十四之为用也”。地数以偶数六为单位也组成五组，表示的是五的变化作用。三十分为五组，每组六个点，十与六都是阴数，故以六分三十，表示的就是地数。这就是“下三十地数也，亦分五位，皆明五之用也。十分而为六，形地之象焉”。这是所谓的第一变的内容。

龙图二变是天地已合之位。上图是一二三四五天地的生数，把生数分布于四方和中央就成为四象。下图是成数，把生数各自加五就成为成数。上图一三五是天数，二四是地数，下图六八十是地数，七九是天数，天数与地数有了交错组合分出四方的位置，不再是龙图一变中天地之数各自分开的状态，故称天地已合之位。《龙图序》说：“六分而成四象，地六不配，在上则一不配，形二十四。在下则六不用，亦形二十四。”天数二十五减去一不用是二十四，地数三十减去一个六不用也是二十四，二十四配二十四是天与地数

的配合。

龙图三变是龙马负图之形，也就是河图洛书。据传说是黄河龙马所负之图和洛水神龟背上之书。张理说是在天地已合之位的基础上变化而成。二变中上下两图相合，天一配地六，地二配天七，天三配地八，地四配天九，天五配地十，即成五行生成图，刘牧称之为洛书。两图中错位相合，上图中五不动，下图中十隐去，一三五七九奇数居中央和四正，二四六八偶数分居四隅，即成九宫图，刘牧称之为河图。朱震说河图从陈抟传下的口诀是“戴九履一，左三右七，二四为肩，六八为足，纵横十有五，总四十有五”，扬雄传洛书的口诀是“一与六共宗，二与七共朋，三与八成友，四与九同道，五与五相守”。有关河图洛书的争议很大，南宋的朱熹又据汉代的一些说法，认为刘牧说的河图才是洛书，洛书才是河图，于是又有河十洛九与图九书十的争议。所谓十指五行生成图，九指的是九宫图。更有关于真伪问题的各种说法。从传下来的图式看，用河图洛书解释大衍之数较合理，解释八卦生成还没有令人信服的讲法。河图洛书基本上反映的是数理上的问题。

以上介绍的是图书派较为核心的内容。关于龙图的一变二变，没有文献可以印证，但河图洛书不可一概斥为虚妄，因为它有汉以前大量的典籍作基础，也就不足怪了。

三十八 睽——分背异化

䷥

睽卦的卦画组合为兑（☱）下离（☲）上，传统称作火泽睽。《序卦》云：“家道穷必乖，故受之以睽。睽者，乖也。”意为：家道困阻一定会出现离异，所以在讲家道的家人卦后接着是睽卦。睽是乖异的意思。《杂卦》云：“睽者，外也。”睽是向外离异。《说文》云：“睽，目不相听也。”“不相听”就是不相从，“目不相听”是一只眼看东，一只眼看西，也是离异的意思。总之，卦名的意思是离异、不合、乖背。

睽卦是家人卦的覆卦，家人的卦画倒过来就是睽（家人䷤上下倒置为䷥睽）。所以《序卦》说“家道穷”，“穷”是到了穷极而困阻不通。关于睽卦的卦变，彖辞提示说“柔进而上行，得中而应乎刚”，这只能指六五，在中位的柔爻只有六五。六五这个柔爻如何“进而上行”？最直接的方式是中孚的六四升进到五位，中孚九五六四䷼两爻互换位置变䷥睽。然而，虞翻说是“大壮上之三”。依据虞翻的传述，睽从大壮变来，是大壮的上六下到三位（大壮上六九三䷡上六与九三换位变

☲睽），这显然是柔来而下行，与彖辞的说法相左。如果说睽卦从遁变来，虞翻在家人卦里又说是“遁初之四”，家人已由遁变来，睽卦是家人的覆卦，则应当由大壮变来。为了尊重彖辞的说法和虞翻的传述，这里只好灵活从权。要而言之，睽卦或从遁、或从大壮变来，但中间有一个环节，先变成中孚，然后再由中孚变为睽卦。其具体情况，需待有更多的材料才能确定。

睽，小事吉。

【译文】

睽卦，小事吉祥。

彖曰：睽，火动而上，泽动而下。二女同居，其志不同行。说而丽乎明，柔进而上行，得中而应乎刚。是以小事吉。天地睽而其事同也；男女睽而其志通也；万物睽而其事类也。睽之时用大矣哉！

【译文】

睽卦，火向上燃烧而动，泽向下浸润而动。两个女儿同住在一个家里，心愿不是向同一个婆家行走。喜悦地附丽于光明，柔顺地向上行进，占据中位又与刚健相应合，因此小事吉祥。天与地分开，但化育万物的事理相同；男女性体不同，但相互求爱的心愿相通；万物形态各异，但各有其相同的事类。睽卦的时

势功用太重大了！

象曰：上火下泽，睽。君子以同而异。

【译文】

火在上，泽在下，这就是睽卦。君子从中受到启示，要同中有异。

【精解导读】

睽卦的主爻是六五，六五是柔爻，柔爻为小，从中孚变为睽卦，六五升进到全卦尊位，时势虽乖异，六五却有利，故言“小事吉”。从哲理上说，睽卦讲的是异化。卦名的意思是异而不同，不合要分开。家人卦要合、要一致，睽卦与之相反。一家子，父母生了儿女，各自成家，要分出去，这是自然之理。看看动物的生活方式就能明白。雏鸽只要长成，母鸽就赶它离巢，让它自己去成家。这里没有丝毫人为的成分，也没有什么鸽子主义，而是一种本性自然。哲学上讲异化是对的，人不能违背自然。封建社会讲什么四世同堂、五世同堂，这算不上好事，是人为的礼教。《周易》作者能尖锐地看出异化，说明他对哲理的领悟没有偏见。但人与其他动物的区别，在于人是一种社会动物，要团结合作，相互离异就不如精诚团结，所以卦辞的断语是“小事吉”。所谓小事，只能是个人、个体的事，不是群体的大事、社会的大事。

彖辞从六个方面说明睽卦。（一）从上下卦象的组合上解释睽卦。“睽，火动而上，泽动而下”，指的是睽卦由上卦离与下卦兑组成。离为火，火是向上燃烧；兑是泽，泽是向下渗透。一上一下背道而驰，越离越远分开了。睽是相乖背而离异。（二）换个角度从上下卦卦象的组合上解释睽卦。“二女同居，其志不同行”，指的是上卦离为中女，下卦兑为少女，中女、少女同居一卦，如同住在娘家的两个女儿，中女爱上了王家的小伙子，少女爱上了李家的小伙子，心愿不同，必然要分开，不能同行，这就是异化。（三）从上下卦的特性组合上说明卦辞“小事吉”。“说而丽乎明”，指下卦兑的特性是喜悦，上卦离的特性是附丽，是光明，上下卦组合在一起是喜悦地依附于光明，所以“小事吉”。（四）从卦变上说明“小事吉”。“柔进而上行，得中而应乎刚”，指睽卦从中孚变化而来，是中孚的柔爻六四升进到五位，得到上卦中位，又与下卦的刚爻九二正应。五位为尊，又有应援，所以吉；柔爻为小，故为“小事吉”。取义是说，能柔顺地前进，又上进到适中的地位，还有刚健之人作应援，虽处离异之世，做小事还是吉祥。（五）从自然现象推演异而同的哲理。“天地睽而其事同也；男女睽而其志通也；万物睽而其事类也”，是说天在上、地在下，上下悬隔，这是上下离异，但天气要下来，地气要上去，天地二气交通，天生地成，要共同化生万物，这是有异才有同。男女性别不同这是离异，但男的要找女的为妻，女的要找男的为夫，男女相爱的心愿相通。

男女结合，人类的生命才得以延续，所谓“男女构精，万物化生”。这又是有分才有合，有异才有同。宇宙万物千相百态，各自不同，用现代的话说，世界上甚至没有绝对相同的两片树叶，这是异。但“方以类聚，物以群分”，再特别的东西也有它各自的类别，这又是同。异而同是世界的本来面貌，所以要求同存异。（六）强调睽卦的巨大时势功用。“睽之时用大矣哉”中，“时”是时势，“用”是功用。睽卦是乖异，时势不好，但异有异的作用，同异是辩证统一。有异才会有同，因同才有异，两者相互依存，同异互根，从这个意义上讲异是同的起点，是同之母，异的时势有它特殊的功用，所以要特别强调一下睽的时势作用是非常重大的。彖辞一般是在人们不易看出其中的道理时才讲“大矣哉”，每一个“大矣哉”的背后都有其深刻的哲理。这里强调的是异的用途。举些例子说，五色不同，画家可用不同的五色画出统一华美的画卷；五音不同，演奏家可以用不同的五音奏出协调优美的乐章；五味不同，高明的厨师可以用不同的五味烹制调合出可口的菜肴；人的性格不同，君子可以用它组成大同文明的社会。如果五色相同、五音相同、五味相同，那就没有艺术可言；人与人完全相同，也就没有五彩缤纷的社会。这还不是睽的时势功用的意义？

象辞说“上火下泽，睽”，也是讲睽的上下卦象组合。上火下泽是离异，君子看到这种离异现象，要学会“同而异”的道理。这就是“君子以同而异”。象辞讲

“异而同”，象辞讲“同而异”，这就是辩证法。宇宙的本然状态就是同中有异、异中有同，君子就要效法这种本然状态，不要一刀切，允许有不同。绝对地同就违背天地之道。从社会意义上讲，“同而异”是君子的领导艺术。社会上各色人才极不相同，各有各的用处，君子是要把这些不同的人组织成一个统一文明的社会，而不是强求人人都一样。如果各种人才格格不入，社会要离异；如果人人都一样，那就更糟。比如每个人都是伟大的军事家，那么谁来种地，谁来织布？那就只好缺衣少食地天天打仗，君子是要把“不同”组织出统一协调的“同”来，而不是要强求一律，这就是“同而异”。

总之，睽卦讲同异，结合睽卦主要是讲异化，但要辩证地去理解。

初九：悔亡，丧马勿逐，自复。见恶人，无咎。

【译文】

没有忧悔，丢失马匹不必追赶，自己会回来。见到恶人，没有咎害。

象曰：见恶人，以辟咎也。

【译文】

见到恶人，是为了避免咎害。

【精解导读】

睽卦从中孚变来，初九在未变之前有正应在六四（中孚 六四 初九 ䷼ 正应），六四“柔进而上行”，初九失去应爻。六四原在互震里（中孚 六四→䷼>互震），震为善鸣马，故言“丧马”；震为行，为足，震象消失，故言“勿逐”。震马消失，变出互坎（睽䷥>互坎），坎为美脊马，故言“自复”。在卦变中失去震马又变出坎马，所以是丧失了马匹，用不着去追赶，自已会回来。在卦变中初九失去正应，应位上变出一个九四，初九与九四都是刚爻，敌而不应（九四 初九 ䷥ 敌而不应），九四又在互坎里（九四→䷥>互坎），坎又为盗寇，故为“见恶人”。但处在睽异之世，同中有异，好人与坏人相见也无伤害，故言“无咎”。“悔亡”是没有忧悔。象辞说“见恶人，以辟咎也”，“辟”与“避”是古今字，意思是说与恶人相见是为了避免恶人来伤害。这明显是针对睽卦是个世道人心离异的卦。为了保护自已，不得不与恶人相见，这样可以避免咎害。

九二：遇主于巷，无咎。

【译文】

在巷道中遇见主人，没有咎害。

象曰：遇主于巷，未失道也。

【译文】

在巷道里遇见主人，是没有失去道义。

【精解导读】

中孚未变睽之前，九二的应位在九五（中孚 九五→ 九二→ ䷼ > 应位），五位是全卦的尊位，是一卦之主，变为睽卦，九五下到四位，与九二互为离卦（九四→ 九二→ ䷥ > 互离），离为目、为见，故九二有与旧主相见之象。《说卦》里没有讲巷的卦象，毛奇龄认为“离为巷”，他说：“互离在前，两刚相夹如巷者。”尚秉和先生据《易林》考证，汉朝时就有以离为巷的。从卦象上看，毛氏的讲法有道理，离卦是两个刚实的爻夹着一个柔虚的爻（☲离），形似巷子。从卦变中说，中孚也是个大离（中孚䷼ > ☲离）。中孚是大街，离就是小巷，故言“遇主于巷”。世道离异，九二在小巷里遇见旧主，没落之中得到一点旧日的温馨，虽无补于大事，但也无害，故言“无咎”。象辞说“遇主于巷，未失道也”。显然是指小胡同也是一条道，九二原在互震里（中孚九二→䷼ > 互震），震为大涂（大路），变而为互离，成为小巷，但还有路可通。从取义上讲，九二是得主之象，很可能被任用。

六三：见舆曳，其牛掣，其人天且劓。无初有终。

【译文】

看见车往后拉，牛往前拽，这个人既受了黥刑又受了劓刑。开初不好，最终有好结果。

象曰：见舆曳，位不当也；无初有终，遇刚也。

【译文】

车往后拉，是位置不当；开初不好最终有好结果，遇到刚健之人。

【精解导读】

六三的正应在上九，但六三与上九之间隔着互坎（上九六三 > 互坎）、上离（上九六三 > 离）。坎为曳马，为多眚舆；纯离为牛，为见，故言“见舆曳，其牛掣”。“曳”是拉的意思。马曳是马向前拉车，“舆曳”则是车往后拉马，这是因为在卦变中九四与六五是换位的爻，九四从前位下到后位，六五是从后位升到前位，九四是坎的主爻，六五是离的主爻。九四后退是车往后拉，六五前进是牛往前拽。前拉后拽两力相抵，六三是进退不由己之象。“天”是墨刑，古人称黥刑，就是在犯人的额上刺上字，再涂上墨。“劓”是割掉鼻子的刑法。虞翻说：“黥额为天，割鼻为劓。”从象上看，在中孚卦里，六三在互艮里（中孚六三→ > 互艮），艮为鼻，变为睽卦，艮象失去，鼻子被割掉了，故言“劓”。六三之上本来

是巽卦（六三→䷼>巽），巽为广颡人、寡发人，卦变之后成为上离，离为文，头上出了花纹，故言“天”。后人因为古代没有把墨刑称作“天”的书证，怀疑这个“天”字可能是“兀”或“而”，“兀”是刖足，“而”是剃去鬓发，可备一说。但《周易》里的“天”字用得比较多，唯独这里出现讹误，可能性不大。“掣”的异文也不少，刘瓛本作“觢”，郑玄本作“契”，子夏本作“契”，荀爽本作“觭”。《说文》说是牛一俯一仰，郑玄讲成“牛角皆踊”，子夏本讲成“一角仰”，都不如“掣”字明晰，“舆曳”“牛掣”互文，都是牵拉的意思。象辞说“见舆曳，位不当也”，主要是说它在卦变中处在上面两爻换位的位置上，所以才前拉后拽。又说“无初有终，遇刚也”，是指卦变之后九四来到它的上面比邻，与刚爻相遇。其实六三所以“有终”，是因为它位在下卦之终，又有全卦的终爻上九正应。象辞只是简要地提示了一下卦变，把显而易见的原因省略了。

九四：睽孤，遇元夫。交孚，厉，无咎。

【译文】

乖离孤独，遇到大丈夫。互相信任，有危厉，但无咎害。

象曰：交孚无咎，志行也。

【译文】

互相信赖没有咎害，是心志得行。

【精解导读】

九四是中孚变睽从五位下到四位的一爻。在中孚里，与上九比邻为一组(中孚上九九五䷼比)的刚爻，下到四位，与上九离异，故与上九同为“睽孤”。四位与初位是应位，初九刚爻，九四离开刚爻上九，与初九处在应的位置上，又遇刚爻，故为“遇元夫”。“元”是初始的意思，故称初九为“元夫”。九四是变中孚为睽时交换位置的一爻，故言“交孚”；进入互坎中位(九四→䷥>互坎)，坎为忧，睽异之世能忧虑，故“厉，无咎”。从取义上讲，“睽孤”是分离孤独，“遇元夫”是与大丈夫际遇。“元”是大。“交孚”是交互信赖。“厉，无咎”是有危厉但无咎害。总的来讲，是先有分离孤独，后有际遇。象辞说“交孚无咎，志行也”，象上指九四在卦变中下到四位，义取心志得以实现。

六五：悔亡，厥宗噬肤，往何咎？

【译文】

没有忧悔，宗人咬食肤肉，前往有什么咎害？

象曰：厥宗噬肤，往有庆也。

【译文】

宗人咬食肤肉，前往有喜庆。

【精解导读】

六五是中孚变睽的主爻，在中孚里，九五在全卦尊位，是六四的宗主。两爻都在互艮里（中孚九五六四䷼互艮），艮为肤。六四与九五换位，从二到上九变成一个缩小的噬嗑卦（即睽上九九二→☲近似噬嗑䷔，九五变九四是咬进艮里（中孚九五→䷼↓入艮䷥睽），故言“厥宗噬肤”。“厥”相当于“其”，意为他的，“肤”是带皮的肉，“厥宗噬肤”从取义上说，是他的宗族之内的人都能吃肉。他的同宗人都能吃上肉，可见富贵之极。不仅是一家子吃肉，一宗的人都能吃肉。所以，六五从四位升进到五位是极为有利的事，故言“往何咎”。“往何咎”是说前往有什么咎害，换言之，就是毫无咎害，指的是升进到六五有大利而无小害。所以，象辞说：“厥宗噬肤，往有庆也。”有庆比有喜要好，庆是大喜。总之，这一爻是全宗族的人都要跟着吃肉富贵起来。“宗”在象上指主，在义上指宗族。

上九：睽孤。见豕负涂，载鬼一车，先张之弧，后说之弧。匪寇婚媾，往遇雨则吉。

【译文】

乖离孤独。见到猪背上满是泥，拉了一车鬼，先张弓要射，后又放下弓。不是寇盗，是来婚配，前往遇雨就吉祥。

象曰：遇雨之吉，群疑亡也。

【译文】

遇雨的吉祥，是许多疑虑都没有了。

【精解导读】

睽卦由中孚卦变来，卦未变之时，上九与九五朋比为类（中孚

），并不孤独。变为睽卦，时世离异，九五下到四位，与上九分开，故为“睽孤”，意为分离孤独。上九的正应原在六三（

），两爻之间隔着互艮（

），艮为背（见艮卦）。卦变后九四进入两个柔爻之中成互坎（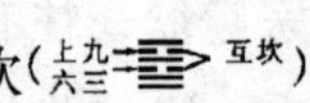

），坎为豕、为水，九四进入两个柔爻是水入坤土为泥，故言“见豕负涂”。“见”是因为上离为目明可见，“豕”是猪（豚是小猪，豕是大猪），“负”是背上背着，“涂”是泥，“见豕负涂”意为见到满身泥巴的猪。坎为多眚舆，“正北方之卦”“万物之所归也”（见《说卦》）。《说文》：“鬼，人所归为鬼。”人的最后归宿就是鬼。知坎可为

鬼，故言“载鬼一车”，意为拉了一车鬼。“弧”是弯木为弓。《系辞·下》说：“弦木为弧，剡木为矢，弧矢之利，以威天下，盖取诸睽。”《说卦》讲坎为弓轮。从爻位上讲，上为前，下为后，应爻六三，前互为坎（六三—䷥ 坎），故为“先张之弧”；后连为兑（六三—䷥ 兑），兑为说，故言“后说之弧”，意为先张弓要射，后又把弓放下，“说”义同“脱”。坎为寇盗，正应为婚姻，故言“匪寇婚媾”。六三虽在互坎里，但不是上九的寇盗，而是正应来合婚。“匪”同“非”，六三在下兑里，兑为泽，大泽上升为坎水（六三—䷥ 互坎 兑），化而为雨，故言“往遇雨则吉”。这是从上九与六三的正应关系上取象，“豕”“鬼”“弧”“寇”都取坎为象，而六三位在下兑，最切实的卦象是泽水蒸发于上，坎为水。象辞说：“遇雨之吉，群疑亡也。”意指坎为“豕”“鬼”“弧”“寇”等这些虚象的疑虑都会消失，只取坎为泽水化雨之象，故遇雨最为吉祥。

【提示】

结合这一卦讨论一下互体。互体又称互卦，指的是六爻卦中，除组合的上下两卦之外，中间的四爻因为三与四爻的互用，又可打破上下卦的界限，另外再组成两卦。如本卦睽，下卦是兑，上卦是离，除初、上两爻外，二三四爻可组成互离（九四 九二—䷥ 互离），三四五爻可组成互坎（六五 六三—䷥ 互坎），其中六三与九四在互离与互坎中互用。互卦的原理在于爻的推移和各爻分别代表一个特殊的时

位，所以爻移动一位，就会呈现一个新的卦象，并不完全是为了扩大取象范围。这是《周易》在开始设计中就规定了的内容，并不是后人为了取象才发明创造出的方法。反对讲互卦是破坏《周易》内部组织的做法。事实如此，并不会因为后人同意还是不同意讲互卦的意见而改变。比如这一卦提到了弧、豕、寇、雨等卦象，《说卦》里明文规定“坎为弓轮”“为矫輮”“为豕”“为盗”“为水”等，爻辞分明指的是互坎，如果我们硬不承认互卦，抛弃《说卦》的传承，那岂不是自己另搞了一套。用自己另搞的一套来套《周易》，还有什么真实性可言？王弼不同意讲互体，一味地用承乘比应讲象，承乘比应讲不下去，就主张“得意忘象”，于是就开了自认为“得意”的先例，谁都可以任意附会。这种做法，为“自圆其说”提供了理论上的依据，博得了很多人的欢心，却否定了事实的客观性，这不是讲《周易》应有的正确态度。直到现在人们还为能不能取互象首鼠两端，这不能不说是王弼的不良影响。《周易》的爻辞里随处都在取互象，《左传》的筮例也取互象，只要深入下去，自然会发现互卦的真实性，所以许多认真研究的人并不同意王弼的讲法。清人黄宗羲在《易学象数论》里反对讲爻辰、纳甲、世应、飞伏，但不反对讲互体。全祖望在《经史问答》里只是反对讲互体的变例，但并不反对互体正例。俞樾在《周易互体征》里也极力说明互体的存在。因为讲经总得言之有据，抛弃了经书本身的体例就无法说得通。

至于互体的变例，因为没有充足的材料可以印证，就不易说得清。较为有据的说法是所谓的连互取象，连互是取一卦六爻之中相连几爻用互体的方法重新组成一个六爻卦。比如这一卦的上五爻连互可成为一个噬嗑卦。睽(䷥ 六三 初九)除去初九不用外，其中因为六三既是互卦离的中爻(六三—☲ 互离)，又是互卦坎的下爻(六三—☵ 互坎)，一个柔爻作两个柔爻互用，故上五爻可扩展成一个噬嗑卦，即上五爻原六三变成两个柔爻，为䷔噬嗑。这种取象方法在道理上不大说得通，取互体是因为各爻有各自的时位，爻位变了，取象随之而变，而且并不冲击六爻卦的本体，是随爻移位自然取象。而连互的方法必须改变原卦的本体，如果没有充足的原理为基础就不大可信。这个原理现在还看不出来，所以我们宁可相信上五爻是个近似的噬嗑卦。六五爻辞说“厥宗噬肤”，可意识到作者从噬嗑取象，看不出连互的讲究。虞翻也只是说“二体噬嗑”，意思是从九二至上九卦体形似噬嗑，并不是说连互为噬嗑。连互是后人据虞翻的说法推出来的讲究，没有充足的理由还不能滥用。以上因为是五爻扩展而成，称作五画连互。此外还有四画连互，是把互卦中的三爻四爻各用两次，有时甚至是把上下卦中的二爻或五爻用两次，讲不出道理来。除上面提到的连互之外，互卦的变例还有宋代林栗提出的包体、兼互，元吴澄提出的先天互体，清李光地提出的环互，宋朱震讲的伏互等，大多近似爻画游戏，因为不取，不作一一介绍。

三十九　蹇——前进之难

䷦

蹇卦的卦画组合为艮（☶）下坎（☵）上，传统称作水山蹇（jiǎn）。《序卦》云：“乖必有难，故受之以蹇。蹇者，难也。”意为：乖异必然会遇到困难，所以在表示乖异的睽卦之后接着是蹇卦。蹇是难的意思。《杂卦》云：“蹇，难也。”也说蹇是难的意思。《说文》云：“蹇，跛足。”蹇是跛足，走路不利落，可见蹇主要是行进之难。《周易》卦名中含有难意的不只是蹇。如“屯”也是难，“困”也是难。程颐分辩说：“屯亦难也，困亦难也，同为难而义则异。屯者，始难而未得通；困者，力之穷；蹇乃险阻艰难之义，各不同也。”屯卦是万事起头难，困卦是力不足而难，蹇是有险阻而艰难。

蹇卦在卦序排列上有卦画上的独特之处。一般地讲，卦序排列是两卦为一组，非覆即变，比如蹇卦与下一卦解为一组，两卦是覆的关系，即蹇䷦全卦上下倒置，为䷧解。上一卦睽与家人又是一组，睽倒置为家人，家人倒置为睽（睽䷥、䷤家人），两卦也是覆的

关系。但组与组之间很少有非覆即变的关系。而蹇卦与睽卦却又是变的关系，即睽䷥六爻反性变化，为䷦蹇。可见，作者在卦序排列时，除恪守同组内非覆即变的关系外，组与组之间也尽量照顾这种非覆即变的关系。从卦变上讲，蹇卦直接是从小过变来。彖辞说“往得中也”，正是提示这种卦变的内容。是小过的九四升进到五位，得到上卦中位。即小过六五九四→䷽两爻换位，变䷦蹇。认真分析一下彖辞的提示，就可得出这个结论（参见下文辨证中的彖辞部分），虞翻说从观变来，看来观须经历小过才能变出蹇。

蹇，利西南，不利东北。利见大人，贞吉。

【译文】

蹇卦，西南方有利，东北方不利。宜于进见大人，正固吉祥。

彖曰：蹇，难也。险在前也。见险而能止，知矣哉。蹇利西南，往得中也；不利东北，其道穷也。利见大人，往有功也。当位贞吉，以正邦也。蹇之时用大矣哉！

【译文】

蹇是难的意思。险难在前。遇见险难而能停止不前，明智啊！蹇卦西南有利，是前往可取得中位；东

北不利，是因为道路困阻。宜于进见大人，是因为前往有功效。身当其位正固吉祥，能够正治邦国。蹇卦的时势功用太重大了。

象曰：山上有水，蹇。君子以反身修德。

【译文】

山上有水就是蹇卦。君子从中得到启示，要反过来对自身进行省察，修养道德。

【精解导读】

蹇卦从小过变来，是小过的九四升进到全卦尊位成为大人，《周易》以刚爻升进得位为利。卦变成蹇，九五的推移使互兑（九四→䷽ > 互兑）变成互离（九五→䷦ > 互离），是在兑与离中的升进。离南方之卦也，兑西方之卦也，故言“利西南”。全卦两个刚爻，一个上到九五之尊，另一个九三未动，仍在下卦艮里，艮东北之卦也，故“不利东北”。九五从下向上升进取得天子之位，大人得位，故“利见大人”。九五刚爻占据刚位，位正，故言“贞吉”。

彖辞从七个方面说明蹇卦。（一）解释卦名。“蹇，难也”，是说卦名蹇是难的意思，这与《序卦》《杂卦》讲法一致，这可以印证一点，《序卦》《杂卦》与彖辞是同一思想体系。（二）从上下卦象的组合上说明蹇卦。“险在前也。见险而能止，知矣哉”，指的是蹇

卦由上卦坎和下卦艮组合而成，上面是前，下面是后，坎是险，艮是止，全卦是坎险在前，难以前进。遇见坎险而能停止不进，卦象显示的是一种明智的做法。“知”同“智”，“知矣哉”是感叹句，其意为“明智啊”！意思是说，卦是难，但也是个明智的卦。（三）从卦变上解释卦辞“利西南”。“蹇利西南，往得中也”，是指蹇卦从小过变来，小过卦的九四往上升进到上卦的中位，取得全卦最尊贵的位置。既然彖辞说的是“往得中”，卦就不能从观直接变来，观直接变蹇是上九来居三（观上九六三两爻换位，变䷦蹇），既不是“往”，也不是“得中”。（四）从卦变上解释卦辞“不利东北”。“不利东北，其道穷也”，是指小过的两个刚爻（小过九四九三两刚），九四升上去利西南，九三不动仍在艮里，艮为止，九三路阻道穷，不能往来，故不利，艮的卦位在东北，所以“不利东北”。（五）从主爻九五得位解释卦辞“利见大人”。“利见大人，往有功也”，指的是刚爻前往尊位，获得极大成功，位登九五成为大人。对九五本身讲是大人出现，对其他人来说，是圣明天子在位，见大人可以发挥自己的作用。（六）从主爻九五位正上解释卦辞“贞吉”。“当位贞吉，以正邦也”，是指九五是刚爻，五位是刚位，刚爻居刚位，既正又合适，这是“当位”。五位又是上卦中位，行为中正，可以把邦国正治得好。“贞”是正，“邦”是国。（七）强调蹇卦的时势功用。“蹇之时用大矣哉”，意思是说蹇卦的时势作用太重大了。因为蹇卦是

难卦，很容易被人们视为不好的卦，从而看不出蹇的作用，所以要强调一下。胡炳文说："坎、睽、蹇皆非顺境，夫子以为，虽此时亦有可用者，故皆极言赞之。"其实难与易、坎险与成功同样是相互依存的关系。"时用大矣哉"，是强调险难是成功之母的巨大作用，有蹇才会"往有功"，这里有深刻的哲理意蕴。

象辞说："山上有水，蹇。"这是从上卦坎为水、下卦艮为山讲蹇卦的组合，意思是说坎水在上、艮山在下，这就是蹇卦。至于为什么要联系到"反身修德"上来，前人讲了很多，大多联系得不够自然贴切。直接从象辞的话去分析，是说山本高出水，水本低于山，而卦象却是水在山上，水按本性反身下流，就可滋润大山。用此比附人的道德修养，就是人要以道德反身自润，故言"君子以反身修德"。因为卦里有自润之象，才联系到人的道德自润。注意这里的"反身"与家人上九象辞的"威如之吉，反身之谓也"里的"反身"，都指的是反省审察。用孟子的话讲是"行有不得者，皆反求诸已而已矣"。用今天的话讲是多做点自我批评，都是要完善自己。

初六：往蹇来誉。

【译文】

前往遇难，回来有荣誉。

象曰：往蹇来誉，宜待也。

【译文】

前往遇难，回来有荣誉，是应当等待。

【精解导读】

在小过卦里，初六的正应在九四（小过九四初六正应），九四在互兑里（九四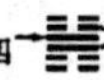互兑），兑为口、为悦，口里讲喜悦的话，故为“誉”，“誉”是好的名声。爻向上推移为往，向下推移为来。九四往上推移到九五全卦变蹇，这就是“往蹇”；如果往下推移来到九四就又回到互兑里，这就是“来誉”。因为九四是初六的正应，对初六的影响就成了“往蹇来誉”。从取义上讲，是说前往会遭遇险难，回来有荣誉，在进退的选择中回来有益。象辞说“往蹇来誉，宜待也”，主要是强调初六处在一卦之初，位置太低，还未到行动的时候，尚需待时而动，所以前往不如回来有益。虽然没有详细交待卦象推移，但提示了人们对爻的时位的注意。象辞的说解总是点到为止，从不烦言费辞。

六二：王臣蹇蹇，匪躬之故。

【译文】

君王的臣子劳苦艰难，不是为了自己。

象曰：王臣蹇蹇，终无尤也。

【译文】

君王的臣子劳苦艰难，最终没有怨尤。

【精解导读】

这一爻是讲勤于职事的大臣，为君王解难分忧，不辞辛苦地勤劳不懈，担当一件又一件的蹇难，但不是为了自己，也就是埋头苦干，任劳任怨。从象上讲，六二的正应在九五（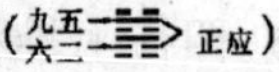），九五在上位为君王；六二在下位相应，为人臣，故言“王臣”。六二向上连遇两坎（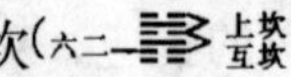），坎为险难，故言“蹇蹇”。蹇卦是因为主爻九五的推移变出来的，六二又正是九五的应爻，是为应援九五而任蹇难，故言“匪躬之故”。“匪”同“非”，“躬”是自身，“故”是缘故，意为不是因为自己。象辞说“王臣蹇蹇，终无尤也”，“尤”是怨尤，这句意思是说，君王的臣子，为王事劳苦任难，始终没有怨言。这是说明为什么能蹇而又蹇。扩展一点讲，“终无尤”也可讲成最终也不会受到埋怨。如韩愈《诤臣论》里讲：“蹇之六二则曰‘王臣蹇蹇，匪躬之故’。夫不以所居之时不一，而所蹈之德不同也。若蛊之上九，居无用之地，而致匪躬之节；以蹇之六二，在王臣之位，而高不事之心，则冒进之患生，旷官之刺兴，志不可则，而尤不终无也。”意思是说：臣子居于不同的时势，应当遵循不同的标准。蛊卦的上九是

处在没有职用的时势，如果一定要忘我地尽节，那就是冒进，会有祸患。蹇卦的六二是处在大臣的时位上，如果高尚其事，不事王侯，那就是旷职，就会招来讥刺。

这两种思想都不可效法，最终都不会没有怨尤，这就是把“尤”讲成被人怨尤。但从象辞的基本含义上讲，“终无尤”是始终无怨言，是任劳任怨的意思。

九三：往蹇来反。

【译文】

前往遇难，返了回来。

象曰：往蹇来反，内喜之也。

【译文】

前往遇难返了回来，是内部喜欢。

【精解导读】

九三的正应在上六（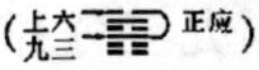
），九三向上应援上六，前遇上坎（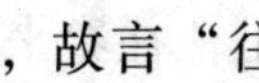
），故言“往蹇”。三位在上下卦之际，可上可下，故可返回不往，故言“来反”。从取义上说，是说九三前往遇到困难又返了回来。象辞说：“往蹇来反，内喜之也。”“内”指内卦，内卦为艮（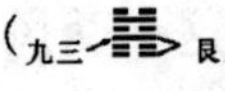
）。一般地说，内卦为家。“反”是返家。虞

翻说“内喜谓二阴也”。据《周易》的内证分析，内卦艮下面的两个柔爻为臣妾（如遁九三爻辞“畜臣妾，吉”。九三——臣妾），是主子返回家内，臣妾喜欢。总之，这一爻是往外遇到困难，回来有人欢迎，有退避的余地。

六四：往蹇来连。

【译文】

前往遇难，返回来连下。

象曰：往蹇来连，当位实也。

【译文】

前往遇难返回来可以连下，是因为当位健实。

【精解导读】

六四是小过变蹇与九五换位的一爻，在小过卦里九四与九三刚爻相比为类（小过九四九三——相比为类），变为蹇卦，九四升到五位与九三分开，六四下来又把它们连在一起。所以六四是“往蹇来连”。象辞说：“往蹇来连，当位实也。”“实”指的是刚爻，“当位”指的是九五，象辞说“当位贞吉，以正邦也”，显然指九五。九五是刚爻当位，刚爻为实，故言“当位实也”。六四是把尊位让给九五，下来与九三相连。所以这一爻风

格极为高尚，既让贤，又为贤者作辅。“连”是要把下边的力量连在一起帮助九五共济蹇难。从取义上讲，这一爻是前往遇到困难，回来可连为一体，也有退避之路。

九五：大蹇，朋来。

【译文】

大难，朋友来到。

象曰：大蹇朋来，以中节也。

【译文】

遇大难朋友来到，是因为中正合乎节度。

【精解导读】

九五是蹇卦的主爻，正是它的推移才变出蹇卦。而且九五又居于全卦的尊位，它所承受的蹇难是天下之蹇，故言“大蹇”。九五是在互兑、互离中推移，兑西离南，故卦辞说“利西南”。西南之利主要表现在“西南得朋”（见坤卦卦辞），故言“朋来”。爻辞是说九五身当天下大难，有众多的朋友来相助。象辞说：“大蹇朋来，以中节也。”“中节”是合乎节度。这主要指九五在上卦中位，取义是不左倾右斜，合乎节度。如果联系卦象，九五有正应在六二，六二在下卦中位，

又在下卦艮里，艮“为坚多节木”。这是强调九五所以会有朋友来相助，是因为有应爻，有应是有应援，故为“朋来”之象。总之，这一爻身当大难，但有众人帮助，可共济时难。

上六：往蹇来硕，吉。利见大人。

【译文】

前往遇难，回来有丰硕功利，吉祥。宜于进见大人。

象曰：往蹇来硕，志在内也；利见大人，以从贵也。

【译文】

前往遇难，回来有丰硕功利，是心愿向内；宜于进见大人，是随从了贵人。

【精解导读】

“硕”是大，《周易》里用指“硕果”，如剥卦上九爻辞“硕果不食”。“往蹇来硕”是说前往会遇到困难，回来有丰硕成果。从象上说，上六处全卦顶端，前进无路，故言“往蹇”。但卦是蹇难，蹇难到极处自会变得平易，上六处一卦之极，难极而返回来就会有大功，故言“来硕”而“吉”。上六与九五相比，九五

是大人得位，故“利见大人”。象辞说：“往蹇来硕，志在内也。”“内”是内卦，上六与内卦的九三正应，故言“志在内”。“志”是心志，是说上六与九三心志应合。九三是在下卦艮里，艮为果蓏，回来有大果可食。又说“利见大人，以从贵也”。《系辞·下》说：“三多凶，五多功，贵贱之等也。”五位是贵位。“从贵”是追随九五。九五是大人在位，上六应当去随从九五，所以是进见大人有利。从取义上讲，“硕”可以指大的功利。

【提示】

虞翻在讲此卦的“利西南，不利东北”时，较多地提到纳甲的依据。关于纳甲的说法，前面已有所提及。我们在这一卦里没有采用纳甲的说法，但作为《周易》学的传统原理之一却不可不知。纳甲的说法，现在能见到的典籍，始见于京房的积算法，但京房没有作出说明。他的做法是把十天干配在八卦上，乾卦配甲壬，坤卦配乙癸，震卦配庚，兑卦配丁，巽卦配辛，艮卦配丙，离卦配己，坎卦配戊。魏伯阳在《参同契》里用月象说明这样搭配的原理。他说：“三日出为爽，震庚受西方。八日兑受丁，上弦平如绳。十五乾体就，盛满甲东方。蟾蜍与兔魄，日月气双明。蟾蜍视卦节，兔者吐生光。七八道已讫，屈折低下降。十六转就统，巽辛见平明。艮直于丙南，下弦二十三。坤乙三十日，东北丧其朋。节尽相禅与，继体复生龙。

壬癸配甲乙，乾坤括始终。”他把一个月内月亮的变化分出六个步骤，初三是月芽初吐为“爽”；初八是上弦月，称作“上弦平如绳”；十五是满月，称作“盛满”；十六是满月开始消退；二十三是下弦月；三十是月晦；初一是月朔。按天干的方位与八卦的卦画之象搭配，震（☳）卦犹如月芽初吐（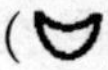），月亮在初三晚上在庚（西）方出现，所以震配庚。兑（☱）卦犹如上弦月（），月亮在初八晚上出现在丁（南）方，故兑配丁。乾（☰）卦三画皆实，尤如满月（），月亮十五晚上出现在甲（东）方，故乾卦配甲。巽（☴）卦下爻变虚，犹如十六日开始消退的月亮（），月亮在十六日早晨从辛（西）方退去，故巽卦配辛。艮（☶）卦犹如下弦的月芽（），相当于二十三的月亮，月亮于二十三早晨在丙（南）方消退，故艮配丙。坤（☷）卦三爻皆虚，犹如月晦，月亮是三十日光明在乙（东）方消尽，故坤配乙。上半月据月出之方取象，下半月据月消之方取象，取月亮消长盈虚之理。至于壬癸，因为是在北方，每月之内日月在北方相会一次，所以壬配乾，癸配坤。戊己在中央为土，戊为阳土，己为阴土。坎得乾卦中爻（坎☵），故坎配戊；离得坤卦中爻（离☲），故离配己。所谓“七八道已讫”是说七八一十五，十五之后月亮满极，上长之道已到尽头。“屈折低下降”是说月亮开始消退下降。“十六转就统”是说十六又开始走上向下消退的轨道。

关于纳甲的学说，还须说明的一点，是魏伯阳认

为“坎离”是乾坤之用，就是说乾坤是阴阳的本体，坎与离是阴阳的作用，乾是太阳，表现在离上；坤是太阴，表现在坎上。所以以离为日，因为离是太阳；以坎为月，因为坎是太阴。按大自然运动的秩序，是太阳每年一个终始（实际是地球绕太阳一周），月亮是每月一个终始（实际是月亮绕地球一周），所以每月太阳与月亮会合一次。古人把这种对于天象观察所得到的结论运用到《周易》中来，并不是生造出来的，但《周易》是否就一定依据这个原理，尚有待于研究。

朱震《汉上易传》云：纳甲何也？曰：举甲以该十日也。乾纳甲壬，坤纳乙癸，震巽纳庚辛，坎离纳戊己，艮兑纳丙丁。皆自下生。圣人仰观日月之运，配之以坎离之象，而八卦十日之义著矣。

四十　解——解脱宽松

䷧

解卦的卦画组合为坎（☵）下震（☳）上，传统称作雷水解。《序卦》云：“物不可以终难，故受之以解。”意为：事物不可能一味险难到终了。所以在表示险难的蹇卦之后接着是解卦。《杂卦》云：“解，缓也。”解，是缓解。合观《序卦》《杂卦》的说法，卦名解的意思是险难缓解，蹇难开散化为平易。

解的卦画是蹇的倒象，即蹇䷦上下颠倒过来，为䷧解。两卦是覆的关系。蹇是难，解是难倒过来，走向反面而变得平易。关于卦变，虞翻说：“临初之四。”用彖辞验证，临需经历小过，进而再变出解。彖辞在涉及卦变的部分里说：“解利西南，往得众也。无所往，其来复吉，乃得中也。”那么这一卦的卦变是如果上往可以得众，如果不上往，向下来复，则可得中。在上卦蹇里，我们已经知道，小过变蹇“利西南”是“往得中”，上往是变蹇。这一卦是小过变解，下来复得中。也就是说，小过的九三来到下卦中位，即解直接由小过变来，小过䷽两爻交换位置，变䷧解。

解，利西南。无所往，其来复吉。有攸往，夙吉。

【译文】

解卦，有利于西南方。无所前往，返回来吉祥。有所前往，提前一些吉祥。

彖曰：解，险以动，动而免乎险，解。解利西南，往得众也。无所往，其来复吉，乃得中也。有攸往夙吉，往有功也。天地解而雷雨作，雷雨作而百果草木皆甲坼。解之时大矣哉！

【译文】

解卦，有险难而动，动而脱离险难，解脱。解卦西南方有利，前往可以得到群众。无所前往，返回来吉祥，即可得到中位。有所前往提前一些吉祥，是前往会有成功。天地开解就会发生雷雨，雷雨发生百果草木都破壳而出。解的时势太重大了！

象曰：雷雨作，解。君子以赦过宥罪。

【译文】

雷雨发生就是解卦。君子从中得到启示，要赦免原宥有罪过的人。

【精解导读】

卦辞先说明往西南方行动有利。然后提出向西南方怎样前往吉祥，不前往怎样行动吉祥，两种趋吉避凶的指导。“无所往”是“其来复吉”，这是第一种指导。“复”是返回来，“其”是如果的意思。如果不前往西南方，返回来就吉祥。“有攸往”是“夙吉”，这是第二种指导。“攸”义同“所”。“夙”是抓紧晚上的时间。《说文》：“夙，早敬也，从丮，持事虽夕不休，早敬者也。”字形结构是从丮从夕，“丮”是抓住东西的一把手()，“夕”是晚上()。意思是说做事要提前及早行动。“丮”是手里抓着要办的事，“夕”是晚上也在干，及早行动，敬谨干事的样子。“有攸往，夙吉”，可以理解为如果前往的话，抓紧晚上的时间吉祥。狭义理解是晚上去吉祥，宽泛一点说是提前去吉祥。如果把“夙”讲成早晨，那就大错特错了。解卦为什么会有两种指导的卦辞？这是因为，在卦变中有这样的显象，解卦从小过变来。在上一卦蹇里，我们知道小过的刚爻九四前往五位“利西南”，这一卦也是从小过变来，故也是往上推移“利西南”。但解卦是刚爻九三向下推移，占据了下卦中位，故言“无所往，其来复吉”。“往”是爻向上运动，“来”是爻向下运动，“复”是返下。这一卦是“无所往”，而是来返下，因此有了第一种指导，返回来吉祥。吉祥是因为获得下卦中位。如果必须前往的话，那就得提前行动才吉

祥。因为那是上一卦蹇里的事，不提前就赶不上，故言“有攸往，夙吉”。

彖辞从六个方面说明解卦。（一）从上下卦特性组合上解释卦名。“解，险以动，动而免乎险，解。”第一个“解”字是指解卦。“险以动”指这一卦由下坎、上震两个三爻卦组合而成，坎是险，震是动，动是因为处在险难里不得不动。“以”表原因。“动而免乎险”是推论。“免”是脱离。有险才动，动是为了脱离险难，从险难中脱离出来，那还不是解脱。后一个“解”是解释卦名，意为这就是解脱。把这一句意译出来是说：解卦，有险而动，动而从险难中脱离出来，就是解脱。有人说后一个“解”字是衍文，主张删去，这就不恰当了。（二）从卦变上解释卦辞“利西南”。“解利西南，往得众也”，指的是解卦由小过变来，小过刚爻的推移可以有两个方向，一是往上，一是来下。往上可变蹇卦，蹇卦是“利西南”（见蹇卦），故解卦有“利西南”的基础。如果刚爻往上会进入坤中（小过九四→䷽变蹇䷦—夹在两个柔爻中），坤为众，所以是“往得众”。所谓“利西南，往得众也”，是指具有这样的基础和条件。要注意的是“解利西南”的“解”，是照引卦辞，也不是衍文。另外，蹇卦彖辞说是“往得中”，这里说是“往得众”，有相互发明的意思。另外还可看出，彖辞允许把坎（☵）看成是刚爻入坤（☷），可取坤象。（三）从卦变上解释卦辞“无所往，其来复吉”。“无所往，其来复吉，乃得中也”，指的是

解卦在从小过变来的过程中，实际上爻位的推移，是刚爻没有往上推移，这是无所前往，而是返回向下而来，即：小过九三→䷽→返（复）而下来到二位，变九二→䷧解，九二进入下卦中位，“得中”故“吉”。（四）从卦变上解释卦辞“有攸往，夙吉”。“有攸往夙吉，往有功也”，是说有所往，提前行动吉祥，是因为提前行动前往才有功效。这是因为“往有功”是上一卦小过变蹇就出现的情况（蹇卦彖辞“往有功也”可证），晚了一卦，所以要提前。“夙”是头天晚上把第二天的事就做好。从取义上讲，可理解为晚上前往吉祥。（五）从上下卦象的组合上说明解卦。“天地解而雷雨作”，指上卦震为雷，下卦坎为雨，雷雨出现是天地解冻生发之象。“作”是兴起。春天来了，雷雨才会出现；雷雨出现，天地从冻结封闭的状态中开散出来。（六）强调解的时势意义。“雷雨作而百果草木皆甲坼”，承上句说明雷雨的时势意义。“甲”是甲壳，就是种子外边的硬壳。“坼”是裂开。雷雨一动，万木复苏，百果草木都从裂开的甲壳中萌生出来，给万物提供了生长发展的条件，这个时机太好了。“解之时大矣哉”，是说解卦所具有的时势意义太重大了，是发展的好时机，不可失之交臂。得时是有机遇，一个人活在世上难得有机遇，没有机遇天才也会埋没，时势的作用相当重要，故要特别强调。这里也有深刻的哲理意义。历史上许多英雄豪杰感慨生不逢时，都是悟到点儿“时”的哲理奥义。如果简单地把“时”的哲理意义说出来，

就是时势造英雄，英雄造时势，两者是辩证的统一。

象辞从上下卦的组合谈君子应当学习的内容。“雷雨作，解”，是指上卦震为雷，下卦坎为雨，雷雨发生就是解卦。君子看到天地从封闭状态中解放出来，要赦免有过失的人，宽宥有罪的人，这就是“君子以赦过宥罪”。这里要注意，“赦过宥罪”要看时，倒不在乎罪的大小。解卦是时势宽松，大罪可赦；没有宽松的时势，小过也不可赦。举个简单的例子，战争时期小有变节，可能严惩；战争胜利局势稳定，大战犯可赦。这都要看对社会有益还是有害，有人讲象辞一味争议小过、大罪，这不是要点。战争时期，一点小小的变节行为可能导致大局的溃败，小过也不能饶恕；大局稳定，大罪的人放出来可能有益于社会，就可被赦宥。如果是民愤极大，放出来起的作用抵销不了带来的恶劣影响，大罪就不可赦。这些道理都取决于“时”。解卦是宽松的时势才讲“赦过宥罪”，不是要把大小罪犯一齐放出来，也不是大罪不放，赦放小过。

初六：无咎。

【译文】

没有咎害。

象曰：刚柔之际，义无咎也。

【译文】

刚柔交际，道义上不应当有咎害。

【精解导读】

解卦是坎下震上（解䷧>震>坎），屯卦是震下坎上（屯䷂>坎>震）。屯卦的彖辞说“刚柔始交而难生”，解卦初六象辞说“刚柔之际”。可见“际”主要是指刚爻与柔爻相交，初六是处在刚柔相交的分际里。在象上指的是解卦从小过变来，小过的下两爻都是柔爻，九三推移到二位，把两个柔爻与刚爻交错开，初六处在交错的分际上（小过䷽>二柔未错开，解初六→䷧←由九二错开二柔）。刚柔交错是阴阳交流，其次是初六上承刚爻九二是以柔承刚，符合以柔顺刚的天地秩序，另外初六有正应在九四，是有应援，这都是初六应当吉祥的理由。但有一点，初六在下卦坎里（初六→䷧>坎），坎为险难，这些理由，只能是在坎险之中无咎而已，故言“无咎”。象辞说“刚柔之际，义无咎也”，是强调初六在刚柔相交的分际之中，其他理由没有说，并不是不存在。但这些理由加起来，也只是“无咎”，不能说初六就一定吉祥，所以结论是没有咎害。

九二：田获三狐，得黄矢，贞吉。

【译文】

田猎获取三只狐狸，得到黄色箭头，正固吉祥。

象曰：九二贞吉，得中道也。

【译文】

九二正固吉祥，是因为获得中道。

【精解导读】

坤为田地，二为田位（乾九二“见龙在田”九二→䷀），坎为狐（未济“小狐汔济”䷿>互坎坎），离为矢（噬嗑九四“得金矢”九四→䷔>离）。坤为黄色，离（☲）得坤中爻，故言“黄”。九二是全卦的主爻，在卦变中，它从小过的三位来到下卦的中位，使下卦变坎，坎是坤得乾中爻，故有下田狩猎之象。刚爻进入坤中是“往得众”，下卦三爻为九二所得，故言“田获三狐”。九二移位变出互离（九二→䷧>互离），故言“得黄矢”。“矢”是箭，这里主要指金属箭镞（见噬嗑）。在下卦中位，故言“贞吉”。象辞说：“九二贞吉，得中道也。”中道正固不偏故“吉”。前人讲这一爻，认为狐狸是狐媚小人，“得狐”是去小人，这从爻辞中读不出来，属引申发挥的内容。总之，这一爻的基本义是出去打猎有收获，猎得较多的狐狸，还可得到黄色箭头，正固吉祥。

六三：负且乘，致寇至，贞吝。

【译文】

背着东西乘在车上，招来寇盗，正固有吝难。

象曰：负且乘，亦可丑也；自我致戎，又谁咎也？

【译文】

背着东西乘在车上，也让人看着丑；自己招来兵戎，又能怨谁？

【精解导读】

六三是在卦变中与九二换位的一爻，原在小过的下卦艮里（小过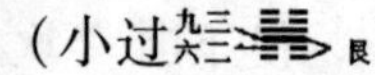艮），艮为背，背上是九三。小过变解从二位升成六三，乘凌在九二之上，下卦成坎，坎为多眚舆，故是“负且乘”。因六三自己的推移下卦成坎，坎为寇盗，故言“致寇至”。“致”是招致。“贞吝”是说六三如果正固不动，守住二位也有吝难。象辞说“负且乘，亦可丑也”，是说乘上车还不把东西放在车上，仍背在背上，这个形象太不雅观。“自我致戎，又谁咎也”，是说自己把寇盗的兵戎招来，怨不得谁。“戎”是解释“寇”。“咎”应当是解释“吝”，爻辞说“贞吝”，象辞说“又谁咎”，对不上号，但没有异文可考，只能暂仍其旧。这句爻辞《系辞·上》里

讲过："子曰：'作《周易》者其知盗乎?'《周易》曰：'负且乘，致寇至。'负也者，小人之事也；乘也者，君子之器也。小人而乘君子之器，盗思夺之矣。上慢下暴，盗思伐之矣。慢藏诲盗，冶容诲淫，《周易》曰'负且乘，致寇至'，盗之招也。"大意是说，《周易》的作者大概懂得寇盗的心理吧！《周易》里说："负且乘，致寇至。"背东西是小人干的活，车是君子代步的工具。小人却坐在君子的代步工具上，寇盗就想着要夺走它。对上傲慢，对下粗暴，寇盗就想着要收拾他。珍贵的东西不快藏起来，这是教给人家来盗窃；打扮得花里胡哨，那是教唆人家来调戏淫乱。《周易》里讲"负且乘，致寇至"，是说寇盗是自己招来的。按《系辞》的讲法，爻辞在取义上似乎还有"上慢下暴"的意思，有"慢藏诲盗、冶容诲淫"的意思，这些是从道理上引申出来的，说明"致寇至"的理由，讲得十分精彩，可帮助我们理解爻辞，但不能把这些当成爻辞的基本意思。

九四：解而拇，朋至斯孚。

【译文】

解开脚拇指，朋友来到才有信实。

象曰：解而拇，未当位也。

【译文】

解开脚拇指，是还未占据合适地位。

【精解导读】

从卦变中看，蹇卦是小过的九四升进到五位，故蹇九五爻辞说“大蹇，朋来”。蹇象辞说九五是“当位贞吉”“往得中也”。解卦九四未上往，故卦辞说它“无所往”，象辞说它如果像蹇卦那样上往会“往得众也”“往有功也”。这都可以看出九四这一爻在小过变解时守住四位没有上往到九五，它可以上往，只不过是未动而已。在解卦未动，处在上卦震里(九四→☳>震),震为足、为拇，故言“解而拇”。如果上到九五就会像大蹇的九五一样“朋来”，故言“朋至”。卦由小过变来，中孚（䷼）是两个柔爻孚于四个刚爻，小过（䷽）是中孚的变卦，是两个刚爻孚于四个柔爻，小过也是孚，故言“斯孚”。象辞说“解而拇，未当位也”，正是指出九四没有上往九五去当位。从取义上讲，“解而拇”是缓解才到了足下拇指，是刚开始缓解的意思，直接讲是解开脚拇指的束缚。“朋至斯孚”中，“斯”是这的意思，这句是说朋友来到这种孚信才能表现出来，也就是朋友来了自己的真心实意才可兑现。当然“朋至斯孚”可以讲成朋友来到表现得很诚信，但这是字面义。联系卦象，是九四还没有“朋至”，也没有“斯孚”，到了九五当位才是“朋来”，

有了“朋至”的条件才能“斯孚”。

六五：君子维有解，吉，有孚于小人。

【译文】

君子维有来缓解，吉祥，取信于小人。

象曰：君子有解，小人退也。

【译文】

君子来缓解，小人甘心退去。

【精解导读】

从蹇到解，把彖象辞贯通起来看，都是说九四该升进到五位去当位，而九四却没有这样上往。六五该下降到四位，也没有下来，这样才成为解卦。九四刚爻为君子，六五柔爻为小人。对君子来说，没有上往而成为解卦，故言“君子维有解”，意思是说“君子维有来缓解”，由君子来为六五缓解，故“吉”。小过为刚爻孚于柔爻，卦从小过变来。九四孚信于六五，故言“有孚于小人”，意思是说君子的诚信小人也信得过，也就是小人相信君子。象辞说：“君子有解，小人退也。”意思是说君子来缓解局势，小人相信，愿意主动退出去。这也是指六五应当把尊位让给九四。总之，这一爻是君子能来缓解，说话办事能兑现，有应验，

小人也相信，愿意让君子居于尊位。

上六：公用射隼（sǔn）于高墉之上，获之，无不利。

【译文】

王公射下高墙上的鹰鹞，获得它，无不利。

象曰：公用射隼，以解悖也。

【译文】

王公射鹰鹞，来解除悖乱。

【精解导读】

《系辞·下》说：“《周易》曰：‘公用射隼于高墉之上，获之，无不利。’子曰：‘隼，禽也；弓矢者，器也；射之者，人也。君子藏器于身，待时而动，何不利之有？动而不括，是以出而有获，语成器而动也。’”意为：“《周易》里说王公射隼于高墉之上，获之，无不利。孔子说：‘隼是一种禽鸟，弓箭是武器，拿来射的是人。君子怀藏利器，等待时机来到行动，会有什么不利？行动如意，因此出动就有收获，这是说有平素养成的利器才可以行动。’”“括”从字面义上讲是约束，从语源上讲是包括。古代造弓，先制成一种弓架子，把竹木等作弓的原料捆绑在上面，等原料

定型之后取下来，就制成一张弓。“集括”是让原料定型。“不括”是做成了，不再约束在括上，也就是能使用了。“器”是君子的才器技能，也要先檃括定型，才能自由应用。君子把技术掌握好了，使用起来随心如意，左右逢源，这就是所谓的“动而不括”。从这段话里可以看出，上六要有弓箭射象。“隼”是鹰一类的飞禽，古人称作鹘，是一种飞得极高又非常矫健的猛禽。上六在上卦震里（䷧>震），震为诸侯，故言公。坎弓离矢为射。小过为大鸟、为隼。巽为绳直、为高，故为城墙。上位为位高、为高墉。小过变为解卦，其中小过为飞鸟之象，下有互巽（小过䷽>互巽），就是隼在高墉之上。变解后出现了上震之公和下坎互离的弓箭，故有“公射”之象。爻辞的意思是王公要射下高墙之上的鹰，会有收获，没有不利。象辞说：“公用射隼，以解悖也。”“悖”是背理昏乱。“解悖”是解除背理昏乱。上六在全卦穷极之位，故为悖。

【提示】

汉人解《周易》，卦气说较有理性。卦气说有李溉据《易纬》传下来的方图，还有唐释一行据孟喜卦气说制出的图表。图表讹误较少，方图则比较直观。

卦气说是把一年的四季、十二月、二十四节气、七十二物候、三百六十日与六十四卦对应配置在一起，用六十四卦表示一年内天地的运转情况。卦气图把六十四卦分出坎离震兑四正卦表示一年的四季。坎正北

主冬，在二分二至中配冬至。一卦六爻，每爻主一个节气，初六主冬至，九二主小寒，六三主大寒，六四主立春，九五主雨水，上六主惊蛰。震正东主春，在二分二至中配春分。一卦六爻配六个节气，初九春分，六二清明，六三谷雨，九四立夏，六五小满，上六芒种。离正南主夏，在二分二至中配夏至。一卦六爻配六个节气，初九配夏至，六二小暑，九三大暑，九四立秋，六五处暑，上九白露。兑正西主秋，二分二至配秋分。一卦六爻配六个节气，初九秋分，九二寒露，六三霜降，九四立冬，九五小雪，上六大雪。其余六十卦，每五卦为一组，分辟、侯、大夫、卿、公五种，每组主六候，十二组共主七十二候。七十二候是中国传统历法中的术语，一般地说五日为一候，三候十五天为一个节气。每候用一种古人观察到的物候变化情况来说明，如“雷始发声”“水始冰”等。搭配的大致情况是每个候卦分出内外卦，各主一候，其余辟、大夫、卿、公各主一候，每组对应配六候。七十二候实际只有三百六十日（72×5=360），把三百六十日分配在除四正卦之外的六十卦里，每卦六日，每卦六爻，每爻主一日。这是一个大体的配置，实际上已经是卦气说的整体设想，无须细究。因为前人取其整数360日为一年，余下的零头由置闰去解决，六十四卦只是个大的框架，不是历法，能基本反映天地运转情况就可以了。比如说，按太阳周天运动的实际情况说，周

天实际是365 $\frac{1}{4}$度，这实际上就是后人把每个圆周分为360度的根源，但后人也没有一定要把圆周分为365 $\frac{1}{4}$度。然而在历法中余下的5 $\frac{1}{4}$日就必须照顾到它的客观存在，不然就会影响农时。后来历法日趋精密，要按365 $\frac{1}{4}$日与六十卦搭配，这就出现了每卦主六日七分之说（$365\frac{1}{4} \div 60 = 6\frac{7}{80}$）。六日七分之说在汉代郑玄注《周易》时已有论及，但这种说法把卦当成历法去计算，虽然精密，却并不符合《周易》整体构想的原理。应当说《周易》在它的构想中是卦主六日。

四十一　损——锦上添花

䷨

损卦的卦画组合为兑（☱）下艮（☶）上，传统称作山泽损。《序卦》云：“缓必有所失，故受之以损。”意为：缓散懈怠一定会有损失，所以在解卦之后接着是损卦。损卦与下一卦益是覆的关系，损卦画颠倒就是益卦（损䷨倒置为䷩益）。从卦变上讲，彖辞提示说“损下益上”“损刚益柔”，与损卦卦画相印证，损卦是由泰卦变来，虞翻说“泰初之上”。意思是说：泰初九䷊初九从最下位升到最上位，变䷨损。下卦减去一个刚爻，上卦增加一个刚爻，这就是“损下益上”，下卦三个刚爻减去一个，上卦三个柔爻加上一个，这就是“损刚益柔”。虞翻的讲法正确地说明了彖辞的内容。

损，有孚，元吉，无咎，可贞。利有攸往。曷之用？二簋可用享。

【译文】

损卦，有诚信，大吉大利，没有咎害，可正固。有利于前往。用什么？两簋（guǐ）可以用来祭享。

彖曰：损，损下益上，其道上行。损而有孚，元吉，无咎，可贞。利有攸往。曷之用？二簋可用享。二簋应有时，损刚益柔有时。损益盈虚，与时偕行。

象曰：山下有泽，损。君子以惩忿窒欲。

【译文】

损卦，减损下边增益上边，运行之道是向上走。损减而有诚信，大吉大利，没有咎害，可正固。有利于前往。用什么东西？两簋可以用来祭享。使用两簋祭享应当有时，因为减损阳刚、增益阴柔有时。减损增益、盈满亏虚，都是伴随着时序运行的。

山下有大泽就是损卦。君子从中得到启示，要遏制怒气，杜绝嗜欲。

【精解导读】

卦辞说“损，有孚，元吉”，意思是说：有诚意地减损自己去增益别人，就会大吉大利。“无咎，可贞”，是说这样没有咎害，永保正固。从卦象上说下卦是贞卦，上卦是悔卦，贞是我方，悔是对方。泰变损是损

我方益对方。人们经常犯的毛病是损人利己，而损卦是损己利人，确实具有诚意，应当大吉大利，没有咎害，永保正固。“利有攸往”，是说前往有利，卦象上指泰变损初九从最下位升到了最上位，升进之象，故有利。“曷之用？二簋可用享”中，“曷”义同“何”，“簋”是祭器，“享”是祭享。这句意思是说：用什么东西进献？简单的两盘祭品可用来祭享天地祖宗。“曷之用”的“之”是标志宾语提前，等于说“用何”，意思是用什么？“簋”这种祭器形制是内圆外方，古代用来盛放黍稷稻粱等新鲜谷物。古代的祭享八簋为盛，四簋为中，两簋为简。只有两簋供品是比较简省的。但只要有诚信，不必丰盛，两簋也可以。《左传》里讲：“苟有明信，涧溪沼沚之毛，蘋蘩蕰藻之菜，筐筥锜釜之器，潢污行潦之水，可荐于鬼神，可羞于王公。”只要有诚信明德，草菜雨水，粗皿笨器也可以。从象上说正反震相对为二簋，由泰变损，刚爻从初位升到上位，变出正反震的对象，故言“二簋可用享”（上九 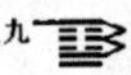 反震 正震）。爻向上推移，故有进献之象。

彖辞从三个方面解释损卦。（一）从卦变上说明损卦。“损，损下益上，其道上行”，指的是损卦由泰卦变来，泰卦的初九从下卦损减出来，增益到上卦成为上九，爻的推移运行之道是向上行走。这是从卦变中主爻的运动路线来说明卦义。程颐不承认损卦是从泰卦变来，可是在讲六三时说：“三人谓下三阳、上三阴。”下三阳、上三阴还不是泰卦？可见事实如此，绕不过去。（二）

从道理上说明卦辞。“损而有孚，元吉，无咎，可贞。利有攸往。曷之用？二簋可用享。”彖辞的这一段话除了把卦辞的“损，有孚”变成“损而有孚”外，全部是照引卦辞。彖辞是解释卦辞的，全部照引等于没有解释，不解释还写彖辞干什么？既然写了，说明彖作者认为这就是解释了。什么地方是解释？那就是把“损，有孚”变成了“损而有孚”。所以，彖辞是把卦辞当成一个大的因果复句来讲的。“损而有孚”中，“而”是如果的意思，这一句是因，其余的卦辞都是果。意思是说，因为是具有诚信地损己益人，所以才会出现“元吉，无咎，可贞。利有攸往。曷之用？二簋可用享”等这些结果。可见“损而有孚”，是彖辞中表示原因的关键部分。“损”是自己要承担损失，舍出点东西来给别人一些实惠。“孚”是诚信。有诚信地舍己助人，故可大吉大利，故可没有咎害，故可正固，故可有利前往。用什么去损己？换句话说，就是要损失些什么？因为心有诚信，简单的两簋哪怕是用来祭享也尽够了。（三）从天地损益盈虚的变化规律，说明为什么会有以上卦辞。“二簋应有时，损刚益柔有时”，是说为什么两簋就可用以祭享？这是因为祭享中有应当用二簋的时候，关键是要应时，时该损就损，时该益就益。一个人太刚强了，就到了损刚益柔的时候，如果不能损刚益柔，就会招致刚强太过的灾害。正如卦象那样，损刚益柔是因为到了泰卦，泰卦是刚柔平衡，刚爻再发展就要过中，这个时候应当减损。“损益盈虚，与时偕行”，是说天地自然都是应时而

损益盈虚。比如天上的月亮，十五成为满月，再向前发展就要变得亏虚。时令到了夏至，白天太长，夜晚太短，再向前发展就要减损白天的时间，增益晚上的时间。到了冬至，夜晚又太长，白天又太短，再向前发展又会减夜增昼。这都是损益盈虚伴随时序而运行，是天地自然之道，损卦能应时损减，完全符合天地之道，所以才能"元吉，无咎，可贞。利有攸往。曷之用？二簋可用享"。《童溪易传》说："夫惟与时偕行，则或损也，或益也，而惟时之为听，则当此时也，而二簋之是用不亦可乎？此卦之德，所以有曰'有孚，元吉，无咎，可贞。利有攸往。曷之用？二簋可用享'也。"

象辞"山下有泽，损"，指的是损卦的上卦艮为山，下卦兑为泽，山下有泽就是损卦。从这个卦象中学习什么？山高泽深，泽越深山就显得越高，用以比附人的道德修养，减损自己身上无益的东西，让它像泽一样低之又低；增益自己的道德，让它像山一样高之又高，这样就会越损越高。"惩忿窒欲"，互文。孔颖达《正义》："惩者息其既往，窒者闭其将来。忿欲皆有往来，惩窒互文而相足也。"意思是说：对自己身上以前的、以后的怒气都要有所惩戒，有所扼制；对以前、以后的嗜欲也都要惩戒和扼制。把这些无益的东西损减下去，道德就愈加高尚。

初九：已事遄往，无咎。酌损之。

【译文】

已开始损减，急速前往，没有咎害。酌情减损。

象曰：已事遄往，尚合志也。

【译文】

已开始损减，急速前往，上往合乎心志。

【精解导读】

“已事”各家讲的不同。王弼本把“已”看成是已经的已，“已事遄往”是“事已则往”。孔颖达说：“已，竟也；遄，速也。”意思是事情办完了就赶快去。也有人说已是止，是放下干的事马上去。虞翻本“已事”作“祀事”，说是“祭祀之事”。《释文》说：“已事，音以，本亦作以。虞作‘祀’。”项安世认为“古语止疾曰已”。已事是治病之事。孰是孰非，只好从象上断了。损卦从泰卦变来，泰卦的初九升进到上位，九二被推到初位，这就是损卦的初九。从象上看，是泰卦的初九已经去“损下益上”“损刚益柔”，接着就轮到了九二（损的初九）损益下去。“已事”是说已经开始了损减之事，“遄往”是说就应当急速地从下往上损减。轮到你了，慢腾腾地不好，马上行动前往。“无咎”是说越快越好，没有咎害。“酌损之”，是说要斟酌情况，适当损减，不要损减太过。因为泰卦下面只

有三个刚爻，初九已经损减，九二处在损卦里又得急速损减，这样对刚爻的损减太过分，到了考虑应当损减多少的时候，要酌量。比如统治者向百姓征收赋税，这是损下益上，只要适度，没有咎害，超过百姓的承受能力，就会激出民变，量的多少要有个限度，应当酌量。象辞说“已事遄往，尚合志也”，指的是初九有正应在六四（
），六四在上卦。上九已升上去了，初九上卦有应合，也愿意上往。“尚”义同“上”。

九二：利贞，征凶。弗损益之。

【译文】

利于正固，征进凶。不损下也不益上。

象曰：九二利贞，中以为志也。

【译文】

九二利于正固，以守中为心愿。

【精解导读】

在“损下益上”“损刚益柔”的大局中，上九已损下而益上，初九是酌量损减，九二如果继续损减下去，必然是损减太过。所好的是九二在下卦中位，正应六五在上卦中位，两者都能守中道。守中道是无过无不及，在损减上能适量合度，故言“利贞，征凶。弗损

益之”，意思是说九二应当正固不动，不能再损减下去，征进有凶，不损下也不益上。象辞说“九二利贞，中以为志也”，意为九二所以要利于正固，是以中位为心愿。在损卦就是以损益适中为心愿。上九是全损，初九是酌损，九二要使损减保持适中，应当全不损，所以九二是使全卦的损减达到适中。如同在一个天平上，一头放上上九过损的砝码，初九在损与不损之间，另一头要放上九二全不损的砝码，这样可以使损道平衡。这就是“中以为志”。

六三：三人行则损一人，一人行则得其友。

【译文】

三个人同行就会减损一人，一个人行走就会得到友人。

象曰：一人行，三则疑也。

【译文】

一个人行走（会得到朋友），三个人同行就会产生猜疑。

【精解导读】

这一爻显然是在说损卦由泰卦变来。泰卦的下三爻都是刚爻，上三爻都是柔爻（泰䷊>三柔 >三刚），变而为损，

下卦三个刚爻失去一个，故言“三人行则损一人”；上九行往上卦，得到两个柔爻为友，故言“一人行则得其友”。柔爻的情况也是如此，泰卦三个柔爻的向下推移，使上卦失去一个柔爻，六三推移到下卦，得到两个刚爻为友。“友”与“朋”显然不同，“朋”是同性为朋（见坤卦“西南得朋”），“友”则是异性为友。象辞说“一人行，三则疑也”，意思是一人行走会得到友人，三人同行会产生猜疑。《系辞·下》解释这一句说：“天地絪缊，万物化醇。男女构精，万物化生。《周易》曰‘三人行则损一人，一人行则得其友’。言致一也。”意为天地阴阳二气的亲密交合，万物得以浓醇化育；男女精血交构，万物得以化生。《周易》里讲“三人行则损一人，一人行则得其友”，说的是阴阳之间的致一。所谓“致一”就是达到一致。从哲学上讲就是同一性。对立双方有同一性，不能加入第三者，加入第三者就破坏了同一性。象辞说“三则疑也”，指的就是加入第三者同一性就要被破坏，相互猜忌。如同热恋中的两个人，有第三者插足，就会拈酸吃醋，迟早要甩掉一个。在《周易》的哲理中，“合二而一”是存在的。天地要合二而一，男女要合二而一，万事万物对立双方无不合二而一。

六四：损其疾，使遄有喜，无咎。

【译文】

减损他的疾病，能使他快一些有喜庆，没有咎害。

象曰：损其疾，亦可喜也。

【译文】

减损他的疾病，也还是可喜的。

【精解导读】

从象上说，震为疾，六四位在互震。丰卦六四爻辞说“往得疑疾”，可以看出，“疑”就是一种疾。损卦六三象辞说“三则疑也”，是三爻并行为疑。泰卦变损，上卦三个柔爻推移到下卦一个，故言“损其疾”。推移到下卦成兑（☱下兑），兑为悦，故言“使遄有喜”。

“遄”是急速，是说爻的推移越快越有喜。从取义上说，六四是减损疾病，越快越好，不仅没有损失，还有治好病的喜悦，故“无咎”。

象辞说“损其疾，亦可喜也”，去掉疾病，当然是一件喜事。

六五：或益之十朋之龟，弗克违，元吉。

【译文】

有人送给价值十朋的宝龟，占卜不违背意愿，大吉大利。

象曰：六五元吉，自上佑也。

【译文】

六五大吉大利，是来自上面的庇佑。

【精解导读】

“或”是有人，“益”是增益、送给。“十朋之龟”是价值十朋的大龟。《汉书·食货志》的注说：“苏林曰：两贝为朋，朋值二百一十六。”龟价十朋，可知是珍贵的宝龟。《尚书·大诰》：“予不敢闭于天降威，用宁王遗我大宝龟，绍天明。”意思是说：我不敢在上天降下灾难的时候把宝贝藏起来，用文王留给我的大宝龟，占卜一下天命如何，结果得到吉兆。大宝龟是国宝，有人送给大宝龟等于送给天命。《周易》是占筮书，筮与卜在古代经常同时使用，这在《尚书·洪范》里讲得很清楚。大宝龟当然是用来占卜。“从”与“违”是占卜的结果。“从”是占卜结果合乎意愿，“违”是占卜结果不合意愿。“弗克违”是占卜的结果不违背自己的意愿，“克”是能，也就是占卜的结果与自己的意愿一致，是“从”而不“违”，故言“元

吉”。从象上讲，离为龟。泰卦变损，上九从下位上往，使二至上爻变成一个大离(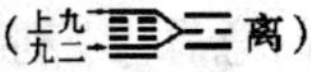)，是一个大的灵龟，六五在互坤里()，坤为地，地数十，故为“十朋之龟”。象辞说：“六五元吉，自上佑也。”“上”指六五之上的上九。正是上九的损刚益柔，才使六五处在大离之中，所以是上九带来的福佑。从取义上说，“自上佑”是来自上苍的保佑，也就是天保佑。

上九：弗损，益之，无咎。贞吉。利有攸往，得臣无家。

【译文】

没有受到损减而是得到增益，没有咎害。正固吉祥。有利于前往，得到臣民而失去家。

象曰：弗损益之，大得志也。

【译文】

不是损减，而是增益，心志得到大的满足。

【精解导读】

从象上看，上九的“弗损，益之”显然指的是上九不是来损减，而是来增益。损卦从泰卦变来，上九正是“损下益上”的主爻，进往上位，明显地不是来损而是来增益。无损而有益，故“无咎”。“贞吉”是

指全卦不能再继续损益下去，保持正固吉祥，也是损减不可太过的意思。“利有攸往”指上九的推移，上九从最下位往进到最上位，故为“利有攸往”。“得臣无家”指的是内卦为家，柔爻为臣民。上九从内卦推移出来，下据三个柔爻，故言“得臣无家”。按封建制的说法是拥有采邑为家，做了诸侯才是得臣。“得臣无家”是从有家的大夫变为拥有臣民的诸侯。王肃说“万方一轨”，指的就是这个意思。程传也认为“得臣谓人心归服，无家谓无有远近内外之限也”。总之是以国为家，把家扩大成国了。象辞说“弗损益之，大得志也”，指的就是上九没有受到损害而只能得到益处，成为一国之君，心志得到极大满意。“弗损益之”在取象与取义上内容稍有不同。

【提示】

《系辞》里关于损卦提到得比较多，除对六三爻辞“三人行则损一人，一人行则得其友”作了解释外，在道德修养方面也常常提到损卦。“损，德之修也；益，德之裕也。”“损，先难而后易；益，长裕而不设。”“损以远害，益以兴利。”意思是说：不断地损减自己身上无益的东西，就是道德的修养。不断地增益自己身上有益的东西，就是道德的充裕。损减开始很难，但到后来会变得越来越容易；增益是长期充裕而不设施造为。这是指道德的修养要顺其自然，损要顺规律而损，益要顺规律而益。只要按规律去损益，开始会

难损一些，逐渐会变得容易。对道德的增益会长期不断地充裕起来，而不是一下子设立起来。损减可以远离危害，增益可以兴起利益。总之，损益都可在道德修养方面起作用，关键是损益的是什么。按象辞讲的“惩忿窒欲”，要损减的就是自己身上那些无益的东西。彖辞没有讲“损之时大矣哉”，但多次提到“应有时”“有时”“与时偕行”，可见损的时势也相当重大。就是要按时去损，该损则损，合乎自然地去损，损就可以吉祥。损并不是一个一定就不好的卦。《淮南子》引孔子读《周易》，至损益，喟然而叹曰：“或欲利之，适足以害之；或欲害之，适足以利之。利害祸福之门，不可不察。”《系辞》里又说“损以远害”，这些都讲的是损益的辩证关系。

另外，在这一卦里顺便介绍一下装卦与爻辰说。在古代说《周易》的理论中，还有一种装卦与爻辰说被看成是《周易》的基本理论之一。但这种讲法在《周易》的内证里找不出线索，所以我们没有采纳，这里只作一般性的介绍。装卦说实际上在传为京房的纳甲占筮法里已有运用，而卦书里则说是始创于战国时的鬼谷子。其基本做法是把十二辰配入八卦，“纳甲”是在八卦中配天干，装卦是在八卦中配地支，然后用干支的五行属性及其生克原理去判断吉凶。除干支外，还要配上六亲、六神，以及世、应、身爻等，形成一套所谓混元甲子的体系。京房称作“降五行、颁六位”。十二辰的搭配方式，按朱震《汉上易传》里的

《乾坤六位图》的说法："天六、地六、气六、象六。天乾交坤而生震坎艮，故自子顺行。震自子至戌六位，长子代父也。坎自寅至子六位，中男也。艮自辰至寅六位，少男也。坤交乾而生巽离兑，故自丑逆行。巽自丑至卯六位，配长男也。离自卯至巳六位，配中男也。兑自巳至未六位，配少男也。女从夫者也，故其位不起于未。易于乾卦言大明终始，六位时成，则七卦可以类推。"他的意思是说：十二支按顺序排列，根据阳奇阴偶的性质可以分出阴阳如下：

子$_{1}$　寅$_{3}$　辰$_{5}$　午$_{7}$　申$_{9}$　戌$_{11}$——奇数阳六支

丑$_{2}$　卯$_{4}$　巳$_{6}$　未$_{8}$　酉$_{10}$　亥$_{12}$——偶数阴六支

乾与三男的震坎艮属阳卦，要配阳支；坤与三女的巽离兑属阴卦，要配阴支。阳卦都是顺序排列，阴卦都是逆序排列。依据这个原理把十二支配入乾卦，从下向上逐爻搭配是：

初爻子、二爻寅、三爻辰、四爻午、五爻申、上爻戌

坤卦从下向上逐爻搭配，从未上起是：

初爻未、二爻巳、三爻卯、四爻丑、五爻亥、上爻酉

震卦从下向上逐爻搭配完全与乾卦相同，是因为震为长子，可以代父。

坎卦是中男，比震向后错一位，逐爻搭配是：

初爻寅、三爻辰、三爻午、四爻申、五爻戌、上爻子

艮卦是少男，比坎向后又错一位，搭配如下：

初爻辰、二爻午、三爻申、四爻戌、五爻子、上爻寅

巽卦是长女，因为女子要随从丈夫，不能与母卦坤相同，所以从“丑”上起位，逆序搭配如下：

初爻丑、二爻亥、三爻酉、四爻未、五爻巳、上爻卯

离卦是中女，比巽卦错后一位排列如下：

初爻卯、二爻丑、三爻亥、四爻酉，五爻未、上爻巳

兑卦是少女，比离卦又错后一位排列如下：

初爻巳、二爻卯、三爻丑、四爻亥、五爻酉、上爻未

八卦生出六十四卦，其他卦的搭配，按上下卦分开，看它的上下卦各是八卦里的什么卦，然后以三爻卦为单位，区别开上下，把八卦的地支整体移入各卦。比如这一卦损，兑下艮上(䷨上卦艮 下卦兑)，那么就把兑卦的下半截移入损的下三爻，把艮卦的上半截移入上三爻，成为：初爻巳、二爻卯、三爻丑、四爻戌、五爻子、上爻寅。余可类推，这样就把十二辰配入六十四卦。

天干的搭配依据纳甲（原理见蹇卦提示）。因为乾纳入甲和壬两位天干，就把甲配在乾的下卦，壬配在乾的上卦，乾的下三爻都是甲，上三爻都是壬。坤卦也纳入两位天干，乙和癸也一样分别配入上下卦，下三爻都是乙，上三爻都是癸。其他六卦因为只纳入一位天干，所以每爻都是那一位天干，即震卦六爻都属庚，坎卦六爻都属戊，艮卦六爻都属丙，巽卦六爻都属辛，离卦六爻都属己，兑卦六爻都属丁。八卦配齐，再移入六十四卦。也是以三爻卦为单位，区别开上下，

把八卦的天干整体移入各卦。比如损卦兑下艮上，移入兑卦的丁配在下三爻，移入艮卦的丙配在上三爻，加上前面讲的地支，损卦甲子的配置是：

初爻丁巳、二爻丁卯、三爻丁丑、四爻丙戌、五爻丙子、上爻丙寅

不过，这一套占筮方法，大多抛开了《周易》的卦爻辞，直接从五行生克中取断，虽然还用六十四卦的形式，而内容上已成为另一个体系，不应当与《周易》混为一事。

用爻辰解释《周易》，见于著录的是《易纬·乾凿度》。郑玄在《周易》《诗经》《礼记》的注释中，用过十几例，但语焉不详，把他的说法整理出来，大致是把六十四卦中的六个刚爻与六个柔爻与十二辰固定搭配起来，还配上十二月、十二次、十二律吕，以此来取象。其基本搭配方式如下表：

爻位	初九	六四	九二	六五	九三	上六	九四	初六	九五	六二	上九	六三
十二生辰	子	丑	寅	卯	辰	巳	午	未	申	酉	戌	亥
生肖	鼠	牛	虎	兔	龙	蛇	马	羊	猴	鸡	狗	猪
月	十一	十二	一	二	三	四	五	六	七	八	九	十
十二次	女虚	斗牛	箕尾	氐房心	角亢	张翼轸	柳星	井鬼	毕觜参	胃昴	奎娄	危室壁
律吕	黄钟	大吕	太簇	夹钟	姑洗	仲吕	蕤宾	林钟	夷则	南吕	无射	应钟

四十二　益——雪中送炭

䷩

益卦的卦画组合为震（☳）下巽（☴）上，传统称作风雷益。《序卦》云：“损而不已必益，故受之以益。”意为：不停止地损减下去，一定会出现损极而反的增益，所以损卦之后接着是益卦。《杂卦》云：“损益，盛衰之始也。”益卦是兴盛的开始。从卦象上看，损下益上就要衰败；损上益下就会兴盛。《杂卦》认为是不应当厚取于民，在上的统治者如能损上益下，国家就会兴旺发达。益卦与损卦一样，也是以内卦为贞、为我，外卦为悔、为彼，彼损我益，故卦名称益。益是增益的意思。

益卦与损卦为一组正覆卦，损卦的卦画上下颠倒为益卦（损䷨颠覆过来为䷩益）。益卦的卦变，象辞提示说：“损上益下”“自上下下”“天旋地生”。这样说来，益卦只能从否卦变来。否卦是上乾下坤（否䷋>乾>坤），乾为天，坤为地，是上卦乾天中的三个刚爻减损一个增益到下卦，这就是“损上益下”“自上下下”。既然说“天旋地生”，那么爻的推移是否的上九由最上位来到最下位，即：否上九(䷋)上九转到最下位，变䷩益。虞翻说“否

上之初”，就是这个意思。蜀才认为是“此本否卦，案乾之上九下处坤初，坤之初六上升乾四”。在否卦里说是初与四换位，这就与彖辞的说法不合。“旋”就应当是整个卦的天地旋转，上九转到初位，下坤向上旋转，不是坤地的初六一爻向上旋转。“生”也只能从初位“生”。应当是上九向初位转，其他各爻随之向上推移一位。

益，利有攸往，利涉大川。

【译文】

益卦，有利于前往，有利于涉过大川险阻。

彖曰：益，损上益下，民说无疆。自上下下，其道大光。利有攸往，中正有庆。利涉大川，木道乃行。益动而巽，日进无疆。天旋地生，其益无方。凡益之道，与时偕行。

【译文】

益卦，减损上边，增益下边，百姓喜悦无边。从上降下，道德广大光明。有利于前往，是中正而有喜庆。有利于涉过大川险阻，是木舟能在水上行进。益卦动而能随顺，日复一日前进没有疆界。天旋转，地生养，增益没有固定的方式。大凡增益的法则，是伴随时序一起前行。

象曰：风雷益。君子以见善则迁，有过则改。

【译文】

风与雷组合在一起就是益卦。君子从中得到启示，见到善的就向善迁移，有过失就改正。

【精解导读】

益卦“利有攸往，利涉大川”，从天道上讲是“穷则变，变则通，通则久”。物不可极，损到极点就是益的开始，益到极点就是损的开始。天道循环，永远亨通。反映这种天道的上经有泰否，下经有损益。泰是天下地上（䷊>地 >天），否是地下天上（䷋>天 >地）。从损益的角度看，泰是“天旋地生”到了极点的益，否是“损下益上”到了极点的损。泰卦一变就通而为损，否卦一变就通而为益。故损益两卦都“利有攸往”。损是向衰退的方向发展，益是向旺盛的方向发展。所以益卦“利涉大川”，就是说可以突破艰难险阻。具体的卦象，彖辞里做了说明。

彖辞分七个方面说明益卦。（一）结合卦变，阐发“损上益下”的意义。“益，损上益下”，是指益卦从否卦变来，否卦上面的三个刚爻减损出一个增益到下卦来。这种卦变所显示出的意义，是在上位的统治者能减损自己来增益在下的人民，所以百姓喜悦无边。这就是“民说无疆”。“说”同“悦”，“疆”是边。这是说明卦变所显示的社会意义。（二）结合卦变，阐发

“自上下下”的意义。否变益，初九从最上位来到最下位，卦变上显示的是“自上下下”。第一个“下”是动词，意为下来；第二个“下”是名词，意为下位。对一个人来说，是能屈尊降贵，具有谦己尊贤的美德，能够敬事爱民。谦卦彖辞说：“天道亏盈而益谦，地道变盈而流谦，鬼神害盈而福谦，人道恶盈而好谦。谦尊而光。”天地鬼神都福佑有谦德的人，人都喜爱有谦德的人，故言“其道大光”。意为谦虚的人道德广大而光明。这是说明卦变所显示出的道德修养方面的意义。(三) 从中位九五得正上解释卦辞“利有攸往”。“利有攸往，中正有庆”，指的是处在尊位的九五，下有六二正应。九五刚爻居刚位，位正，在上卦中位；应爻六二柔爻居柔位，位正，在下卦中位；上下应合，皆大欢喜，有喜庆，故可前往有利。(四) 从上下卦象的组合上说明卦辞“利涉大川”。“利涉大川，木道乃行”，指的是上卦巽为木，下卦震为行，组合在一起成为益卦，象上显示的是用木做成舟适宜于在水上行走，故可涉大川有利。(五) 从上下卦的特性组合上说明益卦。“益动而巽，日进无疆”，指的是下卦震的特性是动，上卦巽的特性是顺利，益卦能顺利而动，不会遇到障碍，就可日复一日地前进，前途无限。(六) 从卦变上说明益卦的好处。“天旋地生”，指的是卦从否变来，否的上卦乾为天，下卦坤为地，乾天的上九来到初位，其他各爻随之上推一位，如同乾在不停地旋转，坤地在不断地吐生。“其益无方”，是说天地的生成功

能无穷无尽，不拘方式地往出增益。“无方”是没有固定的方式，有方就受到限制，无方就没有限制，无方是多方，也就是广大无限、无穷无尽。（七）揭示益卦的时势意义。“凡益之道，与时偕行”，是说益与损一样，也是一种天道运行的自然规律，也要伴随时序的变化而运行，只要天道的时序不变，损益的规律也不变，有它的永恒性。告诉人们损益有时，该损的时候要损，该益的时候要益。比如春天到了万物增益的季节，人就要随时播种五谷、繁殖牛羊，这样就可得到增益。如果你在秋天损减的时候去播种五谷、繁殖牛羊，那就收获甚微，所以说益要伴随时序而运行。

象辞说“风雷益”，是指益卦的组合是上卦巽为风、下卦震为雷。“君子以见善则迁”是说，君子从风与雷中学习什么？学习迁善改过。“迁”是向某个地方迁移，“迁善”就是向善变迁，“善”就是我们今天讲的优点、长处。看到别人身上有什么优点、长处就向人家学习，使自己也变成这样的人。“有过则改”是说自己有缺点、过失要及时改正。大象辞最后都要讲一下人的道德修养问题，从天道讲到人道，把天人合一，说《周易》是自然观与社会观的统一论，在大象辞中看得最为明显。至于“风雷”与人的迁善改过有什么关系，前人大多这样讲：“风得雷而威益彰，雷得风而声益远。雷风二物，相益为用，此风雷所以为益。君子观风雷相益之象，而尽其所以相益之道。”主要是从“相益”上联系起来的。风助雷势，雷助风威，这是相

得益彰。人该怎么相益？学习别人的优点，克服自身的缺点，互相学习，在道德修养上相得益彰。

初九：利用为大作，元吉，无咎。

【译文】

利于用来兴办大事，大吉大利，没有咎害。

象曰：元吉无咎，下不厚事也。

【译文】

大吉大利，没有咎害，是下民不厚事君王。

【精解导读】

初九是全卦的主爻，在卦变中从否卦的上位来到益卦的初位，是损上益下。在社会组织中，表示在上的统治者不厚取于民，不与民争利，能够与民休息，而且能把优惠带给下民。百姓可以用上面的优惠政策兴办大事。虞翻说："大作谓耕播耒耨之利。"从象上看，这样讲是对的。下卦震是出生，是蕃鲜，是稼穑。但从取义上说，应作广义理解，大作是大的兴作，包括大工程、大事业、大项目的开发等。因为初九是"天旋地生"的主爻，天时地利正在大可增益的时机，故大吉大利，没有咎害。总之，这一爻是告诉人们，初九是干大事的有利时机。象辞说："元吉无咎，下不

厚事也。”是说初九是“下不厚事上也”，省略了一个“上”字。意思是说初九是损上益下，不是损下益上。在上的统治者不向在下的百姓征集太多的赋税徭役。换言之，是百姓负担较轻的时候。“厚”是状语，是丰厚、多的意思，“事”是动词，是事奉、交纳的意思。“不厚事”是上边要的不多，下边要交纳的较少，这从初九“损上益下”的象上看得很清楚。

六二：或益之十朋之龟，弗克违。永贞吉，王用享于帝，吉。

【译文】

有人送给价值十朋的宝龟，占卜不违背意愿。长久正固吉祥，君王用以祭享天帝，吉祥。

象曰：或益之，自外来也。

【译文】

有人来增益，是从外而来。

【精解导读】

益是损的覆卦，益的六二就是损的六五倒过来，象相同，命辞也相同。从初九到九五是一个大的离卦（），离为龟，大离就是大龟。大离中间是互坤，坤为地，地数十。柔爻并连为朋贝之象，朋是两串

穿在一起的贝，大离中的互坤形如两串贝。《说卦》“离为蚌”，蚌壳为贝，故这个大离是“十朋之龟”，价值珍贵，有灵应，是个大宝龟。“弗克违”的基本意思是用灵龟占卜，得出的结果与人的愿望一致。扩展一点讲，也可以是占卜的结果不能违背，也就是照占卜的指示去做。益的六二与损的六五不同之处在于位置变了。二是柔位，五是刚位；二是卑位，五是尊位。六二柔爻居柔位，位正，与九五阴阳正应，配合得天造地设一般合适，变动不利，故言“永贞吉”。上面提到的大离，换一个角度取象，又是正反相对的一组震卦（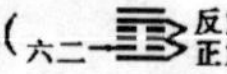
），震是簋，是祭器。祭器总是要对称地摆列，故二簋常取正反震的对象，二簋是祭祀之象。益卦从否变来，六二宝龟是否的上九从乾天下到初位才出现的。可见，六二是得到天的福佑，故言“王用享于帝，吉”，“帝”是天帝，这句意为君王用以祭享天帝，吉祥。象辞说“或益之，自外来也”，指的是有人送来的大宝龟，是从外卦来的，也就是否卦的上九从外卦来到内卦的初九，全卦变益，六二才得到增益，才有了“十朋之龟”。

六三：益之用凶事，无咎。有孚中行，告公用圭。

【译文】

用增益的东西拯救凶荒，没有咎害。有诚信，行中道，用圭璧告急于王公。

象曰：益用凶事，固有之也。

【译文】

用增益之物拯救凶荒，是本来应有的事。

【精解导读】

古人把灾荒称作凶事。如《孟子》“河内凶”，指河内受了灾荒。《周官》中也说“凶事即荒政也”。《周礼》中更多，如“以委积待凶荒”。《周礼·大宗伯》记载的凶礼有五：“以凶礼哀邦国之忧，以丧礼哀死亡，以荒礼哀凶札，以吊礼哀祸灾，以桧礼哀围败。”其中的“以荒礼哀凶札”，指的是诸侯国发生灾荒，要去以荒礼哀恤。“凶事”指的就是灾荒。“圭”是救灾用的凭证。《周礼·春官·典瑞》：“珍圭以征守，以恤凶荒。”珍圭是天子征召守国的诸侯，或派使者去赈恤灾荒的专用凭证，这是天子珍圭的用途。郑玄注：“珍圭，王使之瑞节，制大小当与琬琰相依。王使人征诸侯、忧凶荒之国则授之，执以往致王命焉，如今时使者持节矣。恤者，开府库振救之。凡瑞节，归又执以反命。”诸侯国发生灾荒，天子派使者带着珍圭作凭信允许下边开仓赈灾，拨款救荒，圭是信物。圭是一种玉器，形制如同琬圭、琰圭，有九寸长。可见，这一爻都是针对拯救灾荒讲的。拯救灾荒与损上益下的主题一致，或者是免去徭役赋税，或者是从国库中拨出财物钱粮补贴遭灾荒的下民。所以，“益之用

凶事”的基本意思是用上面增益给的东西去赈救灾荒。从象上说，益卦的六三与损卦的六四同象，都是遭受不幸，损卦的六四有疾，益卦的六三有凶荒，但损益的大局不同，损的六四是把不幸减损，故为“损其疾”；益卦的六三是用增益来救不幸，故为“益之用凶事”。从卦变中看，损卦从泰卦变来，泰卦的上坤失去一个柔爻到了下卦，六四正在上下卦接际之处；益卦由否卦变来，否卦的下坤失去一个柔爻到了上卦(六四→ 六四进入上卦)，六三在上下卦的接际之处。坤为地，地损失一爻，是田地有损失，故为凶荒，但全卦是益，故是用益来救荒，这在卦象上显示得十分清楚。“中行”指六三推移到了全卦中间的位置，“中行”是在中间行走。按上下卦分开取中，二位、五位为中；上下卦合在一起，三位、四位称中，如中孚(四位 三位)。“告公用圭”是指震为诸侯，乾为玉，卦变是否的上乾下来一爻成为下卦震(否乾变益震)，故言“告公用圭”，虞翻说“乾为圭”是对的。朱震说：“上卦不变为玉，震东方之卦，交乾为圭，圭象春生者也。”这是从古代用圭象征春生来讲的，讲得走了点儿样。毛奇龄说：“坤艮重土之圭。”这是从八卦配五行讲的，指二至五爻有互坤、互艮(互艮 六二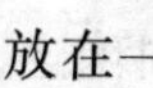九五 互坤)，八卦配五行，坤为土，艮也为土，两个土放在一起就是“圭”字。这样讲，巧则巧矣，恐未必然。象辞说“益用凶事，固有之也”，没有讲象，只是说用上边增益的东西去救凶荒，本来就是应有的事。这是从道理上说明六三为什

么会吉。以上讲的是爻辞的基本义，如果扩展一点理解，“凶事”则可以包括所有的凶事，不独指灾荒。

六四：中行，告公从，利用为依迁国。

【译文】

行中道，告于王公依从，利于用来作为依靠，迁移国都。

象曰：告公从，以益志也。

【译文】

告于王公依从，用以增强心志。

【精解导读】

“迁国”，“国”指国都，是把国家的首都换一个地方。这一爻的“依”，古人多讲成是依附于某个强国而得到庇护。近人多讲成是“殷”，指周王朝建立之后，往成周迁移殷商王朝的遗民。《尚书·康诰》“殪戎殷”，《中庸》引作“壹戎衣”。《吕氏春秋·慎大》篇“亲邦如夏”，高诱注：“今兖州人殷氏皆曰衣。”这可以证明“殷”与“衣”有同音关系。但这充其量也只能证明同音有替代的可能，有可能并不一定就如此。备一说可以，如果认为是不可置辩就太学究气。帛书《周易》作“为家迁国”，古代“家”与“姑”同音，与“殷”的读音

沾不上边，要指实“依”就是“殷”，理由并不充分。况且爻辞中还有“告公从”，“依”“从”互文见义，讲成依附理由更充分一些。一个诸侯国当受到外敌的威胁时，迁都是常有的事，不独殷商为然。迁都当然要找安全的地方，依附于某一强大友国从而得到庇护，这是情理中的事。从爻辞的普遍意义上考虑，讲成依附更通达一些。从象上看，六四也确是到上卦依附于九五。“中行”与六三同，都在全卦的中间位置。从义上讲，是行于中道。“告公从”，是向王公告急，王公依从，象上还是指初九以乾玉之圭来到初位，变震为诸侯，是带着信物来告公。所以要从初九取象，是因为初九是全卦主爻，又正是六四的正应。“从”是因为从下卦坤推进到上卦巽（六四→䷩>巽），坤是顺。巽是随顺，象上是顺从。坤为国邑，六四在从否变益中，由下卦坤推移到上卦，依附于九五，故言“利用为依迁国”。这一爻迁都有利。象辞说“告公从，以益志也”，“志”是心志，指六四与初九阴阳正应，初九依从，增强了六四的心志。王公答应了，自已的意志就更加坚定。这无异于指明“公”指初九。“志”一般是针对应讲的。

九五：有孚惠心，勿问，元吉。有孚，惠我德。

【译文】

有诚信施惠之心，不必占问，大吉大利。有诚信，怀惠于我的恩德。

象曰：有孚惠心，勿问之矣。惠我德，大得志也。

【译文】

有诚信施惠之心，不必再去占问。怀惠我的恩德，是心志得到大展。

【精解导读】

九五居全卦尊位，在损上益下之时能施惠于民，是心怀诚信的圣明天子。天子恩惠下施，百姓心怀诚信感激这种恩德。所以象辞说九五是“中正有庆”。从象上讲，否变益是损上益下，九五天子能施惠下民，故言“有孚惠心”。义取天子心怀诚信，施布恩泽。这个“惠”是施惠。“勿问，元吉”指九五在大离宝龟里（九五—䷩>大离），龟可占问，因为有施惠之心，不必占问也会大吉大利。“有孚惠我德”，指九五下有众多的柔爻拥戴于上（九五—䷩>众柔），柔爻为民，是受到民众的热爱。这个“有孚”是百姓对天子有诚信，“惠”是百姓怀惠，怀念天子的恩惠。“我德”指九五施惠于下的恩德。爻辞从天子与百姓两个方面说，是相互“有孚”，两个“有孚”各指一个方面。“惠”对天子说是施惠，对百姓说是怀惠，两个“惠”也是分指上下，不是重复。但全爻是针对九五说的，意思是说九五有诚信，施惠于民，得到民众信赖，人民都感激九五的恩德，不必占问也会大吉大利。象辞说“有孚惠心，勿问之矣”，指九五有

真诚施惠之心，勿需占问必然会元吉了。又说“惠我德，大得志也”，是指受惠的人怀念我的恩德，我的心志得到极大的满足。显然“惠”是施受同辞，或者说后一个“惠”是意动用法，“惠我德”是以我德为惠。

上九：莫益之，或击之。立心勿恒，凶。

【译文】

没有人来增益它，反而有人来打击。立心没有恒常，凶。

象曰：莫益之，偏辞也；或击之，自外来也。

【译文】

没有人来增益它，说的是普遍情况；有人来打击，是从外卦要下来。

【精解导读】

上九爻辞在《系辞·下》里讲过：“子曰：‘君子安其身而后动，易其心而后语，定其交而后求。君子修此三者，故全也。危以动，则民不与也；惧以语，则民不应也；无交而求，则民不与也。莫之与，则伤之者至矣。’《周易》曰：‘莫益之，或击之。立心勿恒，凶。’”意为孔子说：“君子先要使人感到自身安全，然后才去行动；使人心里平静喜悦，然后才与他

说话；先与人家有交情，然后才去求他。君子能在这三方面修养到了，所以才能万无一失。要人家冒险去行动，民众不会跟着干；说话让人感到恐惧，民众不会响应；跟人家没有交情就去求人家，民众也不会给予帮助。没人给予帮助，就会有伤害你的人出来。《周易》里说：‘莫益之，或击之。立心勿恒，凶。’”从这段话里可以看出，“莫益之”就是没有人给予帮助；“或击之”就是会有人出来伤害；“立心勿恒”就是平素没有修养到，也就是立心不守恒常。从象上分析，否卦变益卦是否的上九“自上下下”来到初位，否卦原来的九五推移成为上九（否上九 九五  变 上九  原九五 原上九 益），按“损上益下”的发展趋势，轮到上九接着“自上下下”，正如损卦初九的“已事遄往”。上九应当“损上益下”，不可能有人来增益上九，故言“莫益之”。上九位处高极，行将下落，故言“或击之”。上九的位置守不住，它也愿意由上返下，故言“立心勿恒”。这都是因为“天旋地生”是个不可改变的趋势，上九下落的命运确定无疑，所以才凶。卦在动荡，爻在推移，不是哪一爻在发生作用，而是整个大势如此，所以才讲“莫”、讲“或”。“莫”与“或”都是无定代词，“莫”是否定性的，意思是没有哪一个人；“或”是肯定性的，意思是有那么一个人，都不定指是谁。象辞说：“莫益之，偏辞也；或击之，自外来也。”“偏”，《释文》：“偏音篇，孟作偏，云周匝也。”意思是说“偏”在孟喜的本子里是“徧”字，是周遍的意思。虞

翻本也作“偏”，就是今天写的“遍”字。“偏辞”意为说的是普遍情况。象辞是错综成文，是讲“莫益之”“或击之”是普遍如此，倒不一定是哪一个人；“莫益之”“或击之”，都是因为上九会从外卦下来，不会有人上去增益它，反而会有人把它击落下来。象辞正是从卦爻推移的趋势上做出解释。从象辞的内在联系上分析，定本的“偏”字是形近致讹，应当是“遍”。

【提示】

在这一卦里提到用五行解卦，顺便介绍一下五行的原理。我国五行的观念比较古老，《尚书·洪范》里说：“一曰水，二曰火，三曰木，四曰金，五曰土。水曰润下，火曰炎上，木曰曲直，金曰从革，土爰稼穑。润下作咸，炎上作苦，曲直作酸，从革作辛，稼穑作甘。”这至少可以说明，在《尚书》时代，人们已经把五行与五性、五味配在一起。《周易》里有五行观念与当时的认识是一致的。但像京房那样把五行配在卦爻上，从《周易》的内证上还看不出来。

按京房的说法，八卦的五行属性分别为乾兑金、震巽木、坤艮土、离火、坎水。六十四卦按归为八卦的哪一宫配上该宫的属性。如乾宫的八卦有：乾为天、天风姤、天山遁、天地否、风地观、山地剥、火地晋、火天大有，这八卦都随乾而属金。八卦的五行属性是据八卦方位定下来的，离正南为火，坎正北为水，震、巽位东属木，兑、乾位西属金。坤为地，当然属土，

土在中央，故取对角成中线的艮为土。五行中除水、火外，其余三行各配有两卦，但有阴阳不同。阳四宫为乾父与三子卦，即乾、震、坎、艮。阴四宫为坤母及三女卦，即坤、巽、离、兑。于是分出乾为阳金，兑为阴金；坤为阴土，艮为阳土；震为阳木，巽为阴木。水火也分阴阳，但由坎离全代。

京房的《易传》说："八卦分阴阳，六位配五行。"清惠栋在《易汉学》里，据此制出八卦六位图，把爻位上怎样配五行做了说明。他的大意如下：

如乾为阳卦，各爻配十二辰的阳支，即：子、寅、辰、午、申、戌。初爻配子为水，二爻配寅为木，三爻配辰为土，四爻配午为火，五爻配申为金，上爻配戌为土。坤为阴卦，各爻配十二辰的阴支。但阴卦是逆数，从未配起，初爻配未为土，二爻配巳为火，三爻配卯为木，四爻配丑为土，五爻配亥为水，上爻配酉为金。余皆以此类推。京房这样搭配是为了装卦，以便于用五行生克推论吉凶。五行生克的基本原理是水生木，木生火，火生土，土生金，金生水；相克序是水克火，火克金，金克木，木克土，土克水。如果照京房的方法去解释吉凶灾异，六十四卦就不需要卦爻辞，看它们之间的生克关系就可作出判断。所以，京房这样解释《周易》，已经脱离了《周易》的体系，完全是另外搞出一个算卦的系统。因为与本经相距甚远，不作详细介绍。如需详细了解，可参考清人王洪绪的《卜筮正宗》，书里对装卦等有全面说明。

四十三　夬——猛追穷寇

䷪

夬卦的卦画组合为乾（☰）下兑（☱）上，传统称作泽天夬。《序卦》云：“益而不已必决，故受之以夬。夬者，决也。”意为：增益不止一定会决口，所以在益卦之后接着是夬卦。夬是决口的意思。增益到容纳不下的时候，自然会决开口子流出来，这是把决讲成崩决、溃决。《杂卦》云：“夬，决也。刚决柔也。君子道长，小人道忧也。”意为：夬是决去的意思，是刚爻决去柔爻。刚爻为君子，柔爻为小人，是君子之道喜得生长，小人之道忧愁退去。这是从卦画五个刚爻要把最上面一个柔爻推出去讲的（夬䷪↑）。依据《序卦》《杂卦》的讲法，夬是决去、溃决的意思。按传统读法，夬读 guài。但《序卦》《杂卦》都认为它与“决”义同，“决”也从夬得声，古代读音相近，现在有了区别，其实它的基本意思就是“决”。

夬卦是刚爻生长到第五位，它是从坤卦渐次变化而来。直接讲，它是从大壮卦变来，大壮䷡↑卦的刚爻向上再长一位即成夬卦。所以爻辞中屡屡提到

"壮"。夬与下一卦姤是一组正覆卦，夬䷪上下倒置，即䷫姤。

夬，扬于王庭。孚号，有厉。告自邑，不利即戎。利有攸往。

【译文】

夬卦，显扬于王庭，有孚信呼号，有危厉。封邑告急，不利于戎武，利于有所前往。

象曰：夬，决也，刚决柔也。健而说，决而和。扬于王庭，柔乘五刚也。孚号有厉，其危乃光也。告自邑，不利即戎，所尚乃穷也。利有攸往，刚长乃终也。

【译文】

夬是决去的意思，刚健决去柔顺。刚健而喜悦，决去又能和洽。显扬于王者朝廷，是柔爻登乘在五个刚爻之上。有孚信呼号，有危厉，是有危厉才能光大。从封邑告急，不利于戎武，是上到了穷极之处。利于前往，是刚爻长到最后就会终止。

象曰：泽上于天，夬。君子以施禄及下，居德则忌。

【译文】

大泽到了天上，就是夬卦。君子从中得到启示，要把利禄施布给下边，自居有恩德则应禁忌。

【精解导读】

夬卦卦辞都是针对主爻上六取象。所谓“扬于王庭”，是指九五是天子，上六位在王者之上，是被称扬，显扬于王庭之上。“孚”指的是受到王者的信赖。“号”指的是上兑为口（上六→䷪>兑），有呼号之象。“有厉”是指名声太显扬，很容易受到疑嫉，故有危厉。“告自邑”指兑口为告，夬卦从坤卦渐次发展而成，坤即将灭去最后一位柔爻，坤为邑，故为从封邑告急之象。“不利即戎”中，“戎”是兵戎，也就是用武力对抗，指上六无力抗拒刚爻的上长，用兵戎对抗不利。“利有攸往”，是指上六最有利的是前往而去，等六爻都长成刚爻，也就不可能再来上逼。

彖辞从六个方面解释夬卦。（一）从卦画上解释卦名含义。“夬，决也，刚决柔也。”意思是说：夬是决去，是五个刚爻要最后决去上六这个柔爻。这显然是说下面的五个刚爻还要向上发展，直至把上六逼出去，使全卦都变成刚爻。（二）从上下卦特性的组合上说明夬卦。“健而说”，是指下卦乾，乾为刚健；上卦兑，兑为喜悦，夬卦具有刚健而喜悦的特点。“决而和”是指主爻上六所在的上卦是兑，兑是和悦，既能决去，

又能和悦，这也是夬卦的特点。处理事情，刚健则不易令人喜悦，决去就很难不伤感情，能刚健而令人喜悦，和和气气地除去小人，难能可贵，十分圣明。(三) 从卦画上说明卦辞“扬于王庭”。“扬于王庭，柔乘五刚也”，是指上六凌驾于五个刚爻之上，显扬到了极点。推崇备至，无上光荣，有如在王庭里受到称扬。这是指受到九五之尊的崇尚。(四) 从卦象上说明卦辞“孚号有厉”。“孚号有厉，其危乃光也”，是指上六处在全卦最高位置，太高了有危厉。按易理讲，能居安思危，才能平安无虞。上六在上卦兑里，兑为口，兑口呼号有危险，正是感到危厉而能及早预防，这样才能光大。“孚”是指受到五个刚爻的信赖。全卦只有上六一个柔爻，刚柔阴阳相求，上六孚于五刚，还感到危厉而呼号，所以能走向光大。(五) 从爻位上说明卦辞“告自邑，不利即戎”。“告自邑，不利即戎，所尚乃穷也”，是指上六已处在穷极之处，上到无可再上，下面五个刚爻上推的大势不可逆转，用兵戎对抗没有任何作用。这也是说，上六的形势是从坤卦一步步发展到如此。坤卦一阳初生是复，长到五阳就是夬䷪。夬只剩下一个柔爻，上兑为口，坤为邑，邑步步消退，直至兑口来上告，是上到穷极之处。(六) 从爻的推移上说明卦辞“利有攸往”。“利有攸往，刚长乃终也”，指夬卦的刚爻继续上长，长到全卦六爻皆刚就会终止，既然已成为不可改变的趋势，上六最好是往上退出去，退出去就会免去被逼的不利状况。意思是

上六最有利的办法是往前走，不要与盈虚消息的天道抗拒。

象辞说“泽上于天，夬”，是就上下卦象的组合来说明夬卦。下乾为天，上兑为泽，泽水高出天上必然要决口，这就是夬卦。君子从卦象上得到启示，要把恩泽施布到下民身上，不要等决了口才让泽水流出来。这就是“君子以施禄及下”。“泽”取恩泽义，恩泽就是一种利禄。“居德则忌”，是说但不要自居有恩德于人。换句话说，就是不要摆出一副有恩于人的样子。

初九：壮于前趾，往不胜为咎。

【译文】

前脚趾壮健，难以胜任地前往就是咎害。

象曰：不胜而往，咎也。

【译文】

难以胜任而前往，就是咎害。

【精解导读】

《周易》例，初爻为趾。夬卦从大壮变来，大壮初九爻辞是“壮于趾”。夬卦刚爻比大壮又向前上长了一位，故言“壮于前趾”。“不胜”是难以胜任、承受不了的意思。刚爻从复卦开始上长，到夬卦已上长到五

位，初九不停地往前进，不胜其烦，故言“往不胜”。“往不胜”就是一种咎害，故言“为咎”。象辞说“不胜而往，咎也”，就是指不停地老是长，初九难以胜任，这就是咎害。爻辞的意思是说初九有难以胜任的咎害。

九二：惕号，莫夜有戎，勿恤。

【译文】

受惊呼号，夜晚有兵戎，不必忧虑。

象曰：有戎勿恤，得中道也。

【译文】

有兵戎勿需忧虑，是得到中道。

【精解导读】

初九是“壮于前趾”要向上长，九二也要上长，上长一位全卦成乾，九二会成为乾的九三。乾九三爻辞说“夕惕若厉，无咎”。从《周易》内部的联系上看，“惕”与“莫”取象于乾的九三。“莫”与“暮”是古今字，意同，“莫夜”就是乾九三的“夕”。“号”取上兑口为号，“戎”取刚爻与柔爻的对抗相推。“勿恤”是因为知“惕”而惧，可保平安。象辞说“有戎勿恤，得中道也”，强调了九二在下卦的中位。从取义

上讲，是能行中道。关于爻辞的意思，《五代史》中有一个卦例，大致意思是说：唐明宗朝，路晏晚上去解手，厕所里有一个杀手正等着刺杀他。路晏觉得有些心惊，取灯来照，杀手走出来说：“先生不必害怕，我是受人指使而来，见先生办事耿直公正，所以没有下手。”说完就收起宝剑走了。后来路晏请董贺算了一卦，正好遇上夬之革。即夬卦的九二爻动，九二一变之卦为革卦，夬$_{九二\rightarrow}$䷪九二反性变化，为䷰革。革卦六二爻辞说“己日乃革之”，董贺分析说：“危险已经过去了，只要守住中正，不必担忧。”后来路晏果然无事。按这个用例分析，“惕号”是受到惊吓而呼号。“莫夜有戎”是夜晚有人袭击。“勿恤”是不必担忧。可见这一爻有惊恐，潜伏着危险，但最后平安，勿需忧虑。

九三：壮于頄，有凶。君子夬夬，独行遇雨，若濡，有愠，无咎。

【译文】

颧骨强壮，有凶险。君子面临当决，独自前行遇雨，打湿衣服，有怒气，无咎害。

象曰：君子夬夬，终无咎也。

【译文】

君子面临决断，最终没有咎害。

【精解导读】

“頄”，郑玄本作“頯”（kuí）。《说文》：“頯，权也。”《释文》：“颧也，……翟云：‘面颧颊间骨也。’《玉篇》：‘頄，面颧也。’《广韵》：‘颊间之骨’。”“壮于頄”就是面颧骨强壮。“頄”与大壮九三的“羝羊触藩，羸其角”可联系起来理解。“角”与“頄”同在头上，取下卦乾为首。角强壮前顶抵撞，尚且有“厉”，“颧骨”强壮向前顶撞就会“有凶”。看来九三不宜向前挺进。“夬夬”意为要决断。前一个“夬”是当决，后一个“夬”是当决的时候。君子指九三是刚爻。全卦是五刚决去上六一个柔爻，而唯独九三是上六的正应，九三面临当决的时候，故言“君子夬夬”。“独行遇雨”指九三的正应上六在兑里，兑为泽，兑泽上天为雨象，故九三会“独行遇雨”。“濡”是衣服沾湿，九三在下卦乾里，乾为衣，遇雨而湿，故称“濡”。衣湿故生气，所以“有愠”，“愠”是生气发怒。“无咎”是没有咎害，因为上六终究是正应。象辞说：“君子夬夬，终无咎也。”也是强调九三与上六的正应关系，因为要决去的是九三的正应，所以才面临当决的时势。也正因为是正应，所以才会“无咎”。

九四：臀无肤，其行次且（zī jū）。牵羊悔亡，闻言不信。

【译文】

臀部没有皮肤，行走艰难。牵羊而进，没有忧悔，听到话不信。

象曰：其行次且，位不当也；闻言不信，聪不明也。

【译文】

行走艰难是位置不当；听到话不信是听力不佳。

【精解导读】

爻位按人的体位来分，李鼎祚说："凡卦初为足，二为腓，三为股，四为臀。当阴柔，今反刚阳，故曰臀无肤。"意思是说：九四位当臀部。四位是柔位，而九四是刚爻，该有的没有，所以才是"臀无肤"。姤卦九三也有这样一句爻辞。正好出现在覆卦的同一爻位上（见姤卦）。其他爻辞相同的，大多都出现在覆卦的同一爻位上，看来是连类而取的倒象。"次且"今文写作趑趄，是行走迟疑难进的样子，与踟蹰、踌躇、彳亍（chì chù）义近，"臀无肤"是臀上皮肤脱落，所以"其行次且"，进退都比较困难。上兑为羊，九四是被上兑拉着向前走，故曰"牵羊"。因为是被动地随着前进，故无忧悔。上兑为口、为言，九四与上六非比、非应，故"闻言不信"。象辞说"其行次且，位不当

也”，指出九四刚爻占据柔位，位置不适当。九五与主爻上六相比，九三与上六相应，九四既不在比位，也不在应位，位置不适当。“闻言不信，聪不明也”中，“聪”是耳朵灵，“明”是听得清。这句意为听到话不信是因为听力不好，耳朵有毛病，根本就没听清楚。

九五：苋陆夬夬，中行，无咎。

【译文】

山羊面临决断，行于中道，没有咎害。

象曰：中行无咎，中未光也。

【译文】

行于中道没有咎害，是居中位还未光大。

【精解导读】

“苋陆”前人有三种讲法。一是认为苋陆即“莞睦”，当喜悦和睦讲（虞翻）；二是认为苋陆是泽中的水草（王弼），荀爽则认为苋与陆各为一种泽草；三是认为苋陆是一种动物（孟喜）。从象上讲，孟喜的说法近是。大壮卦九三爻辞是“羝羊触藩”，九四爻辞“藩决不羸”，六五爻辞“丧羊于易”，上六爻辞“羝羊触藩”，都是讲羊的冲突前撞。夬由大壮发展而来，面临最后一个要决去的柔爻，上卦又是兑，兑为羊，所以

苋陆是羊的一种，较为通达。《说文》讲苋是野菜，“俭”是“山羊细角者，从兔足”。所谓“苋陆”就是《说文》里的“俭”，因形近而传抄致误。“俭陆夬夬”是细角山羊面临决断的时候。大壮是大的兑卦(☰>☱)，夬上面是兑卦，故角细。九五与主爻上六相比，九三与上六相应，都有面临决断的问题，故两爻都言“夬夬”。“中行”指九五在上卦中位，是从中位向上行进，取义是说在中道上行进，合乎中道，故无咎害。象辞说“中行无咎，中未光也”，意思是说，从中位向上行进没有咎害，是在中位不行进就不够光大。只有向上推进使全卦成乾，才算光大。乾卦彖辞说“大明终始，六位时成”。九五虽居中位，但上六仍有柔爻未尽，只能“无咎”而已。

上六：无号，终有凶。

【译文】

号叫无用，最终会有凶。

象曰：无号之凶，终不可长也。

【译文】

号叫无用的凶，是到了最后，时间不会长久了。

【精解导读】

上卦兑为口，为号叫。但全卦是五刚决去一柔，上六已到了穷极，号叫也没有用处，故言“无号”。这取决于盈虚消长的天道，天道无情，上六被决去的命运不可改变，故言“终有凶”。象辞说“无号之凶，终不可长也”，指出上六是坤卦被消退的最后一位柔爻，迟早要被刚爻取代，时间不会太长。

【提示】

彖辞说“刚决柔也”，上六象辞说“终不可长也”，这都明确地提示了刚爻向上推移，上六最后会被逼退的运动趋势，全卦的主要取象依据就是这种卦爻的推荡运动和消息盈虚的易理。其次是各爻与主爻上六的关系。辨象首先要摸清卦的来龙去脉，才能有一个总体的把握。夬卦的来龙就是由坤到大壮，去脉就是向乾发展。各爻的吉凶，大体是指在这个运动中的得与失。

前人在解释卦象时，有时会提到“两象易”的取象方法。所谓“两象易”是指，一个六爻卦由上下两个三爻卦组成，只要不是八纯卦，两个三爻卦的上下位置一调换，又会变成另外的一个六爻卦。比如夬这一卦是上兑下乾，如换成上乾下兑，就会变成履（䷉>乾>兑）卦。于是便可以从夬卦中寻找履的卦象，从履卦中寻找夬的卦象。从《周易》卦爻辞的内部联系上分析，这种从两象易中取象的联系并不是十分明显，

大约有以下三卦可看出些痕迹。一是履卦的九五爻辞有“夬履”。另一卦是恒与益，益是上巽下震，换成上震下巽就成为恒卦（即益巽<震<䷩两象易，变䷟>震>巽恒），益卦的上九爻辞有“立心勿恒”。还有晋与明夷，晋是上离下坤（䷢>离>坤），换成上坤下离就成为明夷（䷣>坤>离）。离为日，坤为地，晋是白昼，明夷是夜晚，明夷上六爻辞有“初登于天，后入于地”。除此三卦外，两象易在其他卦里表现得不大明显，难以确定为一种普遍性的取象规律。虞翻在《易注》里多次提到两象易，但解释得过于勉强，不大容易使人信从。比如他解释《系辞·下》里的一段话：“上古穴居而处，后世圣人易之以宫室，上栋下宇，以待风雨，盖取诸大壮。”说“无妄两象易也”，意思是说大壮是无妄卦的上下卦换位（无妄乾<震<䷘两象易，变䷡>震>乾大壮）。于是从两卦的交叉运动和组成的互卦去解释：“无妄，乾在上，故称上古；艮为穴居，乾为野，巽为处。无妄，乾人在路（按指震），故穴居野处。震为后世，为圣人，后世圣人谓黄帝也。艮为宫室，变成大壮，乾人入宫。故易曰宫室。艮为待，巽为风，兑为雨，乾为高，巽为长木，反在上为栋，震阳动起，故上栋下宇，谓屋边也。兑泽动下，为下宇。”虞氏的这种辨象方法，很多人不以为然。两象易是否是《周易》作者的有意安排，仅凭这些材料还难以确定，所以我们只能弃而不取，只作一种读《周易》的知识，作一般性介绍。

四十四　姤——见微知著

䷫

姤卦的卦画组合为巽（☴）下乾（☰）上，传统称作天风姤。《序卦》云："决必有遇，故受之以姤，姤者，遇也。"意思是说：决去之后一定会有遇合，所以夬卦之后接着是姤卦，姤是相遇的意思。《杂卦》云："姤，遇也，柔遇刚也。"姤是相遇的意思，是柔爻与刚爻相遇。古文及郑玄本作"遘"，"遘"同"逅"，邂逅，指的是一种不期而遇，没有事先约定而碰上面的相遇。

从卦变上看，姤由乾卦变来，乾卦六爻皆阳，阳老而阴息，初位生出一个阴爻，这就是"柔遇刚"。姤又是夬的覆卦，夬卦翻倒过来就是姤，即夬䷪整卦倒过来，变䷫姤。

这一卦的主爻是初六。王弼在《周易略例》里讲："夫少者，多之所贵也；寡者，众之所宗也。一卦五阳而一阴，则一阴为之主矣。"

姤，女壮，勿用取女。

【译文】

姤卦，女的太强壮，不要娶她。

彖曰：姤，遇也，柔遇刚也。勿用取女，不可与长也。天地相遇，品物咸章也。刚遇中正，天下大行也。姤之时义大矣哉！

【译文】

姤是相遇，柔爻与刚爻相遇。不要娶女人，是不能与她一同息长。天气与地气相遇，各类事物都蕃息显现出来。刚爻得遇中正的地位，阳气大行于天下。姤卦的时势意义太重大了。

象曰：天下有风，姤。后以施命告四方。

【译文】

天下有风就是姤卦。君王从中得到启示，要发布命令诏告四方。

【精解导读】

卦辞说“女壮，勿用取女”。意思是说女的过分壮盛，不能娶这样的女子为妻。“取”与“娶”是古今字，义同。《周易》以柔爻为女，刚爻为男，姤卦只有初六一个柔爻，为什么还要说“女壮”？显然，这是从

发展趋势上讲的。《坤文言》解释初六爻象说：“积善之家，必有余庆；积不善之家，必有余殃。臣弑其君，子弑其父，非一朝一夕之故，其所由来者渐矣，由辨之不早辨也。”是以柔爻为臣，为子，为不善，初六要向上发展，将刚爻灭尽，最后成为全是柔爻的坤卦。姤的初六正是将来发展成坤的初六，只是取了柔为女象。女的要向壮盛发展，要把男的灭掉。从未来的发展状况上看，不能娶这样的女人。彖辞里有说明。

彖辞从五个方面说明姤卦。（一）解释卦名意思。“姤，遇也；柔遇刚也”，指的是柔爻从夬卦被决去之后，又返到初位与刚爻相遇。姤是遇的意思，就是柔爻又来与刚爻相遇。（二）从爻的推移上说明卦辞“勿用取女”。“勿用取女，不可与长也”，指的是柔爻代表女性，刚爻代表男性，位在下表示上长，位在上表示壮老。柔爻虽处在初生阶段，但发展势头是越来越壮盛，刚爻虽处在壮盛时期，但发展前途是步步衰退。柔爻要不停地生长下去，而刚爻则会渐渐逼退，不能与柔爻一同生长，所以不能娶这样的女人为妻。从易理上说，是指盈虚消长是个不可改变的规律。从卦变上说，姤从乾变来，已经灭去乾卦的一刚，还要继续灭下去。（三）从阴阳运动的原理上说明姤卦的特点。“天地相遇，品物咸章也”，指的是刚柔爻的交接。纯乾只有阳气为天，纯坤只有阴气为地，两者不交接就不能化生万物。天的阳气与地的阴气相遇交流才能万物繁育。“品”是品类，“品物”是各类事物，“咸”

是都，“章”是彰明显现。这句意思是说：有了天地阴阳二气的相遇才会有化生作用，万物才能都繁茂显现出来。（四）从刚爻占据上下卦中位说明姤卦。“刚遇中正，天下大行也”，指上卦的中位九五是刚爻，下卦的中位九二是刚爻，是刚爻还得遇中正的位置。阳爻为君子，柔爻为小人，小人虽处在上长的势头里，但目前还是君子之道在天下广泛流行。（五）强调姤卦的时势意义。“姤之时义大矣哉”，意为姤卦的时势意义太重大了。这个时势意义首先指的是姤是遇，遇是一种遇合，是一种机遇。不能把姤看成是坏卦，它同时还是个有机遇的卦，要抓住机遇及时进取，不要忽视机遇的重大意义。

象辞说“天下有风，姤”。讲的是姤上下卦的组合，上卦乾为天，下卦巽为风。上下卦象组合在一起是上天下风，所以才说天下有风就是姤卦。至于“后以施命告四方”，这里是从古人特殊的社会文化意识出发来作的说明。古人看到大地季节的变化、物候的转换，都源于天的运行，天的运行是怎样传送到大地上的呢？这就是靠风。春天刮明庶风，夏天刮景风，秋天刮阊阖风，冬天刮广莫风，把上天运转的契机不停地传送到大地上，大地才有了相应的变化。因而把风看成是传送上天号令的使者。后是君王，君王从“天下有风”中得到启示，也要把自己的号令传送到四方去，让四方的百姓随着君王的号令去行动，这也是效法天地之道。《周易》很多地方用巽卦作号令的象，就

是源于古人这种文化意识。

初六：系于金柅，贞吉。有攸往，见凶。羸豕孚蹢躅。

【译文】

牵缚在缫车下的金属横杠上，正固吉祥。动而前往见凶。拴缚住的猪还要挣扎行动。

象曰：系于金柅，柔道牵也。

【译文】

牵缚在缫车下的金属横杠上，是柔道要有牵制。

【精解导读】

“柅”，《释文》：“《说文》作‘柅’。云络丝趺也……王肃作‘柅’，从手；子夏作‘鑈’；蜀才作‘尼’。止也。”《正义》：“柅之为物，众说不同。王肃之徒，皆为纺绩之器，妇人所用。惟马云：‘柅者，在车之下，所以止轮，令不动者也。’于注云：‘柅，制动之主。’盖与马同。”古音日、娘二母归泥，从尼、从尔得声之字可通。尼、抳、柅、柅、鑈，形虽异而读音字义相同，这一点没有疑问。重要的是“柅”究竟是个什么东西。《说文》讲作络丝趺，马融讲作“所以止轮”的车闸。要是从象辞“系于金柅，柔道牵也”

来分析，讲成“络丝趺”好一些。车闸可止，而不能“牵”或“系”。“络丝趺”却既可牵，又可系。络丝趺是什么？段注：“络丝柎者，若今络丝架子。”如此说来，就是手工作坊缫丝的缫车。唐阴宏道说：“络器。关西谓之络垛，梁益谓之丝登，其下柎即柅也。”这就讲得更确定了。所谓柅，就是缫车下面的横木，它的作用是稳定缫车。讲成车闸不合适，《正义》是疏不破注，迁就了王弼的看法，不可从。“系于金柅”意为把丝系在缫车下的金属横杠上。“贞吉”是正固吉祥。“有攸往，见凶”是说，要是动而前往就会有凶。“羸”是拴缚的意思。大壮卦里“羸其角”“藩决不羸”，“羸”都指的是被缠挂住进退不得。“羸”与“系”，意思上相互证发，不能讲成另外的意思。“豕”是猪。“孚”是信，意为确实。“踯躅”是行走不利落，这里指被拴缚住还要行动的挣扎样子。“羸豕孚踯躅”意为被拴缚住的猪确实还要挣扎着行动。这一爻的象可以参照遁卦，遁六二“执之用黄牛之革”，九三“系遁”，九四“好遁”，九五“嘉遁”，上九“肥遁”，遁就是猪。遁卦是下面生出两个柔爻，要九三把它们系住，不让它们再向上发展。姤卦只有一个柔爻在下，也要系住，控制它的发展。遁卦临接二阴首当其冲的是九三，命辞是“系遁”。姤卦首当其冲的是九二，故无论怎样取象，要九二把初六系住这一点可以确信。虞翻说“柅谓二也，巽为绳，故系柅。乾为金，巽木、入，金柅之象也”。取九二是柅象，下卦巽，巽为绳，

故系住了。互乾是金，巽又是木和入，故为系入金柅之象。豕的象在初六，《周易》常以阴爻为猪，阳爻为羊，盖取象于羊为阳物，豕为阴物。踯躅取象于巽为股，为进退。股进退为踯躅不前。“有攸往见凶”是就柔消刚说的，柔爻前进到二爻变遁，到三爻变否，到四爻变观，到五爻变剥，到上爻会最后将刚爻推出去变成坤，故前往会有凶。朱震说：“一阴虽弱，方来也；五阳虽强，既往也。”要从发展上看问题，圣人见几，岂可忽视，一定要早作防范。防范不早，就会出现凶的局面。初六既是豕，又是丝，朱震说：“初六阴柔不正，与九二相遇，如丝纷然，系之以坚重之器，乃可经理。”这个意思是对的。丝不加以经理就会延伸很长，把它系在缫车上绕起来，就不往上延伸了。

九二：包有鱼，无咎，不利宾。

【译文】

包裹中有鱼，没有咎灾，对宾客不利。

象曰：包有鱼，义不及宾也。

【译文】

包裹中有鱼，从道理上不会再让给宾客。

【精解导读】

前人有把“包”讲成庖厨之“庖”的，从文字上讲可通，但不是最基本意思。全卦，九二是“包有鱼”，九四是“包无鱼”，九五是“以杞包瓜，含章”，都提到包，九五的“包”“含”前后照应。从全卦的整体上理解，包就是包含、包容、包裹。“包有鱼”该怎样理解？讲成包苴好一些。包苴是送人的礼包。古人常以豚鱼作为一般行礼之物，初爻已提到豕，豕是大豚，二爻提到鱼，联系起来看是讲行礼之物。王引之《经义述闻》，在讲《中孚》“豚鱼吉”时说：“豚鱼者，士庶人之礼也。《士昏礼》：‘特豚合升去蹄，鱼十有四。’《士丧礼》：‘豚合升，鱼鱄鲋九，朔月奠用特豚鱼腊。’《楚语》：‘士有豚犬之奠，庶人有鱼炙之薄。’《王制》：‘庶人夏荐麦，秋荐黍。麦以鱼，黍以豚。’豚鱼乃礼之薄者，然苟有中信之德，则人感其诚而神降之福。故曰‘豚鱼吉’，言虽豚鱼之荐亦吉也。”这些材料可以证明用豚鱼作行礼之物是古人的一种习惯。这一卦讲相遇，看来说的是相遇时的礼仪。“包有鱼”是与人相遇的见面礼，包中有鱼。《诗·国风·召南·野有死麇》云：“野有死麇，白茅包之。有女怀春，吉士诱之。”写一个男子把麇鹿肉用白茅包起来，送给一个求爱的女子，引诱她对自己的爱慕。男女见面还要送礼包。虞翻说：“巽为白茅，在中称包。”意思是下卦是巽，巽为白茅，九二在中位故称包。“不利

宾”是对宾客不利，鱼的取象是初六，柔爻为鱼、为豚。《周易》里提到鱼的除这一卦外，还有两卦，一卦是剥䷖，六五“贯鱼。以宫人宠”，显然指连贯的五个柔爻为贯鱼。另一卦是中孚䷼，卦辞说“豚鱼吉”，豚鱼指中间的两个柔爻。这一卦只有一个柔爻在初六，九二“包有鱼”指九二可以包容初六。初六与九四是正应，与九二只是比邻，按一般情况讲，初六应属九四，但在讲相遇的卦里，比邻较正应更得利。比邻直接相遇，九二就“包有鱼”了；相应不一定相遇，九四反而被冷落了。九四爻辞是“包无鱼”。看来“宾”指的就是九四，这是从应爻上取象。象辞说“义不及宾也”，前人认为是五个刚爻都要限制柔爻的上进，九二一见就把初六挡住是应当的，从道理上讲不应该让它去应九四。“义”是道义，“及”是到。

九三：臀无肤，其行次且。厉，无大咎。

【译文】

臀部没有皮肤，行动艰难。有危厉，没有大的咎害。

象曰：其行次且，行未牵也。

【译文】

行动艰难，是因为没有羊来相牵。

【精解导读】

这句爻辞与夬卦九四前半部分相同，这是因为姤是夬的覆卦，夬的九四倒置过来就是姤的九三（夬䷪←九四全卦倒置九三→䷫姤）。“臀无肤”是说臀部没有皮肤，看来是受了笞刑，把臀部皮肤打烂了，行动艰难。九三在下卦巽里，巽为股。巽的上爻股上为臀。下卦还没有长成艮，艮为肤，故言“臀无肤”。有危厉，但没有多大咎害，是受些皮肉之苦，不是大灾难。象辞说“行未牵也”，也要与夬九四联系起来看。夬九四是“牵羊悔亡”，姤九三没有牵羊，故不能悔亡，而有厉，这一爻显然取象于夬的九四。只是时势不同，夬是刚决柔，姤是柔遇刚。夬卦刚爻要前进，姤卦刚爻要巩固地盘。

九四：包无鱼，起凶。

【译文】

包裹中没有鱼，奋起凶。

象曰：无鱼之凶，远民也。

【译文】

没有鱼的凶，是因为远离民众。

【精解导读】

《系辞·下》讲："阳卦多阴，阴卦多阳，其故何也？阳卦奇，阴卦偶。其德行何也？阳一君而二民，君子之道也；阴二君而一民，小人之道也。"是以阳爻代表君王，阴爻代表民众。九四本来与初六正应，是有民众的，但在相遇的卦里，初六与九二比邻相遇，民众附属于九二。九四该有民而无民，都是因为它较九二远离初六。没有民众的支持，奋起行动就有凶。这一爻显然是不宜行动。九二占据下卦中位是主，九四不在中位，又阳居阴位不正，故只能是宾，初六如取鱼象，鱼也被九二占有，故九四"包无鱼"。

九五：以杞包瓜，含章，有陨自天。

【译文】

用杞柳把瓜包起来，文采隐含于内，从天上陨落。

象曰：九五含章，中正也；有陨自天，志不舍命也。

【译文】

九五文采隐含于内，是因为位置既中又正；从天上陨落，是立志不放弃使命。

【精解导读】

“杞”字多解。《正义》：“先儒说杞，亦有不同。马云：‘杞，大木也。’《左传》云：‘杞梓皮革自楚’，注则为杞梓之杞。子夏传曰：‘作杞匏瓜。’薛虞记云：‘杞，杞柳也。杞性柔韧，宜屈挠，似匏瓜。’又为杞柳之杞。按王氏云：‘生于肥地’，盖以杞为今之枸杞也。”简言之，对“杞”有三种说法：马融认为是一种像梓木的大树；虞翻认为是杞柳；王弼认为是枸杞。要是与包联系起来考虑，朱震说“大杞也，杞似樗，叶大而荫”，是一种大叶树。“以杞包瓜”，是说用杞树叶把瓜包起来。至于象，虞翻说：“巽为杞，为包，乾圜称瓜。”是说取象于下卦巽和上卦乾，巽为木，故为杞柳，乾是圆的，故为瓜。“章”是文采，“含章”是文采隐含于内。象辞说“含章，中正也”，意为九五含章的取象在于位置中正。“中”指九五在上卦中位，正指阳爻处阳位。“有陨自天”是从天上陨落下来，取象于上卦乾为天，下卦巽为风，风从天上吹下，故有陨落之象。象辞说“志不舍命也”，意为立志不放弃使命。从象上看，柔爻在下生出，会渐次取代刚爻的地位。九五处在尊位，极力维护刚爻的统治地位，尽管有“自天陨落”的可能，但立志不放弃当时的时势，努力限制柔爻的生长。然而最终还是要落的。

上九：姤其角，吝，无咎。

【译文】

遇到硬角来顶触，有悔吝，但没有咎害。

象曰：姤其角，上穷吝也。

【译文】

遇到硬角来顶触，处在卦的上穷之位，会有吝难。

【精解导读】

从卦上看初爻为趾，上爻为角，很多卦都这样取象。具体地说，上乾为首，上九在乾卦之上，也是头上的角。在相遇的卦里，上九是遇到角来顶撞。乾卦上九爻辞是“亢龙有悔”，姤卦上九也处在“亢龙”之位，正是穷极而退的位置。初爻已生出一柔，向上再前进一步就会把它推出卦外，故有吝。因为刚爻势众，九二、九五还守着中位，局面暂时还可维持，故无咎。用彖辞的话讲，上九的无咎是“刚遇中正，天下大行”，但这一爻确实潜伏着危机。

【提示】

姤是十二消息卦中六个阴长卦之一。按阴阳消长的规律，阳老而阴生。乾卦纯阳，阳已壮老，于是一阴初生为姤䷫，继之以二阴生为遁䷠，接下去是三阴生为否䷋，四阴生为观䷓，五阴生为剥䷖，直至阴爻

把阳爻全部推出卦外变坤䷁，这是一个必然的趋势。但《周易》里还有阴阳轩轾的规律。所谓轩轾，指的是阴阳虽是对立统一的两个方面，但双方并不是均等的，二者要分主从、高低。阳尊阴卑，阳为君子，阴为小人。所以每当阳长之卦，总是极力赞颂它的上进。反之，每当阴长之卦，则极力抑制它的上进。从哲理意义上讲，作者显然具有一种阴阳轩轾的观念，认为阳的本质属性是主，阴的本质属性是从，二者不能等量齐观。姤卦是一阴初生，阴爻的势力还相当微弱，从阴阳消长的规律看，它是新生事物，未来的发展趋势不可忽视，五个刚爻虽然势力还相当强大，但潜伏着危机。从阴阳轩轾的规律上讲，阳的本质属性是主，阴又不能把阳推到从属的地位上去。柔爻的上进发展还会受到从属这个本质的限制，这就构成十二消息卦中六个阴长卦的特殊运动方式。从哲学意义上讲，《周易》认为，事物虽然都是一分为二，有对立统一的规律在起作用，但也不可忽视对立双方的主从关系。关于阴阳轩轾的哲理，还应作为一种命题深入研究。

《四书五经》全解

【第四卷】

韩东坡/主编

辽海出版社

二 坤——万物之母

䷁

坤卦的卦画组合是下面一个三爻的坤（☷）卦，上面重叠一个三爻的坤卦，合起来成为一个纯坤的六爻卦，传统称作坤下坤上，在八宫卦的序列中称作坤为地。《序卦》说："有天地，然后万物生焉。"天指的是乾，地指的就是坤。因为乾的基本法象是天，坤的基本法象是地。天地化生万物，把天地的化生功能寄寓在《周易》里，就是乾坤两卦演生六十四卦，六十四卦的爻策表示万物。《杂卦》说"乾刚坤柔"，指出乾的特性是刚健，坤的特性是柔顺。那么坤就是柔顺的大地。从易学原理上讲，乾是纯阳之气，坤是纯阴之气，坤阴是与乾阳对立并列的另一面。它的作用与乾同等重要，乾是万物之父，坤是万物之母。

乾天坤地、乾父坤母，这是《周易》作者为了使读者通晓易理而拟出的一种直观具象。从哲理上讲，它却并不是这样截然不同的关系。《周易》讲"太极生两仪，两仪生四象"。太极是宇宙的原体，是由混沌的元气组成的浑然一体的宇宙，两仪不过是太极的正面与反面或

阴面与阳面，并不是人为地强分出来的。比如地球，它本来是一个整体，但分开来看，面向太阳的一面就是阳面，背向太阳的一面就是阴面，这就是两仪。有了阴阳的定位，左右也就可以分出来，阴阳左右就是四象。宇宙就是这样一个浑囵的圆体，说这个浑囵的圆体就是太极，说它的正反面就是阴阳两仪，说它的正反左右就是四象。这并不是说太极是一样东西，两仪变成两样东西，四象又变成四样东西。这样就割裂了宇宙的统一性，不符合中国古代哲学的世界观，也无法解释为什么会一分为二，二分为四。我们见到的太极图就是在一个浑囵的圆体上划出了阴面与阳面。然而，有了两仪就有了阴阳的不同，虽未分裂为两种东西，但阴与阳所具有的性质不同了。比如一个苹果，向阳的一面要变红早熟，背阴的一面则发青晚熟，虽然都是一个苹果，但有了正与反的区别，统一之中有了对立，这就是一分为二。并不是非要把苹果切开才能一分为二，而是在统一体中的一分为二。然而，既然有了性质上的不同，这种性质发展到极端就会发生质变，变成一种新质游离出来，就成为不同的两种东西，到这时候才有太极的分化作用，变出天和地，成为截然不同的两样物体。从宇宙的原体讲，太极的两仪是相互转化的，因为宇宙是一个运动的整体，正与反不是绝对的，阴可变阳，阳可变阴。乾坤不过是阴阳两极的代表符号，天地也只是阴阳的一种比喻性拟象。抛开这些具象，深入哲理中去观察，阴与阳就不能机械分割，而是要相互转化。比如地球的运转，既不能硬指东

半球为阳、西半球为阴，也不能硬指西半球为阳、东半球为阴，而是阴阳要不断转化，这就是阴阳互根的原理。阴阳互根的原理在卦变中的表现，就是乾卦由坤卦变来，坤卦又由乾卦变来。没有绝对的界限，既不是谁生谁的问题，也没有先有阴还是先有阳的问题。阴阳都是从太极中生出，太极运动，阴阳互根，如此而已。乾卦六爻皆刚，阳盛到极端，下生一柔为姤䷫，下生二柔为遁䷠，下生三柔为否䷋，下生四柔为观䷓，下生五柔为剥䷖，六个柔爻生成就是坤䷁。这种变化模拟了太极也即宇宙的运动。《九家易》讲坤卦时说："此卦本乾，阴始消阳。"指的就是这种卦象上的变化。干宝讲坤卦初六说"自始来也"，讲六二时说"自遁来也"，讲六三时说"自否来也"，讲六四时说"自观来也"，讲六五时说"自剥来也"，讲上六时说"卦成于乾"，较为正确地揭示了坤卦从乾卦变来的易理。观察坤卦的卦象，一定要注意这种卦爻的运动变化。

坤，元亨，利牝马之贞。君子有攸往，先迷后得主。利西南得朋，东北丧朋。安贞吉。

【译文】

始生，亨通。有利于母马的正固。君子有所行动，倡先会迷失方向，随后则会得到主人。西南方有得到朋友的利，东北方有丧失朋友的利。安定守正吉祥。

象曰：至哉坤元，万物资生，乃顺承天。坤厚载物，德合无疆。含弘光大，品物咸亨。牝马地类，行地无疆，柔顺利贞。君子攸行，先迷失道，后顺得常。西南得朋，乃与类行；东北丧朋，乃终有庆。安贞之吉，应地无疆。

【译文】

至大无际呵，坤的始生作用，万物都借助它才能生成。顺应天道的运行，坤地深厚负载万物，道德博大与天相合，无边无际。包容无限而广大，各类事物都亨通。母马属地类，驰行大地没有疆界。柔顺利于正固。君子有所行动，倡先会迷失道路，在后随顺会得到常规法则。西南方得到朋友，是伴随同类而行；东北方丧失朋友，最终会有喜庆。安定守正的吉祥，是与无边无际的地道相应。

象曰：地势坤，君子以厚德载物。

【译文】

地的形势就是坤卦。君子效法大地的品德，以深厚的道德负载万物。

【精解导读】

从坤卦开始，彖传与大象辞附在卦辞之后。坤是《周易》的第二卦，地位仅次于乾。从卦象讲，乾为天、

为父；坤为地、为母，是万物始生的根源。乾有元、亨、利、贞四德，坤也有元、亨、利、贞四德。不同的是乾是先导，坤是随顺。因此卦辞上稍有不同。乾的元是创始，坤的元是生成。乾的创始，如同动物从父体那里得到精气，坤的生成如同在母体中孕育成形。又如植物的化生，乾的创始是种子入地，坤的生成是生长出来。万物从乾那里得到的是性命，从坤那里得到的是生命。比如一粒谷子种在地里，谷子绝不可能长成豆子，这种本质的特性和决定性的发展趋势就是性命。谷粒活了，发芽长出来，这才成为生命。万物性命与生命的获得来源于乾坤。故乾的元始是创始，坤的元始是生成。乾的亨通是天道运行的畅通无阻，从而使万物得以顺利成长；坤的亨通则是契合无间地随顺天道运行，把天的化生功能变成现实，使万物顺利成长，故乾亨通，坤也亨通。乾的利是“不言所利”，也即无所不利。而坤的利有了限制，是“利牝马之贞”。《说卦》讲：“乾为马。”乾男坤女，乾牡坤牝，坤与乾相对，从乾变来，故坤为牝马，牝马即母马。彖辞说“牝马地类”，地类就是阴类，从象上讲是“利牝马之贞”，从取义上说就是利于阴类的正固。因为阳是主动，阴是从动，阴要随顺阳才能阴阳和，不随顺就失去了和，而利就是义之和，失去和就没有利。所以要限定在利于阴类的正固上，贞就是正固。乾的正固是指天道运行没有偏差，永久不变；坤的正固是指与天保持一致，永远契合无间。所以坤的“贞”又多了一层守常道而永久不变的意义。“君子有攸往，先

迷后得主”中，“攸”用如“所”，意为君子筮得这一卦，如果有所前往，要像坤那样有所遵循，不能倡先行动，而要跟着去做。自己带头会迷失方向道路，随后跟着去做就能找到可遵循的主使人，也就是找到可遵循的法则，因为你筮得的是坤卦，坤卦本身就有只能遵循不能倡先的特性。“利西南得朋，东北丧朋”，是说坤卦东南西北都有利，但利的内容不同，西南方有得到朋友的利，东北方有丧失朋友的利。失去朋友有什么利？象辞说：“东北丧朋，乃终有庆。”是最终会有喜庆的利。什么样的喜庆？是得主的喜庆。坤阴不能为主倡先，西南是阴方，与同类相伴，有朋友，但都是阴类，还是没有主心骨；而东北是阳方，失去同类朋友，却可得到阳为主人。比如一个女孩子，有一大批女朋友当然是利，如果找到一个合心的丈夫，那更是喜莫大焉。虽然离开了女友，还是有利。当然，这也不过是个比喻，对男的也是如此，比如你有一个企业，要找一些合伙人，那就到西南方去找，假如你的企业不大景气，想找一个可以作为依托的公司，那就得到东北方去找。为什么说西南是阴方，东北是阳方？按照西汉孟喜的卦气说，朱震在《汉上易传》根据北斗运行与月令变化，列出一个“斗建乾坤终始图”，形象地配上十二消息卦，反映了古人对一年四季阴阳消长规律表现在方位上的认识，并引用荀爽、干宝的话作了具体说明。

其中坎离震兑四卦表示四正，即坎是正北，震是正东，离是正南，兑是正西。斗建指北斗星斗柄所指。从

图中十二消息卦中，可以清楚地看到阴阳消长的顺序。乾阳的成长，斗柄从正北坎方、十二辰的子（十一月冬至日）位起，一阳初生，从北向东运转，经历复、临、泰三卦，长成三阳，所谓三阳开泰；再经历大壮、夬、乾三卦，六阳长成，成为纯阳的乾卦。坤阴的成长，斗柄从正南离方、十二辰的午位（五月夏至日）起，一阴生出，从南向西运转，经历姤、遁、否三卦，长成三阴；再经历观、剥、坤三卦，六阴长成，成为纯阴的坤卦。从时令上讲，农历的十一月至五月是阳长阴退，五月至十一月是阴长阳退。从方位上讲，从北至东是阳长阴退，是乾阳渐次取得地位的过程；从南至西是阴长阳退，是坤阴渐次取得地位的过程。所以阴在西南方是伴随同类而行，会得到朋友的支持。到了东北方，阴处在被取代的地位，所以在东北方是丧失同类朋友，而阴以阳为主，丧朋却可得主。“安贞吉”是就坤具有柔顺、安静的特性讲的，乾动坤静，坤要安；乾刚坤顺，坤要守正，故安定守正才能吉。

彖辞从六个方面解释卦辞。（一）“至哉坤元，万物资生，乃顺承天”，解释卦辞“元”。“至”是极其、达到顶点的意思，彖辞称赞乾的创始功能是“大哉”，称赞坤的生成功能是“至哉”，前后意思都是对天地化生万物功能的高度赞叹之词。要从语气的层面上区别，“大哉”是太伟大了，“至哉”是太了不起了。从语意上讲，“至哉坤元”就是至大无际呵！就是坤的生成作用。“万物资生”是说万物都从大地的功能中获得生命。“乃顺

承天”是说地是随顺天的运行而运行，它的生成功能也是顺承天的创始功能。这一句最重要的一点是“万物资生”与乾“万物资始”的区别。“资始”是万物赖以创始，“资生”是万物赖以生成。“元”虽然都是始，但有了主从的区别。（二）“坤厚载物，德合无疆。含弘光大，品物咸亨”，解释卦辞“亨”。坤为什么具有亨通的特性？因为坤是地，深厚的大地能把万物负载起来，地的德与天相合，无边无际。“弘”是大，“光”用如“广”，“含弘”是有巨大的包容量，“光大”是广阔远大，因此各类事物才能在大地上顺利生长。“亨”就是亨通顺利。（三）“牝马地类，行地无疆，柔顺利贞”，解释卦辞“利牝马之贞”。从象上说，先点明牝马取象于坤，从意义上讲，是说不仅对母马的贞有利，而且对所有的地类也即阴类都有利，举牝马以代其类。为什么举母马代阴类？因为马是世界上最善行走的动物，与大地的无边无界配得上。“柔顺利贞”，阐明为什么坤的利要受到限制，是因为坤的特性是柔顺，柔顺的坤有利于守正。（四）“君子攸行，先迷失道，后顺得常”，解释卦辞“君子有攸往，先迷后得主”。意思是说，君子有所行动，要效法坤的柔顺特性，倡先会迷失道路，随后行动就找到了领路人，行动才会得到常规法则。后是因为要顺应。（五）“西南得朋，乃与类行；东北丧朋，乃终有庆”，解释卦辞“利西南得朋，东北丧朋”。西南方是伴随同类而行，故有得朋之利。东北方最终会得主，故有喜庆之利。朱震讲这句时说：“得君者，臣之庆；

得亲者，子之庆；得夫者，妇之庆。庆者，未有不离其朋类而得者也。”彖辞这一句讲得十分关键，如果没有彖辞的解释，人们会以为丧朋是一件坏事，也不会搞清坤卦东北方也有利。乾周流六虚，无往不利，坤也是周流六虚，怎么会在东北半部不利呢？只是利的情况受到一些限制罢了。（六）“安贞之吉，应地无疆”，解释卦辞“安贞吉”。意为坤卦所以安贞才吉祥，是因为合于无边大地安静、纯正、贞固的特性。“应”是合的意思。

大象先解释上下卦的组合。因为上卦是坤，下卦也是坤，坤为地，故言“地势坤”。“地势坤”与“天行健”互文见义，知道天行健，可以推知“地势坤”；知道“地势坤”也可推知“天行健”。《周易》里这种错综成文，意义上相互证发的修辞方式用得较为普遍。所以“地势坤”一是说坤是地卦，另一层意思是说地的形势顺。朱震讲这一句说：“天高西北，地倾东南以顺之。”意为昆仑山是天极，在西北方，西北天高，大地就向东南倾斜，变得越往东南越低。这样讲太拘板。“天行”“地势”是就天动地静讲的。天体运动，大地顺应这种运动而变化，这就是地势顺。君子要从大地受到启示，学习大地负载万物的精神，把大地的深厚变成自己道德修养上的深厚，以其博大深厚的道德去承担负载万物的责任。这样就从大地那里学到了最应该学到的东西。大象辞总是从卦象上提示人应当从中学习什么，突出《周易》对人的道德修养所具有的社会意义，从而指导人们去如何行动。

初六：履霜，坚冰至。

【译文】

脚下踏着霜，当知会有坚冰到来。

象曰：履霜坚冰，阴始凝也。驯致其道，至坚冰也。

【译文】

脚下踏着霜，当知会有坚冰到来，是因为霜是阴气刚开始凝聚。循着阴气凝聚的形势发展下去，就会有坚冰出现。

【精解导读】

“履”是脚踏上去。爻辞意为，脚下已经踏着霜了，不久就会踏在坚冰上。从象上讲，坤卦由乾卦变来，初六是乾渐次变为坤的第一爻，乾卦下生一阴为姤，即乾䷀下生一阴，上通一阳，变䷫姤。初六在姤的初位，依据易例，初爻为足，故言“履”。初六是盛阳之下刚刚凝聚而出的一点阴气，还不足以结冰，故言“霜”。由乾变坤阴气要上长，故言“至”。上卦乾(䷫>乾)，乾为寒、为冰，故言“坚冰’。象辞解释说，踩在霜上，不久会出现坚冰，是因为霜是阴气刚开始凝聚，沿着阴气凝聚的规律向前发展，坚冰必然会出

现。“驯”是循着、沿着。“致”是使……到来。这是告诫人们要见微知著。乾变坤从一阴始凝开始，最后会发展到盛阴代阳的地步，人应当善察几微，早做准备。同时也说明了卦变的方式。把这一爻的象辞与乾卦初九象辞“阳在下也”联系起来看，可以察知乾从坤变来，坤又从乾变来的卦变规律。

六二：直、方、大，不习无不利。

【译文】

正直、四方、广大，不重复，没有不利。

象曰：六二之动，直以方也；不习无不利，地道光也。

【译文】

六二的运动，正直而四方；不重复没有不利，是地道广大。

【精解导读】

古人认为天是圆的，地是方的；天的运动是圆环状，地的运行是直线状。天大地也大，故地的特性是正直、四方、广大。“习”是重复，“不习”是不重复，意思是一个地方一个样。“无不利”是无所不利，大地载负容蓄万物，对什么都有利。王弼认为每卦都有一

个最主要的一爻，“为一卦之主”，这种提法有合理性，可把这一爻称作主爻。乾卦是天，九五是天位，五位是乾本位，九五是主爻。坤卦是地，二位是地位，是坤本位，六二是主爻，代表地的特性。从乾变坤，变至六二，地的本位出现，故取地的“直、方、大，不习无不利”为象。象辞说“六二之动，直以方也”，是指从初爻变起，变动到六二，到了地的本位，故有大地“直、方、大”的特性。“不习无不利，地道广也”是说不重复没有不利，是地道广大无边。从取义上说，“直”是理直，“方”是方正，“大”是博大。“不习无不利”是各具特色，没有不利。

六三：含章可贞。或从王事，无成有终。

【译文】

蕴含文采，可守正固。或跟从君王做事，不以成功自居，最终会有好结果。

象曰：含章可贞，以时发也；或从王事，知光大也。

【译文】

蕴含文采可守正固，是待时而发；或跟从君王做事，不以功自居有好结果，是智慧广大。

【精解导读】

“章”是美丽的文采。“含”是含蓄而不显耀。“从王事”是跟随君王做事。“无成”是不以成功自居。全句意为，道德有文采之美但不要显示，这样可以恪守正道。如果跟随君王干大事业，会取得成就，但不能以功自居，这样才会有好结果。要求人要谦逊、内向，万不能张狂，能充分注意这一点，就是吉的。从象上讲，卦变到三爻，全卦成否䷋，下卦已成为坤（☷>坤），坤为文，文即章，故言“章”。下卦为内卦，文采在内卦，故言“含章”。“包”“含”义同，否卦六三爻辞“包羞”，换言“包”。上乾为君，下坤为臣，乾刚坤柔，故言“或从王事”。六爻的坤卦虽未成，但下卦已变到终点，故言“无成有终”。象辞说：“含章可贞，以时发也。”“以”是按的意思，意为有美德不显耀，是要待时而发，时不到不可发。“发”是发动。乾的九三是“终日乾乾”，要格外努力；坤的六三是“含章可贞”，不能显耀。三位是个待时而动的时势。“或从王事，知光大也”，句中有省略，说全了应是“或从王事，无成有终，知光大也”。“知光大”主要解释为什么“有终”。意为，为什么会“或从王事，无成有终”呢？是因为有审时度势的大智慧，知道不以成功自居的道理。易理是辩证的，总是告诫人们怎样做才有利，背后还有潜台词，不这样做就不利。不能只看吉凶，不管该怎样做。问个吉凶，想怎么干就怎么干，那就违背了易理。《周易》是以天

道哲理指导人的行动，这与后世的算命术有本质区别。

六四：括囊，无咎无誉。

【译文】

扎起口袋，没有咎害，也没有荣誉。

象曰：括囊无咎，慎不害也。

【译文】

扎起口袋没有咎害，是谨慎不会有害。

【精解导读】

“囊”是口袋，“括”是结扎，“括囊”是把口袋扎住口。“咎”是害，“誉”是荣誉。“无咎无誉”是没有害处也没有好处。从象上讲，变至四爻，全卦成观䷓，观下卦为坤，坤为布帛、为虚，故为囊。上卦巽（䷓>巽），巽为绳。六四互为艮卦（六四→䷓>互艮），艮为手，手用绳子把口袋束扎起来，故言“括囊”。“无咎无誉”是占辞。象辞说：“括囊无咎，慎不害也。”强调指出这一爻要谨慎。那么括囊是取守口如瓶的意思，谨言慎行，韬光养晦，可保无咎无誉，平平安安。成语“囊括天下”从“括囊”引申发展而成，但意义不同。

六五：黄裳元吉。

【译文】

黄色下衣，大吉大利。

象曰：黄裳元吉，文在中也。

【译文】

黄色下衣，大吉大利，是文采在中。

【精解导读】

“衣”与“裳”析言有别，衣是上衣，裳是下衣。“元”是大，《周易》里讲“元吉”是大吉大利，是最上等的吉。元是始、是首，首是头号的，故元可讲成大。如“临卦”卦辞“元、亨、利、贞”，象辞换言“大亨以正”，就是把元讲成大。不过《周易》里还有“大吉”，而“元吉”比“大吉”还要好。“黄裳元吉”里含有古人特殊的文化意识，《左传》昭公十二年里提到过这句话。当时鲁国的南蒯想搞叛乱，占了一卦，遇坤䷁之比䷇，曰“黄裳元吉”，以为大吉也，示子服惠伯，曰：“即欲有事，何如?”惠伯曰：“吾尝学此矣，忠信之事则可，不然，必败。外强内温，忠也；和以率贞，信也。故曰‘黄裳元吉’。黄，中之色也；裳，下之饰也；元，善之长也。中不忠，不得其色；下不共，不得其饰；事不善，不得其极。外内倡和为忠，率事以信为共，供养三德为善，非此三者弗当。且夫《周易》不可

以占险，将何事也？且可饰乎？中美能黄，上美为元，下美则裳，参成可筮。犹有阙也，筮虽吉，未也。”把这段话译述出来，是说南蒯筮的是坤卦，六五是变爻，故之卦（变卦）是比。坤六五爻辞是“黄裳元吉”，南蒯以为是吉利，拿给子服惠伯去看，说：“我想办件大事，你看得到这么个断语怎么样?”惠伯说：“我曾学过《周易》，如果是忠信的事情是可以吉的，不然必定失败。外刚强内温顺，这是忠诚，直率坦诚又能和顺，这才是信用，所以才说‘黄裳元吉’。黄是中的颜色，裳是下身的修饰，元是最大的善。心中不忠，算不得黄色；在下而不恭敬，算不得有修饰；事情不是出于为善，也算不得长。外与内和谐一致是忠，率真诚信做事是恭，诚敬培养这种品德才叫善，要不是这三种品德就不吉。再说《周易》不能用来占卜冒险的事，你要干什么？况且是不是自我修美？中美才是黄，上美才是元，下美才是裳，三样都具备才合筮辞。假如有缺失，占筮虽吉利，还是不行的。”按子服惠伯的解释，黄是中美，是忠；裳是下美，是恭；元是上美，是善。这三项是吉的条件。子服惠伯可能已经觉察出南蒯不是想干好事，所以有点借题发挥，但从中可以了解古人的文化意识。说黄是中之色，是依据我国古代的五行说。东方木青色，南方火红色，西方金白色，北方水黑色，中央土黄色。裳是古人穿的裙裤，位在下体，穿上裳，不仅可以遮羞，下身也得到美化，所以裳是一种修饰。那么“黄裳”的取义是中正美好，不单纯是穿黄色裙裳的问题。从象上讲，

坤为裳，中色黄。卦变至五爻，全卦成“剥”卦，下卦为坤，六五占据中位，故言“黄裳”。剥卦将要把阳灭尽，故取坤裳为象，突出在下守中之意。从象上看，这一爻确有保持在下恭顺、善自修饰、守中不逆才能大吉大利的意思。象辞说：“黄裳元吉，文在中也。”强调了中位，取义上突出内心的修美。文是美丽的文采。

上六：龙战于野，其血玄黄。

【译文】

龙在郊野交战，其血青黄混杂。

象曰：龙战于野，其道穷也。

【译文】

龙在郊野交战，是因为到了穷途末路。

【精解导读】

上六的卦象较为清晰，象辞也交待得比较明确。从乾变坤，发展到上爻，到达最上一位，坤盛到六爻皆阴的极处，无可再变，路走尽了。乾上九爻辞称“亢”，坤上六象辞称“穷”。联系起来看，上位是极位，穷是终尽极困之位。《周易》的设计是六爻相互推荡运动，总的运动方向是从初爻向上爻运动。从上爻隐去，退出来，经历一段重生的过程，再从初爻长出来。如同天体

运行，太阳从东边升起来，西行一个白昼，从西边落下；月亮从东边升出运行一个夜晚；太阳经过一夜的新生，再从东边出来。对于人的生命，古人也这样认识，卦书里讲十二宫，把人生命的过程看成是一个循环：长生、沐浴、冠带、临官、帝旺、衰、病、死、墓、绝、胎、养，首尾循环。其他万事万物无不如此。卦图上六爻表示出来的仅是可见的一面，如同太阳从出到落。余下的一段仍在运动推荡，只是隐在背后罢了。坤的上六到了极处，处在坤卦又要逐爻退出去的形势下，前进一步就是一阳复苏，面临的是阴阳交战，争夺生存地位的斗争，故言“龙战于野”。龙指的是刚爻，野指的是乾（见后）。上六这一爻形势不利，大势已不可逆转，会受伤，故言“血”。坤为地，乾为天，天色青苍为玄，地土颜色为黄。《千字文》第一句“天地玄黄”，就是源于《周易》。乾坤交战，故言“其血玄黄”。象辞说“其道穷也”，交待了“龙战于野”的原因。《系辞·下》说：“穷则变，变则通，通则久。”宇宙运动没有停滞的时候，阴阳消长，更代无穷，会永远延续下去。阴到了穷极时，阴阳对立的一面突出出来，阳要息长。形势一变，运行的道路才能通畅。反过来也是如此。这是《周易》告诉人们的事物运动规律。学习《周易》，不能死守穷极不放，穷极不变，上天不佑，也就是要受到宇宙规律的惩罚。变是痛苦的，我们常把这种情况比作婴儿新生时的阵痛，《周易》用“龙战于野，其血玄黄”来说明，意思是相同的。

用六，利永贞。

【译文】

用老阴之数六，利于永守正固。

象曰：用六永贞，以大终也。

【译文】

用老阴之数六，永守正固，是因为坤是大终。

【精解导读】

“用六”如同乾卦的“用九”，是说明筮例的。朱熹说：“用六，言凡得阴爻者，皆用六而不用八，亦通例也。”这一句讲对了。《周易》以奇数一、三、五、七、九为阳数，以偶数二、四、六、八、十为阴数。占筮时只用六、七、八、九。七、九为阳数，六、八为阴数。阳数顺序，故七为少阳，九为老阳。阴数逆序，故八为少阴，六为老阴。占筮时看变爻，筮得老阳或老阴才叫变爻。所以“用九”是指用老阳之数九作为变爻，取该爻爻辞下断。“用六”是说用老阴之数六确定变爻，取该爻爻辞下断。这是在《周易》开篇的乾坤两卦说明占筮的通例。“用九”下说“见群龙无首”，是告诉筮卦的人，变爻可以在六爻中的任何一爻，它是可以流动的，没头也没尾。“用六”下说“利永贞”，是告诉筮卦的

人，变爻只要确定在哪一爻上，就不能动了，一定要取这一爻的爻辞下断，不能随便从卦里去挑选。这样占筮才有利。因为这是结合乾动坤静的特性讲的，所以才附加上乾的流动和坤的正固意义。这里体现了《周易》动静的辩证法。从变爻会出现在哪一爻的可能上讲，它是动的、变的，不能定死。从具体到一次占筮中，变爻出现在某一爻上，那就定死不能动了。“利永贞”在揭示筮例上说，就是利于长久定在某爻上不动。取义上是说，要效法坤道永久正固的特性才有利。象辞说：“用六永贞，以大终也。”“以”是因为，“大终”是坤地的特性。《系辞·上》说：“乾知大始，坤作成物。”《文言》说：“地道无成，而代有终也。”地是把天所创始的大业作成功，所以地的作用是大终。“用六”是用坤地的特性，发挥地的大终作用，所以才永久正固，所以才用六。这是从义理说明“用六”的原因。简言之，“用九”是用乾天，“用六”是用坤地，九与六里含有天地作用的深层意义，不是随便定的。正如乾文言所讲，用九是“以见天则”，用六是“以见地则”。这就是《周易》在编制中使用九数和六数的理性意义。

文言曰：坤至柔而动也刚，至静而德方。后得主而有常，含万物而化光。坤道其顺乎！承天而时行。

【译文】

坤阴是最为柔顺的，然而运行起来却很刚健；是

最为安静的，但品德却是方正不邪。它是以乾阳为主导在后随着运动，但有自己的常规。它包容万物，化生功能是广大无边的。坤阴的基本特性是顺应吧！它顺应天道而按时序运行。

【精解导读】

坤卦与乾卦一样，也有一段文言。同样也是为了突出两卦在构架六十四卦上的纲领性作用，说明两卦的重大意义，便于人们对《周易》有一个整体性的认识。其发凡起例的作用与乾文言同等重要。坤文言分为两段，以上是第一段，进一步发挥卦辞、彖辞和大象的意义，总论坤卦的特性。“坤至柔而动也刚，至静而德方”，意为，坤地的特性是最柔顺的，但运动起来却十分刚健；坤地的特性是静止不动的，而道德却方方正正。从这两句中首先要看到，文言作者告诉人们：乾的特性是刚健，坤的特性是柔顺；乾的特性是运动不息，坤的特性是静止不动。这是《周易》对天地的基本认识，可以把它看成是认识易理的出发点。但健与顺、动与静、刚与柔不是绝对不变的，这种特性也是辩证的。乾的特性是动，是刚，是圆，是开；坤的特性是静，是柔，是方，是合。但在运动变化中乾也会静，也会直；坤也要动，也会开。所以《系辞·上》里讲：“夫乾，其静也专，其动也直，是以大生焉；夫坤，其静也翕（合），其动也辟（开），是以广生焉。”意义上相互证发。古人把这种道理称作阴阳互含。太极图中的阴阳鱼，阴鱼点阳眼，阳鱼点阴

眼，就是要图示阴阳互含的道理。这是《周易》中反映出来的相对论的思想。世界上没有绝对不变的东西，阴不是绝对的阴，阳也不是绝对的阳。如果把它看成是绝对不变的，阴与阳就不可能相互转化，迭为消长。比如一个人，性格刚强，但他绝不可能一味刚强，他也会有柔顺的一面。这就是阳中有阴。万事万物这种阴阳互含的特性从哪里来？古代的哲人认为就是从阴阳二气的互含中来。因此，事物虽是一分为二，都有对立的两面，但这两个方面又是相互联系、相互转化、相互依赖、相互包含的。坤的基本属性是柔顺，这是指地要顺应天的运动；但它只要顺应天道运动起来，那就任何东西也不能使它改变，万物都得随着它运动，所以又是极为刚健的。坤的基本属性是静止不动，这就决定了它品德的方正，因为地如果动起来，东西南北就会错位，就不可能四方正位了。这就是地在动与静这个方面的辩证关系。文言强调"德方"，当然就有对人在道德修养方面的指导意义。方在几何图形上指的是四方形，但从道德上讲指的是方正严整，不能胡来。古人把它称作"义方"，指行为合乎大义，办事讲原则，不能在原则问题上通融。"后得主而有常"，是说地是从动的，不是主动的，但它随天道运行却是有常规的，不能破坏。主的深层含义是主动。"后得主"是指地不倡先运动，不作主导，随天运动，在天之后。"有常"是指虽然是随着动，却不是可以随便到可以改变常规的地步，而是有它自己不变的规律，这是地既要顺从天而又有自己的常规两方面的辩

证关系。从哲理上说明“先迷后得主”的原因。“含万物而化光”，是说大地容蓄万物，它的化生功能可以与天相比，也是广大无边的。“坤道其顺乎”是祈使句，“其”是表推测的语气词，意为坤道的基本特性是顺承天吧。“承天而时行”是说，它是顺应着天道而按时序运行的。这就是坤地的常规。

积善之家，必有余庆；积不善之家，必有余殃。臣弑其君，子弑其父，非一朝一夕之故，其所由来者渐矣，由辩之不早辩也。《周易》曰：“履霜，坚冰至。”盖言顺也。

【译文】

积累善行的人家，必定会有多余的吉庆留给儿孙后代；积累恶行的人家，必定会有多余的灾祸留给儿孙后代。臣子到了杀君王的地步，儿子到了杀父亲的地步，都不是一朝一夕的缘故，而是长期积累逐渐发展成这样的，是因为对这种恶性事件形成的原因不能及早加以分辨而及时提防。《周易》上说“履霜，坚冰至”，说的就是这个意思。

【精解导读】

以下是坤文言的第二段，分为六个小节，逐节发挥各爻爻辞和小象的意义。这是第一小节，解释初六的爻辞和象辞。这段话清楚地告诉人们，人要趋吉避

凶，就必须认识客观事物的发展规律，能察微知几，预见事物的发展趋势和方向，及早做好防微杜渐的工作，就可使事物向好的方向发展，否则就会相反。

直其正也，方其义也。君子敬以直内，义以方外，敬义立而德不孤。“直、方、大，不习无不利”，则不疑其所行也。

【译文】

直是指六二的正直，方是合乎大义。君子学习六二的爻辞，也要以恭敬的态度使内心保持正直，外在行为要合乎大义，方正合宜。树立了敬慎合乎大义的品德，就有了德行而不会孤立无援。六二爻辞说“直、方、大，不习无不利”，是说有了这种品德，行为上就不会游移不定，自然会把事情处理好。

【精解导读】

这一小节发挥六二爻、象辞的意义。

阴虽有美，含之以从王事，弗敢成也。地道也，妻道也，臣道也。地道无成，而代有终也。

【译文】

属于阴类的事物，虽然有美丽的文采，但要含蓄而不显耀，去随从君王成就功业，不能显示自己居于

成功的地位。这是地的法则，也是做妻子的法则，是做人臣的法则。地的法则就是不自居有功，而是忠实地代替天，去完成天的创始功能。

【精解导读】

这是坤文言第二段第三小节，发挥六三爻、象辞的意义。这一段讲阴与阳从各自的特性上应当发挥的作用。比如一个物体有阴阳两面，阴是暗的一面，它如果一定要表现自己，抢占亮的一面，那性质上就会发生变化。应当注意的是，这是就一般规律而言，而不是绝对的，转化的可能性还是存在的。

天地变化，草木蕃；天地闭，贤人隐。《周易》曰："括囊，无咎无誉。"盖言谨也。

【译文】

天地变化，草木滋长繁盛；天地闭塞，贤人隐退。《周易》里说"括囊，无咎无誉"，就是说要谨慎。

【精解导读】

这一小节发挥六四爻、象辞的意义。"天地变化"指阴阳二气的交流，"天地闭"指阴阳二气的闭塞。交流就会天地通泰，万物欣欣向荣，贤人应当出世。"草木蕃"是草木滋生繁盛。天地闭塞，万物凋敝，贤人应当隐退。人的出入进退要根据时势而定，这才是懂

得顺应天道。六四爻辞说“括囊，无咎无誉”，说的是贤人在天地闭塞的时势下，立身处世应当小心谨慎。

君子黄中通理，正位居体，美在其中，而畅于四支，发于事业。美之至也。

【译文】

君子处在六五这一爻的时势下，应当按爻辞的提示，保持内心的中正，通达事理，立身处世要摆正自己的地位。内心充满美德就可畅达于身体的四肢，举手投足无所不美。从自身再向外发挥，就可把美德扩展到事业上，这样就十分美好了。

【精解导读】

这一小节发挥六五爻、象辞的意义。《周易》里讲的美、文，都是指道德上的完美，不是指外形的美。“事”“业”析言有别，手下经营的工作叫事，事情成功了才叫业。儒家把一个人的道德修养与最后成就功业的关系作如下表述：诚意——正身——齐家——治国——平天下。“黄中通理”是诚其意的内心修养功夫。“正位居体”“畅于四支”就是正身，“发于事业”就是齐家、治国、平天下。“业”指的是大业。

阴疑于阳必战。为其嫌于无阳也，故称龙焉。犹未离其类也，故称血焉。夫玄黄者，天地之杂也。天

玄而地黄。

【译文】

阴气被阳气猜疑，必然要发生争战。因为产生了阳气不存在的嫌疑，所以爻辞里要说到“龙”。但上六并没有离开阴的类别，所以爻辞里要说到“血”。至于说“玄黄”，那是天地交杂的颜色，天是玄（青）色，地是黄色。

【精解导读】

这是坤文言最后一个小节，发挥上六爻、象辞的意义。文中“疑”字与“嫌”字分称合义，都是嫌疑的意思。卦到上六，阴气太盛，故被阳气怀疑，所以阴阳之间发生了争战。因为到了上六，全卦都是阴爻，会使人产生没有阳气存在的嫌疑，所以爻辞称“龙”，龙有提示阳气存在的作用。但上六仍是阴爻，并没有离开阴的类别，所以爻辞上又称“血”。这是为了点明阴与阳在交战。玄黄是天地混杂的颜色，天是玄色，地是黄色。这一段不仅阐明道理，还对怎样去理解爻辞作了示范，甚至还解释名词，对读《周易》很有帮助。

三　屯——万事起头难

䷂

屯卦的卦画结构是下面一个三爻的震（☳）卦，上面一个坎（☵）卦，坎为水，震为雷，故传统称作震下坎上，水雷屯。《序卦》说：“有天地，然后万物生焉。盈天地之间者惟万物，故受之以屯。屯者，盈也。”意思是说：有了天地，然后万物才能生出来，充满天地之间的是万物，故在表示天地的乾坤两卦之后接着是屯卦。屯是盈满的意思。《杂卦》说：“屯见而不失其居，蒙杂而著。”意为，屯是万物刚刚出现，各自占据了一席之地。蒙是杂乱而著明。《说文》说：“屯，难也。像草木之初生，屯然而难。从屮贯一。一，地也。尾曲。《周易》曰：‘屯，刚柔始交而难生。’”意为，屯是难的意思。像草木刚从地下生长出头来，难于破土而出的样子。屮是草木之苗，一是地。从字形上说，画的是一棵幼苗顶出地面时的初生状态，尾部根系还未伸展，两片芽叶刚刚吐出（）。据以上说解，屯主要是万物始生的意思。始生不易，故有艰难的意思；始生还未伸展开，故有团聚的意思；万物

始生，从无到有，故有充满的意思。

依据卦变的体例，屯卦从临卦变来。即临䷒九二与六五换位，变屯䷂。临卦是十二消息卦之一。临卦变屯，是乾坤互为消长变出十二消息卦，十二消息卦演变为众卦的具体表现之一。不知卦变，就难以明白《系辞》中讲的“乾坤，其《周易》之蕴耶？乾坤成列，而《周易》立乎其中矣。”“乾坤，其《周易》之门耶”这些话的具体所指，仅用乾坤生六子，六子组成众卦，解释不了彖辞中有关卦变的大量提示。分析屯卦，一定要注意它从临卦变来的爻位移动。

屯，元、亨、利、贞。勿用有攸往。利建侯。

【译文】

屯卦，开始亨通，有利于正固。不要有所前往。利于树立侯王。

象曰：屯，刚柔始交而难生。动乎险中，大亨贞。雷雨之动满盈。天造草昧，宜建侯而不宁。

【译文】

屯卦，刚爻与柔爻开始交流艰难地出生。下卦震为动，上卦坎为险，在险难中运动，大为亨通而正固。震为雷，坎为雨，雷雨发动，天地满盈。天地草创，适宜于树立侯王，天下还未安宁。

象曰：云雷屯，君子以经纶。

【译文】

上卦坎为云，下卦震为雷。云与雷组成屯卦。君子从中得到启示，要努力经营组织。

【精解导读】

“元、亨、利、贞”习惯上被称作卦的四德，“元”是开始，“亨”是通顺畅达，“利”是有利适宜去做，“贞”是正固不变。乾卦是万物之父，四德齐备；坤卦为万物之母，顺承于乾，在四德上有了一定条件的限制。除乾坤之外，四德俱全的还有屯、随、无妄、革四卦。这四卦的四德与乾坤四德的取义稍有不同，用王宗传的话说，就是“具体而微”，四德的大体是具备的，但在普遍性、永恒性方面要小一些、差一等。彖辞对它们的解释有了区别。“元”是开始而不是创始。“亨”是运动的顺利发展，不是永久性的亨通。“利”是对自身有利，不再是对万物普遍性的利益。“贞”是守正固定，不是永久的正确不变。“勿用有攸往”，是说刚刚开始经营自己的生存空间，扎根未牢，不要急着发展。“利建侯”是说在人类社会刚开始组建的时候，最适宜先树立一个首领。从象上说，屯卦总的时势是万物刚刚开始出生，有了繁息的基础，发展下去会欣欣向荣，故有元、亨、利、贞的特点。下卦震为

足、为行，上卦坎为险，涉足入险，不可轻动，故言“勿用有攸往”。“往”是前进、前往，有所行动。象上指爻从下向上的运动。“有攸往”就是有所往。虞翻说震为诸侯。《白虎通义》也说：“震雷万里，诸侯之象。”《系辞·上》说：“震一君二民。”《说卦》说：“帝出乎震。”把这些话联系起来分析，说震为帝王、为诸侯，虽是逸象，还比较可信。但从卦变中看，九五是君王位，卦辞“利建侯”从九五爻位的推移取象。

彖辞分为四个方面对卦辞作了解释。（一）解释卦名的意义。“屯，刚柔始交而难生。”这句话第一层意思是说，屯卦是乾卦与坤卦（也就是天与地）相互交感流通产生万物的初始阶段。“刚”指刚爻，乾卦纯是刚爻；“柔”指柔爻，坤卦纯是柔爻。屯卦紧接在乾坤两卦之后，“刚柔始交”是讲乾坤两卦刚、柔爻的流动刚刚开始。按《周易》的宇宙发生论说，就是阴气与阳气刚开始流通。第二层意思是说，万物刚刚开始出生，有始生的艰难，卦名有难的意思。交是交接流通，难生，是难于出生。（二）从上下卦特性的组合上解释卦辞“元、亨、利、贞”。“动乎险中，大亨贞”，是说在险难中动，所以“大亨贞”。“大”是副词，“大亨贞”是说很亨通，很合正道。在险难中动为什么还“大亨贞”？向深处挖掘一下就有了哲理意义。比如胎儿出生，母亲有临盆的阵痛，婴儿有出生的险难，然而无论多么险难也得使劲产下来，这是动乎险中。婴儿出世，从无生命到有生命，有了本质的变化，再向

大长就容易了，这就是大亨。创生万物是天地正道，这就是大贞。不独人的诞生如此，自然万物的始生都是如此，要“动乎险中”，才能获得生命。这里应当注意，彖辞除把“元”讲成始，还讲成大。（三）从上下卦象的组合解释，卦名“屯”还有满盈的意思。“雷雨之动满盈”，是说下卦震为雷、为动，上卦坎为雨，上下卦组合在一起是雷雨发动。古人认为雷有振起的作用，唤醒万物从冬眠中振作起来。雨有滋润作用，哺育万物生长。雷雨一动，万物就要苏醒而生长，于是蠢蠢而动，万物齐出，天地之间盈满了。（四）解释卦辞“利建侯”。“天造草昧，宜建侯而不宁”，“天”指天地，“造”是创造，“草”是初步草创，“昧”是昏昧。“宜建侯而不宁”意思是说，天地初创，人类还不能安宁，最合宜的是先建立侯王作带头人，把人们组织起来。彖辞与卦象联系较紧密。比如“刚柔始交”，在象上指的是临卦变屯卦，九二刚爻与六五柔爻的相互置换的流动。

大象与彖辞有一个基本的分工：彖辞解释卦辞。大象解释卦象给人类的启示。这是一般体例。大象总是先说明上下卦象的组合。“云雷屯”，是说上卦坎，坎为云，下卦震，震为雷，云与雷组合在一起就是屯卦。接着推演人们从这个卦象中应当学习哪些天地之道。“君子以经纶”，是说正人君子应当从云与雷这个卦象中，体悟天地广生之道，把人类社会努力经营组织起来，使人们能平安顺利发展。“经纶”本指理出丝

绪，编织成物。这里是经营组织的意思。象辞与彖辞取象的角度稍有区别。彖辞“雷雨之动”，以坎为雨，强调的是满盈。象辞讲“云雷”，以坎为云，强调的是云在聚集，屯结未解，屯是屯聚。联系解☳☵卦看一下，就会了解作者的用意。解卦也是由坎与震组成，只是上下换了位置，解卦彖辞说“雷雨解”，以坎为雨。这里讲“云”，就是要突出难而未解，尚在聚结。君子看到这种卦象，要承担起解难散结的责任，把初创时的纷乱理出头绪，使人类社会步入正常轨道。意思与彖辞“利建侯”相呼应。

此外，全卦上卦是坎，坎为水、为坎陷，下卦是震，震为行，是水流行入坎陷之地而回旋，故各爻都有徘徊回旋之象。

初九：盘桓，利居贞，利建侯。

【译文】

徘徊难进，利于居正，宜于树立侯王。

象曰：虽盘桓，志行正也；以贵下贱，大得民也。

【译文】

虽徘徊难进，但前进的心愿合于正道；高贵而谦处卑贱之下，从而广泛得到民众拥护。

【精解导读】

盘桓是连绵词，不能拆开讲，意思是徘徊盘旋。是说有阻力、有困难，不能直线前进，只能回环前进。从卦象上讲，下震（䷂>震）是行，上坎（䷂>坎）为水、为陷，水流遇到低洼的地形，只能徘徊回环而进。“利居贞”是说利于居守正位。初九是刚爻，初位是刚位，刚爻居刚位是位正。初九与六四是正应，居于正位，要守正而不偏斜，这样才会有利。“利建侯”，是说最宜于建立侯王做领导，取象是下卦震为诸侯，初九是震的主爻。但这个侯不是封建制所说的诸侯，因为是天地初创，人群刚刚开始组建，只能是原始社会酋长一类的头头。象辞说“虽盘桓，志行正也”，意思是虽然徘徊回环着前进，但前进的心愿合乎正道。万物始生，困难阻力很多，但天地有生生之德，生长虽然艰难，但合乎天地正道。这一句，同时也提示“利居贞”的“贞”就是正的意思。“志”指初九与六四阴阳正应的关系，故应有上进的心愿。“正”是位正，应爻六四柔爻居柔位，位也正。上下正位相应，故行也正。从取义上讲，是说合乎正理，不悖天理人情，应当这样做。从象辞的话里可以看出“居贞”不是不让动，而是说前进要居守于正道。“以贵下贱，大得民也”，解释爻辞“利建侯”。《周易》例，刚爻（也就是阳爻）为贵，柔爻（也就是阴爻）为贱。从象上看初九在三个柔爻之下，是具有尊贵身份的阳爻降到卑

贱的阴爻之下，有谦恭敬人的美德，礼贤下士，深得人心。互卦坤（䷂>互坤）为民，取得了广大民众的信赖，适合做民众的首领，故适宜于被拥戴成为侯王。这一爻意思是说：前进艰难迟缓一些，但合乎正道就有利。推选民众的首领最合时宜。

六二：屯如邅如，乘马班如。匪寇婚媾。女子贞不字，十年乃字。

【译文】

坎坷难进，骑马团团打转。不是贼寇，是来求婚。女子贞定自守，不生育，十年才能生育。

象曰：六二之难，乘刚也；十年乃字，反常也。

【译文】

六二这一爻的难，是因为乘驾在刚爻之上。十年才能生育，是返回常道。

【精解导读】

“屯”是难。“邅”，马融讲作“难行不进之貌”。“屯邅”后来变成一个词，也作“迍邅”，是命运坎坷，不顺利的意思，就是来源于《周易》。“如”是形容性词尾，相当于什么什么的样子。“班”义同“盘”，是团团转、盘旋难进的样子。“匪”同“非”。“婚媾”

是婚姻，“字”是怀孕生育。从象上讲，六二从临五位推移，下乘刚爻，前临互艮（䷂>互艮），艮为阻。应爻在九五，九五是上卦坎的主爻（九五→䷂>坎），坎为险难。前进艰难险阻，困难重重，故为“屯如邅如”。全卦都是水流行于低洼坑陷之处，而呈回旋盘环之象，六二也会团团打转。震为“作足马”（抬足而动的马），故为“乘马班如”。九五在坎中，坎为寇盗，但九五刚爻在上卦中位，六二柔爻在下卦中位，上下阴阳正应，婚姻匹配正合，故言“匪寇婚媾”。坤为女，六二在互坤（六二→䷂>互坤）里，处下卦中位，二是柔位，六是柔爻，应正，位也正，故云“女子贞”。震为“反生稼”，稼是禾稼，反生就是该生不生，不该生而生；该向上生而向下生，该向下生而向上生。六二与九五匹配中正该生，而六二却在震里，反生，故“不字”。“字”是生育。《说文》：“字，乳也。从子在宀下。”《说文·叙》又说：“字者，言孳乳而浸多也。”字就是繁衍孳生，简单讲就是生孩子。反生就是不生孩子。坤数十，六二在互坤中，故言“十年乃字”。象辞说：“六二之难，乘刚也。”首先把爻辞“屯邅”讲成“难”。意为六二所以会遭际坎坷，盘旋难进，是因为乘刚。乘刚是《周易》例，凡柔爻位在刚爻之上就称乘刚。六二之下紧接着刚爻初九，下来乘驾在刚爻之上，故言乘刚。“十年乃字，反常也。”是说十年才能生孩子，是因为返回常道。象辞解释爻象，总是抓取一两点最

突出的地方作出示范，不作全面详细的讲解。屯卦由临卦变来（临䷒二与五换位），六二原是临的六五，与九二正应，然而却是刚爻在下，柔爻在上，违反常道。两爻换位返回常道，故言“反常”。

六三：即鹿无虞，惟入于林中。君子几不如舍，往吝。

【译文】

挨近了野鹿，却没有猎官做向导，只会迷失山林之中。君子前进不如舍弃，前往有灾吝。

象曰：即鹿无虞，以从禽也。君子舍之，往吝穷也。

【译文】

挨近了野鹿没有猎官做向导，坚持去追赶野兽。君子舍弃，是因为前往会被困住。

【精解导读】

象辞提示，“即”是从，“鹿”是禽，“舍”是舍弃，“吝”是穷。据象的讲法分析，“即”是就、挨近。“从”是从后面跟上来，就是挨近了去追赶。“鹿”是野兽。王肃与虞翻把鹿讲成山麓，与象辞讲法不合。《白虎通义》：“禽者何？鸟兽之总名。”古代飞禽走兽

都可称禽，不仅指飞禽。“虞”是古代的猎官，虞翻也说：“虞谓虞人，掌禽兽者。”《尚书》中有“尔作朕虞”。虞人指的是古代管理山林的官，贵族去打猎，虞人负责做向导，故为掌鸟兽的官。“即鹿无虞”，是说打猎追逐野鹿，却没有猎官做向导。“惟入于林中”，是说没人领路，只会盲目地钻进深山老林中去。“君子几不如舍”，“几”是几微，指事情未发生前所显示出的细微征兆。君子知几，从没有虞人作向导，前面又是深山老林这些现象能看出，狩猎不会有收获，故不如舍弃而不去追赶。“往吝”是前往会有吝难。从象上看，坤为田、地，故为田猎；艮为山，坎为丛棘、为林。鹿的象，《说卦》没有列出，虞翻说震为麇鹿。震为行，鹿善走，这样取象不矛盾。六三在互坤中（六三→☷＞互坤），又在下卦震里，是田猎逐鹿之象。正应在上六，而上六也是柔爻，相敌不应，无虞之象，故云“即鹿无虞”。前临互艮（六三→☶＞互艮），上卦为坎，前往会进入艮山坎林之中，故云“惟入于林中”。“君子”指卜筮的人，看到这样的爻象要知几，舍弃追赶的野兽，前往会有灾困。全爻是说：不要去追逐猎物，否则不但得不到，反而会陷入困境，明智的人应当放弃。

六四：乘马班如，求婚媾，往吉，无不利。

【译文】

骑马团团打转，去求婚，前往吉祥，没有不利。

象曰：求而往，明也。

【译文】

为求婚而前往，是明智的做法。

【精解导读】

震为“作足马”，六四在下卦震之上，故言乘马。在下震上坎之中，水流行于坎陷，故与六二同象。乘马来回盘旋。应爻在初，初九是阳爻，与六四阴阳正应，男女相悦，婚姻好合，可以喜结伉俪。如初九来求婚，前往吉祥，没有不利。象辞说：“明也。”主要是指六四与九五紧邻，六四不能上合九五。九五虽是阳爻，但正应在六二。六四能舍五从初，是明智的选择。这一爻是说，前往盘旋难进，合婚吉利，有人来求婚最美满。

九五：屯其膏，小贞吉，大贞凶。

【译文】

膏泽屯聚，占问小事吉祥，大事凶。

象曰：屯其膏，施未光也。

【译文】

膏泽屯聚，是施布不广。

【精解导读】

“膏”是膏泽、油脂，引申为恩惠、恩泽。“屯”是团聚不散，犹如“屯货居奇”的屯。象辞说“施未光也”，此“施”是施舍散布，“光”用如“广”。施舍不广泛，显然是把屯讲成聚。从象上说，兑为泽，故可为膏泽。九五从临卦九二升上来，在临卦时九二在下卦兑中（临䷒$_{>\text{兑}}$），升到九五变为屯卦，进入坎中（屯^{九五}䷂$^{>\text{坎}}$）。坎为云，聚结为云，还未变成雨向下施布，这是大泽蒸发成云气之象，故言“屯其膏”。下有六二阴阳正应，应的范围小，故“小贞吉”。五位不仅是上卦的中位，也是全卦的中位，象辞称作尊位（见大有卦），是天子之位。天子只与六二相应，心有所私，恩泽不能广布，故“大贞凶”。“小贞吉，大贞凶”，在象上指九五位正，局限于六二这个小范围吉祥，对各爻这个大范围讲凶，“贞”指位正、应正。取义则是占问小事吉祥，占问大事凶，“贞”是占问。《周易》里这种取象与取义意义不同的现象很多。象辞“屯其膏，施未光也”，是提示九五的坎为屯聚的云，没有下雨，犹如天子的恩泽未能广被下民。

上六：乘马班如，泣血涟如。

【译文】

骑马团团打转，哭泣血泪涟涟。

象曰：泣血涟如，何可长也。

【译文】

哭泣得血泪涟涟，怎么能长久呢！

【精解导读】

上六在全卦的最上位，是一卦之末。《周易》例以上位为穷极之位，穷是困，极是尽，到了顶点，前进就是下坡路。穷极是指走到了穷途末路。从象上分析，上六在九五之上，乘刚与六二相同，比六二更糟的是没有发展余地，坎为“美脊马”，虽有马可乘，但无路可走，全卦各爻都在回旋，上六更是团团打转，故云“乘马班如”。六二上有九五为应，有应是有应援可救。上六应在六三，六三也是阴爻，敌而不应，毫无出路。坎为水、为血，故先泣为眼泪，继之以血出，故云“泣血涟如”。这一爻在全《周易》里也是比较凶的。爻辞的意思是说，上六这一爻毫无出路，血泪涟涟也无用。象辞说“何可长也”，是说筮得上六这一爻，无可挽救地要灭亡，日子不会太长了。

【提示】

《周易》建立了一个自然观与社会观统一论的体系。在每一卦里，先揭示卦所表示的天地自然之道，及该卦在自然之道中所处的时势。然后把这个道与时

势，作为对人类社会的一个大的制约，从而决定人们应当怎样去行动。中国古代典籍把这种自然规律与社会规律的统一性，称作“天人感应”，要人们去究天人之际。屯卦讲自然界天地始生万物，时势艰难，犹如人类社会的开辟阶段，正从蛮荒向文明发展，也是艰难困苦时期，故提出要建立首领，分群立国，把人类先组织起来，才能生存发展。所以象辞说君子要努力去经营组织。作者是把人看作万物之一，同万物一样要受天地之道的支配。社会规律应当受到自然规律的制约，自然规律是一切规律中最基本的规律。

屯卦的初爻，在《左传》里有两次用例，下面摘引出来，看看古人怎样筮卦。闵公元年：初，毕万筮仕于晋，遇屯䷂之比䷇。辛廖占之，曰：“吉。屯固比人，吉孰大焉？其必蕃昌。震为土，车从马。足居之，兄长之，母覆之，众归之。六体不易，合而能固，安而能杀，公侯之卦也。公侯之子孙，必复其始。”毕万是毕公高的后人，毕公高做过诸侯，后来失了国。毕万这次占筮的目的，是想预测一下到晋国去做官的后果如何。周大夫辛寥来给他占筮，遇到的是屯卦，即屯䷂初九爻动，刚爻变为柔爻，成比䷇卦。然后判断说：“吉利。屯卦初九爻辞‘利居贞’，贞是地位巩固。比卦初九爻辞说‘有孚比之’。比是亲比，这是能得到亲信而进入权力核心。哪能比这更吉利呢？一定会昌盛起来。初九不变，屯的下卦是震（䷂>震），初九一变为比，比的下卦是坤（䷇>坤），这是震变为坤。震

为雷，坤为土，这是震雷变成坤土。震为马，坤为大舆、为车，车马相从。震是足、是兄，有震在先，能占住脚，有兄长来培养。坤是母、是众，有坤在后，是有母亲来庇护，民众来归附他。马、车、足、兄、母、众，卦体的六象先后不可移易。比卦是比，屯卦是固，比合又能巩固。震是雷，有杀威；坤是土，能安居。安居而有杀威，这是做公侯的卦。你又是毕公高的子孙，一定能恢复始祖的地位。”后来毕万在为晋献公做车右，灭掉耿、霍、魏三个小国后，果然，献公把魏赐给毕万，成了诸侯。

《左传》昭公七年：“卫襄公夫人姜氏无子，嬖人婤姶（zhōu yǎn)生孟絷。孔成子梦康叔谓己：‘立元，余使羁之孙圉与史苟相之。’史朝亦梦康叔谓己：‘余将命而子苟与孔烝钼（jǔ）之曾孙圉相之。’史朝见成子，告之梦，梦协。晋韩宣子为政，聘于诸侯之岁，婤姶生子，名之曰元。孟絷之足不良能行。孔成子以《周易》筮之，曰：‘元尚享卫国，主其社稷？’遇屯䷂。又曰：‘余尚立絷，尚克嘉之？’遇屯䷂之比䷇。以示朝。史朝曰：‘元亨，又何疑焉！’成子曰：‘非长之谓乎？’对曰：‘康叔名之，可谓长矣。孟非人也，将不列于宗，不可谓长。’且其繇曰：‘利建侯。嗣吉何建？建非嗣也。二卦皆云，子其建之。康叔命之，二卦告之。筮袭于梦，武王所用也，弗从何为？弱足者居，侯主社稷，临祭祀，奉民人，事鬼神，从会朝，又焉得居？各以所利，不亦可乎？’故孔成子立灵公。”

这一段的意思是说，卫国国君襄公死了，要确定该立谁为国王，为此而占筮了一卦。当时正宫娘娘姜氏没有生儿子。襄公的宠姬婤姶先生一个叫孟絷的孩子，脚上有残疾，虽然也能走路，但不大利索。执政的大夫孔烝鉏梦见卫国的始祖康叔对自己说："要立元做继位的人，我将让你儿子孔羁的孙子孔圉和史朝的儿子史苟两人来辅佐他。"正好史朝也梦见康叔对自己说："我要让你儿子苟和孔烝鉏的曾孙孔圉来辅佐元。"史朝找到孔烝鉏，告诉他自己做的梦，两人的梦一致。在晋国执政大夫韩宣子到卫国聘问的那一年，宠姬婤姶又生了一个孩子，起名叫元。这样就得在孟絷与元两人中间挑选出一个继位人。于是孔烝鉏用《周易》先给元起了一卦，祝告说："让元来享祀卫国列祖列宗，主持国政，怎么样?"得到的是屯卦。又为孟絷起了一卦，祝告说："我们要是立孟絷享祀列祖列宗，赞成不赞成?"得到的是屯之比。即屯卦初九爻动，变卦是比。孔烝鉏把结果拿给史朝去看，史朝分析说："屯卦卦辞说得明明白白，是'元亨'，元亨就是元享。当然是立元，还怀疑什么?"孔烝鉏说："元是善之长，这个元莫不是指长子孟絷吧?"史朝回答说："元是康叔给他定的名字，元可以说就是长。孟絷是残疾人，不能列为宗子，不能称长。况且屯卦卦辞说'利建侯'。要是让孟絷年长接班，那是嗣位，还谈得上什么建呢? 要说重新建立，就不是按长幼嗣位，比卦卦象辞也说'建万国'，两卦都讲建，先生还是建立吧！康

叔在梦里有命令，两卦又这样告诉，卦和梦相承一致，这是武王采用过的，不从该怎么办？脚上有残疾的人利于闲居，与屯卦初九爻辞‘利居贞’相合。立侯王要主持国家，亲临祭祀，奉养百姓，事奉鬼神，参加会见朝拜，又怎么能闲居呢？各人按照他有利的去做，不也是可以的吗？”所以孔烝钼就立元做了卫灵公。

从以上两例可以看出，古人占筮，先要把自己占筮的意图祝告一遍，这叫作“命辞”，然后才筮卦。筮卦主要看的是动爻，取遇卦卦辞与动爻爻辞与自己占筮目的有联系的那一部分，作为分析的基础，然后联系之卦变爻爻辞灵活分析。从遇卦到之卦所显示出的变化中抽取其预示的征兆。这种分析要因事而异。毕万仕晋遇屯之比，大吉，可做大官；而孟絷继位遇屯之比，却不能继位，这主要是看卦爻辞内含的意义与自己占筮的目的合还是不合。“建侯”是要重新建立侯王。毕万原来不是侯王，就利建侯；孟絷原来就是长子，按正常发展会成为侯王，就不利建侯。可见，对卦爻辞的正确理解，具有决定性的意义。当然占筮中这种卦爻辞与占筮目的暗合的情况比较少见，有时还要把卦爻辞的意义故意作些曲解，这在《左传》的筮例中也不少，这主要是为了适合占筮需要，而让卦爻辞作些迁就，从而得到一些说明。这种曲解也必须是有一定根据才可以的。比如‘元亨’讲成“元享”，这是因为古代亨与享本来就是一个字。

四　蒙——蒙昧蛮荒

䷃

蒙卦的卦画结构是下面一个三爻的坎（☵）卦，上面一个三爻的艮（☶）卦，艮为山，坎为水，传统称为坎下艮上，山水蒙。《序卦》说：“物生必蒙，故受之以蒙。蒙者，蒙也，物之稚也。”意为，万物刚生长出来必然是幼稚蒙昧的，所以在表示始生的屯卦之后接着是蒙卦。蒙是蒙昧，物的幼稚状态。《杂卦》说：“屯见而不失其居，蒙杂而著。”意为，屯是万物刚刚出现，各自占据了一席之地；蒙是杂乱蒙茸，显示出来了。按《序卦》《杂卦》的讲法，蒙是幼稚蒙杂、成长显著的意思。用植物来比喻，屯是刚长出萌芽，蒙是乱蓬蓬地成长。这是对天地开辟后的一种具象认识。人类在他的蛮荒蒙昧时期，心智未得到开发，需要教育。赵彦肃说：“有万物乃立君、师，屯寓君道，蒙寓师道。”意思是，万物生出来要有首领，有教师，屯卦讲的是君道，蒙卦讲的是师道。这一卦确实讲的是人类的启蒙教育问题。

孔颖达在《序卦》下疏：“六十四卦，二二相偶，非覆即变。覆者，表里视之遂成两卦，屯、蒙，需、

讼，师、比之类是也；变者，反覆惟成一卦，则变以对之，乾、坤，坎、离，大过、颐，中孚、小过之类是也。”意思是说，六十四卦的排列方式，都是两卦组成一对。两卦的关系，不是卦图的覆象，就是卦图的变象。覆象是从上向下看，再倒过来从下向上看，于是成为两卦。比如屯䷂卦与蒙䷃卦，需䷄卦与讼䷅卦，师䷆卦与比䷇卦，这一类都是如此。变象是正看倒看都一样，那么就用变的方式来配对，比如乾䷀卦与坤䷁卦，坎䷜卦与离䷝卦，大过䷛卦与颐䷚卦，中孚䷼卦与小过䷽卦，这一类都是这样。孔颖达揭示的“非覆即变”这一规律，确实是《周易》排卦的顺序。前面讲过的乾与坤就是交的关系，而蒙与屯则是覆的关系。即屯䷂整卦倒过来看，就成为蒙䷃卦。《周易》这样有意识地排序，显然是要提示一种卦象上的联系。从卦变上讲，蒙又是十二消息卦中观卦的变化形态，即观䷓六二与九五交换位置，交䷃蒙。故分析蒙卦，不能脱离它与屯卦和观卦之间的联系。

蒙，亨。匪我求童蒙，童蒙求我。初筮告，再三渎，渎则不告。利贞。

【译文】

蒙卦亨通。不是我去求蒙昧的儿童，而是蒙昧的儿童来求我。初次占筮，可以告诉他。两次三次地占筮就亵渎神灵，亵渎就不告诉他。利于守正。

彖曰：蒙，山下有险，险而止，蒙。蒙亨，以亨行时中也。匪我求童蒙，童蒙求我，志应也。初筮告，以刚中也。再三渎，渎则不告，渎蒙也。蒙以养正，圣功也。

【译文】

蒙卦，上卦是艮，艮为山、为止，下卦是坎，坎为险。山下有险，遇险而止，这就是蒙卦。蒙卦亨通，是通顺地行进在时序和中道上。不是我去求蒙昧的儿童，而是蒙昧的儿童来求我，这是因为心志相应。初次占筮可以告诉他，是因为具备中道刚毅能断。两次三次地占筮就亵渎神灵，亵渎就不能告诉他，是因为他亵渎而蒙昧。蒙昧可用以培养正道，这是修养成为圣人的功业。

象曰：山下出泉，蒙。君子以果行育德。

【译文】

上卦艮为山，下卦坎为泉，山下流出清泉，这就是蒙卦。君子从中受到启示，要行动果毅，培养道德。

【精解导读】

屯卦是万物刚刚生出幼芽，蒙卦是杂乱蒙茸地长起来，生命力很强，发展旺盛，故亨通。蒙卦的主爻是九二，从来源上说，蒙卦是屯卦的覆象，屯卦的九五倒过

来成为九二；从卦变上看，是观卦的九五来到二位成为九二。五位是上卦中位，二位是下卦中位，主爻始终都能保持不离中位，它的运动符合中正之道。本身又是刚爻，这就是彖传讲的“行中”“刚中”。由屯卦到蒙卦，万物从始生到了成长时期，适宜于发展到旺盛的地步，这是天时提供的大好条件，九二能顺应时势而变化，这就是彖辞讲的“行时”。因此蒙卦所显示的卦象是亨通无阻。“匪我求童蒙，童蒙求我”中，“匪”与“非”同义，“童蒙”是蒙昧的儿童。不懂事的孩子要开发心智，接受启蒙教育，这不是老师有求于蒙童，而是蒙童有求于老师，蒙童要主动去求师学道。从象上讲，六五是蒙童（见六五爻辞），九二是启蒙老师、是我，刚爻在五位为君（见屯卦），在二位为师（见师卦）。九二无求于六五，是六五有求于九二。因为九二是刚爻，高明能断；六五是柔爻，柔暗蒙昧。六五与九二在相应的位置上，去求九二顺理成章，九二也应当给予帮助。但六五是为了决疑断惑，求得指教，因此要具有诚意，不能疑信参半。正如占筮一样，有疑惑求助于占筮，占筮一次有了答案，就要按答案去做。如果觉得答案不如意，翻来覆去地占筮，那等于不相信占筮而相信自己，失去了占筮的意义。所以“初筮告，再三渎，渎则不告”。“渎”是亵渎。《礼记·表记》里说：“子曰：‘无辞不相接也，无礼不相见也，欲民之毋相亵也。’《周易》曰：‘初筮告，再三渎，渎则不告。’”意为，人与人的往来要注意说话的用语和方式，要讲究礼貌，为的是相互尊

重，不要互相亵渎。孔子把渎讲成亵渎。亵渎是带着一种不尊重、不严肃的态度对人的轻慢行为。古人认为师生之间是很严肃、很尊重的关系，师道尊严，师不尊道尊，不能轻慢对待。也同占筮一样，占筮是向冥冥中的神灵求教，也不能轻慢，三番五次地占筮，把占筮得到的结果不当话，那就不必再告诉他。从象上讲，六五来求教于九二，上下正应，相互信任，要为他启蒙；六三、六四与九二不是正应，没有孚信，心不诚，意不坚，告诉他没有用，不能告诉。所谓“渎蒙”是说六三、六四态度亵渎而又蒙昧。“利贞”是有利于正固，就是说不能三心二意，游移不决，贞固自守才有利。

彖辞从六个方面解释卦辞。（一）从上下卦象的组合上解释卦名。“蒙，山下有险，险而止，蒙。”意思是说，蒙卦是上卦艮，下卦坎，艮为山、为止，坎为险。卦象的组合是山下有险，外有山阻挡不通，内有险难又居处不得，不知该怎么办，蒙住了，卦名的意思是蒙顿不明。（二）从九二爻的推移解释卦辞“亨”。“蒙亨，以亨行时中也”，意为蒙卦所以亨通，是九二顺应时势发展而不离开中道行动，故能亨通。“时”指蒙卦是蓬勃发展的时势，“中”指九二无论原在五位还是运动到二位，都属中位。（三）从九二与六五相应的关系上解释卦辞“匪我求童蒙，童蒙求我”。“志应也”，是说六五是柔爻，九二是刚爻，处在相应的位置上，阴阳正应，心意相互应合，故可相求。六五是童蒙，九二是我，是六五求九二。（四）“以刚中也”解

释卦辞“初筮告”。九二居下卦中位，又是刚爻，有中庸之道又刚毅能断，具备给予正确指教的条件，故可告。从象上说，坎为筮（见后），九二是坎的中爻，故以占筮比喻启蒙教育。（五）“渎蒙也”解释卦辞“再三渎，渎则不告”。意思是说，一而再、再而三地占筮，这是蒙昧而又亵渎的做法，所以不能告诉他。（六）解释卦辞“利贞”。“蒙以养正，圣功也”，从哲理上做了推广。中国古代哲学讲的“道”，是让自己的行为能返回初始的自然状态，与自然融为一体，与自然规律保持一致而运动。能够与自然协和无间，就达到正道的境界而成为圣人，因此在道德修养上，要尽力去掉人为的造作，返回原始自然上来。童蒙比成人的成见与偏执要少得多，如果从这种天真蒙昧的状态向正道去靠近，那要快得多，所以说“蒙以养正”，“正”就是纯正而不偏执的天性。把这种天性培养到合于正道的境界，就修成了圣人的功夫，所以说是“圣功也”。“利贞”就是从童蒙开始守住正道最有利，要是等到形成偏执和成见再去养正，那就十分难了。

象辞也从上下卦象组合上解释蒙卦，只是换了取象的角度。上卦取艮为山，下卦取坎为泉，卦象是山下流出泉水。泉水从山下流出，也是成长之象，故为蒙卦。山泉虽小，但清澈不杂，可汇为江河。人的道德修养也要真纯清澈，由小而大积聚为圣功。所以君子从中受到启示，要像主爻九二一样刚毅能断，果敢行动，养育成自己的道德。象辞主要取山泉纯净与成长壮大为义。

初六：发蒙，利用刑人，用说桎梏，以往吝。

【译文】

启蒙，宜于给人树立规范，用以脱去桎梏，前往有吝难。

象曰：利用刑人，以正法也。

【译文】

宜于给人树立规范，是为了正法。

【精解导读】

“发蒙”就是启蒙，就是开发蒙童的教育。“刑人”是用一定的规范去塑造人。蒙卦是人的成长时期，最宜于塑造。“刑人”是动宾词组，“刑”是“型”的古文，就是古代制造陶器用的坯模或铸器用的沙范。“刑人”是指用一定的模式把人培养成器，“刑”是规范的意思。当然规范就要有约束力，有强制的成分，要让人知戒，这就要有刑罚。刑罚是规范的手段，故刑有刑罚的意思，但刑罚是扩展义，基本义是规范。《诗经·大雅·思齐》：“刑于寡妻。”是给妻子树立规范，绝不是成天打老婆。“用”是“以”的意思，“说”同“脱”，而“桎梏”是刑具。“在足曰桎，在手曰梏。”梏是手枷，如同今天的手铐；桎是足枷，如同今天的脚镣。“用说桎

梏”，是说以一定的规范把人塑造成才，以此来脱掉童蒙的刑具。人受到教育，行为合乎规范，就不会触犯法律，也就没有牢狱之灾，可以免去刑具的惩罚。“以往吝”，取义是说，如果让童蒙不受教育自己去发展，就如同是一棵树不加整修，一定会长出许多疯杈来，将来还会遭受斧斤之灾，必然会遭遇吝难。吝是“言乎其小疵也”，就是小的灾难。从象上讲，初六是全卦的初爻，又在下卦坎里，坎为水，法平如水，故坎为法。“正法”是使法正，是为了保证教育的进行，故言“发蒙，利用刑人”。蒙卦从九二至上九是个缩小了的颐卦（即蒙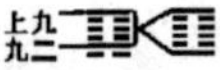颐），颐是桎梏之象（见噬嗑卦），初六在颐卦的外面，故言“用说桎梏”。初六不能向上前进，前往会进入颐卦之中，故言“以往吝”。象辞说：“利用刑人，以正法也。”意思是对人进行处罚教育，是为了端正法规。法规是进行教育的保证手段，必须维护。触犯就应处罚。这是这一爻的基本意思，至于说这一爻有对罪犯进行处置的意思，那就是基本义的扩展了。

九二：包蒙，吉。纳妇，吉。子克家。

【译文】

包容蒙昧，吉祥。娶妇吉祥。儿子能持家。

象曰：子克家，刚柔接也。

【译文】

儿子能持家，是刚爻与柔爻相接。

【精解导读】

“包”与“纳”互文见义，“包”是包含容纳。“纳”是纳进，这里是娶进的意思。“克”是能。爻辞意为，包含容纳蒙昧的人，娶媳妇吉祥，儿子能治理好家。从象上说，全卦两个刚爻，上九位处外界，九二从观卦的九五来到二位，刚健处中，为一卦之主，在蒙昧的时局中，犹如中流砥柱，成为众柔爻崇拜的偶像。虞翻说九二“应五据初……包养四阴，故包蒙吉”。与六五阴阳正应，六五柔爻中正，故“纳妇吉”。九二在互震里（九二→䷃>互震），震为长子。封建制社会诸侯的封地称国，大夫的采邑称家，按爻的职位讲，五是天子位，为君；二是大夫位，故称家，长子居于家位，故言“子克家”。象辞说：“子克家，刚柔接也。”“接”是交接，指明九二从观卦五位下到柔爻群里，上下都是柔爻，九二以刚健居中，与温顺的四个柔爻相交接，刚柔相济，故有吉象。

六三：勿用取女，见金夫，不有躬，无攸利。

【译文】

不要娶这个女子，是因为她见到有财势的男子就会

失身，无所利。

象曰：勿用取女，行不顺也。

【译文】

不要娶这个女子，是因为行为不顺理。

【精解导读】

“取”与“娶”是古今字。“金”指财势。“躬”是自身。“攸”义同“所”。这一爻主要从应爻取象。六三与上九是阴阳正应，理当从上九。但六三近比九二，九二是众望所归，势众富有，故为金夫。六三又阴居阳位不正，位处上下卦之际，上下犹豫不定，贪慕财势，见利忘义，取悦九二，苟且失身。这样的女子行为不端，故“勿用取女”。“躬”即自身，坤为身、为躬，六三所在的下卦坤变为坎，故云“不有躬”。象辞说：“行不顺也。”指六三乘刚，柔爻凌驾于刚爻九二之上。《周易》例，柔乘刚为不顺。这一爻是说，六三这个女子不可娶为妻子，她见到有财势的人会失身贪求，娶这样的女子没有好处。

六四：困蒙，吝。

【译文】

被困在蒙昧中，有吝难。

象曰：困蒙之吝，独远实也。

【译文】

被困在蒙昧中的吝难，是因为远离刚爻。

【精解导读】

“困”是处在困境中难以自拔。《周易》例，柔爻为虚，刚爻为实，全卦四个柔爻，初六与九二比邻，六三与上九为正应，六五与九二为正应，只有六四这一爻与全卦的两个刚爻毫无关系，处在蒙的大局之中。既无依傍，又无救援，故为困蒙而有吝难。象辞指出“独远实也”，正是说六四与刚爻相离独远。吝是小疵，比咎还轻一些，不算灾，但有困难。

六五：童蒙，吉。

【译文】

蒙昧的儿童，吉祥。

象曰：童蒙之吉，顺以巽也。

【译文】

蒙昧儿童的吉祥，是因为柔顺且居于中位。

【精解导读】

六五是从观卦的六二升上来的，（即：观六二→䷓六二与九五换位，变六五→䷃蒙），在观卦里，五在上卦巽中（䷓>巽），二在下卦坤中（䷓>坤），六二升到五位，五位所显示的卦象变化又是上巽变为互坤（䷃>坤）。巽为入，坤为顺，六五能柔顺地进入尊位，始终不离中正，正是彖辞讲的“蒙以养正，圣功也”，所以吉祥。象辞说“顺以巽也”，明确提出由巽卦变来。取义则是柔顺而入尊位，与彖辞的“圣功”互为补充。这一爻虽是童蒙，但却是了道入圣的好爻。

上九：击蒙。不利为寇，利御寇。

【译文】

用打的方式启蒙。做寇盗不利，抵御寇盗有利。

象曰：利用御寇，上下顺也。

【译文】

抵御寇盗有利，是因为上下顺从。

【精解导读】

上九刚爻，位置亢极。在上卦艮里，艮为手。处在蒙昧的大局中，刚亢而以手来发蒙，故为“击蒙”。应

在六三，六三在下卦坎中，坎为盗寇。六三“见金夫，不有躬”，不应上九。盗寇不应，故“不利为寇”。上九在全卦外界，下有互坤，坤为众、为顺，有众人顺从，故“利用御寇”。象辞说：“利用御寇，上下顺也。”意为上九下有互坤为顺。“上”指上九，“下”指互坤，象上说的是在上位下有顺。取义是上下都顺。

【提示】

《周易》要求人们在道德修养上要符合“时”“中”。这个“中”即孔子讲的中庸之道。所谓中庸，实际上指的是在天地自然之道的正中运行，用古人的话讲是“无过、无不及”；用现代的话讲就是既不左倾，也不右倾，始终保持正确路线，这是一种比较高的道德境界。孟子对孔子才称“圣之时者也”“圣之中者也”。所谓“时”，实际上是指与时势一致。天地自然的运动有它的时序，时序的不同阶段所形成的时势就不同，时势是随时序而变化的。人要顺应天道，就必须按照时势经常调整自己的行为，使自己的言行与时势保持协调一致，简言之，就是要顺时应变。古人甚至在政策法令上都要考虑天时。比如春天是万物生养的时期，政令上就鼓励种植繁殖，禁止捕猎，让万物滋生；秋冬是肃杀季节，则安排收割捕猎，征讨处决，助成天地的肃杀之功。人处在复杂多变的社会时势中，要识时务，随形势的变化而变化，不能墨守成规。能时能中，人的行为才符合天地自然之道，保持正确，从而可以趋吉避凶。

五　需——摄取营养

䷄

需卦的卦画结构是下面一个三爻的乾（☰）卦，上面一个三爻的坎（☵）卦，坎为水，乾为天，传统称为乾下坎上，水天需。《序卦》说："物稚不可以不养，故受之以需。需者，饮食之道也。"意为，万物在幼稚时期，不能不养育，所以在表示万物幼稚成长时期的蒙卦之后，接着是需卦。需是饮食长养之道。《杂卦》说："履不处也，需不进也。"意为，履是行进而不安处，需是等待而不前进。据以上解释，可知屯是万物始生的婴儿时期，蒙是幼稚成长时期，而需则是养育等待长成时期。养育需要营养，故为饮食之道。饮食是为了让万物吸收充足的营养，充分发育。需的整体时势是还未长成要等待。故彖辞说："需，须也。"需是须的意思，须是等待的意思。现代汉语中这个义项不常用，古代汉语里须是等待。如《诗·风·匏有苦叶》："人涉卬否，卬须我友。"卬是我，意为，人都渡过河去了，我的朋友还没来，我留下来等着他一起渡过河去。须就是等待。需卦是等待万物吸取营养成

长发育。《杂卦》说“需不进也”，“不进”是不要有所作为，等待条件成熟，不是不发展。

需卦与下一卦讼成为一组，两组之间也是“覆”的关系。即：需（䷄）上下颠倒，为䷅讼。从卦变上说，需是大壮卦的变化形态。

虞翻说：“大壮四之五。”意思是说，大壮卦的九四上升到五位，当然大壮的六五就被推到了四位。即：大壮䷡九四与六五交换位置，变䷄需。这样，需卦与讼卦、大壮卦就存在一定联系。

需，有孚，光亨，贞吉。利涉大川。

【译文】

需卦，有孚信，光辉亨通，守正吉祥。有利于渡过大川险阻。

彖曰：需，须也。险在前也。刚健而不陷，其义不困穷矣。需有孚，光亨，贞吉。位乎天位，以正中也。利涉大川，往有功也。

【译文】

需是等待的意思。有险难在前面。性格刚健而不会陷于险难，从道理上讲不会困穷。需卦有孚信，光辉亨通，守正吉祥。是居于天位，又正又中。有利于涉过大川险阻，前往会成功。

象曰：云上于天，需。君子以饮食宴乐。

【译文】

上卦坎为云，下卦乾为天，云上到天上就是需卦。君子从中受到启示，要饮食宴乐。

【精解导读】

“孚”是信的意思，内心诚实，被人信服。《周易》例，凡有异性爻来亲近应合为有孚。需卦从大壮变来，九五升入尊位，上下有两个柔爻亲比相合，故为“有孚”。“亨”是通顺。《周易》例，凡阴阳不交为闭塞，阴阳相交为亨通。大壮卦（䷡）四阳在下，二阴在上，壁垒森严。变为需卦，五四换位，阴阳交流，故为亨通。互卦有离（䷄ > 互离），离为光明，故为“光亨”。“贞吉”指九五居于尊位，得位而正中，守正吉祥。“利涉大川”，意为渡过大川险阻，成就大功，正是有利的时机。卦象上指上坎为水、为川，下乾为健，有刚健的特性，能够涉川历险，战胜艰难困苦。

彖辞从四个方面解释卦辞。（一）“需，须也。险在前也。”解释卦名的含义是等待，需是须的意思，须作等待讲。因为上卦是坎，坎为险。上为前，下为后，有险在前，不得不等待排除险难，然后再进。（二）“刚健而不陷，其义不困穷矣。”从上下卦特性的组合上解释

卦辞“亨”。意为，上卦坎为险、为陷，下卦乾为健，刚健可以突破险难，不会被陷于困境。这从道理上讲没有被困住的理由。“义”是义理。(三)“需有孚，光亨，贞吉。位乎天位，以正中也。”解释需卦为什么会“有孚、光亨、贞吉”。天位指五位。五位在上卦之中，又是刚位，九五刚爻居刚位，位正，又中又正，行为符合中正之道，都是从九五是尊位上加以说明。(四)解释卦辞“利涉大川”。“利涉大川，往有功也”，意为，有利于涉过大川险阻，前往会成就大的功业。大川是上卦坎，“往有功”是因为下卦乾为刚健，有大川阻挡不住。

象辞说明上下卦象。“云上于天，需”指的是上卦坎，下卦乾。坎为水，乾为天，这里说“云”，是因为坎水来源于兑泽，卦从大壮变来。大壮是下乾互兑(
)，兑为泽，泽水上天化为云气，云气在天上即需卦。云到天上酝酿时雨，故为盼望下雨的时期。君子要了解时势，既然处于等待雨露滋润的时期，就要耐心等待，安心饮食宴乐，养气待时，不要冒进，迟早会有机会来临。饮食宴乐不是为了满足口腹之欲，然而时势未至，也不可勉强而为，尽可享受饮食宴乐的乐趣。时可则进，时不可要安心静养，蓄积精锐。

初九：需于郊，利用恒，无咎。

【译文】

在郊外等待，有利于守常，没有咎害。

象曰：需于郊，不犯难行也；利用恒，无咎，未失常也。

【译文】

在郊外等待，是不冒险前进；有利于守常，没有咎害，是未失去常态。

【精解导读】

尚秉和先生《周易尚氏学》认为“乾为郊”，虽是逸象，考之各卦，比较可信。《说卦》以乾为天，天远称郊可通。同人䷌上九爻辞说“同人于郊”，也以上乾为郊。《尔雅》里讲：“邑外谓之郊，郊外谓之野。”郊是城邑之外。初九在下卦乾下（初九→䷄>乾），又在需卦，故言“需于郊”。全卦各爻都处在等待的大局中，大川大险在上卦，从初爻到上坎，由远及近，步步靠近坎险，初九距坎险最远，是在郊远处等待。“恒”是长久不变，“利用恒”是说利于长久不变。初九在乾卦是“潜龙勿用”，不宜动，故言“利用恒”。“无咎”意为只要守常不动，不会有咎害发生。吝是难，咎是害，凶是灾，三者的凶险程度不同。初九没有咎灾是因为距险尚远，咎害还一时危及不到，可以保持正常。象辞说：“利用恒，无咎，未失常也。”首先说明“恒”是常的意思。意思就是指距坎险尚远，保持常态即可。在“需于郊，不犯难行也”一句里，已明确指出初九等待的位置比较安

全。“犯难”义同冒险，“犯”“冒”同义。干宝认为这一爻是周武王伐纣，到了朝歌的北郊，等待进攻。如果是举例说明，这样讲可以，但要说爻辞的普遍意义，还是要理解成在远离坎险的地方等待。总之，这句爻辞是提示人们不宜行动，要远远地等着。

九二：需于沙，小有言，终吉。

【译文】

在沙滩上等待，有些小的口舌是非，最终吉祥。

象曰：需于沙，衍在中也；虽小有言，以终吉也。

【译文】

在沙滩上等待，是沙衍在水中；虽有些小的口舌是非，最后会变得吉祥。

【精解导读】

虞翻说：“沙谓五，水中之阳，称沙也。”意指沙的象在九五，上卦坎为水，九五是水中的阳爻，故为水中的沙洲。就是说九二是从应爻取沙象，应在九五，故称“需于沙”。九二比初九靠近坎水一步，到了水边的沙滩。“言”在《周易》里或指口舌是非，或指有人说闲话，或指受到言语责难。从象上讲，互兑为言（䷄>互兑），九二在坎险之外，有言伤害不大，故为“小

有言”。处下卦中位，行为适中而不斜曲，故最终吉祥。象辞说“需于沙，衍在中也”，“中”指中位，“衍”是水中沙。《周易尚氏学》引《穆天子传》说：“天子遂东征，南绝沙衍。”证明衍是水中有沙。这样讲与上卦坎象合。“虽小有言，以终吉也”，意为虽有些口舌是非，但影响不大，最终结果吉祥。这一爻小有纠缠，不要去理它，最终结果是好的。

九三：需于泥，致寇至。

【译文】

在泥沼中等待，招来寇盗。

象曰：需于泥，灾在外也。自我致寇，敬慎不败也。

【译文】

在泥沼中等待，是因为外边有灾难。自己招来寇盗，只要谨慎小心，不会陷于祸败。

【精解导读】

九三紧邻坎险，如同靠近坎水，居于河边泥沼。这一爻从卦变取象，需从大壮变来，九四上升为九五，大壮的上二爻原为柔爻，九五升入两个柔爻之中，有如在坤（☷）中加入一个刚爻而变坎（☵），坤为地、为土，

坎为水，水入土中为泥。九三紧接在这种卦象变化之下，故为“需于泥”。坎为寇盗，九四升入九五，九三所处的位置无可回避地面临上坎，致使寇盗来临，故言“致寇至”。象辞说“需于泥，灾在外也”，“灾”指的是外卦坎（九三→䷄>坎）为险难，故有灾。“自我致寇，敬慎不败也”，是说虽然招来了寇盗，只要自己谨慎小心，就会免除祸败。这是指九三在下卦乾中，乾为健，有自卫能力。象辞强调“自我致寇”，指上卦坎为寇盗，九三与坎的上六正应，自己去应合寇盗，故有自我招来寇盗之嫌。总之，爻辞意思是说，有寇盗在觊觎，潜伏着灾祸，小心可免，如狂妄自大会招致祸败。

六四：需于血，出自穴。

【译文】

在血泊中等待，从洞穴中逃出来。

象曰：需于血，顺以听也。

【译文】

在血泊中等待，柔顺而听从。

【精解导读】

需卦上三爻进入坎卦，《说卦》：“坎为血卦。”又云：“坎，陷也。”陷可看成陷阱，陷阱就是地下之穴。

由大壮变需，主要是四爻与五爻交换了位置。六四从五位出来（䷄），故称“出”，上卦变坎，故称“穴”，爻辞从爻位的推移中取象。象辞说“需于血，顺以听也”，也是指九五如同在坤卦中夹入一个刚爻，上卦变坎，坤为顺，坎为耳，故云“顺以听也”。这一爻意为，在血泊中等待，最后从洞穴中逃了出来，是大难不死，血泊逃生的意思。

九五：需于酒食，贞吉。

【译文】

在酒食宴乐中等待，守正吉祥。

象曰：酒食贞吉，以中正也。

【译文】

在酒食宴乐中等待，是因为中正。

【精解导读】

“酒食”也即象辞讲的饮食宴乐。九五是全卦主爻，从大壮的九四升上来，原在大壮的互兑中（九四→䷡>互兑），兑为口，进入九五上卦成坎，坎为水、为酒，故有饮食之象。君子安命知时，时须等待，饮食善处，在患难中泰然处之，行为不失中正之道，就会吉庆相随。象辞说“酒食贞吉，以中正也”，指九五在

上卦中位，刚爻居刚位，位正，能得需的中正之道，故能获吉。这是全卦最吉祥的一爻。以酒食自娱是因为时势如此，一俟转机，便可成就大功。

上六：入于穴，有不速之客三人来，敬之终吉。

【译文】

进入洞穴中，有不请自到的三位客人来，尊敬他们，最后会得到吉祥。

象曰：不速之客来，敬之终吉；虽不当位，未大失也。

【译文】

不请自到的客人来，尊敬他们，最终会得到吉祥；上六虽然位置不当，但没有大的过失。

【精解导读】

大壮上卦原不是坎，故不是穴。九四升为九五，六五下为六四。而上六未动，上卦成坎，坎才是穴。故六四为“出自穴”，而上六是变人穴中，故云“入于穴”。上卦坎为大川，下卦乾为刚健，上六在上极之位，处需待之极，等到了尽头，到了“利涉大川”的时候，故乾卦三个刚爻要上，于是“有不速之客三人来”。“速”是召请，不请自到为“不速”，态度强硬，

让来也来，不让来也要来，这样的客人就是“不速之客”。但上六与九三是正应，九三是“自招”，上六是“不召”，显然是从应爻取象。既为正应，只要诚意相待，尊敬他们，最终会得到吉祥。象辞说：“虽不当位，未大失也。”“不当位”主要指上六下乘刚爻九五不顺，其次是指上六处在全卦穷极之位，已经等到最后，不能再等，该下乾强渡大川了。“未大失”，意思是还不是大错，象辞上指上六与九三还有阴阳正应关系。九三象辞说“敬慎不败”，上六象辞说“敬之终吉”，上下呼应，可以合作，敬则两利，不敬则两伤，一在坎险，一在刚健涉险，势处敌对，意在应合，故能“敬之终吉”。势敌故称“不速”，意合故称“客”。总之，这一爻是告诉人们，处在不利退避之时，要恭谨适变，充分利用优势，化凶为吉。

【提示】

王弼在《周易略例·辨位》中提出：“象无初、上得位、失位之文。又《系辞》但论三五、二四同功异位，亦不及初、上，何乎？唯乾上九文言云‘贵而无位’，需上六云‘虽不当位’。若以上为阴位邪？则需上六不得云‘不当位’也。若以上为阳位邪？则乾上九不得云‘贵而无位’也。阴阳处之，皆云非位，而初亦不说当位失位也。然则，初、上者是事之终始，无阴阳定位也。”王氏的意思是说初爻与上爻没有阴阳的定位。举出的证据是乾卦上九文言说“贵而无位”，

需卦上六象辞说“不当位”。上位如果是阴位，需卦上六是阴爻，就不能说不当位；上位如果是阳位，乾卦上九是阳爻，就不该说贵而无位。用王氏的提法去分析爻位，弊病太多，不得不加以辨别。既然说“无位”，说“不当位”，当然就存在着位的问题，如果没有位的问题，就不会扯到位上来讲。位肯定是有的，关键是“位”究竟指的是什么？《周易》例，位的内容很多，有阴阳位，有乘承比应位，有三才位，有上下卦内外始终前后位，有中位，有职位，有方位，有卦际之位，还有穷极之位，等等。需卦上六讲的“不当位”，无非是说位置不合适，指的并不一定是阴阳位。屯卦六二象辞说“六二之难，乘刚也”。柔爻应当在刚爻之下，居于刚爻之上就是位不当。“不当位”指的是乘承位。王氏把“当位”“不当位”全部用阴阳位作衡量标准，所以不能自圆其说。这样他提出“初上无阴阳定位”的条例就难以成立。《周易》例一、三、五、七、九等奇数为阳数，二、四、六、八、十等偶数为阴数。一三五为阳位，二四六为阴位，初为一，上为六，怎么能排除在阴阳之外？只不过有取有不取而已。

程颐在讲噬嗑卦时说：“初居最下，无位者也；上处尊位之上，过于尊位，亦无位者也。以为无阴阳之位，阴阳系于奇偶，岂容无也？然诸卦初上不言当位不当位者，盖初终之义为大。临之初九则以位为正。若需上六云不当位，乾上九云无位，爵位之位，非阴阳之位也。”程颐也不同意“初上无阴阳定位”的说法。

六 讼——生存竞争

䷅

讼卦的卦画结构是下面一个三爻的坎（☵）卦，上面一个三爻的乾卦（☰），传统称作坎下乾上，天水讼。《序卦》说："饮食必有讼，故受之以讼。"意为，饮食必然会产生争讼，所以在表示饮食的需卦之后，接着是讼卦。这句话今人不大容易理解，应当联系上古的物质条件。饮食是人类生存必需的物质条件。这个条件对今人来说比较容易满足，但上古物质不丰富，不能满足每个人的需要，这就要争夺，争夺起来就要打官司，讼是争讼、打官司的诉讼。《杂卦》说："讼，不亲也。"意为讼卦是人与人之间不相亲爱、亲近。还指争讼、打官司。《序卦》与《杂卦》对卦名讼的解释比较一致。

讼是需的覆卦，即需（䷄）倒过来看就是讼卦䷅。需卦从大壮卦变化而来，讼卦则是从大壮卦的覆卦遁变而来。彖辞说"刚来而得中"，提示了这种变化运动。虞翻说："遁三之二也。"意为遁卦的三爻与二爻交换了爻位，即遁䷠两爻交换位置，变䷅讼。从九二这一爻位置的推移上看，就是"刚来而得中"。有人只

相信《系辞传》提到的乾坤生六子，六子重叠为六十四卦；不承认乾坤变化为十二消息卦，十二消息卦变为六十四卦，所以总是不能自圆其说。对彖辞中讲到的“小往大来”（泰）、“刚来而下柔”（随）、“柔来而文刚，分刚上而文柔”（贲）、“刚自外来而主于内”（无妄）、“刚来而不穷，柔得位乎外而上同”（涣）等多处提示，视而不见，实在不足取法。其实彖辞解《周易》，比《系辞传》更直接，更具权威性。《系辞传》的主题是揭示易理，对《周易》的常识言之甚少，从彖辞中分析卦爻的变化不能忽视。所以分析讼卦，一定要注意它与遁卦、需卦的联系。

讼，有孚，窒惕，中吉，终凶。利见大人，不利涉大川。

【译文】

讼卦，有征信，窒塞戒惧，中间吉，最后凶。宜于见大人，不利渡过大川险阻。

彖曰：讼，上刚下险，险而健，讼。讼有孚，窒惕，中吉，刚来而得中也。终凶，讼不可成也。利见大人，尚中正也；不利涉大川，入于渊也。

【译文】

讼卦，上卦乾为刚健，下卦坎为险，阴险而又刚

健，争讼。讼有征信，窒塞戒惧，中间吉祥，是刚爻来到下卦而居于中位。最后凶，是争讼不可以完成。宜于见大人，是崇尚中正。不利涉过大川险阻，是进入深渊之中。

象曰：天与水违行，讼。君子以做事谋始。

【译文】

上卦乾为天，下卦坎为水，天向上，水向下，背道而驰，这就是讼卦。君子做事情要从中得到启示，开始时就应当谋划好。

【精解导读】

按彖辞“刚来而得中”的提示，讼卦的九二是很关键的一爻。九二来到下卦中位，上下有两个柔爻相合，故有“孚”。孚是信，在别的卦里多指诚信。讼卦是打官司。信是凭信，有证据，有孚是有征信。窒是窒塞，与亨通意义相反，在讼卦里是指心中郁闷窒塞。从象上讲是因为“天与水违行”。需卦是水蒸发到天上，上下流通。讼卦是水从天上落在地下，天高出水上，水返回地下，背道而行，越离越远，上下由交流又恢复到不交流，故窒塞不通。惕是有所担心而做好戒备，指九二在坎中。《说卦》说“坎为加忧人”，有忧虑，故戒惧。中吉，象上指九二在下卦中位，有中庸之德，故吉祥。取义是说，打官司最好适可而止，中途能停止就吉祥。终凶是说打官司本身就

是凶事，不能健讼不止。从象上说，外卦乾为刚健，内卦坎为险，一个人内心阴险，外表刚健，是个讼棍坯子，打官司没完没了，最后结果肯定是凶多吉少。“利见大人”指九五，乾卦九五爻辞为“飞龙在天，利见大人”。大人在尊位，耿耿清正，刚明能断，有冤枉向大人告状最有利。“不利涉大川”，从象上讲，需是内刚健、外大川，讼卦与需卦相反，是大川在内，刚健在外，大川在内为险阻，又有刚健的力量在外堵截，不易过去。卦辞的意思是说：打官司有证据，心中憋闷窒塞，担心戒惧，中途结束案子吉祥，打到底有凶。找大人诉冤有利，但不要冒险去贪功立业，时机不允许。

彖辞从五个方面解释卦辞：（一）从上下卦的组合上解释卦名。“讼，上刚下险，险而健，讼。”意思是说，讼卦，上卦是乾，乾为刚健，下卦是坎，坎为险，组合在一起是险恶而刚健。这种人到处都会发生争执，打官司是必然的，因此构成讼卦。（二）从卦变上解释卦辞“有孚，窒惕，中吉”。“讼有孚，窒惕，中吉，刚来而得中也”，意思是说讼卦是由遁卦变来的，遁卦的九三下到二位，居于下卦之中，成为两个柔爻的主心骨，两个柔爻依附相合，故为有孚。下卦变坎，坎为加忧，为险阻，故窒惕。居于中位，行不失中，故中吉。“刚来而得中”显然指爻的运动。（三）从义理上解释卦辞“终凶”。“终凶，讼不可成也。”“成”是完成，意为打官司不能逞强好胜，纠缠不休，得理不让人。拖延到最后，会有凶险。这样把“中吉”的意

思也作了解释。古人认为一世不进公门就是福，公门指的就是上公堂打官司。打官司是不得已的事，要适可而止。（四）解释卦辞“利见大人”。“利见大人，尚中正也”中，“尚”从词义上讲是推尚，断案推尚中正公平。从象上讲，“尚”与“上”义同，指上卦的九五。五位是全卦的尊位，九五刚爻居刚位，位正；在上卦之中，故为中正。刚爻居五位是大人得位，故“利见大人”。（五）“入于渊也”解释卦辞“不利涉大川”。指全卦的主爻九二进入下卦坎中，坎为水，故言“入于渊也”。入渊有灭顶之灾，故“不利涉大川”。这是针对九二爻变说明卦象。

象辞讲上下卦象组合。“天与水违行，讼”，意为上卦乾为天，下卦坎为水，天在上，水润下，上下分离，相背而行，故有争讼。君子从中得到启示，要从做事一开始的时候就想到，背离不合会起事端，应早做谋划，防止事情会背离不合，故云“君子以作事谋始”，为的是避免陷入争讼之中。

初六：不永所事，小有言，终吉。

【译文】

不把事情办到底，有小的口舌是非，最终吉祥。

象曰：不永所事，讼不可长也；虽小有言，其辩明也。

【译文】

不把事情办到底，是争讼的事情不可长期坚持；虽有小的口舌是非，可以辩明白。

【精解导读】

这一爻主要取象于初位。卦是讼卦，爻是初爻，初六是争讼的初始阶段，只要不坚持把官司长期打下去，虽然小的口舌争执免不了，但最终会吉祥。“永”是长，“事”是诉讼的事端，“言”是诉讼的口舌是非。从爻所处的卦象讲，初六所在的下卦坎为耳，前临互离（初六→䷅>互离）为明，上有九四为正应，耳朵一听就明明白白，不会长期纠缠下去。象辞作了提示，“不永所事，讼不可长也”，把“永”解为长，把“事”解为讼事。“虽小有言，其辩明也”是说，没有是非口舌，就用不着去辩。辩就是有口舌是非。显然是把“言”讲成必须去辩的原因。总之，爻辞是说：有争讼的事端，不要长期纠缠；有是非口舌，无大妨害，最终是好的。麻烦免不了，要有思想准备，但也不必担心，最后吉祥。打官司千万不可好勇斗狠，要是办别的事情会半途而废。

九二：不克讼，归而逋，其邑人三百户，无眚。

【译文】

官司败诉，回来逃躲起来，他采邑中的三百户人就不会牵连受灾。

象曰：不克讼，归逋窜也；自下讼上，患至掇也。

【译文】

官司败诉，回来逃窜躲避起来。从下边告上边，祸患来到是自己找的。

【精解导读】

这一爻主要从敌应取象。爻与爻相应的关系是初与四应，二与五应，三与上应。《周易》例：相应的两爻如果是一刚一柔，即为阴阳正应。正应是上下应援，心志相合。如果相应的两爻全是刚爻或全是柔爻，即为敌应。敌应是上下不能应合而敌对。这种敌应、正应的爻象，来源于古人对阴阳之间异性相吸、同性相斥的认识。在别的卦里，敌应影响不大。在讼卦，敌应就成为诉讼的两造。九二与九五是敌应关系，九五在尊位，是大人得位，九二与九五相敌，肯定会败诉，故云“不克讼”。“克”是胜，“不克讼”是说官司打不胜。“逋”（bū）是逃窜，“邑”是大夫的采邑，即大夫的“家”。按封建制规定，诸侯受封有国，大夫受封有家，大夫的封地就是采邑，也可以收取自己封地

中的赋税。三百户是下大夫之制，二位是大夫位，故云“邑人三百户”。“眚”是灾难。郑玄说：“异自内生曰眚，自外曰祥，害物曰灾。”意为，灾异从内部产生叫眚，从外部产生叫祥，伤害人或物才叫灾。“归而逋”是说逃窜回家躲避起来。从象上说，九二是从遁卦的九三下到二位（遁九三→䷠，九三来到二位，变䷅讼），使下卦成坎，坎是在坤（☷）的中间夹了一个刚爻，坤为土地、为国邑（见《九家易》），大夫入于邑中成坎，坎为隐伏，故为“归而逋”。坎为多眚，九二入大夫邑，居中位，名分相当又不失中，故“无眚”。象辞解释说：“不克讼，归逋窜也。”也是说败诉下来，逃窜回去躲起来。象辞把“逋”讲成窜。“自下讼上，患至掇也”，解释为什么“不克讼”。下指九二在下位，上指九五在上位，居于下位还要与上级打官司，故不能胜诉。“掇”是拾取，“患至掇也”，是说祸患的到来是自己找的。象辞把“眚”讲成患。九二这一爻在下卦中位，本可平安自保，但以下犯上，打官司要输，要逃窜才能保住自己封邑中的人口，也只是没有灾患罢了，不逃躲起来就难说了。

六三：食旧德，贞厉，终吉。或从王事，无成。

【译文】

吃祖宗留下的余荫，守正有危厉，但最终吉祥。或随从君王做事，没有成就。

象曰：食旧德，从上吉也。

【译文】

吃祖宗留下的余荫，随从上面吉祥。

【精解导读】

“旧德”是世袭制社会里祖宗给儿孙留下的余荫。祖先立了功，封了官爵，有封地封号，死后儿孙可以继承下来。只要后代不犯国法被废除，还可以吃祖宗留下的饭，这就是“食旧德”。“德”指祖先的恩德。祖宗的余荫并不容易保得住。《左传》里讲：“君子之泽，五世而斩。”意思是说这种祖荫最多能守上五代，随时都有被褫夺的可能。守旧德要坚持正道，常常有一种危厉感，注意不要张狂，最后才会吉祥。如果随从君王办事，也不要自居有功，贪图封赏，保住祖先的封地封号就不错了。从象上说，三是公位，有祖先的余荫，坎为饮食，乾为旧德（见虞翻说）。六三在下卦坎里，上承乾卦，故云“食旧德”。下坎为险，上乾刚健有险不能出，故“贞厉”，有上九作正应，上九在全卦之终，六三在下卦之终，故“终吉”。上乾为君，从遁二变为讼三，遁是柔灭刚为逆，变三互为巽卦（䷅>互巽），巽为随顺，由逆变顺，故言“或从王事”。乘承皆刚故“无成”。象辞说“食旧德，从上吉也”，

取义是说吃祖先的福荫，要顺从上面的君王。象上指六三与上九为正应，上九在乾里，乾为君。

九四：不克讼，复即命，渝安贞，吉。

【译文】

不能胜诉，返回到自己命定的分限，变得安分守正，吉祥。

象曰：复即命，渝安贞，吉，不失也。

【译文】

返回自己命定的分限，变得安分守正，吉祥，是无大的失误。

【精解导读】

九五爻辞“讼，元吉”，是讼卦之主。九二与九五争讼“不克讼”，九四与九五争讼，也是“不克讼”，同样会败诉。“复”是返回来，“即”是就，义同“到”，“命”是自身的命运。“复即命”是返回到自己本身命定的分限之中，也就是顺从天命，没有非分之想。“渝”是变，“安贞”是安定正固。从取义上说，是处在争讼的大局之中，免不了与人争讼打官司，但官司不胜诉，能变得安分守正，顺从天命，就会吉祥。九四在上乾和互巽里（九四→䷠＞互巽），乾为天，巽为命（古人认为巽为

风，风是传送上天信息的，故以巽为命)，有天命。又在诸侯位上，能守定自己命定的分限，安命知命，不做违背天命的事，可获吉。象辞用“不失也”解释“复即命，渝安贞”，就是指九四天命如此没有失误，虽然讼卦会败诉，不致造成损害而吉祥。

九五：讼，元吉。

【译文】

诉讼，大吉大利。

象曰：讼，元吉，以中正也。

【译文】

诉讼大吉大利，是因为既中又正。

【精解导读】

“元”是首，引申为头号的、大的，“元吉”是头等的吉，是大吉大利。九五刚爻，五是刚位，位正；五是上卦中位，位中；五是天位、尊位，刚爻占据五位是大人得位，拥有统治权，可用自己的道治理天下。有权有势，行为不失中道，办事又公正，不激不偏，清正廉明，能理枉断曲，故“讼元吉”。象辞用“以中正也”解释“讼，元吉”，孔颖达的《正义》解释说：“‘以中正也’者，释‘元吉’之义。所以讼得大吉

者，以九五处中而得正位。中则不有过差，正则不有邪曲，中正为德，故元吉。”孔氏把“元吉”讲成大吉，对“中正”的阐释都较正确。

上九：或锡之鞶带，终朝三褫之。

【译文】

或赐给官服大带，但一天之内会被三次剥夺。

象曰：以讼受服，亦不足敬也。

【译文】

因打官司受到官服，也不值得敬佩。

【精解导读】

“锡”用同“赐”。“鞶带”是大带。古代朝廷任命官员，按等级颁赐不同的官服，鞶带是官服中很重要的一部分，尤其是带钩和带上镶嵌的饰物，可以区别官职的等级，有金质、玉质、角质、木质种种不同。古装戏里还可看到一些遗制，如金带、玉带等。赐给大带，实际上就是赐给官服，所以爻辞说“锡之鞶带”，象辞则说“受服”。赐给官服，实际上就是授给官职。“朝”是日，“终朝”即终日，就是一天之内。“褫”是夺。爻辞的意思是说，官司打赢了，争讼得到好处，朝廷赐给官服，授给官职，但却长不了，一天

之间就被三次贬谪，夺去爵位。从象辞上分析：乾为衣、为金、为玉，金玉为服，最明显的是鞶带，故有鞶带之象。乾为白昼，故为“终朝”。共三爻，故言“三”。上九位处穷极，有剥退之象，故云“终朝三褫之”。放在讼卦这个大环境里，就是打官司能因争讼而得官，高兴那么一阵子，但积怨太深，长不了，迟早会垮台。象辞说：“以讼受服，亦不足敬也。”“不足敬”是不值得敬重。靠争讼取得职位，而不是凭贤能和政绩，得之非道，故“不足敬”。言外之意是说，一天之间被贬谪三次，那是理所当然的。

【提示】

《周易》里不时提到“命”，对命的认识与今天的说法不尽相同，要注意按《周易》的思想体系去理解。《周易》讲的命是与时位相关的一个范畴，即在天地造成的时势中所处的特定位置，这是一种客观条件的局限，谁也不能超越。在客观条件允许的情况下去行动，就是顺应天命，即可获吉，绝不是让人们坐等好运的到来。不顾客观条件盲目行动，就是逆天命，逆天命就会遭凶。既反对盲动，又鼓励人们顺应规律去活动。知道自己所处的时势地位和应当如何活动的规律，这就是知天命。实际上命是客观条件对人的限定，自然与社会法则对人的制约。今天讲的命定论，不是《周易》的命所含的基本内容。中国有句古话，称作“知天命，尽人事”，对待命运的态度是比较积极的。

七 师——聚伍纷战

䷆

师卦的卦画组合是下面一个三爻的坎（☵）卦，上面一个三爻的坤（☷）卦，坤地，坎水，所以传统称作坎下坤上，地水师。《序卦》云：“讼必有众起，故受之以师。师者，众也。”意为争讼必定会有众人起来相斗，故在讼卦之后接着是师卦。师是众的意思。《杂卦》说：“比乐师忧。”比卦喜乐，师卦忧苦。师是古代军队的一级编制，名称沿用到现在。按《周官·大司马》记载，古代军队的编制是藏兵于农，每户出一人，五人为一伍，由下士任伍长；五伍为一两（二十五人），由中士任两司马；四两为一卒（一百人），由上士任卒长；五卒为一旅（五百人），由下大夫任旅帅；五旅为一师（二千五百人），由中大夫任师帅；五师为一军（一万二千五百人），由卿任军帅。师有二千五百人，故有众多的意思。师是军队的编制，故有军队的意思。军队用以作战，故师有战争的意思。战争给人们带来的是灾难，故有忧苦的意思。《序卦》讲的“众起”，《杂卦》讲的“师忧”，以及彖辞讲的“毒天下”，都是在师作为军队一级

编制这个意义上引申出来的。

按卦变之例，师卦是在复卦的基础上变化了的形态。复卦的初九上升到二位就成为师卦。即：复䷗初九与六二交换位置，变䷆师。按《序卦》排序，师卦与比卦构成一组正覆卦，师卦的卦画上下倒置就成为比卦，即师䷆上下颠倒，为䷇比卦。分析师卦要顾及这种爻的推移和卦的变化。

师，贞，丈人吉，无咎。

【译文】

师卦，众而正，丈人吉祥，没有咎害。

彖曰：师，众也；贞，正也。能以众正，可以王矣。刚中而应，行险而顺，以此毒天下，而民从之，吉，又何咎矣。

【译文】

师是众的意思，贞是正的意思。能带领民众走正路，可以为王了。九二刚爻中正，与六五正应。下卦坎为险，上卦坤为顺，行进在险难中还能顺顺当当，用这种做法去治理天下，而民众顺从他，吉祥，又会有什么咎害呢？

象曰：地中有水，师。君子以容民畜众。

【译文】

上卦坤为地，下卦坎为水，地中有水就是师卦。君子从中得到启示，要容纳人民，蓄聚群众。

【精解导读】

“贞”是正的意思，彖辞作了解释。“丈人”是有威望尊严、可以信托的长者。汉代的本子都作“丈人”，只有《子夏传》作“大人”。彖辞说“可以王矣”，可见还不是王，有待升迁，“丈人”比较符合身份。卦辞是针对九二这一爻下的断语。全卦只有九二一个刚爻，统帅五个柔爻，位在下卦中位，众望所归，居中不偏，为一卦核心，故言“贞”。位在下卦，被众柔爻簇拥，在群众中享有极高声望，故言“丈人吉”。然而师为忧苦之事，对一般人来说，仅能“无咎”而已。

彖辞从五个方面解释卦辞。（一）解释卦名及“贞”的意思。“师，众也”，“贞，正也”，都是判断句。卦名“师”是众多的意思。卦辞“贞”是正的意思。师卦是拥有民众又行不失正。（二）“能以众正，可以王矣”，指出“丈人吉”的第一个理由。能带领民众走正路，这样的人有做君王的素质，可以成为王者。从下卦中位到上卦中位，不离中道，故言“能以众正”。“以”是带领。意为现在虽不是王者，但具备为王的条件。（三）“刚中而应”，指出“丈人吉”的另一条理由。九二是刚爻，又在下卦中位，与上卦六五

处在相应的位置上，阴阳正应。如同有刚健的素质，行为能守中道，又得到民众的响应，在师卦中做大军统帅名实相符，故“丈人吉”。(四)“行险而顺”，指出“丈人吉”的又一条理由。从上下卦特性的组合上分析，下卦坎为险，上卦坤为顺，行进在坎险中还能顺利，故能吉祥。（五）总括说明卦辞“吉，无咎”。“以此毒天下，而民从之，吉，又何咎矣”中，“此”指前面提到的“刚中而应”“行险而顺”。“毒”，干宝解释说“荼苦也”，意思是说给人们带来苦难。从象上说，下卦坎，坎为毒（见噬嗑卦）；上卦坤，坤为民。上下卦象合在一起是荼苦人民。“毒民”本来不吉，然而坤又为顺，是民众愿意顺从，足见被民众信赖之深。战争本来是荼苦人民，带来苦难的，但为了长远的利益，有时又不得不战。民众理解这一点，相信领导者的正义性，才可能甘心接受这种苦难，赴汤蹈火，在所不辞。丈人得到了民众的信赖，故能“吉无咎”。有人把“毒”讲成“药治”“役使”“荼毒”等，与《杂卦》的“忧”义不合。

象辞换了一个角度讲上下卦象。“地中有水，师”，是说上卦坤为地，下卦坎为水，上下卦象组合在一起是地中有水，这就是师卦。陆绩说：“坤中众者莫过于水。”意思是说，大地上最多的东西，什么也比不了水。这句话现在可以科学说明，地球上百分之七十的面积是水，只有百分之三十的陆地。然而水却容蓄在大地之中。地中有水是一种能容蓄众多的象。故君子

要效法大地的胸怀，像大海容纳百川一样，能包容人民，蓄聚群众。“蓄”既有养的意思，又有聚的意思。

初六：师出以律，否臧凶。

【译文】

军队出动要按军纪，不顺军纪行事凶。

象曰：师出以律，失律凶也。

【译文】

军队出动要按军纪，破坏军纪凶。

【精解导读】

师卦初六来自复卦的六二（复卦六二→䷗六二下到初位，即初六→䷆师），向下推移了一位，故言“出”。下卦成坎，坎为水，水平故可为法、为律。在师卦，故言“师出以律”。律是法律。取义是说，行军打仗要有严明的军纪军法。“否臧”，象辞解释为“失律”，就是不按军纪军法行事。《左传》宣公十二年晋国的知庄子曾用这句爻辞分析过胜负。在晋与楚的邲之战中，晋军副帅先縠（hú）刚愎自用，不听命令。知庄子说：“此师殆哉！《周易》有之，在师䷆之临䷒，曰：‘师出以律，否臧凶。’执事顺成为臧，逆为否。众散为弱，川壅为泽。有律以如己也，故曰律。否臧，且律竭也。

盈而川竭也，夭而不整，所以凶也。不行之谓临，有帅而不从，临孰胜焉。此之谓矣。果遇，必败，彘子尸之……”说的意思是，《周易》里说过，在师卦初爻爻动变为临卦（师初六→䷆初六爻动，柔变刚，为䷒临）。爻辞说：“师出以律，否臧凶。”部下听从指挥把事办成是臧，背逆命令就是否。师卦是众，变成临卦后，师象消失，如同是师众消散变成弱，下卦原为坎，坎为川，变成兑，兑为泽，是大川被堵塞变成沼泽。军队有法度纪律，是要让部下听从命令，进退合于主帅一己的心意，故称作律。否臧，军纪将丧失殆尽，由盈满变得大川枯竭，夭夭而不能整齐划一，所以凶呵。来到停住不行走才叫临，有将帅的指挥不听，有令不能行，还有比临更糟的吗？说的就是这种情况。如果真的遇上敌军，肯定会失败。先縠要主受其祸，即使免于战死，回国也一定会有大的灾殃。《左传》的这段话，还是把“否臧”讲成有令不行。其中“否臧，且律竭也”，指出“否臧”是军纪丧失殆尽。分开讲，“执事顺成为臧，逆为否”，臧是顺，否是逆。从词义上直接分析，臧是善，否是不，否臧就是不善，引申为逆而不顺。这与象辞“失律”的讲法一致。

九二：在师中，吉无咎，王三锡命。

【译文】

在三军中位，吉祥无咎害，君王三次赐命嘉奖。

象曰：在师中，吉，承天宠也。王三锡命，怀万邦也。

【译文】

在三军中位，吉祥，是受到天子的宠信。君王三次赐命嘉奖，是使万国来臣服。

【精解导读】

“在师中”显然是指九二在下卦中位。取义是说，九二是三军统帅。古代军队分上中下三军，主帅在中军坐帐，统一指挥，九二位在中为主帅，故吉祥而无咎害。“王三锡命”，是指九二的应爻在六五，五位是天位、天子位，九二与六五阴阳正应，到下一卦比中，九二会升至五位，由二至五中隔三爻，故有君王三次赐命嘉奖擢拔之象。“锡”用如“赐”。“三命”，在《周礼》中说：“一命受职，再命受服，三命受位。”《曲礼》又说：“一命受爵，二命受服，三命受车马。”指对功臣的封除奖赏。这一爻是全卦的中心，也是全卦最好的一爻。象辞说：“在师中，吉，承天宠也。”“承”是受到，“天宠”是天子的宠信。受到天子宠信，在三军中做大帅，故吉而无咎。“王三锡命，怀万邦也”中，“怀”是被德政感化而来臣服，“万邦”是万国。这句意为，君王三次赐命嘉奖，使万国都来臣服。这是指坤为国。九二为一卦唯一的刚爻，居下卦坎中，

坎是刚爻占据坤中，上卦又为坤，柔爻都来应合九二，故有万国臣服之象。

六三：师或舆尸，凶。

【译文】

出师会拉着尸体回来，凶。

象曰：师或舆尸，大无功也。

【译文】

战车拉着尸体回来，大败而无功劳。

【精解导读】

管辂以坎为棺椁。《系辞·上》说：“古之葬者，厚衣之以薪，葬之中野，不封不树，丧期无数。后世圣人易之以棺椁，盖取诸大过。”意为：古代人安葬，是垫上厚厚的柴禾，埋在田野之中，不堆坟堆，也不立标志。悼念也没有规定期限。后代的圣人换用棺椁装殓尸体，大概取象于大过卦。大过䷛是棺椁之象。大过是一个放大了的坎卦（䷛ < ☵），管辂认为坎有棺椁之象可从。坎又为“多眚舆（多灾多难的车）”。乾为阳、为生，坤为阴、为死。六三在下卦坎里（六三→䷆ > 坎），又在互坤里（䷆ > 互坤），上卦又是坤

（䷆>坤），时在师卦，故有战死舆尸之象，十分凶险。古代称车厢为舆，这里指战车。“舆尸”是战车拉着尸体回来。象辞说：“大无功也。”“大”是“太”的意思。“大无功”是说仗打得连小回合上的一点功劳都没有，彻底败北。前人有把“尸”讲成“尸主”的，这与象辞的意思不一致，求深反失。

六四：师左次，无咎。

【译文】

部队后退驻扎，没有咎害。

象曰：左次无咎，未失常也。

【译文】

后退驻扎没有咎害，是没有失去常规。

【精解导读】

朱震说“震为左”。按卦位讲，震东、兑西，面南而立，东方为左。六四在互卦震里（六四→䷆>互震），故云“左”。又在坎水之旁（六四→䷆>坎）。《左传》僖公十九年：“次睢”下孔颖达疏：“次谓水旁也。”故云“次”。在师卦，故云“师左次”。从取义上讲，“次”是部队驻扎。《左传》庄公三年：“凡师，一宿为舍，再宿为信，过信为次。”次是两天以上的驻扎。古代军中尚右，左次是

退舍，即退后三十里驻扎。前遇阻碍，退军驻扎，但并不一定是失败，是退后驻扎没有咎害。象辞说：“左次无咎，未失常也。”意为退军驻扎。这在行军打仗中是常有的事，并不违背用兵的常规，所以不会有咎害。

六五：田有禽，利执言，无咎。长子帅师，弟子舆尸，贞凶。

【译文】

田中有禽兽，利于仗义执言地猎获，没有咎害。长子可做主帅，弟子载尸而归，正固不动有凶。

象曰：长子帅师，以中行也；弟子舆尸，使不当也。

【译文】

长子做军队主帅，是按中道行施；弟子舆尸而归，是使用人不当。

【精解导读】

“田”在唐以前就有两种讲法，一是讲为田猎，如荀爽：“田，猎也。”后来字作“畋”，指打猎。二是讲为田地、田野。两义并不矛盾。古代打猎在田野中，所以“田”与“畋”同字。“禽”指禽兽。《说文》：“禽，走兽总名。”后来才分出飞禽走兽。“田有禽”是说田地里有禽兽来祸害。“执”是擒获抓住，“言”是说明抓获

理由的言辞。“利执言”是说把它抓获有充足的理由。从象上说，坤为地，故有禽可田。坤为柄，故可执。震为长男，即长子；坎为次男，为弟子。师卦从复卦变来，复卦的下震变而为下坎（复䷗>震、师䷆>坎），为长子入主中军，故言“长子帅师”。如以坎为三军主帅，就会出师大败，载尸而归。六五处在天子之位，故有任命用人之事。“贞”是正固不动。六五柔爻占据至尊之位，又面临九二“能以众正，可以王矣”，有退位让贤之象。下一卦比就是刚爻占据天子位，六五退下到二位，故言“贞凶”。古代立嗣以长，名正言顺。次子监国督军都名分不正。象辞说：“长子帅师，以中行也。”指九二在下卦中位，行为不失中道。“弟子舆尸，使不当也”，意为让弟子领兵会载尸而归，是使用人不当，也是指名分不正。前人解释这句爻辞未注意卦变，但把九二看成代表长子的一爻，六三看成代表弟子的一爻还是对的。这有两爻爻辞可证。

上六：大君有命，开国承家，小人勿用。

【译文】

天子颁赐爵命，建立国家，小人不要使用。

象曰：大君有命，以正功也；小人勿用，必乱邦也。

【译文】

天子颁赐爵命，是让有功之人得到正当的奖赏。小人不要使用，小人定会乱了国家。

【精解导读】

上六位在全卦之终，时当用师完毕，论功行赏。六位为宗庙位，古代出师、献捷、册封颁赐，多在宗庙举行仪式，表示天子不敢自专，要请求先王神灵的意旨。这在《诗经·颂》里有较多的描写。如《鲁颂·閟宫》写鲁僖公伐淮夷取得胜利，以其战功告祭祖庙，追述僖公祖先伯禽受封的情况，唱道："王曰叔父，建尔元子，俾侯于鲁。大启尔宇，为周室辅。乃命鲁公，俾侯于东，锡之山川，土田附庸。"意思是说，成王对周公说："叔父，立你的长子伯禽在鲁国做诸侯，开辟你的疆土，做周王室的羽翼。于是册封伯禽为鲁公，到东部沿海做了诸侯。赐给他山川土地以及其上的人民。"战争胜利，在祖庙献功告捷，然后论功行赏，这是古代的风俗。故于宗庙位的上六讲"大君有命"。从象上说，上卦坤为国、邑，故言"开国承家"。大君是天子，封建制度，对功臣最高的奖赏是封为诸侯，占有一方土地人民，成立诸侯国；次一等的赐给一块采邑，立家做大夫，以后便世袭下来。"开国承家"互文见义，等于说开国家、承国家。开是创立，承是继承，指世代继承。"小人勿用"，意为不能奖赏

给小人土地和人民。六五讲的弟子，即这一爻的小人。六五讲长子、弟子，这一爻讲大人、小人。君子有位即大人，无君子之道又无位即小人。象辞说“大君有命，以正功也”，“正功”是使功正，即使论功行赏之道正，也就是使有功的人得到合理的奖赏。“小人勿用，必乱邦也”，“小人勿用”与六五爻象辞“使不当也”意义相通，是说不能把国家封赏给小人，因为小人没有治理国家的才德，必然会把国家搞乱。

【提示】

结合上一卦，可以说明一下爻的爵位。朱震的《汉上易传》指出一卦六爻各有爵位之象。初爻是元士位；二爻是大夫位；三爻是公位；四爻是诸侯位，古代诸侯在朝为天子之卿，故又为近臣、卿位；五爻为天子位；上爻为宗庙位。从讼卦与师卦的爻辞中看，这样分析爻的爵位符合《周易》的实际。讼卦讲不同等级职位上的人所发生的争执与诉讼。九二“有采邑”，六三“食旧德”，九四“复即命”，九五“元吉”是“大人”，上九“有鞶带”。初六爻辞看不出职位的迹象，但从“小有言”上看，职位比较低。这一卦的上六又取宗庙为义。看来六爻有等级职务的分工，这不是外加上去的。《周易》常取上爻为剥退之象，可能还因为宗庙是退职先王之位，故有剥退之象。

八 比——亲合相依

䷇

比卦的卦画结构是坤（☷）下坎（☵）上，传统称作水地比。《序卦》说：“众必有所比，故受之以比。比者，比也。”意为：人众多了必然会有所亲比，故在表示众多的师卦之后接着是比卦。比是亲比的意思。《杂卦》说：“比乐师忧。”意为：比卦喜乐，师卦忧苦。比的本义是相互靠近，字形是“”，两个人挨近在一起。《说文》说：“比，密也。二人为从，反从为比。……古文比。”画的是两个人并列在一起相互挨近。方向换一下就是从（），两人前后相随。《序卦》说：“比者，比也。”这里用的是原义，比就是比的意思。《杂卦》说的“比乐”是与“师忧”相对而言。师是军队要打仗，相互亲比较之相互打仗要令人喜乐。象辞说：“比，辅也。”辅是辅佐，即互相帮助。这是在亲比意义上的引申。人与人亲比，故有人辅助。卦爻辞里所用的挨近、亲靠、喜乐、归附、互助等义，都是在卦名亲比意义上的引申义。

比卦是在剥卦的基础上变化了的形态，是剥的上九下居五位。即：剥䷖上九与六五换位，变䷇比。

这是卦变。比卦又是师卦的覆卦，即：师䷆上下倒过来看，即䷇比。这是正覆关系。分析比卦，要注意它与剥卦、师卦的联系。

比，吉。原筮，元永贞，无咎。不宁方来，后夫凶。

【译文】

比卦吉祥。考察占筮预兆，开始永久守正，无咎害。从不安宁中刚刚过来，迟迟不来亲比的人凶。

彖曰：比，吉也；比，辅也。下顺从也。原筮，元永贞，无咎，以刚中也。不宁方来，上下应也。后夫凶，其道穷也。

【译文】

比卦吉祥；比是亲辅。下卦坤为顺，是下边顺从。用占筮考察，开始永久守正，无咎害，是因为九五刚健中正。刚刚从不安宁中过来，是上下都来应合。迟迟不来亲比的人凶，是无路可走了。

象曰：地上有水，比。先王以建万国，亲诸侯。

【译文】

下卦坤为地，上卦坎为水，地上有水就是比卦。先王在这样的时势下，封建万国，亲近诸侯。

【精解导读】

卦辞“比，吉”，是对比卦的断词，意为比卦是个吉祥的卦。“原筮”中，“原”是推原考察，“筮”是占筮。这句意为，在天下从战乱走向安定，圣明的天子已居正位的时候，要用占筮的方法考察一下，该用什么样的方略亲比诸侯，如何建邦立国。从象上说，下卦坤为地，故为田原；上卦坎为龟，龟用以占筮，故为占筮，合在一起是“原筮”。比卦接着师卦而来，师卦是用师作战，是天下合久必分；比卦是从战争中走向统一，是天下分久必合。全卦只有九五一个刚爻，又占据九五之尊，其余五个柔爻都要归附九五，正是天子改朝建国的时候，要决定建国方略。如何决定，要用占筮的方法看看天意如何，“原筮”的取义是用占筮考察一下，作为确定建国方略的依据。“元永贞”中，“元”是始，“永”是久，“贞”是正。这句意为新的朝代开始建立，要永久，要正固。“无咎”是说有一定的困难，但并无咎害。“不宁方来”，指刚从师卦过来。师卦是用师时期，不安宁，到了比卦才安宁下来。“方”是刚刚、才的意思。这句意为刚刚从不安宁的局势下走过来。“后夫凶”指的是上六。上六从剥卦的六五升为比卦的上六（剥䷖六五升到上位变䷇比）。剥的上卦是艮（䷖>艮），艮为背，上六到背后去了，又在全卦穷极之处，故有凶。取义是说，后来归附亲比的小国有凶。

彖辞从四个方面对卦辞作了解释：（一）解释卦辞

"吉"，可分三层。第一层，"比，吉也"，提出论点，比卦吉祥。"比，辅也"为第二层，比是比辅，大家都来亲近辅佐九五，所以吉祥。第三层，"下顺从也"，指下卦为坤（☷>坤），坤为众、为顺，在下位，故为下面都来顺从之象，所以吉祥。（二）解释卦辞"原筮，元永贞，无咎"。"以刚中也"指九五是刚爻，在全卦的尊位，刚健中正。"元"是指九五刚从师卦的九二升级为九五，刚开始成为天子。"贞"指九五刚爻居刚位位正，"永"指九五有刚正之德，能保证长治久安。（三）解释卦辞"不宁方来"。"上下应也"是说九五在上卦之中，刚爻居刚位；六二在下卦之中，柔爻居柔位；上下阴阳正应，和谐无间，从不安宁走向安宁了。"不宁"是乱而不安定。前人有把"不宁方"作为一个词来讲的，认为是乱的方国。这样讲义不顺。"方"是时间副词，意为刚刚、才，所以下面才说"后夫凶"。刚刚开始，才有先后的问题，词义上下贯通，不能不看语言环境，去生硬解释。（四）解释卦辞"后夫凶"。"其道穷也"是指上六处在全卦穷极的地位，无路可走。大家都来亲比九五，表示归顺，上六游移不定，迟迟不来，有异心，所以要遭殃。"后夫凶"是指迟迟不来有凶。不要简单理解为先来后来。"夫"是语气词。

象辞"地上有水，比"是解释上下卦象组合。比卦由两个三爻卦组成，上卦坎，坎为水；下卦坤，坤为地。合在一起是地上有水，即为比卦。"先王以建万国，亲诸侯"，是说先王在这样的时势下封建万国，亲

近诸侯。“建”与“亲”是互文，意为建万国亲万国，建诸侯亲诸侯。地可以容水，博大宽厚如天子，水可以滋润大地，亲附如诸侯。地与水相与为用，相互依存。古代的天子把诸侯看作自己的藩城，诸侯要依靠天子的保护，也是相互依存，所以在地水亲比的时势下，明智的先王要封建万国，相互亲辅，巩固统治。这是封建制背景下的文化意识。史书记载，夏王朝时执玉帛者万国，成汤时有七千七百七十三国，成周是一千八百多个诸侯国。诸侯国越小，力量就越弱，对天子的依赖性就越大，所以要多建诸侯国。

初六：有孚比之，无咎。有孚盈缶，终来有它吉。

【译文】

有诚信去亲比，没有咎害。诚信充实如缶中盈满，终来亲比，有格外的吉祥。

象曰：比之初六，有它吉也。

【译文】

亲比到初六，有格外的吉祥。

【精解导读】

“孚”是诚信。九五刚健中实，五个柔爻信托追随，是孚信之象。初六是向九五亲比，故言“有孚比

之，无咎”。下卦坤为釜，借为“缶”，上卦坎为水，水在缶之上，满盈之象。“缶”是瓦盆，古代常用的陶器。瓦盆水满，比喻人心中的诚信充盈，故为“有孚盈缶”。“终来”指九五从剥的终爻上六来到五位，成为全卦的中心，大人得位成为天子，初六与“终来”的九五亲比格外吉祥，故言“终来有它吉”。

“它”是另外的意思，意为有另外的吉祥。初六距九五最远，从绝远的地方来归顺亲比于天子，这与邻近的几个小国来亲比不同，有更大的意义，格外吉祥。荀爽认为：九五与六二正应，初六在应爻六二之外，如同是绝域殊俗的蛮夷之国，九五如同圣明的天子，威望素著，华夏归附，影响所及，绝远的异国也来归顺，所以格外吉祥。这就是“有它吉”。

象辞说：“比之初六，有它吉也。”意思是前来归附的国家，影响所及，到了初六，就有了另外的吉祥。也是说初六远在域外，能来亲比，较之中原诸国的归附具有更大的意义，说明九五的恩德感化无边广大，吉祥不同一般。正如《千字文》歌颂的“爱育黎首，臣服戎羌；遐迩一体，率宾归王”，是王道远播，天下大治了。

六二：比之自内，贞吉。

【译文】

从内部亲比，守正吉祥。

象曰：比之自内，不自失也。

【译文】

从内部亲比，是行正道，自己没有失误。

【精解导读】

下卦又称内卦，六二在内卦之中；柔爻居柔位，位正；与九五是正应关系，同九五是内部间的亲比关系，故为“比之自内”。因为居中守正，行为不左倾右斜，故云“贞吉”，而“贞吉”是正固而吉祥。

象辞说“不自失”，也是指六二中正，能不失正，就无过失。这一爻与九五亲比，名正言顺，也最得九五宠爱，初六来亲比是意义大，六二来亲比是理所当然。

六三：比之匪人。

【译文】

亲比的不是该亲比的人。

象曰：比之匪人，不亦伤乎！

【译文】

亲比的不是该亲比的人，不也令人伤感吗！

【精解导读】

“匪”用如“非”，“匪人”是说找的人不对。全卦只有九五一个刚爻，又在尊位，五个柔爻都应向九五亲比。然而六三与其他几个柔爻不同。初六在一卦最下，下面没有邻爻可比，只能上比九五，六二与九五正应，六四与上六和九五比邻。只有六三，上面比邻的是六四，下面比邻的是六二，总是与九五不能相比，故言“比之匪人”。象辞说：“比之匪人，不亦伤乎!”意为：亲比非人，不也令人伤感吗！指六三在亲比之时，亲比的却是不该去亲比的人，选择的错误，造成陷身饮恨，令人伤感。

六四：外比之，贞吉。

【译文】

向外亲比九五，守正吉祥。

象曰：外比于贤，以从上也。

【译文】

向外亲比贤明的人，是顺从上面的九五。

【精解导读】

六四虽然也与六三比邻，但六三是柔爻，所以向

九五亲比。下为内，上为外，故言“外比之”。意思是说向外亲比九五。九五刚健中正。六四是柔爻得位，位正。正与正相亲比，故言“贞吉”。象辞说：“外比于贤，以从上也。”“贤”与“上”都指九五。“贤”是指九五刚正为贤明之主，“上”指在六四的上面。从职位上说，五是君王，四是近臣，四比五是从上。

九五：显比。王用三驱，失前禽。邑人不诫，吉。

【译文】

显耀的亲比。君王用三驱之礼狩猎，失去前面的禽兽。邑人不惊怕，吉祥。

象曰：显比之吉，位正中也。舍逆取顺，失前禽也；邑人不诫，上使中也。

【译文】

显耀的亲比，是位置中正。舍去叛离，容纳归顺，故失去前面的禽兽；邑人不惊怕，是使九五上去处于中位。

【精解导读】

九五是全卦独有的一个刚爻，又居尊位，全卦要以九五为核心亲比在一起，故为“显比”，是最明显的亲比对象。下卦坤为田、为禽，故有狩猎之象。驱是进，

九五从师卦的九二上升到五位，历经三爻，是三进到位，故云“三驱”。五位是天子，为君王，故云“王用三驱”。狩猎的三驱之礼，据《诗·小雅·车攻》毛传讲：“一曰乾豆，二曰宾客，三曰充君之庖。故自左膘而射之达于右腢，为上杀，射右耳本次之，射左髀达于右骺为下杀。面伤不献，践毛不献，不成禽不献。”意为：猎获的动物，一等的拿来供宗庙祭祀的乾豆使用；二等的拿来招待宾客；三等的作君王的食物。所以用箭射击的时候，从左边小腹射穿右肩，中心而死的为第一等；从左腹射穿右耳根，挨近心脏而死的为第二等；从左大腿外射穿右腰，未伤心脏而死的为第三等。至于迎面射伤脸的、射伤外观的，以及幼小的动物，都不能用来献祭使用。总之是要从动物的后边向前射，不能从正面向后射，其中的讲究就是舍逆取顺。因为狩猎是一种战争演习，动物逆我而来如同敌人来投降，不能杀；动物顺我而去是要逃跑，不能放过去，所以用三驱之礼狩猎，前来的禽兽都放走了。这就是爻辞讲的“失前禽”。从取象上讲，上六与九五换位为“失前禽”，《周易》例，上为前，初为后，上六为前，“失前禽”是把上六放过去。“邑人不诫”中，“诫”是惊戒。这句是说国邑中的人不惊扰，也不警戒，完全相信九五的德政。九五施政宽大，来不来亲附，听凭自愿，不强迫，都自动来亲附，故吉祥。象上指坤为国邑，为顺。九五从师卦二位上升到比卦九五，从下坤到上坤，邑人顺从，不惊扰，不对抗。象辞说“显比之吉，位正中也”，指出九五位置中

正、显耀。“舍逆取顺”解释“失前禽”，反取狩猎的“舍逆取顺”之义，是说不愿归附而叛离的舍去，愿来归顺的就取来收容。“邑人不诫，上使中也”，是说国邑中的民众不惊扰，是愿意使九五上去处在尊位，作为大家归附的核心。这一爻是王道荡荡，天下归心。

上六：比之无首，凶。

【译文】

亲比没有首领，凶。

象曰：比之无首，无所终也。

【译文】

亲比没有首领，无地可去，到了完结的时候。

【精解导读】

《周易》例，上为首，初为尾、为足；上为终，初为始；上为前，初为后。上六在全卦上位，是首、是终、是前。但从卦变上看，比卦从剥卦变来，上六正是变动的一爻，与九五换了位置。剥卦的首上九下到五位，六五升到上位，再去下比九五，如同失去了首，故云“比之无首”。取义是说没有头领，无地可归附，故凶。象辞说“比之无首，无所终也”，指出上六无地可去，处在终位，穷途末路，要完结，故有凶。这一

爻又是前禽，又是后，前是按《周易》例取象，后是从卦变取象，艮为背，上六在互艮之外（䷖>互艮），故为后。上六是全卦最凶的一爻。

【提示】

这一卦的“原筮”讲法多歧。王弼注：“处比之时，将原筮以求无咎，其唯元永贞乎?”意为：处在亲比的时势下，按照筮占去求得没有咎灾，只有“元永贞”吧。把“原”看成是推原、根据、按照、考察之类的意思。孔颖达疏：“原穷其情，筮决其意。”意思相同。《经典释文》没有异词。蜀才讲成“原究”。干宝说：“原，卜也。《周礼》之卜，一曰原兆。”又说：“考之蓍龟，以谋王业。”《周礼》：“太卜掌三兆之法，一曰玉兆，二曰瓦兆，三曰原兆。”注：“言龟兆似玉、瓦、原之璺罅。”甲骨占卜是看钻灼之后龟甲兽骨上面裂开的纹路，根据纹路裂开的形状来判断吉凶。这种纹路的形状，与玉石、瓦片受到敲击或大地干旱裂成的纹路有相似之处，所以太卜要用这三种裂纹比附龟甲上的纹路。“原兆”只是一种兆象，不是占卜，干宝的证据用错了。但他认为“原”有考察的意思是对的。程传：“推原占决其可比者而比之，筮谓占决卜度，非谓以蓍龟。”程氏把筮讲成是不用蓍龟，而是自己去度量，但还是把原讲成推原。《说文》：“原，水泉本也，从泉出厂下。”意为：“原”是水的发源地、源头，是本始的意思。有本

始就有来由，故引申为原由，人们办事要推寻、考察事情的原由，故引申为推究考察。《系辞》中的“原始要终”就是推究考察事物的起源和归宿。“筮”是占筮，“原筮”就是考察一下占筮的吉凶预兆，依据占筮去办。自从朱熹根据《尔雅·释言》把“原筮”讲成了“再筮”，就造成解释的混乱。蒙卦卦辞说：“初筮告，再三渎，渎则不告。”占筮不可亵渎，岂能再筮。尚秉和先生说：“坎为筮，坤为原，这是原筮在象上的依据。”“坤为原”好理解，坤为地，地为原野。“坎为筮”的依据是坎为北方之卦，天的四象北方为龟蛇。只是取象与解释词义不能混同为一。取象是为了命辞，命辞的词义要与卦爻的时势联系起来理解。允许词义的引申。所以王弼讲要“得意忘象”。比如屯卦九五爻辞，从兑泽升上天位的象中取出“屯其膏”的爻辞，“屯其膏”就不能仅理解为泽上于天，还可引申为天不下雨、君王恩泽不能下施等义。象与辞是两物，要承认其中的差别。辨象是为了追究系辞的来源，证义是为了搞清它的确切含义，两者不可偏废。把“原筮”讲成到郊原上去占筮，这就囿于取象而不允许词义的引申了。综上所述，原筮的取象是坤为原，坎为筮；取义是天下走向统一，要决定建国方略，用占筮的方法，考察一下该如何决定自己的政策，作为一种依据。干宝说周朝建国之初，“大相东土，卜惟洛食，遂乃定鼎郏鄏。卜世三十，卜年七百”。这在《诗经》中有记载。在当时的历史背景下，用占筮决定国策是极为自然而正常的现象。

九　小畜——原始积累

䷈

小畜的卦画结构为乾（☰）下巽（☴）上，传统称作风天小畜。《序卦》说："比必有所畜，故受之以小畜。"意为：大家比合在一起，必然会形成一种畜聚状态，故在比卦之后接着是小畜卦。《杂卦》说："小畜，寡也。"意为小畜是积聚较少。《序卦》解释"畜"是积蓄，"畜"用如"蓄"，《杂卦》解释"小"为寡。卦名"小畜"就是积聚寡少的意思，也即小有积蓄。

依据卦变的定例，一柔五刚的卦，都从夬卦或姤卦变来。从卦爻辞中看，小畜卦从姤卦变来。卦变的方式是姤卦的初六升到四位，而九四降到初位，即姤（䷫）四爻与初爻换位，变䷈小畜。小畜与下一卦履构成一组覆卦，小畜的卦图倒过来看即履卦，即小畜（䷈）全卦上下颠倒，即䷉履。这一卦与姤卦联系最为紧密。

小畜，亨。密云不雨，自我西郊。

【译文】

小畜卦亨通。浓云密布却不下雨，从我西郊而来。

彖曰：小畜，柔得位而上下应之，曰小畜。健而巽，刚中而志行，乃亨。密云不雨，尚往也；自我西郊，施未行也。

【译文】

小畜卦，柔爻占据了正位，上下都来应合，柔爻为小，故称小畜。下卦乾为健，上卦巽为风顺，是刚健而又能风顺；中位都是刚爻，是中心刚健，心志能推行，所以才亨通。浓云密布却不下雨，是往上去了。从我西郊而来，是布施而未流行。

象曰：风行天上，小畜。君子以懿文德。

【译文】

上卦巽为风，下卦乾为天，风在天上吹行就是小畜卦。君子从中得到启示，要美化自己的道德。

【精解导读】

卦辞说小畜卦亨通。“密云不雨，自我西郊”，意为浓云密布，却从我的西郊吹过去了，没有降雨。象上指的是，小畜卦下卦乾为天，上卦巽为风，风在天上吹，浓云

密布也会被吹散，无雨之象。“自我西郊”主要取主爻六四为象，六四在互兑上巽里（六四→䷈≷上巽 互兑），兑为西，巽为风，刮的是西风，西风把云吹走，虞翻说“乾为郊”，故云“自我西郊”。

彖辞从五个方面解释卦辞：（一）解释卦名，同时说明卦辞“亨”的理由之一。“小畜，柔得位而上下应之，曰小畜。”象上指全卦唯一的一个柔爻六四。柔爻占据柔位为得位，在涣卦（䷺）彖辞中也讲“柔得位乎外而上同”，也指六四。《周易》例，刚爻占据五位，柔爻占据四位，是最为合适的爻位。“上下应之”，卦象指六四上下有五个刚爻呼应。取义是说，柔顺地占据了该占的位置，上上下下都来应合，这是小畜卦的特点。全卦只有一个柔爻，位置又好，这是亨通的第一个理由。同时柔爻为小，所以叫小畜。（二）从上下卦特性的组合上说明“亨”的第二个理由。“健而巽”，指下卦乾为刚健，上卦巽为顺。坤是柔顺，巽是风顺。组合在一起是既刚健又遇上风顺，所以亨通。（三）从中位都是刚爻说明“亨”的第三个理由。“刚中而志行，乃亨”，指全卦二与五两个中位上都是刚爻。取义是说，刚健又能奉行中道，心愿就能得到推行，所以才亨通。以上三条，从不同角度阐释小畜卦为什么会亨通无阻。（四）“尚往也”解释卦辞“密云不雨”。小过卦六五象辞“密云不雨，已上也”，与这一爻对照看，“上”与“尚”同义。“尚往”就是往上。象上指六四是从姤卦的初位上往四位，卦变为小畜，小畜是

巽风吹到乾天之上，浓云往上飘走，不能下雨。（五）“施未行也”解释“自我西郊”。意为：从西郊把浓云吹过去了，这是云的流行而未施雨。取义是说，积蓄太少，恩泽还未下施。从象辞的提示来看，小畜卦通顺，但不会带来大的恩泽利益。

象辞先解释卦象。“风行天上，小畜。”指下卦乾为天，上卦巽为风，风在天上吹动就是小畜卦。《九家易》说：“风者，天之命令也。今行天上，则是令未下行，畜而未下，小畜之义也。”荀爽认为是周文王在西岐时，还未做天子，不能把恩泽、政令下施于民，最好是去美化自己的道德，这样讲合乎历史。所以才说：“君子以懿文德。”“懿”是美，“文德”是有文采的道德。意思是君子要效法天象，要在道德上美化自己。

初九：复自道，何其咎，吉。

【译文】

返回正道，会有什么咎害，吉祥。

象曰：复自道，其义吉也。

【译文】

返回正道，从道理上讲应当吉祥。

【精解导读】

《周易》例，刚爻的推移，从上返下再生出来称复。剥䷖卦是刚爻从上剥退，复䷗卦就是又返到下面长出来。小畜从姤变来，初九与六四换位，从上来下，是循着复的正道返下，故云“复自道，何其咎，吉”。

象辞说：“复自道，其义吉也。”“义”是义理。意为：返回到正道上来，会有什么咎害，从道理上讲应当吉祥。

九二：牵复，吉。

【译文】

牵连而返回正道，吉祥。

象曰：牵复在中，亦不自失也。

【译文】

牵连返回正道，又在中位，也是自己没有过失。

【精解导读】

姤是阴长阳退的卦，初九是返下复生，改变了阳爻上退的趋势。九二紧邻初九，是初九牵动了九二来复，故云“牵复”。“复”是返回正道，故“牵复”也吉祥。象辞说：“牵复在中，亦不自失也。”指九二占

据下卦中位，中是无过无不及，行为适中。自己没有过失，所以吉祥。把“不失”与上爻的“其义吉也”联系起来可以看出，吉祥与否在于自已有没有过失，有过失，从道理上讲就应当不吉；无过失，从道理上讲就应当吉。前人讲“义者，宜也”，“义”有应当的意思。人应当顺应天道，顺应天道而无过失就会吉祥。

九三：舆说辐，夫妻反目。

【译文】

大车脱落辐条，夫妻反目不和。

象曰：夫妻反目，不能正室也。

【译文】

夫妻反目不和，是不能把家室关系摆正。

【精解导读】

乾卦九三象辞说“反复道也”，泰卦九三爻辞说：“无平不陂，无往不复。”三是反复之位，况且九三又被全卦唯一的一个柔爻切断，有上下脱节之象。“舆说辐”中，“舆”是车厢，“说”同“脱”；“辐”，《释文》说“一本作图輹”。輹是连接车厢与车轴的卡子，古人称伏兔。在大畜九三与大壮九四里都提到“輹”。从象上看震为輹，小畜卦里没有震，不应作輹。“辐”

是大车上的木质辐条。《周礼·考工记》：“毂也者，以为利转也；辐也者，以为直指也；牙也者，以为固抱也。”意为：车轮上的部件：穿车轴的毂，是用来使车轮转动的；辐是用来内连车毂外接车辋的支撑直木；牙是用来牢固地把车轮环抱住。辐就是车轮上的辐条。从象上讲，巽为木、为直、为股，直木作股，故为辐，指的是九三与上卦巽辐（九三→䷈>上巽）脱离开。兑为毁折，九三在互兑里，故为大车颠覆，车轮毁坏，辐条脱落。“反目”是反目不和，“夫妻反目”是夫妻吵嘴打架，怒目相向。象上指的是小畜从姤卦变来，姤卦上乾为夫、下巽为妇（䷫>乾 >巽），夫在上，妇在下；变为小畜是巽在上，乾在下（小畜䷈>巽 >乾），关系颠倒。互卦变离（巽<䷈>互离），上卦变巽，离为目，巽为多白眼，故为“夫妻反目”。象辞说：“夫妻反目，不能正室也。”指的是妻在夫上，家室关系不正，故反目不和。

六四：有孚，血去，惕出，无咎。

【译文】

有孚信，离开流血之灾，从忧惧中出来，无咎害。

象曰：有孚惕出，上合志也。

【译文】

有孚信，从忧惧中出来，是上面与自己心志相合。

【精解导读】

六四是全卦唯一的一个柔爻，从姤卦的初六来到六四而得位，上下都来应合，故为“有孚”。“孚”是信，“有孚”指被上下信从。“惕”是忧惧。这是从卦变中取象。六四来源于姤卦的初六，姤是柔爻灭刚爻的第一卦，初六是灭刚的第一爻。坤初六文言说：“臣弑其君，子弑其父，非一朝一夕之故，其所由来者渐矣，由辩之不早辩也。”指的就是姤卦初六要灭刚，充满血腥与危惧。卦变为小畜初六进入四位，柔爻与刚爻应合，不去灭刚，解除了这种流血危惧状态，故言“血去，惕出，无咎”。象辞说：“有孚惕出，上合志也。”“上”指姤卦上面的五个刚爻，六四升上来与五个刚爻心志相合。

九五：有孚挛如，富以其邻。

【译文】

有孚信，系恋的样子，与邻居共同富裕。

象曰：有孚挛如，不独富也。

【译文】

有孚信，系恋的样子，是不独自富裕。

【精解导读】

“挛”是拳拳系恋的意思。九五处在全卦的大中之位，唯一的柔爻六四紧承其下，九五系恋六四，上下孚信相结，故为“有孚挛如”。姤卦上面的五个刚爻挨在一起为邻，卦变为小畜，小畜是小有积蓄而富有，上巽为近利市三倍，五个刚爻从被灭掉的形势下变为小康，共同富裕起来。其中九五在尊位，是带头人，故言“富以其邻”。“以”是与的意思。从取义上讲，是说九五信实忠厚，拳拳系恋着别人，与邻居一同富裕。象辞重点解释爻辞的取义，“有孚挛如，不独富也”，意为有忠信，系恋人，不独自享受富裕。“不独”解释“挛”的意思。

上九：既雨既处，尚德载。妇贞厉。月几望，君子征凶。

【译文】

已经下了雨，已经安然相处，在上位负有德望。妇女正固有危厉。月亮快要满盈，君子征进有凶。

象曰：既雨既处，德积载也。君子征凶，有所疑也。

【译文】

已下雨，已安然相处，是负有积累的道德。君子征进有凶，是有所嫌疑。

【精解导读】

“既”是已经，“既雨既处”，意为已经下了雨，已经安然相处。古人认为，下雨是天降雨露，恩泽下被。在上位能把恩泽布施于下，就是在上有德。“尚德载”中，“尚”同“上”，“载”是载负，这句意为在上位负有德望，也即处上位有德，在民众中负有声望。“月几望”中，“望”是十五的月亮，月满为望，“几”是快要，这句意为月亮快要圆了。这一爻主要是从上九的爻位取象。上位是极位，卦是不下雨的卦，到了极处就要下雨；卦是小富有的卦，发展到最后，小富有就可安居而享，故言“既雨既处”。发展到最后，大家都小畜了，所以才是“尚德载”。上卦巽为妇，妇在夫之上，关系乱了，正固不变有危厉，故言“妇贞厉”。按纳甲原理，兑为上弦月，“月几望”之象，主爻六四在互兑里，有快盛极之象，故言“君子征凶”。象辞说“既雨既处，德积载也”，主要指上九是小畜积累到最后。“君子征凶，有所疑也”，是说盛极而衰，再前进，就有衰败的可能。

【提示】

这一卦的卦爻辞大多从卦变中来，观察卦变时爻的推移运动，才能察知命辞的来源和内容。卦爻辞的来源还有一个重要的渠道，就是卦的错综关系。明朝万历年间，易学家来知德著有《周易集注》十六卷，提出“错综”的理论，实际上在《杂卦》“否泰，反其类也”中，已露出一些线索，孔颖达注《序卦》时已经指出卦序排列的覆与变关系。来氏讲的“错”就是孔氏讲的“变”，比如乾䷀卦六爻皆阳，全变为阴爻，即成为坤䷁卦，乾与坤就是错的关系。来氏讲的“综”就是孔氏讲的“覆”，比如小畜䷈卦，倒覆过来看就是下一卦履䷉，小畜与履卦就是综的关系。来氏特别强调了错综卦象的取象意义，把对《周易》的解释推进了一步，我们应当吸收他的合理见解。要而言之，我们在书面上看到的卦画是不动的，但卦要相荡，爻要推移，仅从一个不动的卦画中不能看出推移的痕迹。有了卦变与错综就可把卦画看活。简单地讲，卦变如同卦的来龙，大多可用以说明每组的前一卦；错综如同卦的去脉，大多可用以说明每组的后一卦。

十　履——礼仪规范

䷉

履卦的卦画结构为兑（☱）下乾（☰）上，传统称作天泽履。《序卦》说：“物畜然后有礼，故受之以履。履者，礼也。”意为：物质得到蓄积丰富起来，然后要有礼仪来节制，所以在小畜卦后接着是履卦。履是礼节的意思。《杂卦》说：“履，不处也。”意为履是行进而不停留。《说文》说：“履，足所依也。”意为履是脚上穿的鞋子。综上所述，履的本义是鞋子，引申为践履、履进、礼节。古人认为，人的行动要受到礼的节制，不然就会乱来，故履有该怎样行动的意思，这就是礼。在卦爻辞中，卦名“履”主要是践踏、行进的意思。

履是小畜的覆卦，两卦构成正覆关系。即小畜（䷈）上下倒过来看为䷉履。按卦变的通例，小畜由姤䷫卦变来，它的覆卦履应当由姤的覆卦夬䷪变来。是夬的上六下到三位，即䷪上六与九三换位变䷉履。分析履卦的卦爻辞要注意它与夬、小畜卦的关系。

履，履虎尾，不咥人，亨。

【译文】

踩在老虎尾巴上，虎不咬人，亨通。

彖曰：履，柔履刚也。说而应乎乾，是以履虎尾，不咥人，亨。刚中正，履帝位而不疚，光明也。

【译文】

履卦，是柔顺以礼对待刚健。下卦兑为悦，上卦乾为人，兑悦而顺应乾人，因此踩在虎尾上，虎不咬人，亨通。刚爻居于中位得正，踏上帝王之位而无愧疚，是因为光明正大。

象曰：上天下泽，履。君子以辨上下，定民志。

【译文】

上卦乾为天，下卦兑为泽，天在上、泽在下就是履卦。君子效法这种秩序，要分辨上下，安定民心。

【精解导读】

“咥”（dié）是咬噬，“疚”（jiù）是惭愧内疚。卦辞说：“履虎尾，不咥人，亨。”意思是说：踩在老虎尾巴上，老虎也不咬人，太顺利了。兑为虎，上为首，下为尾，从夬卦变为履卦，上卦兑变成下卦兑

（夬䷪>上兑、履䷉>下兑），由首变尾，卦又是履卦，故为“履虎尾”。兑又为口、为悦，上卦乾为人，以悦应人，有口而不咬，故为“不咥人”。踩在虎尾上，虎不咬人，实在是太侥幸、太顺利了，故曰“亨”。

彖辞从三个方面解释卦辞。（一）说明主爻六三的运动。“履，柔履刚也。”意为：履卦是六三这个柔爻礼待刚爻，指主爻六三来源于夬卦上六，从上位下来，让刚爻上去。（二）解释卦辞“履虎尾，不咥人，亨”。“说而应乎乾”，指上下卦的组合，下卦兑为悦，“说”用如“悦”，上卦为乾，这里取乾为人的象，喜悦而顺应人，所以不咬人，亨通。（三）进一步说明“亨”的原因，指出九五中位是刚爻。“刚中正，履帝位而不疚，光明也。”象上指的是九五，九五是刚爻在上卦的中位，又刚居刚位，位正，故言“刚中正”。九五是尊位，为帝主，在履卦，故言“履帝位”。“不疚”指九五有刚健中正之德，登上帝王之位也无愧疚，可以胜任。“光明也”指主爻六三在互离中（六三↘䷉>互离），离为光明。因为卦象上有以上诸多条件，故能亨通。

象辞解释上下卦象的组合。“上天下泽，履”，指履卦上卦乾为天，下卦兑为泽，天在上、泽在下就是履卦。“君子以辨上下，定民志”，是说君子要效法天地自然的本然秩序，把社会也这样组织好，分辨出人的高低尊卑，大人君子要排列到上面，小人平民要排列到下面。上下排列合理，百姓的心里就会安定。

初九：素履，往无咎。

【译文】

按平素的做法履行，前往没有咎害。

象曰：素履之往，独行愿也。

【译文】

按平素的做法履行、前往，一个人也要去行动。

【精解导读】

夬卦变履卦，是六三从上位来到三位，三位以上的几个刚爻都到了柔爻之上，唯独初九、九二地位未变，仍保持原来的样子。所以初九是“素履”，九二是“中不自乱”。因为是在履卦，故为“素履”。素履是仍按原来平素的样子去履行。因为行为照常，故“往无咎”。象辞说：“素履之往，独行愿也。”意为素履之往，是按照独自的心愿去行动。没有象辞的说明，“素履”可以讲成白鞋，可以讲成朴素的行为等，有了象辞的限制，“素履”就应当讲成平素的行动，用成语解释就是我行我素，按照自己的心愿去行动。其他的意义不能作为主要意思。取象与取义要分开。

九二：履道坦坦，幽人贞吉。

【译文】

履进的道路平坦宽阔，幽暗之人正固吉祥。

象曰：幽人贞吉，中不自乱也。

【译文】

幽暗之人正固吉祥，是因为守中不乱。

【精解导读】

履卦的形成是夬卦的上六下到九二之上的三位。二位是地位，“直方大”，故云“履道坦坦”。“坦坦”是道路宽而平的样子。“幽”是暗，“幽人”是幽暗的人，主要指盲人。归妹九二爻辞说“眇能视，利幽人之贞”。“幽人”总是与“眇”连在一起。“眇”是眼有残疾，“幽人”主要指盲人，扩展一点讲，可理解为一切身处幽暗的人。从象上分析，九二互离（九二→䷉>互离），又在下卦兑中，离为目，兑为毁折，目有毁折，故为“幽人”、为“眇”。“贞”指九二在下卦中位，能在中守正，故吉祥。象辞说：“幽人贞吉，中不自乱也。”意思是说：幽暗之人吉祥，是位在中而自己不乱。“乱”指的是乱动，“中”指中位。“不自乱”解释“贞”。夬变履，九二守中不动。归妹九二的象辞说“利幽人之贞，未变常也”。“未变常”与“不自乱”可相互说明，能保持常态，品行端正，不逐荣

华，与初九的不改素常意思接近。对于“幽人”的解释，前人有解为隐士的，有解为守节女子的，有解为囚犯的，有解为幽静之人的等，无论怎样讲，要以盲人为基础去理解，引申为幽暗之人。

六三：眇能视，跛能履。履虎尾，咥人，凶。武人为于大君。

【译文】

眼有残疾能看得见，瘸子能走路。踩在老虎尾巴上，咬人，凶。武人要做大王。

象曰：眇能视，不足以有明也。跛能履，不足以与行也。咥人之凶，位不当也。武人为于大君，志刚也。

【译文】

眼有残疾能看得见，是不能看清楚。瘸子能走路，是不能走长路。虎咬人，凶，是位置不正当。武人要做大王，是心志刚强。

【精解导读】

“眇”，《说文》说：“眇，一目小也。”指一只眼大、一只眼小的人，眼长得有毛病，是斜眼或偏盲，但还看得见，这就是“眇能视”。“跛”是瘸子，“履”

是行走，瘸子还能走路，就是“跛能履”。履又为踩踏，“履虎尾”即踩在老虎尾巴上。“咥”是咬噬，老虎咬人，故凶。“武人”是勇武之人，可视为后人说的军人，“大君”犹如大王，“为”是做，军人要当大王就是“武人为于大君”。从象上讲，六三在互离之中（六三→䷉>互离），又在下兑（䷉>兑）。离为目，兑为毁折，目受伤为眇，但有目，可见，故云“眇能视”。六三上连为互巽（六三→䷉>互巽），下连为兑，巽为股，兑为毁折，股毁折成了瘸子，为跛。在履卦，故“跛能履”。原在夬的上位是首，来到下卦成尾，故为“履虎尾”。兑又为口，故可“咥人”，有凶。爻辞取爻象，卦辞取卦象，卦辞说“不咥人”，爻辞说“咥人”，主要是取象的范围不同。兑为虎，虎威猛，故为武人；虎是兽中王，六三是全卦的主爻，故“武人为于大君”。象辞说：“眇能视，不足以有明也。”“不足”是不胜任。这句意为：眼有残疾能看见，但不能看得很清楚。“跛能履，不足以与行也”中，“与行”是参与行走行列。这句意为：跛子能走路，但不能走很远。“咥人之凶，位不当也。”一指六三是柔爻占据了阳位，失位不正；一指六三虽为全卦唯一的阴爻，被五个阳爻上下应合，但骑在两个刚爻之上，柔乘刚位不当。“武人为于大君，志刚也。”指六三有上九刚爻做正应，又为其他刚爻所应合，虽然是柔爻，心志比刚爻还刚强，要做大王。

九四：履虎尾，愬愬，终吉。

【译文】

踩在老虎尾巴上，战战兢兢，最后吉祥。

象曰：愬愬，终吉，志行也。

【译文】

战战兢兢，最后吉祥，是心志得到满足。

【精解导读】

六三是虎尾，九四乘在虎尾之上，故为“履虎尾”。“愬愬”（sù）是恐惧的样子，马融本作“虩虩”，也是恐惧发抖的样子。九四紧邻下卦兑（九四→䷉>兑），兑为虎、为口，有被虎口咬噬的危险，故愬愬发抖。但处在上下卦之际，中间有分界。履是小畜的覆卦，九四就是小畜的九三，小畜九三爻辞“舆说辐”，也是指下上脱开，故咬不着。但危险恐惧是不可避免的，故“愬愬”。因为下有六三这个全卦唯一的柔爻相比，故“终吉”。

象辞说：“愬愬，终吉，志行也。”意为有恐惧但最终吉祥，是因为心志得行。这从象上讲，指的是六三从夬卦的上六下来，顺承九四，比合在一起，九四的心愿满足了，“志行”指的是心志的满意。

九五：夬履，贞厉。

【译文】

行履刚决，正固有危厉。

象曰：夬履，贞厉，位正当也。

【译文】

行履刚决，正固有危厉，是位置正当。

【精解导读】

履卦由夬卦变来，故言“夬履”。程传讲：“夬，刚决也。五以阳刚乾体居至尊之位，任其刚决而行者也，如此则虽得正犹危厉也。古之圣人居天下之尊，明足以照，刚足以决，势足以专，然而未尝不尽天下之议，虽刍荛之微必取，乃其所以为圣也，履帝位而光明者也。若自任刚明，决行不顾，虽使得正，亦危道也，可固守乎？有刚明之才，苟专自任，犹为危道，况刚明不足者乎！”意思是说：九五是刚爻，在上卦乾里，乾为刚，又在五的尊位上，是个一味刚决而行的统治者。这样下去，居正也有危厉。古代的圣人据有天下的尊位，有足够的才能和权势，还是要听他人的意见，即使是卑微下民的意见也要听，这才是圣人、光明的帝王。如果自己认为刚明不顾别人的意见武断而行，即使得正，也是危道，怎么可以固守呢？有刚

明的才能，如果独断专行，还有危厉，更何况才能不足的呢！

上九：视履考祥，其旋元吉。

【译文】

审视走过来的行为，考察吉凶，返旋上位，大吉大利。

象曰：元吉在上，大有庆也。

【译文】

大吉大利在上位，是大有喜庆。

【精解导读】

“视”是看，“履”是行，“考”是考察，“祥”是吉凶的征兆，“旋”是返转。爻辞意为：审视走过来的行为；去考察是吉是凶。能返转过来，大吉大利。全卦五个刚爻，只有上九与主爻六三阴阳正应。六三在互离之中（䷉>互离），离为目，可视；离为龟，龟可占卜，可考问吉凶。六三又是履的代表，故言“视履考祥”，是说上九可审视如何履进，去考察吉凶，也就是看看如何行动来察知吉凶。“旋”指上九返转到上位。卦从夬变来，上九是与六三换位，返旋到上位，故言“旋”。象辞说：“元吉在上，大有庆也。”意为大吉大

利在上位，是大有喜庆。“大”指上九是刚爻，刚爻为大，六爻中只有上九有正应，故有喜庆。

【提示】

这一卦提示三点：一是关于虎的取象。虞翻认为坤为虎，朱升认为离为虎，唐鹤征认为乾为虎，苏轼认为九二为虎，邵雍认为兑为虎。考之《说卦》，邵雍说的正确。《说卦》讲，离“南方之卦也”，坎“正北方之卦也”，“震，东方也”。这是后天八卦的方位，显然，兑是西方之卦。天的四象是东方七宿为苍龙，西方七宿为白虎，南方七宿为朱雀，北方七宿为龟蛇。天的四象古人早有成说，《周易》大量采用古代天文知识，不可能仰观俯察而不取四象。《说卦》里还讲，“震为龙”“离为雉”，已经指出东方为龙，南方为朱雀，那么即可推想而知西方兑为虎，北方坎为龟蛇。虞翻说坤为虎，可能是误以为乾为龙，故坤为虎。其实乾不是龙，震才是龙，乾是震的一阳渐次生长，直到六爻皆阳，乾是六龙相加。朱升认为离为虎，可能是以为离为文，虎有斑文，故离为虎。但《说卦》已经讲到“离为雉”，雉就是朱雀，再给它安上虎就不妥当了。朱雀一般认为是凤凰，但古人并未这样认定，只是觉得南方七宿像一只鸟罢了，古人甚至有认为是鹌鹑的，这从鹑火这一类的星名即可推知。雉是一种美丽而比较大的鸟，《诗经》里还把它看得很高贵，时时见诸歌咏，其实凤不过是雉的一种神秘化说法。凤

凰这种鸟即使古代确实有过，也不过是像孔雀、雉那样一种美丽的大鸟。所以雉就是后人讲的朱雀。取天的四象，兑为虎就较接近《周易》作者的认识。说乾为虎，是从履卦刚爻多得到的印象，没有线索可据。至于《说卦》讲的“离为鳖，为蟹，为蠃，为蚌，为龟”，显然是取离（☲）外刚内柔，故为甲壳类动物，那是另一种取象方法，与取天的四象来源不同。二是乾为人的取象。依据易理，乾为阳，坤为阴，可以推知乾为人，坤为鬼。最有说服力的是彖辞“说而应乎乾，是以履虎尾不咥人”。显然是把兑看成说，把乾看成人。彖辞虽未明讲，但提示是较为明显的。虞翻说“乾为人”，可以从中得到印证。三是关于“礼”的问题。《序卦》说：“履者，礼也。”礼在卦中是如何反映出来的？这主要反映在“上天下泽”的卦象里。礼在古代是维护上下等级和谐相处的一种礼仪秩序，主要是防止在下位的人僭越等级而做出的一些规定。上下分明就是守礼，在下位而超越了规定就是越礼。《系辞·下》提到：“履，德之基也。”“履，和而至。”“履以和行。”履都有礼的意思。上天下泽是自然的等级，礼是人伦社会的等级。

十一　泰——阴阳和谐

䷊

泰卦的卦画结构是乾（☰）下坤（☷）上，传统称作地天泰。《序卦》说："履而泰然后安，故受之以泰。泰者，通也。"意为：按仪礼去做就会通达，然后可以平安，所以在履卦之后接着是泰卦。"泰"是通达的意思。《杂卦》说："否泰反其类也。"意为否卦与泰卦是类别相反。从卦象上讲，指的是阴爻与阳爻的返上复下，类别相反。从意义上讲，否卦象辞说"天地不交，而万物不通也"。否卦是天地不交，阴阳闭塞，泰卦则是天地相交，阴阳通达，也就是不闭塞。按《序卦》《杂卦》的解释，泰卦是通达、平安的意思。

蜀才说："泰本坤卦，小谓阴也，大谓阳也。天气下，地气上，阴阳交，万物通。"意思是：泰卦从坤卦发展而来。坤卦是六爻纯阴，一阳下生为复卦，即坤䷁下生一位阳爻，变䷗复；二阳下生为临卦，即复䷗再下生一位阳爻，变䷒临；三阳下生为泰，即临䷒再下生一位阳爻，变䷊泰。泰卦达到了阴爻与阳爻的平衡。泰的覆卦、变卦都是否卦，即泰（䷊）全卦倒

过来看，为䷋否；泰䷊六爻全变，为䷋否。“独不见往来乎？否泰是也。”否、泰是显示卦爻摧荡、阴阳消息最突出的两卦，分析时要注意泰卦与否卦的关系。

泰，小往大来，吉亨。

【译文】

泰卦，小的去往，大的来到。吉祥亨通。

彖曰：泰，小往大来，吉亨。则是天地交，而万物通也。上下交，而其志同也。内阳而外阴，内健而外顺，内君子而外小人。君子道长，小人道消也。

【译文】

泰卦，阴爻为小，阳爻为大，阴去阳来是小的去往，大的来到，吉祥，亨通。下卦乾为天，上卦坤为地，天地相交，万物通达。天本在上，地本在下，而泰卦却天在下、地在上，是上下相交，心志相同。阳爻在内卦，阴爻在外卦，这是内阳外阴。乾为健，坤为顺，这是内刚健、外柔顺。阳爻为君子，阴爻为小人，这是内君子、外小人。阳爻从下息长，阴爻从上消退，这是君子之道在生长，小人之道在消退。

象曰：天地交，泰，后以财成天地之道，辅相天地之宜，以左右民。

【译文】

下卦乾为天，上卦坤为地，天地上下相交通，就是泰卦。君王受到启发，按天地法则制定人的法则，助成天地法则推行，来指导民众。

【精解导读】

卦辞“小往大来”，与否卦卦辞“大往小来”结合在一起观察就会发现，阴爻为小，阳爻为大；爻从上向下运动为来，从下向上运动为往。否卦卦图是乾上坤下䷋，泰卦卦图是坤上乾下䷊，两卦既有往来，说明卦是运动的。泰卦从否卦运动而来，是大的阳爻来到，小的阴爻去往。从取义上讲“小往大来”是失去的少，得到的多。《系辞·上》说：“吉凶者，失得之象也。”既然得大于失，故为吉祥。乾为天、为阳，坤为地、为阴，泰卦乾在下、坤在上，是天的阳气到了下边，地的阴气到了上边，是天地阴阳交感流通之象，故万物得以生出长成，所以亨通。

彖辞从五个方面解释卦辞：（一）强调“小往大来”的运动。彖辞虽然只是重复说“泰，小往大来，吉亨”，但话一重复就有了强调意义，这里强调的就是“小往大来”是一种运动，运动才能吉亨。（二）说明“吉亨”的第一个原因：“则是天地交，而万物通也。”彖上指下卦乾为天、上卦坤为地，乾下坤上是天的阳气下降，地的阴气上腾，为天地相交之象，天地能交

感流通，万物才能吉祥、亨通。这是《周易》最基本的思想，天地相交，万物化生；阴阳相交，流行亨通。天地不交，万物既无由产生，也难以生存，更谈不上吉亨。（三）从上下的交感流通解释吉亨。“上下交，而其志同也”，象上指坤地位下而愿上，乾天位上而愿下，天地互喜，阴阳相吸，上下相交，志同道合。推及到社会伦理上说，在上位的人能谦恭卑下，在下位的人能顺应迎上，至诚交感，上下一心，心志相合，故吉祥、亨通。（四）从内卦与外卦的组合上说明“吉亨”。“内阳而外阴，内健而外顺，内君子而外小人。”下卦为内卦，上卦为外卦，内外卦的组合是内卦乾为阳，外卦坤为阴；内卦乾为刚健，外卦坤为柔顺；内卦刚爻为君子，外卦柔爻为小人。推及到社会伦理上说，阳气内葆，阴气外发；内心刚健，外表柔顺；内近君子，外远小人，所以吉祥、亨通。（四）从阴阳消息上说明“吉亨”。“君子道长，小人道消也。”象上指阳爻代表君子之道，阴爻代表小人之道。阳爻在下息长，阴爻在上消退，所以吉祥、亨通。从彖辞的提示中可以看出：刚爻为阳、为大、为君子；柔爻为阴、为小、为小人。在下是向上息长，在上是向外消退。

象辞解释卦象组合，“天地交，泰”，意为下卦乾为天，上卦坤为地，天与地上下交感流通就是泰卦。“后以财成天地之道，辅相天地之宜，以左右民。”“后”是君王，因为帝位的六五是阴爻，故称后。“财”通“裁”，意为断制，犹言制定。“辅相”是赞助的意

思。“宜”是适合，这里指天地适合于万物的运行之道。“左右”是率领、指导的意思。这句意为君王要从天地交感流通中得到启示，要按天地运行的法则制定出人伦大道，把天地适合于万物的大道推及到社会上，助成天地之道的推行，来率领、指导民众的行动。其实就是按天地之道制定政策，领导人民推行天地运行的法则。天地运行的法则就是阴阳交流则通达，不交流就闭塞。天地之宜就是要交感流通。

初九：拔茅，茹以其汇，征吉。

【译文】

拔茅草，根系牵连带着同类，征进吉祥。

象曰：拔茅征吉，志在外也。

【译文】

拔茅草征进吉祥，是志在外卦。

【精解导读】

茅是一种草类植物。《说文》：“茅，菅也。”茅是菅草。《释文》：“茹，牵引也。”虞翻说：“茹，茅根。”茹是根系牵连的样子。菅草是靠根系滋生的一种草，根系在地里蔓延得既长又多，往上拔起的时候，根系牵缠，拉得很长。汇是类。爻辞意为，拔茅草，

根系牵连，带着同类一同上进，吉祥。否卦初六爻辞也说：“拔茅，茹以其汇，贞吉亨。”象辞：“拔茅贞吉，志在君也。”两爻只有个别字的差异。泰初九的“征吉”与否初六的“贞吉”，正如《系辞·上》讲的“动静有常，刚柔断矣”。刚爻以动为性，柔爻以静为性。“征”是前进，与刚爻性合；“贞”是贞固静止，与柔爻性合。其他的爻象都应与否的初六联系在一起考虑。虞翻说：“否泰反其类，否巽为茅。茹，茅根。艮为手。汇，类也。初应四，故拔茅茹以其汇。”意思是说，泰是否的覆卦，又是否的变卦。否卦中的互巽为茅（否九四→䷋>互巽），互艮为手（九四→䷋>互艮），初爻与四爻是应位，故从否的四位取象。否的九四在巽茅艮手里，如同手拔茅草，根系牵连，同类一起提出。“茹”是茅根，“汇”是同类。茅根牵连上出，否卦一反就成为泰卦。虞氏的说法可备一说。巽为茅见大过卦说明。如果与否初六爻辞联系在一起分析，大致可得出一个结论：同性爻一同上长即为“拔茅以其汇”。刚爻与刚爻为类，柔爻与柔爻为类，推移中刚爻与柔爻始终保持各聚一处，顺序而不分开，有如根系牵连，同类共进，泰卦是由坤卦经过复、临长成，泰初九相当于复卦初九，复初九在下震里，震为萑苇，根系牵连似茅，震又为生，有挺出上拔之象，带领同性爻一同上长，故言“茹以其汇”。象辞说“拔茅征吉，志在外也”，联系否初六象辞“志在君也”一起分析。《说

卦》讲“乾为君”，否的初六是志在乾卦，乾在外；泰的初九是志在坤卦，坤在外。从爻位上看，初九的应爻在六四，上下阴阳正应，所谓“志在外”，还是讲阴阳喜合，异性相吸，初九的愿望在外卦。取义是说，初九的愿望是要向外发展。

九二：包荒，用冯河，不遐遗，朋亡，得尚于中行。

【译文】

包容广远，徒步过河，不因远而遗失，失去朋友，中正行进受到崇尚。

象曰：包荒，得尚于中行，以光大也。

【译文】

包容广远，中正行进受到崇尚，是因为广大。

【精解导读】

“荒”是广远，如远古称“荒古”，广野称“荒野”。“包荒”是说包容广远，胸襟阔大。“冯”用如“凭”，“冯河”是徒步涉水。“遐”是远，“遗”是失，“不遐遗”是说不因遥远而有所遗失，也就是再远也能顾及。“朋”指朋友，坤卦彖辞说“西南得朋，乃与类行”。“朋”“类”互文见义，朋指朋友。“朋亡”是失

去朋友。“得尚于中行”，意为按中道行进，受到崇尚。从象上说，九二在下乾之中，要推移到上卦之中，志在上坤，乾天大，坤地广，有广远之象，故称“荒”。虞翻说“在中称包”，考之各卦，初、上两位不言包，包都在卦的中四爻。如蒙卦九二“包蒙”；否卦六二“包承”，六三“包羞”；姤卦九二“包有鱼”，九四“包无鱼”，九五“包瓜”。甚至言“苞”的也在中四爻，如否九五“苞桑”。如“中”指除初、上而外的卦中四位，虞氏的说法可以成立。那么“包荒”是从九二在下卦中位，又是下卦乾的主爻，要向上发展到上卦中位取象。下卦乾为健，九二要上到五位，前临互兑（五位→䷊>互兑），兑为泽，故可为河。互震为足（䷊>互震），刚健而足涉河，故为“用冯河”。天大地广，从泰推移到否，是天地运动，故“不遐遗”。坤为朋，坤卦卦辞“西南得朋，东北丧朋”，古代串成两串的贝币或两串玉都可称朋，坤（☷）像两串，故为朋。坤卦要从上消退，故言“朋亡”。九二从二位升进到五位，是从下卦向上卦，从中位走向中位，经历三四位，行在卦中，故言“得尚于中行”。“尚”义同“上”。象辞说：“包荒，得尚于中行，以光大也。”“光”用如“广”，是说九二包容广远，从下卦中位上到上卦中位，是因为乾天大、坤地广。爻辞是从泰卦往来运动中取象。理解可以灵活，“包荒”是无所不包，“用冯河”是徒步可涉过大河险阻，一往无前。“不遐遗”是遐迩都可顾

及，远近皆宜。“朋亡”是不立朋党，大公无私。“得尚于中行”是能行中正之道，被大众推崇。

九三：无平不陂，无往不复。艰贞无咎，勿恤其孚，于食有福。

【译文】

没有只平而不倾斜的，也没有只往而不返的。艰难守正没有咎害。不必担忧，内心信实。在饮食方面有福可享。

象曰：无往不复，天地际也。

【译文】

没有只往而不返的，是处在天地的交界。

【精解导读】

“陂”是倾斜不平，“复”是返回。“恤”是忧恤。从象上看，下卦三个刚爻，上卦三个柔爻，阴阳平衡。但刚爻要向上推移，柔爻要下退，平会变得不平。从泰到否，从否到泰，乾来坤往，坤来乾往，天地的运动往来不绝，故言“无平不陂，无往不复”。九三在下卦乾与上卦坤的边界线上，正是天地运动的衔接处，是阴阳推荡的前沿，要保持泰平，在艰难中守正才会无咎。但阴阳推移虽是消长生灭的契机，而阴与阳又

是相互依存的，九三与上六阴阳正应，相互信赖，不必担忧，故言“艰贞无咎，勿恤其孚”。九三在互卦兑中（九三→☳>互兑），上卦是坤，下卦是乾，兑为口，坤为众，乾为福，是可食的东西众多，有口福之象，故言“于食有福”。象辞说“无往不复，天地际也”，意为没有来而不往，往而不来的，是处在天与地的边际。强调天地运动的规律是往来运动不绝。

六四：翩翩，不富以其邻，不戒以孚。

【译文】

轻飘飘地，与邻居一同不富足，不戒备，心存孚信。

象曰：翩翩不富，皆失实也；不戒以孚，中心愿也。

【译文】

轻飘飘的与邻居一同不富足，是都不重实。不戒备心存孚信，是心中愿意。

【精解导读】

“翩翩”是飘飞的样子，这里指轻飘飘的。象上指上卦坤为虚，要向上退去。刚爻为实，柔爻为虚，因虚故“翩翩”。坤为虚、为吝啬，故为“不富”。六四

与相邻的六五、上六一同组成坤卦而向上消退，故言“不富以其邻”。“不戒”是不加戒备。刚爻上推，柔爻外退，六四处在推退前沿却不加任何戒备，是因为六四与初九阴阳正应，又因为六四与下面的三个刚爻直面相接，按同性相斥异性相吸的易理，六四对刚爻喜悦而信赖，故言“不戒以孚”。象辞说“翩翩不富，皆失实也”，“实”指刚爻，意为轻飘飘的不富足，是因为相邻的爻都不是刚爻。“不戒以孚，中心愿也。”意为不加戒备，心怀信赖，是心中愿意如此。这一爻的“翩翩”，前人多讲成鸟飞，但象中没有鸟。按象辞“无实”的说法，应当看成是轻飘飘的样子。

六五：帝乙归妹，以祉元吉。

【译文】

帝乙嫁妹，以此得福，大吉大利。

象曰：以祉元吉，中以行愿也。

【译文】

以此获福，大吉大利，是行中道实现自己的心愿。

【精解导读】

女儿出嫁为“归”。在归妹卦里也提到“帝乙归妹”。看来周王朝的先祖确实有过娶商帝妹妹的历史，

故念念不忘。李镜池先生认为，《诗经·小雅·大明》中，“挚仲氏任，自彼殷商，来嫁于周，日嫔于京”说的就是这件事。传统解释认为，《诗经》讲的是挚国姓任的二女儿，从商下嫁于周的王季，生下了周文王。挚是商王朝近畿的一个诸侯国。从古代同宗封侯的习惯考虑，太任很可能是商王的同宗妹妹。这样，帝乙应当指商纣王的父亲帝乙。前人也有解帝乙为商汤的，姑且存疑。“帝乙归妹”，意为天子帝乙下嫁自己的妹妹。“祉”是福，“以祉元吉”，是说受到这样的大福，大吉大利。归妹䷵卦上震（☳）下兑（☱），震为长男，为兄；兑为少女，为妹。泰卦是互震为兄（䷊>互震），互兑为妹（䷊>互兑）。五是帝位，按纳甲说，坤纳乙，故言“帝乙归妹”。“以祉元吉”指六五与九二阴阳正应，而且都在中位，乾为福、为祉。象辞说“以祉元吉，中以行愿也”，就是指六五的应爻九二也在中位，能行中道，上下应合，心愿得以推行。这一爻在《左传》哀公九年中有用例，可列出来参考。当时晋国的赵鞅为了救郑，要向宋国宣战，于是先进行占筮，看看吉凶。“阳虎以《周易》筮之，遇泰䷊之需䷄，曰：‘宋方吉，不可与也。微子启，帝乙之元子也。宋、郑，甥舅也。祉，禄也。若帝乙之元子归妹而有吉禄，我安得吉焉?’乃止。”泰之需就是泰卦的六五爻是动爻，动爻一变成为需卦，即：泰䷊六五爻动，柔爻变，名交，为䷄需卦。阳虎认为，泰卦的六

五爻辞是“帝乙归妹，以祉元吉”，“祉”是福禄，宋是微子启受封的国家，微子启就是帝乙的长子，微子启受封后曾把妹妹嫁给郑国。现在微子启虽然不在了，宋仍是他的后代。宋国与郑国又是舅舅与外甥的关系，正好应了“帝乙归妹”，那就是宋国有福禄。

上六：城复于隍。勿用师。自邑告命，贞吝。

【译文】

城墙倒塌在城壕里。不要出兵。从乡邑传来命令，正固不变有吝悔。

象曰：城复于隍，其命乱也。

【译文】

城墙倒塌在城壕里，命令乱了。

【精解导读】

“隍”是护城河。古人筑城就近取土，城墙修成，城墙下挖成大壕沟，壕沟里注满水就是护城河。没有注水的城壕称作隍。虞翻说“无水称隍，有水称池”，即指此。“复”是倒覆，“城复于隍”是说本来是从城壕挖土垒成城墙，现在城墙又倒塌下来填进了城壕。与“无平不陂，无往不复”的意思相同，指事物循环往复、沧海桑田的变化。只是“城复于隍”有崩塌的

意思。“勿用师”，师是军队，天地翻覆，阴阳往来，用兵抵抗没有任何用处。“自邑告命”，邑是乡邑，大夫的封地为邑，比国家的京城要小。正常的情况是从京城向乡邑发布命令，现在从乡邑传送命令，也是上下颠倒，地位互变。“贞吝”是正固不变有悔吝。从象上说，上六已处泰卦最上位，物极必反。下乾为天，上坤为地，现在要天向上复，地向下返，复归本位，天地翻覆要大变。坤为城邑，上六在互震之上（上六→䷊>互震），震是个小复卦（震☳<䷗复），互兑为泽为池（䷊>互兑），故言“城复于隍”。坤为众、为师，坤卦要从上消退，不利用师，故言“勿用师”。坤为邑，巽为号令，上六返下变恒䷟，由泰的上坤下而为巽（恒䷟>巽），巽为命令，故言“自邑告命”。天地往来之时，不变已是不可能的事，故言“贞吝”。象辞说“城复于隍，其命乱也”，“其命乱也”显然是解释“自邑告命”。象辞因简约而节引爻辞，读的时候应当贯通起来去理解。物极而反，天翻地覆，天命无常，所以“其命乱也”，表现在现实中就是“自邑告命”。“自邑告命”是“命乱”，那么就是由原来自上而下的“告命”，变成自下而上的“告命”。按象辞去理解，“自邑告命”是从乡邑传来命令。讲成另外的意思属爻辞义的引申。

【提示】

关于上下经的分工问题，《周易尚氏学》在否卦之

后有一段按语，移录于下，作为参考。“按否泰云，大小往来，无平不陂，无往不复。终则曰，城复于隍，其命乱也。否则曰，否之匪人。皆言天地否泰之运，循环往来，自然如此，不假人为。为上经天地水火之枢纽，明天道本如斯，不可易也。至下经第十卦之损益，则曰损益盈虚，与时偕行；曰损刚益柔，曰损下益上；曰见善则迁，有过则改。所言皆履世之大经，修治之极轨。无丝毫委心任运之意，以为咸、恒、既、未济之枢纽，明人事宜如斯也。尽人事，听天命，斯学《周易》之功也。”这是一个传统说法。大致意思是说：《周易》分为上经、下经两大部分。上经三十卦，从乾、坤开始，到坎、离终止，天地水火的变化，否泰是枢纽。上经主要是讲天道，也就是自然规律。否泰所反映的“大小往来”（对立统一运动）、“无平不陂，无往不复”（物极必反）的规律，是自然规律中最基本的规律，所以安排在上经的第十卦之后。下经三十四卦，从咸、恒开始，到既济、未济终结，夫妇与成败的变化，损益是枢纽。下经主要讲人事，也就是社会规律。损益所反映的“满招损，谦受益”“改过迁善”等规律，是自然基本规律在人事方面的体现，所以把损益安排在下经的第十卦之后。以上的说法，孔颖达在咸卦的正义里有一段辨析：“先儒以易之旧题分，自此（按指咸卦）以上三十卦为上经，以下三十四卦为下经。《序卦》至此，又别其端首，先儒皆以上经明天道，下经明人事。然韩康伯注《序卦》，破此义

云：‘夫易六画成卦，三才必备，错综天人，以效变化，岂有天道人事偏于上下哉？案上经之内，明饮食必有讼，讼必有众起，是兼于人事，不专天道。既不专天道，则下经不专人事。’理则然矣，但孔子序卦，不以咸系离，《系辞》云‘二篇之策’则是六十四卦旧分上下，乾坤象天地，咸恒明夫妇；乾坤乃造化之本，夫妇实人伦之原，因而拟之，何为不可？……岂能妄为异端！”孔颖达为《周易》作疏，用的就是魏王弼与晋韩康伯的注解。一般情况下是疏不破注，这里竟然把韩康伯驳斥了一番，维护先儒的说法，可见上下经还是有一个大致的分工，上经主要明天道，下经主要明人事。但韩康伯的讲法不是没有道理，尤其是对于《周易》这部天人统一的著作，不能这样截然分开，所谓上下经在内容上的分工，也只能说是个较粗的线条，上下经在内容上的穿插还是相当多的。

另外，关于序卦的排列顺序，还有人提出一些数上的讲究。如宋朝的俞琬在《读易举要》中提出，乾、坤、屯、蒙、需、讼六卦是六军之数皆全，所以第七卦是师卦。四十九是大衍之数，故第四十九卦是革。六十是周甲之数，故第六十卦是节，等等，这就有些牵强附会了。

十二　否——天地不通

䷋

否卦的卦画结构是坤（☷）下乾（☰）上，传统称作天地否。《序卦》说："物不可终通，故受之以否。"意为，事物不可能永远通达，所以在泰卦之后接着是否卦。《杂卦》说："否泰，反其类也。""反其类"在象上指刚爻与柔爻的返上覆下，类别正好相反。从意思上理解，泰是通达，否就是不通。根据以上说法，否卦卦名的基本意思是闭塞不通。

泰卦从坤变来，否卦就是由乾变来。乾一变而为姤，即乾䷀下生一位柔爻，上退一位刚爻，变䷫姤；二变为遁，即姤䷫再下生一柔，上退一位刚爻，变䷠遁；三变而为否，即遁䷠又下生一柔，上退一位刚爻，变䷋否。否卦又是泰的覆、变卦，即泰䷊六爻全变，为䷋否，这是变的关系；泰（䷊）上下倒过来看，为䷋否，这是覆的关系。分析否卦要注意它与乾卦、泰卦的关系。

否之匪人，不利君子贞，大往小来。

【译文】

遇到否塞的是不该否塞的人，不利于君子正固不变，大的去往，小的来到。

彖曰：否之匪人，不利君子贞，大往小来。则是天地不交，而万物不通也；上下不交，而天下无邦也；内阴而外阳，内柔而外刚，内小人而外君子。小人道长，君子道消也。

【译文】

遇到否塞的是不该否塞的人，不利于君子正固不变，大的去往，小的来到。这是上卦乾为天，下卦坤为地，天的阳气上行，地的阴气下行，天地不能交感流通，万物就不会亨通。天本在上，地本在下，上下悬隔不交往，天下就没有像样的邦国。内卦是阴爻、柔爻，为小人；外卦是阳爻、刚爻，为君子。这是内部阴暗，外表阳明；内部柔弱，外表刚强；内部是小人，君子排挤在外。阴爻从下息长，阳爻从上消退，这是小人之道在生长，君子之道在消退。

象曰：天地不交，否。君子以俭德辟难，不可荣以禄。

【译文】

上卦乾为天，下卦坤为地，天地上下分隔而不交感流通，这就是否卦。君子从中得到启示，道德上要注意俭损，躲避时局的灾难，不可去追求利禄，谋取荣华富贵。

【精解导读】

《周易》例以柔爻为小人，刚爻为君子。故基本态度是应当扶持刚爻，抑制柔爻。而否卦却是柔爻上长，刚爻消退，正是该扶持的消退，该抑制的生息不已。乾为人，乾由三个刚爻组成，处在不利地位，故言“否之匪人”。“匪”同“非”，意为否塞的对象不合适，也就是不该窒塞不通的人却窒塞不通。“否之匪人”与比卦六三爻辞“比之匪人”句式相同。比六三的象是上下比邻的都是柔爻，组成的是坤卦，而不是乾卦；否卦是上乾要被推出卦外，都以乾为人。刚爻为君子，刚爻处在消退的大势中，君子应当安命知几，顺时引退，如正固不变，就不利，故言“不利君子贞”。“贞”是正固而不知变通。刚爻为大，柔爻为小，刚爻要往外退，柔爻要从下来，故言“大往小来”。泰卦是阳长阴退，否卦是阴长阳退，从两卦的命辞上，可以看出作者扶阳抑阴的态度。

彖辞从五个方面解释卦辞。（一）“否之匪人，不利君子贞，大往小来”，是重复卦辞，提出要说明的内

容。（二）“则是天地不交，而万物不通也”，指乾天在上，坤地在下，天的阳气不下降，地的阴气不上腾，与泰卦正好相反，是天地不交感流通的卦象。天地如此，万物就无由得到亨通。指明否是不通的意思。阴阳二气不往来，比如男的打光棍，女的守寡，不能结合，这日子不好过，通顺不了。（三）“上下不交，而天下无邦也”，“邦”是国家。卦象还是指天在上、地在下，上下悬隔不能交流。引申到社会组织上讲，就是在上位的人与在下位的人，上下不能交流，这个国家迟早要完蛋，天下没有邦国可言。彖辞作者从天地大道上认识上下级的关系。进一步指出泰是交，否是不交。（四）“内阴而外阳，内柔而外刚，内小人而外君子”，与泰卦一样，还是指下卦是内卦，上卦是外卦；刚爻为阳、为健、为大、为君子；柔爻为阴、为柔、为小、为小人。但刚柔爻的位置与泰卦换了。内卦是柔爻，外卦是刚爻。阳在外，阴在内；刚在外，柔在内；君子在外，小人在内。引申到人的修养上讲，就是内心阴险，外表却阳明；内心柔弱，外表却刚健；内里是小人的肚肠，外表却装得像个君子。这种类型的人，与人们应当具备的道德修养完全相反，还怎么能行得通！引申到社会组织上讲，就是内部阴暗不堪，外部却显得阳明体面；内部柔弱，外部却显得刚强；小人主于内，君子排斥于外，这个组织怎么会亨通！这一句进一步强调否就是不通。（五）“小人道长，君子道消也”指出，否卦是柔爻上长、刚爻消退，表示

的是小人之道在一天天发展壮大起来，而君子之道却一天天消退衰落下去，所以才说是“大往小来”，所以才“不利君子贞”。“否之匪人”是君子否塞不通、小人得势的意思。

象辞说明上下卦象组合。“天地不交，否。”天卦在上，地卦在下，天地不能上下交通，这就是否卦。处在这样一个上下隔绝的形势下，君子要“俭德辟难”。“俭”是约束收敛，“俭德”是说要在道德修养方面注意自己行为的约束和收敛，不要张扬显露。“辟”同“避”，“辟难”是躲避小人得势造成的灾难。“禄”是禄位，“不可荣以禄”，是说不可去追求功名利禄、荣华富贵。也是说否卦是君子受阻，小人得势。

初六：拔茅，茹以其汇，贞吉，亨。

【译文】

拔茅草，根系牵连，带着同类，正固吉祥，亨通。

象曰：拔茅贞吉，志在君也。

【译文】

拔茅草，正固吉祥，是心里想着君王。

【精解导读】

同性爻相连一起上长即“拔茅，茹以其汇”（见

泰卦初九）。荀爽说：“拔茅茹，取其相连，汇者，类也。”泰卦是下面的三个刚爻向上长，否卦是下面的三个柔爻向上长，如同是手提着茅草一步步拉出来。初六是否的初爻，代表初生，故言“拔茅”，它与上面的六二、六三牵引连类而进，故言“茹以其汇”。与泰卦初九同象，所不同的是，泰是君子道长，否是小人道长。君子道长是应当的，小人道长是不应当的，故初六最好是不要前进。初六柔爻，具有静止柔顺的特性，又有九四在上阴阳正应，也愿意不动，故言“贞吉”。象辞说：“拔茅贞吉，志在君也。”乾为君，“志在君”是心里想着乾，因为应爻九四在上卦乾里。从取义上说，在下位的人能顺应于上，处处为君王着想，守正不变，就会吉祥。

六二：包承，小人吉，大人否，亨。

【译文】

包容承受，小人吉祥，大人窒塞，亨通。

象曰：大人否亨，不乱群也。

【译文】

大人闭塞，六二亨通，是不乱群。

【精解导读】

《周易》例，只要是被初爻与上爻包在中间的二、三、四、五爻都可称中，故可称包。泰与否是天与地的运动，天包地承的特性表现得较为明显，故两卦多取包象。二位与五位分别是下卦、上卦的中位，在三爻的乾卦坤卦里，一般中爻代表卦的性能。否卦的六二表示下坤的地，九五表示上乾的天，否卦要向泰卦发展，六二会渐次上升到五位，这是六二要上包；六二与九五阴阳正应，六二承应九五，这是六二的承，故言“包承”。从取义上说，“包”是包容，“承”是承载，意为包容广大，无所不载。与泰九二“包荒”对比，“包荒”是天的包容广远，是讲天之大，“包承”是地的包容能载，是讲地之大，胸襟博大，具有无限的承受能力。六二代表坤卦三个柔爻的上长，柔来灭刚，柔爻为小人，刚爻为君子，君子在位为大人，从发展趋势上看，小人得势吉祥，大人处在否闭窒塞之中，故“小人吉，大人否”。“亨”是指六二这一爻亨通，不是大人亨通。无论是“大往小来”，还是“小往大来”，都是天地的运动，故有亨通之理。六二呈壮大发展之势，故亨通。象辞说：“大人否亨，不乱群也。”物三为群。这句意为，大人闭塞，六二亨通是因为六二是下三爻的核心，三个柔爻群体不乱。对爻辞的理解，要注意它是针对六二的命辞，如果把省略的部分全列出来，爻辞是说：六二包承；六二小人吉，大人

否；六二亨。

六三：包羞。

【译文】

含羞容耻。

象曰：包羞，位不当也。

【译文】

含羞容耻，是位置不当。

【精解导读】

上下卦分开讲，二位是下卦中位，五位是上卦中位，把六爻卦合起来讲，三、四是全卦的中位。故六三也是“在中称包”。

“羞”是羞怯、羞耻。六三上接刚爻，处在阴阳接触的地位，如男女授受，故有羞怯。从取义上说，“包羞”是包容羞耻，也即不知廉耻、包容丑恶的意思。象辞说：“包羞，位不当也。”

认为“包羞”是从爻位取象。“位不当”与泰九三象辞“天地际也”对比起来看，是处在上三阳、下三阴的边际处。

这个位置在阴阳男女之际，有羞。宋人多把“位不当”讲成是六三阴爻而占据阳位。

这是六三位不正，九四是阳爻居阴位，也是位不正，不正与不正而阴阳遇合，故有羞耻。“位不当”主要是指在阴阳爻的际遇处。

九四：有命，无咎，畴离祉。

【译文】

有所授命，没有咎害，众人依附同受福禄。

象曰：有命无咎，志行也。

【译文】

有所授命，没有咎害，是心愿能推行。

【精解导读】

“有命”是有人授命，也就是有人授权给它。前人有说命指天命的，也有说指君命的，从象上分析，受君命确切一些。命取象于巽。九四在互巽中（九四→䷋>互巽），与九五组合在一起才成为互巽。九五是帝王，是九五授权给九四。“无咎”是无咎害。“畴”同“俦”，同类称俦，意为多数。“离”是附丽，《序卦》说，“离者，丽也”，当依附讲。“祉”是福禄。“畴离祉”意为众人依附它而得到福禄。象上指九四下临三个柔爻，柔爻具有依附的特性。九四刚健，众多

比邻于下的同类柔爻都来依附，从而得到福禄。乾为福、为祉，坤为众、为畴。象辞说：“有命无咎，志行也。”“志”指九四受命之后的心愿，意为君王授权给九四，九四奉命行事，希望实现君王的命令，这种心愿能推行下去。与泰六四象辞“中心愿也”对比着看，“志”指心愿，讲的是阴爻与阳爻相互悦慕的心情。爻辞是说九四有来历，虽在否闭的形势下也无咎害，能给众人带来福利，可以依附。

九五：休否，大人吉。其亡其亡，系于苞桑。

【译文】

闭塞休止，大人吉祥。要灭亡，要灭亡，却系在大桑树上。

象曰：大人之吉，位正当也。

【译文】

大人的吉祥，是位置正当。

【精解导读】

“休”是休止，“休否”是说否塞不通的状况到九五这一爻时就停止下来。“其”是表推测、委婉的语气词。“其亡其亡”意为快要亡了吧，快要亡了吧，在念念不忘危亡的时局。“苞”的讲法分歧较大，从爻辞的

内在联系上分析，“苞”同“包”，是大的意思。“系于苞桑”是拴在大桑树上。这句爻辞《系辞·下》讲过：“子曰：危者，安其位者也。亡者，保其存者也。乱者，有其治者也。是故君子安而不忘危，存而不忘亡，治而不忘乱，是以身安而国家可保也。《周易》曰：‘其亡其亡，系于苞桑’。”孔子的意思是说，人如果能居安思危，存而思亡，治想着乱，就可以长治久安。反之则会亡国乱邦。“其亡其亡”是经常想着有灭亡的可能，从而及时补救，反而会如同“系于苞桑”。就是说不但亡不了，还会如系在大桑树上一般牢固。从象上看，九五下临互艮（九五→䷋>互艮），艮为止、为休，在否卦，故言“休否”。九五刚爻占据大中之位，是君子得位，故称“大人”。阳爻居阳位，既中又正，故“吉”。否卦是阴灭阳，九五是三个阳爻的核心，有危亡之感，故言“其亡其亡”。互为巽卦（九五→䷋>互巽），巽为木、为绳，在中称包，故言“系于苞桑”。象辞说：“大人之吉，位正当也。”意为：九五在否塞的卦里能够吉祥，是因为位置正当。特别强调了九五位置中正。

上九：倾否，先否后喜。

【译文】

否塞的状况要倾覆，先否塞后喜悦。

象曰：否终则倾，何可长也。

【译文】

否塞到了终极就会倾覆，怎么会长得了。

【辩证】泰卦上六爻辞是“城复于隍”，否卦上九是“倾否”，“倾”与“覆”意同，意为颠倒倾翻。象上指上九到了全卦最上位，物极必反，否极泰来，否塞不通的时势要倾覆，从此要变得通泰顺畅。否卦倒过来就是泰卦，故言“倾否”。否是忧，泰是喜，先为否卦，后变泰卦，故言“先否后喜”。象辞说：“否终则倾，何可长也。”也是讲物极必反，上九已经到了终极的地步，就要倾覆，否的局面怎么会长得了，强调了上九处在终极之位。

【提示】

否卦是十二消息卦之一。前人把六十四卦中从乾到坤，又从坤到乾，阴阳二气互为消长表现最为明显的十二卦称作消息卦，并认为这十二卦是卦变的基础。它们的消长过程如下：乾卦是六爻全阳，是阳气极盛的时期。宇宙是阴阳二气对立统一的运动，对立双方相互依存、相互消长是个永恒不变的规律，阳气盛到极处，便会有阴气产生。于是一阴下生，一阳上退，乾变为姤，即乾䷀下生一阴，上退一阳，变䷫姤。从姤卦开始，是阳气渐次消退，阴气逐爻生长的时期。姤下再生出一阴，即为遁䷠卦；遁下再生一阴，即

否䷋卦；否下又生一阴，即观䷓卦；观下又生一阴，即剥䷖卦；剥下继生一阴，就到了阳气消尽，六爻纯阴的坤䷁卦。坤卦是阴气到了极盛时期，物极必反，又会有阳气产生。于是一阳下生，一阴上退，坤变为复，即坤䷁一阳从下生出，一阴从上退去，变䷗复。从复卦开始又是阴气逐爻消退，阳气渐次生长的时期。复下再生一阳为临䷒卦；临下再生一阳为泰䷊卦；泰下又生一阳即大壮䷡卦；大壮从下又生一阳即夬䷪卦；夬下继生一阳，又到了阴气灭尽，六爻纯阳的乾䷀卦。阴阳的消长用十二消息卦刚柔爻的推移极为直观地表现出来，把事物的对立统一运动作了形象化的图示。揭示了宇宙运动回环无端、往来不绝、永动不息的客观规律。提示人们在客观实践中要遵循宇宙运动的规律，永无止境地前进。并指导人们把握物极必反的规律。不为已盛，盛极知退；不欺弱小，新生可畏。始终把自己放在一个客观的位置上。值得注意的是，《周易》并不是把乾坤，而是把泰否视为事物变化的转折点，是否极泰来，泰极否来。否泰是阴阳相对平衡的时期，这就提示人们，应当在矛盾双方相对平衡的时期，注意把握转化的契机。天翻地覆的运动，也就是根本上的转化，正是从这里开始。

十三　同人——分久必合

䷌

同人卦的卦画组合为离（☲）下乾（☰）上，传统称作天火同人。《序卦》说：“物不可以终否，故受之以同人。与人同者，物必归焉，故受之以大有。”意为：事物不可能老是否隔不通，否塞到一定程度，定会突破悬隔，走向和同，所以在否卦之后接着是同人卦。与人能同心同德，万物就会来归附，所以在同人之后接着是大有卦。《杂卦》说：“同人，亲也。”同人是相互亲近的意思。据《序卦》《杂卦》的讲法，同人是与人同心同德，相互亲近。

虞翻认为同人从姤卦变来，是姤卦的初六与九二换了位置，即姤䷫初爻与二爻换位，变䷌同人。同人与下一卦大有是正覆卦关系，即同人（䷌）上下倒过来看，为䷍大有。

同人于野，亨。利涉大川，利君子贞。

【译文】

与在野的人同心同德，亨通。有利于涉过大川险阻，有利于君子守正。

彖曰：同人，柔得位得中，而应乎乾，曰同人。同人曰："同人于野，亨，利涉大川。"乾行也。文明以健，中正而应，君子正也。唯君子为能通天下之志。

【译文】

六二柔爻取得柔位，处下卦之中，又与上卦乾相应，称作同人卦。同人卦说："同人于野，亨，利涉大川。"这是乾的运行。下卦离为文明，上卦乾为健，文明又刚健。九五位正居中，又有六二相应合，这是君子端正。只有君子才能沟通天下人的心志。

象曰：天与火，同人。君子以类族辨物。

【译文】

上卦乾为天，下卦离为火，天与火就是同人卦。君子从中得到启示，对天下的万事万物，既要按族归类，又要按物分别。

【精解导读】

同人只有六二是柔爻，故六二是分析全卦的主爻。

同人卦从姤卦变来，六二原是姤卦的初六。姤是十二消息卦之一，属阴长阳退，柔来灭刚的六卦之首。它的发展趋势是：一阴下生为姤䷫，二阴下生为遁䷠，三阴下生为否䷋，四阴下生为观䷓，五阴下生为剥䷖，直至六爻皆阴的坤䷁，把阳爻消尽。这种发展趋势对刚爻形成一种威胁，刚、柔爻处在敌对之中，小人要来灭君子。姤卦变而为同人，初六进居二位，九二下居初位，改变了柔爻继续下生的局势，不再对刚爻形成威胁。六二柔居柔位，又在下卦之中，柔顺中正；与上卦的九五处在阴阳正应的位置上，上下应合，化敌对为应援。刚爻与柔爻同心同德，故卦称同人。从象上讲，乾为人，六二与上乾的九五同心一意，才称同人。乾为远、为郊、为野，故卦辞说“同人于野”。“亨”是亨通。从取义上讲，古人把在朝廷执政称“在朝”，朝外的老百姓称“在野”，“同人于野”是说在朝的人能与在野的人同心同德，上下一心，故亨通。上下同心就会有难同当，有险可济，故可以渡过大川险阻，任何天堑地险都阻挡不住。从象上讲，彖辞提示是“乾行也”。“乾”指上卦是乾，“行”指姤的下卦原是巽（姤乾<䷫>巽），乾是刚健，巽为股，股是大腿，巽的初六进到二位变同人，是股动而成为同人。所以同人卦是刚健的股动而进，这就是“乾行”。刚健而进，故“利涉大川”。“利君子贞”指姤卦是柔灭刚，君子不利正固，变而为同人，柔来应合刚爻，君子处在可以正固不动的有利形势下，因为刚爻为君子。

彖辞从五个方面解释卦辞。（一）从主爻六二位置的推移解释卦名同人。“柔得位得中，而应乎乾，曰同人。”指的是六二原是姤卦的初六，位置既不中也不正，还要上长灭刚。位置进到六二，二是柔位，是柔爻得柔位，位正；二位是下卦的中位，是位中；与上卦乾的中爻九五相应，是应合上乾。六二位置的推移，改变了刚、柔爻相敌对的状态，使刚爻与柔爻同心同德，所以才叫同人卦。取义上是说，主爻具有柔顺中正的美德，又能顺应天（乾）道，符合正理，可把人们同心同德地组织起来。（二）从卦变上解释卦辞。“同人曰：‘同人于野，亨，利涉大川。’乾行也。”先引出卦辞，指示说明的内容。“乾行也”，主要解释“利涉大川”。前人讲这一句，多数要指实大川的象，彖辞不这样讲，只是说“乾行”，而“乾行”就是健行，因为健于行进，故“利涉大川”。象上指的是姤变同人，下卦巽股动。（三）从上下卦的组合上解释卦辞“亨”。“文明以健”，“以”是连词，相当于“而”。象上指下卦离为文明，上卦乾为健，既文明又刚健，故能亨通。（四）从中位的九五解释卦辞“亨”。“中正而应，君子正也。”象上指九五刚爻居刚位，位正；在全卦尊位，位中；有六二正应，有应援。刚爻为君子，九五是正人君子，故可亨通。这一句有人认为是指六二，理解失误。六二已在“柔得位得中，而应乎乾”中做了说明，不可能又来重复，况且《周易》例刚爻才是君子。刚爻居九五可称大人，但同人卦是强调刚爻与

柔爻由敌对变为同心同德，重点指明的是刚爻，故只取君子而不取大人之象。从取义上说，君子能行中庸之道，行为端正，又能获得人们的响应，所以卦才亨通。（五）从道理上解释同人卦。“唯君子为能通天下之志。”可以看出，“同人”是“通天下之志”。人各有志，只有君子才能沟通天下人的心，统一大家的思想，把人们领向同心同德的境界。

象辞分析上下卦的组合，只是不讲卦才，而换言卦象。“天与火，同人”，指上卦乾的卦象是天，下卦离的卦象是火，天与火组合在一起是同人卦。“君子以类族辨物”是阐发同人卦的哲学思想。用《系辞·上》的话讲，就是“方以类聚，物以群分”。“同人”是人与人同，但同中有异，异中有同，这是客观规律。知同而不知异，就会混同而丧失原则；知异而不知同，就难以统一而导致分裂。“类族”是合异为同，“辨物”是散同为异。同而异、异而同，君子要用这种对立统一的辩证方法去看待天下的事物，不能因为同人而走向极端。君子要团结小人，但又不能与小人混同。

初九：同人于门，无咎。

【译文】

出门与人同心同德，没有咎害。

象曰：出门同人，又谁咎也。

【译文】

出门与人同心同德，又有谁来咎责。

【精解导读】

初九是与六二换位的一爻。二位是家宅位，因为二位是大夫位，大夫有家，纳甲筮法始终把二位看成是宅（见《卜筮正宗》），盖有所传承。初九从二位下到初位，从家宅中出来，又在同人卦里，故言“出门同人”。免去了咎害，故言“无咎”。从取义上说，出门是走出门外与外界接触，范围扩大。能不拘于同门同宗的关系，摆脱门户之见而与人同心同德，心地公正不狭隘，不会遭受咎害。象辞说：“出门同人，又谁咎也。”“咎”在象辞中是责怪的意思，不是仅在门内，而是走出门外，与大家同心同德，又有谁会责怪呢！爻辞说“于门”，象辞说“出门”，可以看出初九这一爻位置有移动。说同人从姤卦变来符合卦变的实际。

六二：同人于宗，吝。

【译文】

只与同宗的人同心同德，鄙吝。

象曰：同人于宗，吝道也。

【译文】

只与同宗的人同心同德，是鄙吝之道。

【精解导读】

二位是家宅，姤变同人，六二与初九换了位置。初九是出门，六二就是入门。“门”与“宗”互文见义，“同人于宗”，是进到门里只与同宗族的人同心同德，把宗族以外的人都抛在门外，对人亲疏有间，厚薄不一，心胸狭隘，不能出自大公，违背了同人的大格局，所以是鄙吝之道。象辞说：“同人于宗，吝道也。”指六二与初九有不同，在同人之世不能大同，走的是自取鄙吝之道。另外，全卦只有六二是阴爻，五个刚爻都希望与六二同心，然而六二正应只有九五，心胸未免狭隘，故为取吝之道。从这一爻还可以看出，卦辞与爻辞不同。卦辞对六二盛加赞誉，爻辞却不无贬斥，这是因为卦辞讲的是全卦，从全卦取象；爻辞只讲一爻，要从爻中取象。卦是大局，爻是大局中的一个部分或一个时段，应当有所分别。

九三：伏戎于莽，升其高陵，三岁不兴。

【译文】

埋伏兵甲在草莽之中，登上高陵，三年不能发动。

象曰：伏戎于莽，敌刚也。三岁不兴，安行也。

【译文】

埋伏兵甲在草莽之中，是与刚强为敌。三年不能发动，是安于行进。

【精解导读】

“戎”是兵甲军旅，“莽”是草莽，“兴”是发动。爻辞仍从姤变同人中取象，但取用的象变换了角度。姤的下卦原为巽（☴>巽），巽为草木、为人、为伏。变为同人，下卦成离（☲>离），离为甲胄、兵戈。九三在下卦，从巽变离，如同戈兵入草木之中埋伏，故言“伏戎于莽”。“陵”是山陵。取象于上九，象辞说“敌刚也”，指九三的正应在上位，而上位是刚爻，九三也是刚爻，刚爻与刚爻敌而不应，九三想升到上位的高陵，是与刚爻为敌。从三位到上位须前进三爻，故言“三岁不兴”。“兴”是发动，三年不能发动。取义上可理解为三年之内不能兴旺。

象辞说“三岁不兴，安行也”，是指六二与九三相比，九三安于现状，上行的愿望不强烈。

九四：乘其墉，弗克攻，吉。

【译文】

登上城墙，不能攻打，吉祥。

象曰：乘其墉，义弗克也；其吉，则困而反则也。

【译文】

登上城墙，道义上不能攻打；吉祥，是遇到窘困而能返回到正当法则上来。

【精解导读】

“墉”是城墙。“乘其墉”是登上城墙。九四的应爻在初位，姤卦不变同人，初位是柔爻，与九四阴阳正应，下卦为巽（䷫>巽），巽为绳直、为高，既高又直，故取为城墙之象。九四在巽上，变为同人，九四又在互巽之上（九四→䷌>互巽），故为“乘其墉”。柔爻从初位升到二位，九四从有应变为失应，象在城上，本可攻打，但六二的变化是从敌刚变应刚，从道理上又不能攻打，故言“弗克攻”。化敌为友故吉祥。象辞说：“乘其墉，义弗克也。”意为攻到了城墙之上，但道义上不能去攻打。“其吉，则困而反则也。”后一个“则”是法则。这句意为：所以吉祥，是因为柔爻从逼困刚爻返回到顺应刚爻的正当法则上来。

九五：同人，先号咷而后笑，大师克，相遇。

【译文】

与人同心同德，先号咷大哭，后放声大笑。大部

队攻占胜利而相遇。

象曰：同人之先，以中直也。大师相遇，言相克也。

【译文】

同人，先哭后笑，是因为处中动直。大部队攻占胜利而相遇，说的是克敌制胜。

【精解导读】

全卦唯一的柔爻六二，与九五上下阴阳正应，但这种关系是从柔灭刚的姤卦变来。先在姤卦，柔爻在下卦巽里，巽为号，这里指号咷大哭。柔爻升到二位，与九五正应，对九五极有利，故又破啼为笑。“先号咷而后笑”取象于卦变。同人伏卦为师（同人䷌六爻全变，为䷆师），故言“大师”，姤是相遇的意思（见姤卦），从二爻到上爻是个缩小了一点的姤卦，故言“大师克相遇”。“克”是战胜，柔来应刚，刚爻得胜。象辞说：“同人之先，以中直也。”引话有省略，意思是说同人的九五先号哭，后大笑，是因为处在中位，又在上卦乾里，《系辞·上》说“乾，其静也专，其动也直”，行为中正，理直不曲，所以会最后得胜而笑。“大师相遇，言相克也”，意为：“大师相遇”，是说大师能取胜。九五爻辞，《系辞·上》里讲过：“‘同人，先号咷而后笑。’子曰：‘君子之道，或出或处，或默

或语：二人同心，其利断金。同心之言，其臭如兰。'"意为：同人，先哭后笑。孔子说：君子所奉行的道，是该出来执政就出来执政，不该执政就引退而处。该说就说，不该说就不说。两人同心，锋利可切断金属；同心的话，味如兰花一般香。主要是说同心同德的好处。从中可以看出，"先号咷而后笑"是先受挫折后顺利。前人讲这一爻，一般要指实笑的卦象。其实，笑的象主要是指有六二阴阳正应而得意。

上九：同人于郊，无悔。

【译文】

与郊野的人同心同德，没有忧悔。

象曰：同人于郊，志未得也。

【译文】

与郊野的人同心同德，是未得志。

【精解导读】

分开讲，邑外为郊，郊外为野。如不细加区别，郊、野义同。从象上说，乾为郊野，上九在上卦乾里，故言"同人于郊"。卦辞说"同人于野，亨"，爻辞说"同人于郊，无悔"，这是因为上九在全卦之外，有引退之象。象辞说"同人于郊，志未得也"，即指上九有

从朝中引退，置身局外之象。全卦只有六二是柔爻，上九离六二最远，内无应与，故为不得志。“不得志”主要是指无应。

【提示】

（一）前人讲《周易》，经常提到卦体。一般地说，卦体指爻所在的卦，强调爻与卦的关系。（二）同人卦前人讲得最不统一。一般认为六二是卦主，九五是正应，九三、九四与九五争夺六二，初九与六二近比，上九游离于外。取象的方式也极不统一，有只讲承乘比应的，也有讲旁通伏卦的，也有讲爻变爻动的，还有讲卦变错综的。各有所见而言人人殊。综合前人的意见，遵循《周易》例，按卦变讲更符合作者的意图。（三）《周易》取象绝少重复，很可能是为了适应占筮的需要而能包罗万象。比如这一卦，同样是从巽卦取象，而各爻所取并不重复。九三取草木，九四取城墙，而九五取号咷，各有侧重，绝少雷同。只要稍注意一下彖辞和象辞的解释，即可发现这种安排的痕迹。如本卦彖辞说“文明以健”，取卦才为象，乾为健，离为文明；而象辞说“天与火”取的是基本卦象，乾为天、离为火。

十四　大有——万物所归

䷍

大有卦的卦画组合是：下卦乾（☰），上卦离（☲）。乾为天，离为火，故传统称作乾下离上，火天大有。《序卦》说："与人同者，物必归焉，故受之以大有。"意为：与人同心同德，人物就会来归附，所以同人卦后接着是大有卦，是说"大有"是拥有众多的拥护者。《杂卦》说："大有，众也。"大有是众多的意思。据此可知，大有是受人拥戴和富有。古人称丰收之年为大有，也是众多、富有之意。大有与同人是正覆卦关系。即同人（䷌）倒过来看上去，为䷍大有。同人从姤卦变来，大有与之相反，是从夬卦变来，是夬的上爻与五爻换位。即：夬䷪上爻、五爻换位，变䷍大有。从卦爻辞的来源分析，大有与夬卦联系密切。

大有，元亨。

【译文】

大有卦，大亨通。

彖曰：大有，柔得尊位，大中而上下应之，曰大有。其德刚健而文明，应乎天而时行，是以元亨。

【译文】

大有卦，柔爻六五得到尊贵的位置，处在大中而上下应合，称作大有。它的德性刚健而又文明，顺应天道而随时运行，因此大亨通。

象曰：火在天上，大有。君子以遏恶扬善，顺天休命。

【译文】

火在天上就是大有卦。君子从中得到启示，要遏制丑恶，发扬美善，顺应上天赋予的美好使命。

【精解导读】

大有从夬卦变来，夬是阳长阴消的卦。从纯阴的坤卦开始，下生一阳，上退一阴为复䷗；下生二阳，上退二阴为临䷒；下生三阳，上退三阴为泰䷊；下生四阳，上退四阴为大壮䷡；下生五阳，上退五阴为夬䷪。夬再向上发展一步，即会把阴灭尽，变为纯阳的乾卦。显然，夬卦所表现的是刚爻与柔爻的敌对状态。夬变为大有，柔爻占据了中位，与刚爻交流应合，化敌为友，故卦辞说“元亨”。元者，大也；亨者，通

也。元亨就是大亨通。

彖辞从三个方面说明“元亨”的原因。（一）从主爻六五的爻位解释“元亨”。“大有，柔得尊位，大中而上下应之，曰大有。”全卦只有六五是柔爻，六五是卦的主爻，在夬变为大有卦中起决定性作用。五位是天位、天子位，故称尊位，主爻占据的是最尊贵的五位，这就是所谓的“柔得尊位”。全卦以六五为核心，五个刚爻环拱应合，刚爻为大，故称“大中”。“大中”是说在大的刚爻之中，取意可说为大处中。全卦没有第二个柔爻与它分争，五个刚爻在它的上下簇拥，故为“上下应之”。从取意上讲，“上下应之”是上上下下都来应合，故能大亨通。主爻居尊，又有众多的人物环拱应合，这就是大有卦所显示的卦象。（二）从上下卦的组合上解释“元亨”。“其德刚健而文明”，指下卦乾为健，上卦离为文明，组合在一起是具有既刚健又文明的品德，故能无往不通而“元亨。”（三）从六五与九二的正应关系上解释“元亨”。“应乎天而时行，是以元亨。”指六五在上卦中位，九二在下卦中位。六五在上卦离中，离为日；九二在下卦乾中，乾为天。六五与九二相应，有如太阳顺应天体，四季中道运行，故曰“应乎天而时行”。“时”指一年四季。“是以”即“以是”，是因此的意思。太阳在天上运行，永动不衰，风雨无阻，故“元亨”。“是以元亨”总括了以上三条原因。

象辞分析上下卦象。“火在天上，大有。”指上卦离为火，下卦乾为天，组合在一起是火在天上，这就是大

有卦。柔爻为小人、为恶，刚爻为君子、为善。刚爻上长是扬善，柔爻消退为遏恶。“遏”是抑制，“扬”是举，“遏恶扬善”意为发扬优良的东西，抑制丑恶的东西。大有从夬卦变来，故君子要从中受到启发，要效法卦象，弃恶从善。“顺天休命”，“休”是美好，“休命”是美好的天命，意为要顺应美好的天命。也就是说，上天把重大使命安排在君子身上，要顺应天道，好好去做，不要辜负上天的期望。“休命”指的是尊位。《系辞·下》说：“天地之大德曰生，圣人之大宝曰位，何以守位曰仁，何以聚人曰财。”在财物众多的大有卦里，上天把大宝之位授给君子，就应当努力顺应天道，把发扬天地大生之德的重大使命完成好。这就是“顺天休命”。象辞的体例，一般是先讲卦象组合，然后从卦象中发挥出人应具备的道德修养。这一卦也不例外。

初九：无交害，匪咎，艰则无咎。

【译文】

没有交往的灾难，不是咎害，艰难自守就没有咎害。

象曰：大有初九，无交害也。

【译文】

大有卦的初九，没有交往的灾害。

【精解导读】

大有只有一个柔爻六五，五个刚爻环拱应合，各爻均与六五交往，故六五爻辞说“厥孚交如”。在五个刚爻之中，只有初九与六五毫无关系。九二与六五正应，九三在夬卦原是上六的正应，九四与六五比邻，上九与六五换位。初九距六五最远，又无由交往，故言“无交”。然而初九位在最下，未到出头之日，正如乾卦初九“潜龙勿用”，尚在蛰伏时期，强出头有害，不出头正与地位相合，不交往可免去强出头的灾难，故言“无交害”。时势如此，静而不往，故言“匪咎”，“匪咎”意为不是咎害，“匪”同“非”。在上无应，置闲处散，能在艰难中自守待时，故言“艰则无咎”。赵彦肃讲这一爻说：“匪咎由时，无咎由己。”意思就是说，处在潜藏时期，这是时运如此，不是咎害。自己能艰守不妄动，这是个人知命识时，故不会招致咎害。总之这一爻是时运未至，无利也无害，能在艰难中潜退自守，不妄动强求，可保平安。

九二：大车以载，有攸往，无咎。

【译文】

大车能载重，有所前往，没有咎害。

象曰：大车以载，积中不败也。

【译文】

大车能载重，是积累在中而不毁败。

【精解导读】

“大车”是载重的牛车。古代供人乘坐的车子，行路轻快，用马来拉；供搬运载重的货车，用牛来拉，虽比较慢一些，但结实可负重。大车就是载重的货车。从象上讲，坤为大舆，离为牛（见《左传》）。大有是夬卦的变化形态，夬是阳长阴消的卦，从坤变来，坤下生一阳为复，下生二阳为临，下生三阳为泰，下卦即由坤变为乾。九二已到下卦中位。柔爻为小，坤为虚；刚爻为大，乾为实，由坤的柔爻变为乾的刚爻，如同在坤车上装上实重的东西，故言“大车以载”。有人根据虞翻的“乾为大车”，即认为乾有大车之象。其实虞氏讲的是坤变乾。他用的是旁通（见提示），认为大有与比卦旁通，故说：“比坤为大车，乾来积上，放大车以载。”《说卦》讲，坤“为大舆”，不能直接把乾看作大车。全卦只有九二与主爻六五正应，故九二“有攸往，无咎”。初九不能盲动，九二则可前往。象辞说“大车以载，积中不败也”。“积”是因为卦为大有，财富要渐次积累；“中”指下卦中位；“不败”是不毁坏，上卦离为牛，下卦由坤变乾为负重的大车，故可载重致远，前往无阻，牛车平安，没有咎害。

九三：公用亨于天子，小人弗克。

【译文】

公侯受到天子的宴享，小人不能。

象曰：公用亨于天子，小人害也。

【译文】

公侯受到天子的宴享，小人反而有害。

【精解导读】

古代“亨”与“享”是一个字，“亨”在这里当“享”讲。这句爻辞《左传》僖公二十五年有用例。当时周襄王与同母弟王子带争位，王子带势大，襄王逃到郑国避难，晋文公想帮助襄王复国。“秦伯师于河上，将纳王。狐偃言于晋侯曰：‘求诸侯莫如勤王，诸侯信之，且大义也。继文之业而信宣于诸侯，今为可矣。’使卜偃卜之，曰：‘吉。遇黄帝战于阪泉之兆。’公曰：‘吾不堪也。’对曰：‘周礼未改，今之王，古之帝也。’公曰：‘筮之。’筮之，遇大有☲之睽☲，曰：‘吉。遇公用亨于天子之卦，战克而王享，吉孰大焉！且是卦也，天为泽以当日，天子降心以逆公，不亦可乎？大有去睽而复，亦其所也。’”把这段话译述出来，意为：秦穆公把军队驻扎在黄河边上，准备护送周襄王回国。狐偃对晋文公说：“想求得诸侯的拥护，没有比勤王更好的机

会了。既可取得诸侯的信任，又能伸张大义。继承晋文侯的霸业，在诸侯中树立威信，现在可以干了。”晋文公让太卜偃进行龟卜，他回答说：“吉祥。遇到黄帝战于阪泉的卜兆。”晋文公说：“我担当不起黄帝的地位。”卜偃回答说：“周王室的礼制未变，现在的周襄王，才相当古代的黄帝。”晋文公就说：“那么再占筮一下。”又进行占筮，遇到的是大有的九三爻动，之卦是睽。回答说：“吉祥。遇到‘公用亨于天子’的卦，打胜之后，周王宴享，还有比这更大的吉利吗！再说这一卦，下乾为天，变为下兑为泽，上卦离为日，是天变成泽来承受日光，天子降格来迎接您，不也可以吗？大有不变睽，回到本卦，正是天子复位大有天下之象。”后来晋文公就带兵杀了王子带，护送周襄王复位，受到周襄王的宴享。从这段用例中可以看出，“公用亨于天子”就是受到天子的宴享款待。“小人弗克”是小人不能。从象上讲，九三是公位，五是天子位，从三至五互为兑卦（䷍>互兑），兑为口，公到天子那里用嘴去吃，故为“公用亨于天子”。六五原是夬的上六，与九三正应，柔爻为小人，如不变大有，上六不在天子位，虽是正应也无用，故言“小人弗克”。象辞说：“小人害也。”意思是小人如享受这样的待遇，反而会变成灾害。解释“小人弗克”的意义，取义与取象有区别。

九四：匪其彭，无咎。

【译文】

不以盛大自居，没有咎害。

象曰：匪其彭，无咎，明辨晢也。

【译文】

不以盛大自居，没有咎害，是能分辨明晰。

【精解导读】

“彭”字的说法有争议，《经典释文》：“子夏作‘旁’。干云‘彭亨骄满貌’。王肃云‘壮也’。虞作‘尪’，姚曰‘彭，旁’。”《经典释文》作者见到的子夏本《周易》是“旁”字；干宝本作“彭”字，讲成彭亨骄满；王肃本讲成是壮大；虞翻本是“尪”字；姚信则认为彭、旁义同。旁、彭、尪三字，古代读音接近。从语音上考察，发音洪大的字，一般具有宏大的意思。《诗经》“行人彭彭”“出车彭彭”“四牡彭彭”，都含有盛大的意思。《杂卦》也说：“大有，众也。”综合起来，讲成盛大比较妥当。从象上说，尪卦从初九发展到九四，连续四个刚爻上长，已成为大壮䷡，相当盛大。在大有中，已相当丰盛。九四上承柔爻九五，五是天子位，四是诸侯位，四五相比，上下相孚。上卦离为明(☲>离)，九四在离里，有诸侯清明，盛大而不自居，忠心事上之象，故言“匪其彭，无咎。”象辞说：“匪其

彭，无咎，明辨晳也。”即指九四在上卦离里，离为明。

六五：厥孚交如，威如，吉。

【译文】

交往有诚信，具有威望，吉祥。

象曰：厥孚交如，信以发志也；威如之吉，易而无备也。

【译文】

交往有诚信，是以诚信引发人的心志；有威信的吉祥，是平易而无人戒备。

【精解导读】

“厥”用同“其”，“孚”是信，“如”是形容性词尾，相当于“然”。直接译述，“厥孚交如，威如”，是六五受到的信赖，交往的样子，有威望的样子。就是说六五的诚信在来往中表现出来，取得人们的信赖，具有威望，吉祥。从象上看，大有从夬变来，六五与上九交换了位置，故言“交如”。独处刚爻之中，成为全卦主爻，无另外的柔爻与它争应，上下五个刚爻都愿与它应合，故有孚。孚一般指刚柔爻应合而受到信赖。在互兑之中（䷍ > 互兑），兑为虎，有虎威，故言“威如”。象辞说“厥孚交如，信以发志也”，用“信”

来解释“孚”，指心志上的信赖。六五有待人的诚信，故能引发别人的信赖之心。“威如之吉，易而无备也”中，“易”是平和喜悦。这句意为因为在人们的心目中有威信，所以大家都平和喜悦而不加戒备。象辞取兑为悦、为易之象。这一爻总的说是在群众中享有崇高的威望，大家都诚心诚意愿与它合作而不争竞计较。

上九：自天佑之，吉无不利。

【译文】

天来保佑，吉祥没有不利。

象曰：大有上吉，自天佑也。

【译文】

大有的上九吉祥，是有上天保佑。

【精解导读】

《系辞·上》说：“《周易》曰：‘自天佑之，吉无不利。’子曰：‘佑者，助也。天之所助者，顺也；人之所助者，信也。履信思乎顺，又以尚贤也，是以自天佑之，吉无不利也。’”这段话解释上九爻辞。译述出来是说：“《周易》里讲‘自天佑之，吉无不利’。孔子解释说，‘佑是帮助。天帮助的是顺应天道人心的人，人帮助的是有诚信的人，能履行诚信想着顺应天

道人心，又能崇尚贤人，所以天来保佑，吉祥没有不利。'"从象上讲，五是天位，兑为右（震为东、为左；兑为西、为右），上九从五位换到上位，卦才由夬变为大有，下有互兑，故为"自天佑之"。上苍保佑，当然"吉无不利"。象辞说"大有上吉，自天佑也"，是说上九有天来保佑，故大吉。

【提示】

（一）宋人解《周易》，经常提到卦德、卦才，一般地说，所谓卦德，指的是"元、亨、利、贞"四德。比如大有卦，卦辞只提"元亨"，即可认为只具两德。所谓卦才，指的是卦所具有的特性，比如乾有刚健之才，坤有柔顺之才，等等。但这两个术语用起来区分并不严格。这一卦乾健、离明，而彖辞却说："其德刚健而文明。"才也称德，并不如宋人的强行分别。（二）宋人常把五位称作大中之位，根据是大有彖辞有"柔得尊位，大中而上下应之"。细按彖辞的说法，"大中"指在刚爻之中，不在刚爻之中不应称大中，彖辞只承认五是尊位。所以以五位称"尊位"为妥。（三）虞翻讲象常常提到伏卦、旁通。所谓伏卦、旁通，指的是卦的反象，即所有的爻全变后的卦象。如离的伏卦就是离的阳爻变阴爻、阴爻变阳爻而形成的坎卦。即离☲所有的爻阴变阳，阳变阴，为☵坎。大有的旁通卦是比，即大有䷍所有的爻阴变阳，阳变阴，为䷇比。只不过伏卦多就三爻卦而言，旁通多就六爻卦而言。

十五　谦——三才益谦

䷎

谦卦的卦画组合是艮（☶）下坤（☷）上，传统称作地山谦。《序卦》说：“有大者不可以盈，故受之以谦。”意为：富有的人不能骄盈，故在大有卦之后接着是谦卦。《杂卦》说：“谦轻而豫怠也。”意为：谦是自处轻微，豫是愉快（见下卦）。“谦”与“盈”对称反义，盈是满，谦就是虚。“谦”与“豫”因果连义，谦是轻微，豫是怡悦。轻微是指不背名分、地位等的包袱，在上位而不盛气凌人、高傲自尊，谦和甘下，谦虚之义也。

彖辞说：“天道下济而光明，地道卑而上行。”提示谦卦爻位有上下推移的问题。隋唐时人侯果说：“此本剥卦，乾之上九来居坤三，是天道下济而光明也。坤之六三上升乾位，是地道卑而上行者也。”侯果的意思是说，谦卦由剥卦变来，是剥卦的上九与六三交换了位置。即：剥卦（䷖）上九与六三换位，变䷎谦。谦卦与下一卦豫卦构成一组正覆卦，谦卦卦画上下倒覆即豫卦，谦（䷎）上下颠倒，为䷏豫。

谦，亨，君子有终。

【译文】

谦卦，亨通。君子会把事办到底，有好结果。

彖曰：谦亨，天道下济而光明，地道卑而上行。天道亏盈而益谦，地道变盈而流谦，鬼神害盈而福谦，人道恶盈而好谦。谦尊而光，卑而不可逾，君子之终也。

【译文】

谦卦亨通，天位虽高上，却向下救助放光明；地位虽卑下，却向上运行。天的法则是减取满盈而增加虚少；地的法则是把满盈的变少，流入低下之处；鬼神的法则是祸害骄满而福佑谦虚；人的法则是厌恶骄满而喜好谦虚。谦虚被人尊重又光荣，位处低下又不可逾越，君子有谦虚的美德，就会有好结果。

象曰：地中有山，谦。君子以裒多益寡，称物平施。

【译文】

下卦艮为山，上卦坤为地，地中有山就是谦卦。君子从中受到启示，减损多的，增益少的，称量多少

而公平施与。

【精解导读】

谦卦由剥变来，剥卦上九阳爻下到三位，六三阴爻升到上位，阴阳二气交流，故亨通。阳爻为君子，阳爻下到三位，三位是下卦之终，下卦成艮，艮为止，故言“君子有终”。从取义上说，“君子有终”一指君子能善始善终，把事情办得有头有尾，不会半途而废；一指君子会有好的结果，“有终”是有好的归宿。

彖辞从两个方面解释卦辞。（一）解释卦辞“亨”。“谦亨，天道下济而光明，地道卑而上行。”意为：谦卦所以亨通，是因为天地交流。天高地低虽然是大自然的秩序，但在上的天其运动规律是向下与地交感流通，在下的地其运动规律是向上与天交感流通。“济”是救助，天把日月星辰的光明普照大地，向下救助。地气蒸发到天上去。天地阴阳的交流化生万物，所以才能通畅运行。从象上说剥卦的上九代表天的阳气下到六三，六三代表地的阴气上升到上位，这是从卦变上说明卦辞“亨”。（二）从道理上推导卦辞“君子有终”。“天道亏盈而益谦”中，“亏”“益”都是使动用法，意思是天的规律是使满盈的受到亏损，使谦虚的得到增益。唐朝人崔璟讲这一句时说：“若日中则昃，月满则亏，损有余以补不足，天之道也。”太阳正午之后就要西斜，月亮圆了就会亏损，这些天象可以说明天的法则是损有余而补不足，骄盈满溢不会得到天的

佑助。“地道变盈而流谦”中，“变”是改变，“流”是流向。这句意思是：地的规律是使满盈的变少，把多余的部分向谦虚的地方流动。崔璟说：“高岸为谷，深谷为陵，是为变盈而流谦，地之道也。”即地壳的变化是高山变为深谷，深谷变为高山，这些大地的运动可以说明地的法则是损有余而补不足，骄盈满溢也不会得到地的佑助。“鬼神害盈而福谦”中，“害”与“福”也是使动用法。这句意思是：鬼神会使满盈的受害、谦虚的得福。崔璟说：“朱门之家，鬼阚其室；黍稷非馨，明德唯馨，是其义矣。”深宅大院就要闹鬼，这是鬼害盈。神不享用丰盛的祭品，而保佑有德之人，这是神害盈而福谦。“人道恶盈而好谦”中，“恶”是厌恶，“好”是喜欢。这句意为人都喜欢谦虚而厌恶骄盈。崔璟说：“满招损，谦受益，人之道也。”就是说骄傲自满会受损失，谦虚谨慎会受益，这是人行动的规律。“谦尊而光，卑而不可逾，君子之终也”中，“逾”是超越。这句意为，谦虚反而被人尊重，是一种光荣，自居卑下，别人反而难以越过，谦虚是君子最好的归宿。这一段从天、地、人、神、鬼各方面证明君子应当保持谦虚的美德，骄傲自满人神共愤，说明“满招损，谦受益”是一条不可动摇的规律。故言谦为“君子有终”。

象辞中的裒，意同“掊”，减损的意思。“称”是称量。从上下卦的组合看，上卦坤为地，下卦艮为山，组合在一起是山在地中。山本在地上，而卦象却是山

下到凹地中去了。君子看到这样的卦象，要效法山能谦下的精神，体悟天地公平之道，把它运用于人类社会，就应当从多处损减，向少处增益，称量多少，公平施与。看来天地人鬼神，福谦祸盈的基本原则就是要公平。

初六：谦谦君子，用涉大川，吉。

【译文】

谦而又谦的君子，用以渡过大川险阻，吉祥。

象曰：谦谦君子，卑以自牧也。

【译文】

谦而又谦的君子，是能谦卑自守，把自己管理好。

【精解导读】

“谦”是能够自居卑下。初六在谦卦之中，已是谦下，又处全卦最下位，故为谦而又谦。孔颖达的《正义》说：“处谦之下，谦之谦者也。”注意到爻辞是从下位取象。刚爻为君子，九三爻辞说“劳谦君子”，九三是君子，初六又在九三的下两位，故言“谦谦君子”。从取象上讲，“谦谦君子”是说比君子还谦而又谦。取义上则是说谦而又谦的君子。爻辞的取象意义与取义意义并不完全相同，初六前临互坎（初六→䷎ > 互坎），坎

为水，故言“用涉大川”。人能谦恭自处，天人共助，故可“用涉大川”而吉祥。象辞说：“谦谦君子，卑以自牧也。”“牧”的本义是放牧，引申为管理，比如州官称州牧，当官的责任是牧民等，牧都作管理讲。象辞意为：君子能把自己管理好，无须别人监督，自己会谦卑自守，符合天地之道，所以才吉祥。说明谦虚是一种美德，虽无人强制你去这样做，但要自觉地去培养，须自己把自己管理好。能自我控制做到谦而又谦，就会获吉。

六二：鸣谦，贞吉。

【译文】

鸣和谦虚，守正吉祥。

象曰：鸣谦贞吉，中心得也。

【译文】

鸣和谦虚，守正吉祥，是心中自得。

【精解导读】

苏东坡说：“雄鸣则雌应，故《周易》以阴阳唱和寄之于鸣。谦之所以为谦者，三也。其谦也以劳，故闻其风被其泽者，莫不相从于谦。六二其邻也，上九其配也，故皆和之而鸣于谦。而六二又以阴处内卦之

中，虽微九三，其有不谦乎？故曰‘鸣谦’，又曰‘贞吉’。鸣以言其和于三，贞以见其出于性也。”苏氏认为九三是有功劳又能谦虚，六二闻风响应，故与九三一唱一和地谦虚起来。“鸣谦”就是对谦虚的美德发出共鸣。从象上讲，九三从剥卦的上九来到三位，与六二比邻相合，六二前临互震（六二→䷎>互震），震为善鸣（《说卦》：“震为善鸣马。”）。九三是全卦的主爻，代表谦卦，六二与九三比合，故为“鸣谦”。“贞”指六二在下卦之中，又是阴爻处阴位，位正。位中又正，故吉。象辞说：“鸣谦贞吉，中心得也。”主要指六二与九三阴阳相得，九三原是剥卦上九，下到三位比邻于六二，故六二心中感到自得。

九三：劳谦君子，有终，吉。

【译文】

有功劳又谦和的君子，有好结果，吉祥。

象曰：劳谦君子，万民服也。

【译文】

有功劳又谦和的君子，万民都悦服。

【精解导读】

这句爻辞《系辞·上》有说明：“‘劳谦君子，有

终吉。’子曰：‘劳而不伐，有功而不德，厚之至也。语以其功下人者也。’”孔子把“劳”讲成功劳，“谦”是不伐德，也就是不自居有功，能谦下待人，为人厚道。从象上讲，九三在互坎里，坎为劳（《说卦》：“帝劳乎坎。”），刚爻为君子，故言“劳谦君子”。又在下卦艮里（䷎>艮），艮为终（《说卦》：“终万物始万物者莫盛乎艮。”），故为“有终”。全卦唯一的一个刚爻，有众柔爻拥戴，故吉。象辞说：“劳谦君子，万民服也。”指的就是谦卦五柔一刚，一刚统帅五柔，五柔都诚心悦服，柔爻为民。《系辞·下》讲六子卦提到的“阳一君而二民”，“阴二君而一民”，都是以刚爻为君，柔爻为民。谦卦最好的一爻就是九三。

六四：无不利。㧑谦。

【译文】

没有不利，能发挥谦虚的美德。

象曰：无不利，㧑谦，不违则也。

【译文】

没有不利，能发挥谦虚的美德，不违背法则。

【精解导读】

“㧑”，《释文》：“义与麾同。”《九家易》：“㧑犹举

也。”麾是元帅的大纛，帅旗，用以指挥。从取象说，震为旗鼓。《左传》僖公十五年：“车脱其輹，火焚其旗。”以震变离为“火焚其旗”，以震为旗，离为火。震为鼓见《九家易》。六四在互卦震里（六四→䷎>互震），为旗鼓之象，故言“撝谦”。从取义上讲，“撝”义同“挥”，“撝谦”是能发挥谦虚的美德，故“无不利”。把撝讲成指挥、推举、挥却等义，于取义不合。象辞说：“无不利，撝谦，不违则也。”“则”指的是天地人神鬼之道，“不违则”是说符合“天道亏盈而益谦，地道变盈而流谦，鬼神害盈而福谦，人道恶盈而好谦”的法则。

六五：不富以其邻，利用侵伐，无不利。

【译文】

因邻居而不富足，宜于使用侵伐，没有不利。

象曰：利用侵伐，征不服也。

【译文】

宜于侵伐，是征伐不服的人。

【精解导读】

从象上讲，坤为虚、为吝啬，故坤为不富。六五

在上卦坤里，故言“不富”。坤为众，故“利用侵伐”。五位是尊位，故“无不利”。象辞说：“利用侵伐，征不服也。”主要是指卦变而言。剥卦是柔灭刚，“子弑其父，臣弑其君”，逆而无道，上九下到三位“万民服”，是上九下去“征不服”，上六爻辞说“利用行师，征邑国”可证。因为六五居尊得中，有征伐的权势，故可利用侵伐。

上六：鸣谦，利用行师，征邑国。

【译文】

鸣和谦虚，宜于行军打仗，征伐邑国。

象曰：鸣谦，志未得也；可用行师，征邑国也。

【译文】

鸣和谦虚，是因为不得志；可以出兵打仗，征伐邑国。

【精解导读】

“鸣谦”是与九三的谦虚发生共鸣，彼此应和。从二爻到上爻是个小一点的师卦，故言师。邑国是下属国家。分封制度是诸侯有国，大夫有家。天子分封的诸侯称国，分封的大夫领地就是邑。邑国都是天子的附庸，要受天子的领导。剥卦是臣要灭君，上六是

与剥上九换位的一爻，故言征伐。象上指坤为邑国，剥的上九来到三位，是一刚统帅众柔，成为上坤下坤的中心，故言“征邑国”。象辞说“鸣谦，志未得也”，也是指卦变而言。上六与九三正应，九三在互震之中，震为鸣，故可应和而鸣。上六与九三是换位的一爻，在剥卦里上九与六三就是阴阳正应关系(剥),与六二毫无联系。换位之后九三比于六二，对六二来说，不是正应而得相比，是不该得而得，故六二是“中心得也”。对上六来说是应而不能相比，是该得而未得，故言“志未得也”。

【提示】

《周易》是观象系辞，这在《系辞传》里讲得十分明确肯定。讲《周易》不讲象，或“得意忘象”，就不符合《周易》的实际。王弼之后的义理派长期得不到易学家的认可，原因就在此。但《周易》的观象系辞有它自身的限度，不能无限扩大。所谓“观象系辞”，指的是卦辞、爻辞一般要有象上的依据。即使是卦辞、爻辞也应当有所分别。一般说卦爻辞可分成两个部分，一部分是“象辞”，一部分是“占辞”。“象辞”是根据卦象、爻象来命辞，有象作依据；“占辞”是吉凶断语，大多是从道理上推出的结论意见，故无法为占辞找出取象所在。比如卦爻辞中提到的“吉”“凶”“无咎”“无不利”等，都属于占辞。因此，研究《周易》中的取象，应当限定在为卦、爻辞中的象辞部分找出

取象依据，不可扩大化。汉人讲象，把这部分内容扩大化了，不仅想给所有的卦爻辞找出象来，甚至还要为彖辞、大小象辞、文言等找出象来，这就难以自圆其说了。彖、文言等属于易传，易传是解释经的，有时说明取象，有时要解释语义、阐发意蕴，是从理上推导出来的。说明取象是摆事实，阐发意蕴是讲道理。讲道理的部分不可能找出取象来。象数派所以让人难以信从，往往是在这些方面讲得太牵强。比如这一卦的彖辞说，“天道下济而光明，地道卑而上行”，指剥卦变为谦卦中上九与六三的爻位推移，可以找出象上的依据。至于后面说的“天道亏盈而益谦，地道变盈而流谦，鬼神害盈而福谦，人道恶盈而好谦。谦尊而光，卑而不可逾，君子之终也”，都是从理上推导出来的。而汉人乃至魏晋以及后代的象数家们，却搜肠刮肚地非要找出哪一爻是神，哪一爻是鬼等所有每个词的象来不可，这就把“观象系辞”的范围扩大了。

十六　豫——心情怡悦

䷏

豫卦卦画组合是坤（☷）下震（☳）上，传统称作雷地豫。《序卦》说：“有大而能谦必豫，故受之以豫。”意为：大有又能谦虚一定会怡悦，故在大有、谦卦之后接着是表示怡悦的豫卦。《杂卦》说：“谦轻而豫怠也。”意为：谦卦是轻微自处，豫卦是心志怡悦。“怠”用如“怡”。尚秉和先生说：“怠，虞作怡。按怠、怡皆从心，本一字，故古常通用。《史记·始皇本纪》‘视听不怠’，刘歆《烈女传赞》‘言行不怠’，注并作怡。”《释文》：“豫，悦豫也，备豫也。马云：‘豫，乐。’”陆氏和马融都说豫是悦怡。《经典释文》认为豫还有预备的意思。从卦爻辞中分析，豫的主要意义是悦怡。

关于卦变，虞翻说：“复初之四。”意思是说豫卦从复卦变来，复卦的初九上升到四位，与六四换了地方，即复卦六四初九䷗两爻交换位置，变䷏豫。豫卦与上一卦谦为一组正覆卦，谦（䷎）卦颠倒过来，为䷏豫。

豫，利建侯行师。

【译文】

豫卦，宜于封建诸侯，出兵征伐。

彖曰：豫，刚应而志行，顺以动，豫。豫，顺以动，故天地如之，而况建侯行师乎！天地以顺动，故日月不过，而四时不忒。圣人以顺动，则刑罚清而民服。豫之时义大矣哉！

【译文】

豫卦，刚健之志得到应合，在天下推行，顺物性而动，故为怡悦。怡悦顺物性而动，故天地也与此相同，何况是封建诸侯，出兵征伐呢！天地顺时序而运动，所以日月运行不会失度，四季不会出现差错。圣人顺物性而动，就会刑罚清明，百姓悦服。豫卦所表现的顺应时序的意义太伟大了。

象曰：雷出地奋，豫。先王以作乐崇德，殷荐之上帝，以配祖考。

【译文】

雷从地下出来，大地振作起来，就是豫卦。先王得到启示，创制音乐，崇尚道德，并以盛大的仪式进献天帝，把祖先的亡灵与天地配在一起，共同来祭享。

【精解导读】

豫卦的上卦是震，下卦是坤。震为诸侯，坤为众，故卦辞说“利建侯行师”。师就是众（见师卦）。坤为顺，震为动，能顺物性而动，故万物豫悦，所以取名豫卦。豫是怡悦。关于震为诸侯的取象，《说卦》里没有提到，虞翻和《九家易》都这样讲，从提到“侯”的各卦中考察，虽是逸象，还是比较可信。

彖辞分五层说明卦辞。（一）从卦的主爻说明卦名。“豫，刚应而志行。”意指豫卦从复卦变来，复的初九上升到四位，成为全卦的中心，一个刚爻有五个柔爻上下应合，愿望得到极大的满足。从取义上说，则是刚健之志得以实现，故能豫悦。（二）从上下卦特性的组合上解释卦名。“顺以动，豫。”指的是下卦坤为顺，上卦震为动，能顺物性而动，故万物喜悦，所以为豫悦卦。（三）从义理上解释卦辞“利建侯行师”。“豫，顺以动，故天地如之，而况建侯行师乎！”意为：豫卦能顺物性而动，所以天地的运动法则都会与它保持一致，能与天地的运动节律并行不悖，就会无不利，何况仅仅是封建诸侯、行军打仗呢？象上仍然强调的是下坤为顺，上震为动。（四）进一步强调“顺以动”的巨大意义。“天地以顺动，故日月不过，而四时不忒”中，“过”是过错失度，“忒”是差错。这句意为：天地都是顺时序而动，所以日月的运行准确而不失度，一年四季应时而来，永远不会出现差错。这是

从自然法则上讲“顺以动”的意义。“圣人以顺动，则刑罚清而民服”，意为：圣人把天地的法则运用于人类社会，顺规律而行动，就会把社会治理得井然有序，刑罚清明，百姓悦服。这是从社会法则上讲“顺以动”的意义。（五）揭示学习豫卦的巨大意义。“豫之时义大矣哉!”意为豫卦顺时序而动的意义太巨大了。天地的运动是顺时序，人应当学习天地之道，也应当顺时序而动。把这个意义推及各个方面，就会无所不利。简言之是“顺以动”，圣人是顺规律而动，一般人是顺物性而动，这都是从天地顺时序而动那里应学到的东西。这是豫卦给人们的巨大启示。

象辞说明上下卦象。下卦坤为地，上卦震为雷，上下卦组合在一起是雷出地上。象辞说“雷出地奋”，“奋”是受到震动而振奋、振作起来的意思。冬天没有雷声，如同潜伏地下。开春以后春雷动，大地复苏，万物生长，如同大地从冬天的蛰伏状态重新振奋起来，也是喜豫之象。所以说“雷出地奋，豫。”“作”是创制，“殷”是盛大，“荐”是进献，“先王以作乐崇德，殷荐之上帝，以配祖考”，意为：先王从“雷出地奋”的卦象中得到启示，效法天地之道，创制出音乐来，用以崇尚道德，并用音乐组成盛大的仪式进献天帝和自己的祖先。古人认为雷有振起的作用，创制音乐，也可以让人精神振作。比如军队誓师，唱一支雄壮雪耻的歌曲，可以激励部队的精神，所以把音乐与雷声联系起来。另外音乐还可以歌颂盛德，组成盛大感人

的阵容，用以制造神圣的气氛，故可用以祭祀天帝祖先。“祖考”用如“祖先”，“以配祖考”是把祖先的亡灵与天帝配在一起祭享。郑玄讲解说：“王者功成作乐，以文得之者，作籥舞；以武得之者，作万舞，各充其德而为制。祀天帝以配祖考者，使与天同享其功也。故《孝经》云：‘郊祀后稷以配天，宗祀文王于明堂，以配上帝也。’”证明音乐不仅是表示喜悦，还用于歌功颂德。关于荐享天帝祖先的巨大政治意义这一点，在《诗经·颂》里有大量的记载。

初六：鸣豫，凶。

【译文】

和鸣于喜乐，凶。

象曰：初六鸣豫，志穷凶也。

【译文】

初六和鸣于喜乐，其志已尽，凶。

【精解导读】

初六的应爻在九四，又是复变豫与九四换位的一爻。全卦只有九四一个刚爻，为一卦的主爻，初六与九四关系最为密切，也最为得意。九四在上卦震里，震为鸣，故初六与九四和鸣，这一爻与谦卦上六相同，

只是谦卦的上六覆在初位而已（谦上六爻辞“鸣谦”可证）。但豫与谦不同，谦是谦虚，与谦虚和鸣，能一同谦虚；豫是喜乐，与喜乐和鸣，则会乐而忘忧。志满意得，不求进取，故凶。象辞说：“初六鸣豫，志穷凶也。”穷是极尽，位处一卦之初就心满意足，不求进取，其志已尽。沉溺于喜乐，忘乎所以，故会有凶的结果。爻辞的意思是说，人不可胸无大志，满足于喜乐。像初六这样得意忘形，必然会有凶的后果。正如成语所言“人无远虑，必有近忧”。

六二：介于石，不终日，贞吉。

【译文】

独立如巨石，不等终日，守正吉祥。

象曰：不终日，贞吉，以中正也。

【译文】

不等终日，守正吉祥，是因为处中位又得正。

【精解导读】

“介”同“界”，这从象上可以得到证明。全卦除上六外，各爻与卦的主爻九四非比即应，唯独六二与九四界限分明，毫无联系，是独立不移之象。六二在下卦中位，又以柔爻处柔位得正，既中又正，犹如中流砥柱。

全卦是喜乐悦豫，六二能不苟同于世，守正不阿，故得吉祥。象辞说：“不终日，贞吉，以中正也。”指的是六二的位置既中又正。关于这句爻辞，《系辞·上》里讲过：“《周易》曰：‘介于石，不终日，贞吉。’介如石焉，宁用终日，断可识矣。君子知微知彰，知柔知刚，万夫之望。”意为：独立如巨石一般，怎么会终日去等待？一定会有他独到的见识。君子能察微知著，能柔能刚，就会抓住时机去行动，这是万民仰仗的对象。介是界限、区别，引申为不同一般，耿介之意。《离骚》：“彼尧舜之耿介兮，既中道而得路。”用的是耿介义。《系辞·上》：“忧悔吝者存乎介。”介也是不苟同因循，能以独到的见识改变悔吝的局面。爻辞的取象在互卦艮（六二→䷏>互艮），艮为石，故言“介于石”，艮为终，故言“不终日”。取义则是说，不能沉溺于喜乐，要守中正，见机而作，在因循苟且的世俗中，要有独立的见识，及时杜绝忧患的产生，这样才会吉祥。与初六的“鸣豫，凶”意思一反一正。

六三：盱豫，悔。迟有悔。

【译文】

小人得意，忧悔。行动迟缓有忧悔。

象曰：盱豫有悔，位不当也。

【译文】

小人得意有忧悔，因为所处位置不当。

【精解导读】

盱（xū）字多解。《经典释文》：“睢盱也。向云：‘睢盱，小人喜悦之貌。’王肃云：‘盱，大也。’郑云：‘夸也。’《说文》云：‘张目也。’……子夏作‘纡”，京作‘汀’，姚作‘盱’，云：‘曰始出’。引《诗》：‘盱日始旦。’睢，《说文》云：‘仰目也’。”孔颖达疏：“睢盱者，喜悦之貌。”《周易集解》：“向秀曰：‘睢盱，小人喜悦佞媚之貌也。’”帛书《周易》作“杅”。总的来看，盱的异文较多，唐以前的注解多取睢盱为意，同意向秀“小人喜悦佞媚之貌”的讲法。宋人依据《说文》讲成仰视貌。《庄子·寓言》：“而睢睢盱盱，而谁与居。”注：“睢睢盱盱，跋扈之貌，人将畏难而疏远。”对以上说法加以辨析，盱不能讲作喜悦，向秀说的喜悦是与豫连在一起的，豫是喜悦，盱是小人喜悦的样子，恣意忘形的意思，心中得意，对上佞媚，对下横暴，仰头张目，自命不凡，架子挺大，不屑理人，总之是小人得意之象。从象上看，六三紧邻主爻九四，九四是豫的代表，六三上比九四，自以为得势，小人得意，故言“盱豫”。喜乐不可耽溺，初六为九四正应，尚且鸣豫有凶，六三只不过与九四比邻，就小人得意，故有忧悔。艮为止，故迟，六三在互卦艮中（六三→䷏＞互艮），故言

"迟有悔"。"迟"与六二爻辞"不终日"意思照应，"不终日"是能及时行动，不待终日，"迟"是不懂得乐极生悲的道理，行动迟缓。"迟有悔"是说乐而忘忧，行动迟缓，定会忧悔。象辞说："盱豫有悔，位不当也。""位不当"主要是指六三比于九四，九四是喜豫之主，随着九四仗势豫乐而不知节制，这种小人得意的状态是所处位置决定的。六三爻辞总的意思还是说，得意忘形，不知忧患，必然会有忧悔发生。

九四：由豫，大有得。勿疑，朋盍簪。

【译文】

喜豫之由，大有收益。无须猜疑，朋友会像簪子聚拢头发一样聚合在一起。

象曰：由豫，大有得，志大行也。

【译文】

喜豫之由，大有收益，是心志得到极大的推行。

【精解导读】

九四是豫卦的主爻，从复卦变为豫卦，正是九四从初位升到四位决定的。九四是成为豫卦的原由，故言"由豫"。全卦只有九四是刚爻，五个柔爻上下应合，前面彖辞说"刚应而志行"，指的就是九四，故言

“大有得”。坎为疑，九四在互坎之中（九四→䷏>互坎），能取得上下信赖，故“勿疑”。“朋盍簪”取全卦的总象。“朋”是朋友，“盍”义同“合”，“簪”是古人为聚拢头发而插入发中的发针。全卦五个柔爻散布上下，九四一个刚爻横贯其中，像是插入发中把头发聚拢在一起的簪子。比作人事，就是聚合众多朋友的中心人物。这是用古人熟悉的事物做比喻。现在男人不蓄长发，无需簪发，古代男子都蓄长发，与现在不同。取义是说九四是联结众人的纽带。象辞说：“由豫，大有得，志大行也。”指九四受到五个柔爻的信赖，大家都来应合，自己的志愿可以广泛推行，得到充分实现。强调的是九四的核心地位。九四是全卦最好的一爻，志向实现，大有收益，吉不待言。

六五：贞疾，恒不死。

【译文】

正在闹病，但长久不会死亡。

象曰：六五贞疾，乘刚也。恒不死，中未亡也。

【译文】

六五正在闹病，是因为乘驾在刚爻九四之上。久病不死，是因为在中位不到死的时候。

【精解导读】

全卦的主爻九四是唯一的一个刚爻，六五正好乘凌在它的上面，又在互坎里（六五→䷏>互坎），坎为疾，位置在上卦正中，故言“贞疾”。“贞”指正中之位，“疾”指互坎。“乘刚”为不顺，故取不吉之象。若无乘刚之故，中位很少取坎为疾象。六五又在上卦震中，震为反生，故言“恒不死”。总之六五是不死不活的病人，但没有病死的危险。虞翻说：“坎为疾，坤为死，震为反生，位在震中，与坤体绝，故‘贞疾，恒不死’也。”取象大体是正确的。象辞说：“六五贞疾，乘刚也。”是说位中还取疾为象，是因为有乘刚的原因。“恒不死，中未亡也。”是说不死是因为它毕竟还有在中位的优势。

上六：冥豫，成有渝，无咎。

【译文】

昏昧不明地喜乐，终有变化，没有咎害。

象曰：冥豫在上，何可长也。

【译文】

昏昧不明地喜乐，位处上穷，怎么会长得了。

【精解导读】

“冥”是昏昧幽暗，“渝”是变，“成”是终。爻辞意为，昏昧不明地沉溺于逸乐喜豫之中，已经到头了，很快就要发生变化，不可能长期喜乐下去，情况一变就没有咎害了。从象上说，上六在豫卦之终，极豫尽乐，到了终期，最后还不觉悟，故言“冥豫”。但上位是穷极之位，物极必反，终必有变，故言“成有渝”。尽情寻欢作乐必然会有悔，变化之后，反而会无咎害。象辞说“冥豫在上，何可长也”，强调上六的上位，“何可长”是指豫悦的局面不会长久，也是说到了终了要变化。上六的无咎是形势的变化造成的，不是上六的自我醒悟。

【提示】

《经典释文》说：“豫，悦豫也，备豫也。”悦豫是豫的主要意思，但豫也有早作预防的意思。所以爻辞中都含有在喜乐之中要见微知著、早作预备的意思。六二能“介于石，不终日”则吉，初六“鸣豫”，不能早作预防则凶。把这一卦与上一卦联系起来看，早作备豫的意思更为明显。谦卦虚而轻，一卦各爻却很少有不吉的；豫卦是怡悦，各爻却很少有吉的。说明《周易》作者主张的是居安思危，不可乐而忘忧，稍一放纵就会祸由喜生，只有见几知微，处乐而知戒，能有所控制，及时转变，才能吉利。不然即使处在喜乐

的时势中也不能获吉。《系辞·下》说："《周易》之兴也，其当殷之末世，周之盛德邪？当文王与纣之事邪？是故其辞危。危者使平，易者使倾。其道甚大，百物不废，惧以终始，其要无咎。此之谓《周易》之道也。"所谓《周易》之道，无非是吉凶祸福的辩证思想，用老子的话说就是"福兮祸之所依，祸兮福之所伏"。吉凶、悲喜等相对相反的两面都是相互依存的。

十七　随——从宜适变

䷐

随卦的卦画组合为震（☳）下兑（☱）上，传统称作泽雷随。《序卦》说：“豫必有随，故受之以随。”意为：喜悦一定有人随从，所以在表示喜悦的豫卦之后接着是随卦。《杂卦》说：“随，无故也。”意为随是没有事故。没有事故是指没有主观上一定要怎么样去做的事情，要随着时势的发展去决定做什么，是从宜适变的意思。《序卦》《杂卦》把随讲成随从、随时的意思，这与彖辞讲的“随时之义大矣哉”的解释相合。

依据彖辞的提示“刚来而下柔”，虞翻说：“否上之初，刚来下柔。”揭示的卦变现象是对的。虞氏的意思是说，随卦由否卦变来，变的方式是否卦的刚爻上九与初六互换了位置，来到柔爻之下，即：否（上九初六䷋）两爻换位，变䷐随。随卦与下一卦蛊为一组，随卦（䷐）上下颠倒过来就是下一卦蛊䷑。随与蛊是正覆卦。

随，元亨，利贞，无咎。

【译文】

随卦，大亨通，有利而正，没有咎害。

彖曰：随，刚来而下柔，动而说，随。大亨贞，无咎，而天下随时，随时之义大矣哉。

【译文】

随卦，刚健却来到柔顺之下，行动而喜悦，这就是随卦。大亨通而正，没有咎害，天下随时势运行，随时提示的从宜适变的意义太伟大了。

象曰：泽中有雷，随。君子以向晦入宴息。

【译文】

大泽中有雷，就是随卦。君子从卦象中得到启示，要随天时而动，晚上回家安然休息。

【精解导读】

“元亨”彖辞换言大亨，说明“元”可讲成“大”。随卦从否卦变来，否卦是天地悬隔，上下不通。否卦的上九从天上下来到了地下，地下的初六上升到天上，天地交流，阴阳往来，打破了否卦的闭塞状态，开始变得十分通畅，这就是“元亨”。通畅无阻，万物繁衍生息，故言“利”。上九原是刚处柔位，初六是柔处刚位，上

九与初六交换位置，上爻与初爻都得正位，故言“贞”。“元亨利贞”何咎之有，故言“无咎”。

彖辞分四层解释卦辞。（一）从卦变上说明随卦。“随，刚来而下柔”，是说随卦从否卦变来，是否卦的刚爻上九来到初位，处在柔爻之下。从取义上，是说刚健的人本来难以随顺别人，而今竟然甘居柔顺之人的下方，这就是随卦。随是能随顺的意思。（二）从上下卦的特性组合上解释随卦。“动而说，随”，是说随卦的组合是下卦震、上卦兑，震的特性是动，兑的特性是悦，组合在一起是心中喜悦地去行动，心里愿意干才干，所以也是随顺之意。（三）解释卦辞“元亨，利贞，无咎”。“大亨贞，无咎，而天下随时”意为：所以会“元亨，利贞，无咎”，是因为天下能顺应时势而运动。人能不拘执于自己的成见，按形势的发展该怎样做就怎样做，顺应时势，从宜适变，这才是正道，所以才通行无阻，无所不利，自己也不会出现咎过。用现代话说，就是找到一条正确路线，不左倾，也不右倾，当然就“元亨，利贞，无咎”了。（四）强调随卦的“随时”意义。“随时之义大矣哉”是提醒人们深刻理解随卦的“随时”意义。随时不仅指要随天时而动，把这个意义运用于社会，还有顺应时势的意义。变是自然、社会发展的必然规律，任何事物都不会一成不变，这就要求人在行动上要从宜适变，顺应不断变化的形势，随时调整自己的行动，这才符合天地之道，才能趋吉避凶。变是《周易》的大法，随时是人

行动的准则，意义太重大了。用今天的话讲，一切僵死的、守旧的、教条主义的、机械的观点都要不得。随卦向人们揭示了这些重大内容，学习随卦，就要深入体会它的“随时”意义。

象辞从卦象组合上来解释。“泽中有雷，随”是说随卦上下卦象的组合是上卦兑为泽，下卦震为雷。雷进入大泽之中，这就是随卦。“君子以向晦入宴息”中，“向晦”指到了晚上，“宴”是安然，“息”是休息。通俗地讲，就是君子晚上回家去睡觉，不出来活动。意指日出而作，日入而息，也是随天时而动。《九家易》说：“八月之时，雷藏于泽，则天下随时之象也。”意思是说，泽中有雷这个卦象，显示的是阴历八月雷声消失，藏到大泽中去了，到了一年中的蛰伏季节，雷都要随季节而藏伏，人更应该随时而动，所以君子才从雷随时而藏息的卦象中体悟出“向晦入宴息”的道理来。白天出来干活，晚上回家睡觉，这是一个十分简单的道理，但要把它推广到君子要随时这个意义上讲，那就深刻得多了。所以彖辞才讲“随时之义大矣哉”，古人很善于从这些简单的现象中体悟出深邃的哲理。

初九：官有渝，贞吉。出门交有功。

【译文】

为官有权变，又不离正道，吉祥。出门与人交往，

会有功效。

象曰：官有渝，从正吉也；出门交有功，不失也。

【译文】

为官有权变，又能从正道出发，吉祥。出门交往有功效，是因为没有过失。

【精解导读】

“渝”是变。在这里是指当官能有权变。有权变是指能灵活施政。“贞”是守正，用现代的话说，渝是灵活性，贞是原则性。“官有渝，贞吉”是说，当官施政既不离开正道，又能从权适变，吉祥。“出门交有功”，是说走出门与外界交往会有成效。从象上讲，初九是全卦的主爻，是它“刚来而下柔”才由否卦变为随卦，可见它是最能趋宜从权、随时知变的一爻。下卦震，震为诸侯、为长子，长子做诸侯，故言“官”，知变故言“有渝”。在互卦艮之下（>互艮），艮为门，故言“出门”，与上六是换位的一爻，故言“交”。初九的变化使闭塞的否卦变成随卦，故言“有功”。象辞说：“官有渝，从正吉也。”象辞首先把“贞”讲成“正”，意思是知变是《周易》的大法，但也要注意变不能离开正道，能守正而变才会吉祥。从象上说，“贞正”都指初九刚爻占据刚位，位正。“出门交有功，不失也”，是说出门与人交往有功效，是因为初九变而没有过失。

看来象辞强调的是变不能脱离原则，要在守住正道的基础上从宜适变，讲得十分辩证。

六二：系小子，失丈夫。

【译文】

系恋于小子，失去了丈夫。

象曰：系小子，弗兼与也。

【译文】

系恋于小子，不能两者兼得。

【精解导读】

六二与九五是阴阳正应，六二阴爻，九五阳爻，九五是六二的丈夫。但初九是全卦的主爻，初九来到六二之外，两爻比邻，六二不能不有所系恋。在随卦之中，就近随了初九。初九在震卦，震为长子，故言“系小子，失丈夫”。象辞说：“系小子，弗兼与也。”“与”是跟从，意为在小子与丈夫之间要选择一头，不能两者兼得。因为是随卦，总得随一头，不能两头都随，就只能是系恋于小子，失去了丈夫。从这句象辞可以看出，象辞引用爻辞常有省略，只求达意而已，并不巨细无遗地全引。这句象辞说全了应当是：“系小子，失丈夫，弗兼与也。”在读其他象辞时，也必须注意这

种省略了的内容。至于取义，更应当灵活理解。爻辞主要是针对女性讲的，是说顾恋孩子，失去了丈夫，有离异之象。但对男性来说，丈夫不妨理解为英雄豪杰，小子不妨理解为庸碌之辈，不能拘执。重在取其不可兼得之意。至于吉凶，要据情况而定，爻辞只是告诉你不可两全，不一定就凶。要从位上讲，六二居中得正，很难说一定就不好。对其他爻辞的理解也不要一言断死，这才符合《周易》的圆通性。

六三：系丈夫，失小子。随有求，得。利居贞。

【译文】

系恋丈夫，失去小子。随从别人有所求，可以得到。居身守正有利。

象曰：系丈夫，志舍下也。

【译文】

系恋丈夫，是舍弃从下的选择。

【精解导读】

象辞说“志舍下”，指六三舍弃随从下位的初九，言外之意就是“随上”，上指的是六三上面紧邻的九四。因为是随卦，六三也是就近随人，与初九隔着六二，不能相随，故随九四。九四刚爻在上，六三柔爻

在下，柔爻顺于刚爻，故指九四为丈夫。六三与九四都无应，女以从男为顺，六三与九四近比相得，故言“随有求，得”，意思是指六三随从九四，有所求取，可以得到。但六三与九四位都不正，故戒之以“利居贞”，意为要居身守正才会有利。这一爻虽然也是不能两全，但比六二有得利之象，从象上说，初九为小子，互巽为利（六三→䷘>互巽），六三有利可得。

九四：随有获，贞凶。有孚，在道以明，何咎。

【译文】

随人而有收获，贞固不变有凶。心怀诚信，处正道能明，又有什么咎害？

象曰：随有获，其义凶也。有孚在道，明功也。

【译文】

随人而有收获，从道义上讲应当凶。心怀诚信，能处正道，是明智之功。

【精解导读】

“随有获”，是指随着别人去干，自己却大捞了一把，这在情理上说不过去，所以会招致凶的后果。象辞说：“随有获，其义凶也。”“义”指道义，“其义凶

也”，就是说从道理上讲该有凶。因为是跟着别人去干的，立意发谋以及主要责任都不在自己，而好处却被自己获得，情理上必然招致别人的怨恨，迟早会得到报复，凶的来到就是咎由自取。从象上说，九四在随卦，又互为巽卦（九四→䷐>互巽），巽为“近利市三倍”，故为“随有获”。“贞凶”中，“贞”指九四贞固而不知变，随卦要人从宜适变，随时随地调整自己的行动，贞固不变而背离“随时”之道，故有凶。象辞说“其义凶也”，主要指在“天下随时”的大势中，九四还不知变通，违反随卦之道。从象上说，随卦从否卦变来，是上九与初六交换了位置。其实否卦的初六正应在九四（否九四初六→䷋>应），应当与初六换位的首先是九四，而在变化之中，上九都下来了，九四却没有变。变化之后，九四又在互艮里（九四→䷐>互艮），艮为止，又是止而不动，始终保持贞固不变。在别的卦里，不动则可，处在随卦，故言“贞凶”。“有孚，在道以明，何咎”是说，除以上的象以外，九四还有孚众，处正道能明，没有咎害的象。《仲中氏易》认为，九四与它的应位初九组成一个正反卦（），震为大途，艮为径路，正看反看都在道路上，故言“在道”。这个正反卦，既是一个缩小的中孚卦（>䷼中孚），又是一个放大的离卦（>☲离），小于中孚，故言“有孚”，大于离卦，离为明，故言“以明”。“有孚”是自己有诚信，受到别人的信赖，“在道”是处在道理之中，“以明”

是能以明智的方式约束自己的言行。九四具有以上的优点，故不会有咎害。象辞说：“有孚在道，明功也。”意思是说能孚众不离正道，都是自己明智取得的功效。把爻辞的意思连在一起讲，九四这一爻意思是，随人而获利，固执不变，会有凶灾；能心怀诚信，明智地按道理去做，则无咎害。

九五：孚于嘉，吉。

【译文】

有诚信于嘉美，吉祥。

象曰：孚于嘉吉，位正中也。

【译文】

有诚信于嘉美吉祥，是因为位置正而中。

【精解导读】

“孚”是诚信，“嘉”是美善。“孚于嘉”是说其道嘉美，又对嘉美之道心存诚信，是能真正推行嘉美之道，故吉祥。从象上说，九五处全卦尊位，五位是上卦中位，九五是刚爻占据刚位，位正，又中又正又有地位，美善之至。在上卦兑里，兑为悦；在互卦巽里，巽为利；卦又是随，民众能随从；下有六二阴阳正应，好事占全了，故言“孚于嘉，吉”。这是全卦最

好的一爻，比主爻初九还强。象辞说：“孚于嘉吉，位正中也。”指出九五的主要优势在位置正中，处在这样的位置上，所有的好处才能显示出来。

上六：拘系之，乃从维之，王用亨于西山。

【译文】

扣住拴起来，又捆起来，大王祭享于西山。

象曰：拘系之，上穷也。

【译文】

扣住拴起来，是因为处在极上困穷之位。

【精解导读】

“亨”与“享”古代是同一个字，这里作祭享解。“拘”是被扣住不放，“系”是拴缚，“维”是捆绑，“西山”即后文提到的岐山，是周王朝的发祥地。王应当指周文王。这句爻辞前人有两种说法，一种认为是周文王被囚于羑里，一种认为是太王避狄去豳来岐之事。太王在岐山建业，固然有豳人相随，但没有“拘系之，乃从维之”，与象辞说的“上穷也”意思不合。应当以文王囚于羑里之说来解释。商纣王无道，周文王当时只是个西伯，因为心怀怨望，被纣王囚禁在羑里牢狱之中，确实是把文王扣留拴缚起来；后来找不

出文王的罪证，西周又以讨好的方式表示随从纣王，文王才被放出来。说文王回到岐山去祭享，比较合乎情理。从象上说，上六已到随卦的尽头，随顺到极点，卦象要变，与文王后来灭商形势相符。尚秉和先生说：“三至上正反巽，巽为绳，故曰系，曰维。虞翻曰：‘两系曰维’。《诗》所谓‘絷之维之’也。”意思是说，从三爻到上爻组成一组正反巽卦（上六 六三  反巽 正巽），巽在《说卦》里讲“为绳直”，上六身上正反都是绳子，所以被拴起来、捆起来。“维”是拴了又拴，取正反两巽为象。西山的卦象，毛奇龄讲得确切一些：“兑，西方之卦，连艮为山。”意为：从二爻至上爻互为上兑下艮（ 兑 艮），兑为西方之卦，艮为山，故有“西山”之象。至于“祭享”，《周易》里常以正反震为二簋，“二簋”通俗点讲就是两盘子祭品。初爻至四爻为正反震（反震 <  > 正震），震为簋，对称摆着两盘祭品，虽然简约，也算是祭享。象辞说：“拘系之，上穷也。”突出指明上六在全卦的穷极之位。从爻辞中分析，这一爻有牢狱之灾，穷尽随从，可逢凶化吉。

【提示】

这一卦中前人对“贞吉”的解释最为纷杂。顺便说一说《周易》的一词多义现象。“元亨”彖辞讲成“大亨”。“元”不仅可讲成始、大，还可讲成首、善、长等，这是古代词汇分化还不够丰富而具有的一词多义现象，毫不奇怪。首、善、长、大等义都与“始”

的意思相关，是“始”这个概念的外延引申。语言的发展是先有概念的外延引申，然后才会有词汇的分化出现。我们现在习惯于对分化后词汇的理解，觉得古代这种一词多义现象有词无定义之嫌，其实这是我们认识上的偏执，不能怪古人讲法多歧。我们应当从语言发展的历史现实中去认识。《周易》里这种一词多义的现象很多，比如“贞”，基本意是守正，但同时也含有固的意思，这才能说明后代贞操、贞节、坚贞等词汇的来源。当初没有这些词汇，并不等于没有这些概念，而是把这些概念，同用一个“贞”来表达。除此之外，贞还可讲成内卦、我方、遇卦、贞问等意。读古人的书，要从众多的词义中捕捉到在具体语言环境里最恰当的义项，力求避免用现代人的思维习惯去苛求古人，这才是历史唯物主义的做法。读《周易》尤其不可拘执，不然就钻进死胡同无路可寻了。前人囿于“贞，正也”，正怎么还有凶？于是绕了很多弯子，变化出种种讲法，总是不谐。这里应当注意，卦是随，要顺天随时，“贞”取的是固守不变的意思，所以有凶。

另外值得强调的还有一点，随卦在主爻初九的爻辞里提到“官有渝”，象辞提出“从正吉也”。这种讲法富于哲理。当官执政，古人强调要有经有权，“经”是正、是常；“权”是变通。换成今天的话讲，就是在不违背原则的基础上要灵活变通。从实际出发，因时制宜，灵活处理。

十八 蛊——整饬修治

䷑

蛊卦的卦画组合为巽（☴）下艮（☶）上，传统称作山风蛊。《序卦》云：“以喜随人者必有事，故受之以蛊。蛊者，事也。”意为：长期喜悦地随顺人，必然会出事。所以在表示喜悦的豫卦、表示随顺的随卦之后，接着是蛊卦。蛊是事的意思。《杂卦》云：“随，无故也；蛊，则饬也。”意为：随卦是没有什么一定要干的事，蛊是整饬修治。前人把“故”和“蛊”都讲成是“事”，理解起来有一定难度，但讲得并不错。从词义联系上说，故是故意、有意，随卦的“无故”是指不是自己有意地一定要去干什么事，而是随着别人去干，故云“随无故也”。无故是没有个人的成见、定见，这样才能随人。“饬”是整饬修治，整饬修治什么呢？就是要治理整顿“以喜随人”必然会出现的事。这就是有意地去干了，不是随着人去干，而是自己有所作为。《杂卦》是在这个意义上把随卦与蛊卦反义对比排列在一起的。蛊卦的“事”指的是什么事？既需整饬修治，那就一定不是什么好事；既然是“以喜随

人”造成的，那么这个事指的可能是天下喜乐日久，万民随顺而渐渐滋生出来的官僚腐败等弊政。承平日久，安乐成习，这些事就都出来了。这就需要整饬治理。事指的就是如官僚腐败、违法乱纪、以权谋私、纵欲僵化等问题。《说文》云：“蛊，腹中虫也。《春秋传》曰：‘皿虫为蛊。’晦淫之所生也。”蛊是吃得肚子里长虫了。《左传》昭公七年记载，秦医和为晋侯看病，医和诊断之后对晋侯的臣子赵孟说：从字形上分析，器皿中生了虫子就叫蛊。粮食中生了飞虫也是蛊。在《周易》里，女人迷惑男人、大风吹落山木叫蛊，这都是同类事物。苏东坡讲：“器久不用而虫生之，谓之蛊；人久宴溺而疾生之，谓之蛊；天下久安无为而弊生之，谓之蛊。”蛊的本义是盆盆罐罐这些器皿长期不使用而生出来的虫子。推及社会这个意义上讲，指的就是久安之弊。有弊就得改革，《周易》的着眼点侧重于社会问题，所以才说“蛊则饬也”。尽管蛊有蛊虫、疾病、蛊惑、颓败等意，但在卦名的意思上，治理整顿是它的主要义项。蛊卦讲的是社会改革中兴问题。

彖辞提示说“刚上而柔下”，从卦变上看，蛊卦由泰卦变来。虞翻说：“泰初之上。”意思是说：由泰卦变化成蛊卦的方式是泰卦的初九上升到上位，与上位的上六换了位置。即泰上六初九(䷊)初九与上六换位，变䷑蛊。从卦序排列上讲，蛊卦与上一卦随，一正一反，构成一组正覆卦，即蛊(䷑)整卦上下翻倒，为䷐随。

卦图上存在这样的联系，取义上也有不可分割的关系。泰卦是天下太平，随卦是万民随顺，于是久安生弊而成蛊。

蛊，元亨，利涉大川。先甲三日，后甲三日。

【译文】

蛊卦，大亨通。有利于涉过大川险阻。开始前的（癸、壬、辛）三天，和开始后的（乙、丙、丁）三天。

彖曰：蛊，刚上而柔下，巽而止，蛊。蛊元亨，而天下治也。利涉大川，往有事也。先甲三日，后甲三日，终则有始，天行也。

【译文】

蛊卦是刚健之爻到了上位，柔顺之爻来到下位，巽顺而有所止，这就是蛊卦。蛊卦大亨通，是天下得以治理。有利于涉过大川险阻，是要去干事。开始前的三天和开始后的三天，是事情终结后又有新的开始，这是天道的运行法则。

象曰：山下有风，蛊。君子以振民育德。

【译文】

山下有风就是蛊卦。君子从中受到启示，要振起民众培育道德。

【精解导读】

泰卦是天地阴阳之道的相对平衡，但长期保持这种均衡状态，社会就不可能发展了。事物的发展总是由不平衡趋向平衡，再重新打破平衡，在这种矛盾对立中不断前进的。泰卦变而为蛊，就是打破平衡状态的向前发展，所以蛊卦“元亨”。亨者，破阻而发展之谓也。利涉大川取象于下巽上艮。巽为木、为风，艮为涯岸、为止，木舟乘风有涯岸可上，故利涉大川。涯岸以艮是山为据，山临水为涯岸，互卦有兑，兑为泽（䷑>互兑），艮在兑上，故为涯岸。从取义上讲，“利涉大川”是宜于涉难历险，大川是指天险。在这一卦指的是利于突破险阻，改革中兴。“先甲三日，后甲三日”讲法比较纷纭，可参考后面的提示。这里取一种较为圆通的说法。从卦象上分析，这一句应当与巽卦提到的“先庚三日，后庚三日”等通盘考虑，不能孤立地一处说通就形成定见。综合考查，纳甲之说较为圆通。依据纳甲原理，十天干与八卦相配是乾纳甲、壬，坤纳乙、癸，丙纳于艮，丁纳于兑，戊纳于坎，己纳于离，庚纳于震，辛纳于巽。古人以十天干记日，甲乙丙丁戊己庚辛壬癸，十天干周而复始。“先甲三

日”意为甲日前的三天，指的是辛日；“后甲三日”意为甲日后的三天，指的是丁日。蛊卦从泰卦变来，泰的下卦是乾，乾为甲；从泰卦变为蛊卦，爻的推移是泰的下乾里的初九，从乾三爻的最下，升到坤三爻的最上位。下为前，上为后，坤卦在乾卦后三爻的位置上（泰初九→䷊>坤>乾），初九从乾的前三位升到乾的后三位，取象爻变，故有此说。从取义上讲，甲是十日之首，是开始的意思。在这一卦指改革的开始。改革要破旧立新，前三天终结旧的弊政，后三天开始新的统治，完善新的法规，是改革启动的关键时期，要与旧的既得利益集团做斗争，要担风险，故要涉大川。“先甲”“后甲”是说这段时间是了却旧账，重新开始，完成一个“终则有始”的社会运行过程。

彖辞分五个方面解释卦辞：（一）从卦变上解释蛊卦。“蛊，刚上而柔下”，意为：蛊卦是从泰卦变来，泰卦的刚爻初九上升到了上位，柔爻上六降到下位，两爻交换位置成为蛊卦。（二）从上下卦特性组合上解释蛊卦。“巽而止，蛊”，意为：蛊卦的卦画组合是下卦巽，巽为逊顺，上卦艮，艮为止，下边逊顺，上边停止不动，这就是蛊卦。（三）解释卦辞“元亨”。“蛊元亨，而天下治也”，意为：蛊卦大亨通，是天下革除弊政而得到治理，顺利向前发展。显然彖辞认为蛊是要治的弊病，又是对弊病的治理。这与《序卦》《杂卦》的讲法可以相互印证。（四）解释卦辞“利涉大川”。“利涉大川，往有事也”是说宜于涉过大川险

阻，是因为前往有事要干。言外之意就是事情非干不可，有大川险阻也不怕，一定要渡过去。有这样刚健的意志要上，所以“利涉大川”。（五）解释卦辞“先甲”“后甲”。“先甲三日，后甲三日，终则有始，天行也”，意为：开始的前三天、后三天是指一个过程的完结，另一个过程又要重新开始，这是天道运行的规律。这种运行规律符合天道，所以才“利涉大川”，所以才“元亨”。讲泰卦时我们提到，古人把相对平衡看成是运动转化的契机，这一点很不简单，我们今天也常会忽略这个道理，而《周易》却把它提炼得如此深刻。

象辞从上下卦象的组合解释蛊卦。“山下有风，蛊”指的是蛊卦的上卦是艮，艮为山；下卦是巽，巽为风；上下卦象组合在一起是“山下有风”，这就是蛊卦。从意思上该怎样去理解？《左传》僖公十五年：秦国攻打晋国，卜徒父为秦伯筮卦得蛊，把“山下有风”讲成风吹落了山上树木的叶子和果实，称作“风落山”。那是结合进攻的时令是秋天，据时发挥，可以商榷。但秦医和也这样引用，就不得不考虑这是传统解释。“风落山”无非是风扫落叶、摧枯拉朽之象。也是要荡涤颓败，清除陈腐，重新振作。所以象辞说“君子以振民育德”。“以”是因此，是说从这个卦象中要受到启示，效法蛊卦之道。要振起民众，培养道德。因为有陈腐存在，不得不振起；因为有积弊，不得不培育新德。穿旧鞋走老路，因循守旧不符合蛊卦的要求。

初六：干父之蛊，有子，考无咎，厉，终吉。

【译文】

纠正父辈养成的弊政，是父亲有能继承大业的好儿子。亡父没有咎害，有危厉，但最终吉祥。

象曰：干父之蛊，意承考也。

【译文】

纠正父辈养成的弊政，是从思想上能继承亡父的意志。

【精解导读】

“干”的本义是干犯，干犯正确的东西就是违逆，干犯错误的东西就是纠正。这里干犯的是“父蛊”，是纠正的意思。“考”，死去的父亲称考。“有子”是才能称得上有子的意思，指有好儿子。爻辞认为，父辈养成的弊政，儿子能加以纠正，这才算有子，才能消除亡父的咎责，虽然这样做有危厉，但最终能获吉。从象上说，乾为父、坤为母，泰卦下乾上坤，父母俱在，变为蛊卦，乾坤之象全都消去，故父母皆亡。初六从上六来到乾卦之下，故为“干父之蛊”。初九从乾卦分离出来到了上位，上卦成艮，艮为少男，故云“有子”。有儿子能纠正父辈的遗患，父亲的错误减轻了，

故“考无咎”。这样做极易招致他人的非议，故有“厉”。但符合天道，故“无咎”。我国封建社会实行的是世袭制，儿子继承父亲的职位。父亲死后，儒家思想主张“慎终须尽三年礼，追远常怀一片心”“三年无改父之道”。《周易》不这样看，认为父辈把大业传下来，同时也会带来积弊，儿子应当革除弊政，使父辈的基业能长久流传，这才是亡父最根本的愿望。如果沿习弊政，把大业中途葬送，反而不合亡父的遗愿。所以改革久安之弊，励精图治，锐意进取，是“干父之蛊”，也是父辈后继有人，亡父失政的咎责也会消除。这不是儒家那种“三年无改”的愚忠之孝，而是把握了祖宗的根本愿望，积极地把它实现。象辞说：“干父之蛊，意承考也。”“意承考”就是能从祖先的根本愿望上继承亡父的遗愿。“三年无改”是愚笨子孙，“意承考”才是好儿孙。可见《周易》对忠孝的认识要比后代的儒家思想深刻得多。

九二：干母之蛊，不可贞。

【译文】

纠正母亲的弊端，不可正固。

象曰：干母之蛊，得中道也。

【译文】

纠正母亲的弊端，符合中庸之道。

【精解导读】

全卦只有九二与六五上下正应，其他爻皆不应，六五是泰卦坤母的中爻，变蛊之后坤象隐去，六五为亡母。故九二为“干母之蛊”。九二在下卦中位，六五在上卦中位，都有中庸之德。在“干母之蛊”这个意义上讲，就是能把纠正母亲的弊端这件事办得恰到好处，适中得体，不至过分。所谓“不可贞”，是指不可要求正固，要适可而止。封建社会，妇女一般不参政，母亲之蛊，无非是些宫廷中的腐败现象，什么生活作风呀、偏心溺爱呀、母党后党呀等问题。对这些现象不纠正当然不对，但不能过分。正确的方法是做好善后，加以纠正。但不要过分认真、固执，伤害亲情。过分认真固执，往往是为了争权夺利，滥杀无辜。象辞说：“干母之蛊，得中道也。”“不可贞”就是“得中道”，就是能适中得体，不激不偏，适可而止。

九三：干父之蛊，小有悔，无大咎。

【译文】

纠正父辈的弊政，有小的忧悔，但无大的咎害。

象曰：干父之蛊，终无咎也。

【译文】

纠正父辈的弊政，最终不会有咎害。

【精解导读】

九三与九二都是刚爻，都有纠正之才。九二位中，行为不失中道。九三刚爻占据刚位，位正，但过刚。“干父之蛊”，易于矫枉过正，过正会有后遗症，故“小有悔”。但社会得到救治，故“无大咎”。象辞说：“干父之蛊，终无咎也。”意为：纠正父辈养成的弊政，虽然会有小的忧悔，但最终不会有咎害。九三位处下卦之终，故言“终”。可见救治社会积弊，宁可矫枉过正，遭受小的忧悔，也绝不能不加救治。矫枉过正是改革中的偏差，不纠正则可能亡家亡国。

六四：裕父之蛊，往见吝。

【译文】

宽容父辈的弊政，前往会见到吝难。

象曰：裕父之蛊，往未得也。

【译文】

宽容父辈的弊政，前往未能有得。

【精解导读】

蛊卦由泰卦变来，是泰的上六下到初位，初九上升到上位。故初六是“干父之蛊”。然而泰卦初九的应爻在六四（即泰

），在变化中，首先应当与初九换位的是六四，而实际的变化却是上六与初九换位，六四未动，故六四是“裕父之蛊”。“裕”是宽容。“裕父之蛊”就是不能纠正父辈养成的弊政，而是把这种弊政继承了下来。六四与下三爻组成正反巽（

），巽为进退不果，正反游疑不定。宽容弊政又进退不果，故“往见吝”。象辞说：“裕父之蛊，往未得也。”意为：宽容父辈养成的腐败弊政，不能果断地加以救治，有所作为也不会有收益。“裕”有饶裕的意思，从取义上讲，对前人养成的腐化风气容忍坐视，任其存在蔓延，必然会遭受吝难。

六五：干父之蛊，用誉。

【译文】

纠正父辈的弊政，用荣誉把大业继承下来。

象曰：干父用誉，承以德也。

【译文】

纠正父辈的弊政，保持声誉，是因为能以道德来

继承大业。

【精解导读】

“誉”是美好的名声、荣誉。爻辞是说，纠正父辈的弊政，使用的方法能使父辈获得好的声誉，不被后人指责。这当然是最好的救治之法，既能革除弊政，又给祖宗争得面子。六五在全卦尊位，下有九二正应，上下都在中位。《系辞·下》说：“二多誉”“五多功”。主要是位置好。推阐到继位垂统上讲，六五是一位有德而又能持盈守成的君王。有中庸之德，办事无过，无不及，能以最恰当的方式处理好前人遗留下来的腐败弊政，故言“用誉”。象辞说：“干父用誉，承以德也。”是指六五有中庸之德，强调的还是中位。朱震讲这一爻时说：“干父之蛊善于用誉矣。蛊之患非一世，譬如人嗜酒色、饵金石，传气于子孙者，溃为痈疽，死与不死，在治之如何耳。秦皇、汉武，穷兵黩武一也，秦亡而汉存者，始皇无子，而武帝有子以干之也。必曰‘承以德’者，誉谓德誉，非虚誉也。”简述出来是说，救正父辈的弊政，最理想的是用道德荣誉了。蛊的疾患往往不是一代人的事，比如有的人嗜酒贪色，服食金丹，病气遗传给子孙，溃烂成了疥疮。死还是活就看怎样治了。秦始皇、汉武帝穷兵黩武是一样的。秦灭亡了，汉却没有亡，这是因为秦始皇没有好儿子，汉武帝有好儿子，能救治他的弊政。象辞一定要说用道德来继承，这是因为爻辞的“誉”指的

是道德荣誉，不是徒有其名的虚誉。朱氏认为使王朝的荣誉得到保持，不能靠文过饰非，树立什么威信，而是要以高于前人的道德，继往开来、巩固发展。尤其要对前人的弊政加以修正，从而使他保持荣誉。“用誉”与前面提到的“矫枉过正”相比，除了救治是一致的外，还有一个发扬优良传统的问题。对父辈的优点要发扬光大，保持荣誉；对父辈的缺点要改革补救，为前人减轻咎责，赢得荣誉。这是社会改革中兴的最佳方案，所以才说“干父之蛊，善于用誉”。《周易》的思想对我们今天的改革仍有借鉴意义。

上九：不事王侯，高尚其事。

【译文】

不去侍奉王侯，把自己的行为看得很高尚。

象曰：不事王侯，志可则也。

【译文】

不去侍奉王侯，志向可以效法。

【精解导读】

乾为君王，震为诸侯。上九从泰卦的下乾游离出来，来到互震之上（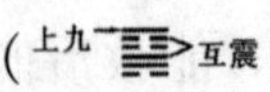

），所以是“不事王侯”。位处全卦最高之处，故言“高尚其事”。《后汉书·逸民

传序》说："《周易》称'遁之时义大矣哉'。又曰'不事王侯，高尚其事'……或隐居以求其志，或回避以全其道，或静己以镇其躁。或去危以图其安，或垢俗以动其概，或疵物以激其清……荀卿有言：'志意修则骄富贵，道义重则轻王公'也。"作者认为这句爻辞是讲隐士的。为什么不为王侯服务而去做隐士？《逸民传序》里讲了很多，说他是"蝉蜕嚣埃之中，自致寰区之外，异夫饰智巧以逐浮利者"。摆脱不了名利那是假隐士。为什么"志可则"？荀子说是"重道义、修志意"，追求的是精神上的高尚，在个人修养上可以效法。隐士游离于社会大潮之外，作为一种个人修养，追求道德上的完美，无可厚非。但作为一个社会人，那就不能不说是悲剧。象辞说："不事王侯，志可则也。""志可则"是其志可则，也就是说追求道德完美的愿望可以效法，而不是要效法当隐士的做法。很多人从《周易》这句话里寻找遁世思想，就不大客观，《周易》是积极用世的。爻辞说"高尚其事"，也只是肯定隐士自认为高尚而已。从全卦看，社会有益，才会出现隐士，隐士也是不得已的一种社会现象。

【提示】

这一卦讲社会改革中兴，对当前的改革开放有一定借鉴作用，顺便挖掘一下它的深层意义。全卦六爻，初六提出"干父之蛊"是后继有人，肯定了改革中兴的进步意义，同时提出前进道路上的风险以及光

明的前途。六五指明改革中兴的最佳方案，与“矫枉过正”和“裕父之蛊”相比，“用誉”既不是全盘否定，也不是死守不变，而是一种继往开来的改革方法。看来《周易》对社会的改革，既不主张把祖宗骂臭，全盘否定，又不主张死要面子，妄自尊大。而是要从自身开始，去劣存优，图发展、求进取的一种观点。彖辞肯定了改革中兴是“终则有始，天行也”。指出这是人类社会一条长久性的规律，符合天地自然法则。九二爻辞分析了宫廷内部问题与社会问题的区别，提出不同的处理方法。九三提出矫枉过正也“终无咎”。宁可矫枉过正，也不能因循苟且。唯独六四是“见吝”，这是保守造成的，上九则是社会有益出现的特殊现象。全卦比较完整地勾画出一个改革中兴之世的大致轮廓。

这一卦的难点在“先甲三日，后甲三日”。下面介绍一些前人的说法，以资借鉴。从意思上说，《子夏传》认为：“先甲三日者，辛壬癸也；后甲三日者，乙丙丁也。”肯定了古代以十干纪日的讲法。王弼认为：“甲者，创制之令。”不妨理解为改革开始而创制的法令。因为甲是第一，有开始的意思。郑玄认为：“令甲之首，必先令三日，后令三日，以示取信。且前三用辛，取更新之义；后三用丁，取丁宁之义。”他认为甲是改革的新令，发布实施要经过前后六天的造舆论时期，深入人心，取信于民再行。取甲前三日是辛日，甲后三日是丁日。十天干纪日是循环的。辛是革新之

意，丁是丁戒、丁宁之意。无非是让大家听从新令，跟着改革。以上三家的解释比较明确。不过“先甲三日，后甲三日”应当理解成一个“终则有始”的过程，三日不是一个确数，只表示一个时段。这个时段也不只是行令，是破旧立新的过程。很关键，要抓紧，度过去社会就亨通了。

关于“先甲三日，后甲三日”的取象，我们只是采用了纳甲说的原理，并不是照搬虞翻的纳甲说的讲法。因为他讲得太迂曲晦涩，很难信从。但纳甲的原理却不可否认。《周易》里有一个很重要的组成部分，就是关于数的理论。在数理之中，序数是个被十分看重的内容。乾卦是八卦乃至六十四卦之首，甲是十干之首，都是第一，怎样把这两个第一搭配在一起才不矛盾，魏伯阳从月象的变化中作了论述。虞翻采用了这个原理，杜撰了卦象，不能因杜撰卦象否定原理。

前人对“先甲”“后甲”大约有六种说法：

(1) 后天八卦方位说。这是由东汉经学大师马融提出的。他说：“甲在东方。艮在东北，故云先甲；巽在东南，故云后甲。”他认为“先甲”取象于蛊的上卦艮，“后甲”取象于下卦巽。十天干甲乙配在东方震，丙丁配在南方离，壬癸配在北方坎，庚辛配在西方兑，戊己配在中央土。甲所在东方是震卦，按后天八卦的方位，甲的前边是东北方的艮卦，后边是东南方的巽卦，所以蛊卦有“先甲后甲”之象。他还说：“所以十日之中唯称甲者，甲为十日之首，蛊为造事之端，故

举初而明事始也，言所以三日者，不令而诛谓之暴，故令先后各三日，欲使百姓遍习，行而不犯也。”马融是郑玄的老师，二人讲法一致。

（2）纳甲说。虞翻认为：“谓初变成乾，乾为甲；至二成离，离为日；谓乾三爻在前，故先甲三日，贲时也。变三至四体离，至五成乾，乾三爻在后，故后甲三日，无妄时也。《周易》出震，消息历乾坤，象乾为始，坤为终，故终则有始；乾为天，震为行，故天行也。”在纳甲理论中，乾配甲。虞氏认为蛊卦从下往上逐爻变起，初爻一变，下卦就成了乾（☰），即蛊䷑初爻变，为大畜䷙>乾。第二爻接着变，下卦成离（☲），即蛊卦第二爻接着初爻变，为离，整个六爻卦成了贲卦（䷕）。离为日，在下卦变离之前，先变成的是乾，乾是甲，乾共三爻，这就是“先甲三日”。再接着三、四爻变，上卦又成了离，即蛊䷑初、二、三、四变，为噬嗑䷔>上离。再变到第五爻，上卦又成了乾，全卦成了无妄（䷘），即蛊䷑下五爻全变，为䷘>上卦成乾。上卦的变化是先出现离，后出现乾，所以叫“后甲三日”。他从爻变中说明取象。

（3）先天八卦方位说。清朝的胡渭认为：“先天甲在东之离，由甲逆数：离、震、坤，三位为艮，先甲三日也；由甲顺数：离、兑、乾，三位为巽，后甲三日也。”先天八卦的方位排列与后天八卦不同，离在东方，甲也在东方。从离甲顺逆数去，第三位正好数到

巽卦和艮卦。胡氏大概觉得马融的说法“三日”的“三”没着落，才搬出了先天八卦方位。但先天八卦的方位在《周易》里是弃而不取的。

（4）六十甲子说。苏东坡说：“阳生于子，尽于巳；阴生于午，尽于亥。阳为君子，君子为治；阴为小人，小人为乱。天一日十二支相值，干五支六而后复，世未有不知者也。‘先甲三日，后甲三日’，则世所谓六甲也。‘先庚三日，后庚三日’，则世所谓六庚也。甲庚之先后，阴阳相反，故《周易》取此以寄治乱之势也。先甲三日，子、戌、申也；申尽于巳，而阳盈矣，盈将生阴，治将生乱，故受之后甲。后甲三日，午、辰、寅也，寅尽于亥，然后阴极而阳生。”简单点儿讲，苏氏认为：干支纪日是十天干用六次，十二地支用五次，正好配出六十个干支纪日单位。在六十周甲中十天干要用六次，每干要配六次，甲、庚都是这样，把六甲前后分开，前三甲就是甲子、甲戌、甲申；后三甲就是甲午、甲辰、甲寅。他又按甲申旬末日为癸巳，甲寅旬末日为癸亥，亥巳为阴阳起点，推出先甲三日是阳极生阴，由治而变乱；后甲三日是阴极生阳，由乱而变治。这个说法与取象连不上，不再细述。

（5）斋戒祭祀日说。《汉书·武帝纪》：元朔五年，“十一月辛巳朔旦，冬至，立泰畤于甘泉。诏曰：‘辛卯夜，若景光十有二明，《周易》曰：“先甲三日，后甲三日”。朕甚念年岁未咸登，饬躬斋戒，丁酉拜祝于

郊'"。汉武帝说他是按《周易》的讲究，从辛卯日开始斋戒，经历了壬辰、癸巳、甲午、乙未、丙申六日，到丁酉那天去举行郊祭，把先甲后甲当成斋戒祭祀之日，这与取象无涉。大概是正好遇上了辛日和丁日，断章取义，拉出《周易》来玄乎一下，不可太认真的。

（6）十干说。毛奇龄说："虽说干有十数，而前三后三，历七日而十已周。盖先甲为辛为金，为壬癸，为水；后甲为乙为木，为丙丁，为火。合木火金水而四时悉备，所不用独戊己耳。……盖戊己属土，分王于八干，而所行特迟，言震甲者必去之。"他认为十天干里除"先甲后甲""先庚后庚"（见《巽卦》）的甲、庚外，先甲三日辛壬癸，后甲三日乙丙丁，只缺戊己，戊己为土，分旺四季，太迟不能用。这样"先甲三日，后甲三日"实际上是把十天干能用的都用上了，也是"终则有始"的意思。这个说法也与卦象连不上。

十九　临——力量增长

䷒

临卦的卦画组合为兑（☱）下坤（☷）上，传统称作地泽临。《序卦》云："有事而后可大，故受之以临。临者，大也。"意为：有所作为而后可以壮大，故在表示有所作为的蛊卦之后，接着是临卦，临是壮大的意思。蛊是事，就是前面讲过的对弊政加以整饬的事，也就是有所作为的事。大是壮大。《正义》说："临，大也。阳之漫长，其德壮大。"大的是不是德可以商榷，但说大是壮大可确定无疑。一阳生是复，二阳长是临，三阳长是泰，四阳长是大壮。

临是向大壮发展的，所以说临是大，指的是阳爻的壮大发展。《杂卦》云："临观之义，或与或求。""与"是给与，"求"是求取。

临卦是给与，是付出，是做贡献。象辞说："君子以教思无穷，容保民无疆。"君子要把自己的才能贡献给社会。卦名的取义，主要是指来临。来临才能发展壮大，才能做贡献。

临卦从坤变来，由复发展而成。即：复䷗再长出

一个刚爻，变䷒临。临卦与下一卦观组成一对覆卦，即：临䷒上下倒置，为䷓观。临卦与复、观两卦具有意义上的联系。

临，元亨利贞。至于八月有凶。

【译文】

临卦，大亨通，有利，正固。到八月有凶。

彖曰：临，刚浸而长。说而顺，刚中而应，大亨以正，天之道也。至于八月有凶，消不久也。

【译文】

临卦，刚健之爻来临而渐渐长大。喜悦而柔顺，刚健居中而有应合，大亨通而正，是天的运行法则。到八月有凶，是消退不久就会到来。

象曰：泽上有地，临。君子以教思无穷，容保民无疆。

【译文】

湖泽的上面有大地，就是临卦。君子从中得到启示，要以无穷的思想教化和无边的包容保育人民。

【精解导读】

从这一卦可以看出，卦的消息是《周易》世界观中最基本的认识论，否认消息卦脱离《周易》的实际。卦辞说："至于八月有凶。"八月指观卦。彖辞又明确讲"刚而浸长"，"至于八月有凶，消不久也"。十分明确地指出临卦是二阳长，观卦是二阳消。卦的消息变化是《周易》的内部组织规律。《周易》认为阴阳的消长都不是骤变，而是渐变。此外还认为阴阳二气之中，阳气是创生的、主导的，阴气则是顺动的、终成的。阳气是活性的，具有生命力的；阴气则是收敛、闭藏的。两者虽是构成宇宙不可或缺的对等因素，但作用并不相同，因此常常褒阳而贬阴，重阳而轻阴。这与我们今天讲的"对立统一""一分为二"不尽相同。二者不是平列关系，而是有轻重轩轾之别。对立统一是规律，阴阳轩轾也是规律。这个问题后面还会遇到。刚爻的生长表示的是阳气的发展壮大，阳气的发展壮大表示的是事物的兴旺强盛，临卦是刚爻的生长发展，故言"元亨利贞"。"元亨"是大亨，"利贞"是有利、正固，都是指临卦的发展趋势是好的，前途光明。"至于八月有凶"，是说到了八月，观卦当令用事，阳气处在被逼退的地位，临卦就发展成为自己的对立面观卦，盛极而衰，故有凶。吉凶祸福是由事物运动发展的规律决定的。这个规律就是事物都是在矛盾对立中不断发生变化，否极泰来，盛极而衰，万事万物各有自己

当令用事的时势，时势一过，必然会走向自己的反面。临卦讲的八月指的是观卦，可参见后面的提示。

彖辞从五个方面解释临卦。（一）从卦变上说明临卦。“临，刚浸而长”中，“浸”字亦作“寖”，是渐渐的意思。这句意为：临卦是从复卦发展而来，从纯阴的坤卦生出一阳就是复卦（坤䷁下生一个刚爻，为䷗复），复卦再生出一阳就是临卦（复䷗下面再生出一个刚爻，为䷒临）。临卦是刚爻渐次的生长，是刚爻的发展壮大。（二）从上下卦特性的组合上解释临卦。“说而顺”是指临卦由下卦兑、上卦坤组成，兑的特性是喜悦，坤的特性是柔顺，组合在一起是既喜悦又柔顺。这样来临受到欢迎不会遇到阻力，当然就“元亨利贞”。（三）从主爻的优势上说明临卦。“刚中而应”指的是主爻九二，位在下卦中位，与六五阴阳正应。取义是说，有刚健的特性，行为不失中道，又有应援，所以会“元亨利贞”。（四）从易理上解释卦辞“元亨利贞”。“大亨以正，天之道也”，是说能在正道上运行，所以非常顺利，因为符合天的运行法则。同时把“元亨”讲成“大亨”，“贞”讲成“正”。（五）从易理上说明卦辞“至于八月有凶”。“至于八月有凶，消不久也”，意为：到了八月有凶，是因为消退变衰不久就会来到。一卦六爻，临卦是刚爻已发展成为二爻，向前发展四爻，全卦变成纯刚的乾卦。乾卦再向前发展，柔爻又会下生，柔爻向前发展四爻，卦就变成观䷓，观就是二刚处在变衰消退的地位。八次变化由盛

而衰，所以“至于八月有凶”。这就是消退变衰不久就会来到的内涵。从彖辞的说明中，我们当然还可以推知其他消息卦的凶在几月。尤其应当看到，《周易》讲的吉凶都有它的时序限定，不能看得太绝对。

象辞先说明临卦上下卦象的组合，“泽上有地，临”。指的是临卦的下卦是兑，兑为泽；上卦是坤，坤为地，组合在一起是泽上有地，这就是临卦。“泽上有地”主要取的是什么意思？宋赵彦肃《复斋易说》里讲：“无穷无疆，法地之广；教以防民情，犹岸之蓄水。”赵氏认为，“泽上有地”主要取的是湖泽的边上有大地作为涯岸，是大地包容大面积水域的意思，所以后面才说：“君子以教思无穷，容保民无疆。”君子从这个卦象中应当学习到哪些有益的东西呢？主要是效法大地的无穷无疆，能把大湖大泽包容起来的品德。把这种品德推行到人类社会上，就要思虑无穷，宽容无边，广施教化，保育民众。大地无穷无疆，坤卦里已经讲过，也比较好理解。思虑教化与大地有什么关系呢？这就需要联系古人的特殊文化意识才能说清。《尚书·洪范》里讲“洪范九畴”，“初一曰五行，次二曰敬用五事”。五行之中“五曰土……土爰稼穑……稼穑作甘”。五事中“五曰思……思曰睿……睿作圣”。把思与土配在一起，就是说思的五行特性属土，大地是土，故地为思。君子学习大地，就要有睿智圣明，用深沉思虑的大道去教化民众。《汉书·五行志》就是按《洪范》的配法讲五行的，说：“思心之不睿，是谓

不圣。思心者，心思虑也。睿，宽也。孔子曰：‘居上不宽，吾何以观之哉！’言上不宽大包容臣下，则不能居上位。”象辞是用大地比君子，湖泽中的水比百姓。大地包容水，君子要包容人民。大地有思虑的特性，君子要思虑圣智，对人民施行教化保育。虞翻说“坤为思”“坤为容民”也源于此。这种以土配思的五行观念，在传统的中医理论中保留至今。有点根基的中医都知道，五脏中脾属土，主思。

初九：咸临，贞吉。

【译文】

一起来临，守正吉祥。

象曰：咸临，贞吉，志行正也。

【译文】

一起来临，守正吉祥，是因为心志和行为正当。

【精解导读】

“咸”与“感”是古今分别字，古代“感”就写成“咸”，这在咸卦里看得比较清楚。正因为如此，前人多把“咸”讲成“感”。但从临卦看，初九是“咸临”、九二也是“咸临”，其他四个柔爻都不言“咸临”，分明说的是初九与九二两个刚爻一起来临，在众

多的柔爻之中出现了两个刚爻。“咸”主要取的是皆、都的副词意义。这样解释，于象、于义都十分贴切。“咸临”就是初九与九二两个刚爻一起都来到了。象辞说：“咸临，贞吉，志行正也。”意在把“贞”讲成“正”，同时说明刚长柔消，阳息阴退是天地正道。“志”指刚爻向前发展的愿望，“行”指刚爻逐爻成长的运行趋势。这种愿望与趋势都符合天地正道，所以吉祥。从中可以看出《周易》赞成刚爻的生长，因为刚爻表示的是活力、生命力。有活力才能发展旺盛，欣欣向荣，才可能吉祥。“天地之大德日生”，活力的增长，符合天地的正道。

九二：咸临，吉，无不利。

【译文】

一起来临，吉祥，没有不利。

象曰：咸临，吉，无不利，未顺命也。

【译文】

一起来临，吉祥，没有不利，是因为天下还未顺命。

【精解导读】

在复卦里，初九是主爻，到了临卦，刚爻长到二

位，九二成为主爻。在复卦里，刚爻势单力孤，“潜龙勿用”，很难有所作为。到了临卦，刚爻有了同伴，“见龙在田”，可以大显身手，阳刚用事。情况的转化主要取决于刚爻的增加成为一种势力，所以爻辞说“咸临，吉，无不利”。“咸临”就是与初九一起来临，成为一股强劲的力量，无法阻挡的意思。象辞说：“咸临，吉，无不利，未顺命也。”主要是揭示“咸”的意义。阴极生阳，天命有归，然而临卦上面还有四个柔爻占据多数，光靠一阳不能成事，要两个刚爻一起来到才能促成由阴变阳的转化，所以“咸临”才能“吉，无不利”。“未顺命”，指的是柔爻还占据多数，阳长阴退的天道运行还有一段过程，不能立刻实现，有待于刚爻的渐次生长，所以刚爻的“咸临”才能“吉，无不利”。“未顺”指的是柔爻还占多数，“命”指天道运行的法则。

六三：甘临，无攸利。既忧之，无咎。

【译文】

甘美地对待来临，无所利。能为处境忧虑，不会有咎害。

象曰：甘临，位不当也。既忧之，咎不长也。

【译文】

甘美地对待来临，是位置不适当。能为处境忧虑，是咎害在不久之内。

【精解导读】

“甘”是甘美，心里美滋滋的；“攸”同“所”。爻辞是说六三美滋滋地对待刚爻的来临，没有好处。如能对自己的处境有所忧患，则会没有咎害。从卦象上讲，六三在下卦兑里，上临坤卦（六三→䷒>坤>兑），兑为口，坤为甘（见前引《洪范》），嘴里含着甜美的滋味，故为“甘临”。但二刚进逼，六三首当其冲，对这种被逼退的形势无所觉察，还美滋滋地自得其乐，所以“无所利”。如果能清醒地看到自己在大势中所处的地位，忧虑为计，那就可以无咎。象辞说：“甘临，位不当也。”意思是说“甘临”为什么会“无攸利”？是因为六三正好处在柔爻被逼退而自己却首当其冲的位置上，位置不好。“既忧之，咎不长也”，是说为什么六三要有忧虑，这是因为咎害就在眼前，不是长久的事。这一爻没有便宜可占，提醒人们的忧患意识。如早为身计，阳长阴退也不过是自然法则的运动，可保无咎。如沉溺甘乐，则可能遇有不测。

六四：至临，无咎。

【译文】

来到，没有咎害。

象曰：至临无咎，位当也。

【译文】

来到而没有咎害，是因为位置适当。

【精解导读】

“至”是到，“临”是来，“至临”就是来到。六四在互卦震里（六四→䷒>互震），震为行，又在临卦，故为来到之象。象辞说：“至临无咎，位当也。”与六三象辞“位不当也”联系起来看，“位当”主要是指六四没有在首当其冲的位置上，有六三相隔，远害无患，故无咎。另外，六四柔爻处柔位，位正；与初九上下正应，位置很好；虽处柔爻被逼退的大势之中，刚爻能来应合，不会有咎害。

六五：知临，大君之宜，吉。

【译文】

明智地君临天下，天子合宜的统治，吉祥。

象曰：大君之宜，行中之谓也。

【译文】

天子合宜的统治，说的是施政适中。

【精解导读】

坤为思、为睿智，六五在上卦坤中，所以是“知临”。在古代“知”与“智”通用，在这里“知”作“智”讲。“知临”是说能以聪明睿智君临天下，“临”在这一爻中是君临、统治的意思。因为五是尊位，天子位，六五有君临之象。六五有主爻九二作正应，上下都处中位，位置比六四还要好。上卦坤为顺，下卦兑为悦，天下人能喜悦顺从，故为“大君之宜，吉”。“大君”就是天子，“宜”是合适。这句意为统治天下很适宜，吉祥。象辞说：“大君之宜，行中之谓也。”主要强调六五在上卦中位，应爻在下卦中位，阴阳正应，都不离中道，说明推行的方针政策，既不左倾，又不右倾，能保持在适合国情民意的中道上，天人共助，所以吉祥。

上六：敦临，吉，无咎。

【译文】

敦厚临民，吉祥，无咎害。

象曰：敦临之吉，志在内也。

【译文】

敦厚临民的吉祥，是因为志在下层人民群众。

【精解导读】

“敦”在意义上取的是敦厚，艮卦上九象辞“敦艮之吉，以厚终也”，把“敦”解释为“厚”可证。“临”是临民，就是统治人民。爻辞的意思是说，以敦厚之道治理人民，吉祥，没有咎害。统治者待人厚道，不刻薄，百姓安居乐业。从象上说，上六在上卦坤里，坤为地，大地敦厚，又是临卦，故言“敦临”。象辞说“志在内也”，“内”指内卦，内卦就是下卦，“志在内”就是志在下，心里装的是下层人民群众。从象上说，柔爻本性同地，本然秩序在下，临卦是阳长阴退，上六处在由上而下变化的位置上，向内卦运动，合乎心志。“内”还有内心的意思，可参考复卦六五爻的辨证。

【提示】

前人对临卦的解释相当纷杂，主要是因为不顾卦象，师心作古造成的，不得不做些洗尽铅华的工作。这里不作细述，重点说三正的问题。我国古代有改朝换代要变正朔的习惯，所以不得不介绍一些古代的历法知识。前面我们讲到，十二消息卦反映了《周易》对于阴阳迭互消长，宇宙在阴阳对立统一的矛盾运动

中发展的认识。这种认识主要来源于对一年四季天地变化的观察。从冬至以后，宇宙开始出现活力，万物表现出生命力，生长蕃息；到夏至以后，宇宙又开始敛退闭藏，万物呈现出生命力衰减、成熟的景象。每个年度的变化，完成一个阴阳消长的终始。把这种对宇宙运动规律性的认识用十二消息卦直观地图示出来，复卦就是一阳初生的冬至，姤卦就是一阴始凝的夏至。其他十个消息卦顺序搭配，展示阴阳的周期性规律。把这种周期性的规律与十二月配在一起，就形成一种对应的排列。但夏、商、周三代的正朔不同，讲起十二消息卦与十二月的对应关系来，就出现了混乱。因为古人基本上是根据北斗星斗柄所指方位来说明天象的运转，十二辰在表示方位上比较一致，所以又把十二辰配在十二消息卦上。斗柄建子，节气为冬至，阴极而阳生，配十二消息卦的复卦，其他卦顺序下排。建子之月对应于周历是正月，商历是十二月，夏历是十一月。因为夏历比较合乎农时，所以农历一般沿用夏历的正朔。商朝的历法比夏历提前了一个月，以夏历的十二月为正月；周朝比商历又提前了一个月，以夏历的十一月为正月。如果把十二消息卦与十二辰、十二月对应起来，可总结如下：

正朔可以人为地改变，天象不能由人的意愿去改变。十二辰按孔安国讲是日月的十二次会合之处。在一年的周期内，地球绕太阳一周，粗略说月球绕地球十二周，古人虽不是这样认识地球与太阳的运动，但

客观上已观察出这种天象，认为一年日月要会合十二次，直观地反映在天象上就是斗建。子是正北方，斗建子是阴气盛极时期，在卦图上就是坤卦到了最后，就是一阳初生的复卦。无论你把它称作十一月、十二月还是正月，反正它是这样一个确定的天时。临卦处在斗建丑、大寒之后，雨水之前的天时中，是夏历的腊月、商历的正月、周历的二月。阴阳的消长是二阳来临，如此发展下去过八个月，到了斗建酉的时候，就是观卦执令，正是夏历的八月、商历的九月、周历的十月，由二阳的生长变成二阳的衰退，故卦辞说"至于八月有凶"。毛奇龄认为周文王在殷纣王的时代作《周易》，已经预见到商朝的危机，写到临卦，正合商历的正月，于是提醒人们过八个月，只要一入商历的九月，商王朝就岌岌可危，有大的凶灾难以渡过。当时周王朝还未建立，所以不能按周历计算。这个问题不能详细讨论，但必须提醒一点，八月不是指我们现在用的公历纪月。以上观点荀爽已有论及，比较符合实际。另外还有以八月是否卦的、为遁卦的，等等，只要从《周易》卦序的排列上注意一下临与观的互综关系，即可说明这些讲法不符合《周易》的内证。

二十　观——蔚为大观

䷓

观卦的卦画组合为坤（☷）下巽（☴）上，传统称作风地观。《序卦》云："物大然后可观，故受之以观。"意为：事物发展壮大就可观了，故在表示壮大的临卦之后接着是观卦。《杂卦》云："临观之义，或与或求。"意为临卦与观卦的意义，一为给与，一为求取。《序卦》把"观"解为观看，《杂卦》解为求取。观看与求取是在什么意义上联系在一起的呢？彖辞说："观天之神道。"是通过观察而求取天之神道，把天的神道用于社会成为治国理民之道。临卦是用治国理民之道教化民众，是给予。治国理民之道从哪里来？要从天地自然的运行规律中去观察学习，故为求取。实际上是讲君子的哲理大道，也就是我们说的真理，要通过对天地的自然变化，对那些还鲜为人知的奥秘的体悟观察从而获得，然后再把这种哲理大道用以教化人民，从而把社会治理好。《周易》就是这样做的。《系辞·上》说："仰以观于天文，俯以察于地理，是故知幽明之故，原始反终，故知死生之说。精气为物，

游魂为变，是故知鬼神之情状。与天地相似，故不违，知周乎万物，而道济天下，故不过。”圣人之道从哪里来？就是从对天地的观察中悟出来的。“观”就是从天地奥秘中取得道，“临”是把道用于社会，所谓“道济天下”，是一种给予。“予”“求”指的是道的获得和使用。卦里讲对宗庙的祭祀、对天地的观察，就是指彖辞说的“天之神道”。《周易》的这些内证十分明确，意义有机联系，相互证发，把“予”“求”讲成别的意思就不大妥当。总之，卦名的基本意思是观察，什么大观、可观、求取、瞻仰、视察、展示等都是在观察这个意义上的引申。

观卦从乾变来，由否卦发展而成，否卦是十二消息卦中柔长刚退阴阳趋于平衡的卦，否卦的柔爻再向上发展一位就成为观卦，即：否䷋↑柔爻上长一位，刚爻退去一爻，为䷓观。观卦与临卦为一组正覆卦，临的卦画上下倒置即成观卦，即：临（䷒）上下倒过来，为䷓观。

观，盥而不荐，有孚颙若。

【译文】

观卦，在祭祀时洁敬洗手，还未进献祭品，就表现出庄严恭敬的无比虔诚。

彖曰：大观在上，顺而巽，中正以观天下，观。

盥而不荐，有孚颙若，下观而化也。观天之神道，而四时不忒。圣人以神道设教，而天下服矣。

【译文】

德行伟大，在上被万民瞻仰，教化顺利深入人心，能以中正之道展示天下，这就是观卦。祭祀时洁敬洗手，未敬献祭品，就表现出庄严虔诚，使下民观而受到感化。仰观俯察天地神秘的大道，四季运行没有偏差。圣人用天地神秘的大道设立教化，天下人自然信服。

象曰：风行地上，观。先王以省方观民设教。

【译文】

风吹行在大地上，就是观卦。先王从中得到启示，到四方去巡视，观察民情风俗，设立教化。

【精解导读】

“盥”（guàn）是在祭祀前洗手，“荐”是进献祭享的供品，“颙”是严敬之貌。卦辞讲的是宗庙祭祀活动。古代在宗庙里举行祭祀，礼仪是十分繁盛虔敬的。大致说来，主祭的天子先要散斋七日，这七天虽然可以不在净室之中，但饮食、仪容、声色方面是相当洁净的。七日之后是致斋三日，这三天不仅要吃素，还要住在净室里，不能回寝宫去睡，要在净室按规定焚

香沐浴。等身心内外都足够洁净虔诚之后，才开始祭祀。祭祀要先迎尸主入庙，主祭的天子洗手。洗手的方法是由侍从用匜（特制水壶）盛水，主祭人把手伸出来放在接水的盆子上方，侍从用匜向手上浇水来洗。比医院的外科大夫做手术前的洗手，还要多一份虔诚的心理和仪容。这就叫作盥。然后才酌酒献尸主，再把酒浇在茅草上，象征被神享用了，这叫灌。然后祭祀求神，进入祭礼的繁缛礼仪阶段。摆供品是“三献而荐腥，五献而荐熟”，进退秩序有没完没了的讲究。连孔子都说：“禘自既灌，吾不欲观之矣。”就是因为太啰唆了。但这些繁文缛礼都是为了表现出主祭人的虔诚，精诚洁齐才能感动天地人心，虔诚之心是万万不可少的。至于祭品的多少，只要够规格就行，并不是越多越好。《左传》里讲：“黍稷非馨，明德为馨。”又说：“牺牲玉帛，弗敢加也，必以信。”大概古人也注意到了，反正摆多少神灵也不会来吃，只不过是对那些分胙而得散福的人有利，所以特别讲究虔诚。孔子那样的正经人，从灌酒之后不想看了，在这之前还是想看的。想看什么？就是要看主祭人的虔诚表现，以及这种虔诚所造成的感化教育效果。观卦卦辞说：“盥而不荐，有孚颙若。”主祭人洗了手，还没有开始进献祭品，那份诚敬的样子就颙颙然表现出来了，于是臣民都受到了感化。从象上说，观卦由否卦发展而来，否卦是上乾下坤，乾为天、坤为地（否䷋ >乾天 >坤地），变而为观，观是一个放大了的艮卦

(观䷓>☶艮)，艮为门阙，高大的门阙是宗庙之象。古代祭祀，列祖列宗配天地而祭享，宗庙是天子、诸侯的祖庙，故为祭祀天地先王之象。九五是全卦主爻，主爻在互艮里（九五→䷓>互艮)，艮为手，下卦为坤，坤为器皿，手在器皿之上，故为盥。盥的程序在进献之前，故为“盥而不荐”。九五有四个柔爻在下拥从，故为“有孚”，“孚”为诚信，故言“颙若”。“若”同然，“颙若”是庄严虔敬的样子。

彖辞从五个方面解释观卦。（一）从主爻九五解释观卦。“大观在上”，指的是九五处在全卦的天位、尊位、上位，又是刚爻，为下面众多的柔爻所拥戴，德行伟大，为万民所瞻仰，是一个圣明之主。（二）从上下卦特性的组合上解释观卦。“顺而巽”是指下卦为坤，坤为顺；上卦为巽，巽为入，组合在一起是顺利而深入，德政教化能顺利深入人心，也是道德可观之象。（三）从主爻的优势上解释观卦。“中正以观天下，观”是指主爻九五刚爻占据刚位，位正；在上卦中位，位中。九五之下的初二爻为地位，三四爻为人位，都在天下，九五居高临下观看下面，是观天下。能以中正之道观天下，这就是观卦。（四）解释卦辞的意义。“盥而不荐，有孚颙若，下观而化也”，意为祭祀时洁敬洗手，还未进献祭品就表现出庄严恭敬的无比虔诚，是说在下的臣民看到主祭人的精诚就受到了感化。明确指出，所谓“盥而不荐，有孚颙若”，不是指别的意思，而是在讲道德的感化力量。（五）推演观卦的重大

社会意义。“观天之神道，而四时不忒”，是说人们应当从观卦里学习哪些有益的东西呢？要仰观俯察天地神秘的大道，看到天地运行、四季分毫不差这种谐合无间的变化规律，把它学到手。“圣人以神道设教，而天下服矣”，是说圣人要把学到的天地神秘的大道，用来设立教化，这样天下人就会信服。是讲道取之于天地，用之于人民。彖辞讲“天”，也包括地。“忒”是差。“神道”指隐秘未显示出来的哲理，不是什么神仙道化。讲白了就是天地之秘，因秘才称神。后人讲的神仙道化可以自立门户，不要往《周易》上贴，这里没有那个意思。

象辞先解释上下卦象的组合。“风行地上，观”是说观卦的上卦是巽，巽的基本卦象是风；下卦是坤，坤的基本卦象是地，组合在一起是风在大地上吹行的卦象，这就是观卦。然后讲从观卦应当受到的启发，去学习什么。“先王以省方观民设教”中，“省方”是到四方去视察，“观民”是观察民情风俗，“设教”是设立教化。古人认为风是最能感化的，春风一吹，坚冰都化；风是最具普及性的，无孔不入，吹彻人寰；风是最有征服力的，风吹草伏，都会倒向一边。所以常常用风来比喻帝王的政令教化。彖辞讲政令教化的大道取之于天地，象辞补充说怎么把它用于社会呢？圣人先要到天下四方去走一走，看看各地的风气习俗，然后再结合实情，酌情制定出教化的方案，把天地大道普及于民。这就不仅仅是观察到“风吹大地”的表

面现象，而是从中学到了应当学到的有益而重大的内容。下面引一段王宗传《童溪易传》的话，了解一下古代的省方之礼。“夫省方之礼，所以观民也。观民则教之所由设也。其在虞舜之时，时当嗣位之初，岁二月东巡守，至于岱宗；五月南巡守，至于南岳；八月西巡守，至于西岳；十有一月朔，巡守至于北岳。各觐其方之后，协其时日，同其器数，修其礼物。自此以往，则五载一巡守，群后四朝。其在《周官》，则六年五服一朝，又六年王乃时巡。考制度于四岳，诸侯各朝于方岳，大明黜陟。夫先王省方之礼，非固为是烦扰也，以谓不如是则无以观览夫民俗，而施设其教条也。孟子曰：‘昔者齐景公问于晏子曰：吾欲观于转附朝侥，遵海而南，放于琅玡，吾何修而可以比于先王观也？晏子对曰：善哉问也！天子适诸侯曰巡守，巡守者，巡所守也。诸侯朝于天子曰述职，述职者，述所职也。无非事者。春省耕而补不足，秋省敛而助不给。夏谚曰：吾王不游，吾何以休？吾王不豫，吾何以助？一游一豫，为诸侯度。’夫由晏子之言，则先王之观亦不过日省耕、省敛，以为补助之政云尔。故曰‘为诸侯度’。此观民设教之大旨也。其在后世则不然，故流连荒亡，如秦皇之出游、汉武之行幸，徒为是烦扰而无补于海内之万一矣。故曰为诸侯忧。其视先王观民设教之意不亦远乎？”他认为视察与游览是不同性质的两件事，游览是扰民，视察则是调查考察情况。可见以考察为名外出旅游，国内不足还要远渡重

洋，这样的事前人已有警告。

初六：童观，小人无咎，君子吝。

【译文】

像儿童一样看问题，小人没有咎害，君子有吝难。

象曰：初六童观，小人道也。

【译文】

初六像儿童一样看问题，是小人之道。

【精解导读】

虞翻认为艮为童仆。这也是逸象，但考之《说卦》“艮为少男”，也比较合乎情理。观卦是大艮。提到“童观”，观卦变为蒙卦又提到“童蒙”。看来“艮为童仆”的说法可信。初六在观卦最下位，观的主爻是九五，九五是“大观在上”“中正以观天下”，初六距九五最远，又是柔爻小民，对于九五的德政教化见识不多，看得最为肤浅，对什么经国治世、道德礼仪等朝廷美政，一窍不通，又在大艮的最下位（初六艮）。艮为童子少男，故为“童观”，即孩子般的见识。小人是“劳力者治于人”的下层劳动人民，《周易》作者也认为这些人是不懂经国治世的群氓，并认为他们不懂德政教化是理所当然、无可厚非的。这种观点有历史局限性，但

作者就是这样认识的，所以还得按作者的实际认识去分析。初六柔爻，柔爻为小人，小人见识如同孩子般肤浅，合乎情理，故“小人无咎”。但君子不能这样，君子如此浅薄那就有吝难了，故言“君子吝”。

象辞说：“初六童观，小人道也。”意为，像孩子般地看问题，这是小人正常的现象，合乎其道，故小人无咎。言外之意就是，非君子之道，故君子有吝。这样看来，咎也罢，吝也罢，只要合乎其道就好。

六二：阅观，利女贞。

【译文】

从门里向外观看，女子守正有利。

象曰：阅观女贞，亦可丑也。

【译文】

从门里向外观看，女子守正有利，对君子来说就太可羞了。

【精解导读】

“阅”义同“窥”。窥是偷看，阅还有从门缝里向外看的意思。不走出门来看，就难以看真切，从门缝里偷着看，更是浮光掠影，一孔之见。小孩子是看不懂，在门里看是看不清。从卦象上讲，观为大艮，艮

为门阙，坤为女。六二在大艮里，又在下卦坤中，是女子从门里向外看。封建社会，女子不出闺房，不下绣楼，对外边的事只能站在门里向外浮光掠影地张望一下，对九五的德政教化也理解不了多少。见识比孩子强点，但还是头发长见识短的妇人之见。但六二在下卦中位，柔爻居柔位，位正，上有九五为正应，守正的女子有利。象辞实际上是有所省略，与上一爻的象辞互文见义，是说："阒观女贞，君子亦可丑也。"女子有妇人之见不可丑，因为是"女人道也"。君子满肚肠的妇人之见太羞惭了。六二离九五稍近了一步，所以见识稍强于初六。

六三：观我生，进退。

【译文】

观察我的生民，决定进退。

象曰：观我生进退，未失道也。

【译文】

观察我的生民决定进退，是不失正道。

【精解导读】

前人对"生"的讲法太混乱，有许多说法求深反失。九五爻辞说"观我生"，象辞解释说"观我生，观

民也”。“生”就是生民，也就是百姓。“观我生，进退”，是说观察我的生民的情况，决定进还是退。这是观察民情风俗决定政策。

这样讲象上有据，六三在下卦坤里，坤为民众；上邻巽卦，巽为进退，又在上下卦之际，可进可退，有这样的象才能系这样的辞。有道之君的礼仪教化，要从国情民俗中来，看看人民的愿望要求，制定政令教化，据实际情况增减进退，这与全卦的主题思想一致。

象辞说：“观我生进退，未失道也。”意为观察人民的风俗决定进退，符合观卦之道。这一爻还是相当好的。注重调查研究，实事求是。

六四：观国之光，利用宾于王。

【译文】

观看国家礼仪盛典的光辉，利于做君王的座上客。

象曰：观国之光，尚宾也。

【译文】

观看国家礼仪盛典的光辉，是推尚贤能。

【精解导读】

“观国之光”，主要是观礼，比如国家有大型的庆

典，邀请外宾来观礼，这种礼仪往往是一个国家经济、文化、艺术、科技、政治、民意、民俗以及军事力量等方面的综合反映，故为国之光。被邀请参加的都是国家级别的客人，享受国宴级的待遇，故“利用宾于王”。从象上讲，观卦从否卦发展而来，是否下卦的三个柔爻又向上长到四位，六四正是长上来的关键一爻。否的下卦原是坤，坤为国，上卦原是乾，乾为君王。六四长入乾里，居于坤国之上，全卦变观。坤卦彖辞说“含弘光大”，观卦又是大艮，为门阙，六四进入门阙内部，紧邻九五，九五是天子。六四如同进入宫阙，承接天颜，参加观礼，受到贵宾礼遇，故言“观国之光，利用宾于王”。象辞说：“观国之光，尚宾也。”“尚宾”是贤能的人受到崇敬推尚。爻辞有它分封制社会的特殊背景，与我们今天不同。当时虽分为众多的诸侯国，但各诸侯国同属天子的下属国家，各诸侯又大多是天子的宗室、功臣，国与国之间时有礼聘任职的做法，诸侯也可能到天子身边任职。“尚宾”不仅仅是一种国家级的礼遇，还可能被授以要职，大则丞相，小则侍从顾问，所以爻辞还有升官发迹之义（参见提示）。

九五：观我生，君子无咎。

【译文】

观察我的生民，君子没有咎害。

象曰：观我生，观民也。

【译文】

观察我的生民，是观察人民。

【精解导读】

九五是全卦的主爻，彖辞已说过，它是“大观在上”“中正以观天下”。尊贵中正，身为天子，下有四个柔爻拥戴，是个道德可观、万民悦服的君王，是全卦仰望观瞻的对象。

他来观什么？是“中正以观天下”，就是要看下面的四个柔爻，刚爻为君，柔爻为民，故为“观我生”。生就是民。天子能观察民意，因情施政设教，故言“君子无咎”，因为符合观卦之道。象辞说：“观我生，观民也。”直接把“生”作“民”讲，为理解爻辞提供了一个明确的依据。

上九：观其生，君子无咎。

【译文】

观察他的生民，君子没有咎害。

象曰：观其生，志未平也。

【译文】

观察他的生民，心志未平。

【精解导读】

上九与九五是全卦仅有的两个刚爻，比邻在上。九五在尊位，是现任的天子，观生是观自己的人民，故言“观我生”。上九已经退出尊位，不再执令当权，成为太上皇了，“观生”是观九五的人民，故言“观其生”。能为九五观察民俗风情，做些调查研究的工作，也符合观卦之道，故“君子无咎”。但“无咎”与九五不同。九五是自观其民，又受到万民拥戴，上九是观他人之民，民拥戴的还是九五。同样的功德，享誉不同，心中难免酸溜溜的，所以象辞说：“观其生，志未平也。”从易理上讲，“志未平”是由个人所处的时势地位决定的，观卦是柔爻上到四位，再继续下生，上九就会被逼退，处在倾侧危殆之地。泰卦的九三就说“无平不陂”，观的上九陂不待言，陂就是不平。这完全是天地阴阳的消长规律决定的。只不过是刚爻具有主导作用，应当治世；柔爻禀性柔暗，不宜逼退刚爻，所以才不言凶。如果换成大壮䷡，四个刚爻向上逼退柔爻，五位的六五也有损失，上六就更不好处。

【提示】

观卦的主题讲政令教化，圣人要从天地自然中观

察体悟哲理大道，观风知情，制定礼仪盛典、政令教化，结合实际把大道运用于社会。因为符合天地自然的法则，就可以不言而化，民风归淳，天下大治。这个思想对我们仍具有借鉴意义。卦中提到对小人、女子的看法，与现实大大脱节，要引起注意。

六四爻辞在《左传》庄公二十二年有用例，引出来看一看古人怎样使用《周易》。当时是陈国的厉公生了个儿子叫敬仲，让成周的太史筮了一卦，六四爻动，得观之否。即：观䷓←六四是动爻，由柔爻变刚爻，卦变为䷋否。太史判断说："此其代陈有国乎？不在此，其在异国；非此其身，在其子孙。光远而自他有耀者也。坤，土也；巽，风也；乾，天也；风为天于土上，山也。有山之材，而照之以天光，于是乎居土上，故曰'观国之光'。庭实旅百，奉之以玉帛，天地之美具焉，故曰'利用宾于王'。犹有观焉，故曰其在后乎？风行而著乎土，故曰其在异国乎？若在异国，必姜姓也。姜，太岳之后也，山岳则配天。物莫能两大，陈衰，此其昌乎？"简述出来意为："敬仲这个孩子恐怕将来要代替陈而享有国家，但不是在陈国，而是在别的国家。不是应在他本人的身上，大概是他的后代子孙吧。因为光是从远方别处照过来的。坤是土，巽是风，乾是天，在土上风变而为天，变出是山。有山的材林，又有天光来照射，于是居于土上，这是'观国之光'。庭中陈列的进荐礼物上百件，又进奉玉璧束帛，天上地下美好的东西都具备齐了，

所以说‘利用宾于王’。但还要观看，所以说是应在后代身上。风在土上刮着走，所以说应在别的国家。如果是别国，一定是个姜姓国家。姜姓国家是太岳的后代，山岳高大可以配天。但事物不能两头都大，陈国衰亡之后，敬仲这一支就昌盛了。”后来陈国确实灭亡了，敬仲的后代陈成子取代了齐国的政权，因为有后面的史实，所以把当时筮卦的情况也记录了下来。这个筮例具有代表性，我们看一下太史的分析方法。周太史在卦有一个动爻的情况下，以动爻的遇卦爻辞作为判断的依据。看来可以作为通例。然而又分析遇卦与之卦否卦两卦之间的变化。观的下卦未动仍是坤地，上卦因为爻动由巽风变为乾天（观

六四爻变，上卦成乾，卦变否

），这就是他说的“风为天于土上”。土上的风变为天，地上的山才能高可配天，又有互卦艮，艮为山（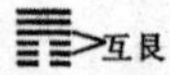

），这就是他说的“山也”。巽又为木，山中有材林，说明大地才人众多，又有天光照耀，这样的版图上就是“观国之光”，这就是他说的：“有山之材，而照之以天光，于是乎居土上，故曰‘观国之光’。”乾是金玉，坤是布帛，坤又为众多，观又为门阙，这是宫阙的庭中有丰富的礼物陈列，相当于诸侯朝见天子的挚礼，可见要做诸侯。这就是他说的“庭实旅百，奉之以玉帛。天地之美具焉，故曰‘利用宾于王’”。另外他还从艮中取山象，山为岳，太岳姜姓，推知敬仲的后代在齐国要

执政。从观来看，还得等一下，推知是在敬仲的后人身上才能应验。从事物不可能两全上推知陈衰亡后敬仲后人才能发迹。从中看出，取遇卦动爻爻辞为依据，还要联系占筮的动机，从卦的变化来随象取义。不懂卦象，爻辞就成了死教条。再看唐人《定命录》的例子。天宝四年，王诸入解，筮得乾之观（乾卦下四爻都动，刚爻变柔爻成观：乾都是动爻{䷀变䷓观），判断说，自己去“宾王，而大人未见”。后来王诸到了京师果然遇上安禄山作乱，没见上天子，返回去了。乾的九五是“飞龙在天，利见大人”，观的六四是“利用宾于王”，乾变观是变到四爻在五爻处停住了。所以是自己去朝见，大人却没有出现，主要看的是观的四爻爻辞、乾的五爻爻辞，结合自己所问的具体事情，从爻象变化趋势中去理解。看象方法更为灵活，爻辞不过是提供了一个思索线索而已。这就更进一步说明，不懂卦象，只讲义理，根本就无法下断。

二十一　噬嗑——刑狱啮咬

䷔

噬嗑卦的卦画组合为震（☳）下离（☲）上，传统称作火雷噬嗑。《序卦》云：“可观而后有所合，故受之以噬嗑。嗑者，合也。”意为德政教化可观了，人心民意就可相合，所以在观卦之后，接着是噬嗑卦。嗑是合的意思。《杂卦》云：“噬嗑，食也。”意为噬嗑是咬食东西。“噬”是用牙齿咬食，“嗑”是上下牙对合在一起。《序卦》主要解释的是嗑，《杂卦》主要解释的是噬。把《序卦》《杂卦》的意思合在一起来理解，噬嗑是上下牙对合起来咬食东西。从道理上讲，德政教化的可观与上下牙对合咬噬东西联系不上。《序卦》所以要这样讲，是为了迁就卦的排列顺序，在取义上联系得有些牵强。要揭示这一卦的主题思想，还得依据卦、象、象辞。卦辞说“利用狱”，象辞说“利用狱也”，象辞说“先王以明罚敕法”。全卦的主题是讲法制刑狱。总之，这一卦卦名的意思是上下牙对合咬食东西，用于社会的意义是讲法制刑狱。其中的联系可参见下面的说解和后边的提示。

依据彖辞"柔得中而上行"的说法，侯果说："坤之初六上升乾五，是柔得中而上行。"他的意思是说，噬嗑卦是从否卦变化而来。是否的下卦坤里的初六，上升到上卦乾的五位，卦才由否变为噬嗑，这就是彖辞讲的"柔得中而上行"的具体所指。讲得直白一点，就是否卦的初六与九五互换了位置。即：否九五初六䷋交换位置，变䷔噬嗑。因为六五是在变化中成为决定因素的主爻，从六五着眼来讲，就是"柔得中而上行"。噬嗑与下一卦贲构成一组覆卦，噬嗑的卦画上下颠倒就是贲卦，即：噬嗑䷔整卦上下颠倒，为䷕贲。卦爻有以上的运动变化，分析卦爻就要注意这种运动变化中的联系。这种联系《周易》作者有时把它突出出来，有时则可能不作强调，但作为一种观象治易的方法，它是一种客观存在，是必须要掌握的，否则就难以自己去观象了。在这一卦里，作者更多地强调了它与颐卦的联系。颐是一张嘴，噬嗑是嘴里咬着东西（详说见后）。作者在观象系辞时，从众多纷杂的象里，时取此象，时取彼象，我们追踪的是作者的取象依据，作者不取之象就不作详说。但不取之象并不等于不存在。

噬嗑，亨。利用狱。

【译文】

噬嗑卦，亨通。有利于听讼治狱。

彖曰：颐中有物曰噬嗑。噬嗑而亨，刚柔分，动而明。雷电合而章。柔得中而上行，虽不当位，利用狱也。

【译文】

口中有物就是噬嗑卦。噬嗑卦亨通，刚柔分开交错，行动光明。雷声闪电合在一起威力显明。柔顺占据中位向上运行，虽然位置不当，但有利于听讼治狱。

象曰：雷电噬嗑。先王以明罚敕法。

【译文】

雷电合在一起就是噬嗑卦。先王从中受到启示，彰明刑罚，端正法律。

【精解导读】

"狱"是诉讼案件，不是我们今天讲的监狱，古今词义不尽相同。卦辞说"噬嗑，亨"，象上的依据主要是噬嗑从否卦变来，否卦是天地悬隔，滞塞不通。《系辞》说，"变则通"，一变就通了，故亨通。否卦是下面三个柔爻，上面三个刚爻，排列严整，刚柔不杂；变成噬嗑，刚爻与柔爻交错开了，卦由原来的刚柔各一方变成刚柔相济，互为补充，所以亨通。"利用狱"取的是六爻全象，作者把噬嗑的整个卦画看成是一个戴着全副刑具的囚犯，卦里的三个刚爻分别是戴在犯

人身上的颈枷和桎梏。这有初爻爻辞“屦校灭趾”、上爻辞“何校灭耳”可证。三个刚爻横亘在上中下的位置上，就是给犯人戴上了颈枷、手枷和足枷，囚犯被锁起来了（）。古代的枷总称“校”，用木头做成。分开讲，锁在脚上的枷称桎，相当于脚镣；锁在手上的枷称梏，相当于手铐。这就是前人讲的“在足曰桎，在手曰梏”。锁在脖子上的称枷。手枷和颈枷往往是连在一起的，既可锁手，又可锁颈，所以九四爻辞不言“校”。犯人既然被锁住抓起来了，真凶在案，当然就利于听讼治狱。要不然还去审谁？

彖辞从五个方面解释噬嗑卦。（一）从卦画上解释卦名的意义。“颐中有物曰噬嗑”指的是噬嗑取的是颐卦卦画为象。颐卦是一张口，上下两个刚爻是嘴的上唇和下唇，中间的四个柔爻是嘴里排列的牙齿（即颐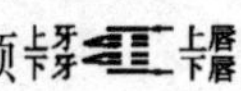，详见颐卦）。而噬嗑是在颐卦里横亘了一个刚爻，如同口中咬着东西在牙齿之间（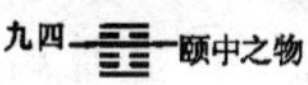），九四是颐中之物，所以全卦才取牙齿对合咬食东西之义的噬嗑为名。（二）从卦变上解释卦辞“亨”。“噬嗑而亨，刚柔分”是指否卦变为噬嗑，把否卦原来刚爻与柔爻各成营垒的状态分开了，刚爻与柔爻交错起来。从取义上讲，只刚强不柔顺行不通，只柔顺而没一点刚强之气也行不通，一个人能刚能柔，刚柔相济就行得通了，所以噬嗑卦亨通。（三）从上下卦特性的组合上解释卦辞“亨”。“动而明”指的是全卦的组合是下卦震，震为动；上卦离，离的特性是明，

行动光明，故亨通。（四）从上下卦象的组合上解释噬嗑卦。“雷电合而章”中，“章”义同“彰”，是显明而有文采。这句指的是下卦震，震的卦象是雷；上卦是离，离的卦象是闪电，上下卦象组合在一起是惊雷闪电合在一起，具有强大的震慑力量和明察秋毫的光照效应，所以利于听讼治狱。（五）从主爻的推移上解释“利用狱”。“柔得中而上行，虽不当位，利用狱也”，指的是由否变噬嗑的方式是主爻六五从初位上升到五位，是柔爻的推移取得上卦中位。五位是刚位、尊位、天子位，柔爻没有刚健的素质，不应当占据这个位置，然而能占据上位以柔理事，还是适合听讼治狱的。可见彖辞认为听讼治狱处理案子不能用刚，柔顺比较适合。要有忍耐的性格，平心静气，顺事理去处理。不能急躁刚强，动不动就发火，那样往往会制造冤假错案。

象辞还是先说明上下卦象的组合。“雷电噬嗑”与彖辞的“雷电合”在取象上相同。“电”指上卦离，“雷”指下卦震，上下卦象重合在一起是雷与电的组合。侯果说：“雷所以动物，电所以照物，雷电震照，则万物不能怀邪，故先王则之，明罚敕法，以示万物，欲万方一心也。”这就说明了雷电与法治的联系。“先王以明罚敕法”中，“敕”是敕正的意思。先王从噬嗑卦的雷电中受到启示要彰明刑罚，端正法律。雷有赫赫之威，具震慑威力；电有烨烨之明，具照邪难逃的效用。象征国家的法治恢恢严正，不容罪恶，妖邪难

逃，纤毫必究。所以先王效法雷电，端正法治。罪有大小，罚有轻重，量刑要合情合理，当然要明；法不徇情，人人平等，当然要公正。不明不正，法律成了摆样子的粉饰，自取乱败，谈不上法治。所以旧日的公堂上都要挂上“正大光明”的大匾，赫然入目，为法官垂范。执法徇情舞弊，是自己把自己放在社会蠹虫的位置上，民众不允，上级也不答应，只能遗臭万年。

初九：屦校灭趾，无咎。

【译文】

戴上脚枷，遮住了脚趾，没有咎害。

象曰：屦校灭趾，不行也。

【译文】

戴上脚枷，遮住脚趾，是不能行动了。

【精解导读】

“屦”是脚上穿的鞋子，这里作动词用，是穿上的意思，引申为戴上。“灭”是遮没的意思。“校”是枷，戴在脚上就是脚枷。初九是与六五换位的一爻，从五位下到初位，下卦变成震（䷔>震），震为足，有如在

脚上戴上枷锁。侯果说："屦贯趾足也。震为足，坎为校，震没坎下，故'屦校灭趾'。初位得正，故无咎。"坎有没有校象，不大容易辨得清，但这里取的不是坎，而是六爻全象。全卦是戴刑具的犯人之象，初九在下位，故为校。互卦有坎（䷔互坎），坎为水，初九没在水下，故为"屦校灭趾"。"灭"就是没的意思。初九刚爻，初位刚位，位正，对犯人来说，自己行得端，走得正，没有犯罪，所以不会有咎害。象辞说："屦校灭趾，不行也。"意为：戴上脚枷遮住脚趾，是不能行动了。主要是说明"屦校灭趾"是戴上脚枷的意思，不取"震为行"之象。取象各有侧重，卦讲的是听讼治狱，所以取震为足之象。如果不是噬嗑卦，震也可以取震为行之象，那就不是走不了，而是相当善走。这一爻有羁绊之难，但最后没有咎害。身陷囹圄，会获释脱难。

六二：噬肤灭鼻，无咎。

【译文】

咬肉吃，鼻子没入肉里，没有咎害。

象曰：噬肤灭鼻，乘刚也。

【译文】

咬肉吃，鼻子没入肉里，是因为乘驾在刚爻之上。

【精解导读】

“肤”是带皮的肉。动物的皮肤之下，一般是比较肥厚的脂肪层，带皮肉比较肥美。《经典释文》引马融说：“柔脆肥美曰肤。”古代的“肤鼎”指肉鼎，“麋肤”指麋鹿肉。“肤”不仅指皮肤，与下文的“腊肉”“干胏”比较起来，肤是软肉、鲜肉，所以一咬，鼻子才能陷进去。虞翻说“艮为肤”，从卦象考订，虞氏的话比较可信。象辞指出九四是颐中之物，六二与九四只能互为艮卦（九四 六二 ☶ 互艮），艮卦是一刚在外、二柔在内，刚爻是外面的皮，柔爻是皮下的肥肉（艮 ☶ 肉皮 皮下肉），与“艮为果蓏”的取象手段相同。这个逸象有据。艮又为鼻，为黔喙之属（黑嘴头子的动物），在互坎之下，故为没。在噬嗑卦里，故言“噬肤灭鼻”。黑嘴头的动物（比如猪）吞食东西，常常把鼻子探进食物中去，出自本性，人如果这样咬食，出乖露丑，食相不堪。然而也不过是雅俗巧拙问题，没有大害，故言“无咎”。象辞说：“噬肤灭鼻，乘刚也。”为六二的出乖露丑提出另外一条理由，就是六二柔爻却乘驾在初九刚爻之上，柔乘刚为不顺，故虽有吃肉之象，又会有灭鼻之丑。

六三：噬腊肉，遇毒。小吝，无咎。

【译文】

咬食腊肉，遇到毒。有小吝难，无大咎害。

象曰：遇毒，位不当也。

【译文】

遇到毒，是因为位置不当。

【精解导读】

“腊肉”是较长时间存放的肉，制作的方法，有的是风干，有的是撒盐冷藏，有的是火烤。现在民间还有制作，各地的制作方法不尽相同。但总的说，腊肉比鲜肉要干，吃起来难咬一些。六三虽也在互艮中（六三→互艮），但比六二接近上卦离，离为火，肉发干，故为腊肉。又在互卦坎里（六三→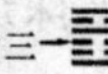互坎），焦循、虞翻都说“坎为毒”。腊肉放的时间长了，会变质有毒。古人大概常常遇到。但毒性比较小，不是剧毒，作者把这种生活现象比附到爻辞中来，故言“噬腊肉，遇毒。小吝，无咎。”象辞说：“遇毒，位不当也。”意为：六三会有中毒之象，是位置不当。这个位置主要指在坎卦里。“坎为毒”的说法，在师卦里有印证。

九四：噬干胏，得金矢。利艰贞，吉。

【译文】

咬食骨头上的干肉，得到金属箭头。宜于在艰难中守正，吉祥。

象曰：利艰贞吉，未光也。

【译文】

宜于在艰难中守正，吉祥，是因为还不光大。

【精解导读】

“胏”是骨头肉，“干胏”是带骨的干肉。九四正是彖辞讲的“颐中有物”，横亘于口齿之间。从象上讲，艮为肤，九四虽然也在互艮里（九四→䷔>互艮），但比六三更接近上卦离，离为火，离火越近烤得越干。既为横亘之物，又是刚爻，只能是骨头。有骨有肉又干，故言“噬干胏”。坎为弓轮，离为戈兵，弓上的戈兵只能是箭。所以陆绩说“离为兵矢”。离卦是否卦的上乾，因为初六“柔得中而上行”变出来的。原本是乾卦，乾为金，所以这个离矢是金矢。九四在互坎（九四→䷔>互坎）、上离之中（九四→䷔>离），故言“得金矢”。得是因为离矢原来没有，爻的推移使它出现了，从无到有，故有得。干胏中的金矢只能是金属箭头。坎又为险难，九四是互坎的中爻，故“利艰贞”。在艰

难中守正，故可得吉。古代人常吃田猎射到的禽兽之肉，从骨肉中找到箭头是生活中常有的事。得到个金属箭头算得上意外收获。对爻辞的理解要与古人的意识统一。要而言之，“噬干胏”是啃干肉，油水不大，费劲不小。“得金矢”是有意外的小小收获。“利艰贞吉”是处境并不顺利，艰难守正才会得吉。象辞说“利艰贞吉，未光也”。“光”指的是上卦离，离为光明。九四虽在上卦离里，但并不是离卦中爻，与主爻六五的“得当”（见下）比起来，还不算光明，所以还得在艰难中守正。“胏”不是今天的常用字，陆绩说：“肉有骨谓之胏。”《说文》：“胏，古文作𩚵，食所遗也。”《玉篇》：“肉带骨也。”总起来说，是已经没有多少肉的骨头，没多大可吃的价值，再加上是干胏，更不怎么样。《说文》认为是吃剩下的东西，看来也是骨多肉少之意。

六五：噬干肉，得黄金。贞厉，无咎。

【译文】

咬食干肉，得到黄金。能守正并感到危厉，没有咎害。

象曰：贞厉无咎，得当也。

【译文】

能守正并感到危厉，没有咎害，是因为位置得当。

【精解导读】

六五是全卦的主爻，又是从否变为噬嗑的关键性一爻，处全卦尊位，故取象范围较为广泛。下临艮为肤，上卦离为火，故为“噬干肉”。否卦变噬嗑之前，上卦为乾，乾为金；六五从否的下坤升上来，坤为中央土，色黄。坤六五爻辞“黄裳”可证。乾坤交错变成噬嗑的上卦离，故为“得黄金”。互卦有坎（
），坎为险，故有“厉”，但在上卦中位，故言“贞厉”。象辞说“柔得中而上行”，故“无咎”。象辞说：“贞厉无咎，得当也。”意为：守正有危厉没有咎害，是因为位置得当。象辞说“虽不当位”，小象辞却说“得当”，看来六五有得当之处，也有不得当之处。不当是柔爻不该占据尊位，得当是指位置还是好的，不过是该占不该占的问题。这就同时说明了“贞厉”与“无咎”的原因。不该占尊位故有厉，位置好故无咎。这一爻是全卦最好的一爻，有意外的收获，啃干肉比“噬干胏”要好得多。有危厉，守正可无咎。前人因为九四爻辞有“吉”，认为九四比六五好，其实这是一种误解。“吉凶者，得失之象也”，六五得到珍贵的黄金，比九四得“金矢”要更多。不言吉也有吉。

上九：何校灭耳，凶。

【译文】

扛着枷，遮住了耳朵，凶。

象曰：何校灭耳，聪不明也。

【译文】

扛着枷，遮住了耳朵，是耳不聪目不明。

【精解导读】

上九是囚犯戴的颈枷，在互坎（

）、上离之上，坎为耳，离为目，是颈上扛的木枷高过耳目，把耳目都遮住了，故为“何校灭耳”。“何”与“荷”是古今字，意为扛着。处全卦之终，穷途末路，故有凶。象辞说“何校灭耳，聪不明也”。“聪不明”不能理解为“聪而不明”，而是耳不聪、目不明放在一起说的。这是一种互文的修辞方法，但容易引起误解。“聪”在古代的意思指的是耳朵灵，“明”是眼睛亮。“聪明”不是今天讲的聪明伶俐。象辞说耳不聪、眼不明是解释为什么枷会“灭耳”，“灭”是遮挡住的意思，与初九象辞的“不行也”意同。初九的枷是把脚挡住，所以称“灭”。上九的枷是把耳挡住，也称灭。爻辞没有提到目，象辞却提到“不明”，说明象辞认为还有遮

住目的象。这一爻比初九糟得多，牢狱之灾不可脱。

【提示】

这一卦不得不讲一下六爻全象。《说卦》里讲的卦象都是三爻卦的八卦卦象，然而《周易》在取象时，有时却取的是六爻卦的整象，把六爻看成是一个整体，组成一个六爻的全象。前面提到的颐卦就是如此，把颐卦的六爻整体看成是一个嘴巴。这一卦又把全卦看成是一个戴着全副刑具的囚犯。还把全卦看成是一张咬着刚硬之物的大嘴，这都有内证可据，并不是后人的附会。更为明显的还有鼎卦，作者把鼎的六爻整体看成是一个大鼎的形象。下边是鼎足，中间是鼎身，六五是鼎耳，上爻是插在鼎耳中抬鼎的杠子，古人称铉（鼎卦：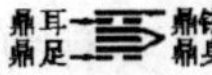

）。鼎卦的爻辞说得清清楚楚。只不过卦画只有横线，没有竖线，没有勾勒出来罢了。小过卦中间两个刚爻是鸟身，上下各两个柔爻是鸟翼，故象辞说“有飞鸟之象焉”（小过：

）。豫卦是一个刚爻插在五个柔爻之中，爻辞有“朋盍簪”，把全卦六爻看成是头发中插入了簪子（豫：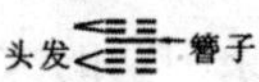

）。

此外大过卦䷛是栋挠之象，又是棺椁之象（见《系辞》），大壮卦䷡是上栋下宇之象，离卦䷝是网罟之象，都是显而易见的，全都是取的六爻全象。讲《周易》的卦象就必须承认这个现实，多少人反对也无用。但要提起注意的是，六爻全象也和八卦之象一样，作者有时取，有时不取，不能凭后人乱猜，要有可靠的

证据作依托。但如果卦爻辞中已经揭示了六爻全象的内容，那我们也得承认，态度要客观一些。因为我们是在讲《周易》，不是在自己创造《周易》。比如中孚卦，《序卦》说“节而信之，故受之以中孚”。

《序卦》已明确指出是符节对合而后可信，中孚是符节对合之象。古人把竹板成齿状中剖，契约双方各持一半为据，以对合取信，这种用竹制成的合同式的契约就是节。《说文》：“节，竹约也。”说得十分明确。中孚的六爻全象就是节齿对合：中孚

。正因为节齿对合得上，所以卦才叫中孚，孚是相信。卦取六爻全象可以认定无疑。朱熹没有辨出作者的取象，他说：“中孚是一个卵象，是鸟之未出壳底孚，亦是那孚膜意思。”又说：“孚字从爪，从子，如鸟抱子之象。今之乳字也一边从孚，盖中所抱者，实有物也。中间实有物，所以人自信之。”认为中孚是鸟蛋，这已是乱猜，不过总还承认是六爻全象。而还有相当多的人连六爻全象也不承认，这就更不是客观态度。再如中孚卦的彖辞说“乘木舟虚也”，显然彖作者又把中孚的卦画看成是一条中空的大船，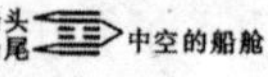

。船舱做成空的，才能载物渡水，因此才说“舟虚”。

如不承认六爻全象，那就只能否定彖传，自己去随意附会。

二十二　贲——绘事后素

䷕

贲卦的卦画组合为离（☲）下艮（☶）上，传统称作山火贲。《序卦》云："物不可以苟合而已，故受之以贲。贲者，饰也。"意为：事物不可以苟且相合就行了，所以在表示相合的噬嗑卦之后接着是贲卦。贲是文饰的意思。《杂卦》云："贲，无色也。"意为贲是没有颜色。《序卦》认为贲是文饰，是要美化一下，而《杂卦》却说贲是没有颜色。考之彖辞"天文""人文"的讲法，显然文饰是贲的主要意义。《杂卦》说的"无色也"是指在无色的基础上加以文饰，所谓"绘事后素"之意。其正确解释是：贲卦是因为还没有颜色，是从无色到有色。事物不能凑凑和和地苟合在一起，得文饰美化一下才可以相合，文饰美化成为必要，所以噬嗑卦后才接着是贲卦。这是《序卦》要强调的意思。据以上分析，贲的卦名意思主要是文饰美化。前人讲的黄、白、黑色，以及爻辞中提到的白色等，都应当统一到文饰美化这个意义上去理解。怎样进行文饰美化？古人与我们今天的理解不尽相同。《说文》

讲："文，错画也。"把线条交错一下就是文饰。象辞讲"柔来而文刚"。"分刚上而文柔"，也是说刚爻与柔爻交错一下就是文饰。并不全同于今天说的重彩描绘、涂脂抹粉的人为装潢，而更多的是强调在质素前提下的自然美化。是按照事物本身所具有的形质和多样性所进行的一种有秩序的交错组合，从而形成一种美的和谐，重在自然和真实，这才能把文质统一起来。在社会意义上说，贲卦与噬嗑卦相互补充，噬嗑卦讲的是法治，贲卦讲的是文明。用今天的话讲，是说文明与法治是组织社会不可或缺的两个方面，要两手抓，而且两手都要硬。所谓文明，指的是人的道德品质、文化修养、礼仪制度、公共秩序、思想教育、社会风尚等方面，是能制约、规范人的言行而必需的一切思想意识方面的建设。这就是象辞讲的"人文"的主要意义。人的言行首先要受到文明的规范，超越了文明的制约又要受到法治的规范，这样才能保证社会有秩序地前进发展。从某种意义上讲，文明比法治更重要，文明是组织绝大多数人在正常秩序上活动的保证，而法治主要是强制少数犯罪分子回到秩序上来。任何一个统治者都不可能，也没有必要把所有的人都关进监狱进行劳教，而文明则是道德法庭，虽无强制，却具有管束力量。《周易》是社会的组织术，所以在噬嗑卦里讲法治，紧接着在贲卦里就讲文明。《周易》的治世思想可以研究，但有一点是肯定的，绝对的自由是没有的，人只要一降生到人间，就进入了社会，就会受

到社会的规范约束。无论你职位权势有多大，财产金钱有多富，毫不例外。要取得自由，那就得去把握社会规律，按社会规律去运动。规律就是《周易》里讲的道。总之，贲是文饰，卦的主题思想是讲社会文明。

按照彖辞“柔来而文刚”“分刚上而文柔”的讲法，虞翻、荀爽都认为贲卦是由泰卦变化而来，是泰卦的上六与九二交换了位置，即泰上六九二䷊两爻换位，变䷕贲。九二从泰的下卦乾里分出一个刚爻，到上卦坤的三个柔爻里交错一下，就是“分刚上而文柔”。泰的上六从上卦坤的三个柔爻中下来一个柔爻，到下卦乾的三个刚爻中交错一下，就是“柔来而文刚”。这样讲准确无误，贲卦是由泰卦变化而来。贲卦与上一卦噬嗑组成一组正覆卦，即贲卦的倒象就是噬嗑，贲䷕整卦上下倒过来为䷔噬嗑。两卦一正一反相互联系，所以在取义上相互补充。噬嗑讲了法治，贲就来讲文明。这是《周易》内部组织的有机联系，分析时不能割断。

贲，亨。小利有攸往。

【译文】

贲卦，亨通。小的方面来往有利。

彖曰：贲亨，柔来而文刚，故亨。分刚上而文柔，故小利有攸往，天文也。文明以止，人文也。观乎天文，以察时变；观乎人文，以化成天下。

【译文】

贲卦亨通。柔爻来文饰刚爻，所以亨通。分出刚爻到上边去文饰柔爻，所以小的方面来往有利，这是天文。能够用文明来进行规范，使人们的行为有所限止，这是人文。观测天文，从而察知季节的变化；观察人文，从而用文明手段进行教化，把天下组织成一个和谐的整体。

象曰：山下有火，贲。君子以明庶政，无敢折狱。

【译文】

山下有火就是贲卦。君子从中受到启示，使各种政令开明，但不能以此断狱。

【精解导读】

贲卦为什么亨通？主要是因为天地阴阳、刚柔昼夜进行了交流。贲卦从泰卦变来，泰是刚、柔爻的严整平衡排列，贲卦又打破了平衡，为发展开辟了广阔的前途，所以亨通。彖辞是结合贲卦讲的，从易理的根本上去认识，“柔来而文刚”“分刚上而文柔”还是个刚柔爻的交流问题。只不过是贲卦讲文饰，所以要联系文饰去讲。贲卦为什么“小利有攸往”？因为刚爻为大，柔爻为小，泰卦变为贲卦，是刚爻上去一个，占据的不是中位，没有使上卦充分交错开，而柔爻下

来一个却占据了中位，使下卦得到充分交错。这样的来往对谁更有利？当然是对来的柔爻六二更为有利，所以是“小利有攸往”。这是卦辞在象上的依据。“小利有攸往”，准确点讲，是说来往对小的一方更加有利。当然这并不能禁锢对卦辞在取义方面的灵活理解，但却应当有一个基本的限定范围。

彖辞从六个方面说明贲卦。（一）从卦变上解释卦辞“亨”。“贲亨，柔来而文刚，故亨。”在卦象上指的是由泰卦变为贲卦，泰上卦的柔爻上六，下来到下卦三个刚爻的中间，使刚柔爻交错开（泰

刚柔交错）。从取义上讲是刚柔互济，比如用文治美化武功，用文明美化法治，刚柔之道并行不废，所以能够亨通。（二）从卦变上说明卦辞“小利有攸往”。“分刚上而文柔，故小利有攸往”，卦象上指的是由泰变为贲，泰的下卦乾分出一个刚爻九二，上升到上位，使上卦的三个柔爻得到文饰（即：泰

）。交杂就是文饰。从取义上讲，交杂也是刚柔互济，比如一个人能刚能柔，能文能武，就更加美好。这一句与上一句都有解释贲是文饰的作用。比较起来，柔爻的来往变化更有利一些，六二的位置从被消退的上六变而成为下卦中位，柔爻为小，六二是柔爻，故言“小利有攸往”。（三）从卦变中推演出“天文”的意义。“天文也”在卦象上指的是“分刚上而文柔”，是从下卦乾里分出一个刚爻去加以文饰，乾为天，等于是上天来对它加以美化。（四）从上下卦特性的组合上推演

出“人文”。“文明以止，人文也”，象上指的是，下卦离，离为文明；上卦艮，艮为止，组合在一起是以文明来止（贲艮止䷕离文明）。取义是说，能以文明的手段限止、规范人们的行为，这是人文。（五）推演“天文”的社会意义。“观乎天文，以察时变”，是说天文是天象的变化，什么阴晴寒暑、云卷云舒、雷出雷入、日月起落、星辰运转、彗星月蚀等，人们通过对天文的观察，可以察知一年四时的变化，从而使人的行为更合乎天道。（六）推演“人文”的社会意义。“观乎人文，以化成天下”，是说观察社会的文明状况，可以更好地教化人民，使天下组织得更有成效。因为文明能使人的活动限止在应有的分际，能使社会在文明的调节下和谐地生存和发展。比如礼貌、谦让、相互理解、敬老爱幼、拥政爱民、遵守公德等都不可能靠法治去强制，要靠对人文状况的观察了解进行教化。

象辞总是先说明上下卦象的组合，然后从中引申出人应当学到哪些伦理道德。所谓“山下有火，贲”，是指贲卦由上下两个三爻卦组成，下卦离，离为火象；上卦艮，艮为山象，组合在一起是山下有火，这就是贲卦。“君子以明庶政，无敢折狱”，是说君子从中要学习到开明众政、不折狱的道理。“庶”是众，“折狱”是断狱。至于为什么把山下有火与明庶政、不折狱联系起来，这得与古人的特殊意象联系起来理解。古人认为山与火可以表示一种人文景观。我们举出《尚书·益稷》中的一段话看一下。虞舜要推行文明教化，

其中有一条说："予欲观古人之象，日月星辰、山龙华虫作会（绘），宗彝藻火、粉米黼黻绨绣，以五彩彰施于五色作服。"古代天子穿的衣服，上面要画日、月、星、山、龙、华（花）、虫（雉），下面要绣上虎、藻（水草）、火、粉米、黼、黻，用五彩绣画，表示要宣明教化。无非是认为可以用以上的东西表示天文地文。山与火都是其中之一，所以郑玄注认为山是地文，火是天文。郑玄的话有争议，但用天文地文象征人文是肯定的。因为一个六爻卦只有上下两个三爻卦，当然不可能把上面提到的象都表现出来，有了山与火就可以表示一种人文。所以从中受到启示，要使自己的各种政令开明。但文明道德对罪犯没有约束作用，罪犯如果讲文明道德就不可能走向犯罪道路。断狱服刑是制约罪犯的手段。除罪犯外，一般人要讲文明道德，贲卦是讲文明道德的卦，故不敢用以折狱，"不敢"实际上是说不能。

初九：贲其趾，舍车而徒。

【译文】

文饰脚趾，舍弃车子不坐而徒步行走。

象曰：舍车而徒，义弗乘也。

【译文】

舍弃车子徒步行走，是道理上不必乘车。

【精解导读】

初位在卦的最下方，故被视为脚趾之象。如剥初六“剥床以足”，噬嗑初九“屦校灭趾”，咸初六“咸其拇”，大壮初九“壮于趾”等。趾从爻位取象。在贲卦，故初九爻辞为“贲其趾”。“趾”就是脚趾。“贲其趾”是收拾打扮一下脚。理解这句话要与古代的文明条件联系起来。人类服饰的进化有它自己的过程，到了能打扮脚的时候，服饰文化就比较进步了。物质文明差的时候，穿草鞋、打赤脚的不在少数，能打扮一下脚也是件美事。从道理上讲，脚收拾好了，就该走路了，用不着再去坐车，所以“舍车而徒”。象辞说“舍车而徒，义弗乘也”，说的就是这个道理。“义”就是道义、道理。虞翻说：“坎为车”，“位在下，故舍车而徒”。《说卦》里确实有坎“为通舆”的讲法。初九在互坎之下（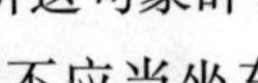

），不在车子上，故言“舍车而徒”。前人讲这句象辞，大多认为初九位置低，是下层人，道义上不应当坐车。理有或然。但从爻辞内部的联系上分析，把脚收拾好就是为了好走路，收拾好了反而不走去坐车，道理上说不通，这是象辞的主要意思。

六二：贲其须。

【译文】

文饰胡须。

象曰：贲其须，与上兴也。

【译文】

文饰胡须，是与上边一起动。

【精解导读】

“须”是胡须，“贲其须”是收拾打扮一下胡须。侯果说：“自三至上有颐之象也。二在颐下，须之象也。”意思是说，从九三到上九是一个小颐卦（

），取颐象。颐是一张嘴，六二在嘴的下方，是胡须之象（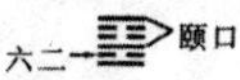

），故为“贲其须”。象辞说“贲其须，与上兴也”。“兴”是动起来，从卦变上讲，泰卦变为贲卦，六二与上九正是往来的两爻，两爻一起动，所以是“与上兴”。从象上说，上九上去后，六二的上方成为颐口，胡须自己不能动，也得随着嘴巴动，也是“与上兴”。古人认为“身之肤发，受之父母”，所以不轻易剪头发、剃胡须。长多长算多长，所以对胡须的修饰很讲究。三国的关羽还是美髯公，平时要用锦囊把胡须罩起来。对胡须也有称呼上的分别，嘴上的称髭，嘴下的称须，须下的称胡（胡

是颔下悬肉，即下巴垂下的肉，故下巴上长出的才称胡），两颊的称髯。都在嘴的周围，与颜面有关，故要收拾打扮。把这一爻与初九联系起来看，是从头到脚收拾打扮，文饰先从自身做起。前人有把须讲成“婴”，认为是小妾的，这就与爻辞距离太远了。

九三：贲如，濡如，永贞吉。

【译文】

文饰的样子，润泽的样子，长久正固吉祥。

象曰：永贞之吉，终莫之陵也。

【译文】

长久正固吉祥，最终也不会有人凌驾于上。

【精解导读】

初九、六二经过了从头到脚地收拾打扮，九三是把自己收拾打扮好了，既润泽又光彩。“濡”是润泽，“贲”是有文饰，“如”同“然”，是形容词词尾。“贲如，濡如”就是有文饰的样子，润泽的样子。从象上说，九三位在互坎之中（九三→互坎），又在下卦离里（九三→离），离为文采，坎为水。在离里有文采；在坎中，不干巴巴的，水灵，故有润泽。贲卦从泰卦变来，是泰卦的九二与上六换位。然而上六的正

应在九三（泰上六九三䷊正应），卦变时九二与上六换位，九三却没有动，故为“永贞”。“永贞”是长久正固。贲卦是要文饰，永贞而能“贲如，濡如”，符合贲卦之道，故吉。象辞说，“永贞之吉，终莫之陵也”，从象上讲，九三在下卦之终，上位是全卦之终，九三未动，没有上去，是最终没有凌驾于上。从取义上讲，“莫”是没有什么人的意思，“终莫之陵”是说始终没有人能凌驾于上，也就是文饰得谁都比不了，故能吉祥。

六四：贲如皤如，白马翰如。匪寇，婚媾。

【译文】

文饰的样子，须发洁白的样子，白马像天鸡般纯白的样子。不是寇盗，是来求婚联姻的。

象曰：六四当位疑也。匪寇婚媾，终无尤也。

【译文】

六四正当多疑的位置。不是寇盗而是来求婚联姻的，最后不会有怨尤。

【精解导读】

“皤”，《说文》：“老人白也。”老人须发银白称皤。“翰”是一种白色的鸟。《尔雅·释鸟》：“翰，天鸡。”又称白鸟、鸟鸡、白雉，就是白色的野鸡。商朝

人尚白，白马称翰马。《礼记·檀弓上》：“戎事乘翰”，注称“白色马也”。《家语·五帝》：“戎事乘翰”，注同。总的看这一爻是用白色来文饰。贲主要的颜色是黄、白、黑三色。京房说：“五色不成谓之贲。”郑玄、王肃都说贲是“黄白色也”。《吕氏春秋》记载孔子筮得贲卦，说：“夫白而白，黑而黑，贲亦安吉乎?”《家语》里也说，孔子筮得贲卦，对子张说：“贲，非正色之谓也。夫质也，黑白宜正焉，今得贲，非吾兆也。”孔子认为黑白间杂不合质素的要求，要白就一色白，要黑就一色黑。这是因为他想得到一个明朗的结果。贲卦黑白间杂，与他的占筮动机不协，故说“非吾兆也”。但从色彩学上讲，黑白对比最鲜明，黑白交错最能把花纹表现出来。斑马所以很美，就是因为身上有黑白花纹的交错。纯白也是一种美。民谚“若要俏，三分孝”，白色也是一种特殊的美。五彩的野鸡是一种美，白色的野鸡也很美。这一爻主要是突出白色的文饰，用了很多可爱的白色事物做比喻。从象上讲，贲是无色，故言“白”。离为雉，坎为美脊马，颐有须。六四在小颐卦里（
），须发洁白，故言“贲如皤如”；在互坎里（
），故言“白马”；与离卦紧邻（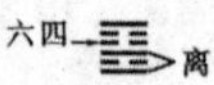
），故言“翰如”。坎为加忧、为疑，又为盗寇。全卦六爻只有六四与初九能阴阳正应，其他爻都不应，所以六四有“婚媾”之象。故先疑为寇盗，而最后却是求婚联姻，故言“匪寇婚媾”。

象辞说，“六四当位疑也”，象上指六四在互坎里，

坎为疑，六四正处当多疑的位置上。“匪寇婚媾，终无尤也”，意为虽然有怀疑是寇盗的担心和忧虑，但实际上并不是寇盗，而是来联姻的，最终不会有怨尤。“尤”是怨尤的意思。从爻的关系上讲，六四应在初九，比在九三，六四柔爻，与两个刚爻都有联系，也存在犹疑的因素。

六五：贲于丘园，束帛戋戋。吝，终吉。

【译文】

文饰于丘园之士，轻微的束帛之礼。有吝难，最终吉祥。

象曰：六五之吉，有喜也。

【译文】

六五的吉祥，是有喜庆。

【精解导读】

“丘园”是丘山田园；“束帛”是成捆的布帛礼物。《子夏传》：“五匹为束，三玄二纁。”束帛是五匹一捆的绢。“戋戋”，少貌，犹言轻微。五匹一捆的礼物不算太少，但送礼的主人犹觉轻微，所以说“束帛戋戋”。这句爻辞在张衡的《东京赋》里用过：“聘丘园之耿介，旅束帛之戋戋。”意思是到丘野田园中去聘请

耿介的隐士，摆出一捆捆的束帛作礼物。李善注：“古招隐士必以束帛，加璧于上。”前几爻是文饰自身，这一爻文饰到了丘野田园的隐士。国家派人到他们的隐居之地，用礼物聘请他们出来为国效力。朝廷能礼贤下士，也是社会文明的一种表现。从象上讲，贲卦由泰变来，泰的上卦为坤，坤为田园，变而为贲，贲的上卦为艮，艮为山丘，故云“贲于丘园”。坤又为布帛，“分刚上而文柔”，上九与九三把坤的两个柔爻夹在中间（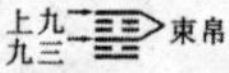
），形同“束帛”，故言“束帛戋戋”。六五柔爻占据尊位，下又无应，故有“吝”。但位中多功，故“终吉”。象辞说：“六五之吉，有喜也。”喜是因为卦变而有喜庆。卦从泰变，六五原与九二正应，变贲九二升到上位与六五比邻，六五尚贤又得到文饰，正应又来相比，故“有喜”。

上九：白贲，无咎。

【译文】

在白色上文饰，没有咎害。

象曰：白贲无咎，上得志也。

【译文】

在白色上文饰，没有咎害，是在上得意。

【精解导读】

贲为无色，质素，上九是泰卦下乾的九二“分刚上而文柔”，泰卦下乾为天、上坤为地，是乾天来美化大地，大地由质素变得烂有文采，就是在素白的基础上加以文饰，故为“白贲”。彖辞说：“分刚上而文柔，故小利有攸往”，故“无咎”。爻辞的意思是“绘事后素”，先是白的才能往上画，画上才有文饰。上九是来美化柔爻，如同在白的底色上加以美化。象辞说：“白贲无咎，上得志也。”象上指的是上九是从下边升进到了上位，从下向上运动合乎自己的意愿，比较得意，故无咎害。前人讲这一爻，有说是“饰终反素，反朴归真”的，也有说是“文不胜质，复反其本”的，与象不合，可见不了解象的变化，失去理解爻辞的依据，很容易把意思讲错。这一爻就是在白色上加以美化，以文饰质，用文明加以文饰，使事物由质而变美。

【提示】

把贲卦的内容与革卦联系起来，可以看出《周易》关于内容与形式的辩证观点。革卦爻辞提到“虎变”“豹变”，象辞解释虎变是“其文炳也”，豹变是“其文蔚也”，指出是兽皮斑纹色彩的变化。“文”是事物的外在形式，而爻辞的意思却是指发生了质变（见革卦）。这实际上是涉及哲学领域里内容与形式的关系。前人对这种关系用文与质的矛盾性与统一性来加

以说明。古人尚质，尤其是老庄思想，主张返真归朴，由文返质。质是重要的，不但不尚文，甚至坚决反对文饰。《庄子·胠箧》里说：“灭文章，散五采，胶离朱之目，而天下始人含其明矣。”这是突出文与质对立矛盾的一面。孔子更注重文与质统一性的一面。《论语·颜渊》里说：“棘子成曰：‘君子质而已矣，何以文为？’子贡曰：‘惜乎，夫子之说君子也！驷不及舌。文犹质也，质犹文也。虎豹之鞟犹犬羊之鞟。’”意为：棘成子对子贡说：“君子只要本质好就够了，要文采干什么？”子贡回答说：“先生这样议论君子，太令人遗憾了！一言既出，驷马难追。本质也如同文采，文采也如同本质。假如把虎豹的皮和犬羊的皮都拔去带文采的毛，那还有什么区别呢？”显然子贡认为不能不讲文采，文采表现质，质要通过文采显现出来，两者相互依存，这是强调文采与质统一性的一面。《论语·雍也》里又说：“质胜文则野，文胜质则史。文质彬彬，然后君子。”孔子认为：“朴质多于文采就未免粗野，文采多于朴质又未免虚浮，文采和朴质配合适当才是君子。”这是强调文采与质怎样才算统一和谐。革卦讲的是根本性的变革，是质变。上三爻提到的“改命”“豹变”“虎变”“革面”都是质的变化，只不过是通过文采的变化把它显示出来，不能理解为皮毛上的表面变化。这说明《周易》作者既看到文与质的对立，又看到文与质的统一。

这一卦讲文饰，尤其是彖传讲的“观乎人文，以

化成天下"。讲究社会文明，这是一种进步史观。王宗传在《童溪易传》里说："夫文与质非二物也。有是质，必有是文。盖亦表里之符不可强有，而不可强无之也。故子贡于此得以谓之文犹质也，质犹文也。犹之曰，文与质二名也，其实一物也。故设喻曰，此虎豹也，则其鞟必虎豹也。此犬羊也，则其鞟亦犬羊也。故虎豹之鞟与犬羊之鞟，二鞟也，其实则一理也。"虎豹的皮毛上有花纹，犬羊的皮毛上无花纹。人们不能强调质的重要，就一定要让虎豹长出与犬羊一样的皮。也不能说犬羊是质朴的，虎豹是不质朴的，文与质各有其重要性，不可偏废，要在文与质上统一。统一是好的，不统一就不好。王氏讲的文与质"一物也"，"一物"指的是统一。虎豹的花纹与虎豹的本质统一，犬羊的颜色与犬羊的本质统一。犬羊长出虎豹的花纹就不统一。把这个道理推广到社会，就是社会发展到一定的物质阶段，就一定要有必要的精神文明与其适应，不加以文饰，社会就不够美好。社会发展，文明要随着不断发展，不能要求社会返朴归真，由文返质。这与老庄的思想有显著不同。当然，如果社会的本质不足，硬要用文明手段加以美化，这就成为一种粉饰，文质不能统一，这样的社会也谈不上美好。

二十三　剥——剥烂朽蚀

䷖

剥卦的卦画组合为坤（☷）下艮（☶）上，传统称作山地剥。《序卦》云：“致饰，然后亨则尽矣，故受之以剥。剥者，剥也。”意为：经过美化文饰之后，就亨通昌盛到了尽头，所以在表示美化文饰的贲卦之后，接着就是剥卦。剥是剥蚀的意思。《杂卦》云：“剥，烂也。”意为剥是渐渐剥烂朽蚀的意思。《序卦》《杂卦》的讲法一致。卦名剥的意义就是剥蚀。

剥是十二消息卦之一。消息卦分为两类。复、临、泰、大壮、夬、乾（䷗、䷒、䷊、䷡、䷪、䷀）属于刚爻生长、柔爻消退的六卦；姤、遁、否、观、剥、坤（䷫、䷠、䷋、䷓、䷖、䷁）属于柔爻生长、刚爻消退的六卦。剥卦是柔长刚退的第五卦，五柔长成，要把最后一个刚爻彻底剥蚀掉。从卦变上讲，剥卦也从乾卦变来，由四柔长成的观卦发展而致，直接从观卦而来，即：观䷓柔爻再上长一位，变䷖剥。如果再向前看，柔长刚退的六卦，从姤卦开始，都是从乾卦变来。剥卦又与复卦构成一组覆卦，即：剥（䷖）上下倒过来看，为䷗复。

在六十四卦的序列中，剥卦之后就是复卦。

剥，不利有攸往。

【译文】

剥卦，不宜有所往。

彖曰：剥，剥也。柔变刚也。不利有攸往，小人长也。顺而止之，观象也。君子尚消息盈虚，天行也。

【译文】

剥是剥蚀的意思。是柔爻去变掉刚爻。不宜有所往，是小人在生息长大。顺着规律加以制止，是观卦象可以看出来的。君子崇尚消息进退，因为这是天的运行法则。

象曰：山附于地，剥。上以厚下，安宅。

【译文】

山附在地上就是剥卦。君子从中受到启示，要从上而下地增加根基的厚度，安稳而居。

【精解导读】

《周易》以刚爻为君子、为正，以柔爻为小人、为邪。剥卦是柔爻要把最后一个刚爻剥蚀掉，是小人势

盛，要最后把君子彻底清除，邪气压倒正气，再向前发展极度不利，故言“剥，不利有攸往”。“攸”义同“所”，“往”是从下向上，象上指不能再向上有所发展。取义是不利于前往。

彖辞从五个方面解释剥卦。（一）解释卦名的意义。“剥，剥也”，这是古人讲解词义的一种训释方法，句中如用的是词的基本意思，习惯用本字解释。剥的基本意思：《说文》：“剥，裂也”；《玉篇》：“削也”；《广韵》：“落也”。剥就是剥蚀。彖辞说“剥，剥也”，与《序卦》的讲法相同，意思是剥就是剥的意思，与它的基本意义相同。也就是说剥是剥蚀的意思。（二）说明剥卦的卦变趋势。“柔变刚也”，指的是柔爻从姤卦开始变去刚爻，变到剥卦，已经是变去五个刚爻，再向上变，就会把最后一个刚爻变去。（三）解释卦辞“不利有攸往”。“不利有攸往，小人长也”，象上指的就是柔爻是小人，刚爻是君子。柔爻的不断上长，就是小人在不断生息长大。五柔已盛，一刚仅存，小人道长，君子道消，再向前发展没有什么利，所以“不利有攸往”。（四）从上下卦特性的组合上说明君子应当从中学习哪些有益的东西。“顺而止之，观象也”，象上指的是剥卦由下卦坤和上卦艮重叠而成，坤的特性是顺，艮的特性是止，组合在一起是“顺而止”。君子看到卦象，应当明白顺着规律加以制止的道理。因为阴阳的消长盈虚是自然规律，事物发展到一定阶段，阴长阳消是一种规律性的运动，强力对抗徒劳无益，要顺应时局加以制止。（五）说明“顺

而止之”的道理。“君子尚消息盈虚，天行也”中，“尚”是崇尚。这句意思是说，君子对阴阳消长盈虚的运动应当崇尚，不能反对，因为这是天的运行规律。天道循环，是自然常理，君子效法天道，就应当崇尚此理，不能违天逆常，要顺时适变。在阳刚生息之时要顺应，在阴柔生息之时也要顺应。这是为什么要“顺”的道理。但阴柔的生息确实又不利于君子，因此又不能消极顺应，还要加以制止。只不过制止的方式不是对抗性的，而是因势利导。这种顺应与道家的思想不同。道家是一切顺其自然，不要人为。而《周易》的思想是既顺其自然，又作人为的努力，加以控制。阳刚生息时要推波助澜，阴柔生息时要“顺而止之”，不是完全听其自然。用今天的话讲，就是要把客观必然性与主观能动性结合起来。不认识客观必然性，不顺强止，就是不明“天行”；没有主观能动性，“顺而不止”就流于道家的“无为”，完全成为“天行”的奴隶。《周易》所具有的这种思想十分可贵，过去人们总觉得用老庄思想解《周易》不合适，这是最突出的一点。在认识世界方面，《周易》与老庄思想有一致的一面，在改造世界方面，《周易》与老庄思想不尽相同。具体到剥卦讲，“顺”是尊重客观必然性，“止”是发挥主观能动性，两者不可偏废。人要在顺应中能有所调节。趋势发展有利，就加快发展速度，向最大限度的兴盛发展；趋势发展不利，就减缓发展速度或改变发展方向，制止恶性发展。正如《史记·孙吴列传》中孙膑所说的话：“善战者因其势而利

导之。”既不逆规律而动，又要引导形势向有利于自己的一方发展。这就叫“顺而止之”。

象辞先说明上下卦象的组合。“山附于地，剥”，在象上指的是剥的上卦艮，艮的象是山；下卦坤，坤的象是地，上下卦象组合在一起是“山附于地”，这就是剥卦。作者不说“山在地上”，而说“山附于地”，显然是要突出“附”的意思。附是附着。山不能离开地，地是山的依托、基础。基础不厚实，山再高也无处可附。君子应当明白这个道理，故“上以厚下，安宅”，意思是说，君子效法剥的卦象，要增加基础的深厚，安稳而居。对国家来讲，“民惟邦本”“本固邦宁”，在上位要能厚下固本，巩固统治地位，使自己能在上安稳。在上位不顾人民的疾苦，不断从人民身上剥削榨取，实际上是在动摇自己的统治基础。

初六：剥床以足，蔑贞，凶。

【译文】

剥蚀床足，以邪灭正，凶。

象曰：剥床以足，以灭下也。

【译文】

剥蚀床足，是从下灭没。

【精解导读】

这一卦是柔爻从乾卦开始逐爻向上剥蚀刚爻，一直剥蚀到六五。当乾的初爻最初被剥蚀时，柔爻先灭掉乾的最下一位刚爻，初六正处在这个位置（即乾初九→䷀初九由刚变柔䷫←初六姤）。初爻一变，下卦成巽（☴>巽），虞翻说“巽木为床”，考之卦画，巽像一张床（巽☴，下有床腿，上有床板）。初爻的变化如同从床的足开始剥蚀，故云“剥床以足”。刚爻为正，柔爻为邪，柔爻灭去刚爻，故言“蔑贞”。虞翻说：“蔑，灭也。”“贞”即正。邪灭正，故言“凶”。象辞说“剥床以足，以灭下也”，从床的下边把床足砍掉，床就不得安稳，所以凶。同时还可看出，象辞向人们提示了卦变的运动趋势，剥蚀是先从下然后向上渐次发展。总的看，这一爻是从根基上剥烂，情况不大美妙。

六二：剥床以辨，蔑贞，凶。

【译文】

剥蚀床腿，以邪灭正，凶。

象曰：剥床以辨，未有与也。

【译文】

剥蚀床腿，是六二没有应与之爻。

【精解导读】

“辨”的讲法较杂。郑玄说：“足上称辨。近膝之下，屈则相近，申则相远，故谓之辨。辨，分也。”他从人体部位上讲，说辨是膝盖以下的小腿部分。崔璟讲得更直接一些：“辨当在笫足之间，床腟也。”“腟”同“髀”，是大腿。要而言之，辨就是腿，床辨就是床腿部分。从象上看，巽为床，初六剥蚀掉床足，接着又向上剥蚀，但还没有到床板，所以次及六二，向上剥蚀的这一截是进入床腿部分。去掉床的足和腿，床要翻落在地上，这就更岌岌可危，所以有凶。六二是进一步以柔灭刚，故也说是“蔑贞”。象辞说：“剥床以辨，未有与也。”“与”是与它相应的应爻，从剥卦看，六二的应爻在五位，而五位是柔爻，柔爻与柔爻敌而不应，所以说“未有与也”。无应与是失去援助，故有“凶”。关于“未有与”的解释，联系六三象辞“失上下也”会看得更加清楚。总之，六二的凶显然要比初六更严重一些。

六三：剥之，无咎。

【译文】

剥蚀它，没有咎害。

象曰：剥之无咎，失上下也。

【译文】

剥蚀它没有咎害，是因为六三与上下邻爻失去一致。

【精解导读】

这一卦的五个柔爻，只有六三与全卦唯一的刚爻上九正应。五个柔爻本来是要一起向上剥蚀最后一位刚爻上九，但六三因与上九有阴阳正应的关系，就不愿把上九灭掉，因而与它上下的四个柔爻失去一致。象辞说“失上下也”，就是指的六三有应爻。“上下”是六三上面的六四、六五，与六三下面的初六、六二。柔爻剥蚀刚爻是以邪灭正，故有凶。六三不同意剥蚀上九，实际上是明剥暗助，故不会有咎害。“失上下”与六二象辞的“未有与”前后补充，说六三是“失上下”，六二就不是失上下；说六二是“未有与”，六三就是有与，都是就有没有应爻这一特点讲的。从整体上看，初六是“剥床以足”，六二是“剥床以辨”，六三应当是“剥床以身”了，但因为六三有应爻，取象要照顾吉凶，故换了角度。“剥床以身”会把整个床烂掉，凶太重了，与六三有正应的象有矛盾，故言“剥之，无咎”。从取义上讲，这一爻是尽可以鲸吞剥蚀，没有关系。

六四：剥床以肤，凶。

【译文】

剥蚀床到了皮肉，凶。

象曰：剥床以肤，切近灾也。

【译文】

剥蚀床到了皮肉，切近灾难了。

【精解导读】

“肤”指皮肉，噬嗑卦里已有解释。王肃说：“在下而安人者床也，在上而处床者人也……床剥尽以及人身，为败滋深，害莫甚焉，故曰剥床以肤，凶。”意思是说：床是供人坐卧的，床剥蚀尽了，就剥蚀到人的身上，为害更加深入，没有比这更危险的了。从全卦看，柔爻长到六三已把巽床剥蚀尽了，到了六四，六四在上卦艮里（六四→䷖>艮），艮为肤（见噬嗑），故言“剥床以肤”。“肤”是床上人的皮肉，要把皮肉剥蚀掉，切肤之痛，当然凶。象辞说“剥床以肤，切近灾也”。“切”是挨着了，“切近灾”是说灾害已经到了身边，躲不及了。这一卦从初爻到四爻是连类而下，取象都是从柔爻的渐次进位、刚爻的逐爻剥蚀中而来。从床足、床腿、床身到人的皮肉，连喻而及，比较明显。其他说法与作者寓意悬殊，难以信从。总之，这一爻是灾难就在眼前，已经无法逃脱，凶更为严重。

六五：贯鱼，以宫人宠，无不利。

【译文】

鱼贯而进，以宫人的身份受宠爱，没有不利。

象曰：以宫人宠，终无尤也。

【译文】

以宫人的身份受到宠爱，最终不会有怨尤。

【精解导读】

“贯”的本义是穿在一起，这里是指鱼游动时前后挨近成为行列的样子。从取象上讲，《周易》里多处提到鱼，一般都是取柔爻为象。前人说鱼是阴物，故以阴爻为鱼。考之卦爻辞，这样说最为合适。“贯鱼”是许多鱼排成一行，指前进有序。现代汉语里常说的“鱼贯而行”“鱼贯而入”，等等，“鱼贯”这个词的来源就在这里。剥卦从初爻到五爻，柔爻排成一个行列，六五正是排头的一爻，柔爻为鱼，故言“贯鱼”。六五进入天位、尊位、天子位，已进入皇宫，身份尊贵受到宠爱。但天子却不是排起队来挨个当的，五个柔爻又都是阴性，用皇宫的情况相比，只能是进宫的宫女、妃嫔之类，故言“以宫人宠”。六五位在上卦之中，故“无不利”。《三礼注》里说：“皇帝有皇后一个，夫人三人，嫔妇九人，世妇二十七人，御妻八十一人。”轮着侍奉皇帝，按次序当夕。远古盖不如此，但宫人也不会太少。《后

汉书·梁皇后传》说，皇帝因宠爱梁皇后，有时不按次序把她招来相伴，梁皇后说："愿陛下思云雨之均泽，识贯鱼之次序。""贯鱼"是有次序。作者从初爻到四爻基本上是用"剥床"为喻，为什么到了六五突然换成以"贯鱼""宫人"为喻？除了我们上边讲的五位是天子位外，还因为六五正好到了全卦唯一的一个刚爻上九之下，正是彖辞讲的"顺而止"的位置上。上卦艮为止、为终，停止剥蚀刚爻。正如象辞所说"终无尤也"。

上九：硕果不食。君子得舆，小人剥庐。

【译文】

硕大的果子不吃。君子得到乘舆，小人掀掉庐室的顶盖。

象曰：君子得舆，民所载也；小人剥庐，终不可用也。

【译文】

君子得到乘舆，是受到民众的负载；小人掀掉庐室的顶盖，是小人之道不能用到最后。

【精解导读】

作者把全卦唯一的刚爻上九，既比作树上结的一个硕大果子，又比作房子的顶盖。从象上说，艮为果

蓏，为门阙，刚爻为大，上九在艮里（上九 ䷖ 艮），又是仅剩下的一个刚爻，故言“硕果不食”。坤为大舆，上九在下坤、互坤之上（上九 ䷖ 互坤 下坤），刚爻为君子，故言“君子得舆”。庐取六爻全象，柔爻虚、刚爻实，剥卦是在下面五个柔爻之上横盖着一个刚爻，如同在宽大空阔的房子上加上房顶。柔爻如果再前进一位，就会把最后一个刚爻掀掉，因为柔爻是小人，故言“小人剥庐”。象辞说“君子得舆，民所载也”，《周易》以刚爻为君，柔爻为民（见《系辞》），上九下有五个柔爻，是万民载负之象。“小人剥庐，终不可用也”是指上九是最后一个刚爻，柔爻如果剥到最后，会把全卦都变成柔爻，上九这个庐顶会被掀掉，柔爻不能再向上长了。柔爻上长是小人道长，小人之道不能用到最后，应当停止。

【提示】

在这一卦里介绍一下《序卦》，《序卦》是讲六十四卦的卦序排列，并说明各卦相次的理由。这种理由，前人认为有六种情况，《正义》解释《序卦》分为六门，即天道门、人事门、相因门、相反门、相须门、相病门。但从相次的理由上看，只有两种关系，一种是相因，一种是相反。相因是按所具条件顺理推导因果，相反是根据物极必反的易理逆向推导相反的因果。贲卦之后接着是剥卦，相次的关系属相反类，是说事物经过美化文饰之后太完美了，物极必反，就要由完美向不完美变化，

开始剥蚀，故两卦相次。在哲学上是相反相成，否定之否定。相类似的如“泰者，通也。物不可以终通，故受之以否。物不可以终否，故受之以同人”。

相因关系的如“有天地，然后万物生焉。盈天地之间者唯万物，故受之以屯。屯者，盈也，屯者，物之始生也。物生必蒙，故受之以蒙。蒙者，蒙也。物之稚也。物稚不可不养也，故受之以需。需者，饮食之道也。饮食必有讼，故受之以讼。讼必有众起，故受之以师。师者，众也。众必有所比，故受之以比。比者，比也。比必有所需，故受之以小畜。物畜然后有礼，故受之以履。履者，礼也。履而泰然后安，故受之以泰。泰者，通也”。都是因为具备了什么条件之后，就会有什么样的结果，顺着事物的发展往下推。

《序卦》这样说明卦序排列的理由，有时显得牵强（比如观卦与噬嗑的联系是“可观而后有所合，故受之以噬嗑”。把德政教化可观而形成的人心民意相合，与上下牙对合牵连在一起）。但从推理上讲明了卦名的含义，其功不可没。王弼说，《序卦》的作用主要是“因卦之次，托象以明义”。孔颖达也认为王弼的说法“盖不虚矣”。讲卦的排列主要是“非覆即变”，讲卦名的含义，《序卦》是主要依据，其次是《杂卦》。同时《序卦》在揭示易理方面有不可忽视的作用，如果能与彖辞和大象辞综合起来考虑，常常具有揭示各卦主题思想的作用。

《四书五经》全解

【第三卷】

韩东坡／主编

辽海出版社

雅

·鹿鸣之什·

鹿 鸣

【原文】

呦呦鹿鸣，食野之苹。我有嘉宾，鼓瑟吹笙。吹笙鼓簧，承筐是将[①]。人之好我，示我周行[②]。

呦呦鹿鸣，食野之蒿。我有嘉宾，德音孔昭。视民不恌[③]，君子是则是效。我有旨酒，嘉宾式燕以敖[④]。

呦呦鹿鸣，食野之芩[⑤]。我有嘉宾，鼓瑟鼓琴。鼓瑟鼓琴，和乐且湛[⑦]。我有旨酒，以燕乐嘉宾之心。

【注释】

①将：进献。②周行（háng）：正道。③恌（tiāo）：轻佻、奸巧。④燕：通“宴”。敖：遨游。⑤芩（qín）：茜类植物。⑥湛：过度逸乐。

【译文】

呦呦野鹿鸣，来食野青苹。我有众嘉宾，弹瑟又吹笙。吹笙又鼓簧，献礼一筐筐。人们惠爱我，示我以路向。

呦呦野鹿鸣，来食野中蒿。我有众宾客，品行皆良好。教民不轻佻，依法来仿效。我有上等酒，宴宾同逍遥。

呦呦野鹿鸣，来食野中芩。我有众宾客，鼓瑟又弹琴。鼓瑟又弹琴，和乐且纵情。我有上等酒，以快客人心。

伐木

【原文】

伐木丁丁，鸟鸣嘤嘤。出自幽谷，迁于乔木。嘤其鸣矣，求其友声。相彼鸟矣，犹求友声；矧[①]伊人矣，不求友生？神之听之[②]，终和且平。

伐木许许，酾酒有藇[③]。既有肥羜[④]，以速诸父。宁适不来，微我弗顾。於粲洒埽，陈馈八簋[⑤]。既有肥牡，以速诸舅。宁适不来，微我有咎。

伐木于阪，酾酒有衍。笾豆有践，兄弟无远。民之失德，乾餱以愆[⑥]。有酒湑[⑦]我，无酒酤我。坎坎鼓我，蹲蹲[⑧]舞我。迨我暇矣，饮此湑矣。

【注释】

①矧（shěn）：何况。②神之：慎之。听之：从之。③酾（shī）：滤酒。萸（xǔ）：美。下之“衍”与其同。④羜（zhù）：五个月的小羊。⑤簋（guǐ）：食器。⑥乾餱：干粮。愆：过错。⑦湑（xǔ）：滤成清酒。⑧蹲蹲（cún）：舞貌。

【译文】

伐木丁丁响，鸟儿嘤嘤唱。有鸟出幽谷，栖于高枝上。长鸣不停息，是求朋友意。看那小鸟儿，犹寻友啼声；我等况为人，无友怎么行？小心去遵从，和谐又安宁。

伐木响声声，滤酒味香醇。小羊好肥硕，只盼众父老。倘若不能来，非我不念顾。庭院已洒扫，摆上美佳肴。羊肉也肥厚，只等舅辈到。或可不能来，不要怪罪我。

伐木斜山坡，滤酒香味多。碗碟排齐全，兄弟别疏远。人若失情谊，饮食有不周。有酒我滤清，没酒买几升。坎坎鼓声鸣，蹲蹲舞步轻。趁我有闲暇，大家把酒饮。

杕 杜

【原文】

有杕[1]之杜，有睆[2]其实。王事靡盬，继嗣我日。日月阳止，女心伤止，征夫遑[3]止。

有杕之杜，其叶萋萋。王事靡盬，我心伤悲。卉木萋止，女心悲止，征夫归止。

陟彼北山，言采其杞。王事靡盬，忧我父母。檀车幝幝[4]，四牡痯痯[5]，征夫不远。

匪载匪来，忧心孔疚。期逝不至，而多为恤。卜筮偕[6]止，会言近止，征夫迩止。

【注释】

①杕（dì）：木盛貌。②睆（huàn）：色泽鲜明。③遑：空闲。④幝（chǎn）幝：破敝貌。⑤痯（guǎn）痯：疲貌。⑥偕：好。

【译文】

棠梨茂盛生山冈，果实累累色泽鲜。王侯战事不停歇，役期漫长苦无边。转眼又是十月到，妻子家中怀离愁，征人惊惧在戍守。

棠梨茂盛生山丘，枝叶繁盛多丰茂。王侯战事不停歇，心中犹存千般愁。花木犹自郁葱茏，妻子家中

怀悲愁，盼望征人快归来。

漫步登上那北山，采集枸杞众人忙。王侯战事不停歇，忧虑父母无人养。军中战车已残损，四匹牡马好疲惫，征人归路已不长。

没有车乘难归来，忧心苦痛不开怀。归期已过人不归，妻有忧愁人不快。卜筮皆言好消息，离人相聚在眼前，征人回家路不远。

鱼丽

【原文】

鱼丽于罶[①]，鲿鲨[②]。君子有酒，旨[③]且多。

鱼丽于罶，鲂鳢。君子有酒，多且旨。

鱼丽于罶，鰋鲤。君子有酒，旨且有。

物其多矣，维[④]其嘉矣。物其旨矣，维其偕矣。物其有矣，维其时矣。

【注释】

①丽（lí）：通“罹”，遭遇。罶（liǔ）：渔网。②鲨：一种小鱼。③旨：味美。④维：是。

【译文】

鱼儿落网中，有鲿还有鲨。君子有美酒，味美量也多。

鱼儿落网中，有鲂还有鳒。君子有美酒，味美量也多。

鱼儿落网中，有鰋还有鲤。君子有美酒，味美量也多。

菜肴好丰富，滋味真是好。菜肴好鲜美，各味都齐备。菜肴样样有，道道是时鲜。

·南有嘉鱼之什·

车攻

【原文】

我车既攻，我马既同。四牡庞庞[1]，驾言徂东。
田车既好，四牡孔阜。东有甫草，驾言行狩。
之子于苗[2]，选徒嚣嚣。建旐设旄，搏兽于敖。
驾彼四牡，四牡奕奕。赤芾金舄，会同有绎。
决拾既佽，弓矢既调。射夫既同，助我举柴。
四黄既驾，两骖不猗。不失其驰，舍矢如破。
萧萧马鸣，悠悠旆旌。徒御不惊，大庖不盈。
之子于征，有闻无声。允矣君子，展也大成。

【注释】

①庞（lóng）庞：壮实。②苗：夏猎。

【译文】

我们车辆坚且固，我们马儿很强壮。四匹公马肥又大，驱车驰骋向东方。

猎车配备已完善，四匹公马大又高。东边甫田有草原，驾车狩猎走一遭。

君子出猎多排场，集中众人喊声高。竖起獭旗和旄旗，敖地狩猎很相宜。

驾着四匹马儿来，四马从容步轻快。红皮蔽膝金头鞋，一起会猎多气派。

扳指护臂都齐备，强弓利矢两相配。猎手协同配合好，帮我射禽积成堆。

四匹黄马把车驾，两骖居中不偏差。驱车驰马多娴熟，一射便中好箭法。

马儿萧萧声声叫，车上旌旗随风飘。士卒御者都警戒，野味满厨尽佳肴。

众人猎罢一路行，人马肃静寂无声。实是君子多信诚，会猎胜利功有成。

吉日

【原文】

吉日维戊，既伯既祷[①]。田车既好，四牡孔阜。升彼大阜，从其群丑[②]。

吉日庚午，既差我马。兽之所同，麀鹿麌麌[3]。漆沮之从，天子之所。

瞻彼中原，其祁孔有。儦儦俟俟[4]，或群或友。悉率左右，以燕天子。

既张我弓，既挟我矢。发彼小豝，殪[5]此大兕。以御宾客，且以酌醴[6]。

【注释】

①伯：古代军中祭名。祷：古代马祭。②丑：兽群。③麀（yōu）鹿：母鹿。麌（yǔ）麌：兽群聚貌。④儦（biāo）儦：众貌。俟（sì）俟：兽行走貌。⑤殪：死。⑥醴（lǐ）：甜酒。

【译文】

时逢戊辰日子好，师祭马祭壮军威。猎车坚固且灵巧，四匹公马满身膘。驾车登上大山坡，追逐群兽飞快跑。

庚午吉日时辰巧，猎马已经选择好。查看群兽聚集地，母鹿来往真不少。驱逐漆沮岸旁兽，天子打猎宜此处。

放眼眺望原野上，各种大兽实在多。众兽行走急匆匆，三五成群结队游。命令左右来围捕，好让周王尽欢乐。

我的大弓已拉开，我的利箭拿在手。一箭射出中野猪，再发射死大野牛。烹调野味宴众宾，佳肴摆出饮美酒。

·鸿雁之什·

无 羊

【原文】

谁谓尔无羊？三百维群。谁谓尔无牛？九十其犉[1]。尔羊来思，其角濈濈[2]。尔牛来思，其耳湿湿[3]。

或降于阿，或饮于池，或寝或讹。尔牧来思，何蓑何笠，或负其餱。三十维物[4]，尔牲则具。

尔牧来思，以薪以蒸，以雌以雄。尔羊来思，矜矜兢兢[5]，不骞不崩。麾之以肱[6]，毕来既升[7]。

牧人乃梦，众[8]维鱼矣，旐维旟矣。大人占之，众维鱼矣，实维丰年。旐维旟矣，室家溱溱[9]。

【注释】

①犉：七尺长的牛。②濈（jí）濈：聚集貌。③湿湿：牲畜耳朵摇动貌。④物：颜色。⑤矜矜：坚强貌。⑥肱（gōng）：手臂。⑦升：指进羊圈。⑧众：蝗虫。⑨溱（zhēn）溱：众多貌。

【译文】

谁人说你没有羊？三百成群遍山丘。谁人说你没

有牛？黄牛就有九十头。羊群缓缓走过来，一片犄角满山沟。牛群缓缓走过来，摇摇耳朵慢悠悠。

有的正在下山岗，有的喝水在池旁，有的睡觉有的逛。你的牧人走过来，披着蓑衣戴着笠，背负干馍或小米。各色牛羊三十种，祭祀牲畜足够用。

牧人归来已不早，打回一捆柴和草，还猎雌兽和雄鸟。羊群缓缓走过来，跟着头羊小心跑，不掉队儿不乱套。牧人胳膊挥一挥，全部进圈不再跑。

牧人做梦在荒野，梦见蝗虫变成鱼，旗画龟蛇变为鹰。太卜为他来占卦，那些蝗虫变成鱼，要获丰收年成佳。梦见龟旗变鸟旗，子孙众多庆有余。

·节南山之什·

十月之交

【原文】

十月之交，朔月辛卯。日有食之，亦孔之丑。彼月而微[①]，此日而微。今此下民，亦孔之哀。

日月告凶，不用其行。四国无政，不用其良。彼月而食，则维其常。此日而食，于何不臧。

烨烨震电，不宁不令。百川沸腾，山冢崒崩。高

岸为谷，深谷为陵。哀今之人，胡憯莫惩。

皇父[2]卿士，番维司徒。家伯维宰，仲允膳夫。聚子内史，蹶维趣马[3]。楀维师氏，艳妻煽方处[4]。

抑[5]此皇父，岂曰不时？胡为我作，不即我谋？彻我墙屋，田卒污莱[6]。曰予不戕，礼则然矣。

皇父孔圣，作都于向。择三有事[7]，亶侯多藏。不慭[8]遗一老，俾守我王。择有车马，以居徂向。

黾勉从事，不敢告劳。无罪无辜，谗口嚣嚣。下民之孽，匪降自天。噂沓[9]背憎，职竞由人。

悠悠我里[10]，亦孔之痗[11]。四方有羡[12]，我独居忧。民莫不逸，我独不敢休。天命不彻[13]，我不敢效我友自逸。

【注释】

①微：晦暗不明。②皇父（fǔ）、聚（zōu）子、蹶（guì）、楀（jǔ）：皆为姓氏。③趣（cù）马：管马的官吏。④煽：炽盛。方处：身处高位。⑤抑：叹词。⑥污（wū）：水池阻塞。莱：田地荒芜。⑦有事：有司。⑧慭（yìn）：愿。⑨噂（zǔn）沓：喻两面派。⑩里：痛。⑪痗（mèi）：病。⑫羡：宽裕。⑬彻：规律。

【译文】

十月刚开头，初一为辛卯。天上现日蚀，大事不美妙。月蚀刚过去，日蚀又来了。天下老百姓，灾祸逃不掉。

日月呈凶兆，不循常轨道。国家无良政，贤臣不

入朝。月蚀虽出现，大事还正常。如今现日蚀，大事恐不妙。

电闪又雷鸣，百姓不安宁。百川齐沸腾，山崩石又倾。高山变深谷，深谷成高岗。可恨当政者，不曾有警戒。

皇父为大卿，番氏作司徒。家伯做冢宰，仲允为御厨。桑子成内史，蹶氏掌放牧。楀民为师氏，妻子势也烈。

可恨此皇父，为何不应时？派我去服役，为何不告我？墙屋尽摧毁，田地也荒芜。尚言“我无错，礼法向如此”。

皇父实高明，向邑建城都。挑出三大夫，聚敛财宝多。不用一元老，保护我君王。挑选好车马，同乘赴向都。

勤勉事王朝，不敢言辛劳。从未犯过错，诽谤仍难逃。百姓遭大祸，不是从天降。表里不一致，祸患因坏人。

我心悲戚戚，如患一身病。别人皆富有，独我满腹愁。百姓皆逃避，独载不休息。天道多无常，不敢图安逸。

小旻

【原文】

旻天疾威，敷[1]于下土。谋犹回遹[2]，何日斯沮？谋臧不从，不臧覆用。我视谋犹，亦孔之邛[3]。

潝潝訿訿[4]，亦孔之哀。谋之其臧，则具是违。谋之不臧，则具是依。我视谋犹，伊于胡底？

我龟既厌，不我告犹。谋夫孔多，是用不集[5]。发言盈庭，谁敢执其咎？如匪行迈谋，是用不得于道。

哀哉为犹，匪先民是程[6]，匪大犹[7]是经。维迩言是听，维迩言是争。如彼筑室于道谋，是用不溃于成。

国虽靡止[8]，或圣或否。民虽靡膴[9]，或哲或谋，或肃或艾[10]。如彼泉流，无沦胥[11]以败。

不敢暴虎，不敢冯河[12]。人知其一，莫知其他。战战兢兢，如临深渊，如履薄冰。

【注释】

①敷：布满。②犹：谋。遹（yù）：邪僻。③邛（qióng）：病。④潝（xì）潝：相互附和貌。訿訿：不让上级满意。⑤集：成功。⑥程：效法。⑦大犹：大道。⑧止：地基。⑨膴：法则。⑩艾（yī）：干练。⑪沦胥：牵连受苦。⑫冯（píng）：徒步过河。

【译文】

老天施暴虐，遍及国土中。朝廷多邪僻，何时才停止？良策他不要，陋见却采用。我今视国策，弊多行不通。

随声相附和，着实太悲哀。有了好谋略，硬是不执行。那些坏主意，反倒句句听。我今视国策，何时能终止？

神龟已生厌，不再告吉凶。谋臣虽然多，终无好结果。众人乱议论，谁追究罪过？如谋于路人，定是难成功。

谋略真可哀，不遵先人法，不依大道行。诳语却去听，轻言相争进。筑室问路人，房屋毁于成。

国虽无基础，有圣也有愚。百姓虽无法，有智也有谋，有俊也有才。犹如清泉流，不取终将败。

不敢赤手搏猛虎，不敢徒步过大河。人们皆知其一险，没有知道多方难。战战兢兢过日子，犹如站立深渊边，犹如脚下踩薄冰。

小宛

【原文】

宛[①]彼鸣鸠，翰飞戾天[②]。我心忧伤，念昔先人。明发不寐，有怀二人。

人之齐圣，饮酒温[3]克。彼昏不知，壹醉日富。各敬尔仪，天命不又。

中原有菽，庶民采之。螟蛉有子，蜾蠃负之。教诲尔子，式穀似之[4]。

题[5]彼脊令，载飞载鸣。我日斯迈，而月斯征。夙兴夜寐，毋忝[6]尔所生。

交交桑扈，率场啄粟。哀物填[7]寡，宜岸宜狱？握粟出卜，自何能穀？

温温恭人，如集于木。惴惴小心，如临于谷。战战兢兢，如履薄冰。

【注释】

①宛：小貌。②翰：高。戾（lì）：至。③温：蕴藉自持。④似：嗣，继承。⑤题：视、看。⑥忝：辱没。⑦填：穷苦。

【译文】

小斑鸠呀小斑鸠，一起高飞至青天。我的心里多忧愁，思念从前的祖先。通宵醒着难入眠，追思父母我心碎。

有人聪明多智慧，温文尔雅不喝醉。那人糊涂且无知，饮酒沉醉更放纵。各人应当重礼仪，命运一去难追踪。

平原之上有大豆，人们跑来采摘它。小小青虫有幼子，土蜂前来取走它。教育你的下一代，继承祖德

护好家。

看呀那只小鹡鸰，一面飞时一面鸣。我呀天天往前行，你呀月月向前进。早早起来迟迟睡，不要辱没父母名。

飞来飞去小青雀，沿着禾场来啄粟。可怜人穷且孤独，为何下牢又下狱？手捧小米来占卜，如何听得吉利语？

温和恭敬诚朴人，如鸟聚集在枝上。惴惴不安常小心，犹如濒临山谷深。战战兢兢把路行，犹如双足踩薄冰。

巧言

【原文】

悠悠昊天，曰父母且。无罪无辜，乱如此怃[①]。昊天已威，予慎无罪。昊天泰怃，予慎无辜。

乱之初生，僭始既涵[②]。乱之又生，君子信谗。君子如怒，乱庶遄沮[③]。君子如祉，乱庶遄已。

君子屡盟，乱是用长。君子信盗，乱是用暴。盗言孔甘，乱是用餤[④]。匪其止共[⑤]，维王之邛。

奕奕寝庙，君子作之。秩秩大猷，圣人莫之。他人有心，予忖度之。跃跃毚兔[⑥]，遇犬获之。

荏染[⑦]柔木，君子树之。往来行言，心焉数之。蛇蛇[⑧]硕言，出自口矣。巧言如簧，颜之厚矣。

彼何人斯？居河之麋[9]。无拳无勇，职为乱阶。既微且尰，尔勇伊何？为犹将多，尔居徒几何？

【注释】

①怃：大。②僭（jiàn）：谗言。涵：含。③遄（chuán）：迅速。沮：终止。④餤（dàn）：增多。⑤共：恭敬。⑥毚（chán）兔：狡兔。⑦荏染（rěn rǎn）：柔弱貌。⑧蛇蛇（yí）：轻薄貌。⑨麋（méi）：湄，水边。

【译文】

浩渺苍天哟，犹如父和母。无错无罪过，凭空生大祸。天爷施淫威，我忧无罪人。上天多安泰，我实怜无辜。

祸乱初发生，谗言常暗行。祸乱再发生，君子便信谗。君子若震怒，或可止祸患。君子如有福，也可息祸端。

君子频结盟，祸乱愈增添。君子信盗贼，祸乱更凶残。小人言如蜜，祸乱赛从前。小人不恭敬，是王大弊端。

宫庙大又高，君子来建造。国家有大计，圣人来勉励。他人有歹心，我来细揣摩。野兔虽狡猾，猎犬捉住它。

柔弱树木小，君子栽培它。流言四处传，用心对待它。浅薄说大话，小人叫喳喳。巧言如鼓簧，脸皮像城墙。

究竟是何人？住在小河边。无力也无勇，祸乱的根源。腿伤脚已肿，勇气在哪里？诡计实在多，党羽有几员？

巷伯

【原文】

萋兮斐兮[①]，成是贝锦。彼谮人者，亦已大甚。

哆兮侈兮[②]，成是南箕。彼谮人者，谁适与谋？

缉缉[③]翩翩，谋欲谮人。慎尔言也，谓尔不信。

捷捷幡幡[④]，谋欲谮言。岂不尔受，既其女迁。

骄人好好，劳人草草。苍天苍天，视彼骄人，矜[⑤]此劳人。

彼谮人者，谁适与谋？取彼谮人，投畀豺虎。豺虎不食，投畀[⑥]有北。有北不受，投畀有昊。

杨园之道，猗[⑦]于亩丘。寺人孟子，作为此诗。凡百君子，敬而听之。

【注释】

①萋、斐：花纹错杂貌。②哆（chǐ）：张口。侈（chǐ）：张大。③缉缉：交头接耳声。④捷捷：巧辩貌。幡（fān）幡：反复翻动貌。⑤矜：怜悯。⑥畀（bì）：给予。⑦猗：紧靠。

【译文】

丝线错杂颜色明，织成五彩贝纹锦。那个造谣害人精，用意实在太毒狠。

张开大口如箕畚，箕星高高挂在天。那个造谣害人精，谁愿与他站一边？

叽叽喳喳嚼舌根，整天算计陷害人。劝你说话须当心，否则对你不信任。

翻转唇舌善诡辩，挖空心思造谣言。难道还没被你骗，人们终将离你远。

小人得志便猖狂，好人受谗便消沉。老天求你把眼睁！看那小人多骄横，你要可怜受害人。

那个造谣大坏蛋，谁愿和他并肩膀？抓住那个造谣者，丢到荒郊喂虎狼。老虎豺狼不愿吃，干脆丢到北大荒。北方无人愿接受，送他归天见阎王。

一条大道通杨园，紧紧靠在亩丘边。有位宦臣叫孟子，受人陷害写诗篇。诸位君子大官人，请您认真听他言。

·谷风之什·

谷风

【原文】

习习谷风，维风及雨。将恐将惧，维予与女。将安将乐，女转弃予。

习习谷风，维风及颓[1]。将恐将惧，置予于怀。将安将乐，弃予如遗。

习习谷风，维山崔嵬[2]。无草不死，无木不萎。忘我大德，思我小怨。

【注释】

①颓：暴风由上而下。②崔嵬：山高貌。

【译文】

大风呼啦啦，风吹雨又打。恐惧担忧时，是我许身嫁。安逸享乐时，你将我抛下！

大风呼啦啦，暴风上下刮。恐惧担忧时，你揽我入怀。安逸享乐时，你把我抛开。

大风呼啦啦，山高多雄伟。无草不死去，无树不枯萎。不记我恩德，小过你怨怼。

北山

【原文】

陟彼北山，言采其杞。偕偕[1]士子，朝夕从事。王事靡盬，忧我父母。

溥[2]天之下，莫非王土。率[3]土之滨，莫非王臣。大夫不均，我从事独贤[4]。

四牡彭彭，王事傍傍[5]。嘉[6]我未老，鲜我方将[7]。旅力方刚，经营[8]四方。

或燕燕居息，或尽瘁事国。或息偃在床，或不已于行。

或不知叫号，或惨惨劬劳。或栖迟偃仰，或王事鞅掌[9]。

或湛乐饮酒，或惨惨畏咎。或出入风议[10]，或靡事不为。

【注释】

①偕（xié）偕：强壮貌。②溥：同“普”。③率：自。④贤：劳苦。⑤傍傍：没有穷尽。⑥嘉：嘉许。⑦鲜：称赞。方将：正壮。⑧经营：往来奔走。⑨鞅掌：烦劳。⑩风议：放言空谈。

【译文】

登那北山上，采摘枸杞子。士子身体好，早晚忙

公事。差事做不完，我心忧父母。

普天之下啊，无不是王土。四海之内啊，无人非王臣。大夫不公平，服役我最苦。

四马行大道，官差日夜忙。赞我年未老，夸我正强壮。臂力正刚强，遣我走四方。

有人安然在休息，有人为国耗尽力。有人悠闲躺床上，有人奔走不停息。

有人不听民悲号，有人忧虑很辛劳。有人逍遥任俯仰，有人奔走王事忙。

有人饮酒且寻欢，有人畏谗常心寒。有人高谈又阔论，有人无事不苦干。

·甫田之什·

甫田

【原文】

倬彼甫田[①]，岁取十千。我取其陈，食我农人。自古有年。今适南亩，或耘或耔，黍稷薿薿[②]。攸介攸止，烝我髦士[③]。

以我齐明[④]，与我牺羊，以社以方。我田既臧，农夫之庆，琴瑟击鼓。以御[⑤]田祖，以祈甘雨。以介我稷黍，以谷我士女。

曾孙来止，以其妇子。馌彼南亩[6]，田畯至喜。攘其左右，尝其旨否。禾易长亩，终善且有。曾孙不怒，农夫克敏。

曾孙之稼，如茨[7]如梁。曾孙之庾，如坻如京[8]。乃求千斯仓，乃求万斯箱。黍稷稻粱，农夫之庆。报以介福，万寿无疆。

【注释】

①倬：大。甫田：大田。②薿薿：茂繁貌。③烝：召。髦士：田官。④齐明：祭器所盛的谷物。⑤御（yù）：迎接。⑥馌（yè）：送饭。⑦茨：草屋顶。⑧京：大丘。

【译文】

田亩大无边，收粮万万千。仓中取陈谷，供给我农夫。自古有丰收。如今到南亩，除草且育苗，禾苗长势好。休息一会儿，忙把田官召。

黍粱盘中盛，牛羊毛色纯，祭拜各路神。田亩好收成，农人皆欢庆，琴瑟相和鸣。以此谢田祖，祈求降甘露。滋润我苗黍，养育我儿女。

曾孙到田头，带来妻和子。送饭到田头，田官心欢喜。让让众随从，品尝味好否。田中禾苗壮，长得真是好。曾孙怒气消，农夫更勤劳。

曾孙田中谷，繁茂如屋梁。曾孙囤中粮，堆积似山岗。准备仓千座，赶造车万辆。收获谷和粮，农夫喜洋洋。神灵降洪福，万寿永无疆。

瞻彼洛矣

【原文】

瞻彼洛矣，维水泱泱[1]。君子至止，福禄如茨[2]。韎韐有奭[3]，以作六师。

瞻彼洛矣，维水泱泱。君子至止，鞞琫有珌[4]。君子万年，保其家室。

瞻彼洛矣，维水泱泱。君子至止，福禄既同[5]。君子万年，保其家邦。

【注释】

①泱泱：水深广貌。②茨：草屋顶，喻多。③韎韐（mèi gé）：红色皮制蔽膝。奭（shì）：赤色。④鞞琫（bǐ běng）：有纹饰的刀鞘。珌（bì）：刀鞘下饰。⑤同：会集。

【译文】

看那洛河水，茫茫阔无边。周王驾车来，福禄齐覆盖。身着红蔽膝，六军齐统率。

看那洛河水，茫茫阔无边。周王驾车来，刀鞘花纹鲜。君子寿万年，国家得昌盛。

看那洛河水，茫茫阔无边。周王驾车来，福禄世无双。君子寿万年，保国安家乡。

裳裳者华

【原文】

裳裳[①]者华，其叶湑[②]兮。我觏之子，我心写兮。我心写兮，是以有誉处兮[③]。

裳裳者华，芸[④]其黄矣。我觏之子，维其有章矣[⑤]。维其有章矣，是以有庆矣。

裳裳者华，或黄或白。我觏之子，乘其四骆。乘其四骆，六辔沃若[⑥]。

左之左之，君子宜之。右之右之，君子有之。维其有之，是以似之。

【注释】

①裳裳：花丰盛貌。②湑（xǔ）：茂盛貌。③誉处：安乐。④芸：花叶发黄貌。⑤有章：有才华。⑥沃若：威仪之盛。

【译文】

花朵放光华，绿叶郁苍苍。我见诸臣子，心情真舒畅。心情真舒畅，因此乐洋洋。

花朵放光华，片片皆金黄。我见诸臣子，才华世无双。才华世无双，有福真吉祥。

花朵放光华，白中也有黄。我见诸臣子，四马气

宇昂。四马气宇昂，马辔列成行。

左边要辅佐，君子很胜任。右边需辅助，君子很相称。人各用其长，子孙得永昌。

桑扈

【原文】

交交桑扈，有莺[①]其羽。君子乐胥，受天之祜。

交交桑扈，有莺其领。君子乐胥，万邦之屏。

之屏之翰，百辟为宪[②]。不戢不难[③]，受福不那[④]。

兕觥其觩[⑤]，旨酒思柔。彼交匪敖[⑥]，万福来求[⑥]。

【注释】

①莺：鸟羽有文采。②辟（bì）：国君。宪：法度。③戢（jí）：收藏。难（nuó）：恐惧。④不：语助。那（nuó）：多。⑤觩（qiú）：角弯貌。⑥交：侥幸。敖：骄。⑦求：聚。

【译文】

小巧玲珑青雀鸟，彩色羽毛多俊俏。祝贺各位常欢乐，上天赐福运气好。

小小青雀在飞翔，头颈彩羽闪闪光。祝贺各位常欢乐，万方视你为屏障。

你是屏障是骨干，诸侯以你为典范。不藏于心不

畏怯，多福多禄难计算。

牛角酒杯弯又弯，美酒香醇酒性绵。不求侥幸不骄傲，万福齐聚遂心愿。

车 舝

【原文】

间关车之舝兮[①]，思娈[②]季女逝兮。匪饥匪渴，德音来括[③]。虽无好友，式燕且喜。

依[④]彼平林，有集维鷮。辰彼硕女[⑤]，令德来教。式燕且誉，好尔无射[⑥]。

虽无旨酒，式饮庶几。虽无嘉肴，式食庶几。虽无德与女，式歌且舞。

陟彼高冈，析其柞薪。析其柞薪，其叶湑兮。鲜我觏尔，我心写兮。

高山仰止，景行行止[⑦]。四牡騑騑，六辔如琴。觏尔新婚，以慰我心。

【注释】

①间关：车轮声。舝（xiá）：车轴两头的键。②娈：美好。③括：聚会。④依：盛。⑤辰：美善貌。硕女：德高貌美之女。⑥射（yì）：厌弃。⑦景行：大道。

【译文】

车轴格格响，少女要出阁。不怕饥与渴，美女与我合。虽无好朋友，喝酒也欢乐。

平林密密生，野鸡聚成群。姑娘多美善，带来好德行。安乐心欢喜，爱你不变心。

虽说无好酒，你要饮几杯。虽说无佳肴，你要吃一些。虽无福给你，歌舞同相庆。

登上高山坡，柞木作柴禾。柞木作柴禾，枝叶繁且多。此时欢会你，心中真快乐。

高山须仰望，大道且前行。四马不停蹄，执缰如琴弦。得遇新婚人，足以快我心。

青　蝇

【原文】

营营①青蝇，止于樊②。岂弟君子，无信谗言。

营营青蝇，止于棘。谗人罔极，交乱四国。

营营青蝇，止于榛。谗人罔极，构③我二人。

【注释】

①营营：小声，犹“嘤嘤”。②樊：竹篱笆。③构：挑拨、离间。

【译文】

苍蝇嗡嗡响，停在竹篱上。亲善好君子，莫上谗言当。

苍蝇嗡嗡响，停在荆棘上。谣言不停止，祸乱遍四方。

苍蝇嗡嗡响，停在榛树上。谗言无休止，离间咱们俩。

·鱼藻之什·

角弓

【原文】

骍骍[①]角弓，翩[②]其反矣。兄弟昏姻，无胥[③]远矣。
尔之远矣，民胥然矣。尔之教矣，民胥效矣。
此令兄弟，绰绰有裕[④]。不令兄弟，交相为愈[⑤]。
民之无良，相怨一方。受爵不让，至于已斯亡。
老马反为驹，不顾其后。如食宜饇[⑥]，如酌孔取。
毋教猱升木，如涂涂附。君子有徽猷[⑦]，小人与属。
雨雪瀌瀌，见晛曰消[⑧]。莫肯下遗，式居娄[⑨]骄。
雨雪浮浮，见晛曰流。如蛮如髦[⑩]，我是用忧。

【注释】

①骍（xīn）骍：调和貌。②翩：外反貌。③胥：疏远。④有裕：气量宽大。⑤愈（yù）：病。引申为怨恨。⑥饇（yù）：饱。⑦徽：美好。猷：道，即修养、本领。⑧晛（xiàn）：日气。⑨娄：屡次。⑩髦：西南部族名。

【译文】

角弓弦紧多调和，弦松就会向外反。兄弟亲戚一家亲，相亲相爱莫疏远。

你若疏远亲兄弟，人民也会相疏远。你若言传加身教，人民自会来仿效。

兄弟二人若和好，平安相处很宽容。兄弟关系若不好，相互嫉恨便内讧。

人们如若不善良，不加反省怨对方。受爵相争不相让，自己受爵把人忘。

老马却当小驹使，完全不顾身后事。饭食吃饱便相宜，喝酒过多不合适。

猴子上树不用教，泥浆涂墙很自然。只要君子有善道，人民自会跟着跑。

漫天雪花纷纷飘，一见太阳便会消。对下不谦很不好，居功自傲更糟糕。

漫天雪花飘悠悠，一见太阳化水流。为人行事如蛮夷，我心为此甚忧愁。

瓠叶

【原文】

幡幡瓠叶①，采之亨之。君子有酒，酌言尝之。

有兔斯②首，炮之燔之③。君子有酒，酌言献之。

有兔斯首，燔之炙之。君子有酒，酌言酢之④。

有兔斯首，燔之炮之。君子有酒，酌言酬之。

【注释】

①幡（fān）幡：反复翻动貌。瓠：葫芦。②斯：白。③炮（páo）：裹烧。燔（fán）：烤。④酢（zuò）：回敬。

【译文】

瓠叶随风飘，采集煮菜肴。主人备美酒，品尝味道好。

小兔是白头，泥裹来烧烤。主人备美酒，举杯祝长寿。

小兔是白头，又烧又是烤。主人备美酒，举杯相回报。

小兔是白头，又烤又是烧。主人备美酒，举杯再酬劳。

渐渐之石

【原文】

渐渐[1]之石，维其高矣。山川悠远，维其劳矣[2]。武人东征，不皇朝矣。

渐渐之石，维其卒矣[3]。山川悠远，曷其没矣。武人东征，不皇出矣[4]。

有豕白蹢[5]，烝涉波矣。月离于毕，俾滂沱矣。武人东征，不皇他矣。

【注释】

①渐（zhǎn）渐：山石高峻貌。②劳：广阔。③卒：高而险。④出：行。⑤蹢（dí）：兽蹄。

【译文】

峻峭山上石，看来高又高。山川多悠远，行军路遥遥。军队向东征，不及待晨晓。

峻峭山上石，看来险又险。山川多遥远，终点看不见。军队向东征，难以脱险情。

白蹄大肥猪，涉水一大群。月近天毕星，大雨下不停。军队向东征，不顾人艰辛。

· 文王之什 ·

文 王

【原文】

文王在上，於[1]昭於天。周虽旧邦，其命维新。有周不显[2]，帝命不时。文王陟降，在帝左右。

亹亹[3]文王，令闻不已。陈[4]锡哉周，侯文王孙子。文王孙子，本支百世。凡周之士，不显亦世。

世之不显，厥犹翼翼。思皇多士，生此王国。王国克生，维周之桢。济济多士，文王以宁。

穆穆文王，于缉熙[5]敬止。假[6]哉天命，有商孙子。商之孙子，其丽[7]不亿。上帝既命，侯于周服。

侯服于周，天命靡常。殷士肤敏，祼将于京。厥作祼将，常服黼冔[8]。王之荩[9]臣，无念尔祖。

无念尔祖，聿修厥德。永言配命，自求多福。殷之未丧师，克配上帝。宜鉴于殷，骏命不易。

命之不易，无遏尔躬。宣昭义问[10]，有虞[11]殷自天。上天之载，无声无臭。仪刑[12]文王，万邦作孚。

【注释】

①於（wū）：表赞美的语气词。②不：语气助词，无

义。下文“不时”“不亿”“无念”第一字同。③亹（wěi）亹：勤勉貌。④陈：重复。⑤缉熙：光明。⑥假：大。⑦丽：数目。⑧黼（fǔ）：白与黑也。冔（xǔ）：殷商礼帽。⑨荩（jìn）：进用。⑩义问：好名誉。⑪虞：借鉴。⑫仪刑：效法。

【译文】

文王高高在天上，辉煌耀眼放光芒。岐周自古虽邦国，天命已换新气象。周朝前途多光明，天王适时洪福降。文王升降是神灵，伴在上帝的身旁。

勤勤恳恳周文王，美好德誉传四方。世代赐福继周朝，子子孙孙皆侯王。文王后世有子孙，直系旁系都兴旺。凡是周朝众官员，个个显赫有荣光。

世代显贵有荣光，处事谨慎又周详。众多志士是俊杰，有幸此生在周邦。国都代代出贤臣，都是国家好栋梁。人才济济在一堂，文王以此得安康。

端庄恭敬周文王，谨慎英明又善良。上天意志多强大，殷商子孙皆归降。殷商子孙实在多，数以亿什难估量。上帝既已降旨意，众皆一起归周邦。

众皆一起归周邦，可见天命多无常。殷商子弟也勤勉，浇酒京都助周王。祭行浇酒行礼时，仍然身着殷时装。周王忠臣多又多，祖先恩德不能忘。

时时念及你先祖，慎修德行保安康。常言天命不可违，只求今生福禄长。殷商初得民心时，也曾遵循上天意。今日国亡是教训，保持天命不容易。

保持天命不寻常，国运勿断你手上。发扬先祖好声誉，借鉴上天亡殷商。上天之意难揣摸，无声无息多渺茫。只有勤勉效文王，万邦对你皆敬仰。

棫朴

【原文】

芃芃棫[①]朴，薪之槱之。济济辟王，左右趣之。

济济辟王，左右奉璋。奉璋峨峨，髦士[②]攸宜。

淠[③]彼泾舟，烝徒[④]楫之。周王于迈，六师及之。

倬[⑤]彼云汉，为章于天。周王寿考，遐不作人？

追[⑥]琢其章，金玉其相。勉勉我王，纲纪四方。

【注释】

①棫（yóu）：堆积木柴，点火以祭天神。②髦士：英俊之士。③淠（bì）：船行摇晃貌。④烝：众。徒：船夫。⑤倬：广大。⑥追（duī）：雕刻。

【译文】

棫树朴树枝叶繁，劈薪砍柴堆起来。周王恭敬又严肃，左右臣子紧相随。

周王恭敬又严肃，左右亲随捧玉璋。手捧玉璋仪容好，英俊贤士真美妙。

泾水行船摇晃晃，众人用力齐划桨。周王发兵去

远征，六军出发威风扬。

天上银河广无边，闪闪明星挂满天。周王身健又高寿，何不树人保万年？

精雕细琢有文采，貌似金玉无疵瑕。勤勉自励好周王，治理四方兴国家。

旱麓

【原文】

瞻彼旱[1]麓，榛楛[2]济济。岂弟君子，干[3]禄岂弟。

瑟[4]彼玉瓒，黄流在中。岂弟君子，福禄攸降。

鸢飞戾天，鱼跃于渊。岂弟君子，遐不作人？

清酒既载[5]，骍牡既备。以享以祀，以介景福。

瑟彼柞棫，民所燎矣。岂弟君子，神所劳矣[6]。

莫莫葛藟，施于条枚。岂弟君子，求福不回[7]。

【注释】

①旱：山名。②楛（hù）：木名。③干：求。④瑟：鲜亮貌。⑤载：斟。⑥劳：保佑。⑦回：邪。

【译文】

遥望旱山脚，密密生楛。亲和好君子，亲和获万福。

玉壶多鲜亮，美酒满斟上。亲和好君子，福禄从

天降。

鹰飞在蓝天，鱼游潜深渊。亲和好君子，何不育俊才？

摆好醇香酒，备好赤公牛。虔诚祭先祖，祈求降洪福。

柞棫密密生，烧柴不用愁。亲和好君子，神灵来保佑。

葛藤长又长，攀树长得高。亲和好君子，求福循正道。

灵台

【原文】

经始灵台，经之营之。庶民攻之[①]，不日成之。经始勿亟，庶民子来。

王在灵囿，麀[②]鹿攸伏。麀鹿濯濯，白鸟翯翯。王在灵沼，於牣鱼跃。

虡业维枞[③]，贲鼓维镛[④]。於论[⑤]鼓钟，於乐辟廱。

於论鼓钟，於乐辟廱。鼍[⑥]鼓逢逢，矇瞍奏公[⑦]。

【注释】

①攻：修建。②麀（yōu）：母鹿。③虡（jù）：木

架以挂钟鼓。枞（cōng）：钟、磬上的崇牙。④贲(bēn)：大鼓。镛（yōng）：大钟。⑤论：和。⑥鼍(tuó)：鳄鱼名。⑦矇瞍（méng sǒu）：瞎眼乐师。

【译文】

文王开始造灵台，细心经营巧安排。黎民百姓同施工，不到几日落成快。筑城本来不须急，百姓自愿来出力。

文王游览到灵苑，母鹿伏地很温驯。母鹿肥大一群群，小鸟俊美羽毛白。文王游览到灵沼，满池鱼儿齐跳跃。

木架大版崇牙耸，悬挂大鼓和大钟。钟鼓齐鸣相应和，国君享乐在离宫。

钟鼓之声多和谐，离宫气氛也欢乐。咚咚大鼓鳄鱼皮，盲人乐师奏宫廷。

下武

【原文】

下武[1]维周，世有哲王。三后在天，王配于京。
王配于京，世德作求。永言配命，成王之孚[2]。
成王之孚，下土之式。永言孝思，孝思维则。
媚兹一人，应侯顺德。永言孝思，昭哉嗣服。
昭兹来许，绳其祖武[3]。於万斯年，受天之祜。

受天之祜，四方来贺。於万斯年，不遐有佐。

【注释】

①武：继承。②孚：信实。③绳：继承。武：足迹、功业。

【译文】

周国有后继，代代皆贤明。三祖已升天，武王为国君。

武王为国君，祖德铭于心。不违上天意，使王多诚信。

使王多诚信，百姓为典型。孝道不遗忘，此乃是准则。

世人爱武王，众皆顺王德。孝道永不忘，光大有后人。

光大有后人，再继王功业。子孙千千代，上天降洪福。

上天降洪福，诸侯来朝贺。子孙千万代，岂无贤良助？

文王有声

【原文】

文王有声，遹[①]骏有声。遹求厥宁，遹观厥成。文

王烝哉[2]！

文王受命，有此武功。既伐于崇，作邑于丰。文王烝哉！

筑城伊淢[3]，作丰伊匹。匪棘[4]其欲，遹追来孝。王后烝哉！

王公伊濯[5]，维丰之垣。四方攸同，王后维翰[6]。王后烝哉！

丰水东注，维禹之绩。四方攸同，皇王维辟。皇王烝哉！

镐京辟雍，自西自东，自南自北，无思不服。皇王烝哉！

考卜维王，宅是镐京。维龟正之[7]，武王成之。武王烝哉！

丰水有芑[8]，武王岂不仕？诒厥孙[9]谋，以燕翼子。武王烝哉！

【注释】

①遹（yù）：遵循。②烝（zhēng）：美、盛。③淢（xù）：护城渠。④棘：急。⑤濯：显著。⑥后：君。王后：国君。此以下指武王。翰：屏障。⑦正：决定。⑧芑（qǐ）：此处指杞柳。⑨孙：通“逊”，顺。

【译文】

文王美誉传四方，继承祖德有名望。谋求百姓得安居，再求功成国运强。英明国君周文王！

文王受命封西伯，立下武功真辉煌。举兵讨伐崇侯虎，迁都丰邑好地方。英明国君周文王！

修筑城墙挖城壕，丰邑规模也相当。个人欲望不贪图，孝顺祖先与周邦。英明国君周文王！

文王功业真辉煌，他建丰都坚城墙。四方同心齐归附，文王筑城有屏障。英明国君周武王！

沣水东流入黄河，大禹之功不可没。四方同心齐归附，君临天下是楷模。国君武王美名播！

镐京落成建离宫，从西从东来回看，从南从北走一遍，规模宏大无不服。英明国君周武王！

国王卜卦问上苍，定居镐京很吉祥。迁都决策神龟定，武王功成德无量。英明国君周武王！

丰水杞柳长得壮，难道武王曾闲逛？他留利民好谋略，保护子孙安国邦。英明国君周武王！

·生民之什·

既醉

【原文】

既醉以酒，既饱以德。君子万年，介尔景福。

既醉以酒，尔肴既将[①]。君子万年，介尔昭明[②]。

昭明有融[③]，高朗令终。令终有俶[④]，公尸[⑤]嘉告。

其告维何？笾豆静嘉。朋友攸摄，摄以威仪。

威仪孔时，君子有孝子。孝子不匮，永锡尔类。

其类维何？室家之壸[⑥]。君子万年，永锡祚胤[⑦]。

其胤维何？天被尔禄。君子万年，景命有仆[⑧]。

其仆维何？釐尔女士[⑨]。釐尔女士，从以孙子。

【注释】

①将：美好。②昭明：显明、光明。③融：十分明亮。④俶（chù）：始。⑤尸：祭祀中装扮神灵的人。⑥壸（kǔn）：扩充、广大。⑦祚（zuò）：福禄。胤（yìn）：后嗣。⑧仆：附着、着落。⑨釐（lài）：赐予。女：同“汝”，你。

【译文】

美酒饮且醉，饱享受恩惠。愿君万年寿，助你有大福。

美酒饮且醉，菜肴味很美。愿君寿万年，与日同光辉。

光辉又灿烂，朗朗善始终。善始又善终，神明赐祝颂。

祝颂是什么？祭器须嘉美。朋友来助祭，助祭增威仪。

礼仪很得体，天子是孝子。孝子代代传，赐福你们享。

赐你是什么？王室广天下。愿君万年寿，子孙享福禄。

子孙又如何？上天降厚禄。愿君万年寿，天命有归附。

归附又如何？天赐你贤士。天赐你贤士，追随你子孙。

凫鹥

【原文】

凫鹥①在泾，公尸来燕来宁②。尔酒既清，尔肴既馨。公尸燕饮，福禄来成。

凫鹥在沙，公尸来燕来宜③。尔酒既多，尔肴既嘉。公尸燕饮，福禄来为④。

凫鹥在渚，公尸来燕来处⑤。尔酒既湑，尔肴既脯。公尸燕饮，福禄来下。

凫鹥在潨⑥，公尸来燕来宗⑦。既燕于宗，福禄攸降。公尸燕饮，福禄来崇。

凫鹥在亹⑧，公尸来止熏熏⑨。旨酒欣欣，燔炙芬芬。公尸燕饮，无有后艰。

【注释】

①凫（fú）：野鸭。鹥（yǐ）：鸥鸟。②宁：享安宁。③宜：安享。④为：助。⑤处：这里指坐。⑥潨（zhōng）：

港汉。⑦宗：尊敬、尊崇。⑧亹（mén）：峡中两岸对峙如门的地方。⑨熏熏：和悦的样子。

【译文】

河里鸭鸥聚成群，神主宴饮享安宁。您的美酒那么清，您的佳肴香喷喷。神主光临来宴饮，福禄降于周王门。

鸭鸥聚集在沙丘，神主宴饮来享受。您的美酒那么多，您的佳肴真可口。神主光临来宴饮，王室又有大福禄。

鸭鸥聚集在沙滩，神主宴饮得安坐。您的美酒清又醇，您的佳肴有干肉。神主光临来宴饮，天降福禄保平安。

鸭鸥聚集在港汉，神主宴饮受尊崇。神主宴饮受尊崇，天上降下大福禄。神主光临来宴饮，福禄会聚周王家。

鸭鸥聚集在峡谷，神主宴饮甚欢欣。畅饮美酒更欢乐，烧肉烤羊香诱人。神主光临来宴饮，今后不再有艰辛。

假乐

【原文】

假乐君子[①]，显显令德。宜民宜人，受禄于天。保

右[2]命之，自天申之。

干禄百福，子孙千亿。穆穆皇皇，宜君宜王。不愆不忘，率由旧章。

威仪抑抑[3]，德音秩秩。无怨无恶，率由群匹。受福无疆，四方之纲。

之纲之纪，燕及朋友。百辟卿士，媚于天子。不解于位，民之攸塈。

【注释】

①假乐：赞美、喜爱。君子：指周成王。②右：通“佑”，助。③抑抑：通“懿懿”，壮美貌。

【译文】

赞美热爱周成王，品德高尚显四方。能用贤臣能安民，接受福禄是天命。上帝下令保佑他，多赐福禄国昌盛。

千禄百福齐降临，子子孙孙数不清。个个庄重又光明，为君为王都相称。不犯过错不昏庸，遵循祖制有遗风。

仪表堂堂威凛凛，政教法令有清名。没人怨他没有恨，依赖群臣得人心。受福受禄无穷尽，管理四方是明君。

君临天下善治理，大宴宾客视知己。诸侯卿士皆忠心，爱戴天子齐效力。勤于职守不懈怠，万民安居同受益。

泂酌

【原文】

泂酌彼行潦[1]，挹彼注兹[2]，可以餴饎[3]。岂弟君子，民之父母。

泂酌彼行潦，挹彼注兹，可以濯罍[4]。岂弟君子，民之攸归。

泂酌彼行潦，挹彼注兹，可以濯溉。岂弟君子，民之攸塈。

【注释】

①泂（jiǒng）：远。酌：舀，取水。行潦：路边的积水。②挹（yì）：舀。兹：此。③餴（fēn）：蒸。饎（chì）：酒食。④罍（lěi）：古代酒器。

【译文】

远处去取沟中水，挑回注满这水缸，用来蒸饭做酒浆。和乐平易真君子，百姓父母好心肠。

远处去取沟中水，挑回注满这水缸，用来洗净这酒坛。和乐平易真君子，百姓归顺心向往。

远处去取沟中水，挑回注满这水缸，用来清洗涂漆尊。和乐平易真君子，百姓归附爱戴他。

民劳

【原文】

民亦劳止，汔可小康[1]。惠此中国，以绥四方。无纵诡随[2]，以谨无良。式遏寇虐[3]，憯[4]不畏明。柔远能迩，以定我王。

民亦劳止，汔可小休。惠此中国，以为民逑。无纵诡随，以谨惛怓[5]。式遏寇虐，无俾民忧。无弃尔劳，以为王休。

民亦劳止，汔可小息。惠此京师，以绥四国。无纵诡随，以谨罔极。式遏寇虐，无俾作慝[6]。敬慎威仪，以近有德。

民亦劳止，汔可小愒[7]。惠此中国，俾民忧泄。无纵诡随，以谨丑厉。式遏寇虐，无俾正败。戎虽小子，而式弘大。

民亦劳止，汔可小安。惠此中国，国无有残。无纵诡随，以谨缱绻。式遏寇虐，无俾正反。王欲玉女，是用大谏。

【注释】

①汔（qì）：乞、求。②诡随：不怀好意。③寇虐：抢劫残害行为。④憯（cǎn）：曾。⑤惛怓（hūn náo）：朝政纷乱。⑥慝（tè）：邪恶。

【译文】

百姓辛劳苦难当，只求稍稍得安康。理应加惠周王土，做出榜样安四方。不要放纵奸狡吏，不良之人须严防。乱臣贼子要查办，不必怕他逞猖狂。安远亲近关系好，以此稳定我周王。

百姓辛劳多疲倦，只求稍息能自安。理应加惠周王土，来为人民做模范。不要放纵奸狡吏，朝政昏乱须严防。乱臣贼子要查办，勿使百姓多忧怨。保持过去的功绩，以为周王保平安。

百姓辛劳已不堪，只求稍息能自安。理应爱护京都民，四方百姓能安定。不要放纵奸狡吏，刹住歪风和邪气。乱臣贼子要查办，不忠之人须防范。严肃恭谨有威仪，有德之士紧相依。

百姓辛劳身已累，只求稍稍得安歇。理应加惠周王土，以使百姓忧愤泄。不要放纵奸狡吏，丑行恶迹都灭绝。乱臣贼子要查办，勿使政事遭挫折。您虽青春且年少，事业宏大是人杰。

百姓辛劳生活苦，只求平安过日子。理应加惠周王土，国内不再有暴虐。不要放纵奸狡吏，警惕坏人暗勾结。乱臣贼子要查办，勿使国家生动乱。叫声大王我爱你，故此苦口来相劝。

·荡之什·

荡

【原文】

荡荡上帝，下民之辟。疾威上帝，其命[1]多辟。天生烝民，其命匪谌[2]。靡不有初，鲜克有终。

文王曰咨，咨女殷商。曾是强御[3]，曾是掊克[4]。曾是在位，曾是在服。天降滔德，女兴是力。

文王曰咨，咨女殷商。而秉义类[5]，强御多怼[6]。流言以对，寇攘式内。侯作侯祝，靡届靡究。

文王曰咨，咨女殷商。女炰烋[7]于中国，敛怨以为德。不明尔德，时无背无侧。尔德不明，以无陪无卿。

文王曰咨，咨女殷商。天不湎[8]尔以酒，不义从式。既衍尔止，靡明靡晦。式号式呼，俾昼作夜。

文王曰咨，咨女殷商。如蜩如螗，如沸如羹。小大近丧，人尚乎由行。内奰[9]于中国，覃[10]及鬼方。

文王曰咨，咨女殷商。匪上帝不时，殷不用旧。虽无老成人，尚有典刑。曾是莫听，大命以倾。

文王曰咨，咨女殷商。人亦有言，颠沛之揭，枝叶未有害，本实先拨。殷鉴不远，在夏后之世。

【注释】

①命：本性、品质。②谌（chén）：诚信。③强御：暴虐。④掊（póu）克：聚敛、搜刮。⑤义类：善良之人。⑥怼（duì）：怨恨。⑦炰烋（páo xiāo）：即“咆哮”。⑧湎（miǎn）：沉迷。⑨奰（bì）：发怒。⑪覃：延伸。

【译文】

不守法度的上帝，亲临下界为君王。威严赫赫的上帝，他的本性很邪僻。虽已降生亿万民，其命却不足以信。人生之初性本善，可惜很少得善终。

文王长声发感叹，这个殷商太黑暗。竟然如此地专横，如此盘剥国中民。如此在位不称职，如此处理朝中事。老天生下害人君，你却用力怂恿他。

文王长声发感叹，这个殷商太黑暗。你若任用贤良人，强横之辈多怨愤。流言蜚语四处走，乱臣盗贼祸朝内。又是造谣又是骂，骂到何时才作罢。

文王长声发感叹，这个殷商太黑暗。你在王土来咆哮，多行不义以为德。你的德行太昏聩，小人背叛你不查。你的德行真昏庸，忠臣良才你不觉。

文王长声发感叹，这个殷商太黑暗。上天不让迷于酒，你们不宜杯中求。既然玷污好德行，朝夕狂饮也不行。你们醉了狂叫喊，还把白天当夜晚。

文王长声发感叹，这个殷商真黑暗。朝政混乱如蝉噪，政局动荡如沸汤。大小事情都失败，人们袖手

而旁观。国内激怒千万人，竟至远邦难忍耐。

文王长声发感叹，这个殷商真黑暗。不是上帝有过错，是你传统皆抛却。虽无老臣在朝廷，典章律例应保存。刚愎自用不听劝，王命倾倒不可免。

文王长声发感叹，这个殷商真黑暗。人民有话说得好：树木拔起路边倒，枝叶虽然无损坏，树根早已全烂掉。殷商之鉴并不远，在那夏桀王朝间。

抑

【原文】

抑抑威仪，维德之隅[①]。人亦有言：靡哲不愚，庶人之愚，亦职维疾。哲人之愚，亦维斯戾。

无竞维人，四方其训之[②]。有觉德行，四国顺之。讦谟[③]定命，远犹辰告。敬慎威仪，维民之则。

其在于今，兴迷乱于政。颠覆厥德，荒湛[④]于酒。女虽湛乐从，弗念厥绍。罔敷求先王，克共[⑤]明刑。

肆皇天弗尚，如彼泉流，无沦胥以亡。夙兴夜寐，洒扫庭内，维民之章。修尔车马，弓矢戎兵。用戒戎作，用逷[⑥]蛮方。

质尔人民，谨尔侯度，用戒不虞[⑦]。慎尔出话，敬尔威仪，无不柔嘉。白圭之玷，尚可磨也；斯言之玷，不可为也。

无易由言，无曰苟矣。莫扪朕舌，言不可逝矣。

无言不雠[8]，无德不报。惠于朋友，庶民小子。子孙绳绳[9]，万民靡不承。

视尔友君子，辑柔尔颜，不遐有愆？相在尔室，尚不愧于屋漏。无曰不显，莫予云觏。神之格思，不可度思，矧可射思。

辟尔为德，俾臧俾嘉。淑慎尔止，不愆于仪。不僭不贼[10]，鲜不为则。投我以桃，报之以李。彼童而角，实虹[11]小子。

荏染柔木，言缗[12]之丝。温温恭人，维德之基。其维哲人，告之话言，顺德之行。其维愚人，覆谓我僭，民各有心。

於乎小子，未知臧否。匪手携之，言示之事。匪面命之，言提其耳。借曰未知，亦既抱子。民之靡盈，谁夙知而莫成？

昊天孔昭，我生靡乐。视尔梦梦，我心惨惨。诲尔谆谆，听我藐藐。匪用为教，覆用为虐。借曰未知，亦聿既耄。

於乎小子，告尔旧止。听用我谋，庶无大悔。天方艰难，日丧厥国。取譬不远，昊天不忒。回遹其德，俾民大棘[13]。

【注释】

①隅：正。②训：顺从。③讦：(xū)：大。谟(mó)：考虑。④荒湛：荒耽。⑤共（gǒng)：执行。⑥逷（tī)：通“剔”，除去。⑦虞：料想。⑧雠

(chóu)：反应、对答。⑨绳绳：延续貌。⑩僭(jiàn)：差错。贼：戕害。⑪虹：溃乱。⑫缗（mín)：安上。⑬棘：通“急”，困境。

【译文】

严密威仪多庄重，哲人品德应正直。但是古人也有言：哲人有时也昏然。普通百姓若糊涂，那是缺陷太一般。聪明之人若糊涂，违背常理惹祸患。

求得贤人是上策，四方诸侯都听命。若他德行很端正，各国人民便归顺。制定国政怀全局，远大谋略告人民。严肃谨慎有威仪，才是百姓的典型。

其人至今不觉醒，昏昏迷迷乱朝政。恶德败行无收敛，成天都把酒来贪。你只贪图安和乐，不虑祖业继先德。不求先王治国道，以便执行明法典。

皇天不肯来帮忙，如那流泉日夜淌，君臣相率趋败亡。黎明即起深夜眠，认真打扫堂和院，好为人民做榜样。修备马匹和车辆，举起弓箭和刀枪，以防战争突爆发，治服反叛平蛮邦。

使你人民得安宁，尊你王法不徇情，以防动乱意外生。口中出语应小心，威严仪表也恭敬，无不美好称人心。洁白玉圭若有瑕，尚有磨石可去掉；如果言语出差错，没有办法可取消。

讲话不要太轻率，勿谓己言很谨慎。无人帮我捂住舌，话一出口难追回。没有言语无反应，没有知德不报恩。对待朋友讲友情，以此推及普通人。子孙世

代承祖德，万民无人不遵循。

善待朋友和君子，和颜悦色笑眉展，差失怎会常出现？即使在家居幽室，还是不会愧于心。休说室内光线暗，没有人会来查看。神明也会悄然来，天意不定难预见，怎可对神生厌倦。

发扬你的好品德，使它至善又至美。举止行为须小心，不让过失损威仪。不做错事不害人，无人不向你看齐。别人送我一红桃，我用李子相回报。小羊无角装有角，败你政事太不好。

木材柔韧质地匀，装上丝弦做成琴。温良恭敬好君子，美德乃是他的根。倘若此人很聪明，你讲好话让他听，他便按理去执行。倘若此人很糊涂，反说我话悖于情，万民实有万种心。

叹这小子很年轻，善恶不能辨分明。手拉手来教导你，还用事理来说清。面对面来指点你，提着耳朵细叮咛。说你年幼尚无知，怀中已抱小郎君。做人如果不自满，大器怎能不晚成？

上天看得很明白，我的日子不愉快。看你头脑迷糊糊，我心实在太忧虑。诚心诚意教育你，当风吹过不理睬。不但没有当教诲，反作笑话真不该。说你年幼尚无知，其实你也已年迈。

叹这小子很年轻，先王善德你要听。用了我的好谋略，不会后悔且烦心。时运不佳多艰难，使你亡国遭祸患。要说取例也不远，上天从来无偏见。品德不正逆于天，千万黎民难自安。

云汉

【原文】

倬[1]彼云汉，昭回于天。王曰於乎，何辜今之人！天降丧乱，饥馑荐臻。靡神不举[2]，靡爱斯牲。圭璧既卒，宁莫我听！

旱既大甚，蕴隆虫虫[3]。不殄禋祀，自郊徂宫。上下奠瘗[4]，靡神不宗。后稷不克，上帝不临。耗斁下土，宁丁我躬！

旱既大甚，则不可推。兢兢业业，如霆如雷。周余黎民，靡有孑遗。昊天上帝，则不我遗。胡不相畏，先祖于摧！

旱既大甚，则不可沮。赫赫炎炎，云我无所。大命近止，靡瞻靡顾。群公先正[5]，则不我助。父母先祖，胡宁忍予！

旱既大甚，涤涤山川。旱魃为虐[6]，如惔如焚。我心惮暑，忧心如熏。群公先正，则不我闻[7]。昊天上帝，宁俾我遁！

旱既大甚，黾勉畏去。胡宁瘨[8]我以旱？憯不知其故。祈年孔夙，方社不莫。昊天上帝，则不我虞[9]。敬恭明神，宜无悔怒！

旱既大甚，散无友纪。鞫哉庶正，疚哉冢宰。趣马师氏，膳夫左右。靡人不周，无不能止。瞻卬昊

天[10]，云如何里！

瞻卬昊天，有嘒其星。大夫君子，昭假无赢[11]。大命近止，无弃尔成。何求为我？从戻庶正。瞻卬昊天，曷惠其宁？

【注释】

①倬（zhuō）：广大貌。②举：奉，祭祀。③虫虫：热气盛貌。④瘗（yì）：埋。⑤群公先正：已去世的公卿大臣。⑥旱魃（bá）：旱神。⑦闻：同“问”，安慰。⑧瘨（diān）：病。⑨虞：佑助。⑩卬（yǎng）：通“仰”，仰望。⑪昭假：明告，向天祈祷。赢：松懈。

【译文】

宽广无际的银河，光明四射随天转。君王长号连声叹，今日之人有何罪！上天降下大灾祸，饥荒连年不好过。我把神灵都祭到，从不吝惜杀畜牲。玉圭玉璧也用完，上天难道听不见！

旱情已经很严重，热气炽烈灼人痛。祭祀一天未停止，祭了郊外祭内宫。祭天祭地埋祭品，没有神灵不尊奉。先祖后稷不保护，上帝不来相助佑。灾降下土害百姓，为何还降王身上！

旱情已经很严重，谁也不能来解除。人人胆战且心惊，犹闻雷霆使人惧。周族剩下的老者，没有一个能幸存。我望苍天呼上帝，为何不给我帮助。叫我怎么不害怕，先祖事业难保住！

旱情已经很严重，谁也难以阻挡住。骄阳似火多炎热，没有隐蔽栖身处。生命即刻要停止，此时瞻前又顾后。在天朝廷公卿魂，谁也不能来相助。我们先祖先父母，为何忍心不念顾！

旱情已经很严重，山河干枯无生长。旱神暴虐多疯狂，犹如大火遍地扬。我心害怕暑日酷，忧愁如同烈焰熏。在天朝廷公卿魂，谁也不肯来慰问。我望苍天呼上帝，为何陷我于困境！

旱情已经很严重，我要努力把旱除。何以大旱将我摧？我实找不到缘由。每年早祈求丰年，祭祀诸神从不误。我望苍天呼上帝，谁也不肯来佑助。我对神明恭且敬，应该没有怨和恨！

旱情已经很严重，国家散乱纲纪松。众官之长很贫穷，宰相勤政有病痛。马官统帅都困难，厨官众臣腹中空。人人等着我救济，解决饥荒无费用。仰望苍茫的上天，叫我如何消愁绪！

仰望茫茫的苍天，只见星星亮晶晶。朝中大夫与公卿，诚心诚意祭神明。即使国运将完结，也勿抛弃你诚心。我求上帝岂为己？只想官长心安定。仰望茫茫的苍天，何时能赐我安宁？

崧 高

【原文】

崧高[①]维岳，骏极于天。维岳降神，生甫及申。维申及甫，维周之翰。四国于蕃，四方于宣[②]。

亹亹申伯，王缵[③]之事。于邑于谢，南国是式。王命召伯，定申伯之宅。登是南邦，世执其功。

王命申伯，式是南邦。因是谢人，以作尔庸。王命召伯，彻[④]申伯土田。王命傅御，迁其私人。

申伯之功，召伯是营。有俶其城，寝庙既成。既成藐藐，王锡申伯。四牡蹻蹻，钩膺濯濯。

王遣申伯，路车乘马。我图尔居，莫如南土。锡尔介圭，以作尔宝。往近王舅[⑤]，南土是保。

申伯信迈，王饯于郿。申伯还南，谢于诚归。王命召伯，彻申伯土疆。以峙其粻[⑥]，式遄其行。

申伯番番，既入于谢。徒御啴啴，周邦咸喜。戎有良翰，不显申伯。王之元舅，文武是宪。

申伯之德，柔惠且直。揉[⑦]此万邦，闻于四国。吉甫作诵，其诗孔硕。其风肆好，以赠申伯。

【注释】

①崧（sōng）：山高大貌。②宣：垣。③缵（zuǎn）：继续。④彻：治，测定。⑤近（jìn）：语气词。

⑥峙（zhì）：储备。粻：粮食。⑦揉：顺，使顺服。

【译文】

最高是四岳，高大耸云霄。四岳降神灵，诞生甫和申。申侯和甫侯，周朝为骨干。国家的屏藩，国家的墙垣。

申伯真勤恳，继承先祖业。筑城于谢邑，南国为典范。宣王命召伯，勘定申伯宅。好好治南土，世代功业长。

宣王示申伯，南方为楷模。依靠谢城民，修建你城郭。宣王命召伯，划界为申伯。再命治事官，家人迁谢邑。

申伯建基业，召伯助经营。城郭多严整，宗庙已落成。雄伟且恢宏，申伯获赏酬。四马皆肥壮，马具闪银光。

宣王赠申伯，路车四马驾。为你谋领地，无处比南方。赏赐你玉圭，作为传世宝。王舅且上路，南疆你保卫。

申伯始出发，宣王饯于郿。申伯还南方，谢他诚心归。宣王令召伯，定税又划疆。为他备食粮，速速返南方。

申伯多威武，率军入谢城。兵士欣欣然，周民都喜欢。宣王有栋梁，申伯威风扬。君王的大舅，文武为榜样。

申伯有德行，温惠又正直。和顺各邦国，威名传

四方。吉甫吟此歌，语词很伟壮。诗文动人心，特为中伯唱。

烝民

【原文】

天生烝民，有物有则。民之秉彝[1]，好是懿德。天监有周，昭假于下。保兹天子，生仲山甫。

仲山甫之德，柔嘉维则。令仪令色，小心翼翼。古训是式，威仪是力。天子是若，明命使赋[2]。

王命仲山甫，式是百辟。缵戎祖考，王躬是保。出纳王命，王之喉舌。赋政于外，四方爰发[3]。

肃肃王命，仲山甫将之。邦国若否，仲山甫明之。既明且哲，以保其身。夙夜匪解，以事一人。

人亦有言，柔则茹之[4]，刚则吐之。维仲山甫，柔亦不茹，刚亦不吐。不侮矜[5]寡，不畏强御。

人亦有言，德輶如毛，民鲜克举之。我仪图之，维仲山甫举之，爱莫助之。衮职[6]有阙，维仲山甫补之。

仲山甫出祖，四牡业业[7]，征夫捷捷，每怀靡及。四牡彭彭，八鸾锵锵。王命仲山甫，城彼东方。

四牡骙骙，八鸾喈喈。仲山甫徂齐，式遄其归。吉甫作诵，穆如清风。仲山甫永怀，以慰其心。

【注释】

①秉彝（yí）：秉性。②赋：发布。③爰：于是。

发：行动。④茹：吃。⑤矜（guān）：鳏。⑥衮（gǎn）职：犹龙章。衮，龙服。职，同“识”，标志。⑦业业：强健貌。

【译文】

老天生众民，万物有法则。人心顺常情，皆爱好德行。上帝察周朝，其德昭天下。为佑周天子，降下仲山甫。

山甫有美德，柔善为准则。和颜而悦色，谨慎不出格。遵循先祖教，努力习礼仪。天子属意他，传令行国策。

宣王命山甫，效法诸公卿。承继你祖业，护好周王身。出外奉王命，为王尽忠心。传命于域外，诸侯齐奉行。

王命很庄重，山甫来执行。国家吉与否，山甫察分明。聪明加智慧，用以保自身。早晚勤公事，只为侍周君。

古人有善言，软的吃进去，硬的吐出来。唯独仲山甫，软的也不吃，硬的也不吐。不欺鳏与寡，不畏强与暴。

古人有句话，德虽轻如毛，无人能举它。我反复思考，山甫能举它，可惜无人助。龙袍有缺失，山甫可修补。

山甫祭路神，四马多强健。兵士步如飞，人人怕掉队。四马多强壮，鸾铃叮当响。宣王命山甫，东疆

筑城防。

四马多强劲，银铃叮咚鸣。山甫赴齐国，望他早日归。吉甫吟此歌，曲声和如风。永怀仲山甫，作歌慰他心。

韩奕

【原文】

奕奕梁山，维禹甸之[①]。有倬[②]其道，韩侯受命。王亲命之：缵戎祖考。无废朕命，夙夜匪解，虔共尔位，朕命不易。榦不庭方，以佐戎辟[③]。”

四牡奕奕，孔脩且张。韩侯入觐，以其介圭。入觐[④]于王。王锡韩侯，淑旂绥章，簟茀错衡，玄衮赤舄，钩膺镂锡，鞹鞃浅幭[⑤]，鞗革金厄[⑥]。

韩侯出祖，出宿于屠。显父饯之，清酒百壶。其肴维何？炰鳖鲜鱼。其蔌[⑦]维何？维笋及蒲。其赠维何？乘马路车。笾豆有且，侯氏燕胥。

韩侯取妻，汾王之甥，蹶父之子。韩侯迎止，于蹶之里。百两彭彭，八鸾锵锵，不显其光。诸娣[⑧]从之，祁祁如云。韩侯顾之，烂其盈门。

蹶父孔武，靡国不到。为韩姞相攸，莫如韩乐。孔乐韩土，川泽讦讦。鲂鱮甫甫，麀鹿噳噳。有熊有罴，有猫有虎。庆既令居，韩姞燕誉。

溥[⑨]彼韩城，燕师所完。以先祖受命，因时百蛮。

王锡韩侯，其追其貊[10]。奄受北国，因以其伯。实墉实壑，实亩实籍。献其貔皮[11]，赤豹黄罴。

【注释】

①甸：治理。②倬（zhuō）：广大。③戎：你。辟：君。④觐（jīn）：朝见天子。⑤鞹鞃（kuò hóng）：车前扶木裹以皮革。幭（miè）：车轼上的皮套。⑥金厄（è）：金环套于马项。⑦蔌（sù）：素菜。⑧娣（dì）：陪嫁姑娘。⑨溥（pǔ）：阔大。⑩追、貊（mò）：部落名。⑪貔（pí）：猛兽名。

【译文】

吕梁高入云，大禹来治理。大道很宽广，韩侯受王命。宣王下旨令，你应继祖业，勿负我使命。早晚不懈怠，坚守你岗位，王命不改变。匡正不服者，朝拜我国君。

四马毛色润，体高且肥大。韩侯朝天子，双手捧大圭，进宫献宣王。宣王有赐赏，各色漂亮旗，竹篷彩车箱。红鞋黑龙袍，革带马铃亮，虎皮缠扶木，辔具闪金光。

韩侯拜路神，屠邑来留宿。显父来饯行，美酒捧百壶。佳肴是何物？烹鳖和鲜鱼。素菜为何物？竹笋和新蒲。何物来相赠？四马车一路。碗碟列席面，韩侯享宴乐。

韩侯娶贤妻，汾王的外甥，蹶父的姑娘。韩侯迎

婚配，来到蹶父门。百车多漂亮，八铃响叮当，显赫又堂皇。陪嫁姑娘多，簇拥如云霞。韩侯回头看，门户闪流光。

蹶父也威武，足迹遍各国。为女选夫君，韩国最快乐。韩国有乐土，河广闪银波。鳊鲢大又肥，母鹿聚成群，有熊也有罴，有虎有山猫。喜女好居处，韩姞多幸福。

韩城要扩建，燕民来修筑。受命承祖业，统一百蛮国。宣王赏韩侯，追族加貊族。广征北方国，终于成侯伯。修筑城与池，划地征徭税。貔皮献天子，还有豹和罴。

江汉

【原文】

江汉浮浮，武夫滔滔。匪安匪游，淮夷来求。既出我车，既设我旟。匪安匪舒，淮夷来铺[①]。

江汉汤汤，武夫洸洸。经营四方，告成于王。四方既平，王国庶定。时靡有争，王心载宁。

江汉之浒，王命召虎，式辟[②]四方，彻我疆土。匪疚匪棘，王国来极[③]。于疆于理，至于南海。

王命召虎，来旬来宣。文武受命，召公维翰。无曰予小子，召公是似。肇[④]敏戎公，用锡尔祉。

釐[⑤]尔圭瓒，秬鬯一卣[⑥]。告于文人，锡山土田。

于周受命，自召祖命。虎拜稽首，天子万年！

虎拜稽首，对扬王休。作召公考⑦，天子万寿！明明天子，令闻不已。矢其文德⑧，洽此四国。

【注释】

①铺（pù）：列阵，指讨伐。②辟（pì）：开辟。③极：准则。④肇：谋划。⑤釐（lí）：赐。⑥秬鬯（jù chàng）：古时酿的酒，用于祭祀。卣（yǒu）：酒器。⑦考：成。⑧矢：施行。

【译文】

江汉水滔滔，武士威凛凛。不敢求安乐，奉命伐淮夷。推出我兵车，旗帜插营前。不敢求安乐，只为讨淮夷。

江汉水浩浩，武士斗志昂。征战四方走，功成告君王。四方叛乱平，周朝得安定。天下无征战，王心终安宁。

汉水入江处，宣王令召虎，负责开四方，精心治疆土。无忧也无难，四方奉周朝。划地分田土，直到南海滨。

宣王令召虎，出巡宣王命。文武受命时，召康为辅助。你勿言年轻，应承召公业。勤勉谋公事，赐你多福祉。

君赐圭和瓒，再赐酒一坛。祭天告先祖，君赐地和林。岐周来受封，礼仪如召康。召虎伏首拜：天子寿万年！

召虎叩首拜，颂扬王美名。仿召公成辞，天子寿万年！英明好天子，美誉四处闻。广行君主德，各国多和乐。

常武

【原文】

赫赫明明[①]，王命卿士，南仲大祖，大师皇父：整我六师，以脩我戎。既敬[②]既戒，惠此南国。

王谓尹氏，命程伯休父，左右陈行，戒我师旅。率彼淮浦，省[③]此徐土。不留不处，三事就绪。

赫赫业业，有严天子。王舒保作[④]，匪绍[⑤]匪游。徐方绎骚[⑥]，震惊徐方。如雷如霆，徐方震惊。

王奋厥武，如震如怒。进厥虎臣，阚如虓虎[⑦]。铺敦淮濆[⑧]，仍[⑨]执丑虏。截彼淮浦，王师之所。

王旅啴啴，如飞如翰。如江如汉，如山之苞。如川之流，绵绵翼翼。不测不克，濯[⑩]征徐国。

王犹允塞，徐方既来。徐方既同，天子之功。四方既平，徐方来[⑪]庭。徐方不回，王曰还归。

【注释】

①明明：英明。②敬：警告。③省：巡视。④舒保：徐缓。⑤绍：缓。⑥绎（yì）骚：骚动不安。⑦阚（hǎn）：老虎吼叫。虓（xiāo）：老虎怒吼。⑧铺

敦：驻扎。濆（fén）：水边高地。⑨仍：频繁、连续。⑩濯：规模大。⑪来：归服。

【译文】

宣王威武又英明，召见宰相发命令，太祖庙中臣“南仲”，太师“皇父”同时听：马上整顿我六军，修理兵甲搞后勤，上下从此应谨记，全力解救南疆民。

宣王又对尹氏说，传令程伯休父听：队伍左右列整齐，全军动员勿违命。沿着淮水向前进，打到徐国去巡行。不要滞留别担心，三季农事已排顺。

王师赫赫多雄壮，天子容颜也威严。镇定自若发了兵，行军有序急急行。徐国由此起骚动，人人震惊心不安。王师声威如雷霆，徐国闻风已丧胆。

君王奋力扬武威，有如天神震且怒。猛将一马冲在前，就像虎啸一声吼。我军陈兵淮水边，英勇作战抓俘虏。阻截敌军淮水旁，王师占领此地区。

王师人多且势众，就像鸷鸟击长空；就像江汉水汹涌，就像山岳根基牢；就像大河波涛汹，连绵不断声势猛。敌军难测又难克，我军大战平徐国。

宣王谋划很满意，徐国终于来归顺。他们已经讲了和，天子功勋应永存。四方既然已平定，徐国谢罪来朝廷。他们保证不反叛，宣王收兵踏归程。

颂

·清庙之什·

思文

【原文】

思文后稷[1]，克配彼天[2]。立我烝民，莫匪尔极[3]。贻我来牟[4]，帝命率育。无此疆尔界，陈常于时夏[5]。

【注释】

①思：语助词。②克：能。③极：德之至。④来牟：大麦和小麦。⑤常：农政。

【译文】

文德双全是后稷，你的功绩与天齐。粮米养活我万民，你的善德高无比。上天赐予大小麦，上帝好意养民众。莫要划下田中界，推行农政到四方。

·臣工之什·

臣工

【原文】

嗟嗟臣工，敬尔在公。王釐尔成[1]，来咨来茹[2]。嗟嗟保介[3]，维莫之春。亦又何求，如何新畬[4]？於皇来牟，将受厥明[5]。明昭上帝，迄用康年。命我众人：庤乃钱镈[6]，奄观铚艾[7]。

【注释】

①釐（lí）：赐。②茹：度。③保介：田官。④畬（yú）：熟田。⑤明：收成。⑥庤（zhì）：准备。钱（ǎn）：农具。镈（bó）：农具。⑦奄：尽。铚（zhì）：拿镰收割。艾：收割。

【译文】

敬告诸位官和吏，公事认真来办理。周王嘉赏众功臣，赶快前来同商议。敬告你们众田官，现在正好是暮春，大家有些啥要求，新田熟田咋耕耘？田中麦子长势好，庄稼很快要收割。光明昭彰的上帝，降下

丰年好收成。命令众位老百姓，备好锄头扛起锹，我要巡察收庄稼。

雝

【原文】

有来雝雝[1]，至止肃肃[2]。相维辟公[3]，天子穆穆。於荐广牡，相予肆祀[4]。假哉皇考[5]，绥予孝子。

宣哲维人，文武维后。燕及皇天，克昌厥后。绥我眉寿，介以繁祉。既右烈考[6]，亦右文母。

【注释】

①雝（yōng）雝：和悦。②肃肃：恭敬貌。③辟公：诸侯。④肆祀：陈设祭品。⑤假：大。⑥右：尊崇。

【译文】

人们来此皆和悦，举止行为也恭敬。诸侯助祭于庙堂，天子仪态多端庄。献上肥大的雄牲，助我陈上肥牛羊。呼唤伟大的父皇，保佑孝子把福降。

聪明智慧是人臣，能文能武为君王。祭祀安定我皇天，子孙后代皆兴旺。保佑我的寿命长，赐予福禄多吉祥。尊崇我父周文王，以及我的大姒娘。

有客

【原文】

有客有客，亦白其马。有萋有且[1]，敦琢其旅[2]。有客宿宿，有客信信[3]。

言授之絷，以絷其马。薄言追之[4]，左右绥之。既有淫威，降福孔夷。

【注释】

①萋、且（jū）：随从众多貌。②敦琢：雕琢。③信：一宿为宿，再宿为信。④追：饯行。

【译文】

远方客人到我朝，骑着一匹白骏马。随从人员一大群，个个德行无疵瑕。客人头晚在此宿，二夜三夜相挽留。

叫人给他一根绳，把他马儿四蹄扎。我为客人来饯行，群臣受命馈赠他。对他施以大恩德，还求赐福多且大。

武

【原文】

於皇武王，无竞维烈。允文文王，克开厥后。嗣武受之，胜殷遏刘[①]，耆定尔功[②]。

【注释】

①刘：杀、征伐。②耆（zhǐ）：借为“致”。

【译文】

伟大的武王，功业世无双。文王有文德，基业你开创。武王继父德，胜殷止征伐，功成万民仰。

·闵予小子之什·

敬之

【原文】

敬之敬之[①]，天维显思，命不易哉！无曰高高在上，陟降厥士，日监在兹。维予小子，不聪敬止。日

就月将[2]，学有缉熙于光明。佛时仔肩[3]，示我显德行。

【注释】

①敬：警戒。②就：久。将：长。③佛（bì）：辅助。仔肩：责任。

【译文】

为人处事须警惕，天理昭彰不可欺，人生在世不容易！别说苍天高在上，升降我土无形迹，每日监视在此地。我刚即位年纪轻，不明不白受蒙蔽。日积月累常学习，发扬光大明事理。众臣辅我担重任，美德向我多启迪。

良耜

【原文】

畟畟良耜[1]，俶载南亩。播厥百谷，实函斯活。或来瞻女，载筐及筥。其馕伊黍。其笠伊纠，其镈斯赵，以薅荼蓼。荼蓼朽止，黍稷茂止。获之挃挃[2]，积之栗栗。其崇如墉，其比如栉[3]。以开百室，百室盈止，妇子宁止。杀时犉牡[4]，有捄其角。以似以续[5]，续古之人。

【注释】

①畟（cè）畟：锋利。②挃（zhì）挃：收割庄稼

的声音。③栉（zhì）：梳子。④犉（chún）：黑嘴黄牛。⑤似：借为“嗣”。

【译文】

犁铧锋利多好用，扛至田间把地犁。各种谷物已播种，种子入土容易生。有人送饭来看你，带着方筐和圆篮。其中盛满黄米饭，斗笠系戴在头上。挥舞锄头不间断，荼蓼杂草都除完。荼草蓼草已腐烂，糜子谷子长得欢。收割庄稼嚓嚓响，禾捆堆得很整齐。垛堆高耸如城垣，鳞次栉比真可观。家家开仓运粮食，家家户户粮满仓，老婆孩子心里安。杀了这头老黄牛，它的双角弯如钩。这种祭礼代代有，古代传统不可丢。

般

【原文】

於皇时周！陟其高山。嶞山乔岳[1]，允犹翕河[2]。敷天之下，裒时之对[3]，时周之命。

【注释】

①嶞：狭长的。②犹：顺畅。翕：合。③裒（póu）：聚集。

【译文】

周朝江山多壮美！天子登高祭山川。连绵群山高

四岳，众流会聚入黄河。天下诸侯与百官，聚集在此来谢恩，这是周王承天命。

·鲁 颂·

泮 水

【原文】

思乐泮水，薄采其芹。鲁侯戾止，言观其旂。其旂茷茷[1]，鸾声哕哕。无小无大，从公于迈。

思乐泮水，薄采其藻。鲁侯戾止，其马蹻蹻。其马蹻蹻，其音昭昭。载色载笑，匪怒伊教。

思乐泮水，薄采其茆[2]。鲁侯戾止，在泮饮酒。既饮旨酒，永锡难老。顺彼长道，屈此群丑。

穆穆鲁侯，敬明其德。敬慎威仪，维民之则。允文允武，昭假烈祖[3]。靡有不孝，自求伊祜。

明明鲁侯，克明其德。既作泮宫，淮夷攸服。矫矫虎臣，在泮献馘[4]。淑问如皋陶，在泮献囚。

济济多士，克广德心。桓桓于征，狄彼东南[5]。烝烝皇皇，不吴不扬。不告于讻[6]，在泮献功。

角弓其觩，束矢其搜。戎车孔博，徒御无斁。既克淮夷，孔淑不逆。式固尔犹，淮夷卒获。

翩彼飞鸮，集于泮林。食我桑黮，怀我好音。憬彼淮夷[7]，来献其琛[8]。元龟象齿，大赂南金[9]。

【注释】

①茷（pèi）茷：飞扬貌。②茆（mǎo）：莼菜。③昭假：昭告。④馘（guó）：割敌左耳。⑤狄（tì）：通“剔”，治。⑥讻（xiōng）：争辩。⑦憬（jǐng）：强。⑧琛（chēn）：珍宝。⑨赂（lù）：赠送财物。

【译文】

泮水泮水我最爱，群妇来此采芹菜。鲁侯也到泮水旁，观那旌旗一行行。旗帜迎风在飘动，鸾铃之声叮当响。不论卑贱与尊长，跟随鲁公上殿堂。

泮水泮水我最爱，群妇来此采藻菜。鲁侯也到泮水旁，他的马儿多健壮。他的马儿多健壮，鲁侯声音特洪亮。和颜悦色笑声朗，耐心教民无怒相。

泮水泮水我最爱，群妇来此采莼菜。鲁侯也到泮水边，泮宫之上摆酒宴。席上美酒尽痛饮，天赐众人寿万年。依照仁德走大道，征服恶人定不饶。

鲁侯严肃又庄重，德行昭明人人见。小心谨慎且威严，人民以此为准则。文治武功皆齐备，昭昭德行告祖先。人人效法皆颂扬，自求洪福从天降。

鲁侯勤勉又努力，修明政治有德行。如今修好这泮宫，淮夷之族皆臣服。勇猛如虎好武将，割敌左耳在泮河。狱吏问讯效皋陶，泮水提囚入监牢。

众位文臣与武将，都能发扬美德行。威风凛凛去出征，制服东南蛮夷族。武功战果真辉煌，不去喧哗不张扬。犒赏之前不争辩，泮宫殿前把功献。

角弓拉紧向上翘，利箭密集一包包。兵车威武多又多，甲士御敌斗志高。已经击败淮夷族，遵守纪律不胡闹。依靠你的好计谋，淮夷之旅已横扫。

翩翩飞动猫头鹰，纷纷降落泮宫林。吃了我们的桑葚，还奏好歌让它听。那些强横的淮夷，携带宝物来进献。先送大龟和象牙，再送美玉和黄金。

閟宫

【原文】

閟宫有侐[①]，实实枚枚[②]。赫赫姜嫄，其德不回。上帝是依，无灾无害。弥月不迟，是生后稷。降之百福。黍稷重穋，稙稚菽麦。奄有下国[③]，俾民稼穑。有稷有黍，有稻有秬。奄有下土，缵禹之绪[④]。

后稷之孙，实维大王[⑤]。居岐之阳，实始翦商。至于文武，缵大王之绪。致天之届，于牧之野。无贰无虞，上帝临女。敦商之旅[⑥]，克咸厥功。王曰叔父，建尔元子[⑦]，俾侯于鲁。大启尔宇，为周室辅。

乃命鲁公，俾侯于东。锡之山川，土田附庸。周公之孙，庄公之子，龙旂承祀，六辔耳耳。春秋匪解，享祀不忒。皇皇后帝，皇祖后稷，享以骍牺[⑧]。是飨是

宜，降福既多。周公皇祖，亦其福女。

秋而载尝，夏而楅衡[9]，白牡骍刚[10]，牺尊将将。毛炰胾羹[11]，笾豆大房。万舞洋洋，孝孙有庆。俾尔炽而昌，俾尔寿而臧。保彼东方，鲁邦是常。不亏不崩，不震不腾。三寿作朋，如冈如陵。

公车千乘，朱英绿縢，二矛重弓。公徒三万，贝胄朱綅[12]，烝徒增增。戎狄是膺，荆舒是惩，则莫我敢承。俾尔昌而炽，俾尔寿而富。黄发台背[13]，寿胥与试。俾尔昌而大，俾尔耆而艾。万有千岁，眉寿无有害。

泰山岩岩，鲁邦所詹。奄有龟蒙，遂荒大东，至于海邦。淮夷来同，莫不率从，鲁侯之功。

保有凫绎，遂荒徐宅，至于海邦。淮夷蛮貊，及彼南夷，莫不率从。莫敢不诺，鲁侯是若。

天锡公纯嘏，眉寿保鲁。居常与许，复周公之宇。鲁侯燕喜，令妻寿母。宜大夫庶士，邦国是有。既多受祉，黄发儿齿。

徂徕之松，新甫之柏。是断是度[14]，是寻是尺。松桷有舄[15]，路寝孔硕。新庙奕奕，奚斯所作。孔曼且硕，万民是若。

【注释】

①閟（bì）宫：神宫、祖庙。侐（xù）：清静。②实实：广大貌。枚枚：细密貌。③奄：覆盖、包括。④绪：事业。⑤大（tài）王：太王。⑥敦：治服。⑦元子：长子。⑧骍（xīn）牺：红色祭牲。⑨楅（bí）衡：保

护牛角的横木。⑩刚：公牛。⑪毛炰（páo）：连毛烤小猪。胾（zì）：切开的肉。⑫綅（qīn）：线。⑬台背：鲐背。背有黑斑似鲐鱼之背。指长寿老人。⑭度（duó）：砍。⑮桷（jué）：方木椽。舄（xì）：粗大貌。

【译文】

祖庙深闭很清静，高大精细又坚牢。赫赫姜嫄名声显，道德纯正人品高。依靠上帝得保佑，无灾无害福气好。怀胎十月不推迟，生下后稷是天骄。上帝为他降百福，赐他糜谷早晚稻，早豆晚麦也有了。统治天下众诸侯，使民稼穑善教导。会种稷子会种黍，会种黑黍和水稻。后稷从此率天下，继承大禹有德操。

后稷子孙承祖业，古公亶父为太王。迁居到达岐山南，开始致力灭殷商。到了文王和武王，继承太王兴国邦。武王发兵讨商纣，战场就在牧野地。不用疑惑莫顾虑，上帝就在你身旁。打败商纣的大军，奋力灭殷功无双。成王开口呼叔父，立您长子为侯王，封于鲁国守东方。开辟疆土大发展，辅助周室为屏障。

于是成王命鲁公，让他为侯据山东。赐他拥有山和川，还有土地和附庸。周公子孙鲁僖公，庄公之子有殊荣，继承祭礼举龙旗，四马六缰声势宏。四时祭祀不懈怠，祭祀礼仪都正宗。敬请伟大的上帝，同我先祖后稷用，赤色牺牲供案上。合祭社祭情意重，请降福祉千百种。伟大先祖我周公，也赐鲁公享洪福。

秋天丰收祭神灵，夏季选牛护角养。白牛红牛献

神享，牛头酒樽很精良。烤猪切肉做羹汤，大小食具摆案上。手执干戈舞姿壮，孝顺子孙得吉祥。神灵使你常兴旺，又使你们得安康。保佑周朝的东方，永远固强是鲁邦。不会亏蚀和崩溃，也无震荡和沸扬。三寿老人做朋友，国家坚固如山冈。

鲁公战车有千乘，车上红缨和绿绳，弓矛成双排成阵。鲁公三万子弟兵，嵌贝头盔绣朱线，列队云集力千钧。阻击北狄和西戎，惩戒南舒和荆楚，无人敢与我抗衡。神灵使你得昌盛，使你长命物丰盛。黄发鲐背老人多，大家长寿共长存。神使你们能发达，千秋万岁永年轻。万年还加一千岁，眉寿绵绵永不损。

泰山高大又雄伟，鲁国百姓都景仰。拥有龟蒙两座山，包举国土到东方，一直达到那海疆。淮夷之族来归阵，无人敢不相随从，皆为鲁侯之大功。

拥有凫山和绎山，包容徐国的地盘，一直延伸到海边。淮夷蛮貊小部落，还有南方荆蛮族，无一敢不相跟从。没有哪国不同意，顺随鲁侯才有利。

天赐鲁公福无边，祝愿鲁侯得寿安。占有常邑和许田，恢复周公的地盘。鲁侯宴饮多喜悦，祝妻贤惠母延年。百官士人皆顺心，国家强大又平安。鲁侯健康多福祉，如今发黄新换齿。

徂徕山上长青松，新甫之坡翠柏生。树木砍倒来剖开，量好尺寸作木材。松木粗椽一排排，筑好寝宫多气派。新庙挺拔有光彩，奚斯受命来修盖。新庙既宽又很大，顺应万民保康泰。

·商　颂·

那

【原文】

猗与那与，置我鞉鼓[1]。奏鼓简简，衎我烈祖[2]。汤孙奏假[3]，绥我思成。鞉鼓渊渊，嘒嘒管声。既和且平，依我磬声。於赫汤孙，穆穆厥声。庸鼓有斁[4]，万舞有奕。我有嘉宾，亦不夷怿[5]。自古在昔，先民有作。温恭朝夕，执事有恪[6]。顾予烝尝[7]，汤孙之将。

【注释】

①鞉（táo）：摇鼓。②衎（kàn）：欢乐。③假：敬神。④庸：大钟。⑤怿：喜悦。⑥恪：恭敬。⑦顾：光临。

【译文】

祭典盛大又繁复，摆好摇鼓和大鼓。击鼓咚咚响不停，以此娱乐我先祖。襄公祭祀祈神明，助我顺利拓疆土。摇鼓、大鼓声声响，竹管呜呜掀声浪。曲调协和音质美，玉磬声声引众乐。商汤子孙多显赫，乐

声美好且动听。铿锵洪亮钟鼓鸣，洋洋万舞也齐整。助祭嘉宾皆光临，岂不欢乐笑盈盈。那些远古的先民，早把祭礼安排定。早晚和顺又有礼，从事祭祀多恭敬。秋冬之祭请光临，汤孙奉献表衷情。

烈祖

【原文】

嗟嗟烈祖！有秩斯祜[①]，申锡无疆[②]，及尔斯所。既载清酤，赉我思成。亦有和羹，既戒既平[③]。鬷假无言[④]，时靡有争。绥我眉寿，黄耇无疆[⑤]。约軧错衡，八鸾鸧鸧。以假以享，我受命溥将。自天降康，丰年穰穰。来假来飨，降福无疆。顾予烝尝，汤孙之将。

【注释】

①秩：大。②申：重复。③戒：具备。平：正。④鬷（zóu）假：进献之意。⑤耇（gǒu）：高寿。

【译文】

功德赫赫的祖先，你用你的大福祉，赐给子孙福无边，送达宋公的身前。斟上清酒祭神灵，赐福保我得安宁。祭品也有五味羹，味道可口又齐全。进献祖先肃无声，不吵不争不开言。求神佑我寿绵延，长寿无边享天年。皮革车具多壮观，八只鸾铃响叮当。到

了宗庙献祭品，我受天命广无边。天降洪福多安康，丰年五谷齐登场。神明前来享祭品，降下福禄大无比。秋冬之季再光临，商汤子孙再献享。

殷武

【原文】

挞彼殷武[①]，奋伐荆楚。冞入其阻[②]，裒荆之旅[③]。有截其所，汤孙之绪。

维女荆楚，居国南乡。昔有成汤，自彼氐羌，莫敢不来享[④]，莫敢不来王，曰商是常。

天命多辟，设都于禹之绩[⑤]。岁事来辟，勿予祸适[⑥]，稼穑匪解。

天命降监，下民有严[⑦]。不僭不滥，不敢怠遑[⑧]。命于下国，封建厥福。

商邑翼翼[⑨]，四方之极[⑩]。赫赫厥声，濯濯厥灵。寿考且宁，以保我后生。

陟彼景山，松柏丸丸[⑪]。是断是迁，方斫是虔[⑫]。松桷有梴[⑬]，旅楹有闲[⑭]，寝成孔安。

【注释】

①挞：勇武貌。②冞（mí）：深。③裒（póu）：俘虏。④享：进献。⑤绩：迹。⑥祸：罪过。适：谴责。⑦严：恭敬。⑧遑：闲职。⑨翼翼：完美貌。⑩极：标

准。⑪丸丸：高大挺直貌。⑫斫（zhuó）：砍。虔：截断。⑬桷（jué）：方椽。梴（chān）：长貌。⑭楹（yíng）：厅堂前的柱子。闲：粗大貌。

【译文】

我王武丁多英勇，奋然起兵讨荆楚。深入楚地排险阻，将那楚兵全俘虏。终于荡平荆楚地，汤王之孙有功绩。

你们荆楚已失败，从此只能住南方。昔有成汤为君王，虽有强敌氐和羌，谁敢不把贡品上，谁敢不来见我王，全都尊崇我殷商。

君王命令各诸侯，大禹遗迹建城都。年年朝见殷商王，不要生事受谴责，种植庄稼勿疏忽。

天命成汤视下界，下界民众皆恭敬。不越礼仪不出轨，不敢怠慢去偷闲。成汤遵命诸侯国，分赐大家享福禄。

商朝都城很壮美，成为诸侯的楷模。声誉显赫名气大，神灵处处显光明。商王长寿得安宁，子孙后代享太平。

迈步登上高山岗，松柏屹立多挺拔。砍倒松柏就扛走，砍光截断不留桩。松木方椽直又长，排排大柱顶屋梁，修好寝庙安国邦。

《尚书》

·虞书·

尧典①

【原文】

曰若稽古②，帝尧曰放勋③，钦明文思安安④。允恭克让⑤，光被四表⑥，格于上下⑦。克明俊德⑧，以亲九族⑨。九族既睦⑩，平章百姓⑪。百姓昭明⑫，协和万邦⑬，黎民于变时雍⑭。

【注释】

①尧典：本篇记载了尧和舜的一些事迹。典，典册。②曰若：发语词。稽：考察。③帝：君主。尧：《尚书大传》说："尧者，高也，饶也。"汉代学者认为"尧"是谥号。④钦：敬。郑玄说："敬事节用谓之钦。"明：明察。郑玄说："照临四方谓之明。"文：指管理天下井井有条。郑玄说："经纬天地谓之文。"思：深谋远虑。郑玄说："虑深通敏谓之思。"安安：温和

宽容的样子。⑤允：诚信。恭：恭敬，指恪尽职守。郑玄说："不懈于位曰恭。"克：能。让：谦让。⑥被：覆盖。四表：四海之外。⑦格：到，指充满。上下：指天地之间。⑧克：能。明：彰明、发扬。俊：大。⑨九族：自高祖至玄孙九代人，这里指君主即"帝"的至亲。⑩睦：和睦相亲。⑪平：通"辨"，分别。章：彰明。百姓：百官族姓。⑫昭：清楚。明：明白。⑬协：协调。和：和睦。邦：国。⑭黎：众。于：于是、因此。时：善。雍：和，和睦。

【译文】

考察往古之事，帝尧名叫放勋。他办事认真，明察四方。他善于管理天下，深谋远虑。他为人温和宽容。他讲求诚信，恪尽职守，又能谦让。他的光辉照耀到四海之外，充满天地之间。他能够发扬大德，使家族内部亲密和睦。家族已经和睦了，这种和睦之礼就在百官族姓中得到辨别和彰明。百官族姓清楚明白了和睦之礼，就使得诸侯万邦协调、和睦，天下民众因此就变得和睦友好起来。

【原文】

帝曰："畴咨若时登庸[①]？"

放齐曰[②]："胤子朱启明[③]。"

帝曰："吁！嚚讼可乎[④]？"

帝曰："畴咨若予采[⑤]？"

欢兜曰[6]："都[7]！共工方鸠僝功[8]。"

帝曰："吁！静言庸违[9]，象恭滔天[10]。"

帝曰："咨！四岳[11]，汤汤洪水方割[12]，荡荡怀山襄陵[13]，浩浩滔天[14]。下民其咨[15]，有能俾乂[16]？"

佥曰："於！鲧哉[17]。"

帝曰："吁！咈哉[18]，方命圮族[19]。"

岳曰："异哉[20]！试可乃已[21]。"

帝曰："往，钦哉[22]！"九载，绩用弗成[23]。

【注释】

①畴：谁。咨：语气词。若：顺、善。时：四时。登：升。庸：用，任用。马融说："羲和为卿官，尧之末年皆以老死，庶绩多阙，故求贤顺四时之职，欲用以代羲和。"②放齐：人名。尧的臣子。③胤（yìn）：后嗣。朱：丹朱，尧的儿子。启：开，开通。明：聪明。④吁：惊异语气词。嚚（yín）：言不忠信，奸诈。讼：争辩。⑤予：我。采：事，指政务。⑥欢兜：尧的大臣，后被列入四凶之一。⑦都：语气词，表赞叹。⑧共工：尧时水官，后被列入四凶之一。方：通"旁"，广，遍。鸠：聚集。僝（zhuàn）：具，表现。功：功绩、成效。⑨静：善、美。庸：用，指做事。违：邪僻。⑩象：貌。滔天：漫天，指心高气傲好像水弥漫到天上。滔，弥漫。⑪四岳：官名，为诸侯之长。⑫汤汤（shāng shāng）：大水奔流的样子。方：通"旁"，广、遍。割：通"害"。⑬荡荡：大水奔突、

冲击的样子。怀：包围。襄：涌上。陵：丘陵。⑭浩浩：水势广大的样子。⑮下民：天下民众。咨：叹息。⑯俾（bì）：使。乂：治理。⑰佥（qian）：都。於：语气词，表赞叹。鲧（gǔn）：尧时大臣，夏禹的父亲。⑱咈（fú）：违背、抵触。⑲方：同“放”，放弃，指违背。圮（pì）：毁坏，指危害。族：族类。⑳异：不同，指闻见有所不同。㉑试：试用。可乃已：看行不行再说。可，行。乃，才。已，止。㉒钦：敬，指办事要认真、谨慎。㉓绩：功业。用：效用。

【译文】

帝尧说：“谁善于治理四时呢？我要选拔任用他。”

放齐说：“您的儿子丹朱开通聪明。”

帝尧说：“唉！他说话不守忠信，又爱争辩，这可以吗？”

帝尧说：“谁能按我的要求处理政务呢？”

欢兜说：“啊！共工广泛地聚集民力治水，已具有成效。”

帝尧说：“唉！他说话甜美却行事邪僻，貌似恭敬内心却傲慢得很。”

帝尧说：“四岳啊！洪水汤汤，极大地危害着人们。咆哮的洪水包围了高山，淹没了丘陵。浩浩荡荡的洪水几乎要弥漫到天上。天下的民众都在叹息着，有谁能使洪水得到治理吗？”

大家都说：“啊！鲧可以吧。”

帝尧说："唉！他违背人意，不服从命令，危害族人。"

四岳说："我们对他的见闻有所不同啊！试用一下看行不行再说吧。"

帝尧对鲧说："去吧！办事要谨慎啊！"

鲧治理洪水历时九年，效果不好。

【原文】

帝曰："咨！四岳。朕在位七十载，汝能庸命[①]，巽朕位[②]？"

岳曰："否德忝帝位[③]。"

曰："明明扬侧陋[④]。"

师锡帝曰[⑤]："有鳏在下[⑥]，曰虞舜。"

帝曰："俞[⑦]！予闻，如何？"

岳曰："瞽子[⑧]，父顽[⑨]，母嚚[⑩]，象傲，克谐[⑪]。以孝烝烝乂[⑫]，不格奸[⑬]。"

帝曰："我其试哉[⑭]！女于时[⑮]，观厥刑于二女[⑯]。"厘降二女于妫汭[⑰]，嫔于虞[⑱]。

帝曰："钦哉！"

慎徽五典[⑲]，五典克从[⑳]。纳于百揆[㉑]，百揆时叙[㉒]。宾于四门[㉓]，四门穆穆[㉔]。纳于大麓[㉕]，烈风雷雨弗迷。

帝曰："格[㉖]！汝舜。询事考言[㉗]，乃言厎可绩[㉘]，三载[㉙]。汝陟帝位[㉚]。"舜让于德[㉛]，弗嗣[㉜]。

【注释】

①庸命：指顺天承命。庸，用。命，天命。②巽：通“践”，升、登。③否：鄙陋。忝（tiǎn）：辱，表谦虚之词，如同说“不配享有”。④明明：前一个“明”作动词，使……显明。后一个“明”作名词，指显贵的人。扬：推荐。侧陋：指处在社会下层的微贱者。⑤师：众人。锡：赐，指献言。⑥鳏（guān）：独身男子。⑦俞：语气词，表赞同。⑧瞽（gǔ）：盲人。⑨顽：愚蠢。⑩嚚：言不忠信，奸诈。⑪谐：和谐。⑫烝烝：厚美的样子。乂：治理。⑬格：至。奸：邪恶。⑭试：考验。⑮女：嫁女。时：是，这人。⑯厥：其。刑：型，指德行。二女：指尧的女儿娥皇、女英。⑰厘：治，这里指命令。降：下。妫（guì）：妫水。汭（ruì）：汭水。⑱嫔（pìn）：帝王的女儿出嫁。虞：舜的姓氏。⑲慎：谨慎，慎重。徽：美，善。五典：五常，指父义、母慈、兄友、弟恭、子孝五种伦常。⑳从：顺从、听从。㉑纳：入，指晋升。百揆：管理百官的官。揆（kuì），管理。㉒时：是，此。叙：次第，指有条理。㉓宾：迎接宾客。四门：王城或明堂宫垣四方之门。㉔穆穆：严肃庄重的样子。㉕大麓：主管四方山林的官。㉖格：至、来。㉗询：谋。考：考察。㉘乃：你的。言：意见。厎（zhì）：必，终究。可：能够。绩：取得成功。㉙三载：三年，指已考察了三年。㉚陟（zhì）：升、登。㉛德：有德的人。㉜嗣：继承。

【译文】

帝尧说："四岳啊！我在位七十年，你们当中谁能顺天承命接替我的职位？"

四岳回答说："我们的德行浅薄，不配登上帝位。"

帝尧说："请在显贵的人和处在社会下层的微贱者中推荐贤者吧。"

大家就告诉帝尧说："有个独身男子在民间，叫虞舜。"

帝尧说："是的，我听说过。这人怎么样？"

四岳回答："他是盲人之子，他的父亲愚蠢，母亲说话不诚实，兄弟傲慢无礼，但舜能够同他们和谐相处。因为他孝德厚美，他治理国家不至有奸邪行为吧。"

帝尧说："让我来考察他吧！把我的两个女儿嫁给他，从两个女儿那里观察舜的德行。"于是命令两个女儿去到妫水和汭水之间，嫁给虞舜。

帝尧对舜说："要谨敬地对待政务啊。"

舜重视和赞美父义、母慈、兄友、弟恭、子孝这五种伦常，民众能够听从这五种伦常的说教。于是舜晋升到管理百官的职位，百官的政务从而变得有条有理。舜在明堂四门迎接宾客，四方宾客都肃然起敬。舜担任主管四方山林的官，他能在大风雷雨中不迷失方向。

帝尧说："舜啊，你来吧！我同你谋划政事，又考察你的言论，你的意见总能够让我取得成功，我已考察你三年了，你登上帝位吧！"舜要让给有德的人，不肯继承尧的帝位。

舜典[1]

【原文】

正月上日[1]，受终于文祖[2]。在璿玑玉衡[3]，以齐七政[4]。肆类于上帝[5]，禋于六宗[6]，望于山川[7]，遍于群神。辑五瑞[8]，既月乃日[9]，觐四岳群牧[10]，班瑞于群后[11]。

岁二月，东巡守[12]，至于岱宗[13]，柴[14]。望秩于山川[15]，肆觐东后[16]。协时月正日[17]，同律度量衡[18]。修五礼、五玉、三帛、二生、一死贽[19]。如五器[20]，卒乃复[21]。五月南巡守，至于南岳[22]，如岱礼。八月西巡守，至于西岳[23]，如初。十有一月朔巡守[24]，至于北岳[25]，如西礼。归，格于艺祖[26]，用特[27]。

五载一巡守，群后四朝[28]。敷奏以言[29]，明试以功[30]，车服以庸[31]。

肇十有二州[32]，封十有二山[33]，浚川[34]。

象以典刑[35]，流宥五刑[36]，鞭作官刑，扑作教刑[37]，金作赎刑。眚灾肆赦[38]，怙终贼刑[39]。钦哉，钦哉，惟刑之恤哉[40]。

流共工于幽州[41]，放欢兜于崇山[42]，窜三苗于三

危[43]，殛鲧于羽山[44]，四罪而天下咸服[45]。

【注释】

①上日：朔日，即初一。②受：接受。终：指终结帝位之禅让。文祖：文德之祖，指尧太祖的宗庙。古时政事在宗庙举行。③在：察，观察。璿玑玉衡：北斗七星。璿玑，在斗魁四宿中。玉衡，在勺柄三星中。④齐：排列。七政：七项政事。⑤肆：于是。类：古祭名，祭天。⑥禋（yìn）：古祭名，洁祭。六宗：天、地、四时。⑦望：望祭，祭祀山川之礼。⑧辑：聚、合。五瑞：诸侯用作凭证的五种瑞玉。⑨既月乃日：先选定月份，再选定日期。⑩觐（jìn）：会见。牧：官长。⑪班：颁赐、分发。后：君主。⑫巡守：视察诸侯为天子守土的情况。⑬岱宗：泰山。泰山别称岱，古以之为四岳所宗，故称。⑭柴：柴祭。马融说："祭时积柴，加牲其上而燔之。"⑮秩：次第。⑯东后：东方诸侯国的君主。⑰协：协调。时：四季。正：定。⑱同：统一。律：音律。度：尺度。量：量具，斗斛之类。衡：衡器，称重器具。⑲修：修正、制订。五礼：公、侯、伯、子、男朝见天子的五等礼节。五玉：五种用作信符的瑞玉。三帛：指红、白、黑三种丝织品，用来垫玉的。二生：活的羔羊和雁。一死：一只死野鸡。贽：执礼。⑳如：而，连词。五器：五种信符。㉑卒：完毕，指礼节完毕。复：归还。㉒南岳：衡山。㉓西岳：华山。㉔朔：北，指向北方。㉕北岳：恒山。㉖格：至。艺祖：文祖，指尧的太祖庙。㉗

用特：指用公牛做牺牲，举行告庙祭祀。特，公牛。㉘四朝：指诸侯按所在方位分别在四岳朝见。㉙敷：普遍、全面。奏：陈奏。㉚试：考试、考验。功：功效。㉛庸：功劳。㉜肇：开始。㉝封：培土，指封土为坛，举行祭祀。㉞浚：疏通。㉟象：刻画。典：常。刑：刑罚。㊱流：流放。宥：宽恕。㊲扑：用戒尺、刑杖扑责。㊳眚（shěng）：过失。灾：祸害。肆：遂，于是。赦：赦免。㊴怙（hù）：倚仗，指有所倚仗。终：到底，指终不悔改。贼：通“则”，就。㊵恤：谨慎、顾恤。㊶流：流放。幽州：地名。㊷放：放逐。崇山：地名。㊸三苗：古国名。三危：地名。㊹殛（jí）：拘禁。羽山：地名。㊺罪：惩处。

【译文】

正月初一，舜在尧的太祖庙接受尧的禅让。他观察了北斗七星，列出了七项政事。于是类祭上帝，洁祭天地四时，望祭山川和群神。他又聚敛了诸侯的五种用作凭借的瑞玉，选定月日，让四岳和各诸侯君主来朝见，然后把用作凭信的瑞玉分发给各位君主。

这年二月，舜到东方巡视，到达泰山，举行了柴祭。又按尊卑依次望祭山川，然后接受东方诸侯国君主的朝见。协调四季的月份，确定天数，统一音律和度量衡。修正公、侯、伯、子、男朝见天子的五等礼节，以五种瑞玉、三种不同颜色的丝绸、活的羔羊和雁各一只、死野鸡一只作为觐见时携带的礼品。而那

收回来的五种瑞玉在礼节完毕后赐还给诸侯国君主。五月，舜向南方巡视，到达南岳，所举行的礼节如同巡视泰山之礼。八月，舜向西方巡视，到达西岳，所举行的礼节如同当初巡视泰山之礼。十一月，舜到北方巡视，到达北岳，所举行的礼节如同巡视西岳之礼。回来后，到尧的太祖庙祭祀，用一头公牛作祭品。

以后，每五年巡视一次，诸侯按所在方位分别在四岳朝见。舜令诸侯逐一述职，陈奏治国见解，有良策则明试其功效，有功劳则以车马、衣服作奖赏。

舜开始将天下划分为十二个州，在十二州的名山上封土为坛举行祭祀，又疏通江河水道。

舜又将常规刑罚刻画在器物上。用流放迁逐的办法宽恕犯有五刑的罪人，用鞭打作为官吏治理民事时使用的刑罚，用戒尺和刑杖扑责作为惩罚违反教训者使用的刑罚，用罚金作为赎罪的刑罚。偶因过失而造成祸害就赦免他，有所依仗而终不悔改就施以刑罚。谨慎啊，谨慎啊，用刑一定要谨慎。

舜将共工流放到幽州，把欢兜放逐到崇山，把三苗驱逐到三危，把鲧拘禁在羽山。这四个人受到惩处，天下人都心悦诚服。

【原文】

二十有八载，帝乃殂落[①]。百姓如丧考妣[②]，三载，四海遏密八音[③]。月正元日[④]，舜格于文祖[⑤]，询于四岳，辟四门[⑥]，明四目，达四聪[⑦]。

“咨，十有二牧[8]！”曰：“食哉惟时[9]！柔远能迩[10]，惇德允元[11]，而难任人[12]，蛮夷率服。”

舜曰：“咨，四岳！有能奋庸熙帝之载[13]，使宅百揆[14]，亮采惠畴[15]？”

佥曰：“伯禹作司空[16]。”

帝曰：“俞，咨！禹，汝平水土[17]，惟时懋哉[18]！”禹拜稽首[19]，让于稷、契暨皋陶[20]。

帝曰：“俞，汝往哉！”

帝曰：“弃，黎民阻饥[21]，汝后稷[22]，播时百谷[23]。”

帝曰：“契，百姓不亲，五品不逊[24]。汝作司徒[25]，敬敷五教[26]，在宽。”

帝曰：“皋陶，蛮夷猾夏[27]，寇贼奸宄[28]。汝作士[29]，五刑有服[30]，五服三就[31]。五流有宅[32]，五宅三居[33]。惟明克允[34]！”

帝曰：“畴若予工[35]？”

佥曰：“垂哉[36]！”

帝曰：“俞，咨！垂，汝共工[37]。”垂拜稽首，让于殳、斨暨伯与[38]。

帝曰：“俞，往哉！汝谐[39]。”

帝曰：“畴若予上下草木鸟兽[40]？”

佥曰：“益哉[41]！”

帝曰：“俞，咨！益，汝作朕虞[42]。”益拜稽首，让于朱、虎、熊、罴[43]。

帝曰：“俞，往哉！汝谐。”

帝曰：“咨！四岳，有能典朕三礼[44]？”

佥曰："伯夷[45]！"

帝曰："俞，咨！伯，汝作秩宗[46]。夙夜惟寅[47]，直哉惟清[48]。"伯拜稽首，让于夔、龙[49]。

帝曰："俞，往，钦哉！"

帝曰："夔！命汝典乐[50]，教胄子[51]，直而温，宽而栗[52]，刚而无虐，简而无傲[53]。诗言志[54]，歌永言[55]，声依永[56]，律和声[57]。八音克谐，无相夺伦，神人以和。"

夔曰："於！予击石拊石，百兽率舞。"

帝曰："龙！朕堲谗说殄行，震惊朕师。命汝作纳言，夙夜出纳朕命，惟允！"

帝曰："咨！汝二十有二人，钦哉！惟时亮天功。"

三载考绩，三考，黜陟幽明，庶绩咸熙。分北三苗。

舜生三十征，庸三十，在位五十载，陟方乃死。

【注释】

①帝：指帝尧。殂（cú）落：死去。②考：父死后的称呼。妣（bí）：母死后的称呼。③遏：停止。密：静，静止。八音：以金、石、丝、竹、匏、土、革、木为材料制作的八类发音各异的乐器所发的音，这里泛指音乐。④月正：正月，指尧崩三年后的正月。元日：初一。⑤格：至、到。⑥辟：打开。四门：指明堂四门。明堂是古时天子宣明政教、接见诸侯及举行祭祀和庆典等重要活动的地方。⑦聪：耳朵灵。⑧牧：州的行政长官。⑨惟：只有。时：农时，指抓住农时。⑩柔：安，安抚。能：善，亲近。迩（ěr）：近。⑪惇（dūn）：厚，

亲厚、推崇。允：诚、信。元：善。⑫难：阻拦、拒绝。任人：佞人，奸邪的人。⑬奋：奋发。庸：功，努力。熙：光大。帝：指帝尧。载：事。⑭宅：居。百揆：官名。⑮亮：辅助。采：事。惠：顺。畴：类。⑯伯：爵号，禹袭鲧的爵位为崇伯。司空：官名，掌管土木营建。⑰平：治理。⑱时：是、此，指百揆之职。懋（mào）：勉力、努力。⑲拜：拜谢。稽首：行跪拜礼时，头至地。⑳稷：人名，名弃。尧时农官，传说为周人始祖。契（xiè）：人名，传说为殷人始祖。暨：及、与。皋陶（yáo）：尧时治狱官。㉑阻：困、厄。㉒后：主，主持。稷：农官，主管播种百谷的事情。㉓时：通莳，耕种。㉔五品：父、母、兄、弟、子。品，等次。逊：和顺。㉕司徒：官名，掌管国民教化。㉖敷：布，传播。五教：五品之教，即父义、母慈、兄友、弟恭、子孝。㉗猾：扰乱。夏：华夏，指中国。㉘寇：抢掠。贼：杀害。奸宄（guǐ）：郑玄说：“（乱）由内为奸，起外为宄。”㉙士：官名，掌刑法狱讼。㉚服：用，实行。㉛三就：去三个地方。就，趋、至。㉜流：流放。宅：处所。㉝三居：三种处所，指以罪行轻重分三等居处地。㉞明：明察、清楚。允：允当、公允。㉟若：顺、善。工：百工㊱垂：人名，尧时巧匠。㊲共工：官名，主管百工之事。㊳殳（shū）：人名。斨（qiāng）：人名。伯与：人名。㊴谐：偕，一同。㊵上下：山泽。上，指山。下，指泽。㊶益：人名。㊷朕（zhèn）：我。虞：官名，掌管山林。㊸朱：人名。虎：人名。熊：人名。罴：人名。

㊹典：主持、掌管。三礼：指祭天神、地祇（qí）和人鬼之礼。㊺伯夷：人名。㊻秩宗：官名，掌管百神的次序尊卑之礼。㊼夙夜：早晚。夙（sù），早。寅：敬。㊽直：正直。清：清明。㊾夔（kúi）：人名。龙：人名。㊿乐：音乐。51胄子：未成年的人。52栗：庄严。53简：质朴、平易。54言：表达。志：指心意、情趣和怀抱。55永：同“咏”，咏唱。言：心声。56声：指声情和声调。依：依从。永：同“咏”，即咏唱的内容。57律：乐律。和：谐和、配合。声：五声。

【译文】

舜辅助尧帝二十八年后，尧帝逝世了。人们如同死了父母一样伤心，三年间，全国上下停止了音乐活动。尧逝世三年后的正月初一，舜到了尧的太祖庙，与四岳谋商政事，打开明堂四门宣布政教，让四方看得清楚，听得明白。

“十二州的长官们啊！”舜说，“要想足食就必须抓住农时。要安抚远方的臣民，亲善近处的臣民，要推崇有德的人，信任善良的人，拒绝奸邪的人。这样，边远地区的蛮夷都会臣服。”

舜问：“四岳啊！有没有能奋发建功、光大尧帝事业的人呢？我要让他担任百揆之职，从而帮助我管理朝政，使百官事务各顺其类。”

大家都说：“现正在做司空的伯禹可胜此任。”

舜帝说："好的！禹啊，你平定水土有功，对于这百揆之职更要努力啊！"禹稽首而拜，要让职给稷、契和皋陶。

舜帝说："好啦，还是你去担任此职吧。"

舜帝说："弃，人们忍饥挨饿，你主管农业，引导和督促人们播种栽培各类谷物吧。"

舜帝说："契，百官族姓之间不亲和，父母兄弟子女之间不和顺。你担任司徒之职，要谨慎地传播五品之教，注意要宽厚。"

舜帝说："皋陶，蛮夷扰乱华夏，抢劫杀人，造成内乱外患。你担任士这个职务。要注意五刑有各自的适用范围，五刑的实行分别在野外、街市、朝廷三处执行，五种流放有各自的处所，按罪行轻重分别在远近不同的三种地方。要明察案情，处理公允！"

舜帝说："谁能胜任管理我们百工的官？"

大家都说："垂啊！"

舜帝说："好的！垂啊，你担任掌管百工的官吧！"垂稽首而拜，要辞让给殳、斨和伯与。

舜帝说："好的！你们一起去吧！"

舜帝说："谁能管理好我们山泽的草木鸟兽呢？"

大家都说："益啊！"

舜帝说："好的！益，你担任我的虞官吧。"益稽首而拜，要让职给朱、虎、熊、罴。

舜帝说："好的！你们一起去吧！"

舜帝说："四岳啊，有谁能为我掌管祭祀天地和宗

庙神灵的大礼?”

大家都回答说:“伯夷!”

舜帝说:“好的!伯夷啊!你担任秩宗之职吧。要早晚恭敬行事,又要正直、清明。”伯夷稽首而拜,让职给夔和龙。

舜帝说:“好!还是你去吧。要谨慎啊!”

舜帝说:“夔!任命你主管音乐,要教导年轻人,使他们正直而温和,宽厚而庄严,刚强而不伤害人,质朴平易而不傲慢。诗歌表达思想感情,歌曲咏唱心声,感情和声调要依从所咏唱的内容,乐律是配合五声的。八类乐器的声音能够调和,相互间不混乱,那么神和人就会因此而和悦了。”

夔说:“好的!我要敲击石磬,让百兽都随着音乐节奏跳起舞来!”

舜帝说:“龙!我厌恶那毁伤别人的言论和伤害善人的行为,这些都会使我的民众震惊,从而疑惑不已。我任命你担任纳言官,你要早晚传达我的命令并汇报臣下的意见,希望你办事要诚实忠信!”

舜帝说:“你们二十二人啊,做事一定要认真谨慎啊!要好好辅助我完成上天托付的大业啊!”

舜帝每三年考察一次政绩,经过三次考察后,罢免昏庸的官员,提升贤明的官员,于是各项工作都兴盛起来。他又分别对三苗进行了妥善处理。

舜三十岁时被征召,试用二十年后代尧摄天子事,在帝位五十年,后在巡狩南方时才逝世。

皋陶谟①

【原文】

曰若稽古，皋陶曰：“允迪厥德②，谟明弼谐③。”

禹曰：“俞！如何？”

皋陶曰：“都④！慎厥身，修思永。惇叙九族⑤，庶明励翼⑥，迩可远⑦，在兹。”

禹拜昌言曰⑧：“俞！”

皋陶曰：“都！在知人⑨，在安民。”

禹曰：“吁！咸若时⑩，惟帝其难之⑪。知人则哲⑫，能官人⑬。安民则惠，黎民怀之。能哲而惠，何忧乎欢兜？何迁乎有苗？何畏乎巧言令色孔壬⑭？”

皋陶曰：“都！亦行有九德⑮。亦言⑯，其人有德，乃言曰，载采采⑰。”

禹曰：“何？”

皋陶曰：“宽而栗⑱，柔而立⑲，愿而恭⑳，乱而敬㉑，扰而毅㉒，直而温㉓，简而廉㉔，刚而塞㉕，强而义㉖。彰厥有常㉗，吉哉㉘！

“日宣三德㉙，夙夜浚明有家㉚；日严祗敬六德㉛，亮采有邦㉜。翕受敷施㉝，九德咸事㉞，俊乂在官㉟。百

僚师师[36]，百工惟时[37]，抚于五辰[38]，庶绩其凝[39]。

“无教逸欲[40]，有邦兢兢业业，一日二日万几[41]。无旷庶官[42]，天工[43]，人其代之。天叙有典[44]，敕我五典五惇哉[45]！天秩有礼[46]，自我五礼有庸哉[47]！同寅协恭和衷哉[48]！天命有德，五服五章哉[49]！天讨有罪，五刑五用哉[50]！政事懋哉懋哉[51]！

“天聪明[52]，自我民聪明。天明畏[53]，自我民明威。达于上下[54]，敬哉有土[55]！”

皋陶曰：“朕言惠可厎行[56]？”

禹曰：“俞！乃言厎可绩[57]。”

皋陶曰：“予未有知，思曰赞赞襄哉[58]！”

【注释】

①皋陶（yáo）：舜的大臣，掌管刑法狱讼。谟：同“谋”。本篇是皋陶与禹以及舜与禹一起讨论政务的纪录。②允：信，忠实。迪：履行。厥：其。德：德教。③弼：辅臣。谐：和谐。④都：语气词，意为“问得好啊”。⑤惇（dūn）：敦厚。叙：按尊卑序次。⑥励：勉力。翼：辅助。⑦迩（ěr）可远：由近可以及远。⑧拜：拜受。昌言：善言。⑨知人：指知人善任。⑩若：像。时：是，这样。⑪惟：即使。帝：尧帝。其：恐怕。难之：以之为难，对它感到困难。⑫哲：明智。⑬官：任用。⑭令色：指谄媚取宠的脸色。孔：大。壬（rén）：奸佞。⑮亦：助词，无义。九德：九种德行。⑯亦：或、若。⑰载：句首语气助

词。采采：做某某事。⑱宽：宽厚。栗：同“慄”，威严。⑲柔：柔和。立：卓立，有主见。⑳愿：老实、谨善。恭：恭敬。㉑乱：指治乱的才能。敬：不傲慢。㉒扰：和顺。毅：刚毅。㉓直：正直。温：温和。㉔简：简约。廉：方正。㉕刚：刚强。塞：笃厚、充实。㉖强：勇敢。义：道义。㉗彰：明。常：指行为一贯。㉘吉：吉祥。㉙日：每日。宣：传播、显示。㉚浚：敬、谨。明：勉励。有家：使有家，即可以任大夫之职。家，大夫采邑。㉛严：严肃、庄重。祗(zhī)：虔诚。㉜亮：辅佐。采：事务。有邦：使有邦，即可以任命诸侯国君。邦，诸侯。㉝翕（xī）：合，全部。受：接受。敷：普遍。施：用。㉞事：从事、任职。㉟俊：才德过千人为俊。乂（yì）：才德过百人为乂。俊乂（yì）泛指才德杰出的人。㊱师师：互相学习，相互效法。㊲惟：思。时：善。惟时指专心把工作做好。㊳五辰：指金、木、水、火、土五星。抚于五辰，指顺应星辰变化的自然规律。㊴其：就会。凝：定、成。㊵逸：安逸。欲：贪婪。㊶一日二日：天天。万几：万种凶吉预兆。㊷旷：空旷。㊸天工：即“天功”，上天命令的事。㊹叙：次序，指尊卑长幼的人伦关系。典：常法、准则。㊺敕（chì）：告诫。五典：父义、母慈、兄友、弟恭、子孝。五惇（dūn）：指父、母、兄、弟、子之间的相互亲厚。㊻天秩：指上天确定人类尊卑贵贱的等级。有礼：指有各应遵从的礼节制度。㊼五礼：天子、诸侯、卿大夫、士、庶

民五种等级的礼节制度。㊽同寅：相互尊重。协恭：相互配合，恭尽职守。和衷：同心同德。㊾五服：指天子、诸侯、卿、大夫、士五种服饰。五章：指以五种不同的色彩、图案加以区别。章，花纹、图案。㊿五刑：墨刑（面额刻字染墨）、劓刑（割鼻子）、剕刑（断足）、宫刑（破坏男女生殖功能）、大辟（杀头）。五用：指用于五等罪人。51懋（mào）：努力。52聪：指听闻。明：指观察。53明畏：英明惩罚，指奖惩分明。54上：指天。下：指民。55有土：有土地的人，指国君。56惠：谦敬之辞。厎（zhǐ）：获得。行：推行。57乃言：您的话。绩：成功。58思：想。曰：语气助词。赞赞：赞助。襄：辅佐。

【译文】

考查往事，皋陶说："忠实地实行德政，就会政策英明，辅臣团结。"

禹说："说得好！该怎样做呢？"

皋陶说："问得好！谨慎自身，自身修养要长期坚持。使九族敦厚有序，使众贤臣勉力辅佐，由近及远，其道理就在这里。"

禹听了这番议论，拜谢说："说得好啊！"

皋陶说："对呀！还在于知人善任，还在于使民众安居乐业。"

禹说："唉！都像这样，即使是帝尧恐怕也会感到难以做到。知人就是明智，就能任用贤人。安定民心

就有恩德，百姓就会怀念他。既能明智又受人爱戴，哪里会担心欢兜这样的失德之人呢？怎么会流放三苗？怎么会畏惧花言巧语、察言观色的大奸猾呢？”

皋陶说：“当然啦！行为有九种美德。若说某人有美德，必定告诉人说：‘可以做某事某事。’”

禹问：“哪九德呢？”

皋陶说：“宽厚而威严，柔和而有主见，老实而恭敬，多才而不傲慢，和顺而刚毅，正直而温和，简约而方正，刚强而笃厚，勇敢而有道义。昭然显示这种一贯的行为，吉祥啊！

“每日表现出三德，终日敬谨努力的人，可以任命大夫的职位；每日庄重虔诚敬奉六德的人，可以辅佐政务，任命为诸侯国君。将有德之人全部接受，普遍任用，使具有九德的人都得以任职，使才德杰出的人都在官位。众官员相互效法，各官吏都专心把工作做好，顺应自然变化的规律，众功绩就会告成。

“不要倡导安乐享受和贪得无厌，各诸侯国君都要兢兢业业，居安思危，因为每日每时，万种凶吉预兆变化多端。不要虚设百官，上天命令的工作，人应当替上天完成。上天规定了人伦准则，告诫我们用父义、母慈、兄友、弟恭、子孝五种常法使得大家相互亲厚！上天确定了人们的尊卑等级，天子、诸侯、卿大夫、士、庶民五种等级的礼节制度对于我们治理国家十分有用啊！大家相互尊重，相互配合，同心同德啊！上天赐命有德行的人，用五种不同的色彩、图案来区别

天子、诸侯、卿、大夫、士五种礼服！上天惩罚有罪的人，用墨、劓、剕、宫、大辟五种刑罚处治五等罪人！对于政务要努力啊！努力啊！

上天考察我们的政治得失以民众的视听为标准。上天的奖惩也是依从民众的奖惩。天意与民心相通，国君要慎重啊！

皋陶说："我的话可以得到实行吗？"

禹说："当然啦！你的话可以得到实施并取得成功。"

皋陶说："我也没有什么好主意，只是想襄助帝德，成就治理功业罢了。"

益稷

【原文】

帝曰："来，禹！汝亦昌言[1]。"禹拜曰："都[2]！帝，予何言？予思日孜孜[3]。"皋陶曰："吁！如何？"禹曰："洪水滔天，浩浩怀山襄陵[4]，下民昏垫[5]。予乘四载[6]，随山刊木[7]，暨益奏庶鲜食[8]。予决九川，距四海[9]，浚畎浍距川[10]。暨稷播[11]，奏庶艰食鲜食[12]。懋迁有无[13]，化居[14]。烝民乃粒[15]，万邦作乂[16]。"皋陶曰："俞！师汝昌言[17]。"

禹曰："都！帝。慎乃在位[18]。"帝曰："俞！"禹曰："安汝止[19]，惟几惟康[20]。其弼直[21]，惟动丕应。徯志以昭受上帝[22]，天其申命用休[23]。"

帝曰："吁！臣哉邻哉[24]！邻哉臣哉！"

禹曰："俞！"

帝曰："臣作朕股肱耳目[25]。予欲左右有民[26]，汝翼[27]。予欲宣力四方[28]，汝为[29]。予欲观古人之象[30]，日、月、星辰、山、龙、华虫，作会[31]；宗彝[32]、藻[33]、火、粉米[34]、黼[35]、黻[36]、絺绣[37]，以五采彰施于五色[38]，作服[39]，汝明。予欲闻六律五声八音[40]，在治忽[41]，以

出纳五言[42]，汝听。予违，汝弼，汝无面从[43]，退有后言[44]。钦四邻[45]！庶顽谗说[46]，若不在时[47]，侯以明之[48]，挞以记之[49]，书用识哉[50]，欲并生哉[51]！工以纳言[52]，时而飏之[53]，格则承之庸之[55]，否则威之[55]。”

禹曰：“俞哉！帝，光天之下[56]，至于海隅苍生[57]，万邦黎献[58]，共惟帝臣。惟帝时举[59]，敷纳以言[60]，明庶以功[61]，车服以庸[62]。谁敢不让，敢不敬应[63]？帝不时敷[64]，同，日奏[65]，罔功。[66]

“无若丹朱傲[67]，惟慢游是好[68]，傲虐是作[69]。罔昼夜頟頟[70]，罔水行舟[71]。朋淫于家[72]，用殄厥世[73]。予创若时[74]，娶于涂山[75]，辛壬癸申[76]。启呱呱而泣[77]，予弗子[78]，惟荒度土功[79]。弼成五服[80]，至于五千。州十有二师[81]，外薄四海[82]，咸建五长[83]，各迪有功[84]。苗顽弗即工[85]，帝其念哉[86]！”

帝曰：“迪朕德[87]，时乃功[88]，惟叙[89]。皋陶方祗厥叙[90]，方施象刑[91]，惟明[92]。”

【注释】

①昌言：指畅谈治国高见。②都：表赞美叹词。③孜孜：勤奋的样子。④怀：包围。襄：冲上、浸没。⑤昏垫：围陷在洪水之中。昏，没。垫，陷。⑥四载：四种运输工具。据《史记》：陆行乘车，水行乘舟，泥行乘橇，山行乘檋（jú登山屐）。⑦刊木：指砍伐树木作为路标。刊，砍、削。⑧暨：和、同。益：伯益。奏：进。鲜：新杀的鸟兽鱼类。⑨决：疏导。距：到。

⑩浚：深挖疏通。畎浍（quǎn kuài）：田间的水沟。⑪稷：传说为周人始祖，当时的农官。⑫艰食：指百谷。⑬懋：通“贸”，贸易。迁：流通。⑭化居：指迁移屯积的货物。⑮烝：众。粒：即“立”，定。⑯作：开始。乂：治理。⑰师：斯，代词。⑱在位：所在职位。⑲安汝止：安守职分。⑳几：危险。康：安乐。㉑弼（bì）：辅臣。㉒徯（xī）：待。志：心意。㉓其：必将。申：再，重复。休：美。㉔邻：指左右亲近的大臣。㉕股肱（gōng）：大腿和手臂。比喻得力的大臣。㉖有：语助词。㉗翼：辅佐。㉘宣力：用民力治理。㉙为：助。㉚象：指带有象征意义的图像。㉛华虫：雉鸟。会：通“绘”，画。㉜宗彝：宗庙彝器。因其上刻有虎，故此处指虎。㉝藻：水草。㉞粉米：白米。㉟黼（fǔ）：黑白相间斧形的花纹。㊱黻（fú）：黑青相间两个“己”字相背的花纹。㊲絺（zhǐ）：通“黹”，缝制。絺绣：按图像设计刺绣缝制。㊳五采：五种色线。五色：指已绘制或刺绣成的五彩图案。㊴作服：制成礼服。㊵六律：古代十二乐律按阴阳分：六个阴为吕，六个阳为律。五声：宫、商、角、徵、羽。八音：八种乐器，即金、石、丝、竹、匏、土、革、木。㊶在：察。忽：乱，指荒政。㊷五言：指东、西、南、北、中五方的言论。㊸面从：当面听从。㊹后言：背后议论。㊺钦：尊重。㊻顽：愚。㊼时：是，这些。㊽侯：箭靶，此指用箭射靶。明：警醒。古代行射侯之礼以观德行，不贤的愚顽谗说之徒难以入选。㊾挞（tà）：扑打。㊿书：写。识（zhì）：记住。

㉛并生：共同上进。㉜工：官。纳：采纳。㉝时：善。飏：同“扬”，表彰。㉞格：改正。承：进。庸：用。㉟威：惩罚。㊱光：光照。㊲海隅（yú）：海角。苍生：黎民。㊳黎：众。献：贤。㊴时举：善于选用贤才。㊵敷：普遍。以：其。㊶庶：读为“度”，考察。㊷庸：用，指用来作为奖励。㊸应：应命。㊹时敷：指分别善恶。㊺日奏：日日进用。㊻罔功：没有功绩。㊼丹朱：尧的儿子。㊽慢游：懒惰游玩。是：语助词。好（hào）：喜欢。㊾虐：通“谑”，戏谑。㊿额额（è）：不愿休息的样子。⑪罔水行舟：洪水已治好，还行船游玩。⑫朋：结伴成群。⑬用：因此。殄（tiǎn）：灭绝。⑭创：伤。⑮涂山：涂山氏，部落名。⑯辛壬癸甲：从辛日，经过壬日、癸日到甲日，一共四天。⑰启：禹的儿子。⑱子：抚养。⑲荒：通“忙”。度：考虑。土功：治理水土的事。⑳五服：指甸服、侯服、绥服、要服、荒服。五服是国都以外由近及远以每五百里为一标准划分的纳贡地带，详见《禹贡》。㉑师：师是州下的行政区划。据《尚书大传》：“八家而为邻，三邻而为朋，三朋而为里，五里而为邑，十邑而为都，十都而为师。”㉒薄：迫近。㉓五长：五等长官。㉔迪：引导、统率。㉕顽：抗拒不听调度。即：就，投入。㉖念：放在心上。㉗迪：开导。㉘时：这。乃功：你的功绩。㉙叙：顺成。㉚方（páng）：大。祇（zhī）：敬。㉛象刑：刻画在器物上的刑罚图像。㉜明：明白允当。

【译文】

舜帝说："来吧，禹！你也谈谈你的治国高见。"禹拜谢说："啊！帝王，我有什么好说的？我只是想每天努力工作而已。"皋陶说："呀！怎样努力工作呢？"禹说："洪水铺天盖地，浩浩荡荡，包围了山顶，淹没了丘陵，百姓被困陷在洪水之中。我乘坐四种交通工具，沿山砍伐树木作为标记，同伯益一起把新杀的鸟兽鱼肉作为食物送给民众。我疏通了九州的河流，让它们一直流到大海，深挖田间水沟，让它们流到大河。同后稷一起播种粮食，把谷物和鸟兽鱼肉送给老百姓。让百姓相互贸易，流通有无，买卖积贮的货物。众民于是安定，各诸侯国开始得以治理。"皋陶说："好啊！这就是你的高见啊。"

禹说："啊！帝王。你要谨慎地对待你所在的职位。"舜帝说："是啊！"禹说："安守你的职责，思虑危险之所起和安宁之所生。如果辅臣正直，那么只要你行动，天下就会响应。清净心意，头脑清醒地听候上天命令，上天就会不断地将美好的东西赐给你。"

舜帝说："唉！这要依靠辅臣近邻啊！要依靠近邻辅臣啊！"

禹说："对啊！"

舜帝说："辅臣们要做我的耳目股肱。我想要引导民众，你辅佐我。我想用力治理好四方，你帮助我。我想观示古人的有象征意义的图像，把日、月、星辰、

山、龙、雉六种图案画在衣服上；把虎、水草、火、白米，黑白相间的斧形条纹，黑青相间的‘己’字花纹，用五种色线刺绣成五彩图案，制成礼服，你负责办好。我想听六种乐律、五种声音、八种乐器的演奏，通过音乐考察政治的得失，来取舍各方面的意见，你帮助我听闻。我做错了事，你要匡正我，你不要当面顺从，背后又去议论。要敬重左右近臣！对于那些愚蠢又爱诋毁人家的人，如果他们不明白这些道理，就用射侯之礼警醒他们，用鞭打惩戒他们，记录他们的罪过，要让他们共同上进！做官要采纳下面的意见，对那些做得好的人要表彰，对那些有错就改的人要接纳他任用他，对那些有错不改的人要惩罚他。”

禹说：“说得好啊！帝君，你的光辉普照天下，以至于海角的民众，各国的众贤人，都是你的臣民。您要善于选用他们，广泛听取他们的言论，明智考察他们的功绩，又用车马衣服奖励功臣。这样，谁敢不让贤？谁敢不恭敬地应承您的命令？帝君如果不善于分别，好坏混同，即使日日进用人才，也不会有功绩。

“不要像丹朱那样傲慢，只喜欢懒惰游玩，只干戏谑之事。不分白天晚上，永不休止，洪水已经治好了，他还要乘船游玩。又结伙在家中乱来，因此不能继承尧的帝位。我为他的行为感到悲伤，我娶了涂山氏的女儿，结婚四天就离开家去治理洪水。后来，启出生来到世上，我没顾得上抚养他，只是忙于考虑平治水土的事。我帮助划定五种纳贡地带，直至五千里远的

地方。每个州设置十二个师，治理的地方最远的接近四海边境，又设立了五等长官，各人都参与治水，取得功绩。只有三苗不听调度，没有投身治水工作，帝君您要把这件事放在心上慎重考虑啊！”

舜帝说：“宣扬我的德教，这是你的功绩，三苗会顺从的。皋陶大力敬重那些顺从的人，广泛施用五种刑罚图像来警戒违抗命令不服从的人，三苗的事会处理恰当的。”

【原文】

夔曰[①]：“戛击鸣球[②]、搏拊[③]、琴、瑟，以咏[④]。”祖考来格[⑤]，虞宾在位[⑥]，群后德让[⑦]。下管鼗鼓[⑧]，合止柷敔[⑨]，笙镛以间[⑩]。鸟兽跄跄[⑪]，《箫韶》九成[⑫]，凤皇来仪[⑬]。

夔曰：“於[⑭]！予击石拊石[⑮]，百兽率舞，庶尹允谐[⑯]。”

【注释】

①夔（kuí）：人名，舜的乐官。②戛（jiá）：敲击。鸣球：玉磬。③搏拊（fǔ）：像小鼓模样的皮制乐器。④以：而。咏：歌唱。⑤祖考：指先祖先父的神灵。格：到。⑥虞：舜帝。宾：指前代帝王的后裔做宾客。⑦群后：指众位诸侯国君。德：升。让：揖让、礼让。⑧下管：指堂下的管乐。鼗（táo）：拨浪鼓。⑨合：合乐。止：止乐。柷（zhù）：古代的一种打击

乐器，演奏开始时先击它。敔（yǔ）：一种打击乐器，演奏结束时用它止乐。⑩镛（yōng）：大钟。间：轮流演奏。⑪跄跄（qiāng）：随节奏跳跃起舞的样子。⑫箫韶：舜时的乐曲名。九成：反复演奏九次才结束。⑬来仪：指成对跳舞。⑭於（wū）：叹词。⑮石：石磬。拊：轻敲。⑯尹：长官。允：进。谐：偕同、一起。

【译文】

夔说："敲起玉磬，打起搏拊，弹起琴瑟，唱起歌来吧。"先祖先父的神灵降临了，舜帝的宾客们来到了，各位诸侯国君登上庙堂相互礼让。庙堂下吹起了管乐，摇起拨浪鼓，敲着柷合乐，敲打敔止乐，笙和大钟轮番演奏。扮演各类鸟兽的演员踩着音乐节拍跳起舞来，《箫韶》演奏九次才结束，然后扮演凤凰的演员成对起舞。夔说："啊！我轻敲重击着石磬，扮演百兽的演员都跳起舞来，各位长官也随着音乐一起跳起来吧！"

【原文】

帝庸作歌[①]。曰："敕天之命[②]，惟时惟几[③]。"乃歌曰："股肱喜哉！元首起哉[④]！百工熙哉[⑤]！"

皋陶拜手稽首飏言曰[⑥]："念哉[⑦]！率作兴事，慎乃宪，钦哉！屡省乃成，钦哉！"乃赓载歌曰："元首明哉！股肱良哉！庶事康哉！"又歌曰："元首丛脞哉！股肱惰哉！万事堕哉！"

帝拜曰："俞，往，钦哉！"

【注释】

①庸：因此。②敕（chì）：敬。③时：善，指安。几：指危。④元首：指帝王。起：奋起。⑤百工：指百事、百业。熙：兴旺。⑥拜手：跪拜礼，双膝下跪，双手拱合到心，低头到手。稽首：最敬重的跪拜礼，双膝下跪，叩头到地。飏（yáng）：即“扬”。⑦念：牢记、不忘。

【译文】

舜帝因此作了歌曲。他说：“谨敬天命，居安思危。”于是唱道：“左右辅臣欢喜啊！帝王奋发啊！百业兴旺啊！”

皋陶跪拜叩头高声说道：“牢记啊！帝王统率群臣兴办治国大业，严格执行你的法度。要谨敬职守啊！要经常省察才会成功，要谨敬职守啊！”于是继续作歌唱道：“帝王英明啊！群臣贤良啊！诸事安康啊！”又唱道：“君王琐碎啊！群臣懈怠啊！万事就会荒废啊！”

舜帝拜谢说：“对啊！去吧，大家都各自谨敬自己的职守吧！”

·夏书·

甘誓[1]

【原文】

大战于甘，乃召六卿[2]。王曰[3]：“嗟！六事之人[4]，予誓告汝：有扈氏威侮五行[5]，怠弃三正[6]，天用剿绝其命[7]，今予惟恭行天之罚[8]。

【注释】

①甘誓：这是夏王启讨伐有扈氏时在甘地对将士们所做的告诫之辞。甘，地名，当时为有扈氏国都南郊。誓，出征时告诫将士，宣示号令。②六卿：六军将领。③王：夏王启。④六事：六军将士。⑤有扈氏：夏的同姓部落。威侮：王引之认为，威是“威”的误写，而“威”则为“蔑”的借字。“蔑侮”义即“轻慢”。五行：指金、木、水、火、土相生相克的规律。⑥怠：怠慢。弃：抛弃。三正：郑玄认为指天、地、

人之正道。⑦用：因此。剿：灭。⑧恭行：奉行。恭，谨敬。行，指实行、执行。

【译文】

将要在甘这个地方进行大战，夏王启就召集六军将领。夏王说："六军将士们啊！我告诫你们：有扈氏轻慢五行相生相克的规律，轻视和抛弃天地人之正道，因此上天要断绝他的国运。现在我不得不奉行上天对他的惩罚。

【原文】

"左不攻于左[①]，汝不恭命[②]；右不攻于右[③]，汝不恭命；御非其马之正[④]，汝不恭命。用命[⑤]，赏于祖[⑥]；弗用命，戮于社[⑦]，予则孥戮汝[⑧]。"

【注释】

①左：车左。古时作战车左负责执弓射敌。攻：善。指善战。②恭：敬奉、奉行。③右：车右。古时作战车右以力士充任，战则执矛杀敌，车陷或遇阻时则下车助推或排除障碍。④御：居中驾车的人。非：违背。正：通"政"，治。指驭术。⑤用命：服从命令。⑥赏于祖：古时天子亲征，载着祖庙的神主。有功的，就赏于神主之前，以示自己不敢专行。⑦戮于社：古时天子亲征，又载着社主。凡处罚，都在社主前执行，以示自己不敢专行。戮，惩罚。⑧孥：同

“奴”。指罚做奴隶。戮：杀。

【译文】

“车左不善于射箭，你就是不奉行我的命令；车右不善于用戈矛刺杀，你就是不奉行我的命令；中御不能把车驾好，你就是不奉行我的命令。服从命令的，我会在祖宗的神位面前赏赐你；不服从命令的，我会在土地神的神位面前惩罚你，我将把你罚做奴隶，或者杀掉。”

·商书·

汤誓[1]

【原文】

王曰："格尔众庶[2]，悉听朕言。非台小子，敢行称乱[3]！有夏多罪[4]，天命殛之[5]。今尔有众[6]，汝曰：'我后不恤我众[7]，舍我穑事而割正夏[8]。'予惟闻汝众言[9]，夏氏有罪，予畏上帝[10]，不敢不正[11]。今汝其曰：'夏罪其如台[12]？'夏王率遏众力[13]，率割夏邑[14]。有众率怠弗协[15]，曰：'时日曷丧[16]？予及汝皆亡。'夏德若兹[17]，今朕必往。"

【注释】

①汤誓：这是成汤讨伐夏王桀时所作的誓词。汤，即商王成汤，商代开国君主，契的十四代孙，名履，又称天乙，号武王。②格：来。庶：多。③台：我。小子：对自己的谦称。行：举行。称乱：作乱、反叛。

④有夏：夏国，此处指夏王桀。有，助词。⑤命：命令。殛：诛杀。⑥有众：众人。有，助词。⑦后：君王。恤：顾念。⑧穑事：农事。割：断绝。正：正统。⑨惟：虽然。⑩畏：敬畏。⑪正：通“征”，征伐。⑫如台：如何。⑬率：语气助词。遏：通“竭”，尽。⑭割：宰割。⑮怠：怠慢。协：协和。⑯时：是，这个。曷：何，什么时候。⑰兹：这样。

【译文】

商王说：“来吧，你们众位，都来听我说。不是小子我敢于举行反叛！夏国犯下许多罪行，上天命令我消灭它。现在你们大家听着，你们说：‘我们的君王不顾恤我们大家，荒废我们的农事而要断绝正统的夏国国运。’我虽然听到你们众人的话，但是夏氏有罪行，我敬畏上帝，不敢不征讨它。现在你们会问：‘夏的罪行究竟怎么样?’夏王耗尽民力，宰割夏国的人民。民众对他轻慢不恭，更不与他同心，他们都说：‘这个太阳什么时候消失呢？我们愿同你一起灭亡。’夏王的德行像这样，现在我一定要去征讨他。”

【原文】

“尔尚辅予一人[①]，致天之罚[②]，予其大赉汝[③]！尔无不信，朕不食言[④]。尔不从誓言[⑤]，予则孥戮汝[⑥]，罔有攸赦[⑦]。”

【注释】

①尚：表祈使语气。予一人：王者自称的谦辞。②致：行。③赉：赏赐、奖赏。④食言：说假话。⑤从：听从，指遵守。⑥孥：通“奴”，罚做奴隶。戮：杀。⑦罔：没有。攸：助词。

【译文】

“你们要辅助我，实行上天对夏王的惩罚，我一定会重赏你们！你们不要不相信我，我不说假话。你们如果不遵守今天的誓言，我将罚你们做奴隶，或者把你们杀掉，不会有赦免。”

盘庚[①]上

【原文】

盘庚迁于殷[②]。民不适有居[③]，率吁众慼出[④]，矢言[⑤]，曰："我王来[⑥]，既爰宅于兹[⑦]，重我民[⑧]，无尽刘[⑨]。不能胥匡以生[⑩]，卜稽[⑪]曰'其如台[⑫]'。先生有服[⑬]，恪谨天命[⑭]，兹犹不常宁[⑮]，不常厥邑[⑯]，于今五邦[⑰]！今不承于古[⑱]，罔知天之断命[⑲]，矧曰其克从先王之烈[⑳]？若颠木之有由蘖[㉑]，天其永我命于兹新邑[㉒]，绍复先王之大业[㉓]，底绥四方[㉔]。"

盘庚斅于民[㉕]，由乃在位以常旧服、正法度[㉖]。曰："无或敢伏小人之攸箴[㉗]！"王命众[㉘]，悉至于廷[㉙]。

【注释】

①盘庚：人名，商代君王成汤的第十世孙，是商朝的第二十位君王。为了抑制奢侈的恶习，他想把国都从奄（山东曲阜）迁往殷（河南安阳小屯），遭到臣民的反对。他先后三次告谕臣民，终于迁都到殷。《盘庚》三篇，即是追记他三次告谕臣民的内容。②迁于殷：指将迁都到殷。③适：往。有：助词。居：住地，

此指殷。④率：因此。吁：呼叫。慼：同“戚”，指贵戚大臣。⑤矢：陈述。⑥我王来：我们的先王来奄（山东曲阜）。⑦爰：易、改。爰宅，指迁都。宅，居。兹：指奄。⑧重：厚待、看重。⑨刘：伤害。⑩胥：相互。匡：救助。⑪卜：占卜。稽：考察。⑫曰：语首助词。如台：怎么办。⑬服：事，制度。⑭恪：敬重。⑮犹：兹犹，即因此。兹，此。通“由”。常：久。宁：安定。⑯邑：指都城。⑰五邦：五个国都。指商（商丘）、亳（河南偃师西）、嚣（河南荥阳北、敖山南）、相（河南内黄）、耿（约在今河南温县东）。⑱承：继承。古：指古人恪守天命的原则。⑲断命：决断、命令。⑳矧：况，何况。克：能。从：继承。烈：事业。㉑颠：倒下。由：抽出新枝条。蘖：被砍伐的树新生出的嫩芽。㉒永：延长。命：指国运。㉓绍：继承。复：复兴。㉔底：致，以至。绥：安。㉕斅：教导。㉖由：以。乃：其，他的。以：而。常：守。旧服：旧制度。正：端正。㉗无：不要。或：有人。伏：压制。小人：指普通百姓。攸：所。箴：劝谏。㉘众：群臣。㉙廷：王庭。

【译文】

盘庚将把都城迁往殷。臣民不愿去殷地，盘庚因此呼唤贵戚大臣出来，陈述自己的意见。他说：“我们的先王来到奄，已经迁都在奄，这是他们看重我们的民众，不让民众遭受伤害。当臣民们不能相互救助而

求得生存时，先王们就占卜考察吉凶，问该怎么办。先王有制度，凡事谨从天命，因此不追求永久的安定，不固定他们的都城，至今已有五个国都了！现在不继承先王敬慎天命的传统，不了解上天的决断，从哪里说起能够继承先王的事业呢？我们现在的情况，就像倒下的树木又抽出了新枝，被砍伐的树木又发出了新芽，上天将使我们的国运在这个新的国都延续下去，在新国都里我们能继承并复兴先王的大业，以至安定天下。”

盘庚开导民众，又教导他的大臣，遵守旧制，端正法度。他说：“不允许有人敢于压制民众的劝谏！”盘庚命令群臣，都来到王庭。

【原文】

王若曰[1]：“格汝众[2]，予告汝训汝[3]。猷黜乃心[4]，无傲从康[5]。古我先王，亦惟图任旧人共政[6]。王播告之修[7]，不匿厥指[8]，王用丕钦[9]；罔有逸言[10]，民用丕变[11]。今汝聒聒[12]，起信险肤[13]，予弗知乃所讼[14]。

“非予自荒兹德[15]，惟汝含德[16]，不惕予一人[17]。予若观火[18]，予亦拙谋作[19]，乃逸[20]。若网在纲[21]，有条而不紊[22]；若农服田[23]，力穑乃亦有秋[24]。汝克黜乃心[25]，施实德于民[26]，至于婚友[27]，丕乃敢大言汝有积德[28]。乃不畏戎毒于远迩[29]，惰农自安[30]，不昏作劳[31]，不服田亩，越其罔有黍稷[32]。

“汝不和吉言于百姓[33]，惟汝自生毒[34]，乃败祸奸

宄[35]，以自灾于厥身。乃既先恶于民[36]，乃奉其恫[37]，汝悔身何及？相时憸民[38]，犹胥顾于箴言[39]，其发有逸口[40]，矧予制乃短长之命[41]？汝曷弗告朕[42]，而胥动以浮言[43]，恐沈于众[44]？若火之燎于原，不可向迩，其犹可扑灭？则惟汝众自作弗靖[45]，非予有咎[46]。"

【注释】

①若：顺，接着。②格：来。③训：开导。④猷：可。黜：减少、削弱。心：不满情绪。⑤无：不要。傲：倨傲。从康：追求安逸。康，安逸。⑥图：考虑。旧人：指世家。共政：共同管理政事。⑦播：发布。修：善，善意。⑧指：通"旨"，旨意。⑨用：因此。丕：大。⑩逸：过，指过失。⑪变：改变。⑫聒聒：吵吵嚷嚷。⑬信：通"伸"，伸说。险：险恶。肤：肤浅。⑭讼：争辩。⑮荒：荒废。⑯含：隐。⑰惕：通"施"。予一人：指盘庚。⑱观火：指像观火一样洞察情况。⑲谋作：指谋划。⑳乃逸：你们就错了。㉑若：如，如同。纲：结网的总绳。㉒紊：乱。㉓服：耕作。㉔力：努力。穑：泛指农活。秋：指收获。㉕心：指拒善之心。㉖实德：真正的恩惠，此指迁都之利。㉗婚：指亲戚。㉘丕乃：于是。大言：无愧地说。㉙戎毒：大灾害。㉚惰农：懒惰的农夫。㉛昏：通"暋"，勉力。作劳：从事劳苦之事。㉜越其：于是就。㉝和：宣传。㉞毒：祸患。㉟奸：在外作恶。宄：在内作祟。㊱先恶：倡导邪恶的言行。㊲奉：承受。恫

(tōng)：痛苦。㊳相时：看这些。相，看，察看。时，是，这些。通“纤”，小。㊴顾：顾忌。㊵逸口：错误言论。㊶制：掌握。短长之命：指生杀之权。㊷曷：同“何”。㊸动：煽动。㊹恐：恐吓。沈：指用浮言深深地迷惑。㊺靖：善。㊻咎：过错。

【译文】

盘庚接着说：“来，你们众位，我告诉你们，开导你们。你们可要克制你们的不满，不要倨傲，不要追求安逸。从前我们的先王，也只是考虑任用世家旧臣共同管理政事。先王发布教令，他们不隐瞒教令的旨意，先王因此非常敬重他们；他们没有错误的言论，百姓生活因而大为改变。现在你们吵吵嚷嚷，自以为是，起来申说险恶而又肤浅的言论，我不知你们究竟要争辩什么！

“不是我自己荒废任用旧臣的传统美德，而是你们隐藏美德，不施与我盘庚。我洞察现在的情形如同看火一样清楚，如果以为我不善于谋划和行动，那你们就错了。我们办事好像是网结在纲上，有条理而不紊乱；好像农民种田，努力耕作，才有收成。你们只有克制私心，把实际的好处给百姓，并恩及亲朋戚友，这样你们才敢无愧地说你们有厚德。如果你们不害怕远近臣民有大灾祸，像懒惰的农民一样苟且偷安，不努力耕作，不从事田间劳动，于是就会像农民没有黍稷收成一样（你们也不会有厚德）。

“你们不向百姓宣传我的善言，反而妄自散布害人的流言，这是你们制造邪恶勾当自取灾祸，自己危害自己。你们既然已经引导人们做坏事，自然就要承受这样做的痛苦，你们悔恨自己哪里来得及？看看这些小老百姓吧，他们尚且还顾及规劝的话，害怕说出错误的话，何况我掌握着你们的生杀大权？你们有话为什么不来找我讲，而是用虚假的言论互相鼓动，去恐吓煽动民众呢？好像大火在原野上燃烧，无法靠近，难道还能够扑灭吗？这都是因为你们自己做了不好的事，不是我的过错。”

【原文】

“迟任有言曰[①]：‘人惟求旧，器非求旧，惟新。’古我先王暨乃祖乃父胥及逸勤[②]，予敢动用非罚[③]？世选尔劳[④]，予不掩尔善[⑤]。兹予大享于先王[⑥]，尔祖其从与享之[⑦]。作福作灾，予亦不敢动用非德[⑧]。

“予告汝于难[⑨]，若射之有志[⑩]。汝无侮老成人[⑪]，无弱孤有幼[⑫]。各长于厥居[⑬]，勉出乃力，听予一人之作猷[⑭]。无有远迩，用罪伐厥死[⑮]，用德彰厥善[⑯]。邦之臧[⑰]，惟汝众；邦之不臧，惟予一人有佚罚[⑱]。

“凡尔众，其惟致告[⑲]：自今至于后日[⑳]，各恭尔事[㉑]，齐乃位[㉒]，度乃口[㉓]。罚及尔身，弗可悔。”

【注释】

①迟任：殷商的贤人。②胥：相互。及：共同。

逸勤：安乐与辛苦，此指同甘共苦。③非罚：指不合制度的惩罚。④世：累世。选：数说。劳：功劳。⑤掩：掩盖。⑥享：祭祀。⑦从与：随同。享之：享受祭祀。⑧非德：不合理的奖赏。⑨于：以。难：难处。⑩志：指必定射中的意愿。⑪老成人：年老有德的人。⑫弱：侵凌、蔑视。孤有幼：势单力孤和年幼的人。⑬长：官长，指领导。厥居：指自己的封邑。⑭作猷：指挥谋划。⑮罪：刑罚。死：该死的事，指恶行。⑯德：奖赏。彰：表彰。⑰之：犹“若”，如果。臧：善，指治理得好。⑱佚罚：罪过。⑲其：望，希望。惟：留心。致告：表达、告诫。⑳后日：以后的日子。㉑尔事：你们的职守。㉒齐：齐整、等同。㉓度：法度。

【译文】

“迟任说过：‘用人要寻求世家旧族，用器物不要旧的，只要新的。’从前我们的先王同你们的祖辈父辈同甘共苦，我怎么敢对你们实行不合法度的刑罚呢？世代都要数说你们做臣子的功劳，我也不会掩盖你们的好处。现在我要隆重地祭祀先王，你们的祖先也会一起享受祭祀。先王和你们的祖宗会对我们赐福降灾，我也不敢使用不合情理的奖赏或惩罚。

“我告诉你们我的难处，好像射箭的人志在必中一样，我的迁都主意也已确定不移。你们不要欺侮年老有德的人，不要侵凌孤单幼小的人。你们各自领导自

己的封邑，努力使出你们的力量，听从我盘庚的指挥谋划。无论远近亲疏，一律用刑罚惩治恶行，用奖赏表彰善行。国家如果治理得好，是你们众人的功劳；国家如果治理得不好，那只是我自己有罪过。

“所有你们各位，希望留心我告诫的话：从今往后，各人认真做好你们的事，整顿你们的职守，谨慎你们的言语，注意合于法度。如果不听告诫，惩罚加在你们身上，就后悔也来不及了。”

盘庚中

【原文】

盘庚作[1]，惟涉河以民迁[2]。乃话民之弗率[3]，诞告用亶[4]。其有众咸造[5]，勿亵在王庭[6]。盘庚乃登，进厥民[7]。

曰："明听朕言，无荒失朕命[8]！呜呼！古我前后[9]，罔不惟民之承保[10]。后胥感鲜[11]，以不浮于天时[12]。殷降大虐[13]，先王不怀厥攸作[14]，视民利用迁[15]。汝曷弗念我古后之闻？承汝俾汝惟喜康共[16]，非汝有咎比于罚[17]。予若吁怀兹新邑[18]，亦惟汝故，以丕从厥志[19]？

【注释】

①作：行动，指准备迁都。②惟：谋划。涉河：渡过黄河。涉，渡。河，指黄河。③话：动员。弗率：不服从者。④诞：大。亶：诚意。⑤有：助词。造：到。⑥勿亵：不敢轻慢。⑦进：命令走上前来。⑧荒：废置。失：即"佚"，轻忽。⑨前后：指先王。后，君王。⑩承：顺承。保：安定。⑪胥：清楚。感：贵戚

大臣。鲜：明。⑫浮：罚。⑬殷：盛。大虐：大灾害。⑭怀：眷恋。作：营建的都邑。⑮用：而、以。⑯承：顺。俾：使用。共：同享。⑰非：反对。咎：罪过。比：陷入。⑱吁：呼吁。怀：心想。⑲丕：大。志：心愿。

【译文】

盘庚着手迁都的事，计划渡过黄河带领臣民迁移。于是动员那些不肯服从的臣民，用诚意劝告他们。那些臣民都来了，在王廷前面，态度庄重。盘庚于是登上高处，命令他们走上前来。

盘庚说："你们要听清楚我的话，不要轻视我的命令！啊！从前我们的先王，没有谁不想顺承和安定民众。帝王清楚，大臣明白，因此没有被天灾惩罚。从前天降大灾害，先王不眷恋自己所营建的都邑，而是考察臣民的利益而迁移。你们为什么不想想我们先王的这些传闻呢？我顺从你们，使用你们，只是想与你们同享安康，我不会顺从你们的过错，从而让你们陷入刑罚。我这样呼吁你们安居新的都邑，也正是因为考虑你们的缘故，是极大地顺从你们想长久安康的心意啊！

【原文】

"今予将试以汝迁，安定厥邦。汝不忧朕心之攸困[①]，乃成大不宣乃心[②]，钦念以忱动予一人[③]。尔惟

自鞠自苦[4]，若乘舟，汝弗济，臭厥载[5]。尔忱不属[6]，惟胥以沈[7]。不其或稽[8]，自怒曷瘳[9]？汝不谋长以思乃灾[10]，汝诞劝忧[11]。今其有今罔后[12]，汝何生在上？

“今予命汝，[13]一无起秽以自臭[14]。恐人倚乃身[15]，迂乃心[16]。予迓续乃命于天[17]，予岂汝威[18]，用奉畜汝众[19]。

【注释】

①忱：体谅。困：难处。②宣：和。③钦：甚。忱：不正的话。④鞠：穷，想不通。苦：苦恼。⑤臭：朽。⑥忱：诚。属：合。⑦胥：相与、一起。⑧其：指产生事故的原因。或：有人。稽：考察。⑨曷：通“何”。瘳：病好。⑩谋长：从长远考虑。⑪劝忧：指用忧虑的话相互劝勉。⑫其：如果。有今罔后：有今天无明天。⑬一：同心一致。⑭起秽：生起污秽。臭：同“嗅”。句意为“生起污秽，自我败坏”。⑮人：指专与盘庚作对的坏人。⑯迂：蛊惑。⑰迓：迎接。⑱汝威：即威汝，意为用威势胁迫你们。⑲奉：救助。畜：养育。

【译文】

“现在我打算率领你们迁移，使国家安定。你们不体谅我心中的难处，却还认为很不和顺你们的心意，很想用不正确的观点来动摇我。你们这样做只是自寻烦恼，好比乘船，你们没有渡过去，你们却把船体弄

坏。你们诚心不与我合作，那只会导致大家一起沉下水去。你们没有人对可能发生的事故的原因进行考察，只会自己愤怒，这对于解决问题又有什么好处呢？你们不从长远打算来想想你们身上可能发生的灾祸，你们却大大地用忧愤的话相互劝勉。现在如果只有今天没有明天，你们怎么能生活在这个世上呢？

“现在我命令你们同心同德，不要自生污秽来败坏自己，那样的话，恐怕就会有人来依靠你们的身体，来蛊惑你们的心思。我顺从天意延续了你们的生命，我难道是用威势胁迫你们？我只是要保全你们，养育你们大家啊。

【原文】

“予念我先神后之劳尔先[①]，予丕克羞尔，用怀尔然[②]，失于政，陈于兹[③]，高后丕乃崇降罪疾[④]，曰：‘曷虐朕民[⑤]？’汝万民乃不生生[⑥]，暨予一人猷同心[⑦]，先后丕降与汝罪疾，曰：‘曷不暨朕幼孙有比[⑧]。’故有爽德[⑨]，自上其罚汝[⑩]，汝罔能迪[⑪]。

“古我先后既劳乃祖乃父，汝共作我畜民[⑫]，汝有戕则在乃心[⑬]！我先后绥乃祖乃父[⑭]，乃祖乃父乃断弃汝[⑮]，不救乃死。兹予有乱政同位[⑯]，具乃贝玉[⑰]。乃祖乃父丕乃告我高后曰：‘作丕刑于朕孙！’迪高后丕乃崇降弗祥[⑱]。

“呜呼！今予告汝：不易！永敬大恤，无胥绝远！汝分猷念以相从，各设中于乃心。乃有不吉不迪，颠

越不恭，暂遇奸宄，我乃劓殄灭之，无遗育，无俾易种于兹新邑。

“往哉！生生！今予将试以汝迁，永建乃家。”

【注释】

①先神后：指前代神圣的君王。劳：辛劳。此指“使……辛劳”。②克：能。羞尔：进献你们。用：因而。怀：希望。③陈：长久留居。④高后：先王。丕乃：于是就。崇：重。罪疾：谴责痛苦。⑤虐：虐待。⑥生生：营谋生计。⑦猷：谋求。⑧幼孙：指盘庚自己。有比：亲近。⑨爽德：失德。⑩上：上天神灵。⑪迪：逃脱。⑫畜民：养育的臣民。⑬戕：残害，指歹毒不法的念头。在：考察。⑭绥：告诉。⑮断弃：断然抛弃。⑯乱政：乱政之臣。同位：同在上位。⑰贝玉：泛指金钱财物。⑱迪：语首助词。弗祥：不祥。

【译文】

“我想到我们神圣的先王曾经使你们的祖先辛劳过，我才把爵位厚赏的你们，因而希望你们也能像你们的祖先一样。如果国家不能有效管理，长久居住在这里，先王就会重重降下罪责，问道：‘为什么虐待我的臣民？’你们万民如果不营谋生计，不与我同心同德，先王就会降给你们罪责，问道：‘为什么不同我的幼孙盘庚亲近？’因此你们有了过错，自有上天惩罚你们，你们不能逃脱。

“从前我们的先王曾经辛劳过你们的祖辈父辈，你

们都是我养育的臣民，你们有歹毒的念头，神灵就会察觉到你们的心思！我们的先王将会告诉你们的祖辈父辈，你们的祖辈父辈就会断然抛弃你们，不会挽救你们的死罪。现在我有乱政之臣同在上位，聚积钱财。你们的祖辈父辈于是告诉我们的先王说：‘对我们的子孙动用大刑罚吧！’先王于是就会重重地降下刑罚……”

“啊！现在我告诉你们：不要轻举妄动！要永远警惕大的忧患，不要互相疏远！你们应当考虑顺从我，各人心里都要和和善善。假如有人不善良，不走正道，违法不恭，欺诈奸邪，胡作非为，我就要断绝消灭他们，不留他们的后代，不让他们这些坏人在这个新国都里延续种族。

“去吧，去谋生吧！现在我将率领你们迁徙，永久建立你们的家园。”

盘庚下

【原文】

盘庚既迁，奠厥攸居，乃正厥位，绥爰有众。

曰：“无戏怠，懋建[①]大命！今予其敷心腹肾肠，历告尔百姓于朕志。罔罪尔众，尔无共怒，协比谗言[②]予一人。

“古我先王将多于前功，适于山。用降我凶，德嘉绩于朕邦。今我民用荡析离居，罔有定极，尔谓朕曷震动万民以迁？肆上帝将复我高祖之德，乱越我家。朕及笃敬，恭承[③]民命，用永地于新邑。肆予冲人，非废厥谋，吊由灵各；非敢违卜，用宏兹贲。

“呜呼！邦伯师长百执事之人，尚皆隐哉！予其懋简相尔念敬我众。朕不肩好货，敢恭生生。鞠人谋人之保居，叙钦。今我既羞告尔于朕志若否，罔有弗钦！无总于货宝，生生自庸。式敷民德，永肩一心。”

【注释：】

①懋建：（mào jiàn），是指勉力建立。②谗言：说坏话毁谤人。③恭承：敬奉，恭敬奉行。

【译文】

盘庚迁都以后，定好住的地方，才决定宗庙朝廷的位置，然后告诫众人。

盘庚说："不要戏乐、懒惰，努力传达我的教命吧！现在我诚心把我的意思告诉你们各位官员。我不会惩罚你们众人，你们也不要共同发怒，联合起来，毁谤我一个人。

"从前我们的先王想光大前人的功业，迁往山地。因此减少了洪水给我们的灾祸，在我国获得了好效果。现在我们的臣民由于洪水动荡奔腾而流离失所，没有固定的住处，你们反而问我为什么要惊动众人而迁徙！现在上帝要兴复我们高祖的美德，光大我们的国家。我急切、笃实、恭谨地遵从上帝的意志，奉命延续你们的生命，率领你们长远居住在新都。所以我这个年轻人，不是敢于废弃你们的谋划，是要善于遵行上帝的谋度；不是敢于违背卜兆，是要发扬光大上帝这一美好的指示。

"啊！各位诸侯、各位官长以及全体官员，你们都要考虑考虑啊！我将要尽力考察你们惦念尊重我们民众的情况。我不会任用贪财的人，只任用经营民生的人。对于那些能养育民众并能谋求他们安居的人，我将依次敬重他们。现在我已经把我心里的好恶告诉你们了，不要有不顺从的！不要聚敛财宝，要经营民生以自立功勋！要把恩惠施给民众，永远能够与民众同心！"

·周书·

牧誓[1]

【原文】

时甲子昧爽[2]，王朝至于商郊牧野[3]，乃誓。王左杖黄钺[4]，右秉白旄以麾[5]。曰："逖矣[6]，西土之人！"王曰："嗟！我友邦冢君御事[7]，司徒、司马、司空[8]、亚旅、师氏[9]、千夫长、百夫长[10]，及庸、蜀、羌、髳、微、卢、彭、濮人[11]，称尔戈[12]，比尔干[13]，立尔矛[14]，予其誓[15]。"

王曰："古人有言曰：'牝鸡无晨[16]；牝鸡之晨，惟家之索[17]。'今商王受惟妇言是用[18]，昏弃厥肆[19]祀弗答[20]；昏弃厥遗[21]王父母弟不迪[22]。乃惟四方之多罪逋逃[23]，是崇是长[24]，是信是使[25]，是以为大夫卿士[26]。俾暴虐于百姓[27]，以奸宄于商邑[28]。今予发惟恭行天之罚[29]。今日之事，不愆于六步、七步[30]，乃止齐焉[31]。夫子勖哉[32]！不愆于四伐、五伐、六伐、七伐[33]，乃止

齐焉。勖哉夫子！尚桓桓[34]，如虎如貔[35]，如熊如罴[36]，于商郊[37]。弗迓克奔，以役西土[38]。勖哉夫子！尔所弗勖[39]，其于尔躬有戮[40]！”

【注释】

①牧誓：这是周武王讨伐商纣王时在商郊牧野所做的誓词。②甲子：甲子日。昧爽：黎明。③王：周武王姬发。朝：朝见。这里指率军队前来。郊：商都朝歌南郊。牧野：地名。④杖：拿着。钺：古兵器，类似大斧。⑤秉：持。旄：旗杆上用牦牛尾装饰的旗子。麾：指挥。⑥逖：远。指长途跋涉辛苦了。⑦友邦：友好邻邦，指盟国。冢君：对别国君主的敬称。冢，大。君，君主。御事：治事，指盟国的治事大臣。⑧司徒：官名，三公之一，主管民事教化。司马：官名，三公之一，主管军事。司空：官名，三公之一，主管土木建筑水利等。⑨亚旅：官名，上大夫。师氏：官名，中大夫。⑩千夫长：官名，师帅。百夫长：官名，旅帅。⑪庸、蜀、羌、髳、微、卢、彭、濮：当时分布在西南方的八个诸侯国。⑫称：举起。尔：你们。⑬比：排列。干：盾牌。⑭立：竖起。矛：长矛。⑮誓：起誓。⑯牝：母、雌。无：通“毋”，不。晨：司晨、报晓。⑰家：家道、家境。索：萧条、败落。⑱商王受：即商纣王。妇：指妲己。用：听从。⑲昏：迷乱、糊涂。厥：其。肆：旧事、先例。此指传统。⑳答：问。㉑遗：遗留。此指遗训。㉒王父母：祖父

母。迪：用。㉓惟：语助词，起强调作用。逋：逃窜。㉔是：指代前面“多罪逋逃”之人。崇：尊重。长：提升。㉕信：信任。使：任用。㉖是以为：即“以是为”，让他们做。㉗俾：使。暴：侵暴。虐：虐待。㉘奸宄：违法作乱。㉙发：周武王姓姬名发。恭：奉行。㉚愆：过，超过。㉛止齐：止而齐，指停下来使队伍整齐一下。㉜夫子：对将士的敬称。勖：努力。㉝伐：郑玄说：“伐谓击刺也。一击一刺曰一伐。”㉞尚：表示希望并带有命令的口气。桓桓：威武勇猛的样子。㉟貔：猛兽名。㊱罴：熊的一种。㊲于：到、往。㊳迓：迎，迎接。此指迎击。克：杀。奔：指跑来投降的人。役：役使、帮助。西土：指周。㊴所：若，假如。㊵躬：身。戮：处罚、惩罚。

【译文】

甲子日黎明时分，周武王率大军到了商都郊外的牧野，于是誓师。武王左手握着黄钺，右手举着白色的用牦牛尾装饰的旗子指挥，说：“远劳了！从西土来的人！”武王说：“啊！我们盟国的冢君和御事，司徒、司马和司空，亚旅和师氏，千夫长和百夫长，以及从庸、蜀、羌、髳、微、卢、彭和濮等国来的人们。举起你们的戈，排列好你们的盾，竖起你们的矛，我将要宣誓了。”

武王说：“古人有句话叫作：‘母鸡不司晨；如果母鸡司晨，这家就要衰败。’现在商王纣只听从妇人的

话，糊涂地抛弃祖制，对于祭祀不闻不问；糊涂地抛弃祖宗的遗训，对于同祖父母的从弟不任用，竟然对于四方诸侯国来的犯了重罪的逃窜的人，尊重他们，提拔他们，信任他们，使用他们，让他们做大夫卿士。使得他们对百官族姓残暴虐待，并在商都里违法作乱。现在，我姬发奉行上天对商纣的惩罚。今天的战事，行军时不超过六步、七步，就要停下来使队伍整齐一下。将士们要努力啊！刺杀时不超过四次、五次、六次、七次，就要停下来使队伍整齐一下。努力啊将士们！希望大家威武勇猛，要像虎、貔、熊和罴一样前往商都的近郊。注意不要迎击和杀戮跑过来投降的人，他们将有助于我们。努力啊将士们！你们若不努力，将会对你们有惩罚！”

康诰①

【原文】

惟三月哉生魄[2]，周公初基作新大邑于东国洛[3]，四方民大和会[4]。侯、甸、男、邦、采、卫、百工、播民和见[5]，士于周[6]。周公咸勤[7]，乃洪大诰治[8]。

【注释】

①康诰：本篇是周公对康叔的告诫之辞。康叔，是武王的同母少弟。周公率军平定叛乱之后，把原武庚封地及殷遗民封给康叔，立为卫君，居住在黄河和淇水之间殷的旧地上。②三月：指成王四年的三月，这年封建卫侯。哉：始。生魄：月出三日成魄，指初出的月亮才现光明。此指农历初三。③基：谋划。新大邑：指国都。④和：同心。⑤侯：王畿外五百里内为侯服。甸：侯服外五百里内为甸服。男：甸服外五百里内为男服。邦：指诸侯国。采：男服外五百里内为采服。卫：采服外五百里内为卫服。百工：百官。播民：流散的臣民。⑥士：通“事”，服务。⑦勤：慰劳。⑧洪：代替（成王）。治：治理国家之道。

【译文】

成王四年三月初三，周公开始计划在东面洛水旁建造国都，四方臣民都同心会集。侯服、甸服、男服的国君百官，采服、卫服的国君百官，以及各位流散居民都来同心聚会，为周王朝效力。周公全都慰劳你们，于是代替成王告诫臣民治理国家的道理。

【原文】

王曰："封，爽惟民迪吉康[①]，我时其惟殷先哲王德[②]，用康乂民作求[③]。矧今民罔迪，不适[④]；不迪，则罔政在厥邦[⑤]。"

王曰："封，予惟不可不监[⑥]，告汝德之说于罚之行[⑦]。今惟民不静，未戾厥心[⑧]，迪屡未同[⑨]，爽惟天其罚殛我[⑩]，我其不怨。惟厥罪无在大，亦无在多，矧曰其尚显闻于天[⑪]？"

王曰："呜呼！封，敬哉！无作怨[⑫]，勿用非谋非彝蔽时忱[⑬]。丕则敏德[⑭]，用康乃心[⑮]，顾乃德，远乃猷[⑯]，裕乃心[⑰]。民宁，不汝瑕殄[⑱]。"

【注释】

①爽：明白。②时：时时。③求：追求、目标。④适：善。⑤政：指善政。⑥监：视。⑦于：与。行：实施。⑧戾：安定。⑨同：同德。⑩殛：诛责。⑪曰：句中语气词。⑫作怨：制造怨恨。⑬蔽：遮蔽。时：

这。⑭丕则：于是。敏：努力。⑮用：以此。⑯远：长远。猷：谋。⑰裕：富足。心：用度。⑱瑕：过失。殄：灭绝。

【译文】

周公说："封，你要明白老百姓要引导才能善良安定，我们时时思念殷代圣明先王的德政，把安治民众作为追求的目标。况且现在民众不加引导，就不会善良；不加引导，那么就不会有善政保存殷遗民的国度。"

周公说："封，我们不可不看清这些，我要告诉你实施德政的意见和实施刑罚的原则。现在百姓不安静，没有安定他们的心思，多次教导还没有同德，我们要认识清楚，上天如果责罚我们，我们不要怨恨。殷民的这些罪过不在于大小，也不在于多少，我们都不要怨恨，只须反省自身，何况这一切都还得清楚地被上天知道！"

周公说："啊！封，谨慎吧！不要制造怨恨，不要使用不好的计谋，不要采用不合法的措施来遮蔽你的这种诚心。只是努力实施德政，来安定你民众的心思，反省你的德政，深远你的计谋，富饶你民众的用度。百姓安宁了，你就不会因有过失而被上天灭绝国运。"

【原文】

王曰："呜呼！肆[1]汝小子封。惟命不于常[2]，汝念

哉！无我殄享[3]，明乃服命[4]，高乃听[5]，用康乂民。”

王若曰：“往哉！封，勿替敬[6]，典听朕告[7]，汝乃以殷民世享[8]。”

【注释】

①肆：努力。②命：天命。常：恒定。③享：祭享。④服命：职责与使命。⑤高：高远。⑥替：废弃。⑦典：常。⑧以：用。世享：世世享有。

【译文】

周公说：“啊。努力吧，你这年轻人封。天命不是固定不变的，你要牢记。不要自我灭绝祭享，要明白你的职责和使命，要多方面听闻，以此来治理民众，安定国家。”

周公这样说：“去吧，封，不要放松警惕，要经常听取我的告诫，你就可以依凭殷民世世代代享有你的国家。”

酒诰①

【原文】

王若曰："明大命于妹邦②。乃穆考文王③，肇国在西土④。厥诰毖庶邦庶士越少正御事⑤，朝夕曰：'祀兹酒⑥。'惟天降命⑦，肇我民，惟元祀⑧。天降威⑨，我民用大乱丧德⑩，亦罔非酒惟行⑪；越小大邦用丧，亦罔非酒惟辜⑫。

"文王诰教小子有正有事⑬，无彝酒⑭。越庶国⑮，饮惟祀，德将无醉⑯。惟曰我民迪小子惟土物爱⑰，厥心臧⑱，聪听祖考之遗训⑲，越小大德⑳，小子惟一㉑。妹土，嗣尔股肱㉒，纯其艺黍稷㉓，奔走事厥考厥长㉔。肇牵车牛㉕，远服贾用㉖，考养厥父母；厥父母为庆㉗，自洗腆㉘，致用酒㉙。

"庶士有正越庶伯君子㉚，其尔典听朕教㉛！尔大克羞耇惟君㉜，尔乃饮食醉饱。丕惟曰尔克永观省㉝，作稽中德㉞。尔尚克羞馈祀㉟，尔乃自介用逸㊱，兹乃允惟王正事之臣㊲。兹尔惟天若元德，永不忘在王家。"……

【注释】

①酒诰：本篇是周公对康叔的另一篇诰词。康叔

被封为卫君，统治殷民，殷民嗜酒，为防止酗酒闹事，改变民风，促成社会安定，周公命令康叔在卫国宣布禁酒。此诰词是经史官记录整理而写成的。②妹邦：卫国，殷商故地。③穆：古代宗庙制度，始祖居中，以下父子相继排列，左昭右穆。文王列右为穆，故称穆考。④肇：始。⑤诰毖：告诫。少正：副长官。御事：办事官员。⑥祀：祭祀。⑦惟：句首语气词。命：福命。⑧元祀：大祀。⑨威：威罚。⑩用：因此。⑪行：施行、造成。⑫辜：罪。⑬有正：指大臣。有事：指小臣。⑭彝：常。⑮越：于。庶国：众诸侯国。⑯德将：以德扶将，以德节制。⑰小子：指子孙后代。土物：土地所生之物，指粮食。⑱臧：善良。⑲聪听：明听。⑳越：发扬。㉑小子：指卫国百姓。惟一：对大德小德要同等对待。㉒嗣：世代。㉓纯：专一。艺：种植。㉔事：服务。㉕肇：赶紧。㉖贾：生意买卖。㉗庆：指喜庆之事。㉘腆：丰盛的膳食。㉙致：得以。㉚庶伯：众地方官首领。君子：对有官位有品行人的尊称。㉛其：希望。典：常。㉜羞：奉养。耇：老人。㉝省：反省。㉞作：举止。稽：符合。中德：规范道德。㉟尚：倘若。馈祀：助祭于国君。㊱介：求。用逸：指饮酒。㊲允：确实。惟：是。正事：即有政有事，指执政大臣与办事官员。

【译文】

周公这样说：在卫国颁布一项重大命令。你的穆

考文王，开始在西方建立国家。他时常告诫各国诸侯、各位卿士以及各级官员说：‘祭祀时才饮酒。’上帝降下命令，开始让我们下民酿酒用酒，只是为了大的祭祀。上帝降下威罚，我们下民因而大为败坏，丧失德性，也没有不是因为滥饮造成的，而且大小国家因而灭亡，也无不是因为酒的罪过。

“文王告诫在朝廷担任大官小官的子孙，不要经常饮酒。又告诫在各诸侯国任职的子孙，只有祭祀时才饮酒，并且用德性自我节制，不要喝醉了。还告诫我们的臣民要教导子孙后代，要珍惜粮食，使他们的心思向善。要明听祖辈的合于常理的训示，对于大德小德，都要同等看待。

“卫国臣民世代都是你的手足，你要让他们专心务农，勉力奉养他们的父亲官长。农事完了之后，才让他们牵牛赶车，到远方去做生意，以此孝敬赡养他们的父母；他们的父母有喜庆之事的时候，亲自洗净器具，备办丰盛的膳食，这才得以饮酒。

“各级官员们，希望你们常听从我的教诲！你们很好地奉养了老人和君王，你们才能吃饱喝醉。我想，你们能长期观察并反省自己的所作所为，让自己的行为举止符合中正的美德。你们若能奉献食品有助国君祭祀，你们就能自荐为燕乐之宾，这样，你们的确就是君王的办事官员了。这也是顺应上天的大德，有美德的人永远不会被国家遗忘。”……

【原文】

王曰："封，予不惟若兹多诰[①]。古人有言曰：'人无于水监[②]，当于民监。'今惟殷坠厥命，我其可不大监抚于时[③]！予惟曰：汝劼毖殷献臣[④]，侯、甸、男、卫，矧太史友、内史友[⑤]、越献臣百宗工[⑥]，矧惟尔事[⑦]，服休服采[⑧]，矧惟若畴[⑨]，圻父薄违[⑩]，农父若保[⑪]，宏父定辟[⑫]，矧汝刚制于酒[⑬]！

"厥或诰曰[⑭]：'群饮。'汝勿佚[⑮]。尽执拘以归于周[⑯]，予其杀[⑰]。又惟殷之迪诸臣惟工[⑱]，乃湎于酒[⑲]，勿庸杀之，姑惟教之[⑳]。有斯明享[㉑]，乃不用我教辞，惟我一人弗恤弗蠲[㉒]，乃事时同于杀[㉓]。"

王曰："封，汝典听朕毖[㉔]，勿辩乃司民湎于酒[㉕]。"

【注释】

①若兹：像这样。②监：通"鉴"，照影。③其：难道。大监：认真借鉴。时：这时，指今日。④劼：慎重。毖：告。献臣：贤臣。⑤矧：又。太史：即左史。友：同僚。内史：即右史。⑥百宗工：许多尊贵的官员。⑦尔事：你的治事官员。⑧服休：主管游宴休息的官员。服采：主管朝祭的官员。⑨若畴：指三卿，即司马、司徒、司空。⑩圻父：即司马，主管军事。薄：迫近，指讨伐。⑪农父：即司徒，主管农事。若：顺。⑫宏父：即司空，主管土地司法。辟：法度。⑬刚：强。制：制止。⑭或：有人。诰：告。⑮佚：

放纵。⑯执：抓获。拘：押解。⑰其：将。⑱迪：进用。⑲乃：如果。⑳姑：暂且。㉑明享：明显劝奖。㉒蠲：免除。㉓时：这。㉔典：常。㉕辩：使。

【译文】

周公说："封，我不想像这样多讲了。古人说过：'人不要只把水当镜子照，应当把民众当作镜子照。'现在殷商已经丧失了上帝赐予的大命，我们难道能不认真借鉴他们失败的教训来作为我们现在的经验吗！我只想说，你要慎重告诫殷商的贤臣、侯服、甸服、男服、卫服各诸侯国君，以及左史、右史及其同僚，以及众多尊贵的官员，还有你的治事官员，主管游宴休息及朝祭的官员，还有三卿：即主管军事镇压反叛的司马，主管农事顺保百姓的司徒，主管土地制定法律的司空，你要强令他们戒酒。

"如果有人报告说：'有人聚众饮酒。'你不要放纵他们，把他们全部捉拿押解到周国都城来，我将要杀掉他们。又如果是殷商归附的各诸臣百官沉湎于酒，就先不要杀掉他们，而是暂且教导他们，给他们一个受教育改正错误的机会。如果他们还不遵从我的教令，那我将不再怜惜，也不会赦免他们的罪行，这种人同样要杀掉。"

周公说："封，你要经常听从我的告诫，不要使你的臣民沉湎于酒。"

洛诰①

【原文】

周公拜手稽首曰②："朕复子明辟③。王如弗敢及天基命定命④。予乃胤保⑤，大相东土⑥，其基作民明辟⑦。

"予惟乙卯，朝至于洛师⑧。我卜河朔黎水⑨，我乃卜涧水东、瀍水西⑩，惟洛食⑪；我又卜瀍水东，亦惟洛食。伻来以图及献卜⑫。"

王拜手稽首曰："公不敢不敬天之休⑬，来相宅，其作周配⑭，休！公既定宅，伻来⑮，来，视予卜⑯，休恒吉⑰。我二人共贞⑱。公其以予万亿年敬天之休⑲。拜手稽首诲言⑳。"……

【注释】

①洛诰：这是周公和成王商量由谁居洛理政的谈话。洛，洛邑。②拜手：又作"拜首"。跪后两手相拱至地，俯首至手。③复：返还、归还。明辟：明君。辟，君王。④如：而、却。弗敢：不敢。指成王谦逊。及：赶上、承接。基命：指文王承受天命。基，始。

定命：指武王承受天命。定，正。⑤胤保：保胤，安定胤嗣。保，定、安。胤，胤嗣，指成王。⑥相：视。东土：指洛邑。⑦其：要，希望。基：始。民：民众。⑧朝：早晨。洛师：洛邑。师，都邑。⑨河：黄河。朔：北。黎水：古水名。⑩乃：又。涧水：古水名。瀍水：古水名。⑪惟：仅，只有。食：玉食，指可作服田相食之地。⑫伻：使。以：为了。图：图谋、商量。及：并。卜：占卜结果。⑬休：美好、吉庆。⑭周配：镐京的匹配。⑮伻来：使我来。⑯视予：给我看。⑰休：高兴。恒：遍，全都。⑱贞：当，承当。⑲以：与、同。万亿年：指永远。休：美好，指上天所赐的福庆。⑳诲：教诲。

【译文】

周公拜首后，又稽首而拜，说："我要归还给您执政大权，大王您却谦虚地不敢自比文王和武王，并像他们那样承受天命。为了使您更好地执政，我已全面考察了洛邑，希望您开始考虑作民众的明君。

"我在乙卯那天早晨到了洛邑。我占卜了黄河以北的黎水地区，又占卜了涧水以东、瀍水以西地区，只有洛邑可作玉食之地。我又占卜了瀍水以东地区，也只有洛邑可作玉食之地。于是我请您来这里商量，并且献上卜兆。"

成王拜首后，又稽首而拜，说："您不敢不敬重上天赐给我们的福庆，亲自来勘察建造宫室宗庙的基地，

将要营建与镐京相匹配的都邑，很好啊！您选好基地后，就让我来。我来了，又让我看卜兆，我很高兴卜兆都是吉兆。让我们两人共同承享这一吉庆吧。希望您和我永远敬重上天所赐的福庆，我拜首稽首，感谢您的教诲。”……

【原文】

王曰：“公！予小子其退[1]，即辟于周[2]，命公后[3]。四方迪乱未定[4]，于宗礼亦未克敉[5]，公功迪将[6]，其后监我士师工[7]，诞保文武受民[8]，乱为四辅[9]。”

王曰：“公定[10]，予往已[11]。公功肃将祗欢[12]，公无困哉[13]！我惟无斁其康事[14]，公勿替刑[15]，四方其世享[16]。”

【注释】

①其：将要。退：指返回镐京。②即：就。辟：君位。周：镐京。③后：留后，指继续治洛。④迪：教导。乱：治理。⑤宗：宗人，主持礼仪的大臣。礼：礼典。敉：安，指熟习。⑥功：善。迪：教导。将：扶持。⑦监：监察。士师工：指各级官员。⑧诞：大。保：安。文武：文王和武王。受：授，授予。⑨乱：治理。为：做。四辅：辅佐天子的四位首辅大臣，即前疑、后丞、左辅、右弼。⑩定：止，留下。⑪往：前去。已：通“矣”。⑫功：善、能。肃：通“速”，

敏捷。将：扶持，指主持政务。祗欢：敬和，指敬和民众。⑬困：为难，指拒绝。哉："我"之误。⑭惟：将。康：章太炎认为应读为"庚"，义为"更习"。事：政事。⑮替：止，停止。刑：通"型"，仪范。⑯享：朝享。

【译文】

成王说："叔公啊！我要回去了，回到镐京执政，请您继续留守洛邑吧。现在四方虽然经过教导和治理，但还没有安定，宗人在礼典上还不能熟练掌握，叔公您善于教导和扶持，今后您要继续监督我们的各级官员，要很好地安定文王和武王交给我们的民众，您要继续治理政事，做我的首辅大臣。"

成王说："叔公留下吧，我要前往镐京了。叔公您善于敏捷地主持政务，敬和民众，您就不要拒绝我的请求了！我将不厌倦地学习政事，叔公您也要不停地示范，这样天下民众才会世世代代朝享我们。"

【原文】

周公拜手稽首曰："王命予来承保乃文祖受命民[1]，越乃光烈考武王弘[2]朕恭[3]。孺子来相宅[4]，其大惇典殷献民[5]，乱为四方新辟[6]，作周恭先[7]。曰[8]：'其自时中乂[9]，万邦咸休[10]，惟王有成绩[11]。予旦以多子越御事[12]，笃前人成烈[13]，答其师[14]，作周孚先[15]。'考朕昭子刑[16]，乃单文祖德[17]。

“伻来毖殷[18]，乃命宁予以秬鬯二卣[19]。曰：‘明禋[20]，拜手稽首休享[21]。’予不敢宿[22]，则禋于文王、武王。惠笃叙[23]，无有遘自疾[24]。万年厌于乃德[25]，殷乃引考[26]。王伻殷乃承叙万年[27]，其永观朕子怀德[28]。”……

【注释】

①承：承担。保：安定。文祖：文王。②越：传扬。光：光明。烈：威严。考：亡父曰考。弘：大，宏大。③恭：恭行、奉行。④相宅：视察洛邑。⑤惇：厚，尊重。典：法，典章。献：贤。⑥乱：语助词。新辟：新分封的诸侯。辟，君主。⑦周：周朝。恭：谦恭。先：表率。⑧曰：追述先前说过的话。⑨时：是、此。中：九州之中，指新都洛邑。⑩休：吉庆。⑪成：成就。绩：治绩。⑫以：与。多子：众多君子，指众卿大夫。越：及。御事：治事官员。⑬笃：厚，忠诚。前人：指先王。成：成就、完成。烈：功业。⑭答：答报。师：民众。⑮孚：诚信。先：表率。⑯考：成，完成。昭：明，明示。刑：法度。⑰乃：你。单：大，光大。⑱伻：使。毖：慰劳。殷：殷民。⑲乃：你。宁：安，问安。秬鬯：黑黍香酒。秬，黑黍。鬯，郁金香，古人配黑黍酿酒。卣：酒器。⑳明：明洁。禋：禋祭。此泛指祭祀。㉑休：吉庆、美好。享：享献。㉒宿：经过一夜曰宿。㉓惠：仁慈。笃：厚。叙：顺。㉔遘：遇，遭受。自：自己。疾：疾病，指麻烦事。㉕厌：饱，指安享。乃：你、你

的。德：恩德。㉖般：殷民。引：长。考：寿命。㉗乃：能。承叙：承顺。㉘永观朕子：永远看得到您的懿范。朕子，犹“我子”，对成王的亲切称谓。怀德：怀念恩德。

【译文】

周公拜手后，又稽首，说：“王命令我来到洛邑，承担安定您先祖文王所交托给我们臣民的任务，以及要宣扬您光明而有威仪的先父武王的伟大，我奉行您的命令。您前来视察洛邑，非常尊重典章和殷的贤民，您为周围那些新分封的诸侯做了我周朝谦恭的表率。我曾说过：‘如果从这地处九州之中的地方来治理国家，那么万国就都能治理得好，大王也就有了成就和治绩了。’我姬旦与众卿大夫以及治事官员们，努力忠诚于前人已完成的伟大功业，答报先王交托给我们的民众，做我周朝讲信用的表率。现在我已完成了我曾明示过您的法度，您也光大了先祖文王的美德。”

“您派遣使者来洛邑慰劳殷民，您又派人送来两卣黑黍香酒来问候我。使者说：‘要明洁地举行禋祭，要行拜手稽首大礼，然后让先王接受美好的享献。’我不敢稍有停歇，马上祭祀文王和武王。您又仁慈又忠厚又孝顺，您将不会遇到什么麻烦事。民众将要长久地安享您的恩泽，尤其殷民能够长久地延续下来。只要大王您让殷民能承顺万年，他们将永远看到您的懿范，怀念您的恩德。”……

无逸[1]

【原文】

周公曰："呜呼！君子所[2]，其无逸[3]。先知稼穑之艰难[4]，乃逸[5]，则知小人之依[6]。相小人[7]，厥父母勤劳稼穑[8]，厥子乃不知稼穑之艰难[9]，乃逸乃谚[10]。既诞[11]，否则侮厥父母[12]曰：'昔之人无闻知[13]。'"

【注释】

①无逸：这是周公对成王的告诫之辞。②所：处。此指居官为政。③其：语气词，表期望。无：通"毋"，不要。逸：安逸、逸乐。④稼穑：泛指农业生产。稼，播种。穑，收获。⑤乃：才。⑥小人：指老百姓。依：依靠。⑦相：看，观察。⑧厥：其。⑨子：儿子。乃：却。⑩乃：就。谚：通"喭"，粗野。⑪既诞：既而行为放肆。⑫否则：大则、乃至于。否，通"丕"，大。侮：轻侮。⑬昔之人：指老年人。无闻知：指孤陋寡闻，什么都不懂。

【译文】

周公说："啊！君子居官为政，切不可贪图享乐。要先懂得农业生产的艰难，然后才置身于安逸之中，这样就会了解老百姓靠什么赖以生存。看那些老百姓，他们的父母勤劳地耕种收割，而他们的儿子却不懂得种庄稼的艰辛，他们贪图安逸，行为粗野。既而放肆，以至于轻视侮慢他们的父母，说：'老年人什么都不懂。'"

【原文】

周公曰："呜呼！我闻曰：昔在殷王中宗[1]，严恭寅畏[2]，天命自度[3]，治民祗惧[4]，不敢荒宁[5]。肆中宗之享国七十有五年[6]。

"其在高宗[7]，时旧劳于外[8]，爰暨小人[9]。作其即位[10]，乃或亮阴[11]，三年不言[12]。其惟不言，言乃雍[13]。不敢荒宁，嘉靖殷邦[14]。至于小大[15]，无时或怨[16]。肆高宗之享国五十有九年。

"其在祖甲[17]，不义惟王，旧为小人[18]。作其即位，爰知小人之依，能保惠于庶民[19]，不敢侮鳏寡[20]。肆祖甲之享国三十有三年。

"自时厥后[21]立王，生则逸[22]，生则逸！不知稼穑之艰难，不闻小人之劳，惟耽乐之从[23]。自时厥后，亦罔或克寿[24]。或十年[25]，或七八年，或五六年，或四三年。"

周公曰："呜呼！厥亦惟我周太王、王季[26]，克自抑畏[27]。文王卑服[28]，即康功田功[29]。徽柔懿恭[30]，怀保小民[31]，惠鲜鳏寡[32]。自朝至于日中昃[33]，不遑暇食[34]，用咸和万民[35]。文王不敢盘于游田[36]，以庶邦惟正之供[37]。文王受命惟中身[38]，厥享国五十年。"……

【注释】

①中宗：指殷王太戊，殷商第五世贤主。②严：庄重。恭：谦恭。寅：敬。畏：小心谨慎。③自度：即"度自"，衡量自己。度，衡量。④祗惧：敬畏，指小心谨慎。⑤荒：荒废。指荒废政务。宁：安逸。指贪图安逸。⑥肆：因此。享国：指在帝位。有：又。⑦高宗：指殷王武丁，殷商第十一世贤主。⑧时：是、这。旧：久。⑨爰：于是。暨：惠爱。小人：指老百姓。⑩作：及，等到。即：就。⑪乃：却。或：又。亮阴：听信而不言。马融说："亮，信也。阴，默也。为听于冢宰，信默而不言。"⑫不言：指不言政事。⑬雍：和谐、和悦。⑭嘉：善。靖：安定。⑮小大：老百姓和群臣。⑯时：是、此。或：语气词，加强否定语气。怨：怨恨。⑰祖甲：武丁的儿子，殷商第十二世贤主。⑱不义惟王，旧为小人：马融说："祖甲有兄祖庚，而祖甲贤，武丁欲立之。祖甲以王废长立少不义，逃亡民间。故曰不义惟王，久为小人也。"惟，为。旧，久。⑲保：安定。惠：施恩。⑳鳏寡：指孤苦无依靠的人。㉑时：是、此。厥：之。㉒立：继立。

生：出生。㉓耽乐：纵情享乐。耽，沉溺、迷恋。从：追求。㉔或：谁。㉕或：有的。㉖厥：语气词。惟：语气词，加强语气。太王：即古公亶父，文王姬昌的祖父。王季：即季历，古公亶父少子，文王姬昌之父。㉗抑：抑制，指谦卑。畏：敬畏，指小心谨慎。㉘卑服：从事低贱的工作。卑，卑下、低贱。服，从事。㉙即：从事。康功：指平易道路之事。田功：指耕种收割之事。㉚徽：善。柔：仁慈。懿：美。恭：谦敬。㉛怀：关怀。保：保护。㉜惠：仁爱、施恩。鲜：善，亲善。㉝朝：早晨。日中：中午。昃：太阳西斜。㉞遑：空闲。暇：空闲。㉟用：以，为了。咸：尽、皆。和：和悦。㊱盘：乐。游：游玩。田：田猎。㊲以：使。庶邦：众邦，指归附的众诸侯国。惟正之供：即“惟供正”，意思是只进献赋税供一人之享乐。正，税。供，奉，进献。㊳受命：接受天命为君。中身：中年。

【译文】

周公说：“啊！我听说过这样一些事情：从前殷王中宗，他庄重谦恭，敬畏上天，他用天命来衡量自己，他治理天下谨慎小心，不敢荒废政务和贪图安逸。因此，中宗享有王位七十五年。

“殷王高宗，由于他长期在外劳作，因而他惠爱普通百姓。等到就王位后，他又听政于冢宰，信默而不言，连续三年也不轻易说一句话。因为他不轻易说话，所以有时说出来就取得很好的效果。他从不敢荒废政

事和贪图安逸，他善于安定殷商的天下。从普通老百姓到大臣，没有谁怨恨他。因此，高宗享有王位五十九年。

“殷王祖甲，他认为自己代兄为王不合乎礼法，于是逃亡到民间，做了很长时间的普通老百姓。等到他即王位后，由于他了解普通老百姓赖以生存的条件，所以他保护和施恩给众民，不敢轻慢孤苦无依的人。因此，祖甲享有王位三十三年。

“可是从这以后，那些继立的殷王生来就安逸享乐，生来就安逸享乐！他们不懂得耕种收获的艰难，不打听普通老百姓的辛劳，只追求纵情享乐。从这以后，那些继立的殷王也没有谁能长寿。他们中有的享有王位才十年，有的七八年，有的五六年，有的仅三四年。”

周公说：“啊！我周朝的太王和王季，他们都能谦让屈己，敬畏上天。我们的文王能安于低贱的工作，他从事过开通道路和耕田种地的劳动。他善良、仁慈、谦恭，他关怀和保护普通老百姓，他爱护和亲善孤苦无依的人。从早晨到中午，直到太阳西斜，他忙得没有工夫吃饭，目的是为了使万民都生活得幸福。文王不敢乐于游戏和田猎，他不敢让众诸侯国只进献赋税供他一人享乐。文王在中年接受天命为君，他享有王位五十年。”……

君奭[1]

【原文】

周公若曰："君奭！弗吊天降丧于殷[2]，殷既坠厥命[3]，我有周既受。我不敢知曰厥基永孚于休[4]。若天棐忱[5]，我亦不敢知曰其终出于不祥。

"呜呼！君已曰[6]：'时我[7]，我亦不敢宁于上帝命[8]，弗永远念天威越我民[9]；罔尤违[10]，惟人。在我后嗣子孙[11]，大弗克恭上下，遏佚前人光在家[12]，不知天命不易[13]，天难谌[14]，乃其坠命[15]，弗克经历[16]。嗣前人，恭明德，在今。'

"予小子旦非克有正[17]，迪惟前人光施于我冲子[18]。又曰：'天不可信。'我道惟宁王德延[19]，天不庸释于文王受命[20]。"……

【注释】

①君奭：对召公的尊称。本篇是周公对召公所作的一番诚恳的谈话，文中对周初的天命思想作了解说，强调辅臣的重要作用，希望与召公同心同德，共辅王室。②吊：善。③坠：丧失。④基：基业、王业。孚：

保。休：美好。⑤棐忱：辅佐真诚。⑥君：指召公。⑦时：是。⑧宁：安。⑨越：与。⑩尤：过失。违：邪僻。⑪在：察。⑫遏佚：指断送。光：光荣传统。⑬不易：不容易。⑭谌：信赖。⑮乃：这。其：将。⑯历：久。⑰正：匡正、救正。⑱迪惟：语气助词。⑲道惟：语气助词。宁王：文王。⑳庸：用，因此。释：弃止。

【译文】

周公这样说："姬夷啊！纣王不善，上天给殷国降下丧亡之灾，殷已经丧失了他的福命，我们周国接受了治理天下的大命。我不敢自作聪明地说：我们这个王业会永远美好地保持下去。虽然上天辅助真诚的人，我也不敢自作聪明地说：我们王业的结局会不吉祥。

"啊！您曾经说过：'是我们来辅助治国，我们也不敢安于上帝的命令，不去永远顾念上天的威严和我们的民众；没有过错和违失，只在于人。考察我们的后代子孙，很不能够恭敬上天，顺从下民，在王室内断送了前人的光辉传统，不知道天命难得，也不知道上天不可盲目信赖，这将会失去天命，不能长久。继承前人，奉行明德，就在现在。'

"您的看法，我姬旦不能有什么更改，只想把前人的光辉传统传给我们的后代。您还说：'上天不可盲目信赖。'我只想继承并发扬文王的美德，上天将不会废弃文王所接受的大命。"……

【原文】

公曰："君奭！在昔上帝割申劝宁王之德[1]，其集大命于厥躬[2]？惟文王尚克修和我有夏[3]；亦惟有若虢叔，有若闳夭，有若散宜生，有若泰颠，有若南宫括[4]。"

"又曰[5]：'无能往来[6]，兹迪彝教[7]，文王蔑德降于国人[8]。'亦惟纯佑秉德[9]，迪知天威，乃惟时昭文王迪见冒[10]，闻于上帝，惟时受有殷命哉！

"武王惟兹四人尚迪有禄[11]。后暨武王诞将天威[12]，咸刘厥敌[13]。惟兹四人昭武王惟冒[14]，丕单称德[15]。

"今在予小子旦，若游大川，予往暨汝奭其济[16]。小子同未在位[17]，诞无我责[18]，收罔勖不及[19]。耇造德不降我则[20]，鸣鸟不闻[21]，矧曰其有能格[22]？"

公曰："呜呼！君肆其监于兹！我受命无疆惟休，亦大惟艰。告君，乃猷裕我，不以后人迷。"……

【注释】

①割：通"曷"。申：重复。②集：降下。③修和：治理和谐。有夏：中国。④虢叔、闳夭、散宜生、泰颠、南宫括：都是文王时的贤臣。⑤又曰：有人说。⑥往来：奔走效力。⑦兹：通"孜"，勉力。彝：常。⑧蔑：无。⑨惟：以。⑩时：此。迪见：大。冒：通"勖"，勉力。⑪四人：虢叔死，余下四人。有禄：指活着。⑫暨：与。将：奉行。⑬刘：杀灭。⑭冒：通"勖"。⑮丕：大。单：通"殚"，尽。⑯其济：谋求渡

水。⑰同未：即“侗昧”，指无知。⑱诞：大。⑲收罔：“爽之”合音，尚。不及：不够。⑳耇造德：老成有德。㉑鸣鸟：指凤凰。㉒格：指感通天意。

【译文】

周公说：“君奭！从前上帝为什么一再劝勉文王的品德，并在他身上降下大命？因为文王重视能治理和谐我们中国的人才，也是因为有像虢叔、闳夭、散宜生、泰颠、南宫括这样的贤臣。”

“有人说：‘没有这样的贤臣奔走效力，努力施行常法教令，文王也就无法把恩德施给国人。’也因为有这些贤臣执行德政，知道上天的威严，就因为他们辅助文王特别努力，被上帝知道了，因此，文王这才承受了殷国的大命啊。

“武王时，仅有四个贤臣还活着。后来，他们和武王大力奉行上天威罚，全部消灭了他们的敌人。也因为这四个人辅助武王很努力，于是普天之下称赞武王的美德。

“现在我姬旦，好像浮水渡过大河，我来和你一起谋求过河的良策。我浅薄无知，却身在高位，你毫不责怪我，说我还努力得不够。如果老成有德的您不降志与我同舟共济，那么凤凰的鸣叫声就听不到了，更何况说有谁能感知天意呢？”

周公说：“啊！您现在应当明鉴这一切！我们接受大命，美好无比，同时也艰难无比。请求您教导我，不要使子孙后代迷惑。”……

立政[1]

【原文】

周公若曰："拜手稽首，告嗣天子王矣。"用咸戒于王曰[2]："王左右常伯[3]、常任[4]、准人[5]、缀衣[6]、虎贲[7]。"

周公曰："呜呼！休兹知恤，鲜哉[8]！古之人迪惟有夏[9]，乃有室大竞[10]，吁俊尊上帝迪[11]，知忱恂于九德之行[12]。乃敢告教厥后曰[13]：'拜手稽首后矣[14]！'曰：'宅乃事[15]，宅乃牧[16]，宅乃准[17]，兹惟后矣。谋面[18]，用丕训德[19]，则乃宅人[20]，兹乃三宅无义民[21]。'

"桀德[22]，惟乃弗作往任[23]，是惟暴德[24]。罔后[25]。亦越成汤陟[26]，丕釐上帝之耿命[27]，乃用三有宅[28]；克即宅[29]，曰三有俊[30]，克即俊。严惟丕式[31]，克用三宅三俊，其在商邑[32]，用协于厥邑[33]，其在四方，用丕式见德[34]。

"呜呼！其在受德暋[35]，惟羞刑暴德之人[36]，同于厥邦；乃惟庶习逸德之人[37]，同于厥政。帝钦罚之[38]，乃伻我有夏[39]，式商受命[40]，奄甸万姓[41]。

【注释】

①立政：设立官长。本篇是周公告诫成王设立官制的诰词。②用：因而。王：成王。③左右：身边的大臣。常伯：治民之官，即下文的牧、牧人。④常任：治事的官，即下文的事和任人。⑤准人：司法官，即下文的准。⑥缀衣：掌管服饰衣物的官。⑦虎贲：守卫王室的武官。⑧休：美好。恤：忧虑。鲜：少。⑨迪惟：语气助词。⑩有室：指卿大夫。竞：强。⑪吁：呼吁。俊：众贤臣。迪：教导。⑫忱恂：诚信。九德：九种德行。⑬后：指诸侯。⑭拜手稽首：古代君对臣也可以行这种大礼。⑮宅：考察。事：指常任。⑯牧：指常伯。⑰准：指准人。⑱谋面：以貌取人。⑲丕训：不顺从。⑳则：如果。乃：这样。宅人：考察人。㉑三宅：指宅事、宅牧、宅准。义：善。㉒德：升于帝位。㉓作：用。往任：以往的任人之道。㉔是：于是。暴德：凶暴的德性。㉕罔后：指亡国。㉖越：及、到。陟：升到帝位。㉗釐：受。耿命：明命。㉘有：句中助词。㉙克即宅：指能胜任其职。即，就。㉚曰：读为"越"，与。三有俊：指三宅的下属官员。㉛严惟：敬念。丕式：指用人大法。㉜商邑：商都城。㉝协：和谐。㉞见：显示。㉟受：商纣王的名。暋：强。㊱羞刑：指遭受刑法侮辱的逃亡罪犯。㊲习：指左右亲幸。㊳钦：重。㊴伻：使。有夏：周人自称为夏，夏指中国之人。㊵式：代替。㊶奄：安抚。甸：治理。万姓：万民。

【译文】

周公这样说："跪拜叩头，报告继承王位的天子。"周公于是告诫成王说："君王要教导身边的常伯、常任、准人、缀衣和虎贲。"

周公说："啊！居安思危，这样的人很少啊！古代的夏国，其卿大夫很强盛，夏王还呼吁他们尊重上帝的教导，让他们知道对九德的诚信。夏王于是教导诸侯说：'跪拜叩头了，诸侯们！'夏王说：'考察你们的常任、常伯和准人，这样，才称得上君主。以貌取人，不顺从德行，如果这样考察人，那么你们的常伯、常任和准人就没有贤德的人。'

"夏桀即位后，他不用往日的任人法则，于是只用那些暴虐的人。最终亡国。到了成汤登上帝位，大受上帝的明命，于是选用常伯、常任和准人，都能胜任三宅的职位，又选用三宅的下属官员，也都能胜任各自的职位。他严格遵循上帝的用人大法，能够很好地选用各级官员，在商都城，这些官员和谐治理都城民众，在天下四方，用这种大法显示君王的圣德。

"啊！到了商纣王继承帝位，强横地与那些逃亡的罪犯和暴虐之人，共同管理他的国家；竟然使用众多亲幸之人和失德之人，共同治理他的政事。上帝重重地惩罚他，于是让我们周王国代替商王国，接受了上天的福命，拥有并治理天下的百姓。"

【原文】

“亦越文王、武王，克知三有宅心[①]，灼见三有俊心[②]，以敬事上帝，立民长伯[③]。立政[④]：任人、准夫、牧作三事[⑤]；虎贲、缀衣、趣马[⑥]、小尹[⑦]、左右携仆[⑧]、百司庶府[⑨]。大都小伯[⑩]、艺人[⑪]、表臣百司[⑫]；太史[⑬]、尹伯[⑭]、庶常吉士[⑮]。司徒、司马、司空[⑯]、亚旅[⑰]；夷、微、卢烝[⑱]；三亳阪尹[⑲]。

“文王惟克厥宅心[⑳]，乃克立兹常事司牧人[㉑]。以克俊有德[㉒]。文王罔攸兼于庶言[㉓]；庶狱庶慎[㉔]，惟有司之牧夫是训用违[㉕]；庶狱庶慎，文王罔敢知于兹[㉖]。亦越武王，率惟敉功[㉗]，不敢替厥义德[㉘]，率惟谋从容德[㉙]，以并受此丕丕基[㉚]。

【注释】

①有：句中语助词。②灼：明。③长伯：官长。④立政：设立官长。⑤作：负责。三事：三方面的管理工作。⑥趣马：负责养马的官。⑦小尹：趣马的下属官员。⑧左右携仆：君王的近侍官员。⑨百司庶府：司和府都是官名。如司土、司木、司器等，又如太府、王府、内府等。这里的百和庶都是泛指众多。⑩大都小伯：指大小都邑的官长。⑪艺人：税务官。⑫表臣百司：外臣百官。⑬太史：史官之长。⑭尹伯：各官之长。⑮庶常吉士：指众多主管常务的官员。⑯司徒、司马、司空：即三卿。⑰亚旅：位次于三卿的大夫。

⑱夷：东方民族的部落。微：南方民族的部落。卢：西方民族的部落。烝：君长。⑲三亳：指南亳（今河南商丘东南）、北亳（今商丘县北）、西亳（今河南偃师县西），都是殷商的故都。阪：夏的故都。尹：官长。统指掌管夏商遗民的官员。⑳本句承上文省“知”字。即为“惟克知厥宅心”。㉑常事司牧人：指上述各官员。㉒以：而。俊：俊拔。㉓兼：兼管。庶言：各位官员的教令。㉔庶狱：各种诉讼案件。庶慎：各种禁令。㉕惟…是…：强调句式。训：顺从。用违：用与不用。㉖知：过问。㉗率惟：语助词。敉：完成。功：指文王的事业。㉘替：废弃。义德：善德。㉙容德：指文王能宽容的美德。㉚并：共同。丕丕：伟大。基：王业。

【译文】

“到了文王、武王，他们能知道三宅官员的选拔标准，也清楚明白三俊官员的选拔标准，用官员们的贤德敬奉上帝，并设置民众的官长。设立的官长有：任人、准夫、牧负责治政、司法、管理民众三方面的工作；虎贲、缀衣、趣马、小尹、左右携仆以及百司庶府，负责侍奉国君；大都小伯、艺人、表臣百司、太史、尹伯掌管内外朝普通官员；还设立各诸侯国的司徒、司马、司空、亚旅等官员；东方的夷、南方的微、西方的卢都有自己的君主；在夏和商的故都还设立了掌管遗民的官长。

“文王能知道三宅官员的选拔标准，所以能设立上述的这些官员们，而且能提拔有德之人担任这些官职。文王本人并不兼管各种具体教令；各种诉讼案件和各种禁令，都由主管该部门的官员负责裁决，同样，文王也不敢越权过问这些事情的处置。到了武王，最终完成了文王的事业。他不敢废弃文王的善德，只是谋求顺从文王宽容的美德，因此，文王、武王共同接受了这伟大的王业。”

【原文】

“呜呼！孺子王矣[1]！继自今我其立政。立事[2]、准人、牧夫，我其克灼知厥若[3]，丕乃俾乱[4]。相我受民[5]，和我庶狱庶慎[6]。时则勿有间之[7]，自一话一言[8]。我则末惟成德之彦[9]，以乂我受民。

“呜呼！予旦已受人之徽言咸告孺子王矣[10]。继自今文子文孙[11]，其勿误于庶狱庶慎，惟正是乂之[12]。

“自古商人亦越我周文王立政，立事、牧夫、准人，则克宅之，克由绎之[13]，兹乃俾乂[14]，国则罔有[15]。立政用憸人[16]，不训于德[17]，是罔显在厥世[18]。继自今立政，其勿以憸人，其惟吉士，用励相我国家[19]。

“今文子文孙，孺子王矣！其勿误于庶狱，惟有司之牧夫[20]。其克诘尔戎兵以陟禹之迹[21]，方行天下[22]，至于海表[23]，罔有不服。以觐文王之耿光[24]，以扬武王之大烈[25]。呜呼！继自今后王立政，其惟克用常人[26]。”

周公若曰：“太史！司寇苏公式敬尔由狱[27]，以长

我王国㉘。兹式有慎㉙，以列用中罚㉚。”

【注释】

①孺子：指成王。②事：指常任。③若：善。④丕：语助词。俾乱：使治。⑤相：助治。⑥和：平治。⑦时：这。间：代替。⑧自：虽，即使。⑨末：指自始至终。成德之彦：指盛德之人。⑩已：通“以”。受：当为“前”。徽言：美言。⑪文子文孙：善子善孙。⑫正：官长，指治狱的官。⑬由绎：即诱掖，指扶持。⑭兹：这样。⑮罔有：即罔尤，指无过失。⑯憸（xiǎn）：奸邪。⑰训：顺。⑱在：于。⑲励：勉力。相：治理。⑳之：与和。㉑诘：整治。戎兵：指军队。陟禹之迹：步禹之迹，指统一天下。㉒方：通“旁”，普遍。㉓海表：海外。㉔觐：显现。耿：明。㉕大烈：伟业。㉖常人：指善人。㉗司寇：刑罚官。苏公：即苏忿生，周武王的司寇。式：规定。由：主管。㉘长：长久。㉙有慎：是谨慎的。㉚列：通“例”，惯例。用中罚：《周礼》规定：“刑平国用中典。”中典即常法。这句话的意思是依惯例使用常法。

【译文】

“啊！年轻的君王啊！从今以后，我们要这样设立官员。设立常任、准人、牧夫，我们要能明白地了解他们的优点，才能让他们治理政务。帮助我们管理从上帝那里接受来的民众，平治我们的各种案件和各种

禁戒事务。对这些事务我们不要包办代替，即使是一句话一个字。我们始终会有盛德之士，来治理我们从上帝那儿接受来的民众。

“啊！我姬旦已经把前人的美言全都告诉你这年轻的君王了。从今以后，文王的子孙后代，希望你们不要误导各种司法狱讼事务，要让主管官员去处理。

“从古代的商王到我们的周文王设立官员，设立常任、牧夫、准人，就能考察他们，也能扶持他们，这样才让他们治理政务，而做到国事没有失误。如果设立官员，而任用贪利奸邪的人，不依循德行，这样的君王就不能显扬于世间。从今以后设立官员，千万不要任用贪利奸邪的人，千万要用善良贤能的人，让他们努力治理我们的国家。

“现在，文王贤明的子孙，年轻的君王啊！您千万不要在各种诉讼案件上耽误，只需要让主管部门和官员去处理。您要治理好军队，步循大禹的足迹，遍行天下，直到海外，没有人不服从。以此来弘扬文王的光辉，来发扬武王伟大的功业。啊！从今以后，继位的君王设立官员，千万只能任用贤德的人。”

周公这样说：“太史！司寇苏忿生规定谨慎地处理案件，使我们周王朝长治久安。要效法苏公，谨慎地处理狱讼，按照惯例使用常法，适当地进行处罚。”

顾命[1]

【原文】

惟四月[2]，哉生魄[3]，王不怿[4]。甲子，王乃洮頮水[5]。相被冕服[6]，凭玉几[7]。乃同[8]，召太保奭[9]、芮伯、彤伯、毕公、卫侯、毛公、师氏[10]、虎臣[11]、百尹[12]、御事[13]。

王曰："呜呼！疾大渐[14]，惟几[15]，病日臻[16]。既弥留[17]，恐不获誓言嗣[18]。兹予审训命汝[19]：昔君文王、武王宣重光[20]，奠丽陈教[21]，则肄肄不违[22]，用克达殷集大命[23]。

"在后之侗[24]，敬迓天威[25]，嗣守文、武大训[26]，无敢昏逾[27]。今天降疾[28]，殆弗兴弗悟[29]。尔尚明时朕言[30]，用敬保元子钊弘济于艰难[31]，柔远能迩[32]，安劝小大庶邦[33]。思夫人自乱于威仪[34]，尔无以钊冒贡于非几[35]！"

兹既受命，还[36]出缀衣于庭[37]。越翼日乙丑，王崩。……

【注释】

①顾命：临终之命。顾，眷顾。命，命令、嘱托。

②四月；指成王二十八年四月。③哉生魄：月魄初生时。哉，初。魄，又作“霸”。《白虎通·日月篇》：“（月）三日成魄，八日成光”。④王：指成王。不怿（yì）：不喜悦，指生病。怿，悦。⑤洮（táo）：洗头发。水（huì）：洗脸。⑥相：左右服侍之臣。被：通“披”。冕：王冠。服：朝服。⑦凭：靠着。几：几案。⑧同：会同，指召集众臣。⑨太保：官名。奭（shì）：召公名奭。⑩师氏：官名，统兵的官员。⑪虎臣：守卫王宫的武官。⑫百尹：百官之长。⑬御事：执事人员。⑭疾：病情。渐：加剧。⑮几：危险。⑯病：指重病。臻：到。⑰弥留：临终的淹留，指病重将死。弥，终。留，淹留。⑱获：指获得机会。誓：郑重。嗣：后嗣。⑲审：慎重。训：训告。⑳宣：显示。重光：指如日月般的互相更替照耀的光辉。㉑奠：定。丽：依，依从，引申为法规。陈：发布。教：教令。㉒肄肄：努力的样子。㉓达：通“挞”，挞伐。集：成就。㉔侗（tóng）：幼稚无知，指幼稚无知的人，成王谦称。㉕迓（yà）：迎，指奉行。㉖嗣：继承。守：恪守。㉗昏：昏乱。逾：逾越，指改变。㉘天：上天。㉙殆：几乎。兴：起来。悟：通“寤”，睡醒。㉚尚：副词，表祈求之意。明：勉，努力。时：承受，指听从。㉛元子：太子。元，大、首。钊：康王之名。弘：大。济：渡。㉜柔：柔服。能：亲善。㉝安：安抚。劝：教导。㉞思：考虑。夫：语助词。自：自觉。乱：治。威仪：指礼法。㉟以：使。冒：冒犯。贡：当从马融本作“赣”，陷。几：法。㊱还：退回。

㊲出缀衣于庭：曾运乾说："王病不能视朝，则出衣于庭，为群臣瞻拜之资也。"缀衣，指冕服。庭，朝庭。

【译文】

四月，成王生病了。甲子这天，成王洗完头和脸后，左右的人替他戴好王冠，披好朝服。于是成王就靠着玉几，会见朝臣。成王召见太保奭、芮伯、彤伯、毕公、卫侯、毛公、师氏、虎臣、百官之长以及执事人员。

成王说："啊！我的病情迅速加剧，重病正一天天地到来，已近危险。如果等到最后的时刻再说这些，我恐怕就不可能有机会郑重地交待关于后嗣的事了。现在我慎重地训告你们：过去，我们的先君文王和武王放射出日月般的光辉，他们制定法规发布教令，臣民都努力遵循不敢违背。因此，他们能够讨伐殷商，完成上天赐予的治理天下的使命。

"后来，年幼无知的我，恭敬地奉行上天的威命，继承并恪守着文王和武王的伟大教导，不敢昏乱地越轨。现在上天降下病灾，我几乎不能起床不能醒过来。希望你们要努力听从我的话，认真保护太子钊，让他努力度过艰难时刻。希望你们帮助他柔服远方，亲善近邻，安抚和教导大大小小的诸侯国。你们要考虑使民众以礼法自治，千万不要让太子钊冒犯礼仪、陷于非法啊！"

群臣接受教命后，就退回来了。由于成王不能临朝，因而他的朝服就被拿出来放在朝廷上供群臣瞻拜。到了第二天即乙丑日，成王就驾崩了。……

康王之诰

【原文】

王出[①]，在应门之内[②]，太保率西方诸侯入应门左，毕公率东方诸侯入应门右，皆布乘黄朱[③]。宾称奉圭兼币[④]，曰："一二臣卫，敢执壤奠[⑤]。"皆再拜稽首。王义嗣[⑥]，德答拜[⑦]。

太保暨芮伯咸进，相揖[⑧]，皆再拜稽首，曰："敢敬告天子，皇天改大邦殷之命，惟周文武诞受羑若[⑨]，克恤西土。惟新陟王毕协赏罚[⑩]，戡定厥功[⑪]，用敷遗后人休[⑫]。今王敬之哉[⑬]！张皇六师[⑭]，无坏我高祖寡命[⑮]！"

王若曰："庶邦侯、甸、男、卫[⑯]！惟予一人钊报诰[⑰]。昔君文武丕平[⑱]，富不务咎[⑲]，厎至齐信[⑳]，用昭明于天下。则亦有熊罴之士，不二心之臣，保乂王家[㉑]，用端命于上帝[㉒]。皇天用训厥道[㉓]，付畀四方[㉔]。乃命建侯树屏[㉕]，在我后之人[㉖]。今予一二伯父尚胥暨顾[㉗]，绥尔先公之臣服于先王[㉘]。虽尔身在外，乃心罔不在王室。用奉恤厥若[㉙]，无遗鞠子羞[㉚]！"

群公既皆听命[㉛]，相揖，趋出[㉜]。王释冕[㉝]，反[㉞]，丧服[㉟]。

【注释】

①出：指出祖庙门。②应门：正门。③布乘：当作“黼黻”，诸侯的礼服。④宾：通“傧”，接待诸侯和赞礼的官员。称：呼，传呼。奉：献。圭：命圭，又称信圭。《考工记·玉人》注：“命圭者，王所命之圭也，朝觐执焉。”币：贡物。⑤一二：如同说“我们这几个”。臣卫：蕃卫王室之臣。敢：谦辞，有“冒昧”的意思。壤：土产。奠：贡献。⑥义嗣：礼辞，依礼辞谢。⑦德：升。⑧相揖：互相作揖。⑨诞：大。若：顺。⑩陟：升，指升天。王：指成王。毕：尽。协：和谐。⑪戡：克，能够。定：完成。⑫用：因。敷：广。遗：遗留。休：吉庆、福庆。⑬敬：敬重。⑭张皇：扩大。皇，大。六师：六军。⑮寡命：大命。⑯侯、甸、男、卫：即侯服、甸服、男服、卫服。服，古代王畿以外之地分为若干等，称为服。⑰报：答复。⑱丕：大。平：公平。⑲富：仁厚。务：勉力于。咎：刑罚。⑳厎：致，致力。至：行，施行。齐信：中信，指中信之道。㉑保：安，卫护。乂：治理。㉒端：正，指合乎情理（地）。命：指受大命。㉓训：顺。指认可。㉔付畀：托付。畀，给予。㉕建侯：分封诸侯。树屏：树立屏障，指建立保卫力量。㉖在：眷顾。㉗伯父：天子称同姓诸侯大国为伯父，小国为叔父。尚：庶几，表希望之词。胥：互相。暨：通“塈”，爱。顾：顾念。㉘绥：通“绥”，继承。㉙奉：辅助。

恤：收，指得到。若：善。㉚遗：留。鞠子：稚子，康王谦称。㉛群公：总称诸侯及在场朝臣。既：已经。㉜趋：快步。㉝释：脱掉。㉞反：通“返”，返回。㉟丧服：指穿上丧服。

【译文】

康王走出祖庙，来到应门内，太保率领西方的诸侯进入应门左侧，毕公率领东方的诸侯进入应门右侧，诸侯都身穿黄红色的礼服。司仪礼官传呼进献命圭和贡物，诸侯们进贡说：“我们这几个蕃卫王室之臣冒昧地向大王奉献土特产。”他们都拜了两拜后又行稽首大礼。康王依礼辞谢，然后升位答拜。

太保和芮伯都走上前，他们相互作揖后，都向康王拜了两拜，然后行稽首礼，说：“我们冒昧地敬告天子，皇天更改了大国殷商的命运，我们周国的文王和武王大受教引而能承顺天意，能够安定西方。刚刚升天的成王赏罚尽合情理，他能够成就文王和武王的功业，因此他把吉庆广泛留给我们后人。现在的王要敬重这些啊！要扩充和加强六军的力量，不要败坏我们高祖的大命。”

康王这样回答：“侯服、甸服、男服和卫服的众诸侯们！我姬钊现在答复你们的教导。从前，我们的君王文王和武王做事很公平，他们仁厚慈爱，不致力于刑罚，而是致力于行中信之道，因而他们的光辉照耀人间。又加上他们还有熊罴一样勇武的将士和忠于王

室的大臣来保卫和治理我们的国家，因此，我们才合乎情理地被上天委以大命。皇天认可了先王的治国安民之道，把天下交托给先王治理。于是先王命令分封诸侯，建立保卫力量，他们的目的在于顾念我们这些后代子孙。现在，我希望我的几个伯父要互相友爱并顾念王室，要继承你们祖先的臣服于王室的志愿。虽然你们身在朝廷之外，但是你们的心不能不在王室。你们要辅助我得到吉善，不要把羞辱留给我！”

众位大臣和诸侯都听完训诰后，互相作揖，快步走出。康王脱掉吉服，返回居丧的侧室，换上丧服。

吕刑

【原文】

惟吕命[1]，王享国百年[2]，耄[3]，荒度作刑[4]，以诘四方[5]。

王曰："若古有训，蚩尤惟始作乱[6]，延及于平民，罔不寇贼[7]，鸱义奸宄[8]，夺攘矫虔[9]。苗民弗用灵[10]，制以刑[11]，惟作五虐之刑曰法[12]。杀戮无辜，爰始淫为劓、刵、椓、黥[13]。越兹丽刑并制[14]，罔差有辞[15]。

"民兴胥渐[16]，泯泯棼棼[17]，罔中于信[18]，以覆诅盟[19]。虐威庶戮[20]，方告无辜于上[21]。上帝监民，罔有馨香德，刑发闻惟腥[22]。皇帝哀矜庶戮之不辜[23]，报虐以威[24]，遏绝苗民[25]，无世在下[26]。乃命重、黎[27]，绝地天通[28]，罔有降格[29]。群后之逮在下[30]，明明棐常[31]，鳏寡无盖[32]。

"皇帝清问下民鳏寡有辞于苗[33]。德威惟畏，德明惟明。乃命三后[34]，恤功于民[35]。伯夷降典[36]，折民惟刑[37]；禹平水土，主名山川；稷降播种[38]，农殖嘉谷[39]。三后成功，惟殷于民[40]。士制百姓于刑之中[41]，以教祇德。

“穆穆在上[42]，明明在下[43]，灼于四方[44]，罔不惟德之勤，故乃明于刑之中，率乂于民棐彝。典狱非讫于威[45]，惟讫于富[46]。敬忌，罔有择言在身[47]。惟克天德[48]，自作元命[49]，配享在下。”

王曰：“嗟！四方司政典狱，非尔惟作天牧[50]？今尔何监？非时伯夷播刑之迪[51]？其今尔何惩[52]？惟时苗民匪察于狱之丽[53]，罔择吉人，观于五刑之中[54]；惟时庶威夺货[55]，断制五刑，以乱无辜，上帝不蠲[56]，降咎于苗。苗民无辞于罚，乃绝厥世。”

王曰：“呜呼！念之哉！伯父、伯兄、仲叔、季弟、幼子、童孙，皆听朕言，庶有格命[57]。今尔罔不由慰日勤[58]，尔罔或戒不勤[59]。天齐于民[60]，俾我一日[61]，非终惟终[62]，在人。尔尚敬逆天命，以奉我一人[63]！虽畏勿畏，虽休勿休[64]，惟敬五刑，以成三德[65]。一人有庆[66]，兆民赖之[67]，其宁惟永[68]。”

【注释】

①吕命：吕侯被任命为相。吕侯，又作甫侯，周穆王的大臣，封地在吕（今河南南阳），曾建议修订刑法。本篇体现了吕侯的法律思想。②享国：指在位。③耄：指年老。④荒：大。作：制订。⑤诰：禁戒。⑥蚩尤：东方九黎族首领，曾与西部的黄帝发生战争，即涿鹿之战，战败被杀。⑦寇：侵掠。贼：残害。⑧鸱：本为鸟名，喻性情凶猛。此为凶狂、嚣张。义：通“俄”，奸邪。⑨矫：诈骗。虔：强取、

劫掠。⑩灵：一作命，指政令。⑪制：制服约束。⑫曰：叫作。⑬爰：于是。淫：大，过度。椓：宫刑。⑭越兹：于是。丽：通“罹”，遭遇，指触犯。并：都。制：制裁。⑮差：减免。有辞：有理由申辩的人。⑯胥：相互。渐：欺诈。⑰泯泯棼（fén）棼：纷乱的样子。⑱中：中正、公平。于：和。信：诚实。⑲覆：违背。诅：盟约。大事曰盟，小事曰诅。⑳庶戮：指被侮辱的众人。㉑方：通“旁”，遍。㉒发：散发。㉓皇帝：指颛顼。㉔报：审判。㉕遏绝：断绝。㉖世：嗣，后代。㉗重：少昊之子，主管祭祀天神。黎：颛顼之子，主管臣民。㉘绝：禁止。通：感应相通。㉙降：下。格：升。㉚群后：指高辛、尧、舜等人。逮：相继。㉛明明：显扬明哲之士。棐常：辅助常道。㉜盖：遮蔽。㉝皇帝：指尧。清问：明白听到。㉞三后：指伯夷、禹、后稷。㉟恤：忧念。功：服务。㊱降典：指颁布法典。㊲折民：约束民众。㊳降：教导。㊴农：百姓。殖：种植。㊵殷：富足。㊶士：士师，刑狱之官。百姓：百官。于：以。中：中允、中正。㊷穆穆：容貌和悦庄敬。㊸明明：以贤明之德明君主之道。㊹灼：光耀。㊺典：主管。讫：终止。㊻富：敦厚。㊼择言：坏话。择，败坏。㊽克：任，肩任。㊾元命：大命。㊿牧：指治理民众。51播：施行。迪：道。52其：而。53匪：不。丽：施行。54中：中允。55庶威：众多威势。夺货：强取财物。56蠲：赦罪、赦免。57格命：指善命、好运。58由慰日勤：用自认勤劳安慰

自己。59戒不勤：禁止自己不勤劳。60齐：整齐，指管理。61俾：借用、任用。一日：指暂时。62终：成。63逆：迎接。奉：辅助。64休：休息。65三德：指正直、刚克、柔克。66庆：善。67兆民：万民。赖：利。68其宁：国家安宁。惟：才。

【译文】

吕侯被任命为相时，穆王在位很久了，年纪也大了，他仍然大力谋求制定刑法，来禁戒天下的动乱。

穆王说："古有遗训，蚩尤开始作乱，蔓延到平民百姓身上，无不侵掠残害，猖狂邪恶，内外作乱，强夺盗取，诈骗抢劫。苗民不遵守政令，其首领就用刑法约束民众，制订了五种酷刑，叫作法律，用它杀害无罪的人，于是开始滥施劓、刵、宫、黥等刑罚。苗民一旦触犯刑律，都会受到制裁，即使有理由申辩的人也不放过。

"苗民逐步相互欺诈，一派混乱，没有中正公允和诚实，而是背信弃约。被暴虐威罚的众人，向上天遍告自己无辜。上天考察苗民，没有芬香远扬的德政，刑法所散发出来的只有血腥气味。颛顼皇帝哀怜众多被残害的人没有罪过，就用威罚处置施行暴虐的人，断绝行暴的苗民，让他们没有后代留在世间。又命令重和黎，禁绝地民与天神互通感应，于是地民和天神不再有升降往来了。高辛、尧、舜相继治理天下民众，显扬明哲之士辅助常道，就连孤苦无依靠之人的情况

也能让上位的人知道。

“尧清楚听到下层民众和孤寡之人对苗民有怨言。德政威严，民众就会畏服；德政圣明，民众就会尊重。于是任命伯夷、禹、后稷三位长官，为百姓费心操劳。伯夷颁布法典，用刑律制约民众；禹平治水土，负责治理山川；后稷教民播种，努力种植庄稼。三位长官功成以后，老百姓就富足了。士师又用公允的刑罚制约百官，教导臣民敬重德行。

“和颜悦色的君王在上，贤明推行德政的大臣在下，光照四方，没有人不勤行德政，所以就能勉力于刑法的公允，治理民众，辅助常道。主管刑罚不是要终止于威罚，而是要终止于敦厚。谨敬慎戒，自己不要被人说坏话。他们肩负上天的美德，自己造就了好命，所以他们在人世配享天命。”

穆王说：“啊！四方管理政务和刑狱的诸侯们，不是你们在做上天的治民官员吗？现在你们效法什么呢？难道不是这伯夷施行刑罚的道理？而今你们惩罚什么呢？是这苗民不明察案件的审判，不采用善良有德的人，监察五刑的公允；是这些人虚张威势，夺人财物，专横地用五刑裁决，乱罚无辜，上帝不赦免他们，降下灾祸给有苗。苗民对于上帝的惩罚无话可说，于是上帝断绝了他们的后嗣。”

穆王说：“啊！牢记这个教训吧！我们自家的父老兄弟侄子儿孙们，都要听从我的教令，也许会享有好命。现在你们没有人不用自认勤劳来安慰自己。你们

没有人不禁戒自己的不勤劳。上天治理民众，暂时任用我们，成功与不成功，在于我们自己。你们要恭敬地接受天命，来辅助我！即使遇到可怕的事也不要害怕，即使可以休息也不要休息，要慎用五刑，养成三种德行。我有善政，万民得利，国家也就会长久安宁了。"

【原文】

王曰："吁！来，有邦有土[1]，告尔祥刑[2]。在今尔安百姓，何择，非人？何敬，非刑？何度[3]，非及[4]？

"两造具备[5]，师听五辞[6]；五辞简孚[7]，正于五刑[8]；五刑不简，正于五罚[9]；五罚不服，正于五过[10]。五过之疵[11]：惟官、惟反、惟内、惟货、惟来[12]。其罪惟均[13]，其审克之[14]！

"五刑之疑有赦[15]，五罚之疑有赦，其审克之！简孚有众[16]，惟貌有稽[17]。无简不听，具严天威。

"墨辟疑赦[18]，其罚百锾[19]，阅实其罪[20]。劓辟疑赦，其罚惟倍[21]，阅实其罪。剕辟疑赦[22]，其罚倍差[23]，阅实其罪。宫辟疑赦[24]，其罚六百锾，阅实其罪。大辟疑赦[25]，其罚千锾，阅实其罪。墨罚之属千[26]，劓罚之属千，剕罚之属五百，宫罚之属三百，大辟之罚其属二百。五刑之属三千。

"上下比罪[27]，无僭乱辞[28]，勿用不行[29]，惟察惟法，其审克之！上刑适轻[30]，下服[31]；下刑适重，上服。轻重诸罚有权[32]。刑罚世轻世重[33]，惟齐非齐[34]，有

伦有要[35]。

“罚惩非死，人极于病[36]。非佞折狱[37]，惟良折狱，罔非在中。察辞于差[38]，非从惟从。哀敬折狱[39]，明启刑书胥占[40]，成庶中正[41]。其刑其罚，其审克之！狱成而孚，输而孚[42]。其刑上备[43]，有并两刑[44]。”……

【注释】

①有土：指有采邑的大臣。②祥刑：指吉祥妥当的刑法。③度：谋划。④及：当为“宜”，适宜、得当。⑤两造：指原告和被告。⑥：师，即法官。五辞：指可归入五刑的五种诉讼之辞。⑦简孚：确凿诚信。⑧五刑：指墨、劓、刖、宫、大辟。⑨五罚：五等罚金。⑩五过：五种过失的惩治规定。⑪疵：弊病。⑫官：畏惧官势。反：报恩怨。内：谄媚内亲。货：索取贿赂。来：说情枉法。⑬均：均等，指与案犯同等。⑭克：通“核”，核实。⑮疑：疑案。⑯有众：指在大众之中核实。⑰惟貌有稽：指审理案件要有共同办案的人。⑱墨辟：罪。疑赦：有可疑就从轻。⑲锾：古代重量单位，一锾为六两。⑳阅实：指检阅核实一遍。㉑倍：百锾的一倍，即两百锾。㉒剕：即“刖”，去掉膝盖骨。㉓倍差：一倍半，即五百锾。㉔宫：亦叫椓刑。㉕大辟：死刑。㉖墨罚：条款。㉗上下：轻重。比：比照（定罪）。㉘僭：差错。乱辞：指不实的供辞。㉙不行：已废除的法律。㉚适：宜。㉛下服：减轻一等处置。服，处置。㉜权：变，灵活性。㉝刑

罚世轻世重：因时世不同，刑罚或轻或重。《周礼·大司寇》：“刑新国用轻典，刑平国用中典，刑乱国用重典。”㉞齐：同。㉟伦：条理。要：纲要。㊱极：痛苦。㊲佞：以言善辩之人。折狱：断案。㊳差：矛盾。㊴敬：即“矜”，怜悯。㊵启：开。胥：相。占：度量。㊶庶：意为谋求。㊷输：变更。㊸备：慎重。㊹有并两刑：两罪只罚一种，不罚其余。

【译文】

穆王说：“啊，来吧，诸侯国君和各位大臣，我要你们善用刑法。如今，你们安定百姓，要选择什么呢，难道不是德才兼备的人吗？敬重什么呢，难道不是刑罚吗？谋划什么呢，难道不是审判适当吗？

“原告和被告都来齐了，法官就审查适于五刑的讼词；如果讼词核实可信，就用五刑处置；如果五刑处理，讼辞不能核实，就用五罚处置；如果五罚处理，辞不妥当，就用五过处置。五种过失的弊端是：法官畏权势，报恩怨，谄媚内亲，收取贿赂，说情枉法。如果出现这种弊病，法官的罪就与案犯相同，要详细核实啊！

“五刑处置的疑案，要赦免；五罚处置的疑案，要赦免。一定要仔细审核啊！要在众人中核查验证，审理案件要有共同办案的人。没有核实，不能断案，大家要共同敬畏上天的威罚。

“判处墨刑有可疑之处，就要从轻处置，罚金一百

锾，要核实其罪行。判处劓刑有可疑之处，也要从轻处置，罚金两百锾，要核实其罪行。判处剕刑有可疑之处，也要从轻处置，罚金五百锾，要核实其罪行。判处宫刑有可疑之处，也要从轻处置，罚金六百锾，要核实其罪行。判处死刑有可疑之处，要从轻处置，罚金千锾，要核实其罪行。用墨刑处罚的条目有一千条，用劓刑处罚的条目有一千条，用剕刑处罚的条目有五百条，用宫刑处罚的条目有三百条，用死刑处罚的条目有两百条。用五刑处置的总条目是三千条。

“刑罚条目上没有的罪过，要按罪过的轻重，比照相关条目处罚，不要错乱了供词，不要采用已经废弃的法律条文，要明察，要依法，要仔细核实啊！如果重罪宜于轻罚的，就要减轻一等来处置；如果轻罪宜于重罚的，就要加重一等来处置。轻罚重罚允许有一些灵活性。刑罚时轻时重，相同或不同，要有条理，有纲要。

“刑罚惩处不是要置人于死地，但要让犯人感到比疾病还痛苦。不要用巧言善辩的人审理案件，要用善良公正的人审理案件，这样就不会有不公正。认真审察讼词中矛盾的地方，以此判断哪些可信从，哪些不可信从。要怀着哀怜的心情去断案，清楚明白地考察刑律条文，比照案情度量轻重，都要力求公正合理。当刑当罚，要仔细核实啊！案件判定了，人们信服，判决改变了，人们也信服。刑罚贵在慎重。两种罪行发生在一个犯人身上，可以考虑只处罚其中一种。”……

文侯之命[1]

【原文】

王若曰[2]："父义和[3]！丕显文、武，克慎明德[4]，昭升于上[5]，敷闻在下[6]，惟时上帝，集厥命于文王[7]。亦惟先正克左右昭事厥辟[8]，越小大谋猷罔不率从[9]，肆先祖怀在位[10]。

"呜呼！闵予小子嗣[11]，造天丕愆[12]。殄资泽于下民[13]，侵戎我国家纯[14]。即我御事[15]，罔或耆寿俊在厥服[16]，予则罔克。曰惟祖惟父[17]，其伊恤朕躬[18]！呜呼！有绩予一人[19]永绥在位[20]。

"父义和！汝克绍乃显祖[21]，汝肇刑文、武[22]，用会绍乃辟[23]，追孝于前文人[24]。汝多修[25]，扞我于艰[26]。若汝，予嘉[27]。"

王曰："父义和！其归视尔师[28]，宁尔邦[29]。用赉尔秬鬯一卣[30]；彤弓一[31]，彤矢百；卢弓一[32]，卢矢百；马四匹。父往哉！柔远能迩[33]，惠康小民[34]，无荒宁[35]，简恤尔都[36]，用成尔显德[37]。"

【注释】

①文侯之命：这是周平王为表彰晋文侯安定王室

有功的册命。文侯，指晋文侯，名仇，字义和。②王：周平王。若：这样、如此。③父：对同姓诸侯尊长的称呼，“父”犹父辈。义和：文侯的字。④慎：慎重。明：勉，努力。⑤昭：明亮。上：上天。⑥敷：遍布。闻：传扬。下：天下。⑦惟时：因此。时，是、此。集：止、降。命：福命。文王：当从《晋世家》作“文武”。⑧惟：因为。先：已故的。正：官长。左右：左边和右边。昭：明。事：服事。辟：君王，指先王。⑨越：于，对于。谋猷：谋划。猷，谋略。率从：遵从。⑩肆：因此。怀：安。⑪闵：可怜。嗣：继承。⑫造：通“遭”，遭受。丕：大。愆：罪。指惩罚。⑬殄：绝，没有。资：资财。泽：恩泽。⑭侵戎：侵伐。戎，兵戎。纯：大，此指多。⑮即：如果。御事：治事大臣。⑯或：有。耆寿：指年高老成之人。耆，老。俊：通“骏”，长久。服：职、位。⑰惟祖惟父：指祖辈父辈诸侯。惟，语气词。⑱伊：语气词。恤：顾念。⑲有：多。绩：功劳、成就。此指使……有成就。予一人：周平王自称。⑳绥：安。㉑绍：继承。显祖：光明显耀的先祖。指唐叔虞，晋国的始封君主。㉒肇：努力。刑：制御。文武：指文武百官。㉓会：会合。指会合诸侯。绍：继承、延续。㉔追：追怀。孝：继承先人之志。文人：有文德的人。㉕修：长。此指美、善之德。㉖扞：卫，保卫。艰：艰难。指艰难之时。㉗嘉：嘉奖。㉘归：回去。视：治理。师：众。㉙宁：安定。㉚赉：赏赐。秬鬯：秬和郁金香酿

成的香酒，用于祭祀。秬，黑黍。鬯，郁金香。卣：古代盛酒用的器皿。㉛彤：红色。㉜卢：黑色。㉝柔：安抚。能：亲善、和睦。迩：近处。㉞惠：爱护。康：安定。㉟荒：荒废。指荒废政务。宁：安宁。指贪图安逸。㊱简：大。恤：顾念。指治理。都：国都。代整个晋国。㊲用：以。成：成就。显：显明。

【译文】

周平王这样说："叔父义和啊！由于伟大光明的文王和武王能够谨慎认真地行德，他们道德的光辉明亮地飞升到上天，他们的美名广泛地传播在人间，因此上帝降下福命给文王和武王。也因为先前的公卿大夫们能够在君王左右贤明地服侍君王，他们对于君王的大大小小的谋划都遵从，所以先祖能安然在位。

"唉！可怜我一继承王位，就遭到上天重重的惩罚。我既没有什么资财和恩泽施给民众，我的国家又不断地大受兵戎侵扰。如果我的治事大臣中没有年高老成的人长期在职，我就会坐不住王位了。我呼吁：'祖辈和父辈的诸侯国君啊，你们要顾念我啊！'啊！你们要大大地让我有成就，要使我在王位上长久安宁啊！

"叔父义和啊！您能够继承您光明显耀的先祖的美德，您努力制御文武百官，用会合诸侯的方式延续了您的君王，您追怀和继承了先前的那些有文德的人。您道德高尚，在我艰难的时候保卫了我。像您这样的

人，我要嘉奖。”

周平王说：“叔父义和啊！您要回去治理您的臣民，安定您的国家。现在我赏赐给您用黑黍和郁金香酿的香酒一卣；红色的弓一张，红色的箭一百支；黑色的弓一张，黑色的箭一百支；马四匹。叔父您去吧！希望您安抚远方，和睦近邻，爱护和安定老百姓，不荒废政事，不贪图安逸，努力治理好您的国家，以此成就您光明显耀的美德。”

秦誓[1]

【原文】

公曰[2]："嗟！我士[3]，听无哗！予誓告汝群言之首[4]。

"古人有言曰：'民讫自若[5]，是多盘[6]。'责人斯无难[7]，惟受责俾如流[8]，是惟艰哉[9]！我心之忧，日月逾迈[10]，若弗云来[11]。惟古之谋人[12]，则曰'未就予忌[13]'；惟今之谋人，姑将以为亲[14]。虽则云然[15]，尚猷询兹黄发[16]，则罔所愆[17]。

"番番良士[18]，旅力既愆[19]，我尚有之[20]。仡仡勇夫[21]，射御不违[22]，我尚不欲[23]。惟截截善谝言[24]，俾君子易辞[25]，我皇多有之[26]！

"昧昧我思之[27]，如有一介臣[28]，断断猗无他技[29]，其心休休焉[30]，其如有容[31]。人之有技，若己有之。人之彦圣[32]，其心好之，不啻若自其口出[33]。是能容之[34]，以保我子孙黎民[35]，亦职有利哉[36]！

"人之有技，冒疾以恶之[37]。人之彦圣而违之，俾不达[38]是不能容，以不能保我子孙黎民，亦曰殆哉[39]！

"邦之杌陧[40]，曰由一人[41]；邦之荣怀[42]，亦尚一人之庆[43]。"

【注释】

①秦誓：这是秦穆公在崤山之战后对群臣将士所做的自我责备的告辞。②公：秦穆公。③士：泛指官员。④首：首要。⑤讫：尽。自若：随着自己的性子。若，顺、随。⑥是：这样。盘：通“般”，邪僻。⑦责：责备。斯：语气词。⑧俾：使，依从、顺从。⑨艰：艰难。⑩逾：越过。迈：行，行进。⑪若：助词，无义。云：隶古定本作“员”。员，旋，回转。⑫惟：语气词。古：过去、先前。谋：商量、谋划。⑬则：却。就：顺从。忌：忌恨。⑭姑：且。以为：把……当作。⑮云：语气词。然：这样。⑯尚：还。猷：谋。询：求教。黄发：老人。⑰愆：过失。⑱番番：皤（pó）皤，白发苍苍的样子。⑲旅：通“膂”，脊骨。愆：亏损，指衰弱。⑳有：通“友”，亲近。㉑仡（yì）仡：勇壮的样子。㉒御：驾车。违：失误。㉓欲：喜欢。㉔截截：巧辩的样子。谝：巧言。㉕易辞：《春秋公羊传》作“易怠”。王引之《经义述闻·通说》：“怠，疑惑也。言使君子易为其所惑也。”㉖皇：大。㉗昧昧：暗暗。㉘介：个。㉙断断：诚实专一。猗：语气助词。技：技能。㉚休休：宽容的样子。㉛如：能。㉜彦：美士。此指有才能。圣：道德高尚。㉝啻：仅、只。㉞是：这种人。容：容纳。㉟以：因为。保：安，卫护。㊱亦：语气词。职：《大学》引文作“尚”。《说文》：“尚，庶几也。”㊲冒：通“娼”（chāng），

妒忌。疾：通“嫉”。以：而。恶（wù）：憎恶。㊳违：阻挠。达：通，指通于君王。㊴亦：语气词。曰：语气词。殆：危险。㊵杌（wù）陧（niè）：动荡不安。㊶曰：语气词。由：由于、因为。㊷荣：繁荣。怀：安宁。㊸尚：庶几、差不多、往往。庆：善。

【译文】

秦穆公说：“我的官员们啊，你们安静下来，听着！我要告诉你们很重要的话。

“古人有话说：‘人如果总顺着自己的性子办事，就会多出差错。’责备别人并不难，而受别人的责备，听从它就像流水一样畅快，做到这样很难啊！我心中的忧愁在于：时间一天天过去，一切不再回来了。过去我找别人商量，却又说‘你不顺从我的心意，我恨你’；今后我找别人商量，我将把他当亲人。虽然这样，我还应向白发老臣请教，这样就会没什么过失。

“过去，对于体力已衰弱的白发苍苍的良士，我还能够亲近他们；对于那些仅仅是射箭和驾车都不错的勇夫，我还能不太喜欢他们。可是对于那些能让君子容易疑惑的能言善辩的人，我却太亲近他们了！

“我暗暗地思量道：如果有一个臣子，他没有别的技能，但他诚实专一，心胸宽广，能够容纳别人。别人有本领，就像自己的一样。别人有才有德，他内心喜欢，并且这喜欢的程度超过了他口头的表达。这种人我能容纳他，因为他能保护我的子孙和众民，他对

我们来说是有利的！

“对于别人有本领，就嫉恨。对于别人有才有德，就阻挠他，使他不通达于君王。这种人我不能容纳，因为他不能保护我的子孙和众民，他对我们来说是危险的！

“国家的动荡不安，往往由一人造成；国家的繁荣安定，也往往由于一人的善庆。”

《礼记》

檀弓上

本篇记叙孔子及其弟子们讨论丧礼的言论。檀弓，春秋时鲁国人，用篇首人物的姓敬作篇名。

【原文】

公仪仲子之丧，檀弓免焉[1]。仲子舍其孙而立其子。檀弓曰："何居？我未之前闻也。"趋而就子服伯子于门右[2]，曰："仲子舍其孙而立其子，何也？"伯子曰："仲子亦犹行古之道也。昔者文王舍伯邑考而立武王[3]，微子舍其孙腯而立衍也[4]。夫仲子亦犹行古之道也。"子游问诸孔子，孔子曰："否！立孙"。

【注释】

①公仪仲子：春秋时鲁国人。免：一种丧服。②子服伯子：鲁大夫仲孙蔑的玄孙子服景伯。③伯邑考：周文长子。④微子：商纣王庶兄，名启。腯：微子的嫡孙。衍：微子的弟弟，名衍，字仲思。

【译文】

公仪仲子的丧事，檀弓穿戴着"免"这种丧服去

吊唁。仲子不立嫡孙而立庶子。檀弓说："这是为什么呢？我还没有听说过有这样的事。"于是快步走到门的右边去问子服伯子，说："仲子不立嫡孙而立庶子，这是为什么呢？"伯子说："仲子也不过是遵循前人的规矩办事罢。从前周文王就曾不立嫡长子伯邑考而立次子武王，宋微子不立嫡孙腯而立他的弟弟衍。仲子不过是按照前人的规矩办事而已。"后来，子游向孔子请教这件事，孔子说："不对！应该立嫡孙。"

【原文】

事亲有隐而无犯，左右就养无方，服勤至死，致丧三年。事君有犯而无隐，左右就养有方，服勤至死，方丧三年。事师无犯无隐，左右就养无方，服勤至死，心丧三年。……

【译文】

侍奉父母，父母如果有过失，就应该委婉地劝告，不可对父母犯颜指责。子女在父母身边不分左右侍候，尽力服侍到父母去世，然后极尽哀伤诚意守丧三年。侍奉国君，国君如果有过失，就应该犯颜直谏，而不应该为他掩饰过失。在国君身边侍奉，要尽心地做好自己职份上的事，竭诚侍奉到国君去世，然后比照父母的丧礼而守丧三年。侍奉老师，老师如果有过失，不能犯颜直谏，也不要掩饰老师的错误。在老师身边侍奉，要竭力侍奉到老师去世，然后怀悲痛之情在心

中悼念三年。……

【原文】

子上之母死而不丧[①]。门人问诸子思曰[②]：“昔者子之先君子丧出母乎？”曰：“然。”“子之不使白也丧之，何也？”子思曰：“昔者吾先君子无所失道，道隆则从而隆，道污则从而污，伋则安能？为伋也妻者，是为白也母；不为伋也妻者，是不为白也母。”故孔氏之不丧出母，自子思始也。……

【注释】

①子上：名白，字子上，孔子曾孙，子思的儿子。
②子思：名伋，字子思，孔子的孙子。

【译文】

子上的母亲离婚后去世了，子上没有为她服丧。子思的学生向子思问道：“从前先生的父亲不是也为离了婚的母亲服丧吗？”子思回答：“是的。”“那么先生不让子上为他母亲服丧，这是什么原因呢？”子思回答说：“从先，我父亲并没有失礼的地方，按照礼，服丧该隆重的就隆重，该从简的就从简。我哪里能做到这一点呢？做我的妻子，也就是孔白的母亲；不再是我的妻子了，当然也就不是孔白的母亲了。”所以孔氏家族不替已离婚的母亲服丧，大概是从子思开始的。

【原文】

孔子既得合葬于防[1]，曰："吾闻之：'古也墓而不坟。'今丘也，东西南北人也，不可以弗识也[2]。"于是封之，崇四尺。孔子先反，门人后。雨甚；至，孔子问焉，曰："尔来何迟也？"曰："防墓崩。"孔子不应。三，孔子泫然流涕曰："吾闻之：'古不脩墓[3]。'"……

【注释】

①防：山名，位于春秋时鲁国都城近郊。今山东曲阜市东。②识：通"帜"，标记。③脩：通"修"，整理。

【译文】

孔子将父母合葬在防以后，说："我听说'古时墓地是不堆土作坟的'。现在我是个四处奔波的人，在墓上不可以不加上标记。"于是就在墓上堆土，高达四尺。孔子先返回了，弟子们留在那里料理。下了一阵大雨，弟子们才回来了。孔子问他们说："你们怎么回来得这么晚？"他们回答说："防地的墓坍了。"孔子没应声。弟子们连说了几次，孔子才流着泪说："我听说过，'古人是不在墓上堆土作坟的啊。'"……

【原文】

穆公之母卒，使人问于曾子曰[①]：“如之何？”对曰：“申也闻诸申之父曰：‘哭泣之哀，齐斩之情，饘粥之食[②]，自天子达。布幕，卫也；缪幕[③]，鲁也。’”

【注释】

①曾子：曾参的儿子，名申，字子西，春秋时鲁国人。②粥：稀粥。③缪幕：素色的绢。

【译文】

鲁穆公的母亲去世了，就派人去向曾申请教说：“丧事该怎样办理呢？”曾申回答说：“我曾听我父亲说：‘用哭泣来抒发内公的悲痛，穿齐衰或斩衰来报答父母的养育之恩，每天喝点稀粥来表达思念父母的忧伤之情。这从天子到百姓都是一样的。至于覆盖在棺上的帐，卫国用麻布，鲁国用绸布。’”

【原文】

晋献公将杀其世子申生[①]，公子重耳谓之曰[②]：“子盍言子之志于公乎？”世子曰：“不可。君安骊姬，是我伤公之心也。”曰：“然则盍行乎？”世子曰：“不可。君谓我欲弑君也，天下岂有无父之国哉！吾何行如之？”使人辞于狐突曰[③]：“申生有罪，不念伯氏之言也，以至于死。申生不敢爱其死，虽然，吾君老矣，

子少，国家多难，伯氏不出而图吾君，伯氏苟出而图吾君，申生受赐而死。”再拜稽首[4]，乃卒。是以为“恭世子”也。……

【注释】

①晋献公：春秋时晋国国君。世子：天子和诸侯正妻所生的长子。申生：晋献公的长子，是晋献公的前夫人齐姜所生，立为太子。②重耳：晋献公之子，申生的异母弟，是晋献公的妾狐氏所生，后来成为春秋五霸之一。③狐突：晋大夫。狐氏，名突，字伯行。申生的师傅，重耳的外祖父。④稽首：恭敬的跪拜礼。

【译文】

晋献公将要杀他的太子申生，公子重耳对申生说：“你为什么不向父亲申述自己的清白呢？”太子说：“不可以。父亲有了骊姬在身边才高兴，我要说出自己被诬陷的真相就会伤父亲的心。”重耳又说：“那么为什么不逃走呢？”太子回答说：“不可以。父亲说我想谋杀他，天下难道有不要父亲的国家，愿意容纳我这个背着弑父罪名的人呢？我还能逃到哪里去呢？”申生派人转告狐突说：“申生背有弑杀的罪名，是因为没有听从您的话，才落到要被杀的地步。申生不敢贪生怕死，然而，我父亲已年老了，别的儿子年龄又小，再加上国家多难，而您又不愿出来辅助我父亲。您如果肯出来辅助我父亲，那么我申生就受到了您的恩赐而甘愿

去死，死而无憾。”申生再拜叩头之礼，就自尽了。因此谥号为“恭世子”。……

【原文】

鲁庄公及宋人战于乘丘。县贲父御[①]，卜国为右[②]。马惊，败绩，公队[③]，佐车授绥。公曰：“末之，卜也。”县贲父曰：“他日不败绩，而今败绩，是无勇也。”遂死之。圉人浴马[④]，有流矢在白肉。公曰：“非其罪也。”遂诔之[⑤]。士之有诔，自此始也。

【注释】

①县贲父：人名。御：站在左边驾车。②卜国：人名。右：即车右，站在右边保护主帅的人。③队：通“坠”。④圉人：养马的马夫。⑤诔：一种哀祭文体。称颂死者德行及事迹的文字。

【译文】

鲁庄公率军队与宋军在乘丘交战，县贲父驾车，卜国做车右。马突然受惊搅乱了队列，庄公从车上摔下来，幸亏车副把车上的绳索抛给庄公，才把庄公拉上车来。庄公说：“这是我事先没有占卜的原因吧。”县贲父说：“以前驾车没有马受惊搅乱队列的情况，今天出现这种情况，是我缺乏勇气造成的。”于是就自杀而死。后来马夫在洗马的时候发现有一支箭射在马的大腿内侧的肌肉深处。庄公说：“这次不是县贲父的过

错啊。”于是为县贲父作诔。士死后为他们作诔，就是从这时开始的。

【原文】

曾子寝疾，病。乐正子春坐于床下[①]，曾元、曾申坐于足[②]，童子隅坐而执烛。童子曰：“华而睆[③]，大夫之箦与？”子春曰：“止！”曾子闻之，瞿然曰：“呼！”曰：“华而睆，大夫之箦与？”曾子曰：“然。斯季孙之赐也，我未之能易也。元，起易箦。”曾元曰：“夫子之病革矣[④]，不可以变，幸而至于旦，请敬易之。”曾子曰：“尔之爱我也不如彼。君子之爱人也以德，细人之爱人也以姑息。吾何求哉？吾得正而毙焉，斯已矣。”举扶而易之，反席未安而没。……

【注释】

①乐正子春：乐正，氏，字子春，春秋鲁国人，曾参的弟子。②曾元、曾申：二人是曾参的儿子。③睆：华美。④革：急。

【译文】

曾子卧病在床，病得十分厉害。乐正子春坐在他床下，曾元、曾申坐在他的脚边，一个童子坐在墙角，手上举着火烛。童子说：“好漂亮华美，是大夫用的席子吧？”子春说：“别出声。曾子听见了，吃惊地说：“啊！”童子又说：“多么华美漂亮，这是大夫用的席子

吧？”曾子说：“是这样的，是季孙氏送的，我没有及时换掉。元，起来把席子换掉。”曾元说：“父亲您的病已经很严重了，不能挪动，希望能等到天亮，再小心地调换。”曾子说：“你对我的爱还不如那童子。君子爱人，就要成全别人的美德；小人爱人，迁就别人的错误求得安宁。我现在还有什么企求呢？我只盼望能合乎礼仪地死去，这就可以了。”于是大家抬起曾子更换了席子，等到把他放回席子，他还未躺稳就死了。……

【原文】

孔子之卫，遇旧馆人之丧，入而哭之哀。出，使子贡说骖而赙之[①]。子贡曰：“于门人之丧，未有所说骖，说骖于旧馆，无乃已重乎？”夫子曰：“予乡者入而哭之，遇于一哀而出涕，予恶夫涕之无从也？小子行之。”……

【注释】

①说：通“脱”，解脱。骖：古代马车由四匹马拉，此指在两边拉车的马。赙：送财物帮助别人办丧事。

【译文】

孔子到卫国去，正遇到以前接待过自己的馆舍主人的丧事，便进去哭他，哭得很伤心。出来后，叫子贡把拉车的骖马解下来送给丧家。子贡说：“对弟子的

丧事都没解下骖马相送，现在却解下骖马送给从前的馆人，这礼恐怕太重了吧？”孔子说：“我刚才进去哭馆人，触动了心里的悲哀就流下了眼泪。我怎能只流泪而没有别的表示呢？你还是照我的话去做吧。”……

【原文】

子游问丧具。夫子曰：“称家之有亡。”子游曰：“有亡恶乎齐？”夫子曰：“有，毋过礼；苟亡矣，敛首足形，还葬，县棺而封[①]，人岂有非之者哉？”……

【注释】

①还：通“旋”。封：当作“窆”，葬时下棺。

【译文】

子游向孔子请教办丧事的器物怎样才算是完具。孔子说：“与家里财力的多少相称就行了。”子游说：“怎样才能掌握家里的财力多少与丧具厚薄的关系呢？”孔子说：“如果财力充实，也不要过于厚葬；如果家境贫寒，就只要衣被足以包裹住死者的首足形体，而且殓毕就下葬，用手拉绳子下棺就行了。这样做，又有谁会责备他呢？”……

【原文】

成子高寝疾[①]，庆遗入[②]，请曰：“子之病革矣，如至乎大病[③]，则如之何？”子高曰：“吾闻之也：‘生

有益于人，死不害于人。’吾纵生无益于人，吾可以死害于人乎哉？我死，则择不食之地而葬我焉。”……

【注释】

①成子高：齐大夫国成，字子高，成是谥号。②庆遗：齐国大夫庆封的族人。③大病：死的讳言。

【译文】

成子高卧病在床，庆遗进去向他请示说：“您的病已经很危急了，如果再严重了，那后事该怎么办呢？”子高说：“我听说过这样的话：‘活着时要做对人有益的事，死了不要害人。’我即使活着的时候没有做对别人有益的，难道死了以后去做对别人有害的事吗？我死后，就挑选一块不长庄稼的地，把我葬在那里。”……

【原文】

国子高曰：“葬也者，藏也。藏也者，欲人之弗得见也。是故衣足以饰身，棺周于衣，椁周于棺，土周于椁。反壤树之哉？”

【译文】

国子高说：“葬，是藏的意思。藏，是想让人不能看见。所以衣衾足以包裹住身体，棺足以包容住衣衾，椁足以包住内棺，土足以掩埋住椁就行了。何必还要在墓上堆土造坟种树呢？”

檀弓下

【原文】

晋献公之丧，秦穆公使人吊公子重耳，且曰："寡人闻之，亡国恒于斯，得国恒于斯。虽吾子俨然在忧服之中，丧亦不可久也，时亦不可失也。孺子其图之。"以告舅犯[①]。舅犯曰："孺子其辞焉。丧人无宝，仁亲以为宝。父死之谓何？又因以为利，而天下其孰能说之？孺子其辞焉。"公子重耳对客曰："君惠吊亡臣重耳，身丧父死，不得与于哭泣之哀，以为君忧，父死之谓何？或敢有他志，以辱君义。"稽颡而不拜[②]，哭而起，起而不私。子显以致命于穆公[③]。穆公曰："仁夫公子重耳！夫稽颡而不拜，则未为后也，故不成拜。哭而起，则爱父也；起而不私，则远利也。"……

【注释】

①舅犯：狐突的儿子、重耳的舅舅狐偃，字子犯。②稽颡：即叩头至地。③子显：秦穆公的使者会子縶。

【译文】

晋献公死后，秦穆公派人向出亡在外的公子重耳吊唁，并且转述穆公的话说：“寡人听说过，失去君位常常在国丧这个时候，得到君位也常常在国丧这个时候。你虽然现在正严肃地处于居忧服丧期间，但也不宜长久地居丧，时机不可失去。请你考虑考虑这件事。”重耳把使者的话告诉了舅舅子犯。舅舅子犯说：“你还是辞谢他们的好意吧。出亡在外的人没有什么宝贵的东西，只有自己敬爱的亲人才是最可宝贵的。父亲去世了，这是多么重大的变故，如果又趁这个机会谋图私利，这样做在天下人面前怎么解说呢？你还是辞谢他们的好意吧。”公子重耳于是回答使者说：“贵国国君这样施恩惠派人来吊唁我这个出亡在外的臣子重耳，我出亡在外，父亲现在又去世了，不能回到国内与亲人们在父亲的灵位前哭泣，表达心里的哀痛，而使贵国国君替我操心担忧，父亲去世，这是重大的变故，怎敢有其他的念头，来玷辱贵国国君给予我的厚义呢？”说完以后，就稽颡哀号而不拜谢。然后哭着站起来，站起来以后就不再和使者私下交谈了。使者子显回国向秦穆公复命。穆公说：“公子重耳真是仁厚的人啊！他只叩头至地而不拜谢，来表明他不敢以父亲的继承人自居，所以不成拜礼，哭着站起来，可见他对自己的父亲是很爱的。站起来后不再和使者私下交谈，表明他不想趁父亲去世之机而谋图私利。”……

【原文】

孔子谓：为明器者[①]，知丧道矣，备物而不可用也。哀哉！死者而用生者之器也，不殆于用殉乎哉？其曰明器，神明之也。涂车刍灵，自古有之，明器之道也。孔子谓“为刍灵者善”，谓“为俑者不仁”，不殆于用人乎哉？……

【注释】

①明器：随葬的器物。

【译文】

孔子认为制作明器的人，是懂得办丧事的道理，既置备了各种器物，却又不能实用。多么可悲啊！人死了而用活人的器物随葬，这不是接近于用活人殉葬了吗？把随葬的器物叫作明器，就是把死者当作神明看待的原因。像用泥做的车子，用草扎的人、马，自古就有了，这就是制作明器的由来和方法。孔子认为用草扎人、马的人，心地仁慈，认为制作人俑的人，心地不仁慈，不是接近于用活人殉葬吗？……

【原文】

曾子曰：“晏子可谓知礼也已，恭敬之有焉。”有若曰：“晏子一狐裘三十年，遣车一乘[①]，及墓而反。国君七个，遣车七乘；大夫五个，遣车五乘，晏子焉

知礼?”曾子曰：“国无道，君子耻盈礼焉。国奢，则示之以俭；国俭，则示之以礼。”……

【注释】

①遣车：送葬时载牲体的车子。

【译文】

曾子说：“晏子可以说是非常懂得礼了，他有恭敬的心，严谨的行。”有若说：“晏子一件狐皮袍子穿了三十年，办理丧事时，只用一辆遣车，到了墓地下完葬就回家了。依礼，装遣奠牲体国君用七个包，遣车七辆；大夫用五个包，遣车五辆。晏子怎么能说是懂得礼呢?”曾子说：“如果国君治国无方，那么君子就耻于按礼仪做得那么详尽了。国人奢侈成风时，就应当向人们表现出节俭；在国人崇尚节俭时，就应该向人们表现出要按礼数去做的态度。”……

【原文】

吴侵陈，斩祀杀厉。师还出竟，陈太宰嚭使于师[1]。夫差谓行人仪曰[2]：“是夫也多言，盍尝问焉，师必有名，人之称斯师也者，则谓之何?”太宰嚭曰：“古之侵伐者，不斩祀，不杀厉，不获二毛。今斯师也，杀厉与？其不谓之杀厉之师与?”曰“反尔地，归尔子，则谓之何?”曰：“君子讨敝邑之罪，又矜而赦之，师与，有无名乎?”……

【注释】

①陈太宰嚭：太宰：官名。嚭：人名。此应为吴太宰嚭。②夫差：春秋时吴王名。行人仪：行人官名，掌聘问等外交事宜。人名。

【译文】

吴国侵入陈国，砍伐祀祠的树木，残杀患病的百姓。吴军回国，离开陈国国境的时候，陈国派行人仪出使到吴军。吴王夫差对太宰嚭说："这个使者很会讲话，我们何不试着问问他？军队需要一个好的名声，问问他，别人对我们的军队，是怎样评价的？"行人仪回答说："古时候入侵别人的军队，不砍伐别国祀祠的树木，不杀害患病的百姓，不俘虏头发斑白的老人。而现在你们的军队，没有杀害患病的百姓吗？这不就成了杀害百姓的军队了吗？"又问："那么把攻取的土地归还给你们，把俘虏的臣民归还给你们，又怎样评价我们的军队呢？"回答说："君王您讨伐有罪的敝国，现在又同情并赦免我们，如果是这样的军队，还怕名声不好吗？"……

【原文】

公叔文子卒[①]，其子戍请谥于君，曰："日月有时，将葬矣，请所以易其名者。"君曰："昔者卫国凶饥，夫子为粥与国之饿者，是不亦惠乎？昔者卫国有难，

夫子以其死卫寡人，不亦贞乎？夫子听卫国之政，修其班制，以与四邻交，卫国之社稷不辱，不亦文乎？故谓夫子贞惠文子。”……

【注释】

①公叔文子：卫国大夫，名拔（亦作发），献公的孙子。

【译文】

公叔文子去世了，他的儿子戍向国君卫灵公请求赐给谥号，说：“丧事的日期已经拟定了，很快就要出葬了，请求赐给他一个谥号。”灵公说：“从前卫国发生大饥荒，先生施粥给饥饿百姓吃，这不是仁爱好施吗？从前卫国有难，先生用生命保卫我，这不是很忠贞吗？先生在执掌卫国朝政的时候，依照礼制序列尊卑的次序，使卫国与四方邻国交好，使卫国的社稷没有受到玷辱，这不是博文知礼吗？所以可以称先生为‘贞惠文子’。”……

【原文】

陈子车死于卫，其妻与其家大夫谋以殉葬①，定而后陈子亢至②，以告曰：“夫子疾，莫养天下，请以殉葬。”子亢曰：“以殉葬，非礼也。虽然，则彼疾当养者，孰若妻与宰？得已，则吾欲已；不得已，则吾欲以二子者之为之也。”于是弗果用。

【注释】

①家大夫：陈子车的家宰（家臣头子）。②陈子亢：陈子车的弟弟，孔子的弟子。

【译文】

齐国大夫陈子车死在卫国，他的妻子同家宰商量要用活人为他殉葬，商量决定后，陈子亢奔葬来了，他们就把用活人殉葬的决定告诉了陈子亢，并说："夫子有病，没有人在地下侍候他，请让我们用活人为他殉葬。"子亢说："用活人殉葬，是不符合礼的。即便是这样，那么他有病，在地下侍候他的，有谁能比他妻子和家宰更合适呢？能取消这个决定，正是我的愿望；不能取消这个决定，那么我想不如用你们两人为他殉葬吧！"这样，用活人殉葬的事没有实行。

【原文】

子路曰："伤哉，贫也！生无以为养，死无以为礼也。"孔子曰："啜菽饮水[①]尽其欢，斯之谓孝。敛手足形，还葬而无椁，称其财，斯之谓礼。"……

【注释】

①啜菽：喝豆熬的粥。

【译文】

子路说：“贫穷，是非常让人伤心的事啊！父母在世时，没有什么赡养他们；父母去世了，又没有钱为他们举行葬礼。”孔子说：“就是熬豆粥吃，喝凉水，只要是能使父母在精神上愉快满足，这就是孝。父母去世后，只要有衣被包裹住他们的首足形体出葬，即使没有椁，只要能依照自己的财力来办丧事，这也就合乎礼了。”

【原文】

孔子过泰山侧，有妇人哭于墓者而哀。夫子式而听之，使子路问之曰：“子之哭也，壹似重有忧者。”而曰：“然。昔者吾舅死于虎，吾夫又死焉，今吾子又死焉。”夫子曰：“何为不去也?”曰：“无苛政[①]。”夫子曰：“小子识之，苛政猛于虎也。”……

【注释】

①政：通“征”，指赋税和徭役。

【译文】

孔子从泰山旁边经过，看见一个妇人在墓前哭得非常悲痛。孔子手扶在车轼上致意并听她哭泣，然后叫子路去问她说：“听您的哭声，像有很沉重的哀伤。”妇人回答说：“是的。从前我的公公是被老虎咬死的，

我的丈夫又被老虎咬死了，现在我的儿子又被老虎咬死了。”孔子听后说：“那你为什么不离开这个地方呢？”妇人说：“因为这里没有繁重的赋税和徭役。”孔子听后对弟子说：“你们要记住，繁重的赋税和徭役比老虎还凶猛啊！”……

【原文】

齐大饥，黔敖为食于路[①]，以待饿者而食之。有饿者，蒙袂辑屦[②]，贸贸然来。黔敖左奉食，右执饮，曰：“嗟，来食！”扬其目而视之，曰：“予唯不食嗟来之食，以至于斯也。”从而谢焉，终不食而死。曾子闻之曰：“微与。其嗟也可去，其谢也可食。”……

【注释】

①黔敖：春秋时齐国的士。②袂：袖子。屦：古时用麻、葛等制成的鞋子。

【译文】

齐国发生大饥荒，黔敖煮了饭放在路边，等待路过的饥饿的人，给他们充饥。有一个饥民，用衣袖遮着脸，拖着鞋子，无精打采地走过来。黔敖左手端着饭，右手拿着水，说：“喂，来吃！”那个饥饿的人抬起眼来看着黔敖，说：“我就是因为不愿吃这种嗟来之食，才成为这个样子。”黔敖听后上前向饥饿的人道歉，但他还是执意不肯吃，因而饿死。曾子听说了这

件事，说："恐怕不必这样做吧，别人呼你'喂，叫你吃'时，你可以离开；但别人已经向你道歉了，那就应该吃了。"……

【原文】

阳门之介夫死[1]，司城子罕入而哭之哀[2]。晋人之觇宋者[3]，反报于晋侯曰："阳门之介夫死，而子罕哭之哀，而民说，殆不可伐也。"孔子闻之曰："善哉，觇国乎！《诗》云：'凡民有丧，扶服救之。'虽微晋而已，天下其孰能当之？"……

【注释】

①阳门：宋国国都的城门名。②司城子罕：子城郡司空，官名，掌城郭营建，因宋武公名司空，故避讳改为司城。子罕：宋国正卿乐喜。③觇：偷看、侦察。

【译文】

阳门的一名甲衣卫士死了，司城子罕到他家去，哭得很悲伤。晋国的一个刺探宋国情报的探子，回国后向晋侯报告说："阳门的一个甲衣卫士死了，子罕哭他哭得很伤心，宋国的百姓对这很满意，恐怕现在不可以去攻打他们。"孔子听说了这件事说："好啊，这个刺探别国情报的人。《诗》中说'凡是别人家有丧事或灾祸，我都应尽力去帮助他们。'即使不是晋国，天

下有哪个国家敢去攻打宋国呢？”……

【原文】

赵文子与叔誉观乎九原[1]。文子曰：“死者如可作也，吾谁与归？”叔誉曰：“其阳处父乎[2]？”文子曰：“行并植于晋国，不没其身，其知不足称也。”“其舅犯乎[3]？”文子曰：“见利不顾其君，其仁不足称也。我则随武子乎[4]，利其君不忘其身，谋其身不遗其友。”晋人谓文子知人。文子其中退然如不胜衣，其言呐呐然如不出诸其口。所举于晋国管库之士七十有余家，生不交利，死不属其子焉。

【注释】

①赵文子：即晋卿赵武。叔誉：晋大夫叔向。九原：晋国卿大夫墓所在地。②阳处父：晋襄公的太傅。③舅犯：晋大夫狐偃，字子犯。④武子：晋国大夫士会，字季。又称随会、随季，死后称范武子、随武子。

【译文】

赵文子和叔誉一同到九原巡视。文子说：“死人如果能够活过来，我跟随谁在一起好呢？”叔誉说：“那阳处父如何呢？”文子说：“阳处父在晋国专权独断，不能善终，他的智慧不值得称赞。”“那舅犯怎么样？”文子说：“他见到利就不顾君主了，他在仁的方面不值得称赞。我还是跟随武子吧，他能为国君着想，又能

顾及自身；既能想到自己，又不遗忘他的朋友。”晋国的人认为文子善于了解人。文子的身体柔弱，似乎连衣服都承受不起，说起话来口齿迟钝，好像话说不利索。他所推荐的为晋国管库府的就有七十多人，他生前从来不与他们在利益方面有往来，去世了也不把儿子托付给他们。

郊特牲

本篇记叙了各种礼和阐发关于礼义的见解。

【原文】

郊特牲，而社稷大牢。天子适诸侯，诸侯膳用犊；诸侯适天子，天子赐之礼大牢，贵诚之义也。故天子牲孕弗食也，祭帝弗用也。……

【译文】

郊祀祭天时用一头牛，祭祀土神和谷神时要用牛、羊、猪三牲。天子巡视到诸侯国，诸侯向天子进膳只用一头小牛；诸侯去朝见天子，天子用牛、羊、猪三牲来招待诸侯，这些都体现了尊重真诚之心的原因。所以天子不吃怀孕的牲畜，祭祀天帝也不用怀孕的牲畜。……

【原文】

朝觐，大夫之私觌，非礼也。大夫执圭而使，所以申信也。不敢私觌[1]，所以致敬也，而庭实私觌，何为乎诸侯之庭？为人臣者无外交，不敢贰君也。大夫

而飨君，非礼也。大夫强而君杀之，义也。由三桓始也。天子无客礼，莫敢为主焉。君适其臣，升自阼阶，不敢有其室也。觐礼，天子不下堂而见诸侯。下堂而见诸侯，天子之失礼也，由夷王以下[②]。……

【注释】

①觌（dí）：见。②夷王：名姬燮，周懿（yì）王的太子。

【译文】

诸侯朝觐诸侯，随从的大夫以私人的名义拜访主国的国君，这是不合礼的。如果大夫拿着圭奉国君之命被派出使，就可以拜见主国国君，用玉圭证明自己受国君之命而出使的。至于随从国君出使，不敢用自己的名义拜访主国国君，这样做是表示对自己国君的尊重。如果随从的大夫带着礼物去私自拜见别国国君，那怎么能像个诸侯之庭呢？作为君王的臣子不能够有私自的外交，这是为臣者不敢对君怀有二心啊。大夫用飨礼宴请君主，这是不合乎礼制的。大夫的权势比君王强，君王可以杀死他，这样做是合乎义的。这在鲁国是从三桓开始的。天子没有作客的礼仪，是因为没有人敢做主人而请天子作客的。君主到他臣子家里去，臣子请君主从东面的台阶登堂，来表示臣子不敢以家居主人自居。古时候诸侯觐见天子，天子是不下堂迎接诸侯的。天子如果下堂接见诸侯，这是天子的

失礼，这种事，从周夷王开始发生。……

【原文】

君之南乡，答阳之义也。臣之北面，答君也。大夫之臣不稽首[①]；非尊家臣，以辟君也。大夫有献弗亲，君有赐不面拜，为君之答己也。

【注释】

①稽（qǐ）首：古时的一种礼节。跪下，拱手至地，头也至地。

【译文】

君王的座位朝南，是面对阳气的意思。臣面朝北，是面对君表示臣从君王的意思。大夫的家臣向大夫不行稽首礼，这不是尊重家臣，而是为了避免把大夫当作君主的嫌疑。大夫向君王进献物品不亲自去而是派家臣送去；君主有赏赐给大夫，大夫不须当面拜谢，这是为了不让君主再向自己答拜。

【原文】

季春出火，为焚也。然后简其车赋，而历其卒伍。而君亲誓社，以习军旅。左之右之，坐之起之，以观其习变也。而流示之禽，而盐诸利[①]，以观其不犯命也。求服其志，不贪其得。故以战则克，以祭则受福。……

【注释】

①盐（yàn）：喜爱、羡慕的意思。

【译文】

季春三月，用火去焚烧荒原野草。然后挑选战车、战马和武器，清点士兵的数量。再由国君亲自率领在社坛前誓师，然后就操练军队，指挥军队或向左、或向右，或坐下、或起立，来观察士兵的应变能力。之后命令士兵逐赶禽兽，观察士兵在利益诱惑的情况下，是否违反命令。这样做是为了让士兵服从命令而不贪利。所以这样训练出来的军队，用来作战就能取得胜利，祭祀鬼神也会受到神的赐福。……

【原文】

天地合而后万物兴焉。夫昏礼，万世之始也。取于异姓，所以附远厚别也。币必诚，辞无不腆，告之以直信。信，事人也；信，妇德也。壹与之齐，终身不改，故夫死不嫁。男子亲迎，男先于女，刚柔之义也。天先乎地，君先乎臣，其义一也。执挚以相见，敬章别也。男女有别，然后父子亲；父子亲，然后义生；义生，然后礼作；礼作，然后万物安。无别无义，禽兽之道也。

【译文】

天地之气相配合，然后才产生万物。男女举行婚礼，是后世子孙的开始。不同姓的宗族男娶女嫁，用这种礼仪使关系疏远的联系起来，使不同血统的宗族结为亲属。男方送订婚的聘礼必须诚信，致辞时要直率，不要说客套话，以此来告诫对方要正直诚信。诚信是人立身的根本，诚信也是妇女必备的美德。一旦与男方结为夫妻，终身不得变心，即使丈夫死了也不改嫁。结婚时，男子亲自去女方家迎亲，男方在前面领着女方，这蕴含着刚柔相配的意思。这同天在地之先，君在臣之前，它们的道理是相同的。男方到妇方家迎亲，要带见面礼拜见岳父。之后再见新娘，这是尊重男女之别。男女有分别，才有父子之亲；有了父子之亲，然后才产生人伦义理；有了人伦义理，各种礼仪才会出现；有了礼义，社会才会安定。如果不分男女，没有伦理关系，那就同禽兽一样了。

明堂位

本篇记叙诸侯在明堂朝见周天子所处的位置及周公的功勋等。

【原文】

昔者周公朝诸侯于明堂之位：天子负斧依[1]南乡而立；三公，中阶之前，北面东上；诸侯之位，阼阶之东，西面北上；诸伯之国，西阶之西，东面北上；诸子之国，门东，北面东上；诸男之国，门西，北面东上；九夷之国，东门之外，西面北上；八蛮之国，南门之外，北面东上；六戎之国，西门之外，东面南上；五狄之国，北门之外，南面东上；九采之国，应门之外，北面东上。四塞，世告至。此周公明堂之位也。明堂也者，明诸侯之尊卑也。

【注释】

①斧依：类似于现在的屏风，设于明堂的正中。

【译文】

以前周公在明堂接受诸侯来朝见的位置是：天子

背对斧依，而朝南站立。三公在明堂南面中间台阶的前面站着，面向北，以东边为上位；侯爵的位置在阼阶的东边，面对西，以北边为上位；伯爵的位置在西面台阶之西，面对东，以北边为上位；子爵的位置在应门的东边，面对北，以东边为上位；男爵的位置在应门的西边，面对北，以东边为上位；夷族诸部的君主位于东门外，面对西，以北边为上位；蛮族诸部的君主位于南门外，面对北，以东边为上位；戎族诸部的君主位于西门外，面对东，以南边为上位；狄族诸部的君主位于北门外，面对南，以东边为上位；各采地的诸侯，位于应门外，面对北，以东边为上位。四方边塞地区的田家在每一代新天子即位或本国新君即位时，才朝见。这就是周公在明堂接见来朝诸侯的位置。明堂的位置，是用以显示诸侯地位尊卑的。

【原文】

昔殷纣乱天下，脯鬼侯以飨诸侯[①]，是以周公相武王以伐纣。武王崩，成王幼弱，周公践天子之位，以治天下。六年，朝诸侯于明堂，制礼作乐，颁度量，而天下大服。七年，致政于成王。成王以周公为有勋劳于天下，是以封周公于曲阜，地方七百里，革车千乘，命鲁公世世祀周公以天子之礼乐。是以鲁君孟春乘大路[②]，载弧韣[③]，旗十有二旒，日月之章，祀帝于郊，配以后稷，天子之礼也。……

【注释】

①鬼侯：亦为“九侯”，殷时诸侯。②大路：天子祭天乘的车。③弧：张旗用的竹弓。韣：弧外面的布套。

【译文】

从前殷纣王实行暴政造成天下大乱，杀了鬼侯，并将他的肉做成肉脯，来给其他诸侯吃，所以周公辅佐武王讨伐纣王。武王驾崩，成王年幼，周公登天子位治理天下。过了六年，在明堂接受诸侯的朝见，制作了礼仪和乐曲，颁布了度量单位，使天下人心悦诚服。第七年，把政权归还给成王。成王因为周公治理天下有大功劳，所以把周公分封到曲阜，土地纵横七百里，兵车千辆，命令鲁国的国君世世代代用天子的礼乐祭祀周公。因此鲁国的国君在每年孟春正月乘大路车，车上插上旌旗，张旗的弧上饰有布套，旗的下沿垂饰着十二旒，旗上画有日月的图案，在国都郊外祭祀天帝，用后稷配祭，这些都是天子的礼仪。……

【原文】

太庙，天子明堂；库门，天子皋门；雉门，天子应门。振木铎于朝[1]，天子之政也。……

【注释】

①木铎：一种木舌的铃。古代宣布政令或有战事时使用。

【译文】

鲁国的太庙，与天子的明堂相当；鲁国的库门，与天子的臬门相当；鲁国的雉门，与天子的应门相当。在朝廷上摇动木铎，发布号令，与天子发布政令一样。……

【原文】

鲁公之庙，文世室也。武公之庙，武世室也。米廪，有虞氏之庠也；序，夏后氏之序也；瞽宗，殷学也；頖宫，周学也[①]。……

【注释】

①瞽（gǔ）宗、頖（pàn）宫：鲁国学校。

【译文】

鲁公伯禽的庙，相当于周文王的庙不毁而永存。鲁武公敖的庙，相当于周武王的庙不毁而永存。鲁国学校名叫米廪，就是有虞氏的庠；鲁国的学校名叫序的，是夏后氏的序；鲁国的学校名叫瞽宗的，是殷代的学校；鲁国的学校名叫頖宫的，是周代的学校。……

【原文】

凡四代之服、器、官，鲁兼用之。是故鲁，王礼也，天下传之久矣。君臣未尝相弑也，礼乐、刑法、政俗，未尝相变也，天下以为有道之国，是故天下资礼乐焉。

【译文】

凡属虞、夏、殷、周四个朝代的服饰、器物、职官，鲁国都效法使用。所以鲁国的礼仪，就是周天子的礼仪，天下人传闻已经很久了。鲁国的君臣之间没有发生过互相残杀的事情，礼乐、刑法、政令、风俗都不曾发生过改变，天下人都公认鲁国是个社会稳定、治理得好的国家，所以，其他国家都学习采用鲁国的礼乐。

学 记

郑玄《礼记目录》说："名曰《学记》者，以其记人学教之义。"本篇记叙了办学兴教的意义，论述了教育中的一系列重要问题，是一篇完整的阐述教学原理的文章。

【原文】

发虑宪，求善良，足以谀闻[1]，不足以动众。就贤体远，足以动众，未足以化民。君子如欲化民成俗，其必由学乎。

【注释】

①谀（xiǎo）：小。

【译文】

启发合乎法度的思考，招求贤能善良的人，这样做能取得小的声名，但不足以感动广大的民众。如能亲近贤人，体恤疏远者，就能够感动广大的民众，但不足以教化广大的民众。君子想要教化大众，形成良好的风俗，那就一定要从教育着手啊。

【原文】

玉不琢，不成器；人不学，不知道。是故古之王者，建国君民，教学为先。《兑命》曰："念终始，典于学。"其此之谓乎。

【译文】

玉石不经过雕琢就不能成为玉器；人不通过学习就不会明白道理。所以，古代的君王建立国家，管理百姓，都把教育放在首要的位置。《尚书·兑命》中说："要自始至终想到学习。"恐怕就是说的这个意思吧。

【原文】

虽有嘉肴，弗食，不知其旨也；虽有至道，弗学，不知其善也。是故学然后知不足，教然后知困。知不足，然后能自反也；知困，然后能自强也。故曰教学相长也。《兑命》曰："学学半[1]。"其此之谓乎！

【注释】

①学学半：前一学（xiào），教。

【译文】

虽然有味美的菜肴，但不去吃，就不会知道它味道的美。虽然有最好的道理，但不去学习，就不会知

道它好在何处。所以学习以后才会知道自己的不足之处，教育别人以后才会知道自己有不懂的地方。知道了自己的不足，然后才能反省自己；知道了自己有不懂的地方，才能勉励自己加强学习。所以说教与学是相互促进的。《尚书·兑命》说："教别人，一半也是丰富自己的知识。"这话大概说的就是这个道理。

【原文】

古之教者，家有塾，党有庠[①]，术有序[②]，国有学。比年入学，中年考校。一年视离经辨志，三年视敬业乐群，五年视博习亲师，七年视论学取友，谓之小成。九年知类通达，强立而不反，谓之大成。夫然后足以化民易俗，近者说服，而远者怀之，此大学之道也。《记》曰："蛾子时术之[③]。"其此之谓乎。

【注释】

①党：五百家为党。庠（xiáng）：设在党中的学校。②术：同"遂"，古时一万二千五百家为遂。序：设在遂中的学校。③蛾（yǐ）子：小蚂蚁。术：学习。

【译文】

古代的教育，家中有塾，党中有庠，遂中有序，国都有学。每年都有人入学，每隔一年考试一次。入学第一年考查读经断句的能力，辨别他的学习志向；第三年考查他是否专心在学业上，是否乐于与同学相

处；第五年考查他学习是否广博，是否敬爱师长；第七年考查他在学术上能否有自己的见解，能否选择好朋友；如果他考查合格，这就叫作学业小成。第九年考查他能否做到知识触类旁通，遇事有主见，不违背师教，这就叫作学业大成。这样，就能教化百姓，改变风俗，使近处的人心悦诚服，使远处的人都来归顺。这就是大学教育人的步骤道理。《记》说："小蚂蚁常常向大蚂蚁学习衔泥堆土。"大概说的就是这个意思吧。

【原文】

大学始教，皮弁祭菜[①]，示敬道也。宵雅肄三[②]，官其始也。入学鼓箧[③]，孙其业也[④]。夏楚二物[⑤]，收其威也。未卜禘不视学[⑥]，游其志也。时观而弗语，存其心也。幼者听而弗问，学不躐等也[⑦]。此七者，教之大伦也。《记》曰："凡学，官先事，士先志。"其此之谓乎。

【注释】

①皮弁（biàn）：礼服。②肄（yì）：学习。③箧（qiè）：书箱。④孙：同"逊"，恭顺。⑤夏（jiā）：楸树。楚：荆条。⑥禘（dì）：大祭。⑦躐（liè）：超过。

【译文】

大学开学时，要穿礼服，用藻菜一类的物品祭祀

先圣先师，以此来表示重道敬师。然后教学生学习《诗经·小雅》中的《鹿鸣》《四牡》《皇皇者华》三首诗，入学之初就让学生明白做官的道理。授课时，先击鼓把学生召集起来，然后打开书箱拿出书籍来，要学生恭顺谨慎地对待学业。用夏、楚两种体罚学生的东西，来使学生有所畏惧，整肃校风。大祭之前，天子、诸侯不到学校视察，这可以使学生能充分按自己的志向努力学习。老师要时常观察学生的学习情况，学生有疑惑时，先不解答给他听，以让学生用心多思考。年小的学生只听老师的讲解而不能提问，这是由于学习要循序渐进而不能超越进度。这七项是教学的大原则。《记》上说："凡是学习，如果学做官，就先学会与做官有关的事，如果学做士，就先要立下志向。"这话大概说的就是这个道理。

【原文】

大学之教也，时教必有正业，退息必有居学。不学操缦[①]，不能安弦；不学博依[②]，不能安诗；不学杂服，不能安礼；不兴其艺，不能乐学。故君子之于学也，藏焉，修焉，息焉，游焉。夫然，故安其学而亲其师，乐其友而信其道。是以虽离师辅而不反也[③]。《兑命》曰："敬孙务时敏[④]，厥修乃来。"其此之谓乎。

【注释】

①操缦（màn）：学习弹奏。缦：琴弦。②博依：广博的比喻。③辅：指朋友。④孙：同“逊”，谦逊。

【译文】

大学的教学，要按时序进行。所教的必须是正规的科目，课后休息时也要有课外作业。不练习指法，就演奏不好乐曲；不学习广博的比兴手法，就写不出好诗；不学习各种杂事之礼，就不能学好礼仪；不喜欢学习各种技艺，就不能激发出学业的兴趣。所以君子对于学业要心里想，每天不断学着，休息时学，闲游时学，时时刻刻不离学习。如果能这样，就能学得好，与老师又亲近，乐于和同学相处，对自己所学的道理深信不疑。所以，即使离开了老师、朋友，也不会违反所信奉的道理。《尚书·兑命》中说：“恭敬谦逊，努力学习，那么学业就一定成功。”大概说的就是这个意思。

【原文】

今之教者，呻其占毕[①]，多其讯言，及于数[②]进而不顾其安，使人不由其诚，教人不尽其材。其施之也悖，其求之也佛[③]。夫然，故隐其学而疾其师，苦其难而不知其益也。虽终其业，其去之必速。教之不刑，其此之由乎。

【注释】

①占：通“苫”，竹简。毕：竹简。②数：同“速”，快。③弗：通“拂”，违背。

【译文】

现在的老师，只会照着书本宣讲，又只会提许多问题为难学生，教学进度快而不顾学生能否接受，教育学生没有诚心，不考虑学生的实际情况而因材施教。教育学生违背了情理，学生求学也不顺利。因此，学生对学习厌恶，对老师憎恨，对学习感到困难而畏惧，不知道学习的好处。学生即使最后勉强完成了学业，学到的知识也一定很快会忘记。教育的不成功，就是这个原因造成的吧。

【原文】

大学之法，禁于未发之谓豫，当其可之谓时，不陵节而施之谓孙[①]，相观而善之谓摩。此四者，教之所由兴也。

【注释】

①陵：超过。

【译文】

大学的教育方法，在学生不当的欲望萌发之前就

加以禁止，叫作预防；在适当的时候对学生及时进行教育，叫作适时；不超越学生的接受能力而循序渐进地施行教育，叫作顺应；学生互相观摩而得到提高，叫作观摩。这四条是教育取得成功的原因。

【原文】

发然后禁，则扞格而不胜[1]；时过然后学，则勤苦而难成；杂施而不孙，则坏乱而不修；独学而无友，则孤陋而寡闻；燕朋逆其师；燕辟废其学[2]。此六者，教之所由废也。

【注释】

①扞：抵制、抗拒。②辟：通“僻”，邪恶。

【译文】

在学生不良行为已经发生后再去禁止，就会遭到抵触，因而难以起到作用；错过了适宜的学习时机，再学习的话，那么学习再刻苦努力也是不易取得成就的；教学不循序渐进，杂乱无章，那么学生的头脑就会混乱，教学效果就不好；独自学习而没有朋友一起商讨，就会使学识浅薄、见识不广；与不好的朋友交往，就会受影响而违背师长的教诲；有轻慢邪僻的言行不学好，就会荒废学业。这六条是导致教育失败的原因。

【原文】

君子既知教之所由兴，又知教之所由废，然后可以为人师也。故君子之教喻也，道而弗牵[1]，强而弗抑，开而弗达。道而弗牵则和，强而弗抑则易，开而弗达则思。和易以思，可谓善喻矣。

【注释】

①道：同“导”，引导。牵：强拉。

【译文】

君子只有懂得了教育取得成功的方法，又明白了导致教育失败的原因，这以后才可以做老师。所以君子教育学生，是善于诱导而不是强逼学生；是勉励学生而不是压制学生；是善于启发而不是完全讲解。诱导而不强逼，那么师生关系就会和谐；鼓励而不是压制，那么学生学习起来就会感到轻松容易；善于启发而不是全都讲解，那么学生就会勤于思考。师生关系融洽、学习轻松容易、学生勤于思考，能做到这三点，就可以说是善于教育诱导人了。

【原文】

学者有四失，教者必知之。人之学也，或失则多，或失则寡，或失则易，或失则止。此四者，必之莫同也。知其心，然后能救其失也。教也者，长善而救其失者也。

【译文】

求学的人会犯四种过错，做老师的一定要知道。人在求学时，有的可能一味贪多，有的可能不愿多读书，有的学习不专心见异思迁，有的学习浅尝辄止不求甚解。这四种过失的产生是由于不同的心理状况的缘故。做老师的一定要先掌握学生的不同心理，然后再有针对性地纠正他们的过失。好的教育方法，就在于善于发扬学生的优点，纠正他们的缺点。

【原文】

善歌者，使人继其声。善教者，使人继其志。其言也约而达，微而臧[1]，罕譬而喻，可谓继志矣。

【注释】

①臧（zāng）：善、好。

【译文】

擅长唱歌的人，能使听众不约而同地跟着他唱起来。擅长教学的人，能使学生自然而然地随着他的引导来学习。这样的人，他言简而意明，道理讲得含蓄而精微，所用比喻虽少却使人易懂，这可以说是善于使学生跟随他而进行学习。

【原文】

君子知至学之难易，而知其美恶，然后能博喻。能博喻，然后能为师；能为师，然后能为长；能为长，然后能为君。故师也者，所以学为君也。是故择师不可不慎也。《记》曰：“三王四代唯其师。”此之谓乎。

【译文】

君子明白求学有难有易，又懂得学生天赋有高有低，然后才能因材施教采用多种教学方法。能做到这一点，才能够当老师；能够当老师，才能做官长；能够做官长，才能够做国君。所以，做老师本身也是在学习做国君。因此选择老师不可以不慎重。《记》里说：“虞、夏、商、周三王四代无不以择师为重。”说的就是这个意思吧。

【原文】

凡学之道，严师为难。师严然后道尊，道尊然后民知敬学。是故君之所不臣于其臣者二：当其为尸[①]，则弗臣也；当其为师，则弗臣也。大学之礼，虽诏于天子无北面，所以尊师也。

【注释】

①尸：祭主。

【译文】

在从师学习中，尊敬老师是最难做到的。老师受到尊敬，那么他传授的道才可能受到尊重；道受到尊重，然后百姓才知道敬重学业。所以，国君不以君臣的尊卑关系来对待臣子的情况只有两种：一是臣子在祭祀中任祭主的时候，一是臣子当自己的老师时。根据大学里的礼仪，老师给天子讲课或问对，也不必按臣礼面朝北，这就是为了表示做君主的也尊敬老师。

【原文】

善学者，师逸而功倍，又从而庸之[①]；不善学者，师勤而功半，又从而怨之。善问者，如攻坚木，先其易者，后其节目[②]，及其久也，相说以解[③]；不善问者反此。善待问者如撞钟，叩之以小者则小鸣，叩之以大者则大鸣，待其从容，然后尽其声；不善答问者反此。此皆进学之道也。

【注释】

①庸：功。②节：树的干交接处。目：纹理不顺处。③说：通“脱”。

【译文】

善于学习的人，老师不必费很大气力，教学效果却很好，学生会把学习成效归功于老师的教导有方。

不善于学习的人，老师费很大的气力，收效却很小，学生还会因此埋怨老师不得法。善于提问题的，就像劈坚硬的木头，先从容易的地方开始，然后再砍较硬的节疤，经过一段时间，那些较硬的地方也就脱落分解了；不善于提问的人则与此相反。善于回答别人问题的人，就像撞钟一样，轻轻敲击那钟声较小，重重敲击那钟声就大，等钟声响起之后，让钟声余音悠扬；不善于回答别人问题的人，与这相反。这些都是增进学问的方法。

【原文】

记问之学，不足以为人师，必也其听语乎。力不能问，然后语之；语之而不知，虽舍之可也。

【注释】

只靠记诵书本上的知识而不领会，这种人不配当老师，而当老师的人一定要能解答学生提出的问题。学生不会提出问题时，老师应开导并讲解给学生听。如果讲解了学生还是不懂，那么暂时放一下待以后再讲解也是可以的。

【原文】

良冶之子，必学为裘。良弓之子，必学为箕。始驾马者反之，车在马前。君子察于此三者，可以有志于学矣。

【译文】

优秀冶炼匠的儿子，一定先学会缝制皮衣。优秀的弓匠的儿子，一定先学会编作箕畚。刚开始驾车的小马，一定要让它跟在车后。君子应从这三件事中看到求学的道理，立定求学的志向。

【原文】

古之学者，比物丑类。鼓无当于五声，五声弗得不和；水无当于五色，五色弗得不章；学无当于五官，五官弗得不治；师无当于五服，五服弗得不亲。

【译文】

古代研究学问的人，善于用同类事物相比。鼓的声音不在宫、商、角、徵、羽这五声之列，但在演奏时，没有鼓，五声就不能音调和谐；水的颜色不在赤、青、黄、白、黑这五色之列，但在绘画时，五色没有水的调和，那五色就显得不鲜艳；学问虽不在耳、目、鼻、口、心这五种器官之列，但五官不经过训练，就发挥不出作用；老师不在斩衰（cuī）、齐衰（cuī）、大功、小功、缌（sī）麻这五种亲属之列，但五服之亲没有老师的教诲，那么五服内的亲属关系就不会亲密起来。

【原文】

君子曰："大德不官，大道不器，大信不约，大时不齐。"察此四者，可以有志于本矣。三王之祭川也，皆先河而后海，或源也，或委也，此之谓务本。

【译文】

君子说："最有道德修养的人，并不一定专门担任一个官职；具有高深学问的人，不只会掌握一门技艺；最讲诚信的人，不需要靠盟约来约束；最能识时务的人，一定会顺应历史发展的潮流。"一个人懂得了这四种道理，就会从根本努力。夏、商、周三代天子在祭祀河川时，都是先祭河，后祭海，这是因为河是海的源头，海是河的汇集地。这就叫作致力于根本。

祭义

本篇主要记行孝道来敬奉双亲，行悌道来敬顺尊长。

【原文】

祭不欲数，数则烦，烦则不敬。祭不欲疏，疏则怠，怠则忘。是故君子合诸天道，春禘、秋尝。霜露既降，君子履之，必有凄怆之心，非其寒之谓也。春，雨露既濡，君子履之，必有怵惕之心，如将见之。乐以迎来，哀以送往，故禘有乐而尝无乐。

【译文】

祭祀的次数不可过多，过多了就会使人产生厌烦，厌烦了就失去了敬意。祭祀的次数也不可太稀少，太稀少就会使人怠慢，怠慢了就会把祖先遗忘了。因此君子依照天道运行的规律，在春天就举行禘祭，在秋天就举行尝祭。秋天降下霜露，君子踏着霜露，心中必然产生凄怆的感情，这并非因为感到天气的寒冷，而是因为思念去世的亲人。春天雨露滋润大地，君子踏着雨露，内心一定会怦然心动，希望能像春回大地

那样见到已故去的亲人。人们用喜悦的心情迎接春天的到来，用哀伤的心情送别秋天的逝去，因此举行禘祭奏乐，而举行尝祭不奏乐。

【原文】

致齐于内，散齐于外。齐之日，思其居处，思其笑语，思其志意，思其所乐，思其所嗜。齐三日，乃见其所为齐者。祭之日，入室，僾然必有见乎其位[1]；周还出户，肃然必有闻乎其容声；出户而听，忾然必有闻乎其叹息之声。……

【注释】

①僾（āi）然：隐约可见的样子。

【译文】

祭祀前一定要斋戒，斋戒的诚意在内心，表现斋戒的诚意在日常起居上。在斋戒的日子里，要时时思念死去的亲人生前的起居之处，思念他们的笑语，思念他们的意志，思念他们的欢乐，思念他们的爱好。斋戒三天后，眼前就好似见到了要祭祀的亲人。祭祀那天，进入庙室就隐约看见亲人在神位上；转身出门，心中一恍惚，仿佛真的听见了亲人的说话声；出门再仔细听，仿佛还真的听见亲人的喟然叹息声。……

【原文】

文王之祭也，事死者如事生，思死者如不欲生。忌日必哀，称讳如见亲。祀之忠也，如见亲之所爱，如欲色然，其文王与！《诗》云："明发不寐，有怀二人。"文王之诗也。祭之明日，明发不寐，飨而致之，又从而思之。祭之日，乐与哀半，飨之必乐，已至必哀。

【译文】

文王祭祀，侍奉死去的亲人好像亲人活着时一样，思念死去的亲人好像也要随同他们一起去。每到亲人的忌日，一定十分悲伤，提起父母的名讳，就如同见到了父母亲。文王祭祀时是多么的虔诚啊，奉献祭品时就好像见到父母亲生前所喜爱的东西一样，就好像见到父母亲要得到这些东西的神色，这些只有文王才能做到吧！《诗经·小雅·小宛》中说："天明还未眠，思念父母亲。"这就是说的文王啊。文王在祭祀父母的第二天，通宵没有入睡。举行祭祀进献贡品迎父母亲来享用，又更加思念父母亲。祭祀的日子里，怀着又快乐又哀伤的心情，迎接父母亲来享用时心中非常高兴，想到父母亲又要逝去心中非常悲伤。

【原文】

仲尼尝，奉荐而进，其亲也悫[①]，其行趋趋以数。

已祭，子贡问曰："子之言祭，济济漆漆然。今子之祭，无济济漆漆，何也?"子曰："济济者，容也，远也；漆漆者，容也，自反也。容以远，若容以自反也，夫何神明之及交，夫何济济漆漆之有乎？反馈乐成，荐其荐俎，序其礼乐，备其百官，君子致其济济漆漆，夫何慌惚之有乎？夫言，岂一端而已，夫各有所当也。"……

【注释】

①悫（què）：诚实。

【译文】

孔子在秋天举行尝祭时，亲自捧着祭品献上，他亲自劳作显得那么诚实忠厚，他行走很快，步子急促。祭祀以后，子贡问道："先生您说过祭祀时应该仪态从容、神情拘谨，而先生您今天祭祀并没有显现出这个样子，这是为什么呢？"孔子说："讲究仪态威仪表示关系疏远。神情拘谨，表示自我专注。疏远而又注重自我，还能和神明交接吗？在这时我怎能做出仪态威仪、神情拘谨的样子呢？说到天子、国君祭祀，我们是作为宾客参加的，反馈之礼完毕后，奏起了音乐，向神献上豆和俎。按照礼乐的规定次序，百官济济一堂，这时君子都显出仪态威严、神情拘谨的样子，哪里能与神明交往呢？我说的关于祭祀的话，怎么能一概而论呢？而应该根据不同的情况啊。"……

【原文】

孝子之祭可知也：其立之也，敬以诎；其进之也，敬以愉；其荐之也，敬以欲。退而立，如将受命；已彻而退敬齐之色不绝于面。孝子之祭也：立而不诎，固也；进而不愉，疏也；荐而不欲，不爱也，退立而不如受命，敖也；已撤而退，无敬齐之色，而忘本也。如是而祭，失之矣。孝子之有深爱者，必有和气；有和气者，必有愉色；有愉色者，必有婉容。孝子如执玉，如奉盈，洞洞属属然，如弗胜，如将失之。严威俨恪，非所以事亲也，成人之道也。……

【译文】

孝子通过祭祀时的表现就可以知道：他站立时，恭敬地曲着身；向前走时，恭敬地面露喜色；进献祭品时，恭敬而柔顺。退下来站立时，好像将要接受亲人的吩咐。直到祭祀完毕撤除祭品退下时，恭敬庄重的神色仍显露在脸上。相反，孝子在祭祀时，站着不弯腰，就显得鄙陋不知礼；上前时显出不愉快，就是与神明疏远了；进献祭品时，不希望鬼神来享用，就是对亲人不爱戴；后退站立时，没表现出好像还要听从吩咐的样子，就是傲慢不恭；撤除祭品退下时，消失了恭敬庄重的脸色，那就是忘了祖宗。像这样祭祀，那就失去了祭祀的意义。孝子对亲人有深深的爱，一定会露出和悦之色；有和悦之色，一定会表现出愉快

的神色；有愉快的神色，一定会有温顺的容貌。孝子祭祀时手捧祭品好像捧着美玉，又好像捧着满杯的水酒，恭敬而虔诚，生怕力不从心，贵重的东西从手中失落。那威严庄敬的样子，不仅仅是孝子侍奉亲人的态度，也是成人之间交往的应有态度。……

【原文】

先王之所以治天下者五：贵有德，贵贵，贵老，敬长，慈幼。此五者，先王之所以定天下也。贵有德何为也？为其近于道也。贵贵，为其近于君也。贵老，为其近于亲也。敬长，为其近于兄也。慈幼，为其近于子也。是故，至孝近乎王，至弟近乎霸。至孝近乎王，虽天子，必有父；至弟近乎霸，虽诸侯，必有兄。先王之教，因而弗改，所以领天下国家也。

【译文】

先王有五条用来治理天下的原则：尊重有德的，尊重有地位的人，尊重年老的人，尊重长辈，爱护年幼的人。这五条是先王用来安定天下的。尊重有德的人，是为什么呢？因为他们接近于圣贤之道。尊重有地位的人，是因为他们近似于国君；尊重年老的人，是因为他们近似于自己的父母亲；尊重长辈，是因为他们近似于兄长；爱护年幼的人，是因为他们近似于自己的子女。因此达到孝的极点就接近于王道了，达到悌的极点，就接近于霸道了。因此，孝的极点，也

就接近王道，是因为即使称霸的天子也一定对自己的父母尽孝；悌的极点接近霸道，是因为即使是称霸的诸侯也一定对其兄长尊重。先王的上述教导，沿袭它而不改变它，就可以领导天下国家。

【原文】

子曰："立爱自亲始，教民睦也；立教自长始，教民顺也。教必慈睦，而民贵有亲；教以敬长，而民贵用命。孝以事亲，顺以听命，错诸天下①，无所不行。"……

【注释】

①错：通"措"，安放。

【译文】

孔子说："树立仁爱之心要从敬爱自己的父母亲开始，用以教导百姓慈爱和睦；树立恭敬之心，要从尊敬顺从自己的兄长开始，用以教导百姓顺从。教导百姓慈爱和睦，百姓就会以侍奉父母亲为美德；教导百姓敬从兄长，百姓就会以服从命令为本分。用孝心来侍奉父母亲，用顺从来接受命令，把这些推广到天下各地，就没有行不通的了。"……

【原文】

天下之礼，致反始也，致鬼神也，致和用也，致

义也，致让也。致反始，以厚其本也；致鬼神，以尊上也；致物用，以立民纪也；致义，则上下不悖逆矣；致让，以去争也。合此五者，以治天下之礼也，虽有奇邪，而不治者则微矣。……

【译文】

天下的礼，使人追怀初始，使人报答鬼神，使人财用丰足，使人遵守道义，使人和睦谦让。追怀初始，不忘本，用以增厚人的根基；使人报答鬼神，用以让人们懂得尊重在上者；使人财用丰足，用以让人们遵守礼仪纲纪；使人遵守道义，用以让上下的人不背叛作乱；使人和睦谦让，用以消除人与人之间的纷争。结合这五个方面，就是用来治理天下的礼，那么即使还有奇异邪恶的现象与不听从治事的人，也一定只是极少数的了。……

【原文】

君子曰："礼乐不可斯须去身。"致乐以治心，则易直子谅之心，油然生矣。易直子谅之心生则乐，乐则安，安则久，久则天，天则神。天则不言而信，神则不怒而威，致乐以治心者也。致礼以治躬则庄敬，庄敬则严威。心中斯须不和不乐，而鄙诈之心入之矣。外貌斯须不庄不敬，而慢易之心入之矣。故乐也者，动于内者也；礼也者，动于外者也。乐极和，礼极顺，内和而外顺，则民瞻其颜色而不与争也，望其容貌而

众不生慢易焉。故德辉动乎内，而民莫不承听；理发乎外，而众莫不承顺。故曰：‘致礼乐之道，而天下塞焉，举而错之无难矣。’乐也者，动于内者也；礼也者，动于外者也。故礼主其减，乐主其盈；礼减而进，以进为文；乐盈而反，以反为文。礼减而不进则销，乐盈而不反则放。故礼有报而乐有反，礼得其报则乐，乐得其反则安。礼之报，乐之反，其义一也。”

【译文】

君子说：“礼乐是人们不可片刻离身的。”学习钻研乐用来提高内心修养，那么平和正直慈爱诚实的心情就会自然而然地产生了。这样的心情产生了就会使人愉快，愉快就能使人内心安定，内心安定就能长久地自我修养，长久地自我修养就能上通于天，上通于天就能与神明交会。天不必说话，就能使人相信；神不必发怒，就会使人敬畏。这就是学习钻研乐用来提高内心修养的结果。运用礼来端正人的容貌仪表，就会使人庄重恭敬，庄重恭敬就会有威严。心里只要有片刻的不平和不快乐，卑鄙奸诈的心思就会侵入。外貌只要有片刻的不庄重恭敬，轻率怠慢的想法就会产生。因此乐是影响人的内心的，礼是作用于人的外表的。乐能使人内心平和，礼能使人的外表恭顺。内心平和，外表恭顺，那么人们看到他这样的脸色，就不会跟他相争了；看到他的容貌，人们也就不会产生轻率怠慢的念头了。所以道德润泽于内心，百姓就没有

不听从他命令的；礼从外表上表现出来，百姓就没有不顺从他的。所以说“研究礼乐的道理，把它推广到全天下，那么治理国家就不难了”。乐，是影响人的内心的；礼，是作用于人的外表的。所以礼在于简单，乐应该丰富。礼简单了，百姓就会努力遵循，从而使自己更加美善；乐丰富了，百姓就会得到修养而返回本性，从而使自己更加美善。所以礼简单了而百姓不努力遵循就会渐渐消亡，乐丰富了百姓不能返回本性就会走向放纵。所以礼应该有回报，乐要求返本。礼有了回报人就会感到愉快，乐使人返回本性就会使人安定。礼的回报，乐的返本，二者的道理是一致的。

【原文】

曾子曰①：“孝有三：大孝尊亲，其次弗辱，其下能养。”公明仪问于曾子曰②：“夫子可以为孝乎？”曾子曰：“是何言与！是何言与！君子之所谓孝者，先意承志，谕父母于道。参，直养者也，安能为孝乎？”

【注释】

①曾子：姓曾，名参，字子舆。孔子的弟子。②公明仪：曾子的学生。

【译文】

曾子说：“孝分为三等：上等大孝是尊敬父母，次等是不使父母受羞辱，下等是仅能赡养父母。”公明仪

问曾子说："先生可以算是孝吧？"曾子说："哪里的话！哪里的话！君子称为孝的，应能在父母的意思没有表示之前就预先知道，并且能按父母的意思去做。同时又能使父母的意思合于正道。我只不过做到赡养父母亲罢了，哪里称得上孝呢？"

【原文】

曾子曰："身也者，父母之遗体也。行父母之遗体，敢不敬乎？居处不庄，非孝也；事君不忠，非孝也；莅官不敬，非孝也；朋友不信，非孝也；战陈无勇，非孝也。五者不遂，灾及于亲，敢不敬乎？亨孰膻芗[①]，尝而荐之，非孝也，养也。君子之所谓孝也者，国人称愿然曰：'幸哉，有子如此！'所谓孝也已。众之本教曰孝，其行曰养。养，可能也，敬为难；敬，可能也，安为难；安，可能也，卒为难。父母既没，慎行其身，不遗父母恶名，可谓能终矣。仁者，仁此者也；礼者，履此者也；义者，宜此者也；信者，信此者也；强者，强此者也。乐自顺此生，刑自反此作。"

【注释】

①膻芗（shān xiāng）：馨香。

【译文】

曾子说："身体，是父母亲给的肉体。用父母亲的肉体来行事，敢不慎重吗？日常起居不庄重，是不孝；

侍奉国君不忠诚，是不孝；做官办事不认真慎重，是不孝；交往朋友不守信用，是不孝；作战不英勇，是不孝。这五个方面都没有做好，灾祸就会降及父母亲，能不谨慎吗？如果在祭祀时，把煮熟的馨香的牲肉和黍稷进献给父母享用，这还不算是孝，只能算是养。君子所称为孝子的，全国的百姓都称赞羡慕他，说：‘多幸运啊，有这样的儿子！’这才是孝啊。教化百姓的根本是孝，基本的孝是赡养。赡养是可能做到的，尊敬父母却是不容易做到的；尊敬父母可能做到，使父母安定快乐却不容易；使父母安定快乐可能做到，能终身孝敬就不容易。父母逝世以后，仍然非常谨慎自己的行为，不使父母蒙受恶名，这才是能终身孝敬。仁，就是以孝为本；礼，就是实践孝；义，就是合乎孝；信，就是用行动来表现孝；强，就是致力做到孝。快乐是由于顺行孝道而产生的，刑罚是由于违背孝道而引起的。”

【原文】

曾子曰：“夫孝，置之而塞乎天地，溥之而横乎四海，施诸后世而无朝夕。推而放诸东海而准，推而放诸西海而准，推而放诸南海而准，推而放诸北海而准。”《诗》云：“自西自东，自南自北，无思不服。”此之谓也。

【译文】

曾子说：“孝道，奉行它能充满天地，普及开来能遍布于四海，传递到后代能永远存在。推广到东海是

效法的准则，推广到西海是效法的准则，扩广到南海是效法的准则，推广到北海是效法的准则。”《诗经·大雅·文王有声》中说：“从西到东，从南到北，没有不遵从的。”就是说的这个意思。

【原文】

曾子曰：“树木以时伐焉，禽兽以时杀焉。”夫子曰：“断一树，杀一兽，不以其时，非孝也。孝有三：小孝用力，中孝用劳，大孝不匮。思慈爱忘劳，可谓用力矣；尊仁安义，可谓用劳矣；博施备物，可谓不匮矣。父母爱之，嘉而弗忘；父母恶之，惧而无怨；父母有过，谏而不逆；父母既没，必求仁者之粟以祀之。此之谓礼终。”

【译文】

曾子说：“树木要在适宜的时节去砍伐，禽兽也要在适宜的时节去捕杀。孔夫子说过：‘砍伐一棵树，捕杀一头兽，如果不适时，也是不孝。’孝有三等：小孝用力气，中孝用功劳，大孝无所欠缺。思念父母的慈爱而忘记自己的劳苦，可以算是用力了；尊尚仁德，安心实行仁义，就可以建功立业，使父母荣耀，可以称得上功劳了；使天下普施德泽，使万物丰盛，用这来祭祀父母，可以算是无所欠缺了。父母喜爱自己，就高兴地记在心上；父母厌恶自己，就戒惧谨慎不怨恨；父母有过错，自己就婉言规劝而不违背。父母逝

世后，必须用自己从仁君那里得到的俸禄来祭祀他们。这就是将孝的礼节实行终生。”

【原文】

乐正子春下堂而伤其足[①]，数月不出，犹有忧色。门弟子曰：“夫子之足瘳矣，数月不出，犹有忧色，何也？”乐正子春曰：“善，如尔之问也！善，如尔之问也！吾闻诸曾子，曾子闻诸夫子曰：‘天之所生，地之所养，无人为大。父母全而生之，子全而归之，可谓孝矣。不亏其体，不辱其身，可谓全矣。故君子顷步而弗敢忘孝也。’今予忘孝之道，予是以有忧色也。壹举足而不敢忘父母，壹出言而不敢忘父母。壹举足而不敢忘父母，是故道而不径，舟而不游，不敢以先父母之遗体行殆。壹出言而不敢忘父母，是故恶言不出于口，忿言不反于身。不辱其身，不羞其亲，可谓孝矣。”

【注释】

①乐正子春：姓乐正，名子春，曾子的学生。

【译文】

一次乐正子春从堂上下来扭了脚，于是他几个月不出门，脸上显出忧伤的神色。他的弟子说：“先生您的脚已经痊愈了，一连几个月不出门，脸上还有忧伤的神色，这是为什么呢？”乐正子春说：“你问得好呀！你问得好呀！我听曾子说过，曾子听孔子说：‘天所生

的，地所养的一切生物，没有比人更伟大的了，父母把儿子完整地生下来，儿子也要把自己完整地还给父母，这样才可以称得上孝。不损伤自己的身体，不使自己人格受辱，这才可以算是完整地保存了父母给的身体。所以君子即使是走半步路，也不敢忘记孝。’现在我竟一时忘了孝道，而使脚受了伤，所以我很忧伤。君子一抬脚都不敢忘记父母，一说话都不敢忘记父母。一抬脚都不敢忘记父母，所以总是走大路而不走偏僻的小道，过河总是乘船而不游泳，不敢拿父母给自己的身体去冒险。一说话都不敢忘记父母，所以不口吐恶言，也不会招致别人的辱骂。自己不受到侮辱，父母也不会遭到羞辱，这样可以算是孝了。”

【原文】

昔者，有虞氏贵德而尚齿，夏后氏贵爵而尚齿，殷人贵富而尚齿，周人贵亲而尚齿。虞、夏、殷、周，天下之盛王也，未有遗年者。年之贵乎天下久矣，次乎事亲也。

【译文】

从前，虞舜时重视道德，尊敬年长的人；夏后氏时重视爵位，尊敬年长的人；殷代人重视财富，尊敬年长的人；周代人重视亲情关系，尊敬年长的人。虞、夏、殷、周四代，是天下王道兴盛的时代，这四代都没有忽略对年长的人的尊敬。由此可见，天下对年长

的人的尊敬由来已久，这仅次于对父母的孝敬。

【原文】

是故朝廷同爵则尚齿。七十杖于朝，君问则席，八十不俟朝，君问则就之，而弟达乎朝廷矣。行，肩而不并，不错则随。见老者，则车、徒辟。斑白者，不以其任行乎道路，而弟达乎道路矣。居乡以齿，而老穷不遗，强不犯弱，众不暴寡，而弟达乎州巷矣。古之道，五十不为甸徒，颁禽隆诸长者，而弟达乎獀狩矣。军旅什伍，同爵则尚齿，而弟达乎军旅矣。孝弟发诸朝廷，行乎道路，至乎州巷，放乎獀狩①，修乎军旅，众以义死之，而弗敢犯也。

【注释】

①獀：同“蒐”（sōu）：春天打猎。

【译文】

所以在朝廷上相同爵位的人就以年长的为上。七十岁的可以柱手杖上朝，国君如有询问就给他设座席请他坐。八十岁的人上朝，朝见国君后即可退去，不必在朝廷上俟立以等到朝事结束。国君如有询问就亲自到他家去，这就是尊敬年长的德行在朝廷上实行。在道路上，与年长的不并肩行走，而是斜错雁行或跟随在后。见到老年人，年少的不论是乘车还是步行都要让路。头发斑白的人，不要让他携带重物在路上行走，这就是尊敬年

长的德行在道路上实行。居住在同一乡里，也要按年龄长幼论尊卑，这样即使是贫穷的老人也不会遭遗弃，强者也不会欺凌弱者，人多的也不会欺凌人少的，这就是尊敬年长者的德行在乡里实行。古代的规定，五十岁的人就可以在春季、秋季田猎时不充当徒役了，而打猎后分配捕获的禽兽给长者要多些，这就是尊敬年长的德行在田猎这事上的实行。在军队中，官阶相同的就让年长者居上位，这就是尊敬年长者的德行在军队里实行。尊重长者的德行从朝廷上发起，实行在道路上，播种到乡里间，推广到田猎上，通行在军队中，百姓都愿意死守这一道义，而不敢违背它。

【原文】

祀乎明堂，所以教诸侯之孝也；食三老五更于大学①，所以教诸侯之弟也；祀先贤于西学，所以教诸侯之德也；耕藉，所以教诸侯之养也；朝觐，所以教诸侯之臣也。五者，天下之大教也。……

【注释】

①三老五更：是从年老退休的官员中选出的有德行而明达事理的人。

【译文】

天子在明堂举行天祭，用来教育诸侯遵循孝道；在大学里用食礼款待三老五更，用来教育诸侯实行尊

敬长者的德行；在小学里祭祀前代贤人，用来教育诸侯崇尚贤德；天子亲自耕种藉田，用来教育诸侯供奉祖先；设置朝觐之礼，用来教育诸侯为臣之道。这五个方面，是天下最重大的教育。……

【原文】

天子有善，让德于天。诸侯有善，归诸天子。卿大夫有善，荐于诸侯。士、庶人有善，本诸父母，存诸长老。禄爵庆赏，成诸宗庙，所以示顺也。昔者，圣人建阴阳天地之情，立以为《易》。易抱龟南面，天子卷冕北面。虽有明知之心，必进断其志焉。示不敢专，以尊天也。善则称人，过则称己，教不伐，以尊贤也。

【译文】

天子有善行，要把功德归于天。诸侯有善行，要把功德归于天子。卿大夫有善行，要进献于诸侯。士、庶人有善行，要把功德归于父母的养育和长辈的教导。颁赐爵禄、庆赏典礼都要在宗庙里举行，用以表示把功德归于祖先并向祖先表示敬顺之意。从前圣人通晓天地阴阳之理，据此撰写了《易》。占卜官抱着占卜用的龟面朝南而立，天子身穿冕服头戴冕朝北而立，恭听神的意旨。天子即使聪明智慧，也要请神明来帮助他决断，表示自己不敢自专，而要尊重天意。有了善行，要把功德归于别人；有了错误，就要归咎自己。这样来教导百姓不要自我炫耀，而要尊重贤人。

哀公问

本篇记叙鲁哀公与孔子在礼和政方面的问答之辞。

【原文】

哀公问于孔子曰："大礼何如？君子之言礼，何其尊也?"孔子曰："丘也小人，不足以知礼。"君曰："否！吾子言之也。"孔子曰："丘闻之，民之所由生，礼为大。非礼无以节事天地之神也，非礼无以辨君臣、上下、长幼之位也，非礼无以别男女、父子、兄弟之亲，昏姻疏数之交也。君子以此之为尊敬然。然后以其所能教百姓，不废其会节。有成事，然后治其雕镂、文章、黼黻以嗣[1]。其顺之，然后言其丧筭，备其鼎俎，设其豕腊[2]，修其宗庙，岁时以敬祭祀，以序宗族。即安其居处，节丑其衣服，卑其宫室，车不雕几，器不刻镂，食不贰味，以与民同利。昔之君子之行礼者如此。"

【注释】

①黼黻（fǔ fú）：古代礼服所绣的花纹。②腊：干肉。

【译文】

哀公向孔子问道："隆重的礼仪究竟是怎样的呢？君子说到礼，为什么显得那么尊重呢？"孔子说："我只是个小人物，还不够资格谈论礼。"哀公说："不！先生还是说说吧。"孔子于是说："我听说，人们赖以生存的，以礼为最重要。没有礼，人们就无法侍奉天地鬼神；没有礼，人们就无法分辨君臣、上下、长幼的不同地位；没有礼，人们就无法区别男女、父子、兄弟之间的亲情关系，以及婚姻、亲疏的人际关系。因此，君子对礼特别尊敬。然后尽他所能做到的来教化百姓，使他们不失时节地进行各种礼仪活动。到礼教有了成效，然后再文饰祭器，制作服饰，延继礼法。百姓都遵循礼法后，再制定和明确服丧的期限，准备好祭祀用的鼎俎等祭器，陈列好牲体、干肉等供品，修建宗庙，每年按时举行虔诚的祭祀，排列好宗族里长幼亲疏的次序。于是君子也安心于自己的居住，穿起俭朴的衣服，住低矮的房屋，车子也不雕饰花纹，器物上也不雕镂花纹，吃饭简单，用这些来体现与百姓共甘苦。从前君子实行礼教就是这样的。"

【原文】

公曰："今之君子，胡莫行之也？"孔子曰："今之君子，好实无厌，淫德不倦，荒怠傲慢，固民是尽，午其众以伐有道①，求得当欲，不以其所。昔之用民者

由前，今之用民者由后。今之君子，莫为礼也。”

【注释】

①午：通“忤”，违逆。

【译文】

哀公问道：“现在的君子为什么没有人这样做呢？”孔子说：“现在的君子喜好财富，贪得无厌，放荡不倦，荒淫傲慢，刮尽百姓财物，违背百姓的心愿，侵害有道之人，只求满足个人的私欲而不择手段。从前的国君对待百姓就如前面所说的，现在的国君对待百姓就如后面所说的。现在的国君没有人愿意施行这种礼教了。”

【原文】

孔子侍坐于哀公。哀公曰：“敢问人道谁为大？”孔子愀然作色而对曰：“君之及此言也，百姓之德也，固臣敢无辞而对？人道，政为大。”公曰：“敢问何谓为政？”孔子对曰：“政者，正也。君为正，则百姓从政矣。君之所为，百姓之所从也。君所不为，百姓何从？”公曰：“敢问为政如之何？”孔子对曰：“夫妇别，父子亲，君臣严。三者正，则庶物从之矣。”公曰：“寡人虽无似也，愿闻所以行三言之道，可得闻乎？”孔子对曰：“古之为政，爱人为大。所以治爱人，礼为大。所以治礼，敬为大。敬之至矣，大昏为大。大昏

至矣，大昏既至，冕而亲迎，亲之也。亲之也者，亲之也。是故，君子兴敬为亲，舍敬是遗亲也。弗爱不亲，弗敬不正。爱与敬，其政之本与！”

【译文】

孔子陪坐在哀公身边。哀公问：“请问治理百姓的办法中，什么是最重要的呢？”孔子脸上立刻露出严肃庄重的神色说：“您问到这个问题，那真是百姓的福气啊，我哪敢不回答呢？在治理百姓的办法中，最重要的是政事。”哀公又问：“请问什么是政事呢？”孔子回答说：“政，也就是正。国君若行正道，百姓就会服从您的统治。国君的所作所为，是百姓所要效法的。国君不做，百姓怎么效法呢？”哀公又问：“请问实行什么政事呢？”孔子回答说：“夫妇有分别，父子有亲情，君臣相尊重。这三方面做好了，那么其他的事情就都好办了。”哀公说：“寡人虽没有德才，也愿意听听如何做好这三方面的办法，是否可以说给我听呢？”孔子说：“古代实行政事，首先把爱别人看得最重要。要做到爱别人，施行礼治最重要。施行礼治，恭敬最重要。恭敬达到极点，就是国君的隆重婚礼。既然国君的婚礼使恭敬到达极点，那么举行隆重的婚礼时，国君要穿上礼服亲自前往迎亲，这是表示对对方的亲爱。向对方表示亲爱，也是希望对方对自己亲爱。所以君子用恭敬的态度迎亲，如果放弃恭敬的态度，也就失去了对方对自己的亲爱。没有爱，就不能相互亲近；不恭敬，行为就会不端正。所以爱和敬，

可以说是政事的基础吧！”

【原文】

公曰：“寡人愿有言。然冕而亲迎，不已重乎？”孔子愀然作色而对曰[①]：“合二姓之好，以继先圣之后，以为天地宗庙社稷之主，君何谓已重乎！”公曰：“寡人固。不固，焉得闻此言也。寡人欲问，不得其辞，请少进。”孔子曰：“天地不合，万物不生。大昏，万世之嗣也，君何谓已重焉！”孔子遂言曰：“内以治宗庙之礼，足以配天地之神明；出以治直言之礼，足以立上下之敬。物耻，足以振之；国耻，足以兴之。为政先礼，礼，其政之本与？”孔子遂言曰：“昔三代明王之政，必敬其妻子也，有道。妻也者，亲之主也，敢不敬与？子也者，亲之后也，敢不敬与？君子无不敬也，敬身为大。身也者，亲之枝也，敢不敬与？不能敬其身，是伤其亲；伤其亲，是伤其本；伤其本，枝从而亡。三者，百姓之象也。身以及身，子以及子，妃以及妃，君行此三者，则忾乎天下矣[②]，大王之道也。如此，则国家顺矣。”

【注释】

①愀然：容色改变的样子。②忾（xì）：满的意思。

【译文】

哀公说：“我想问一句，国君身穿礼服亲自去迎亲，不是过于隆重了吗？”孔子脸色变得严肃地回答

说："婚姻是二姓结合相亲好，来延续祖先圣君的后嗣，成为天地宗庙社稷的主人，您怎么能说过于隆重了呢？"哀公说："我真孤陋寡闻。不是这样，怎么能听到你的这些话呢？我想问，又找不到适当的词语，请您继续说吧！"孔子说："天地二气不结合，万物就不能生长。国君的婚姻，是延续后嗣到万代的，您怎么能说过于隆重了呢！"孔子又接着说："国君夫妇对内主持宗庙祭祀之礼，足以和天地神明相配；对外发布朝政命令，足以使君臣上下都能相敬。这样内外都有了礼，臣子有失职之事，可以依礼纠正；国君治国有误，可以用礼复兴。所以说实行政事要先有礼仪，礼仪不是政事的基础吗？"孔子接着说："从前，夏商周三代圣明天子治理政事，都很尊重他们的妻子和子女，这是有道理的。妻子是祭祀双亲的主祭人之一，敢不尊重吗？子女是双亲的后代，敢不尊重吗？国君应该尊重一切，以尊重自己为最重要。因为自己的身体对于双亲来说好比树的枝，敢不尊重吗？不尊重自己，就是伤害父母。伤害父母，就是伤害根本。伤害了根本，树枝也就随着灭亡了。自己、妻子、儿子这三者，是百姓的象征。由尊重自己推广到尊重百姓，由尊重自己的子女推广到尊重百姓的子女，由尊重自己的妻子推广到尊重百姓的妻子。国君能做到这三点，礼就会遍布于天下，从前周太王治理天下就是这个办法。能够这样做，那么整个国家就安定了。"

【原文】

公曰："敢问何谓敬身？"孔子对曰："君子过言，则民作辞；过动，则民作则。君子言不过辞，动不过则，百姓不命而敬恭，如是，则能敬其身；能敬其身，则能成其亲矣。"

【译文】

哀公问："请问什么叫尊重自身？"孔子回答说："国君说错了话，百姓仍然拿来做依据；国君做错了事，百姓也会拿来做准则。国君如果能不说错话，不做错事，那么百姓不用国君发号施令，也会恭敬地服从。如果能这样做，就是尊重自身；能尊重自身，实际上就是成就你们父母的声誉。"

【原文】

公曰："敢问何谓成亲？"孔子对曰："君子也者，人之成名也。百姓归之名，谓之'君子之子'，是使其亲为君子也，是为成其亲之名也已。"孔子遂言曰："古之为政，爱人为大。不能爱人，不能有其身。不能有其身，不能安土。不能安土，不能乐天。不能乐天，不能成其身。"公曰："敢问何谓成身？"孔子对曰："不过乎物。"

【译文】

哀公说："请问什么是成就双亲的名声？"孔子回答说："所说的君子，是取得成就后的美名。百姓如果给能尊重自身的人以美名，就称他为'君子之子'，那么就使他的双亲成为君子了，这就是成就双亲的名声。"孔子继续说："古代的政事，把爱别人放在最重要的位置。不能爱别人，那他也就不能保住自身。不能保住自身，就不能在地方上安居。不能在地方上安居，就要埋怨上天。埋怨上天，就不能使自已取得成就。"哀公问："请问什么叫使自已取得成就？"孔子回答说："做任何事情不违背事理，就是使自已取得成就。"

【原文】

公曰："敢问君子何贵乎天道也？"孔子对曰："贵其不已。如日月东西相从而不已也，是天道也；不闭其久，是天道也；无为而物成，是天道也；已成而明，是天道也。"公曰："寡人蠢愚冥烦，子志之心也。"孔子蹴然辟席而对曰①："仁人不过乎物，孝子不过乎物，是故，仁人之事亲也如事天，事天如事亲，是故孝子成身。"公曰："寡人既闻此言也，无如后罪何？"孔子对曰："君之及此言也，是臣之福也。"

【注释】

①蹴（cù）然：恭敬的样子。

【译文】

哀公问："请问君子为什么特别崇拜自然的法则呢？"孔子回答说："这是崇拜自然万物运行的永恒不息。比如太阳月亮东升西落运行不停，这就是自然法则；天育万物畅通无阻、长久运行，这就是自然法则；不见有所作为之中万物成长，这就是自然法则；并且把造成万物的道理明示给世人，这就是自然法则。"哀公说："我愚蠢而又不能明理，还请先生指教让我记在心里。"孔子恭敬地离开座席回答说："仁爱的人做事不超越事理，孝子做事也不超越事理，所以仁爱的人侍奉父母像侍奉天一样，侍奉天又像侍奉父母一样，因此孝子就能成就自身。"哀公说："我已经听了您这番道理，本应努力实行，可是以后做事也许还会有过错，那怎么办呢？"孔子回答说："国君您能说出这样的话，这真是我们臣下的福气啊。"

孔子闲居

本篇记叙子夏与孔子围绕王者之德的问答之辞。

【原文】

孔子闲居，子夏侍。子夏曰：“敢问《诗》云‘凯弟君子，民之父母’，何如斯可谓民之父母矣？”孔子曰：“夫民之父母乎？必达于礼乐之原，以致‘五至’而行‘三无’，以横于天下，四方有败，必先知之，此之谓民之父母矣。”

【译文】

孔子在家休息，子夏在身旁侍奉。子夏说：“请问《诗经·大雅·泂酌》上说‘和乐平易的君子，你是百姓的父母’，那么怎样才称得上是百姓的父母呢？”孔子说：“百姓的父母吗？他们必须明了礼乐的起源，达到‘五至’，实行‘三无’，并推广到天下，任何地方要出现祸患，一定会事前预知。这样就称得上是百姓的父母了。”

【原文】

子夏曰："'民之父母'，既得而闻之矣，敢问何谓'五至'？"孔子曰："志之所至，诗亦至焉；诗之所至，礼亦至焉；礼之所至，乐亦至焉；乐之所至，哀亦至焉。哀乐相生。是故正明目而视之，不可得而见也；倾耳而听之，不可得而闻也；志气塞乎天地，此之谓'五至。"

【译文】

子夏说："关于'民之父母'的道理，我已经懂得了，那请问什么叫'五至'呢？"孔子说："心里想到的，诗歌就能表达到；诗歌表达到，礼就能体现到；礼能体现到的，乐也能表现；乐能表现到，哀也能表现到，哀和乐是互相引发的。所以以上五个方面，即使擦亮了眼睛，也是看不见的；即使侧着耳朵听，也是听不到的；那志气是充满天地之间的，这就叫'五至'。"

【原文】

子夏曰："'五至'既得而闻之矣，敢问何谓'三无'？"孔子曰："无声之乐，无体之礼，无服之丧，此之谓'三无'。"子夏曰："'三无'既得略而闻之矣，敢问何诗近之？"孔子曰："'夙夜其命宥密'[①]无声之乐也。'威仪逮逮，不可选也'，无体之礼也。'凡民有丧，匍匐救之'，无服之丧也。"

【注释】

①宥（yòu）：宽和。

【译文】

子夏说："关于'五至'的道理我已经明白了，请问什么叫'三无'呢？"孔子说："没有声音的音乐，没有仪式的礼节，没有服饰的丧事，这就叫'三无'。"子夏说："'三无'的意思我大致明白了，请问什么诗句与这'三无'的意思比较接近呢？"孔子说："'日夜谋划出政教安民'，这接近于无声的乐。'仪表威严安和，无可挑剔'，这接近于无体之礼。'看到别人有丧事，便努力去帮助'，这接近于无服之丧。"

【原文】

子夏曰："言则大矣，美矣，盛矣！言尽于此而已乎。"孔子曰："何为其然也？君子之服之也，犹有五起焉。"子夏曰："何如？"孔子曰："无声之乐，气志不违；无体之礼，威仪迟迟；无服之丧，内恕孔悲。无声之乐，气志既得；无体之礼，威仪翼翼；无服之丧，施及四国。无声之乐，气志既从；无体之礼，上下和同；无服之丧，以畜万邦。无声之乐，日闻四方；无体之礼，日就月将；无服之丧，纯德孔明。无声之乐，气志既起；无体之礼，施及四海；无服之丧，施于孙子。"

【译文】

子夏说："先生的这些话真是太伟大了，太好了，太充分了！要说的道理在这里都已经说了吧。"孔子说："怎么能这样说呢？君子要实行'三无'，还有五个方面的意思。"子夏问道："那又是怎么回事呢？"孔子说："无声之乐，不违背心愿；无体之礼，从容不迫；无服之丧，内心充满同情。无声之乐，表达心志；无体之礼，恭敬谨慎；无服之丧，仁爱遍及天下四方。无声之乐，君民心愿相通；无体之礼，上下和睦融洽；无服之丧，包容万国。无声之乐，一天天传播到四方；无体之礼，日益完善；无服之丧，纯洁的德行日益明显。无声之乐，振奋心志；无体之礼，遍及四海；无服之丧，恩泽施及子孙后代。"

【原文】

子夏曰："三王之德，参于天地，敢问何如斯可谓参于天地矣？"孔子曰："奉'三无私'以劳天下。"子夏曰："敢问何谓'三无私'？"孔子曰："天无私覆，地无私载，日月无私照。奉斯三者以劳天下，此之谓'三无私'。其在《诗》曰：'帝命不违，至于汤齐。汤降不迟，圣敬日齐。昭假迟迟，上帝是祗。帝命式于九围。'是汤之德也。天有四时，春秋冬夏，风雨霜露，无非教也。地载神气，神气风霆，风霆流形，庶物露生，无非教也。"

【译文】

子夏说："禹、汤、文王这三代王的德行与天地相配，请问怎样才能称为与天地相配呢？"孔子说："用'三无私'来为天下人操劳。"子夏问："请问什么叫作'三无私'呢？"孔子说："天无私地覆盖大地，地无私地承受万物，日月无私地普照天下。用这三种精神来为天下人操劳，这就叫作'三无私'。这才是《诗经·商颂·长发》中所说：'上帝的命令不违背，到商汤德与天齐。汤的降生正适时，圣明恭敬又谨慎；德行光明照永久，尊敬上帝虔诚如一，上帝命汤把九州治理。'这就是商汤的德行。天有春夏秋冬四季，用风雨霜露滋润万物，这一切无不是天道对人的教化。地承载神妙之气，化生出风雷，风雷鼓荡在天地之间，于是万物显露出生机，这些无不是天道对人的教化。"

【原文】

"清明在躬，气志如神。嗜欲将至，有开必先。天降时雨，山川出云。"其在《诗》曰："嵩高维岳，峻极于天。惟岳降神，生甫及申。惟申及甫，惟周之翰。四国于蕃，四方于宣。"此文武之德也。三代之王也，必先令闻。《诗》云："'明明天子，令闻不已'，三代之德也。'弛其文德，协此四国'，大王之德也。"子夏蹶然而起，负墙而立，曰："弟子敢不承乎？"

【译文】

“圣人自身有清澈明净的德行，有神一样的意气。他有统治天下的愿望，上天为实现他的愿望而先降生贤人辅佐。就像天要下及时雨，山川先飘出云气。”这在《诗经·大雅·嵩高》中讲过：‘高耸入云的大山四岳，巍峨高峻直冲云天。四岳降下神灵，生下甫侯和申侯。甫侯和申侯是周室的栋梁，天下各国的屏障，周王的恩德遍及天下。’这就是文王、武王的德行。三代的圣王，在未称王之前就有了美好的名声。《诗经·大雅·江汉》中说：“‘勤勉不懈怠的天子，美名流传不停息’，这就是三代圣王的德行。‘施展他的德行，融洽四方各国’，这说的是周太王的德行。”听完这些话，子夏高兴地跳起来，背靠着墙站立，说：“弟子敢不接受教导吗？”

坊 记

本篇记叙孔子有关防范人们违德、违礼、不忠、不孝、犯上、乱伦、贪利、忘义等方面的言论。

【原文】

子言之："君子之道，辟则坊与，坊民之所不足者也。"大为之坊，民犹逾之。故君子礼以坊德，刑以坊淫，命以坊欲。

【译文】

孔子说："君子治民之道，就像堤防吧，是用来防范百姓的过失。虽然防范得严密，还是有人越轨。"所以君子用礼教来防范百姓在道德上的过失，用刑罚来防范百姓在行动上的淫邪，用政令来防范百姓在欲望上的贪婪。

【原文】

子云："小人贫斯约，富斯骄；约斯盗，骄斯乱。礼者，因人之情而为之节文，以为民坊者也。故圣人之制富贵也，使民富不足以骄，贫不至于约，贵不慊

于上[①]，故乱益亡也。”

【注释】

①慊（qiàn）：不满、恨。

【译文】

孔子说：“小人贫穷就窘迫，富贵了就骄奢；窘迫了就会盗窃，骄奢就会犯上作乱。礼，就是顺应人情而定下制度对百姓道德上加以防范。所以圣人制定富贵的限度，使百姓富裕却不致骄奢，贫穷却不至于窘迫，地位尊贵了却不对上司不满，所以犯上作乱的事日趋减少了。”

【原文】

子云：“贫而好乐，富而好礼，众而以宁者，天下其几矣？《诗》云：‘民之贪乱，宁为荼毒。’故制国不过千乘，都城不过百雉[①]，家富不过百乘。以此坊民，诸侯犹有畔者。”……

【注释】

①雉（zhì）：古代计算城墙面积的单位，长三丈高一丈为一雉。

【译文】

孔子说：“贫穷而自得其乐，富贵而能恭谦好礼，

家族人多而安宁无事，这样的人或事普天下能有几个呢？《诗经·大雅·桑柔》上说：‘人心思乱，宁可遭受苦难和毒害。’所以制度规定诸侯国的兵车不许超过一千辆，国都城墙的规模不许超过百雉，卿大夫家的兵车不许超过一百辆。用这种制度对人们加以防范，然而诸侯还是有反叛的。”……

【原文】

子云：“天无二日，士无二王，家无二主，尊无二上，示民有君臣之别也。《春秋》不称楚越之王丧。礼，君不称天，大夫不称君，恐民之惑也。《诗》云：‘相彼盍旦，尚犹患之。’”……

【译文】

孔子说：“天上不能有两个太阳，地上不能有两个君王，一家不能有两个主人，最高的地位不能有两个，这是向百姓表明君臣的区别。《春秋》不记载楚、越二国之王的丧葬。按照礼，诸侯国君不得称天，以避天子；大夫不得称君，以避诸侯，这是恐怕人们对上下关系产生误会。《诗》中说：‘看那盍旦鸟，尚且讨厌它。’”……

【原文】

子云：“君子贵人而贱己，先人而后己，则民作让。故称人之君曰君，自称其君曰寡君。”

子云："利禄先死者而后生者，则民不偝[1]。先亡者而后存者，则民可以托。《诗》云：'先君之思，以畜寡人。'以此坊民，民犹偝死而号无告。"

【注释】

①偝（bèi）：背弃。

【译文】

孔子说："君子尊重别人而贬低自己，让别人在前面自己在后面，那么人们就会兴起谦让风尚。所以称别国的国君为君，称自己的国君为寡君。"

孔子说："利益和荣誉应先给予为国事而死去的人，而后给予活着的人，那么人们就不会背弃死者。先给予为国事而出亡在别国的人，然后再给予留在国内的人，那么人们就会值得托付。《诗经·邶风·燕燕》中说：'思念先君，勉励自己。'这样来对人们进行防范，人们还是有背弃死者而使活着的老弱之人悲哀而求告无门的行为。"

【原文】

子云："有国家者，贵人而贱禄，则民兴让；尚技而贱车，则民兴艺。故君子约言，小人先言。"

子云："上酌民言，则下天上施。上不酌民言，则犯也；下不天上施，则乱也。故君子信让以莅百姓，则民之报礼重。《诗》云：'先民有言，询于刍荛。'"

【译文】

孔子说："有国有家的诸侯大夫，尊重人才而不惜爵禄，那么人们就会兴起礼让的风气；尊重有技艺的人而不吝惜车马衣服，那么人们就会兴起学习技艺的风气。所以君子少说话多干事，小人却是没做事就先说大话。"

孔子说："国君能斟酌听取采纳百姓的意见，百姓就会把国君施行的政令看得像天意一样。国君不斟酌听取采纳百姓的意见，百姓就会违抗国君的政令；百姓不把国君施行的政令看得像天意一样，就会发生动乱。所以国君用诚信谦让来对待百姓，那么百姓就会用重礼来回报。《诗经·大雅·板》中说：'古人有教导，即使是樵夫也要请教。'"

【原文】

子云："善则称人，过则称己，则民不争。善则称人，过则称己，则怨益亡。《诗》云：'尔卜尔筮，履无咎言。'"

子云："善则称人，过则称己，则民让善。《诗》云：'考卜惟王，度是镐京，惟龟正之，武王成之。'"

【译文】

孔子说："有好处就让给他人，有过错就归咎于自己，这样人们就不会发生争执。"有好处就让给他

人，有过错就归咎于自己，这样怨恨就逐渐消失了。《诗经·卫风·氓》上说："你占卜又算卦，卦象上面无凶兆。"

孔子说："有好处就让给他人，有过错就归咎于自己，这样人们就会谦逊推让。《诗经·大雅．文王有声》上说：'武王问卦，想建都镐京。龟卜做了决定，武王建都镐京。'"

【原文】

子云："善则称君，过则称己，则民作忠。《君陈》曰：'尔有嘉谋嘉猷，入告尔君于内。女乃顺之于外'，曰：'此谋此猷，惟我君之德。於乎，是惟良显哉。'"

子云："善则称亲，过则称己，则民作孝。《大誓》曰：'予克纣，非予武，惟朕文考无罪[1]。纣克予，非朕文考有罪，惟予小子无良。'"

【注释】

①朕文考：指武王的父亲周文王。

【译文】

孔子说："有好处就归功于国君，有过错就归咎于自己，那么人们就会兴起忠君之心。《尚书·君陈》里说：'你有好主意好办法，进去告诉你的国君。然后你再在外面照此施行，'并且说，'这好主意好办法，都是我们国君的功德'。啊，这才使良臣使国君的德行显

扬于天下。”

孔子说：“有好处就归功于父母，有过错就归咎于自己。这样人们就举民孝道。《尚书·大誓》上说：‘我战胜了殷纣，并不是我武王的功勋，而是我父亲文王没有过错。如果殷纣打败了我，那并不是我父亲文王有过错，而是我武王没有好的德行。”

【原文】

子云：“君子弛其亲之过，而敬其美。”《论语》曰：“三年无改于父之道，可谓孝矣。”高宗云：“三年其惟不言，言乃讙[①]。”子云：“从命不忿，微谏不倦，劳而不怨，可谓孝矣。《诗》云：‘孝子不匮。’”

子云：“睦于父母之党，可谓孝矣。故君子因睦以合族。《诗》云：‘此令兄弟，绰绰有裕；不令兄弟，交相为瘉[②]。’”……

【注释】

①讙（huān）：通“欢”，喜悦、高兴。②瘉（yù）：病。

【译文】

孔子说：“君子应该忘掉父母的过错，敬重他们的美德。”《论语》上说：“父亲死后三年，儿子仍然不改变父亲生前的主张，可以算是孝顺了。”高宗说：“居丧三年不发表政令，一旦发表政令，天下人都欢心喜

悦。”孔子说：“听从父母的命令，从没有不满的表示；父母有过错，也只能委婉含蓄地劝谏而不疲倦，为了父母能劳而无怨，这样可以称得上是孝子。《诗经·大雅·既醉》上说：‘孝子的孝心是无穷无尽的。’”

孔子说：“和父母辈的人能和睦相处，可以称得上孝了。所以君子以和睦的态度聚合宗族。《诗经·小雅·角弓》上说：‘兄弟互相友善，彼此轻松融洽；兄弟之间不友善，他们就会彼此坑害。’”……

【原文】

子云：“父子不同位，以厚敬也。《书》云：‘厥辟不辟，忝厥祖[①]。’”子云：“父母在，不称老。言孝不言慈。闺门之内，戏而不叹。君子以此坊民，民犹薄于孝而厚于慈。”……

【注释】

①忝（tiǎn）：辱。

【译文】

孔子说：“父亲和儿子不能处在同等的位置上，这是为了增强对父亲的敬意。《尚书·太甲》说：‘做国君而不像国君，就是污辱了祖先。’”孔子说：“父母健在，儿子不应自称老，只谈对父母怎样孝敬，不应企求父母对自己的慈爱。在家里可以嬉乐使父母高兴，而不应该在父母前哀叹。君子用这个来对人们加以防范，人们还

是孝敬父母的少而贪图父母慈爱的多。”……

【原文】

子云：“君子不尽利以遗民。《诗》云：‘彼有遗秉，此有不敛穧①，伊寡妇之利。’故君子仕则不稼，田则不渔。食时不力珍，大夫不坐羊，士不坐犬。《诗》云：‘采葑采菲②，无以下体。德音莫违，及尔同死。’以此坊民，民犹忘义而争利，以亡其身。”

【注释】

①穧：割倒而未捆束的禾。②葑（fēng）：芜菁。菲：一种蔬菜，属萝卜一类。

【译文】

孔子说：“君子不把利益占尽，而要留一点给百姓。《诗经·小雅·大田》上说：‘那儿有一把遗留的禾，这儿有未捆束的禾，让寡妇也取点利。’所以君子做了官就不用种田，种田的就不用打鱼。吃时不要求美味，大夫不无故杀羊，士不无故杀狗。《诗经·邶风·谷风》上说：‘采摘葑和菲，不要连根茎都拔掉，只要采摘叶子。说过的好话不要违背，那么就愿同你共生死。’用这种教导来防范百姓，百姓中还是有忘记道义，争夺利益，以致丧生的。”

儒　行

本篇记叙儒者的德行。

【原文】

鲁哀公问于孔子曰："夫子之服，其儒服与？"孔子对曰："丘少居鲁，衣逢掖之衣；长居宋，冠章甫之冠。丘闻之也，君子之学也博，其服也乡，丘不知儒服。"……

【译文】

鲁哀公问孔子说："先生的服装，是儒者的服饰吗？"孔子回答："我孔丘小时候住在鲁国，穿鲁国人常穿的宽大袖子的衣服；长大后曾住在宋国，戴宋国人所戴的章甫冠。我听说，君子应有广博的学识，而穿的衣服要随当地的习俗，我不知道有什么儒者的衣服。"

【原文】

儒有居处齐难[①]，其坐起恭敬，言必先信，行必中正；道涂不争险易之利，冬夏不争阴阳之和。爱其死

以有待也，养其身以有为也。其备豫有如此者。……

【注释】

①齐难：庄重严肃。

【译文】

儒者日常家居时态度庄重严肃，他们或坐或立都十分恭敬，说话有诚信，行为不偏倚。在路途上，不与人争平坦和险阻的便利；冬季和夏季，不与人争暖和或凉爽的地方。珍惜生命，来等待发挥作用的机会；保养身体，准备以后有所作为。儒者做事之前就是这样准备的。……

【原文】

“儒有博学而不穷，笃行而不倦；幽居而不淫，上通而不困。礼之以和为贵，忠信之美，优游之法。慕贤而容众，毁方而瓦合。其宽裕有如此者。

【译文】

“儒者有广博的学识，仍无止尽地学习，切实行善而不厌倦；隐居独处时，不做邪僻的事，上通国君被任用而不会被政务困扰。以礼待人而又与人和谐相处，以忠信为美德，以和柔为法则。思慕贤人而又能团结众人，犹如磨毁自己玉圭般的方角与如瓦器的众人相融洽。儒者的宽广胸怀就是这样的。

【原文】

“儒有内称不辟亲，外举不辟怨。程功积事，推贤而进达之，不望其报。君得其志，苟利国家，不求富贵。其举贤援能有如此者。

【译文】

“儒者举荐贤者，对内不回避亲人，对外不回避仇人，只是衡量功业和事迹，推荐贤者而进到朝廷。他们不希望得到被推荐者的报答，只希望国君因得到贤者的辅佐，使理想能实现。儒者想到的是对国家有利，不求个人的富贵。儒者推举贤能的人就是这样的。

【原文】

“儒有闻善以相告也，见善以相示也，爵位相先也，患难相死也，久相待也，远相致也。其任举有如此者。

【译文】

“儒者听到有益的话就告诉他的朋友，看到好的事就指给朋友看，见爵位就互相推让，有患难就争着为朋友捐躯，朋友长期不得提拔就等待他一起晋升，朋友在远方不得志，就招他来共同侍奉贤君。儒者推荐朋友就是这样的。

【原文】

“儒有澡身而浴德，陈言而伏，静而正之，上弗知也；粗而翘之，又不急为也。不临深而为高，不加少而为多；世治不轻，世乱不沮；同弗与，异弗非也。其特立独行有如此者。

【译文】

“儒者洁身自好，不被世俗污染；陈述自己的意见而恭听君令并默默地坚持正道。如国君不了解自己时，就稍稍地表达自己的意思启发国君了解，并不急于求成。在地位低下的人面前不显示自己的高贵，在功绩小的人面前不夸耀自己功高；太平盛世，不轻视自己；世道混乱，不改变自己的信念。与意见相同的人不结成一帮，对意见不同的人不诋毁。儒者独特的立身处世就是这样的。

【原文】

“儒有上不臣天子，下不事诸侯；慎静而尚宽，强毅以与人，博学以知服。近文章，砥厉廉隅，虽分国，如锱铢[①]，不臣不仕。其规为有如此者。

【注释】

①锱铢：古代重量单位，六铢为一锱，四锱为一两。此比喻极微小。

【译文】

“有的儒者上不做天子的臣，下不做诸侯的吏；谨慎静处，崇尚宽厚，坚强刚毅而又能与人相互交往，广博地学习而又能服膺贤人。学习文章典籍，磨砺自己的节操。即使把国土分封给他，他也看得如锱铢般微不足道，不愿意做臣下，不愿意出仕做官。儒者对自己的行为规范就是这样。

【原文】

“儒有合志同方，营道同术；并立则乐，相下不厌；久不相见，闻流言不信。其行本方立义，同而进，不同而退。其交友有如此者。

【译文】

“儒者有志趣相同，对大道的理解相同的朋友；如果自己与朋友共同取得成就就感到十分高兴，如果与朋友互有高低，彼此也不嫌弃。与朋友长时间没有见面，听到有关朋友的谣言也不相信。行为方正，树立在道义之上，志向相同就追随他，不相同就退避。儒者交朋友的原则就是这样。

【原文】

“温良者，仁之本也；敬慎者，仁之地也；宽裕者，仁之作也；孙接者，仁之能也；礼节者，仁之貌

也；言谈者，仁之文也；歌乐者，仁之和也；分散者，仁之施也。儒皆兼此而有之，犹且不敢言仁也。其尊让有如此者。

【译文】

“温柔善良，是仁的根本；恭敬谨慎，是仁的基础；宽大包含，是仁的行为；谦逊待人，是仁的技巧；礼貌仪节，是仁的外表；言语谈吐，是仁的文采；歌舞音乐，是仁的和谐；分散财物，是仁的施予。这些美德都兼有，但仍不敢说自己已经做到了仁。儒者的恭敬谦让就是这样的。

【原文】

“儒有不陨获于贫贱，不充诎于富贵；不慁君王[①]，不累长上，不闵有司，故曰儒。今众人之命儒也妄，常以儒相诟病。”

【注释】

①慁（wū）：辱。

【译文】

“儒者不因为贫贱困迫而丧失意志，不因为富贵骄奢而丧失节操；不因受到君王的困辱、卿大夫的束缚、官吏的逼迫而违背道义，所以才称作儒。现在众人随便地乱称人为儒，是用儒来相互羞辱。”

《易经》

一　乾——万物之父

䷀

《周易》六十四卦，每卦六爻，每个六爻卦都是由上下两个三爻卦组合而成。乾卦属八纯卦之一，由上下两个三爻的乾卦（☰）重叠成为一个六爻的卦画䷀，这个卦画符号也称作卦图。因为卦图的顺序是从下向上，所以传统上对卦图的组合称作乾下、乾上。又因为乾的基本卦象是天，故在八宫卦里称作乾为天。

《序卦》说："有天地，然后万物生焉。"意思是说，乾是天，坤是地，有天地万物才能化生，天地是万物的父母，乾坤就是六十四卦的父母。《杂卦》说："乾刚坤柔。"意为乾的特性是刚健，坤的特性是柔顺。综合《序卦》《杂卦》的意思，乾就是刚健的天道。从《周易》学原理上讲，乾是纯阳之气，坤是纯阴之气，阴阳二气的交感流通，是宇宙产生的根源，万物无不由此而生，这是《周易》的宇宙发生论。但阴阳二气

太抽象，所以《周易》作者用直观的天地作表象，把它昭示出来，便于人们作具象的认识。

因为天地阴阳是万事万物产生的基因，所以《周易》首列乾坤两卦。至于为什么乾要放在坤之前，有人认为这可能是由母系制社会发展到父系制社会的思想反映。据说在《归藏》易里，是坤在乾的前边，到了《周易》才把乾放在首位。其实更重要的原因，是《周易》作者对天地阴阳具有主次观念，天的阳气是主动的，地的阴气是从动的，两者虽然都是宇宙之源，但并不相同，有主次之分。

应当说宋人在揭示易理方面，高出前人一筹。王宗传在《童溪易传》中说："窃原《周易》之始作也，则亦本诸一奇一偶而已矣。天下之理，有动必有静，有刚必有柔，有屈必有伸，有消必有长，盖亦未有无对待而能无穷者，故曰'一阴一阳之谓道'。圣人得其说，据依之以为《周易》，故一奇一偶立，而阴阳兴，阴阳兴而动静、刚柔、屈伸、消长之理在是矣。"这段话具有深刻的哲理意义。用今天的哲学道理讲，等于说宇宙万事万物无不一分为二，《周易》作者就是用一阴一阳表示宇宙对立的两个方面，对立双方的矛盾运动，形成了宇宙运动的基本规律。

朱震在《汉上易传》中说："乾为马，六爻皆以龙言，何也？乾体本坤，阳以阴为基也。自震变而为乾，震变乾，则乾为龙；乾交震，则震为马，故震其究为健。"朱震提出"乾体本坤，阳以阴为基"，这就揭示

了宇宙运动的基本方式是既对立又统一。对立表现在阴阳的迭互消长上，统一表现在对立双方的互基互根上。可惜宋人没有注意到易理在卦变中的表现。

乾坤两卦是《周易》的父母卦，两卦是《周易》的基本构架。《系辞·上》说：“乾坤其《周易》之蕴邪？乾坤成列，而《周易》立乎其中矣。”前人多指出了乾坤与其他六子卦的关系，其实父母加上六子，只成为八卦，还不足以成为六十四卦的父母。这句话更深层的意思在于，乾坤是六十四卦卦变的基础。乾与坤的迭互消长形成了十二消息卦，又由十二消息卦变为六十四卦。在十二消息卦中，乾表现了阳长阴消的六卦，坤表现了阴长阳消的六卦。乾卦以坤卦为基础，坤卦以乾卦为基础。坤卦是阴气极盛时期，阴极阳生，乾卦就是在坤卦的基础上逐爻生长而成。坤卦六爻皆阴，下生一阳为复䷗，下生二阳为临䷒，下生三阳为泰䷊，下生四阳为大壮䷡，下生五阳为夬䷪，六阳生成即为乾䷀。乾卦的爻辞正是反映了这种变化。从卦变上讲，乾卦从坤卦变来。这种变化，表现了阴阳对立、双方互基互根的统一性和迭互消长的对立性，直观地图示了宇宙运动的对立统一规律。

乾，元、亨、利、贞。

【译文】

乾卦，创始、通顺、适宜、正固。

【精解导读】

乾是卦名，六十四卦都是在卦图之后，先标出卦图的名称，六个刚爻组成的卦图☰，用文字标名称作乾。据说伏羲只画出卦图，文字的标名都是由周文王完成的。“元、亨、利、贞”是卦辞，最早称作彖辞，是一卦的断语，附在卦名之后。后来人们习惯把孔子写的彖传称作彖辞，为了便于区别，我们只称卦辞。前人把“元、亨、利、贞”称作卦的四德，按《子夏传》的讲法：“元，始也；亨，通也；利，和也；贞，正也。”“元”与“原”字互通，是原始的意思，在乾卦里，是说乾具有创始万物的功能。因为天是纯阳，它与纯阴的坤交感流通创造万物。“亨”是通顺畅达，因为天道的运行刚健雄强，周而复始，永动而不止息，无处不在，无时不有，永远不会受到阻碍。天道是万物的大法，可以说“顺天者昌，逆天者亡”，就因为天道是通的，逆天道是不通的。“利”是有利，指天道的运行适宜于万物的生存，普遍地把利益带给万物。《子夏传》说“利，和也”，是指文言中的“义之和”，指天的运行得宜，适合于万物。“贞”是正固，正是指天道运行永无偏差，固指天道守正不变。天无情无欲，永不衰竭，没有任何偏私，从不破坏自己的运动规律，是一切法则的准极，最正不过，永恒不变。人以及万物的运动如果偏离了天道，迟早会受到惩罚。从取象上讲，“元、亨、利、贞”在这一卦里取象于乾为天。

从意义上说，天道就是自然法则。

初九：潜龙勿用。

【译文】

潜伏的龙，不可发挥作用。

【精解导读】

“初九”是爻序，六十四卦每卦的最下一爻称初，刚爻称九。刚爻也称阳爻，阴阳爻分老少，老变少不变，《周易》之前的《归藏》《连山》，占筮用少不用老，《周易》用老不用少。揲筮得九为老阳，六为老阴，七为少阳，八为少阴。得出的老阴或老阳那一爻的爻辞才用来取断。而爻辞都是备以取断的，即使在平常占筮中不是老，但总会有是老的时候。因为只有在为老爻时爻辞才起作用，所以刚爻都称九、柔爻都称六。陆绩说：“阳在初称初九，去初之二称九二，则初复七；阴在初则称初六，去初之二称六二，则初复八矣。卦画七八，经书九六，七八为彖，九六为爻，四者互明，圣人之妙意也。”意思是说，老阳在初爻，初爻就是初九。老阳在二爻，二爻就是九二，初爻实际上是少阳，是初七了。老阴在初爻，初爻就是初六。老阴在二爻，二爻就是六二，初爻实际上是少阴，是初八了，卦画是七八，而经书上标九六，是为了突出老阴老阳取以为用。少阳少阴就去看卦辞，老阴老阳

去看爻辞，四者互相证发，这是《周易》作者的巧妙之处。陆绩要说明的就是为什么刚爻都要称作九。“潜龙勿用”就是初九的爻辞。就是说，如果筮得乾卦，又正好是初爻为老阳，那就用“潜龙勿用”取断。爻辞与卦辞都可称为系辞，为了便于与《系辞传》区别，我们只称作爻辞。爻辞一般分为两个部分，一部分为爻象，一部分为占辞。爻象说明爻所显示的象，占辞说明在这种爻象下所显示的吉凶或应当如何行动。爻象都有象上的依据，占辞则是作者据象所下的断语。初九的象辞是“潜龙”，依据是乾卦从坤卦变来。初九是变的第一爻，即坤☷下生一阳为复䷗，初九在复的下卦震（☳）里，震为龙，上有五个柔爻，如同在盛阴之下的潜伏之龙，故称“潜龙”，这是爻象。潜龙就是蛰伏的龙，这种爻象所显示的意义是不可发挥作用，故占辞是“勿用”。地冻三尺，一阳初复那么一点阳气，当然管不了多大事，这就是初九所处的时势，在这样的时势下要崭露头角、飞黄腾达，都不可能，轻举妄动只能自讨苦吃。作者告诉人们，筮得这一爻要懂得自己所处的是“潜龙”一样的处境和条件，要顺应这种时势，静守待时，不要徒劳妄动。

九二：见龙在田，利见大人。

【译文】

龙出现在田地之上，宜于见大人。

【精解导读】

“九二”也是爻序号。一卦六爻，最下一爻称初，最上一爻称上爻，中间四爻从二至五按顺序数称呼，只是顺序数放在九或六的后边。刚爻故称九，在第二位故称二（下同）。“见”用如“现”。“见龙在田”是爻象，《系辞·下》说：“《周易》之为书也，广大悉备，有天道焉，有人道焉，有地道焉。兼三才而两之，故六。六者非它也，三才之道也。”意思是说，一卦六爻，下两爻为地，中两爻为人，上两爻为天。在下两爻中，初位为地下，二位为地表。从坤变乾，阳长到二爻，卦变为临䷒，九二在临卦互震（九二→䷒>互震）里，震为龙，龙已出现在地表之上，故为“见龙在田”。从地下到地上，虽只一位之差，但已是离潜出隐，崭露头角，龙德显扬，济物利民了，故“利见大人”。大人是圣德兼备的人，用今天的话讲就是伟大人物。“利见大人”是指导人们该如何行动的占辞。爻辞的意思是说，九二是处在一个真龙出现、济物利民的时势之下，正如具有龙德的大人出世。故筮得这一爻，适宜于去见大人，而有所作为，该是积极行动的时候了。

九三：君子终日乾乾，夕惕若厉，无咎。

【译文】

君子终日精进不休，自强不息，晚上也戒惧谨慎

如有危厉，没有咎害。

【精解导读】

乾是健，“乾乾”意为健进不息，“惕”是戒惧警省，小心谨慎。三位于三才为人道，《周易》例刚爻为君子，柔爻为小人，九三刚爻故言君子。六爻卦由两个三爻卦上下重叠而成，三位是下卦之终，乾为昼，坤为夜，故言“终日”，上乾下乾，九三在两乾交接之处，故为“乾乾”。从坤变乾，阳长到九三为泰䷊卦。泰，下乾上坤，昼夜之交，故为“夕”，在上还是下的关键部位，故有“厉”而“惕”。“无咎”是占辞。爻辞意为，筮得九三这一爻，位置不上不下，功业未就，有半途而废的可能。君子应当自强自立，健进不休，终日不懈，晚上也要戒惧警省。如能常以危厉自警，虽处危地，最终不会有咎害。

九四：或跃在渊，无咎。

【译文】

龙或飞跃上天，或在渊中，没有咎害。

【精解导读】

《文言》说：“或之者，疑之也。”意为或是举棋不定的意思。故“或跃在渊”应当理解为“或跃，或在渊。”这一爻仍在讲“龙”，龙可飞跃上天，也可处身深

渊。从象上讲，九四已跃入上卦，故言“跃”。从坤变乾，刚爻长到四位，卦成大壮䷡，大壮上卦为震，故为龙（䷡>震,震为龙），在互卦兑里（䷡>互兑），兑为大泽、为渊，故言“在渊”。九四已接近天位（五位），故可上飞。与九三相比，九四进退有据。九三位在上卦之下，下卦之上，不上不下，位置尴尬；九四进入上卦，上可飞天，下可入渊，龙入深渊也是得其所，故上下均无咎害。但两者相比，入渊不如飞天，然而还未到天位，故游移未定。爻辞的意思是说，九四处在一个上下有据的时势中，可以跃身一试，跃与不跃都没有咎害。如筮得这一爻，不妨试一试自己的身手。跃是飞跃，九五言“飞”，九四言“跃”，换词避复，意思相同。

九五：飞龙在天，利见大人。

【译文】

龙飞上天，宜于见大人。

【精解导读】

朱震说：“自震变而为乾，震变乾，则乾为龙。”意思是说，龙取震象，不过是从震变乾的过程中取象。乾为天，五位于三才中又属天位，龙到天上，故言“飞”。龙飞上天，行云布雨，大显身手。正如人当上皇帝，纵横施为，泽被下民。成语“九五之尊”，指的就是皇帝的尊位，来源就是乾卦九五这一爻。爻辞的

意思是说，九五处在龙飞上天可以纵横施为的时势中，条件极为优越，可以任意施展自己的才能。用人的处境比喻，是君子位登大宝，成为大人，权势在握，能够替天行道。有志于成就功业的人，宜于进见大人去施展自己的抱负。这一爻是《周易》中最好的一爻。

上九：亢龙有悔。

【译文】

龙飞得太高，有忧悔。

【精解导读】

上九是爻序号，六十四卦最上一爻都称上。“亢”是高极的意思，“悔”与“吝”都是“凶之小者”。《周易》的基本哲学思想是对立统一，物极必反，周而复始。这里突出的是物极必反。上九是全卦最上，也是最后的一爻，到了极处，无可再上，故言“亢龙”。物不可极，到了极处就置身于穷困地位，动辄有悔，如同处在穷途末路，失去任何回旋余地。爻辞的意思是说，上九是龙飞到极高处被困起来的时势，筮得这一爻，要居高思危，自我戒惧，不能再追求过分的满足，自我膨胀，而要克制自己的欲望，收敛节制，不然就悔之无及了。

用九，见群龙无首，吉。

【译文】

用老阳之数九，见群龙无首无尾，吉祥。

【精解导读】

六十四卦只有乾卦与坤卦多出“用九”“用六”两句，这两句既不是爻辞，也不是卦辞，而是说明《周易》占筮的体例。意思是说，用《周易》占筮的时候，要取用老阳之数，不用少阳。老阳在哪一爻，就用这一爻的爻辞占断。老阳可以在六位中的任何一位，周流六虚，无头也无尾。《左传》昭公二十九年里提到用九说：“秋，龙见于绛郊，魏献子问于蔡墨曰：‘……今何故无之?’对曰：……‘不然，《周易》有之：在乾䷀之姤䷫，曰潜龙勿用。其同人䷌曰见龙在田，其大有䷍曰飞龙在天。其夬䷪曰亢龙有悔。其坤䷁曰见群龙无首，吉。坤之剥䷖曰龙战于野，若不朝夕见，谁能物之。’”意思是说，昭公二十九年秋天在绛地的郊外出现了一条龙。魏献之问蔡墨说：“（龙这种神物到底有没有?）现在怎么见不到?”蔡墨回答说：“（怎么会没有呢?）不然，《周易》里写得清清楚楚，乾初九是潜龙勿用，九二是见龙在田，九五是飞龙在天，上九是亢龙有悔，用九是见群龙无首，吉。坤的上六是龙战于野。如果不是朝夕能见到龙，谁能描摹它的形状?”蔡墨与魏献子讨论的是有没有龙，不是在占筮。蔡墨把“用九”称作是“其坤”，意思是乾卦六爻全变成坤卦，就是说用九指的是

六爻全变。朱熹据此认为六爻全变就以“用九”的命辞占断，这样讲颇有窒碍，六十四卦仅乾坤两卦才有“用九”“用六”，其他卦六爻全变该怎么办？其实蔡墨讲的“乾之姤”，指乾卦初爻为老阳，是动爻；“其同人”是乾卦九二为老阳，是动爻；“其大有”是乾九五为老阳，是动爻；“其夬”是乾上九为老阳，是动爻；“其坤”是乾各爻都是老阳，为动爻。显然是以老阳的动爻称呼爻序。“用九”不是爻序名，是指乾的六爻任何一爻都可能是老阳而成为动爻，故用“其坤”这个全变的可能称呼。《周易》用老阳不用少阳，这在大量的用例中屡见不鲜，乾坤两卦发凡起例，故于两卦说明《周易》的使用方法。“群龙无首”一般理解为没有首领，但从《周易》的哲学观上分析，其基本意思是周而复始，循环无端，天道运行，如斗柄旋转，四时更替，日出日落，等等，都是首尾回环。人能效法天道，穷则变，变则通，就会吉祥。《周易》用老阳变爻占筮，也是取效法天道，以求吉祥之意。

以上讲的是乾卦的经文。《周易》除经文外，还有传为孔子所作的七篇易传，即彖传、象传、文言、系辞传、说卦、序卦、杂卦，因为彖传、象传、系辞传各分为上下篇，前人把这十篇易传合称为十翼。《三国志·魏书·高贵乡公曹髦传》：“帝又问曰：‘孔子作彖、象，郑玄作注，虽圣贤不同，其所释经义一也。今彖、象不与经文相连，而注连之，何也？’（博士淳于）俊对曰：‘郑玄合彖、象于经者，欲使学者寻省易了也。’”根据

这段记载，可知古代经与传各自成篇，到东汉郑玄传费直易，才把经、传合在一起，便于人们翻检。直到三国魏时，仍有经、传各自成篇的本子。我们现在见到的传本，大多是经、传合在一起的本子。它的基本模式是：把彖传、象传逐条分开，卦辞之后附彖传，标以“彖曰”，彖传之后列象传，标以“象曰”；每爻爻辞之后附各爻的象传，也标以“象曰”。为了便于区别，卦的象传称大象，爻的象传称小象。文言附在乾坤两卦之后。其他易传还单独成篇。只有乾卦，为了保存原貌，把经、传分开，先列经，后附传。以下是乾卦的传文。

彖曰：大哉乾元，万物资始乃统天。云行雨施，品物流形；大明终始，六位时成；时乘六龙以御天。乾道变化，各正性命，保合太和乃利贞。首出庶物，万国咸宁。

【译文】

乾阳的创始功能太伟大了，万物都依赖它才开始具有了自己的生命，乃至能统御天体。行云布雨，各类事物才流变化生出各自的形体；贯通大明的终始，六个时位才得以形成；按时乘驾着六条飞龙统御天体的运行。乾道运行造成各种变化，万物才能够获得相宜的性命。常保永聚乾阳赋予的元气处于大的和谐状态中就是“利贞”。乾阳首先创生出众物，万国都得到安宁。

【精解导读】

彖传是解释卦辞的，卦辞原来叫作彖辞，正如甲骨占卜中称作繇辞一样，是对卜筮所下的断语。彖传以“彖曰”标目，意为彖辞的意思是说。后来人们习惯上把彖传称作彖辞，我们也沿用这个习惯称呼。卦辞是观象系辞，除占断语外，一般有卦象作依据，所以研究卦辞不能离开卦象。而彖辞是解释卦辞的，有时说明卦象，有时则直接讲道理，故研究彖辞不能拘于卦象，这是首先要分辨清楚的。乾卦的彖辞分四个方面说明卦辞“元、亨、利、贞”。

象曰：天行健，君子以自强不息。

【译文】

天的运行刚健不息，君子从中得到启示，要自强不息。

【精解导读】

象也是易传，用以解经。象可分为大象、小象，大象解释卦辞，小象解释爻辞，都用“象曰”标目。除乾卦外，大象附在卦辞的彖传之后，小象附在爻辞之后。人们习惯上把它称作象辞，我们沿用这种称呼。以上几句就是乾卦的大象。“象曰”意为象上的意思是说。“天行健”意为天的运行刚健不息。这是说明乾卦

由上下两个三爻的乾卦组成，乾为天，乾为健，卦象显示出的意义就是天运行刚健。“君子以自强不息”，是说君子要效法天刚健运行的特性，加强自己的道德修养，培养自强不息的精神。大象辞一般都是先从上下卦组合上分析出卦所显示的意义，然后把这个意义推演到人在道德修养上所应当效法的内容方面。天的刚健，主要体现在永无止息的运动上，日出月落，冬去春来，这种运动不止的永恒性就是刚健。君子从中受到启示，也要使自己的行为永不停步。应当注意的是，作者在用乾坤表示天地运动时，用的是十二爻，而不仅是六爻。刚爻从初位长到上爻，全卦成乾，但它的运动并没有停止，还要从初爻再退至上爻，直到全卦成坤，这才是一个循环。观察卦象一定要注意这种周流不息的变化。

潜龙勿用，阳在下也。见龙在田，德施普也。终日乾乾，反复道也。或跃在渊，进无咎也。飞龙在天，大人造也。亢龙有悔，盈不可久也。用九，天德不可为首也。

【译文】

初九爻辞“潜龙勿用”，是因为这个阳爻在全卦的最下位；九二爻辞“见龙在田，利见大人”，是因为恩德施及普遍；九三爻辞“终日乾乾”，是因为在道上反复；九四爻辞“或跃在渊”，是因为跃进没有咎害；九

五爻辞“飞龙在天”，是因为大人在兴旺时期；上九爻辞“亢龙有悔”，是因为盈满不能久保；用九数占筮，是因为天的德行不能为首。

【精解导读】

这一段就是乾卦的小象辞。小象辞解释爻的取象，一般是从爻象变化中说明爻辞，有时也兼释词义。这一段共用了七个判断句，分别说明六爻爻辞和“用九”命辞。第一句是说：为什么初九爻辞要说“潜龙勿用”呢？这是因为初九这个阳爻在全卦的最下边。阳气潜伏在下，正如冬至时一阳初复，还发挥不了作用。

文言曰：元者，善之长也；亨者，嘉之会也；利者，义之和也；贞者，事之干也。君子体仁，足以长人；嘉会，足以合礼；利物，足以和义；贞固，足以干事。君子行此四德者，故曰：乾，元、亨、利、贞。

【译文】

元是仁善之首，亨是完美的荟萃，利是得宜的和谐，贞是事物的骨干。君子体仁善而行，足以为人之长；完美荟萃就足以合礼；利益万物就足以谐合道义；坚贞强固就足以干成事业。君子要推行乾阳这四种品德，所以说“乾，元、亨、利、贞”。

【精解导读】

以上是文言的第一段，乾文言可分为七段。第一段说明乾卦卦辞运用于社会方面的意义，尤其是在道德修养方面给人的启示。文言也属易传，只在乾坤两卦里有。效法天道的贞，就足以干成事业。“君子行此四德者，故曰：乾，元、亨、利、贞”，是说君子要效法天道，像以上那样把天的四德化用到社会中去，所以乾卦才讲元、亨、利、贞。也就是说，人如果明白了这些道理，才算学到了元、亨、利、贞。这段话，文言把元、亨、利、贞推演到人的品德方面，后人也有再推演到春夏秋冬上去的，或金木水火上去的，或仁义礼智上去的，这里不作详述。

初九曰“潜龙勿用”，何谓也？子曰：“龙德而隐者也。不易乎世，不成乎名，遁世无闷，不见是而无闷。乐则行之，忧则违之，确乎其不可拔，潜龙也。”

【译文】

问：初九爻辞“潜龙勿用”说的是什么意思？孔子答道：是说具有龙那样的道德而又隐遁起来的人。他的道德不会因世俗的影响而改变，也不去争逐成就世俗的功名，从社会中隐居起来也不为此而苦闷，不被社会承认也不因此愁闷。社会乐于接受自己的主张，就把自己的主张推行于世；不乐于接受自己的主张，

就离开隐遁起来。反正自己的道德是坚定而不能动摇的，这就是潜龙对人显示的社会意义。

【精解导读】

从这几句开始直到上九“是以动而有悔也”是文言的第二段，说明爻辞在道德修养方面给人的启示，揭示爻辞的社会意义。

九二曰“见龙在田，利见大人”，何谓也？子曰：“龙德而正中者也。庸言之信，庸行之谨，闲邪存其诚，善世而不伐，德博而化。《周易》曰：‘见龙在田，利见大人’，君德也。”

【译文】

问：九二爻辞“见龙在田，利见大人”讲的是什么意思？孔子回答：这是指具有龙那样的道德而又能保持中正的人。日常说话能守信用，日常办事能谨慎虔敬，防止邪恶的侵入，内心保持诚意，对社会有贡献而又不去自我显示夸耀，道德博大又能感化世人。《周易》说“见龙在田，利见大人”，这是君王的道德啊。

【精解导读】

这是第二段的第二小节，阐释九二爻辞的道德意义。“庸”是平常的意思，“闲邪”是防止邪恶。“善世”是对社会有益。“伐”是矜伐，也即夸耀显示。

《四书五经》全解

【第二卷】

韩东坡/主编

辽海出版社

公孙丑章句上

第一章

【原文】

公孙丑问曰：“夫子加齐之卿相，得行道焉，虽由此霸王不异矣。如此，则动心否乎？”

孟子曰：“否。我四十不动心。”

曰：“若是，则夫子过孟贲远矣[①]。”

曰：“是不难，告子先我不动心[②]。”

曰：“不动心有道乎？”

曰：“有。北宫黝之养勇也[③]：不肤桡，不目逃，思以一毫挫于人，若挞之于市朝；不受于褐宽博[④]，亦不受于万乘之君，视刺万乘之君，若刺褐夫；无严诸侯[⑤]，恶声至，必反之。孟施舍之所养勇也[⑥]，曰：‘视不胜犹胜也。量敌而后进，虑胜而后会，是畏三军者也。舍岂能为必胜哉？能无惧而已矣。’孟施舍似曾子，北宫黝似子夏[⑦]。夫二子之勇，未知其孰贤，然而孟施舍守约也。昔者曾子谓子襄曰[⑧]：‘子好勇乎？吾

尝闻大勇于夫子矣：自反而不缩，虽褐宽博，吾不惴焉；自反而缩，虽千万人，吾往矣。’孟施舍之守气，又不如曾子之守约也。”

曰：“敢问夫子之不动心，与告子之不动心，可得闻与？”

“告子曰：‘不得于言，勿求于心；不得于心，勿求于气。’不得于心，勿求于气，可；不得于言，勿求于心，不可。夫志，气之帅也；气，体之充也。夫志，至焉；气，次焉。故曰：‘持其志，无暴其气。’”

“既曰‘志，至焉；气次焉’，又曰‘持其志，无暴其气’者，何也？”

曰：“志壹则动气，气壹则动志也。今夫蹶者趋者[9]，是气也，而反动其心。”

“敢问夫子恶乎长？”

曰：“我知言[10]，我善养吾浩然之气[11]。”

“敢问何谓浩然之气？”

曰：“难言也。其为气也，至大至刚，以直养而无害，则塞于天地之间。其为气也，配义与道；无是，馁也。是集义所生者，非义袭而取之也。行有不慊于心，则馁矣。我故曰：告子未尝知义，以其外之也。必有事焉而勿正，心勿忘，勿助长也。无若宋人然[12]。宋人有闵其苗之不长而揠之者，芒芒然归，谓其人曰：‘今日病矣！予助苗长矣。’其子趋而往视之，则苗槁矣。天下之不助苗长者寡矣。以为无益而舍之者，不耘苗者也。助之长者，揠苗者也。非徒无

益，而又害之。”

“何谓知言？”

曰：“诐辞知其所蔽，淫辞知其所陷，邪辞知其所离，遁辞知其所穷[13]。生于其心，害于其政；发于其政，害于其事。圣人复起，必从吾言矣。”

“宰我、子贡善为说辞[14]，冉牛、闵子、颜渊善言德行[15]；孔子兼之，曰：‘我于辞命，则不能也。’然则夫子既圣矣乎？”

曰：“恶！是何言也？昔者子贡问于孔子曰：‘夫子圣矣乎？’孔子曰：‘圣则吾不能，我学不厌而教不倦也。’子贡曰：‘学不厌，智也；教不倦，仁也。仁且智，夫子既圣矣。’夫圣，孔子不居，是何言也？”

“昔者窃闻之：子夏、子游、子张，皆有圣人之一体[16]，冉牛、闵子、颜渊，则具体而微，敢问所安。”

曰：“姑舍是。”

曰：“伯夷[17]、伊尹[18]何如？”

曰：“不同道。非其君不事，非其民不使；治则进，乱则退：伯夷也。何事非君，何使非民；治亦进，乱亦进：伊尹也。可以仕则仕，可以止则止，可以久则久，可以速则速：孔子也。皆古圣人也，吾未能有行焉；乃所愿，则学孔子也。”

“伯夷、伊尹于孔子，若是班乎？”

曰：“否。自有生民以来，未有孔子也。”

曰：“然则有同与？”

曰：“有。得百里之地而君之，皆能以朝诸侯，有

天下。行一不义、杀一不辜而得天下，皆不为也。是则同。”

曰：“敢问其所以异？”

曰：“宰我、子贡、有若[19]，智足以知圣人，污不至阿其所好。宰我曰：‘以予观于夫子，贤于尧、舜远矣[20]。’子贡曰：‘见其礼而知其政，闻其乐而知其德，由百世之后，等百世之王，莫之能违也。自生民以来，未有夫子也。’有若曰：‘岂惟民哉？麒麟之于走兽，凤凰之于飞鸟，太山之于丘垤，河海之于行潦，类也。圣人之于民，亦类也。出于其类，拔乎其萃，自生民以来，未有盛于孔子也。’”

【注释】

①孟贲（bēn）：卫国人，当时的著名勇士。②告子：名不害，墨子的弟子。③北宫黝（yǒu）：齐国人，刺客。④不受：指不接受挫辱。褐宽博：指穿粗布制的宽大衣服的人，实指卑贱之人。⑤无严诸侯：意为心中没有可敬畏的诸侯。⑥孟施舍：勇士。⑦子夏：卫国人，孔子的弟子。⑧子襄：曾子的弟子。⑨蹶（jué）者：指失足摔倒的人。趋者：奔跑的人。⑩知言：《赵注》云：“闻人言诵知其情所趋。”⑪浩然：朱熹《集注》云：“盛大流行之貌。”⑫宋：周初所封诸侯国，其始封国君是商王的后裔，据有今河南东部和山东、江苏、安徽间地。前286年为齐国所灭。⑬遁辞知其所穷：宋代江西余干的学者饶鲁对于以上四句

话做了这样透辟的分析："当看四个'所'字，如看病相似。'诐''淫''邪''遁'是病证，'蔽''陷''离''穷'是病源，'所蔽''所陷''所离''所穷'是病源之所在。"遁，逃避，躲闪。穷，理屈词穷。⑭宰我、子贡：此二人都是孔门言语科的高才生。⑮冉牛、闵子、颜渊：此三人都是孔门德行科的高才生。⑯子夏、子游、子张皆有圣人之一体：此用比喻说法，意为上述三个弟子都只得了孔圣人四肢中的一个肢体。⑰伯夷：商朝末年孤竹国君的大儿子，因与弟弟叔齐互让王位而双双逃奔周国。周武王伐纣时，二人曾扣住马头劝谏，武王不听，于是一同隐居在首阳山，"义不食周粟"而饿死。司马迁在《史记》中曾为他们立传，置《列传》之首。⑱伊尹：商初大臣，辅佐商汤王灭夏桀，是著名的贤臣。⑲有若：孔子的弟子，鲁国人，比孔子小十三岁。据《史记·仲尼弟子列传》记载，因他的相貌像孔子，所以孔子死后，孔门弟子曾一度"相与共立为师，师之如夫子时也"。⑳尧、舜：传说中的上古时代的贤君，是儒家最推崇的人物之一。

【译文】

公孙丑问孟子："先生您要担任齐国的卿相大官，能有机会实行您的王道抱负，即使因此成就霸者王者的大业，都不足为怪。要是这样，您是否会动心呢？"

孟子说："不。我四十岁时就已做到不动心了。"

公孙丑说："照这样说来，先生比孟贲强多了。"

孟子说："做到这个并不难，告子做到不动心比我还要早。"

公孙丑说："做到不动心有什么诀窍吗？"

孟子说："有。北宫黝培养勇气的方法是：肌肤被刺而不退缩，眼睛被刺而不逃避，即使有一根毫毛被他人伤害，也觉得犹如在大庭广众之下遭到鞭打一样；他既不受挫于卑贱的匹夫，也不受挫于大国的君主，把刺杀大国的君主看作如同刺杀普通平民一样；他不畏惧国君侯王，受到辱骂必定回骂。孟施舍培养勇气的方法又不同，他说：'我对待不能战胜的敌人和对待能够战胜的敌人没有两样。如果先估量敌方的强弱然后才前进，思虑胜败然后才交锋，必定会畏惧众多的敌军，我怎么能有勇气一定战胜呢？我只是能够无所畏惧罢了。'孟施舍的养勇像曾子，北宫黝却有点像子夏。这两个人的养勇哪个更好些，我也说不准。我认为孟施舍能抓住养勇的要领，即无所畏惧，一往无前。从前，曾子对他的学生子襄说：'你崇尚勇敢吗？我曾经听孔夫子说过大勇：反躬自问如果没理，即使对方是平民，我也不能去凌辱他；反躬自问确有道理，即使面对千军万马，我也将勇往直前。'孟施舍虽说有点像曾子，但他所守的是无所畏惧的勇气，到底不及曾子守着有理这一要领。"

公孙丑说："请问先生的不动心和告子的不动心，可以说给我听听吗？"

孟子立即回答道："告子说：'对于对方语言的意思

有弄不清的地方，不必用心琢磨他的话有没有道理；对于一件事的道理心里未弄妥实，就应抑制自己的心绪，千万别再因此动气。’对于一件事的道理心里未弄妥实，就应当抑制自己的心绪，千万别再因此动气，这是对的；如果认为对于对方语言的意思有弄不清的地方，便应当抛开他的话，不必在自己心上去琢磨他的话有没有道理，那就不对了。意思是说志是气的将帅，气是充满身体的兵卒。志达到了什么境界，气也会随之到达哪里，所以说，要坚定自己的志，不要随便用自己的气。”

公孙丑又问道：“既然说‘志达到了什么境界，气也会到达哪种程度’，又说‘要坚定自己的志，不要滥用自己的气’，这是什么道理呢？”

孟子回答说：“志专一了就会鼓动气，气专一了就会鼓动志。现在看看那些倒行逆施、趋炎附势的人，正是因为气反转过来牵动了他们的心。”

公孙丑问道：“请问先生擅长于什么呢？”

孟子说：“我善于分析别人的言辞，识别是非得失并探究其原因，我善于培养自己的浩然之气。”

公孙丑说：“请问什么叫作浩然之气呢？”

孟子说：“这个很难说透。它作为气，是最伟大、最刚强的，用正直去培养它而不加损害，它就会充满于天地之间，无所不在。它作为气，必须与义和道相匹配，否则，就显得软弱乏力。它是义在内心积累起来所产生的，不是义由外入内而取得的。如果行为中有件事使内心感到愧疚时，马上它就没有力量了。我

之所以说告子未曾了解义，就是因为他把义看作是外在的东西。去做一件事自然合乎道义，必须坚持到底，不要故意做作，心中不要忘记养气的事，但也不要去按它成长的规律去用外力帮助它成长。千万不要像宋国人那样：宋国有个人担心他的禾苗长不快而把苗拔高，拖着疲倦不堪的身子回到家中，告诉家里的人说：'今天简直累死了呀！我帮助禾苗都长高了。'他的儿子赶快跑去一看，禾苗都枯萎了。世上不帮助禾苗生长的人是很少的，认为帮助没有益处而放弃不干的，就是那不锄草耘苗的懒汉。那不按照规律用外力帮助它生长的人，就是那拔苗助长的人。这样做不但没有好处，反而会伤害它。"

公孙丑又问道："什么叫作知言呢？"

孟子说："听了偏颇的言辞，我知道他的病根在于闭塞；听了浮夸的言辞，我知道他的病根在于失实；听了邪僻的言辞，我知道他的病根在于偏离正道；听了搪塞的言辞，我知道他的病根在于理屈词穷。上述四种言辞，如果萌生于内心，便会危害于施政；如果萌生于政措，便会妨害于实行。今后再有圣人出现，也一定会同意我的见解。"

公孙丑说："宰我、子贡善于讲话谈论，冉牛、闵子和颜渊善于阐述德行，孔子则兼有他们的长处，但他还是说：'我对于辞令，就不擅长了。'如此说来，先生您既知言，又善养浩然之气，已经称得上圣人了吧？"

孟子说："哎！你这是什么话呢？从前子贡问孔子

道：‘老师您已经成了圣人了吧？’孔子说：‘圣人，我还不敢当，我只是能做到：学习不感到满足，教诲不感到疲倦罢了。’子贡说：‘学习不感到满足，是智的表现；教诲不感到疲倦，是仁的表现。有仁有智，夫子您已经称得上是圣人了啊。’圣人，孔子都不敢当，您讲我是圣人，这是什么话呢？”

公孙丑问道：“从前我听说过，子夏、子游和子张，都学到了孔圣人一方面的特长，冉牛、闵子、颜渊大体上具备了孔夫子的才德，只是不及他的博大。请问先生，您在上面这些人中间与哪一个更近似呢？”

孟子说：“暂且不谈这些吧。”

公孙丑又问：“伯夷和伊尹怎么样呢？”

孟子说：“他们处世之道并不相同。不够格的君主不事奉，不够格的民众不使唤，世道太平就做官，世道昏乱就退隐，这是伯夷。任何君主都事奉，任何民众都使唤，世道太平做官，世道昏乱也做官，这是伊尹。能做官就做官，能退隐就退隐，能长久干就长久干，能离开就快离开，这是孔子。他们都是古代的圣人，我没能做到他们那样，至于我个人的愿望，便是要学习孔子。”

公孙丑又问：“伯夷、伊尹能与孔子相提并论吗？”

孟子说：“不！自有人类以来，从未有过孔子那样伟大的人物。”

公孙丑说：“那么，他们有共同之处吗？”

孟子说：“有。如果他们能得到方圆百里的疆土而又被拥立为君主，他们都能使诸侯来朝见，拥有天下。

如果要他们做一件不合道义的事，杀一个无辜的人来得到天下，他们都不会干的，这是他们的共同之处。”

公孙丑说：“请问他们的不同在什么地方?”

孟子说：“宰我、子贡、有若，他们的智慧足以了解圣人，他们虽然地位低下，但不至于奉承他们所喜爱的人。宰我说：‘依我看来，孔夫子比尧、舜强多了。’子贡说：‘见到一个国家所行的礼制就明了它的政事，听到一个人家所奏的音乐就明了它的德行，即使从百世之后来评价这百世之中的君王，也没有一个能违背孔夫子的观点。自有人类社会以来，从未有过孔夫子这样的圣人。’有若说：‘难道只有民众有高下之分么？麒麟对于走兽，凤凰对于飞禽，泰山对于土丘，河海对于水塘，都是同类；圣人对于民众，也是同类。高出他的同类，超越他的群体，自有人类社会以来，从未有过比孔夫子更伟大的人了。’”

第二章

【原文】

孟子曰：“以力假仁者霸，霸必有大国；以德行仁者王，王不待大。汤以七十里，文王以百里。以力服人者，非心服也，力不赡也[①]；以德服人者，中心悦而诚服也，如七十子之服孔子也[②]。《诗》云：‘自西自东，自南自北，无思不服[③]。’此之谓也。”

【注释】

①赡（shàn）：足。②七十子：据《史记·孔子世家》记载，孔子的弟子多达三千人，其中身通六艺者七十有二人，通称“七十子”。在《仲尼弟子列传》作“七十七人”。此取整数而言。③《诗》云各句：是引自《诗·大雅·文王有声》篇里的诗。这是一首歌颂周文王的诗歌。

【译文】

孟子说：“倚仗实力假借仁义可以称霸于诸侯，这种称霸必须要有大的国家作基础；依靠道德施行仁政能够称王天下，这种实行王道称王天下就不一定是大国。商汤王凭藉的国土只有方圆七十里，周文王凭藉的国土只有方圆百里。倚仗势力征服别人的，别人并不是内心服从，而是出于力量不足；依靠道德使别人归附的，别人是心悦诚服，完全是出于自愿的，如同孔子门下七十二弟子拜服孔子一样。《诗经》里说：‘从西到东，从南到北，心悦服从。’就是指这种情况。”

第三章

【原文】

孟子曰：“仁则荣，不仁则辱。今恶辱而居不仁，

是犹恶湿而居下也。如恶之，莫如贵德而尊士，贤者在位，能者在职。国家闲暇，及是时，明其政刑，虽大国，必畏之矣。《诗》云[①]：'迨天之未阴雨[②]，彻彼桑土[③]，绸缪牖户[④]。今此下民，或敢侮予？'孔子曰：'为此诗者，其知道乎！能治其国家，谁敢侮之？'今国家闲暇，及是时，般乐怠敖，是自求祸也。祸福无不自己求之者。《诗》云[⑤]：'永言配命[⑥]，自求多福。'《太甲》曰[⑦]：'天作孽[⑧]，犹可违[⑨]；自作孽，不可活。'此之谓也。"

【注释】

①《诗》云：此处的诗引自《诗·豳风·鸱鸮》，以鸱鸮设喻，申述周王室危急，表明作者周公救乱扶倾的苦心。②迨：趁着。彻：剥取。③桑土（dù）：桑根的皮。④绸缪（móu）：缠绵。牖户：门窗，此指鸟巢的出入口。⑤《诗》云：引自《诗·大雅·文王》篇。⑥永言配命：意为人应该常常念念不忘与天命配合。⑦《太甲》：相传《尚书》中的《太甲》是商初伊尹告诫商王太甲的训词。⑧孽：指妖孽，即不详、怪异的征兆现象。⑨违：设法躲避。

【译文】

孟子说："国君只要施行仁政，就能国泰民安身享荣耀；不施行仁政，就将国破民乱身遭屈辱。现在身居高位者虽然厌恶屈辱，却又安于不仁的现状，这好

比是厌恶潮湿却甘心居住在低下的地方。如果真的厌恶屈辱，不如重视德行而尊重士人，使贤德的人治理国家，让能干的人担任官职，国家就没有内忧外患了，再趁着这大好时机，修明政教，条理法规，即使是大国也必定会对此感到畏惧了。《诗》经里说过：‘趁着天还没有阴雨，把桑树根上的皮儿剥取，以便修整好门儿窗户。那住在下面的人们，谁还敢来把我欺侮。’孔子说：‘作这首诗的人真是懂得道理啊！君主能治理好自己的国家，谁还敢欺侮他呢？’现在国家安定，如果国君这时享乐怠惰，这简直是自取灾祸。一个人的祸福无不是自己招来的。《诗经》中说：‘行事念念不忘和天命相符，好为自己寻求更多的幸福。’《太甲》说：‘上天降灾祸，还可设法躲避；自己造成的祸害，简直没法逃脱。’正是说的这个意思。”

第四章

【原文】

孟子曰：“尊贤使能，俊杰在位，则天下之士皆悦而愿立于其朝矣；市廛而不征①，法而不廛②，则天下之商皆悦而愿藏于其市矣；关，讥而不征，则天下之旅皆悦而愿出于其路矣；耕者，助而不税③，则天下之农皆悦而愿耕于其野矣；廛，无夫里之布④，则天下之民皆悦而愿为之氓矣⑤。信能行此五者，则邻国之民仰

之若父母矣。率其子弟，攻其父母，自有生民以来，未有能济者也。如此，则无敌于天下。无敌于天下者，天吏也。然而不王者，未之有也。”

【注释】

①廛：提供堆栈储藏货物的意思。征：征收租税。②法：贸易法，名词用于动词，按法定价格收购。③助：帮助耕种公田。税：名词动用，征收租税。④布：钱。⑤氓（méng）：自由民。

【译文】

孟子说：“尊重贤达，任用能人，让才德出众的人来治理国家，那么天下的士子们都会感到喜悦，愿意在这样的朝廷里任职；在市场上，提供货栈而不征税，滞销的货物由国家按法定价格征购，那天下的商人们都会感到喜悦，愿意在这样的市场来做买卖；在关卡上，仅仅进行稽查，并不征收税金，那么天下的旅客们都会感到喜悦，愿意在这样的道路上行走；种田的人，只须助耕井田制中的公田而不必交纳租税，那么天下的农夫们都会感到喜悦，愿意到那里去种田了；里弄的居民们，不必交纳雇役钱和地税，那么天下各国的百姓们，都会感到喜悦，愿意到那里去当寄居的百姓。如果谁真的能实行这五项，那么邻国的老百姓，便会对那里的国君像对父母般地尊重爱戴他。假如有别国的国君，妄图进犯这样施仁政的国家，就好像是

率领儿女们去攻打他们自己的父母，从有人类以来，是没有能够获得成功的。要是这样，就能无敌于天下。天下无敌的人，就是上天派遣到下界来的使者。要是做到这样，却还不能统一天下的，那还从未有过。”

第五章

【原文】

孟子曰：“人皆有不忍人之心。先王有不忍人之心，斯有不忍人之政矣。以不忍人之心，行不忍人之政，治天下可运之掌上。所以谓‘人皆有不忍人之心’者，今人乍见孺子将入于井，皆有怵惕恻隐之心[①]，非所以内交于孺子之父母也[②]，非所以要誉于乡党朋友也[③]，非恶其声而然也。由是观之，无恻隐之心，非人也；无羞恶之心，非人也；无辞让之心，非人也；无是非之心，非人也。恻隐之心，仁之端也；羞恶之心，义之端也；辞让之心，礼之端也；是非之心，智之端也。人之有是四端也，犹其有四体也[④]。有是四端而自谓不能者，自贼者也；谓其君不能者，贼其君者也。凡有四端于我者，知皆扩而充之矣，若火之始然[⑤]、泉之始达。苟能充之，足以保四海；苟不充之，不足以事父母。”

【注释】

①怵惕（chù tì）：惊怕的样子。恻隐：伤痛不忍。②内交：结交。内，通“纳”。③要誉：求得好名声。要（yāo），通“邀”，谋求。④四体：四肢。⑤然：同“燃”。

【译文】

孟子说：“人们都有怜悯他人之心。古代帝王由于有怜悯他人的心，于是才有怜悯百姓的仁政。用怜悯他人之心，来施行怜悯百姓的仁政，治理天下就能像把小东西放在手掌上运转那样容易了。我之所以说‘人们都有怜悯他人之心’是因为：譬如，现在某人突然见到小孩将要掉下井中，都会立即产生惊慌同情之心。这样做并非是为了和孩子的父母攀交情，并非是为了在邻里朋友中获得好名声，也并非是由于厌恶孩子的哭叫声。由此看来，没有同情之心的不能算是人；没有羞耻之心的不能算是人；没有礼让之心的不能算是人；没有是非之心的也不能算是人。同情之心是仁的开端；羞耻之心是义的开端；礼让之心是礼的开端；是非之心是智的开端。一个人有这四个开端，就好比他的身体有四肢一样。具有这四个开端而自认为不行的，是自暴自弃；认为自己君长不行的，是伤害自己的君长。凡是自身具备这四个开端的人，要是知道把它们都扩大开去，就好比火刚开始点燃、泉水刚开始

涌出。假如能够扩充这四个开端，就可以保护天下的百姓安居乐业；假如不去扩充它们，那就连自己的父母也无法奉养了。”

第六章

【原文】

孟子曰：“矢人岂不仁于函人哉[1]？矢人唯恐不伤人，函人唯恐伤人。巫、匠亦然[2]。故术不可不慎也[3]。孔子曰：‘里仁为美，择不处仁，焉得智？’夫仁，天之尊爵也[4]，人之安宅也。莫之御而不仁，是不智也。不仁不智，无礼无义，人役也[5]。人役而耻为役，由弓人而耻为弓，矢人而耻为矢也。如耻之，莫如为仁。仁者如射：射者正己而后发，发而不中，不怨胜己者，反求诸己而已矣。”

【注释】

①矢人：造箭的工匠。函人：制造铠甲的人。据《考工记》：“函人为甲。”②巫：以为活人祈祷求福为职业的人。匠：为死人制作棺材的木匠。③术：指职业。④尊爵：最崇高的爵位，“仁义礼智”，仁为长，仁对于人来说最宝贵，所以称为“天之尊爵”。⑤人役：被别人役使的人。

【译文】

孟子说："造箭的人难道比造铠甲的人更不仁爱吗？造箭的唯恐箭不能伤人，制甲的人唯恐甲被人破伤，专为人求福多寿的巫师和专为人制棺材望人早死的木匠也是如此。所以，一个人选择职业不可不持谨慎的态度。孔子说：'里巷中有仁爱的风俗，人们便认为这个里巷好。选择住处而不知选这样的里巷，这哪里能说是聪明呢？'仁，是上天赐予的最尊贵的爵位，是人们最安全的住宅。分明没有什么阻碍，却不去行仁，这便是人们不聪明的地方。一个人不仁不智、无礼无义，那就只配当他人的仆役。当了仆役却又耻于为他人所役使，那就好比造弓的以造弓为可耻，造箭的以造箭为可耻一样。要是觉得可耻，就不如去行仁。行仁的道理如同射艺一样，射箭的人先端正自己的姿势然后发箭，箭发而不中，不去埋怨胜过自己的人，只是返回来从自身寻找原因罢了。"

第七章

【原文】

孟子曰："子路，人告之以有过则喜。禹闻善言则拜[①]。大舜有大焉[②]，善与人同[③]，舍己从人，乐取于人以为善。自耕稼、陶、渔以至为帝[④]，无非取于人

者。取诸人以为善，是与人为善者也。故君子莫大乎与人为善⑤。”

【注释】

①禹：相传上古时代治水有功的贤君，他接受舜的让位建立夏朝。拜：即拜手。后来便沿用为行礼的通称。②有：同“又”。焉：语助词，此在句末作兼语，等于介词“于”加代词“是”。③善与人同：即与人同善。④耕稼、陶、渔：据《史记·五帝本纪》记载，舜为帝前曾经从事过种地、烧制陶器和捕鱼等各种劳动。⑤与：有两说：一是偕同，和别人一起；一是赞许、帮助。朱熹《集注》云：“与，犹许也、助也。”两解都可通。

【译文】

孟子说：“子路这个人，一听到别人告诉他有过错，便表示高兴；夏禹当听到有益的话，便向人拜谢。大舜比他们俩在这方面又更伟大，他愿意和别人一起行善，抛弃自己不对的，听从别人对的，乐意吸取别人的优点来行善。从他在下面当百姓种田、制陶、打鱼一直到当上天子帝王，他身上所表现出来的许多优点，没有不是从别人那里虚心学习来的。吸取别人的优点来行善，其实，就是赞许、帮助别人行善的好作风。所以，君子的所作所为没有比和别人一起行善更伟大的了。”

第八章

【原文】

孟子曰："伯夷，非其君不事，非其友不友。不立于恶人之朝，不与恶人言；立于恶人之朝，与恶人言，如以朝衣朝冠坐于涂炭①。推恶恶之心②，思与乡人立，其冠不正，望望然去之③，若将浼焉④。是故诸侯虽有善其辞命而至者，不受也。不受也者，是亦不屑就已。

"柳下惠不羞污君⑤，不卑小官；进不隐贤，必以其道；遗佚而不怨，厄穷而不悯。故曰：'尔为尔，我为我，虽袒裼裸裎于我侧⑥，尔焉能浼我哉？'故由由然与之偕而不自失焉⑦，援而止之而止。援而止之而止者，是亦不屑去已。"

孟子曰："伯夷隘，柳下惠不恭。隘与不恭，君子不由也。"

【注释】

①涂炭：比喻污秽不堪的地方。涂，污泥。炭，炭灰。②恶恶：前一个恶（wù），厌恶。后一个恶（è），恶人。③望望然：抛下不顾的样子。④浼（měi）：污秽。⑤柳下惠：鲁国的大夫。本名展获，字禽，因他的食邑在柳下，谥号为"惠"，所以人们称他为"柳下惠"。在儒家著作中，曾多次将他与伯夷等贤

人并列，誉为有德行的人。⑥袒裼（xī）：露臂。裸裎（chéng）：露身。⑦由由：自得的样子。

【译文】

孟子说："伯夷这个人的为人处世嘛，不够格的君主不事奉，不够格的朋友不交往，不在恶人的朝廷里做官，不和恶人谈话。他觉得在恶人的朝廷里做官，和恶人谈话，就好比穿戴着上朝的衣帽坐在污泥和炭灰之中一样。把这种厌恶坏人的心思推广开去，他和乡里平民在一起，如果那人的帽子没有戴正，他便会愤愤然离开，好像将会被玷污一样。因此，各国的诸侯尽管用好言好语来聘请他去做官，他却不会见。他之所以不会见，这也是由于他不屑于去俯就他们。

"柳下惠却不同，他不以事奉恶滥的君主为羞辱，不以自己的官职卑微为低下；进身任职不隐瞒自己的才干，必定按照自己的原则办事；不被上面任用也毫无怨言，处境极端困难也不忧伤。他说：'你是你，我是我，纵然赤身露体地站在我旁边，你又怎么能玷污我呢？'所以自然而得地与他人共处而不失常态。别人挽留他留下，他便留下。他之所以被挽留便留下，这是由于他认为贸然离去，并不算是洁身自好的缘故。"

孟子说："伯夷的心襟过于狭隘，柳下惠的态度又太不恭敬。狭隘和不恭敬，贤德的君子是不会这样做的。"

公孙丑章句下

第一章

【原文】

孟子曰："天时不如地利，地利不如人和。三里之城，七里之郭[①]，环而攻之而不胜。夫环而攻之，必有得天时者矣；然而不胜者，是天时不如地利也。城非不高也，池非不深也，兵革非不坚利也，米粟非不多也；委而去之，是地利不如人和也。故曰：域民[②]不以封疆之界，固国不以山溪之险[③]，威天下不以兵革之利。得道者多助，失道者寡助。寡助之至，亲戚畔之[④]；多助之至，天下顺之。以天下之所顺，攻亲戚之所畔，故君子有不战，战必胜矣。"

【注释】

①郭：外城。②域民：限制人民。③固：使动词，固国，使国防坚固。④亲戚：指内外亲属。《礼记·曲礼》孔疏云："亲指族内，戚指族外。"畔：通"叛"。

【译文】

孟子说："天时不如地利，地利不如人和。三里见方的城邑，七里见方的外城，敌人包围攻打却无法取胜。敌人既来围攻，必定占有天时，但是却不能夺取，这正说明天时不如地利。城邑墙不是不高，护城河不是不深，武器盔甲不是不好，粮食草料不是不多，守兵们却弃城而逃，这正说明地利不如人和。所以说，制约民众不必只靠国家的疆界，巩固国防不必只靠山川的险阻，扬威天下不必只靠武器的锐利。拥有道义的人，援助他的便多；失掉道义的人，援助他的便少。援助少到极点时，连自己的内亲外戚也会反叛他；援助多到极点时，整个天下的人都愿意顺从他。让整个天下都愿意顺从他的人，去攻打连亲戚都反叛他的人，所以，拥有道义的君子除非不战，若战立即就会获得胜利。"

第二章

【原文】

孟子将朝王。王使人来曰："寡人如就见者也，有寒疾，不可以风。朝将视朝[①]，不识可使寡人得见乎？"

对曰："不幸而有疾，不能造朝。"

明日，出吊于东郭氏[②]。公孙丑曰："昔者辞以病，今日吊，或者不可乎？"

曰："昔者疾，今日愈，如之何不吊？"

王使人问疾，医来。孟仲子对曰[3]："昔者有王命，有采薪之忧[4]，不能造朝。今病小愈，趋造于朝，我不识能至否乎？"使数人要于路[5]，曰："请必无归而造于朝！"

不得已而之景丑氏宿焉[6]。景子曰："内则父子，外则君臣，人之大伦也[7]。父子主恩，君臣主敬。丑见王之敬子也，未见所以敬王也。"

曰："恶！是何言也！齐人无以仁义与王言者，岂以仁义为不美也？其心曰'是何足与言仁义也'云尔，则不敬莫大乎是。我非尧、舜之道，不敢以陈于王前，故齐人莫如我敬王也。"

景子曰："否，非此之谓也。《礼》曰：'父召无诺；君命召，不俟驾。'固将朝也，闻王命而遂不果，宜与夫礼若不相似然。"

曰："岂谓是与？曾子曰：'晋、楚之富，不可及也。彼以其富，我以吾仁；彼以其爵，我以吾义，吾何慊乎哉[8]！'夫岂不义而曾子言之？是或一道也。天下有达尊三[9]：爵一，齿一，德一。朝廷莫如爵，乡党莫如齿，辅世长民莫如德。恶得有其一以慢其二哉！故将大有为之君，必有所不召之臣，欲有谋焉，则就之。其尊德乐道，不如是，不足与有为也。故汤之于伊尹，学焉而后臣之，故不劳而王；桓公之于管仲，学焉而后臣之，故不劳而霸。今天下地丑德齐，莫能相尚[10]，无他，好臣其所教，而不好臣其所受教。汤之

于伊尹，桓公之于管仲，则不敢召。管仲且犹不可召，而况不为管仲者乎！”

【注释】

①朝将视朝：前一个朝（zhāo），指早晨，后一个朝（cháo），视朝，指上朝视察办事。②东郭氏：据《风俗通》记载，东郭氏是齐国的大夫，东郭成阳是他的后人。《赵注》云：“齐大夫家也。”③孟仲子：是孟子的堂兄弟，曾学于孟子。④采薪之忧：是说有病不能上山打柴的委婉之词。《礼记·曲礼》云：“君使士射，不能，则辞以疾，言曰：‘某有负薪之忧。’”⑤要（yāo）：拦阻。⑥景丑氏：齐大夫景丑家。⑦伦：伦常，封建社会以君臣、父子、夫妇、兄弟、朋友为五伦，并以父子有亲、君臣有义、夫妇有别、长幼有序、朋友有信为人伦的常道，简称伦常。⑧慊（qiàn）：憾、恨。⑨达尊：指普天下所尊敬的事。⑩莫能相尚：互相不能超过。尚，朱熹《集注》：“过也。”

【译文】

孟子正准备去朝见齐王，齐王派人来传话道：“本来我将要来看望你的，无奈得了感冒，不能吹风。今早我将临朝听政，不知道能让我见到你吗？”

孟子答道：“我也不幸得了点病，不能到朝堂上去。”

第二天，孟子要去齐国的大夫东郭氏家吊丧。公孙丑说：“昨天刚托病不上朝，今天却又出门去吊丧，

恐怕不行吧！”

孟子说：“昨天得了病，今天病好了，怎么不能去吊丧呢？”

齐王派人来询问病情，医生也一同来了。孟仲子应付来人说：“昨天大王派人召请，先生病了不能上朝堂去。今天病刚好了点，就赶快到朝堂上去了，我不知道他能不能到达朝堂？”于是打发几个人到路上拦住孟子，告诉说：“请您一定别回家，上朝去走一趟吧！”

孟子不得已，只得来到相好的齐大夫景丑氏家借住一夜。景丑知情后便说：“在家讲父子之亲，出外讲君臣之义，这是为人的重大伦常关系。父子之间以慈爱为主，君臣之间以尊敬为主，我只看到大王敬重你，却没看到你怎样敬重齐王。”

孟子说：“呀！这是什么话？你们齐国人没有一个拿仁义来与大王谈论的，难道是认为仁义不好吗？他们心里在想：‘这样的大王哪里够得上谈论仁义呢？’我看再没有什么比这种态度更不敬重齐王了。而我呢，不拿尧舜之道就不敢在大王面前陈说，所以齐人不知我敬重大王。”

景丑说：“不，我说的不是这个。《礼》书中说：‘父亲召唤，轻轻答应就起身；君命传唤，不等马车驾好就前去。’你本来准备上朝，听到齐王传唤反而不去了，恐怕与礼的要求不相符合吧。”

孟子说：“难道你说的是这个吗？曾子说过：‘晋国和楚国的富有，是别国不能相比的。不过，他们依

仗的是财富，我奉行的是仁爱；他们凭的是爵位，我恪守的是大义，我有什么可遗憾的呢?’要是不合乎义，曾子会这样说吗？这也许有点道理。天下普遍尊重的东西有三：一个是爵位，一个是年龄，一个是德行。朝廷上最尊重爵位，乡里中最尊重年龄，辅佐君王、长养百姓最尊重德行。怎么能仗着有一个爵位，就去怠慢占着年龄与德行的人呢！因此，准备大有作为的君主，一定有他不敢召唤的臣子，要是有重大国事须得商议，就亲自去他家里拜访。国君重视德行，乐于施行仁政，如果不是这样做，就不能与贤德的臣子有所建树。因此，商汤王对于伊尹，先向他学习，然后用他为臣子，所以不费辛劳而行王道于天下；齐桓公对于管仲，也是先向他学习，然后再用他为臣，所以不费辛劳就能称霸诸侯。现今天下各国的领土相差无几，君王的德行不相上下，谁也没能超过谁，这没有别的缘故，就因为他们喜欢用听从自己教导的人做臣子，而不喜欢用有能力教导自己的人做臣子。商汤王对于伊尹，齐桓公对于管仲，就不敢召唤。管仲尚且不能召唤，何况不屑做管仲的人呢！”

第三章

【原文】

孟子之平陆[①]，谓其大夫曰[②]：“子之持戟之士，一

日而三失伍[3]，则去之否乎？”

曰：“不待三。”

“然则子之失伍也亦多矣。凶年饥岁，子之民，老羸转于沟壑，壮者散而之四方者几千人矣。”

曰：“此非距心之所得为也。”

曰：“今有受人之牛羊而为之牧之者，则必为之求牧与刍矣[4]。求牧与刍而不得，则反诸其人乎？抑亦立而视其死与？”

曰：“此则距心之罪也。”

他日，见于王，曰：“王之为都者[5]，臣知五人焉。知其罪者，惟孔距心。”为王诵之。

王曰：“此则寡人之罪也。”

【注释】

①平陆：齐国边境县，在今山东汶上县北。汶水流经那里。②大夫：此指平陆县的长官。③失伍：是说士兵擅自离开行伍，是失职的表现。④牧：牧地。刍：草料。⑤为都者：治理城邑的官吏。

【译文】

孟子来到平陆，对那个县的长官孔距心说：“你县里守卫边疆的战士，如果一天三次失职，是不是要将他除名呢？”

县令孔距心说：“等不到三次就会除名。”

孟子说：“你失职的地方也很多了。灾荒歉收的年

成，你的百姓，老弱病残的辗转到山沟中奄奄一息，年轻力壮的散走四方逃难，有近千人。”

孔距心说：“这不是我个人所能改变的。”

孟子说：“现在假如有个人接受了替他人放牧牛羊的任务，就一定要替他们寻找牧场和草料。要是找不到牧场和草料，那么，是把牛羊还给它们的主人呢？还是站在一边看着牛羊饿死呢？”

孔距心说：“这就是我孔距心的罪过了。”

过了几天，孟子被齐王召见，说：“大王的地方长官，我结识了五位，其中能认识自己失职罪过的，只有孔距心。”于是，就向齐王复述了与孔距心的对话。

齐王听后说：“这也就是我的罪过呀。”

第四章

【原文】

孟子谓蚳蛙曰[①]：“子之辞灵丘而请士师[②]，似也[③]，为其可以言也。今既数月矣，未可以言与？”

蚳蛙谏于王而不用，致为臣而去[④]。齐人曰：“所以为蚳蛙则善矣；所以自为，则吾不知也。”

公都子以告[⑤]。曰：“吾闻之也：有官守者，不得其职则去；有言责者，不得其言则去。我无官守，我无言责也，则吾进退，岂不绰绰然有余裕哉？”

【注释】

①蚳蛙：齐国的大夫。②灵丘：齐国的边邑。在今山东高唐和茌平之间。③似也：指所做的事近似有理。④致为臣：即致仕，指辞职引退。⑤公都子：孟子的弟子。

【译文】

孟子对蚳蛙说："你辞去了灵丘县令不当，却请求去担任狱官，好像是有点道理，因为这个职位能向君王进言。现在你当狱官已经几个月了，难道还不能进言吗？"

蚳蛙向齐王进谏却没有被采纳，就辞掉官职离去了。齐国有人议论此事道："孟子替蚳蛙打算的还是好，可对自己的要求怎样，我们就不知道了。"

孟子的学生公都子把听到的议论告诉了孟子。孟子说："我听说，有官职的人，不能尽职就得辞职不干；有进言责任的人，他进了言而没被采纳，也就得辞职不干。我没有职位在身，我没有进言之责，这样，我的进退岂不是宽宽舒舒地有很大的余地吗？"

第五章

【原文】

孟子自齐葬于鲁[①]，反于齐，止于嬴[②]。充虞请曰[③]："前日不知虞之不肖，使虞敦匠事。严，虞不敢请。今愿窃有请也：木若以美然。"

曰："古者棺椁无度，中古棺七寸，椁称之。自天子达于庶人，非直为观美也，然后尽于人心。不得，不可以为悦；无财，不可以为悦。得之为有财，古之人皆用之，吾何为独不然？且比化者，无使土亲肤[④]，于人心独无恔乎[⑤]？吾闻之也：君子不以天下俭其亲。"

【注释】

①自齐葬于鲁：孟子在齐国做官，母亲死了，归葬于鲁。事在齐威王执政时期。②嬴（yíng）：齐国南面的一个都邑，在今山东莱芜西北。③充虞：孟子的弟子。④比（bì）：通"庇"，庇护。化者：死者。⑤恔：快意。

【译文】

孟子从齐国将母亲归葬到鲁国后，重新返回齐国时，在嬴邑停留下来。充虞求教说："前些天承蒙您不嫌弃我无能，派遣我去监工备办棺木。当时事务繁忙，

我不敢打扰你，现在我想请教一下：棺木似乎过于豪华了一点。”

孟子说：“上古时候棺椁没有一定的尺寸，中古以来规定内棺厚七寸，外棺厚度与之相称。上起天子，下至百姓，对棺椁都得讲究，不仅是为了好看，还要尽人子之孝心。达不到标准不能令人称心如意，不具有财力不能做到称心如意。客观能达到标准而又具备财力办到，古代人都会用好棺木，我为什么唯独不能这样做呢？而且，庇护死者不使泥土与死者的体肤相沾着，这样做人子之心难道就不感到欣慰吗？我听说过：一个懂得孝道的君子，绝不会在天下人都能做到的事情上，俭省自己父母亲的安葬费。”

第六章

【原文】

沈同以其私问曰[①]：“燕可伐与？”

孟子曰：“可。子哙不得与人燕[②]，子之不得受燕于子哙。有仕于此，而子悦之，不告于王而私与之吾子之禄爵；夫士也，亦无王命而私受之于子，则可乎？何以异于是？”

齐人伐燕。或问曰：“劝齐伐燕，有诸？”

曰：“未也。沈同问‘燕可伐与’？吾应之曰：‘可。’彼然而伐之也。彼如曰：‘孰可以伐之？’则将应之曰：

‘为天吏，则可以伐之。’今有杀人者，或问之曰：‘人可杀与?’则将应之曰：‘可。’彼如曰：‘孰可以杀之?’则将应之曰：‘为士师，则可以杀之。’今以燕伐燕，何为劝之哉?”

【注释】

①沈同：齐国的大臣。②子哙：燕国君王，名哙，前320—前318年在位。他让位给相国子之，不久爆发内乱，齐国乘机攻占燕国，他与子之均被杀。此处所说“不得与人燕”，即指其让位之事而言。

【译文】

大臣沈同以他个人的身份问道：“燕国可以讨伐吗?”

孟子说：“可以。没有天子的命令，燕王子哙无权擅自把燕国让给人家，相国子之也不得擅自从子哙手里接受燕国。假如有一位谋求官职的人，你对他很喜欢，不向国君禀告就私自把你的俸禄爵位让给他，这个人也没有得到齐王的任命就私自从你手里接受，这样行吗？燕国让位的事与这有什么不同呢?”

齐国出兵讨伐燕国。有人问孟子：“听说你曾劝齐国讨伐燕国，有这回事吗?”

孟子说：“没有。沈同问过我：‘燕国可以讨伐吗?’我回答他说：‘可以。’他就此去讨伐燕国了。他如果进一步问：‘谁可以去讨伐燕国?’那我就会回答他说：‘是天吏才能讨伐燕国。’现在有个杀人犯，有

人问道：‘这个杀人犯可以被处死吗？’就会回答：‘可以。’他如果再问：‘谁能处死他？’那就得回答说：‘是治狱官，才能处死他。’现在以让一个跟无道燕国一样无道的国家去讨伐燕国，我为什么去劝说它呢？”

第七章

【原文】

燕人畔[1]。王曰：“吾甚惭于孟子。”

陈贾曰[2]：“王无患焉。王自以为与周公，孰仁且智？”

王曰：“恶！是何言也！”

曰：“周公使管叔监殷[3]，管叔以殷畔。知而使之，是不仁也；不知而使之，是不智也。仁、智，周公未之尽也，而况于王乎？贾请见而解之。”

见孟子，问曰：“周公何人也？”

曰：“古圣人也。”

曰：“使管叔监殷，管叔以殷畔也，有诸？”

曰：“然。”

曰：“周公知其将畔而使之与？”

曰：“不知也。”

“然则圣人且有过与？”

曰：“周公，弟也；管叔，兄也。周公之过，不亦宜乎？且古之君子，过则改之；今之君子，过则顺之。

古之君子，其过也，如日月之食[4]，民皆见之；及其更也，民皆仰之。今之君子，岂徒顺之，又从为之辞。”

【注释】

①燕人畔：畔，同“叛”。据《史记·燕世家》载，齐王伐燕，燕国的士兵不抵抗，连城门也不关，燕王子哙丧了命，齐国大胜，子之逃亡。第二年，燕国人共同拥立太子平，这便是燕昭王。这说明燕人不归附齐国，故说“燕人畔”。②陈贾：齐国大夫。③管叔：名鲜，是武王的弟弟，周公的哥哥。武王战胜商军诛杀纣王后，封纣之子武庚为诸侯，治理殷的遗民，派自己的三个弟弟管叔、蔡叔、霍叔监督武庚的国家。武王死后，成王年幼，周公摄政，管叔、蔡叔认为他有篡位之意，便与武庚一起作乱反叛周朝。周公出兵讨伐并且诛杀了他们，放逐蔡叔，平定了叛乱。④食：同“蚀”。

【译文】

燕人不肯归附齐国，齐王说：“我非常有愧于孟子。”

陈贾说：“大王不要忧虑。大王自认为与周公比哪个更仁爱而又聪明些呢？”

齐王道：“哎！你这是什么话！”

陈贾说：“周公指派管叔监视殷人，管叔却率领殷人反叛周朝。周公如果预知而指派他，是对兄弟不仁；不预知而指派他，是他的不明智。仁、智连周公都没

有完全做到，何况大王您呢？请让我去见孟子解释这件事。”

陈贾见到孟子，问道：“周公是怎样的人？”

孟子说：“是古时候的圣人。”

陈贾说：“他指派管叔监视殷人，管叔却率领殷人叛乱，有这事吗？”

孟子说：“不错。”

陈贾说：“周公指派管叔时预知他将会叛乱吗？”

孟子说：“不知道。”

陈贾说：“那么，圣人也有过失么？”

孟子说：“周公是弟弟，管叔是哥哥，周公的过失不也是合乎情理的事么？古时候的君子有过失就改正，现在的君子有过失却只管错下去。古时候的君子，他们的过失如同日食、月食一样，百姓都见得到；当他们改正时，百姓都仰望着他们。现在的君子不但将错就错，还编辞为自己做辩护。”

第八章

【原文】

孟子致为臣而归。王就见孟子[①]，曰：“前日愿见而不可得，得侍同朝，甚喜。今又弃寡人而归，不识可以继此而得见乎？”

对曰：“不敢请耳，固所愿也。”

他日，王谓时子曰[②]：“我欲中国而授孟子室，养弟子以万钟，使诸大夫国人皆有所矜式[③]。子盍为我言之[④]！”

时子因陈子而以告孟子[⑤]，陈子以时子之言告孟子。

孟子曰：“然，夫时子恶知其不可也？如使予欲富，辞十万而受万，是为欲富乎？季孙曰[⑥]：‘异哉子叔疑！使己为政，不用，则亦已矣，又使其子弟为卿。人亦孰不欲富贵？而独于富贵之中，有私龙断焉[⑦]。’古之为市也，以其所有易其所无者，有司者治之耳。有贱丈夫焉[⑧]，必求龙断而登之，以左右望而罔市利[⑨]。人皆以为贱，故从而征之。征商，自此贱丈夫始矣。”

【注释】

①就见：亲自去看望。②时子：齐国臣子。③矜(jīn)式：敬守法则。④盍(hé)：“何不”的意思。⑤陈子：孟子的学生陈臻。⑥季孙：孟子的弟子。⑦龙：同“垄”。⑧贱丈夫：指贪得无厌、受人鄙视的男子。丈夫，成年男子。⑨罔：同“网”。

【译文】

孟子辞掉官职想要返回故乡。齐王登门去看望孟子，说：“以前，我企望见到您而没有机会，后来您来到齐国，有幸能和您同朝相处共事，我感到十分高兴。现在您又要抛下我而要返回故乡，不知从今以后，我们还有机会再相见吗？”孟子答道：“这个我不敢非分

地提出要求了，但内心是很企望的。”

又有一天，齐王对时子说：“我想在都城中心地区建一座房屋给孟子住，送给他万钟粮粟作为弟子们的生活费用，让朝廷官员和国民们都有所效法。你能否替我告诉孟子？”

时子托陈臻转告孟子，陈臻就把时子的话告诉了孟子。孟子说：“呵，可是时子哪里知道这事很不妥当呢？如果我想发财，辞去了十万钟禄米的官职去接受这一万钟赐粮，这是想发财吗？季孙说：‘子叔疑这个人真奇怪！自己被任命做官，没有取得信任，也就算了吧，却又活动让自己的儿子、兄弟去当国卿。哪个人不想升官发财？而他却要把升官发财私下垄断起来。’古时候的集市交易，以自己有余的东西来换取所没有的东西，由有关部门加以管理。有个低贱男子，定要找个高处登上去，借以左右观望而网罗集市交易的好处，人们都觉得他低贱，因此向他征税。征收商税就是从这个低贱男子开始的。”

第九章

【原文】

孟子去齐，宿于昼[①]。有欲为王留行者，坐而言。不应，隐几而卧[②]。

客不悦，曰：“弟子齐宿而后敢言[③]，夫子卧而不

听，请勿复敢见矣。”

曰：“坐！我明语子。昔者鲁缪公无人乎子思之侧[④]，则不能安子思；泄柳、申详，无人乎缪公之侧[⑤]，则不能安其身。子为长者虑，而不及子思。子绝长者乎？长者绝子乎？”

【注释】

①昼：齐国西南近邑，其地在当时齐都临淄的西南。②隐：凭靠。几（jī）：小桌子。③齐宿：是说前一天斋戒以表示恭敬严肃。齐，同“斋”。④鲁缪公：即鲁穆公，名显，在位三十三年。子思：孔子的孙子。缪公尊敬子思，以礼相待，经常派人伺候在他的左右，表达自己“听子为政”的诚意。⑤泄柳：鲁缪公时贤人，即《告子下》第六章中的子柳。申详：孔子弟子子张的儿子，子游的女婿。

【译文】

孟子离开齐国，在昼邑住宿。有个来替齐王挽留孟子的人，恭敬地坐着进行劝说，孟子不加理会，靠在小桌子上打盹。

客人不高兴地说：“在下提前一天斋戒致敬，然后才敢前来斗胆进言，先生却躺卧着打盹不听，恕我再不敢求见您了。”

孟子说：“坐下来！让我明白地告诉你。从前，鲁穆公要不是经常派人留在子思旁边表诚意，那就不能

把子思留下来；泄柳和申详要是没有派人经常在鲁穆公旁边说好话，那就不能使他们安身下来。你为我这个老年人考虑，还赶不上鲁穆公派的贤者为子思着想的。到底是你跟我这个老年人决绝呢，还是我这个老年人跟你决绝呢？”

第十章

【原文】

孟子去齐。尹士语人曰[①]：“不识王之不可以为汤、武，则是不明也；识其不可，然且至，则是干泽也[②]。千里而见王，不遇故去，三宿而后出昼，是何濡滞也[③]？士则兹不悦。”

高子以告[④]。

曰：“夫尹士恶知予哉？千里而见王，是予所欲也；不遇故去，岂予所欲哉？予不得已也。予三宿而出昼，于予心犹以为速。王庶几改之！王如改诸，则必反予。夫出昼而王不予追也，予然后浩然有归志。予虽然，岂舍王哉？王由足用为善。王如用予，则岂徒齐民安，天下之民举安。王庶几改之，予日望之。予岂若是小丈夫然哉[⑤]？谏于其君而不受，则怒，悻悻然见于其面[⑥]，去则穷日之力而后宿哉？”

尹士闻之，曰：“士诚小人也。”

【注释】

①尹士：齐国人。②干：求。泽：禄。③濡滞：迟留。④高子：齐国人，孟子弟子。⑤小丈夫：器量狭窄的人。⑥悻悻（xìng）：愤怒的样子。见：同“现”。

【译文】

孟子离开齐国而去。尹士对别人说：“不知道齐王成不了商汤王、周武王那样的人，这就是孟子缺乏眼力的地方；知道他不行，可还是来到了齐国，那就是贪图富贵。不远千里来见齐王，政见得不到赏识因而离去，却在昼邑住了三夜才上路，为什么如此慢腾腾呢？我就对这一点不高兴。”

高子把这些告诉了孟子。

孟子说：“尹士哪里会理解我呢？不远千里来见齐王是我所愿意的，政见得不到赏识因而离去难道是我所愿意的吗？我是不得已啊！我在昼邑住了三夜才上路，从我的内心来说还觉得急促。当时我心想，齐王也许会改变原来的态度吧！齐王如果改变态度就必定召回我。我走出了昼邑而齐王没有追寻我，我才毫无留恋地下了返回故乡的决心。尽管如此，难道我愿意舍弃齐王吗？我认为齐王还是有条件办好政事的。齐王若能任用我，不但齐国的民众能安居乐业，而且天下的民众也都能安居乐业。齐王也许会改变态度，我

天天盼望他能如此！我难道是那种心地狭窄的人吗？向他的国君进谏而不被采纳就发脾气，气愤愤的神色表现在脸上。难道离开那个国家时非得用尽气力走上一天路程然后才住宿吗？”

尹士听到这些话之后说：“我真是个眼光短浅的小人啊。”

第十一章

【原文】

孟子去齐，充虞路问曰：“夫子若有不豫色然。前日虞闻诸夫子曰：‘君子不怨天，不尤人[①]。’”

曰：“彼一时，此一时也。五百年必有王者兴，其间必有名世者[②]。由周而来，七百有余岁矣。以其数，则过矣；以其时考之，则可矣。夫天未欲平治天下也；如欲平治天下，当今之世，舍我其谁也？吾何为不豫哉？”

【注释】

①君子不怨天，不尤人：这二句原是孔子的话，见《论语·宪问》篇。②名世：也作“命世”。名世是说闻名于世上。

【译文】

孟子离开齐国，充虞在路上问道："先生神色好像有点不愉快的样子。以前我听先生说过：'一个高尚道德的君子不埋怨上天，不责怪他人。'"

孟子说："那时是那时，现在是现在。每五百年必定有推行王道的圣君兴起，其间必定有才德闻名于世的贤人。周朝兴起以来已有七百多年，从年数上说已经超过了，从时势上看也该有圣贤出现了。上天大概还不想安抚治理天下，上天如果想安抚治理天下，当今之世，除了我还有谁能担当起这份重任呢？我为什么不高兴呢？"

第十二章

【原文】

孟子去齐，居休[①]。公孙丑问曰："仕而不受禄，古之道乎？"

曰："非也。于崇[②]，吾得见王，退而有去志，不欲变，故不受也。继而有师命[③]，不可以请[④]。久于齐，非我志也。"

【注释】

①休：地名，在今山东滕州市西北15里，离孟子

的家大约一百里。②崇：齐国地名。③师命：师旅之命，即打仗的命令。④请：要求。

【译文】

孟子离开齐国，在休邑住下。公孙丑问道："做官而不受俸禄，这是古代传下来的法规吗？"

孟子说："不是。当日在崇地，我有机会见到齐王，因为他这个人不愿行仁政，所以我回来后便起了离开的念头，因为我不想改变这种念头，所以不受俸禄。接着齐国又发生战事，就不便提出离开的要求。长久留在齐国，并不是我的志愿。"

滕文公章句上

第一章

【原文】

滕文公为世子①，将之楚，过宋而见孟子。孟子道性善，言必称尧、舜。

世子自楚反，复见孟子。孟子曰："世子疑吾言乎？夫道一而已矣。成覸谓齐景公曰②：'彼丈夫也，我丈夫也，吾何畏彼哉？'颜渊曰：'舜何人也？予何人也？有为者亦若是。'公明仪曰③：'文王，我师也，周公岂欺我哉？'今滕，绝长补短，将五十里也，犹可以为善国。《书》曰④：'若药不瞑眩⑤，厥疾不瘳⑥。'"

【注释】

①世子：即太子，天子或诸侯的嫡长子。②成覸（gàn）：齐景公手下的一名以勇敢出名的臣子。③公明仪：鲁国的贤人，曾子的弟子。④《书》曰：此处所引语句系《尚书》之《逸》篇。后来被采入伪古书《尚书》的《说

命》篇。⑤瞑眩：愦乱、晕眩。⑥瘳（chōu）：病痊愈。此二句是说药力不猛，便治不好病。

【译文】

滕文公做太子时，奉命出使到楚国去，路过宋国时便特地看望了孟子。孟子跟他讲性善的观点，开口言谈不离尧舜。

太子从楚国回来时，又会见了孟子。孟子说："太子怀疑我的话吗？道理只有一个罢了。成覸对齐景公说：'他是男子大丈夫，我也是男子大丈夫，我为什么要怕他呢？'颜渊说过：'舜是什么样的人？我是什么样的人？有作为的人也就应该像他一样。'公明仪曾经说：'文王是我们师法的榜样，周公这样说难道会欺骗我们吗？'现在的滕国虽小，长短丈量折算下来将近方圆五十里，还是能够治理成一个好国家的。《书》上说：'如果药力不猛到使人晕眩，那个病根是不会治得痊愈的。'"

第二章

【原文】

滕文公问为国。

孟子曰："民事不可缓也。《诗》云[①]：'昼尔于茅，宵尔索绹[②]。亟其乘屋，其始播百谷。'民之为道

也，有恒产者有恒心，无恒产者无恒心。苟无恒心，放辟邪侈，无不为已。及陷乎罪，然后从而刑之，是罔民也。焉有仁人在位，罔民而可为也？是故贤君必恭俭、礼下，取于民有制。阳虎曰[3]：'为富不仁矣，为仁不富矣。'夏后氏五十而贡，殷人七十而助，周人百亩而彻，其实皆什一也。彻者，彻也；助者，藉也。龙子曰[4]：'治地莫善于助，莫不善于贡。'贡者，校数岁之中以为常。乐岁，粒米狼戾，多取之而不为虐，则寡取之；凶年，粪其田而不足，则必取盈焉。为民父母，使民盻盻然[5]，将终岁勤动，不得以养其父母，又称贷而益之，使老稚转乎沟壑，恶在其为民父母也？夫世禄，滕固行之矣。《诗》云[6]：'雨我公田[7]，遂及我私。'惟助为有公田。由此观之，虽周亦助也。设为庠序学校以教之。庠者，养也；校者，教也；序者，射也。夏曰校，殷曰序，周曰庠，学则三代共之，皆所以明人伦也。人伦明于上，小民亲于下。有王者起，必来取法，是为王者师也。《诗》云[8]：'周虽旧邦，其命维新。'文王之谓也。子力行之，亦以新子之国！"

使毕战问井地[9]。

孟子曰："子之君将行仁政，选择而使子，子必勉之！夫仁政，必自经界始。经界不正，井地不钧，谷禄不平。是故暴君污吏必慢其经界。经界既正，分田制禄，可坐而定也。夫滕，壤地褊小，将为君子焉，将为野人焉。无君子莫治野人；无野人莫养君子。请

野九一而助，国中什一使自赋。卿以下必有圭田[10]，圭田五十亩；余夫二十五亩[11]。死徙无出乡，乡田同井。出入相友，守望相助，疾病相扶持，则百姓亲睦。方里而井，井九百亩，其中为公田。八家皆私百亩，同养公田。公事毕，然后敢治私事，所以别野人也。此其大略也。若夫润泽之，则在君与子矣。”

【注释】

①《诗》云：此处诗句引自《诗·豳风·七月》篇。这是一首描写农事的诗篇。②索绹（táo）：搓绞绳索。③阳虎：即阳货。鲁国执政大夫季氏的家臣，曾挟持季桓子，操纵国政。鲁定公八年，他因废除三桓势力失败而逃奔他国。④龙子：古代贤人。⑤盻盻：勤苦不休息的样子。⑥《诗》云：此处诗句引自《诗·小雅·大田》第三章。《大田》是西周记述农事的诗。⑦雨（yù）：下雨。⑧《诗》云：此处诗句引自《诗·大雅·文王》第一章。《文王》是歌颂文王的诗。⑨毕战：滕国的臣子。⑩圭田：用于祭礼的田。⑪余夫：为一家户主“丁男”之外的未成年男丁。

【译文】

滕文公向孟子询问治理国家的方法。

孟子说：“老百姓生产的事务是刻不容缓的。《诗》里说：‘白天赶紧割茅草，晚上要把绳索绞，房屋赶快修整好，来年庄稼种得早。’百姓的一般规律：有固定产业

的心稳定，没有固定产业的心不稳定。一旦民心不稳，就会放荡胡来，无所不为。等到陷入罪网，然后再加刑罚，这是祸害百姓。哪有仁君当政而去祸害百姓呢？所以贤明的君主必定做到谦恭俭朴，礼贤下士，向百姓征税有定规。阳虎说过：‘要想发财就别讲仁爱，要讲仁爱就别想发财。’夏朝每家授田五十亩，税行贡法；商朝每家授田七十亩，税行助法；周朝每家授田百亩，税行彻法。实际上征的税率都是十分取一。彻是抽取的意思，助是借助的意思。龙子说：‘管理土地的税制没有比助法更好的，没有比贡法更不好的。’所谓贡法就是计量、核定几年中收成的平均数作为税收的定数，不管丰年、欠年都得按这个定数征税。丰收年景粮食到处抛撒，多征收一点也不算苛暴，却征得少；荒年饥岁，田里的收成连用来储备来年的肥料都不够，却一定要征足这个定数。作为百姓父母的国君，却使子民忧怨勤苦，即使终年辛劳也不足以赡养自己的父母，却还要靠借贷来凑足租税，致使老弱幼小在山沟荒野奄奄一息，哪里还称得上是百姓的父母呢？世代承袭俸禄的制度，滕国本来早就实行了。《诗》中说：‘雨水浇灌我们的公田，然后润泽到我的私田。’只有实行助法才会有公田。从这篇周诗看来，周朝也是实行助法的。还要设立庠、序、学、校等来教育他们。庠是教养的意思，校是教导的意思，序是习射的意思，学是乡学的意思。夏朝称校，商朝称序，周朝称庠，学是三代都有的，都是用来使人们懂

得人与人的伦常关系。在上层懂得了人与人的伦常关系，百姓们自已会亲密无间。只要有愿意施行王道的出现，便一定要来向您模仿学习的，这样您就成了行王道的人的老师了。《诗》里说过：‘姬周虽是个历经夏、商两朝的古老之国，天命却有意使它来一番革新。’这是指周文王创建帝业而说的。您努力实行吧，也可以使您的国家焕然一新。”

滕文公又打发毕战来向孟子询问有关井田制的问题。

孟子说：“你的国君要施行仁政，经过挑选才派你来，你一定要努力完成使命啊！实行仁政，必须从分清田界着手。田界没有划分理清，井地的大小就不能做到均衡一律，作为俸禄所分的谷物就不公平，因此，暴君和贪官污吏总是不重视田地分界。田界既已理清了，分配田地，制定俸禄这两件事，就能毫不费力地确定。滕国的疆土虽然狭小，但一样要有执政的君子，要有耕田的农民。没有执政的君子就不能治理耕田的农民，没有耕田的农民就不能养活执政的君子。我希望你们在郊野施行九分抽一的助，在都城中十分抽一而让国民自行交纳。国卿以下的官员必定要有用于祭礼的圭田，圭田是五十亩。每户的未成年男丁给田二十五亩。丧葬、迁居都不出乡里，每个乡里同耕一块井田，出入劳作时相互伴随，抵御寇盗时相互帮助，有病痛事故时相互照顾，这样百姓就友爱和睦了。一里见方作为一块井田，一块井田有九百亩，中央的一

百亩是公田，八家各以一百亩为私田，共同料理好公田。公田上的事情做完了，才可以做私田上的事情，是为了使耕田的农民跟官吏有所区别。这是井田制的大概情况。至于怎样搞得更完善、更理想一些，那就得靠你们的君主和你了。”

第三章

【原文】

墨者夷之，因徐辟而求见孟子[①]。孟子曰：“吾固愿见，今吾尚病，病愈，我且往见。”夷子不来。

他日，又求见孟子。孟子曰：“吾今则可以见矣。不直，则道不见，我且直之。吾闻夷子墨者，墨之治丧也，以薄为其道也。夷子思以易天下，岂以为非是而不贵也？然而夷子葬其亲厚，则是以所贱事亲也。”

徐子以告夷子。

夷子曰：“儒者之道，古之人若保赤子[②]，此言何谓也？之则以为爱无差等，施由亲始。”

徐子以告孟子。

孟子曰：“夫夷子，信以为人之亲其兄之子，为若亲其邻之赤子乎？彼有取尔也。赤子匍匐将入井，非赤子之罪也。且天之生物也，使之一本，而夷子二本故也。盖上世尝有不葬其亲者，其亲死，则举而委之于壑。他日过之，狐狸食之，蝇蚋姑嘬之[③]。其颡有

泚[4]，睨而不视。夫泚也，非为人泚，中心达于面目，盖归反蔂梩而掩之[5]。掩之诚是也，则孝子仁人之掩其亲，亦必有道矣。”

徐子以告夷子。夷子怃然，为间，曰：“命之矣。”

【注释】

①墨者：学习墨家学说的人。徐辟：孟子弟子。②若保赤子：语出《周书·康诰》，这是周公据成王的命令告诫康叔的话。赤子，刚生下的婴儿皮肤呈红色。③蚋（ruì）：蚊子。嘬（chuài）：咬。④泚（cǐ）：出汗的样子。⑤蔂梩（léi lǐ）：盛土的畚箕和挖土的锹。

【译文】

墨家的门徒夷之通过徐辟的关系求见孟子。孟子说：“我本来愿意见他，可现在我还在病中，等病好了我去见他。”夷之就没有去。

过了些日子，夷之又来求见孟子。孟子说：“我现在可以见他了。话不直截了当地说便讲不清道理，我就直截了当地说吧！我听说夷子是墨家的信徒，墨家办理丧事以俭约为准则。夷子想用它来改易天下的礼俗，难道以为不这样就不足贵吗？但夷子安葬他的父母亲却很丰厚，那是拿自己看不起的东西来侍奉父母亲。”

徐辟把这些话告诉了夷子。

夷子说：“据儒家学说的记载，古代的帝王对待百

姓‘如同爱护婴儿一般’，这话是什么意思呢？我认为它是指爱是没有差别等级的，只是从父母亲开始实施罢了。”

徐辟把这些话转告给了孟子。

孟子说：“夷子真的认为人们爱护他哥哥的孩子和爱护邻居的婴儿是一样的没有差别么？古书中‘若保赤子’的话是用来打比方才这样说的，其实还是有差别的。婴儿在地上爬着将要跌进井里，这不是婴儿的罪过。而且天生万物，使它们都只有一个根本，而夷子却主张爱无差等，认为别人的父母等于自己的父母，提出两个根本，这就是我要辩驳他的缘故。大概上古时候曾经有过不埋葬父母的人，他的父母死了，就把尸体扛起来丢到山沟里。后来路过那里，看见狐狸在撕食尸体，蚊蝇在叮咬尸体，心里难过得额头冒汗，只是斜着眼睛瞟一下，连正视都不敢。那个人流汗并不是流给别人看的，而是出于内心的愧疚表露在面目上，于是他回去拿了铁锹和畚箕把尸体掩埋了。掩埋遗体确实是对的，这样看来，孝子仁人安葬他们的父母亲，必定也是有道理的。”

徐辟再次把孟子的话告诉了夷之。夷之茫然若失，好一会儿才说：“他深刻地教育了我！”

滕文公章句下

第一章

【原文】

陈代曰[①]："不见诸侯，宜若小然。今一见之，大则以王，小则以霸。且《志》曰：'枉尺而直寻。'宜若可为也。"

孟子曰："昔齐景公田，招虞人以旌[②]，不至，将杀之。'志士不忘在沟壑，勇士不忘丧其元。'孔子奚取焉？取非其招不往也。如不待其招而往，何哉？且夫枉尺而直寻者，以利言也。如以利，则枉寻直尺而利，亦可为与？昔者赵简子使王良与嬖奚乘[③]，终日而不获一禽。嬖奚反命曰：'天下之贱工也。'或以告王良。良曰：'请复之。'强而后可，一朝而获十禽。嬖奚反命曰：'天下之良工也。'简子曰：'我使掌与女乘。'谓王良，良不可，曰：'吾为之范我驰驱，终日不获一；为之诡遇，一朝而获十。《诗》云[④]：'不失其驰，舍矢如破[⑤]。'我不贯与小人乘[⑥]，请辞。'御者

且羞与射者比，比而得禽兽，虽若丘陵，弗为也。如枉道而从彼，何也？且子过矣。枉己者，未有能直人者也。”

【注释】

①陈代：孟子的学生。②虞人：看守皇帝或是诸侯园子的小官吏。③赵简子：即赵鞅，春秋末年晋国的正卿。王良：晋国著名的驾车能手。嬖奚：赵简子的宠臣，名叫奚。④《诗》云：此处诗引自《诗·小雅·车攻》第六章。《车攻》是一首以周宣王田猎为题材的颂歌。⑤舍矢：放矢、放箭。破：有杀伤的意思。⑥贯：同“惯”，习惯。

【译文】

陈代说：“不去见诸侯似乎是小事，现今一去见他们，大可以一统天下，小可以称霸于世。《志》书上说：‘屈曲一尺而伸直八尺。’应该说似乎是可以干的。”

孟子说：“从前齐景公田猎，用旌去传唤管理山林园子的虞人，虞人不去，景公要处死他。孔子得知后说：‘志士不怕弃尸山沟，勇士不怕丧失头颅。’孔子赞赏什么呢？是赞赏虞人对不符合礼仪的传唤不应承。要是不待传唤而去应承，那算什么呢？所谓‘屈曲一尺而伸直八尺’，是从利上来说的。要说利，如果屈曲八尺而伸直一尺有利，是否也能做呢？从前赵简子派

王良为他宠幸的小臣奚驾车，一整天捕不到一只鸟。奚向赵简子汇报说：‘王良是天下最拙劣的驾车手。’有人把这话告诉了王良，王良说：‘请让我们再去一次。’经过强求之后才获允准，结果一个早上就捕到了十只鸟。奚向赵简子汇报说：‘王良是天下最优秀的车手。’赵简子说：‘我派他专门为你驾车。’便告诉了王良。王良不同意，说：‘我替他按规范驾车，一整天捕不到一只；不按照规范驾车，一个早上就捕到了十只。《诗》经里说：“不失规范地奔驰，一箭发出就射中。”我不习惯替小人驾车，请不要任命。’车手尚且羞于与奚这样的射手合作，即便合作获得的鸟兽多得像山丘一样，也不肯干。要是损害了原则去阿附诸侯，那算是什么呢？而且你错了，凡是枉屈自己的人，没有一个能够使他人正直的。”

第二章

【原文】

景春曰[①]：“公孙衍、张仪岂不诚大丈夫哉[②]？一怒而诸侯惧，安居而天下熄。”

孟子曰：“是焉得为大丈夫乎？子未学礼乎？丈夫之冠也[③]，父命之；女子之嫁也，母命之，往送之门，戒之曰：‘往之女家，必敬必戒，无违夫子！’以顺为正者，妾妇之道也。居天下之广居，立天下之正位，

行天下之大道，得志，与民由之，不得志，独行其道。富贵不能淫，贫贱不能移，威武不能屈，此之谓大丈夫。”

【注释】

①景春：与孟子同时的人，习纵横之术。②公孙衍：名衍，字犀首，魏国阴晋（今陕西华阴）人，是当时一流的纵横家。张仪：魏国人，战国中期著名的纵横家，与苏秦并称，曾多次游说六国连横与秦国结盟，瓦解齐国联盟，使秦国更为强大。③冠（guàn）：古时男子年二十行冠礼，以示成年。

【译文】

景春说：“公孙衍、张仪难道不是大丈夫吗？他们一发怒，诸侯就害怕，他们要是安居，天下就没有冲突。”

孟子说：“这怎么能算是大丈夫呢？你没有学礼吗？男子行冠礼时，父亲主持其事，并面加训导；姑娘出嫁时，母亲主持其事，亲自送到门口，告诫她说：‘到了你的夫家，必须恭敬，必须谨慎，不要违抗丈夫！’以顺从作为准则，是为人之妻的道理。居住在天下最广大的居所里，站立在天下最正大的位置上，行走在天下最广阔的道路上，能实现志向就与百姓一起去实现，不能实现志向时就独自施行这个原则。高官厚禄不能乱我的心，家贫位卑不能变我的行，威势武

力不能挫我的志，这才叫作大丈夫。”

第三章

【原文】

周霄问曰[①]：“古之君子仕乎？”

孟子曰：“仕。《传》曰：‘孔子三月无君，则皇皇如也，出疆必载质。’公明仪曰：‘古之人三月无君则吊。’”

“三月无君则吊，不以急乎？”

曰：“士之失位也，犹诸侯之失国家也。《礼》曰：‘诸侯耕助，以供粢盛[②]；夫人蚕缫，以为衣服[③]。牺牲不成[④]，粢盛不洁，衣服不备，不敢以祭。惟士无田，则亦不祭。’牲杀、器皿、衣服不备，不敢以祭，则不敢以宴，亦不足吊乎？”

“出疆必载质，何也？”

曰：“士之仕也，犹农夫之耕也，农夫岂为出疆舍其耒耜哉？”

曰：“晋国亦仕国也，未尝闻仕如此其急。仕如此其急也，君子之难仕，何也？”

曰：“丈夫生而愿为之有室，女子生而愿为之有家。父母之心，人皆有之。不待父母之命、媒妁之言[⑤]，钻穴隙相窥，逾墙相从，则父母、国人皆贱之。古之人未尝不欲仕也，又恶不由其道。不由其道而往者，与钻穴隙之类也。”

【注释】

①周霄：魏国人。②粢盛：祭礼时所用的谷物。朱熹《集注》云："黍稷曰粢（zī），在器曰盛（chéng）。"③夫人：诸侯的正妻。蚕缫（sāo）：养蚕缫丝。④牺牲：古时祭礼所杀的牛羊等牲畜，又叫"牲杀"。⑤媒妁（shuò）：媒人。

【译文】

周霄问道："古代的君子做官吗？"

孟子说："做官。《传记》上说：'孔子要是三个月没有君主任命他做官，就感到惶惶不安，所以每离开一处必定带着拜见别的国君的见面礼。'公明仪也说：'古代的人要是三个月没有事奉君主就会感到悲伤。'"

周霄说："三个月没有事奉君主就感到悲伤，不是太性急了吗？"

孟子说："士人失去了职位，就像诸侯失去了国家。《礼》书上说：'诸侯亲自耕种农田以供给祭奠品；诸侯夫人亲自养蚕缫丝以制作祭服。祭奠用的牲畜不肥壮，祭奠用的谷物不洁净，祭奠用的衣服不完备，不敢用来祭祀。士人要是没有祭祀用的田地，也就没有资格祭祀。'牲畜、器皿、衣服不完备，不敢用来祭祀，于是就不敢进行宴乐，难道不足以感到悲伤吗？"

周霄问："每离开一处必定带着拜见别国君主的见

面礼，这又是什么缘故呢？”

孟子说：“士人要做官，就好比农民要种田一样；农夫如果离开一个地方难道会丢下他的农具吗？”

周霄说：“晋国也是一个可以做官的国家，但我从未听说过士人想做官有如此急迫的。既然士人想做官是如此的急迫，那么君子做官为什么又那样艰难呢？”

孟子说：“男孩生下来就希望为他找到妻室，女孩生下来就希望为她找到夫家，父母的这种心情是人人都有的。但是要是得不到父母亲的许可，没有媒人的介绍就钻洞穴私下相见，翻墙头进行幽会，那么父母、国人都会看不起他们。古人不是不想做官，但又讨厌通过不正当途径做官。通过不正当途径去做官的，就跟钻洞翻墙的丑行相类似。”

第四章

【原文】

彭更问曰[①]：“后车数十乘，从者数百人，以传食于诸侯[②]，不以泰乎？”

孟子曰：“非其道，则一箪食不可受于人；如其道，则舜受尧之天下，不以为泰。子以为泰乎？”

曰：“否。士无事而食，不可也。”

曰：“子不通功易事，以羡补不足，则农有余粟，女有余布；子如通之，则梓、匠、轮、舆皆得食于

子[③]。于此有人焉，入则孝，出则悌，守先王之道，以待后之学者[④]，而不得食于子。子何尊梓、匠、轮、舆而轻为仁义者哉？”

曰：“梓、匠、轮、舆，其志将以求食也；君子之为道也，其志亦将以求食与？”

曰：“子何以其志为哉？其有功于子，可食而食之矣。且子食志乎？食功乎？”

曰：“食志。”

曰：“有人于此，毁瓦画墁[⑤]，其志将以求食也，则子食之乎？”

曰：“否。”

曰：“然则子非食志也，食功也。”

【注释】

①彭更：孟子的弟子。②传食：古代客馆的名称。传（zhuàn），辗转。③梓、匠、轮、舆：都是木工。梓人造礼器，匠人掌土木，轮人造车轮，舆人造车箱。④待：通“持”，扶持。⑤画：通“划”。墁（màn）：粉饰墙壁。

【译文】

彭更问道：“随从的车子几十辆，带领的学生几百人，来往都在客馆里受到诸侯的款待，这样不觉得过分吗？”

孟子说：“要是不合道理，一碗饭都不能受之于

人；要是合道理，舜接受了尧的天下都不觉得过分。你觉得过分吗?”

彭更说：“我不是这个意思，我觉得士人没干具体工作而吃人家的，是不可以的。”

孟子说：“如果你不懂得分工协作，互通有无的重要性，农夫就会有剩余下来的粟米，女人就会有剩余下来的布匹；如果你懂得了这个道理，那么工匠们都能从你那儿得到吃的。现在有这么个人，在家孝顺，出外友爱，谨守先王的准则，以此扶持后进的学者，却不能从你那儿得到吃的，你为什么重工匠而轻视推行仁义的人呢?”

彭更说：“工匠们从事劳动的目的在于解决吃饭问题，君子们推行仁义大道的目的也是解决吃饭的问题吗？”

孟子说：“你何必管动机目的呢？他们对你有功劳，可以给报酬才给报酬。你到底是根据目的动机给他报酬呢？还是根据他的功劳贡献给他报酬呢?”

彭更说：“根据他的动机目的。”

孟子说：“现在有个泥瓦匠，干活时毁坏了砖瓦，污损了墙壁，他的动机目的在于谋求吃的，你酬劳他吗?”

彭更说：“不能给。”

孟子说：“那么你就不是酬劳动机目的，而是酬劳功绩贡献啊。”

第五章

【原文】

孟子谓戴不胜曰[①]："子欲子之王之善与？我明告子。有楚大夫于此，欲其子之齐语也，则使齐人傅诸？使楚人傅诸？"

曰："使齐人傅之。"

曰："一齐人傅之，众楚人咻之[②]，虽日挞而求其齐也，不可得矣；引而置之庄、岳之间数年[③]，虽日挞而求其楚，亦不可得矣。子谓薛居州[④]，善士也，使之居于王所。在于王所者，长、幼、卑、尊皆薛居州也，王谁与为不善？在王所者，长、幼、卑、尊皆非薛居州也，王谁与为善？一薛居州，独如宋王何？"

【注释】

①戴不胜：宋国的臣子。②咻：喧哗。③庄、岳：齐国的街名和里名。④薛居州：宋国的善士。

【译文】

孟子对戴不胜说："你是想要你的君王达到善的地步么？让我明确地告诉你。有位楚国的大夫希望他的儿子能说齐语，是让齐人来教他呢？还是让楚人来教他呢？"

戴不胜说："让齐国人来教他。"

孟子说："一个齐人教他，许多楚人吵扰他，即使天天责打要他学会齐语仍不能做到；要是带他到齐国的闹市街里住上几年，即使天天责打要他说楚语也不能做到。你说薛居州是个善士，要让他居住在君王的身边。如果在君王身边的人无论年纪大小、地位高低都是薛居州那样的人，君王和谁去做坏事呢？如果在君王身边的人无论年纪大小、地位高低都不是薛居州那样的人，君王和谁去做善事呢？一个薛居州，能把宋王怎么样呢？"

第六章

【原文】

公孙丑问曰："不见诸侯何义？"

孟子曰："古者不为臣不见。段干木逾垣而辟之[①]，泄柳闭门而不内，是皆已甚。迫，斯可以见矣。阳货欲见孔子而恶无礼。大夫有赐于士，不得受于其家，则往拜其门。阳货瞰孔子之亡也，而馈孔子蒸豚；孔子亦瞰其亡也而往拜之。当是时，阳货先，岂得不见？曾子曰：'胁肩谄笑[②]，病于夏畦。'子路曰：'未同而言，观其色赧赧然[③]，非由之所知也。'由是观之，则君子之所养，可知已矣。"

【注释】

①段干木：战国初年魏文侯时贤者，曾师事子夏。②胁肩：耸起肩来故作恭敬的样子。谄笑：勉强装出讨好的笑容。③赧赧（nǎn）然：羞惭得满脸涨红的样子。

【译文】

公孙丑问道："您不愿去见诸侯是什么道理？"

孟子说："古代的惯例，不是诸侯的臣子，便不去参见他。段干木翻墙逃避魏文侯，泄柳关门不接待鲁穆公，都太过分了。如求见迫切，那是可以见的。阳货想要孔子来见他，又厌恶别人认为他没有礼仪。大夫赠送东西给士人，士人如果不能在家亲自接受，就应去大夫门下拜谢。于是，阳货探知孔子不在家时送给他蒸猪，孔子也探知阳货不在家时前往拜谢。在那时，如果阳货先去拜访，孔子怎么会不见呢？曾子说：'耸肩做出毕恭毕敬的样子，勉强装出讨好的笑容，比盛夏的日子去浇菜地还要痛苦。'子路说：'明明跟这个人志趣不相投，却要勉强去和人家交谈，看看他那羞惭得满脸涨红的样子，我真不知道所为何来。'从上面这些事例来看，就能明了君子应该怎样保持自己的品德和操行了。"

第七章

【原文】

戴盈之曰[①]："什一，去关市之征，今兹未能[②]。请轻之，以待来年，然后已，何如？"

孟子曰："今有人日攘其邻之鸡者[③]，或告之曰：'是非君子之道。'曰：'请损之，月攘一鸡，以待来年，然后已。'如知其非义，斯速已矣，何待来年？"

【注释】

①戴盈之：宋国大夫。②今兹：今年。③攘：《经典释文》云："攘，盗窃也。"

【译文】

戴盈之说："田租十分取一，取消关卡、市场的税收，今年还办不到。请先减轻征收，等到明年再完全取消，怎么样？"

孟子说："现在有个人每天偷他邻居一只鸡，有人告诫他说：'这不是君子应有的行为。'那人回答道：'我先少偷些，每月偷一只，等到明年再完全改正。'如果知道这样做不符合正道，就应赶快改正，为什么要等到明年呢？"

第八章

【原文】

公都子曰[①]："外人皆称夫子好辩，敢问何也?"

孟子曰："予岂好辩哉？予不得已也。天下之生久矣，一治一乱。"

"当尧之时，水逆行，泛滥于中国，蛇龙居之，民无所定，下者为巢，上者为营窟。《书》曰[②]：'洚水警余[③]。'洚水者，洪水也。使禹治之。禹掘地而注之海，驱蛇龙而放之菹[④]。水由地中行，江、淮、河、汉是也。险阻既远，鸟兽之害人者消，然后人得平土而居之。

"尧舜既没，圣人之道衰，暴君代作，坏宫室以为污池，民无所安息；弃田以为园囿，使民不得衣食。邪说暴行又作，园囿、污池、沛泽多而禽兽至。及纣之身，天下又大乱。周公相武王，诛纣伐奄，三年讨其君，驱飞廉于海隅而戮之[⑤]，灭国者五十，驱虎、豹、犀、象而远之，天下大悦。《书》曰：'丕显哉，文王谟！丕承哉，武王烈！佑启我后人，咸以正无缺。'

"世衰道微，邪说暴行有作，臣弑其君者有之，子弑其父者有之。孔子惧，作《春秋》。《春秋》，天子之事也，是故孔子曰：'知我者，其惟《春秋》乎！罪我

者，其惟《春秋》乎！'

“圣王不作，诸侯放恣，处士横议，杨朱、墨翟之言盈天下[6]，天下之言不归杨，则归墨。杨氏为我，是无君也；墨氏兼爱，是无父也。无父无君，是禽兽也。公明仪曰：'庖有肥肉，厩有肥马，民有饥色，野有饿莩，此率兽而食人也。'杨、墨之道不息，孔子之道不著，是邪说诬民，充塞仁义也。仁义充塞，则率兽食人，人将相食。吾为此惧，闲先圣之道，距杨、墨，放淫辞，邪说者不得作。作于其心，害于其事；作于其事，害于其政。圣人复起，不易吾言矣。

“昔者，禹抑洪水而天下平，周公兼夷狄、驱猛兽而百姓宁，孔子成《春秋》而乱臣贼子惧。《诗》云[7]：'戎狄是膺，荆舒是惩，则莫我敢承。'无父无君，是周公所膺也。我亦欲正人心，息邪说，距诐行，放淫辞，以承三圣者。岂好辩哉？予不得已也。能言距杨、墨者，圣人之徒也。”

【注释】

①公都子：孟子的弟子。②《书》：指《尚书》。③洚水：指不遵河道、四处泛滥的大水。洚（jiàng），古音与洪（hóng）同。④菹（jū）：多水草的沼泽地。⑤飞廉：也作“蜚廉”，殷纣王的佞臣。⑥杨朱：魏国人，战国初年的著名思想家，主张“贵生”“重己”。墨翟：春秋末年的著名思想家，墨家学说的创始人，该学派有《墨子》一书传世。⑦《诗》云：此处诗句引

自《诗·鲁颂·閟宫》。

【译文】

公都子说："别人都说先生喜好辩论，请问这是为什么呢？"

孟子说："我难道喜好辩论么？我是不得已啊！人类社会产生很久了，时而太平，时而动乱，轮换着出现。当尧的时候，洪水横流，在国中泛滥，到处被龙蛇盘踞，百姓无处安身，低处的人只好在树上搭窝巢，高处的人便连串挖窑洞居住。《尚书》中说：'洚水警诫了我们。'洚水就是洪水。当时尧派禹治水，禹挖通河道把洪水导入大海中，又把龙蛇驱逐到草泽地，水沿着地上的沟渠流动，这就是长江、淮水、黄河和汉水。水患既已解除，鸟兽不再危害人们，然后百姓们才得以回到平地上来安居。

"尧、舜去世以后，圣人治国爱民之道就逐渐衰微。暴虐的君主接连出现，毁坏了百姓的房屋来做池沼，使他们无处安居；废弃了农田来做园林，使百姓不能谋生。邪说、暴行随之兴起。园林、池沼、大泽增多，并招来了飞禽走兽。到了殷纣的时候，天下又发生了大乱。周公辅佐武王诛杀殷纣，讨伐奄国，与这些暴君交战了三年，把飞廉追逐到海边处死，灭掉的国家有五十个，将虎、豹、犀牛、大象驱赶得远远的，天下的百姓都非常喜悦。《尚书》中说：'多么英明伟大啊，文王的谋略！继承发扬光大啊，武王的功

绩！帮助并启发我们后人的，都是光明的正道而没有丝毫缺陷。’

“周室衰微，正道荒废，邪说、暴行随之兴起，臣子杀害君王的事有之，儿子杀害父亲的事有之。孔子为之忧虑，便著述了《春秋》。《春秋》所记述的是天子的事，所以孔子说：‘将使世人了解我的恐怕也只有《春秋》了！将使世人责怪我的恐怕也只有《春秋》了！’

“圣王绝迹，诸侯肆无忌惮，在野人士横加议论，杨朱、墨翟的言论充斥天下，世上的言论不属于杨朱一派便属于墨翟一派。杨家主张为我，是不要君主；墨家主张兼爱，是不要父母。不要父母、不要君主就是禽兽。公明仪说：‘厨房里有肥肉，马棚里有肥马，而百姓却脸带饥色，野外有饿死的人，这是放任野兽去吃人。’杨、墨的学说不破除，孔子的学说不发扬，就是要用邪说来欺骗百姓、阻止仁义的施行。仁义被阻止就是放任野兽去吃人，人们相互残杀。我为此感到忧虑，所以捍卫先圣的准则，抵制杨墨的学说，批驳错误的言论，这样主张邪说的人就无法兴起。邪说兴起在人们的心中，会危害他们所做的事情，事情受了危害，也就会危害他所施行的政务。即使圣人再度出现，也不会改变我的观点。

“从前，大禹治理好了洪水使天下太平，周公征服了夷狄，赶走了猛兽使百姓安定，孔子著述了《春秋》使作乱的臣子、不孝的儿子感到恐惧。《诗》中说：‘痛击戎狄，遏止荆舒，无人敢于抗拒我。’不要父母、不要君

主，是周公所要痛击的。我也想去端正人心，破除邪说，抵制偏险的行为，批驳错误的言论，来继承大禹、周公、孔子三位圣人的业绩。我难道是喜好辩论吗？我实在是不得已啊！凡是能够著书立说敢于抵制杨、墨学派的人，便不愧是圣人的门徒。”

第九章

【原文】

匡章曰[①]：“陈仲子[②]岂不诚廉士哉？居於陵[③]，三日不食，耳无闻，目无见也。井上有李，螬食实者过半矣[④]，匍匐往，将食之，三咽，然后耳有闻，目有见。”

孟子曰：“于齐国之士，吾必以仲子为巨擘焉[⑤]。虽然，仲子恶能廉？充仲子之操，则蚓而后可者也。夫蚓，上食槁壤，下饮黄泉。仲子所居之室，伯夷之所筑与？抑亦盗跖之所筑与？所食之粟，伯夷之所树与？抑亦盗跖之所树与？是未可知也。”

曰：“是何伤哉？彼身织屦，妻辟纑，以易之也。”

曰：“仲子，齐之世家也。兄戴，盖禄万钟[⑥]。以兄之禄为不义之禄而不食也，以兄之室为不义之室而不居也。辟兄离母，处于於陵。他日归，则有馈其兄生鹅者，己频顣曰[⑦]：‘恶用是鶃鶃者为哉[⑧]？’他日，其母杀是鹅也，与之食之。其兄自外至，曰：‘是鶃鶃之肉也。’出而哇之。以母则不食，以妻则食之；以兄

之室则弗居，以於陵则居之。是尚为能充其类也乎？若仲子者，蚓而后充其操者也。”

【注释】

①匡章：齐国人，曾在齐威王和齐宣王当政时做过将军。②陈仲子：齐国人，因他居住在於陵，后人称於陵子，是一位思想家。③於（wū）陵：齐国地名，在今山东省境内。④螬：金龟子的幼虫。⑤巨擘（bò）：大拇指。⑥盖：地名，在今山东沂水县西北。⑦频颇：同“颦蹙”，形容皱眉不高兴的样子。⑧鶃鶃（yì）：鹅叫声。

【译文】

匡章说：“陈仲子难道不是一位廉洁的人么？居住在於陵，三天不吃东西，耳朵听不见，眼睛看不到。井边树上掉下的李子，金龟子虫咬吃了它的大半果肉，他摸索着爬过去取来吃，吞咽了三口，这才恢复了，耳朵才能听，眼睛才能看。”

孟子说：“在齐国的人士中，我必定是把陈仲子看作顶呱呱的人。然而，仲子又怎么称得上廉洁呢？如果要完全符合仲子所奉行的品行，只有变成蚯蚓才能做到。蚯蚓吞食地面上的干土，饮用地下的泉水。仲子所居住的房屋，是伯夷所建造的呢？还是盗跖所建造的呢？他所吃的粮食，是伯夷所种植的呢？还是盗跖所种植的呢？这是无法得知的。”

匡章说：“这有什么关系呢？是他亲自编织草鞋，妻子纺线搓麻，而交换来的。”

孟子说：“仲子是齐国的世家大族，他的哥哥陈戴有封地在盖邑，每年能收到俸禄米粮几万石（担）。仲子认为哥哥的俸禄是不义之财物，便不食用；认为哥哥的房屋是不义之产业，便不居住。避开了哥哥，离开了母亲，独自到於陵居住。后来有一天回家看望母亲，正好碰上有个人送一只活鹅给他哥哥，仲子皱着眉头说：‘要这种嘎嘎叫的东西干嘛？’过了几天，他母亲杀了这只鹅给他吃，他正吃着时，他哥哥从外面回来，说：‘这便是那个嘎嘎叫的肉啊！’仲子一听便跑到外面‘哇’地一声全吐了。母亲的食物不吃，妻子的食物却吃；兄长的房屋不住，於陵的房屋却住，这样还能算是廉洁到顶了吗？像陈仲子这样的人，恐怕只有把自己变成蚯蚓然后才能完全符合他的廉洁之道吧。”

离娄章句上

第一章

【原文】

孟子曰："离娄之明，公输子[①]之巧，不以规矩[②]，不能成方圆；师旷[③]之聪，不以六律，不能正五音；尧、舜之道，不以仁政，不能平治天下。今有仁心仁闻，而民不被其泽，不可法于后世者，不行先王之道也。故曰：徒善不足以为政，徒法不能以自行。《诗》云：'不愆不忘，率由旧章[④]。'遵先王之法而过者，未之有也。圣人既竭目力焉，继之以规矩准绳，以为方圆平直，不可胜用也；既竭耳力焉，继之以六律正五音，不可胜用也；既竭心思焉，继之以不忍人之政，而仁覆天下矣。故曰：为高必因丘陵，为下必因川泽。为政不因先王之道，可谓智乎？

"是以惟仁者宜在高位。不仁而在高位，是播其恶于众也。上无道揆也，下无法守也，朝不信道，工不信度，君子犯义，小人犯刑，国之所存者幸也。故曰：

城郭不完，兵甲不多，非国之灾也；田野不辟，货财不聚，非国之害也。上无礼，下无学，贼民兴，丧无日矣。

“《诗》曰：‘天之方蹶，无然泄泄[⑤]！’泄泄，犹沓沓[⑥]也。事君无义，进退无礼，言则非先王之道者，犹沓沓也。故曰：责难于君谓之恭，陈善闭邪谓之敬，吾君不能谓之贼。”

【注释】

①离娄：一名离朱，古代视力最敏锐的人。据《经典释文》引司马彪说：“黄帝时人，能于百步之外见秋毫之末。”公输子：即鲁班（一作般），鲁国人，名班，春秋末年的著名巧匠。②规矩：规（圆规）是画圆的仪器，矩（曲尺）是画方的仪器。③师旷：春秋晋平公时的著名乐师。④《诗》云：二句诗引自《诗·大雅·假乐》，是颂成王美德的诗篇。⑤《诗》曰：二句诗引自《诗·大雅·板》，是讥刺周厉王的诗篇。⑥沓沓（tà）：多而重复，与“泄泄”意思相近，都是多言饶舌、随声附和的意思。

【译文】

孟子说：“即使有离娄那样明敏的视力，公输般那样精巧的手艺，如果不使用圆规和曲尺，就不能准确地画出方形和圆形；即使有师旷那样强的辨音能力，如果不依据六律，就不能校正好五音；即使有尧舜那

样高明的政治素养，如果不施行仁政，就不能把天下治理好。现今有些国君虽有仁爱之心、仁爱之誉，但百姓却未能受到他们的恩惠，未能被后世效法，就是因为不实行先王之道的缘故。所以说，仅有善心不足以用来治理国政，仅有法度不能使之自行实施。《诗经》里说：‘不偏离，不遗忘，一切都按旧规章。’遵循先王的法度而犯过错的，还从来没有过。圣人既已竭尽了视力，再加以圆规、曲尺、水准、墨线，画方、圆、平、直是用不胜用的；既已竭尽了听力，再加以六律，校正五音是用不胜用的；既已竭尽了心思，再加以怜悯百姓的政措，仁爱足以遍惠天下。所以说，筑高的山必定要依凭山丘，挖深的池必定要依凭沼泽，治理国政却不依凭先王之道，能说得上是明智的吗？

“所以，只有仁者才适宜处在领导地位，不仁的人处在领导地位上，就等于把他的劣迹散播给众人。在上者没有行为准则，在下者没有法规遵循，官员不相信原则，工匠不相信尺度，君子触犯义理，小人触犯刑律，国家还能保存下来乃是侥幸之事。所以说，城垒不坚固，武器不充足，不是国家的灾难；土地没有开垦，财物没有积聚，不是国家的祸害；而是在上者没有礼义，在下者没有学习，造反的人兴起，国家的灭亡就在眼前了。

“《诗经》里又说：‘老天正要降祸，不要多嘴附和。’多嘴就是啰唆。事奉国王不讲道义，进退之间不讲礼义，言谈诋毁先王之道，这种人跟多嘴啰唆是一

路货色。所以说，用高标准责求国君行先王的仁政，就叫作‘禁’，向君主陈说善德、抵制邪说就叫作‘敬’，认为‘我的君主不能行仁政’而不做努力，就叫作‘贼’（有贼害的意思）。”

第二章

【原文】

孟子曰：“三代之得天下也以仁，其失天下也以不仁。国之所以废兴存亡者亦然。天子不仁，不保四海；诸侯不仁，不保社稷[①]；卿大夫不仁，不保宗庙[②]；士庶人不仁，不保四体。今恶死亡而乐不仁，是犹恶醉而强酒。”

【注释】

①社稷：土地神和谷神，古代君主在国都建立社和稷的神庙，故亦用来代称国家政权或统治。②不保宗庙：商周时有侯、甸、男、采、卫等五服的名称，侯、甸、男、卫称外服，是正式国家。采称内服，封在内服的是卿大夫的食邑。卿大夫有食邑，就可以设立祖先宗庙，失去了食邑，便不能立宗庙。因此不保宗庙，实即失去了食邑。

【译文】

孟子说："夏、商、周三朝的开国之君禹、汤、文、武得到天下是由于仁，他们的末代君主桀、纣、幽、厉失去天下则是由于不仁。诸侯国家的兴盛、衰败和生存、灭亡的原因也是如此。天子不仁就不能保有天下；诸侯不仁就不能保有国家；公卿大夫不仁就不能保有宗庙；士人庶民不仁就不能保有自身。现在有些人憎恶死亡，但却乐意干坏事，这就好比跟憎恶喝醉酒，但却又偏要勉强去喝酒的人一样。"

第三章

【原文】

孟子曰："人有恒[①]言，皆曰'天下国家'。天下之本在国，国之本在家[②]，家之本在身。"

【注释】

①恒：常。②家：泛指家族。

【译文】

孟子说："人们有句常说的话，都说'天下国家'。须知天下的根本在于国，国的根本在于家，家的根本则在于个人。"

第四章

【原文】

孟子曰："为政不难，不得罪于巨室。巨室[①]之所慕，一国慕之；一国之所慕，天下慕之；故沛然德教溢乎四海。"

【注释】

①巨室：朱熹《集注》云："世臣大家也。"指为国人所钦敬、仿效的贤卿大夫的家族，如春秋时晋国的六卿、鲁国的三桓等。

【译文】

孟子说："治理国政并不难，不要得罪世家大族。世家大族所仰慕的，整个国家就会仰慕；整个国家所仰慕的，普天之下就会仰慕，因此德教仁政就会声势浩大、不可阻挡地充满天下各个地方。"

第五章

【原文】

孟子曰："天下有道，小德役大德，小贤役大贤；

天下无道，小役大，弱役强。斯二者天也，顺天者存，逆天者亡。齐景公曰：‘既不能令，又不受命，是绝物也。’涕出而女于吴。

“今也小国师大国而耻受命焉，是犹弟子而耻受命于先师也。如耻之，莫若师文王。师文王，大国五年，小国七年，必为政于天下矣。《诗》云：‘商之孙子，其丽不亿。上帝既命，侯于周服[①]。’‘侯服于周，天命靡常。殷士肤敏，祼将于京。’孔子曰：‘仁不可为众也。夫国君好仁，天下无敌。’今也欲无敌于天下而不以仁，是犹执热[②]而不以濯也。《诗》云：‘谁能执热，逝不以濯[③]？’”

【注释】

①《诗》云：此处诗句引自《诗·大雅·文王》篇第四、五两章。孙子：子孙。②执热：拿了烫手的东西。③《诗》云：此处诗句引自《诗·大雅·桑柔》，这首诗是讽刺周厉王的。

【译文】

孟子说：“天下治理得太平时，道德平庸的人供道德高尚的人役使，才能一般的人供才能高超的人役使；天下得不到治理时，小国被大国奴役，弱国被强国奴役。这两种情况都是天意。顺从天意的就能生存，违背天意的就要灭亡。齐景公说：‘既不能号令他人，又不听命于他人，真是无路可走了。’他只得淌着眼泪把

女儿嫁到吴国。

“现今小国效法大国享乐却又耻于听命，这就好比门徒耻于听命老师。如果真的感到羞耻，就不如效法周文王。效法文王，大国五年，小国七年，必定能统一整个天下。《诗经》里说：‘商朝的子孙，人数上亿万，上帝授命周文王，都向周室把头低。’‘都向周室把头低，天命并非不变易。明智通变殷朝臣，来到周都助祀祭。’孔子说过：‘仁者力量的大小是不能用人口的多少来衡量的。如果国君爱好仁德，他便将无敌于天下。’现今有些人想要无敌于天下，却又不施仁政，这就好比烫着了手却不愿用凉水浇洗一样。《诗经》里说得好：‘谁能手执烫东西，却不用水来冲浇？’”

第六章

【原文】

孟子曰：“不仁者可与言哉？安其危而利其菑，乐其所以亡者；不仁而可与言，则何亡国败家之有？

“有孺子歌曰：‘沧浪[①]之水清兮，可以濯我缨[②]；沧浪之水浊兮，可以濯我足。’孔子曰：‘小子听之！清斯濯缨，浊斯濯足矣，自取之也。’夫人必自侮，然后人侮之；家必自毁，而后人毁之；国必自伐，而后人伐之。《太甲》曰：‘天作孽，犹可违；自作孽，不

可活。’此之谓也。”

【注释】

①沧浪：指汉水上游。②缨：帽子左右的丝带，用于系结颚下以防帽子脱落。

【译文】

孟子说：“对于那些不施仁爱的人，怎可用言词去说服他们呢？他们苟安于自身的危险，贪利于自身的灾祸，耽乐于导致自身灭亡的事。如果不仁的人而可用言词说服的话，那世上还会有什么亡国败家的惨剧发生呢？”

“从前有个儿童唱着歌：‘清澈的沧浪水啊，能用来洗我的冠缨；浑浊的沧浪水啊，能用来洗我的双脚。’孔子在一旁听了说：‘后生们听呀！清的水可洗帽绳，浊的水可洗双脚，都是水本身招致的。’人必定是先有招致侮辱的言行，然后别人才敢侮辱他；家必定是先有招致毁坏的漏洞，然后别人才会来毁坏它；国必定是先有招致讨伐的借口，然后别人才前来讨伐它。《尚书·太甲》说：‘上天降灾，还可躲开；自己作孽，无法存活。’正是这个意思。”

第七章

【原文】

孟子曰："桀、纣之失天下也，失其民也；失其民者，失其心也。得天下有道：得其民，斯得天下矣；得其民有道：得其心，斯得民矣；得其心有道：所欲与之聚之，所恶勿施尔也。民之归仁也，犹水之就下，兽之走圹[①]也。故为渊驱鱼者，獭[②]也；为丛驱爵者，鹯[③]也；为汤、武驱民者，桀与纣也。今天下之君有好仁者，则诸侯皆为之驱矣。虽欲无王，不可得已。今之欲王者，犹七年之病求三年之艾[④]也。苟为不畜，终身不得。苟不志于仁，终身忧辱，以陷于死亡。《诗》云：'其何能淑，载胥及溺。'此之谓也[⑤]。"

【注释】

①圹：同"旷"，旷野。②獭（tǎ）：吃鱼的水獭。③爵：通"雀"。鹯（zhān）：一种像鹞子的猛禽。④艾：是一种可以用来治病的中草药。⑤《诗》云：此处诗句引自《诗·大雅·桑柔》篇。淑：善。载：则。胥：相。

【译文】

孟子说："夏桀、殷纣两个暴君之所以会丧失天

下，是由于失去了天下的百姓。之所以失去了天下的百姓，是由于失去了民心。取得天下是有途径的，得到了天下的百姓就取得了天下；得到天下的百姓是有途径的，得到了天下的民心就得到了天下的百姓；得到天下的民心是有途径的，他们所需要的，便替他们积聚起来，他们所讨厌的，便不要强加给他们，不过如此罢了。老百姓归向于仁政，就像水往低处流，兽往旷野跑一样。所以，替深渊赶来游鱼的是水獭；替森林赶来飞鸟的是鹞鹰；替汤王和武王赶来百姓的是夏桀和殷纣。现今天下若有喜好仁爱施行仁政的国君，诸侯们都会为他赶来百姓，这样仁德的君主，即使他不想统一天下也是做不到的。现今那些妄想统一天下的人，就好像患了七年的久病，需要谋取三年的陈艾来医治一样，假如不去栽培，是一辈子也找不到的。如果国君对施仁政不感兴趣，那他就会一辈子忧患受辱，以至陷入死亡的境地。《诗经》里说：‘胡作非为又怎能把事办好，到头来还是一块儿陷于深渊。’说的正是这种人。”

第八章

【原文】

孟子曰：“道在迩[①]而求诸远，事在易而求诸难。人人亲其亲，长其长，而天下平。”

【注释】

①迩（ěr）：近。

【译文】

孟子说："道在近旁却到远处去寻求，事属容易却往难处去下手。只要人人亲爱自己的父母，各自敬重自己的长辈，那么天下自然就可以治理好了。"

第九章

【原文】

孟子曰："居下位而不获于上[①]，民不可得而治也。获于上有道：不信于友，弗获于上矣；信于友有道：事亲弗悦，弗信于友矣；悦亲有道：反身不诚，不悦于亲矣；诚身有道：不明乎善，不诚其身矣。是故诚者，天之道也；思诚[②]者，人之道也。至诚而不动者，未之有也；不诚，未有能动者也。"

【注释】

①获于上：朱熹《集注》云："得其上之信任也。"
②思诚：《赵注》云："思行其诚。"

【译文】

孟子说："身为臣子不能得到君主的信任，就无法治理好百姓。得到君主的信任有它的方法，不能取信于朋友就不能得到君主的信任；取信于朋友有它的方法，事奉父母不孝顺就不能取信于朋友；孝顺父母有它的方法，自身不真诚就不能孝顺父母；使自身真诚有它的方法，不懂得善恶就不能使自身真诚。因此，诚心善性是上天的准则，追求诚心善性是为人的准则。不为至诚所感动的人未曾有过，而不诚则从未有过能感动人的。"

第十章

【原文】

孟子曰："伯夷辟纣，居北海之滨①，闻文王作，兴曰：'盍归乎来！吾闻西伯②善养老者。'太公辟纣，居东海之滨，闻文王作，兴曰：'盍归乎来！吾闻西伯善养老者。'二老者，天下之大老也，而归之，是天下之父归之也。天下之父归之，其子焉往？诸侯有行文王之政者，七年之内，必为政于天下矣。"

【注释】

①北海之滨：指黄河从右碣石入海的地方，在今

河北昌黎县西北，离伯夷所在的孤竹国（在今河北卢龙县南）不远，相传是当年伯夷避纣的地方。②西伯：即后来的周文王，商纣的时候，为西方诸侯之长，故称“西伯”；周朝建立后，被追谥为“文王”。孟子称他为“文王”，是后世人的称呼；伯夷、太公称他为“西伯”，是同时代人的称呼。

【译文】

孟子说：“伯夷躲避暴君殷纣王的统治，隐居在北海之滨，听说周文王兴起，感奋地说：‘我何不归到那里去呢！听说西伯善于奉养老人。’姜太公躲避暴君殷纣王的统治，隐居在东海之滨，听说周文王兴起，感奋地说：‘我何不归到那里去啊！我听说西伯善于奉养老人。’伯夷和太公两位老人，是天下德高望重的著名长者，而他们都归依到西伯那里去，这就等于是天下的父老归向西伯了。天下的父老都归向他，他们的儿子一辈不归向他又归向谁呢？当今的诸侯们中如有效法周文王愿意施行仁政的，不出七年，就一定能统一天下了。”

第十一章

【原文】

孟子曰：“求也为季氏宰[①]，无能改于其德，而赋

粟倍他日。孔子曰：‘求非我徒也，小子鸣鼓而攻之，可也[②]！’由此观之，君不行仁政而富之，皆弃于孔子者也，况于为之强战？争地以战，杀人盈野；争城以战，杀人盈城；此所谓率土地而食人肉，罪不容于死。故善战者服上刑[③]，连诸侯[④]者次之，辟草莱、任土地者次之[⑤]。”

【注释】

①求：孔子的弟子冉求，字子有。他是孔门政事科的高才生，春秋时鲁国人。季氏：指当时执掌鲁国大权的季孙氏。宰：大夫的家臣。②孔子曰：这段话亦见于《论语·先进》篇。③上刑：重刑。④连诸侯：朱熹《集注》云：“连结诸侯，如苏秦、张仪之类。”⑤辟草莱、任土地：朱熹《集注》云：“辟，开垦也。任土地，谓分土授民，使任耕稼之责，如李悝尽地力，商鞅开阡陌之类也。”草莱，未开垦的荒地。

【译文】

孟子说：“冉求做了鲁国公卿季孙氏的家臣，没有能改变季氏的德行，而征收的粟米却比过去倍增。孔子说：‘冉求不是我的门徒了，弟子们可以大张旗鼓地去声讨他的过错！’由此看来，凡是去帮助不行仁政的君主搜刮财富的人，都是被孔子唾弃的；何况对于那些为霸主们去强力争战的人呢？争地而战，往往杀人满野；争城而战，往往杀人满城，这就是所谓的为

了土地而吃人肉，这种人罪大恶极，死有余辜。所以，好战能征的人应受最重的刑罚，搞合纵连横的人受次一等的刑罚，迫使百姓开荒、扰乱田制税收的人应受再次一等的刑罚。”

第十二章

【原文】

淳于髡[①]曰：“男女授受不亲，礼与？”

孟子曰：“礼也。”

曰：“嫂溺，则援之以手乎？”

曰：“嫂溺，不援，是豺狼也。男女授受不亲，礼也；嫂溺，援之以手者，权[②]也。”

曰：“今天下溺矣，夫子之不援，何也？”

曰：“天下溺，援之以道；嫂溺，援之以手。子欲手援天下乎？”

【注释】

①淳于髡：战国时齐国人，先后在齐威王、宣王朝做过官。他是齐国著名的辩士。《史记·滑稽列传》载有他的事迹。②权：凡对事情衡量得失利弊变通办理就叫作“权”。

【译文】

淳于髡说："男女之间不亲手递接东西，这是礼制规定的吗？"

孟子说："是礼制的规定。"

淳于髡又问："嫂嫂淹入水中，小叔子要伸手去救援她吗？"

孟子说："嫂嫂淹入水中而小叔子不伸手救援，这是豺狼之心。男女间不亲手递接东西，这是礼制的规定；嫂嫂淹入水中小叔子伸手去救援，这是变通的办法。"

淳于髡说："现今天下的人就像淹入水深火热之中，先生却不去救援，这是为什么呢？"

孟子说："天下的人淹入水深火热之中，得用道去救援；嫂嫂淹入水中，要用手去救援。难道你想用手救援天下的人吗？"

第十三章

【原文】

公孙丑曰："君子之不教子，何也？"

孟子曰："势不行也。教者必以正，以正不行，继之以怒。继之以怒，则反夷矣[①]。'夫子教我以正，夫子未出于正也。'则是父子相夷也。父子相夷，则恶矣。古者易子而教之，父子之间不责善[②]。责善则离，

离则不祥莫大焉。”

【注释】

①夷：《赵注》云：“伤也。”②责善：以善相责备。

【译文】

公孙丑问：“君子不亲自教育儿子，为什么呢？”

孟子说：“由于在情势上行不通。教育必定要用正道，用正道没有成效，执教的人接着就会发怒。发怒就反而伤了双方的感情。儿子心里非议：‘老头用正道教育我，可自己却不按正道来做。’这就伤了父子的感情。父子间伤了感情，关系就恶化了。古时候人们交换儿子来进行教育，父子之间避免互相拿正道理来责备对方。父子之间互相拿正道理来责备对方，彼此就会因此产生隔膜，没有比隔膜更不好的了。”

第十四章

【原文】

孟子曰：“事孰为大？事亲为大；守孰为大？守身为大。不失其身而能事其亲者，吾闻之矣；失其身而能事其亲者，吾未之闻也。孰不为事？事亲，事之本也；孰不为守？守身，守之本也。

“曾子养曾皙[①]，必有酒肉；将彻，必请所与；问

'有余'，必曰“有”。曾皙死，曾元[2]养曾子，必有酒肉；将彻，不请所与；问有余，曰“亡矣”。将以复进也，此所谓养口体者也。若曾子，则可谓养志也。事亲若曾子者，可也。”

【注释】

①曾皙：名点，曾参（即曾子）的父亲。父子同是孔子的学生。②曾元：曾参的儿子。

【译文】

孟子说：“事奉，以谁最为重要呢？以事奉父母最为重要；守护，以什么最为重要呢？以守护自身的节操最为重要。不丧失自身的节操又能事奉自己父母的人，我听说过；丧失自身的节操又能事奉自己父母的人，我未曾听说过。谁不做事奉的事呢？可事奉父母却是最根本的。谁不做守护的事呢？而守护自身的节操是守护的根本。”

“曾子奉养他父亲曾皙，每餐必定有酒和肉，用完餐请示父亲，余下的酒肉给谁吃，父亲要是问还有没有剩余，一定回答说有。曾皙死后，曾元奉养父亲曾子，每餐饭也还是有酒肉，但用完膳却不请示父亲，余下的酒菜给谁吃，碰到父亲问还有没有剩余，曾元就说没有了，为的是好将剩余的酒菜下餐再次奉呈。这叫作奉养父母的口腹和身体，像曾子那样才可称为奉养父母的意愿亲情，不单是奉养口腹、身体而已。

事奉父母像曾子那样，就好了。”

第十五章

【原文】

乐正子从于子敖之齐。

乐正子见孟子。孟子曰：“子亦来见我乎？”曰：“先生何为出此言也？”曰：“子来几日矣？”曰：“昔者。”曰：“‘昔者’，则我出此言也，不亦宜乎？”曰：“舍馆①未定。”曰：“子闻之也，舍馆定，然后求见长者乎？”曰：“克有罪。”

【注释】

②舍馆：客舍。

【译文】

乐正子随从王子敖来到了齐国。乐正子去见孟子，孟子说：“你也会来见我吗？”乐正子说：“先生为什么说这样的话呢？”孟子说：“你来了几天了？”乐正子说：“有些日子了。”

孟子说：“既然是前些日子来的，那么我说这样的话，不也是应该的吗？”乐正子说：“因为客舍还没有定妥。”

孟子说：“你曾听说过，要等客舍定妥后，才去求见长者的吗？”乐正子说：“我的确有过错。”

第十六章

【原文】

孟子曰："不孝有三[1]，无后为大。舜不告而娶，为无后也，君子以为犹告也。"

【注释】

①不孝有三：《赵注》云："于礼有不孝者三事，谓阿意屈从，陷亲不义，一不孝也；家贫亲老，不为仕禄，二不孝也；不娶无子，绝先祖祀，三不孝也。"

【译文】

孟子说："不孝顺的事情有三件，其中又以没有子孙后代最为重大。娶妻室本应先告诉父母，舜帝没告诉父母而娶尧帝的二女为妻，就是因为担心绝了后代，所以明理的君子看起来，他虽然没有禀告父母，就和禀告了父母是一样的。"

第十七章

【原文】

孟子曰："仁之实，事亲是也；义之实，从兄是

也；智之实，知斯二者弗去是也；礼之实，节文斯二者是也；乐之实，乐斯二者，乐则生矣[1]；生则恶可已也，恶可已，则不知足之蹈之、手之舞之。”

【注释】

①乐之实，乐斯二者，乐则生矣：前一个“乐”读 yuè，音乐。后两个“乐”读 lè，喜爱、快乐。

【译文】

孟子说：“仁的实质就是事奉父母，义的实质就是顺从兄长；智的实质就是明了这两者的道理而信守不悖离；礼的实质就是调节修饰这两者；乐的实质就是喜爱这两者，快乐也就自然产生了。快乐自然而生就无法遏止，无法遏止就情不自禁地手舞足蹈起来。”

第十八章

【原文】

孟子曰：“天下大悦而将归己。视天下悦而归己，犹草芥也，惟舜为然。不得乎亲，不可以为人；不顺乎亲，不可以为子。舜尽事亲之道，而瞽瞍厎豫[1]；瞽瞍厎豫，而天下化；瞽瞍厎豫，而天下之为父子者定，此之谓大孝。”

【注释】

①瞽瞍：舜的父亲。底（zhí）：致。豫：乐。

【译文】

孟子说："整个天下都非常快乐地要来归顺自己。把整个天下快乐地归顺自己看得如同草芥一样，只有舜是如此。得不到父母的欢心不可以算作人，不顺从父母的心意就不成其为儿子。舜竭尽事奉父母之道，使父亲瞽瞍高兴起来，使瞽瞍欢乐而感化了整个天下。使瞽瞍欢乐而确定了天下父子间的伦常关系，这就叫作大孝。"

离娄章句下

第一章

【原文】

孟子曰："舜生于诸冯①，迁于负夏②，卒于鸣条③，东夷之人也。文王生于岐周④，卒于毕郢⑤，西夷之人也。地之相去也，千有余里；世之相后也，千有余岁。得志行乎中国，若合符节，先圣后圣，其揆⑥一也。"

【注释】

①诸冯：地名，相传在今山东菏泽以南。②负夏：地名，约在今山东滋阳以西。据《史记·五帝本纪》说舜"就时于负夏"。③鸣条：地名，在今山西运城安邑镇。《史记·五帝本纪》说舜"南巡狩，崩于苍梧之野。"④岐周：指岐山下周的旧邑，在今陕西岐山县东北。⑤毕郢：地名，相传是周文王去世的地方，在今陕西成阳县东。⑥揆（kuí）：准则。

【译文】

孟子说："舜出生在诸冯，迁居到负夏，逝世于鸣条，是东方边远地区的人。周文王出生在岐周，逝世于毕郢，是西方边远地区的人。地方相距一千多里，时代相隔一千多年。他们得志后在中国实现仁政的抱负，简直如同符、节吻合那样一致。先代的圣人和后代的圣人，他们的准则都是一个样。"

第二章

【原文】

子产[①]听郑国之政，以其乘舆济人于溱、洧[②]。孟子曰："惠而不知为政。岁十一月徒杠[③]成；十二月舆梁[④]成，民未病涉也。君子平其政，行辟人[⑤]可也，焉得人人而济之？故为政者，每人而悦之，日亦不足矣。"

【注释】

①子产：即公孙侨，字子产，春秋时郑国贵族，先后在简公、定公、献公、声公朝为相四十多年，著名的政治家，颇得孔子的赞许。②溱（zhēn）：郑国水名，源于河南密县东北。洧（wěi）：郑国水名，源于河南登封以东，东流至密县与溱水汇合。③徒杠：简

陋的独木便桥。④舆梁：可通车马的大桥。⑤行辟人：辟，同“避”，古代高级官员出行，有专人清道。

【译文】

子产在郑国当政，用自己的座车在溱水、洧水那里载行人过渡。孟子说：“子产这只是小恩小惠，并不懂得如何治理国政。要是十一月搭好走人的便桥，十二月修好行车的梁桥，百姓就不会再为渡河的事担忧了。君子整治好自己的政务，外出时使行人避道也是可以的，又怎能去一个个地把人渡过河去呢？所以，治理国政的人要讨得每个人的欢心，那时间也是不够用的呢。”

第三章

【原文】

孟子告齐宣王曰：“君之视臣如手足，则臣视君如腹心；君之视臣如犬马，则臣视君如国人；君之视臣如土芥，则臣视君如寇雠。”

王曰：“礼，为旧君有服，何如斯可为服矣[①]？”

曰：“谏行言听，膏泽[②]下于民；有故而去，则君使人导之出疆，又先于其所往；去三年不反，然后收其田里[③]。此之谓三有礼焉。如此，则为之服矣。今也为臣，谏则不行，言则不听，膏泽不下于民，有故而

去，则君搏执[4]之，又极[5]之于其所往，去之日，遂收其田里。此之谓寇雠。寇雠，何服之有？”

【注释】

①礼：指《仪礼》。旧君：过去曾侍奉过的君主。服：指穿丧服。②膏泽：即恩惠。③田里：指禄田和居宅。④搏执：犹言搜索拘捕。⑤极：穷困，走投无路。

【译文】

孟子告诉齐宣王说：“君主看待臣子如同手足，臣子就会把君主看待如同腹心；君主看待臣子如同犬马，臣子就会把君主看待如同常人；君主看待臣子如同尘土、草芥，臣子就会把君主看待如同强盗、仇敌。”

宣王说：“礼制规定，要为以往侍奉过的君主服丧，君主怎样做才能使人为之服丧呢？”

孟子说：“如果臣子劝谏被接纳、进言被听取，因而恩惠下达到百姓；臣子因故要离去，君主派人引导他离开国境，并派人事先前往他所要去的地方进行妥善安排；离国后三年不回来，才收回他的采地和房屋。这叫作三有礼。君主能做到这样，臣子就会为他服孝。现今做臣子的，劝谏不被接纳，进言不被听从，因此恩惠到不了百姓；臣子因故离国去，君主就派人拘捕他的亲族，并故意到他所要去的地方为难他，离开的当天就没收他的禄田和房屋。这就叫作强盗、仇敌。

对于强盗、仇敌有什么孝可服呢？”

第四章

【原文】

徐子[1]曰：“仲尼亟[2]称于水，曰：‘水哉，水哉！’何取于水也？”

孟子曰：“原泉混混[3]，不舍昼夜，盈科[4]而后进，放乎四海。有本者如是，是之取尔。苟为无本，七八月之间雨集，沟浍[5]皆盈；其涸也，可立而待也。故声闻过情，君子耻之。”

【注释】

①徐子：孟子的学生徐辟。②亟（qì）：屡次。③混混：滚滚。④盈科：注满坑洼地。⑤浍（kuài）：田间的水沟。

【译文】

徐辟说：“孔子多次对水加以赞美，曾说：‘水啊，水啊！’请问他对于水取的是哪一点呢？”

孟子说：“从源头流出的水滚滚向前，昼夜不停，注满了低坑洼地又继续向前，一直流到大海。凡是有本源的正像这样，孔子所取的就是这一点。假如没有本源，就像七、八月间雨水滂沱，一下子沟渠都满了，

可是它们的干涸是立等可待的，所以名声超过实际，有道德的君子为之感到可耻。”

第五章

【原文】

孟子曰：“人之所以异于禽兽者几希，庶民去之，君子存之。舜明于庶物，察于人伦，由仁义行，非行仁义也。”

【译文】

孟子说：“人之所以不同于禽兽的地方很少，一般人把它丢弃了，君子把它保留了。舜对于万物的道理能明了，对于人们的常情能洞察，所以他能自然地依从仁义行事，而不是勉强地行仁义”

第六章

【原文】

孟子曰：“禹恶旨酒而好善言。汤执中，立贤无方。文王视民如伤，望道而未之见。武王不泄[①]迩，不忘远。周公思兼三王[②]，以施四事。其有不合者，仰而思之，夜以继日；幸而得之，坐以待旦。”

【注释】

①泄：狎。②三王：三代之王，指禹、汤、文、武。

【译文】

孟子说："夏禹王厌恶人家进献美酒，却喜好听取有益的言语。商汤王坚持中庸之道，起用贤人却能打破常规。周文王对待百姓，就像他们受了伤害似的百般抚慰，接触了道却好像还没见到它那样努力。周武王不轻慢身边的近臣，也不忘怀他方的远臣。周公想要兼学夏、商、周三代的贤王，来实施禹、汤、文、武四位君主所开创的业绩，如果遇到有不符合的地方，便抬头思考，夜以继日；有幸想通得到答案，就高兴地坐着等待天亮，好立即拿去实施。"

第七章

【原文】

孟子曰："王者之迹熄而《诗》亡，《诗》亡，然后《春秋》作。晋之《乘》，楚之《梼杌》，鲁之《春秋》，一也。其事则齐桓、晋文，其文则史。孔子曰：'其义则丘窃取之矣。'"

【译文】

孟子说："圣王采诗的盛举废止了，《诗经》也就散失了，《诗经》散失后孔子才写出了《春秋》。晋国的《乘》，楚国的《梼杌》，鲁国的《春秋》，涵义是一样的，都指史书。它们所记载的事情是齐桓公、晋文公图霸之类，它们的文字也只是史书的笔法。孔子说：'《诗经》三百篇褒善贬恶的微言大义，我孔丘在作《春秋》时便借用过来了。'"

第八章

【原文】

孟子曰："可以取，可以无取，取伤廉。可以与，可以无与，与伤惠。可以死，可以无死，死伤勇。"

【译文】

孟子说："可以取，可以不取，取了会伤害廉洁，当然以不取为合适；可以给，可以不给，给了会伤害惠爱，还是以不给为合适；可以死，可以不死，死了会伤害勇敢，就应该以不死为合适。"

第九章

【原文】

逄蒙[①]学射于羿，尽羿之道，思天下惟羿为愈己，于是杀羿。孟子曰："是亦羿有罪焉。"

公明仪曰："宜若无罪焉。"

曰："薄乎云尔，恶得无罪？郑人使子濯孺子[②]侵卫，卫使庾公[③]之斯追之。子濯孺子曰：'今日我疾作，不可以执弓，吾死矣夫！'问其仆曰：'追我者谁也？'其仆曰：'庾公之斯也。'曰：'吾生矣。'其仆曰：'庾公之斯，卫之善射者也；夫子曰'吾生'，何谓也？'曰：'庾公之斯学射于尹公之他，尹公之他学射于我。夫尹公之他，端人[④]也，其取友必端矣。'庾公之斯至，曰：'夫子何为不执弓？'曰：'今日我疾作，不可以执弓。'曰：'小人学射于尹公之他，尹公之他学射于夫子。我不忍以夫子之道反害夫子。虽然，今日之事，君事也，我不敢废。'抽矢扣轮，去其金，发乘矢[⑤]而后反。"

【注释】

①逄（péng）蒙：传说中羿的弟子。②孺子：郑国的大夫。③庾公：卫国的大夫。④端人：正派人。⑤乘（shèng）矢：四支箭。

【译文】

逄蒙向羿学习射箭，完全学到羿的射箭技术，他心想天下只有羿一个人胜过自己，于是就杀死了羿。孟子说："这件事羿本身也有过错。"公明仪说："羿似乎没有过错吧。"

孟子说："不过轻一点罢了，怎么会没有过错呢？郑国有一次派子濯孺子侵犯卫国，卫国派庾公之斯追击他。子濯孺子说：'今天我的病发了，拿不起弓来，我将没命了！'便问他的车手说：'追赶我的是谁？'他的车手回答：'是庾公之斯。'子濯孺子说：'我有生路了。'他的车手说：'庾公之斯是卫国最优秀的射手，您却说"有生路了"，这说的是什么意思呢？'子濯孺子说：'庾公之斯向尹公之他学习射技，尹公之他向我学习射技。尹公之他是个正派人，他选取的学生必定正派。'庾公之斯追上了，说：'您为什么不拿起弓来呢？'子濯孺子说：'今天我的病发了，拿不起弓来。'庾公之斯说：'在下向尹公之他学习射技，尹公之他向您学习射技，我不忍心用您传授的技艺反过来伤害您，虽然如此，今天的事情是国家的公事，我不敢完全废弃。'于是就抽出箭来，在车轮上敲打磕去箭头，一连射了四箭之后便回身走了。"

第十章

【原文】

孟子曰："西子[①]蒙不洁，则人皆掩鼻而过之。虽有恶人[②]，齐戒[③]沐浴，则可以祀上帝。"

【注释】

①西子：指春秋末年的美女西施，又名夏姬。②恶人：此指面貌丑陋之人。③齐戒：即斋戒，古文中斋戒的"斋"多写作"齐"。

【译文】

孟子说："美女西施要是沾上了一身污秽，人们走过时都会捂着鼻子远离她。即使是相貌丑陋的人，只要他洁净了身心，那么他就可以去祭祀上帝。"

第十一章

【原文】

孟子曰："天下之言性也，则故[①]而已矣。故者以利[②]为本。所恶于智者，为其凿也。如智者若禹之行水也，则无恶于智矣。禹之行水也，行其所无事也。如

智者亦行其所无事，则智亦大矣。天之高也，星辰之远也，苟求其故，千岁之日至③，可坐而致也。”

【注释】

①故：指事物的本原。②利：顺。③日至：冬、夏二至的准确时刻是古代历算的重要数据。《孟子》书中的日至，有的指夏至，有的指冬至。此处指的是冬至。

【译文】

孟子说：“普天之下的人谈论的人性，只要按它的本来面目就可以了。按它的本原谈必须以顺乎自然为准则。我之所以厌恶聪明人是因为那种聪明人穿凿附会，如果聪明人像大禹顺势疏通水流那样，那么我就不会对聪明产生厌恶了。大禹疏通水流，是让水流不违反自然，因势利导地流淌，如果聪明人也使自己不违反自然而行事，那么也就更聪明了。苍天虽然很高，星辰虽然很远，只要我们能用心寻求它们运行的本原，即使千年以后的冬至，也能坐在家里运算得知的。”

第十二章

【原文】

公行子①有子之丧，右师②往吊。入门，有进而与右师言者，有就右师之位而与右师言者。孟子不与右

师言，右师不悦，曰："诸君子皆与驩言，孟子独不与驩言，是简驩也。"

孟子闻之，曰："礼，朝廷不历位而相与言，不逾阶而相揖也。我欲行礼，子敖以我为简，不亦异乎？"

【注释】

①公行子：齐国大夫。②右师：官名。指齐王的宠臣王驩，字子敖。

【译文】

公行子的大儿子死了，右师子敖到他家去吊丧。走进大门，便有迎上前来与右师说话的，他刚一就座就有跑到座位旁边和他攀谈的。孟子不与右师拉话，右师不高兴地说："各位君子都与我交谈，唯独孟子不和我交谈，这是有意怠慢我。"

孟子得知这事后，说："按照礼仪规定，在朝廷上不越过位次相互交谈，不走过阶梯相互作揖。我是想要按礼节行事，子敖却认为我是有意简慢，不也是怪事吗？"

第十三章

【原文】

孟子曰："君子所以异于人者，以其存心也。君子

以仁存心，以礼存心。仁者爱人，有礼者敬人。爱人者人恒爱之，敬人者人恒敬之。有人于此，其待我以横逆[①]，则君子必自反也：我必不仁也，必无礼也，此物奚宜至哉？其自反而仁矣，自反而有礼矣，其横逆由是也，君子必自反也：我必不忠。自反而忠矣，其横逆由是也，君子曰：'此亦妄人也已矣；如此，则与禽兽奚择[②]哉？于禽兽又何难焉？'是故君子有终身之忧，无一朝之患也。乃若所忧则有之：舜，人也，我，亦人也；舜为法于天下，可传于后世，我由未免为乡人也，是则可忧也。忧之如何？如舜而已矣。若夫君子所患，则亡矣。非仁无为也，非礼无行也。如有一朝之患，则君子不患矣。"

【注释】

①横（hèng）逆：蛮横无礼。②奚择：何异，区别、不同。

【译文】

孟子说："君子之所以不同于常人，是因为他们所存的仁心。君子把仁存于心，把礼存于心。仁人慈爱别人，有礼的人尊敬别人。慈爱别人的人，别人也常常慈爱他；尊敬别人的人，别人也常常尊敬他。倘若有个人，他用蛮横无理的言行对待我，作为君子必定会反躬自问：一定是我不仁，一定是我无礼，否则怎么会遇到这样的事情呢？要是自问做到了仁，自问做

到了有礼，而那人对我这样蛮横，君子一定再反躬自问：一定是我对人不忠。要是自问做到了忠心耿耿，而那个人蛮横如故，那君子只好说：‘这个人不过是个狂妄无知的人罢了，像这样，那他跟禽兽又有什么区别呢？对禽兽又责备他什么呢？’因此，君子有终身的忧愁，没有一时的祸患。至于忧愁的事是有的：舜是人，我也是人，舜被天下的人所效法，而且能流传到后世，我仍不免是个乡里的普通人，这就是可忧愁的。忧愁又怎么办呢？一定要像舜那样去做罢了。至于君子所担心的祸患就没有了。不符合仁的事不去做，不符合礼的事不去干，即使有一时的祸患飞来，君子也并不把它看作是令人难堪的事来对付了。”

第十四章

【原文】

公都子曰：“匡章，通国皆称不孝焉，夫子与之游，又从而礼貌之，敢问何也?”

孟子曰：“世俗所谓不孝者五，惰其四支，不顾父母之养，一不孝也；博弈[①]好饮酒，不顾父母之养，二不孝也；好货财，私妻子，不顾父母之养，三不孝也；从[②]耳目之欲，以为父母戮[③]，四不孝也；好勇斗很[④]，以危父母，五不孝也。章子有一于是乎？夫章子，子父责善而不相遇也。责善，朋友之道也；父子责善，

贼恩之大者。夫章子，岂不欲有夫妻子母之属哉？为得罪于父，不得近，出妻屏⑤子，终身不养焉。其设心以为不若是，是则罪之大者，是则章子已矣。”

【注释】

①博弈：六博与围棋，这是当时流行的棋类游戏。②从：同“纵”。③戮：羞辱。④很：同“狠”。⑤屏：逐出、疏远。

【译文】

公都子说：“匡章这个人，举国上下都说他不孝，您却和他交往，并且对他相当敬重，请问是什么道理呢？”

孟子答道：“一般认为不孝的行为有五种：四体不勤，不赡养父母，是一不孝；嗜好下棋酗酒，不赡养父母，是二不孝；贪好钱财，偏爱妻子儿女，不赡养父母，是三不孝；放纵声色而犯罪，给父母带来耻辱，是四不孝；逞强好斗，因而危及父母，是五不孝。章子有一种这样的行为吗？章子这个人不过是由于父子之间相责为善，把父子关系弄僵了而已。相责为善是朋友相处的准则，父子之间互相责备是最伤感情的事。章子难道不想有夫妻、父子的天伦之乐吗？因为得罪了父亲，不得和他亲近，只好离弃了妻子、疏远了子女，终身不受他们的奉养。他的用心认为，不这样做罪过就更大，章子不过如此罢了。”

第十五章

【原文】

曾子居武城[1]，有越寇。或曰："寇至，盍去诸?"曰："无寓人于我室，毁伤其薪木。"寇退，则曰："修我墙屋，我将反。"寇退，曾子反。左右曰："待先生如此其忠且敬也，寇至则先去以为民望；寇退则反，殆于[2]不可。"沈犹行[3]曰："是非汝所知也。昔沈犹有负刍之祸，从先生者七十人，未有与焉。"

子思居于卫，有齐寇。或曰："寇至，盍去诸?"子思曰："如伋去，君谁与守?"

孟子曰："曾子，子思同道。曾子，师也，父兄也；子思，臣也，微也。曾子、子思易地则皆然。"

【注释】

①武城：鲁国的城邑名，在今山东费县西南九十里。②殆于：恐怕是。③沈犹行：曾子的学生。

【译文】

曾子居住在武城，碰上越国军队来侵犯。有的人说："敌兵快到了，何不早点离开这里呢?"曾子同意了，临走时叮嘱看房子的人，说："不要让别人住在我的房子里，毁坏那些树木。"敌兵退走了，曾子便说：

“修整我的院墙和房子，我就要回去了。”敌兵一退走，曾子就回去了。他身边的门徒们说：“他们对待先生是那样忠诚、恭敬，敌兵来了却为百姓做了个带头离去的榜样，敌兵退走了就回去，恐怕是不大好吧。”沈犹行说：“这样的事不是你们所能了解的。从前先生住在我那里，恰好有个名叫负刍的人制造乱子，当时跟随先生的七十个人，没有一人过问这件事的。”

子思居住在卫国，齐国军队来侵犯。有的人说：“敌兵快到了，何不离开这里呢？”子思回答说：“连我都离开他，卫君和谁一起守城呢？”

孟子说：“曾子、子思所走的同是一条正确的道路。曾子是老师，在武城是父兄一辈的人，子思是臣子，在卫国是地位低下的人。曾子、子思两人如果互换一下地位，也都会这样做的。”

第十六章

【原文】

齐人有一妻一妾而处室者，其良人[①]出，则必餍酒肉而后反，其妻问所与饮食者，则尽富贵也。其妻告其妾曰：“良人出，则必餍酒肉而后反，问其与饮食者，尽富贵也，而未尝有显者来。吾将瞯良人之所之也。”

蚤[②]起，施[③]从良人之所之，遍国中无与立谈者。

卒之东郭墦[④]间之祭者，乞其余；不足，又顾而之他，此其为餍足之道也。

其妻归，告其妾曰："良人者，所仰望而终身也。今若此！"与其妾讪其良人，而相泣于中庭。而良人未之知也，施施[⑤]从外来，骄其妻妾。

由君子观之，则人之所以求富贵利达者，其妻妾不羞也，而不相泣者，几希矣。

【注释】

①良人：丈夫。郑玄注："妇人称夫曰良。"②蚤：假借字，同"早"。③施（yǐ）：古"斜"字，是说不从正路走。④墦（fán）：坟墓。⑤施施（shī）：得意扬扬的样子。

【译文】

齐国人中有户一妻一妾住在一起的人家，她们的丈夫每次外出就一定吃饱酒肉才回来。他的妻子问他一同吃喝的是些什么人，就说都是有钱有势的人。他妻子告诉他的妾说："丈夫外出就一定吃饱了酒肉才回来，问他一起吃喝的人则说都是有钱有势的，但从没有显贵的人到我们家来，我要暗中察看丈夫的行踪。"

清早起来，她便拐弯抹角地紧跟丈夫出去。满城中并没有谁停下来和他交谈的，最终丈夫去了东郊的墓地，向上坟祭奠的人乞讨剩余的供品，不够，又张望着向其他人乞讨，这就是他吃饱喝足的方法。他妻

子回来告诉他的妾说："丈夫是我们依靠着过一辈子的人，现在却做出这样的事来。"于是跟他的妾一起咒骂丈夫，在厅堂相对哭泣。丈夫却一点也不知情，洋洋自得地从外面回来，向自己的妻妾炫耀。

在君子看来，在现实生活中，人们用来求取升官发财富贵腾达的手段，能够使他们的妻妾不感到羞耻而相对哭泣的，那几乎是很少的。

万章章句上

第一章

【原文】

万章问曰："舜往于田，号泣于旻天，何为其号泣也？"

孟子曰："怨慕也。"

万章曰："'父母爱之，喜而不忘；父母恶之，劳而不怨。'然则舜怨乎？"

曰："长息问于公明高[①]曰：'舜往于田，则吾既得闻命矣；号泣于旻天，于父母，则吾不知也。'公明高曰：'是非尔所知也。'夫公明高以孝子之心为不若是恝[②]，我竭力耕田，共为子职而已矣，父母之不我爱，于我何哉？帝使其子九男二女[③]，百官牛羊仓廪备，以事舜于畎亩之中，天下之士多就之者，帝将胥天下而迁之焉。为不顺于父母，如穷人无所归。天下之士悦之，人之所欲也，而不足以解忧；好色，人之所欲，妻帝之二女，而不足以解忧；富，人之所欲，富有天下，而不

足以解忧；贵，人之所欲，贵为天子，而不足以解忧。人悦之、好色、富、贵，无足以解忧者，惟顺于父母可以解忧。人少，则慕父母；知好色，则慕少艾[4]；有妻子，则慕妻子；仕则慕君，不得于君则热中[5]。大孝终身慕父母。五十而慕者，予于大舜见之矣。”

【注释】

①长息：公明高的学生。公明高：曾子的学生。②恝（jiā）：没有忧愁的样子。③九男二女：《尚书·尧典》和《尚书·逸》篇，分别记载了尧把两个女儿嫁给舜为妻子，叫九个儿子尊拜舜为老师的事，又见《史记·五帝本纪》云：“尧乃以二女妻舜以观其内，使九男与处以观其外。”④少艾：美好。⑤热中：朱熹《集注》云：“躁急心热也。”

【译文】

万章问道：“舜到农田去耕种，望着天空哭诉，他为什么要哭诉呢？”孟子说：“因为怨恨、思慕的感情交织。”

万章说：“从前曾子说过‘父母喜爱自己，高兴而不敢懈怠；父母厌恶自己，忧愁而不敢怨恨’。既然如此，那舜会怨恨吗？”

孟子说：“长息曾问过公明高：‘舜到农田去耕种，这个我已能理解；一面喊着苍天，一面喊着父母，又哭又诉，我就不明白了。’公明高说：‘这个不是你能理解

得了的。’公明高认为，孝子之心关于父母对自己的爱恶，是不会这样无动于衷的：我尽力耕田，恭敬地完成做儿子的职责罢了，至于父母不爱我，跟我有什么关系呢？帝尧派他的九个儿子、两个女儿，还有百官带着牛羊、粮食，到农田里去侍奉舜，天下的士人有许多去归附他，尧帝将把整个天下让给舜。他由于没能得到父母的欢心，就如同贫困的人找不到归宿一般。被天下的士人喜爱，是人们所追求的，却不足以解除舜的忧愁；美貌的姑娘，是人们所追求的，娶了尧帝的两个女儿，却不足以解除他的忧愁；富有，是人们所追求的，拥有整个天下的财富，却不足以解除他的忧愁；尊贵，是人们所追求的，身为天子那样的尊贵，却不足以解除他的忧愁。为人们所喜爱、美貌的姑娘、富有和尊贵，没有一样能解除忧愁，唯有得到父母的欢心才能解除忧愁。人在儿童时期，就只知思恋父母；知道爱好美色了，就思慕年轻而又漂亮的人；有了妻室、子女就思爱妻子儿女；担任了官职就思敬君主，得不到君主信任，内心便感到急切烦躁。只要大孝的人一辈子思念父母，到了五十岁还在思念父母的，我在大舜身上见到了。”

第二章

【原文】

万章问曰：“象日以杀舜为事，立为天子，则放

之，何也？”

孟子曰：“封之也；或曰‘放焉’。”

万章曰：“舜流共工于幽州[①]，放驩兜于崇山[②]，杀三苗于三危[③]，殛鲧于羽山[④]，四罪而天下咸服，诛不仁也。象至不仁，封之有庳[⑤]。有庳之人奚罪焉？仁人固如是乎？在他人则诛之，在弟则封之？”

曰：“仁人之于弟也，不藏怒焉，不宿怨焉，亲爱之而已矣。亲之，欲其贵也；爱之，欲其富也。封之有庳，富贵之也。身为天子，弟为匹夫，可谓亲爱之乎？”

“敢问‘或曰放’者，何谓也？”

曰：“象不得有为于其国，天子使吏治其国而纳其贡税焉，故谓之‘放’。岂得暴彼民哉？虽然，欲常常而见之，故源源而来，‘不及贡，以政接于有庳。’此之谓也。”

【注释】

①共工：水官名。幽州：指北方边远地区。②驩兜：即尧的儿子丹朱。一说指帝尧的臣子。崇山：指南方的边远之地。③三苗：古国名。《山海经·海外南经》郭璞注云：“昔尧以天下让舜，三苗之君非之，帝杀之，有苗之民叛入南海，为三苗国。”三危：指西方的边远之地。④鲧（gǔn）：禹的父亲，相传他因治水无功而获罪。羽山：此指东方的边远之地。⑤有庳（bì）：地名，旧说在今河南道县之北。

【译文】

万章问道："象每天把杀害舜作为事务，舜被拥立为天子后只是将他流放，这是什么道理呢?"

孟子说："实际是舜封了土地给他做诸侯，但是也有人说是流放他。"

万章说："舜把共工流放到幽州，把驩兜流放到崇山，把三苗国君流放到三危，把鲧流放到羽山，惩处了这四个罪犯后，天下的人都悦服，因为是惩罚了不仁的缘故。象极其不仁，却把他封在有庳国，有庳的人有什么过错？要受这恶人的统治。一个仁爱的人就应该是这样吗？对别人就办他的罪，对弟弟就封他为侯?"

孟子说："仁人对于弟弟，不存愤怒，不留怨恨，就只知亲爱他罢了。亲近他，是希望他有地位，爱护他，是希望他有财富。把他封在有庳为诸侯，这正是为了要使他有财富、有地位。如果一个人自己做了天子，弟弟是一个平民，这能说是亲爱他吗?"

万章又说："请问，有人说是流放，这是怎么说的呢?"

孟子说："象不能在他的封国里有所作为，天子派遣官吏去帮他治理国家，缴纳他的贡税，从这个角度来讲，所以有人说是流放。采取了这些措施，象怎么能暴虐他的百姓呢？即使如此，舜希望常常见到他，所以象不断地来朝见。《尚书》中记载说：'不等到朝贡，就因政务接见有庳国的君长。'就是指这件事而言的。"

第三章

【原文】

咸丘蒙[1]问曰："语云：'盛德之士，君不得而臣，父不得而子。'舜南面而立，尧帅诸侯北面而朝之，瞽瞍亦北面而朝之。舜见瞽瞍，其容有蹙。孔子曰[2]：'于斯时也，天下殆哉，岌岌乎！'不识此语诚然乎哉？"

孟子曰："否。此非君子之言，齐东野人之语也。尧老而舜摄也。《尧典》曰：'二十有八载，放勋[3]乃徂落，百姓如丧考妣[4]，三年，四海遏密八音[5]。'孔子曰：'天无二日，民无二王。'舜既为天子矣，又帅天下诸侯以为尧三年丧，是二天子矣。"

咸丘蒙曰："舜之不臣尧，则吾既得闻命矣。《诗》云[6]：'普天之下，莫非王土；率土之滨，莫非王臣。'而舜既为天子矣，敢问瞽瞍之非臣，如何？"曰："是诗也，非是之谓也；劳于王事，而不得养父母也。曰：'此莫非王事，我独贤劳也。'故说诗者，不以文害辞，不以辞害志。以意逆志，是为得之，如以辞而已矣。《云汉》[7]之诗曰：'周余黎民，靡有孑遗。'信斯言也，是周无遗民也。孝子之至，莫大乎尊亲；尊亲之至，莫大乎以天下养。为天子父，尊之至也；以天下养，养之至也。《诗》曰：'永言孝思，孝思维则[8]。'此之

谓也。《书》曰：‘祗载见瞽瞍，夔夔齐栗，瞽瞍亦允若。’是为父不得而子也[9]？”

【注释】

①咸丘蒙：孟子的学生。②孔子曰：此处所引孔子的言论，亦见于《墨子·非儒》《韩非子·忠孝》篇。③放勋：尧的称号。④考妣：古代对已死父母的称呼。⑤四海：指民间。八音：指用金、石、丝、竹、匏、土、革、木为材料所作乐器的声音。⑥《诗》：此处诗句引自《诗·小雅·北山》，相传是讽刺周幽王派劳役不均的诗歌。⑦《云汉》：是《诗·大雅·云汉》篇名。这是首赞美周宣王的诗歌。⑧永言二句：见《诗·大雅·下武》篇第三章。这首诗赞美周武王。⑨《书》曰数句：见于《尚书·大禹谟》。

【译文】

咸丘蒙问道：“语书上说：‘道德崇高的人，君主不能把他视为臣子，父亲不能把他视为儿子。’舜南面坐朝为天子，尧带领诸侯北面朝见他，他的父亲瞽瞍也北面朝见他。舜见到瞽瞍，神情局促不安。孔子说：‘在那时，天下危险呀，要垮台了！’不知道这话确实如此吗？”

孟子说：“不，这不是君子的话，是齐国东郊老百姓的杜撰。当时的实际情况是，尧年老了让舜代理天下。《尧典》说：‘舜代理了二十八年时，尧才去世，

朝中百官如同死去了父母一样，服孝的三年中，民间停止一切奏乐。’孔子说过：‘天上没有两个太阳，百姓没有两位天子。’舜如果已经做了天子，又率领天下的诸侯为尧守孝三年，就是有两位天子了。”

咸丘蒙说：“舜不以尧为臣，这个我已懂得了。《诗经》中说：‘整个苍天之下，没有一处不是天子的土地；全部土地之上，没有一个不是天子的臣民。’舜已经做了天子，请问瞽瞍却不称臣是怎么回事呢？”

孟子说：“这首诗说的不是这个，而是说为天子的事务操劳奔忙而不能奉养父母。意思是这样：‘这些事没有一件不是天子的事务，别人安逸只有我最劳累。’所以，解说《诗经》的人，不要拘泥文字而误解词句，不要拘泥词句而误解意旨，要用自己的思考去领会诗意，这才算是理解诗的真谛。如果只看词句，《云汉》诗篇说，‘周室余下的庶民，没有一个存留’，倘若真相信这句话，周朝没有留下一个人了。孝子的极点，没有比尊敬父母更重大的；尊敬父母的极点，没有比拿天下来奉养父母更重大的。做天子的父亲，是尊敬的极点，拿天下奉养父母亲，是奉养的极点。《诗经》说：‘永远尽孝道，孝道是法则。’就是这个意思。《尚书》里说：‘舜恭敬地来见瞽瞍，以至谨慎战栗，瞽瞍也就相信舜的诚心而顺着儿子了。’这就是父亲不能把天子作为儿子看待的事情。”

第四章

【原文】

万章曰："尧以天下与舜，有诸？"

孟子曰："否。天子不能以天下与人。"

"然则舜有天下也，孰与之？"

曰："天与之。"

"天与之者，谆谆然命之乎？"

曰："否。天不言，以行与事示之而已矣。"

曰："以行与事示之者，如之何？"

曰："天子能荐人于天，不能使天与之天下；诸侯能荐人于天子，不能使天子与之诸侯；大夫能荐人于诸侯，不能使诸侯与之大夫。昔者，尧荐舜于天而天受之，暴之于民而民受之。故曰：'天不言，以行与事示之而已矣。'"

曰："敢问荐之于天而天受之，暴之于民而民受之，如何？"

曰："使之主祭，而百神享之，是天受之；使之主事，而事治，百姓安之，是民受之也。天与之，人与之，故曰：'天子不能以天下与人。'舜相尧二十有八载，非人之所能为也，天也。尧崩，三年之丧毕，舜避尧之子于南河[①]之南，天下诸侯朝觐者，不之尧之子而之舜；讼狱者，不之尧之子而之舜；讴歌者，不讴歌尧之子而

讴歌舜，故曰‘天也’。夫然后之中国[2]，践天子位焉。而居尧之宫，逼尧之子，是篡也，非天与也。《泰誓》曰：‘天视自我民视，天听自我民听。’此之谓也。”

【注释】

①南河：古称黄河自潼关以上北向南流一段为西河，潼关以下西向东流一段为南河。②中国：此指国都。

【译文】

万章问：“尧把天下交给舜，有这回事吗？”

孟子说：“不，天子不能把天下交给他人。”

万章说：“那么，舜拥有天下，是谁给他的呢？”

孟子说：“上天给他的。”

万章说：“上天给他的，上天恳切地告诉他了吗？”

孟子说：“不，上天不说话，只是用行为和事实来示意罢了。”

万章说：“用行为和事实来示意是怎么回事呢？”

孟子说：“天子能向上天推荐人，却不能叫上天给予他天下；诸侯能向天子推荐人，却不能叫天子让他做诸侯；大夫能向诸侯推荐人，却不能叫诸侯让他做大夫。从前，尧将舜推荐给天，天接受了；又将他公开向老百姓介绍，老百姓接受了；所以说，上天不说话，只是用行为和事实来示意罢了。”

万章又说：“请问，向上天推荐，上天接受了；向

百姓介绍，百姓接受了，何以见得呢?”

孟子说：“尧派舜去主持祭祀，一切神灵都来享用，这就是上天接受了；派舜去主持政务，政务治理井井有条，百姓满意安居乐业，这就是百姓接受了。是上天把天下交给了舜，是百姓把天下交给了舜，所以说，天子不能把天下交给他人。舜辅佐尧二十八年，不是人力所能办到的，这是天意。尧去世后，守孝三年完了，舜到南河以南回避尧的儿子，天下的诸侯来朝见天子的，不去见尧的儿子而去见舜；诉讼的人，不去见尧的儿子而去见舜；歌颂的人，不歌颂尧的儿子而去歌颂舜，所以说这是天意。这样，舜才回到国都，登上了天子的座位。如果先住在尧的宫廷里，逼迫尧的儿子让位，这就是篡夺，不是上天给的了。《泰誓》说过：‘上天所见事物，依从百姓眼睛所见；上天所听语言，依从百姓耳朵所听。’说的就是这个意思。”

第五章

【原文】

万章问曰：“人有言：‘至于禹而德衰，不传于贤而传于子。’有诸?”

孟子曰：“否，不然也。天与贤，则与贤；天与子，则与子。昔者，舜荐禹于天，十有七年，舜崩。三年之丧毕，禹避舜之子于阳城①，天下之民从之，若

尧崩之后不从尧之子而从舜也。禹荐益于天，七年，禹崩。三年之丧毕，益避禹之子于箕山之阴②。朝觐讼狱者不之益而之启③，曰：'吾君之子也。'讴歌者不讴歌益而讴歌启，曰：'吾君之子也。'丹朱之不肖，舜之子④亦不肖。舜之相尧，禹之相舜也，历年多，施泽于民久。启贤，能敬承继禹之道。益之相禹也，历年少，施泽于民未久。舜、禹、益相去久远，其子之贤不肖，皆天也，非人之所能为也。莫之为而为者，天也；莫之致而至者，命也。匹夫而有天下者，德必若舜、禹，而又有天子荐之者，故仲尼不有天下。继世以有天下，天之所废，必若桀、纣者也，故益、伊尹、周公不有天下。伊尹相汤以王于天下，汤崩，太丁未立，外丙二年，仲壬四年。太甲颠覆汤之典刑，伊尹放之于桐⑤。三年，太甲悔过，自怨自艾，于桐处仁迁义。三年，以听伊尹之训己也，复归于亳⑥。周公之不有天下，犹益之于夏、伊尹之于殷也。孔子曰：'唐、虞禅，夏后、殷、周继，其义一也。'"

【注释】

①阳城：山名，在河南省登封县以北。②箕山：在今河南登封县东南。阴：山的北面。③启：禹的儿子。后世因避汉景帝刘启讳，也作"开"。④丹朱：尧的儿子，名叫朱，封于丹，所以叫丹朱。舜之子：舜的儿子名叫商均。⑤桐：地名，在今河南商丘以西，位处当时商朝国都的西南方。旧说桐是汤的葬地。

⑥亳（bó）：一名尸乡，在今河南偃师县西。

【译文】

万章问道："人们说到，禹时道德就衰微了，天下不传给贤人而传给儿子。有这回事吗？"

孟子说："不，并不是这样。上天把天下给贤人就给贤人，上天把天下给儿子就给儿子。从前，舜把禹推荐给天，过了十七年，舜去世了，守孝三年满了，禹到阳城去回避舜的儿子，天下的百姓跟随他，如同尧去世后不追随尧的儿子而追随舜一样。禹向上天推荐益，过了七年，禹去世了，守孝三年满了，益到箕山之北回避禹的儿子。朝见天子和诉讼的人都不去见益而去见启，说：'这是我们天子的儿子。'歌颂的人都不歌颂益而歌颂启，说：'这是我们天子的儿子。'尧的儿子丹朱品德不好，舜的儿子也品德不好。舜辅佐尧、禹辅佐舜，经历的岁月多，给予百姓恩惠很久。禹的儿子启很贤明，能虔诚地继承禹的德行，益辅佐禹经历岁月少，给予百姓恩惠不多。舜、禹、益辅佐天子时间的长短，他们儿子的贤明或品行不好，这都是天意，不是人力所能决定的。凡事不是人力所能办到却自然办到了的，就是天意；不是人力所能招致却自然来到的，就是命运。一个平民却能拥有天下，德行必定像舜和禹一样，而且还要有天子的推荐，所以孔子就没能拥有天下。继承祖先而拥有天下的，上天所废弃的必定是像桀、纣那样的人，所以益、伊尹、

周公也没能拥有天下。伊尹辅佐成汤统一了天下，成汤去世了，太子太丁早死没有做天子，外丙在王位二年，仲壬在王位四年。太甲破坏了汤王制订的法度，辅相伊尹把太甲流放到桐邑。三年之后，太甲悔过自新，痛改前非，在桐邑的三年，他心存仁爱，按义行事，听从伊尹对自己的教导，终于重新回到亳都。周公没能拥有天下，就和益在夏代、伊尹在殷代一样。孔子说：'唐尧、虞舜让位给贤者，夏、商、周三代子孙继位相传，他们的道理是一样的。'"

第六章

【原文】

万章问曰："人有言：'伊尹以割烹要汤。'有诸？"

孟子曰："否，不然。伊尹耕于有莘[1]之野，而乐尧、舜之道焉。非其义也，非其道也，禄之以天下，弗顾也；系马千驷，弗视也。非其义也，非其道也，一介不以与人，一介不以取诸人。汤使人以币[2]聘之，嚣嚣然曰：'我何以汤之聘币为哉？我岂若处畎亩之中，由是以乐尧、舜之道哉？'汤三使往聘之，既而幡然改曰：'与我处畎亩之中，由是以乐尧、舜之道，吾岂若使是君为尧、舜之君哉？吾岂若使是民为尧、舜之民哉？吾岂若于吾身亲见之哉？天之生此民也，使先知觉后知，使先觉觉后觉也。予，天民之先觉者也；

予将以斯道觉斯民也。非予觉之而谁也？’思天下之民匹夫匹妇有不被尧、舜之泽者，若己推而内[3]之沟中。其自任以天下之重如此，故就汤而说[4]之以伐夏救民。吾未闻枉己而正人者也，况辱己以正天下者乎？圣人之行不同也，或远或近，或去或不去，归洁其身而已矣。吾闻其以尧、舜之道要汤，未闻以割烹也。《伊训》曰：‘天诛造攻自牧宫，朕载自亳[5]。’”

【注释】

①有莘：古称国名常在前加“有”，当时的莘国约在今河南省陈留县东北。②币：束帛，古代相见所用的礼物。③内：同“纳”。④说（shuì）：游说。⑤《伊训》：《尚书·逸》篇之一。牧宫：桀的宫室名。朕：我，伊尹自称。载：开始。亳：殷朝早期首都名。

【译文】

万章问道：“人们说：‘伊尹用烹调技术表演来邀结汤王。’有这回事吗？”

孟子说：“不，不是。伊尹在莘国的郊野种田，十分喜爱尧、舜之道。要是不合乎道和义，即以天下的财富作俸禄，他也毫不理睬；给他一千辆马车他都不看一眼。要是不合乎道和义，一点小东西也不会拿给别人，也不会向别人要一点小东西。汤王派人用币帛礼聘请他，他却不动声色地说：‘我凭什么接受汤王的聘礼呢？何况我现在身居田野之中，以学习尧、舜之

道为乐呢？'汤王三次派人去聘他，然后他才完全改过来说：'我与其身居田野之中，由此学习尧、舜之道为乐，我何不使这位君主成为尧、舜那样的君主呢？我何不使这些百姓成为尧、舜治理下的百姓呢？我何不在我有生之年亲眼见到这些呢？上天生育这些民众，使先明理的人启发后明理的人，使先觉悟的人启发后觉悟的人。我是上天所生民众中先觉悟的人，我要用尧、舜之道来启发上天所生的民众。我不去启发他们觉醒，又有谁呢？'他觉得，天下的百姓如果有没受到尧、舜之道恩惠的，就好像是自己将他们推进水沟中一样。他是这样自愿把天下的重担挑在肩头，所以跑到汤王那里就用讨伐夏桀、拯救百姓的事向他游说。我没有听说过委屈自己却能匡正别人的，更何况屈辱自己而去匡正天下的呢？圣人的行事各不相同，有的远离君主，有的接近君主，有的离开朝廷，有的不愿离开，但是归根结底，只是洁净自身罢了。我只听说伊尹用尧、舜之道来邀结汤王，没有听说用烹调技术去干谒汤王的事。《伊训》里说：'上天的惩罚由夏桀自己造成，我和汤王谋伐桀却是从亳都开始的。'"

第七章

【原文】

万章问曰："或谓孔子于卫主痈疽①，于齐主侍人②

瘠环，有诸乎？”

孟子曰：“否，不然也。好事者为之也，于卫主颜雠由[③]。弥子[④]之妻与子路之妻，兄弟也。弥子谓子路曰：‘孔子主我，卫卿可得也。’子路以告。孔子曰：‘有命。’孔子进以礼，退以义，得之不得曰‘有命’。而主痈疽与侍人瘠环是无义无命也。孔子不悦于鲁、卫，遭宋桓司马，将要而杀之，微服而过宋。是时孔子当厄，主司城贞子[⑤]，为陈侯周[⑥]臣。吾闻观近臣，以其所为主；观远臣，以其所主。若孔子主痈疽与侍人瘠环，何以为孔子？”

【注释】

①痈疽：即雍渠，是同声通假字。雍渠是卫灵公的太监。另一说指治痈疽的医生，是卫君的亲信。②侍人：即后来所谓的宦官，或称太监。③颜雠由：卫国的贤大夫。《史记·孔子世家》里作颜浊邹。④弥子：即卫灵公的宠臣弥子瑕。《吕氏春秋·贵因》载有孔子与弥子瑕交往的事。⑤司城贞子：据《史记·孔子世家》，此人是陈国的卿。⑥陈侯周：名周，陈国国君，陈怀公的儿子。

【译文】

万章问道：“有人说，孔子在卫国寄居在宦官痈疽家里，在齐国寄居在太监瘠环家里，有这些事吗？”

孟子说：“不，不是这样的。这是好事之徒捏造出

来的。孔子在卫国寄居在颜雠由家。弥子的妻子与子路的妻子是姊妹，弥子告诉子路说：‘孔子要是寄居到我家，就能当上卫国的卿相。’子路把弥子的话告诉了孔子。孔子说：‘这事取决于命运。’孔子无论进身或退处，都依据礼和义，能否得到官位都说是命运决定。如果寄居到宦官痈疽和太监瘠环的家里，这就是不顾礼义和命运了。孔子在鲁国和卫国不顺心，又遇上宋国的司马桓魋要拦截杀害他，就改变装束通过宋国。当时孔子处境艰难，受司城贞子接待，做陈国国君周的臣子。我听说，观察在朝的臣子的好坏，就看他所接待的宾客如何；观察外来做官的宾客，就看他受什么样的主人接待。如果孔子寄住宦官痈疽和太监瘠环的家里，哪里称得上是什么孔子呢？”

万章章句下

第一章

【原文】

孟子曰："伯夷，目不视恶色，耳不听恶声。非其君不事，非其民不使。治则进，乱则退。横政[1]之所出，横民之所止，不忍居也。思与乡人处，如以朝衣朝冠坐于涂炭也。当纣之时，居北海之滨，以待天下之清也。故闻伯夷之风者，顽夫廉，懦夫有立志。

"伊尹曰：'何事非君？何使非民？'治亦进，乱亦进，曰：'天之生斯民也，使先知觉后知，使先觉觉后觉。予，天民之先觉者也。予将以此道觉此民也。'思天下之民匹夫匹妇有不与被尧、舜之泽者，若己推而内之沟中，其自任以天下之重也。

"柳下惠不羞污君，不辞小官。进不隐贤，必以其道。遗佚而不怨，厄穷而不悯。与乡人处，由由然不忍去也。'尔为尔，我为我，虽袒裼裸裎于我侧，尔焉能浼我哉？'故闻柳下惠之风者，鄙夫宽，薄夫敦。

"孔子之去齐，接淅[2]而行；去鲁，曰：'迟迟吾行也，去父母国之道也。'可以速而速，可以久而久，可以处而处，可以仕而仕，孔子也。"

孟子曰："伯夷，圣之清者也；伊尹，圣之任者也；柳下惠，圣之和者也；孔子，圣之时者也。孔子之谓集大成[3]。集大成也者，金声而玉振之也。金声也者，始条理也；玉振之也者，终条理也。始条理者，智之事也；终条理者，圣之事也。智，譬则巧也；圣，譬则力也。由射于百步之外也，其至，尔力也；其中，非尔力也。"

【注释】

①横政：不循法度的暴政。②淅（xī）：把米浸在水中。③集大成：古称乐曲一终为一成。朱熹《集注》云："此言孔子集三圣之事而为一大圣之事，犹作乐者集众音之小成而为一大成也。"

【译文】

孟子说："伯夷这个人，眼睛不看妖艳的色彩，耳朵不听淫靡的声音。不够格的君主不侍奉，不够格的平民不使唤。世道太平就做官，世道混乱就退隐。暴政出现的地方，暴民停过的地方，他都不耐心居留。他认为，和横暴的人相处在一起，就好比穿戴着上朝的衣帽坐在污泥炭灰之中一样。在殷纣时，他隐住在北海之滨，以等待天下的太平。所以，听到伯夷

风范的，连贪夫也变得廉洁，怯懦的人也能树立不屈的志向。

“伊尹说：‘任何君主都可以侍奉，任何平民都可以使唤。’世道太平他也做官，世道混乱他也做官。他说：‘上天生育这些民众，使先明理的人启发后明理的人，使先觉悟的人启发后觉悟的人。我是上天所生民众中先觉悟的人，我要用圣贤之道去启发上天所生的民众觉悟。’他觉得，天下的百姓如果有没受到尧、舜之道恩惠的，就好像是自己将他们推进水沟中一样，他自愿把天下的重担挑在肩头。

“柳下惠不以侍奉昏恶的君主为耻辱，不以自己官职卑微为低下；进身任职不保留自己的才干，必定按照自己的原则办事；遭到遗弃而不怨恨，身处困境而不忧愁。他和乡里暴民在一起，悠然自得而不忍心离去。他说：‘你是你，我是我，纵然赤身露体站在我旁边，你怎么能玷污我呢？’所以，听说柳下惠风范的，狭陋的人变得宽容，刻薄的人变得厚道。

“孔子离开齐国，饭都来不及做熟，把已浸在水中的米捞起来就走。离开鲁国时，说：‘我们慢慢地走吧，这是离开父母之邦该采取的态度。’该快走就快走，该慢走就慢走，该闲居就闲居，该做官就做官，这就是孔子所持的态度。”

孟子说：“伯夷是圣贤中的清高的人；伊尹是圣贤中有责任感的人；柳下惠是圣贤中的随和之人；孔子是圣贤中相机行事的人。孔子可说是集大成者。所谓

集大成，好比是奏乐，先敲钟起音，后击磬收尾。敲钟起音是井然有序地开端，击磬收尾是井然有序地终结。井然有序地开端，得靠人的智力；井然有序地终结，得靠人的圣功。智就好比技术，圣就好比体能。就如同在百步之外射箭，射得到目的地，是靠你的体能，射得中靶子，就不是单靠你的体能了，还得靠你的聪明和技术。”

第二章

【原文】

北宫锜[①]问曰：“周室班爵禄也，如之何？”

孟子曰：“其详不可得闻也，诸侯恶其害己也，而皆去其籍；然而轲也尝闻其略也。天子一位，公一位，侯一位，伯一位，子、男同一位，凡五等也。君一位，卿一位，大夫一位，上士一位，中士一位，下士一位，凡六等。天子之制，地方千里，公、侯皆方百里，伯七十里，子、男五十里，凡四等。不能[②]五十里，不达于天子，附于诸侯，曰附庸。天子之卿，受地视侯，大夫受地视伯，元士[③]受地视子、男。大国地方百里，君十卿禄，卿禄四大夫，大夫倍上士，上士倍中士，中士倍下士，下士与庶人在官者同禄，禄足以代其耕也。次国地方七十里，君十卿禄，卿禄三大夫，大夫倍上士，上士倍中士，中士倍下士，下士与庶人在官

者同禄，禄足以代其耕也。小国地方五十里，君十卿禄，卿禄二大夫，大夫倍上士，上士倍中士，中士倍下士，下士与庶人在官者同禄，禄足以代其耕也。耕者之所获，一夫百亩，百亩之粪，上农夫食九人，上次食八人，中食七人，中次食六人，下食五人。庶人在官者，其禄以是为差。”

【注释】

①北宫锜：卫国人。②不能：不足。③元士：上士。

【译文】

北宫锜问道：“周朝王室规定关于爵位和俸禄的等级是怎样的？”

孟子说：“详情已不可能知道了。诸侯们嫌它妨碍自己利益，把有关的文献全都销毁了，不过我知道它的大概情况。天子是一级，公是一级，侯是一级，伯是一级，子、男同为一级，总共五等。在朝廷中，天子是一级，卿是一级，大夫一级，上士一级，中士一级，下士一级，总共分六等。（以上是爵位制度等级概况，当时俸禄制度概况是）天子所管辖的土地方圆千里，公和侯都是方圆百里，伯爵七十里，子爵和男爵各五十里，总共是四等。土地方圆不足五十里的，不上达天子，只能附属于诸侯，叫作附庸。天子朝中的卿所受的封地比照侯爵，天子的大夫所受的封地比照

伯爵，天子的士所受的封地比照子爵和男爵。公侯大国的封地方圆百里，国君的俸禄十倍于卿，卿的俸禄四倍于大夫，大夫倍于上士，上士倍于中士，中士倍于下士，下士与在官府服役的平民同样俸禄，俸禄足以代替他们耕种的收入。中等国家的封地方圆七十里，国君的俸禄十倍于卿，卿的俸禄三倍于大夫，大夫倍于上士，上士倍于中士，中士倍于下士，下士与在官府当差的平民同样俸禄，俸禄足以代替他们耕种的收入。小国的封地方圆五十里，国君的俸禄十倍于卿，卿的俸禄二倍于大夫，大夫倍于上士，上士倍于中士，中士倍于下士，下士与在官府服役的平民同样俸禄，俸禄足以代替他们耕种的收入。耕种者的收入：每个成年男子分一百亩地，百亩地经施肥耕作，上等的农夫供养九人，次上供养八人，中等的供养七人，次中供养六人，下等的供养五人。在官府服役的平民，他们的俸禄按这个来分等差。”

第三章

【原文】

万章问曰：“敢问友？”

孟子曰：“不挟长，不挟贵，不挟兄弟而友。友也者，友其德也，不可以有挟也。孟献子[①]，百乘之家也，有友五人焉：乐正裘，牧仲，其三人，则予忘之

矣。献子之与此五人者友也，无献子之家者也。此五人者，亦有献子之家，则不与之友矣。非惟百乘之家为然也，虽小国之君亦有之。费[②]惠公曰：‘吾于子思，则师之矣；吾于颜般，则友之矣；王顺、长息则事我者也。’非惟小国之君为然也，虽大国之君亦有之。晋平公之于亥唐也，入云则入，坐云则坐，食云则食；虽蔬食菜羹，未尝不饱，盖不敢不饱也，然终于此而已矣。弗与共天位也，弗与治天职也，弗与食天禄也，士之尊贤者也，非王公之尊贤也。舜尚见帝，帝馆甥于贰室[③]，亦飨舜，迭为宾主，是天子而友匹夫也。用下敬上，谓之贵贵；用上敬下，谓之尊贤。贵贵、尊贤，其义一也。”

【注释】

①孟献子：鲁国的贵卿孟氏，“献”是他死后的谥号。②费（bì）：春秋时小国名，故地在今山东费县以北。③甥：女婿，指舜。贰室：副官。

【译文】

万章问道：“请问如何交朋友？”

孟子说：“交朋友不能倚仗年长，不能倚仗显贵，不能倚仗兄弟的富贵。所谓交友，是结交他的道德，绝不能有所倚仗。孟献子是拥有兵车百辆的世家，他有朋友五人：乐正裘、牧仲，其他三人，我一时忘记了名字。孟献子与这五个人交朋友，是因为他们丝毫

不看重孟献子的家世，这五个人如果也看重孟献子的家世，就不会和他交朋友了。不仅是兵车百辆的世家如此，即使是小国的国君也有交朋友的问题。费惠公说：‘我对于子思，把他当老师；对于颜般，把他当朋友；至于王顺、长息，只是侍奉我的臣子。’不仅小国的国君如此，即使是大国的国君也有交朋友的问题。晋平公对于亥唐很尊敬，亥唐叫他进去就进去，叫他坐下就坐下，叫他吃饭就吃饭，哪怕是粗饭菜汤，从不会不吃饱，因为不敢不吃饱。不过也仅此而已，并不与他共居官位，不与他共理政事，不与他共享俸禄，这是士人般的尊敬贤者，不是王公贵族式的尊敬贤者。舜当年去进见帝尧，帝尧让女婿住在自己备用的房间里，也设宴请舜，互为宾主，这是天子结交平民百姓的典范。以地位低的尊敬地位高的人，叫作尊重贵人；以地位高的人尊敬地位低的人叫作尊敬贤士。尊重贵人和尊重贤士，道理都是一样的。”

第四章

【原文】

万章曰：“士之不托诸侯[①]，何也？”

孟子曰：“不敢也。诸侯失国，而后托于诸侯，礼也；士之托于诸侯，非礼也。”

万章曰：“君馈之粟，则受之乎？”

曰："受之。"

"受之何义也？"

曰："君之于氓也，固周[②]之。"

曰："周之则受，赐之则不受，何也？"

曰："不敢也。"

曰："敢问其不敢何也？"

曰："抱关击柝者，皆有常职以食于上，无常职而赐于上者，以为不恭也。"

曰："君馈之，则受之，不识可常继乎？"

曰："缪公之于子思也，亟问，亟餽鼎肉[③]。子思不悦。于卒也，摽使者出诸大门之外[④]，北面稽首再拜而不受。曰：'今而后知君之犬马畜伋。'盖自是台无馈也。悦贤不能举，又不能养也，可谓悦贤乎？"

曰："敢问国君欲养君子，如何斯可谓养矣？"

曰："以君命将之，再拜稽首而受。其后廪人继粟，庖人继肉，不以君命将之。子思以为鼎肉使己仆仆尔[⑤]亟拜也，非养君子之道也。尧之于舜也，使其子九男事之，二女女焉，百官牛羊仓廪备，以养舜于畎亩之中，后举而加诸上位。故曰：王公之尊贤者也。"

【注释】

①托：依附。朱熹《集注云》："寄也，谓不仕而食其禄。"②周：周济、周恤。③亟问，亟餽鼎肉：亟，屡次。屡次问候，屡次馔赠肉食。④摽：赵歧注云："麾也。"类似于现在所下的逐客令。⑤仆仆尔：

赵岐注云："烦猥貌。"

【译文】

万章问："士人不依附诸侯是什么道理呢？"

孟子说："是不敢。诸侯失国后依附其他诸侯合乎礼仪；士人这样做则不合乎礼仪。"

万章说："如果国君馈赠粮食，该不该接受呢？

孟子说："可以接受。"

万章问："这又是为什么呢？"

孟子说："国君对于外来的人，本来就应当周济。"

万章问："周济的可以接受，赐予的反而不接受，这是为什么呢？"

孟子说："是不敢。"

万章问："请问不敢的原因是什么？"

孟子说："守门的，打更的都有职位，所以受到在上者的供养，没有职位却接受上者的赐予，这被认为是不恭。"

万章问："国君馈赠就接受，能不能经常这样做？"

孟子说："鲁缪公对子思，屡次问候，屡次馈赠肉食，子思很不高兴。最后他把来人赶出大门，向北行礼并拒绝馈赠。他说：'现在我知道国君待我如同蓄养犬马'。从此鲁缪公再也没有派人馈赠子思了。喜好贤人君子却不能任用，又不能奉养，这能说是喜好贤人吗？"

万章问："请问国君要想奉养君子，该怎么做呢？"

孟子说："以国君的名义馈赠，君子行大礼后接

受。此后管粮仓的人送米来，厨房里面的人送肉来，就不再以国君的名义了。子思认为，为一些肉食使得自己不胜其烦地行礼，这并非奉养君子之道。尧对舜是让自己的九个儿子去侍奉他，把两个女儿嫁给他，为他配给百官、牛羊和仓廪，奉养尚在农田里的舜，后来又提拔他到上位。所以王公都该像这样尊重贤人君子。”

第五章

【原文】

万章曰：“敢问不见诸侯，何义也？”

孟子曰：“在国曰市井之臣，在野曰草莽之臣，皆谓庶人。庶人不传质[①]为臣，不敢见于诸侯，礼也。”

万章曰：“庶人，召之役，则往役；君欲见之，召之，则不往见之，何也？”

曰：“往役，义也；往见，不义也。且君之欲见之也，何为也哉？”

曰：“为其多闻也，为其贤也。”

曰：“为其多闻也，则天子不召师，而况诸侯乎？为其贤也，则吾未闻欲见贤而召之也。缪公亟见于子思，曰：‘古千乘之国以友士，何如？’子思不悦，曰：‘古之人有言，日事之云乎，岂曰友之云乎！’子思之不悦也，岂不曰：‘以位，则子，君也；我，臣也，何敢与君友也？以德，则子事我者也，奚可以与我友？’千乘之

君，求与之友而不可得也，而况可召与？齐景公田，招虞人以旌，不至，将杀之。‘志士不忘在沟壑，勇士不忘丧其元’。孔子奚取焉？取非其招不往也。”

曰：“敢问招虞人何以？”

曰：“以皮冠。庶人以旃，士以旂，大夫以旌。以大夫之招招虞人，虞人死不敢往；以士之招招庶人，庶人岂敢往哉？况乎以不贤人之招招贤人乎？欲见贤人而不以其道，犹欲其入而闭之门也。夫义，路也；礼，门也。惟君子能由是路，出入是门也。《诗》云：‘周道如砥，其直如矢。君子所履，小人所视②。’”

万章曰：“孔子‘君命召，不俟驾而行’，然则孔子非与？”

曰：“孔子当仕有官职，而以其官召之也。”

【注释】

①质：同“贽”，见面时送给对方的礼物。②此处诗句引自《诗·小雅·大东》，周道即大路。砥：形容道路平坦，像磨刀石一样。矢：形容道路笔直像箭一样。视：注视。

【译文】

万章问：“请问，君子不去见诸侯是为什么呢？”

孟子说：“君子在都市里叫市井之臣，在郊野就叫草莽之臣，都属于庶人。庶人没有经过一定的程序成为臣僚，就不敢去见诸侯，这是礼仪的规定。”

万章说："传唤庶人去服役，庶人就去；国君要见他，受到传唤却不去见，是为什么呢？"

孟子说："去服役合乎义，去见君主则不然。而且，国君想见他是为什么呢？"

万章说："因为他博学多闻、品德贤良呀。"

孟子说："如果他博学多闻，那么天子都不能传唤老师，何况诸侯呢？如果他贤良的话，那么我从没听说有要见贤者却是传唤他来的。鲁缪公多次去见子思，说：'古时千乘之国的君主结交士人是怎么做的？'子思不高兴地说：'古人对士人是说侍奉他，哪有说结交的呢？'子思的不高兴，难道不是因为以地位而言，你是君，我是臣，怎敢与君为友？以德行而言，你是侍奉我的，又怎能与我为友？千乘大国的君主希望以之为友而不可得，何况说传唤他呢？齐景公打猎时，用旌传唤管理山林的虞人，虞人不去，齐景公要杀他。孔子却赞赏虞人说：'志士不怕弃尸沟壑，勇士不惧丧失头颅，孔子赞赏他哪一点呢？是因为虞人不应承不符合礼仪的传唤。"

万章说："那么该用什么召唤虞人呢？"

孟子说："应该用皮冠。召唤庶人用旃，召士人用旗，召大夫用旌。用召唤大夫的礼仪召唤虞人，虞人宁死不敢前往，用召唤士人的礼仪召唤庶人，庶人哪里敢去呢？何况用召唤不贤者的礼仪去召唤贤者呢？想见贤人却不按见贤人的礼义去做，就好比让一个人进来却把门关着一样，义就是途径，礼就是大门，只

有君子才能经由这条途径出入这大门。《诗经》说："大道平如磨刀石，笔直好比箭杆。君子行走其上，小人一旁观看。"

万章说："孔子听说国君召见，不等车驾备好，就马上动身，这样说来孔子的做法不对吧？"

孟子说："孔子其时有官职，国君是以其职务传唤他。"

第六章

【原文】

齐宣王问卿，孟子曰："王何卿之问也？"

王曰："卿不同乎？"

曰："不同。有贵戚之卿[①]，有异姓之卿。"

王曰："请问贵戚之卿。"

曰："君有大过则谏，反复之而不听，则易位。"

王勃然变乎色。曰："王勿异也。王问臣，臣不敢不以正对[②]。"

王色定，然后请问异姓之卿。曰："君有过则谏，反复之而不听，则去。"

【注释】

①贵戚之卿：与异姓之卿相对，故指同姓之卿，即宗室成员。②正对：直言相告。

【译文】

齐宣王问有关卿的事。孟子说："大王问哪一种卿呢?"

齐宣王说："卿还有不同的分别吗?"

孟子说："不同。有同姓宗室的卿，有异姓的卿。"

宣王说："那就问同姓宗室之卿吧。"

孟子说："同姓之卿在国君有大过错时进谏，反复进谏而不听从就更立新君。"

宣王勃然变色。孟子说："大王不要诧异。大王问臣子，臣不敢不以实相告。"

宣王定了定神，又询问异姓之卿。孟子说："异姓之卿的做法是：君主有过就进谏，反复进谏而不听从就离去。"

告子章句上

第一章

【原文】

告子曰："性犹湍水也，决诸东方则东流，决诸西方则西流。人性之无分于善不善也，犹水之无分于东西也。"

孟子曰："水信无分于东西。无分于上下乎？人性之善也，犹水之就下也。人无有不善，水无有不下。今夫水，搏而跃之，可使过颡；激而行之，可使在山。是岂水之性哉？其势则然也。人之可使为不善，其性亦犹是也。"

【译文】

告子说："人性就像急流的水一般，冲开东面缺口就向东流，冲开西面缺口就向西流。人性不分善和不善，就好像水流本不分东流与西流一样。"

孟子说："水确实本没有东、西流的分别，但是没

有上、下流的区别吗？人的本性趋向善，犹如水爱向低处流。人的本性是没有不善良的，水的本性是没有不向下流的。如果水受拍打而飞溅起来，能使它一时高过额头；堵住通道而让水倒行，能使它一时流上山冈。这难道是水的本性吗？这是情势逼着它如此。人之所以能使他做出不善的行为，他的本性的变更也犹如这样受到了外力的逼迫。”

第二章

【原文】

告子曰：“生之谓性。”

孟子曰：“生之谓性也，犹白之谓白与？”

曰：“然。”

“白羽之白也，犹白雪之白；白雪之白，犹白玉之白与？”

曰：“然。”

“然则犬之性，犹牛之性；牛之性，犹人之性与？”

【译文】

告子说：“天生的禀赋叫作性。”

孟子说：“天生的禀赋叫作性，就像白色的东西叫作白吗？”

告子说：“是的。”

孟子说："白羽毛的白和白雪的白一样，白雪的白和白玉的白一样吗？"

告子说："是的。"

孟子说："那么，狗的生性和牛的生性一样，牛的生性和人的生性一样吗？"

第三章

【原文】

告子曰："食色[①]，性也。仁，内也，非外也；义，外也，非内也。"

孟子曰："何以谓仁内义外也？"

曰："彼长而我长之，非有长于我也；犹彼白而我白之，从其白于外也，故谓之外也。"

曰："异于白马之白也，无以异于白人之白也；不识长马之长也，无以异于长人之长与？且谓长者义乎？长之者义乎？"

曰："吾弟则爱之，秦人之弟则不爱也，是以我为悦者也，故谓之内。长楚人之长，亦长吾之长，是以长为悦者也，故谓之外也。"

曰："耆秦人之炙，无以异于耆[②]吾炙，夫物则亦有然者也，然则耆炙亦有外与？"

【注释】

①色：性欲。②耆：同“嗜”。

【译文】

告子说：“饮食、性欲是人的本性。仁是内在的，不是外在的；义是外在的，不是内在的。”

孟子说：“为什么说仁是内在的、义是外在的呢？”

告子说：“他年长，我尊敬他，他并不就是我的长辈了，犹如那东西白色而我把它作为白的东西，是随着它外表的白色，所以说义是外在的。”

孟子说：“尊敬不同于白色，白马的白和白人的白没有什么不同，不知道对老马的爱惜和对长者的尊敬也没有什么不同吗？而且你是说长者义呢，还是尊敬长者的义呢？”

告子说：“对于我自己的弟弟就爱护，对于秦人的弟弟就不爱护，是以我作为乐意爱否的标准，所以仁是内在的；尊敬楚人的长者，也尊敬我的长者，是以年长作为乐意尊敬的标准，所以说义是外在的。”

孟子说：“爱吃秦人的烤肉和爱吃我们自己的烤肉是没有多少区别的。看来事物也都有这类似的情形，那么爱吃烤肉的心思难道也是外在的吗？”

第四章

【原文】

孟季子[1]问公都子曰："何以谓义内也？"

曰："行吾敬，故谓之内也。"

"乡人长于伯兄一岁，则谁敬？"

曰："敬兄。"

"酌则谁先？"

曰："先酌乡人。"

"所敬在此，所长在彼，果在外，非由内也。"

公都子不能答，以告孟子。

孟子曰："敬叔父乎？敬弟乎？彼将曰'敬叔父'。曰：'弟为尸[2]，则谁敬？'彼将曰'敬弟'。子曰：'恶在其敬叔父也？'彼将曰'在位故也'。子亦曰：'在位故也。庸敬在兄，斯须之敬在乡人。'"

季子闻之，曰："敬叔父则敬，敬弟则敬，果在外，非由内也。"

公都子曰："冬日则饮汤，夏日则饮水，然则饮食亦在外也？"

【注释】

①孟季子：孟子的小弟弟。一说原文中本无"孟"。季子：即本书《告子下》中之季任。②尸：古

代代表死者接受祭祀的人叫“尸”。

【译文】

孟季子问公都子说：“为什么说义是内在的呢？”

公都子说：“对人表达内心的敬意，所以说义是内在的。”

孟季子说：“有个乡里的人比你兄长大一岁，你尊敬谁呢？”公都子说：“尊敬兄长。”孟季子说：“同席饮酒你给谁先斟呢？”公都子说：“先斟乡里的人。”

孟季子说：“你内心所敬的是兄长，外面所尊的是那乡里的人，可见那义毕竟是外在的，并不是从内心发出的。”

公都子不能应答，把这事告诉了孟子。孟子说：“你可以反问他，是该尊敬叔父呢？还是尊敬弟弟呢？他会说：‘敬叔父。’你说‘弟弟担任了受祭的代理尸，那敬谁呢？’他会说‘敬弟弟’。你说：‘刚说该尊敬叔父的道理又在哪里呢？’他会说‘这是因为弟弟处在尸位的缘故。’你也说‘因为乡里人处在客位的缘故。平常该尊敬兄长，那一会儿饮酒该尊敬来客乡里人’。”

孟季子听了这些话后，说：“在这种情况下尊敬叔父，在那种情况下尊敬弟弟。这义毕竟是外在情况决定的，不是由内心发出的。”

公都子听了反问道：“人们冬天喝热饮料，夏天喝凉饮料，那么饮食也不是出于内在的需要，而是由于外在的天气所决定的吗？”

第五章

【原文】

公都子曰："告子曰：'性无善无不善也。'或曰：'性可以为善，可以为不善：是故文、武兴，则民好善；幽、厉兴，则民好暴。'或曰：'有性善，有性不善；是故以尧为君而有象；以瞽瞍为父而有舜；以纣为兄之子且以为君，而有微子启、王子比干。'今曰'性善'，然则彼皆非与?"

孟子曰："乃若其情，则可以为善矣，乃所谓善也。若夫为不善，非才[①]之罪也。恻隐之心，人皆有之；羞恶之心，人皆有之；恭敬之心，人皆有之；是非之心，人皆有之。恻隐之心，仁也；羞恶之心，义也；恭敬之心，礼也；是非之心，智也。仁义礼智，非由外铄我也，我固有之也，弗思耳矣。故曰：'求则得之，舍则失之。'或相倍蓰而无算者，不能尽其才者也。《诗》[②]曰：'天生蒸民，有物有则。民之秉夷，好是懿德[③]。'孔子曰：'为此诗者，其知道乎！故有物必有则，民之秉夷也，故好是懿德。'"

【注释】

①才：犹材质。②《诗》：此处诗名引自《诗·大雅·烝民》，这是首赞美周宣王的诗歌。③懿：美。

【译文】

公都子说："告子说：'人性本没有善，没有不善。'有人说：'人性可以使它变得善，也可以使它变得不善。所以，周文王和武王在位，百姓就崇尚善；周幽王和厉王在位，百姓就崇尚暴。'又有人说：'有的人本性善，有的人本性不善，所以，尧这个圣人为君主，却出现象这个坏蛋；瞽瞍这样缺德的人为父，却生了大舜这个好儿子；纣这样暴虐的人作为侄儿，而且做了君主，却同时有微子启、王子比干这样以仁德著称的叔父。'如今老师说人性本来就善良，那么他们说的都不对么？"

孟子说："按人们本来的性情是都能够成为善的，这便是我所说的人性本善。至于有的人不干善事，不能责怪他的本性不好。同情之心人人都有，羞耻之心人人都有，恭敬之心人人都有，是非之心人人都有。同情之心属仁，羞耻之心属义，恭敬之心属礼，是非之心属智。仁义礼智的美德，不是由外面虚饰而成的。是我本身原来就有的，只是未曾自觉去领悟罢了。所以说：'只要去求索就不难获得，一旦放弃就不免失去。'有的人相差一倍、五倍，甚至无数倍，他们就是没有能充分发挥天生优美才性的人。《诗经》中说过：'上天生育万民，事物都有法则。百姓把握常规，崇尚美好品德。'孔子说：'作这首诗的人，大概是懂得道理啊！世间有事物必然有法则；百姓能把握这天生常规，所以能崇尚那美好的德行。'"

第六章

【原文】

孟子曰："富岁，子弟多赖；凶岁，子弟多暴。非天之降才尔殊也，其所以陷溺其心者然也。今夫麰麦[1]，播种而耰[2]之，其地同，树之时又同，浡然而生，至于日至[3]之时，皆熟矣。虽有不同，则地有肥硗、雨露之养、人事之不齐也。故凡同类者，举相似也，何独至于人而疑之？圣人与我同类者。故龙子曰：'不知足而为屦，我知其不为蒉也。'屦之相似，天下之足同也。

"口之于味，有同耆也，易牙[4]先得我口之所耆者也。如使口之于味也，其性与人殊，若犬马之与我不同类也，则天下何耆皆从易牙之于味也？至于味，天下期于易牙，是天下之口相似也。惟耳亦然。至于声，天下期于师旷，是天下之耳相似也。惟目亦然，至于子都[5]，天下莫不知其姣也。不知子都之姣者，无目者也。故曰：口之于味也，有同耆焉；耳之于声也，有同听焉；目之于色也，有同美焉。至于心，独无所同然乎？心之所同然者何也？谓理也，义也。圣人先得我心之所同然耳。故理、义之悦我心，犹刍豢[6]之悦我口。"

【注释】

①麰麦：即大麦。②耰：撒下种子后，耙土覆盖，以防鸟儿啄食。③日至：此指夏至。④易牙：春秋时人，相传他善于烹饪，是齐桓公的宠臣。⑤子都：古代著名的美男子，以后沿用为美男子的通称。⑥刍(chú)：吃草的家畜叫刍，如牛、羊。豢（huàn)：吃谷的家畜叫豢，如猪、狗。

【译文】

孟子说："丰收年景，子弟多半懒惰；灾荒年岁，子弟多半横暴。这并非天生的资质如此不同，是由于外在的因素损害了他们的内心才变得这样的。例如种大麦，播下种子把地耙平，如果土地相同，栽种的时节也相同，便蓬勃地生长，到了夏至时节都成熟了。即使有所不同，就是因为土地有肥有瘠，雨露的多寡和人下工夫的好坏有所不同的缘故。所以，凡是同类的东西大体相同，为什么唯独对于人却要怀疑呢？圣人与我们是同类，所以龙子说：'不知道脚的大小形状去编草鞋，但我知道绝不会编成盛土的筐子。'草鞋样式相似，说明普天下人的脚形是相同的。

人们的口对于滋味有相同的嗜好。烹调师易牙掌握了我们口味的嗜好，所以他烹调的菜为人们所喜爱。假使人们的口味，生来就与别人不同，像狗和马与我们不同一样，那么，天下的人为什么都喜欢随从易牙

的口味呢？讲到口味，天下的人都期望尝到易牙烹调的口味，可见天下人的口味是相似的。耳朵也是如此。讲到声音，天下的人就期望听到音乐家师旷演奏的乐曲，可见天下人的听力是相似的。眼睛也是如此，讲到子都，天下没有人不知道他很漂亮，不能鉴别子都漂亮，那是没长眼睛的人。所以说，口对于滋味有相同的嗜好，耳对于声音有相同的听觉，眼对于容貌有相同的美感。讲到内心（思想），唯独就没有相同之处吗？内心的相同之处是什么呢？是理，是义。圣人不过是早先得知了我们内心相同的东西，因此理和义使我们的内心喜爱，就如同牛羊狗猪的肉适合口味是一样的。”

第七章

【原文】

孟子曰：“牛山[①]之木尝美矣，以其郊于大国也，斧斤伐之，可以为美乎？是其日夜之所息，雨露之所润，非无萌蘖之生焉，牛羊又从而牧之，是以若彼濯濯也。人见其濯濯也[②]，以为未尝有材焉，此岂山之性也哉？虽存乎人者，岂无仁义之心哉？其所以放其良心者，亦犹斧斤之于木也，旦旦而伐之，可以为美乎？其日夜之所息，平旦之气，其好恶与人相近也者几希，则其旦昼之所为，有梏亡之矣。梏之反复，则其夜气

不足以存；夜气不足以存，则其违禽兽不远矣。人见其禽兽也，而以为未尝有才焉者，是岂人之情也哉？故苟得其养，无物不长；苟失其养，无物不消。孔子曰：‘操则存，舍则亡；出入无时，莫知其乡。’惟心之谓与。”

【注释】

①牛山：山名，在今山东淄博市临淄区之南。②濯濯：形容山上光秃秃的。

【译文】

孟子说：“牛山上的树木曾经长得很茂盛，因为靠近大都市，经常被刀斧所砍伐，能保持茂盛吗？虽然它日夜生长，雨露也在滋润，并非没有新芽和旁枝长出来，牛羊接着又在山上放牧糟蹋它，所以牛山变成那样光秃秃的了。人们见它光秃秃的，便误以为它不曾生长过树木，这难道是山的本来面目（本性）吗？类比在人的身上，难道没有仁义之心吗？他之所以丢失了原有的善心，也好像刀斧对于牛山上的树木一般，天天去砍伐它，它还能保持原有的茂盛吗？尽管他日夜息养善心，接触清晨的清明之气，促成了他与别人相接近的好恶。可他第二天的所作所为，又来搅乱他，使他丢失了刚产生的与别人相接近的好恶。这样反复遭到搅乱，那么清晨之气就不足以存留其善心。善心不足以存留一点儿，就和禽兽相差不远了。人们见他

沦为禽兽，便以为他不曾有过好的资质，这难道是人的本来面目吗？因此，如果得到应有的培育，没有什么事物不生长的，如果失去了应有的培育，没有什么事物不消亡的。孔子说：‘把握它就存留，放弃它就消失；出和入没有定时，也不知它的去向。’这就是指人心而言的吧！”

第八章

【原文】

孟子曰：“鱼，我所欲也；熊掌，亦我所欲也；二者不可得兼，舍鱼而取熊掌者也。生，亦我所欲也；义，亦我所欲也；二者不可得兼，舍生而取义者也。生亦我所欲，所欲有甚于生者，故不为苟得也；死亦我所恶，所恶有甚于死者，故患有所不辟也。如使人之所欲莫甚于生，则凡可以得生者，何不用也？使人之所恶莫甚于死者，则凡可以辟患者，何不为也？由是则生而有不用也，由是则可以辟患而有不为也。是故所欲有甚于生者，所恶有甚于死者。非独贤者有是心也，人皆有之，贤者能勿丧耳。一箪食，一豆[①]羹，得之则生，弗得则死，嘑尔[②]而与之，行道之人弗受；蹴尔而与之，乞人不屑也。万钟则不辨礼义而受之，万钟于我何加焉？为宫室之美、妻妾之奉、所识穷乏者得我与？乡为身死而不受，今为宫室之美为之；乡

为身死而不受，今为妻妾之奉为之；乡为身死而不受，今为所识穷乏者得我而为之，是亦不可以已乎？此之谓失其本心。”

【注释】

①豆：古代一种盛食物的器具。②嘑尔：呵斥声。

【译文】

孟子说：“鱼是我想要的东西，熊掌也是我所想要的，如果两样东西不能同时得到，我就宁愿不要鱼而选取熊掌。生命是我所珍爱的，大义也是我所珍爱的，如果两者不能同时并得，我就宁愿牺牲生命而选取大义。生命是我所珍爱的，但所珍爱的东西超过了生命，所以就不能苟且偷生地取得；死亡是我所厌恶的，但所厌恶的东西超过了死亡，所以对于有的祸害不能做无原则的逃避。如果人们所想要的东西没有超过生命的，那么凡是能保存生命的手段，为何不去用呢？如果人们所厌恶的东西没有超过死亡的，那么凡是能躲避祸害的事情，为何不去做呢？从中得以生存的手段却不去用，由此得以躲避祸害的事情却不去做，是因为所想要的有超过生命的，所厌恶的有超过死亡的。不仅贤者有这样的心思，人人都有。不过贤者能不失去它罢了。一小筐饭，一小碗汤，得到它就可以活，得不到它就可能死。可是呵斥着给别人，路上的行人都不会接受；用脚踢着给别人，连乞丐都不屑要。然

而万钟粟米却不分清礼义就接受了，万钟粟米对我有什么好处呢？是为了使住宅漂亮、妻妾得到供养、相识的贫苦人受我的恩惠吗？以往宁愿身亡都不接受的，现今为了使住宅漂亮去接受了；以往宁愿身亡都不接受的，现今为了使妻妾得到供养去接受了；以往宁愿身亡都不接受的，现今为了使相识的贫苦人受我的恩惠去接受了，这些事难道不也是可以罢手的吗？这就叫作迷失了他的本性。”

第九章

【原文】

孟子曰：“拱把[①]之桐、梓，人苟欲生之，皆知所以养之者。至于身，而不知所以养之者，岂爱身不若桐、梓哉？弗思甚矣。”

【注释】

①拱：合两手；把，以一手把之。

【译文】

孟子说：“一两把粗的桐树、梓树，人们如果要使它生长，都明白如何去培植。至于人本身，却不晓得如何去培养，难道爱护自身还不如桐树、梓树吗？真是太不可思议了。”

第十章

【原文】

孟子曰："人之于身也，兼所爱。兼所爱，则兼所养也。无尺寸之肤不爱焉，则无尺寸之肤不养也。所以考其善不善者，岂有他哉？于己取之而已矣。体有贵贱，有小大[①]。无以小害大，无以贱害贵。养其小者为小人，养其大者为大人。今有场师，舍其梧槚[②]，养其樲棘[③]，则为贱场师焉。养其一指而失其肩背，而不知也，则为狼疾[④]人也。饮食之人，则人贱之矣，为其养小以失大也。饮食之人无有失也，则口腹岂适[⑤]为尺寸之肤哉？"

【注释】

①贵贱：贱而小者，口腹也；贵而大者，心志也。②槚（jià）：楸树，木质细密。③樲（èr）棘：酸枣和荆棘。④狼疾：即狼藉，文中意为糊涂。⑤适（chì）：与"啻"同，只，仅仅。

【译文】

孟子说："人对于身体，哪一部分都爱护，都爱护便都保养。没有一块肌肤不爱护，就没有一块肌肤不保养。考察护养得好与不好，难道还有另外的方法吗？

完全在于他重视哪一部分而已。身体有重要的部分，也有次要的部分；有小的部分，也有大的部分。不要因小损大，也不要以轻害重。保养小的部分，就是小人；保养大的部分，就是君子。假如有一位园艺家，放弃桐树、梓树，却去种酸枣、荆棘，那就是劣等的园艺家。如果有人只保养他一个手指，却忘记了他的肩头背脊，自己还不知道危险，那就更是糊涂的人了。只是讲究吃喝，而不讲究思想意识的保养的人，别人都轻视他，因为他保养了小的部分，丧失了大的部分。如果讲究吃喝的人不影响思想意识的保养，难道吃喝的目的仅仅为了口腹那一小部分吗？

第十一章

【原文】

公都子问曰："钧[①]是人也，或为大人，或为小人，何也？"

孟子曰："从其大体为大人，从其小体为小人。"

曰："钧是人也，或从其大体，或从其小体，何也？"

曰："耳目之官，不思而蔽于物，物交物，则引之而已矣[②]。心之官则思，思则得之，不思则不得也。此天之所与我者。先应乎其大者，则其小者弗能夺也，此为大人而已矣。"

【注释】

①钧：同“均”。②物交物，则引之：朱熹《集注》以为此处之两“物”，一指外物，一指“耳目之官”。引，诱导。

【译文】

公都子问道：“都是人，有的成为君子，有的成为小人，是什么原因呢？”

孟子说：“顺从大体的成为君子，顺从小体的成为小人。”

公都子又问：“都是人，为什么有的顺从大体，有的顺从小体呢？”

孟子说：“耳朵、眼睛没有思考的功能，因此往往为事物蒙蔽，他们与事物接触就容易受到引诱。心的功能是思考，思考便有所得，不思考就没有心得。这是天赋予我们的。先确立原则的东西，那么次要的东西便无法与其争夺，成为君子不过是这样做而已。”

第十二章

【原文】

孟子曰：“欲贵者，人之同心也。人人有贵于己者，弗思耳。人之所贵者，非良贵也。赵孟之所贵[①]，

赵孟能贱之。《诗》云：'既醉以酒，既饱以德[2]。'言饱乎仁义也，所以不愿人之膏粱之味也；令闻广誉施于身，所以不愿人之文绣也。"

【注释】

①赵孟：春秋时晋国执政的权臣赵盾。这里用以指代有权势的人。②见《诗经·大雅·既醉》。

【译文】

孟子说："想要显贵，是人的共同愿望。人人都有自己可贵的东西，只是他不去思量罢了。别人所尊贵的，不是真正的尊贵。赵孟所尊贵的，赵孟能使之低贱。《诗经》说：'既喝醉了酒，又饱享了仁德。'说的是饱享仁义，因此不羡慕他人的膏粱美味，好的声誉众人的称赞围绕自身，因此不羡慕他人的锦绣衣裳。"

第十三章

【原文】

孟子曰："羿之教人射，必志于彀[1]，学者亦必志于彀。大匠诲人，必以规矩，学者亦必以规矩。"

【注释】

①彀：拉满的弓。

【译文】

孟子说："羿教人学射箭，一定要求拉满弓，学习的人也应以拉满弓为目标。大匠教导人必定依照规矩，学习的人也应该依照规矩。"

告子章句下

第一章

【原文】

任人有问屋庐子[1]曰："礼与食孰重？"

曰："礼重。"

"色与礼孰重？"

曰："礼重。"

曰："以礼食，则饥而死；不以礼食，则得食，必以礼乎？亲迎，则不得妻；不亲迎，则得妻，必亲迎乎？"

屋庐子不能对，明日之邹，以告孟子。

孟子曰："於答是也何有？不揣其本，而齐其末，方寸之木可使高于岑楼。金重于羽者，岂谓一钩金与一舆羽之谓哉？取食之重者与礼之轻者而比之，奚翅食重？取色之重者与礼之轻者而比之，奚翅色重？往应之曰：'紾[2]兄之臂而夺之食，则得食；不紾，则不得食，则将紾之乎？逾东家墙而搂其处子，则得妻；不搂，则不得妻，则将搂之乎？'"

【注释】

①任：周初诸侯国名，故地在今山东济宁市境内。屋庐子：名连，孟子的学生。②紾（zhěn）：扭转。

【译文】

有个任国人问屋庐子说："礼仪与饮食哪个更重要？"

屋庐子说："礼仪重要。"

这个任国人说："性欲与礼仪哪个重要？"

屋庐子说："礼仪重要。"

这个任国人说："要是按照礼节去找食物，就得饿死；不按照礼节去找食物，就能得到食物，是否一定要按照礼节行事呢？要按礼迎亲就娶不到妻子，不按礼迎亲就能娶到妻子，是否一定得按礼迎亲呢？"

屋庐子不能回答，第二天到邹国去把这事告诉了孟子。

孟子听了，就说："回答这个问题有什么难呢？不度量根基而只去比较末端，寸把厚的木板搁在高处，可以使之高过尖顶高楼。我们说金子比羽毛更重，难道是说一个小金带钩的重量比一大车羽毛还要重么？拿关系重大的饮食问题与礼仪的无足轻重的细微末节去相比，岂止是饮食的问题重要吗？选取性欲的重要处与礼仪的轻微处相比较，岂止是性欲重要？你去回答他说：'扭伤兄长的胳膊抢夺他的食物，就可得到吃的；不扭伤没吃的，那你会去扭伤他的胳膊吗？翻越

东边邻居的墙头去搂抱他家的姑娘，就可以得到妻子；不搂抱，就得不到妻子，那你会去搂抱她吗？'”

第二章

【原文】

曹交[1]问曰："人皆可以为尧、舜，有诸？"

孟子曰："然。"

"交闻文王十尺，汤九尺，今交九尺四寸以长，食粟而已，如何则可？"

曰："奚有于是？亦为之而已矣。有人于此，力不能胜一匹雏，则为无力人矣；今日举百钧，则为有力人矣。然则举乌获[2]之任，是亦为乌获而已矣。夫人岂以不胜为患哉？弗为耳。徐行后长者谓之弟，疾行先长者谓之不弟。夫徐行者，岂人所不能哉？所不为也。尧、舜之道，孝弟而已矣。子服尧之服，诵尧之言，行尧之行，是尧而已矣。子服桀之服，诵桀之言，行桀之行，是桀而已矣。"

曰："交得见于邹君，可以假馆，愿留而受业于门。"

曰："夫道，若大路然，岂难知哉？人病不求耳。子归而求之，有余师！"

【注释】

①曹交：春秋时曹国君王的后代。②乌获：古时候著名的大力士。

【译文】

曹交问道：“人人都可以成为尧、舜，有这样的话吗?”

孟子说：“是的。”

曹交说：“我听说周文王身高十尺，成汤王身高九尺，如今我曹交身高九尺四寸多，每天只是吃饭罢了，要怎样才能成为尧、舜呢?”

孟子说：“这有什么关系呢？只要去做就行了。这里有个人，自以为力不能提一只小鸡崽，那就是没有力气的人了；如今他说力气举得起三千斤，那就是有力气的人了。那么，要是能举得起乌获胜任的重量，这也就是乌获了。人所最怕的难道是不能胜任吗？只是怕不去做啊。缓慢地走在长者之后叫作悌，飞快地走在长者之前叫作不悌。缓慢地走，难道人们不能做吗？是不去做啊。尧、舜之道，也只是孝悌而已。你穿尧的衣服，说尧的话，做尧做的事，就是尧了；你穿桀的衣暇，说桀的话，做桀做的事，就是桀了。”

曾交说：“我能进见邹君，可以借到一所客馆，愿意留下来在您门下学习。”

孟子说：“圣人之道就像大路一样，难道是很难了

解的吗？就怕人们不去寻求啊，能当老师的人多着呢。”

第三章

【原文】

公孙丑问曰：“高子曰：‘《小弁》[①]，小人之诗也’。”孟子曰：“何以言之？”曰：“怨。”曰：“固哉，高叟之为诗也。有人于此，越人关弓[②]而射之，则己谈笑而道之；无他，疏之也。其兄关弓而射之，则己垂涕泣而道之；无他，戚[③]之也。《小弁》之怨，亲亲也。亲亲，仁也。固矣夫，高叟之为诗也！”

曰：“《凯风》[④]何以不怨？”

曰：“《凯风》，亲之过小者也。《小弁》，亲之过大者也。亲之过大而不怨，是愈疏也；亲之过小而怨，是不可矶也[⑤]。愈疏，不孝也；不可矶，亦不孝也。孔子曰：‘舜其至孝矣，五十而慕。’”

【注释】

①《小弁》（pán）：是《诗经·小雅》中的一首，毛诗认为是周幽王之子宜臼所作，表达对父亲幽王的怨恨。②关弓：关，同“弯”。③戚：亲。④《凯风》：《诗经·邶风》中的一篇。朱熹《集注》云：“卫有七子之母，不能安其室，七子作此以自责。”⑤矶（jī）：激怒、触犯。

【译文】

公孙丑问道："高子说，《小弁》这首诗是小人作的，是吗？"

孟子问道："这样说的根据是什么？"

答："因为诗中有怨恨之情。"

孟子说："太呆板了，高叟论诗。有个人，越国人拉开弓箭射他，他可以有说有笑地谈这件事，这没有别的原因，只因为越国人与他关系疏远；如果他哥哥拉开弓射他，那他会哭哭啼啼地讲这件事，这也没有别的原因，只不过哥哥是自己的亲人罢了。《小弁》的怨恨，正是热爱亲人的缘故。热爱亲人是合乎仁的。高先生论诗实在是太呆板了。"

公孙丑问道："《凯风》这首诗，为什么就没有怨恨呢？"

孟子回答道："《凯风》这首诗，是由于母亲的过错小；《小弁》却由于父亲的过错大。父母的过错大，却不抱怨，这是与父母疏远的表现；父母的过错小，却去抱怨，是触犯父母。疏远父母，是不孝，触犯父母同样也是不孝。孔子说：'舜是最孝顺的人，五十岁还依恋父母。'"

第四章

【原文】

宋牼将之楚[1]，孟子遇于石丘，曰："先生将何之？"

曰："吾闻秦、楚构兵，我将见楚王说而罢之。楚王不悦，我将见秦王说而罢之。二王我将有所遇焉。"

曰："轲也请无问其详，愿闻其指。说之将何如？"

曰："我将言其不利也。"

曰："先生之志则大矣，先生之号[2]则不可。先生以利说秦、楚之王，秦、楚之王悦于利，以罢三军之师，是三军之士乐罢而悦于利也。为人臣者，怀利以事其君，为人子者，怀利以事其父；为人弟者，怀利以事其兄：是君臣、父子、兄弟终去仁义，怀利以相接，然而不亡者，未之有也。先生以仁义，说秦、楚之王，秦、楚之王悦于仁义，而罢三军之师，是三军之士乐罢而悦于仁义也。为人臣者怀仁义以事其君，为人子者怀仁义以事其父；为人弟者，怀仁义以事其兄：是君臣、父子、兄弟去利，怀仁义以相接也，然而不王者，未之有也。何必曰利？"

【注释】

①宋牼：宋国人，战国时宋国著名的学者。②号：赵岐注释为"所称名号"，犹今言提法、说法。

【译文】

宋轻将到楚国去，孟子在石丘遇见他，问道："先生您要去哪儿？"

宋轻说："我听说秦、楚两国要交战，我去见楚王劝说他罢兵。若楚王不同意．我就去见秦王劝他罢兵，两个君王总会有一个听从的。"

孟子说："我不想知道您游说的详细内容，希望您告诉我大概，您将怎样游说呢？"

宋轻说："我要陈说交战的不利。"

孟子说："先生的志向是大的，先生的说法就不太妥当。先生以利来劝说秦王和楚王，秦、楚之王因为利益而罢兵，这样会导致三军将士因为罢兵而喜欢利益。为人臣的因为利益而侍奉国君，为人子的因为利益而侍奉父亲，为人弟的因为利益而侍奉兄长，这样会使君臣、父子、兄弟间完全丧失仁义，而心怀利害来相互对待，这样做而不灭亡的从未有过。先生以仁义劝说秦、楚之王，秦、楚之王因喜好仁义而罢兵，这样使三军将士因为罢兵而喜好仁义。为人臣属的心怀仁义侍奉君主，为人子的心怀仁义侍奉父亲，为人弟的心怀仁义侍奉兄长，这样一来，君臣、父子、兄弟间去除利害的考虑，心怀仁义地相互对待，这样做不称王天下的还从未有过。何必说利呢？"

第五章

【原文】

孟子居邹，季任[1]为任处守，以币交，受之而不报。处于平陆，储子为相，以币交，受之而不报。他日，由邹之任，见季子；由平陆之齐，不见储子。屋庐子喜曰："连得间[2]矣。"问曰："夫子之任见季子，之齐不见储子，为其为相与?"

曰："非也。《书》曰：'享多仪，仪不及物，曰不享，惟不役志于享[3]。'为其不成享也。"

屋庐子悦。或问之，屋庐子曰："季子不得之邹，储子得之平陆。"

【注释】

①季任：赵岐注云："任君季弟也，任君朝会于邻国，季任为之居守其国也。"②得间：屋庐子以为从孟子的行为中悟出了道理，得到了启发。③《书》曰：此处引自《尚书·洛诰》篇。享：朝见的礼仪。多：看重、重视。全句意思是：进献看重的是礼节，礼节够不上礼物的规格叫不享，是因为诸侯的心思并未放在进献上。

【译文】

孟子在邹国时，季任代理任国的国政，派人送礼物来结交，孟子接受了礼物却不回报。孟子在平陆时，储子是齐国的相，派人送礼物来结交，孟子接受礼物也不回报。有一天，孟子从邹国到任国，会见了季子；从平陆到齐国时，却不与储子会见。屋庐子高兴地说："我明白其中的道理。"有人问道："夫子到任国见了季子，到齐国不见储子，是因为储子是齐国的相吧？"

孟子说："不是。《尚书》说：'进献看重礼节，礼节够不上礼物的规格叫作不享。'是因为他并未把心思放在进献上。"

屋庐子很高兴。有人问他，他说："季子不能到邹国去，但储子是可以来平陆的。"

第六章

【原文】

淳于髡曰："先名实者[①]为人也，后名实者自为也。夫子在三卿之中，名实未加于上下而去之，仁者固如此乎？"

孟子曰："居下位，不以贤事不肖者，伯夷也；五就汤，五就桀者，伊尹也；不恶污君，不辞小官者，柳下惠也。三子者不同道，其趋一也。一者何也？曰：

仁也。君子亦仁而已矣，何必同?”

曰：“鲁缪公之时，公仪子为政，子柳、子思为臣，鲁之削也滋甚。若是乎，贤者之无益于国也!”

曰：“虞不用百里奚而亡，秦穆公用之而霸。不用贤则亡，削何可得与?”

曰：“昔者王豹处于淇，而河西善讴[②]；绵驹处于高唐，而齐右善歌[③]；华周、杞梁[④]之妻善哭其夫而变国俗。有诸内必形诸外，为其事而无其功者，髡未尝睹之也。是故无贤者也，有则髡必识之。”

曰：“孔子为鲁司寇，不用，从而祭，燔肉不至，不税[⑤]冕而行。不知者以为为肉也，其知者以为为无礼也。乃孔子则欲以微罪行，不欲为苟去。君子之所为，众人固不识也。”

【注释】

①名实：赵岐注云：“名者，有道德之名也；实者，治国惠民之功实也。”②王豹：赵岐注云：“卫之善歌者。”淇：水名，在今河南北部，古为黄河支流。河西：即邻近淇水的西河地区。③绵驹：齐人，善歌。高唐：在今山东禹城西南。古称西方为右，高唐在齐国西部，故云齐右。④华周、杞梁：皆齐臣，战死于莒，事见《左传》襄公二十三年。后世所传孟姜女故事衍生于此。⑤税：同“脱”。

【译文】

淳于髡说："首先注重名位实质的，是为了治理人民；尔后注重名位实质的，是为了自己。先生您身列齐国三卿之中，上没有辅佐君主的声誉，下没有救济民众的功业就离开，仁者都原本如此吗?"

孟子说："身处低位而不以贤才侍奉不肖的君主的有伯夷；五次投奔成汤、五次投奔夏桀的有伊尹；不嫌恶昏君，不推辞微职的有柳下惠。三个人做法不同，其趋向却是一致的。一致的是什么呢？就是仁。君子也说是求仁罢了，何必一定要做法相同呢?"

淳于髡说："鲁缪公在位时，公仪子执政，泄柳、子思为臣，国家的衰弱也很厉害，要是这样说起来，贤人也于国家无益呀。"

孟子说："虞国不能任用百里奚而灭亡，秦穆公任用百里奚却称霸。不任用贤人会使国家灭亡，哪会仅仅是削弱呢?"

淳于髡说："以往因王豹住在淇水边而河西之人都善讴歌；绵驹住在高唐，故齐国西部都擅吟唱，华周、杞梁的妻子善哭其夫而改变了国俗。内部有所蕴含外部定会有所表现，做一件事而没有结果的，我从未见过。这样说来是没有贤人，如果有，我一定会知道。"

孟子说："孔子在鲁国任司寇时不被重用，随从祭祀时，祭肉没有分给他，于是祭冕还未解下就离开了。不了解他的人以为是因为祭肉的事，了解他的人则知

道是因为礼的原因。而孔子其实是要找一个小借口出走，不想随便离开。君子的作为，一般人本来就不会明白。”

第七章

【原文】

孟子曰：“五霸者，三王之罪人也；今之诸侯，五霸之罪人也；今之大夫，今之诸侯之罪人也。天子适诸侯曰巡狩，诸侯朝于天子曰述职。春省耕而补不足，秋省敛而助不给。入其疆，土地辟，田野治，养老尊贤，俊杰在位，则有庆[①]，庆以地。入其疆，土地荒芜，遗老失贤，掊克[②]在位，则有让。一不朝则贬其爵，再不朝则削其地，三不朝则六师移之。是故天子讨而不伐，诸侯伐而不讨。五霸者，搂[③]诸侯以伐诸侯者也，故曰：五霸者，三王之罪人也。

“五霸，桓公为盛。葵丘之会，诸侯束牲载书而不歃血。初命曰：‘诛不孝，无易树子[④]，无以妾为妻。’再命曰：‘尊贤育才，以彰有德。’三命曰：敬老慈幼，无忘宾旅。’四命曰：‘士无世官，官事无摄[⑤]，取士必得，无专杀大夫。’五命曰：‘无曲防，无遏籴，无有封而不告。’曰：凡我同盟之人，既盟之后，言归于好。’今之诸侯皆犯此五禁，故曰：今之诸侯，五霸之罪人也。

“长君之恶其罪小，逢君之恶其罪大。今之大夫皆逢君之恶，故曰：今之大夫，今之诸侯之罪人也。”

【注释】

①庆：赵岐注云：“赏也。”②掊克：朱熹《集注》云：“聚敛也。”③搂：带领。④无易树子：赵岐注云：“树，立也，已立世子不得擅易也。”⑤无摄：摄，即兼代之意。朱熹《集注》云：“当广求贤才以充之，不可以阙人废事也。”

【译文】

孟子说：“五霸是三王的罪人，当今诸侯是五霸的罪人，当今的大夫是当今诸侯的罪人。天子巡幸诸侯叫巡狩，诸侯朝见天子叫述职。春天巡视耕种，救助贫困；秋天视察收获，周济歉收。进入诸侯国境，见到土地开垦，田野整治，奉养老人，尊敬贤人，有才能的人受到任用，就给予赏赐，赏赐土地。进入诸侯国境，见到土地荒芜，老人被抛弃，贤人被疏远，聚敛成性的人担任官职，就给予责罚。诸侯一次不朝见就降低其爵位，两次不朝见就削减其封地，三次不朝见就调动六军更换国君。因此天子声讨而不征伐，诸侯征伐而不声讨。五霸就是率领诸侯讨伐诸侯的人，所以说，五霸是三王的罪人。

“五霸以齐桓公最卓著。在葵丘的盟会上，诸侯将盟书用函装起来放在牺牲上，没有歃血。第一条誓言

是：‘诛杀不孝者，不改立太子，不立妾为妻。’第二条誓言是：‘尊敬贤者，培育英才，表彰德行。’第三条誓言是：‘尊敬老人，爱护幼儿，不怠慢宾客、旅人。’第四条誓言是：‘士人不世袭官职，官职不兼任。选用贤士，不乱杀大夫。’第五条誓言是：‘不遍筑堤防，不禁止邻国采购粮食，不能有封赏而不通报。’又约定：‘所有参与盟会的人，在盟誓后都言归于好。’当今诸侯全都违犯了以上五条禁令，所以说当今诸侯是五霸的罪人。

“助长国君的罪恶，臣子的罪过较小；逢迎国君的罪恶，臣子的罪过较大。当今大夫都逢迎国君的罪恶，所以说当今大夫是当今诸侯的罪人啊。”

第八章

【原文】

鲁欲使慎子为将军。孟子曰：“不教民而用之，谓之殃民，殃民者，不容于尧、舜之世。一战胜齐，遂有南阳[①]，然且不可。”

慎子勃然不悦，曰：“此则滑釐所不识也。”

曰：“吾明告子：天子之地方千里，不千里，不足以待诸侯；诸侯之地方百里，不百里，不足以守宗庙之典籍[②]。周公之封于鲁，为方百里也，地非不足，而俭于百里；太公之封于齐也，亦为方百里也，地非不

足也，而俭于百里。今鲁方百里者五，子以为有王者作，则鲁在所损乎，在所益乎？徒取诸彼以与此，然且仁者不为，况于杀人以求之乎？君子之事君也，务引其君以当道，志于仁而已。”

【注释】

①南阳：在泰山西南、汶水之北，是其时齐、鲁争夺的要地。②典籍：指有关典制的档案文献。

【译文】

鲁将任慎子为将军。孟子说：“不教化民众而使用他们叫殃民。殃民者在尧、舜之世是无法容身的。哪怕一仗就战胜了齐国，占据南阳，也是不可以的。”

慎子勃然大怒道：“这是我不明白的道理。”

孟子说：“我明白地告诉你吧。天子的土地方圆千里，没有千里就不足以接待诸侯。诸侯的土地方圆百里，没有百里就不足以奉守宗庙的典册文书。周公分封于鲁，土地方圆百里，土地虽非不足但也仅有百里；太公分封在齐，土地也是方圆百里，土地虽非不足但也只百里而已。现在鲁国方圆是百里的五倍，你认为若有称王天下者兴起，鲁国之地是会削减呢，还是会增加？仅仅是取得他处来增益此处，这样做仁者尚且不干，何况是杀人来夺取呢？君子侍奉君主，一定是致力于引导君主合乎大道，有志于仁的。”

第九章

【原文】

白圭曰："吾欲二十而取一，何如？"

孟子曰："子之道，貉[①]道也。万室之国，一人陶，则可乎？"

曰："不可，器不足用也。"

曰："夫貉，五谷不生，惟黍[②]生之；无城郭、宫室、宗庙、祭祀之礼，无诸侯币帛饔飧[③]，无百官有司，故二十取一而足也。今居中国，去人伦，无君子，如之何其可也？陶以寡，且不可以为国，况无君子乎？欲轻之于尧、舜之道者，大貉、小貉也；欲重之于尧、舜之道者，大桀、小桀也[④]。"

【注释】

①貉：同"貊"，北方游牧民族的称号。②黍：今称黄米，即糜子。③饔飧：本义指早餐和晚餐以饮食为馈客之礼。④大貉小貉、小桀小桀：指尧税率十抽一，适中；多了就和桀纣那样的暴君差不多，少了就会像貉族那样落后。

【译文】

白圭说："我想定税率为二十抽一，怎么样？"

孟子指出："你的方针是貉国的方针，假如有一万户居民的国家，只一个人制作陶器，行不行？"白圭说："不行，陶器将不够用。"

孟子说："貉国，各种谷类都不生长，只长糜子；既没有城墙和房屋，又没有祖庙和祭祀的礼节，也没有各国间的互相往来、致送礼物和宴会，也没有各种衙署和官吏，所以二十抽一就足够了。如今在中国，摒弃一切伦常，不要各种官吏，那怎么能行呢？做陶器的太少了尚且不能使一个国家搞好，何况没有官吏呢？想要使税率比尧舜十抽一还轻的，是大貉小貉；想要使税率比尧舜十抽一还重的，是大桀小桀。"

第十章

【原文】

鲁欲使乐正子为政。孟子曰："吾闻之，喜而不寐。"

公孙丑曰："乐正子强乎？"曰："否。"

"有知虑乎？"曰："否。"

"多闻识乎？"曰："否。"

"然则奚为喜而不寐？"曰："其为人也好善。"

"好善足乎？"曰："好善优于天下，而况鲁国乎？夫苟好善，则四海之内，皆将轻千里之外而来告之以善；夫苟不好善，则人将曰：'訑訑[①]，予既已知之矣。'訑訑之声音颜色，距[②]人于千里之外。士止于千里之外，则谗

谄面谀之人至矣。与谗谄面谀之人居，国欲治，可得乎？”

【注释】

①訑訑：赵歧注云：“自足其智不嗜善言之貌。”②距：同“拒”。

【译文】

鲁国将让乐正子执政。孟子说：“我听说这件事，高兴得睡不着觉。”

公孙丑说：“乐正子强有力吗？”孟子说：“不。”

公孙丑说：“他很有智谋远见吗？”孟子说：“不。”

公孙丑说：“他见闻广博吗？”孟子说：“不。”

“那为什么您高兴得睡不着觉呢？”孟子说：“他为人喜好善。”

“好善就足够了吗？”孟子说：“好善足以治理天下，何况鲁国呢？如果喜好善，那么四海之内的人都将不远千里把善事、善行、善言告诉他；如果不喜好善，那么他就会说：‘哦，哦！我已经都知道了。’哦哦的声音、脸色把人拒于千里之外。士人被拒于千里之外，那么阿谀谄媚的人就要来了。和阿谀谄媚之徒混在一起，国家想达到大治，可能吗？”

第十一章

【原文】

陈子[1]曰："古之君子何如则仕？"

孟子曰："所就三，所去三。迎之致敬以有礼，言将行其言也，则就之；礼貌[2]未衰，言弗行也，则去之。其次，虽未行其言也，迎之致敬以有礼，则就之；礼貌衰，则去之。其下，朝不食，夕不食，饥饿不能出门户，君闻之，曰：'吾大者不能行其道，又不能从其言也，使饥饿于我土地，吾耻之。'周之，亦可受也，免死而已矣。"

【注释】

①陈子：或谓指孟子弟子陈臻。②礼貌：礼仪、态度。

【译文】

陈子问："古时的君子怎样才会出仕？"

孟子说："出仕有三种情况，离职有三种情况。国君迎接时表达敬意，遵循礼节，说将实行他的进言，这样便出仕；如果礼仪、态度恭敬不减，说过的话却不实行了，就去职。其次，虽然没有采纳进言，但迎接时表达敬意遵循礼节，这样便出仕；礼仪态度变差

了，就离去。再次的是，早上没有吃，晚上没有吃，饿得出不了门，国君听说了，说：‘我作为一国之君上不能实行他的主张，又不能采纳他的进言，让他在我的土地上受饿，我觉得羞耻。’如果周济的话也可以接受，只不过是免于死亡罢了。”

第十二章

【原文】

孟子曰：“舜发于畎亩之中，傅说[①]举于版筑之间，胶鬲举于鱼盐之中，管夷吾举于士[②]，孙叔敖举于海，百里奚举于市。故天将降大任于是人也，必先苦其心志，劳其筋骨，饿其体肤，空乏其身，行拂乱其所为[③]，所以动心忍性[④]，曾益[⑤]其所不能。人恒过，然后能改；困于心，衡于虑，而后作；征于色，发于声，而后喻。入则无法家拂士[⑥]，出则无敌国外患者，国恒亡。然后知生于忧患而死于安乐也。”

【注释】

①傅说：是商王武丁的大臣，他本是在傅岩从事版筑的工匠。②举于士：士指狱官。齐公子纠与小白争位失利被杀，辅佐纠的管仲被拘押，后被桓公任用。③行拂乱其所为：赵岐注云：“所行不从，拂戾而乱之。”④忍性：赵岐注云：“坚忍其性。”⑤曾益：同

"增益"。⑥法家拂士：朱熹《集注》云："法家，法度之世臣也；拂士，辅弼之贤士也。"

【译文】

孟子说："舜从农田中起家，傅说从夯土筑墙者被举用，胶鬲从贩卖鱼盐者中被举用，管仲从狱中被举用，孙叔敖从海滨被举用，百里奚从集市被举用。所以说上天将要降下重任在这些人肩上之前，定会磨砺其心志，疲劳其筋骨，饥饿其肌体，使他们身体空乏，阻挠扰乱他们的行为，以此来触动其内心，坚韧其性格，增加他们没有具备的能力。人们常常有了过错然后才去改正，内心困扰、思虑阻塞然后才有所奋发，表现于面貌，流露于声音，然后才能明白。国内没有严明之臣、辅弼之士，国外没有敌对、抗衡的势力，国家常常会灭亡。由此可知，由于忧患而生存，由于安乐而死亡。"

尽心章句上

第一章

【原文】

孟子曰："尽其心者，知其性也。知其性，则知天矣。存其心，养其性，所以事天也。夭寿不贰，修身以俟之，所以立命也。"

【译文】

孟子说："人能够竭尽心力去行善，就是真正懂得天赋给人的本性。懂得了天赋给人的本性，也就是懂得了天命。一个人能努力保存他的善心，培养天赋给人的本性，目的就在于正确对待天命。无论短命或长寿都态度如一，只是修身养性以等待天命的抉择，这就是用来安身立命的方法。"

第二章

【原文】

孟子曰："求则得之，舍则失之，是求有益于得也，求在我者也。求之有道，得之有命，是求无益于得也，求在外者也。"

【译文】

孟子说："求索才能获得，舍弃就会失掉，远种求索有益于获得。能否获得它取决于我自身。求索虽有法则，获得却由命运，这种求索无益于获得，能否获得它由不得自身。"

第三章

【原文】

孟子曰："耻之于人大矣。为机变之巧者，无所用耻焉。不耻不若人，何若人有？"

【译文】

孟子说："羞耻对于人来说至关重大。那些搞阴谋诡计的人，是没地方用得上羞耻的。一个人要是不耻

于不如他人，那怎么能赶上他人呢？”

第四章

【原文】

孟子谓宋句践曰：“子好游[1]乎？吾语子游。人知之，亦嚣嚣[2]；人不知，亦嚣嚣。”

曰：“何如斯可以嚣嚣矣？”

曰：“尊德乐义，则可以嚣嚣矣。故士穷不失义，达不离道。穷不失义，故士得己[3]焉；达不离道，故民不失望焉。古之人，得志，泽加于民；不得志，修身见于世。穷则独善其身，达则兼善天下。”

【注释】

①游：游说。②嚣嚣：赵岐释为：“自得无欲之貌。”③得己：犹言自得。

【译文】

孟子对宋句践说：“你喜好游说吗？我跟你谈谈游说吧。别人了解也安然自若，别人不了解也安然自若。”

宋句践说：“怎样才能做到安然自若呢？”

孟子说：“崇德乐义就能安然自若，所以士人困厄却不失去义，显达不离开道。困厄而不失义，所以士人自得；显达而不离道，所以民众不失望。古时的人，

得志后就施惠于民，不得志就修养自身以闻见于世；困厄就独善其身，显达就兼济天下。”

第五章

【原文】

孟子曰：“霸者之民，驩虞[①]如也。王者之民，皞皞[②]如也，杀之而不怨，利之而不庸[③]，民日迁善而不知为之者。夫君子所过者化，所存者神，上下与天地同流，岂曰小补之哉？”

【注释】

①驩虞：同“欢娱”。②皞皞：同“浩浩”。③庸：动词，赵歧释为“功也。”

【译文】

孟子说：“霸主的民众欢娱喜乐，王者的民众怡然自得，杀死他们却不怨恨，施恩给他们也不酬谢。民心日益向善而不知谁使之然。君子经过之处都受到感化，他的用心神妙深邃，上与天、下与地协调一致．这难道能说是小有补益吗？”

第六章

【原文】

孟子曰："人之所不学而能者，其良能也；所不虑而知者，其良知也。孩提之童[①]，无不知爱其亲者，及其长也，无不知敬其兄也。亲亲，仁也；敬长，义也。无他，达之天下也。"

【注释】

①孩提之童：指二三岁的小孩会笑、闹着要人抱，所以称为"孩提之童"。

【译文】

孟子说："人未经学习而能做到的，这是人的良能；不用思考而能知道的，这是人的良知。二三岁的幼儿没有不知道喜爱他的父母的，等到长大了，没有不懂得尊敬他的兄长的。亲爱父母，这是仁；尊敬兄长，这是义。圣人没有其他诀窍，只不过是把人的这种天生的爱亲敬长的仁义之心推广、施行于天下罢了。"

第七章

【原文】

孟子曰："人之有德慧术知[①]者，恒存乎疢疾[②]。独孤臣孽子[③]，其操心也危，其虑患也深，故达。"

【注释】

①德慧术知：赵岐释为"德行、智慧、道术、才智。"②疢疾：朱熹《集注》云："犹灾患也。"③孽子：非嫡妻所生的子女。

【译文】

孟子说："人之所以能够拥有德行、智慧、技艺、知识，常是由于灾患的缘故。只有那些孤立无助的臣子，贱妾所生的庶子，他们总是操心不安，深切地忧虑祸患，因此而通达。"

第八章

【原文】

孟子曰："有事君人者，事是君则为容悦者也；有安社稷臣者，以安社稷为悦者也；有天民[①]者，达可行

于天下而后行之者也；有大人者，正己而物正者也。”

【注释】

①天民：赵岐释为“知道者也。”

【译文】

孟子说：“有侍奉君主的臣子，侍奉这个君主是为了使他高兴；有安邦定国的臣子，以安邦定国为乐事；有知道之人，显达后能施行大道于天下时才去实行；有大人君子，先端正自身而事物随之端正。”

第九章

【原文】

孟子曰：“君子有三乐，而王天下不与存焉。父母俱存，兄弟无故[①]，一乐也；仰不愧于天，俯不怍[②]于人，二乐也；得天下英才而教育之，三乐也。君子有三乐，而王天下不与存焉！”

【注释】

①无故：没有事故，没有灾难病患。②怍：惭愧。

【译文】

孟子说：“君子有三样乐事，而统一天下这事不包

括在内。父母全都健在，兄弟没灾没病，这是第一样乐事；上无愧于天，下无愧于人，这是第二样乐事；得到天下的优秀人才而培育他们，这是第三样乐事。君子有以上这三样乐事，而统一天下这事不包括在内。”

第十章

【原文】

孟子曰：“广土众民，君子欲之，所乐不存焉；中天下而立，定四海之民，君子乐之，所性不存焉。君子所性，虽大行[①]不加焉，虽穷居不损焉，分定故也。君子所性，仁义礼智根于心，其生色也。睟然[②]见于面，盎[③]于背，施于四体，四体不言而喻。”

【注释】

①大行：与“穷居”相对，谓行政于天下。②睟然：朱熹《集注》释为“清和润释之貌”。③盎：显现。

【译文】

孟子说：“广大的土地，众多的民众，君子想要这些，但他的乐趣并不在此；中居天下执政，安定四海之民，君子以此为乐，但这并非其本性所在。君子的本性不因行政于天下而增益，也不因困厄独处而减损，

因为本分是确定的。君子的本性是内心根植仁义礼智，外表显得清和润泽，它显现在面貌，充溢于肩背，施行于四肢，四肢的动作不需语言就能使人明白。”

第十一章

【原文】

孟子曰：“伯夷辟纣，居北海之滨，闻文王作，兴曰：‘盍归乎来！吾闻西伯善养老者。’太公辟纣，居东海之滨，闻文王作，兴曰：‘盍归乎来！吾闻西伯善养老者。’天下有善养老，则仁人以为己归矣。五亩之宅，树墙下以桑，匹妇蚕之，则老者足以衣帛矣。五母鸡，二母彘，无失其时，老者足以无失肉矣。百亩之田，匹夫耕之，八口之家足以无饥矣。所谓西伯善养老者，制其田里，教之树畜，导其妻子，使养其老。五十非帛不暖，七十非肉不饱，不暖不饱，谓之冻馁。文王之民，无冻馁之老者，此之谓也。”

【译文】

孟子曰：“伯夷躲避殷纣，居住于北海之滨，听说文王兴起，感奋地说：‘何不去归依啊！我听说西伯是善于奉养老者的。’太公躲避殷纣，居住于东海之滨，听说文王兴起，感奋地说：‘何不去归依呢？我听说西伯善于奉养老者。’天下若有善于奉养老人的，仁人君

子就会以之作为自己的归依之处。五亩宅田，在墙下种上桑树，妇女养蚕，那么老人可以穿上丝帛的衣服了。五只母鸡，两头母猪不失时节地畜养，那么老人可以不缺肉食了。百亩的田地，男子耕种着，八口之家就不会挨饥受饿了。听说西伯善养老者，就是规定耕田住宅，教给民众种树畜养，教导妻室子女奉养老人。五十岁后没有丝帛穿就不暖和，七十岁后没有肉食就吃不饱，不暖不饱就叫作挨饿受冻。周王的子民没有挨饿受冻的老人，就是说的这些。”

第十二章

【原文】

孟子曰：“孔子登东山[①]而小鲁，登泰山而小天下。故观于海者难为水，游于圣人之门者难为言。观水有术，必观其澜。日月有明，容光[②]必照焉。流水之为物也，不盈科不行；君子之志于道也，不成章不达。”

【注释】

①东山：鲁城东之高山，在今山东蒙阴南的蒙山。②容光：透光的小缝隙。

【译文】

孟子说：“孔子登上东山就觉得鲁国小了，登上泰

山就觉得天下也小了。所以，对于观看过大海的人，难以赞叹一般的水流，在圣人门下游学过的人，难以注意一般的言论。观看水有讲究，必须得观看它无比壮阔的波澜。太阳和月亮都有耀眼的光辉，对小小缝隙必能照射到。流水这种东西，不流满洼地它不再向前进；君子所志向的大道，不到一定的程度就不能通达。”

第十三章

【原文】

公孙丑曰：“伊尹曰：‘予不狎于不顺。放太甲于桐，民大悦。太甲贤，又反之，民大悦。’贤者之为人臣也，其君不贤，则固可放与?”

孟子曰：“有伊尹之志，则可；无伊尹之志，则篡也。”

【译文】

公孙丑说：“伊尹说：‘我不亲近不正派的人。’把太甲流放到桐邑，民众很高兴。太甲变好了，又接他回来，民众也很喜欢。贤人作为臣子，他的君主不贤，就一定可以放逐吗?”

孟子说：“有伊尹的心志就能行，否则就是篡位。”

第十四章

【原文】

公孙丑曰："《诗》曰：'不素餐兮[①]！'君子之不耕而食，何也？"

孟子曰："君子居是国也，其君用之，则安富尊荣；其子弟从之，则孝悌忠信。'不素餐兮'，孰大于是？"

【注释】

①不素餐兮：是旨在讽刺贪的诗句，出自《诗·魏风·伐檀》篇第一章。

【译文】

公孙丑说："《诗经》中说'不能白吃饭啊！'看现在的君子却不种田同样也吃饭，这是为什么呢？"

孟子说："君子住在这个国家，如果这国君主用他做官，就能使国家安定富有、尊贵荣耀；如果少年子弟跟着他学习，就能懂得孝敬父母，尊重兄长，忠诚事君，讲究信用。'不能白吃饭啊！'还有比这功劳更大的吗？"

第十五章

【原文】

王子垫[1]问曰："士何事?"

孟子曰："尚志。"

曰："何谓尚志?"

曰："仁义而已矣。杀一无罪，非仁也；非其有而取之，非义也。居恶在？仁是也；路恶在？义是也。居仁由义，大人之事备矣。"

【注释】

①王子垫：齐王的儿子，名垫。

【译文】

王子垫问道："士人干的什么事?"

孟子说："士人应当使自己保持高尚的志向。"

王子垫又问："怎样才算是志向高尚呢?"

孟子答道："不过是坚持仁义罢了。枉杀一个无罪的人，就是不仁；不属自己所有而夺取，就是不义。士人的居所在何处？仁就是的；士人的道路在哪里？义就是的。居'仁'之屋，行'义'之路，有远大志向的君子追求事业的条件就完备了。"

第十六章

【原文】

孟子曰："王子宫室、车马、衣服多与人同，而王子若彼者，其居使之然也；况居天下之广居[①]者乎？鲁君之宋，呼于垤泽之门。守者曰：'此非吾君也，何其声之似我君也？'此无他，居相似也。"

【注释】

①广居：孟子常以此词指仁。

【译文】

孟子说："王子的宫室、车马、衣服多与他人相同，但王子那样子是居住使他改变了。何况一个人居于天下最广大的居所——仁之中呢？鲁国君王到宋国，在城门下呼喊，守门人说：'这不是我的国君，为什么他的声音这么像我的国君呢？'这没有别的原因，是居所相似的缘故。"

第十七章

【原文】

齐宣王欲短丧。公孙丑曰："为期之丧，犹愈于已乎？"

孟子曰："是犹或紾其兄之臂，子谓之姑徐徐云尔，亦教之孝悌而已矣。"

王子有其母死者，其傅为之请数月之丧。公孙丑曰："若此者，何如也？"

曰："是欲终之而不可得也。虽加一日愈于已，谓夫莫之禁而弗为者也。"

【译文】

齐宣王想缩短守丧时间。公孙丑说："服丧一年比不服丧强吧？"

孟子说："这好比一个人扭折兄长的手臂，你叫他慢慢扭，也是在教导他孝顺友爱呀。"

有一位王子生母死了，他的师傅替他请求服几个月的丧。公孙丑问："像这样的事又怎么说呢？"

孟子说："这是想服完丧却不可能。即使多服一天丧也比不服丧强，这是针对那些没有什么禁止却不肯守丧的人说的。"

第十八章

【原文】

孟子曰："君子之所以教者五：有如时雨化之者，有成德者，有达财[①]者，有答问者，有私淑艾者。此五者，君子之所以教也。"

【注释】

①财：同"才"。

【译文】

孟子说："君子教人的方式有五种。有像及时雨那样教化的，有成就德行的，有通达才能的，有解答疑问的，有以自身的善行影响及于他人的。这五种是君子用以教育的方式。"

第十九章

【原文】

公孙丑曰："道则高矣，美矣，宜若登天然，似不可及也，何不使彼为可几及而日孳孳也？"

孟子曰："大匠不为拙工改废绳墨，羿不为拙射变

其彀率。君子引而不发，跃如也，中道而立，能者从之。”

【译文】

公孙丑说：“道是崇高的，完美的，却像登天一样，好像不可企及。为什么不使它成为可以企及的而使人每天不倦地努力呢？”

孟子说：“大匠不为拙劣的工徒而更改或废弃规矩，后羿不为拙劣的射手改变标准。君子拉弓而不发射，让箭在弦上跃跃欲出，在道路中央站立，有能力的就跟随。”

第二十章

【原文】

公都子曰：“滕更[①]之在门也，若在所礼，而不答，何也？”

孟子曰：“挟贵而问，挟贤而问，挟长而问，挟有勋劳而问，挟故[②]而问，皆所不答也。滕更有二焉。”

【注释】

①滕更：滕君之弟，就学于孟子。②故：赵歧释为“故旧之好。”

【译文】

公都子说："滕更在您门下时，应在礼待之列，您却不回答他的询问，是为什么呢？"

孟子说："倚仗贵显而发问，倚仗能干而发问，倚仗年长而发问，倚仗功勋而发问，倚仗交情而发问，都是我不愿回答的。滕更就占了其中的两条。"

第二十一章

【原文】

孟子曰："知者无不知也，当务之为急；仁者无不爱也，急亲贤之为务。尧、舜之知而不遍物，急先务也；尧、舜之仁不遍爱人，急亲贤也。不能三年之丧，而缌小功之察，放饭、流歠，而问无齿决①，是之谓不知务。"

【注释】

①放饭、流歠、齿决：都是饮食中失礼的行为。放饭：把吃剩的饭放回饭器。流歠：狼吞虎咽。齿决：在宴席上啃干肉。

【译文】

孟子曰："智者无所不知，但以当前之事为要务；

仁者无所不爱，但以亲近贤人为要务。尧舜的智慧不是遍知一切，而是以当前之事为要务；尧舜的仁爱不是博爱世人，而是急于亲近贤者，不能守三年之丧却去讲究缌麻、小功的细节，宴席上放回剩饭，进食狼吞虎咽，却去讲究不能用门牙啃干肉，这就叫作不识大体。”

尽心章句下

第一章

【原文】

孟子曰："不仁哉梁惠王也！仁者以其所爱及其所不爱；不仁者，以其所不爱及其所爱。"

公孙丑曰："何谓也？"

"梁惠王以土地之故，糜烂其民而战之，大败，将复之，恐不能胜，故驱其所爱子弟以殉之，是之谓以其所不爱及其所爱也。"

【译文】

孟子说："梁惠王实在太不仁了啊！仁者把他所喜爱的推及于所不喜爱的，不仁者把他所不喜爱的推及于所喜爱的。"公孙丑听了，说道："这是指什么讲的？"

孟子说："梁惠王为了扩张土地的缘故，不惜百姓的血肉之躯去作战，吃了大败仗，准备再战，恐怕百

姓不肯替他卖命，所以驱使他所喜爱的子弟去献身，这就叫作把他所不喜爱的推及于他所喜爱的。”

第二章

【原文】

孟子曰：“尽信《书》，则不如无《书》。吾于《武成》[①]，取二三策而已矣[②]。仁人无敌于天下，以至仁伐至不仁，而何其血之流杵也[③]？”

【注释】

①《武成》：《尚书》中的篇名。②策：古代在竹片上写字，一块竹片名为简，编联若干竹简名为策。大事记在策上，小事记在简上。③杵（chǔ）：舂米的木棒。

【译文】

孟子说：“全部都相信《尚书》，就还不如没有《尚书》的好。我对于《武成》这篇《尚书》文献，只不过采用它两三片竹简上的文字罢了。一个仁德的人在天下是没有敌手的，以最讲仁道的周武王去讨伐最不仁道的商纣，义军所到之处备受百姓欢迎，又怎么会发生血流成河，连舂米的大木棒都给漂走的事呢？”

第三章

【原文】

孟子曰："有人曰：'我善为陈[①]，我善为战。'大罪也。国君好仁，天下无敌焉。南面而征，北夷怨；东面而征，西夷怨，曰：'奚为后我？'武王之伐殷也，革车三百两、虎贲三千人。王曰：'无畏！宁尔也，非敌百姓也。'若崩厥角[②]稽首。征之为言正也，各欲正己也，焉用战？"

【注释】

①陈：同"阵"。②厥角：顿首，即磕响头。

【译文】

孟子说："有人说：'我善于布阵，我善于领兵作战。'这是很大的罪过。国君喜好仁道，国家就会天下无敌。向南出征，北方的夷人会抱怨；向东出征，西面的夷人会报怨，都说：'为什么把我们放在后面？'武王讨伐殷纣，兵车三百辆，勇士三千人。武王说：'不要害怕！是来安定你们的，不是来与百姓为敌的！'殷的百姓像山崩似的磕响头。征即正，各人都想要端正自身，哪用得着作战呢？"

第四章

【原文】

孟子曰："民为贵，社稷次之，君为轻。是故得乎丘民而为天子，得乎天子为诸侯，得乎诸侯为大夫。诸侯危社稷，则变置。牺牲既成，粢盛既洁，祭祀以时，然而旱干水溢，则变置社稷。"

【译文】

孟子说："百姓最重要，土神谷神次要，君主较轻。所以，得到众民拥护的做天子，得到天子信任的做诸侯，得到诸侯信任的做大夫。诸侯要是危害国家，就废掉他改立别的人。祭祀用的牲口长肥已经合乎标准，祭器中的祭物已经弄得清洁，祭祀又是按时举行，但百姓还是不免遭受旱灾和水灾，那就得另立土神、谷神了。"

第五章

【原文】

孟子谓高子曰："山径之蹊间[①]，介然[②]用之而成路，为间[③]不用，则茅塞之矣。今茅塞子之心矣。"

【注释】

①山径之蹊间：朱熹《集注》云："径，小路也。蹊，人行处也。"②介然：专一。③为间：短时间，一段时间。

【译文】

孟子对高子说："山上的小路很窄，一直使用它，就慢慢变宽，一些日子不用就会被茅草阻塞。现在是茅草阻塞了你的心。"

第六章

【原文】

齐饥。陈臻曰："国人皆以夫子将复为发棠[1]，殆不可复。"

孟子曰："是为冯妇也。晋人有冯妇者，善搏虎，卒为善士。则之野，有众逐虎，虎负嵎，莫之敢撄。望见冯妇，趋而迎之。冯女攘臂下车，众皆悦之，其为士者笑之。"

【注释】

①发棠：开启棠地的粮仓。

【译文】

齐国遇到饥荒，陈臻说："国民都认为夫子将再去请求齐王开启棠地的粮仓赈济，您可能不会再去吧。"

孟子说："这样做就成了冯妇了。晋国有一个叫冯妇的，善于制服老虎，后来成为一个善搏虎有勇名的人。一次，山野中很多人都在追逐老虎，老虎背依山险，没有人敢逼近上前。碰巧看见冯妇，众人都来迎接。冯妇卷袖伸臂地下了车，众人都很高兴，可他却被士人讥笑。"

第七章

【原文】

浩生不害问曰："乐正子，何人也？"孟子曰："善人也，信人也。"

"何谓善，何谓信？"曰："可欲之谓善，有诸己之谓信，充实之谓美，充实而有光辉之谓大，大而化之之谓圣，圣而不可知之之谓神。乐正子，二之中，四之下也。"

【译文】

浩生不害问道："乐正子是什么样的人？"孟子说："是善人，是信人。"

“什么叫作善，什么叫作信呢？”孟子说：“己之所欲，乃使人欲之叫善，拥有了善叫信，使它充实叫美，充实又能发扬光大，大而且能融会贯通叫圣，圣达到神妙莫测就叫神。乐正子处在前两项之中，后四项之下。”

第八章

【原文】

盆成括[1]仕于齐。孟子曰：“死矣盆成括！”

盆成括见杀，门人问曰：“夫子何以知其将见杀？”

曰：“其为人也小有才，未闻君子之大道也，则足以杀其躯而已矣。”

【注释】

①盆成括：人名。曾欲学于孟子，中道离去，后仕于齐。

【译文】

盆成括在齐国出仕，孟子说：“盆成括死定了。”

不久盆成括被杀，门徒问道：“先生怎么知道他会丢掉性命呢？”

孟子说：“盆成括为人小有才干，可尚未知晓君子立身行事的大道，这就足以使他丢掉性命了。”

第九章

【原文】

孟子之滕，馆于上宫[①]。有业屦[②]于牖上，馆人求之弗得。或问之曰："若是乎从者之廋[③]也？"

曰："子以是为窃屦来与？"曰："殆非也。"

"夫子之设科也，往者不追，来者不拒。苟以是心至，斯受之而已矣。"

【注释】

①上宫：集循释为"上等的馆舍"②业屦：未织完的草鞋。③廋：隐匿。

【译文】

孟子到滕国，住宿在上宫。有双没织完的草鞋放在窗台上，馆人找不到了。有人问孟子："是不是您的随从偷藏了？"孟子说："您认为我们是为了偷鞋子来的吗？"那人回答说："不是吧。"孟子说："我设置课目教学，不追赶离开的，不拒绝前来的。如果抱着学习的目的而来，我就接纳他们。"

第十章

【原文】

孟子曰："人皆有所不忍，达之于其所忍，仁也；人皆有所不为，达之于其所为，义也。人能充无欲害人之心，而仁不可胜用也；人能充无穿逾[1]之心，而义不可胜用也；人能充无受尔汝[2]之实，无所往而不为义也。士未可以言而言，是以言餂[3]之也；可以言而不言，是以不言餂之也，是皆穿逾之类也。"

【注释】

①穿逾：犹言穿穴逾墙。②尔汝：本是长对幼、上对下的通称，这里作为轻贱的称呼。③餂（tiǎn）：同"舔"，探取。

【译文】

孟子说："人都有不忍心做的事，把它推及于所忍心做的事上，就是仁；人都有不愿做的事，把它推及于所愿意做的事上，就是义。人若能扩充他不想害人的心，那么他的仁就用之不尽了；人若能扩充不挖洞翻墙的心，那么他的义就用之不尽了；人若能扩充不受人轻贱的行为，则无论到哪里都不会不行义。士人若不可以言谈却与之言谈，这是以言辞诱惑他以便自

己谋取私利；可以言谈的却不与之言谈，这是以沉默诱惑他以便自己谋取私利，这些都与挖洞翻墙的行为无异。”

第十一章

【原文】

孟子曰：“言近而指[1]远者，善言也；守约而施博者，善道也。君子之言也，不下带[2]而道存焉；君子之守，修其身而天下平。人病舍其田而芸人之田，所求于人者重，而所以自任者轻。”

【注释】

①指：同“旨”。②不下带：朱熹注：“古人视不下于带，则带之上乃目前常见至近之处也。举目前之近事，而至理存焉。”

【译文】

孟子说：“言辞浅近而意旨深远的，是善言；操守简要而施惠广博的，是善道。君子的言谈内容常见却含着大道；君子所操持的，修养自身而能使天下太平。人们的毛病是舍弃自己的田地而去耕耘他人的田地，要求他人承担很苛重的，自己却只承担轻的。”

第十二章

【原文】

孟子曰："说大人，则藐之，勿视其巍巍然。堂高数仞，榱题[①]数尺，我得志弗为也；食前方丈[②]，侍妾数百人，我得志弗为也；般乐饮酒[③]，驱骋田猎，后车千乘，我得志弗为也。在彼者，皆我所不为也，在我者，皆古之制也，吾何畏彼哉？"

【注释】

①榱题：赵岐释为："榱之抵檐处为榱题，覆以瓦，雨水自此下溜。"②食前方丈：比喻饮食丰富。朱熹《集注》云："馔食列于前得方一丈也。"③般乐饮酒：赵岐注云："般，大也。大作乐而饮酒。"

【译文】

孟子说："游说显贵时需藐视他们，不要以其高高在上的模样为意。殿阶高达数丈，屋檐宽达数尺，我得志后也不屑这样做；面前的食物摆满一丈见方，侍奉的姬妾数百之多，我得志后也不屑这样做；饮酒作乐，驰骋射猎，车辆千乘随其后，我得志后也不屑这样做。他所有的都是我不屑为之的，我所有的都符合古时的法度，我有什么好怕他的呢？"

第十三章

【原文】

曾皙嗜羊枣，而曾子不忍食羊枣。公孙丑问曰：“脍炙与羊枣孰美？”

孟子曰：“脍炙哉。”公孙丑曰：“然则曾子何为食脍炙而不食羊枣？”

曰：“脍炙所同也，羊枣所独也。讳名不讳姓，姓所同也，名所独也。”

【译文】

曾皙爱吃羊枣，曾子因而不忍吃羊枣。公孙丑问道：“鱼肉与羊枣哪样更好吃？”

孟子说：“鱼肉吧。”公孙丑问：“那为什么曾子吃鱼肉而不吃羊枣呢？”

孟子说：“喜欢鱼肉是大家共同的，喜吃羊枣则是个人独有的嗜好。避讳时讳名而不讳姓，因为姓是大家共同的，而名是个人独有的。”

第十四章

【原文】

万章问曰：“孔子在陈，曰：‘盍归乎来！吾党之士狂简[①]，进取不忘其初。’孔子在陈，何思鲁之狂士？”

孟子曰：“孔子‘不得中道而与之，必也狂猾乎。狂者进取，猾者有所不为也’，孔子岂不欲中道哉？不可必得，故思其次也。”

“敢问何如斯可谓狂矣？”

曰：“如琴张、曾皙、牧皮者，孔子之所谓狂矣。”

“何以谓之狂也。”

曰：“其志嘐嘐然[②]？曰‘古之人，古之人’，夷考其行而不掩焉者也。狂者又不可得，欲得不屑不洁之士而与之，是猾也，是又其次也。孔子曰：‘过我门而不入我室，我不憾焉者，其惟乡原乎。乡原，德之贼也。’”

曰：“何如斯可谓之乡原矣？”

曰：“‘何以是嘐嘐也？言不顾行，行不顾言，则曰：古之人，古之人。行何为踽踽凉凉[③]？生斯世也，为斯世也，善斯可矣’。阉然媚于世也者，是乡原也。”

万子曰：“一乡皆称原人焉，无所往而不为原人，孔子以为德之贼，何哉？”

曰：“非之无举也，刺之无刺也，同乎流俗，合乎

污世，居之似忠信，行之似廉洁，众皆悦之，自以为是，而不可与入尧、舜之道，故曰‘德之贼’也。孔子曰：‘恶似而非者：恶莠，恐其乱苗也；恶佞，恐其乱义也；恶利口，恐其乱信也；恶郑声，恐其乱乐也；恶紫，恐其乱朱也；恶乡原，恐其乱德也。’君子反经[④]而已矣。经正则庶民兴，庶民兴，斯无邪慝矣。”

【注释】

①党：乡里。狂简：朱熹《论语集注》云：“志大而略于事也。”②嘐嘐：赵岐释为：“志大言大者。”③踽踽凉凉：朱熹《集注》云：“踽踽，独行不进之貌。凉凉，薄也，不见亲厚于人也。”④反经：反同“返”，“经”意指正道。朱熹《集注》云：“经，常也，万世不易之常道也。”

【译文】

万章问：“孔子在陈国时说：‘何不归去啊！我乡里的后辈狂放而疏略，进取却未改旧貌。’孔子在陈国，为什么想到鲁国的狂士呢？”

孟子说：“孔子曾说：‘不能和中庸者结交，就只有和狂放者和狷介者结交了。狂放的人勇于进取，狷介的人有所不为，’孔子难道不想和中庸者结交吗？不一定能得到，只好退而求其次了。”

万章问：“请问怎样的才能称为狂放？”

孟子说：“像琴张、曾皙、牧皮那样的，就是孔子

所说的狂放。”

万章问：“为什么说他们狂放呢？”

孟子说：“他们立志高远，常称古人如何如何，考察其行为却又不能吻合。狂者不可得，便希望与洁身自爱的人结交，这是狷介者，又次一等。孔子说：‘从我门前经过而不进来，我不以为憾的只有乡原。乡原是德行的损害者。’”

万章说：“什么样的人可称之乡原呢？”

孟子说：“他们说‘为什么这样言高志大呢？言语不顾及行为，行为不顾及言语，言必称古人如何如何。行事为什么总是落落寡合？生于此世，就迎合此世，与人为善就可以了。’低贱地献媚世人，这就是乡原。”

万章说：“一乡之中都称其是个好人，无论到哪里都是一个好人，孔子却认为他是德行的损害者，这又是为什么？”

孟子说：“指责他举不出缺点，讥刺他找不到由头，与流俗混同，迎合浊世；为人好像忠诚守信，行事好像方正廉洁，大家都喜欢他，自认为正确，而不能深入地了解尧舜之道，所以说是德行的损害者。孔子说：‘憎恶似是而非的东西：憎恶杂草，怕它混淆了禾苗；憎恶佞人，怕他混淆了正义；憎恶强辩，怕它混淆了信直；憎恶郑声，怕它混淆了雅乐；憎恶紫色，怕它混淆了红色；憎恶乡原，怕它混淆了德行。’君子只是返回正道罢了。途径正确则百姓振兴，百姓振兴就没有邪恶了。”

第十五章

【原文】

孟子曰："由尧、舜至于汤，五百有余岁，若禹、皋陶，则见而知之；若汤，则闻而知之。由汤至于文王，五百有余岁，若伊尹、莱朱[①]，则见而知之；若文王，则闻而知之。由文王至于孔子，五百有余岁，若太公望、散宜生，则见而知之；若孔子，则闻而知之。由孔子而来至于今，百有余岁，去圣人之世，若此其未远也，近圣人之居，若此其甚也，然而无有乎尔，则亦无有乎尔？"

【注释】

①莱朱：赵岐注云："亦汤贤臣，一曰仲虺。"

【译文】

孟子说："从尧、舜到商汤王有五百余年，像禹、皋陶是眼见而知道的，像商汤王则是听说而了解的。从商汤王到文王有五百余年，像伊尹、莱朱是眼见而知道的，像文王则是听说而知道的。由文王到孔子有五百余年，像太公望、散宜生是眼见而知道的，像孔子则听说而了解的。由孔子到现在有一百多年，离圣人所处的时代还不太久，离圣人所居的地方则如此接近，然而没有了解圣人之道的人，就没有了解圣人之道的人了吗？"

《诗经》

国风

·周 南·

关 雎

【原文】

关关雎鸠[①]，在河之洲[②]。窈窕淑女[③]，君子好逑[④]。

参差荇[⑤]菜，左右流之[⑥]。窈窕淑女，寤寐求之。

求之不得，寤寐思服[⑦]。悠哉悠哉[⑧]，辗转反侧。

参差荇菜，左右采之。窈窕淑女，琴瑟友之[⑨]。

参差荇菜，左右芼之[⑩]。窈窕淑女，钟鼓乐之。

【注释】

①关关：水鸟叫声。雎（jū）鸠（jiū）：一种水鸟名。②洲：河中沙滩。③窈窕：美好。淑：品德善良。

④君子：《诗经》中贵族男子的通称。逑：配偶。好逑：即佳偶。⑤荇（xìng）菜：草本植物，叶浮于水面。⑥流：择取。⑦思：语气助词。服：思念。⑧悠：忧思貌。⑨友：亲爱。⑩芼（mào）：拔。

【译文】

雎鸠关关叫得欢，成双成对在河滩。美丽贤良的姑娘，正是我的好侣伴。

长短不一的荇菜，左右采摘忙不停。美丽贤良的姑娘，睡梦里都在想她。

追求她却不可得，日夜思念在心间。想啊想啊心忧伤，翻来覆去不能忘。

长短不一的荇菜，左边右边到处采。美丽贤良的姑娘，弹着琴瑟来亲近。

长短不一的荇菜，左边右边到处采。美丽贤良的姑娘，鸣钟击鼓乐她怀。

樛 木

【原文】

南有樛木[①]，葛藟累之[②]。乐只君子[③]，福履绥之[④]。

南有樛木，葛藟荒之[⑤]。乐只君子，福履将之[⑥]。

南有樛木，葛藟萦之[⑦]。乐只君子，福履成之。

【注释】

①南：南山。樛（jiū）：树枝下曲。②藟（lěi）：葛类。累：系。③只：助词。④履：禄。⑤荒：掩覆。⑥将：扶助。⑦萦：回旋、缠绕。

【译文】

南山有樛木，葛藤爬上树。和乐君子啊，福禄安抚你。

南山有樛木，葛藤覆上树。和乐君子啊，福禄扶助你。

南山有樛木，葛藤缠上树。和乐君子啊，福禄成全你。

螽斯

【原文】

螽斯[①]羽，诜诜兮[②]。宜尔子孙，振振兮。
螽斯羽，薨薨兮[③]。宜尔子孙，绳绳兮[④]。
螽斯羽，揖揖兮。宜尔子孙，蛰蛰兮。

【注释】

①螽（zhōng）斯：昆虫，又名蜇螽，身体绿色或褐色，触角呈丝状，善于跳跃，雄的前翅有发音器。

②诜（shēn）诜：与后文振振、绳绳、揖揖、蛰蛰均言其多且聚集成群。③薨薨：虫群飞的声音。④宜：当然、无怪。

【译文】

蜇螽的翅膀多又多，你的子孙聚成群。
蜇螽的翅膀轰轰响，你的子孙绵绵长。
蜇螽的翅膀聚纷纷，你的子孙难数清。

桃夭

【原文】

桃之夭夭[①]，灼灼[②]其华。之子于归[③]，宜其室家[④]。
桃之夭夭，有蕡[⑤]其实。之子于归，宜其家室。
桃之夭夭，其叶蓁蓁[⑥]。之子于归，宜其家人。

【注释】

①夭夭：茂盛貌。②灼灼：鲜明貌。③之子：这个人。于归：姑娘出嫁。④宜：和顺。室家、家室、家人：均指家庭。⑤有：语气助词。蕡（wén）：果实繁盛貌。⑥蓁蓁（zhēn）：草木茂盛貌。

【译文】

桃树繁茂，桃花灿烂。姑娘出嫁，和美一家。
桃树繁茂，果实丰硕。姑娘出嫁，幸福一家。
桃树繁茂，枝叶浓密。姑娘出嫁，快乐一家。

兔罝

【原文】

肃肃兔罝[①]，椓之丁丁[②]。赳赳武夫，公侯干城[③]。
肃肃兔罝，施于中逵[④]。赳赳武夫，公侯好仇[⑤]。
肃肃兔罝，施于中林。赳赳武夫，公侯腹心。

【注释】

①肃肃：严密的样子。罝（jū）：捕兔的网。②椓（zhuó）：敲。丁（zhěn）丁：象声词。③干城：本指起防御作用的盾牌、城郭，比喻保卫者。④施：布置。中：语气助词。逵（kuí）：四通八达之道。泛指大道。⑤仇：同“逑”。

【译文】

装好张张捕兔网，敲打木桩响叮当。威猛武士雄赳赳，保护公侯好干将。

装好张张捕兔网，设在宽阔大路旁。威猛武士雄

赳赳，保护公侯好勇将。

装好张张捕兔网，设在广袤山林中。威猛武士雄赳赳，保护公侯作心腹。

汉 广

【原文】

南有乔木，不可休思[①]。汉有游女[②]，不可求思。汉之广矣，不可泳思。江之永矣，不可方[③]思。

翘翘错薪[④]，言刈其楚。之子于归，言秣[⑤]其马。汉之广矣，不可泳思。江之永矣，不可方思。

翘翘错薪，言刈其蒌[⑥]。之子于归，言秣其驹。汉之广矣，不可泳思。江之永矣，不可方思。

【注释】

①休：休息。句意为因枝高不能就而止息。思：语气助词。②游女：出游之女。③方：两船并行。④翘翘：众多貌。错：错杂。⑤秣（mò）：喂牲口。⑥蒌（lóu）：草本植物，可做饲料。

【译文】

南方有树多高大，谁有福分在树下。汉水游女好美貌，只是不能追求到。汉水波涌江面宽，怎么游水到岸边。长江源远又流长，如何并行结成双。

大树枝条杂又多，我斩荆棘受折磨。姑娘如果愿出嫁，喂饱马儿去接她。汉水波涌江面宽，怎么游水到岸边。长江源远又流长，如何并行结成双。

大树枝条杂又多，我斩蒌蒿一垛垛。姑娘如果愿出嫁，喂饱马驹接回家。汉水波涌江面宽，怎么游水到岸边。长江源远又流长，如何并行结成双。

汝坟

【原文】

遵彼汝坟①，伐其条枚②。未见君子③，惄如调饥④。

遵彼汝坟，伐其条肄⑤。既见君子，不我遐⑥弃。

鲂鱼赪⑦尾，王室如毁⑧。虽则如毁，父母孔迩⑨。

【注释】

①遵：循，沿着。汝：汝河。坟：大堤。②条：山楸树枝。枚：树干。③君子：这里是妻对夫的称呼。④惄（nì）：忧愁。调：通“朝”，早晨。⑤肄（yì）：嫩枝条。⑥遐：远。⑦赪（chēng）：赤色。⑧毁（huì）：火。⑨孔：很。迩：近。

【译文】

沿着汝河坎上游，砍了树木低着头。一日不能见

夫君，如饥似渴心忧愁。

顺着汝河坎上走，砍了枝条抬起头。见到夫君还家来，如胶似漆情深厚。

鲂鱼尾巴艳艳红，王室差役火熊熊。虽说差役烈似火，父母近在要供奉。

·召　南·

鹊　巢

【原文】

维鹊有巢，维鸠居之。之子于归，百两御之①。
维鹊有巢，维鸠方之②。之子于归，百两将之③。
维鹊有巢，维鸠盈之。之子于归，百两成之④。

【注释】

①两：辆。御（yà）：迎迓、迎接。②方：占据。③将：送。④成：完成婚礼，指举行礼仪成婚。

【译文】

喜鹊筑好巢，斑鸠来居住。姑娘要出嫁，百车相迎娶。

喜鹊筑好巢，斑鸠占有它。姑娘要出嫁，百车相护送。

喜鹊筑好巢，斑鸠住满它。姑娘要出嫁，百车成全她。

草虫

【原文】

喓喓草虫[1]，趯趯阜螽[2]。未见君子，忧心忡忡。亦既见止[3]，亦既觏[4]止，我心则降[5]。

陟彼南山，言采其蕨。未见君子，忧心惙惙[6]。亦既见止，亦既觏止，我心则说[7]。

陟彼南山，言采其薇。未见君子，我心伤悲。亦既见止，亦既觏止，我心则夷[8]。

【注释】

①喓喓：虫鸣声。②趯（tì）趯：跳跃。阜螽（zhōng）：昆虫。③亦：发语词。止：代词“之”。④觏（gòu）：交合。⑤降（hóng）：平和。⑥惙惙（chuò）：愁苦貌。⑦说（yuè）：通“悦”。⑧夷：平。

【译文】

草虫喓喓哽鸣，阜螽随声跳。不见心上人，心中乱糟糟。只要见到他，交欢有浓情，我心就平静。

爬到南山上，前去采蕨苗。不见心上人，心中忧戚戚。只要见到他，情意相交接，我心就欢悦。

爬到南山坡，前去采薇叶。不见心上人，心中悲切切。只要见到他，两情同欢乐，我心才平和。

行露

【原文】

厌浥行[①]露，岂不[②]夙夜，谓[③]行多露。

谁谓雀无角[④]？何以穿我屋？谁谓女[⑤]无家？何以速我狱[⑥]？虽速我狱，室家不足！

谁谓鼠无牙？何以穿我墉[⑦]？谁谓女无家？何以速我讼？虽速我讼，亦不女从！

【注释】

①厌浥（yì）：湿淋淋的。行（háng）：道路。②岂不：难道不想。③谓：同“畏”。与下文的“谓”不同义。④角（lù）：鸟嘴。⑤女（rǔ）：通“汝”。⑥速：召致。狱：讼，打官司。⑦墉（yōng）：墙。

【译文】

道上露水湿纷纷，难道不想行五更？只怕晨露湿我身。

谁言麻雀没有嘴？如何穿入我屋中？谁说你还没

成家？为何害我见官家？即便使我入牢狱，要想娶我万不能。

谁言老鼠没有牙？如何在我墙上爬？谁说你还没成家？为何害我见官家？虽然使我遭诉讼，要想娶我万不从！

羔 羊

【原文】

羔羊之皮[①]，素丝五紽[②]。退食自公[③]，委蛇委蛇[④]。

羔羊之革，素丝五緎[⑤]。委蛇委蛇，自公退食。

羔羊之缝，素丝五总[⑥]。委蛇委蛇，退食自公。

【注释】

①皮（pó）、革（qì）、缝：毛皮或皮袄。②素丝：白蚕丝。紽（tuó）：量词，丝数。③退食自公、自公退食（sì）：从公府回家中进餐。④委蛇（yí）：逶迤。洋洋自得貌。⑤緎（yū）：丝数。⑥总：丝数。

【译文】

羔羊皮袄蓬松松，白色丝带作纽扣。退出公府吃饭去，摇摇摆摆好自得。

羔羊皮袄毛绒绒，白色丝带作纽扣。洋洋自得出公府，回到家里去吃饭。

羔羊皮袄热烘烘，白色丝带作纽扣。洋洋自得出公府，回到家里吃饭去。

江有汜

【原文】

江有汜[①]，之子归，不我以[②]。不我以，其后也悔。

江有渚[③]，之子归，不我与[④]。不我与，其后也处[⑤]。

江有沱[⑥]，之子归，不我过[⑦]。不我过，其啸也歌[⑧]。

【注释】

①汜（sì）：由主流分出而复汇合的河水。②以：相从、相好。③渚：小沙洲。④与：同“以”。⑤处：忧。⑥沱：支流。⑦过：经过。⑧其：将。啸也歌：边哭边唱。啸，号。

【译文】

江有倒流水，那人又娶妻，不与我相随。现在不要我，以后必后悔。

江有小沙洲，那人又娶妻，不与我相随。现在不要我，以后还要归。

江有小支流，那人又娶妻，不过我的门。此时不见我，日后必悲歌。

·邶　风·

绿　衣[1]

【原文】

绿兮衣兮，绿衣黄里[2]。心之忧矣，曷维其已！
绿兮衣兮，绿衣黄裳[3]。心之忧矣，曷维其亡[4]！
绿兮丝兮，女所治兮。我思古人[5]，俾无訧兮[6]！
絺兮绤兮[7]，凄其以风。我思古人，实获我心！

【注释】

①一般认为这是卫庄公夫人庄姜怨庄公惑于嬖妾所写的诗。②里：里衣。③裳：下衣。④曷：同“何”，何时。亡：通“忘”。⑤古人：故人、朋友，此处指丈夫。⑥俾（bǐ）：使。訧（yí）：过错。⑦絺（chī）：细的葛布。绤：粗的葛布。

【译文】

绿衣裳啊绿衣裳，绿色面子黄里子。触物思人情难却，何时才能不心伤！

绿衣裳啊绿衣裳，绿色上衣黄下裳。心中忧愁割

不断，怎么能够把你忘！

绿色丝绸穿在身，件件都是你所赠。思念我公不相忘，愿你从此无过失！

细葛布啊粗葛布，风儿吹过感凄凉。我思夫君情意在，称心如意好君郎！

日 月

【原文】

日居月诸[①]，照临下土。乃[②]如之人兮，逝不古处[③]？胡能有定？宁不我顾[④]。

日居月诸，下土是冒[⑤]。乃如之人兮，逝不相好？胡能有定？宁不我报。

日居月诸，出自东方。乃如之人兮，德音无良[⑥]。胡能有定？俾[⑦]也可忘。

日居月诸，东方自出。父兮母兮，畜我不卒。胡能有定？报我不述[⑧]。

【注释】

①居、诸：语气词，犹“乎”。②乃：竟然。③逝：何。古处：故处。④宁：从来。不我顾：不顾我。在《诗经》中这种句法很多。⑤冒：覆盖。⑥德音无良：有好话却无好心。⑦俾：使。⑧抱：同“报”。述：遵循常情。

【译文】

太阳光啊月亮光，轮回照在大地上。丈夫竟是这种人，怎么前后不一样？忽冷忽热岂无定？从不理我心忧伤。

太阳光啊月亮光，轮回照耀大地上。丈夫竟是这种人，为何不跟我相好？忽冷忽热岂无定？对我从不把恩报。

太阳光啊月亮光，日夜交替出东方。丈夫竟是这种人，甜言蜜语坏心肠。忽冷忽热岂无定？从此对他不思量。

太阳光啊月亮光，日夜替换出东方。我的父亲母亲啊，何不终生将我养？丈夫忽冷又忽热，今昔对我是两样。

击鼓

【原文】

击鼓其镗①，踊跃用兵②。土国③城漕，我独南行。

从孙子仲，平④陈与宋。不我以归，忧心有忡。

爰⑤居爰处？爰丧其马？于以求之？于林之下。

死生契阔⑥，与子成说⑦。执子之手，与子偕老。

于嗟阔兮，不我活兮。于嗟洵兮⑧，不我信兮⑨。

【注释】

①镗（tāng）：鼓声。②兵：武器。③土国：在国内修筑土城。④平：和，结盟。⑤爰（yuán）：于何，在哪里。⑥契阔：聚散。⑦成说：发出誓言。⑧洵（xún）：远。⑨信：信任。

【译文】

大鼓擂得声声响，战士踊跃练刀枪。修筑土城修漕城，我被派遣赴南方。

跟随将军孙子仲，联合盟国陈与宋。路途遥遥难归家，忧虑不安谁与共。

何处可歇何处停？跑了战马何处寻？一路追踪何处找？不料它已入森林。

生死离合是夫妻，一起发誓曾相约。别时握住你的手，白头到老此生休。

可叹人生远离多，简直不让我们活。可叹离家太遥远，他们已经抛弃我。

雄雉

【原文】

雄雉于飞，泄泄[①]其羽。我之怀矣，自诒伊阻[②]。

雄雉于飞，下上其音。展矣君子[③]，实劳我心。

瞻彼日月，悠悠我思。道之云[4]远，曷云能来？

百尔[5]君子，不知德行。不忮[6]不求，何用不臧[7]？

【注释】

①泄（yì）泄：徐徐飞翔的样子。②诒（yí）：遗留。伊：此。阻：艰难、忧患。③展：诚实。④云：语气助词。⑤百尔：所有。⑥忮（zhì）：忌恨。⑦臧（zāng）：善。

【译文】

美丽雄雉比翼飞，舒展双翅上蓝天。我在思念心上人，自留忧患在心间。

美丽雄雉比翼飞，鸣声起伏在林间。诚实善良心上人，使我无时不思念。

日子一天又一天，思君不断情缠绵。路途遥遥千万里，何日归来重相见？

诸位君子听分明，你们岂不知德行？我夫不忌又不贪，为何没有好命运？

式　微

【原文】

式微，式微[1]，胡不归？微[2]君之故，胡为乎中露[3]！

式微，式微，胡不归？微君之躬，胡为乎泥中！

【注释】

①式：发语词。微：黄昏。②微：非。③中露：露中。倒文使协韵。

【译文】

天已暮，天已暮！为何不能回家住？如果不是服侍你，哪会露中吃尽苦！

天已暮，天已暮！为何不能回家住？如果不是侍候你，哪会泥中服劳役！

旄丘

【原文】

旄丘[①]之葛兮，何诞[②]之节兮。叔兮伯兮[③]，何多日也？

何其处[④]也？必有与[⑤]也！何其久也？必有以也！

狐裘蒙戎[⑥]，匪[⑦]车不东。叔兮伯兮，靡所与同。

琐兮尾兮[⑧]，流离之子[⑨]。叔兮伯兮，褎如充耳[⑩]。

【注释】

①旄（máo）丘：前高后低的土丘。②诞：延长。③叔、伯：对高层统治者的称呼。④处：居住。⑤与：

交好。⑥蒙戎：蓬松貌。⑦匪：通“彼”。⑧琐、尾：细少、低微。⑨流离：离散流亡。之子：此人。⑩褎（yòu）：服饰华丽繁盛。充耳：古代贵族帽子两旁悬挂之玉，下垂至耳，用以塞耳避听。此处意为充耳不闻。

【译文】

高丘之上生藤蔓，为何节节相缠绕。卫国诸臣叔伯啊，为何多日相帮？

为何安处在家中？必定等人一起行。为何久久不相见？其中必定有缘由！

狐皮大衣蓬松松，你那大车不向东。卫国诸臣叔伯啊，原来你我心不同。

我们卑微又渺小，流离失所无依靠。卫国诸臣叔伯啊，充耳不闻装不知。

泉水

【原文】

毖[①]彼泉水，亦流于淇。有怀于卫，靡日不思。娈彼诸姬[②]，聊与之谋。

出宿于泲，饮饯于祢。女子有行[③]，远父母兄弟。问我诸姑[④]，遂及伯姊。

出宿于干，饮饯于言。载脂载舝[⑤]，还车言迈。遄臻于卫[⑥]，不瑕[⑦]有害？

我思肥泉，兹之永叹。思须与漕，我心悠悠。驾言出游，以写[8]我忧。

【注释】

①毖（bì）：泉水流貌。②娈：美好。姬：未嫁之女。③有行：出嫁。④诸姑：一些未嫁姐妹。⑤舝（xiá）：车轴两头的金属键。⑥遄（chuán）：迅疾。臻（zhēn）：至。⑦瑕：同“遐”，远。⑧写（xiè）：通“泻”，宣泄。

【译文】

泉水汩汩向前流，流于滔滔淇水中。心怀故乡是卫国，没有一刻不思归。众家姐妹皆美貌，细诉心曲来共谋。

我想泲地可住宿，祢水之滨饮美酒。可叹出嫁已数年，远离父母和诸兄。问候我的亲姐妹，转问表姐众亲友。

回国再经干地宿，言地饯客饮美酒。把我车轴涂满油，重坐嫁车往回走。车马迅疾赴卫都，路途不远何不可？

我思肥泉在故国，为此长叹不能休。思念须城与漕邑，别绪悠悠情意稠。驾驶马车快出城，借此排解心中忧。

新台

【原文】

新台有泚[①]，河水弥弥。燕婉之求[②]，籧篨不鲜[③]。

新台有洒[④]，河水浼浼[⑤]。燕婉之求，籧篨不殄[⑥]。

鱼网之设，鸿则离之[⑦]。燕婉之求，得此戚施[⑧]。

【注释】

①泚：鲜明貌。②燕：安静。婉：和顺。③籧篨（qú chú）：蛤蟆。鲜：善。④洒（xiǎn）：高峻貌。⑤浼浼（miǎn）：水盛貌。⑥殄（tiǎn）：好。⑦鸿：蛤蟆。离：通“罹”，遭受。⑧戚施：驼背。

【译文】

新台建起色彩明，河水上涨滔滔流。欲求安娴与和美，岂料老汉容颜丑。

新台筑起高又高，河水上涨浪滔滔。欲求安娴与和美，岂料所嫁是脓包。

设网原想捕大鱼，不想蛤蟆落进网。欲求安娴与和美，岂料嫁给驼背郎。

·鄘 风·

柏 舟

【原文】

泛彼柏舟，在彼中河。髧彼两髦[①]，实维我仪[②]。之死矢靡它。母也天只！不谅人只！

泛彼柏舟，在彼河侧。髧彼两髦，实维我特。之死矢靡慝[③]。母也天只[④]！不谅人只！

【注释】

①髧（dàn）：发垂貌。髦（máo）：古代称未成年幼儿下垂至眉的短发。②仪：配偶。后面的“特”同义。③慝（tè）：恶念，即变心。④也、只：语气词。

【译文】

小小柏木船，浮在河中间。双髦齐眉垂，为我好伴侣，至死心不变。娘亲与老天，不知我心愿！

小小柏木船，浮在河之畔。双髦齐眉垂，为我好侣伴，至死心不变。娘亲与老天，不知我心愿！

君子偕老

【原文】

君子偕老，副笄六珈[①]。委委佗佗[②]，如山如河，象服是宜[③]。子之不淑，云如之何？

玼兮玼兮[④]，其之翟也[⑤]。鬒发[⑥]如云，不屑髢也[⑦]。玉之瑱也[⑧]，象之揥也[⑨]，扬且之皙也[⑩]。胡然而天也？胡然而帝也？

瑳兮瑳兮，其之展也。蒙彼绉絺，是绁袢也[⑪]。子之清扬，扬且之颜也。展[⑫]如之人兮，邦之媛也！

【注释】

①副：覆，又称步摇，一种头饰。笄（jī）：簪。珈（jiā）：饰玉。②委委佗佗（tuó）：形容走路姿态之美。③象服：古代贵妇所穿礼服，绘有图形彩饰。宜：合身。④玼（cǐ）：花纹绚丽。下文“瑳（cuō）”意同。⑤翟（dí）：山鸡。⑥鬒（zhǎn）发：密而长的黑发。⑦髢（dí）：假发。⑧瑱（zhèn）：耳坠。⑨揥（tì）：剔发针。⑩扬：额角。皙：白嫩光泽。⑪展、绉絺（chī）、绁袢（xiè bàn）：分指上衣、中衣、内衣。⑫展：即“亶”，诚然，真正的。

【译文】

你是君子身边人，满头珠光宝气生。雍容自得好举止，如山如河不可侵。华服鲜艳正合身，可叹没有好品德，只靠华贵怎能行？

锦衣彩纹艳如花，绣上山鸡似云霞。黑发如盖已风流，不屑假发戴上头。双耳坠子尽珠玉，象牙劈为别发针，前额白皙确动人。怎似神女从天降？莫非天仙下凡尘？

艳丽服装美如花，一层外衣值百千。细葛绉纱内里穿，添上夏日白内衫。双眸清秀眉飞扬，额角方广容颜靓。世间此女真难寻，倾国倾城美娇娘！

桑 中

【原文】

爰采唐矣[①]？沬之乡矣。云谁之思？美孟姜矣[②]。期我乎桑中，要我乎上宫，送我乎淇之上矣。

爰采麦矣？沬之北矣。云谁之思？美孟弋矣。期我乎桑中，要我乎上宫，送我乎淇之上矣。

爰采葑矣？沬之东矣。云谁之思？美孟庸矣。期我乎桑中，要我乎上宫，送我乎淇之上矣。

【注释】

①爰：何，何地。唐：菟丝子，药草。②美孟姜、美孟弋、美孟庸：乃指同一美女。此行文以避重复。

【译文】

菟丝子啊哪里采？长在沬乡城邑边。心中想谁又爱谁？有个姑娘容貌美。桑林深处她等我，邀我同到城楼旁，淇水之滨送我还。

麦穗子啊哪里采？长在沬乡城邑北。心中想谁又爱谁？有个姑娘容貌美。桑林深处她等我，邀我同到城楼旁，淇水之滨送我还。

蔓菁菜啊哪里采？长在沬乡城邑东。心中想谁又爱谁？有个姑娘容貌美。桑林深处她等我，邀我同到城楼旁，淇水之滨送我还。

定之方中

【原文】

定[①]之方中，作于楚宫。揆[②]之以日，作于楚室。树之榛栗，椅桐梓漆，爰伐琴瑟。

升彼虚[③]矣，以望楚矣。望楚与堂，景山与京。降观于桑，卜云其吉，终焉允臧[④]。

灵雨既零，命彼倌人。星[⑤]言夙驾，说[⑥]于桑田。

匪[⑦]直也人，秉心塞渊，騋牝[⑧]三千。

【注释】

①定：营室星。古时建城观星象，此星谓定星。②揆（kuí）：测度。③虚：同“墟”。④允：诚然。臧：好。⑤星（qíng）：晴。⑥说（shuì）：止、到。⑦匪：通“彼”。⑧騋（lái）：高七尺以上的马。牝（pìn）：母的。

【译文】

营星已在天正中，正是吉时建楚宫。测量方位凭日影，风水宝地属楚室。先种榛树和栗树，再种梓漆和梧桐，琴瑟需用好树种。

登上漕邑旧城墟，遥遥相望楚城处。先看楚城和堂邑，大山高丘观仔细。下山喜观桑林密，卦辞说得真吉利，正是虎踞龙盘地。

及时春雨细飘零，管车官吏传命令。天气晴了把车驾，文公要到桑田里。忠心耿耿是仁君，为民深谋更远虑，且养马儿三千匹。

干旄

【原文】

孑孑[①]干旄，在浚之郊。素丝纰之[②]，良马四之。

彼姝者子，何以畀之[3]？

孑孑干旟，在浚之都。素丝组之，良马五之。彼姝者子，何以予之？

孑孑干旌，在浚之城。素丝祝之[4]，良马六之。彼姝者子，何以告之[5]？

【注释】

①孑孑（jié）：高扬貌。②纰（pí）：镶饰旗帜的边缘。③畀（bì）：给予。④祝：编织。⑤告：请、求。

【译文】

高高飘荡旄牛旗，仪仗来到浚城郊。素丝束束理分明，骏马四匹向前奔。美丽动人好姑娘，你要什么送给你？

高高飘荡鸟隼旗，仪仗来到浚城头。束帛层层堆得好，骏马五匹向前奔。美丽动人好姑娘，你要什么赠予你？

高高飘荡羽毛旗，仪仗来到浚城里。束帛捆捆堆得好，骏马六匹向前奔。美丽动人好姑娘，你要什么聘娶你？

·卫 风·

考 槃

【原文】

考槃[1]在涧，硕人[2]之宽。独寐寤[3]言，永矢[4]弗谖。

考槃在阿，硕人之薖[5]。独寐寤歌，永矢弗过[6]。

考槃在陆，硕人之轴[7]。独寐寤宿，永矢弗告。

【注释】

①考：扣、敲。槃：同“盘”。②硕（shuò）人：身材高大的人。③寐：睡。寤：醒。④矢：发誓。⑤薖：美貌。⑥弗过：不要忘记。过，过去。⑦轴：作动词，盘桓、彷徨之意。

【译文】

扣盘而歌在溪旁，那人高大性开朗。独眠醒来诉衷肠，发誓永远不相忘。

扣盘而歌在山边，那人高大貌堂堂。独眠醒来唱心曲，发誓永远不相忘。

扣盘而歌在平阳，那人高大意彷徨。独眠醒来昏

欲睡，发誓永不对他讲！

竹 竿

【原文】

籊籊[1]竹竿，以钓于淇。岂不尔思？远[2]莫致之。

泉源在左，淇水在右。女子有行，远父母兄弟。

淇水在右，泉源在左。巧笑之瑳[3]，佩玉之傩[4]。

淇水滺滺[5]，桧楫松舟。驾言出游，以写我忧。

【注释】

①籊（tì）籊：竹长而锐。②远（yuàn）：远离。③瑳（cuō）：以玉形容齿白光洁。④傩（nuó）：通“娜”。⑤滺（yǒu）滺：河水流淌的样子。

【译文】

竹竿细长尖又尖，拿它垂钓淇水边。心中哪能不想你，只因路远难转回。

泉水清清在左边，淇河滚滚奔右方。姑娘无奈出了嫁，父母兄弟隔天涯。

淇河滚滚在右方，泉水清清流左边。嫣然一笑玉齿露，身着佩玉风姿柔。

淇水潺潺水悠悠，桧木作桨松作舟。驾着小船水中游，解我心中重重忧。

芄 兰

【原文】

芄兰之支[①]，童子佩觿[②]。虽则佩觿，能不我知。容兮遂兮[③]，垂带悸兮[④]。

芄兰之叶，童子佩韘。虽则佩韘[⑤]，能不我甲[⑥]。容兮遂兮，垂带悸兮。

【注释】

①支：通“枝”。②觿（xī）：古时解结的用具，也用作装饰品。③容：闲暇自得貌。遂：通“璲”，瑞玉。此处指戴玉时炫耀的神态。④悸：惊惧。此指衣带抖动。⑤韘（shè）：古代射者戴在右手大拇指上用以钩弦的工具，俗称扳指。⑥甲（xiá）：同“狎”，亲昵。

【译文】

芄兰枝条弯又弯，男孩角锥佩腰间。虽说角锥佩腰间，他却不愿将我恋。悠闲自得且炫耀，长垂衣带飘飘然。

芄兰树叶飘又飘，男孩佩韘在指间。虽说佩韘在指间，他却不愿将我恋。悠闲自得且炫耀，长垂衣带飘飘然。

河　广

【原文】

谁谓河广？一苇杭之①。谁谓宋远？跂予望之②。

谁谓河广？曾不容刀③。谁谓宋远？曾不崇朝④。

【注释】

①杭：即“航”。②跂（qì）：踮起脚跟。予：而。③刀：通“舠”，小船。④崇朝（zhāo）：终朝，一上午。

【译文】

谁说黄河宽？一芦可航到岸边。谁说宋国远？踮起脚跟看得见。

谁说黄河宽？容纳小船也很难。谁言宋国遥？走去还不到半天。

伯　兮

【原文】

伯兮朅兮①，邦之桀兮。伯也执殳②，为王前驱。

自伯之东，首如飞蓬。岂无膏沐？谁适为容！

其雨其雨，杲杲③出日。愿言思伯，甘心首疾。

焉得谖草④？言树之背⑤。愿言思伯，使我心痗⑥。

【注释】

①伯：姑娘对爱人的昵称。朅（jiē）：英武壮大貌。②殳（shū）：一种竹制兵器，长一丈二尺。③杲杲（gǎo）：明亮。④谖（xuān）草：忘忧草。⑤树：栽种。背：北面的堂屋。⑥痗（mèi）：病，忧伤。

【译文】

丈夫英武真伟岸，国邦之中是好汉。他执丈二竹兵器，保卫君王走在前。

丈夫打仗已向东，头发凌乱如飞蓬。岂无发膏与头油，不知为谁整仪容！

低首暗自祈降雨，不料灿灿日头出。心中念夫不能忘，想得头痛无怨语。

何处去采忘忧草，拿来栽种北堂上。心中念夫不能忘，相思使我真忧伤。

·王　风·

黍　离

【原文】

彼黍离离[①]，彼稷之苗。行迈靡靡[②]，中心摇摇[③]。

知我者，谓我心忧；不知我者，谓我何求。悠悠苍天，此何人哉？

彼黍离离，彼稷之穗。行迈靡靡，中心如醉。知我者，谓我心忧；不知我者，谓我何求。悠悠苍天，此何人哉？

彼黍离离，彼稷之实。行迈靡靡，中心如噎[④]。知我者，谓我心忧；不知我者，谓我何求。悠悠苍天，此何人哉？

【注释】

①离离：行列貌。②迈：行走。靡靡：步缓貌。③摇摇：心神不安。④噎（yē）：忧闷极深，不能呼吸。

【译文】

黍子齐整一行行，稷苗青青长得壮。走起路来步迟疑，心神不安人悲伤。知我之人说我忧，不知之人问何求。悠悠苍天你在上，是谁使我如此愁？

黍子齐整一行行，稷穗黄黄长得壮。走起路来步迟疑，如痴如醉更彷徨。知我之人说我忧，不知之人问何求。悠悠苍天你在上，是谁使我如此愁？

黍子齐整一行行，稷实累累长得壮。走起路来步迟疑，可怜心中闷得慌。知我之人说我忧，不知之人问何求。悠悠苍天你在上，是谁使我如此愁？

君子于役

【原文】

君子于役，不知其期，曷[①]至哉？鸡栖于埘[②]，日之夕矣，羊牛下来。君子于役，如之何勿思！

君子于役，不日不月。曷其有佸[③]？鸡栖于桀[④]，日之夕矣，羊牛下括[⑤]。君子于役，苟无饥渴！

【注释】

①曷：何时。②埘（shí）：泥砌的鸡窝。③佸（huó）：相会。④桀（jié）：木制的鸡窝。⑤括：通“佸”，来，聚会。

【译文】

夫君去服役，遥遥无定期，回家在何时？鸡子宿了窝，日头已下落，羊牛走下坡。夫君去服役，心中岂不思！

夫君去服役，遥遥无定期，何时回家来？鸡子宿了窝，日头已下落，羊牛走下坡。夫君去服役，愿他无饥渴！

扬之水

【原文】

扬之水[①]，不流束薪。彼其之子[②]，不与我戍申[③]。怀哉怀哉，曷月予[④]还归哉？

扬之水，不流束楚。彼其之子，不与我戍甫。怀哉怀哉，曷月予还归哉？

扬之水，不流束蒲。彼其之子，不与我戍许。怀哉怀哉，曷月予还归哉？

【注释】

①扬：水流激扬貌。②彼其之子：那个人，指妻子。③申、甫、许：皆地名。戍（shù）：防守。④予：我。

【译文】

大河流水荡悠悠，难载束薪我心愁。可怜家中好妻子，不能同我戍边关。怀念妻子情绵绵，何日才能聚相守！

大河流水鸣溅溅，难载束楚我心怨。可怜家中好妻子，不能同我到前线。怀念妻子情绵绵，何时才能再相见！

大河流水浩荡荡，难载束蒲我心伤。可怜家中好妻子，不能同我守边防。怀念妻子情绵绵，何时才能返家乡！

中谷有蓷

【原文】

中谷有蓷[①]，暵其乾矣[②]。有女仳离[③]，慨其叹矣[④]。慨其叹矣，遇人之艰难矣。

中谷有蓷，暵其脩矣[⑤]。有女仳离，条其啸矣[⑥]。条其啸矣，遇人之不淑矣[⑦]。

中谷有蓷，暵其湿矣。有女仳离，啜其泣矣。啜其泣矣，何嗟及矣[⑧]！

【注释】

①蓷（tuī）：益母草。②暵（hàn）：晒干。③仳（pǐ）离：别离。④慨（kǎi）：叹。⑤脩（xiū）：干枯。⑥条：长。啸（xiào）：号。⑦不淑：无用。⑧湿：将要干，未全干。

【译文】

谷中长满益母草，如今枝叶全枯槁。姑娘命苦离家去，长吁短叹心不甘。长吁短叹心不甘，只因丈夫太艰难。

谷中长满益母草，如今枝叶全枯焦。姑娘无依离家去，自哭自叹心沉重。自哭自叹心沉重，只因丈夫太无用。

谷中长满益母草，如今枝叶全枯焦。姑娘悲伤离家去，自哭自叹长抽泣。自哭自叹长抽泣，痛苦怎到这地步！

兔爰

【原文】

有兔爰爰[①]，雉离[②]于罗。我生之初，尚无为[③]；我生之后，逢此百罹。尚寐无吪[④]。

有兔爰爰，雉离于罦[⑤]。我生之初，尚无造；我生之后，逢此百忧。尚寐无觉。

有兔爰爰，雉离于罿。我生之初，尚无庸；我生之后，逢此百凶。尚寐无聪[⑥]。

【注释】

①爰（huǎn）爰：逍遥自在貌。②离：同"罹"，遭受。③为、造、庸：即徭役之事。④无吪（é）：不说话。⑤罦（fù）、罿（chōng）：罗网。⑥聪：听觉灵敏。不聪即糊涂。

【译文】

狡兔逍遥乐，野鸡入网罗。我生初无难，此后受折磨。睡去不再说。

狡兔逍遥乐，野鸡入网罗。我生初无难，此后常忧愁。睡去不再醒。

狡兔逍遥乐，野鸡入网罗。我生初无难，此后多灾凶。睡去装糊涂。

采 葛

【原文】

彼采葛兮，一日不见，如三月兮！
彼采萧兮[①]，一日不见，如三秋兮[②]！
彼采艾兮[③]，一日不见，如三岁兮！

【注释】

①萧：蒿的一种。②三秋：此处应为三季，即九个月。③艾：即香艾。

【译文】

采葛好姑娘，一日不相见，好似三月长！
采萧好姑娘，一日不相见，犹似三季长！
采艾好姑娘，一日不相见，竟似三年长！

丘中有麻

【原文】

丘中有麻，彼留子嗟[①]。
彼留子嗟，将其来施施[②]。
丘中有麦，彼留子国。
彼留子国，将其来食。
丘中有李，彼留之子。
彼留之子，贻[③]我佩玖。

【注释】

①留：古“刘”字。子嗟：字子嗟。②将：请。施施：徐行貌。③贻（yí）：赠。

【译文】

山丘有麻田，刘氏字子嗟。
刘氏字子嗟，请他徐徐来。
山丘有麦田，刘氏字子国。
刘氏字子国，请他来共餐。
山丘有李园，刘氏有贤人。
刘氏有贤人，赠我美玉还。

·郑　风·

将仲子

【原文】

将[1]仲子兮，无逾我里[2]，无折我树杞。岂敢爱之？畏我父母。仲可怀也，父母之言，亦可畏也。

将仲子兮，无逾我墙，无折我树桑。岂敢爱之？畏我诸兄。仲可怀也，诸兄之言，亦可畏也。

将仲子兮，无逾我园，无折我树檀。岂敢爱之？畏人之多言。仲可怀也，人之多言，亦可畏也。

【注释】

①将：发语词，表委婉语气。②无（wù）：不要。里：民户居处。

【译文】

仲子仲子求求你，不要往我里弄跨，不要折我杞树枒。岂敢爱惜木树枒？实是怕我爹和妈。仲子仲子虽想你，父母之言令人怕。

仲子仲子求求你，不要往我院墙跨，不要折我桑树枒。岂敢爱惜桑树枒？几位哥哥使我怕。仲子仲子虽想你，兄长之言令人怕。

仲子仲子求求你，不要往我园圃跨，不要折我檀树枒。岂敢爱惜檀树枒？害怕人多嘴又杂。仲子仲子虽想你，人多嘴杂令人怕。

叔于田

【原文】

叔于田[①]，巷无居人。岂无居人？不如叔也。洵美且仁[②]。

叔于狩，巷无饮酒。岂无饮酒？不如叔也。洵美且好。

叔适野，巷无服马[③]。岂无服马？不如叔也。洵美且武。

【注释】

①叔：男子。田：打猎。②洵：确实。③服：驾驭。

【译文】

阿叔郊外去打猎，巷道好像没有人。岂是果真没有人？谁都不敢比阿叔。阿叔确实英俊又爱人。

阿叔郊外去狩猎，巷道无人去饮酒。岂是无人会饮酒？谁都不敢比阿叔。阿叔确实豪壮又宽厚。

阿叔骑马去郊外，巷道无人去驾马。岂是无人会驾马？谁都不敢比阿叔。阿叔确实魁伟武艺精。

清　人

【原文】

清①人在彭，驷介旁旁②。二矛重英③，河上乎翱翔。

清人在消，驷介麃麃④。二矛重乔⑤，河上乎逍遥。

清人在轴，驷介陶陶⑥。左旋右抽，中军作好⑦。

【注释】

①清：郑国城邑。②驷：驾车的四马。介：甲。旁旁：同“彭彭”，强壮貌。③英：即“缨”。④麃（biào）麃：英武貌。⑤乔：同“英”。⑥陶（dáo）陶：驱驰貌。⑦作好：武艺高超。

【译文】

清人在彭守边防，驷马披甲真强壮。两只长矛重重缨，立于河上任飞翔。

清人在消守边戍，驷马披甲真英武。两只长矛重重缨，立于河上多逍遥。

清人在轴驻边守，驷马披甲任奔走。左旋右转抽军刀，中军主帅本领高。

羔裘

【原文】

羔裘如濡[①]，洵直且侯[②]。彼其之子，舍命不渝[③]。

羔裘豹饰，孔武有力。彼其之子，邦之司直[④]。

羔裘晏兮[⑤]，三英粲兮[⑥]。彼其之子，邦之彦也[⑦]。

【注释】

①濡：润泽。②侯：美好。③渝：变。④司直：负责察人过失的官吏。⑤晏（yán）：鲜盛貌。⑥粲：色彩艳丽。⑦彦：美士。

【译文】

羔皮润泽作长袍，确是舒直又美妙。辛辛苦苦的大臣，拼死为国不变心。

皮袍袖口饰豹皮，显出勇武有神力。勤勤勉勉的大臣，维护法纪要靠你。

羔皮长袍美无比，三列豹饰好鲜丽。风流俊秀的大臣，国之美士数第一。

有女同车

【原文】

有女同车[1]，颜如舜华[2]。将翱将翔，佩玉琼琚。彼美孟姜[3]，洵美且都[4]。

有女同行，颜如舜英。将翱将翔，佩玉将将[6]。彼美孟姜，德音不忘。

【注释】

①同车：男女同车归，喻姑娘出嫁。②舜华：木槿花。③姜：姜氏长女。④都：优美貌。⑤将（qiāng）将：即“锵锵”，金石之声。

【译文】

姑娘同车嫁给我，颜如木槿色泽亮。步履轻捷似翱翔，身佩珠玉响叮当。美貌姑娘是孟姜，娇美安娴又优雅。

姑娘同行嫁给我，颜如木槿貌如花。步履轻捷似翱翔，身佩珠玉响叮当。美貌姑娘是孟姜，品性高尚永不忘。

山有扶苏

【原文】

山有扶苏，隰[①]有荷华。不见子都[②]，乃见狂且[③]。

山有乔松，隰有游龙[④]。不见子充，乃见狡童。

【注释】

①隰（xí）：洼地。②子都、子充：同一恋人，实为所见男子。③狂：粗狂之人。且（jū）：语气助词。④游龙：红草、水荭。

【译文】

山上植满扶苏树，洼地开遍鲜荷花。不见子都情哥哥，碰上你这坏家伙。

山上种满马尾松，洼地低湿生水荭。不见子充情哥哥，碰上你这小顽童。

萚兮

【原文】

萚兮萚兮[①]，风其吹女[②]。叔兮伯兮[③]，倡予和女[④]。

萚兮萚兮，风其漂[⑤]女。叔兮伯兮，倡予要女[⑥]。

【注释】

①萚（tuò）：落地叶。②女：汝，你。③叔、伯：男子之谓。④倡：唱。和（hè）：和谐地伴唱。⑤漂：同“飘”。⑥要（yāo）：相约、相伴。

【译文】

树叶落地叶叶黄，风儿吹你萧萧响。我的哥哥好情郎，你来领歌我和唱。

树叶落地叶叶黄，风儿飘你飞四方。我的哥哥好情郎，你来领歌我伴唱。

狡　童

【原文】

彼狡童兮[①]，不与我言兮。维[②]子之故，使我不能餐兮。

彼狡童兮，不与我食兮。维子之故，使我不能息兮。

【注释】

①狡童：即姣童，俊美的少年。②维：因为。

【译文】

那个薄幸美少年，对我不笑又不言。就是因为你背弃，使我吃饭难下咽。

那个薄幸美少年，不再与我共进餐。就是因为你背弃，使我长夜睡不安。

丰

【原文】

子之丰兮①，俟②我乎巷兮，悔予不送兮③。
子之昌兮④，俟我乎堂兮，悔予不将兮⑤。
衣锦褧衣⑥，裳锦褧裳。叔兮伯兮，驾予与行⑦。
裳锦褧裳，衣锦褧衣。叔兮伯兮，驾予与归。

【注释】

①丰：丰满。②俟（sì）：等。③送：送行，伴行至某处。④昌：强壮，有精神。⑤将：一起走。⑥前一个“衣”，作动词，穿衣；后一个“衣”，同“裳”。褧（jiǒng）衣：单罩衣。⑦行：指出嫁，与“归”同义。

【译文】

君之容颜满如月，等在巷口来相邀，后悔当初未

应召。

君之身材真强健，等在大堂来相邀，后悔当初未应召。

身着彩色绸上衣，下系艳丽丝罗裙。情哥哥啊美男子，驾着车来我同行。

系着艳丽丝罗裙，穿着彩色绸上衣。情哥哥啊美男子，驾着车来成婚姻。

风雨

【原文】

风雨凄凄，鸡鸣喈喈[①]。既见君子，云胡不夷[②]？
风雨潇潇，鸡鸣胶胶[③]。既见君子，云胡不瘳[④]？
风雨如晦，鸡鸣不已[⑤]。既见君子，云胡不喜？

【注释】

①喈喈（jiē）：犹“唧唧”。②夷：平、和、满足。③胶胶：犹“啾啾”。④瘳（chōu）：病愈。⑤不已：不停。

【译文】

风雨凄凄秋夜长，鸡鸣声声天始亮。既见君子来相会，心中哪得不欢畅？

风雨潇潇秋夜长，鸡鸣声声音啾啾。既见君子来相会，心痛哪能不见好？

风雨晦暗秋夜长，鸡鸣声声不停息。既见君子来相会，心头哪能不欢喜？

扬之水

【原文】

扬之水，不流束楚[①]。终鲜[②]兄弟，维予与女。无信人之言，人实迋[③]女。

扬之水，不流束薪。终鲜兄弟，维予二人。无信人之言，人实不信。

【注释】

①束楚：同“束薪”。②鲜：少。③迋（kuáng）：同“诳”，欺骗。

【译文】

激荡之水，难栽束薪。兄弟不多，你我二人。勿信谗言，将你哄骗。

激荡之水，难载束薪。兄弟不多，你我二人。勿听谗言，人不可信。

野有蔓草

【原文】

野有蔓草，零露漙兮[①]。有美一人，清扬婉兮[②]。邂逅相遇[③]，适[④]我愿兮。

野有蔓草，零露瀼瀼[⑤]。有美一人，婉如清扬。邂逅相遇，与子偕臧[⑥]。

【注释】

①漙（tuán）：极多貌。②婉：美好。③邂逅（xiè hòu）：不期而遇。④适：称。⑤瀼（ráng）瀼：露盛貌。⑥臧（zāng）：善、好。

【译文】

野山蔓草多茂盛，闪闪露珠水盈盈。有位美女好秀丽，眉角飞扬目又清。谁知今日巧相遇，样样都好称我心。

野山蔓草多茂盛，露珠晶莹水盈盈。有位美女好雅丽，眉清目秀白生生。谁知今日巧相遇，我们相爱多可心。

溱洧

【原文】

溱与洧，方涣涣兮①。士与女，方秉蕳兮②。女曰观乎？士曰既且③，且往观乎？洧之外，洵訏且乐④。维士与女，伊其相谑，赠之以勺药。

溱与洧，浏⑤其清矣。士与女，殷⑥其盈矣。女曰观乎？士曰既且。且往观乎？洧之外，洵訏且乐。维士与女，伊其将谑，赠之以勺药。

【注释】

①涣涣：春水盛貌。②蕳（jiān）：兰草。③既：已经。且（cú）：借为“徂”，往。④訏（xū）：大。⑤浏：水流清澈。⑥殷：众多。

【译文】

溱河与洧河，春来水哗哗。小伙与姑娘，手中捧兰花。她问去前边？他答曾去过。何不别处游？洧水十里外，无边乐悠悠。小伙伴姑娘，嬉笑尽风流，芍药送在姑娘手。

溱河与洧河，水波清又清。小伙与姑娘，众多涌如云。她问去前边？他答刚去过。何不别处游？洧水

十里滩，地大乐悠悠。小伙伴姑娘，嬉笑尽癫狂，芍药赠给美娇娘。

·齐 风·

鸡 鸣

【原文】

鸡既鸣矣，朝既盈矣①。匪鸡则鸣②，苍蝇之声。

东方明矣，朝既昌矣③。匪东方则明，月出之光。

虫飞薨薨④，甘与子同梦。会⑤且归矣，无庶予子憎⑥。

【注释】

①朝：朝廷。盈：满。此二句为妃子所言。②匪：通“非”。此二句为国君所言。后两章同。③昌：多。④薨（hōng）薨：虫鸣声。指天已大亮。⑤会：早朝君臣相会。⑥庶：幸，希冀之意。予：我。子：你，指同床的妃子。

【译文】

公鸡喔喔叫，上朝人已到。不是鸡在叫，苍蝇嗡

嗡闹。

东方天已明，朝堂人盈盈。不是东方明，月色亮晶晶。

飞虫闹哄哄，愿与你同梦。早朝即刻散，望臣别怨憎。

著

【原文】

俟我于著乎而[①]，充耳以素乎而[②]，尚之以琼华乎而[③]。

俟我于庭乎而，充耳以青乎而，尚之以琼莹乎而。

俟我于堂乎而，充耳以黄乎而，尚之以琼英乎而。

【注释】

①俟（sì）：等。著：古代正门内两侧屋之间。乎而：语气词。②充耳：古代贵族冠冕两旁悬挂的玉，下垂至耳，塞耳蔽听。素：与下文之青、黄皆指美玉之色。③尚：加在上面。琼华、琼莹、琼英：皆为美玉之名。

【译文】

等我等在正门边，耳旁有那白玉悬，还有琼华缀

其间。

等我等在庭院旁，耳边有那碧玉悬，还有琼莹缀其间。

等我等在高堂前，耳边有那黄玉悬，还有琼英缀其间。

东方之日

【原文】

东方之日兮，彼姝者子，在我室兮。在我室兮，履我即兮[①]。

东方之月兮，彼姝者子，在我闼兮[②]。在我闼兮，履我发兮[③]。

【注释】

①履（lǚ）：蹑，放轻（脚步）。即：亲近。②闼（tà）：内室。③发：走。

【译文】

东边日头暖又暖，美人容貌赛天仙，走进卧室心喜欢。走进卧室心喜欢，脚步轻轻靠身边。

东边月亮弯又弯，美人容貌赛天仙，走入内室心喜欢。走入内室心喜欢，脚步轻轻到身前。

东方未明

【原文】

东方未明，颠倒衣裳。颠之倒之，自公召之。

东方未晞[①]，颠倒裳衣。倒之颠之，自公令之。

折柳樊[②]圃，狂夫瞿瞿[③]。不能辰夜，不夙则莫[④]。

【注释】

①晞（xī）：晨曦初露。②樊：通“藩”，篱笆。③狂夫：小吏自称，形容手忙脚乱。瞿瞿（jù）：盼顾惊恐。④夙（sù）：早。莫（mù）：同“暮”。

【译文】

东方天未明，颠倒穿衣裳。颠来又倒去，王侯召唤急。

东方天未明，颠倒穿衣裳。颠来又倒去，王侯命令急。

折柳围园圃，吏惧惊顾盼。不分晨与夜，从早忙到晚。

甫田

【原文】

无田甫田[①]，维莠骄骄[②]。无思远人，劳心忉忉[③]。

无田甫田，维莠桀桀[④]。无思远人，劳心怛怛[⑤]。

婉兮娈兮[⑥]，总角丱兮[⑦]。未几见兮，突而弁兮[⑧]。

【注释】

①甫：大。第一个“田”为动词，意为种田。此诗劝时人勿厌小而务大，勿舍近而图远。②莠（yǒu）：杂草。骄骄：借为“乔乔”，草盛貌。③忉忉（dāo）：忧思状。④桀桀：茂盛貌。⑤怛（dā）怛：忧劳貌。⑥婉、娈：年少而貌美。⑦丱（guán）：旧时儿童束发如两角之貌。⑧弁（biàn）：古代男子年满二十加冠称弁，以示成年。

【译文】

不要贪心种大田，结果只会生杂草。不要苦苦念远人，忧思绵绵伤精神。

不要贪心种大田，结果野草勃勃生。不要痴情念远人，忧思忡忡愁断魂。

那个孩子多俊俏，儿时束髻蹦蹦跳。不多时日忽

相见，他却居然成弱冠。

敝笱

【原文】

敝笱在梁①，其鱼鲂鳏。齐子归止，其从如云。

敝笱在梁，其鱼鲂鱮②。齐子归止，其从如雨。

敝笱在梁，其鱼唯唯③。齐子归止，其从如水。

【注释】

①敝：破旧。笱（gǒu）：捕鱼的网。梁：捕鱼所筑的矮坝，又称鱼梁。这首诗是讽刺鲁桓公不能防止妻子文姜返回齐国与襄公淫乱之事。②鱮（xú）：鲢鱼。③唯唯：鱼相随而行貌。

【译文】

破旧渔网挂鱼梁，鲂鱼鳏鱼不惊惶。齐女文姜还故国，仆从如云匆忙忙。

破旧渔网挂鱼梁，鲂鱼鲢鱼不惊慌。齐女文姜还故国，仆从犹如雨水降。

破旧鱼网挂鱼梁，鱼群来来又往往。齐女文姜还故国，仆从如水不可挡。

载驱

【原文】

载驱薄薄[①]，簟茀朱鞹[②]。鲁道有荡，齐子发夕[③]。

四骊济济[④]，重辔沵沵[⑤]。鲁道有荡，齐子岂弟[⑥]。

汶水汤汤[⑦]，行人彭彭[⑧]。鲁道有荡，齐子翱翔。

汶水滔滔，行人儦儦[⑨]。鲁道有荡，齐子游敖。

【注释】

①薄薄：马蹄声。此诗讽刺文姜返齐与襄公乱伦之事。②簟（diàn）茀：竹席。鞹（kuò）：去毛的兽皮。③发夕：朝发夕宿。④骊：黑色马。济济：整齐貌。⑤沵沵（mǐ）：轻柔貌。⑥岂弟：同“恺悌（kǎi tì）”，和易近人。此处意为恬然无羞耻之色。⑦汤（shāng）汤：水大貌。⑧行人：文姜的侍从。彭彭：盛多貌。⑨儦儦（biāo）：众多貌。

【译文】

驱车急走马蹄响，红革竹席作车篷。鲁国大道坦荡荡，文姜早晚会齐襄。四匹黑马多整齐，马辔垂下柔又轻。鲁国大道平坦坦，文姜欢乐不羞惭。汶河流水浩荡荡，一路随从涌如潮。鲁国大道坦荡荡，文姜襄公乐逍遥。汶河流水浪滔滔，一路随从多如毛。鲁

国大道平坦坦，文姜襄公同游遨。

·魏　风·

葛　屦

【原文】

纠纠[①]葛屦，可以履霜[②]？掺掺女手[③]，可以缝裳。要之襋之[④]，好人[⑤]服之。

好人提提[⑥]，宛然左辟[⑦]。佩其象揥[⑧]。维是褊[⑨]心，是以为刺。

【注释】

①纠纠：交错纠缠，破烂貌。②可（hé）：何。履：踏。③掺（sān）掺：犹“纤纤”。④要（yāo）：男子下服的腰部。襋（jì）：衣领。⑤好人：贵人。⑥提提：安舒貌。⑦宛然：转身让路的样子。辟：借为“避”。⑧揥（tì）：发簪。⑨褊：即“偏”。

【译文】

草鞋破烂脚上穿，可怜如何踩秋霜？玉指纤纤玲珑手，能够缝制好衣裳。缝好腰身和表领，贵人急急

试新装。

贵人走路多安祥，众人让路左边站。头上插着象牙簪，却是心偏小气量，因此刺她写诗章。

园有桃

【原文】

园有桃，其实之殽[①]。心之忧矣，我歌且谣。不知我者，谓我士也骄。彼人是哉[②]？子曰何其[③]。心之忧矣，其谁知之。其谁知之，盖[④]亦勿思。

园有棘[⑤]，其实之食。心之忧矣，聊以行国。不知我者，谓我士也罔极。彼人是哉？子曰何其。心之忧矣，其谁知之。其谁知之？盖亦勿思。

【注释】

①殽：借为肴，吃。这是一个怀才不遇的寒士的歌。②是哉：对吗。③何其：如何。其：语气词。④盖：通"盍"，何不。⑤棘：酸枣树。

【译文】

园中有桃树，桃子可充饥。心中忧重重，唱歌也诵谣。不知我的人，责我心太傲。他们对不对？你能怎么说。心中重重忧，谁解其中由。谁解其中由，最好不去想。

园中酸枣树，果实充饥肠。心中忧重重，暂且游四方。

不知我的人，责我无终了。他们对不对？你能怎么说。心中深深忧，谁解其中由。谁解其中由，最好不要想。

十亩之间

【原文】

十亩之间兮，桑者闲闲兮[1]，行与子还兮[2]。

十亩之外兮，桑者泄泄兮[3]，行与子逝兮[4]。

【注释】

①桑者：采桑之人。闲闲：闲适自得貌。②子：指同伴。③泄泄：和乐貌。④逝：往。

【译文】

十亩桑田青又青哟，采桑人儿真悠然啊，回家一路同作伴哟。

十亩桑田小路上哟，采桑人儿真快活哟，回家一路同作伴哟。

硕 鼠

【原文】

硕鼠硕鼠，无食我黍！三岁贯女[1]，莫我肯顾。逝

将去女[2]，适[3]彼乐土。乐土乐土，爰[4]得我所？

硕鼠硕鼠，无食我麦！三岁贯女，莫我肯德[5]。逝将去女，适彼乐国。乐国乐国，爰得我直[6]？

硕鼠硕鼠，无食我苗！三岁贯女，莫我肯劳。逝将去女，适彼乐郊。乐郊乐郊，谁之永号[7]？

【注释】

①贯：养。女：通“汝”。②逝：通“誓”。去：离开。③适：往。④爰：何处、哪里。⑤德：以之为德。意谓“感恩戴德”。⑥直：通“职”，处所。⑦永号：长哭。

【译文】

大老鼠啊大老鼠，不要再吃我的黍。三年始终喂养你，你却从未将我顾。我已决心离开你，去找那块安乐地。安乐地呀安乐地，哪是我的安身所？

大老鼠啊大老鼠，不要再吃我的麦。三年一直喂养你，你却从未感恩惠。我已决心离开你，去找那个安乐国。安乐国呀安乐国，哪是我的安身处？

大老鼠啊大老鼠，不要再吃我的苗。三年始终喂养你，你却不说我辛劳。我已决心离开你，去找那个安乐郊。安乐郊呀安乐郊，我向哪个去哭诉？

·唐 风·

山有枢

【原文】

山有枢[①]，隰有榆。子有衣裳，弗曳弗娄[②]。子有车马，弗驰弗驱。宛[③]其死矣，他人是愉。

山有栲，隰有杻。子有廷[④]内，弗洒弗扫。子有钟鼓，弗鼓弗考[⑤]。宛其死矣，他人是保[⑥]。

山有漆，隰有栗。子有酒食，何不日鼓瑟？且以喜乐，且以永日。宛其死矣，他人入室。

【注释】

①枢（shū）、榆（yú）、栲（kāo）、杻（niǔ）：皆为树木名。②曳（yè）：拖。古时裳长曳地。娄：即“搂”，提着走。③宛：通“菀”，萎死貌。④廷：指宫室。⑤考：敲。⑥保：占有。

【译文】

山上有枢树，洼地长榆木。你有好衣裳，却不去装束。你有好车马，却不去驾驱。一日忽病死，只有

他人乐。

山上有栲树，洼地长杻木。你有好官室，却不去打扫。你有好钟鼓，不打也不敲。一天忽病亡，他人图安享。

山上有漆树，洼地长栗木。你有美酒食，何不鼓瑟饮？暂且为娱乐，以此度时光。一日忽病丧，他人来享乐。

扬之水

【原文】

扬之水，白石凿凿[①]。素衣朱襮[②]，从子于沃[③]。既见君子，云何不乐？

扬之水，白石皓皓[④]。素衣朱绣，从子于鹄[⑤]。既见君子，云何其忧？

扬之水，白石粼粼[⑥]。我闻有命，不敢以告人。

【注释】

①凿凿：鲜明貌。②襮（bó）：绣有花纹的衣领。③沃：地名。④皓皓：洁白。⑤鹄（hú）：地名。⑥粼粼：明净貌。

【译文】

河水滚滚流，白石光溜溜。素衣红衫领，追君到

曲沃。既已见到君，怎能不快乐？

河水滚滚流，白石多明净。素衣红锦绣，追君到鹄地。既已见到君，何事还心忧？

河水滚滚流，白石亮晶晶。闻君有使命，不敢告诉人。

绸缪

【原文】

绸缪束薪[①]，三星在天。今夕何夕？见此良人。子兮子兮，如此良人何！

绸缪束刍[②]，三星在隅。今夕何夕？见此邂逅[③]。子兮子兮，如此邂逅何！

绸缪束楚[④]，三星在户。今夕何夕？见此粲者。子兮子兮，如此粲[⑤]者何！

【注释】

①绸缪（chóu móu）：缠绕、捆。②刍（chú）：牧草。③邂逅：不期而遇。此处指新娘。④楚：荆柴。⑤粲：美丽、鲜艳。

【译文】

缠缠绕绕把柴捆，三星在天月黄昏。今晚是何好时辰？见到如此可心人。可心人啊可心人，不知如何

把她亲！

缠缠绕绕捆牧草，三星已在天之角。今晚是何好时辰？见到如此有缘人。可心人啊可心人，不知如何把她亲！

缠缠绕绕捆荆柴，三星移到门外边。今晚是何好时辰？见到如此靓丽人。可心人啊可心人，我该如何把她亲！

鸨 羽

【原文】

肃肃鸨羽①，集于苞栩②。王事靡盬③，不能蓺④稷黍。父母何怙⑤？悠悠苍天！曷其有所？

肃肃鸨翼，集于苞棘。王事靡盬，不能蓺黍稷。父母何食？悠悠苍天！曷其有极⑥？

肃肃鸨行，集于苞桑。王事靡盬，不能蓺稻粱。父母何尝？悠悠苍天！曷其有常？

【注释】

①肃肃：鸟羽振动声。鸨（bǎo）：野雁。②苞：茂盛。栩（xǔ）：柞树。③靡：无。盬（gǔ）：闲暇。④蓺（yì）：种植。⑤怙（hù）：依靠。⑥极：尽头，结束。

【译文】

野雁之羽肃肃响，群群聚集柞树上。王公差役无休止，田里无人种庄稼。远方父母靠谁养？苍天啊苍天！何时让我有归属？

野雁之翼响肃肃，群群聚集荆棘丛。王公差役无休止，田里无人种庄稼。家里父母哪有粮？苍天啊苍天！何时使我不忧伤？

野雁之翅肃肃响，群群聚集桑树上。王公差役无休止，田里无人种庄稼。家中父母吃什么？苍天啊苍天！何时才能返故乡？

无衣

【原文】

岂曰无衣，七兮[①]？不如子之衣，安且吉兮[②]！

岂曰无衣，六兮[③]？不如子之衣，安且燠兮[④]！

【注释】

①七：七节之衣。代贵族之礼服。这是一首赞美王公的诗。②安：妥善、合适。吉：吉利。③六：六节之衣。代贵族之礼服。④燠（yù）：温暖。

【译文】

难道我无七节衣？只是不如您的衣，熨贴合身又

吉利！

难道我无六节衣？只是不如您的衣，熨贴好看又温暖！

葛生

【原文】

葛生蒙楚[1]，蔹蔓于野[2]。予美[3]亡此，谁与？独处！

葛生蒙棘，蔹蔓于域。予美亡此，谁与？独息！

角枕粲兮，锦衾烂兮。予美亡此，谁与？独旦！

夏之日，冬之夜。百岁之后，归于其居[4]！

冬之夜，夏之日。百岁之后，归于其室！

【注释】

①蒙：覆盖。楚：灌木名，即牡荆。②蔹（liǎn）：蔓生野草。③予美：即我的好丈夫。④居：即墓穴。"室"亦同义。

【译文】

葛藤覆荆条，蔹草长满山。我夫亡于此，谁人来做伴？独处真孤单！

葛藤覆荆棘，蔹草满坡山。我夫亡于此，谁人来作伴？独宿真孤单！

枕头好璀璨，锦被也绚烂。我夫亡于此，谁人来作伴？独眠难达旦！

夏日好漫长，冬夜也凄凉。直待百年后，睡在你身旁！

冬夜好漫长，夏日也凄怆。直待百年后，与你共墓床！

采苓

【原文】

采苓采苓，首阳[1]之巅。人之为言[2]，苟亦无信。舍旃舍旃[3]，苟亦无然[4]。人之为言，胡得焉？

采苦采苦，首阳之下。人之为言，苟亦无与[5]。舍旃舍旃，苟亦无然。人之为言，胡得焉？

采葑采葑，首阳之东。人之为言，苟亦无从。舍旃舍旃，苟亦无然。人之为言，胡得焉？

【注释】

①首阳：首阳山。②为（wěi）言：即伪言。为：借为“伪”。③旃（zhān）：之，代词。④苟：且。无然：不要相信真是这样。然，是、对。⑤与：用、采用。

【译文】

采呀采甘草，来到首阳顶。他人说谎话，不要轻听信。

舍弃不可惜，不要去当真。他人说假话，何必要去听？

采呀采苦菜，来到首阳下。他人说谎话，不要去采纳。舍弃不可惜，不要去当真。他人说假话，何必要去听？

采呀采蔓菁，来到首阳东。他人说谎话，不要轻信从。舍弃不可惜，不要去当真。他人说假话，何必要去听？

·秦　风·

车　邻

【原文】

有车邻邻[①]，有马白颠[②]。未见君子，寺人[③]之令。

阪有漆，隰有栗。既见君子，并坐鼓瑟[④]。今者不乐，逝者其耋[⑤]。

阪有桑，隰有杨。既见君子，并坐鼓簧。今者不乐，逝者其亡。

【注释】

①邻邻：车行声。②颠：额。③寺人：侍人。④瑟：古时弦乐器，似琴。⑤耋（dié）：衰老。八十岁为耋。

【译文】

车声响辚辚，骏马白额头。不能见君子，侍官去请求。

山坡长漆树，洼地有栗木。既已见君子，并坐弹琴瑟。此时不行乐，等到老糊涂。

山坡长桑树，洼地生杨树。既已见君子，并坐吹笙簧。此时不行乐，死去怨恨长。

驷　驖

【原文】

驷驖孔阜[①]，六辔在手。公之媚[②]子，从公于狩。

奉时辰牡[③]，辰牡孔硕。公曰左之，舍拔则获[④]。

游于北园，四马既闲[⑤]。𬨎车鸾镳[⑥]，载猃歇骄[⑦]。

【注释】

①驷（sì）：驾车的四马。驖（tiě）：赤黑色的马。孔：大。阜（fù）：肥大。②媚：爱。③辰牡：按季节奉献的祭物。④舍：发。拔：矢箭。⑤闲：同“娴”，熟。⑥𬨎（yóu）车：轻车。鸾（luán）镳（biāo）：系佩小铃的马衔头。⑦猃（liàn）：长嘴猎犬。歇骄：猲獢，短嘴猎犬。

【译文】

四匹黑马肥又壮，手握缰绳驾车狂。襄公之臣受宠幸，跟随公爷打猎忙。

依季向上献祭物，猎物还须很肥大。公叫车子向左拐，箭发兽倒猎获多。

狩猎已毕北园游，黑马上路很娴熟。轻车缓行鸾铃响，大小猎犬载车上。

蒹葭

【原文】

蒹葭苍苍[1]，白露为霜。所谓伊人，在水一方。溯洄从之[2]，道阻且长。溯游从之[3]，宛在水中央。

蒹葭萋萋，白露未晞[4]。所谓伊人，在水之湄[5]。溯洄从之，道阻且跻[6]。溯游从之，宛在水中坻[7]。

蒹葭采采[8]，白露未已。所谓伊人，在水之涘[9]。溯洄从之，道阻且右[10]。溯游从之，宛在水中沚[11]。

【注释】

①蒹葭（jiān jiā）：芦苇。②溯洄：逆流而上。从：随。③溯游：顺流而下。④晞：干。⑤湄（méi）：水草交接之处。⑥跻：升高。⑦坻（chí）：小沙洲。⑧采采：犹“萋萋”。⑨涘（sì）：水边。⑩右：绕弯、

不直。⑪沚：河中沙滩。

【译文】

河边芦苇莽苍苍，晶莹露珠凝成霜。有位丽人真可爱，站在河水那一方。逆流而上去追寻，道路崎岖又漫长。顺流而下再追寻，仿佛就在水中央。

河边芦苇青又青，晶莹露珠一层层。有位丽人真可爱，站在河水那一边。逆流而上去追求，道路艰险难攀登。顺流而下去追求，仿佛就在河之洲。

河边芦苇郁葱葱，晶莹露珠明晃晃。有位丽人真可爱，站在河水那一旁。逆流而上去追她，道路艰险弯又弯。顺流而下去追她，仿佛就在河中滩。

终南

【原文】

终南何有？有条[①]有梅。君子至止，锦衣狐裘。颜如渥[②]丹，其君[③]也哉。

终南何有？有纪有堂[④]。君子至止，黻衣绣裳[⑤]。佩玉将将[⑥]，寿考不忘[⑦]。

【注释】

①条：山楸。②渥（wò）：丰润。③君：指秦襄公。④纪：借为“杞”。堂：借为“棠”。⑤黻（fú）

衣：黑白花纹的衣服。⑥将将（qiāng）：即锵锵。⑦寿考：长寿。忘：亡、结束。

【译文】

终南何所有？红梅与山楸。君车到终南，锦衣配狐裘。丰润容颜红，那是秦襄公。

终南何所有？枸杞与赤棠。车马到终南，锦绣彩衣袍。佩玉锵锵响，祝君寿无疆。

晨风

【原文】

鴥彼晨风[①]，郁彼北林。未见君子，忧心钦钦[②]。如何如何？忘我实多[③]。

山有苞栎[④]，隰有六驳[⑤]。未见君子，忧心靡乐。如何如何？忘我实多。

山有苞棣，隰有树檖[⑥]。未见君子，忧心如醉。如何如何？忘我实多。

【注释】

①鴥（yù）：飞快貌。晨风：鸟名。②钦钦：忧貌。③实多：实在多。④苞栎：棠梨。⑤六：谓多。驳（bó）：梓榆。⑥檖（suì）：山梨树。

【译文】

晨风鸟飞疾，青青林中觅。未见君子来，我心难开怀。究竟是如何？负我实在多。

山有苞栎树，洼地长榆木。不见君子来，心中愁满怀。究竟是如何？负我实在多。

山有苞棣树，洼地长山梨。不见君子来，如酒醉愁怀。究竟是如何？负我实在多。

渭阳

【原文】

我送舅氏，曰至渭阳①。何以赠之？路车乘黄。

我送舅氏，悠悠我思。何以赠之？琼瑰玉佩。

【注释】

①曰：发语词。渭阳：咸阳一带。

【译文】

我给舅父来送行，一送送到渭水北。我拿何物相赠送？黄马大车表心肠。

我给舅父来送行，缠缠绵绵多离情。我拿何物相赠送？美玉琼瑶表心肠。

权舆

【原文】

於我乎[①]！夏屋渠渠[②]，今也每食无余。

于嗟乎！不承权舆[③]。

於我乎！每食四簋[④]，今也每食不饱。

于嗟乎！不承权舆。

【注释】

①於：与，对待，此处作善待。②夏屋：较大的食器。渠渠：丰盛。③承：继续。权舆：草木萌芽的状态，引申为初时。④簋（guǐ）：古代食器。

【译文】

过去那样善待我！杯盘大大酒宴丰，如今餐餐无剩余。

唉！日子不能比当初。

过去那样善待我！每餐四盘不可少，如今餐餐吃不饱。

唉！日子不能比当初。

·陈 风·

宛 丘

【原文】

子之汤兮[①]，宛丘之上兮。洵有情兮，而无望兮。

坎[②]其击鼓，宛丘之下。无冬无夏，值[③]其鹭羽。

坎其击缶[④]，宛丘之道。无冬无夏，值其鹭翿[⑤]。

【注释】

①汤（dàng）：荡。②坎：拟声词。③值：持。④缶（fǒu）：瓦罐。⑤鹭翿（dào）：以鹭鸶羽毛为饰的旗。

【译文】

姑娘起舞飘荡荡，翩翩旋转宛丘上。心中实有千般情，默默想念却无望。

姑娘击鼓冬冬响，翩翩起舞宛丘下。不分冬来不分夏，枝枝鹭羽手中拿。

姑娘击缶响冬冬，翩翩起舞宛丘路。不分夏来不分冬，枝枝羽旗手中拿。

衡门

【原文】

衡门[①]之下，可以栖迟[②]。泌之洋洋，可以乐饥。

岂其食鱼，必河之鲂？岂其取妻，必齐之姜[③]？

岂其食鱼，必河之鲤？岂其取妻，必宋之子[④]？

【注释】

①衡门：横木为门，意为简陋的房屋。②栖迟：游息。③姜：姜氏。④子：即美女。

【译文】

屋陋门槛低，可安朝与夕。泌水浩荡荡，忘忧解饥肠。

谁说要吃鱼，必吃那扁鲂？谁说我娶妻，必娶那齐姜？

谁说要吃鱼，必吃那鲤鱼？谁说我娶妻，必娶那宋女？

东门之池

【原文】

东门之池，可以沤麻[①]。彼美淑姬，可与晤歌。

东门之池，可以沤纻[2]。彼美淑姬，可与晤语。

东门之池，可以沤菅[3]。彼美淑姬，可与晤言。

【注释】

①沤（òu）：洗、浸泡。②纻（zhù）：苎麻。③菅（jiān）：菅草。

【译文】

东门那边清水池，碧波荡漾泡黄麻。美丽温柔好姑娘，与她相聚同歌唱。

东门那边清水池，碧波荡漾浸苎麻。美丽温柔好姑娘，与她相会私语长。

东门那边清水池，碧波荡漾洗菅草。美丽温柔好姑娘，与她谈情乐洋洋。

东门之杨

【原文】

东门之杨，其叶牂牂[1]。昏以为期，明星煌煌[2]。

东门之杨，其叶肺肺[3]。昏以为期，明星晢晢[4]。

【注释】

①牂（zàng）牂：木盛貌。一说风吹树叶的响声。②煌煌：明亮貌。③肺肺（pèi）：犹“牂牂”。④晢（zhì）晢：犹“煌煌”。

【译文】

东门有白杨，绿叶随风荡。人约黄昏时，明星闪闪亮。

东门有白杨，绿叶随风荡。人约黄昏后，星亮人无双。

墓　门[1]

【原文】

墓门[2]有棘，斧以斯之[3]。夫[4]也不良，国人知之。知而不已[5]，谁昔[6]然矣。

墓门有梅，有鸮萃止[7]。夫也不良，歌以讯之[8]。讯予不顾，颠倒思予[9]。

【注释】

①相传这是谴责杀太子而篡夺陈国王位的陈佗的诗。②墓门：陈国城邑。③斯：砍。④夫：憎恶的人。⑤不已：不停止。此处指不改正。⑥谁昔：往昔。⑦鸮（xiāo）：猫头鹰。萃（cuì）：聚集。⑧讯：斥责。⑨颠倒：倒置。

【译文】

城门荆棘长，挥斧来砍光。那人心眼坏，国人尽

知情。知而不改正，一贯干坏事。

城门有梅林，飞来猫头鹰。那人干坏事，作歌骂且恨。责而不更张，他还反着想。

月 出

【原文】

月出皎兮[1]，佼人僚兮[2]。舒窈纠兮[3]，劳心悄兮[4]。

月出皓兮，佼人懰[5]兮。舒忧受兮[6]，劳心慅兮[7]。

月出照兮，佼人燎兮。舒夭绍兮[8]，劳心惨兮[9]。

【注释】

①皎（jiǎo）：月光。②佼（jiǎo）：美人。僚：美好貌。③舒：缓步。窈纠：身材苗条。④悄：忧。⑤懰（liú）：妩媚貌。⑥忧受：舒迟之貌。⑦慅（sǎo）：心神不宁。⑧夭绍：体态优美貌。⑨惨：心绪难安。

【译文】

月出明皎皎，姑娘多美貌。缓步细腰扭，思她受煎熬。

月出明皓皓，姑娘多美貌。缓步轻盈态，思她心焦躁。

月儿当头照，姑娘多美貌。缓步婀娜姿，思她心火烧。

泽陂

【原文】

彼泽之陂[1]，有蒲与荷。有美一人，伤如之何？寤寐无为，涕泗滂沱。

彼泽之陂，有蒲与蕳[2]。有美一人，硕大且卷[3]。寤寐无为，中心悁悁[4]。

彼泽之陂，有蒲菡萏[5]。有美一人，硕大且俨[6]。寤寐无为，辗转伏枕。

【注释】

①陂（pí）：湖边。②蕳：（jiān）：兰草，也作莲。③硕大：身材高大。卷（quán）：同“蜷”，美好貌。④悁悁：忧愁貌。⑤菡萏（hàn dàn）：荷花。⑥俨（yǎn）：庄重貌。

【译文】

在那清水池塘边，嫩蒲新绿荷花艳。有位英俊美男子，苦苦想他怎么办？彻夜缱绻难入睡，只为相思泪涟涟。

在那清水池塘边，嫩蒲新绿荷花艳。有位潇洒美男子，身材魁伟相貌美。朝思暮想难入眠，心中郁闷拭珠泪。

在那清水池塘边，嫩蒲新绿荷花艳。有位堂堂美男子，身材高大貌庄严。朝思暮想难入睡，辗转反侧泣枕边。

·桧 风·

羔 裘

【原文】

羔裘逍遥，狐裘以朝[①]。岂不尔思？劳心忉忉。
羔裘翱翔[②]，狐裘在堂。岂不尔思？我心忧伤。
羔裘如膏，日出有曜[③]。岂不尔思？中心是悼[④]。

【注释】

①朝：上早朝。②翱翔：犹逍遥。③曜（yào）：光。④悼：哀伤。

【译文】

君着羊袍喜逍遥，又穿狐裘上早朝。哪里不为你思虑？心中为你常忧劳。

君着羊袍喜逍遥，又穿狐裘赴公堂。哪里不为你思虑？愁肠不解思虑长。

羊皮如脂色泽亮，太阳一出闪光亮。哪里不为你思虑？心中整日满忧伤。

隰有苌楚

【原文】

隰有苌楚[1]，猗傩其枝[2]。夭之沃沃[3]，乐子之无知。

隰有苌楚，猗傩其华。夭之沃沃，乐子之无家。

隰有苌楚，猗傩其实。夭之沃沃，乐子之无室。

【注释】

①苌（cháng）楚：猕猴桃。②猗傩（ē nuó）：同“婀娜”。③夭：草木初生者。沃沃：柔美、茂盛貌。

【译文】

洼地生长猕猴桃，嫩绿枝条多婀娜。生机勃发又丰茂，羡你无知无苦恼。

洼地生长猕猴桃，花儿朵朵多婀娜。生机勃发又丰茂，羡你无家无辛劳。

洼地生长猕猴桃，果实累累多婀娜。生机勃发又丰茂，羡你无妻真超脱。

·曹 风·

蜉 蝣

【原文】

蜉蝣[①]之羽，衣裳楚楚。心之忧矣，於我归处？

蜉蝣之翼，采采[②]衣服。心之忧矣，於我归息？

蜉蝣掘阅[③]，麻衣如雪。心之忧矣，於我归说[④]？

【注释】

①蜉蝣（fú yóu）：虫名。②采采：犹“楚楚”，鲜明貌。③阅：洞穴。④说（shuì）：休息。

【译文】

蜉蝣翅膀薄又亮，像那鲜丽美衣裳。心中忧思重重生。我今归处在何方？

蜉蝣翅膀薄又轻，像那美艳好锦衣。心中忧思重重生，我今何处去安息？

蜉蝣挖洞好安歇，身着雪白好麻衣。心中忧思重重生，我今安身去何地？

·豳　风·

七　月

【原文】

七月流火[①]，九月授衣。一之日觱发[②]，二之日栗烈。无衣无褐，何以卒岁？三之日于耜，四之日举趾[③]。同我妇子，馌彼南亩[④]，田畯至喜。

七月流火，九月授衣。春日载阳，有鸣仓庚。女执懿[⑤]筐，遵彼微行[⑥]，爰求柔桑。春日迟迟，采蘩祁祁。女心伤悲，殆及公子同归。

七月流火，八月萑苇[⑦]。蚕月条[⑧]桑，取彼斧斨[⑨]。以伐远扬，猗彼女桑。七月鸣鵙[⑩]，八日载绩。载玄载黄，我朱孔阳，为公子裳。

四月秀葽，五月鸣蜩。八月其获，十月陨萚。一之日于貉，取彼狐狸，为公子裘。二之日其同，载缵[⑪]武功。言私其豵，献豜于公。

五月斯螽动股，六月莎鸡振羽。七月在野，八月在宇，九月在户，十月蟋蟀入我床下。穹窒[⑫]熏鼠，塞向墐[⑬]户。嗟我妇子，曰为改岁，入此室处。

六月食郁及薁[⑭]，七月亨葵及菽。八月剥枣[⑮]，十

月获稻。为此春酒，以介眉寿。七月食瓜，八月断壶，九月叔苴[16]。采荼薪樗[17]，食我农夫。

九月筑场圃，十月纳禾稼。黍稷重穋[18]，禾麻菽麦。嗟我农夫，我稼既同，上入执宫功。昼尔于茅，宵尔索绹[19]，亟其乘屋，其始播百谷。

二之日凿冰冲冲，三之日纳于凌阴[20]。四之日其蚤[21]，献羔祭韭。九月肃霜，十月涤场。朋酒斯飨，曰杀羔羊。跻彼公堂，称彼兕觥，万寿无疆！

【注释】

①流火：火星偏西。②一之日：十一月。为豳历纪日法。后与此同。觱（bì）发：风寒。③举趾：举足耕耘。④馌（yè）：送食。⑤懿：深。⑥微行：小路。⑦萑（huán）苇：芦苇。⑧条：修剪。⑨斨（qiāng）：方孔斧。⑩鵙（jú）：鸟名，又称子规。⑪缵：继续。⑫穹：穷尽、清除。窒（zhì）：堵塞。⑬向：朝北的窗户。墐：用泥涂抹。⑭郁：李的一种，一名雀李，一名车李。薁（yù）：山葡萄。⑮剥：打。⑯叔：拾。苴（jū）：麻籽。⑰樗（chū），木名。⑱重（zhǒng）：早种晚熟的谷。穋（lù）：晚种早熟的谷。⑲绹（táo）：绳。⑳凌阴：冰窖。㉑蚤：同“早”。

【译文】

七月火星移，九月添寒衣。十一月里冷风吹，十二月风更凛冽。如今没有粗布衣，教我如何度残冬？

正月修犁锄，二月好下田间。老婆孩子来送饭，一送送到地南边，农官老爷笑开颜。

七月火星移，九月添寒衣。阳春三月暖洋洋，枝头黄莺把歌唱。一群女人提竹筐，走在田边小路上，结伴前去采嫩桑。春日来了漫又长，采蒿人儿来又往。姑娘心里暗悲伤，就怕公子将她抢。

七月火星移，八月割芦苇。养蚕时节剪桑树，拿来斧子整树枝。长得高的踮着砍，采摘嫩桑给蚕食。七月子规凄声叫，八月大家来纺麻。麻布染成黑和黄，我染红布最拿手，我的红色最鲜亮，为那公子做长褂。

四月萋草青，五月蝉声鸣。八月收割挥镰刀，十月落叶处处飘。十一月里捕野貉，猎得狐狸取皮毛，为那公子做皮袍。十二月里大聚会，打猎练得武功高。小兽留下给自己，大兽献出公爷挑。

五月蚂蚱展大腿，六月莎鸡振双翼。七月它们在田野，八月檐下把身栖，九月跳进我家门，十月蟋蟀畏秋凉，来我床下好匿藏。烟熏老鼠堵鼠洞，塞窗封门不留孔。可怜贤妻和苦儿，一年到了除夕夜，走进破屋避风雪。

六月吃李野葡萄，七月芹菜和豆熬。八月打酸枣，十月收新稻。用此原料酿春酒，共祝主人福寿高。七月吃田瓜，八月摘葫芦，九月拾麻籽。苦菜采了又砍柴，农夫饭食挺糟糕。

九月修筑打谷场，十月打粮好入仓。黍稷晚谷加早谷，米麻豆麦喷喷香。可叹我们庄稼汉，刚把五谷

收进仓，又为公侯干活忙。白天出门割茅草，夜里搓绳到天亮，匆匆忙忙修房屋，开年又要种百谷。

腊月凿冰冲冲响，正月冰块地窖藏。二月早晨行祭礼，羔羊韭菜供神享。九月萧瑟初降霜，十月扫净打谷场。两坛美酒大家尝，还杀肥嫩小羔羊。登上公爷大厅堂，敬酒碰杯响丁当，共祝万寿又无疆！

东 山

【原文】

我徂[①]东山，慆慆[②]不归。我来自东，零雨其濛。我东曰归，我心西悲。制彼裳衣，勿士行枚[③]。蜎蜎者蠋[④]，烝[⑤]在桑野。敦彼独宿，亦在车下。

我徂东山，慆慆不归。我来自东，零雨其濛。果赢之实，亦施于宇。伊威在室，蟏蛸在户。町畽鹿场，熠耀宵行。不可畏也？伊可怀也。

我徂东山，慆慆不归。我来自东，零雨其濛。鹳鸣于垤，妇叹于室。洒扫穹窒，我征聿至。有敦瓜苦，烝在栗薪。自我不见，于今三年。

我徂东山，慆慆不归。我来自东，零雨其濛。仓庚于飞，熠耀其羽。之子于归，皇驳其马。亲结其缡，九十其仪。其新孔嘉，其旧如之何？

【注释】

①徂（cú）：往。②慆慆：久。③行枚：夜晚行军

口含小木棍以免说话。④蜎（yuān）蜎：蠕动貌。蠋（zhú）：桑虫、野蚕。⑤烝（zhēng）：语气助词。

【译文】

我到东山去出征，久久不能还故园。如今我自东方归，细雨濛濛下不停。我自东方往家转，西望故园泪难干。制件普通百姓衣，不再行军去作战。山蚕蠕动行得慢，隐身桑林荒野间。我蜷一团独自宿，睡在车下难入眠。

我到东山去出征，久久不能还故园。如今我自东方归，细雨濛濛下不停。果树结实沉甸甸，藤蔓延伸到屋檐。潮虫屋中四处爬，蜘蛛织网在门边。宅旁田地成鹿苑，萤火夜里亮闪闪。难道荒凉不可怕？心里还是念着它。

我到东山去出征，久久不能还故园。如今我自东方归，细雨濛濛下不停。鹳鸟飞上土丘叫，妻子家中把气叹。打扫屋子堵鼠洞，只盼我能把家还。瓠瓜长得溜溜圆，堆在柴上无人管。自我当初离开家，时至今日整三年。

我到东山去出征，久久不能还故园。如今我自东方归，细雨濛濛下不停。黄莺飞翔在蓝天，羽毛鲜艳多耀眼。回想当年妻嫁时，黄马花马驾车辕。母亲为她缠佩巾，种种礼仪都完善。新婚之时多美好，回家是否如初欢？